이 책의 구성과 특징

<사회복지사 1급 3과목 사회복지정책과 제도>는 자격시험 대비를 위해 효과적으로 구성되었습니다.
다음의 특징을 충분히 활용한다면 방대한 양의 사회복지사 자격시험도 차근차근 완벽하게 학습할 수 있습니다.

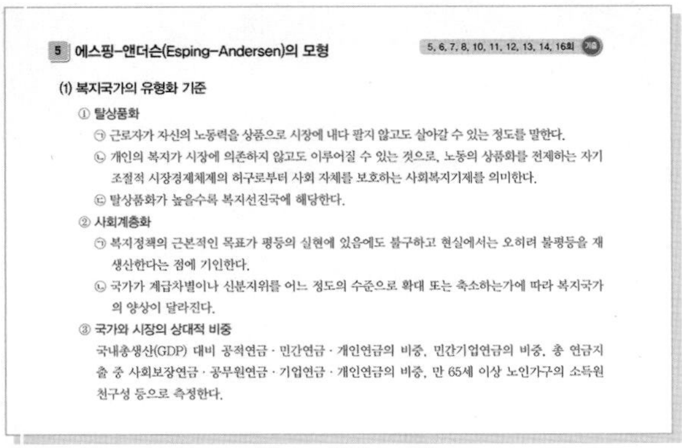

5 에스핑-앤더슨(Esping-Andersen)의 모형 5, 6, 7, 8, 10, 11, 12, 13, 14, 16회 기출

(1) 복지국가의 유형화 기준

① 탈상품화

㉠ 근로자가 자신의 노동력을 상품으로 시장에 내다 팔지 않고도 살아갈 수 있는 정도를 말한다.

㉡ 개인의 복지가 시장에 의존하지 않고도 이루어질 수 있는 것으로, 노동의 상품화를 전제하는 자기조절적 시장경제체제의 허구로부터 사회 자체를 보호하는 사회복지기제를 의미한다.

㉢ 탈상품화가 높을수록 복지선진국에 해당한다.

② 사회계층화

㉠ 복지정책의 근본적인 목표가 평등의 실현에 있음에도 불구하고 현실에서는 오히려 불평등을 재생산한다는 점에 기인한다.

㉡ 국가가 계급차별이나 신분지위를 어느 정도의 수준으로 확대 또는 축소하는가에 따라 복지국가의 양상이 달라진다.

③ 국가와 시장의 상대적 비중

국내총생산(GDP) 대비 공적연금 · 민간연금 · 개인연금의 비중, 민간기업연금의 비중, 총 연금지출 중 사회보장연금 · 공무원연금 · 기업연금 · 개인연금의 비중, 만 65세 이상 노인가구의 소득원천구성 등으로 측정한다.

영역별 핵심이론

학습목표 확인 ▶ 이론 학습 & 출제현황 파악 ▶ Plus One

효과적 · 효율적인 이론학습을 위한 세 가지 장치를 알차게 담았습니다. 학습목표를 통해 챕터의 포인트를 짚고, 1회～20회 시험 동안의 출제현황을 참고하여 학습에 효율을 더해보세요. 자주 출제되거나 더 알아야 하는 이론의 경우 Plus One에 수록하였습니다.

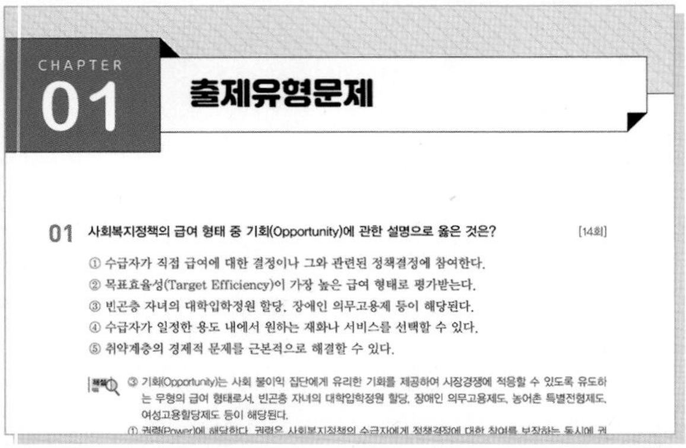

CHAPTER 01 출제유형문제

01 사회복지정책의 급여 형태 중 기회(Opportunity)에 관한 설명으로 옳은 것은? [14회]

① 수급자가 직접 급여에 대한 결정이나 그와 관련된 정책결정에 참여한다.
② 목표효율성(Target Efficiency)이 가장 높은 급여 형태로 평가받는다.
③ 빈곤층 자녀의 대학입학정원 할당, 장애인 의무고용제 등이 해당된다.
④ 수급자가 일정한 용도 내에서 원하는 재화나 서비스를 선택할 수 있다.
⑤ 취약계층의 경제적 문제를 근본적으로 해결할 수 있다.

해설 ③ 기회(Opportunity)는 사회 불이익 집단에게 유리한 기회를 제공하여 시장경쟁에 적응할 수 있도록 유도하는 무형의 급여 형태로서, 빈곤층 자녀의 대학입학정원 할당, 장애인 의무고용제도, 농어촌 특별전형제도, 여성고용할당제도 등이 해당된다.

① 권력(Power)에 해당한다. 권력은 사회복지정책의 수급자에게 정책결정에 대한 참여를 보장하는 동시에 권

출제유형문제 다잡기

영역별 출제유형문제를 풀면서 어떤 문제가 출제될지 알아볼 수 있습니다. 또한 자세하고 꼼꼼한 해설로 모르는 문제도 충분히 해결할 수 있습니다.

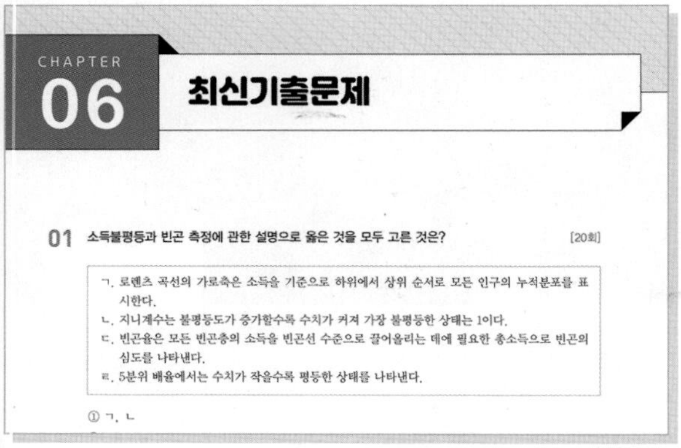

CHAPTER 06 최신기출문제

01 소득불평등과 빈곤 측정에 관한 설명으로 옳은 것을 모두 고른 것은? [20회]

ㄱ. 로렌츠 곡선의 가로축은 소득을 기준으로 하위에서 상위 순서로 모든 인구의 누적분포를 표시한다.
ㄴ. 지니계수는 불평등도가 증가할수록 수치가 커져 가장 불평등한 상태는 1이다.
ㄷ. 빈곤율은 모든 빈곤층의 소득을 빈곤선 수준으로 끌어올리는 데에 필요한 총소득으로 빈곤의 심도를 나타낸다.
ㄹ. 5분위 배율에서는 수치가 작을수록 평등한 상태를 나타낸다.

① ㄱ, ㄴ

최신기출문제 해설

역대 기출문제를 풀면서 실전 감각을 익히고 해설을 통해 한 번 더 복습할 수 있습니다. 시대에듀플러스에서 2022년 제20회 기출문제해설 무료 동영상 강의까지 제공해드립니다.

Plus ⊕ one

사회보험과 공공부조

구 분	사회보험	공
적용조건	강제가입	
대 상	주로 노동가와 그 가족	일반 국
비 용	유상(본인의 기여를 전제)	무상
급여수준	임금비례, 균일액	최
급여시간	대체로 유한	대
급여개시	사고의 발생(자동적)	빈곤하다는
수 급	피보험자 본인 및 그 가족	자산조
기 능	예방적, 방빈적	구빈즈

(4) 사회서비스법

① 국가, 지방자치단체 및 민간부문의 도움이 필요한 모든 국민을 대상으로 제공, 관련 시설의 이용, 역량 개발, 사회참여 지원 등을 통한 삶의 질

Plus one

사회복지사 1급 시험의 오랜 노하우를 가진 저자가 수험생이 어렵게 느낄 수 있는 부분을 콕 짚어서 친절하고 쉽게 설명해줍니다. 이론적 깊이가 있는 내용까지도 섭렵할 수 있습니다.

3 영역 • 사회복지법제론

• 2022년 제20회

문제 키워드	정답 키워드
사회적 기본권	• 모든 국민은 근로의 권리를 가진다. 국가는 사회적 · 경제적 방법으로 근로자의 고과 적정임금의 보장에 노력하여야 하며, 법률이 정하는 바에 의하여 최저임금제를 여야 한다. • 국가는 여자의 복지와 권익의 향상을 위하여 노력하여야 한다. • 공무원인 근로자는 법률이 정하는 자에 한하여 단결권 · 단체교섭권 및 단체행동 진다. • 국가는 평생교육을 진흥하여야 한다. • 국가는 모성의 보호를 위하여 노력하여야 한다.
법원(法源)	• 성문법원 : 헌법, 법률, 명령(대통령령, 총리령, 부령), 자치법규(조례, 규칙), 국제조 제법규 • 불문법원 : 관습법, 판례법, 조리
법률의 제정연도	• 노인복지법 : 1981년 6월 5일 제정, 같은 날 시행 • 영유아보육법 : 1991년 1월 14일 제정, 같은 날 시행 • 고용보험법 : 1993년 12월 27일 제정, 1995년 7월 1일 시행 • 사회보장기본법 : 1995년 12월 30일 제정, 1996년 7월 1일 시행 • 국민건강보험법 : 1999년 2월 8일 제정, 2000년 1월 1일 시행
사회보장제도의 운영원칙	사회보험은 국가의 책임으로 시행하고, 공공부조와 사회서비스는 국가와 지방자치단 임으로 시행하는 것을 원칙으로 한다. 다만, 국가와 지방자치단체의 재정 형편 등을 여 이를 협의 · 조정할 수 있다.
	• 국가와 지방자치단체는 모든 국민의 인간다운 생활을 유지 · 증진하는 책임을 가진 • 국가와 지방자치단체는 사회보장에 관한 책임과 역할을 합리적으로 분담하여야 하

꼭 알아야 할 기출 키워드

최근 7년간 실제 시험(2022년 제20회 ~ 2016년 제14회)에 출제된 키워드를 간략히 정리하였습니다. 본격적인 학습 전후, 꼼꼼히 정리한 꼭 알아야 하는 '정답 키워드'를 통해 최신 출제경향을 빠르게 파악하고, 스스로의 실력을 점검해 봅시다.

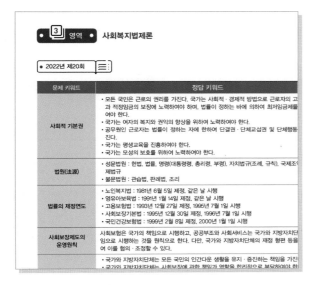

이 책의 구성과 특징

자주 출제되는 이론을 확인할 수 있어!

3 사회복지재화 및 서비스의 국가 제공 필요성(시장실패의 6, 10, 11, 12, 17, 19, 20회 기출

(1) 공공재 성격

교육, 국방 등 재화의 속성으로 인해 공익이나 사회적 필요성에 따라 공급해야 하는 공공재의 경우 국가가 일정하게 책임을 지고 공급할 필요가 있다.

(2) 소득분배의 불공평

시장경제에서는 소득분배에 있어서 불공평 또는 불공정에 의해 가치가 있는 자원을 가진 사람과 그렇지 못한 사람 간에 격차가 발생하며, 그로 인해 사회적 불평등이 야기된다.

(3) 불완전한 시장정보

① 시장은 본래 공정한 경쟁과 교환을 원칙으로 해야 하지만 실제로는 일방에 유리하거나 불리하게 정보의 수급이 비대칭적으로 이루어지는 경우가 있다.
② 특정 정보의 이용이 시장의 불균형을 야기하는 경우 국가가 직접 개입하는 것이 바람직하다.

시장의 불완전성

시장은 완전경쟁이 성립되지 않은 상태에서 독점이나 과점 등이 나타나며, 시장의 자동조절기능이 약화된다.

(5) 외부효과

① 어떠한 경제적 활동이 본래의 의도와는 달리 제3자에게 특정한 혜택을 주거나(예 긍정적 외부효과) 손해를 주는 경우(예 부정적 외부효과)를 말한다.
② 국가는 부정적 외부효과에 대해 적절한 규제를 가하는 대신 긍정적 외부효과를 창출하기 위해 직접적으로 개입하는 것이 바람직하다.

(6) 규모의 경제

생산시장에 있어서 대규모 생산의 경우 평균적인 생산비용의 절감효과를 가져오므로 경제의 효율성과 이윤의 극대화를 위해 국가 차원에서 관리하는 것이 유리한 경우가 있다.

(7) 도덕적 해이

① 보험계약이 가입자들의 동기와 행동에 영향을 끼치는 현상으로 예를 들면, 어떤 사람이 보험에 가입했다고 하여 보험에 가입하기 전에 비해 위험발생을 예방하려는 노력을 덜하게 되는 현상 등을 말한다.
② 도덕적 해이로 인해 보험료가 올라가게 되는 경우 보험가입자 수가 감소하게 되어 민간보험을 통한 제공이 어렵게 된다.

176 | 제1영역 사회복지정책론

이렇게 자세한 설명을 봤어?

중요 내용이 색으로 표시돼서 편해!

③ 진단(Diagnostic Differentiation)에 의한 할당

㉠ 수급자격은 전문가의 진단적 판단에 의해 차등적으로 이루어진다.

㉡ 욕구의 기술적 진단을 토대로 개인적인 할당이 이루어진다.

㉢ 장애인에 대한 장애등급 판정, 치매나 중풍 노인들에 대한 의료서비스가 해당한다.

④ 자산(Means-tested Need)조사에 의한 할당

㉠ 수급자격은 자산조사를 통해 상품의 구매력 유무에 대한 판단으로 이루어진다.

㉡ 욕구의 경제적 기준을 토대로 개인적인 할당이 이루어진다.

㉢ 국민기초생활보장제도와 같은 공공부조가 해당한다.

Plus ⊕ one

대상자 선정의 관점에 의한 할당의 원칙

귀속적 욕구	보 상	진 단	자산조사
제도적 개념 (보편주의)	◀	▶	잔여적 개념 (선별주의)

제1영역

Plus ⊕ one

급여자격 조건에 따른 대상선정 기준의 예 (11, 17회 기출)

구 분	대상선정 기준
국민연금	18세 이상 60세 미만인 국민을 가입대상으로 하여 급여의 종류에 따라 수급연령(인구학적 기준)에 차이가 있으며, 가입자의 연금보험료(기여)를 재원으로 사업이 운영된다. 특히 장애연금의 경우 장애 정도(진단적 구분)에 따라 수급권이 발생한다.
노인장기요양보험	65세 이상의 노인(인구학적 기준) 또는 65세 미만의 자로서 노인성 질병을 가진 사람(진단적 구분)을 대상으로 하며, 가입자의 장기요양보험료(기여)와 국가 및 지방자치단체의 부담금 등을 재원으로 사업이 운영된다.
국민기초생활보장제도	소득인정액(자산조사)과 부양의무자 유무(부양의무자 기준)를 고려한다. 참고로 기존의 생활보호법상 수급요건으로서 인구학적 기준(18세 미만의 아동 및 65세 이상의 노인)에 의한 대상자 구분은 폐지되었다.
기초연금	만 65세 이상의 노인들(인구학적 기준) 중 소득인정액(자산조사)이 선정기준액 이하인 노인을 대상으로 한다.
장애인연금	만 18세 이상(인구학적 기준)의 등록한 중증장애인(진단적 구분) 중 소득인정액(자산조사)이 선정기준액 이하인 사람을 대상으로 한다.
장애수당	만 18세 이상(인구학적 기준)의 등록한 장애인 중 중증장애인이 아닌 사람(진단적 구분)으로서 국민기초생활보장수급자 또는 차상위계층(자산조사)을 대상으로 한다.

안심Touch

남들보다 깊게 공부해야지!

이 책의 구성과 특징

사회복지사 1급은 사회복지전공자와 현직 사회복지사들이 응시하는 국가자격시험임에도 불구하고 평균합격률은 약 38% 정도로 쉽지 않은 시험입니다. 상승한 난이도와 치열한 경쟁률의 어려운 상황을 극복할 수 있는 유일한 방법은 효과적인 계획과 성실함뿐입니다. 이 도서는 자격시험 대비를 위해 효과적으로 구성되었습니다. 다음의 특징을 충분히 활용한다면 방대한 양의 사회복지사 자격시험도 차근차근 완벽하게 학습할 수 있습니다.

1과목 사회복지기초

(인간행동과 사회환경 / 사회복지조사론)

1과목(2영역)은 50분 동안 50문항을 풀이해야 합니다. 기본이론만 튼튼히 다져 놓으면 두고두고 활용할 수 있는 부분입니다. 따라서 이론부터 완벽히 정리하고, 자주 나오는 문제유형만 파악한다면 큰 어려움 없이 점수를 획득할 수 있습니다. 별도로 마련한 접지물 〈학자별 이론 및 발달단계〉를 활용하세요!

2과목 사회복지실천

(사회복지실천론 / 사회복지실천기술론 / 지역사회복지론)

2과목(3영역)은 75분 동안 75문항을 풀이해야 합니다. 사회복지실천론, 사회복지실천기술론은 매년 크게 변동되는 부분이 없습니다. 뿐만 아니라 이 두 영역은 서로 복합된 문제들이 출제되고 있어 두 과목을 연계한 학습이 필요합니다. 지역사회복지론은 변동이 많은 과목으로 매년 변동사항을 꼼꼼히 체크해야 합니다.

3과목 사회복지정책과 제도

(사회복지정책론 / 사회복지행정론 / 사회복지법제론)

3과목(3영역)은 75분 동안 75문항을 풀이해야 합니다. 특히 사회복지정책론, 사회복지법제론은 매년 변동되는 사항이 많으므로 시험 전까지 변동사항들을 정리해 두어야 합니다. 사회복지법제론은 외워야 할 것이 많다고 지레 겁먹기보다는 과락에 유의, 최신유형을 파악하여 효율적으로 학습하는 것이 필요합니다.

※ 표지 이미지는 변경될 수 있습니다.

2022년 제20회 시험 분석

1교시 사회복지기초

'1영역 인간행동과 사회환경'은 지난 제19회 시험에서 무려 3문항이 출제오류로 판정되어 논란이 불거졌던 만큼, 이번 제20회 시험에서는 비교적 평이한 문제들이 주를 이루었습니다. 인간발달에 관한 기본적인 내용에서부터 프로이트, 융, 아들러, 로저스, 매슬로우, 피아제 등 다양한 학자들의 이론들과 함께, 발달단계별 특성에 관한 문제들이 어김없이 출제되었습니다. 특히 이번 시험에서는 브론펜브레너의 미시체계와 거시체계, 행동주의이론의 고전적 조건형성과 조작적 조건형성이 나란히 출제되었으며, 일부 문제들이 사례 형태로 제시된 것이 눈에 띄었습니다.

'2영역 사회복지조사론'은 본래 수험생들이 가장 어렵게 생각하는 영역이나, 과학철학에 관한 문제나 근거이론의 분석방법에 관한 문제 등 일부 어려운 문항들을 제외하고 비교적 무난한 난이도를 보였습니다. 또한 신뢰도와 타당도에 관한 문제가 4문항 출제된 것을 제외하고 전반적으로 고른 영역에서 출제되었습니다. 출제자가 전공교재의 이론 내용을 그대로 출제하기보다 이를 응용하려는 시도를 보여주고 있는데, 특히 측정수준의 문제에서 백신 접종률이나 산불발생 건 수를 예로 든 것이 흥미로웠습니다.

2교시 사회복지실천

'3영역 사회복지실천론'은 일부 문항을 제외하고 사회복지사 시험에서 주로 출제되는 내용들이 문제로 제시되었습니다. 자선조직협회와 인보관 운동, 윤리원칙과 윤리강령, 관계형성의 원칙, 전문적 관계의 특성 등은 거의 매해 출제되는 영역이므로, 이론학습을 충실히 하였다면 문제 풀이에 큰 어려움이 없었을 것으로 보입니다. 다만, 사회복지실천론에서 비중 있게 다루어지지 않은 인권 특성에 관한 문제가 지난 시험에 이어서 다시 등장하였는데, 따라서 문제의 해설을 토대로 간략히 정리해 둘 필요가 있겠습니다.

'4영역 사회복지실천기술론'은 출제자가 이론 내용을 그대로 다루기보다 이를 응용하여 문제를 출제한 만큼 단순암기 위주의 학습을 한 수험생들에게는 매우 어렵게 느껴졌을 것으로 보입니다. 학교장면에서 비협조적인 태도를 보이는 클라이언트를 대상으로 한 초기 접근에 관한 문제, 자녀교육에서 시어머니, 며느리, 남편 간 구조적 갈등을 다룬 사례 문제, 코로나19 감염병으로 인한 실직자를 대상으로 한 위기개입의 문제 등 출제자의 다양한 시도를 엿볼 수 있었습니다.

'5영역 지역사회복지론'도 일부 문항을 제외하고 사회복지사 시험에서 주로 출제되는 내용들이 문제로 제시되었습니다. 지역사회의 기능과 비교척도, 우리나라와 영국의 지역사회복지 역사, 로스만, 테일러와 로버츠, 웨일과 갬블의 지역사회복지실천모델, 지역사회복지실천의 단계 등이 어김없이 출제되었습니다. 사회복지사업법, 사회보장급여법 등을 기반으로 한 문제들도 출제되었으나, 자활사업이나 지역자활에 관한 문제가 예전만큼 중요하게 다루어지지 않는 점이 의아했습니다.

3교시 사회복지정책과 제도

'6영역 사회복지정책론'은 쉬운 문항들과 어려운 문항들이 적절히 혼합된 양상을 보였습니다. 예를 들어, 사회보험과 민영보험의 차이점, 산업재해보상보험의 보험급여 종류 등은 수험생들이 익히 접하는 내용이지만, 국민연금의 연금크레딧제도의 시행순서나 노인장기요양보험의 기금화 법제화를 위한 최근의 경향까지 학습하지는 않았을 것입니다. 또한 우리나라 건강보험제도를 할당, 급여, 전달체계, 재정에 따라 영역 구분을 하는 문제도 매우 까다로웠습니다.

'7영역 사회복지행정론'은 이번 시험에서 가장 어려운 영역이었다고 볼 수 있습니다. 처음 접하는 내용이나 최근 시험에서 잘 출제되지 않았던 내용들도 선보였는데, 현대조직운영의 기법이나 학습조직의 구축요인은 이를 별도로 학습하지 않은 이상 맞히기 어려웠을 것이고, 사회복지행정의 실행 순서를 현대적 과정으로 제시한 문제도 혼란을 유발하기에 충분했을 것입니다. 또한 우리나라의 사회복지정보시스템에 관한 문제는 평소 이를 접해본 사람이 아니고서는 그 구체적인 특징 및 각 시스템의 차이점을 파악하기 어려웠을 것입니다.

'8영역 사회복지법제론'은 사실 암기영역이라 할 수 있는 만큼, 학습시간에 비례하여 점수의 높낮이가 결정된다고 해도 과언이 아닙니다. 사회보장기본법(3문항), 사회보장급여법(2문항), 사회복지사업법(3문항)을 제외하고 출제자가 비교적 다양한 법령에서 문제를 출제하려고 노력한 흔적이 보입니다. 다만, 국민기초생활보장법상 보장기관과 보장시설에 대한 예시와 사회보장기본법상 사회보장위원회의 구성에 포함되는 중앙행정기관의 장에 관한 문제가 수험생들의 혼란을 유발했을 것으로 보입니다.

총평

사회복지사 1급 자격시험의 2021년 제19회 예비합격률이 '60.92%'를 기록한 반면 2022년 제20회 예비합격률이 '36.62%'를 기록했다는 것은, 이번 제20회 시험이 지난 제19회 시험에 비해 상대적으로 어려웠음을 보여줍니다. 사실 이전 제19회 시험의 경우 일부 문항들에서 수험생들의 혼란을 유발하는 의도적인 함정문제들이 감점의 주요 원인이었다면, 이번 제20회 시험에서는 신출문제와 함께 보다 세부적인 내용을 묻는 문제가 감점의 주요 원인이었다고 볼 수 있습니다. 그러나 시험 자체의 특성으로만 본다면, 제19회 시험이 총 4문항의 출제오류를 보인 반면 제20회 시험에서는 공식적인 출제오류 문항이 단 한 문항도 없었다는 점, 그리고 문항의 내용적 측면에서도 출제자들이 나름대로 심혈을 기울인 흔적이 엿보였다는 점에서 긍정적으로 평가할 수 있습니다. 그러나 시험의 합격 여부를 단지 난이도로 귀인하는 것은 바람직한 태도로 볼 수 없습니다.

요컨대, 올해 사회복지사 1급 자격시험도 코로나19 감염병과 함께 치러졌습니다. 변이바이러스의 출몰로 사태의 장기화가 예견된 상황에서, 우리 사회의 작은 불빛이 되고자 노력하는 수험생 여러분의 도전에 뜨거운 박수를 보냅니다.

불필요한 부분은 과감히 생략하고 중요부분은 세밀하게!

사회복지사 1급 합격자 **김 경 태**

오랜 대학 강단에서의 생활을 뒤로한 채 사회복지로의 새로운 길을 나섰을 때, 저는 따뜻한 봉사에의 열정과 냉정한 현실에의 인식 속에서 방황하였습니다. 이는 과거 시민사회단체에 몸담고 있을 당시 느꼈던 젊은 날의 패기와는 사뭇 다른 것이었습니다. 사회봉사의 막연한 즐거움을 위해 제가 가진 많은 것들을 내려놓아야 한다는 것이 그리 쉽지는 않았습니다. 그로 인해 사회복지사라는 새로운 인생의 명함을 가져야겠다는 굳은 결심을 가지지는 않았습니다. 그러나 사회복지학을 공부하면서 '나'에 대한 관심이 '우리'와 '사회'로 확장하고 있음을 느꼈을 때, 이제는 막연한 행동이 아닌 보다 전문적이고 체계적인 수행의 과정이 필요함을 깨달았습니다. 그것이 바로 제가 사회복지사 1급 자격시험에 도전한 이유였습니다.

언제나 시작에는 시행착오가 따라오기 마련입니다. 더욱이 저는 뒤늦게 시험 준비를 하게 되어 과연 어디서부터 시작해야 하는지 알 수 없었습니다. 이미 2학기 시작과 함께 시험 준비에 몰두하던 동기들을 생각할 때마다 뒤쳐진 제 자신의 모습이 안타까웠습니다. 그래도 일단 결심을 굳힌 만큼 작은 목표를 향해 돌진하기로 마음먹었습니다. 8영역이나 되는 방대한 분량이 부담스럽게 다가왔지만, 대학교재와 함께 전문 학습서를 함께 이용하여 나만의 체계적인 공부법을 개발하였습니다. 한 과목에 이틀의 시간을 부여하여, 하루는 학습서에 중요한 내용들을 정리하고, 다음 하루는 정리한 내용들을 숙지하는 방식이었습니다. 공부할 내용이 많으므로 최대한 불필요한 부분을 제외하는 과정이 필요했습니다. 중요한 부분에는 나만의 표시를 해두고, 대학교재에서 관련된 내용을 점검하는 것도 잊지 않았습니다. 따로 정리노트를 만들지는 않았지만, 학습서에 정리한 내용들로 그것을 대체하였습니다. 정리한 내용들을 숙지한 이후 예상문제들을 살펴보는 것도 잊지 않았습니다. 아무래도 학습서의 내용은 요약된 것이기에, 다른 중요한 사항들을 놓칠 수도 있기 때문입니다. 아마도 시험에 응시한 다른 분들도 대부분 비슷한 방법을 이용하지 않았을까 생각해봅니다. 하지만 이미 시험을 치른 경험자로서 사회복지사 1급 시험에 합격하기 위한 기본적인 자세에 대해 이야기하고 싶습니다.

첫째, 암기는 삼가라.

방대한 공부 분량을 암기로 소화한다는 것은 무리입니다. 그것은 오히려 공부에의 열의를 떨어뜨릴 수 있는 극약이 될 수 있습니다. 더욱이 최근 시험에서는(특히 사회복지법제론의 경우) 중요부분에 대한 집중적인 질문보다는 다양한 범위에서의 매우 포괄적인 질문이 많이 제시되었습니다.

둘째, 문제를 많이 풀어보라.

사실 저는 기출문제들을 많이 접하지는 못했습니다. 다만 학습서에 있는 문제들을 풀어보며, 내용 정리에서 놓친 부분들을 많이 보완할 수 있었습니다. 그리고 무엇보다도 문제를 많이 풀어봄으로써 시험에 대한 감각을 조율할 수 있었습니다.

셋째, 시간 사용에 유의하라.

이 말은 단지 학습 진도를 효율적으로 관리하라는 의미만은 아닙니다. 고사장에서 매 교시 주어지는 시간이 문제를 세심히 살피는 데 넉넉한 것은 아니므로, 문제풀이에 몰두하는 가운데 종종 시간을 확인하는 과정이 필요하다는 것입니다. 이는 시험을 보기 전날 실전상황을 가정하여 기출문제를 풀어보는 것으로 해결되리라 생각합니다.

선택의 결과에 대한 책임이 언제나 본인에게 있듯, 합격의 여부 또한 평소 자신이 얼마나 열심히 공부에 임했는가에 달려 있는 듯합니다. 저와 마찬가지로 새로운 도전에 임하여 미래를 꿈꾸는 모든 분들께 좋은 결과가 있기를 진심으로 기원합니다.

새롭게 공부를 시작한다면... 그래, 이왕 하는 거 끝을 보자!

사회복지사 1급 합격자 **최 소 은**

3년 전 저는 가정주부로서 반복되는 일상에 이미 지친 상태였습니다. 그리고 아이를 낳은 이후에는 점점 '나'의 존재가 작아지는 듯한 느낌에 약간의 우울증을 앓기까지 하였습니다. 오후 시간 아이를 낮잠 재우고 잠시 집안일에서 벗어날 때면, 알 수 없는 우울한 감정이 가슴 깊숙한 곳에서 올라오는 것이었습니다. 더 이상 남편도 아이도 나의 생활에 활기를 북돋워주기에는 역부족이라는 사실을 깨닫게 되었습니다.

그러던 어느 날 학창시절 절친했던 한 친구의 전화를 받았습니다. 그 친구와 마지막으로 연락을 한 것도 이미 수년이 지났습니다. 전화상 친구의 목소리는 매우 밝았습니다. 오랜 기다림 끝에 만난 연인처럼, 우린 그동안에 일어났던 사소한 일들에 대해 수다를 나누었습니다. 그러던 중 그 친구도 저와 비슷하게 우울증을 앓았음을 알게 되었습니다. 그리고 결혼하기 직전 많은 조언을 건네주었듯, 이번에도 그 친구는 제게 인생의 선배로서 자신의 경험담을 늘어놓았습니다. 자신의 삶을 찾기 위해 사회복지사를 공부하게 된 것, 그리고 지역아동센터에서 일을 하게 된 것 등… 저는 친구의 이야기를 들으면서 그것이 곧 나의 미래임을 직감하게 되었습니다. 제가 사회복지사 공부를 하기로 결심한 계기는 그와 같습니다.

오랫동안 책을 멀리 했기에 새롭게 공부를 시작한다는 것이 쉽지는 않았습니다. 더욱이 아이를 키우는 입장이라 일반대학은 생각도 할 수 없었습니다. 하지만 이미 결심을 굳힌 터라 사이버 온라인 강의를 신청하였고, 주경야독의 힘든 역경을 이겨내자고 스스로를 다독였습니다. 시험에 대한 엄청난 스트레스를 극복하고 한 학기를 무사히 마쳤습니다. 친정어머니의 도움으로 실습도 끝냈습니다. 하지만 문득 친구의 말이 떠올랐습니다. "시간만 있으면 1급 시험을 볼 텐데…"라는 아쉬움의 한숨과 함께… 저는 순간 지금의 도전을 끝까지 밀고 나가고 싶은 열의에 사로잡혔습니다.

시험에 대비하기 위해서는 대학교재보다 수험서를 이용하는 것이 낫다는 주위의 충고를 듣고, SD에듀의 수험서를 구매하였습니다. 확실히 시험에 나오는 것들을 중심으로 정리가 체계적으로 되어 있었고 중요한 부분에 대한 보충설명이 비교적 상세히 나와 있어, 공부를 하는 데 훨씬 수월하였습니다. 중요한 단어나 문장에 대해 등급을 나누어 형광펜으로 체크를 해두었고, 시험 전날을 대비하기 위해 암기용 노트를 작성하기도 하였습니다. 또한 어떤 문제들이 출제되고 있는지 기출문제를 점검하고, 공부한 내용들을 재확인하기 위해 수시로 예상문제들을 살펴보았습니다.

실제 시험문제들을 접해보니, 생각보다 쉬운 게 아님을 알게 되었습니다. 온라인 강의로 들었던 내용들에서 벗어나 시사상식이라든지 사회적인 이슈 등이 매우 포괄적으로 다루어지고 있음을 확인하게 되었습니다. 그래서 수험서 한 쪽 귀퉁이에 신문에 게재된 사회복지 관련 기사들을 붙여놓고는 이론적인 내용과 접목시켜 보는 것도 잊지 않았습니다.

시험 날 아이를 남편에게 맡기고는 비장한 각오로 시험장을 향했습니다. 아마도 1년에 단 한 번인 기회라, 더욱이 친정과 남편에게 양해를 구하며 어렵게 해왔던 공부라, 이번이 아니면 끝이라는 생각이 마음을 더욱 무겁게 만들었나봅니다. 무사히 모든 시험을 마치고 집으로 향하던 길… 저는 다시금 친구의 말을 되새겨 보며 가슴 속으로 이렇게 외쳤습니다. "이제 시작이다!"

지역아동센터에서 사회복지사로 일을 시작하게 되었을 때, 저는 남편과 아이에 대한 미안함보다는 그동안 잃어버린 그 무엇을 되찾은듯한 마음에 들떠있기까지 하였습니다. 아마도 센터를 찾는 아이들의 밝은 미소가 제 마음에 있던 어두운 그림자를 사라지게 만든 것 같습니다. 시작이 반이라는 말이 있는 것처럼, 제 인생의 절반도 이제부터 시작하게 된 것입니다.

이것이 궁금해요

Q 사회복지사는 무슨 일을 하나요?

A 사회복지사는 개인적, 가정적, 사회적으로 어려움을 겪고 있는 사람들이 스스로 문제를 해결하여 자신이 원하는 삶을 찾고, 안정된 생활을 할 수 있도록 돕는 전문인력입니다. 사회복지사는 과거 아동보육시설과 공공부문에서만 활동하던 것에서 최근에는 기업, 학교, 군대, 병원 등으로 활동영역이 확대되었으며, 다양한 분야에서 사회복지에 대한 수요가 증가하고 있는 만큼 향후 사회 전반에서 사회복지사의 업무가 요구될 것으로 보입니다.

Q 사회복지사 자격증을 취득하기 위해 어떤 조건이 필요한가요?

A 대학에서 사회복지학을 전공하거나, 학점은행제, 평생교육원 등에서 필요한 수업을 이수하여 자격을 취득할 수 있습니다. 일정 학점의 수업이수(14과목)와 현장실습(120시간) 요건이 충족되면 사회복지사 2급 자격을 취득할 수 있으며, 1급은 사회복지학 학사학위 취득자, 대학원에서 사회복지학 또는 사회사업학을 전공한 석사 또는 박사 학위 취득자가 별도의 시험을 통해 자격을 취득하게 됩니다.

사회복지사 2급 자격증을 취득하는 인력이 많아지면서 기관에 따라서 1급 자격증 소지자에 대한 요구로 차별화가 있을 수 있으며, 장기적으로 사회복지현장에서 일하며 관리자급으로 승진 및 경력을 쌓고자 한다면 사회복지사 1급 자격증을 취득하는 것이 경쟁력이 있다고 할 수 있겠지요.

Q 사회복지사는 어떤 적성을 가진 사람에게 적합할까요?

A 투철한 소명의식과 봉사정신을 갖춘 사람에게 적합하며, 관련 분야에 대한 충분한 전문지식과 직업인으로서의 사명감이 있어야 사회복지사로 활동할 수 있습니다. 복지서비스 수요자를 직접 대면하는 일이 많은 만큼 사람에 대한 공감능력과 이해심, 사회성이 요구됩니다. 직무수행 과정에서 다양한 일이 발생하므로 직관적인 대처능력도 필요합니다. 복지서비스 대상자와의 관계를 수평적으로 설정하고 파트너십을 형성하며, 사람의 삶이 변화되는 과정에 대한 책임감과 대상자에 대한 진실성 있는 자세도 중요합니다.

또한, 국민의 세금으로 복지제도가 운영되는 만큼 최소 비용으로 최대의 효과를 낼 수 있는 복지 서비스를 기획할 수 있어야 하며, 복지 대상자를 결정할 합리적 기준도 마련해야 합니다. 따라서 냉철한 판단력이 요구됩니다.

사회복지 프로그램 및 서비스를 지속적으로 개발해야 하므로 다양한 분야에 대한 호기심과 높은 창의력도 필요합니다.

Q 사회복지사 1급 시험의 응시현황과 합격률이 궁금합니다. 알려주세요.

A 사회복지사 1급 연도별 현황

구 분	응시인원(명)	합격인원(명)	합격률(%)	시험과목	문항 수
20회(2022)	24,248	8,753	36	필수 8과목	200
19회(2021)	28,391	17,158	60		
18회(2020)	25,462	8,388	33		
17회(2019)	22,646	7,734	34		
16회(2018)	21,975	7,352	34		
15회(2017)	19,514	5,250	27		
14회(2016)	20,946	9,846	47		
13회(2015)	21,393	6,764	31		
12회(2014)	22,600	6,364	28		
11회(2013)	20,544	5,809	28		240
10회(2012)	23,627	10,254	43		
9회(2011)	21,868	3,119	14		
8회(2010)	23,050	9,700	42		
7회(2009)	22,753	7,081	31		
6회(2008)	19,493	9,034	46		
5회(2007)	16,166	4,006	25		
4회(2006)	12,151	5,056	42		
3회(2005)	8,635	3,731	43		
2회(2004)	7,233	4,543	63	필수 6과목 선택 2과목	300
1회(2003)	5,190	3,487	67		

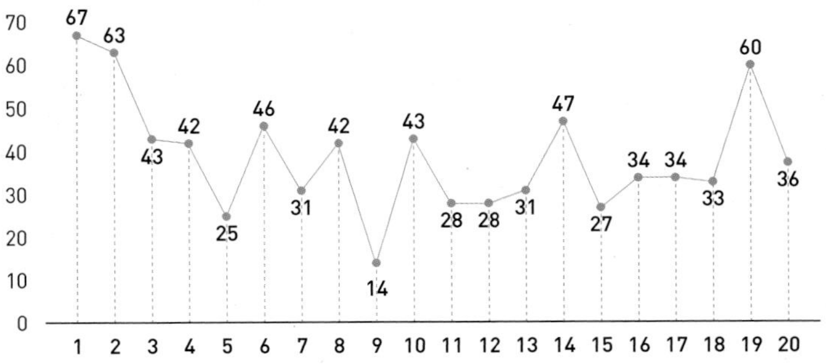

Q 정신보건사회복지사 자격증을 취득하고 싶어요!

A

정신보건사회복지사는 사회복지사 1급 자격 소지자가 보건복지부장관이 지정한 전문요원수련기관에서 1년 이상의 수련을 마치고 자격시험에 통과하면 정신보건사회복지사 2급을 취득할 수 있습니다. 사회복지학 또는 사회사업학을 전공한 석사학위 이상 소지자가 전문요원수련기관에서 3년 이상의 수련을 마치면 정신보건사회복지사 1급 자격을 취득할 수 있습니다.

머리말

사회복지사는 개인적 · 가정적 · 사회적으로 어려움을 겪고 있거나 문제가 있을 것으로 예상되는 대상자들에게 접근하여 상담을 통해 어떤 도움이 필요한지 파악하고, 이에 대한 지원 및 프로그램 등을 통해 스스로 문제를 해결하고 자신이 원하는 삶을 찾을 수 있도록 돕는 전문적인 직업인입니다.

사회복지사 2급 자격증은 4년제와 2년제 대학교에서 사회복지를 전공하였거나 사이버 강의를 통한 학점이수로 누구나 취득할 수 있으나, 1급은 1년에 한 번 국가시험에 응시하여 매 과목 4할 이상 전 과목 6할 이상을 득점해야 취득할 수 있습니다. 또한 사회복지사 1급 시험의 합격률은 매년 차이가 있으나 평균 40% 이하로 유지되고 있습니다. 그 원인에 대해서는 사회복지사 1급 시험의 난이도 상승도 한 가지 이유라고 판단됩니다. 상승한 난이도와 치열한 경쟁률의 어려운 상황을 극복할 수 있는 유일한 방법은 효과적인 계획과 성실함뿐입니다.

SD에듀는 수험생들의 학습의 기초부터 돕기 위해 실제 시험과 마찬가지로 교시(과목)별로 구성한 〈사회복지사 1급 기본서〉 시리즈를 출간하였습니다. 다음 도서의 특징을 활용한다면 더욱 효과적으로 학습하실 수 있습니다.

첫 째 기초부터 심화까지!

꼭 알아야 하는 핵심이론 반드시 알아야 하는 기본이론뿐만 아니라 보충 · 심화내용까지 담았습니다. 챕터별로 수록한 '학습목표'로 포인트를 짚고, 최근 출제경향을 꼼꼼히 반영한 이론들을 통해 합격에 더욱 가까워질 수 있습니다.

둘 째 출제유형 · 최신기출문제로 백발백중!

챕터별 '출제유형문제, 최신기출문제'를 통해 학습한 내용을 문제에 바로 적용해 보고, 다양한 문제 유형과 최신 출제경향까지 충분히 파악할 수 있습니다.

셋 째 꼭 알아야 할 기출 키워드

최근 7년간 실제 시험(2022년 제20회～2016년 제14회)에 출제된 키워드를 간략히 정리하였습니다. 본격적인 학습 전후, 꼼꼼히 정리한 꼭 알아야 하는 '정답 키워드'를 통해 최신 출제경향을 빠르게 파악하고, 스스로의 실력을 점검할 수 있습니다.

SD에듀는 원하는 분야에서 자신의 역량을 발휘할 수 있는 전문인을 희망하며 사회복지사 1급 시험에 도전하는 모든 수험생들의 합격을 진심으로 기원합니다.

사회복지사 수험연구소 씀

시험안내

※ 자격시험에 대한 정보는 시행처 사정에 따라 변경될 수 있으므로 수험생 분들은 반드시 응시하려는 자격증의 해당 회차 시험공고를 확인하시기 바랍니다.

시험정보

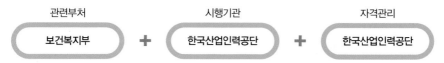

관련부처		시행기관		자격관리
보건복지부	+	한국산업인력공단	+	한국산업인력공단

시험과목 및 시험방법

구 분	시험과목	문제형식	시험영역	시험시간(일반)
1교시	사회복지기초(50문항)	객관식 5지선다형	• 인간행동과 사회환경 • 사회복지조사론	50분
2교시	사회복지실천(75문항)		• 사회복지실천론 • 사회복지실천기술론 • 지역사회복지론	75분
3교시	사회복지정책과 제도(75문항)		• 사회복지정책론 • 사회복지행정론 • 사회복지법제론	75분

합격자 결정기준

❶ 매 과목 4할 이상, 전 과목 총점의 6할 이상을 득점한 자를 합격예정자로 결정함

❷ 합격예정자에 대해서는 한국사회복지사협회에서 응시자격 서류심사를 실시하며 심사결과 부적격 사유에 해당되거나, 응시자격서류를 정해진 기한 내에 제출하지 않은 경우에는 합격 예정을 취소함

※ 필기시험에 합격하고 응시자격 서류심사에 통과한 자를 최종합격자로 결정

❸ 최종합격자 발표 후라도 제출된 서류 등의 기재사항이 사실과 다르거나 응시자격 부적격 사유가 발견될 때에는 합격을 취소함

시험일정

원서접수
2022년 12월 중

시험시행
2023년 1월 중

합격예정자 발표
2023년 2월 중

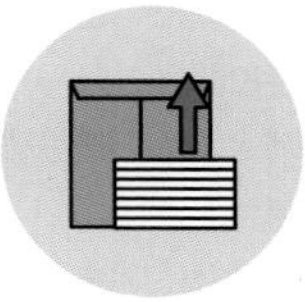

응시자격서류제출
2023년 2～3월 중

최종합격자 발표
2023년 3월 중

이 책의 목차

빨리보는

간단한 키워드

1영역

사회복지정책론

빨리보는 간단한 키워드

꼭 알아야 할
기출 키워드

최근 7년간 실제 시험(2022년 제20회~2016년 제14회)에 출제된 키워드를 간략히 정리하였습니다. 본격적인 학습 전후, 꼼꼼히 정리한 꼭 알아야 하는 '정답 키워드'를 통해 최신 출제경향을 빠르게 파악하고, 스스로의 실력을 점검해 봅시다.

1 영역 사회복지정책론

2022년 제20회

문제 키워드	정답 키워드
조지와 윌딩 (V. George & P. Wilding)의 사회복지모형	페이비언 사회주의(Fabian Socialism)는 복지국가를 사회주의의 한 과정으로 인식하면서, 시장경제의 문제점을 제거하기 위해 정부가 적극적으로 개입해야 한다고 주장한다. 또한 사회통합과 평등 추구를 위한 사회복지정책 확대를 지지하면서, 민주주의에 기반을 둔 대중의 참여를 강조한다.
사회복지정책의 가치	• 적극적 자유는 자신이 원하는 것을 할 수 있는 자유로서 능력(Capacity)의 측면을 강조한다. • 소극적 자유는 타인의 간섭이나 구속(의지)으로부터의 자유로서 기회(Opportunity)의 측면을 강조한다.
국민연금의 연금크레딧제도	• 출산크레딧 – 출산 장려를 위하여 2명 이상의 자녀가 있는 가입자 또는 가입자이었던 자에게 국민연금 가입기간을 추가로 인정한다. – 2007년 제2차 제도 개혁에 따라 도입된 것으로, 2008년 1월 1일 이후 출산 · 입양한 자녀부터 인정한다. • 군복무크레딧 – 병역의무를 이행한 자에게 군복무기간 중 6개월을 국민연금 가입기간에 추가로 산입한다. – 2007년 제2차 제도 개혁에 따라 도입된 것으로, 2008년 1월 1일 이후 군에 입대하는 자부터 인정한다. • 실업크레딧 – 실업에 따른 국민연금 사각지대의 해소를 위하여 고용보험법상 구직급여 수급자에 대하여 본인일부부담을 전제로 가입기간을 추가로 산입한다. – 2015년 1월 28일 「국민연금법」 개정, 2016년 5월 29일 「고용보험법」 개정을 통해 2016년 8월 1일부터 시행되고 있다.

행위별수가제와 포괄수가제	• 행위별수가제 – 의료진의 진료행위 하나하나가 의료기관의 수익에 직결되므로 과잉진료를 유도할 수 있다. – 의료진의 진료행위에 대한 자율성이 확보되는 장점이 있으나, 불필요하게 제공된 진료행위만큼 환자의 경제적 부담이 늘어나고 건강보험 재정도 낭비되는 단점도 있다. • 포괄수가제 – 포괄수가제가 적용되는 질병군에 대한 처치는 주로 발생빈도가 높고 비교적 합병증이 적은 간단한 외과적 수술에 속한다. – 행위별수가제에서 보험이 적용되지 않던 처치, 약제, 재료 등을 보험으로 적용함으로써 환자의 본인부담금이 평균 21% 줄어든다는 연구 결과도 있다.
사회보험과 민영보험의 차이점	사회보험은 현금급여와 현물급여를 병행하지만, 민영보험(민간보험)은 일반적으로 현금급여를 제공하는 경향이 있다.
산업재해보상보험의 급여	산업재해보상보험법상 보험급여의 종류(산업재해보상보험법 제36조 제1항 참조) • 요양급여 • 장해급여 • 유족급여 • 장례비 • 휴업급여 • 간병급여 • 상병보상연금 • 직업재활급여
국민기초생활보장제도	사회복지전담공무원은 「국민기초생활보장법」에 따른 급여를 필요로 하는 사람이 누락되지 아니하도록 하기 위하여 관할지역에 거주하는 수급권자에 대한 급여를 직권으로 신청할 수 있다. 이 경우 수급권자의 동의를 구하여야 하며 수급권자의 동의는 수급권자의 신청으로 볼 수 있다(국민기초생활보장법 제21조 제2항).
복지국가 유형화 기준으로서 탈상품화(Decommodification)	• 에스핑–앤더슨(Esping–Andersen)은 탈상품화 정도, 사회계층화(계층화) 유형, 국가와 시장의 상대적 비중 등 세 가지 기준을 토대로 복지국가를 '자유주의 복지국가', '보수주의(조합주의) 복지국가', '사회민주주의(사민주의) 복지국가'의 세 가지 형태로 구분하였다. • 복지국가 유형화 기준의 핵심개념으로서 '탈상품화'는 근로자가 자신의 노동력을 상품으로 시장에 내다 팔지 않고도 살아갈 수 있는 정도를 말한다. • 자유주의 복지국가는 노동력의 탈상품화 정도가 최소화되어 나타나는 반면, 사회민주주의(사민주의) 복지국가는 노동력의 탈상품화 정도가 가장 높게 나타난다.
사회복지재화 및 서비스의 국가 제공의 필요성	• 공공재 성격 • 불완전한 시장정보 • 외부효과 • 도덕적 해이 • 위험발생의 비독립성 등 • 소득분배의 불공평 • 시장의 불완전성 • 규모의 경제 • 역의 선택
사회복지 역사	• 엘리자베스 빈민법(1601년)이 국가와 특권적 지주계급의 지배연합이 구축해온 봉건적 정치 · 경제질서 유지를 위한 수단이었다면, 신빈민법(1834년)은 국가와 자본가 계급의 지배연합이 구축한 자본주의적 정치 · 경제질서 유지를 위한 수단이었다. • 미국의 사회보장법(1935)은 대공황으로 인한 사회문제의 확산을 계기로 제정된 것으로, 사회복지에 대한 연방정부의 책임 확대를 가져왔다. 특히 연방정부의 적극적인 개입(케인즈식 국가개입주의)을 통한 경제회복을 주된 목적으로 하였다.
건강보험제도	• 국민건강보험은 개인의 경제적 기여에 대한 보상에 근거한다. • 국민건강보험의 보험급여는 현물급여로서 요양급여와 건강검진, 현금급여로서 요양비, 장애인 보조기기 급여비, 본인부담액 상한제 등으로 구분된다. • 국민건강보험의 급여전달은 정부와 민간부문의 혼합체계로 이루어진다. 즉, 급여 · 서비스는 주로 민간부문이 제공하되 그 재정적 지원은 정부가 담당하는 형태로, 이 경우 급여의 내용 및 형태, 수급자 대상 등에 대해 정부가 규제하게 된다. • 국민건강보험의 재원은 가입자와 사용자로부터 징수한 보험료, 국고보조금 및 국민건강증진기금, 기타 수입(연체금, 부당이득금, 기타징수금 등)으로 조달된다

기업복지의 장점	• 기업이 직원들에게 제공하는 기업복지는 소득역진적 성격이 강하다 • 노사관계의 안정화 기능을 수행한다. • 근로의욕을 고취하여 생산성이 향상하는 효과가 있다. • 기업에 대한 사회적 이미지를 제고하는 기능이 있다. • 기업의 입장에서 임금을 높여주는 것보다 조세부담의 측면에 유리하다.
사회복지정책의 발달이론	• 산업화론 : 농경사회에서 산업사회로 변화하면서 사회문제가 발생하였고, 그 대책으로 사회복지정책이 발달하였다. • 권력자원론 : 복지국가 발전의 중요 변수들은 노동조합의 중앙집중화 정도, 노동자 정당의 영향력 등이다. • 수렴이론 : 산업화가 촉발시킨 사회문제에 대한 대응으로 사회복지제도가 확대된다고 주장한다. • 시민권론 : 마샬(T. H. Marshall)에 따르면 시민권은 공민권, 참정권, 사회권 순서로 발전하였고, 사회복지정책은 사회권이 발달한 결과이다. • 국가중심적 이론 : 적극적 행위자로서 국가를 강조하고 사회복지정책의 발전을 국가 관료제의 영향으로 설명한다.
소득재분배	• 수직적 재분배 : 소득수준을 기준으로 한 소득계층 간 재분배 형태로서, 대체적으로 소득이 높은 계층으로부터 소득이 낮은 계층으로 재분배가 이루어진다. • 수평적 재분배 : 소득수준과 관계없이 특정한 사회적 기준을 토대로 해당 조건을 갖춘 사람들에게 재분배가 이루어진다. 참고로 누진적 재분배 효과는 소득이 높은 계층으로부터 소득이 낮은 계층으로 자원이 이전되는 수직적 재분배에서 주로 나타난다. • 세대 내 재분배 : 동일한 세대 내에서 소득이 재분배되는 형태이다. 참고로 한 세대에서 다음 세대로 소득이 이전되는 것은 세대 간 재분배에 해당한다. • 세대 간 재분배 : 부과방식을 통해, 세대 내 재분배는 적립방식을 통해 운영된다.
사회투자전략	사회투자전략은 인적자본의 근본적 육성을 통한 사회참여의 촉진을 목표로 한다. 특히 아동세대에게 교육기회를 제공하여 미래의 근로능력을 향상시키는 방식으로 기회의 평등을 통한 인적자원의 투자를 강조한다.

• 2021년 제19회

문제 키워드	정답 키워드
사회복지정책의 원칙과 기능	• 사회복지정책은 사회연대의식에 기초하여 사회적 평등을 실현하며, 사회적 적절성을 확보하는 것을 원칙으로 한다. • 사회복지정책은 시장에서 일차적으로 배분된 소득을 다양한 방향으로 재분배하는 기능을 수행한다. • 사회복지정책은 경기 상승 시 경기가 과열되지 않도록 막는 한편, 경기 하락 시 과도한 하락을 방지해 주는 경제의 자동안정장치 기능을 수행한다. • 사회복지정책은 빈곤층과 자력으로 삶을 영위할 수 없는 사람에게 최저생활을 보장하는 기능을 수행한다. • 사회복지정책은 사회적 약자의 어려움을 해결하고 사회질서의 유지와 사회안정을 도모하는 기능을 수행한다.

공공재(Public Goods)의 특성	• 공공재는 민간재와 달리 비경합성, 비배제성, 비분할성, 무임승차 가능성을 지니는 재화로 정의된다(예 국방, 실업보험 등). • 시장 메커니즘에 의해 효율적으로 공급될 수 있는 민간재와 달리, 공공재는 합리적인 개인이라면 가질 수 있는 무임승차의 유혹으로 시장 메커니즘에 의해 효율적으로 공급되지 못한다. • 공공재의 생산과 소비에는 그것으로 이득을 보는 사람과 손해를 보는 사람이 있기 마련이므로, 그로 인한 갈등을 해소하기 위해 관련 당사자들 간의 협상, 조정, 통합 등 여러 방안들을 통해 공공재 공급의 효율성을 모색하여야 한다.
과정분석(Studies of Process)	• 정책형성에 영향을 미치는 사회정치적 · 기술적 · 방법적 변수를 중심으로 분석하는 접근방법으로, 복지정책의 계획과 관련된 각종 정보와 함께 다양한 정치집단, 정부조직, 그리고 이익집단 간의 관계 및 상호작용이 정책형성에 어떻게 영향을 미치는가를 분석하는 데 초점을 둔다. • 연구목적에 따라 사회복지정책의 형성과정 전체를 분석할 수도 있고, 특정 사회복지정책을 선택하여 깊이 있게 분석할 수도 있으며, 시간적 차원으로 장기간에 걸친 정책발달을 다룰 수도 혹은 단기간의 정책발달을 다룰 수도 있다. • 사회복지 정책형성에 영향을 미치는 사회적 · 정치적 · 경제적인 배경요인을 파악할 수 있는 장점이 있으나, 연구자의 주관에 근거하는 만큼 그의 관점, 가치, 편견 등이 개입될 소지가 있다.
선별주의에 근거한 제도	• 장애인연금은 만 18세 이상의 등록한 중증장애인 중 소득인정액(→ 자산조사)이 선정기준액 이하인 사람을 대상으로 한다. • 기초연금은 만 65세 이상의 노인들 중 소득인정액(→ 자산조사)이 선정기준액 이하인 노인을 대상으로 한다. • 의료급여는 부양의무자가 없거나, 부양의무자가 있어도 부양능력이 없거나 부양을 받을 수 없는 사람으로서 그 소득인정액(→ 자산조사)이 의료급여 선정기준 이하인 사람을 대상으로 한다.
불완전한 시장에서의 사회복지전달체계	• 가격기구(Price Mechanism)는 자원의 효율적 배분이 이루어지도록 해 주는 시장메커니즘을 일컫는 것으로, 가격이 경제 안에서 여러 가지 기능을 수행하는 하나의 기구와 같다는 의미에서 비롯된 용어이다. • 완전경쟁시장이라는 가정 하에서 재화의 가격이 그 재화를 생산할 때의 한계사회적 비용(Marginal Social Costs)과 그 재화가 소비자에게 주는 한계가치(Marginal Value)를 동시에 반영한다면, 공공부문 사업의 비용과 편익을 평가할 때도 시장가격을 사용하면 된다. • 그러나 현실적으로 시장은 독과점이 존재하며, 공공재, 외부효과, 불완전한 정보 등의 이유로 불완전하다. 따라서 정부가 공공부문 사업의 비용과 편익을 계산할 때는 시장실패의 다양한 원인을 고려하여 시장가격을 조정해야 한다.
사회복지정책의 수급조건	• 귀속적 욕구 : 욕구의 규범적 준거를 토대로 특정 집단에 소속된 사람들의 공통적 욕구에 대해 집단적 할당이 이루어진다. • 보상 : 형평의 규범적 준거를 토대로 수급자 선정기준에 따른 집단적 할당이 이루어진다. • 진단 : 욕구의 기술적 진단을 토대로 개인적인 할당이 이루어진다. • 자산조사 : 욕구의 경제적 기준을 토대로 개인적인 할당이 이루어진다.
빈곤의 기준을 정하는 방법	• 우리나라의 국민기초생활보장제도는 상대적 빈곤 문제에 보다 효과적으로 대응하기 위해 복지사업의 주요 기준으로 기존의 '최저생계비' 대신 '중위소득(기준 중위소득)'을 적용하고 있다. 즉, 최저생계비 기준의 절대적 빈곤 개념에서 중위소득 기준의 상대적 빈곤 개념으로 전환한 것이다. • 영양학자에 의해 계측된 최저식품비에 엥겔계수(식료품비/총소득)의 역수를 곱한 금액을 빈곤선으로 보는 방식은 반(半)물량 방식이다. • 라이덴 방식은 주관적 빈곤 측정방식이다. • 평균소득이나 중위소득 혹은 지출의 몇 % 이하에 해당하느냐에 따라 빈곤선을 결정하는 것은 소득과 지출을 이용한 상대적 추정 방식이다. • 중위소득 또는 평균소득을 근거로 빈곤선을 측정하는 것은 상대적 빈곤 측정방식이다.

국민건강보험제도	• 1977년 건강보험을 시작할 때는 조합방식을 채택하여 직장과 지역의 많은 의료보험조합으로 분리되어 있었다. 그러나 1999년 국민건강보험법 제정에 따라 조합방식에서 통합방식으로 전환되었으며, 2003년 7월 직장재정과 지역재정의 재정통합이 이루어졌다. • 국내에 거주하는 국민을 적용 대상으로 하며, 법률에 의해 강제가입 된다. • 건강보험료는 소득비례제(Earning-related)를 채택하여 소득이 많을수록 더 많은 보험료를 부담하므로 어느 정도 수직적 소득재분배 기능을 가진다고 볼 수 있다. 다만, 누진적 소득세에 비해 그 효과가 적고, 보험료 한도액의 설정으로 고소득층으로부터의 재분배에 한계가 있다. • 국민건강보험의 보험자는 국민건강보험공단으로 한다. • 직장가입자가 지급받는 보수를 기준으로 하여 산정한 보수월액에 보험료율을 곱하여 얻은 금액을 직장가입자의 보수월액보험료로 한다.
연금제도의 적립방식과 부과방식	• 적립방식의 연금제도는 세대 내 재분배에 유리한 반면, 부과방식의 연금제도는 세대 간 재분배에 효과적이다. • 자본축적 효과가 큰 것은 적립방식이다. 적립방식은 가입자들 각자가 보험료를 납부하여 축적한 적립기금으로 자신들의 노후를 보장하는 방식이기 때문이다. • 부과방식은 적립방식에 비해 기금확보가 더 불리하다. 부과방식은 노령화 등 인구 구성의 변동에 취약하며, 상대적으로 재정운영의 불안정성이 존재하기 때문이다.
사회복지정책 평가유형	• 총괄평가는 정책이 집행되고 난 후 정책이 사회에 미친 영향을 추정하는 활동으로 '정책영향평가'또는 '결과평가'라고도 부른다. • 과정평가는 정책집행이 이루어지는 과정을 평가하는 활동을 말한다. • 정책집행의 결과에 따라 정책의 목적이 달성되었는지를 평가하는 것은 효과성 평가이다. • 정책 목표 달성을 위한 비용 대비 편익을 비교하는 것으로, 정책에 투입된 자원이 얼마나 경제적으로 활용되었는가를 평가하는 것은 효율성 평가이다.

• 2020년 제18회

문제 키워드	정답 키워드
길버트법(1782년)	원내구제와 원외구제를 인정하는 인도주의적 · 이상주의적 구제법으로 과거의 시설구호 원칙에서 거택보호의 원칙으로 전환되는 계기가 됨
신구빈법(1834년)	피구제 빈민 생활상황이 자활의 최하급 노동자의 생활조건보다 높지 않은 수준에서 보호되어야 한다는 '열등처우의 원칙'을 확립
비스마르크(Bismarck)의 사회보험 입법 순서	국가 주도하에 1883년 질병(건강)보험, 1884년 산업재해보험, 1889년 노령 및 폐질보험(노령폐질연금) 순으로 사회보험 입법 추진
사회보장법(1935년)	• 미국 사회보장 제도의 근간이 되는 것으로서, 실업보험, 노령연금, 공공부조, 보건 및 복지서비스 프로그램 등으로 구성됨 • 보편적 의료보험제도를 도입하려는 시도는 2010년 이른바 '오바마케어'로 불리는 '환자보호 및 적정부담돌봄법(PPACA ; Patient Protection and Affordable Care Act)'을 시작으로 몇 차례 있었으나, 아직까지 전 국민을 대상으로 완전한 형태의 보편적 의료보험제도는 시행되고 있지 않음
베버리지 보고서(1942)	정액기여-정액급여 방식의 사회보험 도입을 주장

베버리지(Beveridge)의 사회보장 프로그램의 성공을 위한 전제조건	• 첫째, 통일적이고 종합적이며 적절한 사회보험 프로그램 • 둘째, 사회보험을 통해 충분히 보호받지 못하는 사람들을 위한 공공부조 • 셋째, 자녀들에 대해 주당급여를 제공하는 아동수당(가족수당) • 넷째, 전 국민에 대한 포괄적 의료 및 재활서비스(포괄적 보건서비스) • 다섯째, 경기위기 시 대량실업을 방지하기 위한 공공사업을 통한 완전고용
센 지수(Sen Index)	• 기존의 빈곤율과 빈곤갭 개념의 단점을 보완하고자 새롭게 고안됨 • 빈곤율, 빈곤갭 비율(소득갭 비율), 빈곤선에 있는 계층들 간의 소득불평등 정도를 의미하는 저소득층 지니계수로 구성된 지수 • 0～1까지의 값을 가지며, 그 값이 1에 가까워질수록 빈곤의 정도가 심한 상태
엘리트이론(Elite Theory)	• 사회복지정책을 권력 엘리트의 산물로 보는 사회복지정책 관련 이론 • 사회는 엘리트와 대중으로 구분되며, 정책결정에 있어서 대중의 의견은 무시됨 • 즉, 사회는 소수의 엘리트집단을 정점으로 한 피라미드 구조로 이루어져 있으며, 정책은 엘리트들이 사회의 개량과 개선을 위해 대중에게 일방적 · 하향적으로 전달 · 집행함
사회적 배제(Social Exclusion)	• 빈곤 · 박탈과 관련된 사회문제를 나타내는 새로운 접근법으로, 관례적인 사회적 규범으로부터 완전히 차단된 사람들을 묘사 • 배제의 개념은 사람들을 온전히 사회에 참여할 수 없도록 하는 상황들(예 장애로 인한 낙인, 인종적 불이익 등)과 함께 빈곤문제를 사회통합문제의 일부로 파악하도록 하는 한편, 주로 물질적 자원의 제공에 관심을 기울이던 기존의 빈곤정책과 달리 사회적 관계의 중요성을 고려하면서 사회에 진입시키기 위한 정책들을 강조
사회복지 재원	• 목적세는 사용목적이 정해져 있어 재원 안정성이 높음 • 이용료는 저소득층의 서비스 이용을 저해할 수 있음 • 고용주가 부담하는 사회보험료는 수직적 소득재분배 성격을 지님 • 기업이 직원들에게 제공하는 기업복지는 소득역진적 성격이 강함
복지혼합(Welfare-Mix)의 주요 유형	• 계약 또는 위탁계약(Contracts) : 재화나 서비스의 배분이나 공급권을 일정기간 동안 특정 개인이나 집단에게 부여하는 것으로, 일종의 공급자 지원방식 • 증서 또는 바우처(Voucher) : 정부가 이용자로 하여금 재화나 서비스를 구매할 수 있도록 증서(바우처)를 지급하는 것으로, 일종의 수요자 지원방식 • 세제혜택(Tax Expenditure) : 정부가 공급자나 수요자에게 세제혜택을 줌으로써 재화나 서비스의 제공 및 수혜의 폭이 넓어지도록 유도하는 간접지원방식
이용료(본인부담금) 부과 방식	• 정액제(Copayment) : 서비스 이용자에게 서비스 비용에 관계없이 일정액을 부담시키는 방식 • 정률제(Coinsurance) : 서비스 이용자에게 서비스 비용의 조정된 비율에 따른 금액을 부담시키는 방식 • 연동제(Sliding Scale) : 서비스 이용자의 경제적 능력에 따라 이용료를 차등화시키는 방식
목표효율성과 운영효율성	• 목표효율성(Target Efficiency) : 정책이 목표로 하는 대상자들에게 자원을 얼마나 집중적으로 할당하였는지를 판단 • 운영효율성(Administrative Efficiency) : 정책을 운영하는 데 비용을 얼마나 유효적절하게 투입하였는지를 판단 • 공공부조 : 목표효율성은 높지만, 운영효율성은 낮은 반면에 사회보험이나 사회수당은 운영효율성은 높지만, 목표효율성은 상대적으로 낮음
근로장려세제(EITC ; Earned Income Tax Credit)	• 근로소득 수준에 따라 산정된 근로장려금을 세금 환급 형태로 지급하여 근로빈곤층의 근로유인을 제고하고 실질소득을 지원하기 위한 근로연계형 소득지원제도 • 환급 가능한 세액공제 제도의 일종이므로 일반적인 환급금과 동일하게 관할 세무서에 신청한 경우에 한하여 적용함
기초연금	공적연금의 사각지대에 놓인 65세 이상 노인의 노후소득을 보장하고 생활안정을 지원하기 위한 것으로 무기여 보편적 수당 방식으로 운용

2019년 제17회

문제 키워드	정답 키워드
보편주의	• 사회복지급여는 사회적 권리로서 모든 국민을 대상으로 골고루 주어야 한다는 가치 • 사회구성원을 '주는 자'와 '받는 자'의 두 집단으로 나누지 않으며, 별도의 자산조사를 요구하지 않음 • 사회복지를 제도적 개념으로 파악 • 보편주의에 입각한 제도로 실업급여, 누리과정 등
반집합주의	• 소극적 자유, 개인주의, 불평등이 중심적인 가치 • 자유를 개인중심의 단순히 강제가 없는 상태를 의미하는 소극적인 개념으로 파악 • 사회복지가 개인의 자유와 선택을 제한하며, 정부 주도의 사회복지정책 확대가 경제적 비효율성을 야기한다고 주장함으로써 복지에 대한 정부의 개입에 부정적인 입장 • 복지국가를 자유로운 시장 활동의 걸림돌로 간주하면서, 시장이 주도적인 역할을 수행해야 함 • 개인, 가족, 시장, 경쟁의 가치를 선호
업무상 재해	근로자가 산업재해보상보험법령에 따른 업무상 사고, 업무상 질병, 출퇴근 재해에 해당하는 사유로 부상 · 질병 또는 장해가 발생하거나 사망하면 업무상의 재해로 본다. 다만, 업무와 재해 사이에 상당인과관계가 없는 경우에는 그러하지 아니하다(산업재해보상보험법 제37조 제1항).
평 등	• 비례적 평등 : 개인의 욕구, 능력, 기여에 따라 사회적 자원을 상이하게 배분하는 것, 형평 또는 공평이라고도 함 • 결과의 평등 : 모든 사람을 똑같이 취급하여 사람들의 욕구나 능력의 차이에는 상관없이 사회적 자원을 똑같이 분배하는 수량적 평등 • 기회의 평등 : 결과가 평등한가 아닌가의 측면은 무시한 채 결과를 얻을 수 있는 과정상의 기회만을 똑같이 주는 것
공공부조	• 주체 : 정부 및 지방자치단체 • 객체 : 저소득층 • 목적 : 빈곤 치료 • 내용 : 국민기초생활보장, 의료급여, 긴급복지지원, 기초연금, 장애인연금 • 재정 : 조세
국민연금의 가입기간 추가 산입에 따른 비용 부담	• 군 복무기간에 대한 가입기간 추가 산입에 필요한 재원은 국가가 전부를 부담한다(국민연금법 제18조 제3항). • 출산에 대한 가입기간 추가 산입에 필요한 재원은 국가가 전부 또는 일부를 부담한다(동법 제19조 제3항). • 실업에 대한 가입기간 추가 산입을 위해서는 원칙적으로 가입자 또는 가입자였던 사람이 인정소득을 기준으로 연금보험료를 납부하여야 하며, 이 경우 국가가 연금보험료의 전부 또는 일부를 일반회계, 국민연금기금 및 고용보험기금에서 지원할 수 있다(동법 제19조의2 제3항 참조).
사회복지서비스와 다른 공공서비스들과의 차별성	• 사회복지서비스는 사람들의 개별적(배타적) 욕구를 충족 • 사회복지서비스는 사람들의 욕구를 직접적으로 충족하려는 경향 • 사회복지서비스는 사람들의 욕구를 비시장적으로 해결하며, 주로 이차분배에 관여 • 사회복지서비스는 사람들의 욕구를 주로 공식적 기구나 제도를 통해 충족 • 사회복지서비스는 사람들의 욕구를 비영리적 부문에서 해결 • 사회복지서비스는 사람들의 욕구를 일방적 이전의 형태로 해결 • 사회복지서비스는 사람들의 욕구 가운데 주로 소비적인 욕구를 해결

케인즈(Keynes) 경제이론	• 케인즈 경제이론은 1929년에 시작된 경제대공황을 계기로 부각. 이는 시장실패에 대해 국가가 적절히 개입해야 한다는 것 • 국가의 시장개입을 통해 재정지출을 증대하고 금융정책 및 사회재분배정책을 확대하여 경기를 활성화함으로써 소비와 투자를 늘려 유효수요를 증대시키고자 한 것 • 고용이 증가하면 소득이 증가하고, 소득이 증가하면 유효수요가 증가 • 유효수요의 증가는 경기호황을 가져와 투자의 증가와 함께 고용의 증가. 반대로, 유효수요의 감소는 경기불황을 가져와 투자의 감소와 함께 고용의 감소
정책결정의 쓰레기통 모형	• 정책결정이 합리성이나 타협에 의해 이루어지는 것이 아닌 조직화된 무정부 상태 속에서 나타나는 몇 가지 흐름에 의해 우연히 이루어짐 • 킹던(Kingdon)은 정책결정 과정을 문제의 흐름(Problem Stream), 정책(대안)의 흐름(Policy Stream), 정치의 흐름(Political Stream) 등 3가지로 나누어 논의하였으며, 이 3가지 흐름의 우연한 연결에 의해 '정책의 창(Policy Window)'이 열릴 때 정책대안이 마련될 수 있음 • 어떠한 사회문제에 대한 정책대안들은 그 문제가 이슈화되어 정책아젠다가 되든지 혹은 안 되든지 간에 학자들이나 관료들에 의해 계속 연구되어 흘러가다가, 정치의 흐름 및 문제의 흐름에 의하여 정책아젠가가 형성될 때 그것들과 재빨리 결합함으로써 정책결정으로 연결
사회적 연대	• 사회적 연대는 자립능력을 상실하거나 혹은 상실할 가능성이 있는 사회구성원을 공동으로 보호하는 사회적 협력행위 • 사회문제에 대한 집단적 대처수단으로서 상부상조의 정신을 바탕으로 하며, 사회문제의 해결과정에서 조직구성원 간 이타적 정신을 강조 • 사회적 연대원칙은 확산된 사회적 위험을 모든 사회구성원에게 분산시키고, 그 비용을 공동으로 부담하도록 하는 제도를 형성
정책평가의 목적 및 필요성	• 정책프로그램의 효과성 증진 • 정책 활동에 대한 책임성 확보 • 정책의 정당성 근거 확보 • 정책 활동 통제 및 감사의 필요성 • 문제해결을 위한 정책결정 및 기존 정책의 개선에 필요한 정보 획득 • 관련 이익집단에 대한 설득력 있는 자료 마련 • 새로운 정책대안 개발을 위한 기초자료 제시 • 사회복지정책 관련 학문적 · 이론적 발전에의 기여 등
지니계수	• 소득분배의 불평등 정도에 따라 0~1까지의 값 • 완전평등 상태에서 지니계수는 0, 완전불평등 상태에서 지니계수는 1 • 값이 클수록 소득분배가 불평등한 상태임을 나타냄
재분배와 파레토(Pareto) 효율	• 파레토 효율은 배분적 효율을 의미하는 것으로서, 사회 전체의 효용을 높일 수 있도록 사회적 자원을 배분하는 것 • 경제학에서는 정부의 개입이 없는 완전경쟁시장에서만 가능한 것으로 보고 있는데, 그 이유는 정부의 개입이 필연적으로 어떤 사람의 효용을 감소시킬 것이기 때문 • 사회복지정책은 사회적 자원의 재분배를 통해 평등의 가치를 구현하는 것을 목표로 함. 그런데 그와 같은 과정은 특정한 사람들(예 빈자)의 효용을 높이기 위해 다른 사람들(예 부자)의 효용을 줄여야 하므로, 파레토 효율의 정의상 소득재분배는 매우 비효율적 • 사회복지정책이 추구하는 평등의 가치와 효율의 가치는 상충적일 수밖에 없는데, 만약 사회적 자원 배분이 평등적이고 동시에 파레토 효율적이라면 평등과 효율을 동시에 달성할 수 있음

장기요양기관의 종류 및 기준	재가급여 제공	• 노인복지법에 따른 재가노인복지시설로서 노인장기요양보험법령에 따라 지정받은 장기요양기관 • 노인장기요양보험법령에 따라 설치한 재가장기요양기관
	시설급여 제공	• 노인복지법에 따른 노인요양시설로서 노인장기요양보험법령에 따라 지정받은 장기요양기관 • 노인복지법에 따른 노인요양공동생활가정으로서 노인장기요양보험법령에 따라 지정받은 장기요양기관
기여 또는 급여의 확정 방식에 따른 공적연금의 분류	확정기여식 연금	• 사전에 확정된 보험료를 부담하되, 그에 상응하는 연금급여는 확정하지 않은 채 가입자 개인이 결정한 투자의 적립 수익금을 월정연금이나 일시금으로 되돌려 주는 방식 • 급여액은 적립한 기여금의 운영결과에 따라 추후 결정되는데, 기본적으로 적립한 기여금과 기여금의 투자수익에 의해서 결정 • 연금재정의 유지에는 유리한 반면, 투자 위험을 개인이 고스란히 지게 됨
	확정급여식 연금	• 개인이 부담한 보험료의 크기에 상관없이 사전에 확정된 금액으로 급여를 지급하는 방식 • 확정급여식 연금의 재정은 완전적립방식에서 부과방식까지 다양하게 운용될 수 있음 • 주로 과거의 소득 및 소득활동 기간에 의해 결정되며, 물가상승이나 경기침체, 수명연장 등의 위험을 사회 전체적으로 분산 대응하여 안정적인 노후소득을 보장

2018년 제16회

문제 키워드	정답 키워드
드림스타트	빈곤아동에 대한 일종의 사회투자로써 빈곤의 세습을 단절하여 사회비용을 절감하며, 궁극적으로 사회통합에 이바지하는 것(기회의 평등)
복지국가의 형성과 발달	• 독일 : 국가 주도하에 질병보험법(1883), 산업재해보험법(1884), 노령 및 폐질보험법(1889)을 제정 • 영국 : 국민보험법(1911)은 건강보험과 실업보험으로 구성 • 미국 : 대공황을 경험하면서 총수요관리에 초점을 둔 국가정책을 도입 • 스웨덴 : 노동계급과 농민 간 적녹동맹을 통해 복지국가 발전의 기틀을 마련(1930년대)
사회복지정책의 발달이론	• 확산이론 : 한 국가의 제도나 기술 혁신이 인근 국가에 영향을 준다. • 음모이론 : 사회복지정책은 사회 안정과 질서 유지를 위한 하나의 수단이다. • 산업화이론 : 경제발전이 상당 수준에 이르면 사회복지 발전 정도가 유사하게 나타난다. • 이익집단이론 : 복지정책은 현대사회에서 귀속적 차이 등에 따른 집단들 간의 정치적 행위이다. • 사회양심이론 : 인도주의적인 사회 의무감이 사회복지정책을 확대한다.
복지국가의 유형화	• 조지와 윌딩의 소극적 집합주의 : 자본주의 시장체계의 약점을 보완하기 위해 국가 개입 인정 • 윌렌스키와 르보 : 잔여적 모형과 제도적 모형으로 제시 • 미쉬라 : 분화된 복지국가와 통합된 복지국가로 제시 • 티트머스 : 잔여적 모형, 산업적 업적성취모형, 제도적 재분배모형으로 제시 • 퍼니스와 틸톤 : 적극적 국가, 사회보장국가, 사회복지국가로 제시
복지국가 유형 (에스핑-앤더슨)	• 자유주의 복지국가, 보주수의 복지국가, 사회민주주의 복지국가 등으로 복지국가 유형을 제시 • 자유주의 복지국가 : 시장의 효율성, 저소득층에 초점을 맞추어 개인의 책임과 자조의 원리 강조 • 보수주의 복지국가 : 전통적 가족과 교회의 기능, 역할을 강조 • 사회민주주의 복지국가 : 보편주의적 개입을 통해 가족, 시장 등에 대처
빈곤의 계측방법	• 사회적 배제 : 빈곤 · 박탈과 관련된 사회문제를 나타내는 새로운 접근법 • 상대적 빈곤 : 박탈지표 방식과 소득 · 지출을 이용한 상대적 추정 방식으로 측정 • 빈곤율 : 빈곤선 소득 이하의 사람들의 숫자로 빈곤한 사람의 규모를 나타낸 수치 • 국민기초생활보장제도의 생계급여 선정기준 : 기준 중위소득의 30% 이하의 가구
소득불평등의 측정	• 5분위 배율 : 상위 20%의 소득을 하위 20%의 소득으로 나눈 비율 • 로렌츠 곡선 : 소득금액의 누적백분율과 소득자의 누적백분율을 대비시킨 것으로 45°선과 일치하면 소득분포가 완전히 균등 • 10분위 분배율 : 소득이 낮은 하위 40% 가구의 소득이 전체 소득에서 차지하는 비중을 상위 20% 가구의 소득이 전체소득에서 차지하는 비중으로 나눈 값, 수치가 클수록 소득분배는 평등 • 지니계수 : 소득이 어느 정도 균등하게 분배되는가를 나타내는 소득분배의 불균형 수치, 그 값이 클수록 더 불평등을 의미
복지위기 이후 서구 국가의 흐름	공공서비스의 시장화, 노동시장의 유연화정책, 계층 간 소득양극화 심화, 복지의 투자 · 생산적 성격 강조, 법인세 인하
증서(Voucher)	• 현금급여와 현물급여의 중간 형태 • 수급자가 상품이나 서비스를 자유롭게 선택 가능 • 현금급여의 오 · 남용 위험성, 현물급여의 소비자 주권 침해 단점 보완 • 현물급여에 비해 소비자의 선택권이 높음

조세와 사회보험료	• 사회보험료는 조세 중 직접세에 해당하는 소득세에 비해 역진적이다. • 사회보험료에는 조세제도의 인적공제가 없으므로 저소득층에게 불리하다. • 조세와 달리 소득상한선이 있는 사회보험료는 고소득층에게 유리하다. • 조세나 사회보험료 모두 공적 비용이라는 점은 같지만, 조세는 사회보험료와 달리 국가의 반대급부가 특정되어 있지 않다. • 조세는 납세자의 추정된 조세부담능력에 관련된다.
인구학적 기준의 사회수당	• 높은 운영효율성 • 사회통합 기여 • 낙인문제가 발생하지 않음 • 공공부조에 비해 적은 근로동기 감소효과
이용료	• 정부의 재정 부담의 완화 효과 • 서비스 남용 방지, 서비스 이용자의 도덕적 해이 방지 • 서비스 이용자의 선택권과 권리의식 증가로 서비스 질을 향상 • 사회적 낙인이 없어 이용자의 자아존중감과 사회적 책임감 향상
소득재분배 유형	• 수직적 재분배 : 소득수준을 기준으로 한 소득계층 간 재분배(예 공공부조, 누진적 소득세) • 세대 내 재분배 : 동일 세대 내에서의 소득 재분배(예 적립방식의 연금제도) • 수평적 재분배 : 특정한 사회적 기준을 토대로 한 재분배(예 가족수당, 건강보험) • 세대 간 재분배 : 현 근로세대와 노령세대, 현 세대와 미래세대 간의 소득재분배(예 부과방식의 연금제도)
우리나라 중앙정부의 지방재정 지원	• 일반보조금 : 지역 간 재정 격차의 해소와 지방정부의 지출능력 강화 목적 • 범주적 보조금 　– 복지서비스의 전국적 통일성과 평등한 수준을 유지하려는 목적 　– 매칭펀드의 정률보조방식은 과중한 지방비 부담으로 재정의 운영을 어렵게 함
사회복지정책의 특성	• 사회적 평등 실현 및 사회적 적절성 확보 원칙 • 소득재분배와 최저생활 확보의 기능 수행 • 개인의 자립성 증진과 정상화 이념의 확대가 목표 • 경제의 자동안정장치 기능 수행
정책결정 이론모형	• 합리모형 : 인간의 이성과 합리성을 전제로 최선의 정책대안을 선택 • 쓰레기통모형 : 조직화된 무정부상태 속에서 정책이 우연히 결정 • 최적모형 : 체계론적 시각에서 최적화된 정책성과 도모 • 만족모형 : 사람의 제한된 능력과 환경적 제약으로 모든 대안이 초래할 결과를 완전히 예측하는 것은 불가 • 점증모형 : 과거의 정책을 약간 수정한 정책결정과 여론 반응에 따른 정책수정의 반복 • 혼합모형 : 기본적 · 거시적 결정은 종합적 합리성을 토대로 결정되는 반면, 세부적 · 미시적 결정은 점증적으로 결정됨
공공부조의 장점	근로동기의 강화, 재정 예측의 용이성, 수평적 재분배 효과, 높은 수급률 등
국민기초생활보장제도	근로빈곤층의 탈빈곤과 자활의 활성화를 목적으로 하는 자산형성지원사업 등이 있다(예 희망저축계좌 Ⅰ, 희망저축계좌 Ⅱ, 청년내일저축계좌).
근로장려세제	근로장려세제(EITC)는 산정된 근로장려금을 세금 환급 형태로 지급하고(일종의 조세환급제도), 근로빈곤층의 근로유인을 제고하여 실질소득을 지원하는 근로연계형 소득지원제도이다.
국민건강보험제도	• 본인부담상한액은 가입자의 소득수준 등에 따라 정한다. • 월별 보험료의 총체납횟수가 6회 이상일 경우 급여가 제한될 수 있다. • 직종조합, 지역조합 등이 통합되어 운영되고 있다. • 외래진료의 경우 본인일부부담금은 기관의 종류 및 소재지 등에 따라 달라진다. • 포괄수가제는 2003년 9월 이후에 정상분만을 제외한 7개 질병군을 선택 적용하였다.

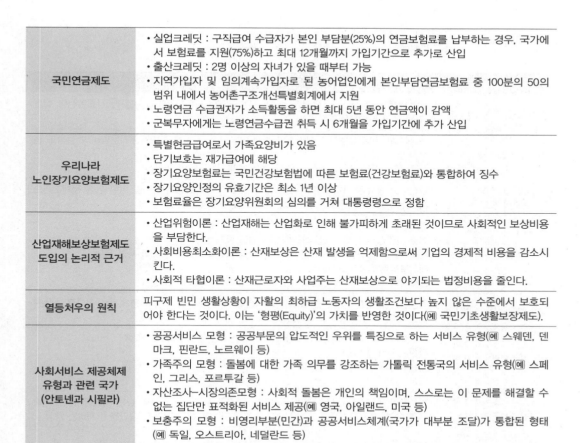

국민연금제도	• 실업크레딧 : 구직급여 수급자가 본인 부담분(25%)의 연금보험료를 납부하는 경우, 국가에서 보험료를 지원(75%)하고 최대 12개월까지 가입기간으로 추가로 산입 • 출산크레딧 : 2명 이상의 자녀가 있을 때부터 가능 • 지역가입자 및 임의계속가입자로 된 농어업인에게 본인부담연금보험료 중 100분의 50의 범위 내에서 농어촌구조개선특별회계에서 지원 • 노령연금 수급권자가 소득활동을 하면 최대 5년 동안 연금액이 감액 • 군복무자에게는 노령연금수급권 취득 시 6개월을 가입기간에 추가 산입
우리나라 노인장기요양보험제도	• 특별현금급여로서 가족요양비가 있음 • 단기보호는 재가급여에 해당 • 장기요양보험료는 국민건강보험법에 따른 보험료(건강보험료)와 통합하여 징수 • 장기요양인정의 유효기간은 최소 1년 이상 • 보험료율은 장기요양위원회의 심의를 거쳐 대통령령으로 정함
산업재해보상보험제도 도입의 논리적 근거	• 산업위험이론 : 산업재해는 산업화로 인해 불가피하게 초래된 것이므로 사회적인 보상비용을 부담한다. • 사회비용최소화이론 : 산재보상은 산재 발생을 억제함으로써 기업의 경제적 비용을 감소시킨다. • 사회적 타협이론 : 산재근로자와 사업주는 산재보상으로 야기되는 법정비용을 줄인다.
열등처우의 원칙	피구제 빈민 생활상황이 자활의 최하급 노동자의 생활조건보다 높지 않은 수준에서 보호되어야 한다는 것이다. 이는 '형평(Equity)'의 가치를 반영한 것이다(예 국민기초생활보장제도).
사회서비스 제공체제 유형과 관련 국가 (안토넨과 시필라)	• 공공서비스 모형 : 공공부문의 압도적인 우위를 특징으로 하는 서비스 유형(예 스웨덴, 덴마크, 핀란드, 노르웨이 등) • 가족주의 모형 : 돌봄에 대한 가족 의무를 강조하는 가톨릭 전통국의 서비스 유형(예 스페인, 그리스, 포르투갈 등) • 자산조사-시장의존모형 : 사회적 돌봄은 개인의 책임이며, 스스로는 이 문제를 해결할 수 없는 집단만 표적화된 서비스 제공(예 영국, 아일랜드, 미국 등) • 보충주의 모형 : 비영리부분(민간)과 공공서비스체계(국가가 대부분 조달)가 통합된 형태(예 독일, 오스트리아, 네덜란드 등)

● 2017년 제15회

문제 키워드	정답 키워드
사회안전망의 구축	사회안전망이 합리적으로 운영될 수 있도록 일차적 사회안전망과 이차적 사회안전망 상호간 기능의 연계체계를 구축
현금급여와 현물급여	• 현금급여 : 복지상품이나 서비스의 선택권을 보장, 사회복지기관 관리운영비의 절감과 행정적 편의, 급여의 오남용 위험성 • 현물급여 : 정책의 목표효율성 향상, 개인의 복지욕구와의 괴리성
베버리지의 복지국가 모형	보편적이고 통일된 사회보험체계를 제안하였으며, 사회보험의 성공을 위한 기본 전제조건으로서 아동수당(가족수당), 포괄적 보건서비스, 완전고용 등을 주장
산업재해보상보험제도	• 업종별로 상이한 보험료율을 적용 • 개별 사업장의 산재사고실적에 따라 보험료 증감 • 근로자를 사용하는 모든 사업장은 당연가입 대상에 해당(적용제외 사업 제외) • 개산보험료와 확정보험료로 구성 • 근로자의 과실 여부에 상관없이 산재사고에 대한 보상이 이뤄짐
국민연금 소득상한선	소득상한선은 법적 상한선을 초과한 소득분에 대한 보험료 부담을 면제하는 것으로 소득상한선을 낮게 유지할 경우 고소득계층의 부담은 상대적으로 작아진다.
국민기초생활보장제도	• 선별주의에 입각하므로 자산조사에 따른 불필요한 행정관리비용 발생 • 재원은 조세에 의존 • 재원부담자와 수급자가 동일하지 않음 • 대상 선정에서 소득인정액과 부양의무자의 유무를 고려
에스핑-앤더슨의 조합주의 복지국가 모형	노동시장의 유연화를 최소화하여 직종이나 산업과 무관하게 비교적 높은 임금을 유지, 저숙련 · 저생산성 부문의 임금을 상대적으로 높게 유지하여 소득불평등의 증가를 방지하는 방식
존 롤즈(J. Rawls)의 사회정의 구성요소	무지의 베일, 원초적 상황, 차등의 원칙, 공평한 기회의 평등, 최소극대화의 원칙
후기산업사회의 특징	노인 부양비의 증가, 인간 욕구의 다변화, 가족해체 현상의 증가, 세계화에 따른 경쟁의 심화, 아동 및 노인에 대한 가정 내 돌봄 여력 감소
우리나라 사회복지정책의 환경변화	복지사각지대 해소의 한계, 빈곤과 소득격차, 출산율 감소와 인구 고령화를 대비한 복지재원 부담, 경기침체로 인한 세수 감소로 복지재원 부족 등
소득불평등의 측정	• 로렌츠 곡선이 완전평등선(균등분포선)과 멀수록 소득은 불균등하게 분배 • 지니계수 값이 클수록 더 불평등한 수준 • 상대적 빈곤은 소득불평등과 관계있음
공공부조	신청주의 원칙, 보충성 원리의 원칙(자산조사 선행), 지방정부의 부담 증가, 상대적 소득재분배 효과
우리나라 사회복지정책 중 빈곤층 한정 정책	생계급여, 주거급여, 의료급여, 교육급여 등은 국민기초생활보장법에 따른 급여로서 저소득 취약계층이 대상
적립 방식 연금	강제저축방식으로서 재정관리는 수지상등의 원칙(개인이 낸 보험료 총액과 받은 총액이 같아야 함)에 입각
정책평가	• 정책효과성 제고에 기여함 • 정책 활동의 책임성을 높임 • 산출과 영향에 대한 평가방법으로 양적 · 질적 평가를 병행 • 평가결과의 활용도를 높이는 기제 마련이 바람직

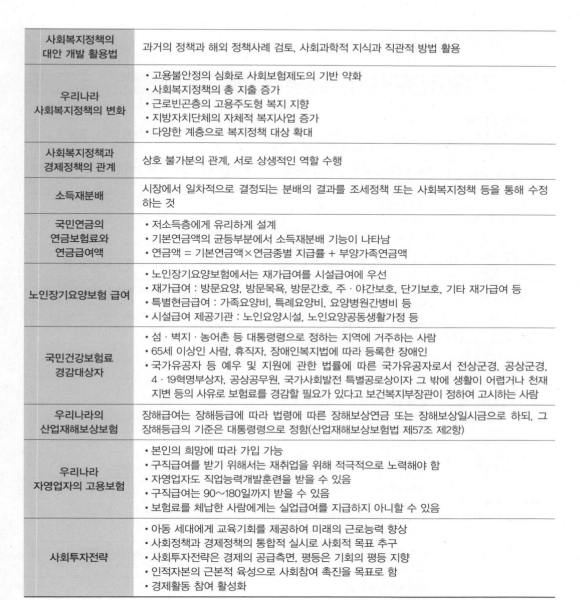

사회복지정책의 대안 개발 활용법	과거의 정책과 해외 정책사례 검토, 사회과학적 지식과 직관적 방법 활용
우리나라 사회복지정책의 변화	• 고용불안정의 심화로 사회보험제도의 기반 약화 • 사회복지정책의 총 지출 증가 • 근로빈곤층의 고용주도형 복지 지향 • 지방자치단체의 자체적 복지사업 증가 • 다양한 계층으로 복지정책 대상 확대
사회복지정책과 경제정책의 관계	상호 불가분의 관계, 서로 상생적인 역할 수행
소득재분배	시장에서 일차적으로 결정되는 분배의 결과를 조세정책 또는 사회복지정책 등을 통해 수정하는 것
국민연금의 연금보험료와 연금급여액	• 저소득층에게 유리하게 설계 • 기본연금액의 균등부분에서 소득재분배 기능이 나타남 • 연금액 = 기본연금액×연금종별 지급률 + 부양가족연금액
노인장기요양보험 급여	• 노인장기요양보험에서는 재가급여를 시설급여에 우선 • 재가급여 : 방문요양, 방문목욕, 방문간호, 주 · 야간보호, 단기보호, 기타 재가급여 등 • 특별현금급여 : 가족요양비, 특례요양비, 요양병원간병비 등 • 시설급여 제공기관 : 노인요양시설, 노인요양공동생활가정 등
국민건강보험료 경감대상자	• 섬 · 벽지 · 농어촌 등 대통령령으로 정하는 지역에 거주하는 사람 • 65세 이상인 사람, 휴직자, 장애인복지법에 따라 등록한 장애인 • 국가유공자 등 예우 및 지원에 관한 법률에 따른 국가유공자로서 전상군경, 공상군경, 4 · 19혁명부상자, 공상공무원, 국가사회발전 특별공로상이자 그 밖에 생활이 어렵거나 천재지변 등의 사유로 보험료를 경감할 필요가 있다고 보건복지부장관이 정하여 고시하는 사람
우리나라의 산업재해보상보험	장해급여는 장해등급에 따라 법령에 따른 장해보상연금 또는 장해보상일시금으로 하되, 그 장해등급의 기준은 대통령령으로 정함(산업재해보상보험법 제57조 제2항)
우리나라 자영업자의 고용보험	• 본인의 희망에 따라 가입 가능 • 구직급여를 받기 위해서는 재취업을 위해 적극적으로 노력해야 함 • 자영업자도 직업능력개발훈련을 받을 수 있음 • 구직급여는 90~180일까지 받을 수 있음 • 보험료를 체납한 사람에게는 실업급여를 지급하지 아니할 수 있음
사회투자전략	• 아동 세대에게 교육기회를 제공하여 미래의 근로능력 향상 • 사회정책과 경제정책의 통합적 실시로 사회적 목표 추구 • 사회투자전략은 경제의 공급측면, 평등은 기회의 평등 지향 • 인적자본의 근본적 육성으로 사회참여 촉진을 목표로 함 • 경제활동 참여 활성화

● 2016년 제14회

문제 키워드	정답 키워드
사회복지정책의 정의 및 기능	• 정 의 – 국민의 복지 증진을 위해 복지국가가 사용하는 수단 – 사회복지제도 및 프로그램을 만들고, 가치(Values)를 권위적으로 배분하는 활동 • 기능 : 개인의 잠재능력 향상, 사회통합
우리나라의 건강보험	1988년 1월에 농어촌 지역주민으로, 이듬해인 1989년 7월에 도시 지역주민으로 확대됨으로써 전 국민 건강보험 달성
신자유주의 이념	• 자본주의에 대해서는 긍정적 • 사회복지정책에 대해서는 부정적 • 시장개방, 노동의 유연성, 탈규제, 민영화 등의 정책을 선호
지역자율형 사회서비스 투자사업	지역사회서비스 투자사업, 산모 · 신생아 건강관리지원사업, 가사 · 간병 방문지원사업
사회투자국가의 특징	복지의 투자적 성격과 생산적 성격을 부각시키고, 복지와 성장, 사회정책과 경제정책의 상호보완성을 강조한 새로운 복지패러다임을 구축
에스핑-앤더슨(G. Esping-Andersen)의 복지국가 유형 중 조합주의 복지국가	• 전통적 가족과 교회의 기능 및 역할 강조, 사회보험 수용 • 노동력의 탈상품화에 한계가 있음 • 산업별 · 직업별 · 계층별로 다른 종류의 복지급여 제공 예 프랑스, 독일, 오스트리아 등
사회보장기본법에 명시된 사회보장제도 운영원칙	• 적용범위의 보편성 • 급여 수준 및 비용 부담의 형평성 • 운영의 민주성 • 연계성 · 전문성 강화 • 시행의 책임성
산업화이론	산업화는 가족구조의 변화를 초래하여 복지에 대한 국가의 역할을 증대시킴
사회복지정책 관련 원칙과 가치	• 보충성 원칙 – 자력구제 우선 • 열등처우 원칙 – 비례적 평등 • 보험수리 원칙 – 개인적 형평성 • 소득재분배 원칙 – 능력에 따른 부담
비례적 평등(Proportional Equality)	개인의 욕구, 능력, 기여에 따라 사회적 자원을 상이하게 배분하는 것으로서, '형평 또는 공평(Equity)'
정책평가가 필요한 이유	• 정책프로그램의 효과성 증진 • 정책 활동에 대한 책임성 확보 • 정책 활동 통제 및 감사의 필요성 • 정책개선에 필요한 정보 획득
사회적 기업	취약계층에게 사회서비스 또는 일자리를 제공하거나 지역사회에 공헌함으로써 지역주민의 삶의 질을 높이는 등의 사회적 목적을 추구하면서 재화 및 서비스의 생산 · 판매 등 영업활동을 하는 기업
선별주의에 입각한 제도	개인의 욕구에 근거하여 도움을 필요로 하는 사람들에게만 급여를 제공하는 방식으로 국민기초생활보장제도, 의료급여제도, 기초연금제도, 장애인연금제도 등이 해당함

사회복지정책의 할당원칙(Principles of Allocation)	길버트와 테렐은 사회복지 대상자 선정의 기준을 기존의 보편주의와 선별주의의 이분법보다 더 세분화하여 귀속 욕구(Attributed Need), 보상(Compensation), 진단적 구분 또는 진단적 차등(Diagnostic Differentiation), 자산조사 욕구(Means-tested Need) 등 4가지로 제시하였음
사회복지정책의 급여 형태 중 기회(Opportunity)	빈곤층 자녀의 대학입학정원 할당, 장애인 의무고용제 등이 해당
국고보조금	국가가 정책상 필요하다고 인정할 때 또는 지방자치단체의 재정 사정상 특히 필요하다고 인정할 때에 예산의 범위에서 지방자치단체에 지원하는 재원
복지혼합경제(Mixed Economy of Welfare)의 예	시립사회복지관의 민간 위탁, 사회복지기관에서 사회적 기업 육성, 바우처 방식을 이용한 보육서비스 제공, 노인장기요양보험을 활용한 노인요양병원 운영
조세지출(조세비용)	정부가 받아야 할 세금을 감면하는 방식을 통해 마련하는 사회복지재원에 해당
정책결정 이론모형 중 합리모형과 최적모형	• 합리모형 : 주어진 상황 속에서 주어진 목표를 해결하기 위해 최선의 정책 대안을 찾을 수 있다고 가정 • 최적모형 : 체계론적 시각에서 정책성과를 최적화하려는 정책결정 모형
우리나라 사회서비스 전자바우처 제도	전자바우처 도입에 의한 지불 · 정산업무 전산화로 지방자치단체의 사회서비스 행정부담이 경감됨
중앙정부의 사회보험성 기금	고용보험기금, 공무원연금기금, 국민연금기금, 군인연금기금, 사립학교교직원연금기금, 산업재해보상보험기금 등
정책분석의 3P(과정분석, 산물분석, 성과분석) 중 과정분석의 사례	노인장기요양보험법 제정에서 이익집단의 영향 분석
사회보장기본법상의 사회보장	• 사회보장이란 사회보험, 공공부조, 사회서비스를 말함 • 사회보험은 국가의 책임으로 시행하고, 공공부조와 사회서비스는 국가와 지방자치단체의 책임으로 시행하는 것을 원칙으로 함
생계급여와 의료급여의 소관부처	보건복지부
희망키움통장	근로빈곤층의 근로유인을 제고하고 탈빈곤의 물적 기반을 마련하기 위한 자산형성지원사업

MEMO

I wish you the best of luck!

제 1 영역

사회복지정책론

CHAPTER 01

사회복지정책의 개요

학습목표

- 사회복지정책의 개념에서는 사회복지정책의 의의, 영역으로서 협의의 영역과 광의의 영역을 이해하고 기억해야 한다. 또한 사회복지정책의 일반적인 기능과 목적 및 특징에 대해 숙지하여야 한다.
- 각국의 사회복지정책의 개념은 'CHAPTER 02 사회복지정책의 발달과정' 중 영국의 출제빈도가 높으므로 같이 연계하여 학습해 둔다.

제1절 사회복지정책 일반

1 사회복지정책의 개념

(1) 사회복지와 정책의 개념

① **사회복지** : '사회라는 공동체에서 안락하고 행복하게 살다'라는 의미가 있다.

② **정책** : 권위 있는 공공기관이 정책목표를 달성하기 위하여 정치적 · 행정적 과정을 거쳐 공식적으로 선택한 미래의 행동지침이다.

(2) 사회복지정책의 개념

9, 14회 기출

① 사회복지정책은 사회복지와 정책이라는 두 용어의 합성어이다.

② 사회복지정책이란 사회구성원들이 인간다운 삶을 누릴 수 있게 사회복지제도나 프로그램을 만들고 그 가치(Values)를 권위적인 기관(국가)이 배분하는 활동이다.

③ 사회복지정책의 가치는 객관화 · 수량화 · 일반화하기 어려우며, 정치적 · 경제적 상황에 따라 영향을 받기 쉽다.

Plus ⊕ one

사회복지 개념의 변화

2회 기출

과 거	현 재
• 잔여적 · 보충적 • 시혜 · 자선 • 특수한 서비스 활동 • 최저수준 보장 • 개인적 개혁(자발성) • 빈민구제의 성격 • 중앙집중 경향 • 공사분리체제 • 공급자 중심 • 시설 위주 • 무료 서비스	• 제도적 · 보편적 • 시민권 • 보편적 서비스 활동 • 최적수준 달성 • 사회적 개혁(공공성) • 복지사회구현의 성격 • 지방분권 경향 • 공사협동체제 • 이용자 중심 • 재가복지 확대 • 이용자부담 서비스

(3) 사회복지정책의 일반적 기능

13회 기출

① 사회통합과 정치적 안정
② 사회문제 해결과 사회적 욕구 충족
③ 개인의 자립 및 성장, 잠재능력 향상을 통한 재생산의 보장
④ 기회의 재분배를 통한 사회구성원의 사회화
⑤ 소득재분배와 최저생활 확보

(4) 사회복지정책의 특징

9, 14, 16회 기출

① 사회 내 한정된 자원으로 국민의 최저수준 보장 및 삶의 질 향상을 목적으로 한다.
② 사회생활을 영위하기 위한 인간의 기본적인 욕구를 충족시키거나 사회문제 해결을 위한 사회복지 프로그램을 만들어서 가치를 권위적으로 나누는 활동이다.
③ 서비스 주체는 정책을 형성 · 집행 · 제공기관이며, 서비스의 객체는 사람, 즉 모든 국민이다.
④ 인간의 존엄성과 사회연대의식을 기초로 사회통합과 질서유지를 목적으로 한다.
⑤ 시장의 실패를 시정하고 자원 배분의 효율화 기능을 수행한다.
⑥ 소득재분배, 개인의 자립 · 자활 증진, 정상화 이념 확대가 목표이다.
⑦ 사회연대의식에 기초하여 사회적 평등을 실현하고 사회적 적절성을 확보한다.
⑧ 사회보험, 공공부조, 사회복지서비스 등의 사회보장정책이 핵심이며, 광의의 개념으로 조세, 경제, 노동시장정책 등을 포함한다.
⑨ 사회복지정책은 사실상 가치중립적일 수 없다(가치판단적).
⑩ 경제의 자동안정장치(Built-in-stabilizer) 기능을 수행한다.

2 각국의 사회복지정책의 개념

11회 기출

(1) 독 일

① 사회복지정책은 1880년대 독일제국의 비스마르크 재상이 세계 최초로 시행하였다(1883년의 의료보험, 1884년의 산재보험, 1889년의 노령폐질연금).

② 슈몰러(Schmoller) : 국가는 이기적인 계급이해를 넘어 입법과 공정한 행정을 행하여 사회적 약자와 하층계급을 보호해야 한다.

③ 바그너(Wagner) : 사회복지정책을 '분배영역의 제반폐해를 입법과 행정의 수단을 통해 해결하려는 국가의 정책'이라고 규정하였다.

(2) 영 국

① 마샬(Marshall) : 시민들에게 소득이나 서비스를 제공하여 그들의 복지를 향상시키기 위한 정부의 정책이다. 사회보험, 공적부조, 보건서비스, 복지서비스, 주택정책 등을 포함한다.

② 티트머스(Titmuss) : 시혜적(Beneficient) · 재분배적(Redistributive)이며, 경제적 목적뿐만 아니라 비경제적 목적을 가진 정책이다.

③ 멕베스(Macbeath) : 사회에 공존하는 모든 시민들에게 사회관계의 올바른 네트워크 질서를 보장한다.

④ 라피트(Lafitte) : 공동체적 환경에 관련된 것으로서 개인이 개별적으로 시장에서 구입할 수 없는 사회적 편리(Social Amenity, 도시 재개발, 국립공원, 공해 및 소음 방지책 등)를 제공한다.

Plus ⊕ one

티트머스(Titmuss)의 개념

- 잔여적 복지모델 : 가족이나 시장이 제 기능을 발휘하지 못해 개인의 복지욕구를 해결하지 못하는 경우 일시적으로 개입한다(공공부조 프로그램).
- 산업적 업적성취모델 : 사회복지의 공급은 개인의 시장 및 사회에 대한 업적이나 기여도, 공헌 정도에 따라 충족되어야 한다(사회보험 프로그램).
- 제도적 재분배모델 : 시장에서의 1차적 분배에 따른 사회적 불평등과 사회적 형평 차원에서 재분배(일방적 · 시혜적 이전)를 시행하여 사회적 · 보편적 형평 및 사회통합을 지향한다(보편적 프로그램).

(3) 미국 : 사회보장으로서의 사회복지정책

2, 9, 12회 기출

① 세계 대공황(1929년)으로 노동자의 대량실업과 빈곤문제가 심각한 사회적 경제문제로 대두되었다.

㉠ 루즈벨트 대통령의 뉴딜정책 : 대공황으로 인한 실업자 구제, 부흥 및 개혁의 과업을 목적으로 실시했다.

㉡ 연방정부의 적극적인 개입으로 사회보장법(1935년)을 제정, 최초로 사회보장이라는 용어를 공식화했다.

㉢ 구제(Relief), 부흥(Recovery), 개혁(Reform)을 위한 정책과 함께 다양한 사회보험, 공공부조, 보건 및 복지서비스 프로그램을 실시했다.
㉣ 실업보험은 연방정부가 세금을 징수하지 않고, 일정한 기준에 부합하는 제도를 수립한 주에 대해 세금을 면제해 줌으로써 주정부가 독자적으로 운영하였다.
㉤ 노령연금은 연방정부가 재정과 운영을 담당하여 전국의 사업주에게 사회보장세를 부과하고 피용자에게도 동일한 비율로 부과했다.
㉥ 공공부조는 65세 이상 노령의 빈민, 맹인, 요보호아동을 대상으로 하여 각 주가 공공부조제도를 수립하는 경우, 그 재정의 일부를 연방정부가 보조했다.
- 사회보험 프로그램 : 연방노령보험, 실업보상 등
- 공공부조 : 노령부조, 맹인원조, 요보호아동원조, 폐질원조 등
- 보건 및 복지서비스 프로그램 : 모성 및 아동보건서비스, 장애아동서비스, 아동복지서비스, 직업재활 및 공중보건서비스 등

② 미국의 사회보장은 시민의 생활보장, 즉 생활 곤란에 빠진 시민들을 위한 고용기회와 주택 및 생활변동에 대한 대비책 위주로 실시했다.

(4) 스칸디나비아 국가 : 보편적 · 연대적 사회복지정책

① 스칸디나비아 국가의 사회복지정책은 복지국가의 최고 단계로 간주된다.
② 직업을 불문하고 모든 시민을 대상으로 하고 평등한 정액의 급여를 제공, 재정의 상당 부분을 조세에 의존한다.
③ 농민과 노동자계급의 대립과정에서 농민인 중간계급이 정치적으로 승리했고, 이 시기에 사회보험이 도입되었다.
④ 정치적인 합의를 통해 조세방식의 연금으로 귀착된 후, 그 대상영역을 부유층으로까지 확대함으로써 명실상부한 보편주의 제도가 정착했다.

Plus ⊕ one

스웨덴의 적녹동맹(Red-green Alliance) 16회 기출

스웨덴은 노동자계급 지지 기반의 사민당이 보편주의적 복지원칙, 농업관계와 농업보조금 지급 등 농민당의 요구를 수용하여 농민당과의 연정하였고, 이른바 적녹동맹으로 복지국가 발전의 기틀을 마련했다.
- 살쯔요바덴 기본 협정(1938) : 생산 관련결정은 자본가에 일임, 정책결정환경은 국가와 노조가 강력하게 통제
- 렌-메이드네르 모델(1951) : 살쯔요바덴 기본협정을 보강한 제한적 재정정책, 동일노동-동일임금정책, 적극적 노동시장정책, 높은 수준의 사회복지정책이 주요 핵심사항

(5) 우리나라 복지제도 : 정부 주도 사회복지정책

① 1950년대 : 구빈행정으로 공공부조에 치중하였다.
② 1960년대 : 공공부조 및 사회복지법령의 대거 입법화로 근대적 사회보장제도의 기초를 성립하였다.
③ 1970년대 : 사회복지정책 제도화의 기반이 마련되었다.

Plus ⊕ one

전 국민 건강보험 및 국민연금 달성 14회 기출

• 건강보험 : 농어촌 지역주민(1988년 1월) → 도시 지역주민(1989년 7월)
• 국민연금 : 농어촌 지역주민(1995년 7월) → 도시 지역주민(1999년 4월)

3 복지국가의 위기와 대책

(1) 복지국가 위기의 배경 13회 기출

① 경제적 배경

경기침체와 국가재정위기, 성장의 둔화, 실업의 증대, 지하경제 문제, 세금회피 및 탈세 등

② 정치적 · 행정적 배경

㉠ 정부에 대한 신뢰도 하락
㉡ 정당에 대한 애착의 결여
㉢ 관료 및 행정기구의 팽창과 비효율성
㉣ 이익집단 중심의 비효율적 다원주의 등

③ 사회 · 문화적 배경

급격한 사회변동에 따른 아노미 현상, 사회통합의 이완현상, 성별 · 계층별 갈등 현상 등

④ 그 외의 변화

석유파동, 혼합경제와 포디즘(기계화된 대량생산체제)적 생산체계의 붕괴, 전후 합의의 붕괴, 노동연대의 약화 등

(2) 복지국가 위기의 양상 3, 6, 9회 기출

① 신자유주의, 신보수주의 이념의 확산과 함께 시장 기능이 강조된 반면, 국가의 시장규제나 경제개입은 축소되었다.
② 석유파동과 함께 스태그플레이션이 심화되면서 사회복지 지출이 급격히 팽창하였음에도 불구하고 재원 마련을 위한 재정수입이 감소되었다.
③ 국가–자본–노동 간의 화해적 정치구조에 균열이 발생되었다.
④ 사회주의 이념의 쇠퇴와 함께 노동자계급의 구성이 다양화되면서 상대적으로 복지국가의 정치적 기반이 약화되었다.
⑤ 소품종 대량생산 시대에서 다품종 소량생산 시대로 접어들면서 근로자들과 기업의 분산이 가속화되어 복지국가의 확대기반인 조합주의의 붕괴가 초래되었다.
⑥ 노령, 실업, 질병, 장애 등의 전통적인 사회적 위험은 물론 인구고령화, 가족구조의 변화, 노동시장 구조의 변화 등 새로운 사회적 위험이 복지수요의 증대를 유발하였다.

(3) 복지혼합(Welfare Mix)

9, 11, 13회 기출

① 1980년대 영국의 대처리즘(Thatcherism)과 미국의 레이거노믹스(Reaganomics) 등으로 대표되는 신보수주의의 입장을 대변하는 용어이다.

② 복지국가의 위기 직후 대두된 것으로, 한 사회에서 복지의 총량이 국가, 시장, 그리고 가족 및 비영리 민간복지기관에서 제공하는 다양한 복지의 혼합으로 구성된다는 의미를 내포한다.

③ 복지공급 주체의 다양화를 표방하는 복지다원주의(Welfare Pluralism) 양상을 나타낸다.

④ 복지공급의 영역을 국가로 제한하지 않은 채 사회복지서비스의 다양한 공급주체의 역할에 주목함으로써 전달체계의 복잡성을 증가시키는 경향이 있다.

⑤ 복지혼합은 사회복지서비스 공급에 있어서 국가의 의도적인 역할 축소를 근본적인 목적으로 하는 것이 아닌 복지의 다양한 공급주체들 간의 기능적 재분배를 강조하는 것이다.

(4) 제3의 길

2, 5, 7, 8, 11, 13회 기출

① 1997년 영국의 블레어(Blair) 수상이 시장의 효율성과 사회적 연대성의 조화를 목표로 제시하였다.

② 제1의 길은 베버리지 보고서에 의한 분배의 강조, 제2의 길은 대처(Thatcher) 수상에 의한 경제성장의 강조, 제3의 길은 블레어 수상에 의한 경제안정 및 사회복지 향상에의 동시적인 노력을 의미한다.

③ 고복지, 고부담, 저효율로 요약되는 사회민주주의적 복지국가노선(제1의 길)과 고효율, 저부담, 불평등으로 요약되는 신자유주의적 시장경제노선(제2의 길)을 지양한 새로운 정책노선을 제안함으로써 시민들의 경제생활을 보장하는 동시에 시장의 활력을 높이고자 하는 전략이다.

④ 국민들에게 경제적 혜택을 직접 제공하기보다는 인적 자원에의 투자 및 사회적 자본의 확충을 강조하는 기든스(Giddens)의 사회투자국가론을 지지한다.

⑤ 권리와 의무의 조화, 근로와 복지의 연계, 사회복지 공급주체의 다원화(복지다원주의), 생산적 복지, 적극적 복지를 표방한다.

Plus ⊕ one

사회투자전략

15, 20회 기출

- 아동 세대에게 교육기회를 제공하여 미래의 근로능력을 향상시킨다.
- 사회정책과 경제정책을 통합적으로 실시하여 사회적 목표를 추구한다.
- 사회투자모형에서 인적자원에 대한 투자는 기회의 평등을 지향한다.
- 인적자본의 근본적 육성을 통해 사회참여 촉진을 목표로 한다.
- 경제활동 참여를 활성화한다.

(5) 새로운 사회적 위험

10, 15, 19회 기출

① 사회복지의 정책적 측면에서 개인의 적극적인 참여를 전제조건으로 하는 프로그램이 확대되고 있다.

② 사회적 취약계층에 대한 표적화를 통해 사회안전망을 가동하는 선별주의적인 접근방식으로의 전환이 이루어지고 있다.

③ 산업구조 및 산업생산 방식의 변화로 인해 기존의 제조업에서 서비스업 중심으로 전환되고 있으며, 특히 정보기술 중심의 지식기반경제에 따른 산업의 고부가가치화가 이루어지고 있다.

④ 계급이념의 쇠퇴로 인해 복지국가의 전통적 지지세력인 노동자계급의 세력이 약화되고 있다.

⑤ 노동시장의 유연성이 촉발되어 임시 · 일용직 등 비정규직이 증가하고 있으며, 이로써 임금 및 근로조건의 불평등이 확대되고 있다.

⑥ 소득양극화로 인해 소득집단 내 차이는 좁아지는 반면, 고소득층과 저소득층의 소득집단 간 차이는 더욱 벌어지게 되었다.

⑦ 가족구조의 변화, 출산율의 감소, 인구의 고령화 등으로 인해 기존의 복지제도를 지속화하는 데 한계를 드러내고 있다.

⑧ 남성생계부양 가구모델이 한계에 도달함으로써 여성의 경제활동 참여가 증가하게 되었으며, 그로 인해 일 · 가정 양립의 문제가 대두되고 있다.

⑨ 국가 간의 노동인구 이동이 증가함에 따라 검증되지 않거나 노동의 질이 낮은 해외노동력의 무분별한 유입과 함께 불법체류, 인권침해의 증가 등 사회적 문제가 확산되고 있다.

Plus ⊕ one

사회안전망(Social Safety Net) 15회 기출

일차적 사회안전망	이차적 사회안전망
• 사회보험제도로 구성 • 개인의 노력과 능력으로 확보하게 되는 안전망	• 공공부조제도로 구성 • 빈곤계층의 기본적 욕구를 충족시켜 주기 위한 목적의 최종적 보호장치 • 일차적 사회안전망의 기능을 보완할 수 있는 방향으로 설계

4 사회복지정책의 영역

(1) 사회복지정책의 영역 구분

① 사회복지정책의 고유영역의 설정작업은 공공행정상의 편의를 고려할 때 가능한 것으로서 절대적인 구분은 사실상 불가능하다.

② 좁은 의미의 사회복지정책의 영역은 소득보장, 건강, 주택, 대인적 사회서비스 등이고, 넓은 의미는 소득보장, 건강, 주택, 교육, 대인적 사회서비스, 조세정책, 노동시장정책 등이 있다.

(2) 사회복지정책의 영역별 내용

① 협의의 사회복지정책

영 역	내 용	예
소득보장정책	소득보장이란 국민이 최소한의 생활을 유지하기 위한 소득을 국가가 보장해주는 것	사회보험, 공공부조, 각종 수당제도
건강보장정책	건강보장은 국민이 겪을 수 있는 사회적 위험성이 있는 질병의 치료와 예방의 포괄적 의료서비스를 국가 책임하에 실시하여 국민의 건강한 삶의 유지를 돕는 것	국민건강보험, 의료보호 및 부조 등
주택정책	인간다운 기본적 생활을 위한 인간의 필수권인 주거권을 국가가 정책을 보장하는 것	주택저당대부제도, 공공임대주택, 국민주택, 주거환경개선사업 등
대인적 사회서비스	사회적 약자인 아동, 청소년, 노인, 여성, 장애인, 이주노동자 등을 대상으로 지도, 보호 및 치료, 재활을 행하는 것	아동 및 청소년복지, 노인복지, 여성복지, 장애인복지정책 등

② 광의의 사회복지정책

영 역	내 용	예
교육정책	국민에게 적절한 교육환경을 제공하고 교육받을 기회, 과정, 결과 등을 보장함으로써 국민의 삶의 질 향상과 사회통합을 이루고자 하는 정책	영 · 유아보육, 저소득 중 · 고등학교 재학생의 학비지원, 학교급식, 산업체 부설학교, 장학금 제도 등
조세정책	조세의 징수 규모와 징수방식을 조절하여 재원확보와 경제의 안정 및 성장을 목적으로 하는 정책	부(負)의 소득세 (Negative Income Tax)
노동정책	노동능력이 있는 사람들을 대상으로 하여 노동시장과 관련된 불이익을 해소하고 자신의 힘으로 생계를 유지할 수 있도록 국가가 지원하는 정책	고용정책, 노사정책, 임금정책, 사회보장, 산업복지 등

제2절 사회과학으로서의 사회복지정책학

1 사회복지정책

(1) 각국의 사회복지정책의 체계

① 독 일

사회보험이 차지하는 비중이 압도적인 반면, 공적부조 부분은 크지 않다.

② 미 국

㉠ 1935년 사회보장법 재정으로 사회보험 · 공적부조 · 사회복지서비스와 같은 사회보장의 3대 체계가 구축되었다.

㉡ 중앙정부가 사회보험을 책임지고, 지방정부가 공적부조와 사회복지서비스를 책임진다.

㉢ 미국사회보험은 공적연금의 비중이 크다.

③ 영 국

㉠ 사회복지정책의 영역에 보건의료와 주택정책이 포함되며, 교육 또한 사회복지정책의 하나로 간주한다.

㉡ 사회복지서비스를 퍼스널 사회서비스(Personal Social Services)라고 하는데, 이와 별도로 사회보장은 사회보험과 공적부조로 구성된다.

④ 우리나라

㉠ 미국식 사회보장체계를 받아들여 사회복지정책을 사회보장과 동일시한다.

㉡ 사회보장을 사회보험 · 공적부조 · 사회복지서비스와 같은 3대 체계로 분류한다.

(2) 사회복지정책의 특성

① 사회복지정책은 사회변동에 따라 변화하는 개념이다.

② 합리성과 효율성, 효과성에 따라 좌우되기도 하지만, 상대적으로 가치와 이념에 강한 연관성을 지닌다.

③ 사회 내의 한정된 자원으로써 충족되지 않는 욕구를 해결하기 위한 정책이다.

④ 다른 정책에 비하여 사회복지서비스를 향유하는 대상집단이 이익집단화되는 경우가 적다.

⑤ 경제적 · 화폐적 계량화가 어려워 사회복지정책의 개념화와 내용 포착이 쉽지 않다.

⑥ 나라마다 사회적 특수성에 따라 개념이 약간씩 달라 내용을 구체적이고 정확하게 이해하기 쉽지 않다.

Plus ⊕ one

사회복지정책의 규범적 구조

내 용	가치와 윤리의 범주로서 가치, 이념, 철학, 사상 및 윤리 등이 특정 사회복지정책과의 내용의 연관성 분석
목 적	목표 혹은 목적과 관련되는 구성요소
주 체	누가 사회복지정책을 계획하고 실천하는가의 분석
수단과 방법	사회복지정책의 실천매개체인 조직이나 인력을 포함해서 사회복지정책의 재정문제까지 포함
대상 혹은 문제	해결하고 예방 · 개발해야 하는 인구집단과 문제에 대한 분석

2 사회복지정책학

(1) 캐리어(Carrier)와 켄달(Kendall)

① 사회복지정책학은 학제 간 연구 분야이며, 핵심적 연구 분야는 법적 복지대책이다.

② 법적 복지대책은 개인적 욕구의 해결과는 구별된다.

③ 퍼스널 사회서비스와 전체 공동체에게 무차별적으로 혜택을 주는 공공서비스는 서로 다르다.

(2) 와일딩(Wilding)

① 사회복지정책학은 사회서비스에 관한 연구였으나 사회복지의 분화(Social Division of Welfare)를 통해 연구의 폭을 확대하였다.

② 사회복지정책학은 규정적이고 편협하며, 보편적 측면보다 특정한 정책 · 문제 및 서비스에 초점을 두어 왔다.

③ 이 접근방법은 복지국가에 대한 감시견(Watchdog)과 버팀목(Buttress)으로서는 충분한 역할을 하지만 주제의 범위와 폭을 제한한다.

③ 사회복지정책학은 공유된 어떤 가치와 사회를 가정하고 있으며, 페이비언 개량주의에 의해 근본적인 사회변화가 도래할 것이라는 데 너무 낙관적이라는 것이다.

④ 경제성장의 지속성과 불가피성에 대해서도 낙관적이며, 문제에 대해 사실 규명을 하고 나면 문제는 해결될 것이라고 가정하고 있다.

⑤ 보다 정의로운 사회라면 사회서비스의 재정은 재분배적 조세제도를 통해 충분히 충당된다고 본다.

Plus ⊕ one

와일딩의 사회복지정책학의 4대 지향점

- 정치 · 경제학적 입장을 지향해야 한다.
- 정책의 결정요소로서 경제의 중요성을 강조한다.
- 이론의 중요성을 강조한다.
- 정책의 가치기반과 근원의 영향을 밝혀내고 정책의 기능을 검증하며, 정책의 실제적인 경제적 · 정치적 · 사회적 효과를 파악하고, 이들 제도들 간의 관계에 중점을 둔다.

(3) 사회복지정책학에 있어서 가치판단의 문제

① 폴더(Forder) : 사회복지라는 용어 자체가 가치개념으로서 바람직한 목적을 내포하고 있으며, 가치판단을 요한다.

② 핑커(Pinker)

㉠ 사회복지정책학이 가치지향에서 집합주의적 · 자본주의적이다.

㉡ 자본주의에 대해 비판적이면서 자본주의도 사회주의도 아닌 중간 입장의 개념과 이론을 발전시키고자 하는 경향이 있다.

㉢ 가치중립과 가치판단은 양자 중 어느 입장이 옳은가에 대한 해답은 없다. 그러나 가치중립론 자체가 하나의 가치판단일 수 있다. 따라서 각 입장에서 자신의 소신에 따라 가치의 문제를 수용할 수밖에 없다.

제3절 사회복지정책의 기능

1 긍정적 기능

(1) 사회통합(Social Integration)

① 사회복지의 궁극적 기능은 사회통합이다(예 1880년대 독일 비스마르크 사회입법).

② 제2차 세계대전 이후 서유럽 각국에 등장한 복지국가와 복지국가의 다양한 사회복지정책들도 궁극적으로는 계급, 계층, 집단들 간의 응집력 또는 연대의식을 높이는 데 그 목적이 있었다.

③ 사회복지정책은 사회적 약자(예 출산, 양육, 노령, 재해, 장애, 실업, 질병, 빈곤, 사망 등)를 그렇지 않은 사람들이 제도적으로 원조하거나 소득을 일방적으로 이전함으로써 사회통합에 이르게 하는 국가정책이다.

Plus ⊕ one

사회복지정책의 일반적인 기능

- 사회통합과 정치적 안정
- 사회문제 해결과 사회적 욕구 충족
- 개인의 자립 및 성장, 잠재능력 향상을 통한 재생산의 보장
- 기회의 재분배를 통한 사회구성원의 사회화
- 소득재분배와 최저생활 확보

(2) 사회문제의 해결과 사회적 욕구의 충족

① 처음 유럽에서는 사회복지정책을 사회 · 경제적 문제에 대한 해결책으로 간주했다.

② 세계대전을 거치면서 국민의 기본권으로서의 시민권(Citizenship) 이념이 확산 · 강화되면서 사회복지정책의 관점이 사회적 욕구(Social Needs)에 대한 대응책으로 바뀌게 되었다.

③ 사회복지정책의 대상을 사회문제로 인식하면, 사회문제는 해결해야 할 객체와 해결주체로 분리된다. 즉, 사회복지정책의 주체와 객체를 분리시키는 입장이다.

④ 사회복지정책의 대상을 사회적 욕구로 간주하면 모든 사회 구성원이 주체적으로 사회적 욕구 충족에 관심을 보인다. 즉, 사회복지정책을 하나로 통합하는 입장이다.

Plus ⊕ one

브래드쇼(Bradshaw)의 네 가지 욕구유형
- 전문가가 사정 또는 측정하여 욕구로 인정한 규범적 욕구(Normative Need)
- 주관적인 결핍상태인 체감된 욕구(Felt Need)
- 하나의 수요(Demand)로 사회적으로 공인 · 표출된 욕구(Expressed Need)
- 서비스의 수혜자와 비수혜자를 비교하여 측정된 비교된 욕구(Comparative Need)

(3) 소득재분배

19, 20회 기출

① 장기적 재분배와 단기적 재분배

㉠ 단기적 재분배 : 현재 사회적 욕구의 충족을 위해 현재의 자원을 사용하여 소득재분배를 하는 것이다(예 공공부조).

㉡ 장기적 재분배 : 생애에 걸쳐 발생하는 재분배를 말한다(예 국민연금).

② 수직적 재분배와 수평적 재분배

㉠ 소득재분배의 사회계층구조 내의 흐름에 따라 구분할 수도 있다.

㉡ 수직적 재분배 : 상위 소득계층으로부터 하위 소득계층으로의 재분배이다(예 공공부조, 누진적 소득세민에게만 제공).

㉢ 수평적 재분배 : 소득수준과 관계없이 특정한 사회적 기준을 토대로 해당 조건을 갖춘 사람에게 이루어지는 재분배이다(예 가족수당(아동수당), 건강보험).

③ 세대 내 재분배와 세대 간 재분배

㉠ 세대 내 재분배 : 동일한 세대 내에서 소득이 재분배되는 형태로, 적립방식이다(예 개인연금).

㉡ 세대 간 재분배 : 한 세대에서 다음 세대로 소득이 재분배되는 형태로, 부과방식이다(예 장기요양보험).

(4) 경제성장과 안정

① 사회복지는 장기적으로 경제에 플러스 효과를 가져 온다.

② 건강 · 보건 · 교육 · 주택 · 기타 사회복지서비스 등이 노동자의 복지증진과 노동력의 질적 수준을 향상시킨다.

③ 사회복지정책은 노동력의 이동을 원활하게 함으로써 경제성장에 기여할 수 있다.

④ 정부가 특정지역을 개발하면 그 지역의 고용률은 증가하고, 실업률은 하락하여 경제성장을 촉진시킨다.

⑤ 개발도상국에서는 경제성장을 위한 자본축적을 위해 사회복지제도를 활용하는 경우가 많다.

⑥ 소비 억제 · 저축증대와 같은 효과를 지닌 장기보험으로써 사회보험제도를 활용하여 투자재원을 확보하는 장치이다.

Plus ⊕ one

사회적 연대(Social Solidarity)에 관한 이론(Durkhiem)

구 분	기계적 연대(Mechanical Solidarity)		유기적 연대(Organic Solidarity)	
지배사회	전통사회	사회적 분업이 덜 진행되고, 사회적 규범은 억압적이며, 사회통합의 정도가 상당히 높다.	산업사회	보다 발전되고 산업화된 사회의 특징으로서 사회적 분업 또는 기능적 분화의 산물이다.
특 징	개인 간의 차이가 최소화되고, 사회구성원들이 공통의 가치를 강하게 지향한다.		계약관계가 지배적이고 개인 간의 가치관의 차이가 크며, 사회통합 또는 사회적 응집도가 낮다.	

제1영역

2 부정적 기능

(1) 경제성장의 저해

① 우리나라는 선 성장 후 분배라는 경제성장 논리에 치중하면서 **사회복지를 경제성장의 저해요인으로 보았다.**

② **신자유주의자들은 복지국가의 높은 재정지출이** 경제성장의 장애물이라고 주장하였다.

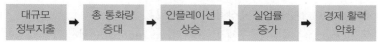

대규모 정부지출 ➡ 총 통화량 증대 ➡ 인플레이션 상승 ➡ 실업률 증가 ➡ 경제 활력 악화

③ 경제성장을 위해서는 투자가 촉진되어야 하고, 투자촉진을 위해서는 높은 저축률이 필요한데, 사회복지정책 특히 사회보장은 저축률을 낮추는 부정적인 효과를 갖고 있다. 또한 경제성장에 반드시 필요한 노동의 동기를 약화시킨다.

(2) 빈곤의 함정(Poverty Trap)

① 빈곤의 함정 또는 빈곤의 덫이란 높은 수준의 사회보장급여가 존재할 경우 이에 의존하여 생계를 해결하려는 의존심이 생겨 결국 가난에 정체되어 버리는 현상이다.

② 이 관념은 영국의 노동당 정부의 일하게 만드는 복지(Workfare)정책과 미국 클린턴 정부의 근로조건부 복지(Welfare to Work)정책의 기저에 짙게 깔려있다.

③ 이 정책은 사회복지급여를 지급하는 대신 노동을 장려하는 쪽으로 사회복지정책을 바꾸었다.

④ 빈곤함정이 존재할 수 있다. 그러나 일부대상자의 문제를 전체 제도의 구조적 결함인 것처럼 과대포장하여 사회복지정책 전반에 대한 부정적 인식을 심화시키고, 국민들의 복지권마저 부정하려는 것은 바람직하지 않다.

(3) 도덕적 해이

① 도덕적 해이란 **사회보험 계약이 가입자들의 동기와 행동에 영향을 끼치는 현상**이다. 예를 들어, 어떤 사람이 보험에 가입했다 하여 보험에 가입하기 전에 비해 위험발생을 예방하려는 노력을 덜하게 되는 현상을 말한다.

② 사회보험 중에서 도덕적 해이의 발생가능성이 높은 것으로 꼽히는 것이 **건강보험**이다.

㉠ 피보험자 : 불필요한 진료서비스 요구, 고액의 진료를 선호, 진료에 의지하려 하는 경향

㉡ 의료진 : 자의적으로 필요 이상의 검사 · 수술 · 투약 등의 의료서비스를 제공하려는 유인이 존재

③ 도덕적 해이는 건강보험에서 진료비 본인부담을 정당화하는 논리로 사용되고 있다. 진료비 본인부담이 없을 경우 피보험자들이 건강보험 수급권을 남용한다는 것이다.

제4절 사회복지정책의 목표와 가치

6, 14회 기출

1 정책목표

(1) 목적과 목표의 혼란

① **정책 목적(Goal)** : 일반적이고 추상적이며 광범위 것

② **정책 목표(Objects)** : 세부적 · 구체적 · 조작적(Operational)이어서 직접 측정이 가능한 것

(2) 정책수단과 목표의 혼란

① **정책 목표** : 어떤 정책이 추구하고자 하는 **궁극적인 목표**(예 아동의 복지증진과 관련된 구체적인 목표들)

② **정책 수단** : 그 정책 목표를 달성하기 위해서 사용되는 **각종의 수단 혹은 방법**(예 아동 복지 증진과 목표 달성을 위한 상담서비스, 현금 · 현물 제공)

(3) 목표의 다양한 형태

① **장기적 목표와 단기적 목표**

㉠ 정책의 목표는 단기적인 목표와 장기적인 목표로 구분할 수 있다.

㉡ 대부분의 정책들은 이러한 두 가지 목표를 동시에 가지고 있는데, 이들 목표가 서로 혼동되어 정책의 내용에서 명확하게 구분되지 못하기도 한다.

② **공표된 목표와 숨어 있는 목표**

㉠ 공표된 목표(Manifest Objectives)와 숨어 있는 목표, 잠재적으로 숨어 있는 목표(Latent Objectives) 등으로 나눌 수 있다.

㉡ 정책의 목표를 분석할 때 흔히 공표된 목표만을 분석하는 경향이 있는데, 이러한 경우 그 정책의 성격을 명확히 이해하는 데는 상당한 한계를 지닐 수밖에 없다.

③ **의도한 목표와 의도하지 않은 목표**

㉠ 의도한 목표 : 특정한 정책의 대상, 효과 등과 관련하여 정책입안 초기에 미리 의도했던 목표이다.

㉡ 의도하지 않은 목표 : 정책의 목표달성 당시에는 예상하지 못한 것으로 정책의 집행과정에서 나타난 부수적인 결과로서 확인 가능한 것이다.

2 사회복지정책의 목표

(1) 인간의 존엄성 유지

① **인간의 존엄성** : 한 개인의 인종, 종교, 연령, 성, 교육수준, 경제 · 사회적 신분 등의 차이에 관계없이 한 인간으로서 존엄한 가치를 지닌 존재라는 것이다.

② **우리나라의 헌법 제34조 제1항** : "모든 국민은 인간다운 생활을 할 권리를 갖는다."

③ 사회복지는 한 개인의 존엄성 확보를 위해 세심하게 배려하고 있다. 이러한 관점에서 인간의 존엄성 유지는 사회복지정책의 기본적 목표로 삼을 수 있다.

(2) 자립성 유지

① **사회복지정책의 실천 목표** : 자립성 혹은 자율성을 길러 한 개인이 스스로 자신의 생활을 결정하고 영위할 수 있도록 하는 것이다.

② **사회복지 개입목표** : 문제를 가진 클라이언트의 경우 자신의 문제원인과 의미를 스스로 인식하여 해결할 수 있는 데까지 사회복지사가 개입한다.

③ **사회사업실천상의 개입원리** : 전문사회사업가가 주관적이고 권위적인 방법으로 해결하지 않아야 된다.

(3) 개인적 성장과 개발

① **자기결정권(Self Determination)의 원리** : 사회복지는 인간을 합리적이고 이성적인 존재로 간주하는 한편 자신의 문제를 스스로가 해결할 수 있다고 본다.

② 사회복지는 인간의 잠재력과 성장 가능성을 인정하는 원리를 바탕으로 하여 정책의 결정과 그 실천이 이루어지고 있다.

Plus ⊕ one

사회복지정책의 가치

기본적 가치	인간 존엄성, 생존권, 사회연대의식 등
일반적 가치	평등, 자유, 형평성, 적절성, 효율성 및 효과성, 편익성 및 접근성 등

※ 사회복지정책의 수단으로서의 가치가 아닌 목표로서의 가치에 해당

3 평 등

11, 12, 13, 17회 기출

(1) 평등의 개념

① 수량적 평등(Numerical Equality) 19회 기출

㉠ 결과의 평등으로 불리며 모든 사람을 똑같이 취급하여 사람들의 욕구나 능력의 차이에 관계없이 사회적 자원을 똑같이 분배한다.

㉡ 현실적으로는 불가능하고 사회복지정책에서는 소득재분배의 부분적인 목표로 삼고 있다.

㉢ 평등의 개념 가운데 가장 적극적인 의미로서, 특히 저소득층에게 보다 많은 자원이 할당된다.

② 비례적 평등(Proportional Equality) 3, 5, 10, 13, 14, 17회 기출

㉠ 개인의 욕구, 능력, 기여에 따라 사회적 자원을 다르게 배분하는 것이다. 흔히 공평(Equity) 또는 형평이라 불린다.

㉡ 결과의 평등과 비교하면 많은 불평등이 존재할 수 있지만 실질적으로 자본주의 사회에서 가장 널리 사용되는 평등의 개념이다.

㉢ 사회보험의 경우 보험료를 많이 낸 사람에게 많은 급여를 하는 것은 바로 공평의 가치를 반영하는 것이다(예 실업급여).

㉣ 공적부조정책의 기본원칙인 열등수급의 원칙도 공평의 원칙을 강조한 것으로 공적부조의 급여액이 가장 낮은 근로임금액보다 높아서는 안 된다.

③ 기회의 평등(Equality of Opportunity) : 과정상의 기회만 평등하다면 그로 인한 결과의 불평등은 아무런 상관이 없다는 개념으로 이러한 평등의 개념은 수많은 결과의 불평등을 합법화할 수 있다(예 여성고용할당, 드림스타트).

Plus ⊕ one

드림스타트(Dream Start) 16회 기출

빈곤한 가정의 아동이 부적절한 양육환경과 기회 불평등으로 연결되면서 아동발달에 매우 부정적인 영향을 미친다는 우려에 따라, 일종의 사회투자로써 빈곤의 세습을 단절하여 사회비용을 절감하며, 궁극적으로 사회통합에 이바지하는 것을 목표로 한다.

(2) 평등의 내용

① 누구를 평등하게 할 것인가?

㉠ 특정지역에의 소속 : 특정지역에의 소속 여부만을 자격조건으로 하는 사회복지정책들을 확대해 나가는 것은 평등대상의 포괄성, 인간의 존엄성 유지 등의 측면에서 바람직하지만 현실적으로는 정책유지에 엄청난 자원이 필요하기 때문에 쉽지 않다.

㉡ 사회적 위치의 차이 : 사회적 위치에 따른 분배란 동일한 위치에 있는 사람들 사이의 평등을 의미하는 것인 공평(Equity)의 개념과 동일하며, 대부분 평등은 이러한 의미로 받아 들여지고 있다.

㉢ 특정집단에의 소속 : 성별, 나이, 종교, 빈곤 정도 등으로 구분될 수 있는 집단들 사이에서의 불평등을 줄여야 한다는 점을 강조하며 공평의 분배가 이루어지기 위해서는 개인의 노력, 능력, 기여 등에 따른 보상이 있어야 한다.

② 무엇을 평등하게 할 것인가?

㉠ 사회복지정책의 급여수준에 관련된 것

가장 널리 이용된 평등의 수준은 **절대적 빈곤선**(Rowntree)이다.

㉡ 사회복지정책의 급여의 종류와 형태에 관한 것

현금이냐 현물이냐의 급여형태로 나눌 수 있고 둘 가운데 어떤 것을 강조하느냐에 따라 사회복지정책의 평등효과가 달라질 수 있다.

㉢ 사회복지정책의 수급자 단위에 따른 평등효과의 정도 차이

사회복지정책의 수급단위를 개인, 혹은 가족으로 할 것이냐에 따라 정책이 추구하는 평등의 정도가 달라질 수 있다. 개인 단위로 측정할 때 가장 높고 단위가 커질수록 작아진다.

㉣ 사회복지정책의 급여수준을 결정할 때 수급자 소득의 측정기간에 관한 문제

사람들의 소득은 측정기간이 짧을수록 변동이 심한 반면, 길면 단기간 내의 소득의 변동을 평균화할 수 있기 때문에 안정적이다.

㉤ 빈곤의 함정(Poverty Trap)

사회복지정책의 부정적인 측면이 나타나게 되고, 이 문제의 해결 방법은 소득이나 자산조사를 통한 공적부조 프로그램을 줄이고, 보편적인 프로그램을 확대하는 것이다. 이 경우 많은 자원이 필요하고, 목표효율성이라는 측면에서 문제점이 있다.

③ 어떻게 평등하게 할 것인가?

㉠ 모든 사람에게 기회를 평등하게 주는 방법

㉡ 과정상의 평등을 이루는 방법 중 투표에 의한 방법

정치적 시장(Political Market)에서 기회(1인 1표)를 똑같이 주어 정치적 경쟁을 통해 자원을 배분하는 것이다.

㉢ 과정상의 평등을 이루는 방법 중 추첨에 의한 것

결과를 얻을 수 있는 통계적 확률만큼은 모두 똑같이 해주어 결과의 불평등 합리화(정당화) 가능성이 있다.

Plus ⊕ one

롤즈(Rawls)의 사회정의론(A Theory of Justice) 13, 14, 15회 기출

- 롤즈는 공평의 원칙(Fairness Principle)에 기초하여 분배의 정의에 대한 이론을 제시하였다.
- 사회구성원이 공공의 이익을 추구 시, 절대적 평등이 아닌 공평의 원칙에 따라 사회계약을 체결한다.
- 공평의 원칙은 사회경제적 취약계층에게 보다 많은 장점을 주어서 이해갈등과 불평등을 완화해 가는 것이다.
- 롤즈는 원초적 상황에 있는 사람들은 무지의 베일(Veil Of Ignorance)에 싸여 '최소 극대화 원칙(Maximin Rule)'을 선택하며, 이는 사람들이 가장 불행한 사람에게 가장 불행하지 않은 상황을 제공하는 사회를 선택하는 것이다.
- 롤즈의 제1원칙은 모든 개인의 평등한 기본적 자유 보장의 권리를 담고 있으며(평등한 자유의 원칙), 제2원칙은 사회적 · 경제적 불평등에 있어서 공평한 기회의 평등(공평한 기회의 원칙)과 최소 수혜자의 최대 편익(차등의 원칙)을 담고 있다.
- 제1원칙은 제2원칙에 우선하며(자유우선성의 원칙), 제2원칙 중에서도 공평한 기회의 원칙이 차등의 원칙에 우선한다.
- 효율성이나 공리주의 원칙은 어떤 경우에도 이와 같은 정의의 2가지 원칙을 앞설 수 없다.

4 효 율

(1) 수단으로서의 효율

① 효율은 최소한의 자원을 투입하여 최대한의 결과를 얻는 것이며, 사회복지정책에서도 효율의 개념은 중요시되고 있다. 그러나 현실적으로 어떤 정책이 효율적인가를 판단하는 것은 쉽지 않다.

② 현실에서 사회복지정책의 쟁점은 서로 다른 목표를 추구하는 정책들 사이의 선택의 문제이다. 효율성의 문제는 그 의미가 축소되어 있으며 이러한 상황에서 사회복지정책은 사회구성원들이 갖고 있는 가치의 크기, 즉 **다양한 가치를 추구하는 집단들 사이의 정치적 힘의 크기로 결정된다.**

(2) 배분적 효율(파레토 효율) 17회 기출

① 파레토 효율은 다른 사람의 효용을 저해하지 않고서는 특정 사람의 효용을 높이는 것이 불가능한 상태를 의미한다. **사회적 자원의 바람직한 배분이라는 보다 포괄적인 측면에 조점을** 둔다.

② 사회복지정책을 통해 평등의 가치를 추구하다 보면 다른 사람의 효용을 줄여야 하고 재분배 과정에서 파레토 효율이 저하되어 사회적 자원의 총량이 줄어 결과적으로 사회구성원 모두가 손해를 볼 수 있다.

③ 경제학에서는 정부의 개입이 없는 **완전경쟁시장**에서만 가능한 것으로 보고 있는데, 그 이유는 정부의 개입이 필연적으로 어떤 사람의 효용을 감소시킬 것이기 때문이다.

(3) 평등과 효율의 관계

① **근로동기의 약화** : 소득 재분배정책이 사람들의 근로동기를 약화시킬 수 있다.

② **저축과 투자동기의 약화** : 사회복지정책의 확대로 인해 조세부담이 증가하고 납세자들의 가처분소득이 감소하게 되어 저축능력이 줄어든다. 또한 조세의 증가는 자본투자에 대한 이득률을 조세증가 이전보다 감소시켜 미래소비보다 현재소비를 선호하게 하므로 저축성향을 저해할 수 있다.

③ **소비자 선택의 왜곡** : 사회복지정책의 급여가 현물이나 서비스의 형태로 될 때, 소비자의 선택에 왜곡현상을 일으킬 수 있으므로 시장기제에서 소비자들에게 적정하게 배분되는 양 이상으로 불필요하게 많이 배분되는 자원낭비가 발생할 수 있다.

④ **생산부분에서 사용할 수 있는 자원의 축소** : 정책의 확대로 인하여 생산부문에서 사용할 수 있는 자원을 줄어들게 하여 경제성장의 둔화현상을 초래할 수 있다.

5 사회적 적절성(욕구)

19회 기출

(1) 사회적 적절성의 정도

① 복지의 급여는 개인이 살아가는 데 필요한 사회적 · 주관적 기준에 적절한 정도의 수준(욕구)을 말한다.

② 우리나라는 국민이 건강하고 문화적인 생활을 유지하기 위하여 필요한 최소한의 비용인 최저보장수준의 기준을 사회적 적절성에 의해 정하고 있다(예 최저임금).

(2) 우리나라의 사회적 적절성의 평가

① 최저보장수준 급여 기준의 사회적 적절성에 대한 평가를 실시할 수 있고, 공공기관이나 민간 · 법인단체 등에 이 평가가 위탁되기도 한다.

② 우리나라는 최저보장수준 급여에 대한 사회적 적절성을 확인하기 위해 매년 1회 이상 정기조사를 받기도 한다.

6 자 유

11회 기출

(1) 자유의 개념

20회 기출

① 타인의 간섭 혹은 의지로부터의 자유, 즉 기회의 측면을 강조하는 소극적 자유와 자신이 원하는 것을 할 수 있는 자유, 즉 능력의 측면을 강조하는 적극적 자유로 나누어 볼 수 있다.

소극적 자유	적극적 자유
• 기회의 측면을 강조 • 국가의 개입에 부정적 입장	• 능력의 측면을 강조(예 자신이 원하는 것을 할 수 있는 자유) • 국가의 개입에 긍정적 입장(예 최저생활보장)

제 1 영역

② 사회복지정책은 특정한 사람들의 소극적 자유를 줄이는 반면 다른 사람들의 적극적인 자유를 증가시킨다.

③ 논리적 근거

㉠ 적극적 자유가 소극적 자유의 가치를 높일 수 있다.

㉡ 소극적 자유로부터 감소되는 효용이 적극적 자유로부터 증가되는 효용보다 적을 수 있다(예 자유의 한계효용체감의 원리).

(2) 자유의 한계

① **신체적 해(害)** : 어떤 사람의 행위로 인하여 다른 사람이 신체적인 해를 당하는 경우 행위를 한 사람의 자유는 제한된다.

② **물질적 해(害)** : 특정인의 행위로 인하여 다른 사람이 물질적인 손해를 받는 것을 말하는데, 인간의 생명은 무엇보다도 소중하기 때문에 일반적으로 물질적인 해는 신체적인 해에 비하여 개인의 자유를 제한할 수 있는 근거가 상대적으로 약하다.

③ 정서적 · 심리적 해(害)

㉠ 신체적 · 물리적 해는 비교적 측정이 용이하지만 심리적 · 정서적 해의 경우는 객관적으로 측정하기가 불가능하다.

㉡ 신체적 · 물질적 해의 경우는 비교적 객관적이고 과학적으로 결정되는 반면, 정서적 · 심리적 해의 경우는 정치적 · 문화적으로 결정되며 개인의 자유를 제한하는 데 상대적으로 많은 논란이 따른다.

④ 사회에 미치는 해(害)

㉠ 어떤 행위가 공동사회로서 기능하는 능력에 훼손을 주는 경우로 특정한 행위가 개별 사회구성원에게는 해를 주지 않더라도 사회 전체적으로는 해가 되는 경우를 말한다.

㉡ 개인들의 행위가 개별적으로는 해가 되지 않으나 많은 사람들이 그러한 행위를 하게 되면 해가 되는 경우를 말한다.

㉢ 성차별, 인종차별과 같이 개별적인 사람들에게 미치는 해의 결과가 집단전체에 해를 주는 경우를 말한다.

(3) 사회복지정책과 자유

① 개인의 사유재산권 침해

㉠ 개인이 행사하는 재산권의 자유가 다른 사람의 자유를 제한하거나 침해한다면 이를 제한할 수 있다.

㉡ 특정 개인의 재산권 행사를 제한하고 사회복지정책을 통하여 다른 사람의 자유를 증가시킨다면 사회 전체적으로 볼 때는 이해득실은 없으나 가치와 관련된 논쟁의 여지가 있다.

② 서비스제공의 비차별

사회복지정책에서 제공하는 서비스와 재화는 그 보편적인 속성으로 인하여 차별을 두지 않는다.

③ 자유의 제한

㉠ 사회복지정책은 사람들의 욕구를 해결함으로써 자유의 영역을 넓히기도 하지만, 사람들로 하여금 사회복지정책에 예속되게 만듦으로써 자유를 제한하기도 한다.

㉡ 대부분의 경우 사회복지급여를 받기 위해서는 요구되는 일정한 조건에 따라야 하듯이 사람들이 사회복지정책에 의존하면 할수록 그들의 자유는 제한된다.

④ 평등의 가치 구현

㉠ 사회복지정책은 기본적으로 평등가치의 구현을 추구하고 있으며 이 목표를 추구하는 과정에서 어떤 사람들의 자유가 제한될 수 있다.

㉡ 오늘날과 같이 사회복지정책이 발전된 상황에서는 권력, 부, 지식 등은 사회적으로 결정되는 것으로 보기 때문에 사회복지정책을 통하여 인간이 통제할 수 있는 영역을 넓혀 자유를 확장하고자 하는 것이다.

(4) 자유와 평등의 관계

① **대립되는 면** : 개인의 자유를 강조하다 보면 평등이 손상되기 쉽고, 평등을 강조하다 보면 자유가 위축될 수 있다.

② **조화의 요구** : 자유는 대체로 개인주의, 다원성, 경제적 효율, 생산성, 창의성, 실적주의 등의 개념과 밀접하게 연결되어 있는 반면 평등은 집단주의, 사회통합, 배분적 정의, 복지, 공동체 등의 개념과 가깝게 연계되어 있다.

(5) 사회적 연대

17회 기출

① 사회적 연대는 자립능력을 상실하거나 혹은 상실할 가능성이 있는 사회구성원을 공동으로 보호하는 사회적 협력행위이다.

② 사회문제에 대한 집단적 대처수단으로서 상부상조의 정신을 바탕으로 하며, 사회문제의 해결과정에서 조직구성원 간 이타적 정신을 강조한다.

③ 사회적 연대원칙은 확산된 사회적 위험을 모든 사회구성원에게 분산시키고, 그 비용을 공동으로 부담하도록 하는 제도를 형성한다.

Plus ⊕ one

사회복지서비스와 다른 공공서비스들과의 차별성

17회 기출

- 사회복지서비스는 사람들의 개별적(배타적) 욕구를 충족시키고자 한다.
- 사회복지서비스는 사람들의 욕구를 직접적으로 충족하려는 경향이 있다.
- 사회복지서비스는 사람들의 욕구를 비시장적으로 해결하며, 주로 이차분배에 관여한다.
- 사회복지서비스는 사람들의 욕구를 주로 공식적 기구나 제도를 통해 충족한다.
- 사회복지서비스는 사람들의 욕구를 비영리적 부문에서 해결한다.
- 사회복지서비스는 사람들의 욕구를 일방적 이전의 형태로 해결한다.
- 사회복지서비스는 사람들의 욕구 가운데 주로 소비적인 욕구를 해결한다.

CHAPTER 01

출제유형문제

01 **사회복지정책의 급여 형태 중 기회(Opportunity)에 관한 설명으로 옳은 것은?** [14회]

① 수급자가 직접 급여에 대한 결정이나 그와 관련된 정책결정에 참여한다.
② 목표효율성(Target Efficiency)이 가장 높은 급여 형태로 평가받는다.
③ 빈곤층 자녀의 대학입학정원 할당, 장애인 의무고용제 등이 해당된다.
④ 수급자가 일정한 용도 내에서 원하는 재화나 서비스를 선택할 수 있다.
⑤ 취약계층의 경제적 문제를 근본적으로 해결할 수 있다.

해설
③ 기회(Opportunity)는 사회 불이익 집단에게 유리한 기회를 제공하여 시장경쟁에 적응할 수 있도록 유도하는 무형의 급여 형태로서, 빈곤층 자녀의 대학입학정원 할당, 장애인 의무고용제도, 농어촌 특별전형제도, 여성고용할당제도 등이 해당된다.
① 권력(Power)에 해당한다. 권력은 사회복지정책의 수급자에게 정책결정에 대한 참여를 보장하는 동시에 권력을 부여하여 정책의 내용이 그들에게 유리하게 결정되도록 하는 급여 형태이다.
② 목표효율성이 가장 높은 급여 형태는 현물급여에 해당한다.
④ 이용권 또는 증서(Voucher)에 해당한다.
⑤ 기회는 노인, 여성, 장애인 등 취약계층에 대해 교육이나 고용에 있어서 유리한 차별적 조건을 부여할 뿐 그들의 경제적 문제를 근본적으로 해결하지 못한다.

02 **사회복지정책의 가치에 관한 설명으로 옳은 것은?** [11회]

① 형평(Equity)은 결과의 평등을 강조하는 수량적 평등 개념이다.
② 긍정적 차별(Positive Discrimination)은 평등의 가치를 저해한다.
③ 기회의 평등은 결과의 평등보다 재분배에 적극적이다.
④ 결과의 평등 추구는 부자들의 소극적 자유를 침해할 가능성이 높다.
⑤ 기회의 평등 추구는 빈자들의 적극적 자유를 증진할 수 없다.

해설
① '형평' 또는 '공평(Equity)'은 '비례적 평등'의 개념이다. 비례적 평등은 개인의 욕구, 능력, 기여에 따라 사회적 자원을 상이하게 배분하는 것이다.
② '긍정적 차별' 또는 '적극적 차별(Positive Discrimination)'은 사회의 불이익 집단들에 대한 과거의 부정적 차별(Negative Discrimination)을 보상하는 것이므로 평등의 가치를 저해하는 것으로 볼 수 없다.
③ '기회의 평등'은 결과가 평등한가 아닌가의 측면은 무시한 채 결과를 얻을 수 있는 과정상의 기회만을 똑같이 주는 것이므로 평등의 개념 가운데 가장 소극적이라고 볼 수 있다.
⑤ '적극적 자유'는 '자신이 원하는 것을 할 수 있는 자유'를 말하므로, 기회의 평등으로 빈자들의 적극적 자유를 증진할 수 있다.

1 ③ 2 ④ Answer

03 사회복지정책의 특성에 대한 설명으로 옳지 않은 것은?

① 사회 내의 한정된 자원으로써 충족되지 않는 욕구를 해결하기 위한 정책이다.
② 사회의 변동에 따라 변화하는 개념이다.
③ 경제적 · 화폐적 계량화가 어려우므로 사회복지정책의 개념화와 내용 포착이 용이하지 않다.
④ 다른 정책에 비하여 정책의 부산물인 사회복지서비스를 향유하는 대상집단이 이익집단화되는 경우가 많다.
⑤ 경제적 · 화폐적 계량화가 어렵다.

해설 ④ 사회복지정책은 다른 정책에 비하여 정책의 부산물인 사회복지서비스를 향유하는 대상집단이 이익집단화되는 경우가 많지 않다.

제1영역

04 의료서비스를 국가가 주도적으로 실시해야 한다고 주장하는 근거로 옳지 않은 것은? [12회]

① 의료서비스는 가치재(Merit Goods)의 성격을 갖는다.
② 수요자와 공급자 간의 정보의 비대칭성이 존재한다.
③ 역선택(Adverse Selection) 문제가 발생할 수 있다.
④ 도덕적 해이 현상이 발생할 수 있다.
⑤ 위험발생이 상호 독립적이다.

해설 ⑤ 사회보장제도는 상호 의존적인 특성을 지닌다. 요컨대 민간 보험시장에서 어떤 위험에 대비한 보험 상품이 제공되기 위해서는 재정 안정이 이루어져야 한다. 그러나 만약 어떤 사람의 위험발생이 다른 사람의 위험발생과 연계되어 있는 경우, 즉 위험발생이 비독립적인 경우 재정 안정을 유지하기 어렵다. 예를 들어 어떤 사람이 질병에 걸릴 가능성은 다른 사람이 질병에 걸릴 가능성과 연계되어 있다. 이와 같이 보험가입자의 위험발생이 다른 사람의 위험발생과 상호 독립적이지 못한 경우 강제가입을 통한 사회보험의 필요성이 제기된다.

① '가치재(Merit Goods)'는 본래 시장에서 거래가 가능하나 수요자가 불완전한 정보로 인해 그 진정한 가치를 인식하지 못함으로써 과소소비하기 쉬운 재화나 서비스를 말한다. 대표적인 가치재로서 의료서비스를 예로 들 수 있는데, 의료서비스는 수요자가 완전한 정보로서 확보하기 어려운 측면이 있으므로 의료기관 및 의사 등 전문가집단에 의한 독점이 이루어질 수 있다.

② 시장은 본래 공정한 경쟁과 교환을 원칙으로 해야 하지만 실제로는 일방에 유리하거나 불리하게 정보의 수급이 비대칭적으로 이루어지는 경우가 있다. 특히 특정 정보의 이용이 시장의 불균형을 야기하는 경우 국가의 개입에 의한 강제적인 방식이 요구된다.

③ '역선택(Adverse Selection)'은 상대적으로 위험발생 가능성이 높은 사람들이 집중적으로 자신에게 유리한 보험을 선택적으로 가입함으로써 전체 보험료의 인상을 야기하고 위험분산을 저해하는 경우를 말한다. 이와 같이 역선택으로 인한 시장의 비효율성을 해결하기 위해 강제적인 방식이 요구된다.

④ '도덕적 해이'는 어떤 사람이 보험에 가입했다고 하여 보험에 가입하기 전에 비해 위험발생을 예방하려는 노력을 덜하게 되는 현상을 말한다. 도덕적 해이로 인해 보험료가 올라가게 되는 경우 보험가입자 수가 감소하게 되어 민간보험을 통한 제공이 어렵게 되므로 강제적인 방식이 요구된다.

Answer 3 ④ 4 ⑤

05 존 롤즈(J. Rawls)의 사회정의를 구성하는 요소가 아닌 것은? [15회]

① 무지의 베일
② 원초적 상황
③ 차등의 원칙
④ 획일적 평등사회
⑤ 최소극대화의 원칙

해설 **롤즈(Rawls)의 사회정의론**

- 롤즈(Rawls)는 『정의론(A Theory of Justice)』에서 공평의 원칙(Fairness Principle)에 기초하여 분배의 정의에 대한 이론을 제시하였다.
- 사회구성원이 공공의 이익을 추구하더라도 절대적(획일적) 평등을 추구하는 사회적 규범에 동의하는 것이 아닌 공평의 원칙에 따라 사회계약을 체결한다고 본다.

06 사회안전망에 관한 설명으로 옳지 않은 것은? [15회]

① 이차적 사회안전망은 빈곤계층의 기본적 욕구를 충족시켜 주기 위한 목적으로 운영된다.
② 일차적 사회안전망과 이차적 사회안전망은 각자의 목표에 따라 엄격하게 구분하여 운영된다.
③ 일차적 사회안전망은 개인의 노력과 능력으로 확보하게 되는 안전망이다.
④ 이차적 사회안전망은 주로 공공부조제도로 구성되어 있다.
⑤ 일차적 사회안전망은 주로 사회보험제도로 구성되어 있다.

해설 ② 국가는 전체 사회안전망이 합리적으로 운영될 수 있도록 하기 위해 일차적 사회안전망과 이차적 사회안전망 상호 간 기능의 연계체계를 구축할 필요가 있다. 특히 이차적 사회안전망은 일차적 사회안전망의 기능을 보완할 수 있는 방향으로 설계되어야 한다.

사회안전망(Social Safety Net)

일차적 사회안전망	• 개인의 노력과 능력, 경제적 · 사회적 기여를 통해 스스로 확보하게 되는 보호 장치이다. • 일반적으로 보험의 원리 또는 공급의 원리를 토대로 운영되며, 주로 사회 보험제도로 구성되어 있다. 이차적 사회안전망
이차적 사회안전망	• 일차적 사회안전망으로부터 탈락되거나 적절한 수준의 급여를 받지 못하는 빈곤계층의 기본적 욕구를 충족시켜 주기 위한 최종적인 보호 장치이다. • 빈곤의 원인, 근로능력, 나이, 성별, 국적 등에 관계없이 빈곤 현상 그 자체를 보호의 대상으로 하며, 주로 공공부조제도로 구성되어 있다.

5 ④ 6 ② Answer

07 평등에 관한 설명으로 옳지 않은 것은? [17회]

① 보험료 수준에 따라 급여를 차등하는 것은 비례적 평등으로 볼 수 있다.
② 드림스타트(Dream Start) 사업은 기회의 평등을 반영하는 것으로 볼 수 있다.
③ 공공부조의 급여는 산술적 평등을, 열등처우의 원칙은 비례적 평등을 반영하는 것이다.
④ 모든 사람에게 동등한 의료서비스를 제공하는 영국의 국민보건서비스(NHS)는 결과의 평등을 반영하는 것으로 볼 수 있다.
⑤ 비례적 평등은 결과의 평등이다.

해설 ⑤ 비례적 평등은 개인의 욕구, 능력, 기여에 따라 사회적 자원을 상이하게 배분하는 것으로서, '형평 또는 공평'이라고도 한다. 참고로 모든 사람을 똑같이 취급하여 사람들의 욕구나 능력의 차이에는 상관없이 사회적 자원을 똑같이 분배하는 수량적 평등을 '결과의 평등'이라고도 한다.

08 사회복지정책의 가치에 관한 설명으로 옳은 것을 모두 고른 것은? [14회]

ㄱ. 사회적 적절성(Adequacy)은 모든 사람에게 사회적 자원을 똑같이 분배하는 것을 말한다.
ㄴ. 벌린(I. Berlin)이 말하는 적극적 자유(Positive Freedom)는 국가 개입이 감소할수록 보장이 용이하다.
ㄷ. 사회적 자원 배분이 평등적이고 동시에 파레토 효율적(Pareto Efficient)이라면 평등과 효율은 상충적일 수밖에 없다.
ㄹ. 비례적 평등(Proportional Equality)은 형평 또는 공평(Equity)이라고도 불린다.

① ㄱ, ㄴ, ㄷ
② ㄱ, ㄷ
③ ㄴ, ㄹ
④ ㄹ
⑤ ㄱ, ㄴ, ㄷ, ㄹ

해설 ㄱ. 사회적 적절성은 인간다운 생활을 할 수 있도록 적절한 수준의 급여를 제공하는 것을 의미하는 것이다.
예 국민기초생활보장제도의 최저보장수준(최저생계비)
ㄴ. 벌린(Berlin)이 말하는 적극적 자유(Positive Freedom)는 자신이 원하는 것을 할 수 있는 자유로서 '자율성(Autonomy)'의 의미를 가진다. 적극적 자유는 사회적 · 집단적 측면에서 고려하므로, 이를 실현하기 위해 국가의 적극적인 개입을 요구하기도 한다.
ㄷ. 파레토 효율(Pareto Efficiency)은 배분적 효율을 의미하는 것으로서, 사회 전체의 효용을 높일 수 있도록 사회적 자원을 배분하는 것이다. 경제학에서는 완전경쟁시장에서만 가능하나 사회적 자원 배분이 평등적이고 동시에 파레토 효율적이라면 평등과 효율을 동시에 달성할 수 있다.

Answer 7 ⑤ 8 ④

09 다음 보기의 내용이 설명하는 것은?

높은 수준의 사회보장급여가 있을 경우 자립하여 빈곤에서 탈피하려고 하기보다는 복지에 의존하려는 현상으로 사회복지가 노동유인을 저해시킨다는 논리이다.

① 빈곤의 함정
② 도덕적 해이
③ 역선택
④ 외부효과
⑤ 위험발생의 비독립성

해설 빈곤의 함정(Poverty Trap)
높은 수준의 사회보장급여가 존재할 경우 자력으로 일을 해서 가난으로부터 벗어나려 하기보다는 사회보장급여에 의존하여 생계를 해결하려는 의존심이 생겨 결국 가난에 정체되어 버리는 현상을 말한다.

10 사회복지정책이 추구하는 목표와 추진 방법을 연결한 것으로 옳지 않은 것은? [16회]

① 형평 – 실업급여
② 적절성 – 최저임금
③ 기회의 평등 – 여성고용할당
④ 적극적 자유 – 최저생활보장
⑤ 결과의 평등 – 드림스타트(Dream Start)

해설 ⑤ 드림스타트(Dream Start)는 기회의 평등의 예에 해당한다. 기회의 평등은 결과의 평등 여부는 무시하고 결과를 얻을 수 있는 과정상의 기회만을 똑같이 주는 개념이다. 드림스타트는 빈곤이 부적절한 양육환경과 기회 불평등으로 연결되면서 아동발달에 매우 부정적인 영향을 미친다는 우려에 따라 빈곤아동에 대한 일종의 사회투자로써 빈곤의 세습을 단절하여 사회비용을 절감하며, 궁극적으로 사회통합에 이바지하는 것을 목표로 한다.

11 사회복지정책의 기능으로 옳지 않은 것은? [16회]

① 사회통합
② 최저생활 유지
③ 능력에 따른 배분
④ 개인의 잠재능력 향상
⑤ 소득재분배

해설 사회복지정책의 일반적인 기능
- 사회통합과 정치적 안정
- 사회문제 해결과 사회적 욕구 충족
- 개인의 자립 및 성장, 잠재능력 향상을 통한 재생산의 보장
- 기회의 재분배를 통한 사회구성원의 사회화
- 소득재분배와 최저생활 확보

9 ① 10 ⑤ 11 ③ Answer

CHAPTER 01

최신기출문제

01 **사회복지정책의 가치에 관한 설명으로 옳지 않은 것은?** [20회]

① 소극적 자유는 자신이 원하는 것을 할 수 있는 자유를 강조한다.
② 평등을 추구하는 사회복지정책은 선택의 자유를 제한한다는 비판이 있다.
③ 형평성이 신빈민법의 열등처우원칙에 적용되었다.
④ 적절성은 일정한 수준의 신체적 · 정신적 복리를 제공하는 것을 의미한다.
⑤ 기회의 평등의 예로 사회적으로 취약한 아동을 위한 적극적 교육 지원을 들 수 있다.

해설 ① 적극적 자유는 자신이 원하는 것을 할 수 있는 자유로서 능력(Capacity)의 측면을 강조하는 반면, 소극적 자유는 타인의 간섭이나 구속(의지)으로부터의 자유로서 기회(Opportunity)의 측면을 강조한다.

02 **사회복지정책의 원칙과 기능에 관한 설명으로 옳지 않은 것은?** [19회]

① 능력에 비례한 배분을 원칙으로 한다.
② 소득을 재분배하는 기능을 한다.
③ 경제의 자동안정화 기능을 한다.
④ 국민의 최저생활을 보장하는 기능을 한다.
⑤ 사회통합과 정치적 안정화 기능을 한다.

해설 ① 사회복지정책은 사회연대의식에 기초하여 사회적 평등을 실현하며, 사회적 적절성을 확보하는 것을 원칙으로 한다.
② 사회복지정책은 시장에서 일차적으로 배분된 소득을 다양한 방향으로 재분배하는 기능을 수행한다.
③ 사회복지정책은 경기 상승 시 경기가 과열되지 않도록 막는 한편, 경기 하락 시 과도한 하락을 방지해 주는 경제의 자동안정장치 기능을 수행한다.
④ 사회복지정책은 빈곤층과 자력으로 삶을 영위할 수 없는 사람에게 최저생활을 보장하는 기능을 수행한다.
⑤ 사회복지정책은 사회적 약자의 어려움을 해결하고 사회질서의 유지와 사회안정을 도모하는 기능을 수행한다.

Answer 1 ① 2 ①

03 소득재분배에 관한 설명으로 옳은 것은? [20회]

① 소득재분배는 1차적으로 시장을 통해서 발생한다.
② 세대 내 재분배에서는 한 세대에서 다음 세대로 소득이 이전된다.
③ 수직적 재분배의 예로 공공부조제도를 들 수 있다.
④ 수평적 재분배는 누진적 재분배의 효과가 가장 크다.
⑤ 세대 간 재분배는 적립방식을 통해 운영된다.

해설
③ 수직적 재분배는 소득수준을 기준으로 한 소득계층 간 재분배 형태로서, 대체적으로 소득이 높은 계층으로부터 소득이 낮은 계층으로 재분배가 이루어진다. 예 공공부조, 누진적 소득세 등
① 소득재분배는 일차적으로 시장에서 결정되는 분배의 결과를 조세정책 또는 사회복지정책 등을 통해 수정하는 것을 의미하므로, '이차적 소득분배(Secondary Income Distribution)'라고도 한다.
② 세대 내 재분배는 동일한 세대 내에서 소득이 재분배되는 형태이다. 참고로 한 세대에서 다음 세대로 소득이 이전되는 것은 세대 간 재분배에 해당한다.
④ 수평적 재분배는 소득수준과 관계없이 특정한 사회적 기준을 토대로 해당 조건을 갖춘 사람들에게 재분배가 이루어진다. 참고로 누진적 재분배 효과는 소득이 높은 계층으로부터 소득이 낮은 계층으로 자원이 이전되는 수직적 재분배에서 주로 나타난다.
⑤ 세대 간 재분배는 부과방식을 통해, 세대 내 재분배는 적립방식을 통해 운영된다.

04 사회투자전략에 관한 설명으로 옳은 것은? [20회]

① 인적자원에 대한 투자는 결과의 평등을 목적으로 한다.
② 사회적 약자 집단에 대한 현금이전을 중시한다.
③ 현재 아동 세대에 대한 선제적 투자를 중시한다.
④ 사회정책과 경제정책을 분리한 전략이다.
⑤ 소득재분배와 소비 지원을 강조한다.

해설
①·③ 사회투자전략은 인적자본의 근본적 육성을 통한 사회참여의 촉진을 목표로 한다. 특히 아동 세대에게 교육기회를 제공하여 미래의 근로능력을 향상시키는 방식으로 기회의 평등을 통한 인적자원의 투자를 강조한다.
② 인적자본의 근본적 육성을 통한 사회참여 촉진을 중시한다.
④ 사회정책과 경제정책을 통합적으로 실시하여 사회적 목표를 추구한다.
⑤ 1950~60년대 복지국가의 전성기에 사회정책은 재분배와 평등을 목표로 하는 공공정책으로 이해되어 왔으나, 1990년대 후반 사회투자국가와 사회투자전략의 새로운 복지패러다임은 성장과 복지의 선순환이 일어나는 지점이 경제의 수요 측면이 아니라 공급 측면임을 강조하면서, 정치적으로 시장력을 제어하기보다는 시장력을 활용하는 방향으로 정책의 변화를 추구하였다.

3 ③ 4 ③ Answer

CHAPTER 02

사회복지정책의 발달과정

학습목표

- 빈민법과 신민법은 영국의 구빈제도의 역사와 맞물려 출제빈도가 매우 높은 단원이다. 특히 신빈민법의 성립배경, 원칙 등은 자주 출제되므로 확실하게 이해하고 정리해야 한다.
- 비스마르크의 사회입법은 사회보험의 성격과 파생된 복지정책 및 영향 등을 숙지할 수 있어야 한다.
- 미국 사회보장법이 실시되는 시대적 배경부터 실업보험, 노령연금, 공적부조의 연방정부와 주정부의 재정운영과의 관계를 숙지하도록 한다.
- 베버리지 보고서의 6가지 사회보장원칙과 5대 악의 해결방안, 사회보험 성공의 3대 전제조건 등을 공부해 둔다.
- 복지국가의 위기와 사회복지정책 내용의 변화와 전망 등도 꼼꼼히 정리해 둔다.

제 1 절 빈민법과 신민법

1 영국 구빈법의 변천

4, 5, 9, 10, 11, 12회 기출

(1) 노동자규제법(The Statute of Labourers, 1351)

흑사병에 의한 사망사태로 노동력이 부족해지자 노동자규제법 제정으로 걸식과 부랑을 금지하고 임금 억제를 위해 임금에 상한선을 두며 지주 상호 간의 농민 쟁탈을 막고자 하였다.

(2) 걸인부랑자처벌법(The Act Concerning Punishment of Beggars and Vagabonds, 1531)

① 치안판사 등 행정책임자들이 자선이나 구걸에 의지하여 생활하는 노인과 노동무능력자를 조사하여 등록한 다음 이들에게만 구걸을 허용하는 규정으로 일종의 '거지면허'이다.

② 최소의 자연적 공동체인 교구에 빈민구제를 위한 **구빈세 징수권**을 부여하였다.

③ 경제적 곤궁을 구제해야 할 책임이 국가에 있다는 것을 인식한 계기가 되었고 정부에 의한 **최초의 구빈대책**이 명시되었으며, 신체 건강한 걸인을 단속하고 처벌하는 원칙을 천명함으로써 빈민법의 모태가 되었다.

(3) 건강한 부랑자 · 걸인처벌법(The Act of Punishment of Sturdy Vagabonds and Beggars, 1536)

① 신체가 건강하고 나태한 부랑자를 처벌하기 위한 가혹한 법이다.

② 빈민구제에 필요한 물품과 기금을 자선이나 수여의 방법을 통해 조달하고 이를 공적으로 처리한다. 또한 빈민을 두 계층으로 분리하여 노동할 의사가 있는 자에게는 일자리를 주는 반면 일하지 않는 자는 처벌하였다. 빈곤아동은 도제로 종사하게 하였다.

(4) 빈민강제노동법(An Act for Setting the Poor on Work and for Avoiding Idleness, 1571)

① 노동능력자는 작업장(Workhouse)에 보내어 강제로 일을 시키고 노동무능력자는 자선원(Charitable Hospitals)에 입소시켜 보호하며 나태한 빈민은 교정원에 보내어 처벌하도록 하였다.

② 이 법의 핵심은 노동능력이 있는 빈민이 빈민구제를 원할 때는 반드시 노동을 해야 한다는 것이다.

[빈민법 형성과정]

연 도	형성과정
1348	'페스트'라는 전염병 재해 → 노동력 부족 → 급격한 임금상승
1351	에드워드 3세는 노동자법(The Statute of Laborers)을 제정
1388	노동자법은 빈민법(The Poor Law Act)으로 구체화되었음
1517	종교개혁 → 빈민구제에 대한 국가적 인식이 나타남 → 구빈법 제정으로 법제화
1531	헨리 8세, '걸인과 부랑인 처벌에 관한 법' 제정
1536	정부의 후원하에 최초의 공공구호계획이 법으로 제정
1547	헨리 사망 후 '부랑자의 처벌 및 빈민과 노동불능자의 구제에 관한 법률' 제정
1562	장인법(The Statute of Artificers) 제정
1576	빈민구제법(The Poor Relief Act) 제정

2 엘리자베스 빈민법(구빈법, 1601)

4, 5, 9회 기출

(1) 의 의

① 기존의 빈민구제를 위해 제정된 법령들을 집대성하여 빈민 통제와 노동력을 확보하고 영국 빈민법의 토대가 된 세계 최초의 구빈법

② 국가와 특권적 지주계급의 지배연합이 구축해온 봉건적 정치 · 경제질서 유지를 위한 수단

③ 구빈 담당 행정기관을 설립하고 빈곤자를 위한 구빈세 부과

④ 근대적 사회복지의 출발점이며 빈민구제의 국가책임론을 인식

(2) 빈민의 분류화

① 노동능력이 있는 빈민 : 교정원이나 작업장(Workhouse)에서 강제노동

② 노동능력이 없는 빈민 : 일반인들로부터 격리시킬 목적으로 구빈원에 수용

③ 보호자가 필요한 요보호아동 : 양육 희망 가정에 위탁 또는 도제로 보내져 기술을 익히며 노동

(3) 구빈의 책임을 교회가 아닌 정부가 최초로 담당

① 지방세액을 증가시키고 구빈행정의 책임을 전국적 조직인 구빈감독관에게 부여하여 지방세징수업무를 관장하였다.

② 신빈민법 이전까지 1,500개의 교구가 구빈을 자체적으로 해결하였는데, 구제방법과 기준이 교구마다 달라 구빈행정체계에 일관성이 없었다. 따라서 빈민들은 처우가 관대한 교구를 찾아 옮겨 다니게 되고, 교구에서는 이들에 대해 책임을 경감하고자 하였다. 이렇게 하여 정주법이 생겨나게 되었다.

(4) 개인주의적 빈곤죄악관으로의 변화

① 이전까지 빈민은 신의 빈민으로 자선의 대상이 되었으나 엘리자베스 빈민법 이후 공공의 방해물로서 통제와 억압의 대상이 되었다.

② 빈곤은 개인적 결함에서 비롯된다는 개인주의적 빈곤죄악관에 근거하여 빈민을 경멸하고 이들을 가혹하게 다루어 근로에 참여시키고자 하였다.

③ 빈민에 대한 징벌적 관리방법은 이 법이 당시의 상업자본가들과 절대왕정의 이해(노동력 제공과 사회질서 유지)를 반영한 것이기 때문이었다.

④ 최초로 빈민구제의 전국적인 행정 구조를 수립했다.

3 정주법(1662)

(1) 목 적

① 도시로 유입하는 빈민을 막고, 부랑자를 연고지로 추방하기 위해 제정되었다.

② 1660년대부터 농촌 빈민들이 대규모로 도시로 유입되자 도시 교구는 위기의식을 느끼게 되고 이에 1662년 정주법을 시행하였다.

③ 농촌노동력의 이동을 막기 위한 봉건제도의 산물이었으나, 산업화의 불가피한 현상인 대도시로의 노동력 유입을 막을 수 없었다.

(2) 특 징

① 주소법 또는 거주지법이라고도 하며, 농촌 노동력의 이동으로 빈민의 도시유입을 방지하기 위해 마련되었다.

② 모든 교구는 새로운 이주자에 대하여 거부할 수 있는 권리를 부여하였다.

③ 구빈행정의 책임자는 치안판사가 담당하고 전국적인 제도로 확대하였다.

④ 노동자의 이동을 제한함으로써 실업과 요구호자의 양적 증대를 초래하였다.

⑤ 낮은 임금으로 노동력을 얻고자 한 자본가의 이익을 대변한 법으로서, 빈민의 이전의 자유 및 주거 선택의 자유를 침해하였다(1795년 일부 폐지).

4 18세기의 작업장제도(작업장법 1696, 작업장 심사법 1722)

(1) 빈민고용을 통한 이윤추구의 목적

구빈세 총액에서 빈민들의 부양비가 차지하는 비중을 감소시키면서 제조산업을 신장시키기 위한 두 가지 목적하에 노동능력이 있는 성인에게 스스로 일을 할 수 있게 하였으며, 빈민 아동들에게 어린시절부터 노동의 습관을 길러주기 위한 곳으로 활용되었다.

(2) 나태한 피구제빈민에 대한 형벌적 시설로서의 작업장

① 빈곤은 죄악으로 간주되었기 때문에 건강한 걸인은 작업장에 수감되어 **강제로 노동**을 해야했다.
② 빈민들에게 작업장은 열악한 생활조건과 신체적 체벌 등 두렵고 억압적인 곳이었다.
③ 빈민들은 작업장에 가지 않기 위해 최선을 다해 일하게 되었으며, 이는 빈민들의 생활의욕을 높이는 결과가 되었다.
④ 오늘날의 **직업보도 프로그램**의 **효시**가 되었다.

(3) 노동능력 없는 빈민에 대한 수용시설로서의 작업장

작업장은 원래 노동능력이 있는 자들을 위한 것이었으나 노동능력이 없는 자들도 수용되어, 나중에는 노동능력이 없는 빈민들을 잡아두는 불결하고 악덕이 만연한 수용시설이 되어 갔다.

5 길버트법과 스핀햄랜드법, 공장법

(1) 길버트법(1782)

9, 18, 20회 기출

① 구빈법의 인도주의화와 작업장법의 문제를 개선하려는 목적에서 만들어졌다.
② **원내 구제와 원외 구제를 인정**하는 인도주의적 · 이상주의적 구제법으로 과거의 시설구호원칙에서 **거택보호의 원칙**으로 전환되는 계기가 되었다(원외구호 강조).
③ 교구연합을 제도화함으로써 행정구역을 확대하고 행정의 합리화와 빈민처우의 개선에 기여하였다.
④ 작업장에서의 빈민착취를 개선하고 원내 · 외의 구제를 관리하기 위해 과거의 명예직 민생위원에서 **유급직 구빈사무원을 고용**하였다. 이는 최초의 유급직 사회사업전문요원으로서 오늘날 사회복지전문요원의 역할에 해당한다.
⑤ 이 법은 강제성보다는 임의성이 더 강했지만 **교구민의 구빈세 부담을 가중**시켰다.
⑥ 근로능력이 있는 빈민은 작업장에서 노동하지 않고 자신의 집에서 구호를 받을 수 있었으며(원외구호), 노동 수입이 생활에 부족할 경우 그 부족분을 보충해 주었다.

Plus ⊕ one

18세기 후반 인도주의적 구빈제도의 배경

17~18세기 후반에 걸쳐 인구증가와 이동, 산업화 경기변동은 경제상황을 크게 바꾸었으며 18세기의 마지막 10년은 흉작과 대불전쟁의 혼란으로 빈민들은 더 큰 위기에 빠졌다. 산업혁명의 개시로 농촌 가내공업과 수공업자의 몰락이 일어났고 실업자뿐 아니라 노동자도 식량부족과 곡물가격 인상으로 큰 고통을 당하고 있었다. 이러한 궁핍은 1790년대에 이르러 절정에 달하였다. 이 시기에는 식량폭동이 발생하고, 빈민구제비용과 구빈세의 증가 등과 더불어 프랑스혁명의 영향으로 지배자들은 혁명의 발생을 더욱 두려워하고 있었다. 기근과 혁명에 대한 양면적 공포의 시대에 새로운 구빈대책이 필요했던 것이다. 이는 1795년 스핀햄랜드법으로 정점에 달하게 되었다.

(2) 스핀햄랜드법(1795)

9, 10, 12회 기출

① 식량위기에 직면하여 **최저생계기준에 미달되는 노동자의 임금 부족분을 구빈세로 보조**하게 한 법이다(최저생활보장을 정부가 보조).

② **노동빈민의 구제** : 의도는 인도적 · 자비적이었으며, 노동을 하면서도 **최저생계 수준 이하의 생활**을 하는 빈민들에게 관심이 기울여졌다.

③ **가족수당제도 시초** : 구제액수를 가족의 크기에 비례해서 결정함으로써 **대가족을 고려**하였으며, 경제적 불황기에 노동자의 피보호권을 인정했다는 점에서 중요성을 갖는다.

④ 노동자는 수입이 적어도 교구로부터 구제를 받을 수 있다고 생각하여 생업에 열중하지 않았으며 노동자들의 이동을 금지하여 농촌인구의 과잉을 초래하였다. 특히 저임금 노동의 이익을 얻지도 못하면서 무거운 구빈세를 부담해야 했던 소규모 소작농업가와 영세토지보유자에게 큰 부담을 주었다.

⑤ 생계비와 가족 수에 연동시킨 수당으로 저임금 노동자의 임금을 보충하였으며 노령자, 불구자, 장애인에 대한 원외구호가 확대되었다.

(3) 공장법(1833)

12회 기출

① **아동의 노동여건 및 작업환경의 개선, 9세 미만의 아동 고용 금지**가 주요 내용이다.

② **공장검열관제도**를 도입하였다.

③ 최초의 **아동복지법**을 도입하였다.

[사회복지정책의 역사 3단계]

단 계	대상자	복지주체	대상욕구	주요 제도	권리 수준	경제와의 관계
빈민법	걸인, 부랑자, 구제가치가 있는 빈민	국가, 교회, 봉건영주	최소한의 생존	시설 및 거택보호, 공적부조	무권리, 정책 당국의 재량	주변적 사회문제를 경제와 무관한 것으로 인식
사회보험	노동자계급	국가, 노동조합	산업화 · 도시화로 인한 사회적 위험에 대한 최소한의 지원	사회보험, 공중보건 · 교육 · 주택복지의 시작	사회보험에 입각한 권리	경제에 종속, 잔여적 복지정책

복지국가	시민, 개인	국가, 시민단체	국민최저 이상, 직업보장(완전고용)과 복지와의 관련성 중시	확대된 사회 보장, 시장을 보완하기 위한 케인즈주의적 사회경제정책	시민권	경제와 거의 대등한 파트너 관계

6 신빈민법의 성립배경

2, 6, 7, 9, 11, 12회 기출

(1) 산업혁명과 빈곤의 성격 변화

① 산업혁명 이후 기계화는 기술자들의 숙련을 무력화시키고 이들을 실업 · 몰락시킴과 동시에 부녀 및 아동노동을 보급하였으며, 성인 남자의 임금과 노동조건은 현저히 저하되었다.

② 열악한 노동조건, 비인간적인 주택, 생활환경, 노동재해, 직업병, 전염병, 영양실조의 만연, 순환성 과잉생산, 공황이 실업을 주기적으로 격화시킴으로써 실업으로 인한 산업예비군이 증대되었다.

③ 18세기 이후 빈민은 농촌 부랑자들보다는 도시에서 일자리를 찾아 헤매는 실업자들로 변화(산업화로 빈곤의 성격 변화)하였으나 봉건적 성격의 빈민법으로는 자본주의시대의 문제를 해결할 수 없게 되었다.

(2) 구빈세 증대와 세부담의 불공평

① 빈민의 증가에 따라 구빈세는 엄청나게 증가하여 유산계급의 불만이 증가하였다.

② 세부담에 있어서 주로 토지와 가옥 등 재산소유자의 부담이 증가한 반면 산업혁명이 시작된 후 엄청난 부를 축적하기 시작한 공업자본가의 부담은 가벼워 세부담의 불공평문제가 심각하였다.

③ 자본가계급은 그 수가 증대되는 데 비해 지주의 수는 줄어들어 그들의 부담세율은 더욱 높아지고 있었다.

(3) 스핀햄랜드제도의 모순

구빈세가 증대되었던 최대의 원인은 수당제도인 스핀햄랜드제도의 확대 때문이었다. 즉, 이 제도는 몰락해가는 지주들에게 걷은 세금으로 고용주들을 지원하는 결과를 낳았다.

(4) 행정조직의 결함과 개혁의 곤란

① 엘리자베스 빈민법은 구빈행정의 책임을 전국적 조직인 빈민 감독관에게 부여한 중앙집권적인 기구의 확립에 있었으나, 영국 특유의 지방자치적 전통으로 인해 전국적 통일을 기하기 어려웠다.

② '교구'라는 행정단위가 지나치게 소규모인 동시에 폐쇄적이어서 개혁을 할 수 없는 상태였다.

(5) 자유주의적 구빈사상의 등장

① 인구론(Melthus)

㉠ 인구론에서 빈민법이 인구와 빈민을 증가시키고 개인의 독립정신과 근면성을 파괴한다고 보았다.

㉡ 인간의 생존권은 노동을 통해 획득되는 권리이므로 정상적인 시장에서 일자리와 빵을 구하지 못하는 사람을 국가가 구제하는 빈민법은 인간의 자연법칙을 거역하는 것이라 주장하였다.

㉢ 국가가 빈민구제를 그만두면 빈민은 스스로 자신의 생존을 책임지게 될 것이므로 빈민법을 폐지해야 한다고 주장하였다(봉건주의적 빈민보호주의를 철저히 거부하였으며 자립할 가능성이 있는 빈민들에 대한 도덕교육을 강조).

㉣ 빈곤을 개인의 나태와 의존심의 결과로 봄으로써 신흥 부르주아지의 지지를 받았다.

② 노동가치이론(Richardo)

㉠ 국부의 일정 부분이 임금으로 배분되는데, 빈민구제비용으로 많은 비용을 지출하면 임금으로 돌아갈 몫이 적어지게 된다고 보았다.

㉡ 임금이 하락하면 더 많은 빈민이 발생하여 빈민구제비용이 증가하고 이는 다시 임금을 하락시키는 악순환에 빠지게 만든다고 보았다.

③ 공리주의(Bentham)

㉠ 열등처우의 원칙 주장 : 빈곤(노동능력 있음)과 궁핍(노동능력 없음)을 구분하여 구제는 궁핍에 국한되어야 한다고 하면서 그 구제 수준은 자립한 노동자들의 노동에 대한 급여보다 낮아야 한다고 보았다.

㉡ 최대 다수의 범주에 빈민은 제외 : 빈민구제를 고통스럽게 만드는 것이 빈민 자신과 모든 사람에게 이롭다. 왜냐하면 빈민이 스스로의 생계를 해결하게 만들어 자신과 사회전체의 행복을 증대시키게 되기 때문이다.

㉢ 작업장 제도의 합리화 : 쾌락과 고통의 원리는 구빈비용을 삭감하려는 지배계급의 의도와 맞물려 작업장을 빈민에 대한 처벌과 구원억제의 장소로 만드는 이론적 근거를 제공하였다.

7 신빈민법의 원칙

11, 16회 기출

(1) 열등처우의 원칙

① 노동자가 빈민이 되는 과정을 빈민에서 노동자가 되도록 역전시키기 위하여 빈민구제의 수준이 최하층 노동자의 생활수준을 상회해서는 안 된다(예 현재의 국민기초생활보장제도).

② 기존의 빈민법은 관대한 급여를 통해 빈민을 조장하였다. 그러므로 빈민에 대한 열악한 처우를 통해 노동을 장려해야 한다(벤덤의 쾌락과 고통의 법칙에 근거).

(2) 작업장 입소

19회 기출

① 구빈민법이 제공하던 원외구호를 폐지하고 노동능력이 있는 빈민을 작업장에 수용시켜 누구든지 일을 해야 구제받을 수 있다는 열등처우의 원칙을 실현하는 도구가 되었다.

② 빈민구제에 의존하는 자는 공포 · 억압 · 낙인을 통해 근면을 되찾도록 만들어야 한다고 생각하였으며, **작업장은 빈민에 대한 징벌과 계도의 장소로 이용**되었다(빈민구제에 의존하는 것을 억제하도록 하는 효과).

(3) 행정의 중앙집권화와 통일

12회 기출

① 무능력한 교구가 빈민구제를 담당하는 것이 아니라 구빈행정만을 담당하는 중앙기구를 둘 것을 제안하였다(전국 구빈행정구조의 통일).

② 런던에 중앙감독청을 두고 지방행정은 유급의 구빈감독관이 담당하며, 교구들이 연합하여 적정규모의 작업장을 공동운영할 것을 권고하였다.

③ 전국의 빈민들은 유형과 거주지에 상관없이 동등한 조건 아래 처우를 받아야 한다.

8 신빈민법에 대한 반대

(1) 작업장제도 반대운동

① 작업장제도는 남부 농촌의 부랑자와 농업노동자들에게는 적용되었으나 공업지대의 공황으로 인한 대량 실업노동자들에게는 적합하지 않았다.

② 작업장 수용을 통한 노동강제는 노동하고 싶어도 일자리를 찾지 못하는 산업사회의 실업과 빈곤의 본질에 맞지 않는다. 즉, 신빈민법은 자신의 운명에 대해 책임이 있을 때 정당화될 수 있지만 산업의 불황으로 인한 실업의 경우에는 부적합한 대책이었다.

③ 북부의 산업노동자들은 비인간적인 작업장제도와 원외구호 중지방안에 대한 반감이 매우 컸다(실제로 북부에서는 원외구호가 중지된 적이 없음). 북부 노동자들은 신빈민법에 저항하는 운동을 전개하였으며 이 운동의 과정에서 정치권력의 필요성을 자각한 노동자들은 투표권 획득을 요구하는 차티스트운동으로 선회하였다.

(2) 중앙집권화의 불이행

① 많은 시장과 부르주아 지도자들은 새 제도의 중앙집권화 방침에 반대하였다. 신빈민법 이후에도 이전의 제도들이 그대로 유지되었고, 교구연합은 신빈민법을 제대로 실행하지 않아 중앙감독청의 권한은 한계가 있었다.

② 원외구호의 중지원칙도 지켜지지 않았으며, 구빈감독관과 구제담당자는 구제도의 인사들이 맡았다. 빈민을 제대로 분류하여 이들을 나누어 수용할 수 있는 작업장을 새로 만드는 것도 구빈세 납세자들의 반대로 무산되었다.

(3) 열등처우의 원칙 적용 불가

① 열등처우의 원칙은 일자리가 어느 정도 확보되어 있고 임금이 최저생계비 수준이 되는 경우에 한해서만 의미가 있다. 일반노동자들의 임금이 기아수준으로 하락할 때 열등처우의 원칙을 강요하는 것은 인간으로서의 생존을 포기하라는 잔혹한 처사이다.

② 빈민법청의 설립으로 빈민법 당국의 지위는 강화되었으나 관리자들은 정치가였고 2년마다 교체되었다. 따라서 구빈행정의 책임은 다시 연합교구의 구빈위원회로 이양되었고, 중앙당국의 행정적 비중은 저하되었다.

③ 빅토리아 시기의 자유방임사상에 기반한 정부의 비개입주의(야경국가)에 의해 바로 구빈행정의 공동화로 이어졌다.

제2절 민간자선활동과 빈곤조사

1 미국의 자선조직협회와 인보관운동

(1) 자선조직협회(COS, 1869)

2, 3, 4, 5, 10, 11회 기출

① 자선조직협회(Charity Organization Society)는 인도주의 · 박애주의를 기본철학으로 자선활동을 통일시키기 위해 발족했다.

② 사회진화론에 바탕을 두어 사회빈곤층이 현 상태를 유지하도록 최소한의 도움만을 제공해야 한다는 주장에 명분을 제공하였다.

③ 원조의 대상을 가치있는 자로 한정하고 도덕적 · 종교적 교화를 통해 빈곤의 문제에 대처하였다.

④ 여러 자선단체의 중복구제의 방지를 위해 클라이언트를 자선단체에 등록시키고 단체들 간의 연락기관을 설치하였다. 이는 오늘날의 지역사회조직사업으로 발전하는 계기를 마련하였다(고센각서).

⑤ 빈민에 대한 환경조사는 오늘날 개별사회사업 및 가족사회사업으로의 발전에 영향을 미쳤다.

⑥ 1860~1870년대 무급 자원봉사자들에 비해 1900년대의 우애방문자들의 활동에 대한 보수 제공으로 그 역할 및 활동 영역이 넓어지게 되었으며, 책임성과 전문성을 가진 전문인으로 발전하게 되었다.

⑦ 영국 성공회의 거틴(Gurteen) 목사는 1877년 뉴욕주 버팔로(Buffalo)시에 미국 최초의 자선조직협회를 창설하였다.

⑧ 1908년 미국 피츠버그(Pittsburg)에 자선조직협회의 발전된 형태로서 자선연합회(Associated Charities)가 출현하였다.

Plus ⊕ one

자선조직협회의 원칙과 철학
- 원조에 앞선 완전한 조사 : 사례조사는 세밀하고 엄격하며 고도로 가치판단적 → 빈민에 대한 사생활 간섭과 낙인 수반, 현대 사회복지의 사례관리 시초
- 원조금액과 시기의 적절성 : 사례는 엄격히 선별되어 구제할 가치가 있다고 판단되면 충분한 원조를 제공하고 그렇지 않으면 구제 거부
- 협력과 조직화의 원칙 : 각종 자선단체가 협력하여 서비스의 낭비를 방지하고 서비스의 질을 향상시키고자 함
- 빈민구제의 목적 : 빈민 스스로 생활을 영위하도록 하는 것이므로 공공의 구빈정책을 반대하고 자선, 기부, 자원봉사 활동 등 순수 민간의 구제노력을 지지함

(2) 인보관운동(Settlement House Movement, 1884)

1, 2, 4, 8, 10, 13회 기출

① 경제적 빈곤보다는 빈곤에 대한 의식의 빈곤을 문제시함으로써 인간을 교육으로 변혁시킬 것을 강조하였다.

② 중산층 지식인들이 빈민촌 사람들에 대한 교육 및 문화수준 향상을 위해 헌신함으로써 사회입법 등에 대한 여론을 환기시키고자 노력하였다.

③ 성직자나 대학생 등이 중심이 되었다(바네트 목사와 옥스퍼드대학생, 교회청년 등).

④ 빈자에 대한 서비스 직접 제공에 역점을 두었으며, 부조나 원조보다 사회개혁을 강조하였다.

⑤ 주택의 개선, 공중보건의 향상, 빈민노동력의 착취 방지 및 해결 등 제반 사회문제에 대한 집합적인 해결을 강조하였다.

⑥ 언어훈련, 성인교육, 직업기술훈련, 환경개선운동 등을 공동으로 전개함으로써 빈민들이 자립할 수 있는 여건을 형성하기 위한 집단적인 노력을 전개하였다.

⑦ 클라이언트 집단을 중심으로 운영하였으며, 집단 레크리에이션 방법을 활용하였다. 이는 오늘날 현대적인 의미의 집단사회사업에 영향을 주었다.

⑧ 세계 최초의 인보관은 1884년 영국에서 바네트(Barnett) 목사가 설립한 토인비 홀(Toynbee Hall)이며, 미국 최초의 인보관은 1886년 코이트(Coit)가 설립한 근린 길드(Neighborhood Guild)이다.

(3) 자선조직협회와 인보관운동의 비교

구 분	자선조직협회	인보관운동
사회문제의 원인	개인적인 속성	환경적인 요소
이데올로기	사회진화론	자유주의, 급진주의
참여자	상류층	중산층
사회문제 접근방법	빈민개조, 역기능적인 부분 수정	빈민과 함께 거주, 동정, 사회비판
해결책	실용주의적	정해진 방안은 없고, 실현가능하고 효과적인 해답 마련
역점분야	기관들의 서비스 조정 (구빈사업의 조정과 합리화에 중점)	서비스 제공(유치원, 오락, 학교 등)
성 격	사회질서유지 강조	• 참여민주주의와 교육 강조 • 사회개혁 강조

2 상호부조로서의 우애조합

(1) 우애조합의 형성

① **공제(우애)조합** : 친한 사람들끼리 주택 구입, 노령, 질병, 장애, 장례, 사망 후 가족들을 구제하기 위해 돈을 갹출하여 기금을 만든 것이다.

② **협동조합** : 숙련노동자들의 임금이 향상되자 그들의 돈을 보관할 곳이 필요해져 19세기 중반 이후 협동조합형태의 마을은행이 생겨났다(오웬은 자본주의 착취에서 벗어난 자급자족적 협동마을 시도).

(2) 우애조합의 특징

상호부조는 성원 상호 간의 공통점과 연대의식을 기반으로 서로 돕는 활동으로 자발성과 폐쇄성이 특징이다. 우애조합과 협동조합정신은 사회보험제도의 맹아가 되었다.

3 빈곤조사

(1) 부스의 런던시 조사

① 부스는 보수적 선박회사 소유주로 사회주의연맹의 빈곤조사가 과장되었음을 보여주기 위해 자비로 조사를 시작하였으며, 런던 시민을 8개 계급으로 분류했다. 조사 결과 런던 인구의 30.7%가 빈민으로 드러났고, 저임금과 불안정한 일자리가 빈곤의 주된 원인임이 드러났다.

② 빈곤이 개인적 과실이 아니라 사회적 실패의 결과라는 증거를 제시(국가적 대책의 필요성 제시)하였으며, 사회복지정책과 사회조사연구방법에 큰 영향을 미쳤다.

③ 대규모 사회조사의 개척, 초보적이지만 사회계급을 범주화하였으며 사회적 대책의 최저기준을 암시하였다는 평가를 받는다.

(2) 라운트리(Rowntree)의 요크시 조사

① 라운트리는 요크시의 대규모 초콜렛 회사 소유주로서 식품화학 전공자였다. 그는 부스와의 서신교환을 통해 자극을 받아 전형적 지방도시인 요크시를 대상으로 부스와 같은 조사를 실시하였다.

② 부스와 달리 상층계급은 조사대상에서 제외되었으며, 직접 작성한 질문지를 통해 전수조사로 자료를 수집하였다.

③ **빈곤선 개념의 발전**

㉠ 1차 빈곤 : 가족의 소득이 네 가지 기초생필품(음식, 연료, 주택, 피복)을 구입할 능력이 안 되는 수준

㉡ 2차 빈곤 : 네 가지 기초생필품을 구입할 능력은 있지만 소득의 일부를 다른 용도로 사용하는 수준

④ **빈곤의 순환개념**

㉠ 자녀를 가진 부부가 빈곤한 경우 자녀가 일을 하면서 여유가 생기지만, 자녀 분가와 가장의 노령화로 다시 빈곤해진다.

㉡ 노령연금과 가족수당이 필요하다고 주장하였다.

4 빈곤관의 변화

(1) 자유방임적 빈곤관

① 빈곤은 인간생활의 불가피한 숙명적 조건이며 인간 본성에 내재한 것이다.

② 인간의 생활조건은 그 자신의 도덕성이 반영된 결과이다.

③ 빈민의 욕구에 대처하는 적절한 구제는 임의적 민간자선이며, 이때 도울 가치가 있는 빈민과 도울 가치가 없는 빈민으로 나누어 원조해야 한다.

(2) 자유방임적 빈곤관에 변화를 가져온 요인

① 부스와 라운트리의 조사로 빈곤의 원인을 발견하였다(빈곤의 광범위함과 사회문제적 성격).

② 1885년 노동자투표권의 확립에 힘입은 노동계급의 세력 강화와 빈민의 권리를 주장하였다.

③ 인보관운동, 사회주의운동, 페이비안 협회의 사회개량운동 등 인도주의가 발현되었다.

④ **기업복지에 대한 새로운 인식** : 오웬 등 소수의 산업자본가들은 노동자들에게 적절한 임금을 지불하고 복지서비스를 제공함으로써 경제적 번영에 기여할 수 있다는 것을 보여주었다(합리적 이윤지향주의).

(3) 복지국가주의적 빈곤관으로의 전환 – 복지국가 형성의 이념적 조건

① 빈곤은 사회 · 경제적 현상으로 근절되어야 한다(사회문제로서의 빈곤 인식).

② 국가는 빈곤을 불러일으키는 사회 · 경제적 요인들에 대해 개입하여 대처할 책임이 있다(방임주의의 포기).

Plus ⊕ one

유럽에서 사회보험제도가 형성되어 확산될 수 있었던 거시적 조건

- 자본주의적 산업화의 진전
- 강력한 국민국가의 형성 : 지배계급과 의존관계를 맺었으나 양자의 핵심적 이익이 지켜지는 한도 내에서 사회문제를 수행할 힘과 행정력을 갖추게 됨
- 민주주의의 확산 : 노동자계급의 참정권, 조직화, 사회주의의 약진으로 대중을 자신의 편으로 만들어야 할 필요성이 커지게 됨

제3절 독일의 사회복지정책

1, 2, 11, 12, 14회 기출

1 계급정책으로서의 사회복지정책

(1) 함부르크(Hamburg) 구빈제도(1788)

① 교회의 무질서한 자선을 배제하고자 도입되었다.

② 시를 각 구로 분할한 다음 구빈감독관을 임명하여 빈민을 조사하고 구제하였다.

③ 지구에 임명된 구빈위원은 지구 내의 빈곤상태를 조사하여 대책을 수립하였다.

④ 노동능력이 있는 무직자 또는 구직자, 걸인 그리고 부랑아에게 노동과 독립자조의 정신을 함양시켰다.

⑤ 아동의 구제와 아동에 대한 교육을 실시하였다.

⑥ 구빈사업의 통일된 기관을 마련하여 중앙위원이 구제의 중복이나 부적절성을 감독하였다.

⑦ 산업화로 인한 도시인구의 집중 및 슬럼화 현상에 따라 요보호 대상자가 급증함으로써 결국 실패하였다.

(2) 엘버펠트(Elberfeld) 제도(1852)

① 함부르크 구빈제도를 보완 · 수정하여 시행한 제도이다.

② 빈민의 구제를 공공의 조세로 운영, 빈민구제를 지구 단위로 조직화하여 영국의 자선조직협회에 영향을 미쳤다.

③ 시(市)와 지구로 나누어 주민이 할당되도록 빈민(4명 이하)을 구분하여 각 지구별로 명예직 구빈위원을 두어 빈민구제담당관으로서의 역할을 수행하도록 하였다.

④ 빈민에 대한 방문조사와 생활실태 파악을 하였는데, 이는 민생위원제도의 시초가 되었다.

2 비스마르크 사회보험(1880년대)

(1) 사회보험의 성격

① 현재 사회보험은 전 국민을 대상으로 하지만 시행 초기에는 임노동자, 특히 대다수 육체노동자(프롤레타리아트)가 주된 대상이었다.

② 자본제적 생산양식으로 초래된 문제인 사회적 위험(산업재해, 실업, 질병, 정년퇴직 등)에 대한 대응책이었다.

③ 노동자, 자본가(국가는 적은 분담, 혹은 분담 없음)가 재정을 공동 부담하였다

(2) 사회보험입법

1, 2, 11, 12, 20회 기출

① **최초의 사회보험 시행** : 비스마르크가 지주계급과 노동자계급에 대한 견제 목적 및 사회통합을 위해 시행하였다.

Plus ⊕ one

사회보험 도입순서

- 최초의 사회보험(독일) : 질병보험(의료보험, 1883) → 산재보험(1884) → 노령 및 폐질보험(국민연금, 1889)
- 우리나라 : 산재보험(1963.11) → 의료보험(1963.12) → 국민연금(1986) → 고용보험(1993) → 장기요양보험(2007)
- 우리나라 전 국민 4대 보험 도입 : 건강보험(1989) → 고용보험(1998) → 국민연금(1999) → 산재보험(2000)

② 일정소득수준 미만의 노동자와 가족들을 질병, 산업재해, 노령 등의 사회적 위험으로부터 보호하고자 하였으며, 국가의 주도하에 질병보험법, 산업재해보험법, 노령 및 폐질보험법을 제정하였다.

③ 공제조합적 성격이 강한 비스마르크의 사회보험은 개인과 가족의 복지증진보다는 노동력의 보호를 통한 산업입국과 국가 산업정책의 추진에 정향된 제도이다.

④ 사회보험의 제도화를 통해 사회의 빈곤화 예방, 당근과 채찍으로써 노동자를 국가에 결속시키는 것을 도모하였다.

⑤ **질병(건강)보험(1883년)** : 육체노동자와 저임금 화이트칼라 노동자를 대상으로 한 최초의 사회보험이며, 국가가 감독하는 방식으로 운영되었다.

⑥ **산재보험(1884년)** : 재원은 사용자만의 보험료 부담으로 운영되었다.

⑦ **노령폐질연금(1889년)** : 노동자와 사용자가 동일한 보험료를 지불, 육체노동자와 저임금 화이트칼라 노동자를 대상으로 하였다.

Plus ⊕ one

독일의 사회복지정책의 특징

- 프로그램의 분열 : 사회적 프로그램은 조정되지 않은 채 지역별 · 직종별 · 정부 부처별로 분산되어 관장된다.
- 현금급여에 중점
- 교육을 제외한 대부분의 급여는 소득유지를 위한 현금급여
  - 의료상품과 서비스의 대부분이 사적 공급(의약산업, 민간의사 등)에 의해 제공된다.
  - 주택부문에서도 급여의 핵심은 저소득 가족을 위한 주택수당이다.
  - 국민 개개인은 시민으로서가 아니라 사회보험의 피보험자로서만 소득유지 급여를 제공받을 수 있다.
- 노동법의 중요성 : 노동조건을 규제하는 노동법이 사회적 프로그램에서 차지하는 비중은 매우 높다.

(3) 산재보험, 의료보험, 연금

① 의료보험(1883년)

㉠ 늦게 입안되었으나 논쟁이 없었던 의료보험이 1883년 먼저 의회를 통과하며 세계 최초의 사회보험이 되었다.

㉡ 질병급여를 제공하던 기존의 길드, 공제조합 등 상호부조 조직을 중심으로 질병금고(직장 및 직종의보)를 만들고 자영인인 소매업자를 위한 지역 질병금고(자영인 의보조합)와 여기에 가입할 수 없는 사람들을 위한 교구금고(지역의보조합)를 만들었다(공제조합의 기원).

㉢ 노동자가 2/3, 사용자가 1/3을 부담하고 분담비율만큼 대표를 보내 관리하였다.

② 산재보험(1884년)

㉠ 비스마르크는 강제보험, 제국보험공단의 중앙집중식 통제, 사보험회사의 배제, 국가보조금 지급 등을 통해 국가에 의한 노동자의 통제를 원했다.

㉡ 1884년에 의회를 통과한 법안은 노동자들을 완전히 배제한 채 자본가들이 운영비를 제외한 모든 비용을 부담하는 대신 산재보험의 조직을 장악하도록 만들어져 있었다(산재율이 높았으므로, 산재보험에 대한 통제권은 매우 중요).

③ 폐질 및 노령보험(연금, 1889년)

㉠ 국가의 연금을 수령하면 국민들로부터 국가에 대한 충성심을 이끌어낼 수 있다고 생각하여 국가가 소액의 정액 기초연금을 지급하는 데 성공했으나 조직 장악에는 실패하였다.

㉡ 노사위원회의 통제를 받는 관리기구를 운영하였고, 노사 양측이 반씩 재정을 부담하도록 하였다.

(4) 자본가와 노동자의 입장

① 자본가의 입장

㉠ 자유주의적 자본가들 : 사회보험은 국가사회주의적 보험제도로서 사회주의 사상의 유입으로 간주되었다. 이들은 대개 노동집약적 소규모 자본가들로 사회보험의 사용자 부담분이 경영상의 짐이 되었기 때문에 반대하였다.

㉡ 수출산업 기업들 : 수출산업의 경우 사회보험을 시행하지 않는 외국과의 가격경쟁에서 불리해지기 때문에 반대하였다.

㉢ 극단적 자유주의들과 극단적 보수주의자들 : 사회보험의 강제성을 수용할 수 없었으며, 자유주의자들은 자조에서, 보수주의자들은 사적 자선에서 해결책을 구하였다.

㉣ 독점 대기업 : 탄광과 같이 산재발생률이 높은 대기업으로서는 산재보험을 통해 산재위험을 다른 기업으로 분산시킬 수 있었으므로 산재보험이 생산효율을 증대시키는 방법이 되기도 하였다. 따라서 대기업주들은 사회보험을 수용함으로써 비스마르크의 환심을 사고자 하였다.

② 노동자의 입장

㉠ 사회보험의 목적이 노동자계급을 위한 것이 아니라 노동자계급의 정치적 진출과 과격화를 막기 위한 것임을 알았으므로 사회보험에 반대하였다.

㉡ 조악한 수준으로 노동자들을 포섭하려는 비스마르크 사회보험에 반대하였다. 노동자계급이 자주적으로 쟁취하는 진보적인 사회복지정책을 요구하였다.

Plus ⊕ one

사회주의자들의 반대

사회주의자들은 산재보험을 노동운동의 자유를 억압하는 의도를 가진 것으로 간주하여, 노동자들을 국가복지의 노예로 만드는 병영사회주의의 하나라고 비난하였다.

제4절 영국의 노령연금과 국민보험법

1 노령연금(1906)

(1) 갹출제와 무갹출제의 논쟁

① 무갹출제 연금론의 주창자는 부스로서 빈곤의 원인이 대부분 노령에 의한 수입 감소에 있다는 사실을 밝혀냈다. 갹출제 연금론은 조셉 체임벌린 상무장관이 주장하였는데, 이는 무갹출제가 정부가 부담하기에 너무 많은 비용이 들었기 때문이다.

② 공제조합은 자신들의 사업과 경쟁이 될 갹출제를 반대하였다. 페이비언 사회주의자, 노동조합회의, 노동당은 조세로 충당되는 보편주의적 연금을 주장하였다.

(2) 사회적 권리의 시작으로서의 무갹출제

① 자유당 집권으로 로이드 조지 재무장관의 의견대로 무갹출제로 하되, 대상자 수를 줄이고 연금을 도입함으로써 재정부담을 줄이고자 하였다.

② 70세 이상 고령자 중 자산조사와 도덕성 조사를 통해 대상자를 선정하고 급여되었으며, 연금은 낙인을 없애기 위해 우체국을 통해 지불되었다.

③ 노령연금은 시설 내 구호에 초점을 둔 기존의 빈민법 원칙을 넘어, 늙고 궁핍한 처지에 있다는 사실만으로 기여 없이 중앙정부가 조세를 통해 생계비를 지급하였다는 점에서 파격적인 입법으로 간주되었다(생계비가 권리로서 제공).

2 국민보험(1911)

12, 16회 기출

건강보험과 실업보험으로 구성되었으며, 재정을 고용주와 근로자로부터 받는 영국 최초의 사회보험이다.

제1영역

(1) 의료보험(건강보험)

① 의료보험을 둘러싼 공제조합, 보험회사, 의사 등 강력한 기득권 집단들과 정권의 장시간 협상을 거쳐 탄생하였다.

② 국가는 공제조합에 의료보험 운영을 맡김으로써 이들을 포섭하였다. 유사업체인 사보험회사에서도 그들의 상품인 사망보험과 의료보험이 경쟁관계에 놓일 것을 우려하여 실업보험상의 미망인급여와 고아급여를 폐지해 줄 것을 요구하였다.

③ 의사들은 당시 공제조합과 계약하에 진료서비스를 제공하고 있었다. 공제조합은 진료비를 깎으려 했기 때문에 불만이 많았으므로 국가가 관장하는 의료보험을 거부할 이유가 없었다.

(2) 실업보험

① 처칠은 실업문제 전문가인 베버리지의 도움으로 실업보험을 입안하였다.

② 실업상태에 직면할 가능성이 많은 특정 산업분야에 한정한 갹출방식으로, 국가가 보조하였다.

③ 보험료에 비례하여 급여가 정해지는 보험원리를 적용하였다. 직업소개소가 실업수당 지급실무를 담당하고 실업수당청구인에게 적절한 일자리를 제공하며 청구인의 진실성을 조사할 권한을 부여받았다.

3 자본가 · 노동자 · 지주의 입장

(1) 자본가 측의 입장

① 20세기 초까지만 해도 공식적인 전체 고용주조직이 없었으나, 국제경쟁이 치열해지고 노조의 압력이 강화되자 1916년에 영국 산업연맹을 결성했다. 그러나 영향력이 별로 미치지 못했을 뿐만 아니라 사회보험에 대한 통일된 입장을 갖지 못하였다.

② 탄광과 같은 노동집약적인 산업의 경우 임금이 생산비의 70%에 달했으므로 부담스러운 사회보험 비용 때문에 사회보험을 반대하였다.

③ 일부 자본가들은 노동자들의 근본적인 도전을 잠재우기 위해 복지가 필요하다는 점을 인정하고 이를 통해 노동 동기를 강화시킬 뿐 아니라 보험방식을 통해 노동자가 그 비용을 분담하는 독일식 사회보험의 도입을 승인하였다(생산성 향상으로 그 비용을 상쇄).

(2) 노동자들의 입장

① 노동조합회의 주류는 대체로 찬성하는 입장(중산계급의 고임금 기능직 노동자들 중심)으로, 사회보험 도입이 노동자들에게 이익을 줄 것으로 생각하였다. 미숙련 노동자들의 경우에도 노조가 해결할 수 없는 질병과 실업문제에 대처하는 국민보험을 반대하지 않았다.

② 페이비언 사회주의자들은 갹출제를 문제 삼아 국민보험에 강력히 반대하였다.

③ 노동자계급 내 급진파와 마르크스주의자들은 사회복지정책에 대해 매우 부정적이었다.

(3) 지주의 입장

① 지주계급은 국민보험에 대해 매우 비판적이었다. 지주계급의 입장을 대변하는 보수당은 국민보험의 강제가입원칙이 자신들이 선호하는 자발성의 원리에 맞지 않고 갹출료가 노동자계급의 재산을 국가가 일부 몰수하는 것으로 인식하였다.

② 사회보험이 사회주의를 막는 방파제라는 처칠의 주장을 보수당이 수용함으로써 근본적인 반대는 아니었으며, 사회보험이 노동자계급에게 유리하지 않다는 주장도 노동자들의 지지를 획득하고자 하는 의도에서 비롯되었다.

제5절 미국의 루스벨트 사회보장법

9, 12회 기출

1 미국의 자유주의 전통과 전환점으로서의 대공황

(1) 미국의 자유주의 전통

① 초기 미국 이주민들은 국가의 간섭을 혐오하였다. 즉, 국가의 도움 없이 자력으로 신대륙을 개척해나감으로써 자조 · 자유주의 · 독립이 미국의 가장 중요한 신념이 되었다.

② 스펜서와 섬너의 적자생존과 자연도태설이 유행하여 빈민에 대한 대책은 자선과 교정에 의한 구제라는 태도를 공유하였다.

③ 공공정책부문에서도 구빈원(Almshouse)이 미국 빈민구제제도의 기본으로 존속하였다.

④ 의회에서의 노동자 정당을 중심으로 한 민주주의 전통이나 강한 사회주의 운동도 존재하지 않았다.

[현대 미국의 사회복지정책의 역사]

1900~1930년대	미국의 진보와 개혁의 시대로, 이 시기에는 공적구호를 제공하기 위한 주정부법들이 제정되기 시작하였으며, 공공복지청이 탄생하기도 하였다.
1930~1940년대	제도의 성립시기로서 대공황으로 인한 사회경제적 문제를 해결하기 위한 방편으로 정부차원의 공공복지가 획기적으로 발전하였다. 대공황의 결과 루스벨트 대통령의 사회보장법이 탄생하였다.
1940~1970년대	사회복지제도가 점진적으로 발전한 시기로, 케네디 대통령과 존슨 대통령에 의해 빈곤과의 전쟁이 수행되었다.
1975~1985년대	제도의 위기에 대처하기 위해 대대적인 사회보장제도 개정작업이 실시되었다.
1990년대	1990년대에는 클린턴 대통령이 복지개혁을 단행하여 PRWORA법(개인 책임 및 근로기회 조정법)을 제정하여 장기간 복지에 종속된 자들의 문제를 해결하기 위해 TANF프로그램을 실시하였다.
2000년대	오바마 정부의 건강보험 개혁법안을 통해 향후 10년간 재정에서 약 1조 달러를 투입하고, 의료보험의 수혜율을 95%까지 확장하기로 하였다.

(2) 1929년 대공황

① 1920년대의 사상 초유의 눈부신 번영과 부의 편중 속에서 대공황이라는 상상을 초월하는 혼란이 일어났다. 1933년 전체 노동력의 25~29%가 실업인구였으며 소득은 절반으로 급락하였다.

② 당시까지도 노동자들에게 사회보장이나 사회권 개념은 매우 낯설었으며 노동자보호는 존재하지 않았다. 이로 인해 시민들의 경제적 생존권은 심각하게 위협을 받았으나 이에 대해 개인주의적 자유기업체제는 매우 무력하다는 것을 보여주었다.

③ 루스벨트는 통화 흐름과 외환거래에 대한 통제권을 대통령에게 부여하고 농업조정법, 국가산업부흥법(NIRA) 등 '1차 뉴딜'이라 불리는 위기극복정책을 폈으나, 1935년 대법원이 이를 위헌이라 판결함으로써 1차 뉴딜의 국가통제계획을 포기하였다.

④ 정부가 대기업의 독점을 막고 노동자들의 권익을 보다 적극적으로 보호하는 방향으로 정책을 선회하였다. 즉, 위헌판결을 계기로 정부의 산업정책이 경기회복과 사회개혁을 동시에 추구한 신국가주의적 정책에서 반독점과 노동자보호를 지향한 개혁정책을 도모하는 방향으로 전환하였다.

⑤ 미국은 대공황 극복을 위해 총수요관리에 초점을 둔 국가정책을 도입하였다. 총수요관리정책 중 특히 각종 사회간접자본에 막대한 자금을 투자하여 유효수요를 창출하고, 이를 기반으로 민간기업 투자와 고용을 진작시킴으로써 대공황으로부터 탈출의 전기를 마련하였다.

2 실업보험, 노령연금, 공적부조

(1) 실업보험

① 실업보험의 운영책임을 연방정부가 담당하는가 혹은 연방정부와 주정부가 분담하는가가 논쟁이 되었다.

② 전국적으로 단일한 제도를 수립한다는 사회보장법의 원칙에 따르면 **연방정부**가 책임을 져야 하지만, 이는 연방정부의 권한 확대를 의미하므로 양자 간 협조원칙에 위배되었다.

③ 연방정부가 제도를 수립한 주에 대해 세금을 면제해 주고 주정부가 세금을 징수 · 관리하게 하는 협력방식을 채택하였다.

④ 연방정부의 권력을 제한하면서 각 **주가 독자적으로 실업보험제도를 시행**하도록 하여(미국식 자유주의에 부합) 갹출료, 실업수당 급여기준, 기금형태 등에 있어 주별로 다양한 형태의 실업보험을 갖게 되었다.

(2) 노령연금

① **연방정부가 재정과 운영을 담당**하여 전국 사업주에게 사회보장세를 부과하여 피용자에게도 동일한 비율로 부담하게 하였다.

② 피용자가 65세에 달하면 노령연금을 지불하되 액수는 퇴직자의 퇴직 전 소득에 비례하였다.

③ 연방정부의 지원은 없으며 적용대상에서 피보험자의 부양가족, 농업노동자, 가정종사자, 종교나 자선 및 교육 분야 종사자, 자영인도 적용범위에서 제외되어 노동인구의 절반만 수혜대상이 되었다.

④ 노령연금의 급여수준도 낮아 노령부조의 급여액보다 적은 경우도 있었다.

Plus ⊕ one

영국과 미국 노령연금의 차이점

영 국	무갹출 노령연금	일종의 노령인민부조에 해당한다.
미 국	노령연금	노동자 개인이 노후를 대비하여 임금의 일부를 갹출하였다가 퇴직 후 수령하는 일종의 강제저축제도이다.

(3) 공적부조

① 65세 이상 노령의 빈민, 맹인, 요보호아동을 대상으로 하고, 각 주가 공적부조제도를 수립하면 재정의 일부를 **연방정부가 보조**한다.

② 신체장애아동, 고아, 신생아와 산모를 위한 주정부의 공적부조에 대해서도 연방정부가 주정부에 보조금을 교부하였다.

③ 구빈에 대해 지방정부만 책임지던 빈민법적 원칙이 폐기되고, 주정부에 대한 연방정부의 지원정책이 항구화되어 구호가 연방예산의 주요항목으로 자리 잡게 되었다.

3 자본가와 노동자의 입장

(1) 양분된 자본가들의 입장

① 대기업

㉠ 사회보장법은 경쟁업체에게 복지비용을 분산시켜 비용부담을 줄이고 숙련노동자를 확보하고 싶어 했던 대기업의 이익이 반영된 법이다.

㉡ 1930년대의 대공황의 절망이 개혁가, 유권자, 정치인, 노동자, 노조 등 모두의 연방복지법을 찬성하게 했다.

② 중소기업

㉠ 복지비 부담을 감당하기 어려웠던 중소기업은 이 법이 시민생활과 산업체에 대한 사회주의적 통제라고 반대하였다.

㉡ 실업보험 때문에 아무도 일하거나 저축하지 않아 도덕적 타락과 재정적 파탄에 이르게 될 것이라고 주장하였다.

(2) 노동자의 입장

① 가장 강력하고 거대한 노동자조직이었던 미국노총(American Federation of Labor)은 자발주의, 즉 정부의 관여 없이 자본가와의 단체협약을 맺는다는 신념에 따라 사회보험에 반대하는 입장에 있었다(영국 노조는 찬성).

② 미국과 독일의 노조는 이념적으로 양극단에 있었지만 노동계급의 복지보다 노조의 복지에 더 관심을 가졌다. 즉, 그들은 사회보험이 노동대중에 대한 노총의 통제력을 약화시킬 것으로 우려했다.

제6절 베버리지 보고서

1 배 경

(1) 베버리지 위원회

① 제1 · 2차 세계대전을 치르는 동안 유럽의 국가들은 효과적인 국민 동원을 위해 전후에 국가가 국민들에게 더 나은 삶을 보장할 것이라는 약속을 하였다.

② 전쟁 중에 병사들과 시민들의 사기 앙양을 위해 종전 이후의 국가재건프로그램 필요성을 부각시켰다.

③ 기존의 국민보험을 전면적으로 재검토하기 위해 정부 부처 관료들로 구성된 위원회를 조직할 것이 요구되었다.

④ 베버리지 보고서는 1942년 영국의 각종 사회보장정책들의 효율성을 점검하고 합리적인 개선책을 권고하기 위한 목표로 이루어졌다.

⑤ 이 보고서는 궁핍의 원인이 '적은 수입'이며, 빈곤퇴치를 위해 사회보험에 의한 소득재분배가 이루어져야 한다고 주장하였다.

(2) 보편주의와 국민최저선

15회 기출

① **보편주의(Universalism)** : 모든 국민을 급여대상에 포함하고, 동일한 급여(정액급여)를 제공하며 '빈민에 대한 자산조사의 낙인을 없애자'는 평등정신과 권리로서의 사회복지정신을 담고 있다.

② 자영인과 농업노동자 등의 소득차이에도 불구하고 정액급여제를 채택함으로써 모든 국민을 포괄하는 보편주의원칙을 확고히 했다.

③ 정액제는 모든 사람에게 똑같은 혜택을 주기 때문에 소득재분배효과는 제한적일 수밖에 없었다.

④ 베버리지는 사회복지정책을 불평등 제거의 발판으로 여기기보다는 자조의 관념을 위협하지 않고 행정적 편의를 위해 정액제를 채택하였다.

⑤ 정액제는 국민최저선(National Minimum)이라는 원칙의 귀결이다. 이는 영국의 모든 시민이 노령, 질병, 실업 혹은 다른 사회적 위험에 처했을 때 자산조사에 관계없이 기본적 소득만을 보장하는 것을 의미한다.

2 베버리지 보고서의 내용

2, 6, 9, 10, 11, 12회 기출

(1) 5대 악의 극복

결핍(Wants), 질병(Disease), 무지(Ignorance), 불결(Squalor), 나태(Idleness) 중 결핍에 초점을 맞추고 소득보장을 기하는 데 중점을 두었다.

(2) 사회보험이 성공하기 위한 3대 전제조건

① **가족수당(Family Allowances)** : 베버리지 보고서의 핵심인 국민최저선을 달성하기 위해 가족 수를 고려해야 하는데, 이는 임금제도로는 충분하지 않으며 출산장려의 인구정책으로 가족수당이 필요하다고 주장하였다.

② **포괄적인 보건서비스(Comprehensive Health Service)** : 질병의 예방과 치료 및 노동능력의 회복을 위해서 사회의 전 구성원이 이용할 수 있는 보편적이고 포괄적인 보건서비스를 전제로 하였다.

③ **완전고용(Full Employment)** : 실업의 완전한 배제가 아니라 대량실업 혹은 장기실업의 소멸을 뜻한다.

(3) 6가지 사회보장의 원칙

① 급여적절성(Adequacy of Benefits)의 원칙

급여의 수준은 빈곤선 개념에 입각하여 최저생계비를 보장하기에 적절해야 하며 급여의 지급기간은 욕구조사 없이 욕구가 존재하는 한 지급되어야 한다.

② 정액급여(Flat Rate of Benefit)의 원칙

실업, 장애, 퇴직으로 인한 소득상실의 경우 소득상실 전에 받고 있던 소득액의 다과에 상관없이 보험급여의 액수가 동일해야 한다. 즉, 기본적 욕구를 만족시키는 국민최저선은 모든 국민에게 동일하다.

③ 정액기여(Flat Rate of Contribution)의 원칙

근로자나 사용자가 지불하는 기여금은 소득수준에 관계없이 동일액으로 한다.

④ 행정책임 통합(Unification of Administrative Responsibility)의 원칙

모든 기여금은 단일한 사회보험기금에 적립되고 급여를 비롯한 모든 보험지출은 그 기금으로부터 나온다. 베버리지는 사회보장성을 신설하고 지방마다 단일한 행정국을 설치하여 모든 피보험자를 포괄하도록 권고하였고 개인은 매번 통합된 갹출료(연금, 실업 등 모든 보험료 통합)를 납부하면 된다.

⑤ 포괄성(Comprehension)의 원칙

많은 사람들에게 일반적이고 보편적인 위험은 국가부조나 민간의 자발적 보험에 의존할 것이 아니라 사회보험이 담당해야 한다. 그리고 사회보험은 전 국민을 포괄하여야 한다.

⑥ 분류화(Classification)의 원칙

인구층을 피용자, 자영인, 전업주부, 기타 노동인구, 취업 전 청소년, 노동불능 고령자의 6개 층으로 분류하고 이들 모든 인구층의 욕구를 구분하여 보장한다는 것을 의미한다.

Plus ⊕ one

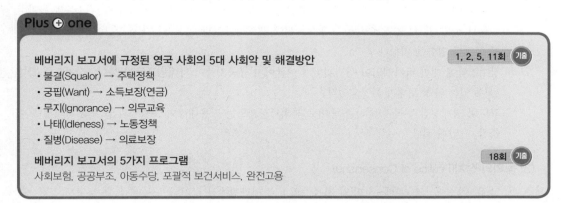

베버리지 보고서에 규정된 영국 사회의 5대 사회악 및 해결방안 1, 2, 5, 11회 기출

- 불결(Squalor) → 주택정책
- 궁핍(Want) → 소득보장(연금)
- 무지(Ignorance) → 의무교육
- 나태(Idleness) → 노동정책
- 질병(Disease) → 의료보장

베버리지 보고서의 5가지 프로그램 18회 기출

사회보험, 공공부조, 아동수당, 포괄적 보건서비스, 완전고용

제 7 절 복지국가의 등장과 발전 그리고 위기

1 복지국가 발전의 정치 · 경제적 배경

(1) 전쟁과 복지국가의 발전

① 국가 개입의 증대와 국가의 능력 증가

㉠ 세계적 수준에서 진행된 대규모 전쟁은 복지국가의 발전에 있어 가장 중요한 요인이었다.

㉡ 전쟁은 국민들로부터 엄청난 희생을 강요하고 국민생활의 광범위한 영역에 대한 국가의 개입을 초래함으로써 전쟁 후 국가의 국민에 대한 복지책임 증가는 물론 국가의 복지개입능력도 증가시키게 되었다.

② 복지대상자의 폭증과 보험중심제도의 한계

㉠ 전쟁 전까지 사회적 위험에 대한 불안은 일부계층에 국한된 것이었으나 전쟁 중에 국민 전체가 위험을 경험한 결과 전 국민을 대상으로 하는 사회보장제도가 필요하다는 데 동의하게 되었다.

㉡ 사상자, 고아, 빈민의 양산으로 종래의 구빈제도나 시장을 통한 상업보험제도가 더 이상 작동하기 어렵다는 것이 입증되었다.

③ 전쟁기간 동안의 국민동원에 대한 전후의 더 나은 삶에 대한 보장과 약속이 있었으며, 전쟁과정에서 국민 개개인 사이에 형성된 국가연대의식이 크게 고조되었다.

(2) 전후 유럽의 경제적 부흥

① 2차 대전이 종결된 후 1970년대 중반까지는 자본주의와 복지국가의 황금기였다.

② 이 시기에는 OECD국가들이 평균 4~5%의 높은 경제성장률을 달성하였으며 낮은 수준의 물가상승률과 실업률(거시경제지표)을 보임으로써 사회보장급여의 실질가치가 올라감에 따라 사회보장에 긍정적 영향을 미쳤다.

③ 경제영역에 대한 국가개입이 광범위하게 이루어져 공공지출이 확대됨으로써 사회보장지출이 확대될 수 있는 물적 토대가 확보되었다.

④ 고도의 경제성장과 복지비 지출 증대로 사회보장제도는 적용대상의 포괄성과 급여의 관대성을 이룩할 수 있게 된다.

(3) 동의의 정치(Politics of Consensus)

① '소유-생산-경영-분배-소비'의 자본주의적 경제과정에서 국가나 노동계급 그 누구도 소유, 생산, 경영에 관한 자본가계급의 특권적 지위를 박탈하지 않는다.

② 노동계급은 자본가계급과의 합의하에 경영참가와 단체협약의 형태로 경영-분배과정에 부분적으로 참여하되, 결코 소유-생산영역을 사회화하려는 급진적 시도를 하지 않는다.

③ 이러한 협력결과 이루어지는 경제성장은 자본가계급을 이롭게 하는 것은 물론 노동계급에게는 완전고용과 향상된 복지혜택, 국가에게는 재정수입의 증가를 보장한다.

2 영국 복지국가의 발전

11회 기출

(1) 전후 노동당정부의 집권

① 전후 애틀리의 노동당은 1945년 총선에서 승리하여 6년 집권기간 동안 베버리지 보고서에 바탕을 둔 영국복지국가의 골격을 완성할 수 있었다.

② 노동당의 승리는 계급관계의 변화와 노동자계급 및 중간계급의 복지제도에 대한 태도 변화가 있었기에 가능했다.

③ 노동시장에서의 유리한 지위를 바탕으로 자조의 신념을 가지고 있었던 중간계급은 전시의 위험을 경험하고 국가통제의 중요성을 인식함으로써 보편적 복지국가에 동의하게 되어 복지국가를 수용하게 되었다.

(2) 국민보건서비스의 도입

① 국민보건서비스(NHS ; National Health Service)는 **보건의료와 공급부문을 공영화**하였다는 점에서 사회주의적 성격이 강하다.

② 이는 부상자들을 능률적으로 치료하기 위해 정부가 민간병원과 지방정부 소유 병원들을 강제로 편입하여 운영했던 전국적 병원시스템인 응급의료서비스를 계승한 것이다.

③ 각 병원은 보건성 산하의 지역병원국과 그 산하의 병원관리위원회의 직접적인 감독을 받게 되어있으며 의사들은 국가로부터 월급을 받으며 지역에 배치되었다.

(3) 사회보험과 국민부조의 개혁

① 1946년에 의회를 통과한 국민보험법은 실업보험, 의료보험, 출산급여, 미망인연금, 보호수당, 장제비 등을 보장하였다.

② 무기한의 실업급여를 제안한 베버리지 보고서와 달리 6개월간 실업급여를 주고 갹출기록이 양호한 경우 기간을 1년으로 연장하였으며, 최소 연금가입기간은 10년으로 조정하였다.

③ 1948년 국민부조법은 현금급여를 하되 자산조사를 하는 빈민법의 전통은 유지되었으나, 지방정부가 빈민들에게 거처를 제공하도록 하여 작업장을 없애게 되었다.

④ 특히 국민부조는 사회보험과 달리 지방정부가 권한을 위임받아 적은 규모의 재정으로 시설보호와 지역사회보호를 발전시키도록 하였다(구빈법 공식 폐지).

Plus ⊕ one

복지국가발전의 역사

- 정착기(1920~1945년) : 대규모 전쟁과 경제공황으로 인한 복지국가 발전의 계기, 제도적 확충, 복지수혜자의 범위 확대, 복지예산의 증대, 미국의 뉴딜정책에 따른 사회보장법 제정
- 팽창기(1945~1970년대 중반) : 복지국가의 황금기, 복지제도의 포괄성, 복지수혜자의 보편성, 복지혜택의 적절성이 절정, 소유–생산–경영에 대한 자본가계급의 지위를 박탈하지 않으며 노동계급은 경영–분배과정에 부분적으로 참여
- 재편기(1970년대 중반~현재) : 1973년 유가 폭등을 기점으로 경제위기가 발생하여 국가–자본–노동 간 균열, 신보수주의 등장으로 복지비 삭감 시도

3 오일쇼크와 경제불황

(1) 경제적 상황 변화

① 1973년 5배의 유가상승을 가져온 1차 오일쇼크와 1979년 2차 석유파동은 세계경제에 충격을 주었다.

② 경제성장 둔화와 급속한 물가상승을 특징으로 하는 스태그플레이션, 국제수지 적자와 재정적자 등의 계속된 경제적 위기상황은 실업률 상승과 공공부문의 지출 및 공공부담을 더욱 가중시켰다.

③ 이러한 경제상황의 악화로 사회보장제도의 발전은 지체되고 복지국가의 위기가 도래했다.

(2) 빈곤과 소득불평등

16회 기출

① 산업구조 변화로 인해 서비스산업 종사자의 비율이 높아지고 파트타임, 임시직 등 저임금근로자 비율이 상승하여 대부분의 국가에서 빈곤율이 증가하고 소득불평등도 심해지는 새로운 빈곤(New Poverty)의 시대로 접어들게 되었다.

② 복지제도의 확장에도 불구하고 빈곤과 소득불평등은 더욱 악화되어 빈민을 비롯한 사회취약계층은 더욱 피해를 보게 되었다.

(3) 사회복지지출 증가

① 1975년 이후 각국은 사회복지지출을 줄이기 위하여 다양한 시도를 하여 사회적 보호의 대상을 축소하고 질을 낮추는 변화를 가져왔으나(사회복지지출 증가율은 감소), 수급자들(특히 노인, 이익집단)의 정치적 힘의 행사로 프로그램 축소가 쉽지 않았다.

② 경제불황으로 사회복지 의존인구(실업자, 공적부조 수급자)가 더욱 늘어남에 따라 실질적인 사회복지지출 규모도 늘어나 복지비 증가율이 경제성장률을 앞서는 결과를 보여주었다.

4 복지국가의 위기와 사회복지정책의 변화

13회 기출

(1) 사회복지급여의 소득대체율 삭감

① 근로동기가 문제가 되는 실업보험과 질병수당이 대체율 삭감의 주요 대상이 되었다.
② 물가상승이나 임금상승에 맞춰 조정하던 연금급여액의 조정기간을 연장하였다.
③ 파트타임 근로자를 위한 연금급여액을 삭감하였다.

(2) 사회복지 수혜자격의 엄격화

① 연금의 완전급여를 받을 수 있는 퇴직연령을 상향조정하였다.
② 질병수당이나 실업보험을 받기 위한 대기기간을 연장 혹은 새로이 도입하며 연금기여기간을 연장하였다.
③ 사용자만 부담하던 기여금을 피용자에게도 부담시켰다.

(3) 노동연계복지(Workfare)의 강조

실업보험이나 공적부조프로그램의 수혜자가 되기 위해 일정한 일이나 훈련을 받아야 하는 등의 조건을 강화하였다.

(4) 민간부문의 위탁(민영화)

사회복지 전달체계에서의 민영화와 분권화 추진을 통한 사회복지프로그램의 효율성제고교육이나 탁아서비스에서 민간부문과의 경쟁을 유도하기 위한 각종 정책들을 선택하거나 국가가 운영하던 기관을 민간부문에 위탁하거나 민영화시켰다.

Plus ⊕ one

민영화 18회 기출

- 1980년대에 등장한 신자유주의와 관련이 있다.
- 정부가 공급하는 재화와 서비스 비용을 절감하기 위해 도입되었다.
- 소비자 선호와 소비자 선택을 중시한다.
- 경쟁을 유발시켜 서비스 품질을 향상시키고자 한다.
- 서비스 이용자의 재정적 접근성에 부정적인 영향을 미칠 수 있다.

(5) 사회복지비용의 부담을 줄이기 위한 조세부담률의 감소

사회복지비용 지출에 있어 중앙정부의 책임과 지출을 줄이면서 지방정부에 재원과 권한을 위임하였다.

Plus ⊕ one

신자유주의적 정책의 요점

- 공공자원과 공기업의 민영화
- 노동시장 유연화
- 정부지출, 특히 사회서비스에 대한 정부지출을 엄격히 제한
- 수출에 유리하도록 통화를 평가절하
- 임금을 억제할 수 있도록 노동운동과 다른 민중운동 약화
- 무역, 투자, 노동, 건강과 보건, 환경에 대한 정부규제를 급격히 축소

Plus ⊕ one

서구 복지국가의 위기 이후 사회적 흐름 16회 기출

- 공공서비스의 시장화
- 노동시장의 유연화 정책
- 계층 간 소득양극화 증대
- 복지의 투자 · 생산적 성격 강조
- 경제 활성화를 위한 법인세 인하

5 복지국가의 위기와 원인분석이론

(1) 립셋(Lipset)의 효율성과 정통성의 위기론

① 효율성의 위기(복지국가의 위기)

㉠ 경제적 위기 : 경기침체와 인플레 만연, 실업 증가 등

㉡ 체제의 효율성 저하 : 사회복지비 지출의 증가와 정부 재정수입 감소에 따른 재정적자의 누적, 경직된 거대한 관료집단의 등장, 비효율적인 공공서비스 제공체계, 이에 부수되는 과도한 비용부담 등

② 정당성의 위기

㉠ 스태그플레이션이 장기화되자 혼합경제 운용에 대한 신뢰가 붕괴되었다.

㉡ 확대된 복지제도에도 불구하고 불평등이 심화되어 복지국가체제에 대한 열의와 신뢰가 감소하였다.

㉢ 초기 복지국가 확대 시기의 정당성에 대한 믿음과 사회적 연대가 붕괴되었다.

(2) 정부과부담론(보수주의적 입장)

① 경제적으로는 정부의 개입 증대로 인한 정부의 과부하와 민간경제의 약화(정부의 실패)가 위기의 결정적인 원인이다.

② 정치적으로는 선거의 압력으로 인한 공약 남발, 조직화된 이익집단, 관료집단의 거대화와 비효율성 등이 정부과부담의 원인이라고 보았다.
③ 위기의 해소책은 정부활동영역을 축소시켜 부담을 줄이고 정부의 문제 대처능력을 증대시키는 것으로 보았다.

(3) 자본주의모순론(마르크스적 관점)

① 복지국가의 모순은 지배계급의 이윤획득을 보장하려는 자유주의적 국가기능과 국민으로부터 표를 얻기 위해 복지비용을 지출해야 하는 민주주의 국가기능이 상충되면서 생긴 근본적 모순에 원인이 있다.
② 복지지출이 증대될수록 자본의 이익을 위협하는 본질적 문제이므로 자본주의 경제를 포기하지 않는 한 해결될 수 없다.

(4) 실용주의이론(복지국가옹호론)

① 시장의 실패를 해결할 수 있는 복지국가의 구조적 역할을 인정하면서 복지국가의 위기를 체제 자체의 위기가 아니라 발전과 시행과정상의 현상이며 해결될 수 있는 문제로 파악한다.
② 위기의 요인은 경제적 불황, 중앙집권화와 관료제가 초래한 대중의 참여와 지지 감소, 인구 · 사회학적 측면의 변화(출산율 감소와 고령화로 인한 복지수요 증대 및 노동인력 감소, 후기 산업사회 구조의 변화에 따른 소규모 이익집단 증가와 대규모 노동조합의 응집력 약화)로 설명한다.
③ 복지제도에 대한 국민들의 변함없는 지지를 근거로 복지국가의 불가역성을 주장하면서 호황에 편승하여 방만하게 운영해온 복지국가가 체제를 정비하는 재도약의 기회로 파악한다.

6 복지국가의 전망

(1) 복지국가의 불가역성(낙관적 전망)

① 민주적 자본주의사회에서 국가복지가 구조적 요인의 변화에 직접 영향을 받는 것이 아니라 정치를 매개로 결정된다는 데 초점을 두었다.
② 신보수주의 정부는 국가의 복지책임을 줄이고 민영화를 추진하려는 계획을 가지고 출발했지만 결국은 민주주의적인 혼합경제에서 복지의 구조적 역할을 인정하면서 그 비용을 억제하고 효율적인 전달체계로 재분배하는 방법으로 초점을 이동시켰다.

(2) 경제의 블록화와 자본의 세계화(비관적 전망)

① 초국가적 기구와 경제공동체의 등장으로 세계적인 거대자본의 힘이 상대적으로 강화됨으로써 지리적 · 사회적 유동성이 낮은 노동계급의 지위는 점차 약화될 것이다.
② 국가–자본–노동의 화해적 정치구조는 와해되어 가고 있다.

③ 노동계급의 사회보장이 잘 이루어진 나라의 경우 자본의 이탈이 가속화되고 사회보장이 약한 다른 나라로부터 불안정한 취업자나 빈민이 몰려들어 결국 복지재정이 파산을 겪게 될 것이다.

④ 경제활동의 블록화와 세계화가 과거보다 빠르게 진행되고 자본, 노동, 상품, 서비스가 국가의 경계를 넘어 자유롭게 이동할수록 복지국가의 위상은 심각한 위협에 직면할 수 있다.

⑤ 앞으로 복지비용의 분담과 복지혜택의 배분을 둘러싸고 전개되는 사회계급 사이의 치열한 갈등과 투쟁에 따라 그 결과가 달라질 수 있다.

Plus ⊕ one

우리나라 사회복지정책의 변화 15회 기출

- 고용불안정의 심화로 사회보험제도 기반의 취약성
- 사회복지정책의 총지출은 증가하는 추세
- 근로빈곤층 지원제도의 강화[근로장려세제(EITC)]
- 지방자치단체의 자체적인 복지사업이 증가 : 지방자치 복지부담 증가
- 복지정책 대상의 초점 확대(복지와 고용이 연계된 맞춤형 서비스)

근로장려세제 18회 기출

- 미국의 EITC를 모델로 하였다.
- 근로능력이 있는 빈곤층에 대해 근로의욕을 고취한다.
- 근로빈곤층에게 실질적 혜택을 제공하여 빈곤탈출을 지원한다.
- 근로장려금은 근로소득 외에 재산보유상태 등을 반영하여 지급한다.
- 근로장려금 신청 접수는 관할 세무서에서 담당한다. 근로장려세제(EITC ; Earned Income Tax Credit)는 근로소득 수준에 따라 산정된 근로장려금을 세금 환급 형태로 지급하여 근로빈곤층의 근로유인을 제고하고 실질소득을 지원하기 위한 근로연계형 소득지원제도이다. 환급 가능한 세액공제 제도의 일종이므로 일반적인 환급금과 동일하게 관할 세무서에 신청한 경우에 한하여 적용한다.

CHAPTER 02

출제유형문제

01 **복지국가의 특징으로 옳은 것을 모두 고른 것은?** [13회]

ㄱ. 정책의 형성과 집행에서 국가의 역할이 중요하다.
ㄴ. 정치적 민주주의를 복지국가 성립의 수반조건으로 한다.
ㄷ. 복지정책의 일차적 목표를 전 국민의 최소한의 생활보장에 둔다.
ㄹ. 복지국가는 궁극적으로 '기회의 평등'을 추구한다.

① ㄱ, ㄴ, ㄷ
② ㄱ, ㄷ
③ ㄴ, ㄹ
④ ㄹ
⑤ ㄱ, ㄴ, ㄷ, ㄹ

해설 ㄹ. 기회의 평등(Equality of Opportunity)은 결과가 평등한가 아닌가의 측면은 무시한 채 결과를 얻을 수 있는 과정상의 기회만을 똑같이 주는 것으로서, 평등의 개념 가운데 가장 소극적이라고 볼 수 있다. 결과를 달성하는 과정에서의 평등에 초점을 두므로, 일반적으로 자유주의 사상과 쉽게 연결된다. 그로 인해 출발의 기회에서 이미 차이가 나는 문제, 사회구조적으로 불평등한 결과를 낳는 문제를 해결하는 데 한계가 있다. 사회복지국가는 기회의 평등에 그치는 것이 아니라 결과의 평등(Equality of Outcome)과 사회적 차별의 해소를 포함하는 사회적 평등(Social Equality)을 강조한다.

02 **영국 사회복지의 역사에 관한 설명으로 옳은 것을 모두 고른 것은?** [12회]

ㄱ. 스핀햄랜드법은 가족수당제도의 시초로 불린다.
ㄴ. 공장법은 아동의 노동여건을 개선하였다.
ㄷ. 1834년 신구빈법은 전국적으로 구빈행정 구조를 통일하였다.
ㄹ. 1911년 국민보험법은 건강보험과 실업보험으로 구성되었다.

① ㄱ, ㄴ, ㄷ
② ㄱ, ㄷ
③ ㄴ, ㄹ
④ ㄹ
⑤ ㄱ, ㄴ, ㄷ, ㄹ

Answer 1 ① 2 ⑤

해설

ㄱ. 스핀햄랜드법(1795)은 빈민의 노동에 대한 임금을 보충해주기 위한 제도로서, 최저생활기준에 미달되는 임금의 부족분을 구빈세로 보조하였다. 이는 오늘날 가족수당 또는 최저생활보장의 기반이 되었다.

ㄴ. 공장법(1833)은 아동에 대한 노동력 착취를 막기 위한 목적에서 만들어진 제도로서, 9세 미만의 아동에 대한 고용 금지, 아동에 대한 야간 노동 금지 등 아동의 노동조건 및 작업환경의 개선을 주된 내용으로 하였다.

ㄷ. 신구빈법(1834년)은 스핀햄랜드법의 임금보조제를 철폐하고 교구단위의 구빈행정체제를 중앙집권화함으로써 '전국균일처우의 원칙'을 탄생시켰다. 또한 피구제 빈민생활 상황이 자활의 최하급 노동자의 생활조건보다 높지 않은 수준에서 보호되어야 한다는 '열등처우의 원칙'을 확립하였다.

ㄹ. 국민보험법(1911년)은 의료보험과 실업보험을 내용으로 한 제도로서, 특히 재정을 고용주와 근로자로부터 조달받는 영국 최초의 사회보험이었다. 로이드 조지와 윈스턴 처칠(L. George & W. Churchill)의 합작품으로서, 일종의 강제적인 자조에 의한 자유주의적 사회개혁을 통해 부자와 빈민 간의 양극화를 막고자 하였다.

03 독일의 비스마르크 사회보험에 관한 설명으로 옳지 않은 것은? [12회]

① 세계 최초로 사회보험제도를 도입하였다.
② 상호부조 조직인 공제조합을 기원으로 하였다.
③ '자조'의 원칙을 강조한 자유주의자의 주도로 입법되었다.
④ 사회주의자는 노동자를 국가복지의 노예로 만드는 것으로 보아 산재보험 도입을 반대하였다.
⑤ 노동자의 충성심을 국가로 유도하기 위해 기획되었다.

해설

비스마르크(Bismarck)는 국가 주도하에 1883년 질병(건강)보험, 1884년 산업재해보험, 1889년 노령 및 폐질보험(노령폐질연금) 순으로 사회보험 입법을 추진하였다. 이는 국가와 기업체들에 의한 노동력 보호의 차원에서 시작한 것으로, 사실 사회주의운동을 탄압하는 동시에 노동자의 국가에 대한 충성심을 확보하기 위한 것이었다. 그러나 비스마르크의 법안은 사회주의자와 자유주의자 양쪽으로부터 격렬한 비난을 받게 되었다. 사회주의자들은 특히 산재보험이 노동운동의 자유를 억압하는 의도를 가진 것으로 간주하여 노동자를 국가복지의 노예로 만드는 병영사회주의라고 비난하였다. 반면, 자유주의자들은 비스마르크의 사회보험이 국가의 권력 강화와 관료화를 초래하며, 자본가의 부담을 증폭시킬 것이라고 비난하였다.

04 인보관에 대한 설명으로 옳은 것을 모두 고르면?

ㄱ. 최초의 인보관은 토인비 홀(Toynbee Hall)이다.
ㄴ. 바네트(Barnett)목사는 빈민 속에서의 구제활동을 통해 그들의 생활과 실태를 파악하였다.
ㄷ. 자선조직협회운동의 개인주의적 빈곤관과 자선 위주의 활동을 비판하였다.
ㄹ. 국가개입에 의한 생활조건의 개선이 필요하다고 주장하였다.

① ㄱ, ㄴ, ㄷ
② ㄱ, ㄷ
③ ㄴ, ㄹ
④ ㄹ
⑤ ㄱ, ㄴ, ㄷ, ㄹ

3 ③ 4 ⑤ Answer

해설 인보관운동(Settlement House Movement)
주로 지식층이나 대학생들이 중심이었으며, 빈민과 함께 거주하면서 그들을 계몽 · 선도하고 정부의 각종 복지정책에 대한 비판들을 제기하였으며 오늘날 지역사회 조직활동의 효시로 간주되고 있다.

05 **독일 비스마르크의 사회입법에 관한 설명으로 옳은 것은?** [11회]

① 1883년 제정된 질병(건강)보험은 세계 최초의 사회보험이다.
② 1884년 산재보험의 재원은 노사가 반씩 부담하였다.
③ 1889년 노령폐질연금이 전 국민을 대상으로 시행되었다.
④ 사회민주당이 사회보험 입법을 주도하였다.
⑤ 질병(건강)보험은 전국적으로 일원화된 통합적 조직에 의하여 운영되었다.

해설 ② 1884년 산재보험의 재원은 사용자만의 보험료 부담으로 운영되었다.
③ 1889년 노령 및 폐질보험(노령폐질연금)은 육체노동자와 저임금의 화이트칼라 노동자를 대상으로 시행되었다.
④ 비스마르크의 사회보험은 국가 주도하에 역사상 처음으로 실시하였다.
⑤ 질병(건강)보험은 기존의 임의조직 및 자조조직을 활용하여 이들에 대해 국가가 감독하는 방식으로 운영되었다.

06 **사회복지역사에 관한 내용 중 연결이 옳은 것은?** [18회]

① 엘리자베스 구빈법(1601) – 열등처우의 원칙
② 길버트법(1782) – 원외구제 허용
③ 비스마르크 3대 사회보험 – 질병보험, 실업보험, 노령폐질보험
④ 미국 사회보장법(1935) – 보편적 의료보험제도 도입
⑤ 베버리지 보고서(1942) – 소득비례방식의 사회보험 도입

해설 ② 길버트법(1782년)은 원내구제와 원외구제를 인정하는 인도주의적 · 이상주의적 구제법으로 과거의 시설구호 원칙에서 거택보호의 원칙으로 전환되는 계기가 되었다.
① 피구제 빈민 생활상황이 자활의 최하급 노동자의 생활조건보다 높지 않은 수준에서 보호되어야 한다는 '열등처우의 원칙'을 확립한 것은 신구빈법(1834년)이다.
③ 비스마르크(Bismarck)는 국가 주도하에 1883년 질병(건강)보험, 1884년 산업재해보험, 1889년 노령 및 폐질보험(노령폐질연금) 순으로 사회보험 입법을 추진하였다.
④ 사회보장법(1935년)은 미국 사회보장 제도의 근간이 되는 것으로서, 실업보험, 노령연금, 공공부조, 보건 및 복지서비스 프로그램 등으로 구성되었다.
⑤ 베버리지 보고서(1942)는 정액기여-정액급여 방식의 사회보험 도입을 주장하였다.

Answer 5 ① 6 ②

07 민간의 사회복지에 대한 우리나라 사회복지정책의 내용이 아닌 것은? [17회]

① 국가와 지방자치단체는 국가 및 지방자치단체의 사회복지사업과 민간부문의 사회복지 증진활동이 원활하게 연계될 수 있도록 노력하여야 한다.

② 국가와 지방자치단체는 사회복지를 필요로 하는 사람의 인권이 충분히 존중되는 방식으로 사회복지서비스를 제공하여야 한다.

③ 보건복지부장관은 사회복지시설에서 제공하는 사회복지서비스의 최저기준을 마련하여야 한다.

④ 국가나 지방자치단체가 설치한 사회복지시설은 사회복지법인이나 비영리법인에 위탁하여 운영하게 할 수 있다.

⑤ 국가나 지방자치단체는 사회복지법인에 우선하여 사회복지시설을 설치 · 운영할 수 없다.

해설 ④ · ⑤ 국가나 지방자치단체는 사회복지시설을 설치 · 운영할 수 있다(사회복지사업법 제34조 제1항). 국가나 지방자치단체가 설치한 사회복지시설은 필요한 경우 사회복지법인이나 비영리법인에 위탁하여 운영하게 할 수 있다(동법 제34조 제5항).

① 국가와 지방자치단체는 민간부문의 사회복지 증진활동이 활성화되고 국가 및 지방자치단체의 사회복지사업과 민간부문의 사회복지 증진활동이 원활하게 연계될 수 있도록 노력하여야 한다(동법 제4조 제5항).

② 국가와 지방자치단체는 사회복지를 필요로 하는 사람의 인권이 충분히 존중되는 방식으로 사회복지서비스를 제공하고 사회복지와 관련된 인권교육을 강화하여야 한다(동법 제4조 제6항).

③ 동법 제43조 제1항

08 1942년 베버리지 보고서에서 구상한 복지국가 모형의 특징이 아닌 것은? [15회]

① 빈곤계층을 대상으로 하는 선별적 복지를 강조한다.

② 정액부담과 정액급여의 원리를 바탕으로 한다.

③ 베버리지는 결핍(궁핍), 질병, 무지, 불결, 나태를 5대 악으로 규정한다.

④ 정액부담의 원칙은 보험료의 징수와 관련한 행정비용을 절감할 수 있는 효과가 있다.

⑤ 노령, 장애, 실업, 질병 등과 같은 사회적 위험들을 하나의 국민보험에서 통합적으로 운영한다.

해설 ① 베버리지 보고서(Beveridge Report)는 보편주의(Universalism)의 이념을 핵심으로 한다. 여기서 보편주의는 모든 시민을 포함하고 동일한 급여를 제공하며, 빈민에 대한 자산조사의 낙인을 없애자는 것으로서, 이는 전쟁기간 중 새롭게 형성된 평등정신을 담고 있다. 특히 베버리지는 보편적이고 통일된 사회보험체계를 제안하였으며, 사회보험의 성공을 위한 기본 전제조건으로서 아동수당(가족수당), 포괄적 보건서비스, 완전고용이 이루어져야 한다고 주장하였다.

7 ⑤ 8 ① Answer

09 최근 10년간 우리나라 사회복지정책의 변화에 관한 설명으로 옳은 것은? [15회]

① 고용불안정의 심화로 사회보험제도의 기반이 견고해지고 있다.
② 사회복지정책의 총지출이 감소하는 추세에 있다.
③ 근로빈곤층 지원제도가 약화되고 있다.
④ 지방자치단체의 자체적인 복지사업이 증가하는 추세에 있다.
⑤ 복지정책 대상의 초점이 극빈층으로 변화하고 있다.

해설 ④ 지방자치단체는 개별 복지서비스 확대 방안으로 자체적인 복지사업에 대한 추가 수요조사 및 분석을 통해 지원 대상 사업을 확대하고 있는 추세이다. 그러나 지방자치단체가 수행하는 많은 복지사업을 기초자치단체(시 · 군 · 구)가 집행하고 있는 상황에서, 자치구의 복지재정 부담이 급속히 증대되었다.

제1영역

10 복지국가의 형성과 발달에 관한 설명으로 옳은 것을 모두 고른 것은? [16회]

ㄱ. 독일의 재해보험법(1884)에서 재정은 노사가 반반씩 부담하였다.
ㄴ. 영국의 국민보험법(1911)은 건강보험과 실업보험으로 구성되었다.
ㄷ. 미국은 대공황을 경험하면서 총공급관리에 초점을 둔 국가정책을 도입하였다.
ㄹ. 스웨덴은 노동계급과 농민 간 적녹동맹(Red-green Alliance)을 통해 복지국가 발전의 기틀을 마련하였다.

① ㄱ, ㄴ
② ㄱ, ㄹ
③ ㄴ, ㄷ
④ ㄴ, ㄹ
⑤ ㄷ, ㄹ

해설 ㄴ. 영국의 국민보험법(1911)은 건강보험과 실업보험을 내용으로 한 제도로서, 특히 재정을 고용주와 근로자로부터 조달받는 영국 최초의 사회보험이었다. 일종의 강제적인 자조에 의한 자유주의적 사회개혁을 통해 부자와 빈민 간의 양극화를 막고자 하였다.

ㄹ. 1930년대 스웨덴은 노동자계급을 지지기반으로 한 사민당이 보편주의적 복지원칙, 농업관계와 농업보조금 지급 등 농민당의 요구를 수용함으로써 농민당과의 연정, 이른바 적녹동맹(Red-green Alliance)을 통해 복지국가 발전의 기틀을 마련하였다.

ㄱ. 독일은 국가 주도하에 질병보험법(1883), 산업재해보험법(1884), 노령 및 폐질보험법(1889)을 제정하였다. 특히 1884년 산재보험의 재원은 사용자만의 보험료 부담으로 운영되었다.

ㄷ. 미국은 대공황을 경험하면서 총수요관리에 초점을 둔 국가정책을 도입하였다. 총수요관리정책은 경제가 수요결정적이므로 유효수요를 늘리는 것이 경제성장의 관건이 된다는 것이다. 1930년대 루즈벨트 대통령은 각종 사회간접자본에 막대한 자금을 투자하여 유효수요를 창출하였고, 이를 기반으로 민간기업 투자와 고용을 진작시킴으로써 대공황으로부터 탈출의 전기를 마련하였다.

Answer 9 ④ 10 ④

CHAPTER 02

최신기출문제

01 신빈민법(New Poor Law)에 관한 설명으로 옳지 않은 것은? [19회]

① 1832년 왕립위원회(Royal Commission)의 조사를 토대로 1834년에 제정되었다.
② 국가의 도움을 받는 사람의 처우는 스스로 벌어서 생활하는 최하위 노동자의 생활수준보다 높지 않아야 한다는 원칙을 내용으로 하고 있다.
③ 원외구제를 인정하였다.
④ 구빈행정체계를 통일시키고자 하였다.
⑤ 빈민을 가치 있는 빈민과 가치 없는 빈민으로 분류하였다.

해설 ③ 빈민을 가치 있는 빈민과 가치 없는 빈민으로 분류하고, 노동능력이 있는 빈민에 대한 원외구제를 폐지하여 이들에 대한 구빈을 작업장 내에서의 구빈으로 제한하였다(→ 작업장 활용의 원칙 혹은 원내구제의 원칙). 다만, 노약자, 병자 등에 한해 원외구제를 허용하였다.

02 사회복지 역사에 관한 설명으로 옳은 것을 모두 고른 것은? [20회]

ㄱ. 길버트법은 작업장 노동의 비인도적인 문제에 대응하여 원외구제를 실시하였다.
ㄴ. 신빈민법은 특권적 지주계급을 위한 법으로 구빈업무를 전국적으로 통일하였다.
ㄷ. 미국의 사회보장법(1935)은 연방정부의 책임을 축소하고 지방정부의 책임을 확대하였다.
ㄹ. 비스마르크는 독일제국의 사회통합을 위해 사회보험을 도입하였다.

① ㄱ, ㄴ
② ㄱ, ㄷ
③ ㄱ, ㄹ
④ ㄴ, ㄷ
⑤ ㄷ, ㄹ

해설 ㄴ. 엘리자베스 빈민법(1601년)이 국가와 특권적 지주계급의 지배연합이 구축해온 봉건적 정치 · 경제질서 유지를 위한 수단이었다면, 신빈민법(1834년)은 국가와 자본가 계급의 지배연합이 구축한 자본주의적 정치 · 경제질서 유지를 위한 수단이었다.
ㄷ. 미국의 사회보장법(1935)은 대공황으로 인한 사회문제의 확산을 계기로 제정된 것으로, 사회복지에 대한 연방정부의 책임 확대를 가져왔다. 특히 연방정부의 적극적인 개입(케인즈식 국가개입주의)을 통한 경제회복을 주된 목적으로 하였다.

1 ③ 2 ③ Answer

03 베버리지(W. Beveridge)가 사회보장 프로그램의 성공을 위해 제시한 전제조건을 모두 고른 것은? [18회]

ㄱ. 아동(가족)수당
ㄴ. 완전고용
ㄷ. 포괄적 의료 및 재활서비스
ㄹ. 최저임금

① ㄹ
② ㄱ, ㄷ
③ ㄴ, ㄹ
④ ㄱ, ㄴ, ㄷ
⑤ ㄱ, ㄴ, ㄷ, ㄹ

해설 **베버리지(Beveridge)의 사회보장 프로그램의 성공을 위한 전제조건**

- 첫째, 통일적이고 종합적이며 적절한 사회보험 프로그램
- 둘째, 사회보험을 통해 충분히 보호받지 못하는 사람들을 위한 공공부조
- 셋째, 자녀들에 대해 주당급여를 제공하는 아동수당(가족수당)
- 넷째, 전 국민에 대한 포괄적 의료 및 재활서비스(포괄적 보건서비스)
- 다섯째, 경기위기 시 대량실업을 방지하기 위한 공공사업을 통한 완전고용

04 우리나라의 근로장려세제에 관한 설명으로 옳지 않은 것은? [18회]

① 근로장려금 신청 접수는 보건복지부에서 담당한다.
② 근로능력이 있는 빈곤층에 대해 근로의욕을 고취한다.
③ 미국의 EITC를 모델로 하였다.
④ 근로장려금은 근로소득 외에 재산보유상태 등을 반영하여 지급한다.
⑤ 근로빈곤층에게 실질적 혜택을 제공하여 빈곤탈출을 지원한다.

해설 ① 근로장려금 신청 접수는 관할 세무서에서 담당한다. 근로장려세제(EITC ; Earned Income Tax Credit)는 근로소득 수준에 따라 산정된 근로장려금을 세금 환급 형태로 지급하여 근로빈곤층의 근로유인을 제고하고 실질소득을 지원하기 위한 근로연계형 소득지원제도이다. 환급 가능한 세액공제 제도의 일종이므로 일반적인 환급금과 동일하게 관할 세무서에 신청한 경우에 한하여 적용한다.

Answer 3 ④ 4 ①

CHAPTER 03

사회복지관련 사상과 이론

✪ 학습목표

- 케인즈주의에 대해 시장원리와 국가의 복지정책에의 개입 정도를 중심으로 심도 있는 학습을 해야 한다.
- 신자유주의(신보수주의)는 거의 매회 출제되는 부분이므로 전체적인 내용파악은 물론 대처리즘에 대해서도 잘 알아두어야 한다.
- 윌렌스키와 르보의 복지국가 이념모델에서는 잔여적 모델과 제도적 모델을 비교하여 학습해야 하고 다른 특징들에 대해서도 기억해야 한다.
- 조지와 윌딩의 복지국가 이념모델, 에스핑-앤더슨의 복지국가유형 등은 시험에 매우 자주 출제되는 부분이다. 각 이념 모델별로 유형을 정리하여 구분하는 것이 좋다.
- 에스핑-앤더슨(Esping Andersen)의 모형은 매회 출제되는 부분으로 복지국가의 다양한 분류에서 자유주의, 조합주의, 사회민주주의 유형별 내용을 반드시 숙지한다.
- 사회복지관련 발달이론에서는 산업화이론, 확산이론, 위인론과 엘리트이론, 사회양심론, 시민권론, 음모이론, 권력자원이론의 출제빈도가 높으므로 각 내용과 특징을 잘 파악해 두어야 한다.

제1절 사회복지관련 사상

1 온정주의

(1) 의 의

① 온정주의는 경제적 · 정치적 · 이데올로기적 차원에서 파악된다.

② **경제적 온정주의** : 생산단위를 조직화하고 피지배자와 생산수단 소유자 간의 관계를 규제하는 양식과 연관된 경제제도이다.

③ **정치적 온정주의** : 경제적으로 예속된 자가 선거권을 가지고 있는 상황에서 선거 목적으로 예속민을 이용하려는 지배이다.

④ **이데올로기 온정주의** : 사회적 관계를 규제하는 특정한 방식을 정당화하고 규범적 정당성을 제공한다.

(2) 봉건사회와 비스마르크 사회보험 입법의 온정주의

봉건사회	비스마르크 사회보험 입법
• 봉건사회의 예속된 농부와 영주 간의 관계는 온정주의적이며, 봉건적 위계관계는 일차적이었다. • 농민들은 역사적으로 전쟁, 납세, 흉작 등 내외적 원인으로 인하여 대토지 소유자의 도움과 보호를 요청할 수밖에 없었다. • 대토지 소유자들은 온정주의적 위계방식으로 농민들의 영주가 되었다.	• 사회보험 도입으로 노동자계급을 국가에 속박시키는 데 있어서 가장 적절한 국가온정주의적 인사관리 정책으로 삼았다. • 사회보험 입법의 정치적 관심은 새로운 권리 창조가 아니라 개인과 국가 간의 전통적 관계의 보존에 있었다. • 사회보험의 가장 큰 목적은 전통적인 정치적 불평등체제를 고수 · 보존시키는 것이다.

2 중상주의

(1) 의 의

① 빈민법을 관류한 사상으로 활발한 자본 축적기(15~18세기)에 상인자본의 이해를 뒷받침한 국가의 경제정책을 말한다.
② 중상주의자들은 국부는 곧 화폐이며 이윤은 유통부문에서 창출된다고 믿었다.
③ 봉건시대 후기 또는 절대왕정시대의 전형적인 구빈정책인 빈민법(Poor Law)은 이런 중상주의와 매우 밀접한 관련을 맺고 있다.
④ 중상주의자들은 부의 증대를 위한 수단으로 노동력을 중시하여 생산적 노동력의 확보를 화폐와 마찬가지로 중요시하였다.
⑤ 중상주의자들은 빈민들의 나태 제거와 함께 빈민에 대한 일자리 제공에도 큰 비중을 두었다.
⑥ 중상주의는 영국의 저명한 학자이자 동인도회사 사장인 차일드(Child)의 빈곤관에서 찾아볼 수 있다.

(2) 신무역론

① 빈민의 비참한 조건은 국가에도 결코 이롭지 않다.
② 빈민의 자녀들은 구걸과 나태 속에서 자라나며, 청소년기의 게으른 습관은 결국 노동에 대한 염증을 가져온다.
③ 성과 연령을 불문하고 무능한 모든 빈민들에게 일자리를 제공한다면 국가적인 이득이 될 것이다.

3 맬서스주의와 스펜서주의

(1) 자유주의(맬서스주의)

① 18세기 말, 유럽이 자본주의로 접어들면서 자본주의적 경제관인 자유주의가 봉건적인 온정주의와 대치하기 시작했다.
② 빈민구제가 개인의 자유와 자립심, 근면성을 파괴한다.
③ 인간의 생존권은 노동을 통해서만 획득되는 권리이며, 인간의 자연권은 자유의 권리이다.
④ 국가가 구제하는 빈민법은 인간의 자연법칙을 거역하는 것이다.
⑤ 빈민의 고난은 자신들의 장래에 대한 대비와 근검정신이 결여에 기인한다.
⑥ 맬서스의 반 빈민법적 주장은 열등처우의 원칙(Less Eligibility Principle)에서 잘 나타난다.

(2) 미국의 개인주의(스펜서주의)

① 스펜서의 사회진화론

㉠ 인류의 문명과 복지를 인간상호 간 투쟁의 결과로 보았다.

㉡ 인간의 빈곤과 고통은 당사자에게는 혹독한 시련이지만, 장기적으로는 사회적으로 쓸모없는 자들을 정리하는 자연법칙 과정이다.

㉢ 도태되어야 할 자들의 목숨을 연명시켜 주는 반면에 사회적으로 필요한 유능한 사람들의 증가를 억제하는 국가의 빈민구제제도는 용납될 수 없다.

② 스펜서의 사회복지관련 인식

㉠ 자유방임주의 : 사회를 자유방임주의에 맡기고, **국가가 인위적인 간섭을 하지 않으면 개인과 사회의 복지가 최대한 증대된다.**

㉡ 빈민구제를 법적(Statutory) · 사적(Voluntary) · 비공식적(Informal)인 것으로 유형화한 후, 비공식적 구제사업을 제외한 법적 · 사적 구제사업을 반대하였다.

4 마르크스주의

(1) 마르크스의 기본인식

① 자본주의는 프롤레타리아트에 의해 지양되어야 할 착취체제이며, 자본주의 국가는 부르주아지의 계급적 이해를 수호하기 위한 위원회이다.

② 사회복지정책이 노동자 계급이나 빈민을 위한 것일지라도 부르주아 국가가 시행하는 한 수용해서는 안 된다.

(2) 사회보험에 대한 국가와 자본가계급만의 부담요구

① 노동자의 임금은 겨우 생계를 유지할 정도에 불과하기 때문에 보험료를 부담할 능력이 없다.

② 노동자 생계의 불안정은 자신의 잘못이 아니라 자본가의 이익에 봉사하는 자본주의체제의 잘못에 기인하기 때문에 노동자는 보험료를 낼 필요가 없다.

③ 재정이 노동자의 임금에서 충당되어야 한다면 급여의 수준은 결코 충분할 수가 없다.

④ 사용자의 부담이 커지면 커질수록 자본주의는 빨리 붕괴할 것이다.

(3) 마르크스의 사회복지정책에 대한 관념

① 프롤레타리아트는 사회적 생산의 체계에서 핵심적 위치를 점하며, 이들은 기초적인 사회적 부의 생산자이다.

② 자본주의 생산과정에 진입하지 못한 과잉인구 또는 산업예비군으로서 부랑자, 범죄자, 매춘부로 구성된 룸펜 프롤레타리아트(Lumpen Proletariat)를 매우 부정적으로 평가하였다.

③ 룸펜 프롤레타리아트와 빈민구제 대상인 극빈층을 구별하였다.

④ 유럽에서 크게 유행했던 이른바 사회개량주의에 대해서 매우 부정적이었다.

⑤ 자본주의의 사회복지정책 중 노동시간 단축투쟁인 공장법 투쟁에 대해 "이것은 노동자 계급이 치열한 계급투쟁을 통해 자본의 논리를 굴복시키고 얻어낸 양보였다"라고 평가하였다.

5 복지자본주의

(1) 의 의

① 20세기 초반 미국의 기업들은 노동조합을 일정부분 인정하고 노동자들에게 기업 자체의 복지급여를 제공하였다.

② 이는 노동자들의 기업에 대한 충성심을 확보하고 나아가 생산성 향상을 도모한다는 새로운 전략이었다.

③ 독점대기업들이 새로운 노동통제전략의 하나로 주도적으로 도입한 기업복지프로그램을 복지자본주의라고 한다.

(2) 복지자본주의의 동기

① 생산라인 밖의 노동자 생활조건에까지 관심을 둠으로써 숙련된 노동력을 확보하고자 하는 것이다.

② 기업의 후원 아래 복지급여를 제공함으로써 노동자와 회사 간의 응집력을 제고할 수 있다.

(3) 복지자본주의의 모순

① 복지자본주의의 외관을 지켜 준 것은 공장 내 일상적 테러였으며, 과학적 인사관리란 강압적인 몰이방식(Drive System)과의 어정쩡한 결합이었다.

② 복지자본주의는 대량생산에 맞춰 유효수요를 조정하는 거시적인 문제에 대한 미시적인 해결책이었다.

6 페이비언 사회주의

13회 기출

(1) 의 의

① 영국의 독특한 실용주의적 · 점진적 사회주의로서 1884년 설립된 영국 페이비언협회에 기원을 두고 있다.

② 페이비언(Fabian)이란 로마 파비우스장군의 이름을 딴 것인데, 사회주의로의 진전을 위해서는 기회가 오기를 기다리는 지연 전략이 필요하다는 것을 상징한다.

③ 버나드 쇼(Bernard Show), 시드니와 비어트리스 웹(Sydney & Beatrice Webb) 부부, 토니(Tawney) 등 개명한 인텔리들이 주도하였다.

④ 사회적 선을 추구하고 달성하는 데 있어 국가가 매우 긍정적인 역할을 수행한다는 점에서는 국가개입주의와 같으나 자본주의를 극복의 대상으로 간주한 점에서는 다르다.

(2) 내 용

① 프랑스혁명 후 등장한 평등, 자유, 우애, 민주주의, 인도주의와 같은 시민사회의 기본적인 가치를 신봉한다.

② 사회통합 중시 : 사회경제적 불평등에 뿌리를 둔 계급갈등은 사회통합의 가장 큰 적이므로 불평등은 사회통합을 위해 완화되어야 한다.

③ 불평등의 비효율 초래 : 자유시장체제는 요구가 없는 수요에 응함으로써 불필요한 생산을 초래하며, 세습적이고 자기 영속적이 된 지배계급은 재능 있는 자의 지위 상승을 막아 능력의 낭비를 가져온다.

④ 불평등은 사회정의 이념에 손상을 준다.

⑤ 사회주의자에게 있어 평등은 기회의 평등 이상을 의미한다.

⑥ 소득의 평등보다는 기회의 평등을 주장한다.

⑦ 자유 신봉 : 이들의 자유는 자유주의자들의 자유와 달리 정부의 적극적인 활동의 결과이다.

⑧ 우애 강조 : 경제보다는 협동, 권리보다는 의무, 개인의 요구보다는 공동체의 선, 자조보다는 이타심을 더 중시한다.

⑨ 실용주의의 복지국가관 : 복지국가는 실제 문제에 대한 논리적 반응으로서 산업화, 도시화, 기술변동, 민주주의의 산물 등이다.

7 케인즈주의(국가개입주의)

9, 13, 17회 기출

(1) 내 용

① 케인즈 경제이론은 1920년대에 시작된 경제대공황을 계기로 부각되었다. 이는 시장실패에 대해 국가가 적절히 개입해야 한다는 것이다.

② 국가의 시장개입을 통해 재정지출을 증대하고 금융정책 및 사회재분배정책을 확대하여 경기를 활성화함으로써 소비와 투자를 늘려 유효수요를 증대시키고자 한 것이다.

③ 국가개입주의란 자기 규제적이지 못한 자본주의의 결함을 직시하고 이를 해결하기 위해 일정한 수준에서의 국가개입이 불가피하다고 보는 실용주의적 입장이다.

③ 자본주의의 불평등한 소득에 따른 빈부격차를 해소하기 위해 재분배정책을 중심으로 한 복지정책이 필요하다.

④ 전후 선진국들이 국가의 시장개입정책으로 복지제도를 확충하면서 자본주의의 위기를 안정화시킨 것은 이와 같은 케인즈 경제이론에서 비롯된다.

⑤ 1935년 미국의 사회보장법(Social Security Act)은 케인즈식 국가개입주의를 반영하고 있다.

(2) 신자유주의의 대두

① 한 시대를 풍미했던 케인즈주의와 국가개입주의는 1970년대 오일쇼크로 인한 스태그플레이션으로 무너졌고, 신자유주의적인 통화주의 경제학이 힘을 얻게 되었다.

② 신자유주의자들은 스태그플레이션의 극복을 위해서는 케인즈주의 경제사회정책을 포기하고 화폐공급을 억제하여 경제의 자율성을 회복시키는 방법밖에 없다고 보았다.

③ 영국 대처 수상의 등장과 함께 케인즈주의는 통화주의로 대체되고 말았다.

8 신자유주의(신보수주의)

5, 7, 11, 13, 14회 기출

(1) 신자유주의(반집합주의)

① 신자유주의는 고전파 경제학자들의 자유주의 사상을 이어받은 오스트리아학파의 하이에크와 프리드맨 등의 자유방임주의적 · 반 복지적 사상이다.

② 신자유주의는 케인즈주의가 서구경제의 지속적인 성장 및 복지국가의 발전을 이끌어내지 못한 채 오히려 재정위기를 초래했다고 비판한다. 즉, 복지국가가 국민의 책임보다 권리를 강조한다고 비판한다.

③ 복지지출의 확대는 경제성장을 저해하며, 복지급여 수급은 개인의 저축 및 투자동기를 약화시킨다고 본다. 또한 복지급여 수급으로 인한 소득효과가 대체효과보다 커짐으로써 복지수혜자들의 근로동기가 감소된다고 본다.

④ 신자유주의는 경제위기를 극복하기 위해 국가개입을 축소시키고 자유주의적 시장경제의 원리를 복원하고자 한다.

⑤ **자본주의 시장의 신봉** : 자유로운 경쟁, 수요와 공급, 탈규제, 민영화, 자유로운 임금교섭 등과 같은 시장의 힘은 사회적 평등의 신장에도 크게 기여한다.

⑥ **작은 정부의 지향** : 국가의 사회복지정책은 사회적 분열을 가져오고 자원 낭비적이며, 경제적 비효율을 조장하고 개인의 자유를 억압한다.

(2) 대처리즘

① 신자유주의가 정치적으로 가장 분명하게 표현된 것은 대처리즘이다.

② 1979년 영국경제의 쇠퇴와 사회민주주의의 퇴조 속에서 대처가 이끈 보수당이 집권하면서 레이거노믹스와 함께 전 세계를 신자유주의 이념으로 휘몰았다.

③ 대처의 집권은 보수당 주류가 사회적 약자에 대한 온정주의적 배려를 중시했던 전통적 보수주의에서 자유시장과 경쟁을 중시하는 시장자유주의로 교체되었음을 뜻했다.

④ 자유방임적 정치경제학을 되살리고, 자유시장경제의 재확립과 시장기준의 확대 적용을 통하여 사회제도의 권위, 국내 질서 및 국가 안보의 중요성을 강조했다.

⑤ **대처의 복지국가에 대한 관념**

㉠ **요람에서 무덤까지의 복지국가**는 비용이 너무 많이 든다.

㉡ 국가책임의 과잉은 개인의 책임의식, 가족과 공동체의 연대의식, **사적자원의 가치를 약화**시킨다.

㉢ 복지윤리는 시장의 위험을 제거하고, 실패에 대한 쿠션을 제공하며, 열망에 대한 인센티브를 약화시키므로 기업에 해롭다.

9 제3의 길

11회 기출

(1) 의 의

① 제3의 길은 사회민주적 복지국가 노선(제1의 길)이나 신자유주의적 시장경제 노선(제2의 길)을 지양한 새로운 정책노선이다.

② 시민들의 사회경제생활을 보장하는 동시에 시장의 활력을 높이자는 신노동당 프로젝트, 즉 구식의 사민주의와 신자유주의의 차별화 전략이다.

③ 영국의 대표적 사회학자 기든스(Anthony Giddens)가 이론적으로 체계화했고, 이를 정치인 블레어가 자신의 기본적인 정치노선으로 채택하였다.

④ 블레어식 접근의 이면에는 복지지출이 경제적 경쟁력, 즉 성장에 직접적인 부담일 뿐이라는 신자유주의적 가정이 깔려 있다.

⑤ 블레어가 강조하는 복지국가의 재편이란 **비용 삭감 이외에도 수혜자의 의존성향을 줄이고 개인의 책임을 더 강조하는 의지가 함축되어 있다.**

(2) 제3의 길에서 내세우는 대안

14회 기출

① 국민들에게 정치적 · 경제적 혜택을 직접 제공하기보다는 인적 자원에 투자(노령인구대책, 실업대책 등)하는 복지국가, 즉 **사회투자국가(Social Investment State)**로 개편을 주장한다.

② 복지의 주체를 다원화하자는 **복지다원주의(Welfare Pluralism)**를 주장하는데, 이는 기존의 중앙정부 중심의 복지공급을 지양하고 비영리부분(제3부문), 기업, 지방정부 등도 그 주체로 삼자는 것이다.

③ 기든스에 의하면 복지국가는 자원보다는 위험성을 공동부담하는 것이다. 따라서 복지를 개혁하려면 위험성에 관하여 분명히 인식해야만 한다.

④ 국민들의 사회경제생활을 보장하는 동시에 시장의 활력을 높이자는 전략을 표방하였다.

⑤ 복지다원주의와 생산적 복지, 적극적 복지를 표방하였다.

⑥ **신자유주의가 제기한 새로운 환경에서 좌파적 사회민주주의가 나아가야 할 방향을 제시하였다.**

㉠ 정부개혁 및 공공부문의 일방적 축소가 아닌 쇄신과 감화를 목표로 하는 개혁

㉡ 긴축재정과 균형예산의 유지

㉢ 낮은 인플레이션과 안정적 경제성장을 돕는 건전한 거시경제 운용

㉣ 복지국가의 문제점과 결점에 대처하기 위한 구조개혁
㉤ 적극적인 고용창출을 위한 활발한 노동시장정책의 채택
㉥ 권리와 책임(의무)의 동반, 확고한 인류평등주의 및 공공기관 혁신의 토대로서 시민사회개혁

10 신마르크스주의

13, 16회 기출

(1) 내 용

① 전통적 마르크스주의를 이론적 바탕으로 둔 **갈등주의적 이론**이다.
② 복지국가 발전을 **독점자본주의와 관련하여 설명**하였다.
③ 자본의 축적 및 정당성, 생산력과 생산관계에 있어서 모순이 있음을 인식하면서, 독점자본주의의 필요에 의해 사회복지가 증대될 수 있음을 주장한다.
④ **복지정책을 자본축적의 위기나 정치적인 도전을 수정하기 위한 수단**으로 보았다.
⑤ 국가의 자율적 역할에 따라 **도구주의와 구조주의 관점**으로 구분하였다.

(2) 도구주의와 구조주의 관점

도구주의 관점	• 국가는 자본가들의 이익을 위한 도구로서의 역할을 수행한다. • 자본주의 사회에서는 자본가들이 정치조직에도 강력한 영향력을 발휘하게 된다. • 자본가들은 경제위기나 사회혼란에 대비하여 자본축적이나 노동력 재생산을 필요로 하므로, 국가에 영향을 미쳐 사회복지를 증대시킨다.
구조주의 관점	• 독점자본주의는 경제구조의 특성상 국가의 기능이 곧 자본가의 이익과 합치된다. • 노동자 계급은 개인의 단기적 이익으로 인해 분열되기 쉽고, 이는 자본주의에 위협이 되므로 노동자 계급을 통제하고 분열시킬 필요가 있다. • 국가는 노동자 계급을 통제 혹은 분열시키기 위한 전략으로 사회복지정책을 확대하게 된다.

제2절 사회복지정책의 모형

1 윌렌스키(Wilensky) & 르보(Lebeaux)의 모형

8회 기출

(1) 잔여적 모델(Residual Model)

① 개인의 욕구가 가족이나 시장과 같은 정상적인 공급구조에 의해 충족되어야 한다.
② 가족이나 시장이 제 기능을 발휘하지 못하여 개인의 욕구가 충족되지 않을 때 사회복지정책이 보충적으로 개입하여 **응급조치 기능**을 수행한다.

(2) 제도적 모델(Institutional Model)

① 급변하는 현대 산업사회에서 가족이나 시장이 개인의 욕구를 충족시키는 것은 한계가 있다.
② 사회복지정책은 각 개인이나 집단, 지역사회가 만족할 만한 수준의 삶을 누릴 수 있도록 제도적인 기능을 수행한다.
③ 사회복지서비스에 대한 보편적인 권리를 인정하여, 각 개인이 자신의 능력개발을 위해 사회복지의 혜택을 받는 것을 정상적인 것으로 간주한다.

(3) 잔여적 모델과 제도적 모델의 비교

13회 기출

구 분	잔여적 모델	제도적 모델
대 상	특수집단 혹은 특정개인(사회적 취약계층)	지역사회 및 전 국민
목 표	수급자의 최저생활보장	사회환경 및 자원제공의 최적수준 삶 지향
국가 개입	보충적 · 일시적 · 한정적인 보호 및 지원	항시적인 소득재분배 기능 수행
복지요구 충족기제	개인이나 가족, 시장의 책임 강조, 가족이나 시장 우선	국가의 사회복지제도
실행주체	민간의 자발적인 주도	국가의 역할 강조
빈곤의 책임	개인이나 가족, 시장의 책임 강조	사회구조적 · 국가적 책임 강조
서비스의 성격	시혜 · 자선의 성격, 낙인의 문제	시민권으로서의 성격, 평등사상에 입각
이 념	선별주의	보편주의
복지구현	자산조사	제도적 서비스
장 점	• 높은 목표의 효율성 • 요보호자에 국한된 서비스 집중 • 자원 낭비 방지 • 비용 절감(비용 효과성)	• 사회적 통합 효과 • 최저소득 보장, 빈곤 예방 • 사회적 낙인이 발생하지 않음 • 간편한 행정 업무 • 사례의 균일성 유지 • 모든 시민의 일정수준 구매력 유지

2 티트머스(Titmuss)의 모형

13회 기출

(1) 보완적 모델

① 가족이나 시장이 제기능을 발휘하지 못해 개인의 복지욕구를 해결하지 못하는 경우에만 일시적으로 개입한다(개인 책임 강조).
② 빈곤자나 요보호자를 대상으로 최소한의 생활을 보장한다.
③ 공공부조 프로그램을 강조한다.

(2) 산업적 성취수행 모델

① 사회복지의 급여를 생산성, 즉 개인의 시장 및 사회의 업적이나 기여도, 공헌 정도에 따라 결정한다.

② 사회복지를 경제성장의 수단으로 활용하고자 하므로 시녀적 모델이라고도 한다.

③ 사회보험 연금제도 프로그램을 강조한다(예 독일).

(3) 제도적 재분배 모델

① 시장에서의 1차적 분배에 따른 사회적 불평등과 사회적 형평 차원에서 재분배를 시행하여 사회적 · 보편적 형평 및 사회통합을 지향한다.

② 사회복지정책을 사회의 중요한 통합적 제도로 간주하며, 사회의 구조적 불평등을 해소하기 위해 사회 외부의 보편적 급여를 제공한다(사회적 평등 중시).

③ 보편적 프로그램을 강조한다(윌렌스키와 르보의 제도적 모델과 유사).

④ 보편주의, 예방적 성격의 공공서비스를 제공하는 국가 지향(공공부담의 복지모형)

(4) 티트머스의 복지의 사회적 분화 유형

10회 기출

① **사회복지(Social Welfare)** : 정부의 직접적인 재정지출에 의해 복지혜택을 제공하는 것으로서, 소득보장, 의료, 교육, 주택, 개별적 사회서비스 등을 모두 포함한다(예 국가에 의한 국민기초생활보장제도 운영).

② **재정복지(Fiscal Welfare)** : 정부의 조세정책에 의해 국민의 복지를 간접적으로 높이는 것으로서, 조세징수체계 내에 특정한 사회복지적 목적달성을 위한 조치를 마련한다(예 가계의 의료비 지출에 대한 소득공제 등).

③ **직업복지(Occupational Welfare)** : 기업복지와도 일맥상통하는 것으로서 개인이 속한 기업에서 제공하는 다양한 복지급여에 해당한다(예 각종 복리후생, 사내복지기금, 교육훈련, 국민연금에서 고용주의 기여금 등).

3 퍼니스와 틸튼의 모형

13회 기출

(1) 적극적 국가모델

① 자본주의 국가에서 자유시장의 불안정성과 재분배의 요구로부터 자본가를 보호하고자 한다.

② 수평적 재분배와 수익자 부담의 원칙에 입각한 사회보장프로그램을 강조한다(예 미국).

③ 정부의 역할은 복지보다 경제적 효율성과 시장을 중시하고, 복지는 시장에서 배제된 사람들을 위한 시혜적, 통제적 조치일 뿐이다.

(2) 사회보장 복지국가모델

① 사회복지정책을 통해 국민들의 최저수준의 복지를 보장하려고 한다.
② 광범위하고 완전한 평등이 아닌 개인이 자발적으로 복지향상에 기여할 수 있게 한다.
③ 사회보장을 하는 데 있어 국가는 개인의 동기, 기회, 책임을 억제해서는 안 된다.
④ 국민 전체의 생활안정을 도모하며 사회보험제도 이외에 정부의 무상서비스의 필요성을 인정한다(예 영국).

(3) 사회복지국가모델

① 국민평등과 화합을 국가정책의 목표로 하며 사회보험과 사회부조프로그램의 실시를 위한 정부지원을 극대화한다.
② 복지서비스는 취약계층에 국한되지 않고 **전반적인 삶의 질의 평등을 추구**한다.
③ 정부는 노동조합 등의 협력, 완전 고용, 각종 공익사업, 연대적인 임금정책 등을 실시한다(예 스웨덴).

4 조지(George) & 윌딩(Wilding)의 모형

9, 10, 11, 12, 13회 기출

(1) 반집합주의(자유방임주의)

17회 기출

① 개인주의, **불평등의 옹호**, 소극적 자유를 중심적 가치로 함
② **정부 개입에 부정적 입장** : 복지국가 반대, 경제적 비효율성 야기(작은 정부 추구)
③ 정부는 규칙 제정자 · 공동자원의 관리자 · 가부장적인 역할로 제한
④ **자발적 협동과 경쟁**에 기초한 사회
⑤ 복지급여는 주로 최저생계비 이하의 빈곤계층에게 **국가온정주의적 차원**에서 **최소한으로 부여**, 노동무능력자에 대한 국가적 책임을 인정(선별주의)
⑥ **경제성장과 부의 극대화**에 큰 가치 부여
⑦ 모든 종류의 계약과 합의에 있어서 개별적 선택 강조
⑧ 수정이데올로기 모형에서 **신우파로 수정**

(2) 소극적 집합주의(수정자유주의)

① **개인주의, 실용주의**, 소극적 자유를 중심적 가치로 함
② **정부 개입을 제한적 지지** : 복지국가 찬성, 실용주의와 인도주의, **사회안정과 질서유지**
③ 시장실패를 보충하는 수단으로서의 복지국가 인정
④ 반집합주의에 비해 **실용적 성격**
⑤ 불평등 완화가 아닌 빈곤의 제거
⑥ 수정이데올로기 모형에서 **중도노선으로 수정됨**(케인즈 주의)

(3) 페이비언주의(사회민주주의)

① 평등, 우애, 적극적 자유를 중심적 가치로 함
② 정부개입 적극 인정 : 복지국가 적극 찬성, 시장경제 문제점 해결, 자원 재분배, 공공부문 강조
③ 근로자의 참여 중시 : 사회통합과 평등 추구를 위한 사회복지정책 확대 지지
④ 사회통합 증진, 이타주의 증진
⑤ 소득의 평등보다 부의 평등을 지향
⑥ 경제성장을 통한 사회자본의 증대를 강조, 경제성장으로 야기되는 불평등 문제 해결
⑦ 사회주의로 가는 한 수단으로서 복지국가 인정
⑧ 수정이데올로기 모형에서 사회민주주의 또는 민주적 사회주의로 수정

(4) 마르크스주의(사회주의)

① 경제적 평등과 적극적 자유를 중심적 가치로 함
② 정부개입 적극 인정 : 생산수단이 소수의 특권층에 독점되어 갈등 유발(생산수단의 국유화)
③ 자본주의 전면 거부 : 복지국가를 자본주의 산물이자 체제 강화의 수단으로 간주(복지정책을 부정)
④ 보편적 욕구 충족
⑤ 참여 기초로 예방중심 운영
⑥ 경제적 평등만이 노동자와 빈민을 빈곤에서 벗어나게 한다는 관점
⑦ 복지국가를 자본과 노동자계급 간의 갈등의 결과로 간주(계급 혁명적 방법)

(5) 페미니즘(Feminism)

① 가부장적 복지국가를 비판하지만 양성평등을 위한 사회복지정책의 역할을 인정한다.
② 복지국가가 여성의 사회적 평등과 여성들을 위한 서비스를 제공한다는 점을 강조하여 긍정적으로 보기도 하는 반면, 복지국가가 남성들이 정책입안자가 되어 정책수혜자인 여성을 지배하는 국가에 해당한다고 주장하여 부정적으로 보기도 한다(제한적 지지).
③ 페미니즘의 양면적인 관점에도 불구하고, 페미니스트들은 여성의 빈곤화가 남성의 빈곤화보다 더욱 현저하다는 점에 초점을 두어 복지국가가 여성의 평등과 경제적 욕구해결에 실패했음을 주장한다.

(6) 녹색주의(Greenism)

① 복지국가가 경제성장을 통해 환경문제를 유발한다고 주장하면서, 그에 대해 반대의 입장을 보인다.
② 경제성장 및 대규모 기술, 산업사회의 탐욕 및 소비사회의 지속으로 나타난 부작용을 지적하며, 산업사회가 사회문제의 원인에 관심을 기울이기보다는 현상에 초점을 두고 있다고 비판한다.
③ 산업사회가 확대되고 개인주의가 팽배해짐에 따라 자원이 고갈되고 사회문제가 증가한다고 봄으로써, 경제성장은 물론 정부의 복지지출에 대해서도 반대의 입장을 보인다.

Plus ⊕ one

조지와 윌딩의 이념모델의 주요 특징

유 형	반집합주의	소극적 집합주의	페이비언 사회주의	마르크스주의
자유에 대한 관점	소극적 자유	소극적 자유	적극적 자유	적극적 자유
정부의 개입	불인정	조건부 인정	적극적 인정	적극적 인정
복지국가에 대한 입장	적극적 반대	제한적 찬성	적극적 찬성	적극적 반대

5 에스핑-앤더슨(Esping-Andersen)의 모형

5, 6, 7, 8, 10, 11, 12, 13, 14, 16회 기출

(1) 복지국가의 유형화 기준

① 탈상품화

㉠ 근로자가 자신의 노동력을 상품으로 시장에 내다 팔지 않고도 살아갈 수 있는 정도를 말한다.

㉡ 개인의 복지가 시장에 의존하지 않고도 이루어질 수 있는 것으로, 노동의 상품화를 전제하는 자기조절적 시장경제체제의 허구로부터 사회 자체를 보호하는 사회복지기제를 의미한다.

㉢ 탈상품화가 높을수록 복지선진국에 해당한다.

② 사회계층화

㉠ 복지정책의 근본적인 목표가 평등의 실현에 있음에도 불구하고 현실에서는 오히려 불평등을 재생산한다는 점에 기인한다.

㉡ 국가가 계급차별이나 신분지위를 어느 정도의 수준으로 확대 또는 축소하는가에 따라 복지국가의 양상이 달라진다.

③ 국가와 시장의 상대적 비중

국내총생산(GDP) 대비 공적연금 · 민간연금 · 개인연금의 비중, 민간기업연금의 비중, 총 연금지출 중 사회보장연금 · 공무원연금 · 기업연금 · 개인연금의 비중, 만 65세 이상 노인가구의 소득원천구성 등으로 측정한다.

(2) 복지국가의 다양한 분류

4, 5, 8, 10, 11, 13, 15, 16, 19, 20회 기출

① 자유주의 복지모델

㉠ 시장의 효율성과 노동력의 상품화, 근로의욕의 고취

㉡ 국가복지가 민간복지를 보완

㉢ 저소득층 대상으로 소득조사에 의한 공공부조프로그램을 강조(최저복지급여 제공)

㉣ 시장규제 완화와 복지 축소로 복지국가 위기 타개

㉤ 노동력의 탈상품화 효과 최소화

ⓑ 봉사단체와 같은 민간부문이 사회서비스 전달
ⓢ 다차원의 사회계층체제 발생
ⓞ 개인책임과 자조의 원리를 강조
예 미국, 영국, 호주 등

② 조합주의(보수주의) 복지모델
㉠ 국가가 주된 사회복지 제공자 역할을 하며, 직무교육, 직업훈련 등을 적극 지원
㉡ 산업별, 직종별, 계층별 등 사회적 지위와 직무범주에 따라 복지급여를 제공
㉢ 사회보험 원리를 강조하는 복지정책 활용
㉣ 전형적인 남성생계부양자 모델
㉤ 노동력의 탈상품화 효과의 한계
㉥ 전통적인 가족 중요성과 교회의 기능 및 역할 강조
㉦ 노동시장의 유연화와 사회복지제도의 후퇴가 최소화
㉧ 소득보장은 국민최저 수준 이상이며, 주로 사회보험 등으로 담보
예 프랑스, 독일, 오스트리아 등

③ 사회민주주의 복지모델
㉠ 포괄적 · 보편적 복지체계, 소득 평등, 생활수준 향상 등 지향
㉡ 사회권을 통한 노동력의 탈상품화 효과가 가장 큼
㉢ 공공부문의 고용확대로 복지국가 위기 타개
㉣ 시장의 복지기능을 최대한 약화
㉤ 국가가 미리 가족생활의 비용을 사회화, 중산층을 복지대상으로 확대
㉥ 완전고용정책과 직접 연계
㉦ 임금격차 축소, 보편적 사회수당, 각종 복지급여, 적극적 노동시장정책 등
예 스웨덴, 덴마크, 노르웨이 등

6 미쉬라(Mishra)의 복지국가 유형화 13회 기출

(1) 분화된 복지국가

① 경제에 부정적인 영향을 미치는 사회복지를 제한함으로써 잔여적인 양상을 보인다.
② 사회적 책임이 결여된 경제력을 행사한다.
③ 복지정책이 이익집단들의 다양한 이익추구 과정에서 이루어지므로 포괄적이지 못하고 단편적이다.
예 미국, 영국 등

(2) 통합된 복지국가

① 사회복지를 경제정책과 분리된 자율적인 영역으로 보지 않는다.

② 사회복지와 경제를 상호의존적 관계로 보고, 복지정책은 이익집단들 혹은 계급 간의 상호 협력으로 추진된다.

③ 중앙집권적 다원주의 성격, 집합적 책임 강조, 통합된 복지정책 형태를 지닌다.

예 오스트리아, 스웨덴 등

Plus ⊕ one

사회서비스 제공체제의 주요 유형별 특징(안토넨과 시필라) 16회 기출

공공서비스 모형 (Public Social Service Model)	• 사회서비스의 공급 · 전달 · 규제 · 재정 모두에서 공공부문의 압도적인 우위를 특징으로 한다. • 비영리조직이나 영리조직의 역할은 미미하며, 지방정부가 개인 사회서비스의 생산 및 계획에서 중심적인 역할을 담당한다(예 스웨덴, 덴마크, 핀란드, 노르웨이 등).
가족주의 모형 (Family Care Model)	• 사회서비스체계가 전반적으로 낙후된 유형으로, 공공서비스 기구와 가톨릭교회 기구가 복지혼합의 핵심을 이루나 파편화된 성격을 가지고 있다. • 사회서비스체계의 지체된 발전과 파편화는 강한 가족제도에 기인하며, 이는 돌봄에 대한 가족의 의무를 강조하는 가톨릭 전통에서 비롯된다(예 스페인, 그리스, 포르투갈 등).
자산조사-시장의존 모형 (Means-tested Model)	• 사회적 돌봄(Social Care)은 일반적으로 개인 책임이며, 국가는 스스로 돌봄의 문제를 해결하기 어려운 의존적인 집단에게만 표적화된 서비스를 제공한다. • 그 밖의 사람들은 대체로 능력에 따라 시장에 의존하며, 비영리부문도 일정한 역할을 담당하나 대륙유럽처럼 비중이 크지는 않다(예 영국, 아일랜드, 미국 등).
보충주의 모형 (Subsidiarity Model)	• 교회에 뿌리를 둔 비영리부문이 크고 강하면서도 공공서비스체계에 통합되어 있는 양상을 보인다. 즉, 정부가 재원을 조달하고 비영리부문이 서비스를 제공한다. • 자산조사-시장의존 모형과 일면 유사하나, 대부분의 사회서비스가 비영리부문에 의해 공급되고 대부분의 재원을 국가가 조달한다는 점에서 시장주의적 원칙이 상대적으로 강한 자산조사 모형과 구분된다(예 독일, 오스트리아, 네덜란드 등).

제3절 사회복지관련 발달이론

1 산업화이론(수렴이론)

4, 8, 10, 13, 14, 16, 20회 기출

(1) 개 요

① 산업화이론(수렴이론)이란 경제발전이 상당한 수준에 도달하게 되면 사회복지가 유사한 형태로 산업화된다는 것이다.

② 선진 자본주의 국가의 사회복지가 유사해질 뿐만 아니라 선진 사회주의 국가의 사회복지도 비슷해진다.

③ 산업화는 **가족구조**와 **인구구조를 변화**시킴으로써 복지에 대한 **국가의 역할을 증대**시킨다.

④ 자본주의 국가의 경우, 산업화는 **새로운 사회적 욕구(Social Needs)를 유발**시키고 이를 해결하기 위해 사회복지제도가 확대된다고 주장한다. 즉, 복지국가는 산업화로 발생한 사회적 욕구에 대한 대응이라는 것이다.

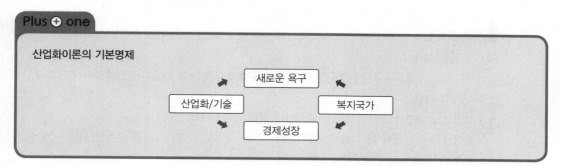

Plus ⊕ one

산업화이론의 기본명제

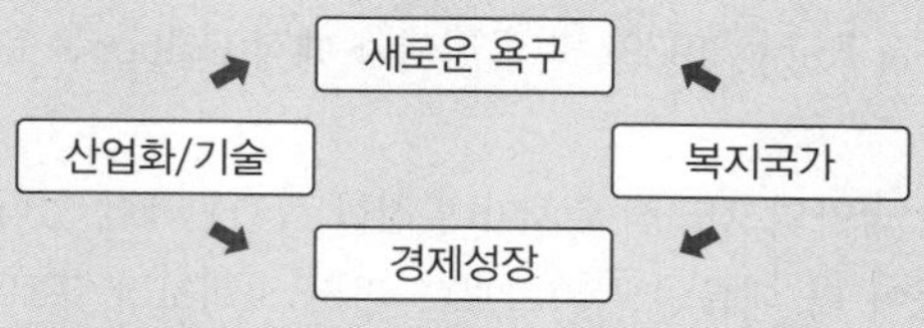

⑤ 산업화는 조직에 대한 강한 충성심, 숙련되고 사기가 높은 노동력을 필요로 하는데, 이것은 복지프로그램을 통해서 충족된다.

⑥ 경제발전론(Economic Level Theory)에 기반을 두고 있다.

⑦ 경제발전 수준과 복지비 지출 간에 상관관계가 있다.

Plus ⊕ one

미쉬라(Mishra)의 다원주의적 산업주의

- 다원주의적 산업주의란 극단적인 국가통제주의와 자유방임주의의 중간지점에 존재하는 체제이다.
- 자유방임적 자본주의체제는 시민의 기본적 욕구를 충족시키기 위해 사회복지정책을 도입하고, 공산주의체제는 자원배분의 효율성을 기하기 위해 시장을 도입하게 되어 양 체제가 유사해지는 것을 말한다.
- 사회통합을 위해 자본주의체제는 국가의 통제, 효율성과 창의성의 증대를 위해 공산주의 체제는 통제의 분산화를 기하다 보면 양자가 수렴한다.

(2) 산업화이론(수렴이론)의 한계

① 구소련을 포함한 공산주의체제가 붕괴한 지금 양 체제의 산업화라는 의미 자체가 사라져 버렸다.

② 기본적인 제도, 대상자 확대과정, 복지비 증대 추세 등에서의 산업화 현상만을 다루고 있고, 각 복지프로그램의 세부적인 내용에서의 산업화는 제대로 규명하지 못했다.

③ 이데올로기나 계급 간의 갈등 등 정치적인 요인과 관련된 중요한 변수들을 포함하지 못한다.

④ 비슷한 수준의 경제발전국가(경제 부국)들이 사회복지정책 발달 정도가 차이가 나는 것을 설명하지 못한다.

⑤ 사회복지를 경제 발전의 종속개념으로 파악하고 있다.

2 확산이론(Diffusion Theory)

1, 3, 8, 11회 기출

(1) 확산이론(전파이론)의 정의

한 나라의 사회복지정책이 다른 나라에 영향을 미친다는 데 초점을 둔 이론이다.

(2) 확산이론의 특징

① 사회복지정책의 확대과정은 국제적 모방과정이다.

② 한 국가의 제도적 혁신이 인근 국가로 확산되는 동시에 선진국으로부터 후진국으로의 관념과 기술의 이전과정이다.

③ 타이라와 킬비(Taira & Kilby, 1969) 및 콜리어와 메식(Collier & Messick, 1975)이 주장했다.

㉠ 타이라와 킬비

- 사회보장 발전과 국가의 지리적 위치가 밀접한 상관관계에 있다.
- 유럽대륙 국가들이 타 대륙의 국가들보다 먼저 사회보장 프로그램을 구축한 것은 서로 지리적으로 근접한 것에 기인한다.

㉡ 콜리어와 메식(Collier & Messick)

- 위계적 확산 : 혁신적인 기술이나 새로운 제도가 선진국에서 후진국으로 확산되는 것
- 공간적 확산 : 어떤 국가에서 개발된 기술이나 제도가 주변국으로 점차적으로 확산되는 것

④ 사회복지정책의 도입을 선구적인 복지국가에 대한 모방의 과정으로 인식한다. 특히, 미즐리(Midgley)는 제3세계 국가들이 식민지 시절 지배국가의 사회복지정책을 그대로 모방하여 시행한다는 점에 주목하였다.

(3) 한 계

① 한 국가가 새로운 복지제도를 도입하려 할 때 다른 나라의 같은 제도를 참고하는 것은 분명하지만, 단지 참고만 하는 것을 그 원인이 된다고 할 수는 없다.

② 국제적인 환경변수가 어떻게 사회복지정책의 전환으로 이어지는가에 대한 역동적인 과정을 설명하지 못한다.

③ 각 국가의 내부적인 사회경제적 · 정치적 요인이 더욱 중요하다는 것을 간과하고 있다.

④ 근대화에 뒤진 독일이 영국보다 먼저 사회보험을 실시한 경우(역확산)를 설명하기 어렵다.

3 구조기능주의이론

(1) 의 의

① 구조기능주의이론이란 주류사회학 이론의 근간이 된 파슨스(Parsons)의 행위이론에서 사회복지정책과 관련된 이론적 함의들을 연역해 내어 재구성한 이론체계를 말한다.

② 파슨스의 사회체계론에서 사회과학의 방법론상의 통합을 시도하였다.

Plus ⊕ one

사회문제를 바라보는 이론적 시각

기능주의	상호작용주의	갈등주의
• 변화에 적응하지 못한 사람을 사회문제로 인식 • 교육, 재교육 등을 통해 사회가 변하는 쪽으로 맞춰나가게 유도	사회문제의 정의, 범위를 어떻게 정하느냐에 따라 결정	• 인종, 성, 연령에서의 경쟁을 전제로 한정된 자원에서 경쟁 • 경쟁에서 탈락한 사람을 사회문제로 인식 • 경쟁에서 탈락하는 이유 : 불평등한 사회구조 • 불평등한 사회구조를 바꿔 사회문제 해결

(2) 기능주의적 해석

① 사회복지발전은 선구적인 자선사업의 결과인 동시에 사회체계가 사회변화에 적응해 가는 과정이다.

② 기능주의는 국가 또는 조직 수준에서 발생하는 스트레스와 긴장을 분석할 수 있는 틀을 제공해 준다.

③ 서로 다른 이해관계의 현재적 기능과 잠재적 기능은 서로 다른 수준의 사회체계와 관련되어 있다는 사실을 알려준다.

4 위인론과 엘리트이론

3, 5, 6회 기출

(1) 위인론(Great Man Theory)

① 사회복지정책을 소수의 지도적 위치에 있는 개인이나 집단의 작품으로 간주하는 이론이다.

② 위인들이 역사를 만드는 데 지배적인 역할을 한다고 보는 입장으로 이때 역사는 당시의 여론을 주도했던 위인들의 행적이 된다.

③ 민주화된 오늘날 대부분의 사람들은 이런 위인론에 회의적이다. 사회를 변화시킨 것은 이들 위인이 아니라 거대한 사회적 힘이라고 본다.

(2) 엘리트이론(Elite Theory)

① 사회복지정책과 관련된 엘리트들이 자신들의 이익을 위해 사회복지정책을 도입한다고 본 관점이다.

② 다원주의론(Pluralism)과 함께 정치학의 대표적인 이론으로 사회학자 모스카(Mosca)와 파레토(Pareto)가 대표적인 학자들이다.

③ 사회는 엘리트와 대중으로 구분되며, 역사는 계급투쟁이 아니라 엘리트의 교체과정이다.

④ 사회란 소수의 엘리트집단을 정점으로 한 피라미드 구조로 이루어져 있으며, 정책은 엘리트들이 사회의 개량과 개선을 위해 대중에게 일방적 · 하향적으로 전달 · 집행한다.

⑤ 정책결정에 지대한 영향력을 미치는 엘리트가 누구인지, 그 구체적인 메커니즘은 무엇인지 불명확하며, 체계적인 증거가 미약하다는 한계를 지닌다.

5 이익집단이론(다원주의이론)

13회 기출

(1) 의 의

① 이익집단이란 공통의 목적을 가지고 공공정책에 영향을 미치기 위해 노력하는 개인들의 조직체이다.

② 사회복지정책을 이익집단들 간의 갈등과 타협의 산물로 간주한다.

③ 복지국가의 다양한 사회복지정책들을 이익단체들 간의 대립과 타협의 산물로 해석한다.

④ 제도를 놓고 서로 다른 이해를 가진 집단들이 행사하는 영향력, 정책과 이익집단들 간의 이해관계, 이익집단들 상호 간의 영향력 행사 등을 파악할 수 있다.

(2) 특 징

① 이익집단은 경제적 다양화와 정치적 민주화의 결과로만 결성되는 것이 아니라 역동적인 집단행동으로도 조직된다.

② 공통의 이익을 중심으로 집단이 형성되고, 이들 집단의 행동을 통해 이익을 관철시키면, 집단역동성은 더욱 강화된다.

③ 이익집단의 성장은 정부 지출 및 복지비 증대를 가져온다.

④ 이익집단이론에서 다양한 이익집단들의 이익 상충을 조정하는 데 있어 정부의 역할에 대한 중요성이 부각된다.

⑤ 야노비츠(Janowitz)에 의하면 복지국가 성립 이후 국가정책에 대한 영향력에 있어서 계급보다는 이익집단의 힘이 더 강해졌다.

6 국가론(국가중심적 이론)

(1) 의 의

① 국가론 또는 국가중심론에서는 사회복지정책을 독립된 주체인 국가가 스스로 문제를 인식하고 해결하려고 하는 노력의 산물로 파악한다.

② 국가론이 가장 중시하는 것은 문제를 발견하고 해결책을 찾아내며 그것을 수행하는 정부 관료조직의 역할이다.

③ 국가론에서 사회적 쟁점과 그 해결책은 점차 복잡해지는 경향이 있으며, 정치인과 이익집단의 역할은 약화되는 반면에 관료와 전문가의 역할은 더욱 중요해진다고 본다.

(2) 국가의 성격이 사회복지수준을 결정하는 이유

① 정책의 시행을 위해 복지비 확대를 가져온다.

② 행정기관, 관료제의 확대는 복지비 지출을 증대시킨다. 행정조직의 확대는 인건비 지출과 자체 예산의 확대를 가져온다.

③ 국가 조세구조도 복지비 지출과 관계가 있다. 직접세와 사회보장세의 비중이 높을 경우 복지비 지출이 상대적으로 어렵고, 간접세 의존도가 높을 경우 조세의 증액의 반대가 상대적으로 적다.

④ 선거의 시점도 복지비 지출의 시점에 영향을 줄 수 있다.

⑤ 국방비와 같은 지출항목도 복지비 지출을 억제할 수 있다.

7 사회양심론

2, 5, 6, 8회 기출

(1) 의의 및 특징

① 1950년대 영국 사회정책학의 통설로 적용되었으며, 사회복지정책의 발달을 낙관적 · 이상적 관점에서 보았다.

② 박애주의자들이 선호하는 이론으로서, **인도주의에 입각한 사회적 의무감**이 복지정책을 확대할 수 있다.

③ 사회구성원들의 **집단양심**을 사회복지의 변수로 본다.

④ 사회복지정책을 **국가의 자선활동**으로 간주한다. 즉, 국가의 복지활동을 **동정주의적 관점**으로 파악한다.

⑤ 사회복지정책은 일정한 수준으로 변화하지 않지만 **지속적**이고 **축적적**으로 발전해 나간다.

⑥ **사회진화론적 관점**에서 개선의 역전을 부정하며, 현재의 사회서비스 수준을 가장 높은 역사적 형태에 있는 것으로 간주한다.

(2) 한 계

① **인도주의적 특성을 지나치게 강조**하여 국가의 역할에 대한 왜곡된 견해를 갖도록 한다.

② 사회복지정책의 변화에 미치는 압력 및 영향에 대한 분석이 지나치게 제한적이다.

③ 사회복지정책 과정에서 **정치적 맥락의 중요성을 간과**하고 있다.

8 시민권론

4, 6, 8, 9, 10, 12, 19회 기출

(1) 시민권의 구성

① 시민권이란 공동체의 완전한 성원에게 부여된 여러 가지의 권리와 권력을 향유할 수 있는 지위를 말한다.

② 마샬은 시민권의 확대 과정은 공민권 · 정치권 · 사회권으로 발전하여 왔다고 주장하였다.

Plus ⊕ one

시민권의 구성

공민권	개인의 자유, 표현 · 사상 · 신념의 자유, 사유재산권, 정당한 계약의 권리, 재판받을 권리 등 개인의 자유에 필요한 권리
정치권	정치적 권위가 부여된 기구의 성원 또는 그러한 기구의 성원을 뽑는 유권자(선거인)로서 정치권력의 행사에 참여할 수 있는 권리(투표권)
복지권(사회권)	최소한의 경제적 복지와 보장에 대한 권리로부터 사회적 유산을 공유하고, 사회의 통상적 기준에 따라 문명화된 삶을 향유할 수 있는 권리(교육받을 권리, 복지혜택을 누릴 권리)

(2) 시민권론의 주요 내용

① 마샬(T. H. Marshall)은 시민권론을 개념화했을 뿐만 아니라 시민권 개념으로 사회복지정책의 출현을 설명하였다.

② 마샬은 완전한 시민권의 실현을 위한 전제조건으로 사회권을 강조하였는데 이는 복지권과 동일한 것으로 간주된다.

③ 불평등한 계급구조와 평등주의적 시민권이 양립할 수 있다고 보며, 이들 양자 간의 긴장이 사회발전의 동력이 된다.

④ 사회복지정책이 시민권의 확립이라는 진화적 과정에 따라 개선 및 확대될 수 있다고 본다.

⑤ 사회권의 확립을 통해 사회복지를 제도화함으로써 시민들을 사회를 통합시키고, 상호 원조하도록 하여 사회적 연대를 이루는 데 기여한다.

(3) 마샬의 시민권론이 사회복지학에 기여한 점

① 시민권론이 사회복지를 시민의 기본적 권리의 하나로 인식한 것이다.

② 사회복지를 거시적으로 연대성과 결부시켰다. 마샬의 시민권 개념은 스펜서의 계약에 기초한 연대성과 뒤르껭의 이타적 연대성 간의 다리가 되었다.

(4) 미쉬라의 시민권론의 문제점 제기

① 법령에 의한 사회복지만을 포함하기 때문에 직업복지 및 민간의 사회복지활동은 배제되어있다.

② 서구 민주주의 국가의 시민권에 국한되어 있어 공산주의 국가나 개발도상국에서는 통용되기 힘들다.

③ 복지권은 논리적으로 공민권, 정치권을 보충하기 위해 발전한 것이 아니라 우연한 현상이며, 논리적으로 공민권, 정치권과 같은 범주도 아니다.

④ 공민권과 정치권은 복지권의 궁극적 승리에 대한 기반이 되었으나, 마샬은 이러한 권리를 사회구조의 변화와 연결시켜 분석하지 않았다.

⑤ 사회복지정책 발달 과정에서의 집단갈등이나 집단행동 등 정치적 역학관계를 설명하는 데 한계가 있다.

9 음모이론(사회통제이론)

5, 6회 기출

(1) 피븐(Piven)과 클로워드(Cloward)의 빈민규제론

① 대량실업과 같은 심각한 사회문제가 사회적 무질서를 야기할 때 정부는 공적 복지제도를 확대한다. 그러나 고용이 확대되고 사회가 안정되면 복지가 위축된다고 주장했다.

② 구빈제도는 노동을 규제하는 데 일차적 목표가 있으며, 그 방법은 대량실업 발생 시 질서 회복을 위해 실업자를 흡수 · 통제하는 데 있다.

③ 노동규제는 자본주의경제에 내재해 있는 불안정과 긴장으로 인해 반드시 필요한 것으로 인식된다.

④ 사회복지는 인도주의에 의한 결과가 아니고 빈민을 규제하기 위해 공적 사회복지제도를 이용한다.

⑤ 근본적으로 노동자 집단에의 통제를 통해 재생산을 촉진하고 노동자 계급을 계층화하고자 한다.

⑥ 사회복지의 진정한 수혜층은 지배층이며, 사회복지정책에 관한 의사결정은 지배층의 장기적인 계획으로 이루어진다.

⑦ 사회복지정책은 빈민의 불만을 완화하고 기존의 자본주의 생산양식과 사회적 불평등을 유지시키는 데 기여하였다.

(2) 한 계

① 현실에서 지배층의 의도가 사회정책에 그대로 관철되지 않으며 피지배층 등 여타 집단의 견제를 받아 정책의 내용이 변경될 수 있다.

② 사회복지정책은 실제로 아동, 장애인 등의 사회 안정 위협과 관련 없는 복지수혜자에게도 이익을 주기도 한다.

10 권력자원이론(사회민주주의이론)

5, 6, 11회 기출

(1) 의의 및 특징

① 사회복지정책의 발달에 있어서 정치적인 면을 중요하게 여기며 사회복지정책의 발달을 노동자계급 혹은 노동조합의 정치적 세력의 확대 결과로 본다.

② 산업화로 크게 성장한 노동계급은 노동조합을 조직하여 자신들의 이익을 대변하는 정당을 지지하게 됨으로써 사회권의 확대를 가져온다.

③ 복지국가 발전에 있어서 경제적 변수에만 의존하는 것에서 벗어나 정치적 요소들의 분석도 중요하다는 것을 보여준다.

④ 시장제도는 개인적 권리가 일차적 관심이므로 본질적으로 비민주적 제도이다. 따라서 사회적 요구의 측면에서 기능하도록 정부가 개입하여 불평등한 기회와 부자유로부터 인간을 해방시켜야 한다.

⑤ 국가의 상대적 자율성, 노동계급의 정치적 세력화, 시장실패 교정 · 보완 등을 특징으로 한다.

⑥ 사회복지의 확대에 있어서 좌파정당과 노동조합의 영향을 강조한다.

(2) 한 계

① 다수 복지국가들의 사회복지정책 프로그램은 사회민주주의 세력보다는 오히려 그 반대 세력, 즉 자유주의 혹은 보수주의 세력에 의해 시작되었으므로 이를 일반화하는 데 한계가 있다.

② 노동자 계급의 계급의식이 강하다고 하더라도 그 동질성은 비교적 약하며, 순수한 노동자 계급을 위한 정당은 사실상 존재하기 어렵다.

③ 사회민주주의 정당 이외의 다른 정당도 집권을 위해 사회복지정책의 확대를 표방할 수 있으므로 정당들 간 사회복지정책의 차이가 사실상 크지 않다.

11 코포라티즘

(1) 의 의

① 코포라티즘이란 2차 세계대전 이후 서구사회에서 거대한 노조가 출현하여 서로 대등한 수준에서 사용자, 노조, 정부의 현안문제를 상의 · 결정하는 **삼자협동주의**를 말한다.

② 삼자협동주의의 양 당사자인 노조와 자본가단체는 평범한 압력집단에서 거대한 힘을 가진 통치기구로 변화되었다.

③ 국가가 전체의 이익을 확대하고 사회질서를 유지하기 위해 의도적으로 사회집단과 개인의 이익을 통제 · 조정하는 수단을 갖는다.

④ 국가적 현안이 의회 밖에서 삼자에 의해 결정됨으로써 의회의 정책결정권한이 상당히 약화되었으며, 이런 구조는 사회복지정책의 확대 · 발전에 큰 영향을 주었다.

(2) 포더(Forder)에 따른 코포라티즘의 세 가지 유형

① 고전적 코포라티즘

㉠ 사회를 여러 단체들의 집합체로 간주하며 의회에 대해 부정적이다.

㉡ 중세의 길드 사회주의가 대표적이며, 이탈리아 파시즘의 기원이 되었다.

② 19세기의 코포라티즘

㉠ 새롭게 떠오르는 노동자계급의 힘을 억제하기 위해 등장했다.

㉡ 노동자 계급을 복종시키는 것이 주된 목표이고, 시장을 통한 지배라는 정통적인 방법이 통하지 않을 때 일시적으로 나타난다.

③ 계약 코포라티즘

㉠ 순수한 다원주의 하에서는 국가가 혼합경제를 지향한다면, 코포라티즘 하에서는 간섭경제를 지향한다.

㉡ 자유민주주의 사회의 코포라티즘으로서 현대의 복지국가가 전형적인 코포라티즘체제이다.

(3) 윌렌스키(Wilensky)의 현대의 세 가지 코포라티즘

① 민주적 코포라티즘

㉠ 조직력이 강하고 중앙집권화된 이익집단들이다.

㉡ 노동, 고용주, 전문직 조직과 정부가 경제성장, 물가, 임금, 조세, 실업 및 사회복지정책과 같은 주요 과제를 법에 입각하거나 비공식적 협의기구를 통해서 협의 · 결정하는 체제이다.

예 네덜란드, 벨기에, 스웨덴, 노르웨이, 오스트리아 등

② 노동자계급의 완전한 참여 없는 코포라티즘

㉠ 공업, 상업, 농업, 전문직 및 정부 간의 협상구조가 준 공적인 체제이다.

㉡ 정책결정과정에서 대체로 기업가단체가 우월한 지위를 갖기 때문에 경제 · 사회적 평등을 지향하는 공공정책이 많이 도입되는 편은 아니다.

예 일본, 프랑스, 스위스 등

③ 분절된 코포라티즘

대부분의 이익집단들이 편협한 이해관계와 기득권을 유지하는 데 매달려 있다.

예 미국, 영국, 캐나다, 호주 등

12 자본논리론

(1) 의 의

① 사회복지의 첫 번째 기능은 노동예비군, 가부장제 가족 및 숙련 노동력을 재생산하는 것이며, 두 번째 기능은 빈곤의 해결과 안정되고도 충분한 자본축적을 위한 수단이다.

② 자본주의 국가의 복지개혁은 계급투쟁의 산물인 동시에 자본에 대한 잠재적 위협을 선제 제압하고 규제하기 위해 추진한 결과이다.

③ 사회복지정책이 자본주의의 발전에 반드시 필요한 노동력을 재생산함으로써 자본축척에 기여한다는 것이다. 가장 대표적인 것이 보건의료정책과 교육정책이다.

(2) 비 판

① 자본논리론은 1970년대 후반 오일쇼크로 인한 스태그플레이션 앞에서 빛을 잃고 말았는데, 자본논리론에서 말하듯이 사회복지정책이 자본축적, 즉 경제성장에 도움이 된다면 복지국가에서 경제적 위기가 와서도 안 된다.

② 경제적 위기가 닥치면 위기 극복을 위해 오히려 사회복지예산을 더 증액시켜야 했다. 그러나 서구 선진국 시민들이 선택한 것은 복지국가의 후퇴와 통화량 억제를 통한 대처리즘과 레이거노믹스였다.

13 복지국가 모순론과 상대적 자율성론

(1) 복지국가 모순론

① 복지국가 모순론을 국가의 재정정책의 계급적 성격을 자본축적(이윤 극대화)과 정당화 기능(복지정책의 수립) 간의 상호 모순에서 기인하는 위기개념과 연결하여 분석했다(O'Conner).

② 경제성장 등 민간자본을 늘리면 국가에 대한 충성도가 떨어지고, 복지급여 등을 증대하면 자본축척에 필요한 재원이 줄어든다.

(2) 상대적 자율성론

① 국가는 자본으로부터 절대적인 자율성이 아닌 상대적인 자율성을 갖는다.

② 국가는 지배계급의 정치적 조직화와 피지배계급의 정치적 해체라는 두 가지 역할을 동시에 수행한다.

③ 지배계급의 공통 이익을 실현하며, 국가적 단합의 대표자임을 효과적으로 드러내기 위해 자본으로부터 상대적 자율성을 갖는다.

④ 국가는 자율성이 주어지면 지배계급의 정치세력으로 스스로를 형성한다.

⑤ 자본 전체의 이익을 위해 일부 자본 분파의 이익을 희생시키기도 한다.

14 제3세계론

(1) 관료적 권위주의론

① 과두제(Oligarchic)

㉠ 라틴아메리카가 유럽 열강들의 식민지로부터 독립한 직후의 정치체제를 뜻한다.

㉡ 소수의 자본세력들이 연합세력화하여 국가의 주요 사회경제적 자원을 독점적으로 지배 · 통제하였고, 정치 · 군사적 세력까지도 장악하였다.

㉢ 전체 국민을 위한 사회복지제도는 없었지만, 소수 군인집단과 행정 관료집단을 위한 복지제도, 즉 연금이나 의료보험은 부분적으로 시행되었다.

㉣ 국가가 편파적으로 엘리트집단의 이익을 대변하고 있음을 의미한다.

② 인민주의(Populist)

㉠ 과두제적 정치체제는 1930년대 북남미의 경제공황의 여파로 붕괴되기 시작하였다.

㉡ 1930년 브라질의 발가스 혁명을 기점으로 하여 국민의 새로운 정치체제에 대한 열망으로 인민주의 정부가 세워지기 시작하였다.

(2) 압력집단론

① 의의와 특징

㉠ 쿠바의 메사-라고(Mesa-Lago)는 경제수준과 사회보장 간의 정관계가 라틴아메리카에서는 적용되지 않는다고 주장하였다.

㉡ 라틴아메리카의 사회보장은 압력집단으로 가장 잘 설명된다.

㉢ 압력집단, 국가, 사회보장이라는 세 가지 변수를 선택하여 기본적 모델을 설정한 후 라틴아메리카 주요 5개국의 자료를 면밀히 분석하여 압력집단의 힘이 사회보장 발전에 결정적인 영향을 미친다는 것을 증명하였다.

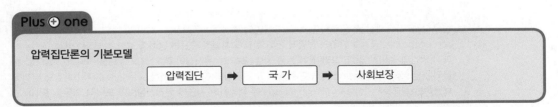

Plus ⊕ one

압력집단론의 기본모델

압력집단 ➡ 국 가 ➡ 사회보장

② 메사-라고의 가설

집단의 힘이 크면 클수록 사회보장 적용을 가장 먼저 받고, 보호의 범위가 가장 넓다. 또한 사회보장 재정에 대한 기여도가 가장 적으며, 급여의 질은 가장 좋다.

CHAPTER 03

출제유형문제

01 조지와 윌딩(George & Wilding)이 말한 '신우파'에 관한 설명으로 옳은 것을 모두 고른 것은?

[12회]

ㄱ. 국가 개입은 경제적 비효율 초래 ㄴ. 민영화를 통한 정부 역할 축소 ㄷ. 전통적 가치와 국가 권위의 회복 강조 ㄹ. 노동 무능력자에 대한 국가 책임 인정

① ㄱ, ㄴ, ㄷ

② ㄱ, ㄷ

③ ㄴ, ㄷ

④ ㄹ

⑤ ㄱ, ㄴ, ㄷ, ㄹ

해설

ㄱ. 신우파(The New Right)는 복지국가의 위기와 관련하여 복지국가가 투자 및 노동 유인을 감소시킴으로써 시장의 질서와 유인을 대체시키는 등 경제적 비효율을 초래한다고 보았다. 또한 비생산적 공공부문이 생산적 민간부문의 물적 및 인적자본을 박탈하여 총량적으로 비생산성을 유발한다고 주장하였다.

ㄴ. 신우파는 1973년 오일쇼크로 인한 경제위기의 원인을 단순히 유가 상승에만 돌린 것이 아닌 국가의 경제개입 및 복지개입의 확대에서 찾았다. 그들은 경제성장과 고용증대를 이루기 위해 국가개입의 축소 및 복지지출의 감소를 주장하였으며, 민영화를 통해 정부 역할을 축소해야 한다고 주장하였다.

ㄷ. 신우파는 자유시장을 옹호하면서 국가개입의 축소를 주장하는 세력인 반면, 신보수주의(Neo-conservatism)는 국가와 가족의 전통적 권위 회복과 사회적 규율의 강화를 보다 강조하는 세력이라는 점에서 약간의 차이가 있다. 그러나 이 둘은 차별성보다는 유사성이 매우 크므로 보통 하나의 그룹으로 취급되는 경향이 있다. 특히 전통적 가치와 국가 권위의 회복을 강조하는 것은 신보수주의의 주요 특징에 해당하는 것으로서, '진보주의(Progressivism)'에 대항하여 시민의 권리신장보다 도덕적 의무를 중시하고 범죄 · 파괴 · 외세에 대한 국가의 자유재량권 강화를 강조한다는 점에서 보수성을 나타내 보인다.

ㄹ. 신우파 혹은 신보수주의는 국가의 복지책임을 줄이고 민영화를 추진하려는 계획에서 출발하였으나, 이는 복지혼합(Welfare Mix)을 통한 복지다원주의를 강조하기 위한 것이지 사회복지서비스 공급에 있어서 국가의 의도적인 역할 축소나 회피를 근본적인 목적으로 한 것은 아니다. 다시 말해 현실에 대한 정확한 분석을 통해 국가 본연의 기능에 충실할 것을 강조한 것이다.

1 ⑤ Answer

02 에스핑-앤더슨(G. Esping-Andersen)의 복지국가 유형 중 조합주의 복지국가 모형의 특징이 아닌 것은? [15회]

① 사회보험 가입자들의 직장 이동성을 활성화할 수 있다.
② 산업재해와 같은 동일한 위험에 대해서 다수의 운영주체가 존재한다.
③ 제도의 적용대상은 임금근로계층을 원칙으로 한다.
④ 사회복지제도들은 위험별로 구분하여 각각 독립적인 제도로 운영된다.
⑤ 조합단위의 제도로 인하여 위험분산의 효과가 상대적으로 낮게 발생한다.

해설 **복지국가의 유형 중 조합주의(보수주의) 방식의 전략과 문제점**

- 복지국가의 유형 중 조합주의(보수주의) 방식은 기본적으로 건전재정과 소득평등을 유지하기 위해 노동공급의 감소를 수용하게 된다.
- 조합주의 전략에서 노동시장의 유연화와 사회복지제도의 후퇴는 최소화된다. 이는 노동시장의 유연화를 최소화하여 직종이나 산업과 무관하게 비교적 높은 임금을 유지하고, 저숙련 · 저생산성 부문의 임금을 상대적으로 높게 유지하여 소득 불평등의 증가를 방지하는 방식이다.
- 그러나 조합주의 방식은 그 주된 사회보장 수단인 사회보험의 재정 압박을 가중시키는 결과를 낳았다. 이는 남성 가구주의 조기퇴직 등으로 인해 사회보험 급여수준이 기여금보다 더 높아졌기 때문이다.

03 윌렌스키와 르보(Wilensky & Lebeaux)의 잔여적 모형에 대한 설명으로 옳지 않은 것은?

① 가족이나 시장이 제 기능을 발휘하지 못하는 경우에만 사회복지가 활동을 시작한다.
② 지역사회 및 전 국민을 대상으로 한다.
③ 소득자산 조사 후 수급자격의 여부에 따라 제공된다.
④ 수급자의 사회적 낙인(Stigma)의 문제점이 있다.
⑤ 수급자에 대한 최저 생활을 보장한다.

해설 ② 특수집단이나 특정개인을 대상으로 한다.

Answer 2 ① 3 ②

04 사회복지정책의 발달이론에 관한 설명으로 옳지 않은 것은? [16회]

① 확산이론 : 한 국가의 제도나 기술 혁신이 인근 국가에 영향을 준다.
② 음모이론 : 사회복지정책에 대해 사회 안정과 질서 유지를 위한 하나의 수단으로 보았다.
③ 독점자본이론 : 경제발전이 상당 수준에 이르면 사회복지 발전정도가 유사하게 나타난다.
④ 이익집단이론 : 현대사회에서 귀속적 차이 등에 따른 집단들 간의 정치적 행위가 커지고 있다.
⑤ 사회양심이론 : 인도주의에 입각한 사회적 의무감이 사회복지정책을 확대할 수 있다.

해설 ③ 산업화이론(수렴이론)의 내용에 해당한다. 산업화이론은 산업사회의 사회구조를 결정짓는 것은 기술, 즉 산업화에 달려있으며, 어느 정도 산업화를 이룬 나라들의 사회제도는 어느 한 점에서 수렴되어 비슷하다고 본다. 반면, 독점자본이론은 전통적 마르크스주의에 기초하여 복지국가의 발전을 독점자본의 필요성의 산물로 보는 이론이다. 계급갈등과 국가의 역할이라는 측면을 기준으로 도구주의 관점, 구조주의 관점, 그리고 정치적 계급투쟁의 관점 등으로 분류한다.

05 집합주의가 선호하는 가치 영역이 아닌 것은? [17회]

① 개 인
② 시 장
③ 평 등
④ 가 족
⑤ 경 쟁

해설 ③ 평등의 가치를 강조한 것은 조지와 윌딩(George & Wilding)의 복지국가 이념모델 중 '페이비언 사회주의(Fabian Socialism)'와 '마르크스주의(Marxism)'이다. 반면, 반집합주의(Anti-collectivism)는 소극적 자유, 개인주의, 불평등을 사회적 가치로 강조한다. 시장에서의 경쟁, 수요와 공급, 이윤, 자유임금 협약의 중요성이 부각되며, 특히 현존하는 불평등이 경제성장에 기여한다는 이유로 정당화된다.

06 에스핑-앤더슨(Esping-Andersen)의 복지국가 유형 중 '자유주의적 복지국가'에 관한 설명으로 옳지 않은 것은?

① 민간복지를 보완하는 국가복지
② 사회보험 프로그램의 강조
③ 다차원적인 사회계층체제 발생
④ 시장의 효율성 강조
⑤ 상대적으로 낮은 탈상품화 효과

해설 ② 사회보험 프로그램을 강조한 것은 복지국가 유형 중 '조합주의(보수주의) 복지국가' 유형에 해당한다. 자유주의 복지국가의 경우 소득조사에 의한 공공부조 프로그램을 강조한다. 따라서 자유주의 복지국가에서 사회복지 수혜대상의 자격기준은 까다롭고 엄격하며, 그로 인해 종종 낙인(Stigma)을 수반한다.

4 ③ 5 ③ 6 ② Answer

07 복지국가의 이론적 기초가 되는 케인즈(J. M. Keynes) 경제이론에 관한 설명으로 옳지 않은 것은? [17회]

① 고용이 증가하면 소득이 증가하고, 소득이 증가하면 유효수요가 증가한다.
② 유효수요가 감소하면 경기불황을 가져오고, 소득이 감소한다.
③ 저축이 증가하면 투자가 감소하고, 고용의 감소로 이어진다.
④ 유효수요가 증가하면 경기호황을 가져와 투자의 증가로 이어진다.
⑤ 소득이 증가하면 저축이 감소하고, 투자의 감소로 이어진다.

해설 케인즈(Keynes) 경제이론

- 케인즈 경제이론은 1929년에 시작된 경제대공황을 계기로 부각되었다. 이는 시장실패에 대해 국가가 적절히 개입해야 한다는 것이다.
- 국가의 시장개입을 통해 재정지출을 증대하고 금융정책 및 사회재분배정책을 확대하여 경기를 활성화함으로써 소비와 투자를 늘려 유효수요를 증대시키고자 한 것이다.
- 고용이 증가하면 소득이 증가하고, 소득이 증가하면 유효수요가 증가한다. 유효수요의 증가는 경기호황을 가져와 투자의 증가와 함께 고용의 증가로 이어진다. 반대로, 유효수요의 감소는 경기불황을 가져와 투자의 감소와 함께 고용의 감소로 이어진다.

08 복지국가 유형화 연구의 연구자와 유형을 옳게 연결한 것은? [13회]

① 티트머스(R. Titmuss)는 '사회적 시장경제'와 '사회주의적 시장경제'로 구분하였다.
② 미쉬라(R. Mishra)는 '분화된 복지국가'와 '통합된 복지국가'로 구분하였다.
③ 퍼니스와 틸튼(N. Furniss & T. Tilton)은 '소극적 국가', '적극적 국가', '사회투자국가'로 구분하였다.
④ 조지와 윌딩(V. George & P. Wilding)은 '프로레타리아 복지국가'와 '부르조아 복지국가'로 구분하였다.
⑤ 윌렌스키와 르보(H. Wilensky & C. Lebeaux)는 '선발 복지국가'와 '후발 복지국가'로 구분하였다.

해설 ② 캐나다의 사회과학자인 미쉬라는 1980년대 복지국가의 위기를 타개할 수 있는 진정한 대안을 모색하는 과정에서 복지국가의 유형을 두 가지, 즉 '분화된 복지국가'와 '통합된 복지국가'로 구분하였다.
① 티트머스는 복지국가의 유형으로 잔여적 복지모델, 산업적 업적성취모델, 제도적 재분배모델을 제시하였다. 참고로 복지국가의 유형을 사회적 시장경제와 사회주의적 시장경제로 구분한 학자는 림링거이다.
③ 퍼니스와 틸튼은 복지국가의 유형으로 적극적 국가, 사회보장국가, 사회복지국가를 제시하였다.
④ 조지와 윌딩은 복지국가의 유형으로 반집합주의, 소극적 집합주의, 페이비언 사회주의, 마르크스주의를 제시하였다.
⑤ 윌렌스키와 르보는 복지국가의 유형으로 잔여적 모델과 제도적 모델을 제시하였다.

Answer 7 ⑤ 8 ②

09 엘리트이론에 대한 설명으로 옳은 것은?

ㄱ. 계급 간 투쟁보다 엘리트들 간의 갈등을 중시한다.
ㄴ. 대중과 엘리트를 구분하여 생각한다.
ㄷ. 엘리트집단은 자신들의 이익 또는 권력의 유지를 위해 사회복지정책을 도입하기도 한다.
ㄹ. 정책결정에 있어서 대중의 의견을 중시한다.

① ㄱ, ㄴ, ㄷ
② ㄱ, ㄷ
③ ㄴ, ㄹ
④ ㄹ
⑤ ㄱ, ㄴ, ㄷ, ㄹ

해설 ㄹ. 엘리트이론에서 사회는 엘리트와 대중으로 구분되며, 대중에 대한 엘리트의 지배는 역사적 필연이라고 본다.

10 다음에서 설명하는 이념은? [14회]

• 자본주의에 대해서는 긍정적
• 사회복지정책에 대해서는 부정적
• 시장개방, 노동의 유연성, 탈규제, 민영화 등의 정책을 선호

① 신자유주의
② 마르크스주의
③ 사회민주주의
④ 국가개입주의
⑤ 페이비언 사회주의

해설 국가개입주의(케인즈주의)와 신자유주의는 자본주의를 가장 바람직한 경제사회체제로 인정하고 자본주의의 발전과 번영을 지향한다는 점에서 공통적인 입장에 놓인다. 그러나 국가개입주의가 자본주의의 유지 · 발전 및 위기극복을 위해 사회복지정책이 반드시 필요하다는 긍정적인 입장을 보이는 반면, 신자유주의는 사회복지정책을 경제발전의 걸림돌로 간주하여 부정적인 입장을 보인다.

9 ① 10 ① Answer

CHAPTER

03 최신기출문제

01 **조지와 윌딩(V. George & P. Wilding, 1976; 1994)의 사회복지모형에서 복지국가의 확대를 가장 지지하는 이념은?** [20회]

① 신우파
② 반집합주의
③ 마르크스주의
④ 페이비언 사회주의
⑤ 녹색주의

해설 ④ 페이비언 사회주의(Fabian Socialism)는 복지국가를 사회주의의 한 과정으로 인식하면서, 시장경제의 문제점을 제거하기 위해 정부가 적극적으로 개입해야 한다고 주장한다. 또한 사회통합과 평등 추구를 위한 사회복지정책 확대를 지지하면서, 민주주의에 기반을 둔 대중의 참여를 강조한다.

①·② 신우파(The New Right)는 반집합주의(Anti-collectivism)의 수정이데올로기 모형으로서, 국가 개입이 경제적 비효율을 초래하므로 민영화를 통해 정부의 역할을 축소해야 한다고 주장한다. 복지국가는 개인의 자유를 침해할 수밖에 없다고 주장하면서, 자유를 개인중심의 단순히 강제가 없는 상태를 의미하는 소극적인 개념으로 파악한다.

③ 마르크스주의(Marxism)는 복지국가를 자본과 노동계급 간 갈등의 결과로 본다. 즉, 복지국가를 자본주의의 산물이자 자본주의 체제를 강화하는 수단으로 간주하므로, 그러한 개념 자체를 부정한다.

⑤ 녹색주의(Greenism)는 복지국가가 경제성장을 통해 환경문제를 유발한다고 주장하면서, 그에 대해 반대의 입장을 보인다.

02 **사회복지정책의 발달이론에 관한 설명으로 옳지 않은 것은?** [20회]

① 산업화론 – 농경사회에서 산업사회로 변화하면서 사회문제가 발생하였고, 그 대책으로 사회복지정책이 발달하였다.
② 권력자원론 – 복지국가 발전의 중요 변수들은 노동조합의 중앙집중화 정도, 노동자 정당의 영향력 등이다.
③ 수렴이론 – 사회적 양심과 이타주의의 확대에 따라 모든 국가는 복지국가로 수렴한다.
④ 시민권론 – 마샬(T. H. Marshall)에 따르면 시민권은 공민권, 참정권, 사회권 순서로 발전하였고, 사회복지정책은 사회권이 발달한 결과이다.
⑤ 국가중심적 이론 – 적극적 행위자로서 국가를 강조하고 사회복지정책의 발전을 국가 관료제의 영향으로 설명한다.

해설 ③ 수렴이론(산업화이론)은 산업화가 촉발시킨 사회문제에 대한 대응으로 사회복지제도가 확대된다고 주장한다. 즉, 복지국가는 산업화로 발생된 사회적 욕구에 대한 대응이라는 것이다. 반면, 사회구성원들의 집단양심을 사회복지의 변수로 보면서, 사회복지를 이타주의가 제도화된 것으로 간주한 것은 사회양심이론이다.

Answer 1 ④ 2 ③

03 사회복지정책 발달이론에 관한 설명으로 옳지 않은 것은? [19회]

① 사회양심론은 인도주의에 기초하고 있다.
② 음모이론은 사회복지정책을 사회 안정과 질서 유지를 위한 통제수단으로 보는 이론이다.
③ 확산이론은 한 지역의 사회복지정책이 다른 지역으로 전파되어 나간다는 이론이다.
④ 시민권론은 참정권, 공민권, 사회권 순으로 발전했다고 설명한다.
⑤ 산업화이론은 사회복지정책발달은 그 사회의 산업화 정도에 따라 결정된다고 보는 이론이다.

해설 ④ 시민권론의 주창자인 마샬(Marshall)은 시민권 확대 과정을 정치적 · 역사적 맥락에서 파악하였으며, 18세기 이래로 '공민권(Civil Right)', '정치권 또는 참정권(Political Right)', '사회권(Social Right)'이 점진적으로 발전해 왔다고 주장하였다.

04 에스핑-앤더슨(Esping-Andersen)의 복지국가 유형에 관한 설명으로 옳은 것을 모두 고른 것은? [19회]

ㄱ. 복지국가 유형을 탈상품화, 계층화 등을 기준으로 분류하였다. ㄴ. 자유주의 복지국가는 자산조사에 의한 공공부조의 비중이 큰 국가이다. ㄷ. 보수주의 복지국가는 사회보험에 의존하지 않는다. ㄹ. 사회민주주의 복지국가는 보편적 원칙과 사회권을 통한 탈상품화 효과가 크다.

① ㄱ, ㄴ
② ㄱ, ㄹ
③ ㄱ, ㄴ, ㄹ
④ ㄴ, ㄷ, ㄹ
⑤ ㄱ, ㄴ, ㄷ, ㄹ

해설 ㄷ. 보수주의 복지국가는 사회보험 프로그램을 강조한다. 사회복지의 제공이 사회적 지위의 차이를 유지하는 것을 목표로 하므로 사실상 국가복지의 재분배 효과는 거의 없으며, 그에 따라 산업별 · 직업별 · 계층별로 다른 종류의 복지급여를 제공한다.

05 에스핑-앤더슨(G. Esping-Andersen)의 세 가지 복지체제에 관한 설명으로 옳지 않은 것은? [20회]

① 보수주의 복지체제 국가는 가족의 중요성을 강조한다.
② 자유주의 복지체제 국가에서 탈상품화 정도가 가장 높다.
③ 사회민주주의 복지체제 국가는 보편주의를 강조한다.
④ 보수주의 복지체제 국가의 예로 독일, 프랑스, 이탈리아가 있다.
⑤ 자유주의 복지체제 국가의 사회보장급여는 잔여적 특성이 강하다.

해설 복지국가 유형화 기준으로서 탈상품화(Decommodification)

- 에스핑-앤더슨(Esping-Andersen)은 탈상품화 정도, 사회계층화(계층화) 유형, 국가와 시장의 상대적 비중 등 세 가지 기준을 토대로 복지국가를 '자유주의 복지국가', '보수주의(조합주의) 복지국가', '사회민주주의(사민주의) 복지국가'의 세 가지 형태로 구분하였다.
- 복지국가 유형화 기준의 핵심개념으로서 '탈상품화'는 근로자가 자신의 노동력을 상품으로 시장에 내다 팔지 않고도 살아갈 수 있는 정도를 말한다.
- 자유주의 복지국가는 노동력의 탈상품화 정도가 최소화되어 나타나는 반면, 사회민주주의(사민주의) 복지국가는 노동력의 탈상품화 정도가 가장 높게 나타난다.

3 ④ 4 ③ 5 ② Answer

CHAPTER 04

사회복지정책의 형성, 집행 및 평가

✪ 학습목표

- 사회복지정책의 형성과정단계가 자주 출제되므로 확실하게 알아두는 것이 좋다.
- 대안의 미래예측기법 및 비교분석기법에 대한 체계적인 학습이 필요하다.
- 사회복지정책결정에 관한 이론모형(예 합리모형, 만족모형, 점증모형, 최적모형, 엘리트모형, 쓰레기통모형, 공공선택이론 등)의 주요 내용과 특징에 대한 문제는 거의 매회 출제되고 있다. 최신 출제경향은 종합적인 사고를 요구하는 방향으로 변화하고 있으므로 정책과정 전반에 대한 체계적이고 반복적인 학습이 필요하다.
- 사회복지정책의 평가에서는 특징, 정책평가의 필요성 및 중요성, 사회복지평가기준과 절차 등은 최근 시험에 출제되므로 반드시 알아두어야 한다.

제 1 절 사회복지정책과정과 복지대안

1 사회복지정책의 형성

(1) 정책결정과정의 주요 개념

① **조건** : 어떤 사상이나 현상이 문제로 발전할 수 있는 객관적인 사실이다.

② **문제** : 사회복지문제는 인간으로서의 기본적인 생활을 누리지 못하는 사람들이 그러한 상황이나 조건을 해결해야 한다고 인식할 때 성립한다.

③ **요구** : 사회복지문제의 해결을 정부에 대하여 요청하는 구체적인 행동이다.

④ **정책의제(아젠다)** : 어떤 사회복지문제의 해결에 관한 요구가 투입되면, 그것이 정책꾼(Policy Actor)들에 의해 논의가 이루어지는 문제를 의제라고 하며 이들의 모음을 아젠다라고 한다.

⑤ **이슈** : 어떤 문제 · 요구가 공공의 관심을 끌게 되어 공공정책상의 논점으로 제시되는 경우 혹은 이해갈등이 나타나는 경우를 말한다.

⑥ **대안** : 어떤 문제나 이슈가 정책의제로 채택되어 논의되고 정의되는 과정에서 나타나는 여러 가지 해결방안이다.

⑦ **정책** : 정책의제로 성립된 해결방안들을 정책대안이라 부르고, 이때 선택된 대안이 정책이다.

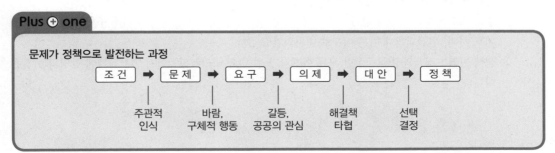

Plus ⊕ one

문제가 정책으로 발전하는 과정

조 건 ➡ 문 제 ➡ 요 구 ➡ 의 제 ➡ 대 안 ➡ 정 책

- 조건 → 문제: 주관적 인식
- 문제 → 요구: 바람, 구체적 행동
- 요구 → 의제: 갈등, 공공의 관심
- 의제 → 대안: 해결책 타협
- 대안 → 정책: 선택 결정

(2) 사회복지정책의 형성과정 단계

9, 10, 11회 기출

① **문제형성** : 고통을 주는 상황이나 조건을 해결해야 할 문제로 인식하는 것

② **아젠다 형성 또는 의제형성** : 문제가 공공이나 정책결정자들의 관심을 끌어 정책형성에 대한 논의가 가능한 상태가 되는 것

③ **대안형성 및 정책입안** : 정책문제를 파악하고 이를 달성할 수 있는 정책수단으로서의 정책대안을 개발하며, 이를 비교 · 분석하여 정책입안의 내용을 마련하는 것

④ **정책결정** : 대안의 선택 또는 우선순위를 확정하는 것

⑤ **정책집행** : 결정된 정책을 구체화하는 것

⑥ **정책평가** : 정책 활동의 가치를 따져보기 위해 정보를 수집 · 분석 · 해석하는 것

(3) 아젠다(정책의제화)

① 아젠다 형성과정

㉠ 복지문제나 요구가 정치체제 속에 투입되는 과정뿐만 아니라, 정치체제 속에서 **논의되는 이슈나 문제가 공공정책으로 전환되는 과정**까지를 아젠다 형성과정이라 할 수 있다.

㉡ 아젠다의 형성과정은 아젠다 형성과정, 대안구체화 과정, 대안선택과정을 거친다.

② 세분화된 아젠다 형성과정

㉠ 아젠다 형성과정 : 이슈를 둘러싼 이해집단 사이의 **정치적 성격이 강한 과정**

㉡ 대안구체화 과정 : 비교적 중립적인 입장에서 문제에 접근하여 정책대안을 개발하는 비교적 정**치적 성격이 약한 과정**

㉢ 대안선택과정 : 정책우선순위를 고려하는 권위 있는 정책결정자가 관여하는 정책과정

[각각의 정책과정을 구별짓는 특징]

특 징 \ 과 정	아젠다 형성과정	대안구체화 과정	대안선택과정
다루는 것	문 제	정책대안	정책우선순위
주요 참여자	이해관계자	관료, 학자	정책결정자
주요 특성	미시적 관점, 정치적 관점	규범적 특성, 합리적 성격	거시적 관점, 공익적 성격

(4) 아젠다 형성과정의 특징

9회 기출

① **정의의 문제** : 이슈의 이해관계자들은 자신에게 유리한 입장에서 이슈를 정의하려고 노력한다.

② **정치적 과정 및 성격** : 이슈화 과정은 이해집단들의 세력관계가 반영된 일종의 타협안이라 할 수 있으므로 정치적 성격이 강한 것이 특징이며, 이슈는 재정의되는 상황 속에서 구체화 혹은 통합되기도 하며, 변질되거나 다른 이슈로 대치되기도 한다.

③ **정책 반영** : 정책과정에 등장한 모든 아젠다가 법이나 제도로 만들어지거나 정책에 반영되는 것은 아니다.

④ **외부주도형 아젠다 형성모델** : 외부 집단들의 주도하에 정부에게 정책의제의 채택을 강요하는 모델에 해당한다. 언론이나 정당의 역할이 강조되며, 다원화 · 민주화된 **선진국**에서 자주 볼 수 있다.

⑤ **동원형 아젠다 형성모델** : 정부가 먼저 이슈를 창출하고 국민의 지지를 통해 공공화되는 것으로서, 권력이 집중되어 있는 **후진국**에서 자주 볼 수 있다.

⑥ **체제의 편향성** : 어떤 정치체제든지 그것을 구축한 기득권자들에게 유리한 방향으로 작용하도록 편향되어 있으며, 이는 사회복지정책 아젠다의 형성을 억제시키는 역할을 한다.

(5) 합리적 사회정책분석의 일반적인 절차

13회 기출

① 문제인식과 명확한 목표 설정(사회문제의 분석과 정의)

정책분석에 앞서 **무엇이 문제인지를 파악**하며, 문제해결을 통해 이루고자 하는 **목표를 명확히 설정**한다.

② 대안탐색 및 기준 결정(대안의 결과 예측)

㉠ 광범위한 조사를 통해 목표달성을 위한 대안들을 탐색하며, 여러 대안들 중 올바른 대안을 선택하기 위한 기준을 결정한다.

㉡ 정책대안들에 대한 본격적인 분석에 앞서 예비분석을 실시하여 **정책대안의 결과를 예측**한다.

③ 대안의 비교와 평가

탐색된 대안들을 효과성, 실현가능성, 비용과 편익, 정치적 여건, 현실적 제약, 각 대안이 미치게 될 영향 등을 종합적으로 고려하여 **비교 · 평가**한다.

④ 대안의 선택

앞선 과정들을 통해 설정된 목표에 가장 적합하다고 판단되는 **최적의 정책대안**을 선택한다.

(6) 공익을 바라보는 관점

12회 기출

① 유기체적 견해(Organismic View)

㉠ 공동체를 구성하는 이상적인 공익이 존재한다고 본다.

㉡ 공동체는 그 구성원들 보다 더 큰 이익을 추구하는 하나의 유기체로 인식된다.

㉢ 기획가는 책임감을 갖고 전문적인 기술과 지식을 바탕으로 공익을 기획하는 기술관료이다.

② 공동체적 견해(Communalistic View)

㉠ 공동체 구성원 모두의 공통된 관심사로 이루어진 일원적 공익을 상정한다.

㉡ 전체 정치체(The Body Politic)의 추구 목표를 잘 아는 **입법가** 또는 **행정가**가 포함된 기획 과정과 관련 있다.

㉢ 기획가는 관료로서 정치적 · 행정적 위계구조에 대해 책임을 갖고, 리더가 결정한 공익을 위해 기획한다.

③ 개인주의적 견해(Individualistic View)

㉠ 일원적 공익의 존재를 부인하고, 서로 다른 다수의 존재를 인정한다.

㉡ 공익은 이익단체들 간의 상호작용에 의한 한시적 타협점이며, 이런 과정에서 특정 집단의 대중으로부터의 지지를 얻기 위한 **참여**가 강조된다.

㉢ 기획가는 이익대변가로서 자신의 서비스를 구매한 개인 또는 집단의 이익을 대변하며, 집단의 선호 가운데서 뽑힌 공익을 위해 기획한다.

2 사회복지대안

(1) 대안의 비교분석기준

10, 11회 기출

① 기술적 실현가능성

정책대안이 기술적으로 실현 가능한가 혹은 집행기관이 문제해결능력을 가지고 있는가의 여부로 평가한다.

② 정치적 실현가능성

㉠ 사회복지 정책대안이 정치적으로 받아들여질 수 있는가의 여부를 말하는 것이다.

㉡ 사회복지 정책대안이 정책의제의 형성, 대안의 선택 및 집행과정에서 관련 이해집단이나 일반 국민으로부터 얼마나 지지를 받고 있는지를 평가한다.

③ 능률성(효율성)

㉠ 사회복지 정책대안이 일정한 비용으로 문제해결을 위한 최대한의 복지서비스를 창출해낼 수 있는지를 평가한다.

㉡ 정책목표 달성을 위한 비용의 투자 대비에 대한 편익을 비교하는 것이다.

④ 효과성

정책의 목표달성이 충분하게 이루어졌는가, 즉 투입에 관계없이 산출이 최대로 나타나는가의 여부를 말한다.

⑤ 사회적 효과성

사회통합 기능에 초점을 두어 사회복지정책으로 인해 사회연대 및 사회통합이 어느 정도 달성되었는지를 평가한다.

⑥ 사회적 형평성

공평하고 공정한 배분을 강조하는 것으로서, 사회복지 정책대안이 어느 정도 사회계층 간의 소득 불평등을 감소시켰는지를 평가한다.

Plus ⊕ one

사회적 형평

수평적 형평	복지서비스를 제공하는 경우에 모든 사람에게 같은 양의 서비스가 제공되어야 한다는 것을 뜻한다. 같은 조건의 클라이언트에 대한 서비스의 배분이 동일하여야 한다는 이념이다. 실제로 한정된 자원과 개별화하는 클라이언트의 파악에 한계가 있기 때문에 달성하기가 쉽지 않다.
수직적 형평	성별, 나이, 지리적 위치, 건강, 소득 따위에서 차이가 나는 시민들 사이의 복지서비스 배분에는 서로 다른 기준이 적용되어야 한다는 것이다. 이러한 기준의 설정은 실질적으로 매우 어렵지만, 개인이나 집단의 욕구 · 납세기준 · 최저생활수준 따위를 들 수 있다.

(2) 사회복지정책 대안의 미래예측방법

① 유추법(Analogy)

㉠ 비슷한 구조 혹은 같은 꼴 구조의 사례를 통해 미래 상황을 추정하는 방법이다.

㉡ 유추하는 사례와 미래의 사례 간의 속성이 다른 경우 혹은 과거 사례의 결과가 복잡 · 다양하여 일정한 결과를 나타내지 않는 경우 적용하기 어렵다.

② 경향성 분석(Tendency Analysis)

㉠ 과거의 경향이나 추세를 통해 미래를 예측하는 방법이다.

㉡ 미래예측방법 가운데 쉽게 이해할 수 있는 방법이지만, 급격한 사회변화가 있는 경우 그 경향이나 추세가 정확한 예측을 보장하기 어렵다.

③ 마르코프 모형(Marcov Model)

㉠ 과거의 변화를 토대로 하여 미래의 변화를 연속적으로 예측하는 모형이다.

㉡ 어떤 상황이 시간의 흐름에 따라 일정한 확률로 변해 가는 경우에 최종적 상태를 예측하여 정책결정에 도움을 줄 수 있는 확률적 정보를 제공해 준다.

④ 회귀분석(Regression Analysis)

㉠ 독립변수와 종속변수 사이의 인과관계를 전제로 하여 만들어낸 회귀방정식을 통한 미래 예측 방법이다.

㉡ 이 분석은 원인을 설명해 주는 변수들을 정확하게 선정하고 측정하는 것이 중요하다.

㉢ 사회복지정책의 결정요인이나 영향을 분석하고 미래를 예측할 수 있다.

⑤ 델파이(Delphi)기법

㉠ 다수의 전문가집단에게 미래에 대한 식견을 서로 교환하는 반복적인 과정을 거쳐 합의를 도출해내는 방법이다.

㉡ 예측 현상에 관한 선례가 없거나 적절한 자료가 없는 경우 전문가들로부터 의견을 모아 교환 · 발전시킴으로써 미래를 예측하는 방법이다.

㉢ 미래에 대한 광범위한 지식을 얻을 수 있는 동시에 특정 전문가 개인의 자의적 판단이나 편향된 지식의 문제점을 극복할 수 있다.

(3) 사회복지정책 대안의 비교분석기법

12회 기출

① 비용-편익분석(Cost-Benefit Analysis)

㉠ 정책대안을 집행할 때 사용될 비용과 예상편익을 주로 견주어 보는 방법이다.

㉡ 모든 비용과 편익을 화폐가치로 환산하여 기간별로 추정하고 여기에 할인율을 적용하여 전 기간에 걸친 비용과 편익의 현재가치를 계산한다.

㉢ 사회복지정책에서 화폐가치로 계량화할 수 없는 부분, 즉 눈에 보이지 않는 비금전적 효과 등이 간과되기 쉽다(예 빈곤층의 건강보험급여는 화폐가치로 계량화할 수 없다).

② 비용–효과분석(Cost–Effectiveness Analysis)

㉠ 대안의 시행 시 사용되는 비용과 나타나는 효과를 비교 · 분석하는 방법이다.

㉡ 비용–편익분석과 비슷하지만, 결과에 따른 정책의 급여를 물건이나 서비스 등을 비화폐적으로 나타낼 수 있다.

㉢ 비용과 편익을 고려하면서도 편익을 화폐가치만으로 측정하지 않아 이윤극대화의 논리를 따르지 않으며, 비교적 적용이 쉽다.

㉣ 서로 다른 단위를 사용할 때 직접적인 증거로 제시하기 어려운 단점이 있다.

③ 줄서기 분석기법(Queuing)

㉠ 대기시간 등의 사회적 비용과 이를 줄이기 위해 투자하는 시설투자비(공공서비스)의 적정 수준을 찾아내기 위한 분석기법이다.

㉡ 줄서기 문제들은 서비스시설이 너무 한정적이기 때문에 모든 클라이언트에게 즉각적인 서비스를 제공할 수 없을 경우에 나타난다.

④ 모의실험(Simulation)기법

㉠ 사회복지정책의 대안들을 실제로 집행하지 않고 비슷한 상황 속에서 분석함으로써 미래를 예측하는 방법이다.

㉡ 모의실험기법은 정책결정을 위한 정보를 산출하는 데 많이 쓰인다.

㉢ 수학적 모형의 적용이 어려운 경우, 실제 상황에서 실행할 때 위험이 수반되는 경우(예 전쟁, 투자계획 등), 실제 행동이 불가능한 경우(예 정치, 환경영향평가 등), 현상의 복잡성 때문에 문제의 구조나 함수관계를 찾기 어려운 경우 등에 유용하게 사용할 수 있다.

㉣ 중 · 장기 정책의 효과를 수시로 실험하여 보다 빠른 정책결정을 할 수 있게 해주며, 고성능 컴퓨터의 출현으로 복잡한 문제를 빠르고 싼값으로 해결할 수 있다.

㉤ 변수들 사이의 상호작용이 복잡하게 얽혀 있는 경우, 모형이나 프로그램의 작성이 쉽지 않기 때문에 주관적이 되어 타당성을 떨어뜨릴 가능성이 있다.

⑤ 결정분석(Decision Analysis)기법

㉠ 정책대안의 결과를 예측하기 위하여 나타날 수 있는 확률적 사건을 나뭇가지처럼 그려놓고 분석하는 방법이다.

㉡ 결정나무그림을 통해 대안을 선택할 경우, 나타날 상황에 따른 결과들을 예측과 그 확률을 사용하여 기대이익을 계산하고 서로 비교하는 방법이다.

⑥ 선형계획(Linear Programing)기법

㉠ 제약점이 여러 개일 뿐만 아니라 목표를 나타내는 변수와 투입변수 사이의 관계가 곧은 선 관계를 나타내는 경우 사용할 수 있다.

㉡ 일정한 제약조건에서 편익의 극대화나 비용의 극소화를 달성할 수 있는 자원의 배분방법에 관해 정보를 제공해 준다.

제2절 사회복지정책의 평가 및 결정모형

1 사회복지정책의 평가

(1) 정책평가의 의의 및 특징

10, 11, 12회 기출

① 정책평가의 의미

㉠ 정책이 원래 해결하고자 했던 문제를 얼마나 해결했는지 평가하는 것으로서, 정책 활동의 가치를 가늠하기 위한 정보의 수집 · 분석 · 해석활동이다.

㉡ 정책이 처음 의도대로 실현되고 있는지, 정책집행에 따른 파급효과 또는 부차적 효과를 야기하고 있는지 체계적으로 조사 · 분석 · 판단한다.

② 정책평가의 특성 : 기술적 · 실용적 · 정치적 · 가치지향적이며, 개별사례적인 동시에 종합학문적이다.

③ 필요성 : 자원 사용의 경제적 합리성을 위해, 이해관계자들의 설득을 통한 지지 확보를 위해, 보다 향상된 연구를 위한 대안적 기법의 마련을 위해, 윤리적 책임성 확보를 위해 필요하다.

④ 유용성 : 정책평가의 질적 타당성, 시간적 적절성, 정책담당자의 의지에 의해 영향을 받는다.

(2) 정책평가의 목적 및 필요성

5, 14, 15, 17회 기출

① 정책프로그램의 효과성 증진

② 정책 활동에 대한 책임성 확보

③ 정책 활동 통제 및 감사의 필요성

④ 문제해결을 위한 정책결정 및 기존 정책 개선에 필요한 정보획득

⑤ 관련 이익집단에 대한 설득력 있는 자료 마련

⑥ 새로운 정책대안 개발을 위한 기초자료 제시

⑦ 학문적 · 이론적 발전에의 기여(정책결정이론 형성×)

(3) 정책평가의 일반적인 단계

11회 기출

① 정책평가 목표 및 평가 대상 결정

② 정책의 내용 및 구조 파악

③ 평가 설계(평가기준 결정)

④ 자료의 수집 · 분석 · 해석

⑤ 평가보고서 작성 및 제출

(4) 사회복지정책의 주요 평가 유형

11회 기출

① **효율성** : 정책 산출물에 대한 비용의 최소화 및 정책목표 달성을 위한 비용 대비 편익의 비교

② **효과성** : 정책 목표 달성에 초점을 두는 것, 사회복지정책에서는 사회연대 및 사회통합 달성 정도와 밀접하게 연관

③ **대상효율성** : 정책목표 대상의 문제해결이나 삶의 질 향상을 위해 얼마만큼 최소의 비용으로 기대한 목표에 이르렀는지를 평가

④ **형평성** : 정책이 사회계층 간 소득불평등을 얼마만큼 감소시켰는지를 평가

⑤ **반응성** : 정책이 복지수혜자들을 얼마만큼 만족시켰는지를 평가

⑥ **민주성** : 정책이 복지수혜자들을 정책 과정에 얼마만큼 참여시켰는지를 평가

2 사회복지정책의 결정에 관한 이론모형

(1) 합리모형(Rational Model)

5, 10, 14, 16, 20회 기출

① 의 의

㉠ 경제학, 경영학, 수학 등을 학문적 기반으로 하여 발전된 모형으로서, 인간의 이성과 합리성을 전제로 하여 정책결정과정을 설명한다.

㉡ 정책결정자나 정책분석가가 고도의 합리성을 가지고 있고, 주어진 상황 하에서 목표의 달성을 극대화할 수 있는 최선의 정책대안을 찾아낼 수 있다고 본다.

㉢ 완전한 지식, 정보, 충분한 시간, 고도의 합리성, 최선의 판단기준이 존재한다고 가정한다.

② 특 징

㉠ 인간의 이성과 합리성 : 정책결정자는 이성을 가지고 있고 합리적이므로 여러 정책대안들 가운데 문제해결을 위해 최선의 대안을 선택한다.

㉡ 주어진 목표와 상황 : 주어진 상황 속에서 정책목표는 명백하게 규정될 수 있으며, 상황 역시 뚜렷하다고 보기 때문에 그 속에서 최선의 정책대안을 찾아낼 수 있다.

㉢ 인간의 능력에 대한 신뢰 : 주어진 조건하에서 최선의 정책대안을 만들어 낼 수 있는 인간의 지적 능력이나 판단능력을 암묵적으로 전제하고 있다.

㉣ 대안의 비교기준 : 각 정책대안들을 비교 · 평가하는 판단기준이 명백하며, 결과에 대해서도 완전하게 알 수 있다.

㉤ 최선의 정책대안 선택 : 합리적인 정책결정자에 의하여 문제해결에 필요한 최선의 정책결정이 이루어진다.

③ 한계와 문제점

㉠ 인간의 이성 및 합리성에 대한 비판 : 인간이 항상 이성적이고 합리적이지는 않기 때문에 비합리적인 정책결정이나 형태는 합리모형으로 설명할 수 없다.

㉡ **목표와 상황의 불확실성** : 정책목표는 정책과정이나 정책상황의 변화에서 바뀔 수 있기 때문에 원천적으로 가장 합리적인 정책대안은 존재하지 않는다.

㉢ **인간능력의 한계** : 인간 의지적 능력이나 인식 · 판단능력 등은 한계가 있어서 충분한 정보에도 각 정책대안들의 결과를 충분하게 파악하지 못한다.

㉣ 정보 및 시간의 부족 : 정책문제에 대한 정보나 정책문제의 해결에 대한 방안을 강구할 수 있는 시간적 여유나 비용이 충분하지 않다.

㉤ 심리적 갈등의 문제 : 정책대안을 비교 · 평가하는 기준이 항상 명확한 것은 아니며, 뚜렷한 판단기준이 존재한다고 해도 여러 기준들이 존재하는 경우 정책결정자는 심리적 갈등에 휩싸이게 된다.

㉥ 매몰비용의 문제 : 어떤 정책대안을 최선의 것이라고 판단하더라도 매몰비용 때문에 선택하지 못하는 경우가 있다.

제 1 영역

(2) 만족모형(Satisficing Model)

7, 8, 10, 16회 기출

① 의 의

㉠ 만족모형은 행태론, 사회심리학 등을 학문적 바탕으로 하는 모형으로 카네기학파에 의해서 제시되었다.

㉡ 합리모형의 비현실성을 완화시켜, 현실적인 정책결정자나 정책분석가가 비교적 합리적인 정책을 결정한다고 가정한다.

㉢ 현실 상황의 복잡성 때문에 개인이나 조직은 최선의 대안을 찾는 것이 아니라 만족할 만한 간소한 대안을 선택한다(Simon & Marth).

㉣ 인간의 제한적 합리성(Bounded Rationality)을 전제로 하여 만족스러운 정도의 정책대안을 선택함으로써 정책결정이 이루어진다고 본다.

② 특 징

㉠ 제한된 합리성 : 인간은 합리적이긴 하지만 완전한 합리성을 가진 존재는 아니며, 정책결정자는 정책목표나 정책상황을 간소화시켜 인지할 수밖에 없다.

㉡ 정책목표 및 기준의 불확실성 : 정책목표가 항상 명백하다고 보지는 않으며, 여러 개의 목표 사이의 우선순위 기준도 모호하다.

㉢ 제한된 대안의 탐색 : 정책결정과정에서 모든 정책대안을 다 고려하지 않으며, 정책대안의 탐색과정에서 유력한 몇 개의 대안만을 우선적으로 검토한다.

㉣ 만족스러운 대안의 선택 : 정책결정자는 만족할 만한 정책대안을 찾으면 그 대안을 선택함으로써 정책결정이 이루어진다.

③ 한 계

㉠ 만족스러운 대안의 예측불가 : 사람은 제한된 능력과 환경적 제약으로 모든 대안이 존재하는 결과를 완전히 예측할 수 없다.

㉡ 적용의 한계 : 만족모형이 합리모형보다는 현실적이지만, 실제의 정책결정 과정에서 적용할 수 없는 예외적인 경우도 많이 존재한다.

㉢ 반쇄신적 성향 : 이 모형은 만족할 만한 정책대안이 나타나면 대안탐색이 중단되므로, 만족모형은 발전을 위한 노력보다는 책임회피와 무사안일적인 정책결정 행태를 조장할 가능성이 높다.

[이론모형의 유형]

지향모형	모형의 성격	모형의 종류
산출지향모형	과정보다 처방적인 성격이 강함	합리모형, 만족모형, 점증모형, 혼합모형, 최적모형
과거지향모형	정치학자들이 가지는 모형	엘리트모형, 집단모형, 체제모형, 제도모형

(3) 점증모형(Incrementalism Model)

5, 12, 16, 20회 기출

① 의 의

㉠ 점증모형은 린드블롬(Lindblom), 브레이브루크(Braybrooke), 윌다프스키(Wildavsky) 등이 주장하는 정책결정모형으로서 정치학, 사회학 등을 학문적 배경으로 한다.

㉡ 린드블롬은 합리모형의 비현실성에 대해 비판을 제기하면서, 점증모형은 현실적인 정책결정의 실현가능성을 높일 수 있다고 주장하였다.

② 특 징

㉠ 비합리성

- 인간의 비합리성을 전제로 하여 정책결정 행태를 설명하고, 만족모형에서 주장하는 합리성도 정책결정 과정에 존재하지 않는다.
- 문제해결을 위한 유일한 결정이나 올바른 해결책은 불가능하고, 인간의 지적 능력 및 정보제한 등을 인정하여 복잡한 문제를 간소화하여 인식한다.
- 현재의 정책과 약간의 차이가 있는 정책만 비교하게 된다.
- 합리적 기준에 의한 대안의 평가는 실제로 불가능하고, 정책에 대한 관계자 사이의 합의가 높을수록 우수한 정책대안이라고 본다.

㉡ 정책목표와 수단의 조정

- 어떤 조직이든 다수의 목표가 존재하는데 이들 간에는 일관적인 체제도 없고 서로 상반된 성질들이 있다.
- 정책목표는 시간이 흐름에 따라 약간 수정한 정책결정이 이루어지고, 정책대안의 탐색과정이나 선택과정, 여론의 반응 등에 따라 재조정 또는 수정된다.

• 일반적으로 결정짓기 과정은 목표와 수단의 관계를 검토하는 것으로 인식되어 있으나, 현실은 전혀 그렇지 않다.
• 목적이나 목표의 선택과 이들을 달성하는 데 필요한 수단 및 행위는 서로 분리되어 있는 것이 아니고 밀접하게 얽혀 있다.
• 실제의 정책결정과정을 보면 목표(가치)와 정책대안의 선택은 상호 혼합된 가운데 동시에 이루어진다.

㉢ 연속적 · 제한적 비교
• 점증모형에서의 정책결정자는 **비교적 한정적인 수의 정책대안만 검토**하며, 각 대안에 대하여도 **한정된 수의 중요한 결과만 분석**한다.
• 제기된 모든 대안들에 대한 종합적 분석을 수행하는 데 필요한 시간, 정보, 다른 여러 자원들을 충분히 가지지 못한다는 사실을 인식하기 때문이다.
• 정치적 제약은 명백한 사회적 목적을 흐리게 만들거나, 정확한 비용과 편익의 계산을 방해하기도 한다.

㉣ 정치적 성격
• 정책대안의 선택에는 기술적 고려뿐만 아니라 **다른 조직과의 상호작용 등 정치적인 배려가 포함**된다.
• 정책결정자의 결정은 다른 정책결정자와 자신과의 끊임없는 상호조정과정을 통해서 이루어진다.

㉤ 점증적 결정
• 정책결정자는 모든 대안을 포괄적으로 분석 · 평가하기보다는 **현존 정책**에 비하여 약간 향상된 **정책**에만 **관심**을 가진다.
• 선택되는 정책대안의 내용은 시간 간격을 짧게 두고 계속적으로 조금씩 변화된다.
• 정책의 변화는 약간의 차이밖에 없으며, 이전의 경험을 통해 다음 정책을 어느 정도 예측할 수 있다.
• 새로운 정책의 개념을 과거의 정부활동이 조금씩 증가하거나 수정되는 것으로 보며, 이전의 정책으로부터 크게 벗어나지 않는다.

㉥ 보수적 성격
• 과거와 전혀 다른 정책결정은 현재까지의 정책활동이 잘못된 것을 자인하는 것이므로 새로운 혁신적인 정책결정은 거의 나타나지 않는다.
• 새로운 정책결과의 불확실성이 높을수록 정책결정자는 그 실효성이 입증된 바가 있는 과거의 정책이나 사업계획을 계속함으로서 보수성을 띄게 된다.

③ **한계와 문제점**

㉠ 평가기준의 부재
• 점증모형에서는 **정책결정의 계획성 결여와 그 평가기준이 뚜렷하지 않다.**
• 기존의 정책들이 기준이 되므로 그 정책들은 존재해야 할 뿐만 아니라 좋은 것이어야만 점증된 정책도 좋게 된다.

ⓛ 형평성의 문제
- 정책결정이 정치적인 정책모색에 치중하므로, 권력적 집단이나 강자에게 유리하고 약자에게는 불리하게 작용한다.
- 소득재분배정책에 적용하는 것은 바람직하지 않다.

ⓒ 반쇄신적 성격
- 점증모형은 합리적인 정책결정방법을 시도하지 않는 구실로 사용될 수 있다.
- 점증모형의 보수성은 혁신에 대한 장애가 되고, 쇄신이 강력히 요구되는 사회에는 적합하지 않다.

ⓓ 적용의 제한
- 위기상황의 정책결정에 지침을 제시하지 못하기 때문에 특정상황에 대처능력이 없다.
- 과거나 현재의 사업에 근거를 두기 때문에 새로운 대안을 과감히 기용하는 데 미흡하다.

[합리모형과 점증모형의 비교]

구 분	합리모형	점증모형
목 표	목표는 정책대안에 대한 분석과 명백히 구별되며, 대안의 분석에 선행되는 것이다.	가치로서의 목표를 선택하는 문제와 정책대안의 선택은 서로 명백히 구별되는 별개의 것이 아니라 연결되어 있다.
목표-수단	정책은 목표-수단분석을 통해 작성, 즉 먼저 목표가 있고 그것을 달성하기 위한 수단이 탐색된다.	목표와 수단은 상호 간에 뚜렷이 구별되는 별개의 것이 아니고, 목표-수단분석은 적절한 것이거나 제한적으로 이용될 뿐이다.
좋은 정책	목적에 가장 잘 부합하는 수단이 될 수 있는 정책이다.	여러 다양한 정책분석가들의 합의에 의해 이루어진 정책이다.
분 석	분석은 관련된 모든 요소들이 고려되어 종합적으로 이루어진다.	분석은 다분히 제한된 범위 내에서 이루어진다. 예를 들면 미래의 가능한 결과는 고려되지 않을 수 있다.
이론과의 관계	이론에 의존하는 경향이 강하다.	계속적 비교를 통해 결정이 이루어지기 때문에 이론에 의존하는 성향이 약하다.

(4) 혼합모형(Mixed Scanning Model)

20회 기출

① 의 의

㉠ 혼합모형은 합리모형과 점증모형의 절충이라 할 수 있는 정책결정모형으로 에치오니(Etzioni)가 주장하였다.

㉡ 합리모형의 이상주의적 성격에서 나오는 단점과 점증모형의 보수성이라는 약점을 극복할 수 있는 전략으로 제시된 모형이다.

㉢ 혼합모형은 종합적 합리성을 바탕으로 하여 큰 범위에서의 기본적 · 거시적인 결정은 합리적으로 이루어지지만, 세부적 · 미시적 결정은 기본적 결정을 보완 · 수정하여 점증적으로 이루어진다고 주장한다.

② 특 징

㉠ 종합적 합리성 : 정책결정에는 합리성과 비합리적인 결정이 모두 적용된다고 본다.

㉡ 결정의 극복

• 혼합모형은 결정과정을 기본적 결정과 세부적 결정으로 구분한다.
• 기본적 결정은 전체적이고 기본적인 방향 설정을 위해 중요한 대안을 탐색한 후에 개괄적으로 검토한다.
• 세부적인 결정은 기본적 결정의 범위 속에서 점증적으로 구체화한다.

㉢ 사회의 조직원리

• 혼합모형은 결정행태에만 국한되는 것이 아니라, 에치오니의 능동적 사회(Active Society)에서의 조직원리로 발전시킬 수 있다.
• 합리모형은 개발도상국가의 계획지향적인 정책결정에 적합하고, 점증모형은 다원주의 사회의 정책결정에 적합하며, 혼합모형은 능동적 사회에 적합한 결정모형이다.
• 에치오니의 능동적 사회란 개인이 능동적 성향(Active Orientation)을 띠고 스스로 책임을 지는 사회를 의미한다.
• 능동적 성향은 자의식 및 행위에 대한 인식, 의지, 능력 등에 의하여 뒷받침된다.

③ 비 판

㉠ 두 개의 대립되는 극단의 모형들을 혼합 · 절충한 것에 지나지 않으며, 실현 가능 여부에 대한 비판이 있다.

㉡ 현실적으로 이와 같은 모형이 실현될 수 있는가에 대해 회의적이다.

(5) 최적모형(Optimal Model)

14, 16회 기출

① 의 의

㉠ 드로(Dror)의 최적모형은 정책결정을 체계론적 시각에서 파악하고, 정책성과를 최적화하려 한다.

㉡ 정책성과의 최적화는 정책결정과정에서 투입보다 산출이 커야 하므로, 정책결정에 드는 비용보다는 효과가 더 높아야 하는 것을 전제로 한다.

② 특 징

㉠ 질적 모형 : 최적모형은 현실적인 정책결정을 위해 경제적 합리성과 초합리성을 강조한다.

㉡ 경제적 합리성과 초합리성

• 경제적 합리성이란 합리적 결정의 효과가 합리적 결정에 드는 비용보다 큰 경우를 말한다.
• 초합리성은 직관, 판단력, 통찰력, 영감 등 하부의식의 요소를 말한다.

㉢ 정책결정단계 : 드로는 정책결정과정을 초정책결정단계, 정책결정단계, 후정책결정단계로 나누었다.

③ 정책결정과정

㉠ 초정책결정단계(Meta-policymaking) : 이 단계에서는 가치, 현실, 문제, 자원에 대한 조사 및 배분, 정책결정체제의 설계, 평가, 재설계, 정책결정전략 등에 관한 결정 등이 이루어진다.

㉡ 정책결정단계(Policymaking) : 자원 배분 우선순위에 입각한 구체적 목표 및 가치설정, 대안의 마련, 평가, 예측 및 결정이 이루어지는 단계이다.

㉢ 후정책결정단계(Post-policymaking) : 정책집행을 위한 동기부여, 집행, 집행 후의 평가, 의사전달 및 피드백에 따른 새로운 정책결정이 포함된다.

④ 적용의 문제

㉠ 드로의 최적모형은 실제 정책결정과정에서 합리적 요소와 초합리적 요소가 사용되고 있다는 것을 밝혀냈다는 점에서 중요성을 가진다.

㉡ 초합리성의 달성방법이 명확하지 않으며, 이 요소를 강조하게 되면 **신비주의**에 빠질 가능성이 있고 주먹구구식 정책결정에 대한 변명거리로 사용될 수 있다.

(6) 쓰레기통모형(Garbage Can Model)

5, 8, 13, 16, 17, 20회 기출

① 의 의

쓰레기통모형은 코헨, 마치, 올슨, 킹돈 등이 고안한 모형으로서 **조직화된 무정부상태** 속에서 나타나는 몇 가지 흐름에 의하여 **우연히** 이루어진다고 보는 정책결정모형이다.

② 특 징

㉠ 정책과정을 구성하는 흐름

- 정책결정에 필요한 몇 가지 흐름이 우연히 쓰레기통 속에서 만나게 되면 그때 정책결정이 이루어진다.

Plus ⊕ one

정책결정과정에 필요한 네 가지 흐름(Cohen, March & Olsen, 1972)

- 정책결정이 이루어질 수 있는 기회를 뜻하는 선택기회의 흐름
- 해결되어야 할 문제의 흐름
- 문제에 대한 해답으로서의 해결방안의 흐름
- 정책결정에의 참여자의 흐름

- 킹돈(Kingdon)은 이들의 이론을 발전시킨 쓰레기통모형을 제시하였다. 정치의 흐름, 문제의 흐름, 정책대안의 흐름이 따로 존재하며 각 흐름의 주요 참여자도 각각 다르다고 보았다.

Plus ⊕ one

킹돈의 정책결정모형

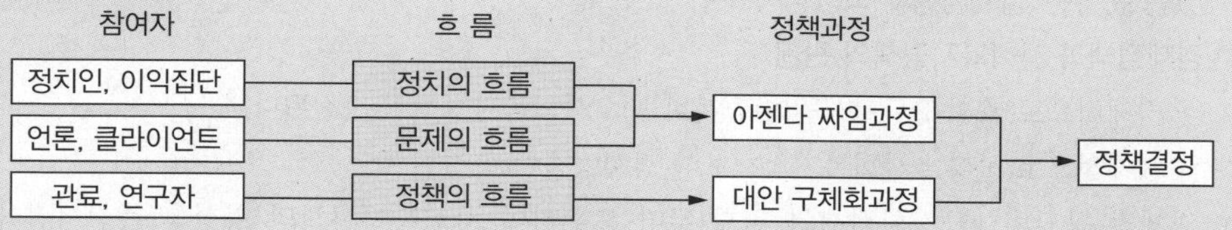

ⓛ 독립적인 흐름 : 정치의 흐름, 문제의 흐름, 정책의 흐름은 각각 독자적으로 형성되며, 그 과정의 참여자도 다르다.

ⓒ 정책과정

- 정치의 흐름 및 문제의 흐름 각각에 의하여 또는 이들의 결합에 의하여 정책아젠다가 형성된다.
- 정책아젠다가 형성되면 그 해결책으로서의 정책대안을 찾게 되며, 이때 정책의 흐름 속에 떠다니던 정책대안이 연결되는 경우 정책결정의 기회를 맞는다.

ⓡ 정책결정의 기회 : 사회복지문제의 해결을 위한 정책결정을 위하여 사회복지전문가가 어떻게 해야 할 것인지에 관해서도 많은 시사점을 준다.

3 사회복지정책의 결정에 영향을 미치는 요인

(1) 정책과정에의 참여자

① 정책결정에 영향을 미치는 가장 큰 요인은 인적 요인으로 정책결정 참여자들이 많은 영향을 미친다.

② 정책결정자의 의지가 가장 큰 영향을 미치며, 정책결정자를 둘러싼 정책참모들의 정책성향이나 능력 및 의지 역시 많은 영향을 미친다.

③ 이익집단이나 클라이언트 및 사회복지전문가 역시 정책결정에 간접적으로 영향력을 행사하고 정책결정보다 정책의제 형성에 영향을 미친다.

(2) 정책결정의 구조

정책결정이 이루어지는 조직의 구조적 특징이 정책결정을 제약하므로 정책결정에 영향을 미친다.

(3) 정책대안의 존재

사회복지정책 대안은 사회복지실무를 담당하는 사회복지전문가 또는 사회복지정책을 연구하는 학자들의 활동에 의하여 제시되는 것이 일반적이다.

(4) 다른 정책과의 관계

① 사회복지정책의 결정과정에 영향을 미치는 요인으로, 특히 사회복지정책의 형성과 밀접한 관계에 있는 분야는 경제정책과 국방정책이다.

② 경제정책과 사회복지정책의 관계

㉠ 경제적으로 호황 : 복지재원이 충분하므로 사회복지정책이 촉진된다.

㉡ 경제적으로 불황 : 사회복지정책보다 경제정책이 촉진된다.

③ 경제적 불황일 때 정치체제의 위기 무마를 위하여 사회복지정책의 형성을 촉진시킨다는 설도 있다.

(5) 정치적 · 경제적 · 사회적 상황

15회 기출

① 정치이념, 사회지배적 이념, 정치행정문화, 정치체제의 성격, 권력구조, 정책환경으로부터 지지와 압력, 기타 정치적 환경의 변화 등은 정치적 요인으로서 사회복지정책의 결정에 많은 영향을 미친다.

② 국민소득, 가구소득, 실업률, 물가지수 등 경제적 상황에 관한 변수들 역시 사회복지정책의 형성에 많은 영향을 미친다.

③ 인구구성의 비율, 인구밀도, 산업화 수준, 도시화 수준, 주택보급률, 문맹률, 교육수준, 노조 조직률 등의 사회적 변수들 역시 사회복지정책의 결정과정에 많은 영향을 미친다.

④ 우리나라도 출산율 감소, 인구 고령화에 대비한 새로운 복지제도 도입 및 재원 마련 등이 시급한 과제로 떠오르고 있다.

제3절 사회복지정책 집행

1 사회복지정책 집행의 의미와 성격

(1) 사회복지정책 집행의 의미

관리기술적 의미	정치적 과정 의미
정치행정의 이원론적 시각에서는 정책집행을 관리기술적 측면에서만 파악하므로, 정책집행의 경계가 분명하여 시간적인 선후관계가 있다.	정책의 집행은 여러 사회세력들의 세력관계를 반영해 주는 과정이라고 볼 수 있으며, 정치적 성격을 띤다.

(2) 사회복지정책 집행의 성격

사회복지정책 집행의 의의	정책집행의 특징
정책집행자의 관료들과 클라이언트의 직접적인 상호작용을 통하여 정책목표를 구체화시켜 나가는 과정이다.	• 관리기술적 성격 : 정책집행은 주어진 목표를 구체화시키는 과정에서 관리기술적 성격을 띤다. • 정치적 성격 : 정책집행은 사회복지정책이 재분배정책에 속하는 것이므로 정치적 성격이 매우 강하다.

2 사회복지정책의 집행에 관한 이론모형

(1) 프레스만과 윌다프스키(Pressman & Wildavsky)의 이론모형

1970년대에 프레스만과 윌다프스키가 행한 오클랜드프로젝트의 집행에 관한 연구는 정책집행을 정책학의 중요한 분야로 인식시키는 데 크게 공헌하였다.

① 정책의 목표와 집행활동은 서로 영향을 미치기 때문에 분리시켜서는 안 된다.

② 정책에 규정된 수단대로 정책을 집행한다 하더라도 정책활동의 근거가 되는 이론상의 결함이 있는 경우 정책의 목표는 달성할 수 없다.

③ 정책집행의 중간개입자들이 많을수록 정책목표의 달성이 어려워지므로 그 수를 줄여야 한다.

④ **오클랜드 프로젝트의 정책집행을 지연시킨 요인** : 정책집행과정에서 나타나는 기술적 문제, 조정의 결핍, 비용의 증가, 복잡한 절차, 지도자와 직원의 변동, 새로운 정치적 환경, 지지집단의 결핍 등

⑤ 정책집행 과정 중에 책임자와 직원의 교체는 바람직하지 않으며, 성공적인 정책집행을 위해서는 지속적인 리더십이 요구된다.

(2) 판미터와 판호른(Van Meter & Van Horn)의 이론모형

정책이 정책성과로 전환되는 과정을 정책집행으로 파악하는 정책집행모형을 제시하였다.

① 정책의 기준과 목표는 조직 간의 의사전달 및 추진활동에 직접적인 영향을 미치며, 이를 통하여 집행자의 성향에 간접적인 영향을 미친다.

② 정책집행에 소요되는 자원은 조직 간의 의사전달 및 추진활동과 집행자의 성향에 직접적인 영향을 미친다.

③ 조직 간의 의사전달을 통해서 정책의 기준과 목표가 전달되며, 집행기관은 전달된 정책의 목표를 달성하기 위해서 전달된 기준에 맞추어 정책을 집행하게 된다.

④ 정책집행기관의 성격은 집행기관의 크기와 구성원의 자질, 계층적 통제의 정도, 동원가능한 정치적 자원의 규모, 조직의 활성도, 개방적인 의사전달의 정도, 정책결정체와의 공식적 · 비공식적 연계 정도 등에 따라 다르다.

⑤ 이런 기관의 성격은 정책집행의 성과에 직접적으로 영향을 미치기도 하고, 집행자의 정책 성향에 영향을 미침으로써 집행결과에 간접적으로도 작용한다.

⑥ 정책이 집행되는 당시의 정치적 · 경제적 · 사회적 상황은 정책결정에 많은 영향을 미친다.

⑦ **집행자의 성향** : 정책의 전반적인 의도에 대한 정책집행자의 인식정도, 구체적인 목표와 기준에 대한 태도 따위에 관한 것으로서 정책의 성과에 직접적인 영향을 미친다.

(3) 매츠매니한과 사바티에(Mazmanihan & Sabatier)의 이론모형

정책집행 분석의 주된 역할이 정책집행과정 속에서 **정책목표의 달성에 영향을 미치는 변수들을 찾아** 내는 데 있다고 주장하였다.

① **문제관련 변수** : 문제의 취급가능성

㉠ 기술적 문제점 : 정책이 해결하려는 문제에 따라 기술적 선행조건이 필요한 경우와 그렇지 않은 경우이다(예 대기오염 방지정책은 기술상의 많은 문제점들이 존재함).

㉡ 금지된 형태의 다양성 : 정책이 규제하는 형태나 제공하는 서비스가 다양할수록 그 집행이 어려워지고 일선 집행자들이 행사하는 자유재량은 더욱 커진다. 이러한 자유재량은 정책집행에 상당한 영향을 미친다.

㉢ 대상집단의 인구구성비율 : 정책의 대상집단이 작으면 작을수록, 규정하기 쉬우면 쉬울수록, 그 정책에 대한 정치적 지지를 얻기 쉬우며 목표달성의 가능성도 높아진다.

㉣ 요구되는 행태변화의 정도 : 일반적으로 정책이 변화시키고자 하는 대상집단의 형태가 크면 클수록 성공적 집행은 어려워진다.

② **정책내재변수** : 정책집행을 구조화할 수 있는 정책결정능력

㉠ 법적 목표의 명백성과 우선순위 : 정책목표들이 자세한 규정과, 중요성에 따른 우선순위에 따라 정책집행은 영향을 받는다.

㉡ 인과이론의 법칙 : 정책목표와 그 목표를 달성하는 방법 사이에는 인과이론이 존재한다.

㉢ 재정자원의 법칙 : 사회적 서비스를 목표로 하는 정책프로그램에서는 재정자금이 정책집행에 큰 영향을 미친다.

㉣ 집행기관의 내부 및 상호 간의 계층적 통합 : 집행기관 내부 또는 집행기관들 간의 업무협조가 잘 이루어지면 정책집행은 순조롭다.

㉤ 집행기관의 결정규칙 : 집행기관의 공식적인 결정규칙은 정책집행에 영향을 미치는 변수이다.

㉥ 법적 목표에 대한 직원들의 관여 : 집행기관의 직원들이 목표달성에 적극적인 성의를 보이지 않으면, 정책의 목표달성은 어려워진다.

㉦ 외부인들의 공식적인 접근 : 정책참여자들의 참여방법이나 참여기회의 범위 등은 정책집행에 많은 영향을 미친다.

③ **비정책적 변수** : 집행에 영향을 미치는 비법규적 변수들

㉠ 사회경제적 조건 및 기술 : 사회경제적 상황의 변화는 특정 정책의 상대적 중요성에 대한 인식에 영향을 미친다.

㉡ 공공의 지지 : 일반 국민들의 관심의 변화는 정책집행에 필요한 예산 배정이나 헌법기관으로부터의 지속적인 지지에 영향을 미치는 상황적 변수이다.

㉢ 관련 이해집단의 태도와 자원 : 정책목표에 대한 지지자의 태도 및 자원의 변화는 정책집행에 영향을 미친다.

㉣ 통치기관의 지지 : 통치기관은 감독, 예산의 지원, 새로운 법규의 제정 등을 통하여 정책목표를 지지함으로써 정책집행에 영향을 미친다.

㉤ 집행자들의 리더십 기술 및 관여 : 정책목표에 대한 집행기관 임직원들의 태도와 기술은 정책집행 결과에 직접적인 영향을 미치는 변수이다.

(4) 블록과 램(Bullock & Lamb)의 이론모형

정책집행의 성공 및 실패에 영향을 미치는 중요한 변수 열 가지를 제시했다.

① **정책의 명확성(Clarity of the Policy)** : 정책의 목표가 명백하고 구체화될수록 정책집행은 성공할 가능성이 높다.

② **기준의 구체성(Specificity of Standards)** : 정책순응을 평가할 수 있는 기준이 구체적으로 구비되어 있을수록 정책집행은 성공할 가능성이 높다.

③ **모니터링(Monitoring)** : 정책집행에 관한 모니터링을 통해 정책순응을 얻어 낼 수 있다.

④ **집행기관의 존재(Presence of Enforcement Agency)** : 정책을 책임지고 수행해 나갈 기관이 있는가의 여부는 정책집행의 성과에 영향을 미친다.

⑤ **집행자의 관여(Enforcer Commitment)** : 정책목표에 대한 정책집행담당자들의 태도가 정책집행의 성과에 영향을 미친다.

⑥ **집행자의 상급기관의 관여(Commitment of the Enforcer's Superiors)** : 대통령이나 의회 등 집행담당자의 상급기관의 실현 여부에 따라 정책집행은 큰 영향을 받게 된다.

⑦ **수혜자의 태도(Attitudes of Those Who Benefit from the Policy)** : 수혜자의 태도 등도 정책집행에 영향을 미친다.

⑧ **행정적 조정(Administrative Coordination)** : 효과적인 정책집행이 안 되는 이유는 중복된 정책집행 활동을 조정하지 못하기 때문이다.

⑨ **비용과 편익(Costs and Benefits)** : 비용이란 정책불응 시에 치러야 할 대가이며, 편익이란 정책순응 시에 생기는 이익이다.

⑩ **연방정부의 직접적 관여(Direct Federal Involvement)** : 연방정부가 정책집행에 적극적일수록 그 정책은 성공적으로 집행될 가능성이 높다.

(5) 볼만(Wolman)의 이론모형

정책프로그램의 성과를 설명하거나 이해할 수 있는 포괄적인 분석틀을 제시하였다.

① **정책형성과정** : 문제의 개념화, 이론평가 및 선정, 목표의 구체성, 프로그램의 설계, 프로그램의 구조 등은 정책의 성과에 영향을 미친다.

② **정책집행과정** : 자원의 적절성, 관리 및 통제구조, 관료제적 규칙 및 규제, 정치적 효과성, 피드백 및 평가 등은 정책의 성공 및 실패에 영향을 미치는 주요 요인이다.

3 사회복지정책의 집행에 영향을 미치는 요인

(1) 정책 환경적 요인

① 정치적 상황의 변화

전쟁, 쿠데타, 선거주기, 대통령의 소속정당, 의회 내 보수와 진보의원들의 세력비율의 변화 등 정치적 상황의 변화는 사회복지정책의 내용과 정책꾼들의 행태에 영향을 준다.

② 경제적 상황의 변화

국민소득, 가구소득, 실업률, 물가지수, 개방화, 국제화, 세계화 추세 등은 사회복지정책의 성공 및 실패에 영향을 미친다.

③ 사회적 상황의 변화

인구구조의 변화, 산업화 및 도시화, 교육수준의 변화, 노조 조직률의 변화 등은 사회복지정책의 형성 및 정책꾼들의 태도에 영향을 미친다.

(2) 정책 내재적 요인

① 정책문제의 정의와 관련된 변수

㉠ 정책목표의 타당성 : 사회복지정책에서 사회복지문제를 얼마나 잘 파악하여 정책목표를 타당하게 세웠는가 여부

㉡ 정책목표의 구체성 : 규정된 정책의 목표가 구체적으로 표명되었는가 여부

② 정책수단 및 절차의 확보와 관련된 변수

㉠ 재원의 확보 : 정책집행에 필요한 재원의 확보의 강제규정 여부

㉡ 복지서비스의 전달체계 : 사회복지서비스를 수행할 정책집행기관의 존재 여부

㉢ 복지서비스의 전달방법 : 사회복지서비스의 전달규정이 명백하게 존재하는지의 여부

③ 정책 산물에 관한 변수

㉠ 사회복지서비스의 유형은 복지서비스의 효율성에 직접적인 영향을 미침

㉡ 복지서비스의 형태가 현물인가 현금인가에 따라 또는 기회 · 용역 · 신용형태 여부에 따라 정책의 효율성은 달라짐

④ 정책 행태적 요인

㉠ 정치기관의 지지 : 정치기관의 지지 여부, 특히 대통령의 사회복지정책에 대한 관심과 지지

㉡ 정책집행자의 집행기관 : 정책의 집행자나 정책기관의 가치와 이해관계, 전문성, 능력 및 자질

㉢ 상급관청 및 경쟁부서의 관여 : 정책집행기관의 상급관청과 경쟁부서의 태도 등

㉣ 클라이언트의 가치 및 태도

㉤ 이익집단, 지역사회의 주관, 일반 국민의 행태

제4절 사회복지정책의 평가

1 사회복지정책평가의 의의 및 필요성

10, 11, 12, 15회 기출

(1) 정책평가

① 의 의

㉠ 정책활동에 관한 평가로, 평가란 어떤 활동에 관해 정보를 수집하고 분석하며 해석함으로써 그 가치를 판단하는 것이다.

㉡ 정책집행의 결과에 대한 평가, 즉 정책이 원래 의도한 문제의 해결에 얼마만큼 영향을 미쳤는가에 대한 평가활동을 의미한다.

② **정책평가의 특성** : 기술적 · 실용적 · 정치적 · 가치지향적 성격을 띠며, 개별사례적인 동시에 종합학문적이다.

③ 정책평가는 자원사용의 경제적 합리성, 이해관계자들의 설득을 통한 지지, 확보보다 향상된 연구를 위한 대안적 기법의 마련, 윤리적 책임성 확보 등을 위해 필요하다.

④ 정책평가의 유용성은 정책평가의 질적 타당성, 시간적 적절성, 정책담당자의 의지 등에 영향을 받는다.

Plus ⊕ one

사회복지정책의 형성과 집행과정상의 평가 및 환류

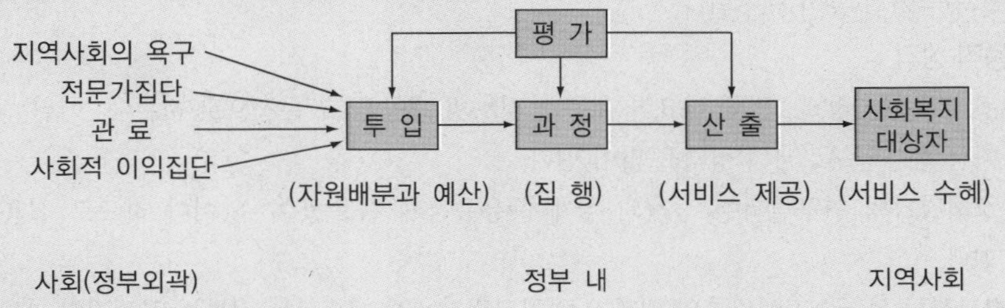

(2) 정책평가의 필요성

12, 13, 14회 기출

① 정책평가의 목적

㉠ 사회복지정책의 효과성 증진

정책평가는 사회복지정책의 개선에 필요한 정보를 얻기 위한 것으로, 사회복지정책의 평가를 통해 시행된 정책의 성공 및 실패원인을 밝혀냄으로써 기존의 정책을 유지 · 보수하는 데 필요한 정보가 제공된다.

㉡ 책임성의 확보

정책평가는 정책 활동에 대한 책임성이나 근거를 확보하기 위하여 필요하며, 정책평가를 통하여 사회복지정책프로그램의 목표 달성 여부를 파악할 수 있고, 책임의 소재를 밝힐 수 있다. 이는 정책 활동의 통제 및 감사의 필요성이 제기되는 부분이다.

㉢ 정보 획득 및 연구의 기초

정책평가는 정책연구의 밑거름이 되기도 하고, 사회복지정책의 평가를 통한 자료를 기초로 사회복지정책 개선에 필요한 정보를 획득하기도 한다.

② **사회복지정책의 주요 평가 유형** 11회 기출

㉠ 효율성 : 동일한 정책 산출물에 대해 얼마만큼 비용을 최소화했는지에 초점을 두는 것으로서, 정책목표 달성을 위한 비용 대비 편익을 비교하는 것이다.

㉡ 효과성 : 정책목표를 얼마만큼 달성했는지에 초점을 두는 것으로서, 특히 사회복지정책에서는 사회연대 및 사회통합 달성 정도와 밀접하게 연관된다.

㉢ 대상효율성 : 정책이 의도한 목표대상의 문제해결이나 삶의 질 향상을 위해 얼마만큼 최소의 비용으로 기대한 목표에 이르렀는지를 평가한다.

㉣ 형평성 : 정책이 사회계층 간 소득불평등을 얼마만큼 감소시켰는지를 평가한다.

㉤ 반응성 : 정책이 복지수혜자들을 얼마만큼 만족시켰는지를 평가한다.

㉥ 민주성 : 정책이 복지수혜자들을 정책 과정에 얼마만큼 참여시켰는지를 평가한다.

(3) 정책평가의 성격

① **기술적 성격** : 정책을 평가하기 위해서는 평가기법 등의 기술을 필요로 하며, 통계기법 및 그것을 분석하는 기법 등이 요구된다.

② **실용적 성격**

㉠ 정책평가는 정책결정에 필요한 유용한 정보의 제공을 그 목적으로 하는데, 이런 점에서 정책평가는 응용연구로서의 성격을 많이 띤다.

㉡ 정책평가의 연구결과는 정책의 실제에 유용하게 사용될 수 있어야 하므로 실용적인 성격을 띤다.

③ **개별사례적 성격** : 정책평가의 결과가 정책결정자에게 제공되는 정보는 구체적인 개별사례에 한정되는 것이 보통이다.

④ **가치지향적 성격** : 대부분의 정책평가에서는 평가결과를 제시할 때, 가치판단뿐만 아니라 앞으로 어떻게 하는 것이 바람직한가를 포함시키는 것이 보통이다.

⑤ **종합학문적 성격** : 정책평가를 위해서는 정책문제에 관한 이론적 지식뿐만 아니라 정책평가의 실제에 사용되는 여러 가지 통계기법 등의 전문지식이 포함된다.

⑥ **정치적 성격** : 정책평가는 정책결정자, 정책프로그램의 집행자, 정책프로그램의 자금을 지원하는 집단, 그 정책에 의하여 영향을 받는 이해집단 및 클라이언트 등의 영향을 받는다.

2 사회복지정책의 평가자와 평가기준

11회 기출

(1) 사회복지정책의 평가자

① 정책평가자의 자질

㉠ 정책평가의 의뢰자가 원하는 것을 잘 파악할 수 있는 능력

㉡ 정책평가기법 및 분석기법에 관한 지식

㉢ 정책문제에 관한 지식

㉣ 정책과정에 관한 지식

㉤ 설득능력

㉥ 협력을 받아 낼 수 있는 능력

② 정책평가자에 따른 평가유형의 장단점

㉠ 자체평가 : 자체평가는 정책프로그램을 담당한 사람들이 스스로 하는 평가

장 점	정책프로그램에 관한 정보를 많이 가지고 있고, 평가비용을 절약할 수 있으며, 장기적으로 일관성 있게 계속 평가할 수 있다.
단 점	평가의 공정성을 확보하기 어렵고, 정책프로그램의 실패를 호도하거나 왜곡시킬 가능성이 있다.

㉡ 내부평가 : 자체평가의 장단점이 나타날 가능성이 있으나 그 정도가 약하다.

㉢ 외부평가

장 점	평가의 공정성을 확보하기 쉽다.
단 점	평가비용이 많이 들며 정기적으로 일관성 있는 정책평가를 하기가 어렵고, 정책프로그램에 대해 잘 모르는 경우 적절한 평가를 할 수 없다.

(2) 사회복지평가의 평가기준

① **정책문제의 평가** : 사회복지문제를 정책문제로 이슈화시키기 위해 이루어지는 평가로 정책문제의 평가에는 탐색적인 기준이 사용된다.

② **정책의제의 평가** : 사회복지문제가 정책꾼들에 의하여 어떻게 다루어지는가를 평가하는 것으로 반응성, 사회적 형평성, 공정성 등이 중요한 기준으로 나타난다.

③ **정책설계의 평가** : 정책의 능률성, 효과성, 사회적 형평성, 공정성, 반응성, 정치적 실현가능성 및 기술적 실현가능성 등이 평가기준으로 사용된다.

④ **정책결정의 평가** : 정책결정내용에 대한 평가와 결정과정에 대한 평가로 나뉠 수 있으며, 능률성, 효과성, 사회적 형평성, 공정성, 반응성, 합법성 따위가 주요 평가기준으로 사용된다.

⑤ **정책집행의 평가** : 정책이 계획된 대로 시행되느냐에 관한 평가로서 정책집행의 일관성, 공정성, 반응성, 능률성, 효과성, 사회적 형평성 등이 주요 평가기준이다.

⑥ **정책영향의 평가** : 사회복지정책의 효과에 대한 평가로서 효과성(목표달성도), 능률성, 클라이언트의 만족도, 사회적 효과성, 사회적 형평 등이 중요한 평가기준이다.

⑦ **평가기능성의 평가** : 정책평가를 할 것인지의 여부를 결정하기 위해 이루어지는 평가인 까닭에 비용효과성, 정치적 제약점, 방법론적 제약점 등이 평가기준이 된다.

⑧ **정책평가에 대한 평가** : 정책평가가 잘 이루어졌는지에 대한 평가로서 정책평가 이전에 이루어지는 평가를 평가 전 평가라고 한다면, 이 평가는 정책평가가 이루어진 이후에 행하는 평가 후 평가이다.

(3) 평가의 종류

19회 기출

목적지향적 평가	구체적으로 명시된 목적을 성공적으로 성취하고 있는지를 기준으로 삼아 한 조직이나 프로그램의 우월성을 평가
결정지향적 평가	결정권자들로 하여금 현명한 판단을 내릴 수 있도록 자료를 제공하는 평가
반응적 평가	프로그램의 과정과 핵심 운영자들의 가치관적 입장, 최대 관심사를 기술해야 하는 평가
평가연구	프로그램의 효과성을 규명하여 그에 대한 일반화를 제시하는 연구
탈 목적연구	프로그램의 목표달성의 여부가 아니라, 현재의 프로그램이 어떠한 결과를 산출하고 있는가를 규명하고, 서비스이용자의 만족도 및 욕구충족도를 측정하는 연구
옹호-대립적 평가	평가수행과정이나 보고서 작성단계에서 해당 프로그램에 대한 최대의 옹호적 관점 또는 상대적으로 대립된 관점을 취해 보는 평가
활용중심적 평가	평가의 자료와 결과가 서비스운영자들과 이용자들에 의해서 최대한으로 활용되도록 설계된 평가
영향평가	평가의 시행이나 과정보다는 프로그램의 파급효과에 대한 집중적인 평가
형성평가	프로그램의 개발 및 개선과정에 실시되며 기관 자체평가의 특성이 강하고, 내부 또는 외부평가자에 의해 시행될 수 있는 평가
총괄평가	프로그램의 종료 후 기관 자체는 물론 기금지원기관 등 다양한 이해관계자를 위해 수행되는 평가

3 사회복지정책의 평가절차

11회 기출

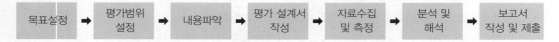

목표설정 ➡ 평가범위 설정 ➡ 내용파악 ➡ 평가 설계서 작성 ➡ 자료수집 및 측정 ➡ 분석 및 해석 ➡ 보고서 작성 및 제출

(1) 사회복지정책평가의 목표설정

먼저 평가목표를 설정하는 이유는 평가목적에 따라 정책평가자가 결정되고, 평가의 기준 및 평가의 범위가 뚜렷해지기 때문이다.

(2) 사회복지정책의 평가범위 설정

정책평가의 범위 설정은 정책프로그램을 분석함으로써 정책프로그램이 의도하고 있는 여러 목표들을 찾아내고, 평가목적에 비추어 이들 가운데 어떤 것을 평가할 것인지를 결정한다.

(3) 사회복지정책 프로그램의 내용파악

정책평가의 대상이 되는 사회복지프로그램의 목표, 정책대상, 관련이해단체 등에 관한 법적내용과 정책결정과정 및 시행과정 등에 관한 전반적인 정보를 수집하여야 한다.

(4) 사회복지정책의 평가설계서 작성

진실험설계	실험집단과 통제집단의 독립변수 적용에 의한 행태변화를 비교함으로써 실험집단에 미친 독립변수의 영향을 찾아내는 설계
준실험설계	통제집단이 없거나 사전조사가 불가능한 경우의 설계
비실험설계	• 통제집단도 없고, 사전조사도 할 수 없는 경우의 설계 • 클라이언트의 행태 변화를 목적으로 하는 사회복지정책의 평가에 사용

(5) 자료수집 및 측정

① **자료수집방법** : 평가설계가 끝나면 평가에 필요한 자료를 수집하여야 한다. 자료란 평가보고서에 직·간접으로 사용되는 일체의 정보를 말한다.

㉠ 일차적 자료 : 조사를 통하여 직접 수집·작성되는 자료

㉡ 이차적 자료 : 다른 사람이 다른 목적을 위하여 작성한 자료

관찰법	• 인간의 감각기관을 사용하여 자료를 수집하는 기본적인 방법이다. • 어떤 현상을 즉시 포착할 수 있다. • 표현능력이 부족한 연구대상, 비협조자, 면접거부자에게도 활용할 수 있다. • 국외자가 관찰하는 경우 새로운 사실을 밝혀 낼 수 있다.
면접법	• 언어를 매체로 하여 응답자의 반응을 얻어내는 자료수집방법이다. • 질문지법보다 훨씬 유리하고 문맹자에게도 적용할 수 있다. • 시간과 비용이 많이 들고, 면접기술이 필요하다.
질문지법	• 평가에 필요한 자료를 획득하기 위하여 설문으로 구성된 질문지를 이용하는 방법이다. • 질문의 통일성을 기할 수 있고 응답자의 비밀을 보장해 줄 수 있다. • 응답자에게 시간적 여유를 줄 수 있어 비교적 정확한 응답을 얻어낼 수 있다. • 시간 · 비용 · 노력이 면접법이나 관찰법에 비하여 적게 든다.

② **측정방법**

㉠ 명목척도 : 측정된 숫자가 분류와 일반화를 위해서 의미가 있을 뿐 다른 어떤 의미도 가지지 아니하는 경우의 척도(예 남자는 1, 여자는 0이라는 숫자를 부여하는 경우)

㉡ 서열척도 : 측정된 숫자 사이의 순서가 의미를 가지지만 그 간격이 같지는 않은 경우의 척도로서 측정된 현상들의 비교 가능(예 클라이언트가 사회복지서비스에 만족하는 경우를 3, 불만족스러운 경우를 2, 아주 불만족스러운 경우를 1로 표시하는 경우)

㉢ 간격척도 : 측정된 숫자와 숫자 사이의 간격이 동일한 경우의 척도로서, 측정된 현상들 사이의 정도의 차이가 어느 정도인지를 파악 가능(예 온도계에 의해 측정된 온도의 경우 어제가 섭씨 28도였고, 오늘이 섭씨 25도라면 어제보다 오늘이 섭씨 3도 낮다)

㉣ 비율척도 : 비율척도는 측정된 숫자의 간격이 같을 뿐만 아니라 절대영역을 가지고 있는 척도로서 곱하기 나누기까지 가능한 경우의 척도

(6) 분석 및 해석

① 자료의 수집 및 측정이 끝나면 그것을 분석하고 그 의미를 해석함으로써 정책평가는 어느 정도 마무리된다.
② 수집된 자료의 분석은 질적인 분석과 양적인 분석으로 나눌 수 있다.
③ **질적인 평가분석** : 객관적 입장에서의 행태론적 접근, 체제론적 접근, 정책행위의 주관적 의미를 찾아내는 해석적 접근과 비판적 접근, 자연주의적 접근 등에 의한 평가이다.

(7) 정책평가보고서의 작성 및 제출

① **평가보고서의 작성**
㉠ 양식은 쉽게 눈에 띌 수 있도록 예쁘게 만들 것
㉡ 내용은 쉽고 간결하게 쓸 것
㉢ 그림이나 도표 등을 활용할 것
㉣ 맞춤법에 맞추어 쓸 것
② **평가보고서의 내용**
㉠ 평가결과의 내용 요약
㉡ 평가된 프로그램에 관한 배경 설명
㉢ 평가목적 및 평가방법
㉣ 자료수집방법
㉤ 논리적 분석결과
㉥ 결론 및 제안사항
③ **평가보고서의 제출**
㉠ 평가정보를 필요로 하는 사람들에 관하여 미리 알아둘 것
㉡ 평가결과를 취해야 할 행동대책과 연결시켜 전달할 것
㉢ 가장 중요한 정보부터 제시할 것
㉣ 발표는 재미있고 변화 있게 할 것
㉤ 기자들에게는 보도자료를 만들어 배포할 것

4 사회복지정책의 평가에 영향을 미치는 요인들

(1) 인적 요인

① **정책평가자** : 사회복지정책을 직접 평가하는 정책평가자의 이념이나 신념, 가치 또한 사회복지정책프로그램의 평가방향을 결정하는 데에 많은 영향을 미친다.
② **정책담당자** : 정책결정자나 정책집행자의 관심과 의도는 정책평가에 영향을 미친다.
③ **클라이언트** : 사회복지정책프로그램의 클라이언트가 정책평가의 의뢰자일 수 있다.
④ **주민, 일반 국민 등** : 사회복지정책프로그램에 의하여 직접적인 영향을 받는 지역주민들이나 이해관계자 그리고 일반 국민들의 여론도 사회복지정책의 평가에 영향을 미친다.

(2) 시간적 요인

정책의 평가의 시간적 제약은 정책평가에 영향을 미친다. **충분한 시간적 여유가 없이 이루어지는 정책평가는 내용의 부정확성을 초래**하기 때문에 실패하기 쉽다.

(3) 기술적 요인

정책평가를 잘 하려면 평가를 위해 **수집된 자료를 적절히 분석할 수 있는 기법**이 있어야 한다. 만약 어떤 사회복지정책프로그램을 평가하는 데 사용할 수 있는 좋은 분석기법이 이미 개발되어 있다면, 그 정책평가는 성공적으로 이루어질 수 있다.

(4) 제도적 요인

① 사회복지정책의 평가가 이루어지려면 정책평가에 필요한 정보나 자료의 획득이 보장되어야 한다.
② 원활한 평가활동을 지지해 줄 수 있도록 행정적인 뒷받침이 있어야 한다.
③ 평가결과가 활용될 수 있는 환류장치나 제도가 마련되어야 한다.

(5) 정책 자체적 요인

① 정책평가가 잘 이루어지기 위해서는 정책프로그램의 목표가 뚜렷해야 한다.
② 그 목표를 달성하는 연계수단이 명확해야 한다.
③ 평가될 내용에 관한 측정이 가능해야 한다.

[사회복지정책의 평가]

접근방법	경험적	평가적	규범적
1차적 질문	분석내용 사실이 어떠한가? (사실)	무엇이 바람직한가? (가치)	무엇이 행해져야 하는가? (행위)
정보의 유형	사실 지지적	평가적	창조적
분석내용	효과성 산출(Outputs)	효과성 결과(Outcomes)	효율성
사 례	배분된 생계비는?	얼마나 만족하는가?	과정상의 문제점은?

CHAPTER 04

출제유형문제

01 다음에서 설명하는 것으로 옳은 것은? [4회]

일반대중의 주목을 받을 만한 가치가 있고 정부가 문제를 해결할 정당성이 있는 것으로 인정되는 정책문제이다.

① 공중의제
② 정부의제
③ 해설의제
④ 선택의제
⑤ 사회의제

해설

공중의제(체제의제)
공공아젠다 또는 체제아젠다라고도 한다. 많은 사람, 집단구성원의 관심의 대상이 되며, 정부가 그 문제를 해결하는 것이 정당한 것으로 인정되는 사회문제를 말한다.

02 정책대안을 비교분석하는 기준에 관한 설명으로 옳은 것은? [10회]

① 사회적 효과성은 정책대안이 가진 사회통합 기능에 주안점을 둔다.
② 정치적 실현가능성은 정책대안이 사회계층 간 불평등을 얼마나 시정할 수 있는지와 관련된다.
③ 효율성은 정책대안이 가진 기술적 문제와 집행가능성 모두와 관련된다.
④ 사회적 형평성은 정책대안이 가진 정치적 수용가능성을 중요시한다.
⑤ 기술적 실현가능성은 정책대안이 문제해결을 위한 복지서비스를 최대한으로 창출해낼 수 있는지를 중요시한다.

1 ① 2 ① Answer

해설 ② '정치적 실현가능성'은 사회복지 정책대안이 정치적으로 받아들여질 수 있는 가의 여부를 말하는 것으로서, 사회복지 정책대안이 정책의제의 형성, 대안의 선택 및 집행 과정에서 관련 이해집단이나 일반국민으로부터 얼마나 지지를 받고 있는가를 평가한다.

③ '효율성'은 투입에 대한 산출의 비율과 관련된 것으로서, 사회복지 정책대안이 일정한 비용으로 문제해결을 위한 최대한의 복지서비스를 창출해낼 수 있는가를 평가한다.

④ '사회적 형평성'은 공평하고 공정한 배분을 강조하는 것으로서, 사회복지 정책대안이 어느 정도 사회계층 간의 소득불평등을 감소시켰는가를 평가한다.

⑤ '기술적 실현가능성'은 정책대안이 기술적으로 실현 가능한가 또는 집행기관이 문제해결능력을 가지고 있는 가의 여부를 말하는 것으로서, 사회복지 정책대안이 기술적 · 방법적으로 실현 가능한가를 평가한다.

제1영역

03 사회복지정책의 아젠다 형성과정에 관한 설명으로 옳은 것은? [9회]

① 아젠다 형성과정은 대안 구체화과정보다 상대적으로 정치적 성격이 약하다.

② 콥, 로스와 로스(Cobb, Ross and Ross)의 외부주도형 아젠다 형성모델은 후진국에서 자주 볼 수 있다.

③ 아젠다 형성과정에서 초기의 이슈는 변화될 가능성이 없다.

④ 정책과정에 등장한 모든 아젠다가 법이나 제도로 만들어지는 것은 아니다.

⑤ 어떤 정치체제든지 체제의 편향성을 가지며 이는 아젠다 형성을 활성화시킨다.

해설 ④ 정책과정에 등장한 모든 아젠다가 법이나 제도로 만들어지거나 정책에 반영되는 것은 아니다. 하나의 해결책이 모색되어 국회의 심의의결을 거쳐 법률로 구체화되고 대통령의 재가를 거쳐 법률로 공포됨으로써 비로소 정책에 반영되기에 이른다.

① 아젠다 형성과정은 이슈를 중심으로 이해집단 간 정치적 성격이 강한 반면, 대안 구체화과정은 비교적 중립적인 입장에서 문제에 접근하므로 정치적 성격이 상대적으로 약하다.

② 외부주도형 아젠다 형성모델은 정부 외부 집단들의 주도하에 정부에게 정책의제의 채택을 강요하는 모델에 해당한다. 언론이나 정당의 역할이 강조되며, 다원화 · 민주화된 선진국에서 자주 볼 수 있다. 반면 동원형 아젠다 형성모델은 정부가 먼저 이슈를 창출하고 국민의 지지를 통해 공공화되는 것으로서, 특히 권력이 집중되어 있는 후진국에서 자주 볼 수 있다.

③ 아젠다 형성과정에서 초기의 이슈는 재정의가 이루어지는 역동적인 상황에서 다양한 하위이슈들로 구체화되거나 모호화되는 등 변화의 과정을 거친다.

⑤ 어떤 정치체제든지 체제 자체는 그것을 구축한 기득권자들에게 유리한 방향으로 작용하도록 편향되어 있으며, 이러한 체제의 편향성은 사회복지정책 아젠다의 형성을 억제시키는 역할을 한다.

Answer 3 ④

04 사회복지정책결정에 관한 이론모형에 대한 설명으로 옳은 것은?

① 합리모형은 주어진 정책목표가 명백하게 규정될 수 있으며, 주어진 상황 역시 뚜렷하다고 본다.
② 만족모형은 인간 이성의 비합리성을 강조하며, 정책결정자가 기존의 정책에 대해 부분적인 수정을 가함으로써 정책결정이 이루어진다고 본다.
③ 혼합모형은 합리모형과 만족모형의 혼합으로 정책결정의 기본 틀은 합리모형으로, 세부적인 내용은 만족모형으로 접근한다.
④ 점증모형은 정책결정에 있어서 이성의 합리적인 요소와 직관 및 창의력 등의 초합리적 요소를 동시에 고려한다.
⑤ 최적모형은 정책결정이 이성의 합리성에 이루어지는 것이 아닌, 조직화된 혼란 상태에서 이루어진다고 본다.

해설
② '만족모형'은 인간 이성의 제한된 합리성을 강조하며, 정책결정자가 제한된 탐색의 과정을 통해 만족스러운 정책대안을 선택할 수 있다고 본다.
③ '혼합모형'은 합리모형과 점증모형의 혼합으로 정책결정의 기본 틀은 합리모형으로, 세부적인 내용은 점증모형으로 접근함으로써 종합적 합리성을 추구한다.
④ '점증모형'은 인간 이성의 비합리성을 강조하며, 정책결정자가 기존의 정책에 대해 부분적인 수정을 가함으로써 정책결정이 이루어진다고 본다.
⑤ '최적모형'은 정책결정에 있어서 이성의 합리적인 요소와 직관 및 창의력 등의 초합리적인 요소를 동시에 고려함으로써 정책성과의 최적화에 초점을 둔다.

05 다음 보기의 내용이 설명하는 정책결정에 관한 이론은?

- 행태론, 사회심리학 등을 학문적 바탕으로 한다.
- 모든 정책대안이 다 고려되지 않고, 정책대안의 탐색과정에서 유력해 보이는 몇 개의 대안을 우선적으로 검토한다.
- 정책결정은 인적 · 물적자원의 제한, 불완전한 사회환경 등 제한된 조건하에서 이루어진다.
- 만족할 만한 정책대안을 찾으면 그 대안을 선택함으로써 대안의 탐색이 중단되고 정책결정이 이루어진다고 본다.

① 합리모형
② 만족모형
③ 점증모형
④ 혼합모형
⑤ 최적모형

해설
만족모형
마치와 사이몬 등은 객관적으로 존재하는 상황의 복잡성 때문에 개인이나 조직은 이를 간소화하여 인지하며, 최선의 대안을 찾는 것이 아니라 만족할 만한 대안을 선택한다고 본다.

4 ① 5 ② Answer

06 합리모형과 점증모형에 대한 설명으로 옳은 것은?

ㄱ. 합리모형에서의 좋은 정책이란 여러 다양한 정책분석가들의 합의에 의해 이루어진 정책을 말한다.
ㄴ. 점증모형의 목표와 수단은 상호 간에 뚜렷이 구별되는 별개의 것이 아니므로, 목표-수단분석은 적절한 것이거나 제한적으로 이용될 뿐이다.
ㄷ. 점증모형은 계속적 비교를 통해 결정이 이루어지기 때문에 이론에 의존하는 경향이 강하다.
ㄹ. 합리모형에서의 분석은 관련된 모든 요소들이 고려되어 종합적으로 이루어진다.

① ㄱ, ㄴ, ㄷ
② ㄱ, ㄷ
③ ㄴ, ㄹ
④ ㄹ
⑤ ㄱ, ㄴ, ㄷ, ㄹ

해설 ㄱ. 합리모형에서의 좋은 정책이란 바라는 목적에 가장 잘 부합하는 수단이 될 수 있는 정책이다.
ㄷ. 점증모형은 계속적 비교를 통해 결정이 이루어지기 때문에 이론에 의존하는 성향이 약하다.

07 최적모형에 대한 설명으로 옳지 않은 것은?

① 정책결정을 체계론적 시각에서 파악하고 정책성과를 최적화하려는 정책결정모형이다.
② 정책결정에 드는 비용보다는 효과가 더 높아야 한다는 것을 전제로 한다.
③ 경제적 합리성과 초합리성을 바탕으로 하는 질적모형이다.
④ 최적모형의 정책결정과정은 초정책결정(Meta-Policymaking), 정책결정(Policymaking), 후정책결정(Post-Policymaking)의 3단계를 거쳐 이루어진다.
⑤ 초정책결정단계는 정책집행을 위한 동기부여, 집행, 집행 후의 평가, 의사전달 및 피드백에 따른 새로운 정책결정이 포함된다.

해설 ⑤ '후정책결정단계'에 대한 설명이다. '초정책결정단계'는 정책결정을 어떻게 해야 할 것인가에 대한 정책결정이며, 가치, 현실, 문제, 자원에 대한 조사 및 배분, 정책결정체제의 설계, 평가, 재설계, 정책결정전략 등에 관한 결정이 이루어진다.

Answer 6 ③ 7 ⑤

08 사회복지정책 평가에 관한 설명으로 옳은 것은? [9회]

① 정책의 효과성을 정책의 반응성이라고도 한다.
② 비효율적인 정책은 효과적인 정책이 될 수 없다.
③ 적절성은 소득재분배 정도를 평가하기 위한 기준이다.
④ 효율성은 수단이라기보다는 그 자체가 목표이다.
⑤ 사회효과성은 보편주의에서, 비용효과성은 선별주의에서 더 중요시하는 기준이다.

해설
① 정책의 효과성은 정책목표의 달성 여부와 연관된 반면, 정책의 반응성은 수급자의 욕구나 선호 등의 반영 정도와 관련된다.
② 효율성은 투입 대비 산출에 따라 최소의 비용 투입으로 최대의 산출을 얻는 것을 목적으로 하는 반면, 효과성은 의도한 바에 따라 최대한 목표달성에 이르는 것에 역점을 둔다. 따라서 산출에 비해 비용이 많이 소요되었다고 해도 최대한 목표달성에 이르렀다면 이는 효과적인 정책이 될 수도 있다.
③ 적절성은 목표달성을 위해 사용한 수단 및 방법 등이 유효했는지 평가하는 것이다.
④ 효율성은 목표보다는 수단에 더욱 가깝다. 특히 수단으로서의 효율은 사회복지정책이 그 목표에 따른 대상자들에게 얼마나 자원을 집중적으로 할당하였는가를 고려한다.

09 정책평가에 관한 설명으로 옳지 않은 것은? [15회]

① 정책평가는 정책효과성 제고에 기여할 수 있다.
② 평가지표 선택에서 정책목표보다 측정 용이성을 우선한다.
③ 정책평가는 정책 활동의 책임성을 높인다.
④ 산출과 영향에 대한 평가방법으로 양적 · 질적 평가를 병행할 수 있다.
⑤ 평가결과의 활용도를 높이는 기제를 마련하는 것이 바람직하다.

해설
② 정책의 효과성과 효율성 제고를 위해 정책평가의 중요성이 강조되고 있다. 특히 정책효과성 평가는 정책목표의 달성여부를 판단하는 것을 의미하며, 그 주요 관심사는 특정의 정책 또는 사업과 목표달성의 정도 사이의 인과관계를 확립하는 것이다. 이는 목표의 달성도가 다른 어떤 요인에 기인하지 않고 평가대상인 특정 정책 또는 사업에만 기인한다는 사실을 제공하는 것이다. 따라서 정책효과성 평가에는 목표달성의 정도를 발견하는 데 충분한 정도로 명확하게 규정된 정책목표 또는 사업목표가 필수조건이 된다.

8 ⑤ 9 ② Answer

10 사회복지정책의 평가자에 대한 설명으로 옳지 않은 것은?

ㄱ. 정책평가자는 정책평가를 의뢰한 사람이 원하는 것을 파악할 수 있는 능력을 갖추어야 한다.
ㄴ. 정책평가자가 누구냐에 따라 정책평가의 유형은 자체평가, 내부평가, 외부평가로 분류된다.
ㄷ. 외부평가는 평가의 공정성을 확보하기 쉬우나 정책프로그램에 대해 잘 모르는 경우 적절한 평가를 하지 못할 가능성이 있다.
ㄹ. 자체평가는 정책프로그램을 담당한 사람들이 스스로 하는 평가로서, 평가비용이 많이 들며 장기적으로 일관성 있게 계속 평가할 수 있다.

① ㄱ, ㄴ, ㄷ
② ㄱ, ㄷ
③ ㄴ, ㄹ
④ ㄹ
⑤ ㄱ, ㄴ, ㄷ, ㄹ

해설 ㄹ. '자체평가'는 정책프로그램을 담당한 사람들이 스스로 하는 평가로서, 정책프로그램에 관한 정보를 많이 가지고 있고, 평가비용을 절약할 수 있으며, 장기적으로 일관성 있게 계속 평가할 수 있다는 장점이 있으나, 평가의 공정성을 확보하기 어렵고, 정책프로그램의 실패를 호도하거나 왜곡시킬 가능성이 있다는 단점이 있다.

11 다음과 같은 지역사회욕구 파악 방법은? [10회]

비교적 짧은 시간 안에 다양한 배경을 가진 지역사회 내 집단의 이익을 수렴하여 욕구조사와 우선순위를 결정할 수 있는 유용한 방법이다. 지역주민을 한 자리에 모아 지역에 영향을 미치는 문제나 이슈를 제시하도록 하고, 참가자들로 하여금 열거된 문제에 대한 우선순위를 매기도록 하는 과정을 거친다.

① 초점집단기법
② 명목집단기법
③ 델파이기법
④ 대화기법
⑤ 지역사회포럼

해설 명목집단기법(Nominal Group Technique)
비교적 빠른 시간 내에 다양한 배경을 가진 집단의 이익을 수렴하기 위한 것으로서, 대화나 토론 없이 어떠한 비판이나 이의제기가 허용되지 않는 가운데 각자 아이디어를 서면으로 제시하도록 하여 우선순위를 결정한 후 최종 합의를 도출하기 위해 사용된다. 이러한 명목집단기법은 개인이나 집단의 장점을 살리는 동시에 한 사람이 의견을 주도하는 상황을 방지할 수 있다.

Answer 10 ④ 11 ②

CHAPTER 04

최신기출문제

01 **사회복지정책 평가가 필요한 이유를 모두 고른 것은?** [17회]

ㄱ. 문제해결을 위한 정책결정에 필요한 정보를 얻기 위함 ㄴ. 기존 정책의 개선에 필요한 정보를 얻기 위함 ㄷ. 정책의 정당성 근거를 확보하기 위함 ㄹ. 정책평가는 사회복지정책 이론의 형성에 기여함

① ㄱ, ㄴ, ㄷ
② ㄱ, ㄴ, ㄹ
③ ㄱ, ㄷ, ㄹ
④ ㄴ, ㄷ, ㄹ
⑤ ㄱ, ㄴ, ㄷ, ㄹ

해설 **정책평가의 목적 및 필요성**

- 정책프로그램의 효과성 증진
- 정책활동에 대한 책임성 확보
- 정책의 정당성 근거 확보(ㄷ)
- 정책활동 통제 및 감사의 필요성
- 문제해결을 위한 정책결정 및 기존 정책의 개선에 필요한 정보 획득(ㄱ · ㄴ)
- 관련 이익집단에 대한 설득력 있는 자료 마련
- 새로운 정책대안 개발을 위한 기초자료 제시
- 사회복지정책 관련 학문적 · 이론적 발전에의 기여 등(ㄹ)

02 **사회복지정책의 대안을 개발할 때, 활용할 수 있는 방법을 모두 고른 것은?** [15회]

ㄱ. 과거의 정책을 검토한다. ㄴ. 해외 정책사례를 검토한다. ㄷ. 사회과학적 지식을 활용한다. ㄹ. 직관적 방법을 활용한다.

① ㄱ
② ㄴ, ㄷ
③ ㄷ, ㄹ
④ ㄱ, ㄴ
⑤ ㄱ, ㄴ, ㄷ, ㄹ

1 ⑤ 2 ⑤ Answer

해설 사회복지정책의 대안을 개발하는 방법

- 첫째, 사회문제와 관련된 과거 정책이나 현존 정책을 검토한다.
  이는 과거나 현재의 정책집행 결과에 비추어 미래의 정책 과정에 나타날 수 있는 여러 가지 결과들을 어느 정도 미리 예측할 수 있는 장점이 있다.
- 둘째, 외국의 정책사례를 검토한다.
  정책문제로 채택된 사회문제에 관한 이전의 정책경험이 없는 경우, 외국의 정책사례에서 많은 아이디어를 얻을 수 있다.
- 셋째, 사회과학적 지식이나 이론을 활용한다.
  사회복지학, 사회학, 경제학, 정치학 등 사회문제의 인과관계에 관한 이론들은 사회문제 해결을 위한 사회복지정책의 대안을 만드는 데 유용하다.
- 넷째, 직관적 방법을 활용한다.
  이는 정책대안에 관한 선례나 전문지식 및 상황에 대한 정보가 부족할 때 사용할 수 있는 방법이다.

03 정책결정 이론모형에 관한 설명으로 옳은 것을 모두 고른 것은? [20회]

> ㄱ. 합리모형은 인간의 이성과 합리성을 믿고 주어진 상황에서 목표 달성을 극대화하는 최선의 정책대안을 찾아낼 수 있다고 본다.
> ㄴ. 점증모형은 조직화된 무정부상태 속에서 점진적으로 질서를 찾아가는 과정을 정책결정 과정으로 설명한다.
> ㄷ. 쓰레기통 모형은 문제의 흐름, 정책대안의 흐름, 정치의 흐름이 우연히 결합하여 정책의 창이 열릴 때 정책이 결정된다고 본다.
> ㄹ. 혼합모형은 합리모형과 최적모형을 혼합하여 최선의 정책결정에 도달하는 정책결정모형이다.

① ㄱ, ㄷ
② ㄱ, ㄹ
③ ㄴ, ㄹ
④ ㄱ, ㄴ, ㄷ
⑤ ㄱ, ㄴ, ㄷ, ㄹ

해설 ㄴ. 점증모형은 과거의 정책을 약간 수정한 정책결정이 이루어지고, 여론의 반응에 따라 정책수정을 반복한다는 것이다. 참고로 조직화된 무정부상태(혼란상태) 속에서 정책이 우연히 결정된다고 보는 정책결정 이론모형으로 '쓰레기통 모형'이 있다.
ㄹ. 혼합모형은 합리모형과 점증모형의 혼합으로서, 종합적 합리성(Comprehensive Rationality)을 토대로 기본적 · 거시적 결정은 합리적으로 이루어지는 반면, 세부적 · 미시적 결정은 점증적으로 이루어진다는 것이다.

Answer 3 ①

04 최근 20년간 우리나라 사회복지정책의 환경변화에 관한 설명으로 옳지 않은 것은? [15회]

① 전 인구 중 노인의 비율이 높아졌다.
② 고용안정성에 대한 정책적 대응의 필요성이 높아졌다.
③ 다양한 문화적 배경의 사회구성원이 증가하였다.
④ 저출산 현상이 주요 사회문제로 등장하게 되었다.
⑤ 높은 수준의 경제성장이 지속됨에 따라 복지재원 마련이 용이해졌다.

해설 ⑤ 우리나라 사회복지정책은 여전히 복지사각지대를 해소하는 데 한계에 봉착해 있으며, 빈곤과 소득격차 문제에 대해서도 사실상 큰 성과를 보이고 있지 못하다. 또한 출산율 감소와 인구의 고령화에 대비할 새로운 복지제도의 도입 및 복지재원의 부담방식에 대해서도 사회적인 합의를 도출하는 데 많은 갈등을 겪고 있다. 특히 경기 침체로 인해 세수 확보가 쉽지 않은 상황에서 급증하는 복지수요의 충당을 위해 복지재원을 마련하는 것이 쉽지 않은 상태이다.

05 사회복지정책 평가유형에 관한 설명으로 옳은 것은? [19회]

① 과정평가는 정책집행 후에 평가하는 활동을 말한다.
② 결과평가는 정책집행 중간의 평가로 전략 설계의 수정보완을 하지 못한다.
③ 총괄평가는 정책이 집행되고 난 후 정책이 사회에 미친 영향을 평가하는 것이다.
④ 효율성 평가는 정책집행의 결과에 따라 정책의 목적이 달성되었는지를 평가하는 것이다.
⑤ 효과성 평가는 정책의 효과를 투입된 자원과 대비하는 평가이다.

해설 ②·③ 총괄평가는 정책이 집행되고 난 후 정책이 사회에 미친 영향을 추정하는 활동으로 '정책영향평가' 또는 '결과평가'라고도 부른다.
① 과정평가는 정책집행이 이루어지는 과정을 평가하는 활동을 말한다.
④ 정책집행의 결과에 따라 정책의 목적이 달성되었는지를 평가하는 것은 효과성 평가이다.
⑤ 정책 목표 달성을 위한 비용 대비 편익을 비교하는 것으로, 정책에 투입된 자원이 얼마나 경제적으로 활용되었는가를 평가하는 것은 효율성 평가이다.

4⑤ 5③ Answer

CHAPTER 05

사회복지정책의 내용분석

✪ 학습목표
- 사회복지정책의 분석기준의 접근방법에 대해 자세히 학습한다.
- 할당의 기본원칙으로서 보편주의와 선별주의의 특징을 이해하고 세부원칙에서는 각각의 분류와 그 특징을 비교 · 분석하도록 한다.
- 사회복지정책의 재원에서는 공공의 방식과 민간의 방식의 장단점을 비교할 수 있어야 하며, 역진성과 부(負)의 소득세의 개념을 학습한다.
- 사회복지 급여의 형태에서는 현금급여와 현물급여의 장단점, 이용권 및 증서, 기회, 권력 등에서 출제빈도가 높으므로 잘 숙지해둔다.
- 사회복지전달체제의 측면, 유형, 평가의 내용도 잘 알아두어야 한다.

제 1 절 사회복지급여의 대상

1 자격조건의 형태

(1) 거주조건

① **거주** : 사회복지정책의 자격조건 가운데 가장 기본적인 것은 한 나라 혹은 한 지역의 거주여부이다.

② 영국 NHS(National Health Service, 국민보건서비스)의 경우처럼 거주의 조건만으로 사회복지급여를 하는 경우는 매우 드물다.

③ 거의 모든 나라의 사회복지정책 중 거주는 급여를 받기 위한 필요조건이지 충분조건은 아니다.

(2) 인구학적 조건

16, 18회 기출

① **인구학적 조건이면(거주조건도 갖춰야 한다) 받을 수 있는 경우** : 65세 혹은 70세 이상의 노인이면 누구나 급여자격을 주는 보편적 연금과 아동을 키우는 가구에게는 누구나 자격을 주는 아동수당(가족수당), 장애를 가진 사람에게 주는 장애수당

② **다른 조건을 갖추어야 자격이 되는 경우** : 소득 · 자산 조사의 조건이 필요한 범주적 공적부조 프로그램과 기여의 조건이 필요한 사회보험

Plus ⊕ one

인구학적 기준에 따른 사회수당의 특징

16회 기출

- 운영효율성이 높다.
- 사회통합에 기여한다.
- 낙인문제가 발생하지 않는다.
- 공공부조에 비해 근로동기 감소효과가 적다.

(3) 기 여

① 사회보험프로그램에 **보험료 납부**라는 형태의 기여와 사회에 대한 경제적 · 사회적 기여로 구분할 수 있다.

② 오늘날 대부분의 복지국가들의 가장 중요한 사회복지정책은 국민연금, 질병보험, 산재보험, 실업보험이라는 네 가지 사회보험이다.

③ 사회보험의 가장 중요한 요건은 보험료 납부이다. 즉, 보험료를 납부해야만 사회보험급여의 자격이 주어진다.

(4) 근로능력

① **무근로능력이 자격조건인 경우** : 발전된 복지국가들에서 시행되고 있는 장애수당

② **그 외 다른 조건이 겸비되어야 하는 경우** : 대부분의 국가들에서 사회복지정책에 자격이 되기 위해서는 근로능력이 없을 뿐만 아니라 **보험료 납부, 소득 · 자산조사, 전문가 혹은 행정적 판단** 등과 같은 다른 조건도 갖추어야 한다.

③ 사회복지정책 가운데는 '근로능력이 있어야만' 혹은 '근로능력이 있어도' 자격이 되는 것들이 있다.

④ 대부분의 공적부조 프로그램은 근로능력이 없어야 급여를 받을 수 있는 데 반하여, 발전된 사회복지국가들에서는 다른 조건(예 소득 · 자산조사)만 갖추면 근로능력이 있어도 급여를 받을 수 있다.

(5) 소득 · 자산조사

① 일반적으로 사람들의 경제적 능력을 판단하는 기준은 부, 소득, 소비의 세 가지로 나눈다.

② 소득조사를 할 때 어떤 것들을 소득에 포함시켜야 하는가도 중요한 쟁점이다.

③ 소득조사를 할 때 조사대상의 단위가 무엇인가의 문제이다.

④ 소득은 기간별로 일일소득, 주간소득, 월소득, 연소득, 평생소득 등으로 나눌 수 있다.

⑤ 일반적으로 사람들의 소득은 측정기간이 짧을수록 변동이 심한 반면, 길면 소득변동을 표준화할 수 있어서 안정적이다.

⑥ 급여자격의 소득수준들은 크게 보면 두 가지 형태로 결정한다.

㉠ 절대적 수준 : 최소한의 기본적 욕구를 충족시킬 수 있는 수준

㉡ 상대적 수준 : 사회구성원 대다수가 누리는 생활수준

(6) 전문적 혹은 행정적 판단

① 전문적 혹은 행정적 판단은 사회복지가 발달되지 않은 국가에서 많이 이용하는 자격조건이다.

② 사회복지정책의 급여를 받기 위하여 다른 조건(예 소득 · 자산조사)도 갖추어야 하며 사회사업가, 의사와 같은 전문가나 행정관료의 판단도 필요하다.

③ 사회복지가 잘 발달한 나라에서는 사회복지정책의 자격 여부가 법규에 명시되어서 자동적 · 기계적으로 결정되는 경향이 있는데 이는 사회복지욕구는 '집단별'로 발생된다는 것의 반영이다.

④ 전문적 혹은 행정적 판단에 의한 자격결정은 **욕구 여부가 개별적으로 결정**된다고 보는 것이다.

Plus ⊕ one

현행 우리나라 장애수당의 수급자격 11회 기출

만 18세 이상의 등록한 장애인 중 3~6급의 장애등급을 가진 자로 국민기초생활 보장수급자 및 차상위계층

- 인구학적 조건(연령) : 신청 월 현재 만 18세 이상인 자
- 전문적 혹은 행정적 판단(등록한 장애인) : 신청일 현재 장애인복지법 제32조에 따라 등록한 장애인 중 3~6급의 장애등급을 가진 자
- 소득조사(선정기준) : 국민기초생활수급자 및 차상위계층을 대상

2 자격조건들의 필요성

(1) 욕구발생 원인

① 자격조건을 구분하는 가장 중요한 개념적 근거는 욕구의 원인으로 누구의 잘못에 의해 욕구가 발생한 것인가의 문제이다. 산업사회 이전의 단순한 사회에서는 욕구의 원인을 판단하기가 비교적 쉬워 '개인의 잘못'의 기준이 중요했다.

② 산업사회에서는 욕구의 발생 원인을 점차 가리기가 어려워져 '사회의 잘못'의 개념이 중요하다.

(2) 욕구의 해결

① 한 나라에 거주하는 사람이면 누구에게나 혹은 인구학적 속성만 고려하여 똑같은 사회복지급여를 하는 것은 **상징적 욕구, 도구적 욕구, 공공욕구의 개념을 반영**하는 것이다.

② 누구에게나 똑같이 급여함으로써 사회의 소속감이나 사회적 지위에서 격차를 좁히는 것은 인간존엄성의 증대라는 상징적인 의미를 갖고 있다.

③ 소득 · 자산조사나 전문적 혹은 행정적 판단에 의하여 급여를 결정하는 것은 상징적 · 도구적 · 공공욕구 개념을 반영하는 성격이 약한 반면, **육체적 생존욕구 · 절대적 욕구 · 직접적 욕구**의 개념을 크게 반영한 것이다.

3 자격조건들의 평가기준과 평가

(1) 근로동기

① 거주나 인구학적 속성

㉠ 누구에게나 사회복지급여를 하는 것은 수급자의 근로동기 약화에 영향을 준다.

㉡ 사회복지정책의 수급자가 근로동기가 약화될 수 있는 것은 일을 해서 벌어들이는 소득이 사회복지급여 자격 혹은 급여액을 결정할 경우이다.

㉢ 거주나 인구학적 속성만으로 급여를 하는 것은 소득에 상관없이 이루어지기 때문이고, 이러한 프로그램은 수급자의 근로소득이 높아도 급여를 한다.

② 소득 · 자산조사

㉠ 사회복지정책은 근로동기의 약화에 가장 큰 영향을 줄 수도 있다.

㉡ 일정한 소득 · 자산 수준 이하의 사람에게만 사회복지급여를 하기 때문이다.

㉢ 근로소득이 있을 때는 급여감소율에 따라 일정한 액수를 급여에서 공제하기 때문에 수급자뿐만 아니라 잠재적 수급자(예 자격이 되는 소득수준보다 조금 더 높은 소득이 있는 계층)의 근로동기도 약화시킬 수 있다.

㉣ 이러한 프로그램이 근로동기에 미치는 효과는 급여액과 급여감소율에 따라 크게 차이가 난다.

㉤ 급여액도 낮고 급여감소율도 낮은 프로그램은 근로동기의 약화가 적게 나타나지만, 급여액도 높고 급여감소율도 높은 것은 근로동기의 약화가 클 수 있다.

(2) 소득재분배

① 거주와 인구학적 속성

㉠ 수평적 소득재분배의 효과는 크지만 수직적 소득재분배 효과는 적다.

㉡ 수평적 소득재분배 정책들은 소득수준에 상관없이 소득재분배가 이루어진다(예 건강한 사람으로부터 질병 있는 사람에게로 줌, 젊은 사람으로부터 노인에게 줌, 아동이 없는 가족으로부터 아동이 있는 가족에게 줌).

② 기 여

수평적 소득재분배의 효과가 나타난다(예 의료보험 : 건강한 사람으로부터 질병이 발생한 사람에게 줌, 국민연금 : 현재 보험료를 납부하는 사람으로부터 은퇴한 노인에게 줌, 실업보험 : 취업자로부터 실업자에게 줌).

③ 소득 · 자산조사

㉠ 수직적 소득재분배효과가 가장 크게 나타난다.

㉡ 재원을 누진성이 높은 정부의 일반예산에 의존할 뿐만 아니라 급여도 일정한 소득 · 자산조사 이하의 사람들만 골라주기 때문에 소득이 재분배된다(예 공공부조 : 고소득층으로부터 저소득층에게 줌).

(3) 인간의 존엄성과 사회통합

① 거주와 인구학적 속성

㉠ 인간의 존엄성과 사회통합의 목표를 가장 크게 이룰 수 있다.

㉡ 수급자 누구에게나 똑같은 양과 질의 사회복지 재화를 제공하기 때문이다.

② 기 여

㉠ 인간의 존엄성 유지와 사회통합의 효과가 약하다.

㉡ 납부한 보험료 등의 기여에 의한 계층 간 급여액에서 차이가 있기 때문에 사회통합의 효과가 약하게 나타난다.

③ 소득 · 자산조사와 전문적 · 행정적 조사

㉠ 인간의 존엄성과 사회통합의 목표를 가장 크게 저해할 수 있는 조건이다.

㉡ 대상자들은 경제적 측면뿐만 아니라 사회적, 문화적, 도덕적, 정신적인 개별적인 조사과정을 통과하면서 치욕의 문제가 발생한다.

(4) 가족구조의 변화

① 거주와 인구학적 속성

㉠ 누구에게나 급여하는 정책들은 가족구조 변화에 직접적으로 큰 영향을 거의 미치지 않는다.

㉡ 가족수당

- 아동이 있는 가구는 누구에게나 급여가 이루어지기 때문에 여성 단독세대를 증가시키는 동기 유발이 적다.
- 아동출산율의 증가를 유발할 수 있는데 이는 아동이 많을수록 급여액이 커지기 때문이다.

② 기 여

가족구조의 변화에 큰 영향을 주지 않고 기여 여부에 따라 급여가 이루어진다.

③ 근로능력의 여부

㉠ 근로능력이 없다고 판단되는 가족에게만 줄 경우 : 근로능력이 없는 사람이 단독가구를 형성할 동기를 줄 수 있다.

㉡ 근로능력이 있고 현재 일하는 사람이 있는 가족에게 급여할 경우 : 정상적인 가족형태를 유지할 동기를 주게 된다.

④ 일정한 소득수준 이하의 특정한 범주에 속한 가구

㉠ 사회복지정책 가운데 가족구조의 변화를 가장 크게 유발시킬 수 있다.

㉡ 대표적인 경우 : 일정한 소득수준 이하의 노인 단독세대, 아동을 키우는 여성 단독세대가구에게만 급여를 주는 것이다.

㉢ 아동을 키우는 여성 단독세대 : 이혼율의 증가, 나이 어린 미혼모의 증가, 사생아의 증가 등 많은 사회문제를 발생시킬 수 있다.

(5) 사회적 적절성, 대상효율성, 그리고 총비용

① 거주와 인구학적 속성

㉠ 사회적 적절성이나 대상효율성의 목표를 이루기가 어렵다.

㉡ 정책들은 대부분 정부의 예산상의 한계로 대상자 모두에게 높은 수준의 급여를 하는 것이 어렵다.

㉢ 연금이나 가족수당의 급여수준은 높지 않아 수급자들이 이 프로그램으로 인간다운 생활수준을 유지하기가 곤란하다.

② 기 여

거주와 인구학적 속성의 프로그램들보다 사회적 적절성을 높일 수 있고, 대상효율성의 문제는 심각하지 않다.

③ 국가 사회보험의 목표

㉠ 보험료를 많이 낸 사람에게 많은 급여를 하는 **개별적 공평성**이다.

㉡ 사회적 적절성의 목표로 보험료를 적게 납부했더라도 급여액은 상대적으로 많이 주는 것이다.

(6) 운영효율성

① 거주와 인구학적 속성

일반적으로 운영하기가 쉽고 운영비용도 적게 든다. 거주 여부와 특정 인구학적 속성의 여부만 판단하면 기계적 혹은 자동적으로 급여 여부가 결정되기 때문이다.

② 기 여

㉠ 보편적 프로그램에 비하여 **운영이 복잡하고 비용도 많이 소요**된다.

㉡ 사회보험(예 노령연금 · 질병수당 · 실업보험)의 급여액을 결정하기 위해서는 기여기간 혹은 기여액수에 대한 조사가 필요하다.

㉢ 수급자에게 위험이 발생해도 일정한 심사가 필요하다.

③ 소득 · 자산조사나 전문적 · 행정적 조사

㉠ 운영이 복잡하고 비용도 가장 많이 드는 급여프로그램이다.

㉡ 이는 개별 사람들이 사회복지에 대한 욕구를 면접과 가정방문조사 등을 통하여 직접적으로 해야 한다.

㉢ 프로그램의 오 · 남용의 정도가 다른 것들에 비하여 크기 때문에 많은 운영비용이 소요된다.

4 사회복지정책의 분석틀

(1) 사회복지정책의 분석기준(Gilbert & Specht)

① 사회복지정책분석의 접근방법(3p) 9, 10, 11, 12, 14, 19회 기출

㉠ 과정분석 : 정책 사정이 어떻게 이루어지는지를 이해하기 위한 목적에서 이루어지며, 사회복지정책이 다양한 정부 · 이익집단 간의 관계와 상호작용을 통해 정책형성에 영향을 미치는 형성과정을 **기술적 · 방법적 관점에서 분석**(예 노인장기요양보험법 제정에서 이익집단의 영향분석)

㉡ 산물분석 : 정책선택과 관련된 여러 가지 쟁점들을 분석하는 데 초점을 두며, **사회복지정책의 선택 형태 및 내용을 분석**(예 기초연금과 국민연금의 대상자 선정기준 분석)

㉢ 성과분석 : 특정한 정책의 실행에 의해 나타난 **결과를 기술 · 평가하여 효과성을 판단하는 분석**(예 근로장려세제의 근로유인효과 분석)

② 길버트, 스펙트, 테렐 등의 산물분석을 기본틀로 한 사회복지정책의 선택차원 12회 기출

선택차원	의 미	대안적 선택
할 당 (Allocation)	사회적 급여를 받을 자격을 가진 사람이 '누구'인가를 결정	귀속적 욕구, 보상, 진단, 자산조사 등
급 여 (Benefits)	선정된 수혜자가 '무엇'을 받을 것인가를 결정	현금급여, 현물급여, 이용권(증서), 권력 등
전 달 (Delivery)	'무엇'을 '어떻게' 전달할 것인가를 결정	공공부문(중앙정부, 지방정부), 민간부문, 혼합형태 등
재 정 (Finance)	재원조달의 원천과 형태에 관한 선택방법	공공재원, 민간재원, 공공 및 민간재원의 혼합 등

(2) 할당의 기본원칙으로서 선별주의와 보편주의

5, 10, 11, 12, 13, 14, 17, 19회 기출

① 선별주의(Selectivism)

㉠ 사회복지서비스가 **개인적 욕구**에 근거를 두고 제공되며, **자산조사**에 의해 결정된다.

㉡ **목표 효율성**과 **비용 효과성**을 강조한다.

㉢ 도움을 가장 필요로 하는 사람에게 집중적으로 사회복지서비스를 제공해 줌으로써 자금 및 자원의 낭비가 적다.

㉣ 수급자에게 불필요한 의존심을 키워 주지 않는다는 장점이 있다.

㉤ 낙인 발생의 단점이 있다.

㉥ 사회복지를 **잔여적 개념**(Residual Conception)으로 파악한다.

㉦ **자활사업, 의료급여, 기초연금, 장애인연금** 등이 있다.

② 보편주의(Universalism)

㉠ **사회적 권리**로서 전 국민에게 사회복지서비스가 사용될 수 있어야 한다(자격기준 설정 용이).

㉡ **평등**과 **사회적 효과성**을 강조한다.

㉢ 최저소득을 보장함으로써 궁핍을 미연에 방지한다.

㉣ 행정 및 시행절차가 간단하고 복지서비스의 공정성을 보장할 수 있다.

㉤ 시민의 구매력을 일정한 수준에서 유지시켜줌으로써 경제적 안정과 성장에 이바지할 수 있다는 장점이 있다.

㉥ **비용 효과성이 떨어진다**는 단점이 있다.

㉦ 사회복지를 **제도적 개념**(Institutional Concept)으로 파악한다.

㉧ 사회구성원을 '주는 자'와 '받는 자'의 두 집단으로 나누지 않음으로써 인간의 존엄성을 유지하고 사회적 일체감을 이룰 수 있다고 본다.

㉨ 학부모의 소득수준에 상관없이 어린이집 누리과정비 전액 무료(2018년)

③ 선별주의와 보편주의의 비교

구 분	선별주의	보편주의
원 리	개인의 욕구에 기초	사회적 권리에 기초
대 상	도움을 필요로 하는 개인	모든 국민
이 념	보수주의, 자유주의	사회민주주의, 진보주의
전 체	자산조사	욕구, 자산조사 불필요
성 격	치료적	예방적
치 료	개인의 노력	공공의 노력
모 형	잔여적 모형	제도적 모형
장 점	• 높은 목표(대상) 효율성 • 요보호자에 국한된 서비스 집중 • 자원 낭비 방지 • 비용절감(비용 효과성)	• 사회적 통합 효과(사회적 효과성) • 최저소득 보장, 빈곤 예방 • 사회적 낙인이 발생하지 않음 • 간편한 행정 업무 • 사례의 균일성 유지 • 모든 시민의 일정수준 구매력 유지
단 점	• 자산조사에 따른 불필요한 행정비용 발생 • 사회정책이 사회통합을 소외시킬 위험성 • 사회적 낙인 유발 • 빈곤의 덫 유발 • 복잡한 행정 업무 • 정치적 지지기반 협소	• 낮은 목표(대상) 효율성 • 자원 낭비 발생 • 운영비용 증가
사 례	기초연금, 의료급여, 국민기초생활보장, 장애인연금	아동수당, 의무교육, 사회보험, 누리과정, 실업급여

(3) 할당의 세부원칙

3, 12, 13, 14, 19회 기출

① 귀속적 욕구(Attributed Need)에 의한 할당

㉠ 수급자격은 제도적 장치에 의해 충족되지 않는 욕구를 가진 사람들의 공통적 범주에 따라 파악한다.

㉡ 욕구의 규범적 준거를 토대로 특정집단에 소속된 사람들의 공통적 욕구에 대해 집단적 할당이 이루어진다.

㉢ 65세 이상의 노인에 대한 경로우대제도나 중학교까지의 무상교육이 해당한다.

② 보상(Compensation)에 의한 할당

㉠ 수급자격은 사회발전에 기여한 자나 사회 부당행위에 의한 피해자가 해당된다.

㉡ 형평의 규범적 준거를 토대로 수급자 선정기준에 따른 집단적 할당이 이루어진다.

㉢ 국가유공자에 대한 처우 및 국민연금, 국민건강보험 등의 사회보험과 국토개발 등으로 인한 이주자 보상이 해당한다.

③ 진단(Diagnostic Differentiation)에 의한 할당

㉠ 수급자격은 전문가의 진단적 판단에 의해 차등적으로 이루어진다.

㉡ 욕구의 기술적 진단을 토대로 개인적인 할당이 이루어진다.

㉢ 장애인에 대한 장애등급 판정, 치매나 중풍 노인들에 대한 의료서비스가 해당한다.

④ 자산(Means-tested Need)조사에 의한 할당

㉠ 수급자격은 자산조사를 통해 상품의 구매력 유무에 대한 판단으로 이루어진다.

㉡ 욕구의 경제적 기준을 토대로 개인적인 할당이 이루어진다.

㉢ 국민기초생활보장제도와 같은 공공부조가 해당한다.

Plus ⊕ one

대상자 선정의 관점에 의한 할당의 원칙

귀속적 욕구	보 상 ······ 진 단	자산조사
제도적 개념 (보편주의)	⟷	잔여적 개념 (선별주의)

Plus ⊕ one

급여자격 조건에 따른 대상선정 기준의 예 11, 17회 기출

구 분	대상선정 기준
국민연금	18세 이상 60세 미만인 국민을 가입대상으로 하여 급여의 종류에 따라 수급연령(인구학적 기준)에 차이가 있으며, 가입자의 연금보험료(기여)를 재원으로 사업이 운영된다. 특히 장애연금의 경우 장애 정도(진단적 구분)에 따라 수급권이 발생한다.
노인장기요양보험	65세 이상의 노인(인구학적 기준) 또는 65세 미만의 자로서 노인성 질병을 가진 사람(진단적 구분)을 대상으로 하며, 가입자의 장기요양보험료(기여)와 국가 및 지방자치단체의 부담금 등을 재원으로 사업이 운영된다.
국민기초생활보장제도	소득인정액(자산조사)과 부양의무자 유무(부양의무자 기준)를 고려한다. 참고로 기존의 생활보호법상 수급요건으로서 인구학적 기준(18세 미만의 아동 및 65세 이상의 노인)에 의한 대상자 구분은 폐지되었다.
기초연금	만 65세 이상의 노인들(인구학적 기준) 중 소득인정액(자산조사)이 선정기준액 이하인 노인을 대상으로 한다.
장애인연금	만 18세 이상(인구학적 기준)의 등록한 중증장애인(진단적 구분) 중 소득인정액(자산조사)이 선정기준액 이하인 사람을 대상으로 한다.
장애수당	만 18세 이상(인구학적 기준)의 등록한 장애인 중 중증장애인이 아닌 사람(진단적 구분)으로서 국민기초생활보장수급자 또는 차상위계층(자산조사)을 대상으로 한다.

제2절 사회복지재원

1 공공부문 재원

5, 11, 19회 기출

(1) 재정의 의의

① 사회복지정책을 실현하는 데 있어서 사용되는 제반 비용과 관련된 것을 의미한다. 사회복지정책의 관심은 크게 두 가지로 분류된다.

㉠ 재원의 조달 : 사회복지정책의 목표를 달성하기 위해 필요한 재원을 어떻게 얼마만큼 조달하는가의 문제이다.

㉡ 배분 : 복지정책을 위해 조달된 재원을 어떻게 배분하느냐 하는 문제이다.

② 20세기 이래 복지국가의 성장과 발전으로 인해 사회복지 재정규모가 매우 커져서 국가나 개인에게 미치는 영향력이 커졌기 때문에 그 중요성이 더해 가고 있다.

③ 재정수입과 관련하여 국민에게 전가되는 조세부담이나 보험료부담 등의 사회복지재정은 국민 생활에 지대한 영향을 미친다.

④ **공공재원 조달의 필요성** 5, 9, 11회 기출

㉠ 국가가 **국민의 생존권 보장**의 의무를 가지는 이상, 지불 능력을 가지지 못한 저소득자에 대해 사회복지서비스 제공에 대한 책임을 져야 한다.

㉡ 사회복지정책의 대상이 되는 사고(Risk)는 개인적으로 대응하기 어려운 사회적 사고인 경우가 대부분이다.

㉢ **사회적 사고의 감소**로 인해 장기적으로 사회구성원 전부의 이익이 향상된다.

㉣ 누진세의 경우 사회복지정책의 기능으로서 **소득재분배의 효과**가 탁월하다.

(2) 정부의 일반예산과 공공재원

① **조세부담률과 사회복지재원**

㉠ 조세부담률이 높으면 일반적으로 사회복지정책에 사용될 재원이 증가하지만, 조세부담률의 증가가 반드시 사회복지에 쓰일 재원의 증가는 아니다.

㉡ Laffer 곡선 : **일정한 조세부담률까지는 조세수입이 증가하나 그 이상부터는 줄어들 수 있다.**

㉢ 조세수입을 극대화할 수 있는 조세부담률을 규명하는 작업은 사회복지정책 재원의 분석에서 전제조건이 된다.

㉣ 어떠한 조세부담률에서 국민총생산과 조세수입이 극대화되어 사회복지정책의 확대되는가의 문제는 국가들이 갖는 경제적 · 사회적 · 정치적 · 시간적 등 여러 가지 측면의 요인들에 달려 있다.

② **정부의 일반예산의 필요성**

㉠ 사회복지정책의 확대를 지지하는 사람들은 사회복지정책의 재원이 주로 정부의 일반예산에서 충당되어야 한다고 주장한다.

㉡ 정부의 일반예산을 통한 재원은 다른 재원에 비하여 사회복지정책이 추구하는 가장 중요한 목표인 평등과 사회적 적절성을 이루기가 쉽다.

㉢ 정부의 일반예산 재원은 다른 재원들에 비하여 사회복지정책의 대상을 넓힐 수 있고, 급여 내용의 보편성을 이룰 수 있다.

㉣ 재원의 안정성과 지속성의 측면에서도 정부의 일반예산이 다른 재원에 비하여 유리하다.

③ 조세의 실질부담률

㉠ 누진적 조세는 역진적 조세에 비하여 이론적으로는 소득재분배적이나, 현실적으로 어떤 조세의 누진적 혹은 역진적인가를 판단하는 것은 쉽지 않다. 이는 조세의 명목적인 부담과 실질적인 부담의 차이 때문이다.

㉡ 조세의 부과는 사람들의 소득원과 소득의 사용형태에 영향을 미치는데, 이 두 가지의 변화 형태에 따라 그 조세의 소득재분배 효과는 달라진다.

㉢ 조세전가의 문제로써 어떤 사람에게 명목적으로 세금이 부과되어도 실질적으로는 다른 사람이 그 세금을 부담하게 되는 경우이다.

㉣ 명목세율이 높다고 해서 사람들이 실제로 납부하는 실질세율이 높은 것은 아니며, 명목세율이 높으면 사람들은 여러 가지의 방법을 통하여 실질세율을 낮추고자 한다.

Plus ⊕ one

조세의 누진적과 역진적 개념

• 누진적 : 소득이 올라갈수록 조세에 부과하는 기여도 높아지는 것(예 소득세, 공공부조)
• 역진적 : 소득이 올라갈수록 조세에 부과하는 기여가 낮아지는 것(예 소비세와 조세비용, 사회복지시설 이용료)

(3) 공공재원을 조달하는 조세

10, 14, 18회 기출

① 소득세

공공재원을 구성하는 조세 중에 누진성을 높이는 데 가장 크게 기여하는 것은 소득세이며, 개인소득세의 소득분배효과가 가장 크다.

㉠ 소득세는 부담능력의 원칙에 따라 세율이 부과되므로 사회복지가 발달한 나라일수록 고소득층의 세율이 저소득층보다 높다.

㉡ 개인소득세는 다른 조세에 비하여 각종의 조세감면으로 저소득층의 조세부담을 면제 · 감면시켜준다.

㉢ 근로소득은 감세의 혜택을 주고, 자산소득은 감세 혜택을 주지 않음으로써 소득재분배 효과를 높인다.

㉣ 개인소득세는 일반예산을 구성하는 조세 가운데 가장 크기 때문에 아무리 조세의 누진성이 높아도 일반예산에서 차지하는 크기가 작다면 소득재분배 효과는 적을 수밖에 없다.

② 소비세

㉠ 소비에 대한 조세는 개인소득세와 달리 부담능력을 고려하지 않고 상품을 소비할 때 부과하기 때문에 개인소득세에 비해 고소득층의 조세부담률이 저소득층보다 상대적으로 적다(예 부가가치세).

㉡ 일반적으로 모든 상품에 대해 단일 세율 부과를 하므로 기본적으로 역진성이 크다.

㉢ 소비에 대한 조세는 다양한 형태를 취하고 있기 때문에 소비세의 소득재분배효과는 서로 다르다.

③ 재산세

㉠ 정부의 일반예산 가운데 가장 적은 비중을 차지하는 것은 부에 관한 조세이며, 부에 관한 여러 형태의 조세 중 가장 중요한 조세는 재산세이다.

㉡ 선진 산업국가에서 재산세는 주로 지방정부의 일반예산의 주 세원으로 대개 단일세율을 부과한다.

㉢ 세금부과대상이 되는 재산의 가치평가액이 시장가격의 변화에 따라 빨리 대응하지 못하므로 역진성이 있다.

㉣ 많은 재산들을 포괄적으로 세금부과대상에 포함시키는 것이 어렵기 때문에, 일반적으로 재산이 많은 사람들은 없는 사람들에 비하여 재산세에 대한 실질 조세부담률이 적다.

④ 목적세(준조세)

㉠ 사회보장세

- 사회보장세는 사회보장의 목적을 위해 거두는 사회보험료가 해당되며, 세금은 아니지만 세금과 같은 기능을 한다.
- 대부분의 국가에서 사회보장세는 조세부담대상 소득의 일정한 상한액 내에서만 부과하는데 이는 상한액 이상의 고소득층의 조세부담을 상대적으로 낮추는 효과가 있어 소득재분배에 역진적으로 작용한다.
- 사회보장세는 사용자와 피고용자가 동률로 부담하거나 아니면 사용자가 대부분 부담하는데, 이때 사용자부담이 실질적으로는 대부분 피고용자의 부담이라면 사회보장세의 역진성은 더욱 커진다.

㉡ 사회보험을 위한 재원들을 정부의 일반예산에서 마련하지 않는 이유

- 사회보험의 가장 중요한 목표는 자본주의 사회에서 사회계층상의 위치를 변화시키지 않으면서 사람들이 어떤 위험(예 노령 · 실업 · 장애 · 건강보험 등) 등으로 소득이 상실될 때 각자 이전의 시장소득 수준을 유지하고자 하는 데 있다.
- 많은 사람들은 사회보장세를 납부하면서 일반조세와 달리 미래에 받을 수 있는 급여액에 대한 권리를 갖는다고 생각하기 때문에, 일반조세의 방식보다 사회보장세의 방식이 정치적으로 유리하다(예 교육세, 농어촌특별세).
- 사회복지 발달사를 통해 볼 때 정부의 사회복지정책은 가난한 사람들을 대상으로 급여를 주는 경향이 있어서 많은 사람들이 사회보장의 급여에 거부감을 갖는 경향이 있다.

• 일반적으로 사람들은 자기들이 낸 세금 출처에 대해 관심이 있는데 일반예산과 달리 특정한 목적을 위하여 사용되는 조세에 대해서는 거부감이 적다.

(4) 조세비용(조세지출)

14회 기출

① 조세비용의 형태

조세비용제도에 의하여 조세감면의 혜택을 받는 대상은 매우 많은데, 이러한 조세감면은 크게 두 가지의 형태로 나눌 수 있다.

㉠ 공평의 가치를 강조하는 형태 : 경제적 욕구를 고려한 조세감면인데 여기에는 노인, 장애인, 아동들에 대한 공제나 의료비, 교육비, 주택비 등에 관한 공제가 포함된다.

㉡ 경제적 효율의 목표를 이루기 위한 형태 : 각종의 경제활동 활성화에 필요한 비용들을 공제하는 것이다.

② 조세비용의 소득재분배 효과

㉠ 조세비용은 정부가 비과세 감면 · 공제 등의 방법으로 정책적인 감면을 해주는 제도이다.

㉡ 조세부과 및 대상자 선별에 소요되는 비용을 줄이는 효과가 있지만, 그 수혜자가 주로 중상위계층에 해당한다는 점을 고려할 때 역진적이라 할 수 있다.

㉢ 조세비용을 대폭 줄이거나 없애고 과세대상을 넓히게 되면 정부의 일반예산이 증가되므로 적극적인 사회복지정책의 확대를 통해 소득재분배 효과를 높일 수 있다.

(5) 일반조세와 사회보험료

18회 기출

일반조세에 의한 공공재원 조달	• 누진세를 중심으로 하는 조세 구조에서는 조세에 의한 조달이 정률갹출 방식의 사회보험료에 의한 조달보다 누진적이므로 소득재분배 효과가 상대적으로 크다. • 보험료 내지 보험료 부과소득에 상한선이 설정되어 있는 경우 보험 방식은 보다 역진적이 되는 반면, 조세 방식은 원천적으로 역진성을 방지할 수 있다. • 보험료 부과에는 소득세의 부과에서 볼 수 있는 인적 공제가 없으므로 저소득자에게 부담이 큰 반면, 조세 방식은 인적 공제 등을 통해 상대적으로 부담이 적다. • 조세 방식은 그 재정 운용에 있어서 각종 서비스 프로그램들 간의 상호조정이 쉽다. • 조세는 납세자가 장차 받을 수 있을 것으로 기대되는 어떤 가치가 아닌 추정된 조세부담능력(Assumed Capacity), 즉 지불능력(Capacity to Pay)과 관련되어 있다.
사회보험료에 의한 공공재원 조달	• 갹출금을 통한 재원 조달은 사회보험급여의 인상과 직접적으로 연계될 수 있으므로 무책임한 급여의 인상을 억제할 수 있다. • 급여는 보험료 갹출에 수반하는 당연한 권리이며, 자산조사를 필요로 하지 않는 보편적인 접근방법이다. • 사회보험에 가입하는 자는 갹출에 의한 기여를 통해 보험의 운영에 참여할 수 있다. • 보험료가 임금에 부과되므로 사업주에게 사고 발생 예방의 유인을 주는 동시에 부담의 증대를 억제한다. • 사회보험료는 일종의 목적세적 성격을 가지고 있으므로 피보험자의 납부 의욕이 일반조세의 경우에 비해 상대적으로 높다. • 사회보험료는 조세 중 직접세에 해당하는 소득세에 비해 역진적이다. • 사회보험료는 조세와 달리 소득상한선이 있는 고소득층에게 유리하다. • 사회보험료는 추정된 부담능력을 고려하지 않는다고 볼 수 있다. • 사회보험에서 개인별로 부담하는 보험료 총액과 보험급여가 절대적으로 일치하는 것은 아니며, 일반적으로 사회보험료 또한 소득이 높은 사람이 더 많이 부담하는 경향이 있다.

2 민간부문 재원

7, 10, 16회 기출

(1) 사용자 부담

① 의 미

㉠ 사회복지급여나 서비스를 이용하는 사람들이 그 이용의 대가를 지불하는 방법(이용료)으로 재원을 조달하는 것을 말한다.

㉡ 사회복지서비스의 남용과 도덕적 해이를 방지하며, 서비스의 질을 높일 수 있다. 또한 정부 부담을 줄이며, 사용자의 자기 존중감을 높일 수 있다.

㉢ 국민건강보험의 본인부담금, 각종 사회복지서비스의 이용료 등이 해당한다.

② 사용자 부담(이용료) 장점

㉠ 사회복지재원의 확충으로 정부의 재정 부담 완화 효과

㉡ 서비스 남용을 막고, 서비스 이용자의 도덕적 해이를 방지 가능

㉢ 서비스 이용자의 선택권과 권리의식 증가로 서비스 질을 향상

㉣ 서비스 무료 이용자라는 사회적 낙인 제거로 이용자의 자아존중감과 사회적 책임감 향상

③ 사용자 부담의 문제점

㉠ 사용자 부담은 기본적으로 역진적이어서 저소득층의 부담이 고소득층에 비하여 상대적으로 커 소득재분배를 악화시킬 수 있다.

㉡ 사용자 부담액수가 크지 않더라도 저소득층에게 부담이 되어 필요한 서비스의 이용이 억제될 수 있다.

㉢ 사용자 부담의 장점은 수급자의 선택의 폭을 넓히는 데 있는데, 일부 사회복지서비스 수급자들은 선택 능력이 없으므로 이 경우의 사용자 부담은 불필요하게 된다.

Plus ⊕ one

전자바우처 14회 기출

- 의의 : 서비스의 금액이나 수량이 기재된 증표로 서비스 신청, 이용, 비용 지불 · 정산 등의 전 과정을 전산시스템으로 처리하는 전달수단
- 사업 : 노인돌봄서비스, 장애인활동지원, 산모 · 신생아 건강관리 지원사업, 가사 · 간병방문 지원사업
- 도입 성과
  - 일자리 창출 : 고용 취약계층에 적합한 일자리 제공 및 경제활동 참여기회 확대
  - 선택권 강화 : 복지서비스 수요자가 능동적인 서비스 구매자로 바뀌어 수요자 선택권 강화
  - 품질 경쟁체제 : 사업당 2개 이상의 제공기관을 지정 · 운영하게 하여 복지 분야의 경쟁체계를 구축
  - 투명성 및 효율성 : 사업의 전산화로 행정관리비용 감소는 물론 재정의 투명성, 효율성이 강화

(2) 자발적 기여

① 의 미

㉠ 자발적 기여는 개인이나 조직, 단체가 특정의 사회복지기관을 지원하는 후원금 및 기부금을 통해 부담하는 것이다.

㉡ 후원금이나 기부금은 정기적으로 제공되기도 하지만 부정기적 · 일시적으로 제공되는 경우도 있다.

㉢ 부정기적 · 일시적인 기여의 경우 경제적 상황에 따라 액수의 변화가 크므로 안정적인 재원 마련이 되지 않아 체계적인 사업의 수행이 어렵다.

㉣ 자발적 기여를 통한 사회복지정책은 다양한 집단 간의 갈등을 해결할 수 있다.

㉤ 자발적 기여를 통한 사회복지정책은 새롭고 창의적인 서비스의 개발이 쉬우나 조세에 의한 국가의 사회복지정책은 책임성과 관료성 때문에 개발이 어렵다.

② 문제점

㉠ 자발적 기여가 중상위 계층에 의해 이루어지므로, 조세감면의 역진성이 발생한다.

㉡ 자발적 기여에 의한 집단적 혹은 지역적인 특수한 욕구를 해결하려는 정책은 국가 전체적인 포괄적이고 통합적인 정책발전에 장애가 될 수도 있다.

㉢ 자발적 기여에 의한 재원은 불안정하고 지속적이며 체계적인 정책의 수립과 집행이 어렵다.

(3) 기업복지의 재원

① 의 미 20회 기출

㉠ 사용자의 입장에서 보면, 피고용자들에게 직접적인 임금 대신 기업복지 형태의 지급이 세제상 유리하다.

㉡ 고용주가 피고용자들에게 직접적인 임금인상의 효과를 주기보다는 기업연금, 퇴직급여, 출산휴가, 장학금 등 기업복지의 형태로 서비스를 제공한다.

㉢ 우수한 인력을 유치하고 기업의 노사안정을 통해 생산성 향상을 기대할 수 있다.

㉣ 기업에 대한 사회적 이미지를 제고하고, 임금을 높여주는 것보다 조세부담의 측면에서 유리하다.

㉤ 국가의 입장에서는 기업복지의 확대로 국가복지에 사용될 재원을 줄일 수 있다.

② 문제점

㉠ 기업복지에 사용되는 재원은 대부분 조세감면을 받는데 이때 고소득층일수록 조세감면 혜택이 더 크다.

㉡ 기업복지가 안정된 직장에서 높은 임금을 받는 근로자를 주된 대상으로 하는 만큼 저임금 근로자, 비정규직 근로자, 실업자 등에 상대적으로 불리하므로 역진성이 발생한다.

㉢ 경기변동에 민감하므로 재원이 불안정하며, 체계적 · 지속적인 사회복지정책 수립 및 집행을 어렵게 한다.

(4) 비공식부문 재원(가족, 친척, 이웃)

① 의 미

㉠ 공공복지가 발달되지 않은 상태에서 혹은 국가의 개입이 미치지 못하는 부분에서 가족이나 친지, 이웃을 통한 비공식적 지원이 이루어지는 것을 말한다.

㉡ 가족 간 이전은 크게 소득이전과 비경제적 측면에서의 서비스제공으로 구분할 수 있다.

- 소득 이전 : 현금 이전, 의료비 대납, 위급한 상황에서의 금전대여 등
- 서비스 제공 : 자녀부양이나 부모부양 등

㉢ 가족 간 이전은 시간적 · 공간적으로 복지욕구를 빨리 해결해 줄 수 있는 장점을 가진다.

㉣ 비공식부문의 재원을 통하여 복지욕구를 해결하는 것은 국가복지에 비해 수급자나 기여자의 자유로운 선택의 폭을 넓힐 수 있다.

㉤ 국가복지에서 발생하는 많은 절차상의 비용을 줄이거나, 관료제도에서 오는 여러 가지의 문제점들을 피할 수 있다.

Plus ⊕ one

부(負)의 소득세(Negative Income Tax) 5, 6, 7회 기출

개인의 소득이 일정수준 이하가 되면 그 차액에 대하여 일정세율을 적용하여 계산된 금액을 조세환급을 통해 지급하는 제도를 말한다(공공부조의 성격).

직접세와 간접세 11회 기출

- 직접세 : 납세의무자와 실제 그 세금을 부담하는 자가 일치하고 조세부담의 전가가 예정되어 있지 않은 조세이다. 소득이나 재산에 따라 과세되므로 합리적이나 조세저항의 우려가 있다.
  예 소득세, 법인세, 증여세, 상속세, 재산세, 주민세, 취득세, 등록세, 부당이득세 등
- 간접세 : 납세의무자와 실제 그 세금을 부담하는 자가 일치하지 않고 조세부담의 전가가 예정되어 있는 조세이다. 조세가 물품의 가격에 포함되어 있으므로, 간접세의 인상이 물가상승의 요인이 된다.
  예 부가가치세, 개별소비세, 주세(酒稅), 인지세(印紙稅), 증권거래세 등

사회보험성 기금 14회 기출

- 사회보험성 기금은 지속적이고 안정적인 과제 추진을 위해 자금 지원이 필요하거나 탄력적인 사업 추진이 필요한 경우 예산과 별도로 설치 · 운용함으로써 안정적인 재원의 기반 하에 사업을 지속적으로 추진하도록 하기 위한 것이다.
- 국가재정법은 국가가 특정한 목적을 위하여 특정한 자금을 신축적으로 운용할 필요가 있을 때에 한하여 법률로써 기금을 설치하되, 정부의 출연금 또는 법률에 따른 민간부담금을 재원으로 하는 기금은 법률에 의하지 아니하고는 이를 설치할 수 없도록 하고 있다.
- 국민연금법, 고용보험법, 산업재해보상보험법, 공무원연금법, 군인연금법, 사립학교교직원연금법 등이 국가재정법령의 기금설치 근거법에 의한 사회보험성 기금이다(국민건강보험법 제외).

제3절 사회복지 전달체계

1 전달체계의 평가기준

3, 5회 기출

(1) 재화나 서비스의 속성

① 사회복지재화나 서비스들은 공공재적인 성격의 정도와 외부효과의 크기에 있어 차이가 있다.

② 사회복지의 재화나 서비스들은 소비자들이 합리적으로 선택할 수 있는 가능성에서도 차이가 있다.

③ 어떤 사회복지재화나 서비스는 속성상 대규모로 혹은 강제적으로 제공하는 것이 기술적인 측면에서 바람직할 수 있다.

④ 어떤 재화나 서비스는 그 속성상 여러 전달체계에서 보완적으로 제공되는 것이 바람직할 수 있다.

(2) 사회복지 전달체계의 주요원칙

10, 13회 기출

전달체계의 형태에 따라 사회복지정책이 추구하는 가치나 목표가 달라진다.

① 평등 혹은 사회적 적절성

모든 사회복지정책들이 추구하는 가장 기본적인 목표는 평등 혹은 사회적 적절성을 많이 이루는 것이므로 평등의 기준은 다양한 전달체계들을 비교할 때 가장 우선적으로 고려된다.

② 통합성(Integration)

사회복지의 재화나 서비스의 전달방법은 매우 다양하기 때문에 이에 대한 조정과 체계화가 필요하다.

③ 지속성(Continuity)

사람들이 사회복지의 재화나 서비스에 대한 욕구가 있을 때, 이를 지속적 혹은 안정적으로 제공할 수 있어야 한다.

④ 효율성(Efficiency)

재화의 공급자나 수급자 모두 충분한 정보를 바탕으로 합리적인 선택을 하게 되면 모두의 효용을 극대화하기 때문에 그 재화의 효율적인 배분이 이루어져야 한다.

⑤ 경쟁성(Competition)

일반적으로 재화나 서비스가 단일 제공자에 의하여 독점적으로 제공되면 그 재화의 질은 낮아지고 가격은 높아질 수 있다.

⑥ 접근성(Accessibility)

사회복지정책을 통하여 제공되는 재화나 서비스가 아무리 좋더라도, 수급자들이 실제로 그것을 사용하는 것이 어려우면 그 정책의 실효성은 크게 떨어진다.

⑦ 전문성(Professionalization)

사회복지서비스 제공업무는 전문성 정도에 따라 전문가 · 준전문가 · 비전문가로 나눠 알맞은 업무를 담당해야 한다.

⑧ 포괄성(Comprehensiveness)

대상자의 다양한 욕구와 문제를 해결하기 위해서는 다양한 서비스가 제공되어야 한다.

⑨ 책임성(Accountability)

사회복지정책을 수행하는 복지공급자는 사회복지서비스를 전달받도록 위임받은 조직이므로 사회복지 재화나 서비스 전달에 책임을 져야 한다. 그 주요 내용은 수급자의 욕구 대응 정도, 서비스 전달체계의 적합성, 서비스의 효율성 등이며, 책임을 지는 대상자는 중앙정부, 지방정부, 서비스 수급자 등이다.

⑩ 선택의 자유

㉠ 시장에서의 거래에 의한 것보다 사회복지의 재화나 서비스는 수급자의 선택의 자유를 제한한다.

㉡ 사회복지 영역에서도 민간 전달체계가 획일적인 정부 전달체계보다 장점이 있다.

⑪ 오 · 남용 방지

사회복지재화나 서비스는 일방적으로 지급되기 때문에 오용과 남용의 문제가 발생할 수 있으므로, 수급자에게 조정과 통제능력이 높은 정부 전달체계가 이 점에서는 유리하다.

Plus ⊕ one

사회복지 전달체계의 기능

• 투 입
- 서비스를 제공하기 위해 외부환경으로부터 각종 자원을 확보해서 체계 내로 도입하는 기능
- 투입요소 : 고객(클라이언트), 자원(기술, 자금, 사회적 지지), 전문요원(사회복지사 등)

• 전 환
- 서비스를 직접 전달하는 개입과정
- 서비스는 고객과 전달자와의 대면적 상호관계 속에서 전달되므로 고객과 전달자 간의 신뢰감 형성이 중요

• 산 출
- 사전에 계획하고 기대한 효과 발생
- 서비스 전달체계의 목표 달성
- 산출은 개입의 결과를 나타내며, 이를 통해 전달체계를 평가 · 분석

2 전달체계의 유형과 평가

6, 11회 기출

(1) 중앙정부

3, 5회 기출

① 중앙정부의 역할이 큰 이유

㉠ 사회복지재화나 서비스 중 공공재적인 성격이 강하고 전체 사회적 관점에서 실행하는 것은 중앙정부만이 할 수 있다(예 교육, 국방, 안보, 의료 등).

㉡ 사회복지정책이 추구하는 가장 중요한 목표인 평등(소득재분배)과 사회적 적절성을 구현하는 것은 중앙정부의 형태가 유리하다.

㉢ 중앙정부의 정책에 의해서만 조세의 징수와 급여의 양면에서 모든 국민들의 소득분배형태에 영향을 줄 수 있다.

㉣ 중앙정부에 의한 사회복지정책은 다양한 사회복지에 대한 욕구를 체계화하여 다양한 **프로그램을 통합 · 조정**하거나 이러한 정책들을 **지속적 · 안정적으로 유지**하는 데 유리하다.

㉤ 어떤 재화는 대상이 되는 사람이 많을수록 기술적인 측면에서 유리하다(예 사회보험 : 가입대상이 많을수록 유리).

② **중앙정부 전달체계의 문제점** 11회 기출

㉠ 중앙정부에서 제공하는 재화들은 공급량이나 형태에 관한 수급자의 선택의 반영이 어렵기 때문에 이들의 효용을 극대화하는 데 한계가 있다.

㉡ 중앙정부의 재화는 공급자가 독점적이기 때문에 **재화의 가격과 질에 있어 수급자에게 불리할 수 있다.**

㉢ 중앙정부를 통하여 제공되는 재화나 서비스는 정부조직의 관료성으로 인하여 수급자의 욕구 혹은 지역특수적인 **욕구 대응이 비융통적이다.**

㉣ 지방정부나 민간부분에 비해 중앙정부의 전달체계는 **수급자의 접근성이 어렵다.**

(2) 지방정부 6, 10회 기출

① **지방정부 전달체계의 역할**

㉠ 지방정부가 제공하는 것이 **지역주민들의 욕구를 더 효율적으로 해결할** 수 있다.

㉡ 지방정부들 간의 경쟁유발로 재화의 가격과 질의 측면에서 수급자에게 유리하다.

㉢ 중앙정부에 비하여 창의적이고 실험적인 서비스개발이 쉬워 수급자들의 변화되는 다양한 욕구에 적극적으로 대처해 나갈 수 있다.

㉣ 수급자들이 정책결정에 **참여할 기회**가 높아져, 수급자의 입장이 반영될 가능성이 높아진다.

② **지방정부 전달체계의 문제점**

㉠ **지역 간의 커다란 불평등**을 야기시켜 전체 사회통합을 저해한다.

㉡ 지방정부는 중앙정부에 비해서 규모의 경제효과가 적어, 사회보험의 경우 기술적인 측면에서 불리하다.

㉢ 지방정부 단위의 프로그램 발전은 단편화할 가능성이 크다.

㉣ **프로그램의 안정성과 지속성의 측면에서는 불리하다.**

(3) 민간 전달체계 6회 기출

① **민간 전달체계의 역할**

㉠ 서비스의 **다양성 및 전문성**과 함께 서비스 공급의 **신속성 · 접근성 · 창의성 · 융통성** 등에 유리하다.

㉡ 공급자 간 경쟁유도를 통해 **서비스의 질을** 확보할 수 있으며, **이용자의 다양한 선택권을** 보장할 수 있다.

㉢ 비수급자에게까지 서비스를 확대하여 적용할 수 있다.

㉣ 자원봉사 등 민간의 사회복지에의 참여 욕구를 반영한다.

ⓜ 중앙정부나 지방정부의 사회복지 활동에 대한 압력단체로서의 역할을 수행한다.

② 민간 전달체계의 문제점

㉠ 계약에 따른 불필요한 거래비용이 소요될 수 있다.

㉡ 대상 범주나 수준이 포괄적이지 못하며, 평등의 가치를 추구하기 어렵다.

㉢ 공공재 제공, 규모의 경제 실현 등을 책임을 지고 제공하는 것이 쉽지 않다.

(4) 중앙정부와 지방정부의 혼합체계

① 재정적 규제

㉠ 재원이 사용될 세부적인 항목(예 대상 인구집단, 프로그램의 목표 등에 따름)을 지정하여 제공한다.

㉡ 중앙정부의 재정적 규제방법은 프로그램의 기능별로 크게 묶어 지원하는 것이다.

㉢ 중앙정부의 예산 가운데 일정부분을 지방정부에 넘겨주는 것으로서, 전달체계에 관한 모든 것들은 지방정부가 독립적으로 결정한다.

Plus ⊕ one

우리나라 중앙정부의 지방정부 재정지원방식 16회 기출

일반보조금(General Grant)	범주적 보조금(Categorical Grant)
지역 간 재정 격차의 축소와 지방정부의 지출능력 강화를 목적으로 지급	• 복지서비스의 전국적 통일성과 평등한 수준을 유지하기 위해 지급 • 범주적 보조금의 매칭펀드가 오히려 지방정부의 과중한 지방비 부담으로 인해 재정운영을 힘들게 함

지역자율형 사회서비스 투자사업 14회 기출

• 중앙정부의 사회서비스 전달체계가 지역의 특성 및 지역주민의 다양한 서비스 욕구를 충족시키기 어렵다는 지적에 따라 지방자치단체의 자율성과 책임성을 강화하고 지역맞춤형 사회서비스 개발 촉진 및 지역주민 중심의 공급체계로 개편하기 위해 2013년부터 중앙정부의 지방자치단체 개별보조를 포괄보조 형태로 전환하고 있다.

• 보건복지부 지역자율형 사회서비스 투자사업

– 지역사회서비스 투자사업 : 지자체가 지역 특성 및 주민 수요에 맞게 발굴 · 기획한 사회서비스 지원

– 산모 · 신생아 건강관리 지원사업 : 출산 가정에 산모 · 신생아 건강관리사를 통한 가정방문서비스 지원

– 가사 · 간병 방문지원사업 : 신체적 · 정신적 이유로 원활한 일상생활과 사회활동이 어려운 저소득 취약계층에게 재가간병 · 가사지원서비스 지원

– 청년사회서비스사업 : 지역별 청년사회서비스 사업단을 구성 · 운영하여, 지역 청년이 주체가 되어 청년 수요에 맞는 사회서비스(신체, 정신건강 분야)를 개발 · 제공함으로써 청년층의 건강 개선 및 청년 일자리 창출

② 프로그램 규제

㉠ 중앙정부가 지방정부에게 재정보조를 할 때 프로그램의 세부적인 내용에 관하여 규제하는 것이다.

㉡ 중앙정부의 규제는 지방정부의 독립성을 감소시켜 실질적으로는 중앙정부 단독의 전달체계에 속한다고 할 수 있다.

㉢ 중앙정부의 규제에서는 지방정부 전달체계의 장점들이 나타나기 어렵고 중앙정부 전달체계의 단점들만 부각될 수 있다.

③ **수급자 숫자나 욕구에 따른 규제**

어떤 프로그램들은 지방정부의 수급자(예 인구수)의 숫자나 혹은 욕구를 가진 사람들의 숫자에 따라 차등 지원한다.

④ **절차적 규제**

㉠ 중앙정부가 절차의 규제를 필요로 하는 기본적인 이유는 지방정부의 오·남용을 막고, 중앙정부가 바라는 가장 기본적인 목표(예 인권의 존중, 시민참여 등) 달성 여부를 조사하기 위함이다.

㉡ 절차적 규제는 프로그램 규제에 비해 지방정부 프로그램의 독립성을 높일 수 있지만, 절차적 규제로 인한 불필요한 행정업무로 인력과 자원이 낭비될 수 있다.

(5) 정부와 민간부문의 혼합체제

14회 기출

① 혼합체계를 통한 민간부문의 시장원리에서의 장점들을 중앙정부와 지방정부의 혼합체계에 비하여 더 크게 살릴 수 있다.

② 오늘날의 복지국가들의 기본 목표 하에서는 민간부문의 단점을 고려하면 정부와 민간부문의 혼합체계를 통하여 제공될 수 있는 재화나 서비스는 자연히 제한적이다.

③ **관민혼합체제 사례**

㉠ 시립사회복지관의 민간위탁

㉡ 사회복지기관에서 사회적 기업 육성

㉢ 노인장기요양보험을 활용한 노인요양병원 운영

(6) 사회복지 전달체계의 문제점(Gilbert & Specht)

9, 10회 기출

① **분열 또는 단편성(Fragmentation)**

사회복지서비스를 제공하는 각각의 기관들이 서로 통합되어 있지 않음으로써 서비스가 한 장소에서 모두 실행되지 않고 각각 분열되어 실행되는 것을 말한다.

② **단절 또는 비연속성(Discontinuity)**

사회복지서비스의 제공자들 간에 충분한 의사전달이 이루어지지 않음으로써 클라이언트로 하여금 서비스를 이용하는 데 불편을 야기하는 상태를 말한다.

③ **비책임성(Unaccountability)**

사회복지서비스 제공자가 클라이언트의 욕구와 이익에 대해 무감각하게 반응하는 상태를 말한다.

④ **비접근성(Inaccessibility)**

클라이언트의 소득이나 종교, 연령, 비용, 지리적 위치 등으로 인해 클라이언트가 서비스 이용에 제한을 받는 것을 말한다.

3 사회복지재화 및 서비스의 국가 제공 필요성(시장실패의 원인) 6, 10, 11, 12, 17, 19, 20회 기출

(1) 공공재 성격

교육, 국방 등 재화의 속성으로 인해 공익이나 사회적 필요성에 따라 공급해야 하는 공공재의 경우 국가가 일정하게 책임을 지고 공급할 필요가 있다.

(2) 소득분배의 불공평

시장경제에서는 소득분배에 있어서 불공평 또는 불공정에 의해 가치가 있는 자원을 가진 사람과 그렇지 못한 사람 간에 격차가 발생하며, 그로 인해 사회적 불평등이 야기된다.

(3) 불완전한 시장정보

① 시장은 본래 공정한 경쟁과 교환을 원칙으로 해야 하지만 실제로는 일방에 유리하거나 불리하게 정보의 수급이 비대칭적으로 이루어지는 경우가 있다.

② 특정 정보의 이용이 시장의 불균형을 야기하는 경우 국가가 직접 개입하는 것이 바람직하다.

(4) 시장의 불완전성

시장은 완전경쟁이 성립되지 않은 상태에서 독점이나 과점 등이 나타나며, 시장의 자동조절기능이 약화된다.

(5) 외부효과

① 어떠한 경제적 활동이 본래의 의도와는 달리 제3자에게 특정한 혜택을 주거나(예 긍정적 외부효과) 손해를 주는 경우(예 부정적 외부효과)를 말한다.

② 국가는 부정적 외부효과에 대해 적절한 규제를 가하는 대신 긍정적 외부효과를 창출하기 위해 직접적으로 개입하는 것이 바람직하다.

(6) 규모의 경제

생산시장에 있어서 대규모 생산의 경우 평균적인 생산비용의 절감효과를 가져오므로 경제의 효율성과 이윤의 극대화를 위해 국가 차원에서 관리하는 것이 유리한 경우가 있다.

(7) 도덕적 해이

① 보험계약이 가입자들의 동기와 행동에 영향을 끼치는 현상으로 예를 들면, 어떤 사람이 보험에 가입했다고 하여 보험에 가입하기 전에 비해 위험발생을 예방하려는 노력을 덜하게 되는 현상 등을 말한다.

② 도덕적 해이로 인해 보험료가 올라가게 되는 경우 보험가입자 수가 감소하게 되어 민간보험을 통한 제공이 어렵게 된다.

③ 수혜자에 대한 충분한 정보를 토대로 이들의 행위를 적절히 통제할 수 있는 강제적인 방식이 효율적일 수 있다.

(8) 역의 선택

① 상대적으로 위험발생 가능성이 높은 사람들이 집중적으로 자신에게 유리한 보험을 선택적으로 가입함으로써 전체 보험료의 인상을 야기하고 위험분산을 저해하는 경우를 말한다.

② 보험금을 타내기 위해서 의도적으로 자신의 건강상태를 속이거나 위장사고를 일으킨다는 점 등에서 도덕적 해이와 구분된다.

③ 국가가 강제적으로 가입시켜 보험집단의 크기를 확대함으로써 역의 선택은 약화될 수 있다.

(9) 위험발생의 비독립성

① 민간 보험시장에서 보험 상품이 제공되기 위해서는 재정 안정이 이루어져야 한다. 그러나 어떤 위험발생이 다른 위험발생과 연계되어 있는 경우 재정 안정을 유지하기 어렵다.

예 어떤 사람이 질병에 걸릴 가능성은 다른 사람이 질병에 걸릴 가능성과 연계됨

② 보험가입자의 위험발생이 다른 사람의 위험발생과 상호 독립적이지 못한 경우 국가의 개입에 의한 강제적인 방식이 요구된다.

Plus ⊕ one

공공재(Public Goods)의 특성 19회 기출

- 공공재는 민간재와 달리 비경합성, 비배제성, 비분할성, 무임승차 가능성을 지니는 재화로 정의된다(예 국방, 실업보험 등).
- 시장 메커니즘에 의해 효율적으로 공급될 수 있는 민간재와 달리, 공공재는 합리적인 개인이라면 가질 수 있는 무임승차의 유혹으로 시장 메커니즘에 의해 효율적으로 공급되지 못한다.
- 공공재의 생산과 소비에는 그것으로 이득을 보는 사람과 손해를 보는 사람이 있게 마련이므로, 그로 인한 갈등을 해소하기 위해 관련 당사자들 간의 협상, 조정, 통합 등 여러 방안들을 통해 공공재 공급의 효율성을 모색하여야 한다.

제4절 사회복지급여의 형태

5, 10, 12회 기출

1 각 급여 형태들의 장단점

(1) 현금급여

2, 6, 12, 15, 19회 기출

① 수급자에게 현금을 지급하여 자신이 원하는 재화나 서비스를 자유롭게 구매할 수 있게 하는 급여이다.

② 수급자의 효용을 극대화하고, 현금급여 시 사회적 자원의 효율적 배분을 이룰 수 있다.

③ 수급자의 자기결정권을 고양함으로써 자신의 삶을 관리할 수 있는 존엄성을 인정한다.

④ 급여가 수급자의 직접적인 문제욕구에 사용되지 않음으로써 오·남용의 위험이 있다.

⑤ 연금, 수당, 공공부조 등 사회복지급여에서 가장 큰 비중을 차지한다.

⑥ 국민연금의 노령연금, 유족연금, 장애연금이나 산재보험의 휴업급여, 장해급여, 상병보상연금, 유족급여 그리고 고용보험의 구직급여 등을 예로 들 수 있다.

Plus ⊕ one

• 산업재해보상보험의 휴업급여(산업재해보상보험법 제52조) 10회 기출

– 업무상 사유로 부상을 당하거나 질병에 걸린 근로자에게 요양으로 취업하지 못한 기간에 대하여 지급한다.

– 현금급여를 원칙으로 하며, 1일당 지급액은 평균임금의 70%에 상당하는 금액으로 한다.

– 취업하지 못한 기간이 3일 이내이면 지급하지 아니한다.

• 휴업급여의 산정

휴업급여액 = 평균임금 × 0.7 × 요양 중 미취업한 기간 일수

– 원칙 : 평균임금의 70%를 1일당 휴업급여로 지급

– 예 외

ⓐ 평균임금의 70%가 최저보상기준금액의 80%보다 적은 경우 : 평균임금의 90%

ⓑ 평균임금의 90%가 최저보상기준금액의 80%를 초과하는 경우 : 최저보상기준금액의 80%

ⓒ 평균임금의 90%가 최저임금액보다 적은 경우 : 최저임금액을 1일당 휴업급여로 지급

(2) 현물급여(물질적 재화와 서비스)

① 현물급여 1, 4, 7회 기출

㉠ 수급자에게 필요 물품이나 서비스를 직접 제공하는 형태이므로, 현금급여보다 대상효율성이 높다.

㉡ 의료서비스와 교육서비스에서 큰 비중을 차지하며, 수급자는 비용을 지불하지 않고 서비스를 이용할 수 있다.

㉢ 정책의 목표효율성을 높일 수 있어 정치적 측면에서 선호된다.

㉣ 현물급여는 대량생산·소비로 인한 규모경제 효과가 커 급여를 대량으로 비교적 저렴하게 제공하고 현금급여 시 발생할 수 있는 낭비를 줄일 수 있다.

② 현물급여에 대한 비판

㉠ 상품의 유통비용이 비싸고 복잡한 사회 상황에서 현물급여는 현물을 보관 · 관리 · 전달하는 데 많은 비용이 든다.

㉡ 서비스가 대량 · 획일적으로 제공되어 서비스 질적인 측면에 영향을 준다면 규모의 경제효과는 나타나기 어렵다.

㉢ 수급자의 개인적인 선택에 제약이 있고, 낙인감을 유발할 수 있으며, 관리에 따른 행정비용이 발생하기 때문에 효율성이 낮다.

예 국민건강보험의 요양급여, 건강검진이나 산재보험의 요양급여 등

[현금급여와 현물급여의 장단점] 15회 기출

구 분	장 점	단 점
현 금	• 효용 극대화와 자기결정권 고양 • 재화 선택의 자유와 소비자 주권의 측면 • 수급자의 자유의지 존중, 인간의 존엄성 유지 • 프로그램의 운영비용이 적게 듦	• 합리적 선택을 하여 효용을 극대화할 능력이 없을 수 있음 • 만들어진 선택, 즉 소비자의 선택이 생산자에 의존할 가능성이 많음 • 수급자의 직접적인 문제욕구에 사용되지 않아 오용의 위험
현 물	• 목표효율성이 높음 • 정치적으로 채택될 가능성이 높음 • 프로그램 비용을 줄일 수 있음	• 개인의 선택자유를 제한 • 인간의 존엄성 유지에 어려움 • 프로그램의 운영비용이 많이 듦

Plus ⊕ one

가치재(Merit Goods) 10, 12회 기출

• 본래 시장에서 거래가 가능하나 수요자가 불완전한 정보로 인해 그 진정한 가치를 인식하지 못함으로써 과소소비하기 쉬운 재화나 서비스를 말한다.

• 대표적인 가치재인 의료 · 교육 · 건강서비스는 수요자가 완전한 정보로서 확보하기 어려운 측면이 있으므로 전문가 집단에 의한 독점이 이루어질 수 있다.

• 가치재는 공익성이 크다고 볼 수 있고 의도치 않은 편익이나 손해를 동반한 외부효과가 존재할 수 있으므로, 수요자의 개인적인 선택을 강조하는 현금급여보다 현물급여로 이루어지는 것이 바람직하다.

(3) 이용권 또는 증서(Voucher) 3, 9, 11, 16회 기출

① 증서의 형태는 일정한 용도 내에서 수급자로 하여금 원하는 재화나 서비스를 자유롭게 선택할 수 있게 하는 방법으로 증서는 속성상 현물급여와 현금급여 형태의 중간성격을 갖고 있다.

② 현물급여에 비해 서비스 질 경쟁에서 소비자 선택권이 높은 반면, 현금급여에 비해서는 상대적으로 낮다.

③ 현금급여의 장점인 소비자선택의 자유를 제한적으로 살릴 수 있고, 현물급여의 장점인 정책의 목표효율성도 살릴 수 있다.

④ 현물급여보다 수급자의 효용을 증가시킬 수 있으며 또한 운영비용도 적게 든다.

⑤ 증서는 대부분의 복지국가에서 주요 급여형태로 사용되지는 않는다.

⑥ 정부가 특정 재화나 서비스 이용권을 소비자에게 직접 제공하여 소비자들로 하여금 민간부문에서 필요한 재화나 서비스를 받을 수 있도록 한다.

⑦ 현금급여의 오 · 남용 위험성과 현물급여의 소비자 주권 침해와 관련한 단점을 보완하였다.

⑧ 정치적으로 현금급여보다 더 많은 지지를 받으며, 소비자 선택의 자유와 함께 제공자 간 경쟁이 이루어짐으로써 서비스의 질이 향상된다.

⑨ 현금할인 등 오 · 남용 문제를 완전히 해결하기 어렵고, 서비스 공급자의 이용권 회피현상이 발생한다.

⑩ Food Stamp를 비롯하여 최근 임신 · 출산 진료비 지원정책의 일환으로 시행되고 있는 고운맘 카드 등이 있다.

(4) 기회(Opportunity)

14, 20회 기출

① 사회 불이익 집단(예 소수인종, 여성, 노인, 장애인)에 유리한 기회를 제공하여 시장경쟁에 적응할 수 있도록 유도하는 무형의 급여형태이다.

② 노인, 장애인, 여성, 소수인종 등을 대상으로 교육, 취업 등에 대한 과거의 부정적 차별을 보상하는 차원의 적극적 차별이다.

③ 기회 급여는 수급자의 의존도를 최소화하는 동시에 불이익 집단들의 소득 향상에 도움을 준다.

④ 기회의 제공과 같은 간접적인 급여형태는 현금, 현물 등의 급여형태에 비하여 기회복지정책이 추구하는 목표인 평등을 이루기가 어렵다.

⑤ 기회의 제공은 사회의 기득권자들이 자기들의 이득을 합리화하기 위한 수단으로 이용될 가능성이 높다.

예 장애인 의무고용제도, 농어촌 특별전형제도, 여성고용할당제도 등

(5) 권 력

5, 9, 11회 기출

① 사회복지정책의 수급자로 하여금 정책결정에 대한 권력을 주어 정책의 내용(예 급여자격, 급여액 등)이 그들에게 유리하게 결정되도록 하는 급여 형태이다.

② 사회복지프로그램의 정책결정과정에 수급자들을 참여시켜 수급자들의 이익을 최대한 반영하고자 하는 것이다.

③ 현금급여나 현물급여와 같이 수급자에게 직접적으로 현금이나 물품을 제공하는 것은 아니지만, 다른 형태의 급여에 비해 수급자에게 더 많은 선택의 여지를 제공할 수 있다.

④ 정책의 결정에 대한 시민참여는 대부분 명목적인 참여에 그쳐 실질적인 정책내용에 영향을 주기 어렵다.

⑤ 권력의 제공도 기득권자의 합리화를 위한 도구로 쓰일 가능성이 크다.

2 현물급여의 현금화

(1) 현물급여의 소득에 포함 여부

① 현물급여도 사회복지정책의 수급자 소득에 포함시켜야 한다는 주장

㉠ 현물급여를 받게 되면 그만큼 소비능력이 커지기 때문에 현물급여를 소득에 포함시켜야 된다.

㉡ 현물급여에도 사회적 자원이 사용되므로 자원의 효율적 배분과 기회비용 측면에서 보면 현금급여로 볼 수 있다.

② 현물급여를 사회복지정책의 수급자 소득에 포함시키지 말아야 한다는 주장

㉠ 현물급여를 모두 소득으로 포함시킬 경우 사회복지 반대론자들이 주장하는 것과 달리, 사회복지 수급자의 상대적인 경제적 위치는 거의 변하지 않을 것이다.

㉡ 현물급여는 최소한의 인간적인 생활수준을 유지하는 데 필수적인 음식, 주택, 의료서비스, 교육서비스 등으로 이루어졌다.

㉢ 현물급여의 현금화에서 가장 문제가 되는 의료서비스를 현금화하여 소득에 포함시키면, 질병이 많이 발생한 사람의 소득이 높아진다는 것이며, 이것은 사회복지정책의 효과분석에서 무의미하다.

(2) 현물급여의 현금화 방법

① 시장가치

㉠ 어떤 현물급여의 시장가치는 그것을 **시장에서 구입할 때 드는 비용과 같다.**

㉡ 시장가치의 방법은 현물급여를 현금화하는 데 가장 많이 사용된다.

㉢ 현물급여를 가장 후하게 현금화하기 때문에 사회복지 반대론자들의 입장을 대변하기 위해서 많이 이용된다.

㉣ 현물소득을 수급자의 소득에 포함시키는 경우, 빈곤 제거효과나 소득불평등 감소 정도가 크게 나타난다.

② 수급자가치

㉠ 현물급여는 현금급여에 비하여 일반적으로 수급자의 효용이 낮기 때문에 현금급여보다 가치가 떨어진다.

㉡ 수급자들이 특정한 현물급여에 얼마나 현금가치를 매기느냐에 따라 현물급여의 가치가 결정된다.

㉢ 수급자가치는 시장가치보다 일반적으로 현물급여를 낮게 평가하는데, 이것은 세부적인 현물급여 형태에 따라 차이가 크다.

③ 빈곤선 예산점유가치

㉠ 현물급여의 가치를 직접적으로 빈곤선 소득과 연관시켜 계산하는 방법이다.

㉡ 사회복지정책의 현물급여의 주 수급자는 빈곤선 소득 이하이거나 약간 위에 있는 사람들이기 때문이다.

㉢ 어떤 현물급여의 현금가치는 빈곤선 소득에 있는 사람들의 예산범위 내의 소비형태를 고려하여 결정한다.

㉣ 이 방법에 의하면 빈곤선 소득에 위치한 사람들에게는 시장가치로 계산할 경우 지나치게 많다고 생각되는 부분을 대폭 줄일 수 있다.

CHAPTER 05

출제유형문제

01 **정책분석의 3P(과정분석, 산물분석, 성과분석) 중 과정분석의 사례에 해당하는 것은?** [14회]

① 근로장려세제(EITC)의 근로유인효과 분석
② 자활사업참여자의 공공부조 탈수급효과 분석
③ 노인장기요양보험법 제정에서 이익집단의 영향 분석
④ 노숙인에 대한 공공임대주택정책의 탈노숙효과 분석
⑤ 보육서비스 정책이 출산율 증가에 미치는 영향 분석

해설 ①·②·④·⑤ 성과분석의 사례에 해당한다.

02 **사회보험과 민영보험에 관한 설명으로 옳은 것은?** [17회]

① 사회보험급여는 철저한 보험수리원칙에 따라 납부한 보험료에 비례한다.
② 민영보험의 보험료는 평균적인 위험에 비례하여 결정된다.
③ 사회보험은 가입자의 개별 위험에 따라 보험료가 책정된다.
④ 사회보험의 보험료와 급여는 개별적 공평성과 사회적 적절성을 반영한다.
⑤ 민영보험의 재정운영방식으로 적립방식과 부과방식이 있다.

해설 ④ '사회적 적절성(충분성)'과 '개별적 공평성(개인적 형평성)'은 상충되는 특성을 지니고 있지만, 사회보험은 사회적 적절성을 중시하면서도 개인적 형평성을 함께 반영한다.
① 보험수리원칙은 보험료 납부액에 비례하여 급여액을 결정하는 소득비례방식으로서, 이와 같은 보험수리원칙을 철저히 따르는 것은 민영보험이다.
② 평균적인 위험에 비례하여 보험료가 결정되는 것은 사회보험이다.
③ 가입자의 개별적인 위험에 따라 보험료가 책정되는 것은 민영보험이다.
⑤ 사회보험은 재정운영방식으로 (수정)적립방식과 부과방식이 있으나, 민영보험은 완전적립방식으로 완전적립을 반드시 요구한다.

1 ③ 2 ④ Answer

03 현금급여와 현물급여의 장단점에 관한 설명으로 옳지 않은 것은? [15회]

① 현금급여는 복지상품이나 서비스의 선택권을 보장할 수 있다.
② 현금급여는 사회복지기관 관리운영비의 절감과 행정적 편의를 가져다 줄 수 있다.
③ 현물급여는 현금급여에 비해 오남용의 위험이 크다.
④ 현물급여는 정책의 목표효율성을 높일 수 있다.
⑤ 현물급여는 개인들의 복지욕구와 괴리가 나타날 수 있다.

해설 ③ 급여가 수급자의 직접적인 문제욕구에 사용되지 않음으로써 상대적으로 오남용의 위험성이 큰 것은 현금급여이다.

04 선별주의 정책과 보편주의 정책의 특징을 옳게 연결한 것은? [13회]

① 선별주의 – 모든 국민 대상
② 선별주의 – 간편한 행정 업무
③ 보편주의 – 빈곤의 덫 유발
④ 보편주의 – 사회적 통합 효과
⑤ 보편주의 – 사회적 낙인 유발

해설 선별주의와 보편주의

구 분	선별주의	보편주의
원 리	개인의 욕구에 기초	사회적 권리에 기초
대 상	도움을 필요로 하는 개인	모든 국민
장 점	• 높은 목표(대상) 효율성 • 요보호자에 국한된 서비스 집중 • 자원 낭비 방지 • 비용절감(비용 효과성)	• 사회적 통합 효과(사회적 효과성) • 최저소득 보장, 빈곤 예방 • 사회적 낙인이 발생하지 않음 • 간편한 행정 업무
단 점	• 사회정책이 사회통합을 소외시킬 위험성 • 사회적 낙인 유발 • 빈곤의 덫 유발 • 복잡한 행정 업무	• 낮은 목표(대상) 효율성 • 자원 낭비 발생 • 운영비용 증가

Answer 3 ③ 4 ④

05 사회복지 재원에 관한 설명으로 옳지 않은 것은? [18회]

① 일반세 중 재산세의 계층 간 소득재분배 효과가 가장 크다.
② 목적세는 사용목적이 정해져 있어 재원 안정성이 높다.
③ 이용료는 저소득층의 서비스 이용을 저해할 수 있다.
④ 고용주가 부담하는 사회보험료는 수직적 소득재분배 성격을 지닌다.
⑤ 기업이 직원들에게 제공하는 기업복지는 소득역진적 성격이 강하다.

해설 ① 일반세 중 계층 간 소득재분배 효과가 가장 큰 것은 소득세이다. 소득세에는 개인소득세와 법인소득세가 있는데, 특히 개인소득세의 경우 누진세율을 적용하고 일정 소득 이하인 사람에게 조세를 면제해 주거나 저소득층에게 보다 많은 조세감면 혜택을 부여한다.

06 다음 설명에 해당하는 것은? [19회]

> 비경합적이고 비배제적인 성격을 지니고 있기 때문에 구성원이 각각 생산에 기여했는지 여부에 관계없이 모든 구성원이 활용할 수 있는 재화를 말한다.

① 비대칭적 정보
② 공공재
③ 외부효과
④ 도덕적 해이
⑤ 역선택

해설 공공재(Public Goods)의 특성

- 공공재는 민간재와 달리 비경합성, 비배제성, 비분할성, 무임승차 가능성을 지니는 재화로 정의된다(예 국방, 실업보험 등).
- 시장매커니즘에 의해 효율적으로 공급될 수 있는 민간재와 달리, 공공재는 합리적인 개인이라면 가질 수 있는 무임승차의 유혹으로 시장 메커니즘에 의해 효율적으로 공급되지 못한다.
- 공공재의 생산과 소비에는 그것으로 이득을 보는 사람과 손해를 보는 사람이 있기 마련이므로, 그로 인한 갈등을 해소하기 위해 관련 당사자들 간의 협상, 조정, 통합 등 여러 방안들을 통해 공공재 공급의 효율성을 모색하여야 한다.

5 ① 6 ② Answer

07 사회적 적절성에 관한 설명으로 옳은 것은? [10회]

① 사회적 적절성은 '원하는 것(Want)을 얼마나 얻을 수 있게 할 것인가'에 관한 것이다.
② 사회적 적절성에 기초하여 자원을 배분하는 데에는 시장이 국가보다 효과적이다.
③ 국민기초생활보장제도의 최저생계비는 사회적 적절성에 근거하여 정한 비용이다.
④ 사회적 적절성과 형평성은 상충하지 않는다.
⑤ 사회적 적절성은 욕구의 객관성보다 주관성을 더 중시한다.

해설 ③ 사회적 적절성은 특히 생존권의 문제와 관련하여 국민의 최저한의 생계를 보장하기 위해 사회적으로 적절한 선을 지키기 위한 것이다. 국민의 건강하고 문화적인 생활을 유지하기 위한 최소한의 비용으로서 최저생계비, 근로자의 생활안정을 위한 최저임금, 자신의 능력으로 독립된 생활을 할 수 있는 최저수준으로서의 빈곤선 등을 예로 들 수 있다.
① 사회복지정책의 목표달성도와 밀접하게 연관된 것은 효과성에 관한 문제이다.
② 사회적 적절성은 국민의 인간적인 삶에 관한 것이므로 국가차원의 개입이 효과적이다.
④ 사회적 적절성은 개인의 기여에 따라 급여를 지급하는 방식인 개인적 형평성과 상충된다.
⑤ 사회적 적절성은 욕구의 객관성을 더욱 중시하며, 자산조사 등의 객관적인 방법이 동원된다.

08 우리나라 사회복지정책의 대상 선정에 관한 설명으로 옳은 것은? [18회]

① 소득이나 자산을 조사하여 대상을 선정하는 것은 보편주의 원칙에 부합한다.
② 아동수당은 인구학적 기준을 적용한 제도이다.
③ 장애수당은 전문가의 진단을 고려하지 않는다.
④ 긴급복지지원제도는 보편주의 원칙에 부합한다.
⑤ 기초연금의 대상 선정기준에는 부양의무자 유무가 포함된다.

해설 ② 아동수당은 인구학적 급여(Demogrant)에 해당한다. 인구학적 급여는 연령, 성별 등 인구학적 기준에 의해 동일집단으로 간주된 사람들(예 아동, 노인 등)에게 주어지는 단일한 급여를 말한다.
① 소득이나 자산을 조사하여 대상을 선정하는 것은 선별주의 원칙에 부합한다.
③ 장애수당은 전문가의 진단을 고려한다.
④ 긴급복지지원제도는 선별주의 원칙에 부합한다.
⑤ 기초연금은 만 65세 이상의 노인들(→ 인구학적 기준) 중 소득인정액(→ 자산조사)이 선정기준액 이하인 노인을 대상으로 한다.

Answer 7 ③ 8 ②

09 사회보험료와 조세에 관한 설명으로 옳은 것을 모두 고른 것은? [18회]

ㄱ. 정률의 사회보험료는 소득세에 비해 역진적이다.
ㄴ. 사회보험료는 조세에 비해 징수에 대한 저항이 적다.
ㄷ. 소득세와 사회보험료 모두 소득이 높은 사람이 더 많이 부담한다.
ㄹ. 조세는 지불능력(Capacity to Pay)과 관련되어 있다.

① ㄱ, ㄴ
② ㄱ, ㄷ
③ ㄴ, ㄹ
④ ㄱ, ㄴ, ㄷ
⑤ ㄱ, ㄴ, ㄷ, ㄹ

해설
ㄱ. 사회보험 보험료율은 소득의 많고 적음에 관계없이 일정한 반면, 소득세는 누진적이다. 또한 대부분의 보험료에 상한선이 정해져 있는 것과 달리, 소득세에는 상한선이 없다.
ㄴ. 사회보장성 조세로서 사회보험료는 일반조세와 달리 미래에 받을 수 있는 사회보장급여에 대한 권리를 갖는 것으로 인식되므로 조세저항이 상대적으로 적다.
ㄷ. 사회보험에서 개인별로 부담하는 보험료 총액과 보험급여가 절대적으로 일치하는 것은 아니며, 일반적으로 사회보험료 또한 소득이 높은 사람이 더 많이 부담하는 경향이 있다.
ㄹ. 조세는 납세자가 장차 받을 수 있을 것으로 기대되는 어떤 가치가 아닌 추정된 조세부담능력(Assumed Capacity), 즉 지불능력(Capacity to Pay)과 관련되어 있다.

10 우리나라 사회복지전달체계에 관한 설명으로 옳지 않은 것은? [11회]

① 중앙정부는 사회통합이나 평등과 같은 정책목표를 달성하는 데 유리하다.
② 중앙정부는 지방정부에 비해서 다양한 욕구에 부합하는 사회복지서비스 제공에 유리하다.
③ 비영리 사회복지기관은 공공부문과 연계하여 서비스를 제공하기도 한다.
④ 영리기관은 이윤을 목적으로 하며, 효율성을 추구한다.
⑤ 최근 서비스 생산 및 전달에 있어 지방정부와 민간기관의 역할이 증대되고 있다.

해설
중앙정부에 의한 공공전달체계는 통일성, 지속성, 안정성에서 유리하며, 규모의 경제와 평등지향적 서비스 공급이 가능한 장점이 있다. 그러나 수급자의 다양한 욕구를 반영하는 데 한계가 있고 접근성이 결여되며, 공급의 독점성에 따라 서비스의 질이 저하되는 단점이 있다.

9 ⑤ 10 ② Answer

11 사회복지급여 형태인 증서(Voucher)에 관한 설명으로 옳은 것은? [11회]

① 현물급여에 비해 오 · 남용의 문제가 발생할 가능성이 낮다.
② 현물급여에 비해 서비스 제공자 간 서비스 질 경쟁 유도에 유리하다.
③ 서비스 제공자가 소비자를 선택 또는 회피하는 현상이 발생하지 않는다.
④ 현금급여에 비해 소비자의 선택권이 높다.
⑤ 현물급여에 비해 관리운영비가 많이 든다.

해설 이용권(증서) 또는 바우처(Voucher)

- 이용권(증서) 또는 바우처 제도는 원래 마케팅에서 특정 상품의 판매를 촉진하고 고객의 충성도를 확보하기 위해 사용되는 기법 중 하나였으나, 최근에는 사회보장제도의 급여와 관련하여 널리 사용되고 있다.
- 현금급여와 현물급여의 중간형태로서 수급자가 일정한 용도에 한하여 필요로 하는 상품이나 서비스를 자유롭게 선택할 수 있도록 함으로써 현금급여의 오 · 남용 위험성과 현물급여의 소비자 주권 침해와 관련한 단점을 보완하기 위한 것이다.
- 정부가 특정 사회복지재화나 서비스를 구입할 수 있는 이용권을 소비자에게 직접 제공하여 소비자들로 하여금 민간부문에서 필요한 재화나 서비스를 받을 수 있도록 하는 방법이다.
- 정치적으로 현금급여보다 더 많은 지지를 받는다.
- 소비자 선택의 자유와 함께 제공자 간 경쟁이 이루어짐으로써 서비스의 질이 향상된다.
- 서비스 공급자의 특정 소비자 선호나 이용권의 회피 현상이 발생할 수 있다.
- 현금할인 등 오 · 남용 문제를 완전히 해결하지 못한다.
- 'Food Stamp'를 비롯하여 최근 임신 · 출산 진료비 지원정책의 일환으로 시행되고 있는 '고운맘 카드' 등이 대표적이다.

12 할당의 원리에 관한 설명으로 옳지 않은 것은? [12회]

① 귀속적 욕구의 원리에서 욕구는 규범적 기준에 의해 정해진다.
② 공헌 혹은 피해집단에 속하는가에 따른 할당은 보상의 원리에 해당한다.
③ 진단적 구분은 재화 혹은 서비스의 필요성에 대한 전문가의 판단에 의존한다.
④ 귀속적 욕구의 원리는 보편주의보다는 선별주의 할당원리에 가깝다.
⑤ 자산조사 원리는 욕구에 대한 경제적 기준과 개인별 할당이라는 두 가지 조건에 근거한다.

해설 ④ 귀속적 욕구(Attributed Need)의 원리는 사회복지의 제도적 개념, 즉 보편주의에 상대적으로 더 가깝다.

대상자 선정의 관점에 의한 할당의 원칙

귀속적 욕구	보 상	진 단	자산조사
제도적 개념 (보편주의)	←→		잔여적 개념 (선별주의)

Answer 11 ② 12 ④

CHAPTER 05

최신기출문제

01 기업복지의 장점에 해당하지 않는 것은? [20회]

① 조세방식보다 재분배효과가 크다.
② 노사관계의 안정화 기능을 수행한다.
③ 근로의욕을 고취하여 생산성이 향상하는 효과가 있다.
④ 기업에 대한 사회적 이미지를 제고하는 기능이 있다.
⑤ 기업의 입장에서 임금을 높여주는 것보다 조세부담의 측면에 유리하다.

해설 ① 기업이 직원들에게 제공하는 기업복지는 소득역진적 성격이 강하다. 기업복지의 경우 복지상품의 생산 및 소비가 기업의 내부에서만 이루어지므로, 국가 차원에서 국민 상호 간 복지수준의 편차가 심화될 우려가 있다.

02 사회복지재화나 서비스를 국가가 제공해야 하는 이유가 아닌 것은? [20회]

① 사회복지의 공공재적 성격
② 전염병에 대한 치료의 긍정적 외부효과 발생
③ 질병의 위험에 대한 보험방식의 역선택 문제 해결
④ 경제성장의 낙수효과 발생
⑤ 의료서비스에 대한 정보의 비대칭 문제 해결

해설 ④ 낙수효과(Trickle-down Effect)는 물이 위에서 아래로 떨어지듯이 대기업이 성장하면 대기업과 연결된 중소기업이 성장하고 새로운 일자리도 많이 창출되어 전반적인 경제발전이 이루어진다는 것으로, 복지보다는 경제성장과 효율성을 우선시해야 한다는 관점이다.

사회복지재화 및 서비스의 국가 제공의 필요성

- 공공재 성격(①)
- 불완전한 시장정보(⑤)
- 외부효과(②)
- 도덕적 해이
- 위험발생의 비독립성 등
- 소득분배의 불공평
- 시장의 불완전성
- 규모의 경제
- 역의 선택(③)

1 ① 2 ④ Answer

03 사회복지 급여 형태에 관한 설명으로 옳은 것은? [20회]

① 현금급여는 사회적 통제를 강조한다.
② 현물급여는 자기결정권을 강조한다.
③ 바우처는 공급자에게 보조금을 직접 지원한다.
④ 기회를 제공하는 프로그램의 예로 장애인 의무고용제를 들 수 있다.
⑤ 소비자 선택권은 현금급여, 바우처, 현물급여 순서로 높아진다.

해설 ④ 기회(Opportunity)는 사회 불이익 집단에 유리한 기회를 제공하여 시장경쟁에 적응할 수 있도록 유도하는 무형의 급여 형태로서, 장애인 의무고용제도, 농어촌 특별전형제도, 여성고용할당제도, 빈곤층 자녀의 대학입학정원 할당제도 등을 예로 들 수 있다.
① 현금급여는 수급자의 효용을 극대화하고 자기결정권을 고양할 수 있도록 하기 위한 급여 형태이다.
② 현금급여가 개인 선택의 자유를 강조한다면, 현물급여는 소비행위에 대한 사회적 통제를 강조한다.
③ 바우처(Voucher)는 정부가 특정 사회복지재화나 서비스를 구입할 수 있는 이용권을 소비자에게 직접 제공하여 소비자들로 하여금 민간부문에서 필요한 재화나 서비스를 받을 수 있도록 하는 형태이다.
⑤ 소비자 선택권은 '현물급여 < 바우처 < 현금급여' 순서로 높아진다.

04 길버트(N. Gilbert)와 스펙트(H. Specht) 등의 사회복지정책 분석에 관한 설명으로 옳지 않은 것은? [19회]

① 과정분석은 정책형성에 영향을 미치는 사회정치적 · 기술적 · 방법적 변수를 중심으로 분석하는 접근방법이다.
② 산물분석은 정책선택에 관련된 여러 가지 쟁점을 분석하는 접근방법이다.
③ 성과분석은 실행된 정책이 낳은 결과를 기술하고 분석하는 접근방법이다.
④ 산물분석은 할당, 급여, 전달체계, 재정 차원으로 구분하여 분석한다.
⑤ 과정분석은 연구자의 주관을 배제해야 한다.

해설 과정분석(Studies of Process)

- 정책형성에 영향을 미치는 사회정치적 · 기술적 · 방법적 변수를 중심으로 분석하는 접근방법으로, 복지정책의 계획과 관련된 각종 정보와 함께 다양한 정치집단, 정부조직, 그리고 이익집단 간의 관계 및 상호작용이 정책형성에 어떻게 영향을 미치는가를 분석하는 데 초점을 둔다.
- 연구목적에 따라 사회복지정책의 형성과정 전체를 분석할 수도 있고, 특정 사회복지정책을 선택하여 깊이 있게 분석할 수도 있으며, 시간적 차원으로 장기간에 걸친 정책발달을 다룰 수도 혹은 단기간의 정책발달을 다룰 수도 있다.
- 사회복지 정책형성에 영향을 미치는 사회적 · 정치적 · 경제적인 배경요인을 파악할 수 있는 장점이 있으나, 연구자의 주관에 근거하는 만큼 그의 관점, 가치, 편견 등이 개입될 소지가 있다.

Answer 3 ④ 4 ⑤

CHAPTER 06

사회보장론

학습목표

- 사회보장론에서는 사회보장과 관련된 정책 및 제도들에 대해 포괄적으로 이해한다.
- 소득불평등과 소득재분배 유형, 근로장려금제도에 대해 분석하고 내용을 파악한다.
- 빈곤에 대한 개념에서는 최저생계비 계측방식이 시험에 종종 출제되고 있으므로 그 특징을 중심으로 살펴보도록 한다.
- 사회보험제도에서는 사회보험과 민간보험, 사회보험과 공공부조를 비교할 수 있어야 한다.
- 연금보험에서는 연금의 유형 및 재정방식에 대해 살펴보아야 하며, 우리나라의 국민연금제도에 대해 포괄적으로 이해해야 한다.
- 국민건강보험에서는 건강보험의 원칙과 함께 건강보험제도의 방식에 대해 비교 · 분석하도록 한다.
- 산업재해보상보험에서는 해당 보험이 다른 사회보험과 달리 사용자의 무과실책임에 근거하며 비용을 사업주가 전액 부담한다는 사실을 기억해야 한다. 또한 산업재해보상보험의 급여 종류를 암기하도록 한다.
- 고용보험제도에서는 고용보험의 급여 종류를 기억해야 한다. 특히 실업급여 중 취업촉진 수당의 종류를 암기하도록 한다.
- 노인장기요양보험제도는 최근 노령인구 급증에 따라 사회적 관심이 집중되고 있으므로 급여대상, 급여 종류별 특징, 보험료 부담, 유효기간 등을 관련 법 개정을 중심으로 학습한다.

제 1 절 사회보장론 일반

1 사회보장의 개요

(1) 사회보장의 개념

① **사회보장** : 사람들의 생활상의 위험(예 노령, 질병, 산재, 실업 등)이나 곤경에 대해 법으로 정해진 일정한 사회적 급부(예 현금, 현물, 서비스)를 제공하는 사회제도 혹은 사회적 장치

② **우리나라 사회보장기본법** 5, 11, 12, 13회 기출

우리나라는 사회보장을 "출산, 양육, 실업, 노령, 장애, 질병, 빈곤 및 사망 등의 사회적 위험으로부터 모든 국민을 보호하고 국민 삶의 질을 향상시키는 데 필요한 소득 · 서비스를 보장하는 사회보험, 공공부조, 사회서비스"라고 정의했다.

참고

우리 실정법상 사회보장의 정의규정은 사회보장기본법에 있습니다. 사회보장기본법은 1995년 12월 30일 제정되었으며, 2012년 1월 26일 전부 개정, 2018년 12월 11일 일부 개정되어 개정된 법령이 2018년 12월 11일부터 시행 중에 있습니다.

(2) 사회보장의 제 개념

① 사회보장이라는 용어는 미국이 가장 먼저 사용했고, 사회보장제도의 시행은 독일이 최초였다. 그러나 사회보장에 대한 이론적 접근은 영국의 베버리지(Beveridge)가 가장 앞섰다.

② **미국의 사회보장법** : 산업사회에서 발생하는 여러 문제에 직면한 사람들에게 경제적 보장을 제공하는 것으로 근로자에게는 사회보험, 비고용자에게는 공적부조를 제공함으로써 국민들에게 경제적 보장을 제공하는 데 목적을 둔 제도라고 정의했다.

③ **국제노동기구(ILO)**

㉠ 사회보장 : 사회 구성원들이 부딪히는 일정한 위험에 대해서 사회가 일정한 기한을 통해 부양성을 띤 급여를 제공하는 것(1942년 사회보장에의 접근 참조)

㉡ 사회보장제도는 국민들에게 불의의 생활상의 위험이나 소득의 중단이 온다고 하더라도, 정상적인 생활을 유지할 수 있도록 그 생활을 보장하는 수단을 국가가 책임을 지고 수행하는 제도이다.

(3) 베버리지의 사회보장

① 베버리지는 '사회보험과 관련서비스에 관한 보고서(1942)'를 통해 사회보장의 개념을 현대적으로 정의하고 사회보장의 하위 프로그램들을 체계화했으며, 사회보장과 관련된 각종 제도와 용어의 실천적 · 이론적 의미까지 정리했다.

② **베버리지 보고서** : 사회보장이 5대 악(Five Giant), 즉 결핍(Want), 질병(Disease), 무지(Ignorance), 불결(Squalor), 나태(Idleness) 중 결핍으로부터의 자유를 지향하며 전 국민에게 최저한의 소득을 보장해 주기 위한 제도라고 규정했다.

③ 베버리지는 사회보장을 소득의 감소와 중단 및 추가적인 지출에 대비한 최저수준의 소득보장책이라고 보았다.

④ 베버리지의 최저소득보장책으로서의 사회보장은 생계유지능력의 중지와 붕괴에 대비하기 위한 사회보험과 출생, 결혼, 사망에 따른 특별한 지출을 지원하기 위한 조치들로 구성된다.

(4) 사회보장의 목적

① **최저생활의 보장**

㉠ 사회보장제도는 다양한 사회적 위험으로부터 초래되는 여러 가지 경제적 불안을 해결하고 국민들의 기본적 생활을 보장하는 것을 중요한 목적으로 한다.

㉡ 최저생활의 보장은 단순히 소득보장(예 최저임금제, 노령연금제)만이 아니라 의료, 교육, 주택, 문화 등 전체 생활의 최저보장을 의미한다.

② **소득재분배** 2, 9, 13, 15회 기출

㉠ 자본주의 사회에서 소득분배는 각자의 능력과 시장기구를 통하여 1차적으로 결정된다. 이러한 소득분배를 욕구에 따라 공정한 분배, 즉 분배적 정의를 실현하자는 것이 소득분배정책인 것이다.

㉡ 정부가 조세정책과 사회복지정책 등을 통해 실현한다.

㉢ 개인의 자발적 기부와 같이 민간에 의해 이루어질 수도 있다.

㉣ 시간적 소득재분배는 한 개인이 안정된 근로생활 시기에서 불안정한 소득시기로 소득을 이전하는 것을 의미한다.

㉤ 우리나라의 연금은 시간적 재분배 형태의 적립방식을 채택하므로 적립금의 운용이 매우 중요하다.

㉥ 적립방식은 소득이 있을 때 보험료의 형태로 적립했다가 소득이 없을 때 연금의 형태로 급여를 받는 방식이다.

㉦ 부과방식은 현 세대의 생계를 다음 세대에 전가하는 방식인데, 보통 세금으로 이루어진다. 이는 매년 연금급여비용을 산출하여 그 해의 예산에 반영하는 방법이다.

[적립방식과 부과방식의 장단점]

구 분	적립방식	부과방식
장 점	• 보험료의 평준화 • 제도 성숙기의 자원활용(적립기금 조성) • 재정의 안정운영	• 시행 초의 적은 부담 • 연금수리 추계 불필요 • 인플레이션을 고려하지 않아도 됨
단 점	• 제도 초부터 과중부담 • 장기적 예측곤란(평준보험료 산정곤란) • 인플레이션 취약	• 후 세대에 부담과중 • 재정운영의 불안 • 인구구조의 변화에 영향을 받음

㉧ 소득재분배 방식

- 단기적 재분배 : 현재의 자원을 동원하여 사회적 욕구를 충족시키는 소득재분배 형태 (예 공공부조)
- 장기적 재분배 : 여러 세대에 걸친 자원의 동원 및 소득재분배가 동시에 이루어지는 소득재분배(예 국민연금)
- 수직적 재분배 : 소득수준을 기준으로 한 소득계층 간 재분배 형태, 고소득 계층 → 저소득 계층으로 재분배(예 공공부조, 누진적 소득세 등)
- 수평적 재분배 : 소득수준과 관계없이 특정한 사회적 기준을 토대로 해당 조건을 갖춘 사람들에게 재분배(예 가족수당, 건강보험)
- 세대 간 재분배 : 현 근로세대와 노령세대 또는 현 세대와 미래세대 간의 소득을 재분배하는 형태(예 장기요양보험, 부과방식의 연금제도)
- 세대 내 재분배 : 동일한 세대 내에서 소득이 재분배되는 형태, 젊은 시절 소득을 적립해 놓았다가 노년기에 되찾는 방식(예 개인연금, 적립방식의 연금제도)
- 우발적 재분배 : 재해, 질병 등 특정한 우발적 사고로 고통 받는 자로의 소득이전이 이루어지는 형태(예 건강보험)

③ 사회적 연대감의 증대

㉠ 사회보장의 목적 중 하나는 소득상실의 위험에 노출된 사람들에게 사회적 연대감을 보여주는 제도적 장치를 마련하는 것이다.

ⓛ 사회적 위험에 노출된 수많은 사람들에게 기본적 생활을 보장하는 사회보장제도는 사회연대감 혹은 사회통합의 중요한 기제로 작용한다.

ⓒ 사회보장제도는 자본주의사회에서 내재화된 불평등을 완화시키며, 사회적 연대감을 증대시키는 중요한 목적을 가지고 있다.

2 사회보장의 개념요소

(1) 경제보장으로서의 사회보장

① 사회보장의 출발은 각종의 사회적 위기에 대한 보장이며, 위기해소의 핵심은 경제적 보장이다.

② 사회보장을 필요로 하는 경제적 불안정의 원인 처방을 제도화한 것이 사회보장제도이다.

③ **경제적 불안정을 초래하는 4가지 본질(Rejda)**

ⓖ **소득의 상실** : 절대적이든 상대적이든 소득의 상실은 경제적 불안정을 초래한다.

ⓛ **부가 지출** : 과도한 의료비 지출 등 부가 지출은 경제적 불안정의 원인이 된다.

ⓒ **불충분한 소득** : 취업을 하였으나 소득액이 최저 생계를 유지하기에 불충분하면 문제가 된다.

ⓡ **소득의 불확실성** : 현재 고용되어 소득이 있지만, 미래소득에 대한 불확실성은 경제적 안정을 보장해 주지 못한다.

④ **경제적 불안정을 초래하는 원인** : 가구주의 갑작스런 죽음, 노령, 건강하지 못한 신체, 실업, 기준 이하의 소득, 물가상승, 자연재해, 이혼, 약물중독, 노름 등

(2) 정치적 프로그램으로서의 사회보장

① 제2차 세계대전을 계기로 사회보장개념에 정치적 성격이 추가되었다. 1941년 미국의 루스벨트 대통령과 영국의 처칠 수상은 '대서양 헌장'을 발표하였다.

② **대서양 헌장** : 제2차 세계대전 후 세계질서를 논의하면서 사회보장을 실현하기 위한 국가 간의 경제적 공동작업을 제안하였다.

③ 제2차 세계대전은 국민 전체가 참여하는 총력전의 성격을 가지고 있는데, 승전을 위한 정치적 슬로건으로 보다 나은 미래에 대한 청사진(공포와 궁핍으로부터의 자유)이 제시되었다.

(3) 사회정책적 프로그램으로서의 사회보장

① 1919년 창설된 국제노동기구(ILO)는 사회보장의 국제화에 기여하고 있는 대표적인 기구이다.

② 국제노동기구는 1942년 '사회보장에의 접근', 1944년 '소득보장의 권고, 의료보장의 권고, 고용서비스의 권고'를 사회보장법 체계의 기본적 3대 요소로 채택하였다.

③ 1952년 공포된 '사회보장의 최저 기준에 관한 조약'은 사회보장의 국제적 확대는 물론이고, 사회보장법 체계를 사회보험 · 사회부조의 틀로 구성하여 제도 간의 일관성과 조화를 갖추는 데 큰 기여를 하였다.

(4) 사회정책적 제도로서의 사회보장

개인의 사회보장권이 일정하게 법적으로 보장된 요구, 급여, 행정문제로 대두되면서 사회보장은 하나의 제도로서 나타났다.

3 사회보장의 기본원칙

6, 9회 기출

(1) 베버리지의 사회보험의 원칙

① 균일한 생계급여의 원칙(정액급여의 원칙 ; Flat-rate of Subsistence Benefit)

㉠ 어떤 이유로 소득이 중단되었거나, 어느 정도의 소득이 중단되었을 경우 같은 보험금을 지급한다.

㉡ 이것은 사회보장의 기본 목표가 소득상실 이전의 생활수준을 계속 유지시켜 주는 것이 아니라, 기본적 욕구를 만족시키는 최저생활을 확보해 주는 데 있다.

㉢ 정액급여는 소득수준, 직업, 재산과 같은 사회경제적 수준과 가족 수나 연령 및 성별과 같은 인구학적 차이에 관계없이 모든 사람들에게 동일한 액수의 급여를 제공하는 것이다.

② 균일갹출의 원칙(정액기여의 원칙 ; Flat-rate of Contribution)

㉠ 소득의 고하를 막론하고 누구나 같은 갹출금을 내야 한다.

㉡ 형평의 논리에 의해 부자이든 가난한 사람이든 모두가 다 똑같이 내고 똑같이 받는다는 정신이다. 즉, 급여가 균일하므로 갹출도 균일해야 한다.

㉢ 정액보험료는 사회경제적 수준이나 인구학적 차이를 고려하지 않고 모든 사람이 동일한 액수의 보험료를 부담하는 것이다.

③ 행정책임 통합의 원칙(행정통합의 원칙 ; Unification of Administration Responsibility)

㉠ 경비 절감과 부처 및 제도 간의 상호모순을 없애기 위해 운영기관을 통일해야 한다.

㉡ 행정책임의 통일은 모든 사회보장제도의 관리 · 운영을 국가가 담당하는 것을 말한다.

④ 충분한 급여의 원칙(급여 적절성의 원칙 ; Adequacy of Benefits)

㉠ 급여는 국민의 최저생활을 보장하기에 충분한 것이어야 한다.

㉡ 충분성의 원칙은 급여금액과 지급기간의 충분성, 즉 다른 도움 없이 사회보험 급여만으로도 국민의 최저생활이 보장될 수 있어야 한다는 것이다.

⑤ 적용범위의 포괄성의 원칙(위험과 대상의 포괄성의 원칙 ; Comprehensiveness)

㉠ 대상의 포괄성 : 신분이나 수입에 관계없이 전 국민이 대상이 되어야 한다. 즉, 특정계급이나 직업집단에 한정될 것이 아니라 전 국민이 의무적으로 가입되는 것이다.

㉡ 사고의 포괄성 : 모든 욕구를 포괄해야 한다. 실업, 질병, 노령뿐만 아니라 과부, 고아와 같은 부양자 상실의 위험 장례, 혼인, 출산 등과 같은 특별 지출의 경우도 포함되어야 한다.

⑥ 대상의 계층화의 원칙(가입대상 분류의 원칙 ; Classification)

㉠ 최저생활의 차이, 발생사고의 종류에 따라 구분하여 보험을 조정해야 한다.

㉡ 사회보험은 재산에 관계없이 모든 국민을 대상으로 하고 적용에 있어서는 몇 개의 계층으로 구분한다. 하지만 경제적 · 사회적 계층 구분은 아니다.

㉢ 분류화의 원칙은 사회보험의 대상자를 생활방식, 고용형태, 소득원의 차이, 가정주부, 아동, 노인 등 다양한 집단별로 분류하는 것이다.

㉣ 대상자 분류는 사회보험의 대상자 집단을 피고용자, 자영업자(고용주), 전업주부, 기타 노동인구, 취업 전 청소년, 노동 무능력 고령자 등 6개 층으로 구분한 것을 말한다.

(2) 국제노동기구의 사회보장원칙

5회 기출

① 수혜대상의 보편성 원칙

㉠ 사회보장에 있어 전체 국민을 적용대상으로 한다. 이로써 지금까지 노동자전용의 사회보험이 모든 국민에게 확대되어 전 국민의 생활보호수단이 된 것이다.

㉡ 보편적 보호원칙은 모든 사고나 급여에 해당되는 것은 아니다. 전체 국민에게 공통적으로 일어나는 의료의 공적 서비스, 가족수당, 무갹출연금, 자산조사에 의한 공공부조 등에만 한정되고, 일부 계층만이 대상이 되는 업무상 재해 등에는 이 원칙이 적용되지 않는다.

② 비용부담의 공평성 원칙

10회 기출

㉠ 사회보장의 비용부담은 국가, 사용자 또는 양자 공동부담으로 하며, 근로자가 부담하는 비용은 일정 수준을 넘어서는 안 된다.

㉡ 사회보장은 공동부담으로 하되 재원은 보험료 또는 세금으로 충당하며 자산이 적은 자에게 과중한 부담이 되지 않도록 한다. 또한 피보험자의 경제적 상태를 고려하여 결정해야 한다.

㉢ 피보험자로부터 갹출되는 보험료는 피보험자들에게 직접 지급되는 보호비용으로만 사용되어야 하며, 관리비 등에 충당되어서는 안 된다.

㉣ 어떤 경우든 보험 자체의 수지로는 운영이 어려울 경우에 궁극적으로 국가가 책임을 져야한다.

③ 급여수준의 적절성 원칙

㉠ 부양수준의 원칙 : 보험급여의 총액과 수익자의 자력을 합한 것이 최저생활 가능 비용이 되도록 하려는 원칙이다. 자산조사를 요건으로 하는 공적부조의 규정이라고 볼 수 있다.

㉡ 균일급여의 원칙 : 보험급여는 어느 수급자에게도 동액의 급여를 행한다는 원칙이다. 이것은 최저기준선까지는 누구라도 동일하게 급여 수준을 확보시켜 준다는 것이다.

㉢ 비례급여의 원칙 : 급여수준은 각 개인이 사회적으로 영위하는 생활의 정도가 모두 다르기 때문에 그것에 상응하는 정도의 급여수준이 되어야 한다는 것이다.

4 사회보장의 기능과 역할

(1) 사회보장제도와 소득재분배

① 소득재분배 형태

㉠ 세대 내 재분배

- 수직적 재분배 : 소득계층들 간의 재분배 형태로서 누진적이거나 역진적인 형태를 취할 수 있다. 수직적 재분배를 말할 때, 소득이 높은 계층으로부터 소득이 낮은 계층으로 재분배되는 형태를 의미한다.
- 수평적 재분배 : 집단 내에서 위험발생에 따른 재분배 형태이다. 예를 들면 동일한 소득계층 내에서 건강한 사람으로부터 질병자로 소득이 재분배되는 형태를 말한다.

㉡ 세대 간 재분배 : 현 근로세대와 노령세대, 또는 현재 세대와 미래 세대 간의 소득을 재분배하는 형태를 의미한다.

② 사회보장제도의 소득재분배 효과

㉠ 국민소득에서 급여지출이 차지하는 비율이 크면 클수록 소득재분배 효과는 크게 나타날 수 있다.

㉡ 사회보장제도에서 보호하는 사회적 위험의 종류가 많을수록 소득재분배 효과는 증가한다.

㉢ 사회보장제도의 적용범위에 따라 소득재분배 효과는 상이하게 나타날 것이다.

Plus ⊕ one

사회보장제도의 기능 평가

긍정적 기능	부정적 기능
• 생활안정을 도모(저축) • 각종 생산성을 증진 • 소득재분배에 기여 • 국민의 기본욕구 충족, 사회적 제 문제 해소	• 근로자의 근로의욕 저하, 오용 및 악용 문제 야기 • 사회보장 비용부담 증가, 조세 저항 초래 • 증대된 급부 축소 곤란 • 국민경제발전 압박요인 증가

(2) 재분배의 정치 · 사회적 효과

① 계급갈등의 제도화로서 정치적 안정화 및 탈급진화 효과

㉠ 재분배정책은 노동계급을 체제 내로 편입시키는 사회통합의 기능을 하고, 정치적 급진화를 예방하거나 완화시키는 역할을 담당한다.

㉡ 재분배의 추구는 분배적 갈등을 배경으로 한 계급 갈등을 제도적으로 편입시키는 이른바 계급갈등의 제도화와 타협의 정치를 가능하게 함으로써 정치적 탈급진화의 기능을 수행한다.

② 사회연대의 정치적 기반구축 효과

㉠ 사회적 연대의 효과적인 실현은 노동의 탈상품화와 시장에 대한 통제력의 확보에 달려 있으며, 제도적 재분배체계의 확립과 무관하지 않다.

㉡ 재분배의 실현은 계급 간의 권력자원의 배분이라는 주요 동인에 의해 이루어지며, 계급관계를 매개로 한 정치적 구조에 의해 그 성격이 규정된다.

③ 사회권의 확립과 윤리적 정당화 효과

㉠ 사회권의 확립은 사회적 지위의 평등화를 지향하고 있음을 알 수 있다.

㉡ 사회권 확립이 노동정치의 결과 유무와 상관없이 재분배는 민주주의를 전제로 한 사회권의 확립과 밀접한 관계를 맺고 있다.

(3) 사회보장제도의 경제적 효과

12회 기출

① 거시적 효과

㉠ 자동안정화 효과

- 급여지출은 호황이나 불황에 관계없이 상대적으로 일정하다(예 연금, 의료보호, 공공교육 등).
- 사회보장지출은 적극적인 자동안정화 기능을 한다(예 실업급여, 공공부조).
- 보장제도는 경제구조의 개편, 산업구조의 변화 등에 대한 사회적 안전장치의 역할을 수행하면서 안정화 기능을 수행한다.

㉡ 자본축적의 효과 : 매년 연금가입자의 기여금 적립으로 기금이 형성되고, 이 기금은 보통재정투융자로 사용한다.

② 미시적 효과

㉠ 저축행위에 미치는 효과

- 대체효과 또는 재산대체효과 : 자발적인 저축이 공적연금으로 대체된다.
- 퇴직효과 : 공적연금 도입은 사람들을 빨리 은퇴하게 하여 퇴직상태에서 보내는 기간을 연장시킨다.
- 상속효과 : 공적연금제도가 부과방식으로 운영될 경우에 세대 간 재분배 효과를 발생시킨다.
- 인식효과 : 공적연금제도의 도입으로 노후준비를 소홀히 해 왔던 사람들에게 은퇴준비의 필요성을 인식시킨다.

㉡ 노동공급에 미치는 효과

- 임금률 상승은 여가 소비를 늘어나게 하여 노동시간을 줄인다. 이처럼 소득증가가 여가를 더 소비하게 하는 것을 소득효과라 한다.
- 임금률 상승에 따른 여가 비용의 증가로 이에 대한 소비를 줄이려는 효과를 대체효과라 한다. 즉, 임금상승의 대체효과는 여가를 줄이고 노동시간을 늘리려는 것을 말한다.

(4) 사회보장제도의 비용부담(사회보장기본법 제28조)

6회 기출

① 사회보장비용의 부담은 각각의 사회보장제도의 목적에 따라 국가, 지방자치단체, 민간부문 간에 합리적으로 조정되어야 한다.

② 사회보험에 드는 비용은 사용자, 피용자 및 자영업자가 부담하는 것을 원칙으로 하되, 관계 법령에서 정하는 바에 따라 국가가 그 비용의 일부를 부담할 수 있다.

③ 공공부조 및 관계 법령에서 정하는 일정 소득 수준 이하의 국민에 대한 사회서비스에 드는 비용의 전부 또는 일부는 국가와 지방자치단체가 부담한다.

④ 부담 능력이 있는 국민에 대한 사회서비스에 드는 비용은 그 수익자가 부담함을 원칙으로 하되, 관계 법령에서 정하는 바에 따라 국가와 지방자치단체가 그 비용의 일부를 부담할 수 있다.

(5) 사회보장제도의 운영원칙(사회보장기본법 제25조)

6, 11, 14회 기출

① 보편성 : 국가와 지방자치단체가 사회보장제도를 운영할 때에는 이 제도를 필요로 하는 모든 국민에게 적용하여야 한다.

② 형평성 : 국가와 지방자치단체는 사회보장제도의 급여 수준과 비용 부담 등에서 형평성을 유지하여야 한다.

③ 민주성 : 국가와 지방자치단체는 사회보장제도의 정책 결정 및 시행 과정에 공익의 대표자 및 이해관계인 등을 참여시켜 이를 민주적으로 결정하고 시행하여야 한다.

④ 연계성과 전문성 : 국가와 지방자치단체가 사회보장제도를 운영할 때에는 국민의 다양한 복지 욕구를 효율적으로 충족시키기 위하여 연계성과 전문성을 높여야 한다.

⑤ 책임성 : 사회보험은 국가의 책임으로 시행하고, 공공부조와 사회서비스는 국가와 지방자치단체의 책임으로 시행하는 것을 원칙으로 한다.

5 사회보장의 범주

(1) 사회보험

① 사회보험제도는 사회보장제도의 핵심적 제도로서 위험의 분산이라는 보험기술을 사회적 보호수단으로 사용하고 있다.

② 사회보험은 민영보험의 특성을 가지면서 사회적 보호를 위해 사회복지적인 특성을 동시에 가지고 있다.

(2) 공공부조

① 공공부조는 사회보험제도가 충족시켜 주지 못하는 사회적 위험에 대한 사회적 보호장치라고 할 수 있다.

② 사회보험이 보험대상자들이 부담하는 기여금에 기초한 사회적 보호장치이기 때문에 기여금을 부담하지 못하는 사람들에 대한 보호장치가 필요하며, 이러한 필요성에 부응하는 제도가 공공부조제도이다.

(3) 사회서비스

① 사회복지서비스는 사회보험 및 공공부조가 물질적 보장을 주된 내용으로 하는 데 비해, 물질적 보장에 더하여 비물질적 보장을 내용으로 하는 개별차원의 사회적 서비스를 의미한다.

② 사회적 약자들의 사회문제를 해결하는 데 필요한 전문적인 지식과 기술을 가진 전문인력(사회복지 전문가)에 의해 제공되고, 그 목적은 궁극적으로 사회적 약자들을 정상적인 사회성원으로 복귀시키는 데 있다.

Plus ⊕ one

사회적 경제 주체 14회 기출

- 사회적 기업 : 저소득 취약계층에게 사회서비스, 일자리 제공 및 지역사회에 공헌하는 기업
- 사회적 협동조합 : 지역주민들의 권익 · 복리 증진과 관련된 사업을 수행하거나 취약계층에게 사회서비스 또는 일자리를 제공하는 등 영리를 목적으로 하지 아니하는 협동조합(협동조합기본법 제2조 제3호)
- 마을기업 : 지역주민이 지역자원을 활용한 수익사업 등을 통해 지역공동체를 활성화하고 일자리와 소득을 창출하는 마을단위기업

Plus ⊕ one

사회서비스 제공체제의 주요 유형별 특징 16회 기출

공공서비스 모형	• 사회서비스의 공급 · 전달 · 규제 · 재정 모두에서 공공부문의 압도적인 우위를 특징으로 한다. • 비영리조직이나 영리조직의 역할은 미미하며, 지방정부가 개인 사회서비스의 생산 및 계획에서 중심적인 역할을 담당한다. 예 스웨덴, 덴마크, 핀란드, 노르웨이 등
가족주의 모형	• 사회서비스체계가 전반적으로 낙후된 유형으로, 공공서비스 기구와 가톨릭교회 기구가 복지혼합의 핵심을 이루나 파편화된 성격을 가지고 있다. • 사회서비스체계의 지체된 발전과 파편화는 강한 가족제도에 기인하며, 이는 돌봄에 대한 가족의 의무를 강조하는 가톨릭 전통에서 비롯된다. 예 스페인, 그리스, 포르투갈 등
자산조사–시장의존 모형	• 사회적 돌봄(Social Care)은 일반적으로 개인 책임이며, 국가는 스스로 돌봄의 문제를 해결하기 어려운 의존적인 집단에게만 표적화된 서비스를 제공한다. • 그 밖의 사람들은 대체로 능력에 따라 시장에 의존하며, 비영리부문도 일정한 역할을 담당하나 대륙유럽처럼 비중이 크지는 않다. 예 영국, 아일랜드, 미국 등
보충주의 모형	• 교회에 뿌리를 둔 비영리부문이 크고 강하면서도 공공서비스체계에 통합되어 있는 양상을 보인다. 즉, 정부가 재원을 조달하고 비영리부문이 서비스를 제공한다. • 자산조사–시장의존 모형과 일면 유사하나, 대부분의 사회서비스가 비영리부문에 의해 공급되고 대부분의 재원을 국가가 조달한다는 점에서 시장주의적 원칙이 상대적으로 강한 자산조사 모형과 구분된다. 예 독일, 오스트리아, 네덜란드 등

(4) 사회보장의 비교 및 구분

3, 7, 11, 12, 17회 기출

구 분	사회보험	공공부조	사회서비스
주 체	정 부	중앙정부 및 지방자치단체	중앙정부 및 지방자치단체, 민간단체 및 사회복지법인
객 체	전 국민	저소득층	요보호자
목 적	빈곤 예방	빈곤 치료	사회적 적응
내 용	• 국민연금 • 국민건강보험 • 산업재해보상보험 • 고용보험 • 노인장기요양보험	• 국민기초생활보장제도 • 의료급여제도 • 긴급복지지원제도 • 기초연금제도 • 장애인연금제도	• 아동복지 • 노인복지 • 장애인복지 • 모자복지 • 재가복지
재 정	• 기여금(근로자) • 부담금(사용자) • 지원금(정부)	조 세	• 국가보조금 • 민간재원

Plus ⊕ one

국고보조금 14회 기출

국가(중앙정부 각 부처)가 정책상 필요하다고 인정할 때 또는 지방자치단체의 재정 사정상 특히 필요하다고 인정할 때에 예산의 범위에서 지방자치단체에 지원하는 재원(지방재정법 제23조 제1항)

6 빈곤의 원인과 계측방법

(1) 정 의

빈곤의 개념은 시대와 사회, 사람에 따라 다르게 사용된다. 빈곤을 극히 일반적으로 정의하면 욕구가 충분히 만족되지 않은 상태라 할 수 있다. 최근에는 심각한 빈곤을 나타내는 용어로 사회 변두리에 사는 사람을 나타내는 '주변화(Marginalisation)'와 관례적인 사회적 규범으로부터 완전히 차단된 사람들을 묘사한 '사회적 배제(Social Exclusion)' 등이 있다.

Plus ⊕ one

사회적 배제(Social Exclusion) 18회 기출

- 빈곤 · 박탈과 관련된 사회문제를 나타내는 새로운 접근법으로, 관례적인 사회적 규범으로부터 완전히 차단된 사람들을 묘사한다.
- 배제의 개념은 사람들을 온전히 사회에 참여할 수 없도록 하는 상황들(예 장애로 인한 낙인, 인종적 불이익 등)과 함께 빈곤문제를 사회통합문제의 일부로 파악하도록 하는 한편, 주로 물질적 자원의 제공에 관심을 기울이던 기존의 빈곤정책과 달리 사회적 관계의 중요성을 고려하면서 사회에 진입시키기 위한 정책들을 강조한다.

① 절대적 빈곤 20회 기출

㉠ 한 가정의 수입으로 최저의 생활유지를 위한 기본수요(욕구)를 충족하지 못하는 최저생계비 미달 상태를 의미한다.

㉡ 신체적 건강과 노동력을 유지하는 데 필요한 기본생계비를 기준으로 하여 빈곤 여부를 가리는 것이다.

㉢ 라운트리(Rowntree)의 절대적 빈곤

'음식, 연료, 주거 및 의복의 측면에서 일하는 데 적절한 상태 이하에 있는 생물학적 필수품을 제시함으로써 발견할 수 있다'고 한다. 그는 이러한 최소의 필수품을 획득하지 못하는 상태를 절대적 빈곤이라고 하였다.

㉣ 최저생계비의 측정방법

- 이론적 방법 : 전물량 방법과 반물량 방법이 있다.
- 실태적 방법 : 가계실태조사 실시의 결과로 현실적인 최저생계비를 산정하는 방법이다.

② 상대적 빈곤 16, 19회 기출

㉠ 동일 사회 내의 다른 사람과 비교하여 적게 가졌다고 느끼는 개념이다.

㉡ 특정사회의 평균 생활수준과 관련된 빈곤 개념이어서 정책적으로 중시되며, 상대적 박탈 또는 사회의 불평등 정도와 연관된다.

㉢ 상대적 빈곤선은 특정사회의 사회적 관습과 생활수준에 따라 크게 달라진다.

㉣ OECD에서는 국가 간 비교를 위해 주로 상대적 빈곤의 개념을 사용하고 있다.

㉤ 상대적 빈곤은 박탈지표 방식과 소득 · 지출을 이용한 상대적 추정방식으로 측정할 수 있다.

㉥ 우리나라의 기초생활보장제도는 중위소득 기준의 상대적 빈곤의 개념을 사용하고 있다.

③ 주관적 빈곤

㉠ 주관적 빈곤은 제3자의 판단에 의해 어떤 객관적인 수준이 정해지는 것이 아니라 개인의 주관적인 판단에서 결정된다.

㉡ 빈곤에 대한 대책 : 사회보장정책, 기회평등대책, 노동시장정책, 조세정책 등

(2) 빈곤율과 빈곤갭 9, 10, 20회 기출

① 빈곤율(Poverty Rate)

㉠ 개인의 소득차이를 반영하지 않고 단순히 빈곤선 소득 이하에 살고 있는 사람들의 숫자가 얼마인가를 통해 빈곤한 사람의 규모를 나타낸다.

㉡ 예를 들어 빈곤선이 100이고 A지역과 B지역 모두 빈곤선 이하 소득자가 10명이라고 가정하자. A지역 빈곤자의 경우 모두 소득이 99이고, B지역 빈곤자의 경우 모두 소득이 0이라고 할 때, 빈곤율이 같다고 하더라도 두 지역의 소득분포는 전혀 다르다. 즉, 빈곤율은 개인의 소득 차이를 반영하지 않으므로 빈곤의 수준을 명확히 파악할 수 없다.

㉢ 빈곤율 공식

빈곤율(%) = 빈곤선 이하 인구(혹은 가구) / 전체인구(혹은 가구) × 100

② 빈곤갭(Poverty Gap)

㉠ 빈곤층의 소득을 빈곤선까지 상향시키는 데 필요한 총비용을 말하는 것으로서, 빈곤의 심도를 나타낸다.

㉡ 예를 들어 빈곤선이 100이고 A지역과 B지역 모두 빈곤선 이하 소득자가 2명이라고 가정하자. A지역 빈곤자 중 한 명은 소득이 99, 다른 한 명은 소득이 1이고, B지역 빈곤자는 두 명 모두 50인 경우, 빈곤갭은 같다고 하더라도 두 지역의 소득분포는 전혀 다르다. 즉, 빈곤갭으로는 빈곤한 사람들 간의 소득 차이를 알 수 없다.

㉢ 빈곤갭은 빈곤선을 기준으로 빈곤선 이하(혹은 미만)에 있는 사람들의 빈곤선과 개인(혹은 가구)의 소득 간의 차이를 계산한 값이다. 즉, 빈곤선 이하(혹은 미만)에 있는 개인(혹은 가구)의 소득을 빈곤선 상태로 끌어올리는 데 필요한 액수를 의미한다.

> 예 10명의 빈곤자 중 5명은 소득이 0원, 나머지 5명은 소득이 90만 원이며, 빈곤선은 월 100만 원인 경우의 빈곤갭
>
> [(100 − 0) × 5] + [(100 − 90) × 5] = 500 + 50 = 550(만원)

(3) 빈곤의 계측방법

① 실태생계비 방식

㉠ 가계실태조사를 실시하여 그 분석결과를 토대로 현실적인 최저생계비를 산정하는 방법이다. 즉, 노동자들의 현실적인 생활실태를 조사하여 이를 최저생계비로 결정하는 방법을 말한다.

㉡ 실태생계비 방식은 현실적이라는 장점은 있으나 최저생활에 필요한 물량의 기준을 알기가 어렵다는 단점이 있다.

② 전물량방식(마켓바스켓 방식 또는 라운트리 방식)

㉠ 인간생활에 필수적인 모든 품목에 대하여 최저한의 수준을 정하고, 이를 화폐가치로 환산(가격 최저소비량)한 총합으로 최저생계비를 구하는 방식이다.

㉡ 총급여체계에서 의료비, 교육비 등 급여종류별 기준액 산정과 장애인, 노인 등의 가구유형별 부가급여기준을 결정하는 데 유용하다.

㉢ 필수품 선정에 있어서 연구자의 자의성 개입 가능성을 배제할 수 없다.

㉣ 전물량방식은 이론적으로는 합리적이긴 하나 시간과 비용이 과다하게 소요된다.

㉤ 현대사회에서는 일률적으로 최저필요물량기준을 정하기가 곤란하며 이 단점을 보완한 간편한 방법이 엥겔방식이다.

㉥ 현재 우리나라에서 사용하는 계측방식이다.

③ 반물량방식(음식물량방식, 엥겔방식, 오샨스키방식)

㉠ 어떤 한 가지 기준으로 최저생계비를 계산하는 방법인데, 가장 보편적인 것은 음식물 비용만을 기준으로 최저생계비를 계산하는 것이다.

㉡ 최저식료품비에 엥겔계수(식료품비/총소득)의 역수를 곱한 금액을 최저생계비로 보는 방식이다.

㉢ 전물량방식보다 계측이 간편하고 연구자의 자의성을 줄일 수 있으나, 엥겔지수 도출을 위한 최저생활수준의 설정 시에도 자의성을 배제하기 힘들다.

㉣ 전물량방식에 비해 가구유형별 최저생계비 계측이 어렵다.

㉤ 엥겔계수 : 총생활비 중에서 음식물비가 차지하는 비율

㉥ 엥겔법칙 : 음식물을 위한 지출이 총지출 중에 차지하는 비율(엥겔계수)은 가난할수록 커진다는 법칙

Plus ⊕ one

엥겔방식에 대한 비판

- 엥겔계수의 크기에 따라 빈곤선이 달라지고 빈민층의 수도 달라진다. 즉, 생계비의 추정이 자의적일 수밖에 없다.
- 열량의 필요량은 연령과 성별에 따라 달라진다기보다 육체적 활동에 따라 달라진다.
- 저소득층의 실제 소비패턴과 전문가의 판단 사이에는 상당한 괴리가 있다.

④ 유사 상대빈곤론(Quasi-relative Poverty)

㉠ 전체 사회의 평균소득(또는 중위소득)의 일정 수준에 못 미치는 사람을 빈곤층으로 보는 것이다.

㉡ 상대적 빈곤의 개념은 절대적 빈곤의 개념에 비해 이론적으로 상당한 타당성이 있는 것으로 보이지만, 빈곤의 측정에 화폐소득만 포함된다는 것은 불합리하다.

㉢ 1979년 Townsend는 상대적 박탈의 개념으로 빈곤을 정의하면서, 통상적인 소득의 부족 개념을 넘어 소득 이외의 면, 즉 지역사회의 통상적인 생활상태를 누리지 못하면 빈곤으로 간주하였다.

㉣ 이것은 결국 그 사회 구성원들의 통상적인 것으로 간주되는 관습, 문화 등이 고려되어야 한다는 것이다.

Plus ⊕ one

상대적 빈곤

- 타운젠드(Townsend)
  - 평균소득의 50% 이하 : 극빈층
  - 평균소득의 80% 이하 : 빈곤층
- 세계은행 관점의 빈곤층
  - 개발도상국 : 평균소득의 1/3 이하
  - 선진국 : 평균소득의 1/2 이하
- Fuchs와 Lansley의 빈곤층 : 중위소득의 1/2 이하
- Chenery의 빈곤층 : 소득 순에 따라 최저 40% 이하 또는 20% 이하

⑤ 여론조사에 의한 방법

Kilpatrick(1973)은 표준가구(부부와 2명의 자녀를 둔 4인 가족)에게 '생활에 필요한 최저소득이 얼마이겠는가'에 대한 응답의 평균을 구해 빈곤선을 결정하였다.

장 점	사회구성원들의 빈곤에 대한 응답으로 사회의 현실을 반영한다.
단 점	본인 상황이 아닌 다른 어떤 사람들의 상황에 대한 막연한 질문이었기 때문에 본인 개인의 상황을 질문했을 때 고려할 수 있는 여러 요인들이 포함되지 않을 수 있다.

⑥ 라이덴 방식

㉠ 네덜란드의 라이덴 대학의 학자들에 의해 처음으로 개발된 방법이다.

㉡ 이 방법은 먼저 사람들에게 최소소득이 얼마인가를 묻고 이를 바탕으로 사람들이 판단하는 최소소득과 그들의 실제소득과의 관계를 분석하여 일치점을 빈곤선으로 결정한다.

㉢ 일반적으로 개인들의 실제소득이 높아지면 그들이 주관적으로 판단하는 최소소득도 높아진다는 점을 바탕으로 한다.

㉣ 이러한 전제하에서는 어떤 소득수준 이상에서는 개인들의 실제소득이 그들의 주관적인 최소소득보다 높고, 그 이하에서는 반대로 최소소득이 실제 소득보다 높게 된다.

(4) 불평등 지수

3, 4, 8, 10, 11, 12, 16, 17, 20회 기출

① 지니계수

㉠ 소득이 어느 정도 균등하게 분배되는가를 나타내는 소득분배의 불균형 수치로서 로렌츠곡선을 숫자로 표현한 것이다.

㉡ 로렌츠 곡선에서 완벽하게 평등한 분배상태를 나타내는 삼각형의 전체 면적 중 현실의 분배상태를 나타내는 볼록한 부분이 차지하는 비중의 값을 나타낸다.

㉢ 소득분배의 불평등 정도에 따라 0~1까지의 값을 가진다.

㉣ 완전평등상태에서 지니계수는 '0', 완전불평등 상태에서 지니계수는 '1'이며, 그 값이 클수록 소득분배가 불균형 상태임을 나타낸다.

㉤ 시장소득 기준 지니계수와 가처분소득 기준 지니계수의 차이는 직접세, 공적 이전소득, 사회보장세 등 정부정책의 효과를 의미한다.

Plus ⊕ one

공적 이전소득

공적 이전소득은 개인이 가입한 개인연금 등의 사적 이전소득과 달리 각종 법령의 규정에 따라 정기적으로 지급되는 수당이나 연금, 급여, 기타 금품을 의미한다.

우리나라의 소득불평등

11회 기출

- 우리나라의 경우 1997년 경제위기 이후 성장 중심의 경제정책이 주를 이룸으로써 소득불평등의 정도가 심화되었다. 특히 정규직과 비정규직의 소득격차가 가장 큰 원인이다.
- OECD 보고서는 현재 우리나라의 복지지출은 GDP 대비 약 10%이므로 OECD 평균 복지지출인 22% 수준까지 끌어올려야 한다고 주장하고 있다.

② 로렌츠(Lorenz) 곡선 15, 16회 기출

㉠ 소득금액의 누적백분율과 소득자의 누적백분율을 대비시킨 것이다.

㉡ 모든 개인이 동일한 수준의 소득을 가지고 있다면 로렌츠 곡선은 대각선의 형태가 된다. 즉, 45°선과 일치하면(완전평등선) 소득분포가 완전히 균등하다.

㉢ 완전평등선(균등분포선)과 멀수록, 즉 아래로 볼록할수록 소득은 불균등하게 분배되었음을 나타낸다.

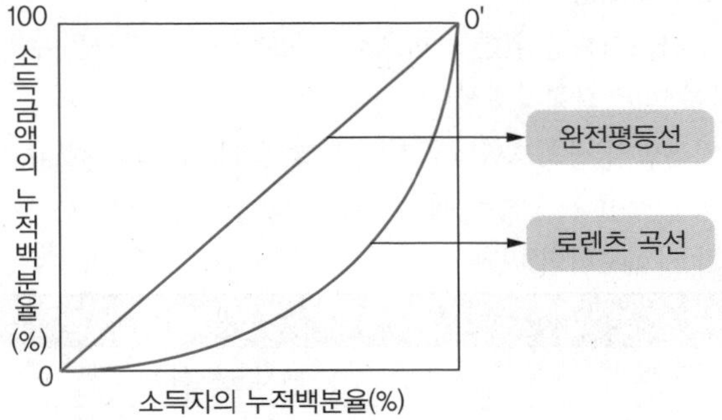

③ 십분위 분배지수(10분위 분배지수) 16회 기출

㉠ 하위 40% 가구의 소득이 전체소득에서 차지하는 비중을 상위 20% 가구의 소득이 전체소득에서 차지하는 비중으로 나눈 값이다.

10분위 분배율 = 하위 40% 가구 소득의 합 / 상위 20% 가구 소득의 합

㉡ 십분위 분배율이 높아질수록 하위 계층의 몫이 커지므로 소득분배는 평등해진다.

④ 오분위 분배지수(5분위 분배지수) 16회 기출

㉠ 소득이 높은 상위 20% 가구의 소득의 합을 소득이 낮은 하위 20% 가구의 소득의 합으로 나눈 값이다.

5분위 분배율 = 상위 20% 가구 소득의 합 / 하위 20% 가구 소득의 합

㉡ 오분위 분배율이 클수록 소득분배는 불평등하다.

Plus ⊕ one

센 지수 18회 기출

- 빈곤갭, 빈곤율, 빈민 소득의 지니계수를 종합한 지표
- 빈곤집단 내의 불평등 정도를 반영
- 0과 1 사이의 값을 가지며, 빈곤상태가 심할수록 높은 값을 갖고 심하지 않으면 낮은 값을 갖음

제2절 사회보험제도와 공공부조제도

1 사회보험제도

(1) 개 요

① 사회보험제도의 제 개념 8, 13회 기출

㉠ 사회보험 : 사회정책을 위한 보험으로서 국가가 사회정책을 수행하기 위해 보험의 원리와 방식을 도입하여 만든 사회경제제도이다.

㉡ 사회보장기본법의 사회보험 : 국민에게 발생하는 사회적 위험을 보험의 방식으로 대처함으로써 국민건강과 소득을 보장하는 제도이다.

㉢ 공적부조와 사회보험의 비교

구 분	공적부조	사회보험
중점사업	최저생활 확보	생활 불안을 해소
역할사업	국민의 궁핍을 구조 (구빈적 역할)	국민의 빈곤화 방지
대 상	무소득 또는 저소득층	유소득 또는 소득가능 계층

② 사회보험의 주체와 대상

㉠ 사회보험의 주체

- 사회보장은 국가가 전 국민의 최저생활을 보장하는 제도이므로 그 주체는 자본주의에 있어서 국가이다.
- 국가주체는 사회보험이 정부에 의하여 운영되는 집단보험의 한 형태이므로 그 사회성, 즉 국가위임이 인정되고 국가의 책임이라는 것이다.
- 사회보험은 그 범위가 강제적이다.
- 사회보험의 보호는 과거의 소득과 기여금에 기초하여 저임금 소득자와 자녀가 있는 저소득자가 특별히 고려되어야 한다.
- 사회보험으로 획득된 권리는 법률에 자세히 규정되고 법원에 공소될 수 있어야 한다.
- 오늘날 공영주의나 조합주의에 의해 사회보험이 실시되는 경우라도 보험의 전달체계나 수의 적정화를 위한 국가행정 개입을 필요로 한다는 점에서 사회보험은 국가가 주체이다.

㉡ 사회보험의 대상

- 사회보험은 노동자를 대상으로 한 것에 반해, 공적부조는 빈곤층을 대상으로 하였다.
- 오늘날 사회보장제도에서는 전 국민이 대상에 포함되었고, 최근에는 외국교포 및 이주근로자에게까지 확장되고 있다.

③ 사회보험의 특징 11회 기출

㉠ 사회 평등, 사회 조화, 사회 평화 및 사회주의 등의 사회성이 있다.

㉡ 공통된 위험에 대한 공동부담이라는 보험성이 있다.

㉢ 국가의 개입으로 분배의 공정을 기하고자 하는 강제성이 있다.

㉣ 국가, 기업, 고소득층 등의 부담에 의하여 저소득층의 자금을 경감하는 부양성이 있다.

㉤ 공평성과 적정성의 기초 하에 소득의 재분배를 가져와서 평등성을 실현한다.

㉥ 사회적 위험에 대비하기 위한 최저소득보장제도이다.

㉦ 개인적 형평성(공평성)보다는 사회적 충분성(적정성)을 중시한다.

㉧ 소득수준과 급여수준이 항상 정비례하는 것은 아니다.

㉨ 급여는 권리이며, 자산조사를 필요로 하지 않는다.

㉩ 기금 또는 재정관리에 정부가 개입한다.

㉪ 사회보험재정의 완전적립이 불필요하다.

㉫ 보험료율은 개인이 선택할 수 없다.

㉬ 사전에 규정된 욕구에 따라 급여가 제공된다.

④ 사회보험의 구성체계 11회 기출

㉠ 적용대상 : 보편성의 원리가 적용되어 모든 국민에게 균등한 기회가 부여되며 법령의 기준에 의해 강제적용의 원리가 적용된다.

㉡ 급여 : 피부양자수와 소득의 정도에 따라 급여의 양이 법으로 정해진다.

㉢ 재원 : 사회보험은 기여제도로 재원이 충당된다.

㉣ 운영체제 : 공공의 참여와 경제적 효율성에 기초하여 공공조직기관을 통해서 운영한다.

⑤ 사회보험의 기능

㉠ 현대사회의 경제적 문제를 완화시키기 위한 효과적인 국가의 노력이다.

㉡ 소득의 재분배적 기능을 통해 수입의 유지와 형평을 도모하고, 구매력의 지속성을 견지함으로써 생활안정과 사업발전을 촉진시킨다.

㉢ 빈곤의 예방, 노동력의 회복과 유지 및 발전의 수단이 된다.

㉣ 기여금 등은 재투자의 재원이 되고, 직접적으로는 사회투자의 재원, 간접적으로는 국가의 생산투자의 재원이 된다.

㉤ 국민의 최저생활을 보장함으로써 인간의 존엄과 가치를 보존하고 자립정신을 앙양시킨다.

㉥ 사회연대의식을 고양시키고 불안의 해소를 위한 국민적 협동의식을 고조시킴으로써 사회질서의 유지와 합리적인 산업생활에 기여하게 된다.

⑥ 사회보험과 민간보험의 비교 2, 3, 6, 8, 10, 17회 기출

구 분	사회보험	민간보험
가 입	강제적 · 비선택적	자발적 · 선택적
원 리	사회적 적합성의 원리	개인적 공평성의 원리
관 계	제도적 · 법적인 관계	보험자와 피보험자 간의 계약관계

참 여	강제적 · 비선택적	임의적 · 선택적 · 자발적 참여
보험료	평균적 위험정도	개별적 위험정도
보험료 부과	소득수준	위험정도 · 급여수준
보호수준	최저보호수준	요구와 능력에 의해 결정
급여근거	법	계 약
운 영	정부 독점	보호시장에서의 경쟁
비용 예측	비교적 어려움	비교적 용이함
인플레이션 보상	세금을 통해 바로 가능	인플레이션에 아주 약함
차별요소	복지요소로서 사회적 적합성 · 보장성 강조	보험요소로서 개인적 적합성 · 효율성 강조
기여방식	형평성에 의한 기여(재분배성)	충분한 기여금의 적립을 위한 능력성 요구(기여배려제)

⑦ 사회보험과 공공부조의 비교

16, 17회 기출

구 분	사회보험	공공부조
급 여	양을 예산할 수 있음	양을 예산하기 어려움
수혜자 조사	불필요	필요(욕구조사 · 자산조사)
재 원	지정된 조세에서 마련	정부의 일반조세 마련
수혜자	모든 참여자가 피보험자이고, 특정한 시점부터 일부분 수혜자가 됨	직접 참여자는 모두 수혜자
낙인감	낙인감이 아닌 권리로 인정	낙인감을 받게 되어 신청기피의 소지가 있음
사회보장제도	근로능력이 있는 사람을 위한 제도	근로능력이 없는 사람을 원조하기 위한 제도

(2) 국민건강보험제도

2, 11, 15, 16회 기출

① 의의 및 법적 근거

㉠ 질병이나 부상으로 인해 발생한 고액의 진료비가 가계에 과도한 부담이 되는 것을 방지하기 위하여, 국민들이 평소에 보험료를 내고 보험자인 국민건강보험공단이 이를 관리 · 운영하다가 필요시 보험급여를 제공함으로써 국민 상호 간 위험을 분담하고 필요한 의료서비스를 받을 수 있도록 하는 사회보장제도이다.

㉡ 법적 근거 : 대한민국 헌법, 사회보장기본법, 국민건강보험법

② 특 성

㉠ 의무적 보험가입과 보험료 납부

보험가입을 기피가 제도화될 경우 질병위험이 큰 사람만 보험에 가입하여 국민 상호 간 위험분담 및 의료비 공동해결이라는 건강보험제도의 목적을 실현할 수 없기 때문에 일정한 법적요건이 충족되면 본인의 의사와 관계없이 건강보험가입이 강제되며 보험료 납부의무가 부여된다.

㉡ 부담능력에 따른 보험료 부과

민간보험은 보장의 범위, 질병위험의 정도, 계약의 내용 등에 따라 보험료를 부담하는 데 비해, 사회보험방식으로 운영되는 국민건강보험은 사회적 연대를 기초로 의료비 문제를 해결하는 것을 목적으로 하므로 소득수준 등 보험료 부담능력에 따라서 보험료를 부과한다.

㉢ 균등한 보장

민간보험은 보험료 수준과 계약내용에 따라 개인별로 다르게 보장되지만, 사회보험인 국민건강보험은 보험료 부담수준과 관계없이 관계법령에 의하여 균등하게 보험급여가 이루어진다.

③ 국민건강보장제도의 유형

사회보험방식 (SHI)	• 국가가 의료보장에 대한 책임을 지지만, 의료비에 대한 국민의 자기 책임을 일정 부분 인정하는 체계 • 정부기관이 아닌 보험자가 보험료로써 재원을 마련하여 의료를 보장하는 방식 • 정부에 대해 상대적으로 자율성을 지닌 기구를 통한 자치적 운영을 근간으로 하며, 의료공급자가 국민과 보험자 사이에서 보험급여를 대행 • 비스마르크 방식 예 독일, 프랑스 등
국민건강보험 방식(NHI)	• 사회보험방식에 의한 의료보장정책 대안으로서, 사회보험의 운영원리를 자국의 사회적 · 경제적 실정에 맞게 적용 • 단일한 보험자가 국가 전체의 건강보험을 관리 · 운영 • 사회적으로 동질성을 갖는 국민이 보험집단을 형성하여 보험료 갹출로 재원을 마련하며, 직접 또는 계약을 체결한 의료기관을 통해 피보험자에게 보험급여를 실시 예 우리나라, 대만 등
국민보건서비스 방식(NHS)	• 국민의 의료문제는 국가가 모두 책임진다는 관점을 토대로 의료의 사회화를 조성 • 정부가 일반조세로 재원을 마련하며, 모든 국민에게 무상으로 의료를 제공하여 직접적으로 의료를 관장하는 방식 • 의료기관은 상당부분 사회화 내지 국유화 • 조세 방식 또는 베버리지 방식 예 영국, 스웨덴, 이탈리아 등

④ 기능 및 역할

㉠ 의료보장 기능

피보험대상자 누구에게나 필요한 기본적 의료를 적정한 수준까지 보장함으로써 그들의 의료문제를 해결하고 누구에게나 균등하게 적정수준의 급여를 제공한다.

㉡ 사회연대 기능

사회보험으로서 건강에 대한 사회공동의 책임을 강조하여 비용(보험료)부담은 소득과 능력에 따라 부담하고 가입자 모두에게 균등한 급여를 제공함으로써 사회적 연대를 강화하고 사회통합을 이루는 기능을 가지고 있다.

㉢ 소득재분배 기능

각 개인의 경제적 능력에 따른 일정한 부담으로 재원을 조성하고 개별부담과 관계없이 필요에 따라 균등한 급여를 제공하여 질병의 치료부담을 경감시키는 건강보험은 소득재분배 기능을 수행한다.

⑤ 관리운영방식

원칙적으로 국영방식이지만, 실제로는 국민건강보험공단이라는 특수공법인을 설립하여 위탁관리 · 운영하고 있으므로 혼합방식에 속한다.

⑥ 보험자 및 피보험자

<table>
<tr><td>보험자</td><td colspan="2">• 운영자 : 보건복지부 장관
• 보험자 : 국민건강보험공단</td></tr>
<tr><td>가입대상</td><td colspan="2">• 국내에 거주하는 국민은 건강보험의 가입자(피부양자)가 된다.
• 제외대상
– 「의료급여법」에 따라 의료급여를 받는 사람
– 「독립유공자예우에 관한 법률」 및 「국가유공자 등 예우 및 지원에 관한 법률」에 따라 의료보호를 받는 사람</td></tr>
<tr><td>피부양자</td><td colspan="2">직장가입자에게 생계를 주로 의존하는 사람으로서 보수나 소득이 없는 사람
• 직장가입자의 배우자
• 직장가입자의 직계존속(배우자의 직계존속 포함)
• 직장가입자의 직계비속(배우자의 직계비속 포함)과 그 배우자
• 직장가입자의 형제 · 자매</td></tr>
<tr><td rowspan="3">가입자</td><td>직 장</td><td>모든 사업장의 근로자 및 사용자, 공무원 및 교직원 등</td></tr>
<tr><td>지 역</td><td>직장가입자와 그 피부양자를 제외한 가입자</td></tr>
<tr><td>임의계속</td><td>실업 전 직장에서 1년 이상 직장가입자였던 자가 사용관계 종료로 인해 지역가입자가 된 이후 공단에 신청하여 직장가입자로서의 자격을 일시적으로 유지할 수 있다.</td></tr>
</table>

⑦ 보험료(국민건강보험법 제69조)

㉠ 주체 : 공단은 보험료의 납부의무자로부터 보험료를 징수한다.

㉡ 징수기간

• 가입자 자격을 취득한 날의 다음 달부터 가입자의 자격을 잃은 전날이 속하는 달

• 가입자 자격을 매월 1일에 취득한 경우는 그 달

㉢ 월별 보험료액

• 직장가입자

– 보수월액보험료 = 보수월액 × 건강보험료율(보수월액은 동일사업장에서 당해연도에 지급받는 보수총액을 근무월수로 나눈 금액)

– 소득월액보험료 = 소득월액 × 보험료율 × 50 / 100

• 지역가입자

– 월별 보험료액 = 보험료 부과점수 × 보험료 부과점수당 금액

• 임의계속가입자

– 보수월액은 보수월액보험료가 산정된 최근 12개월 간의 보수월액을 평균한 금액

– 보수월액의 보험료는 그 임의계속가입자가 전액 부담하고 납부

• 장기요양보험료 = 건강보험료 × 장기요양보험료율

• 국민건강보험료 경감대상자 15회 기출

- 휴직자, 65세 이상인 사람, 장애인복지법에 따라 등록한 장애인
- 섬 · 벽지 · 농어촌 등 대통령령으로 정하는 지역에 거주하는 사람
- 국가유공자로서 전상군경, 공상군경, 4 · 19혁명부상자, 공상공무원, 국가사회발전 특별공로상이자
- 그 밖에 생활이 어렵거나 천재지변 등의 사유로 보험료를 경감할 필요가 있다고 보건복지부장관이 정하여 고시하는 사람

⑧ **본인부담상한액** : 가입자의 소득수준 등에 따라 정함

⑨ **외래의 본인부담금** : 의료기관의 종류 및 소재지 등에 따라 다름

⑩ **의료급여의 제한** : 월별 보험료의 총체납회수가 6회 이상일 경우 제한 가능

⑪ **보험급여**

㉠ 현물급여 : 요양급여, 건강검진

㉡ 현금급여 : 요양비, 장애인보장구비, 본인부담액 상한제

㉢ 이용권 : 임신 · 출산 진료비(부가급여)

Plus ⊕ one

본인부담액 상한제 : 연간 환자가 부담한 본인부담액이 연도별 상한액 기준을 초과할 경우 초과분을 가입자에게 환급하는 제도(2018년부터 1~5분위까지 요양병원 입원일수 120일 초과 여부에 따라 상한액이 달라짐)

⑫ **운영** : 직종조합, 지역조합 등이 통합하여 운영(2003년 직장재정과 지역재정의 통합)

⑬ **질병군별 포괄수가제도(DRG ; Diagnosis Related Group)** 9, 11, 16, 20회 기출

㉠ 포괄수가제 : 환자에게 제공되는 의료서비스의 양과 질에 관계없이 수술, 처치명, 연령, 진료결과 등에 따라 유사한 질병군 또는 환자군으로 분류하여 일정한 기준에 따라 일정액의 진료비를 건강보험공단이 해당 의료기관에 지급하는 지불보상방식

㉡ 행위별 수가제 : 의료공급자의 개별서비스 행위에 대해 개별가격으로 환산하는 방식

㉢ 우리나라의 질병군별 포괄수가제도

적 용	• 우리나라는 진료비 지불방식은 행위별 수가제가 기본이다. • 2002년부터 8개 질병군에 대해 본 사업을 실시하였고, 2003년 9월 이후에는 정상분만을 제외한 7개 질병군을 선택 적용하였다.
장 점	• 과잉진료 등에 따른 불필요한 진료행위를 줄여 적정 진료를 유도한다. • 진료비 지급에 소요되는 비용을 절감한다. • 소비자도 사전에 진료비 예측이 가능하며 의료비 부담이 줄어든다.
단 점	• DRG 코드 조작으로 허위 · 부당청구의 가능성이 있다. • 의료서비스의 질이 저하된다(신 약물 및 중증환자 시술 적용의 회피). • 많은 진료 건수로 공단의 재정에 부정적인 영향을 미친다.

(3) 연금제도

5, 10회 기출

① 의 의

㉠ 가장이 폐질, 노령, 퇴직 및 사망에 의하여 소득이 상실되는 경우를 대비하여 미리 갹출한 보험료를 기초로 하여 제공되는 현금급여로서 장기적 소득보장제도이다.

㉡ 연금제도의 기능은 노후의 소득보장, 소득의 재분배, 경제적 기능을 한다.

㉢ 소득보장은 소득의 유지 혹은 소득의 대체라는 의미를 포함한다.

㉣ 공적 연금법의 출현은 인구의 급속한 노령화와 가족구조의 변화와 더불어 사적 부양체제의 약화에 의하여 노령자의 사회적 부양체제의 강화 필요성에 따라 공적 연금제도의 사회적 부양기능이 요청된 데 기인한다.

② 유 형

㉠ 사회보험식 공적연금 : 일정기간 동안 자신 또는 고용주와 함께 보험료를 납입하고 이를 재원으로 하여 연금을 지급하는 형태

㉡ 사회부조식 공적연금 : 자산조사 및 소득조사를 통해서 정해진 기준 이하의 소득을 가진 노인에게 별도의 보험료 납부 없이 국가의 일반재정을 통해 연금을 지급하는 형태

㉢ 사회수당식 공적연금 : 별도의 보험료 납입이나 소득에 따른 차별을 두지 않고 모든 노인들에게 국가의 일반재정으로 연금을 지급하는 형태

㉣ 강제가입식 민간연금 : 국가가 직접 연금을 운영하지 않고 민간 보험회사들이 판매하는 연금상품에 대해 개인이 선택하여 반드시 가입하도록 하는 강제가입식 민간연금제도로 공적연금을 대체하는 방식

Plus ⊕ one

공 · 사 연금체계의 주요 분류(Esping-Andersen)

12회 기출

- 조합주의적 국가우위의 연금체계
  - 사적연금 : 급여수준이나 가입대상 면에서 볼 때 노후소득보장에 주변적 역할만 수행
  - 공적연금 : 직업에 따라 적용대상을 달리하는 여러 개의 연금제도로 분절된 형태, 퇴직 전 생활수준을 유지 보장
- 잔여적 연금체계
  - 자유주의적 시장순응체계에 부합하는 것, 통상 사적연금의 역할 강조
  - 공적연금은 주로 최저생계보장이며, 급여수준 또한 다른 유형의 공적연금체계와 비교하여 상대적으로 낮다.
- 보편주의적 국가지배체계
  - 사회연대에 기초하여 직업 유무 혹은 기업연금에 대한 자격 유무와 관계없이 높은 소득 대체율을 가진 공적연금 제공
  - 스웨덴은 기업연금이 노후소득의 원천으로서 제한된 역할만을 수행하나, 전국적 차원의 노사협약에 의해 제공됨으로써 거의 모든 피용자에게 보편적 확대

③ 기여 또는 급여의 확정 방식에 따른 분류

10, 13, 17회 기출

㉠ 확정급여식 연금(Defined Benefit Plan)

- 개인이 부담한 보험료의 크기에 상관없이 사전에 확정된 금액으로 급여를 지급한다.
- 주로 과거의 소득 및 소득활동기간에 의해 결정되며, 물가상승이나 경기침체, 수명연장 등의 위험에 대응하여 안정적인 노후소득을 보장한다.

ⓛ 확정기여식 연금(Defined Contribution Plan)

- 사전에 확정된 보험료를 부담하되 급여액은 적립한 기여금의 운영결과에 따라 추후 결정된다.
- 연금재정의 유지에는 유리한 반면, 투자위험을 개인이 고스란히 지게 된다.

④ 연금재정방식 5, 6, 10, 12, 13, 15, 19회 기출

㉠ 적립방식(Funded System)

- 장래에 지급하게 될 연금급여를 제도에 가입하고 있는 동안 보험료, 국고출연금, 누적기금 등으로 적립하는 재정방식이다.
- 제도시행 초기에는 지출보다 보험료의 수입이 크기 때문에 적립금이 계속 누적되고 수입이 지출을 지속적으로 상회하게 된다.
- 가입자들 각자가 보험료를 납부하여 축척된 기금으로 자신들의 노후를 보장하는 방식이다.
- 근로기간 중 저축한 것을 정년 후에 되돌려 받는 일종의 강제저축 방식이므로 재정관리는 수지상등의 원칙(Principle of Equivalence)에 입각한다.

완전적립방식	• 장기에 걸쳐 계산한 보험수리상의 공평한 보험료를 제도도입 초기부터 일관성 있게 부과 · 징수하여 적립하는 방식 • 민간기업의 퇴직연금에 적용되는 보험수리를 원용한 방식, 재분배 기능은 없음
부분적립방식	• 제도도입 초기에는 이 보험료 보다 낮은 수준으로 부과 · 징수하다가 차츰 보험료를 인상해가는 방식 • 과정상 발생하는 적립금 기금을 운용하여 그 원리금을 장래의 급여지급 재원의 일부로 활용함으로써 장래 예상되는 수지균형 보험료율을 낮게 유지하려는 방식

- 장단점
  - 장점 : 연금지출이 적은 초기부터 제도가 성숙하여 지출액이 증가될 때까지 보험료를 평준화할 수 있어 세대 간의 공평한 보험료 부담이 가능하고, 재정을 비교적 안정적으로 운영할 수 있다.
  - 단점 : 장기적 예측에 어려움이 있어 인플레이션과 투자위험에 취약하다.

ⓛ 부과방식(Pay-as-you-go System)

- 한 해의 지출액 정도에 해당하는 미미한 보유 잔고만을 남겨두고 그 해 연금보험료 수입을 그 해 급여의 지출로 써버리는 방식이다.
- 일정기간에 지출된 급여비를 동일기간의 보험료 수입으로 충당하는 방식으로서, 현재의 근로세대가 은퇴세대의 연금급여에 필요한 재원을 부담하는 방식으로 볼 수 있다.
- 매년 연 재정의 수입총액과 지출총액이 균형을 유지할 수 있게 운영되며, 연금도입 당시의 노인세대에게도 일정한 연금을 제공할 수 있다.
- 장단점
  - 장점 : 시행 초기에 적은 보험료로 운영할 수 있고 투자위험에 노출되지 않으며, 인플레이션을 고려하지 않아도 된다.
  - 단점 : 노령화 등 인구학적 위험에 취약하고, 상대적으로 재정운영의 불안정성이 존재한다.

Plus ⊕ one

수정적립방식

적립방식과 부과방식의 중간형태로서 현재 우리나라에서 적용하고 있다. 초기에 적립방식을 채택하되 사회경제적인 상황이나 생활수준 등을 감안하여 보험료와 급여수준을 조정하는 방식이다.

⑤ **공적연금의 원칙**

㉠ 가입대상이 법률로 정한 가입요건에 해당되면 당연히 강제 가입된다.

㉡ 급여는 과거의 소득과 기여 정도에 근거한다.

㉢ 저소득층과 부양가족이 있는 근로자에게 상대적으로 유리하도록 하여 소득재분배 기능을 가진다.

㉣ 연금제도상의 수혜자의 권리가 명백해야 하고 개선통로가 있어야 한다.

Plus ⊕ one

우리나라 공적연금

국민연금을 주축으로 공무원(공무원연금), 사립학교교직원(사립학교교직원연금), 군인(군인연금), 별정우체국직원(별정우체국직원연금)에게 각각 적용되는 4개의 직역연금으로 구성되어 있다.

⑥ **공적연금의 특성**

㉠ 노후생활설계의 기초를 제공한다.

㉡ 공헌도에 따라 수급권을 획득하는 제도이다.

㉢ 연금보험 사고에 대한 보험제도이다.

㉣ 국가책임의 강제가입제도로서 긍지를 높이는 제도이다.

Plus ⊕ one

중앙정부의 사회보험성 기금 14회 기출

- 국가가 특정한 목적을 위해 특정한 자금을 탄력적으로 운용할 필요가 있을 때에 한하여 법률로써 설치하되, 정부출연금 또는 법률에 따른 민간부담금을 재원으로 하는 기금은 법률에 의하지 아니하고는 이를 설치할 수 없도록 하였다(국가재정법 제5조).
- 고용보험법, 공무원연금법, 국민연금법, 군인연금법, 산업재해보상보험법, 사립학교교직원연금법 등 사회보험성 기금에 관한 법률이 포함되어 있다.

⑦ **공무원연금법**

㉠ 공무원의 퇴직 또는 사망과 공무(公務)로 인한 부상 · 질병 · 장애에 대하여 적절한 급여를 실시함으로써, 공무원 및 그 유족의 생활안정과 복리 향상에 이바지함을 목적으로 제정된 사회보험법의 일종이다.

- 공적연금제도(Public Pension System) : 공무원의 노령 · 장애 · 사망 등 소득상실사유 발생 시에 적절한 급여를 실시한다.
- 공무원에 대한 종합사회복지사업 수행 : 퇴직연금급여 이외에 재해보상급여, 부조급여, 퇴직수당 및 후생복지사업 등 다양한 프로그램을 제공하는 제도이다.

㉡ 비용부담 : 기여제 방식으로 공무원과 국가 또는 지방자치단체가 공동부담

- 공무원 : 매월 기준 소득월액의 8~9% 기여금 납부
- 국가 또는 지방자치단체 : 보수예산의 8~9% 부담금 납부

㉢ 재정방식

- 적립방식의 기초에 의해 공무원 연금기금 조성
- 현재 : 수정된 적립방식 + 급여부족분 전액을 사용자(국가 또는 지방자치단체)가 보전하는 부과방식 형태로 전환

㉣ 급여 내용

장기급여	퇴직급여	(조기)퇴직연금, 퇴직연금공제일시금, 퇴직연금일시금, 퇴직일시금
	유족급여	유족연금, 유족연금일시금, 유족연금부가금, 유족연금특별부가금, 유족일시금, 유족보상금
	장해급여	장해연금, 장해보상금
	순직유족급여	순직유족연금, 순직유족보상금
	위험직무순직유족급여	위험직무순직유족연금, 위험직무순직유족보상금
	퇴직수당	–
단기급여	요양급여	공무상요양비
	부조급여	재해부조금, 사망조위금

㉤ 적용대상자

- 정규공무원 : 국가공무원법 및 지방공무원법에 의한 공무원
- 정규공무원 외의 공무원 : 기타 국가 또는 지방자치단체에 근무하는 직원
- 제외대상 : 군인과 선거에 의하여 취임하는 공무원(예 대통령, 국회의원 등)

㉥ 급여구조 : 사보험적 성격을 가지고 있는 것이 특징이며, 군인연금이나 사립학교교원연금도 마찬가지이다.

㉦ 법적 성격 : 연금급여는 공법적 특질을 가지며, 수급권과 관련한 소송은 공법상 쟁송방법을 이용해야 한다.

⑧ 사립학교교직원 연금법

㉠ 사립학교 교원 및 사무직원의 퇴직 · 사망 및 직무상 질병 · 부상 · 장애에 대하여 적절한 급여제도를 확립함으로써 교직원 및 그 유족의 생활안정과 복리향상을 목적으로 시행하였으며, 부담률과 급여의 내용 등 제도의 근간이 공무원연금제도와 동일하다.

㉡ 연금 급여

- 교직원의 퇴직 · 사망 시에 퇴직급여, 유족급여, 퇴직수당 지급
- 재해보상급여와 기타 일반재해에 대한 각종 부조급여 지급 및 교직원을 위한 다양한 후생 · 복지프로그램을 시행

㉢ 비용부담 주체 : 교직원, 학교기관 및 국가

㉣ 기금의 조성 · 증식 관리 및 제도의 운영 : 사립학교교직원연금공단

⑨ 국민연금법 13, 15, 16회 기출

㉠ 개 념

모든 국민이 사회적 위험(노령, 장애, 사망)이 발생한 경우에 가입자의 기여금과 사용주 또는 국가의 부담금을 주된 재원으로 일정한 보험료 급여를 통해 장기적 소득보장을 함으로써 국민의 생활안정과 복지증진에 기여함을 목적으로 하는 사회보험법의 일종이다.

- 기여와 급여가 획일적인 법정화
- 사회적 위험(노령, 장애, 사망)에 대비한 사회책임성 · 급여의 적절성 강조
- 기여와 급여의 과정에서 소득재분배의 효과 발생
- 가입은 원칙적으로 강제되는 등 사회보험적 성격
- 급여수준 격차를 줄이는 방향으로 저소득자에게 유리하게 설계

㉡ 국민연금의 특징 15회 기출

- 가입에 있어서 강제성이 있다.
- 세대 내 소득재분배 기능과 세대 간 소득재분배 기능을 동시에 포함하고 있다.
- 국가가 최종적으로 연금 지급을 보장한다.
- 노령연금 이외에도 장애연금, 유족연금 등 다양한 혜택이 있다.
- 물가가 오르더라도 실질가치가 보장된다.
- 보험료 부과체계상에 소득상한선을 두어 연금급여의 편차를 일정수준에서 제한하는 한편, 소득하한선을 두어 저소득계층의 과도한 분배적 부담을 억제한다.

㉢ 가입자 종별

구 분	18~59세 전 국민	
당연가입자	사업장가입자	1인 이상의 근로자를 고용하고 있는 사업장의 사업주와 근로자(단, 18세 미만 근로자는 2015년 7월 29일부터 사업장가입자로 당연적용하나, 본인의 신청에 의해 적용제외 가능)
	지역가입자	사업장에 근무하지 않는 자영업자, 농 · 어업인 등
	납부예외자	사업장(지역)가입자 중에서 소득활동을 하지 않아 소득이 없는 국민
적용제외자	전업주부, 학생, 타 공적연금 가입자 등	
임의(계속) 가입자	적용제외자 또는 60세 이상 국민 중에서 희망에 의하여 가입	

㉣ 연금액 : 지급사유에 따라 기본연금액과 부양가족연금액을 합산한 금액

- 기본연금액 : 모든 연금액 산정의 기초가 되며, 가입자 전체의 소득(소득재분배 기능)과 가입자 본인의 소득(소득비례 기능) 및 가입기간에 따라서 산정
- 부양가족연금액 : 연금급여를 지급받는 수급자가 일정한 가족을 부양하고 있는 경우 가족수당 성격으로 지급하는 부가급여

㉤ 급여의 종류

노령연금	• 노령연금 : 가입기간 10년 이상, 60세에 도달한 자 • 조기노령연금 : 가입기간 10년 이상, 연령 55세 이상인 자가 소득이 있는 업무에 종사하지 아니하고, 60세 도달 전에 청구한 경우 • 분할연금 : 가입기간 중 혼인기간이 5년 이상인 노령연금수급권자의 이혼한 배우자가 60세가 된 경우
장애연금	• 질병이나 부상의 초진일 당시 일정한 가입기간이 있고 완치된 후에도 신체 또는 정신상 장애가 남아 장애연금 지급대상이 되는 경우 장애 정도(1~4급)에 따라 급여를 지급 • 완치일을 기준으로 노동력 손실 또는 감소정도에 따라 1~4급으로 결정하며, 초진일로부터 1년 6개월이 지나도 완치되지 않은 경우에는 그 1년 6개월이 경과된 날을 기준으로 장애등급을 결정
유족연금	• 일정한 가입기간이 있는 자 또는 연금을 지급받던 사람이 사망한 경우 그에 의해 생계를 유지하던 유족에게 급여를 지급 • 요 건 – 노령연금 수급권자 – 장애등급 2급 이상인 장애연금 수급권자 – 가입기간이 10년 이상인 가입자 또는 가입자였던 자 – 연금보험료를 낸 기간이 가입대상 기간의 1/3 이상인 가입자 또는 가입자였던 자 – 사망일 5년 전부터 사망일까지의 기간 중 연금보험료를 낸 기간이 3년 이상인 가입자 또는 가입자였던 자
반환일시금	• 지급연령(60~65세)이 되었을 때 연금급여 요건을 충족하지 못하였거나 국외이주 등으로 국민연금 가입대상이 아닌 경우 납부한 보험료에 이자를 더해 일시에 급여를 지급 • 요 건 – 가입기간 10년 미만인 사람이 지급연령(60~65세)이 된 경우 – 가입자 또는 가입자였던 자가 사망하였으나 유족연금에 해당되지 않는 경우 – 국적을 상실하거나 국외에 이주한 경우
사망일시금	• 가입자 또는 가입자이었던 자가 사망하였으나 유족연금 또는 반환일시금을 지급받을 수 없는 유족에게 장제부조적 성격의 일시금을 지급 • 배우자 · 자녀 · 부모 · 손자녀 · 조부모 · 형제자매 또는 4촌 이내의 방계혈족 중 최우선 순위자에게 지급

㉥ 보험료 금액 및 보험료율

- 연금보험료 = 가입자의 기준소득월액 × 연금보험료율
- 기준소득월액의 상한액과 하한액 : 기준소득월액 상한액과 하한액은 국민연금 사업장가입자와 지역가입자 전원(납부예외자 제외)의 평균소득월액의 3년간 평균액이 변동하는 비율을 반영하여 매년 3월 말까지 보건복지부 장관이 고시함

Plus ⊕ one

국민연금 부과체계(소득상한선과 소득하한선) 15회 기출

- 소득하한선 : 일정한 수준의 최저소득을 기준으로 그 이하의 소득계층에 대하여 제도의 당연적용을 면제하는 기능을 하며, 소득하한선이 높게 설정될 경우 국민연금 가입자 규모가 감소한다.
- 소득상한선 : 소득상한선 이상의 소득의 초과분에 대해서는 더 이상 보험료가 부과되지 않는 소득의 경계선이므로 소득상한선이 낮게 설정될 경우 고소득계층의 부담은 작아진다.
- 소득상한선은 국민연금 가입자들 상호 간 연금급여의 편차를 일정수준에서 제한하는 기능을 하게 된다.
- 소득상한선은 그 이상의 소득에 대해서는 더 이상 보험료가 부과되지 않는 소득의 경계선을 의미한다.
- 소득상한선은 국민연금 가입자 간 연금급여의 편차를 적절한 수준에서 억제하는 기능을 하게 된다. 특히 현금급여의 경우, 소득상한선은 고소득계층에게 과다한 연금(현금)급여가 제공되는 문제를 방지할 수 있다.

㉦ 우리나라의 국민연금 지원대상 20회 기출

- 실업크레딧 : 구직급여 수급자가 연금보험료 납부를 희망하는 경우 보험료의 75%를 지원하고 그 기간을 최대 12개월까지 가입기간으로 추가 산입하는 제도이다.
- 출산크레딧 : 2명 이상의 자녀가 있을 때부터 가능하다.
- 임의계속가입자로 된 농어업인에게는 본인이 부담할 연금보험료 중 100분의 50의 범위 내에서 대통령령으로 정하는 바에 따라 농어촌구조개선특별회계에서 지원한다.
- 노령연금 수급권자가 소득활동을 하면 최대 5년 동안 연금액이 감액된다.
- 군복무크레딧 : 병역의무를 이행한 자에게 6개월의 가입기간을 추가로 인정하고 있다.

(4) 고용보험제도 19, 20회 기출

① 의 의

실업의 예방, 고용의 촉진(고용안정사업) 및 근로자의 직업능력의 개발과 향상을 꾀하고, 국가의 직업지도, 직업소개 기능을 강화(직업능력개발사업)하며, 근로자가 실업한 경우에 생활에 필요한 급여(실업보험)를 실시함으로써 근로자의 생활안정과 구직활동을 촉진하여 경제 · 사회를 발전시키려는 사회보장제도이다.

㉠ 실업의 예방, 고용의 촉진 및 근로자의 직업능력의 개발과 향상을 꾀하고, 국가의 직업지도, 직업소개 기능을 강화하며, 근로자가 실업한 경우에 생활에 필요한 급여를 실시함으로써 근로자의 생활안정과 구직활동을 촉진하여 경제 · 사회를 발전시키려는 사회보장제도이다.

㉡ 실직 근로자에게 실업급여를 지급하는 전통적 의미의 실업보험사업, 근로자의 실업예방 및 고용촉진을 위한 고용안정사업, 근로자의 직업능력개발을 위한 직업능력개발사업 등을 상호 연계 실시하는 사회보장제도임과 동시에 적극적 고용정책을 구현하기 위한 노동시장정책이다.

② 고용보험제도의 성격

㉠ 사회보험으로서의 고용보험

근로자가 실업하여 소득의 원천을 상실한 경우 보험원리에 의하여 그들에게 일정기간 동안 일정한 수준의 소득을 보상하고 근로자의 생활을 안정시키며, 산업에 필요한 노동력을 유지 · 보전하기 위한 사회보험제도 중에 가장 발전된 단계이다.

㉡ 강제보험으로서의 고용보험 : 고용보험은 강제가입을 원칙으로 하고 있다.

㉢ 공보험으로서의 고용보험

- 능력부담주의 : 고용보험은 공보험으로서 능력에 따라 보험료를 부담하고 필요에 따라 보험급부를 받는다.
- 평균보험료주의 : 피보험자 전체로서 평균위험률 기준에 따른다.
- 국가부담의 원칙 : 고용보험은 원칙적으로 국가가 부담하고, 보험료 및 급부금의 일부를 국가가 부담하거나 보조하는 경우가 있다.

㉣ 공적부조와 구별되는 고용보험

구 분	공적부조	고용보험
대 상	생활이 곤궁한 모든 국민	보험료를 부담하는 자
목 적	최소한의 생활을 보장	현재의 생활 유지
급 부	곤궁의 정도에 따라 국가가 필요한 급부	• 생활비 급부 : 임금소득에 비례함 • 법정요건의 급부 : 자산이나 능력에 관계없이 급부

③ 고용보험제도의 목적

㉠ 실직근로자 및 가족의 생활안정

㉡ 실직근로자의 고용촉진

㉢ 노동력의 효율적 이용과 보존

㉣ 노동시장 정보의 신속 · 정확한 파악

㉤ 근로복지의 증진

㉥ 고용조정의 원활화 및 경제의 효율성 제고

㉦ 자동적인 경기조절기능의 수행

㉧ 미숙련근로자의 이직 감소와 사용자의 고용안정 노력 유도

㉨ 저소득근로자 계층에 대한 소득재분배

④ 고용보험제도의 기능

㉠ 사회보장적 기능 : 소득의 재분배라는 계획을 통해 실직근로자와 그 가족의 경제적 안정을 보장함과 동시에 적극적인 취업알선을 촉진하고 직업안정을 위하여 근로자의 능력개발 및 향상 등을 꾀하는 사회보장제도로서의 사회보장적 기능을 갖는다.

㉡ 국민경제적 기능 : 고용보험의 적립금은 불황에 대한 일종의 국민경제적 저축이 되어 최대의 효용이 발휘될 때 지급되는 효과를 가짐으로써 경기조절기능을 가진다.

㉢ 고용정책상의 기능 : 실업자의 등록으로 정확한 개별실업현황의 파악이 가능하며, 고용보험기금을 재원으로 하여 실업자 전업촉진훈련 등 실업대책사업을 수립 · 실시할 수 있어 마찰적 · 구조적 실업해소에 기여한다.

⑤ 적용범위

㉠ 적용 : 1인 이상의 근로자를 고용하는 모든 사업 및 사업장

㉡ 적용 제외 : 사업의 규모, 산업별 특성을 고려하여 사업장 및 피보험자 관리가 매우 어려운 일부 사업

- 농업, 임업, 어업, 수렵업 중 법인이 아닌 자가 상시 근로자 4인 이하를 고용하는 사업
- 총 공사금액이 2천만원 미만인 건설공사
- 연면적 $100m^2$ 이하인 건축물의 건축 또는 연면적이 $200m^2$ 이하인 건축물의 대수선 공사
- 가구 내 고용활동 및 달리 분류되지 않은 자가소비 생산활동

⑥ 적용 대상 근로자

㉠ 적용 대상 : 모든 근로자

㉡ 제외대상

- 65세 이후에 새로 고용된 자
- 월 소정(所定) 근로시간이 60시간 미만인 자(주 15시간 미만 자 포함)
- 공무원(다만, 임용된 날부터 3개월 이내 신청)
- 사립학교교직원 연금법의 적용을 받는 자
- 별정우체국 직원

⑦ 사업체계 2회 기출

㉠ 실업급여

- 고용보험 가입 근로자가 실직하여 재취업 활동을 하는 기간에 소정의 급여를 지급한다.
- 근로자의 실업으로 인한 생계불안을 극복하고 생활의 안정을 도와주며 재취업의 기회를 지원한다.
- 실업급여는 크게 구직급여와 취업촉진수당으로 나누어져 있다.

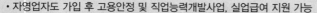

Plus ⊕ one

실업급여 중 취업촉진 수당의 종류

- 조기재취업 수당
- 직업능력개발 수당
- 광역구직 활동비
- 이주비

우리나라 자영업자의 고용보험 15회 기출

- 본인의 희망에 따라 가입 가능
- 자영업자도 가입 후 고용안정 및 직업능력개발사업, 실업급여 지원 가능
- 구직급여 일수는 피보험기간에 따라 90~180일
- 구직급여를 받기 위해 재취업을 위한 적극적인 노력 필요
- 보험료 체납자는 실업급여를 지급하지 않음

ⓛ 고용안정 · 직업능력개발사업

- 근로자를 감원하지 않고 고용을 유지하거나 실직자를 채용하여 고용을 늘리는 사업주를 지원하여 근로자의 고용안정 및 취업취약계층의 고용촉진을 지원한다.
- 사업주가 근로자에게 직업훈련을 실시하거나 근로자가 자기개발을 위해 훈련을 받을 경우 사업주 · 근로자에게 일정 비용을 지원한다.

Plus ⊕ one

정부지원 훈련지원 사업

- 구직자지원사업 : 내일배움카드제(실업자), 국가기간전략산업직종훈련, 청년취업아카데미 등
- 근로자지원사업 : 근로자직업능력개발훈련
- 기업지원사업 : 사업주지원훈련, 국가인적자원개발컨소시엄
- 일학습병행제

근로능력향상을 위한 훈련지원

구 분	국민내일배움카드	근로자직업능력개발훈련
지원대상	훈련을 희망하는 국민은 누구나 신청이 가능(다만, 공무원, 사립학교 교직원, 졸업예정자 이외 재학생, 연 매출 1억 5천만원 이상의 자영업자, 월 임금 300만원 이상인 대기업근로자(45세 미만), 특수형태근로 종사자 등은 제외)	재직 중인 근로자, 기간제 근로자, 단시간 근로자, 파견근로자, 일용근로자, 자영업자, 육아휴직자 등
제도개요	분리 운영되었던 실업자 · 재직자 내일배움카드를 하나로 통합하여 실업자, 재직자, 특고, 자영업자 등 여부에 관계없이 직업훈련을 적극 지원함으로써, 훈련의 사각지대를 없애고 평생능력개발이 요구되는 환경에 맞도록 개인 주도의 훈련을 확대한 제도	고용보험에 가입한 근로자 등이 직무 경쟁력 강화를 도모할 수 있도록 근로자카드를 발급받아 직업능력개발 훈련에 참여할 할 수 있도록 훈련비용을 지원하는 제도
지원한도	• 최대 300만원(훈련 참여자는 훈련비 일부를 자부담) • 취약계층의 경우 최대 500만원, 자부담 면제	보험연도에 200만원 이내 지원

ⓒ 모성보호급여

- 육아휴직급여 : 육아휴직을 30일 이상 부여받은 피보험자 중 다음의 요건을 모두 갖춘 경우에 육아휴직급여를 지급한다.
  - 육아휴직 시작일 이전에 피보험 단위기간이 통산하여 180일 이상일 것
  - 같은 자녀에 대하여 피보험자인 배우자가 동시에 육아휴직(30일 미만은 제외) 중인 경우 중복기간에 대해서는 1명만 지급
- 출산전후휴가급여 : 출산전후휴가 또는 유산 · 사산휴가를 받은 경우로서 다음의 요건을 모두 갖춘 경우에 출산전후휴가급여를 지급한다.
  - 휴가가 끝난 날 이전에 피보험 단위기간이 통산하여 180일 이상일 것
  - 휴가를 시작한 날 이후 1개월부터 휴가가 끝난 날 이후 12개월 이내에 신청할 것

(5) 산업재해보상보험제도

3, 6, 10, 13, 15, 16, 17회 기출

① 의 의

㉠ 산업재해보상보험제도는 공업화가 급격히 진행되면서 산업재해로부터 근로자를 보호하기 위하여 1963년에 우리나라에 처음 도입된 사회보장보험이다.

㉡ 산재보험제도는 노동과정에서 발생하는 산업재해와 관련하여 근로자와 그 가족의 기본적인 생존권(노동력 회복과 생활보장)을 확보하기 위해 급여가 제도화된 대표적 제도이다.

㉢ 산재보험제도는 재해를 당한 근로자와 그 가족의 생활보장을 위하여 국가가 책임을 지는 보험으로, 근로기준법상 사업주로부터 재해보상책임을 보장하기 위해 국가가 보험료를 징수하여 그 기금으로 산재근로자에게 보상을 해주는 제도이다.

② 산업재해보상보험제도 도입이론

㉠ 산업위험이론 : 산업재해로 인해 불가피하게 초래된 것이므로 마땅히 사회적으로 그에 대한 보상비용을 부담하여야 한다.

㉡ 사회비용최소화 이론 : 산재발생을 억제해야 기업의 경제적 비용이 줄고, 산재보험에 가입했을 때 미가입 시 보다 비용부담 측면에서 이익이 된다.

㉢ 사회적 타협이론 : 산재근로자는 산재보상의 법정비용을 줄이고, 사업주는 산재재판에서 패소할 때 부담해야 하는 높은 보상비를 피할 수 있다.

③ 특 징

㉠ 산업재해보상보험제도에 관한 구체적인 사회입법은 근로기준법이며, 강제 노동재해보험유형에 속한다.

㉡ 고용노동부장관이 관장하며, 근로복지공단이 고용노동부장관의 위탁을 받아 사업을 수행한다.

㉢ 사업주는 보험가입자, 근로자는 보험계약자로서 근로자는 피보험자의 개념이 성립되지 않으며, 사용자의 무과실책임 원칙이 적용된다.

㉣ 사용자의 무과실책임 원칙하에 근로자를 보호하므로 비용은 전액 사업주가 부담하며, 사용주의 고의 및 과실의 경우 별도의 손해배상청구를 할 수 있다.

㉤ 자진신고, 자진납부의 원칙이 적용되며 개별노동자 단위가 아닌 사업장 단위로 산재보험관리가 운영된다.

㉥ 산재보험 급여는 재해의 손해 전체 보상이 아니라 평균임금을 기초로 하는 정률보상방식이다.

㉦ 보험료는 개산보험료와 확정보험료로 구성되며, 업종별로 상이한 보험료율을 적용한다. 특히 개별 사업장의 산재사고실적에 따라 보험료를 증감한다.

④ 보상원칙

㉠ 산업재해의 인정에 관한 원칙 : 산업재해에 있어서 무엇보다 재해를 입은 근로자와 그 가족의 구제라는 기본에 입각하여 의심나는 것은 보상해야 한다.

㉡ 치료와 보상의 원칙 : 장기요양 중 또는 상병의 치유 후에도 장애가 남아 노동능력이 저하되었을 때 해고 제한 및 직장 복귀의 권리가 보장되고, 요양에 필요한 비용 및 치료행위, 재활 등이 모두 보상되어야 한다.

㉢ 유족보상의 원칙 : 유족에 대한 보상은 먼저 유족이 안심하고 생활할 수 있는 임금보상이 이루어져야 한다.

⑤ **적용대상** : 근로자를 사용하는 모든 사업 또는 사업장

⑥ **업무상 산재의 보험급여 요건**

㉠ 업무의 수행성 : 취업 중일 것, 작업과 관련되는 행위일 것, 작업의 준비 혹은 대기 중일 것, 사업장 내 휴식 중 혹은 출퇴근 중(사업주의 지배관리하의 출퇴근, 통상적인 경로 및 방법으로 출퇴근)

㉡ 업무기인성 : 사업주의 지배관리하에서 사고 발생 또 그 사고로 상병 등이 발생한 경우

⑦ **급여의 종류** 20회 기출

요양급여	업무상 부상 또는 질병의 치료를 위해 요양비 지급
휴업급여	업무상 사유로 부상을 당하거나 질병에 걸린 근로자에게 요양으로 취업하지 못한 기간에 대하여 지급
장해급여	업무상의 사유로 부상을 당하거나 질병에 걸려 치유된 후 신체 등에 장해가 있는 경우에 지급. 장애등급에 따라 연금 또는 일시금으로 지급
유족급여	업무상의 사유로 사망한 경우에 유족에게 지급
상병보상연금	요양을 시작한 지 2년이 지난 날 이후에 그 부상이나 질병이 치유되지 않은 상태이고, 그 폐질(廢疾)의 정도가 대통령령으로 정하는 폐질 등급 1~3등급으로 판정된 경우, 요양으로 인하여 취업하지 못하였을 경우, 휴업급여 대신 상병보상연금을 지급
장례비	근로자가 업무상의 사유로 사망한 경우에 지급하되, 평균임금의 120일분에 상당하는 금액을 유족에게 지급
간병급여	요양급여를 받은 자 중 치유 후 상시 또는 수시로 간병이 필요하여 실제로 간병을 받는 자에게 지급
직업재활급여	• 장해급여 또는 진폐보상연금을 받은 자나 장해급여를 받을 것이 명백한 장해급여자 중 취업을 위하여 직업훈련이 필요한 자에 대하여 실시하는 직업훈련에 드는 비용 및 직업훈련수당 • 업무상의 재해가 발생할 당시의 사업에 복귀한 장해급여자에 대하여 사업주가 고용을 유지하거나 직장적응훈련 또는 재활운동을 실시하는 경우에 각각 지급하는 직장복귀지원금, 직장적응훈련비 및 재활운동비 등

⑧ **보험관계의 성립** 10회 기출

㉠ 보험관계의 성립 시
- 사업주 : 보험료 신고 및 납부의무 발생
- 보험관장자 : 보험급여의 지급의무가 발생(고용노동부장관)
- 근로자 : 재해 및 실직 시 보험급여청구권 등의 제반 권리의무가 발생

㉡ 보험관계의 성립일
- 당연가입사업장 : 당해 사업이 시작된 날
- 임의가입사업장 : 사업주로부터 보험가입승인신청서를 공단에 접수한 날의 다음날

⑨ **관리운영체계**

㉠ 고용노동부장관의 위탁을 받아 산업재해보상보험의 목적을 달성하기 위한 사업을 효율적으로 수행하기 위해 근로복지공단을 설립한다.

㉡ 근로복지공단의 사업(산업재해보상보험법 제11조)
- 보험가입자와 수급권자에 관한 기록의 관리 · 유지
- 보험료징수법에 따른 보험료와 그 밖의 징수금의 징수
- 보험급여의 결정과 지급
- 보험급여 결정 등에 관한 심사 청구의 심리 · 결정
- 산업재해보상보험 시설의 설치 · 운영
- 업무상 재해를 입은 근로자 등의 진료 · 요양 및 재활
- 재활보조기구의 연구개발 · 검정 및 보급
- 보험급여 결정 및 지급을 위한 업무상 질병 관련 연구
- 근로자 등의 건강을 유지 · 증진하기 위해 필요한 건강진단 등 예방사업
- 근로자의 복지 증진을 위한 사업
- 그 밖에 정부로부터 위탁받은 사업
- 산업재해보상보험 규정에 따른 사업에 딸린 사업

2 공공부조제도

11, 15회 기출

(1) 공공부조의 개념

① 공공부조는 국가 및 지방자치단체 또는 관련 공공기관이 생활이 어려운 국민에게 최저생활을 보장하고 자립을 지원하는 제도이다.

② 사회보장체계의 일환으로 공적인 최저생활보장의 경제부조제도이다.

③ 소득의 재분배를 통해 자본주의의 모순을 극복하기 위한 것으로서, 경제 불안에 대한 보완책이다.

④ 사회권적 기본권으로서 기본권 존중사상에 기인한 제도이다.

(2) 공공부조의 특징

① **주체** : 프로그램의 수행 주체가 국가, 지방자치단체 또는 관련 공공기관인 공적인 프로그램이다.

② **대상** : 자산조사와 상태조사를 거쳐 일정한 빈곤선 이하의 절대빈곤층이 주된 대상이 되므로 수급권자는 상대적으로 소수에 국한된다.

③ **재원** : 공공부조 실시를 위해 필요한 재원은 일반조세수입으로 충당한다.

④ **수혜자 기여도** : 공공부조의 수혜자들은 프로그램의 재원을 위해 자신이 별도로 경제적인 기여를 하지 않는다.

(3) 공공부조의 기본원리

① 국가책임의 원리 : 공공부조를 통해 생활이 어려운 국민의 생존권을 실현하는 것을 국가의 책임으로 한다.

② **생존권 보장의 원리** : 모든 국민은 누구나 생활이 어려운 때에 국가에 대해 보호를 청구할 수 있는 권리가 있으며, 국가는 국민의 이와 같은 요구를 받아들일 의무가 있다.
③ **최저생활보장의 원리** : 공공부조의 보호수준은 건강하고 문화적인 생활수준을 유지할 수 있는 최저한도의 생활보장에 있다.
④ **무차별 평등의 원리** : 수급자는 급부 내용에 있어서 인종, 성별, 종교, 사회적 신분 등에 차별 없이 평등하게 보호받을 권리가 있다.
⑤ **보충성의 원리** : 수급자는 우선적으로 자신의 자산능력 및 그 밖의 모든 것을 최대한 활용하였음에도 최저생활을 유지할 수 없는 경우 최종적으로 그 부족분을 보충받는다.
⑥ **자립조장의 원리** : 수급자의 잠재능력을 개발 · 육성하여 자력으로 사회생활에 적응하도록 돕는다.

(4) 공공부조의 장단점

16회 기출

① 장 점
㉠ 수직적 재분배 : 조세를 재원으로 하고 가장 소득이 낮은 계층을 대상으로 집중적으로 급여를 제공한다.
㉡ **비용 효율성** : 제한된 예산을 저소득층에게 집중적으로 사용할 수 있다.
② 단 점
㉠ 행정비용 과다 소요 : 수급자격의 결정 시 소득 · 자산조사를 실시한다.
㉡ 근로의욕 저하 : 경제부조제도가 근로동기를 약화시킨다.
㉢ 수치심 유발 : 저소득을 수급의 기준으로 한다.
㉣ 빈약한 정치성 : 수급자가 소수의 빈곤층에 한정되므로 정치적 지지도가 적다.

(5) 공공부조 운영의 기본원칙

11회 기출

① 선 신청, 후 직권보호의 원칙
㉠ 국가에 우선 보호신청을 하는 것을 원칙으로 한다.
㉡ 수급권자가 신청수속을 모르거나 홀몸노인인 경우 직권보호를 보충적으로 적용한다.
② 급여기준과 정도의 원칙
대상자 연령, 세대의 구성, 소득관계 및 자산조사를 통해서 최저한도 생활의 부족분을 보충해 주는 정도의 것이어야 한다.
③ 필요즉응의 원칙
㉠ 수급권자의 모든 여건 등을 고려하여야 하며, 실제 보호 신청 시 그 여부를 즉시 결정해야 한다.
㉡ 신청일로부터 14일 이내 서면으로 통지하도록 규정하고 있다.
④ 개별가구 단위의 원칙
㉠ 공공부조는 개별가구 단위로 하여 그 보호의 필요 여부와 정도를 정하는 것을 원칙으로 한다.
㉡ 필요한 경우 개인을 단위로 하여 서비스를 제공할 수도 있다.

⑤ **현금부조의 원칙**

㉠ 수급권자의 낙인감이나 오명을 최소화하는 현금급여의 제공을 우선적으로 한다.

㉡ 필요한 경우 현물급여를 행할 수도 있다.

⑥ **거택보호의 원칙**

보호의 방법에 있어서 수급권자가 거주하는 가정에서 제공되도록 하는 것을 원칙으로 한다.

(6) 우리나라의 공공부조제도

① **공공부조의 연혁**

㉠ 생활보호법 및 군사원호보상법 제정(1961년)

㉡ 재해구호법 제정(1962년)

㉢ 의료보호법 제정(1977년)

㉣ 생활보호법 폐지, 국민기초생활보장법 제정(1999년)

㉤ 국민기초생활보장제도 시행(2000년 10월 1일)

㉥ 수급자 선정기준의 다층화로 '맞춤형 급여' 체계로 개편(2015년 7월 1일)

② **근로연계 복지사업** 7, 13회 기출

㉠ 개념 : 근로능력이 있는 빈곤계층에게 근로활동에 참가하는 것을 조건으로 생계비를 지원하는 사업

㉡ 사업목적 : 근로능력이 있는 저소득층이 자활사업 참여를 조건으로 생계비를 지급받는 조건부 생계급여제도를 통해 국가보호에 안주하는 도덕적 해이 방지를 목적으로 한다.

㉢ 지원방법 : 근로조건을 통한 자활사업에 참가하는 저소득층의 생계급여는 물론 의료 · 교육 등 최저생활을 보장하고, 이들에게 직업훈련, 취업알선, 자활을 통한 근로기회제공, 창업 등을 지원하고 있다.

㉣ 유럽의 복지국가와 달리 개인의 책임을 강조하는 미국의 요보호가족일시구호(TANF)나 영국의 일하는 복지(Welfare to Work) 모델에 근접한 복지사업이다.

③ **근로장려금(EITC)** 12, 16회 기출

㉠ 개념 : 소득이 적어 생활이 어려운 근로자 또는 사업자 가구에 근로장려금과 자녀장려금을 지급하여 근로 의욕을 더해 주고 경제적으로 자립할 수 있도록 소득과 자녀 양육비를 지원하는 제도이다.

㉡ 배경 : 미국의 EITC제도를 모델로 하였으며, 기존의 소득공제 및 세액공제 등 소득에 대한 감면방식과 달리 환급형 세액공제(Refundable Tax Credit) 원리에 따라 운영된다(조세환급제도의 일종).

㉢ 지원대상 : 기존 무주택 또는 1주택 보유 가구에 대해 지원하던 것을 주택 수와 관계없이 지원

㉣ 선정기준

- 사업소득 또는 근로소득, 종교인 소득이 있는 거주자
  - 배우자 또는 부양자녀가 있거나 부 또는 모가 있는 경우
  - 부양자녀 : 18세 미만(장애인은 연령제한 없음)

– 연 소득금액 1백만원 이하
• 전년 부부 합산 연간 총소득이 기준금액 미만(총소득 기준금액)
– 근로장려금 : 단독 가구(1,300만원), 홑벌이 가구(2,100만원), 맞벌이 가구(2,500만원)
– 자녀장려금 : 홑벌이 가구, 맞벌이 가구(4,000만원)
– 단독 가구 : 배우자와 부양자녀가 없는 가구
– 맞벌이 가구 : 배우자 총급여액 등이 3백만 원 이상인 가구
• 현재 가구원이 소유하고 있는 주택 · 토지 · 건물 · 예금 등 재산합계액이 1억4천만원 미만
• 연말 기준 대한민국 국적을 가진 자와 혼인한 자를 선정
• 전년도 중 다른 거주자의 부양자녀가 아니어야 함
• 사업소득이 있는 거주자(배우자 포함)가 전문직 사업소득이 아니어야 함

ⓜ 조세특례제한법 개정을 근거로 2008년부터 시행되었으며, 2008년 근로소득을 기준으로 2009년부터 최초 지급이 이루어졌다.

ⓑ 근로장려금은 관할 세무서에 신청한 경우에 한하여 적용하며, 신청주의를 채택하고 있다.

Plus ⊕ one

자산형성 지원사업의 주요 내용(2022년 기준) 14, 16회 기출

구 분	희망저축계좌 Ⅰ	희망저축계좌 Ⅱ	청년내일저축계좌	
사업목적	일을 통한 근로빈곤층의 탈빈곤 촉진	근로빈곤층의 생계 · 의료 수급가구 진입에 대한 사전예방	근로빈곤층 청년의 생계수급자 등으로의 하락에 대한 사전예방	일하는 중간계층 청년의 사회안착 및 자립 촉진
가입대상	일하는 생계 · 의료 수급 가구	일하는 주거 · 교육 수급 가구 및 차상위계층 가구	일하는 생계 · 의료 · 주거 · 교육 수급 가구 및 차상위 가구의 청년(만 15~39세)	일하는 기준 중위 50% 초과 100% 이하 가구의 청년 (만 19~34세)
본인 저축	월 10만원 이상 자율저축 (최대 50만원까지 가능)			
정부 지원	30만원	10만원	30만원	10만원
기타 지원	대상자별 추가지원금 지원			
3년 평균 적립액(10만원 저축 시)	1,440만원 + 이자 (본인저축 360만원 포함)	720만원 + 이자 (본인저축 360만원 포함)	1,440만원 + 이자 (본인저축 360만원 포함)	720만원 + 이자 (본인저축 360만원 포함)
지원조건	3년 이내 생계 · 의료 탈수급	자립역량교육 이수 및 사례관리 등	자립역량교육 이수 및 자금사용계획서 제출	

(7) 빈곤에 대한 개념

① 사회문제론적 시각

㉠ 기능주의

- 빈곤은 사회에 긍정적인 기능을 수행하지 않아서 발생하는 일탈행위의 결과이며, 그 자체가 사회적 징벌이 된다.
- 빈곤의 존재는 그 자체적으로 사람들이 사회에 긍정적인 기여를 행하도록 동기 부여하는 기능을 수행한다.

㉡ 갈등주의

- 권력 집단들이 다른 집단을 착취하기 때문에 착취 받은 집단은 빈곤하게 된다.
- 어떤 집단들이 현재의 자원배분체계가 불공정하기 때문에 빈곤이 발생하며, 이를 시정하기 위해 행해져야 한다고 느낄 때 빈곤은 하나의 사회문제가 된다.

② 개인적 원인론

㉠ 인적 자본이론

교육이나 직업훈련 등에 대한 개인적 투자가 없거나 적은 경우, 지식과 기술이 부족하여 생산성이 낮아지며 결국 빈곤에 이르게 된다.

㉡ 개인선택이론

빈곤은 여가와 노동 간에 어느 것을 선택하느냐 하는 개인의 선택에 의해 결정된다.

㉢ 상속이론

- 개인의 소득은 상속받은 인적 · 물적 재산의 격차에 의해 영향을 받는다.
- 상속받은 재산에는 물질적 재산뿐만 아니라 유전적 인자, 부모의 양육, 사회적 교류 등이 포함된다.

㉣ 우연성 이론

어느 한 개인이 빈곤하게 되는 것은 우연히 닥친 불운과 같은 요인 때문이다.

③ 사회적 원인론

㉠ 마르크스 계급이론

자본주의 생산양식에서 생산수단의 유무에 따른 생산의 사회적 관계가 빈곤 여부를 결정한다.

㉡ 노동시장 분절이론

- 노동시장은 핵심부문인 내부노동시장과 주변부문인 외부노동시장으로 나뉘어 있다.
- 내부노동시장은 고용이 안정적이고 높은 임금, 좋은 작업환경, 많은 승진기회를 가진다.
- 외부노동시장은 고용불안정, 낮은 임금, 나쁜 작업환경, 적은 승진기회를 가진다.
- 빈곤은 분절된 노동시장의 어느 편에 고용되느냐에 따라 영향을 받는다.

㉢ 빈곤문화론 : 빈곤은 주로 개인의 가치, 태도, 행동에 의해 영향을 받는다.

(8) 자산조사

① 개 념

㉠ 자산조사는 생활보장급여신청자의 소득과 재산을 조사하는 것이다.

㉡ 자산조사는 생활보장수급신청권자가 수급자격 여부를 결정하는 근거이며, 생계급여수준을 결정하는 기초자료이다.

② **조사내용** : 가족사항, 생활실태, 소득 및 자산의 보유현황, 기타 생활보장에 필요한 사항, 부양의무자가 있는 경우 그 부양능력의 유무

③ 장점과 단점

장 점	단 점
• 공금을 절약할 수 있다. • 개인의 요구를 자세히 규명할 수 있다. • 특수한 결핍자원을 파악하고 충족시켜 공공부조의 보충적 성격을 충족한다.	• 수급자의 요구를 결정하기 어렵다. • 많은 행정비용이 소모된다. • 개인의 권리나 존엄성이 침해될 수 있다.

제1과목

(9) 국민기초생활보장제도

11, 13, 14, 15, 16, 20회 기출

① 목 적

생활이 어려운 사람에게 필요한 급여를 실시하여 이들의 최저생활을 보장하고 자활을 돕는 것이다.

② 수급권자 선정기준

㉠ 소득인정액 기준 : 소득인정액이 생계급여 선정기준 이하인 가구(기준 중위소득의 100분의 30 이상)

㉡ 부양의무자 기준

- 부양의무자가 없는 경우
- 부양의무자가 있어도 부양능력이 없는 경우
- 부양능력이 있는 부양의무자가 있어도 부양을 받을 수 없는 경우

③ 급여의 신청

㉠ 수급권자, 친족, 관계인 등이 직접 신청하는 것이 원칙이다.

㉡ 사회복지 전담 공무원이 관할 내 급여가 필요한 수급권자에게 본인의 동의를 얻어 직권신청할 수 있다.

④ 국민기초생활보장제도 급여와 공공부조의 운영기본원칙

국민기초생활보장제도의 급여에 관한 기본원칙	공공부조 운영의 기본원칙
• 최저생활보장의 원칙 • 보충급여(보충성)의 원칙 • 자립지원(자립조장)의 원칙 • 개별성의 원칙 • 가족부양 우선의 원칙 • 타급여 우선의 원칙	• 선 신청, 후 직권보호의 원칙 • 급여기준과 정도의 원칙 • 필요즉응의 원칙 • 개별가구 단위의 원칙 • 현금부조의 원칙 • 거택보호의 원칙

⑤ 급여의 종류 15회 기출

㉠ 생계급여

- 수급자에게 의복, 음식물 및 연료비와 일상생활에 기본적으로 필요한 금품을 지급한다.
- 생계급여의 최저보장수준은 생계급여와 소득인정액을 포함하여 생계급여 선정기준 이상이 되도록 한다.

생계급여액 = 생계급여 최저보장수준(대상자 선정기준) − 소득인정액

㉡ 주거급여 : 수급자에게 주거 안정에 필요한 임차료, 수선유지비, 그 밖의 수급품을 지급한다.

㉢ 교육급여 : 수급자에게 입학금, 수업료, 학용품비, 그 밖의 수급품 등을 지급한다.

㉣ 해산급여 : 조산, 분만 전과 분만 후에 수급자에게 필요한 조치와 보호의 급여를 한다.

㉤ 장제급여

- 수급자가 사망한 경우 사체의 검안 · 운반 · 화장 또는 매장, 장제조치 등을 하는 것이다.
- 실제로 장제를 실시하는 사람에게 장제에 필요한 비용을 지급하지만, 그것이 적당치 않다고 인정하는 경우에는 물품을 지급할 수 있다.

㉥ 자활급여 : 수급자의 자활을 돕기 위하여 급여를 실시하는 것이다(예 희망저축계좌 Ⅰ, 희망저축계좌 Ⅱ, 청년내일저축계좌).

㉦ 의료급여 : 수급자에게 건강한 생활을 유지하는 데 필요한 각종 검사 및 치료 등을 지급하는 것이다.

Plus ⊕ one

중위소득 16회 기출

- 최저생계비에 해당하는 개념으로 국민 가구소득의 중위값을 말한다.
- 기준 중위소득은 급여종류별 선정기준과 생계급여지급액을 정하는 기준이고, 부양의무자의 부양능력을 판단하는 기준이다.
- 경상소득(근로소득, 사업소득, 재산소득, 이전소득을 합산한 소득)의 중간값에 최근 가구소득 평균 증가율, 가구 규모에 따른 소득수준의 차이 등을 반영하여 가구규모별로 산정한다.

소득인정액 산정기준

소득인정액 = 소득평가액 + 재산의 소득환산액

생계급여액 산정기준 12회 기출

- 현금급여기준액 = 최저생계비 − 타 지원액
- 가구의 소득인정액 = 소득평가액 + 재산의 소득환산액
- 타지원액 = 최저생계비 − 현금급여 기준액

⑥ 급여의 보호 3, 5회 기출

㉠ 급여변경의 금지 : 수급자에 대한 급여는 정당한 사유 없이 이를 불리하게 변경할 수 없다.

㉡ 압류금지 : 수급자에게 지급된 수급품과 이를 받을 권리는 압류할 수 없다.

⑦ 수급자의 의무

㉠ 변경사항에 대한 신고 의무

수급자는 거주지역, 세대의 구성 또는 임대차 계약내용이 변동되거나 다음의 사항이 현저하게 변동되었을 때에는 지체 없이 관할 보장기관에 신고하여야 한다.

- 부양의무자의 유무 및 부양능력 등 부양의무자와 관련된 사항
- 수급권자 및 부양의무자의 소득 · 재산에 관한 사항
- 수급권자의 근로능력, 취업상태, 자활욕구 등 자활지원계획 수립에 필요한 사항
- 그 밖에 수급권자의 건강상태, 가구 특성 등 생활실태에 관한 사항

㉡ 수급권의 양도금지 : 수급자는 급여를 받을 권리를 타인에게 양도할 수 없다.

(10) 노인장기요양보험제도

10, 11, 15, 16, 20회 기출

① 목적 : 고령이나 노인성 질환으로 일상생활을 혼자서 수행하기 어려운 노인 등에게 신체활동 또는 가사지원 서비스 등을 제공하여 노후의 건강증진 및 생활안정과 그 가족의 부양부담을 덜어주려는 사회보험제도이다.

② 급여대상

65세 이상 노인, 치매, 뇌혈관성질환 등 노인성 질병으로 6개월 이상 장기요양을 요하는 자

③ 급여 내용

㉠ 급여에는 시설급여, 재가급여, 특별현금급여가 있다.

㉡ 장기요양인정의 유효기간은 최소 1년 이상으로 한다.

㉢ 장기요양기관을 설치 · 운영하고자 하는 자는 소재지를 관할구역으로 하는 특별자치시장 · 특별자치도지사 · 시 · 군 · 구청장의 지정을 받아야 한다.

㉣ 재원은 장기요양보험료를 국가, 본인이 일부 부담한다.

㉤ 노인장기요양보험에서는 재가급여를 시설급여에 우선한다.

㉥ 재가급여에는 방문요양, 방문목욕, 방문간호, 주 · 야간보호, 단기보호, 기타 재가급여 등이 있다.

㉦ 특별현금급여에는 가족요양비, 특례요양비, 요양병원 간병비 등이 있다.

㉧ 노인복지법상 노인의료복지시설로서 노인요양시설, 노인요양공동생활가정 등이 있다.

CHAPTER 06

출제유형문제

01 **소득불평등 정도의 측정에 관한 설명으로 옳은 것은?** [12회]

① 지니계수는 상대적 빈곤선을 기초로 만들어진다.
② 한 개인이 모든 소득을 독점하고 나머지는 소득이 없는 상태의 지니계수는 '0'이다.
③ 10분위 분배율이 클수록 소득분배가 불평등하다.
④ 모든 개인이 동일한 수준의 소득을 가지고 있다면 로렌츠 곡선은 대각선의 형태가 된다.
⑤ 5분위 배율이 클수록 소득분배가 평등하다.

해설
④ 로렌츠 곡선(Lorenz Curve)은 소득금액의 누적백분율과 소득자의 누적백분율을 대비시킨 것으로서, 완전평등선(균등분포선)과 멀수록, 즉 아래쪽으로 볼록할수록 소득은 불균등하게 분배되었음을 나타낸다.
① 지니계수(Gini's Coefficient)는 소득이 어느 정도 균등하게 분배되는가를 나타내는 소득분배의 불균형 수치이다. 이는 간단히 말해 로렌츠 곡선을 숫자로 표현한 것으로서, 로렌츠 곡선에서 완벽하게 평등한 분배상태를 나타내는 삼각형의 전체 면적 중 현실의 분배 상태를 나타내는 볼록한 부분이 차지하는 비중을 값으로 나타낸 것이다. 즉, 로렌츠 곡선이 상대적 수치라고 할 때 지니계수는 이를 절대적 수치로 표현한 것이다.
② 완전평등 상태에서 지니계수는 '0'인 반면, 완전불평등 상태에서 지니계수는 '1'이다.
③ 10분위 분배율(십분위 분배지수)는 하위 40% 가구의 소득이 전체 소득에서 차지하는 비중을 상위 20% 가구의 소득이 전체소득에서 차지하는 비중으로 나눈 값으로서, 그 수치가 클수록 소득분배는 평등하다.
⑤ 5분위 분배율은 소득이 높은 상위 20% 가구의 소득의 합을 소득이 낮은 하위 20% 가구의 소득의 합으로 나눈 값으로서, 그 수치가 클수록 소득분배는 불평등하다.

02 **국민건강보험제도에 관한 설명으로 옳은 것은?** [13회]

① 적용 대상은 국내 · 외에 거주하는 모든 국민이다.
② 보험자는 국민건강보험공단이다.
③ 현금급여로는 요양급여, 요양비 및 장제비가 있다.
④ 피부양자는 소득수준과 무관하게 직장가입자에 의해 생계를 유지하는 자이다.
⑤ 사립학교교직원의 경우 보험료는 가입자 30%, 사용자 30%, 국가 40%를 각각 부담한다.

해설
② 국민건강보험의 보험자는 국민건강보험공단으로 한다(국민건강보험법 제13조).
① 국민건강보험의 적용 대상은 국내에 거주하는 국민이다(동법 제5조 참조).
③ 요양급여는 사회복지 급여의 형태 중 현물급여에 해당한다. 요양급여에는 가입자와 피부양자의 질병, 부상, 출산 등에 대한 진찰 · 검사, 약제 · 치료재료의 지급, 처치 · 수술 및 그 밖의 치료, 예방 · 재활, 입원, 간호, 이송 등이 포함된다(동법 제 41조 참조).

1 ④ 2 ② Answer

④ 국민건강보험법령에 따라 부양요건과 소득요건을 모두 충족시켜야만 피부양자로서의 자격을 인정받는다(동법 제5조 제3항 및 시행규칙 제2조 참조).
⑤ 직장가입자가 교직원으로서 사립학교에 근무하는 교원이면 보험료액은 그 직장가입자가 100분의 50을, 사용자가 100분의 30을, 국가가 100분의 20을 각각 부담한다(동법 제76조 제1항 참조).

03 우리나라 국민연금에 관한 설명으로 옳지 않은 것은? [13회]

① 강제가입을 통해 역선택을 방지하고자 한다.
② 저소득자에게는 보험료를 지원하기도 한다.
③ 급여수준의 실질적 가치를 유지하고자 한다.
④ 민간에 위탁 · 운영하는 것이 일반적이다.
⑤ 전 국민을 대상으로 가입대상자를 확대하는 경향이 있다.

해설 ④ 우리나라 국민연금은 보건복지부장관의 위탁을 받아 비영리 특수공법인인 국민연금공단이 주요 업무를 담당한다. 다만, 연금보험료의 징수업무는 2011년 1월 1일부터 사회보험 징수통합에 따라 국민건강보험공단에서 담당한다.

04 소득재분배의 유형과 관계집단을 연결한 것으로 옳은 것을 모두 고른 것은? [13회]

ㄱ. 수직적 재분배 – 고소득층 대(對) 저소득층
ㄴ. 수평적 재분배 – 고위험집단 대(對) 저위험집단
ㄷ. 세대 간 재분배 – 현 세대 대(對) 미래세대
ㄹ. 세대 내 재분배 – 노령세대 대(對) 근로세대

① ㄱ, ㄴ, ㄷ
② ㄱ, ㄷ
③ ㄴ, ㄹ
④ ㄹ
⑤ ㄱ, ㄴ, ㄷ, ㄹ

해설 ㄹ. 현 근로세대와 노령세대 또는 현 세대와 미래세대 간의 소득을 재분배하는 소득재분배의 유형은 세대 간 재분배에 해당한다.

Answer 3 ④ 4 ①

05 국민기초생활보장제도에 관한 설명으로 옳은 것은? [13회]

① 자활급여 수급자는 생계급여 대상에서 제외된다.
② 현금급여 기준은 최저생계비보다 높게 책정된다.
③ 근로능력자는 수급대상에서 제외된다.
④ 수급자 선정 요건에 부양의무자 유 · 무가 고려된다.
⑤ 수급자의 생활보장은 시 · 군 · 구 생활보장위원회에서 행한다.

해설 ④ 국민기초생활보장제도는 소득인정액(자산조사)과 부양의무자 기준(부양의무자 유 · 무)을 고려한다.
① 자활급여 수급자도 생계급여 대상에 포함된다. 특히 조건부수급자의 경우 자활사업 참여를 조건으로 생계급여를 지급받는다.
② 현금급여 기준은 최저생계비보다 낮게 책정된다. 최저생계비에서 현물로 지급되는 의료비 · 교육비 및 타 법령에 의한 지원액을 제외한 금액으로서, 소득인정액이 전혀 없는 수급자 가구가 지급받을 수 있는 최고 금액에 해당한다.
③ 근로능력자도 수급대상에 포함된다. 특히 근로능력이 있는 수급자의 경우 자활사업 참여를 조건으로 급여를 지급한다.
⑤ 급여는 수급권자 또는 수급자의 거주지를 관할하는 시 · 도지사와 시장 · 군수 · 구청장(교육급여인 경우 특별시 · 광역시 · 특별자치시 · 도 · 특별자치도의 교육감)이 실시한다. 다만, 주거가 일정하지 아니한 경우에는 수급권자 또는 수급자가 실제 거주하는 지역을 관할하는 시장 · 군수 · 구청장이 실시한다(국민기초생활보장법 제19조 제1항).

06 사회보험의 특징으로 옳지 않은 것은? [11회]

① 강제 가입을 원칙으로 한다.
② 보험료율은 개인이 선택할 수 없다.
③ 급여수준은 소득에 정비례한다.
④ 기금 또는 재정 관리에 정부가 개입한다.
⑤ 공공기관이 관리운영을 담당한다.

해설 ③ 사회보험의 급여수준은 사회보험의 종류와 함께 각각의 사회보험이 보장하고자 하는 사회적 위험의 성격에 따라 다르다. 다만, 일반적으로 가입자의 소득수준(기여금 수준)에 따라 급여수준이 결정되며, 사회적 적합성(적절성)의 원리에 따라 일정한 수준을 보장하도록 하고 있다. 그러나 소득수준과 급여수준이 항상 정비례하는 것은 아니다. 예를 들어 국민건강보험의 경우 보험료는 부담능력에 따라 차등부담하는 반면, 보험급여는 균등한 수혜가 이루어진다.

5 ④ 6 ③ Answer

07 국민기초생활보장제도에서 사회적 할당(Social Allocation)의 핵심 기준은? [13회]

① 귀속적 욕구 ② 진단적 차등
③ 경제적 기여 ④ 소득과 재산
⑤ 보상적 욕구

해설 사회복지급여의 할당원칙

귀속적 욕구	욕구의 규범적 준거를 토대로 특정집단에 소속된 사람들의 공통적 욕구에 대해 집단적 할당이 이루어진다. 예 65세 이상 노인에 대한 경로우대제도, 중학교까지의 무상교육 등
보 상	형평의 규범적 준거를 토대로 사회발전에의 기여자나 사회 부당행위에 의한 피해자에 대해 집단적 할당이 이루어진다. 예 국민연금, 국민건강보험 등의 사회보험, 국토개발 등으로 인한 이주자 보상 등
진 단 (진단적 차등)	욕구의 기술적 진단을 토대로 신체적 · 정서적 장애 등 특정한 재화나 서비스가 필요한 사람에 대해 개인적 할당이 이루어진다. 예 장애인에 대한 장애등급 판정, 치매나 중풍의 노인들에 대한 의료서비스 등
자산조사 (소득과 재산)	욕구의 경제적 기준을 토대로 국민기초생활보장법의 수급권자나 의료보호 대상자 등에 대해 자산조사에 의한 개인적 할당이 이루어진다. 예 국민기초생활보장제도 등

08 보건복지부 지역자율형 사회서비스 투자사업에 해당하는 것을 모두 고른 것은? [14회]

ㄱ. 가사 · 간병 방문지원
ㄴ. 치매환자가족 휴가지원
ㄷ. 산모 · 신생아 건강관리지원
ㄹ. 장애인활동지원

① ㄱ, ㄴ, ㄷ ② ㄱ, ㄷ
③ ㄴ, ㄹ ④ ㄹ
⑤ ㄱ, ㄴ, ㄷ, ㄹ

해설 지역자율형 사회서비스 투자사업

- 지역사회서비스 투자사업 : 지자체가 지역 특성 및 주민 수요에 맞게 발굴 · 기획한 사회서비스 지원
- 산모 · 신생아 건강관리지원사업 : 출산 가정에 산모 · 신생아 건강관리사를 통한 가정방문 서비스 지원
- 가사 · 간병 방문지원사업 : 신체적 · 정신적 이유로 원활한 일상생활과 사회활동이 어려운 저소득 취약계층에게 재가간병 · 가사지원 서비스 지원

Answer 7 ④ 8 ②

09 산업재해보상보험제도에 관한 설명으로 옳은 것은? [13회]

① 보험료 부담은 사용자와 근로자가 각각 절반씩 부담한다.
② 5인 이상 근로자를 사용하는 모든 사업장을 대상으로 한다.
③ 급여의 종류로는 요양급여, 구직급여 및 간병급여 등이 있다.
④ 근로자의 고의 · 과실에 의해 발생한 부상 · 질병 · 장애도 업무상의 재해에 포함된다.
⑤ 60세 이상인 부모 또는 조부모는 유족보상연금의 수급자격자가 될 수 있다.

해설
⑤ 유족보상연금을 받을 수 있는 자격이 있는 자는 근로자가 사망할 당시 그 근로자와 생계를 같이 하고 있던 유족 중 배우자, 부모 또는 조부모로서 각각 60세 이상인 자, 자녀 또는 손자녀로서 각각 19세 미만인 자, 형제자매로서 19세 미만이거나 60세 이상인 자, 자녀 · 부모 · 손자녀 · 조부모 또는 형제자매로서 장애인복지법에 따른 장애인 중 고용노동부령으로 정한 장애등급 이상에 해당하는 자 등이 포함된다(산업재해보상보험법 제63조 제1항).
① 보험사업에 소요되는 재원인 보험료는 원칙적으로 사업주가 전액 부담한다. 다만, 특수형태근로종사자는 사업주와 근로자가 보험료의 1/2을 각각 부담한다.
② 산재 및 고용보험의 가입대상은 근로자를 사용하는 모든 사업이며, 적용단위는 '사업' 또는 '사업장'이다.

10 노인장기요양보험의 급여에 관한 설명으로 옳은 것을 모두 고른 것은? [15회]

ㄱ. 시설급여 제공기관에는 노인의료복지시설인 노인전문요양병원이 포함된다.
ㄴ. 노인장기요양보험에서는 재가급여를 시설급여에 우선한다.
ㄷ. 재가급여에는 방문요양, 방문목욕 등이 있다.
ㄹ. 특별현금급여에는 가족요양비 등이 있다.

① ㄱ, ㄹ
② ㄴ, ㄹ
③ ㄱ, ㄴ, ㄷ
④ ㄴ, ㄷ, ㄹ
⑤ ㄱ, ㄴ, ㄷ, ㄹ

해설
ㄱ. 시설급여 제공기관에는 노인복지법상 노인의료복지시설로서 노인요양시설, 노인요양공동생활가정 등이 있으며, 의료법에 따른 요양병원은 포함되지 않는다.
ㄴ. 장기요양급여는 노인 등이 가족과 함께 생활하면서 가정에서 장기요양을 받는 재가급여를 우선적으로 제공하여야 한다(노인장기요양보험법 제3조 제2항).
ㄷ. 재가급여에는 방문요양, 방문목욕, 방문간호, 주 · 야간보호, 단기보호, 기타 재가급여 등이 있다.
ㄹ. 특별현금급여에는 가족요양비, 특례요양비, 요양병원간병비 등이 있다.

9 ⑤ 10 ④ Answer

11 빈곤과 불평등 측정에 관한 설명으로 옳은 것은? [18회]

① 완전 평등 사회에서 로렌츠 곡선은 45° 각도의 직선과 거리가 가장 멀어진다.
② 지니계수의 최대값은 1, 최소값은 −1이다.
③ 빈곤갭은 빈곤선 이하에 속하는 인구가 전체인구에서 차지하는 비율을 의미한다.
④ 빈곤율은 빈곤선과 실제소득과의 격차를 반영한다.
⑤ 센(Sen) 지수는 빈곤집단 내의 불평등 정도를 반영한다.

해설 ⑤ 센 지수(Sen Index)는 기존의 빈곤율과 빈곤갭 개념의 단점을 보완하고자 새롭게 고안된 것으로서, 빈곤율, 빈곤갭 비율(소득갭 비율), 그리고 빈곤선에 있는 계층들 간의 소득불평등 정도를 의미하는 저소득층 지니계수로 구성된 지수이다. 0~1까지의 값을 가지며, 그 값이 1에 가까워질수록 빈곤의 정도가 심한 상태임을 나타낸다.
① 로렌츠 곡선(Lorenz Curve)이 45° 각도의 직선과 일치하면 소득분포가 완전히 균등한 상태이다.
② 지니계수의 최대값은 1, 최소값은 0이다. 완전평등 상태에서 지니계수는 0, 완전불평등 상태에서 지니계수는 1이다.
③ 빈곤갭(Poverty Gap)은 빈곤선을 기준으로 빈곤선 이하에 있는 사람들의 빈곤선과 개인(혹은 가구)의 소득 간의 차이를 계산한 값이다.
④ 빈곤율(Poverty Rate)은 개인의 소득차이를 반영하지 않고 단순히 빈곤선 소득 이하에 살고 있는 사람들의 숫자가 얼마인가를 통해 빈곤한 사람의 규모, 즉 빈곤인구가 전체 인구에서 차지하는 비율을 나타낸다.

12 재분배와 파레토(Pareto) 효율에 관한 설명으로 옳지 않은 것은? [17회]

① 파레토 개선이란 다른 사람들의 효용을 감소시키지 않으면서 어떤 사람들의 효용을 증가시키는 것이다.
② 파레토 효율의 정의상 소득재분배는 매우 효율적이다.
③ 재분배를 통하여 빈곤층의 소득이 늘어나도 개인의 효용은 증가할 수 있다.
④ 파레토 개선의 예로 민간의 자선활동을 들 수 있다.
⑤ 파레토 효율은 완전경쟁시장에서 개인의 자발적인 선택을 전제로 한다.

해설 **재분배와 파레토(Pareto) 효율**

- 파레토 효율은 배분적 효율을 의미하는 것으로서, 사회 전체의 효용을 높일 수 있도록 사회적 자원을 배분하는 것이다.
- 경제학에서는 정부의 개입이 없는 완전경쟁시장에서만 가능한 것으로 보고 있는데, 그 이유는 정부의 개입이 필연적으로 어떤 사람의 효용을 감소시킬 것이기 때문이다.
- 요컨대, 사회복지정책은 사회적 자원의 재분배를 통해 평등의 가치를 구현하는 것을 목표로 한다. 그런데 그와 같은 과정은 특정한 사람들(예 빈자)의 효용을 높이기 위해 다른 사람들(예 부자)의 효용을 줄여야 하므로, 파레토 효율의 정의상 소득재분배는 매우 비효율적이다.
- 이와 같이 사회복지정책이 추구하는 평등의 가치와 효율의 가치는 상충적일 수밖에 없는데, 만약 사회적 자원 배분이 평등적이고 동시에 파레토 효율적이라면 평등과 효율을 동시에 달성할 수 있다.

Answer 11 ⑤ 12 ②

CHAPTER 06

최신기출문제

01 소득불평등과 빈곤 측정에 관한 설명으로 옳은 것을 모두 고른 것은? [20회]

> ㄱ. 로렌츠 곡선의 가로축은 소득을 기준으로 하위에서 상위 순서로 모든 인구의 누적분포를 표시한다.
> ㄴ. 지니계수는 불평등도가 증가할수록 수치가 커져 가장 불평등한 상태는 1이다.
> ㄷ. 빈곤율은 모든 빈곤층의 소득을 빈곤선 수준으로 끌어올리는 데에 필요한 총소득으로 빈곤의 심도를 나타낸다.
> ㄹ. 5분위 배율에서는 수치가 작을수록 평등한 상태를 나타낸다.

① ㄱ, ㄴ
② ㄱ, ㄷ
③ ㄴ, ㄷ
④ ㄱ, ㄴ, ㄹ
⑤ ㄱ, ㄷ, ㄹ

해설

ㄷ. 빈곤율(Poverty Rate)은 빈곤한 사람의 규모, 즉 빈곤인구가 전체 인구에서 차지하는 비율을 나타낸다. 반면, 빈곤갭(Poverty Gap)은 빈곤층의 소득을 빈곤선까지 상향시키는 데 필요한 총비용을 말하는 것으로서, 빈곤의 심도를 나타낸다.
ㄱ. 로렌츠 곡선은 가로축에는 소득이 낮은 인구로부터 가장 높은 순으로 비율을 누적하여 표시하고, 세로축에는 각 인구의 소득수준을 누적한 비율을 표시한 후 그 대응점을 나타낸 곡선이다.
ㄴ. 지니계수(Gini's Coefficient)는 소득분배의 불평등 정도에 따라 '0~1'까지의 값을 가진다. 완전평등 상태에서 지니계수는 '0', 완전불평등 상태에서 지니계수는 '1'이며, 그 값이 클수록 소득분배가 불평등한 상태임을 나타낸다.
ㄹ. 5분위 분배율(오분위 분배지수)은 소득이 높은 상위 20% 가구의 소득의 합을 소득이 낮은 하위 20% 가구의 소득의 합으로 나눈 값으로서, 그 수치가 클수록 소득분배는 불평등하다.

1 ④ Answer

02 연금제도의 적립방식과 부과방식에 관한 설명으로 옳은 것을 모두 고른 것은? [19회]

ㄱ. 적립방식은 부과방식에 비해 세대 내 소득재분배 효과가 크다.
ㄴ. 부과방식은 적립방식에 비해 자본축적 효과가 크다.
ㄷ. 부과방식은 적립방식에 비해 기금확보가 더 용이하다.

① ㄱ
② ㄴ
③ ㄷ
④ ㄱ, ㄴ
⑤ ㄱ, ㄷ

해설 ㄱ. 적립방식의 연금제도는 세대 내 재분배에 유리한 반면, 부과방식의 연금제도는 세대 간 재분배에 효과적이다.
ㄴ. 자본축적 효과가 큰 것은 적립방식이다. 적립방식은 가입자들 각자가 보험료를 납부하여 축적한 적립기금으로 자신들의 노후를 보장하는 방식이기 때문이다.
ㄷ. 부과방식은 적립방식에 비해 기금확보가 더 불리하다. 부과방식은 노령화 등 인구 구성의 변동에 취약하며, 상대적으로 재정운영의 불안정성이 존재하기 때문이다.

03 빈곤의 개념에 관한 설명으로 옳지 않은 것은? [18회]

① 절대적 빈곤은 육체적 효율성을 유지하기 위한 최소한의 생활필수품을 소비하지 못하는 상태이다.
② 최저생계비를 계측하여 빈곤선을 설정하는 방식은 절대적 빈곤 개념을 적용한 것이다.
③ 국민기초생활보장제도는 절대적 빈곤 개념을 적용하고 있다.
④ 상대적 빈곤은 한 사회의 평균적인 생활수준과 비교하여 빈곤을 규정한다.
⑤ 중위소득을 활용하여 상대적 빈곤선을 설정할 수 있다.

해설 ③ 우리나라의 국민기초생활보장제도는 상대적 빈곤 문제에 보다 효과적으로 대응하기 위해 복지사업의 주요 기준으로 기존의 '최저생계비' 대신 '중위소득(기준 중위소득)'을 적용하고 있다. 즉, 최저생계비 기준의 절대적 빈곤 개념에서 중위소득 기준의 상대적 빈곤 개념으로 전환한 것이다.

Answer 2 ① 3 ③

04 진료비 지불방식 중 행위별수가제와 포괄수가제에 관한 설명으로 옳은 것을 모두 고른 것은? [20회]

> ㄱ. 행위별수가제는 의료기관의 과잉진료를 유도할 수 있다.
> ㄴ. 행위별수가제에서는 의료진의 진료행위에 대한 자율성이 확보된다.
> ㄷ. 포괄수가제는 주로 발생빈도가 높은 질병군에 적용한다.
> ㄹ. 포괄수가제를 적용함으로써 환자의 본인부담금이 감소할 수 있다.

① ㄱ

② ㄱ, ㄷ

③ ㄱ, ㄴ, ㄷ

④ ㄴ, ㄷ, ㄹ

⑤ ㄱ, ㄴ, ㄷ, ㄹ

해설

ㄱ. 행위별수가제에서는 의료진의 진료행위 하나하나가 의료기관의 수익에 직결되므로 과잉진료를 유도할 수 있다.

ㄴ. 행위별수가제에서는 의료진의 진료행위에 대한 자율성이 확보되는 장점이 있으나, 불필요하게 제공된 진료행위만큼 환자의 경제적 부담이 늘어나고 건강보험 재정도 낭비되는 단점도 있다.

ㄷ. 포괄수가제가 적용되는 질병군에 대한 처치는 주로 발생빈도가 높고 비교적 합병증이 적은 간단한 외과적 수술에 속한다.

ㄹ. 포괄수가제에서는 행위별수가제에서 보험이 적용되지 않던 처치, 약제, 재료 등을 보험으로 적용함으로써 환자의 본인부담금이 평균 21% 줄어든다는 연구 결과도 있다.

05 우리나라의 노인장기요양보험에 관한 설명으로 옳지 않은 것은? [20회]

① 가족의 부담을 덜어줌으로써 국민의 삶의 질을 향상하는 것을 목적으로 한다.

② 노인장기요양보험기금과 국민건강보험기금은 통합하여 관리한다.

③ 노인장기요양보험료는 국민건강보험료와 통합하여 징수한다.

④ 65세 이상의 노인은 소득수준과 상관없이 적용대상자이다.

⑤ 재가급여를 시설급여에 우선하여 제공하여야 한다.

해설

② 현재 우리나라의 사회보험 중 노인장기요양보험과 국민건강보험은 기금 형태로 관리 · 운용되고 있지 않다. 기금으로 운용하는 경우 예산의 편성, 집행 및 결산 시 기획재정부 및 국회의 통제를 받게 되는데, 노인장기요양보험은 국민건강보험공단 예산으로 사업을 집행함에 따라 보건복지부장관의 승인만을 필요로 한다. 그에 따라 노인장기요양보험 재정을 기금화하여 국회의 심사를 받도록 함으로써 재정운용의 투명성을 강화하고 장기요양보험사업에 대한 국가의 책임을 제고하려는 취지로 관련 법률에 대한 개정 시도가 이루어지고 있다.

4 ⑤ 5 ② Answer

빨리보는

간단한 키워드

2영역

사회복지행정론

빨리보는 간단한 키워드

꼭 알아야 할
기출 키워드

최근 7년간 실제 시험(2022년 제20회~2016년 제14회)에 출제된 키워드를 간략히 정리하였습니다. 본격적인 학습 전후, 꼼꼼히 정리한 꼭 알아야 하는 '정답 키워드'를 통해 최신 출제경향을 빠르게 파악하고, 스스로의 실력을 점검해 봅시다.

2 영역 사회복지행정론

2022년 제20회

문제 키워드	정답 키워드	
사회복지행정가가 가져야 할 주요 행동 및 지식 요소	행동 요소	• 수용과 관심 • 창의성과 민주성 • 신뢰와 인정 • 기획과 조직화 • 우선순위 결정 • 권한위임과 권한실행 • 의사결정과 대안모색 • 의사소통과 의사전달 • 동기부여와 촉진 • 지역사회 및 타 전문직과의 관계 유지 등
	지식 요소	• 기관의 목표, 정책, 서비스, 자원에 대한 지식 • 기관과 관련된 지역사회의 자원에 대한 지식 • 사회복지관련 전문단체 및 협회들에 대한 지식 • 기관에서 활용하는 사회복지방법론에 대한 지식 • 조직이론에 대한 지식 • 인간행동의 역동성에 대한 지식 • 관리의 원칙 · 과정 · 기술에 대한 지식 • 평가과정과 기법에 대한 지식 등
사회복지행정의 실행 과정	전통적 행정과정	기획(Planning) → 조직화(Organizing) → 실시(Actuating) → 통제(Controlling)
	현대적 행정과정	목표설정(Goal Setting) → 정책결정(Policy Making) → 기획(Planning) → 조직화(Organizing) → 동기부여 · 촉진(Motivating) → 평가(Evaluation) → 환류(Feedback)

과학적 관리론	• 권한과 책임성은 행정 간부에게만 주어지며, 특히 관리자에게만 조직의 목표를 설정할 수 있는 권한과 책임이 부여된다. • 인간의 정서적인 측면과 사회적 관계를 소홀히 하며, 비공식 집단, 커뮤니케이션 등의 중요성을 간과하므로, 직원의 의사결정참여를 지향하는 사회복지조직에 적용하는 데는 한계가 있을 수 있다.
상황이론 (Contingency Theory)	효과적인 조직관리 방법이 조직이 처한 환경과 조건에 따라 달라진다고 본다. 환경–조직–과업–인간관계를 유기적으로 파악할 수 있는 장점이 있으나, 조직과 관련된 부분적인 상황 요인만을 중시하는 경우 전체적인 사회, 정치, 경제, 문화적 변수를 간과할 수 있음을 고려해야 한다.
태스크 포스(TF)	• 특정 업무 해결을 위해 각 부서로부터 인력을 뽑아 프로젝트 팀을 만들고 업무가 해결되면 다시 해당 부서에 복귀시키는 조직이다. • 부서 간 경계 없이 다양한 전문성을 가진 구성원을 팀으로 조직하여 임시적으로 운영한다. • 환경의 변화에 매우 유연하게 적응할 수 있으며, 조직운영의 효율성을 증대시킬 수 있다.
균형성과표 (BSC ; Balanced Score Card)	• 정보화시대의 경영환경은 기존의 유형자산을 투자하고 관리하기보다는 무형자산을 운용하고 활용할 수 있는 역량을 요구하고 있다. 또한 경영자들은 조직 내 비전과 전략을 알리고 조직의 모든 힘을 한 곳으로 집중하도록 동기를 부여하는 성과지표의 필요성을 인식하게 되었다. • 캐플런과 노턴(Kaplan & Norton)은 단순한 성과측정에서 한걸음 더 나아가 고객 관점, 내부 프로세스 관점, 학습 · 혁신 · 성장 관점, 재무 관점 등 4가지 관점에서 조직의 성과를 종합적으로 관리하기 위한 성과평가 기법을 고안하였다. • 조직의 비전과 전략으로부터 도출된 성과지표의 조합으로서, 조직에게 전략적 방향을 알려주고 변화에 대한 동기를 부여하며, 계획수립, 예산편성, 조직구조 조정 및 결과통제 등의 의사결정에 있어서 기초를 제공한다.
학습조직 구축요인	• 자기숙련(Personal Mastery) : 조직구성원이 단순한 지식의 습득이나 능력의 신장을 넘어서 진실로 원하는 성과를 창조적으로 획득할 수 있는 능력을 확장시키는 것이다. • 사고모형(Mental Models) : 조직구성원이 상호 간의 대화, 성찰, 질문을 통한 지속적인 학습과정에서 최선의 해결책을 찾고, 현재의 상황과 미래에 대한 사고의 틀을 형성하도록 하는 것이다. • 공유비전(Shared Vision) : 조직구성원 모두에 의해 공유된 조직 비전이 다시 조직학습의 목표와 에너지 원천으로 작용하는 것이다. • 팀 학습(Team Learning) : 학습조직을 구성하는 팀의 구성원들이 조직 안팎의 문제를 해결하기 위해 서로의 생각과 아이디어를 교환하고 학습하여 문제해결능력을 신장시키는 것이다. • 시스템 사고(Systems Thinking) : 조직에 다양한 요소가 상호관련을 맺고 역동적으로 작용하고 있다는 인식을 토대로, 이러한 요소들 간의 타협과 협력으로 전체 조직의 목표 달성에 기여한다고 생각하는 것이다.
우리나라 주요 사회복지정보시스템	• 사회보장정보시스템(행복e음) : 각종 사회복지 급여 및 서비스 지원 대상자의 자격과 이력에 관한 정보를 통합 관리하고, 지자체의 복지업무 처리를 지원하기 위해 기존 시 · 군 · 구별 새올행정시스템(업무통합시스템)의 31개 업무 지원시스템 중 복지분야를 분리하여 개인별 · 가구별 DB로 중앙에 통합 구축한 정보시스템이다. • 사회보장정보시스템(범정부) : 정부 각 부처 및 정보보유기관에서 제공하고 있는 사회복지사업 정보와 지원대상자의 자격정보, 수급이력정보 등을 통합 관리하는 시스템이다. • 사회복지시설정보시스템 : 사회복지법인 및 시설의 회계 · 인사 · 급여 · 후원금 관리 등 업무를 전자적으로 처리하고, 행복e음과 연계하여 각종 온라인 보고를 처리할 수 있는 사회복지시설 통합업무관리시스템이다. • 복지로 : 정부 각 부처의 복지서비스 정보를 모아 한눈에 볼 수 있도록 제공하고 맞춤검색에서 온라인 신청까지 실생활 중심의 복지정보와 서비스를 제공하는 복지포털이다.

스키드모어 (R. A. Skidmore)의 기획과정	• 목표설정(제1단계) : 목적(Purpose)을 달성하기 위해 목표(Goal)가 설정되며, 목표를 달성하기 위해 세부목표(Objective)가 설정된다. • 자원 고려(제2단계) : 설정된 목표를 달성하기 위해 정보를 수집하며, 기관의 인적 · 물적 자원을 고려한다. • 대안 모색(제3단계) : 목표를 달성하는 데 필요한 여러 가지 대안들을 고려한다. • 결과 예측(제4단계) : 열거한 대안들을 다각도로 검토하며, 기대효과와 장단점 등을 평가한다. • 계획 결정(제5단계) : 대안들을 검토한 후 우선순위에 따라 최종적인 대안을 선택한다. • 구체적 프로그램 수립(제6단계) : 합의된 목표에 도달하기 위해 구체적인 프로그램을 기획한다. • 개방성 유지(제7단계) : 프로그램의 실제 수행 과정에서 발생할 수 있는 변화에 대해 개방성과 융통성을 발휘함으로써 발전적이고 합리적인 변경이 이루어지도록 한다.
예산통제의 원칙	• 개별화의 원칙 : 재정통제체계는 개별기관 그 자체의 제약조건, 요구 및 기대사항에 맞게 고안되어야 한다. • 강제의 원칙 : 재정통제체계는 강제성을 띠는 명시적 규정이 있어야 하며, 이를 통해 공평성과 활동에 공식성이 부여된다. • 예외의 원칙 : 예외적인 상황에 적용할 수 있는 예외적 규칙이 있어야 한다. • 보고의 원칙 : 재정통제체계는 보고의 규정을 두어야 하며, 이를 통해 재정 관련 행위를 공식적으로 감시 · 통제할 수 있다. • 개정의 원칙 : 일정한 기간이 지난 후에는 규칙을 새로 개정하여야 한다. • 효율성의 원칙 : 예산통제에는 시간과 비용이 많이 드는 경우가 있는데, 비용과 노력을 최소화하는 정도에서 이루어질 수 있어야 한다. • 의미의 원칙 : 효과적인 통제를 위해 모든 관계자가 잘 이해할 수 있는 규칙, 기준, 의사소통, 계약 등이 전달되어야 한다. • 환류의 원칙 : 재정통제체계에 관한 규칙, 기준, 의사소통 및 계약 등을 적용할 때 관련자들로부터 장단점 및 부작용을 수렴해 개정의 기초가 되어야 한다. • 생산성의 원칙 : 재정통제로 인해 서비스 전달의 생산성에 장애가 발생하지 않도록 유의하여야 한다.
최근 사회복지조직의 환경변화	• 사회복지 공급주체의 다양화 • 시설복지에서 지역복지로의 전환 • 소비자 주권에 대한 인식 강화 • 욕구(Need) 충족에서 수요(Demand) 충족을 위한 복지제공으로의 관점 전환 • 원조 중심에서 자립(자활) 중심으로의 전환 • 조직의 개방화와 투명화에 대한 요구 증가 • 민영화와 경쟁성 강화 노력의 증가 • 기업의 경영관리 기법 도입 • 성과에 대한 강조, 마케팅 활성화, 품질관리의 강화 등
참여적 리더십	• 민주적 리더십에 해당하는 것으로서, 의사결정 과정에 있어서 부하직원들을 참여시킨다. • 의사소통 경로의 개방을 통해 정보교환이 활발히 이루어지도록 함으로써 직원들의 일에 대한 적극적 동기부여가 가능하며, 사명감이 증진될 수 있다. • 기술수준이 높고 동기부여 된 직원들이 있을 때 효과적이며, 집단의 지식, 경험, 기술을 활용하는 데 유리하다. • 책임이 분산되어 조직이 무기력하게 될 수 있고, 긴급한 결정이 어려운 단점이 있다.

SERVQUAL 모형의 구성차원	• 신뢰성(Reliability) : 생산과 서비스에 있어서 지속성 및 예측성과 연관된다. 예 믿음직하고 정확하게 약속한 서비스를 이행함 • 반응성 또는 응답성(Responsiveness) : 생산과 서비스 제공의 시기적절성과 연관된다. 예 신속한 서비스를 제공하여 고객들을 도움 • 확신성(Assurance) : 직원에 의해 수행되는 지원 및 능력에 대한 느낌과 연관된다. 예 신용과 자신감 고취 • 공감성(Empathy) : 직원으로부터 개인적인 보호나 관심을 받는다는 느낌과 연관된다. 예 고객들에게 개별적인 관심을 갖고 서비스를 제공함 • 유형성(Tangibles) : 서비스 제공 혹은 상품생산을 위해 사용된 장비나 물리적인 시설 등의 외형(외관) 혹은 미적 상태와 연관된다. 예 물리적인 시설 및 장비 능력, 종업원의 외모(용모), 통신장비의 이해와 활용의 용이성 등
총체적 품질관리 (TQM ; Total Quality Management)	품질에 중점을 둔 관리기법으로서, 조직운영, 제품, 서비스의 지속적인 개선을 통해 고품질과 경쟁력을 확보하기 위한 전 종업원의 체계적인 노력, 즉 조직구성원의 집단적 노력을 강조한다.
사회복지조직의 책임성	책임의 대상(책임의 객체), 책임의 내용, 그리고 책임성을 구현하기 위한 행정가의 역할에 관한 문제이다. 특히 책임의 내용에는 서비스 효과성, 효율성, 조직 내부의 유지관리 등이 포함된다.

• 2021년 제19회

문제 키워드	정답 키워드
사회복지행정에서 효율성과 효과성	• 효율성 또는 능률성(Efficiency) – 투입(Input)에 대한 산출(Output)의 비율을 말한다. – 사회복지행정 과정의 경제성이나 비용의 절감 등 본래 목표와는 단절된 양적 개념이다. • 효과성(Effectiveness) – 조직의 목표가 어느 정도 달성되었는가를 말한다. – 목표와 수단을 연결한 상태에서 현실적인 산출이 본래 목표는 물론 사회적 기대수준을 어느 정도 충족시켰는가 하는 목표의 달성도를 의미하는 사회학적 개념이다.
과학적 관리론 (Scientific Management)	• 조직구성원의 업무를 과학적으로 분석하여 그에 관한 지식을 적극적으로 활용한다면 조직의 능률성을 극대화할 수 있다고 주장한다. • 주어진 과업을 성실히 수행한 사람에게 경제적 보상을 부여하고 과업을 달성하지 못한 사람에게 낮은 임금을 주어 전체적으로 조직의 생산성을 극대화하려는 경제적 보상체계를 강조한다.
상황이론 (Contingency Theory)	• '상황적합이론'으로도 불리는 것으로, 효과적인 조직관리 방법은 조직이 처한 환경과 조건에 따라 달라진다고 주장한다. • 조직의 구조와 환경의 적합성이 조직의 능률성을 확보하는 데 있어서 매우 중요하다. • 모든 문제를 해결하기 위한 한 가지 최선의 방법은 존재하지 않으며, 외부환경이나 조직의 규모 또는 기술체계 등에 영향을 받아 여러 개의 적합하고 합리적인 조직구조나 관리방식이 존재하게 된다. • 상황(조건)이 다르면 유효한 조직과 방법 또한 달라지는데, 경우에 따라 경직된 규칙과 구조를 가진 조직이 효과적일 수도 있다. • 어떤 상황에서 어떤 조직구조가 적합한지에 대한 일정한 원칙을 제시하지 못하며, 환경결정론적 시각에서 조직 내부 변화의 능동성을 간과하고 있다.

<table>
<tr><td>거버넌스
(Governance)</td><td>• 공공서비스의 효율성을 높이고자 하는 새로운 조직 구조상의 변화로, 정부만이 공공서비스를 공급하는 방식이 아닌 비정부조직이나 민간영역이 함께 공공서비스를 공급하는 구조이다.
• 전통적 방식과 거버넌스는 다음과 같은 차이점을 가진다.
<table><tr><th>구 분</th><th>전통적 방식</th><th>거버넌스</th></tr><tr><td>주 체</td><td>정 부</td><td>정부, 비정부조직, 민간의 파트너십</td></tr><tr><td>조직구조</td><td>계층제</td><td>네트워크</td></tr><tr><td>권력구조</td><td>정부 권력독점</td><td>각 주체 간 권력공유</td></tr><tr><td>공급방식</td><td>정부 일방주의</td><td>정부, 비정부조직, 민간의 분점 주의</td></tr></table></td></tr>
<tr><td>사회복지조직의 환경</td><td>• 일반환경 : 경제적 조건, 사회 · 인구 · 통계학적 조건, 문화적 조건, 정치적 조건, 법적 조건, 기술적 조건 등
• 과업환경 : 재정자원의 제공자, 합법성과 권위의 제공자, 클라이언트 제공자, 보충적 서비스 제공자, 조직이 산출한 것을 소비 · 인수하는 자, 경쟁조직 등</td></tr>
<tr><td>참여적 리더십</td><td>• 민주적 리더십에 해당하는 것으로서, 의사결정 과정에 있어서 부하직원들을 참여시킨다.
• 의사소통 경로의 개방을 통해 정보교환이 활발히 이루어지도록 함으로써 직원들의 일에 대한 적극적 동기부여가 가능하며, 사명감이 증진될 수 있다.
• 기술수준이 높고 동기부여 된 직원들이 있을 때 효과적이며, 집단의 지식, 경험, 기술을 활용하는 데 유리하다.
• 책임이 분산되어 조직이 무기력하게 될 수 있고, 긴급한 결정이 어려운 단점이 있다.</td></tr>
<tr><td>OJT와 Off-JT</td><td>• OJT(On-the-Job Training)
– 직무를 통한 연수로, 직무를 수행하는 과정에서 조직의 상사나 선배들에게 직접적으로 직무교육을 받는 방식이다.
– 교육의 중심은 인사나 교육부서가 아닌 현업부서가 되며, 일상적인 업무를 통해 이루어지는 경우가 많다.
• Off-JT(Off-the-Job Training)
– 직무와 분리된 연수로, 조직 외부의 연수원이나 전문교육 기관에서 체계적인 교육을 받는 방식이다.
– 일정 기간 일상적인 업무에서 벗어나 행하는 연수로, 보통 직원이 지출한 자기개발 비용을 조직에서 지원한다.</td></tr>
<tr><td>직무기술서에 포함되는
주요 내용</td><td>• 직무 명칭 및 내용
• 직무수행에 필요한 각종 장비 및 도구
• 직무수행 과제 및 방법
• 직무수행의 환경적 조건(작업조건) 등</td></tr>
<tr><td>기획예산제도 또는
계획예산제도(PPBS)</td><td>• 장기적인 계획수립과 단기적인 예산편성을 프로그램 작성을 통해 유기적으로 결합시키는 방식이다.
• 우선 목표를 설정 및 개발(Planning)하고 정해진 목표를 달성할 수 있도록 실시계획을 입안(Programming)한 다음, 그 구체적인 실시계획들에 대해 체계적으로 예산을 배정(Budgeting)한다.
• 기획예산제도(PPBS)는 중장기 계획이 필요하고 실시계획이 구체적으로 기술되어야 하며, 비용-효과 분석 및 비용-편익 분석과 같은 수량적 분석기법이 필요하다.</td></tr>
<tr><td>마케팅 믹스
(Marketing Mix)</td><td>• 상품 또는 제품(Product) : 상품(프로그램)의 차별화 전략
• 유통 또는 입지(Place) : 장소개발, 접근편리성 등의 전략
• 촉진 또는 판매촉진(Promotion) : 이벤트, 광고, 자원봉사자 활용 등의 전략
• 가격(Price) : 가격 및 후원금 개발 전략</td></tr>
</table>

사회복지평가의 기준으로서 효율성 (Efficiency)	• 최소한의 자원을 투입하여 최대한의 효과를 내는 것을 의미한다. • 투입한 자원(예 자금, 시간, 인력, 물리적 공간 등)과 산출된 결과(예 클라이언트의 변화 정도, 서비스 제공 실적 등)의 비율관계를 통해 측정한다. • 효율성은 서비스의 질을 희생시켜 성과를 높이는 것이 아니라 서비스의 질을 일정한 수준 이상으로 유지하는 것을 전제로 한다. • 비용 절감은 서비스 이용자의 욕구충족을 위한 목표와 연결된다. 만약 서비스의 질을 희생시키거나 이를 포기하여 비용을 절감하였다면, 이는 효율적인 것이 아니라 단지 투입요소를 희생시켜 비용이 적게 든 것뿐이다.
지역사회 통합돌봄 (커뮤니티케어)	• 돌봄이 필요한 주민(노인, 장애인, 아동 등)들이 살던 곳(자기 집, 그룹홈 등)에서 개개인의 욕구에 맞는 서비스를 누리고, 지역사회와 함께 어울려 살아갈 수 있도록 주거, 보건의료, 요양, 돌봄, 일상생활의 지원이 통합적으로 확보되는 지역주도형 정책이다. • 노화 · 사고 · 질환 · 장애 등 돌봄이 필요한 상태로 평소 살던 곳에서 지내기를 희망하는 사람들을 대상으로 다음과 같은 서비스를 제공한다. **과정목표**: • 프로그램 수행단계별로 이루어지거나 설정될 수 있는 목표 • 무엇으로 어떻게 결과에 도달할 것인지에 대한 목표 진술과 함께 과정목표에 의해 실행되어야 할 구체적인 행동 포함 **성과목표**: • 일련의 프로그램이 수행된 결과 클라이언트체계의 변화를 나타내는 최종목표 • 프로그램의 결과 표적대상이 변화하게 될 행동이나 태도를 기술하는 것으로, 변화 정도는 어떠하며, 언제 변화가 나타날 것인지 등을 표현

● 2020년 제18회

문제 키워드	정답 키워드
사회복지행정의 개념	• 사회복지정책으로 표현된 추상적인 것을 실제적인 사회복지서비스로 전환하는 공 · 사의 전 과정 • 특히 광의의 사회복지행정은 공공 및 민간기관을 포함한 사회복지조직 구성원들의 총제적인 활동을 의미함
조직 내 비공식조직의 순기능과 역기능	• 순기능 : 조직 내 구성원들이 소속감 및 안정감을 갖기 쉬우므로 조직의 응집력을 높일 수 있으며, 공식적으로 거론될 수 없는 문제나 사안들에 대한 의사소통 경로가 될 수 있고, 심리적 불만에 대한 배출구가 될 수도 있음 • 역기능 : 파벌이 형성될 수 있으며, 조직 내 갈등을 고조시킬 수 있고, 업무의 처리나 인사 등에서 자신이 속한 비공식조직의 구성원에게 유리한 결정을 내리는 정실행위가 나타날 수 있음
관료제의 경직성	• 관료제는 조직관리를 위한 합리적인 규칙을 의미하는 것으로, 의사결정의 계층화와 고도의 전문화를 특징으로 함 • 관료제 이론은 한 번 정해진 규칙이 조직의 안정성을 보장하고 효율적인 의사결정을 가능하게 만든다고 보는데, 이는 오히려 정해진 규칙에 집착하는 관행을 만들고, 조직운영의 경직성을 초래함으로써 조직 변화를 어렵게 만듦
사회복지조직에서 조직문화의 역할	휴먼서비스 조직의 성공은 서비스 제공자와 서비스 대상자 간의 관계형성과 상호작용의 정도에 달려있으며, 이들 당사자 간의 관계와 상호작용의 수준 및 특성은 조직문화에 의해 좌우됨

정치경제이론	조직이 합법성이나 세력 등의 정치적 자원과 함께 인적 · 물적 자원 등의 경제적 자원을 통해 서비스 활동을 수행하며 생존을 하게 되는데, 이와 같은 외부환경적 요소가 조직의 내부에 영향을 미치게 되어 조직 내부의 권력관계와 조직 외부의 이익집단 간의 역학관계에 의해 조직의 의사결정에 크게 영향을 미친다고 주장함
권력관계 변화 혹은 종속관계 극복을 위한 조직의 대응전략 (Hasenfeld)	• 권위주의 전략 : 명령에 대해 동의하도록 효과적인 제재를 가할 수 있는 능력을 향상시키는 전략 • 경쟁 전략 : 서비스의 질과 절차 및 관련된 행정절차 등을 더욱 바람직하고 매력적으로 하기 위해 다른 사회복지조직들과 경쟁하여 세력을 증가시키는 전략 • 협동 전략 : 과업환경 내 다른 조직에게 필요한 서비스를 제공하여 그 조직이 그러한 서비스를 획득하는 데 대한 불안감을 해소시키는 전략 • 방해 전략 : 조직의 자원생산 능력을 위협하는 행동을 의도적으로 하는 전략
리더십이론	• 관리격자이론 : 적합한 지도자의 행동 유형을 규명하고자 하는 행동이론(행위이론)의 범주에 포함됨 • 섬김의 리더십 : 힘과 권력에 의한 조직지배를 지양 • 거래적 리더십 : 구성원은 이기적이므로 개인적인 관심에 주의를 기울이며, 리더는 조직성원의 보수나 지위를 보상하는 것과 같이 거래를 통해 조직성원의 동기 수준을 높임. 리더는 조직성원의 역할과 임무를 명확히 제시하며, 복종과 그에 대한 보상을 강조 • 변혁적 리더십 : 리더십은 높은 도덕적 가치와 이상에 호소하여 조직성원의 의식을 변화시키며, 리더는 추종자들에게 권한부여를 통해 개혁적 · 변화지향적인 모습과 함께 비전을 제시함으로써 그들에게 높은 수준의 동기를 부여함. 변혁적 리더는 구성원 스스로 업무에 대한 확신을 가질 수 있도록 동기를 부여하고 업무결과에 대한 욕구를 자극함으로써, 구성원 스스로 추가적인 노력을 통해 기대 이상의 성과를 가져오도록 유도 • 상황이론 : 과업환경에 따라 적합하게 대응하는 리더십이 효과적이라고 가정함
형평성이론 (J. S. Adams)	형평성(공정성 또는 공평성)이론은 투입, 산출, 준거인물을 요소로 하여 자신의 '산출/투입'보다 준거가 되는 다른 사람의 '산출/투입'이 클 때 비형평성을 자각하게 되고, 형평성 추구 행동을 작동시키는 동기가 유발된다고 봄
직무수행평가	• 일정 기간 조직원들이 그들의 업무를 얼마나 잘 수행했는지에 대한 정기적 · 공식적인 평가 • 조직원에 대한 기대치와 비교하여 그들의 업적을 측정 · 평가하고 이를 다시 구성원들에게 피드백하는 과정
사회복지조직의 책임성 확보를 위한 행정통제 효율화 방안	• 행정정보 공개를 통해 조직의 개방성을 유도함 • 사회복지 정책과정에 주민참여의 기회를 확대함 • 전문직의 전문성 향상과 함께 전문직으로서의 권한을 강화함 • 외부통제와 내부통제의 균형이 이루어지도록 함 • 사회복지행정 평가제도 확립
직원능력 개발방법	• 계속교육 : 학교교육이 끝난 직원들을 대상으로 그들의 전문성을 유지 및 향상시키기 위해 계속적으로 필요한 교육을 실시하는 방법 • 패널토의 : 특정 주제에 대해 지식과 경험이 풍부한 전문가들이 사회자의 진행에 따라 토의를 하고 연수자는 그 토의를 듣는 방법 • 순환보직 : 일정한 시일의 간격을 두고 여러 다른 직위나 직급에 전보 또는 순환보직 등을 통해 직원들을 훈련시키는 방법 • 역할연기 : 직원으로 하여금 어떤 사례나 사건을 구체적인 상황에 근거하여 실제 연기로 표현해 보도록 하는 방법 • 분임토의 또는 신디케이트 : 전체를 10명 내외의 소집단들로 나누고 각 집단별로 동일한 문제를 토의하여 그 해결방안을 작성하도록 한 후, 전체가 모인 자리에서 각 집단별 해결방안을 발표하고 그에 대해 토론하여 합리적인 해결방안을 모색하는 방법
직무소진(Burnout)	• 직무에서 비롯되는 스트레스에 대한 반응 • 목적의식이나 관심을 점차적으로 상실하는 과정 • 감정이입이 업무의 주요 기술인 직무현장에서 발생하는 현상

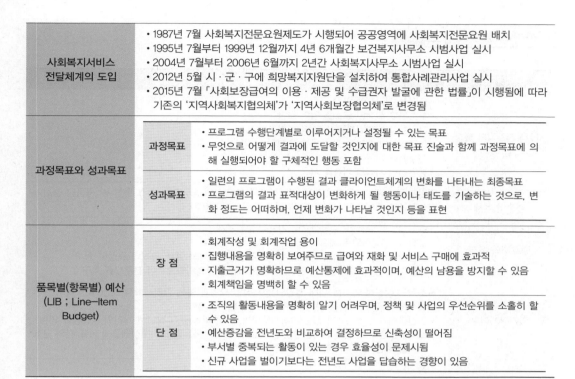

사회복지서비스 전달체계의 도입	• 1987년 7월 사회복지전문요원제도가 시행되어 공공영역에 사회복지전문요원 배치 • 1995년 7월부터 1999년 12월까지 4년 6개월간 보건복지사무소 시범사업 실시 • 2004년 7월부터 2006년 6월까지 2년간 사회복지사무소 시범사업 실시 • 2012년 5월 시 · 군 · 구에 희망복지지원단을 설치하여 통합사례관리사업 실시 • 2015년 7월 「사회보장급여의 이용 · 제공 및 수급권자 발굴에 관한 법률」이 시행됨에 따라 기존의 '지역사회복지협의체'가 '지역사회보장협의체'로 변경됨	
과정목표와 성과목표	과정목표	• 프로그램 수행단계별로 이루어지거나 설정될 수 있는 목표 • 무엇으로 어떻게 결과에 도달할 것인지에 대한 목표 진술과 함께 과정목표에 의해 실행되어야 할 구체적인 행동 포함
	성과목표	• 일련의 프로그램이 수행된 결과 클라이언트체계의 변화를 나타내는 최종목표 • 프로그램의 결과 표적대상이 변화하게 될 행동이나 태도를 기술하는 것으로, 변화 정도는 어떠하며, 언제 변화가 나타날 것인지 등을 표현
품목별(항목별) 예산 (LIB ; Line-Item Budget)	장 점	• 회계작성 및 회계작업 용이 • 집행내용을 명확히 보여주므로 급여와 재화 및 서비스 구매에 효과적 • 지출근거가 명확하므로 예산통제에 효과적이며, 예산의 남용을 방지할 수 있음 • 회계책임을 명백히 할 수 있음
	단 점	• 조직의 활동내용을 명확히 알기 어려우며, 정책 및 사업의 우선순위를 소홀히 할 수 있음 • 예산증감을 전년도와 비교하여 결정하므로 신축성이 떨어짐 • 부서별 중복되는 활동이 있는 경우 효율성이 문제시됨 • 신규 사업을 벌이기보다는 전년도 사업을 답습하는 경향이 있음

● 2019년 제17회

문제 키워드	정답 키워드
사회복지조직의 특징	• 도덕적 정당성에 민감 • 모호하고 질적인 요소를 많이 포함 • 다양한 이해관계자들 간의 타협 필요 • 목표달성의 효과성 및 효율성 측정이 어려움 • 전문가에 의존 • 불완전한 지식과 기술을 사용
최근 한국 사회복지 행정의 추세	민간부문과 공공부문의 협력을 강조하면서, 지역사회 중심의 서비스 통합 및 공공성 강화방향으로 전달체계 개편. 또한 영리기관의 전달체계 참여가 증가
관료제의 특징	• 수직적으로 계층화, 수평적으로 기능적 분업체제 • 조직 내 서열화된 위계질서 • 구성원 개인의 생각이나 감정은 무시, 공식적인 원칙과 절차, 규칙과 규정이 중시 • 모든 과업은 각 구성원에게 분담, 특정한 과정을 분업화함으로써 전문화를 추구
인간관계이론	• 조직의 생산성 향상을 위해 인간의 정서적인 요인과 함께 심리사회적 요인, 비공식적 요인에 역점을 두어 인간을 관리하는 기술 또는 방법을 강조 • 인간관계가 작업능률과 생산성을 좌우하며, 조직 내 비공식 집단이 개인의 생산성에 영향 • 조직구성원의 자율성과 책임성을 강조하며, 조직의 목표와 조직구성원들의 목표 간의 균형유지를 위한 민주적 · 참여적 관리방식을 지향
행렬조직의 장단점	• 장 점 – 분업과 통합이 가능한 구조로서 안정성과 탄력성 – 전문인력의 이동활동이 용이 – 전문지식의 축적 및 기술의 개발이 용이 – 지식 및 기술의 전사적 이전과 활용이 용이 • 단 점 – 이중의 권한구조로 인해 명령계통 간 권력다툼이 발생 – 조정 과정을 필요로 하므로 의사결정이 지연 – 책임소재가 모호 – 업무자가 역할긴장이나 갈등을 경험
조직구조	• 분화 : 조직구조의 복잡성을 나타내는 것으로 수직적 · 수평적 분화로 나뉨 • 수직적 분화 : 조직의 계층수, 통제의 범위 고려 • 수평적 분화 : 조직단위 간의 분화, 조정과 의사소통의 수준 고려 • 업무의 표준화 : 조직운영의 경제성과 예측성을 높임 • 집권화 : 의사결정 권한이 소규모의 집단에 국한됨 • 분권화 : 의사결정 권한이 다양한 집단에 분산, 위임 • 공식화 : 조직 내 직무에 대한 표준화 정도를 의미, 규칙이나 절차
사회복지조직의 환경	• 조직과 상호작용하는 외부요소를 총칭함 • 경제적 조건은 조직의 재정적 기반 마련과 관련이 있음 • 조직 간의 의뢰 · 협력체계는 보충적 서비스 제공 역할 • 법적 조건은 조직의 활동을 인가하는 기준이 됨 • 일반환경과 조직환경 – 일반환경 : 조직의 거시적인 사회환경으로 과업환경을 통해 간접적으로 조직에 영향을 미치는 영역(경제적 조건, 정치적 조건, 법적 조건, 사회 · 인구 · 통계학적 조건, 문화적 조건, 기술적 조건) – 과업환경(업무환경) : 조직이 업무활동을 통해 직접적으로 관련을 맺고 있는 영역

준예산 체제 하에서 집행할 수 있는 항목	• 임 · 직원의 보수 • 법인 및 시설운영에 직접 사용되는 필수적인 경비 • 법령상 지급의무가 있는 경비
리더십이론	• 경쟁적 가치 접근에 의한 리더십이론 : '비전제시가', '목표달성가', '분석가', '동기부여가' 등 리더십 유형 • 관리격자이론 : 팀형(9.9)이 가장 이상적인 리더 • 상황적합이론 : 상황의 호의성이 모두 불리하면 리더가 과업중심의 행동을 해야 효과적 • 상황적 리더십이론 : 구성원의 성숙도가 낮을 경우 지시형 리더십이 적합 • 변혁적 리더십이론 : 추종자들에 대한 권한부여를 통해 동기수준을 높임
성취동기이론 욕구의 3가지	• 친교욕구 또는 친화욕구 : 다른 사람과 친근하고 밀접한 관계를 맺으려는 욕구 • 권력욕구 : 조직의 지도자가 되어 다른 사람을 통제 · 지시하려는 욕구 • 성취욕구 : 어려운 일을 성취하려는 욕구, 즉 목표를 달성하고 그것을 능가하려는 욕구
알더퍼(Alderfer)의 ERG이론	• '좌절-퇴행'의 욕구 전개를 주장 • '존재욕구', '(인간)관계욕구', '성장욕구'로 구분 • 저차원 욕구와 고차원 욕구 간의 기본적인 구별이 필요하다고 보며, 고차원 욕구가 좌절되었을 때 오히려 저차원 욕구의 중요성이 커진다고 주장 • 욕구가 저차원 욕구에서 고차원 욕구 순으로 나타나는 것은 아니며, 어느 시점에서든 그와 같은 욕구들이 동시에 추구될 수 있음
소진(Burnout)	• 과도한 스트레스에 노출되어 신체적 · 정신적 기력이 고갈됨으로써 직무수행능력이 떨어지고 단순 업무에만 치중하게 되는 현상 • 일반적으로 열성 → 침체 → 좌절 → 무관심 단계로 진행
직무분석	• 직무에 대한 업무내용과 책임을 종합적으로 분류하는 것으로, 인적자원관리의 기초 • 직무를 구성하고 있는 일, 즉 해당 직무의 내용 및 직무의 수행을 위한 직무조건을 조직적으로 밝히는 절차 • 직무명세서와 직무기술서는 직무분석이 이루어진 후에 작성 • 명문화, 세분화된 직무는 작업조직의 경직성을 초래하여 시장변화에 대한 전략을 세우는 데 적합하지 않음
사회복지조직의 예산 수립	• 회계연도 독립의 원칙 : 세입 · 세출의 상황을 명확히 하고 재정을 적절히 통제하기 위해 1년 단위로 예산을 수립 • 수지균형의 원칙(건전재정운영의 원칙) : 비영리를 목적으로 하므로 건전재정운영을 위해 수지균형을 조화 • 예산의 목적 외 사용금지의 원칙 : 법인회계 및 시설회계의 예산은 세출예산이 정한 목적 외에 이를 사용하지 못함 • 예산 총계주의 원칙(총액주의 원칙) : 1회계연도의 모든 수입을 세입으로 하고 모든 지출을 세출로 하되, 세입과 세출은 모두 예산에 계상 • 예산 사전 의결의 원칙 : 예산은 예정적 계획이므로 회계연도가 개시되기 전에 법인 이사회의 의결
SERVQUAL 구성차원	• 신뢰성 : 생산과 서비스에 있어서 지속성 및 예측성과 연관 • 반응성 또는 응답성 : 생산과 서비스 제공의 시기적절성과 연관 • 확신성 : 직원에 의해 수행되는 지원 및 능력에 대한 느낌과 연관 • 공감성 : 직원으로부터 개인적인 보호나 관심을 받는다는 느낌과 연관 • 유형성 : 서비스 제공 혹은 상품생산을 위해 사용된 장비나 물리적인 시설 등의 외형(외관) 혹은 미적 상태와 연관

<table>
<tr><td>전달체계의 원칙</td><td colspan="2">• 적절성(충분성) : 서비스의 양과 질이 욕구충족을 위한 수준이어야 한다는 것
• 책임성 : 사회복지조직은 복지국가가 시민의 권리로 인정한 사회복지서비스를 전달하도록 위임받은 조직이므로 사회복지서비스의 전달에 대하여 책임을 져야 함
• 통합성 : 상호 연관된 서비스를 종합적으로 고려해야 함
• 전문성 : 사회복지서비스의 핵심적인 업무는 반드시 전문가가 담당해야 함
• 접근성 : 제약 없이 서비스를 쉽게 받을 수 있어야 함
• 연속성 : 필요한 서비스가 일정기간 동안 지속적으로 제공되어야 함</td></tr>
<tr><td>책임행렬표</td><td colspan="2">• 목표관리(MBO)에서는 활동이 어느 목표성취에 어떻게 기여하는지를 제시하고, 각 활동에 따른 구성원들의 책임과 역할을 명시하는 것이 효과적
• 책임행렬표는 주로 목표, 활동, 책임의 종류와 소재 등을 각 구성원별로 구체적으로 명시하는 데 사용되는 도구</td></tr>
<tr><td>프로그램 평가의 논리모형 구성요소</td><td colspan="2">• 투입 : 프로그램에 투입되는 인적 · 물적 · 기술적 자원
• 전환 : 임무를 수행하기 위한 프로그램에서의 활동
• 산출 : 프로그램 활동의 직접적인 산물
• 성과 : 프로그램 활동 중이나 활동 이후 참여자들이 얻은 이익
• 영향 : 프로그램 활동의 결과로 일어난 변화</td></tr>
<tr><td>마케팅 믹스 4P</td><td colspan="2">• 상품(Product) : 상품(프로그램)의 차별화 전략
• 유통(Place) : 장소개발, 접근편리성 등의 전략
• 촉진(Promotion) : 이벤트, 광고, 자원봉사자 활용 등의 전략
• 가격(Price) : 가격 및 후원금 개발 전략</td></tr>
<tr><td>기준행동</td><td colspan="2">• 업무자들이 기준으로 제시된 측정 가능한 양적 평가지표들에 대해서만 관심을 가짐으로써 실질적인 서비스의 효과성에 대해 무관심하게 되는 문제
• 측정기준이 엄격히 적용되는 평가가 지속되는 경우, 서비스 과정 자체가 지나치게 경직될 수 있음</td></tr>
<tr><td>사회복지 평가기준</td><td colspan="2">• 효과성 : 목표달성 정도를 의미함
• 공평성 또는 형평성 : 사회집단 간 얼마나 공평하게 배분되었는가를 의미함
• 노력성 : 프로그램을 위해 동원된 자원 정도
• 서비스 질 : 이용자의 욕구 충족 수준과 전문가의 서비스 제공여부 등
• 효율성 : 투입 대비 산출</td></tr>
<tr><td rowspan="4">사회복지 프로그램 기획과정에서 대상인구 규정</td><td>일반인구</td><td>• 대상지역의 전체 인구
• 일반인구에 대한 설명은 일반적인 사실들에 기초</td></tr>
<tr><td>위험인구</td><td>• 일반인구의 하위집단으로서, 프로그램이 제기하는 사회문제에 특별히 민감하다고 판단되는 집단
• 프로그램이 해결하려는 문제에 취약성이 있는 사람들을 포함</td></tr>
<tr><td>표적인구</td><td>• 위험인구의 하위집단으로서, 위험인구 중에서도 프로그램이 구체적으로 개입 대상으로 삼은 집단
• 프로그램 수급 자격을 갖춘 사람들을 포함</td></tr>
<tr><td>클라이언트 인구</td><td>• 표적인구의 하위집단으로서, 프로그램에 실제 참여하는 집단
• 서비스 자원의 부족으로 인해 인원을 제한할 수도 있고, 서비스를 거부하거나 서비스의 존재 여부를 알지 못하여 참가하지 못하는 경우도 있으므로, 표적인구 중의 일부만이 클라이언트인구</td></tr>
</table>

● 2018년 제16회

문제 키워드	정답 키워드
베버의 관료제이론	• 조직이 수행해야 할 과업이 일상적 · 일률적인 경우 효율적 • 조직운영의 권한양식이 합법성 · 합리성을 띠고 있음
사회복지행정의 기능(과정)	• 기획 : 목표의 설정과 목표를 달성하기 위한 과업 및 활동, 과업을 수행하기 위해 사용되는 방법을 결정하는 단계 • 조직화 : 조직의 공식구조를 통해 업무를 규정하고 조직목표와 과업 변화에 부응하여 조직구조를 확립 • 인사 : 직원의 채용과 해고, 직원의 훈련, 우호적인 근무조건의 유지 등이 포함되는 활동 • 지시 또는 지휘 : 기관의 효과적인 목표달성을 위한 행정책임자의 관리 · 감독의 과정 • 조정 : 사회복지행정가는 부서 간, 직원들 간의 효과적인 의사소통의 망을 만들어 유지하고 조정해야 함 • 보고 : 사회복지행정가가 직원, 지역사회, 이사회, 행정기관, 후원자 등에게 조직에서 일어나는 상황을 알려주는 과정 • 재정 : 조직의 재정행정가는 현재를 포함하여 중장기적인 재정계획을 수립하고 회계 규정에 따라 재정 운영에 대한 책임을 짐 • 평가 : 클라이언트의 욕구나 문제의 해결이 적절했는지에 대한 서비스의 효과성 평가, 자원의 투입 및 산출과 관련된 효율성 평가
사회복지조직의 환경	• 조직과 상호작용하는 외부요소를 총칭함 • 경제적 조건은 조직의 재정적 기반 마련과 관련이 있음 • 조직 간의 의뢰 · 협력체계는 보충적 서비스 제공 역할 • 법적 조건은 조직의 활동을 인가하는 기준이 됨 • 일반환경과 조직환경 – 일반환경 : 조직의 거시적인 사회환경으로 과업환경을 통해 간접적으로 조직에 영향을 미치는 영역(경제적 조건, 정치적 조건, 법적 조건, 사회 · 인구 · 통계학적 조건, 문화적 조건, 기술적 조건) – 과업환경(업무환경) : 조직이 업무활동을 통해 직접적으로 관련을 맺고 있는 영역
정치경제이론의 특징	• 자원을 소유하고 있는 이해관계집단이 조직에 영향력을 발휘함 • 조직환경에서 재원을 둘러싼 권력관계를 부각시킴 • 외부환경에 의존하는 사회복지조직의 현실을 설명할 수 있음
사회복지행정의 특성	• 인적 · 물적 자원을 활용하여 조직 목적과 목표를 달성함 • 지역사회의 욕구를 충족시키기 위한 활동 • 사회복지조직은 가치중립적이 아닌 문화적 가치를 부여받고 사회적 · 도덕적 정체성을 가진 인간을 대상으로 함 • 사회복지조직이 제공하는 서비스는 전문적인 성격을 가지고 있고, 도덕적으로 정당화될 수 있는 것이어야 하며 그 효과성은 인간적 가치의 측면에서 고려되어야 함 • 사회복지행정가는 조직운영에서 지역사회 협력의 중요성을 인식해야 함
사회복지조직의 유형 분류	• 에치오니(A. Etzioni) : 권력 형태에 따른 분류 중 사회복지조직은 규범적 조직에 속함 • 블라우(P. Blau)와 스콧(W. Scott) : 호혜적 조직은 조직구성원들이 주요 수혜자인 조직을 말함 • 스미스(G. Smith) : 업무통제에 따라 관료조직, 일선조직, 전면통제조직, 투과성 조직으로 분류 • 지벨만(M. Gibelman) : 운영주체에 따라 공공조직, 준공공조직, 준민간조직, 민간조직으로 분류 • 하센필드(Y. Hasenfeld) : 사회복지조직의 조직기술을 인간식별기술, 인간유지기술, 인간변화기술로 구분

총체적 품질관리(TQM)	• 고객중심적인 관리체계로 조직의 목표가 고객의 욕구에 따라 설정됨 • 품질향상, 품질보장 등 품질관리 방식으로 고안됨 • 품질에 중점을 둔 관리기법으로 조직운영, 제품, 서비스의 지속적인 개선을 통해 고품질과 경쟁력을 확보하기 위한 전 종업원의 체계적인 노력이 필요함 • 작업시간 단축이 아닌 고객서비스 시간 단축, 즉 고객이 필요로 하는 서비스를 가능한 한 빠른 시간 내에 제공함으로써 고객만족에 도달하는 것을 목표로 함
조직의 대응전략 중 방해전략	• 사회적 약자를 대신해 권한을 가진 조직으로부터 양보를 얻는 데 효과적 • 일시적으로 얻은 이익을 상쇄하는 반작용을 야기할 수 있음 • 표적조직이 평화적인 요구를 무시할 때 채택할 수 있음
혁신적 슈퍼바이저가 가져야 할 능력 (R. Quinn)	• 유연한 변화를 만들기 위한 의사소통 능력 • 비판적 · 창의적 사고 능력 • 조직을 둘러싼 변화를 판단할 수 있는 능력 • 조직구성원과 이해관계자들 간의 갈등을 예방할 수 있는 능력
전달체계의 원칙	• 적절성(충분성) : 서비스의 양과 질이 욕구충족을 위한 수준이어야 한다는 것 • 책임성 : 사회복지조직은 복지국가가 시민의 권리로 인정한 사회복지서비스를 전달하도록 위임받은 조직이므로 사회복지서비스의 전달에 대하여 책임을 져야 함 • 통합성 : 상호 연관된 서비스를 종합적으로 고려해야 함 • 전문성 : 사회복지서비스의 핵심적인 업무는 반드시 전문가가 담당해야 함 • 접근성 : 제약 없이 서비스를 쉽게 받을 수 있어야 함 • 연속성 : 필요한 서비스가 일정기간 동안 지속적으로 제공되어야 함
사회복지조직의 위험관리	• 위험을 예방 · 회피하려는 사전적인 대응활동으로서, 위험을 확인(발견), 분석, 평가하여 최적의 위험 처리 방도를 선택하는 관리 과정 • 안전 확보는 서비스 질과 연결됨 • 작업환경의 안전과 사고 예방책 • 이용자 권리옹호가 모든 대책에 포함됨
준예산과 추가경정예산	• 준예산 : 회계연도 개시 전까지 법인 예산이 성립되지 아니한 때는 시장 · 군수 · 구청장에게 그 사유를 보고하고 예산 성립 전까지 임 · 직원의 보수, 법인 및 시설운영에 직접 사용되는 필수경비, 법령상 지급의무가 있는 경비는 전년도 예산에 준하여 집행할 수 있음(사회복지법인 및 사회복지시설 재무 · 회계 규칙 제12조) • 추가경정예산 : 법인의 대표이사 및 시설의 장은 예산성립 후에 생긴 사유로 인하여 이미 성립된 예산에 변경을 가할 필요가 있을 때에는 법령의 규정에 의한 절차에 준하여 추가경정예산을 편성 · 확정할 수 있음(사회복지법인 및 사회복지시설 재무 · 회계 규칙 제13조)
참여적 리더십	• 집단지식과 기술 활용이 용이함 • 상자의 권한과 책임을 분산하는 것 • 소요시간과 책임소재 문제 등이 단점 • 기술수준이 높고, 동기부여된 직원들이 있을 때 효과적 • 직원들을 의사결정에 참여시켜 일에 대한 적극적 동기부여가 가능함
목표설정이론	• 인지에 초점을 둔 이론 • 동기 형성을 위한 목표설정이 필요하다고 봄 • 목표가 구체적일수록 효과적이라고 봄 • 의미 있는 목표는 동기유발을 일으켜 조직성과 달성에 기여 • 조직에서 구성원들의 동기를 형성시키는 방안으로 목표설정에 대한 관리가 필요하다고 주장
상황이론	• 리더의 지위권력 정도, 직원과의 관계, 과업의 구조화가 중요함 • 직원의 성숙도가 중요함 • 한 조직에서 성공한 리더가 타 조직에서도 반드시 성공하는 것은 아님

사회복지조직의 인적자원관리	• 직원채용을 위해서 직업능력검사를 시행 • 조직의 역사, 사명, 기본정책 등에 관하여 직원 오리엔테이션을 가짐 • 업무 담당자를 위해 직무기술서를 작성함 • 업무성과 평가를 위해 직원의 행동평가를 실시함
사회복지사업법상 사회복지시설평가	• 보건복지부장관 및 시 · 도지사는 3년마다 시설에 대한 평가를 실시하여야 함 • 시설의 평가기준은 법령에 따른 서비스 최저기준을 고려하여 보건복지부장관이 정함 • 사회복지시설평가 법제화는 1998년 사회복지사업법의 개정을 통해 이루어짐 • 보건복지부장관과 시 · 도지사는 시설평가의 결과를 해당 기관의 홈페이지 등에 게시하여야 함
우리나라 사회복지전달체계	• 최근 민관 통합사례관리의 중요성이 높아지고 있음 • 희망복지지원단을 시 · 군 · 구에 설치함 • 2016년에 맞춤형 통합서비스를 목적으로 읍면동 복지허브화사업을 시작함 • 국민기초생활보장법상 생계급여의 집행체계는 읍 · 면 · 동 • 2010년 1월 사회복지 급여 · 서비스의 지원대상자 자격 및 이력에 관한 정보를 통합적으로 관리하고 지방자치단체의 복지업무처리를 지원하기 위해 사회복지통합관리망(행복e음)이 구축됨 • 2012년 4월(공식적인 운영은 5월부터)부터 복합적 욕구를 가진 대상자에게 통합사례관리를 통해 공공 · 민간의 급여 · 서비스 · 자원 등을 맞춤형으로 연계 · 제공하는 통합서비스 제공체계로서 희망복지지원단이 전국 203개 시 · 군 · 구별로 구축됨
프로그램 기획의 기법	• 시간별 활동계획 도표 : 막대그래프를 이용해서 막대그래프 차트로도 불리며 작업 간의 연결성에 대한 파악이 어려움 • 프로그램 평가 검토기법(PERT) : 목표달성을 위해 설정된 주요 세부목표와 프로그램의 상호관계 및 시간계획을 연결시켜 도표화한 것 • 월별 활동계획카드 : 바탕종이의 위쪽 가로에는 월별이 기록되어 있고 특정 활동이나 업무를 조그만 카드에 기입하여 월별 아래 공간에 삽입하거나 붙이는 기법 • 방침관리기획 : '계획(Plan)–실행(Do)–확인(Check)–조정(Act)'의 일련의 절차를 프로그램 기획과정으로 보는 것 • 주요경로방법(CPM) : 프로그램 평가 검토기법(PERT)과 유사한 것으로, 소요시간이 비교적 확실한 기획활동에 사용됨
비영리조직의 마케팅	• 사회복지부문의 서비스는 생산과 소비가 동시에 일어남 • 미시적 마케팅(Micro Marketing)이 시장세분화 정도가 가장 높음 • 영리조직 마케팅과 다른 점은 서비스의 다양성과 복잡성에 있음 • 마케팅 믹스의 4P는 상품(Product), 유통(Place), 촉진(Promotion), 가격(Price) • 공익연계 마케팅을 통해 기업 이윤의 사회에의 환원을 통한 긍정적 기업이미지의 확보와 함께 사회복지조직의 프로그램 운영효율성을 동시에 달성하고자 함
스키드모어의 7단계 기획과정	• 목표 설정(제1단계) : 목적을 달성하기 위해 목표가 설정되며, 목표를 달성하기 위해 세부목표가 설정됨 • 자원 고려(제2단계) : 설정된 목표를 달성하기 위해 정보를 수집하며, 기관의 인적 · 물적 자원을 고려함 • 대안 모색(제3단계) : 목표를 달성하는 데 필요한 여러 가지 대안들을 고려함 • 결과 예측(제4단계) : 열거한 대안들을 다각도로 검토하며, 기대효과와 장단점 등을 평가함 • 계획 결정(제5단계) : 대안들을 검토한 후 우선순위에 따라 최종적인 대안을 선택함 • 구체적 프로그램 수립(제6단계) : 합의된 목표에 도달하기 위해 구체적인 프로그램을 기획함 • 개방성 유지(제7단계) : 프로그램의 실제 수행 과정에서 발생할 수 있는 변화에 대해 개방성과 융통성을 발휘함으로써 발전적이고 합리적인 변경이 이루어지도록 함

프로그램 평가요소	• 투입 : 프로그램에 투여되거나 프로그램에 의해 소비되는 인적 · 물적 · 기술적 자원 예 이용자, 봉사자, 자금, 예산, 시설 등 • 전환(활동) : 임무를 수행하기 위해 프로그램에서 투입으로 활동하는 것 예 상담, 직업훈련, 치료 및 교육 등 • 산출 : 프로그램 활동 후 얻은 양적인 최종 실적 예 서비스 제공시간과 프로그램 참가자 수 등 • 성과(결과) : 프로그램 활동 중 또는 활동 이후의 참여자들이 얻은 이익 예 향상된 기술, 태도 및 가치변화, 향상된 조건, 생활만족도 등 • 영향 : 프로그램 활동의 결과로 인해 원래 의도했던 혹은 의도하지 않았던 변화가 나타났는지를 말함 예 관심분야의 확대, 바람직한 관계의 지속 등
사회복지 평가기준	• 효과성 : 목표달성 정도를 의미함 • 공평성 또는 형평성 : 사회집단 간 얼마나 공평하게 배분되었는가를 의미함 • 노력성 : 프로그램을 위해 동원된 자원 정도 • 서비스 질 : 이용자의 욕구 충족 수준과 전문가의 서비스 제공여부 등 • 효율성 : 투입 대비 산출
사회복지재원	• 외부재원의 영향을 많이 받음 • 사회복지행정에서 민영화의 경향이 증가할 것으로 전망(마틴과 케트너) • 재원확보를 위해서 지역사회의 타 기관과 연계노력을 해야 함
기획의 특징	• 연속적이며 동태적인 과업 • 효율성 및 효과성과 모두 관련됨 • 타당한 사업 추진을 하기 위함 • 미래의 환경 변화에 대응하기 위한 의사결정 과정 • 기획은 과정 지향적 즉, 기획 활동은 미래 활동에 대한 연속적인 준비과정으로 단일과업이 아닌 계속적으로 진행되는 의사결정 활동을 의미함

● 2017년 제15회

문제 키워드	정답 키워드
마케팅 기법	• 다이렉트 마케팅 : 후원요청 편지를 잠재적 후원자들에게 발송 • 고객관계관리 마케팅 : 고객관련 자료를 분석하여 지속적인 맞춤서비스 제공 • 기업연계 마케팅 : 기업의 기부나 봉사활동을 사회복지와 연계시킴 • 데이터베이스 마케팅 : 시장에 관한 각종 정보를 직접 수집·분석하고 이를 데이터베이스화함 • 인터넷 마케팅 : 인터넷 홈페이지 등을 통해 기관의 홍보와 모금활동 • 사회 마케팅 : 사회문제로부터 도출된 사회적 목표를 달성하기 위해 사회적 아이디어를 개발하고 이를 일반인들에게 수용시킴
의사결정방법	• 대안선택흐름도표 : '예'와 '아니요'로 답할 수 있는 질문을 연속적으로 만들어 예상되는 결과를 결정하도록 하는 도표 • 시네틱스 : 지도자만 주제를 알고 그 집단에는 문제를 제시하지 않은 상태에서 장시간 자유롭게 토론하는 방법 • 문제해결적 의사결정 : 정보수집, 연구, 분석 절차에 의해 결정 • 직관적 의사결정 : 개인의 감정, 육감, 느낌, 인상에 의한 결정 • 정형적 의사결정 : 정해진 특별절차에 의해 의사결정
총체적 품질관리(TQM)	• 고객중심 관리를 강조 • 지속적인 서비스 품질향상을 강조 • 서비스 품질은 초기 기획단계에 고려 • 자료분석에 기초한 의사결정 • 모든 조직구성원들의 헌신이 필요
참여적 리더십의 장단점	• 장 점 – 직원들의 지식과 기술 활용이 용이 – 직원들의 사명감 증진 – 리더–직원들 간의 양방향 의사소통이 가능 • 단 점 – 참여에 따르는 시간소모 – 책임 분산으로 인한 무기력
사회복지서비스 전달체계 구축 원칙	• 포괄성 : 클라이언트의 욕구와 문제해결을 위해 다양한 서비스를 제공함 • 적절성 : 서비스의 양과 질이 욕구와 목표달성에 충분해야 함 • 전문성 : 핵심적인 업무는 반드시 객관적으로 자격이 인정된 사람이 담당 • 접근성 : 서비스를 필요로 하는 사람은 누구나 쉽게 받을 수 있어야 함 • 지속성 : 한 개인이 필요로 하는 다른 종류의 서비스와 질적으로 다른 서비스를 지속적으로 받음 • 통합성 : 기관 간의 서비스가 통합적으로 제공되어야 함 • 평등성 : 모든 국민에게 평등하게 제공 • 책임성 : 사회복지서비스의 전달에 대하여 책임을 져야함 • 경쟁성 : 여러 공급자의 경쟁을 통해 소비자에게 유리한 방식으로 공급 • 비편파성 : 전달체계나 서비스가 제대로 연계되지 못하는 것을 지양
사회복지조직의 부문화	• 수(數) : 동일 역할을 하는 사람들을 한 명의 슈퍼바이저 밑에 소속시킴 • 지리 : 클라이언트 거주 지역에 따라 구분 • 시간 : 업무시간에 따라 2교대 혹은 3교대로 구분 • 서비스 : 개별사회사업, 집단사회사업, 지역사회조직사업 등으로 구분 • 기능 : 직무상 적성에 맞는 분야에 사람을 배치 • 고객 : 클라이언트의 특성에 따라 구분 • 서비스 접근통로 : 클라이언트가 서비스에 접근할 수 있는 통로별로 구분

프로그램 평가기준	• 효율성 : 비용–편익 분석, 비용–효과분석 • 효과성 : 서비스 목표 달성 정도 • 과정 : 프로그램 환경 조건 • 영향 : 사회문제 해결에 미친 영향 정도 • 노력성 : 서비스 프로그램에 투입된 노력(인력, 비용 등)의 양과 서비스의 결과인 생산량
위계 수준에 따른 기획의 유형	• 최고관리층 : 전반적 목표 및 정책, 장기적 · 전략적 기획, 조직 전체 기획 • 중간관리층 : 보완적 목표 및 정책, 사업계획, 프로그램 기획, 할당 기획 • 감독관리층 : 단기적 목표, 구체적 사업 및 프로그램 운영 기획 • 관리실무자 : 일정표, 일상적 업무 및 사소한 절차에 국한
동기부여이론	• 인간관계이론 : 인간관계가 작업능률과 생산성을 좌우 • 동기–위생이론 – 동기 : 직무 그 자체, 직무상의 성취, 직무성취에 대한 인정, 승진, 책임, 성장 및 발달 등 – 위생요인 : 조직의 정책과 관리, 감독, 보수, 대인관계, 근무조건 등 • X · Y이론 – X이론 : 인간은 통제와 강제의 대상 – Y이론 : 인간은 자율성과 창조성을 지닌 존재 • 성취동기이론 : 인간의 동기부여 욕구를 권력욕구, 친화욕구, 성취욕구로 구분
사회복지서비스 전달체계 구분	• 구조 · 기능적 차원에 따라 행정체계와 집행체계로 구분 – 행정체계 : 서비스를 기획, 지시, 지원, 관리 – 집행체계 : 서비스 전달기능을 주로 수행하면서 행정기능도 수행(읍 · 면 · 동) • 운영주체에 따라 공적 전달체계와 사적 전달체계로 구분
2000년 이후 공적 사회복지전달체계의 변화	• 사회복지통합관리망 구축 • 주민생활지원서비스로의 개편 • 사회보장정보시스템 구축
체계모형의 하위체계	• 생산하위체계 : 모든 조직은 생산과 관련된 과업을 수행 • 유지하위체계 : 보상체계 확립, 교육 · 훈련 등으로 조직의 안정을 추구 • 경계하위체계 : 조직과 환경적인 요인을 강조 • 적응하위체계 : 실제 조직 변화를 위한 최적의 대안을 찾기 위해 연구 · 평가 • 관리하위체계 : 다른 4가지 하위체계를 조정하고 통합하는 리더십을 제공
인사관리	• 모집(충원계획 수립 → 직위에 대한 직무분석 → 직무기술서, 직무명세서 작성) – 직무기술서 : 직무 자체에 대한 기술 – 직무명세서 : 직무수행자의 요건에 대한 기술 • 인사관리 : 성과관리, 개발관리, 보상관리 등을 포함 • 직원능력개발 방법 : 코칭, 경영게임법, 사례연구방법, 회의식 방법, 행위모델법, 인바스켓 훈련, 인턴십, 역할연기법, 프로그램학습, 신디게이트, 로테이션, 패널, 직장훈련, 포럼 • 직장훈련(OJT) : 직무수행 중 선임자로부터 대면지도 · 개별지도 · 훈련지도를 통해서 직무 수행능력을 개발
사회복지조직의 환경	• 일반환경 : 경제적 조건, 사회인구 통계학적 조건, 문화적 조건, 정치적 조건, 법적 조건, 기술적 조건 등 • 과업환경 : 재정자원의 제공자, 합법성과 권위의 제공자, 클라이언트 제공자, 보충적 서비스 제공자, 조직이 산출한 것을 소비 · 인수하는 자, 경쟁조직 등
과학적 관리론의 단점	• 구성원들의 비인간화로 소외현상이 발생 • 인간의 사회적 · 심리적 측면을 간과 • 주로 경제적 보상을 강조 • 환경적 요인이 조직의 목적과 구조에 미치는 영향을 등한시함 • 비공식집단, 커뮤니케이션 등의 중요성을 간과

프로그램 평가 검토기법(PERT)	• 목표달성의 기한을 정해 놓고 진행 • 과업별 소요시간을 계산하여 추정 • 최종 목표를 달성하는 데 있어 필요한 최단 시간을 제시 • 주요 세부목표 또는 활동의 상호관계와 시간계획을 연결 • 각 작업 단계들을 입체적으로 연결하여 전반적인 계획을 잘 반영
사회복지행정의 실천원칙	• 기관 목적의 원칙 : 기관의 사회적 목적을 명확하게 설정 • 기관 전체성의 원칙 : 기관을 하나의 유기체로 인식 • 조직화의 원칙 : 기관의 조직화 · 구조화 • 변화의 원칙 : 기관은 지속적 변화 과정을 추구 • 평가의 원칙 : 기관 목표성취를 위한 지속적 평가
최근 사회복지행정의 환경변화	• 사회서비스 공급에서 영리부문의 참여 확대 • 사회복지조직관리에 기업경영기법 도입 • 품질관리를 통한 이용자 중심 서비스 • 사회서비스의 시장화 경향성 • 서비스 이용자의 권리 강조
성과평가	프로그램의 효율성 및 효과성 평가
사회복지 평가의 의의	• 환류 기능 • 행정관리수단의 역할 • 책무성을 강조 • 기관의 외부자원 확보에 영향
프로그램 평가의 논리모형 구성요소	• 투입 : 프로그램에 투입되는 인적 · 물적 · 기술적 자원 • 전환 : 임무를 수행하기 위한 프로그램에서의 활동 • 산출 : 프로그램 활동의 직접적인 산물 • 성과 : 프로그램 활동 중 활동 이후 참여자들이 얻은 이익 • 영향 : 프로그램 활동의 결과로 일어난 변화
사회복지서비스의 민영화와 시장화	• 1980년대 : 레이건(Reagan) 행정부의 '작은 정부' 지향 • 2007년 : 우리나라 사회서비스 바우처 제도의 도입 • 2008년 : 우리나라 노인장기요양보험제도의 실시
성과주의 예산모형	• 사업별 예산통제가 가능 • 목표수행에 중점을 두는 관리지향 예산제도 • 예산집행에 있어 신축성을 부여 • 실적의 평가를 용이하게 함
우리나라 사회복지행정의 변화과정과 주요 정책	• 사회복지시설평가제 도입 → 자원의 효율적 운영에 대한 관심의 확대 • 국가에서 운영한 주요사업복지사업 → 지방정부로 이양 • 맞춤형 통합서비스를 제공하기 위한 민 · 관 협력을 기반 → '읍면동 복지허브화' • 희망복지지원단 → 공공영역에서의 사례관리 기능을 담당 • 국민기초생활보장제도 → 복지가 국민의 권리로서 인정받기 시작함
동기부여 이론의 분류	• 내용이론 – 매슬로우(Maslow)의 욕구계층이론 – 허즈버그(Herzberg)의 동기–위생이론(2요인 이론) – 알더퍼(Alderfer)의 ERG이론 – 맥클리랜드(McClelland)의 성취동기이론 – 맥그리거(McGregor)의 X · Y이론 • 과정이론 – 브룸(Vroom)의 기대이론 – 아담스(Adams)의 형평성(공정성 또는 공평성)이론

제 2 영역

안심Touch

● 2016년 제14회

문제 키워드	정답 키워드
사회복지조직 이론	• 상황이론 : 상황조건이 달라지면 효율적인 조직화방법도 다름 • 제도이론 : 조직의 생존을 사회적 정당성과 결부시킴 • 과학적 관리론 : 조직을 외부환경과 아무런 상관이 없는 폐쇄체계로 규정함 • 행정적 관리이론 : 조직 내 인간적 요소를 경시한 점이 단점으로 여겨짐 • 동기-위생이론 : 조직 내부의 영향요인을 위생요인(불만족 요인)으로 제시
사적 사회복지전달체계의 강점	• 정부제공 서비스의 비해당자를 지원 • 서비스 선택의 기회 확대 • 특정영역에서 고도로 전문화된 서비스 제공 • 환경 변화에 대응하여 서비스 선도
의사결정 방법	• 직관적 방법 : 합리성보다는 감정이나 육감에 근거하여 결정 • 문제해결적 방법 : 정보수집, 연구, 분석과 같은 합리적인 절차를 통해 결정 • 정형적 의사결정 : 절차, 규정, 방침에 따라 결정 • 비정형적 의사결정 : 단발적이고 예상하지 못한 상황에 대한 결정
사회복지조직 재원의 특징	• 재원조달에 대한 직접적인 통제력이 약함 • 정부보조금, 재단지원금, 기부금, 상품판매 등의 다양한 재원확보 • 재원확보를 위해서 사업제안서, 모금행사, 정부와 계약맺기 등의 활동 및 의도적 연계를 함 • 사회복지조직은 재원조달에 있어서 직접적인 통제력이 약함
사회복지행정의 목표	• 전문성 · 효과성 추구와 조직운영에서 책임성 향상 • 조직운영의 실패원인을 확인하고 실패를 줄임 • 조직운영의 비일관성을 줄임
우리나라의 공공 사회복지전달체계 현황	• 공공부조의 전달체계에서 시 · 군 · 구/읍 · 면 · 동이 중요한 역할 • 사회보험제도 운영에서 중앙정부의 책임성이 큼 • 일반적인 서비스 신청 및 상담은 거주지 주민센터에서도 가능 • 국민연금 급여의 결정 및 지급 → 국민연금공단 • 연금보험료 징수업무 → 2011년 1월 1일부터 사회보험 징수통합에 따라 국민건강보험공단에서 담당 • 사회복지청과 같은 사회복지전담기관을 별도로 운영하고 있지 않음
프로그램 평가기준과 요소	• 효율성 – 예산절감 • 효과성 – 클라이언트 만족도, 프로그램 참여자의 행동변화 • 공평성 – 동일한 접근기회 제공 • 서비스의 질 – 서비스 인력의 자격증 보유
사회복지조직의 특징	• 도덕적 정당성에 민감 • 모호하고 질적인 요소를 많이 포함 • 다양한 이해관계자들 간의 타협 필요 • 목표달성의 효과성 및 효율성 측정이 어려움 • 전문가에 의존 • 불완전한 지식과 기술을 사용

사회복지 전달체계의 주요 원칙	• 통합성 : 전달체계 구축원칙은 통합적으로 상호영향을 줌 • 접근가능성 : 거리 및 서비스 이용비용에 영향을 미침 • 제도성 : 서비스의 제도화, 서비스 간 연계 강화 • 전문성 : 전문성 정도에 따라 업무를 위임할 수 있음 • 선택성 : 대상, 재원, 프로그램과 서비스 제공방법에서 우선순위를 둠 • 지속성 : 특정 프로그램 종료 후 후속 프로그램으로 연계 • 책임성 : 사회복지조직은 서비스의 전달에 대하여 책임을 져야 함 • 적절성 : 서비스의 양과 질, 기간이 문제해결에 충분한 것을 의미함 • 포괄성 : 다양한 욕구해결을 위해 필요한 서비스를 종합적으로 제공함
기획의 필요성	• 효율성 · 효과성 · 책임성 · 합리성의 증진 • 미래의 불확실성의 감소 • 미래지향적 · 지속적 · 능동적 의사결정 • 조직성원의 사기진작
사회서비스 이용권 (바우처)	• 사용범위가 제한된 선택 허용 • 서비스제공자를 영리기관으로 확대 • 서비스제공자에 관한 정보 접근성 필요 • 이용자에게 이용권 지원 • 현물과 비교하여 이용자의 높은 선택권 보장
기획과정(스키드모어)	목표 설정 – 자원 고려 – 대안 모색 – 결과 예측 – 계획 결정 – 구체적 프로그램 수립
인적자원관리	• 인적자원의 효율적 관리와 관련된 활동 • 조직구성원의 혁신적 사고와 행동이 중요 • 인적자원 확보와 조직구성원에 대한 훈련, 교육, 보상관리 등을 의미 • 환경 적응을 위하여 전문적 직무의 협력, 통합, 융합수준을 향상시킴 • 기존의 전통적 직무중심에서 속인중심 인적자원관리로 변화됨
사회복지서비스 역할분담	• 공공재적 성격, 외부효과가 강한 서비스, 재원안정성이 중요한 서비스, 기초적인 대규모 서비스, 표준화가 용이한 서비스는 정부가 제공 • 개별화가 강한 서비스나 보완이 필요한 서비스는 민간이 제공
사회복지 마케팅 믹스 4P	• 상품(Product) : 상품(프로그램)의 차별화 전략 • 유통(Place) : 장소개발, 접근편리성 등의 전략 • 촉진(Promotion) : 이벤트, 광고, 자원봉사자 활용 등의 전략 • 가격(Price) : 가격 및 후원금 개발 전략
리더십 이론	• 행동이론 : 리더의 행동에 초점, 관계지향적 리더십과 직무지향적 리더십으로 구분 • 변혁적 리더십 : 리더의 개혁적 · 변화지향적 모습, 비전제시, 동기 부여 • 상황적 리더십 : 인간관계지향적 · 과업지향적 리더십으로 구분, 조직원의 심리적 성숙도를 고려한 3차원적 유형의 리더십 제시 • 서번트 리더십 : 구성원 성장에 대한 헌신과 공동체 의식 형성
사회복지서비스 파편화 방지	사회복지 제공자 네트워크 구축, 사례관리 강화, 클라이언트 욕구를 종합적으로 파악, 서비스 연계기제 마련
성과주의 예산	• 수행업무에 중점을 둠 • 각 세부사업을 '단위원가 × 업무량 = 예산액'으로 표시하여 편성 • 각 기관이 예산사업의 성과 목표와 달성 방법을 제시 • 예산 당국이 매년 성과 결과를 평가하여 다음 회계연도에 반영 • 과정중심 예산, 관리자에게 유리, 예산의 신축적 집행에 유리

우리나라 사회복지행정의 변화	• 1987년 : 사회복지전문요원 배치 • 1997년 : 사회복지시설의 설치를 허가제에서 신고제로 변경 결정 • 2000년대 : 사회서비스이용권(바우처) 사업 등장 • 2005년 : 분권교부세 도입으로 지방 재정분권을 본격화 함 • 2000년대 중반 이후 : 지역사회복지계획(지역사회보장계획) 수립
정보관리시스템 구축의 영향	• 개인정보 유출 등 비밀보장의 위험성 • 사회복지전문가가 복잡한 의사결정을 쉽게 할 수 있도록 지원 • 저장된 수천 개의 사례를 기반으로 한 이론의 발전 • 서비스이용자의 실적을 월별, 분기별, 사업현황별로 정기적 점검이 가능 • 필요한 정보를 통합 · 제공하여 업무 향상
평 가	• 평가의 목적 : 사회적 요구 파악, 사회복지서비스의 질적 향상 • 평가의 의의 : 서비스에 대한 책임성 향상 • 평가의 단점 : 부작용으로 새로운 시도를 어렵게 할 수 있음 • 형성평가 : 과정평가이며 진행 중 프로그램의 수정 · 보완여부를 결정 • 효율성 평가 : 비용–편익분석으로 프로그램에 드는 비용과 성과를 금전가치로 환산함
프로그램평가의 로직모형	• 투입 : 프로그램에 투입되는 인적 · 물적 · 기술적 자원 • 전환 : 임무를 수행하기 위해 프로그램에서 활동 • 산출 : 프로그램 활동의 직접적인 산물 • 성과 : 프로그램 활동 중 활동 이후 참여자들이 얻은 이익 • 영향 : 프로그램 활동의 결과로 일어난 변화
조직구조	• 분화 : 조직구조의 복잡성을 나타내는 것으로 수직적 · 수평적 분화로 나뉨 • 수직적 분화 : 조직의 계층수, 통제의 범위 고려 • 수평적 분화 : 조직단위 간의 분화, 조정과 의사소통의 수준 고려 • 업무의 표준화 : 조직운영의 경제성과 예측성을 높임 • 집권화 : 의사결정 권한이 소규모의 집단에 국한됨 • 분권화 : 의사결정 권한이 다양한 집단에 분산, 위임 • 공식화 : 조직 내 직무에 대한 표준화 정도를 의미, 규칙이나 절차
의사결정 방법	• 브레인스토밍 : 어떤 주제에 대해 각자 아이디어를 자유롭게 제시하는 것으로, 아이디어가 많을수록 유리 • 변증법적 토의 : 두 집단이 찬성과 반대로 나뉘어져 정 – 반 – 합의 단계를 거쳐 토론 • 델파이기법 : 전문가로부터 정보를 수집하여 응답자에게 의견을 묻는 식으로 만족스러운 결과를 얻을 때까지 계속하는 방법 • 대안선택흐름도표 : '예'와 '아니요'로 답할 수 있는 질문을 연속적으로 만들어 예상되는 결과를 결정하도록 하는 도표 • 명목집단기법 : 대화나 토론없이 각자 아이디어를 서면으로 제시

제 2 영역

사회복지행정론

CHAPTER 01

사회복지행정의 개요

학습목표

- 이 장은 사회복지행정의 전반에 대한 원론적인 내용을 다루고 있다.
- 매 시험마다 2~3문제 이상 꾸준히 출제되고 있다.
- 사회복지행정의 개념 및 이념, 사회복지행정의 특성과 원칙, 사회복지행정가와 사회복지행정 과정 등도 시험에 출제될 수 있는 분야이므로 소홀히 하지 말아야 한다.
- 출제되는 영역의 대부분이 사회복지행정의 특성이다. 기존에 출제된 부분을 중심으로 학습하되, 일반행정과 사회복지행정의 비교도 정리해둘 필요가 있다.

제1절 사회복지행정의 개념

1 사회복지행정(Social Welfare Administration)

5회 기출

(1) 일반행정과 사회복지행정

① 일반행정

공공행정과 사행정을 포함한 넓은 의미의 행정으로 고도의 합리성을 수반한 협동적인 인간노력의 형태로서 정부 관료제를 중심으로 이루어지는 제반활동을 말한다.

② 사회복지행정

㉠ 사회복지정책을 구체적인 유형 및 무형의 서비스로 전환하여 수혜자에게 전달하는 사회복지전달체계 및 조직체에 있어서 목표를 보다 효율적이고 효과적으로 달성하기 위하여 이루어지는 체계적인 개입활동을 말한다.

㉡ 사회복지정책으로 표현된 추상적인 것을 실제적인 사회복지서비스로 전환하는 공 · 사의 전 과정이다. 즉, 거시적인 정책이나 미시적인 현장사업을 통합하는 중간적인 활동영역이다.

㉢ 사회복지행정은 실천적인 측면에서 기술적인 방법론이며 동시에 사회복지조직의 효과적인 관리운영을 위해 연구 · 실천하는 응용과학이자 문제를 해결 · 개혁 · 재조정하는 사회공학이다.

Plus ⊕ one

광의의 사회복지행정

- 공공 및 민간기관을 포함하여 모든 활동에 다양하게 기여하는 조직구성원들의 협동적 · 조정적 노력
- 사회정책의 사회복지 서비스로의 전환에 필요한 사회복지조직에서의 총체적 활동
- 클라이언트의 기능 향상과 같은 사회사업적 기술보다 사회과학적 지식과 관리 과업을 강조
- 사회복지조직의 목표달성 책임은 구성원 전체에 있으며 전체의 참여를 강조

협의의 사회복지행정

- 민간기업 및 시설에서 조직의 목표를 달성하기 위해 인적 · 물적 자원을 동원하는 활동으로 행정관리자에 의한 행정관리활동을 말함
- 사회복지행정을 사회사업실천방안의 하나로 보아 사회사업행정이라고도 볼 수 있음

(2) 사회복지조직과 사회복지행정

9, 10, 11, 12, 13, 14회 기출

① 사회복지행정은 서비스 대상으로서 인간을 **도덕적 가치를 지닌 존재**로 가정한다. 따라서 서비스 기술은 **도덕적으로 정당화될 수 있는 것**이어야 하며, 그 효과성은 인간적 가치의 측면에서 고려되어야 한다.

② 사회복지조직을 둘러싸고 있는 도덕성의 모호함은 **가치와 이익에 있어서 갈등**을 야기하고 상충되는 조직 환경을 조성할 수 있다.

③ 사회복지조직의 핵심적인 활동이 조직요원과 서비스 대상자와의 관계에서 이루어지는 활동이므로 이들 간의 상호작용과 전달 과정이 핵심이 된다.

④ 사회복지조직은 지속적인 변화를 거듭하는 인간과 사회를 대상으로 하므로 그 변화에 대응하여 목표를 달성하는 데 있어서 **불완전한 지식과 기술**을 사용할 수밖에 없다.

⑤ 사회복지조직의 목표는 **모호하고 질적인 요소**를 많이 포함하며, 이해관계자들 간의 타협을 요구한다.

⑥ 사회복지조직은 **인간의 도덕적 가치**를 고려함으로 **목표달성의 효과성** 및 효율성을 측정하는 데 어려움이 있다.

⑦ 사회복지조직의 활동은 전문적인 과정으로서 주로 **전문가에 의존**하며, 조직의 운영 등 제반업무들에 있어서 **전문가의 역할**을 요구한다.

⑧ 사회복지조직은 **외부환경에 대한 의존성**이 높다. 특히 사회복지조직은 지역사회와 밀접하게 연관되어 지역사회 내의 욕구충족을 위해 존재하며, 지역사회의 변화 과정에 의해 영향을 받는다.

⑨ 사회복지조직은 지역사회를 대표하는 이사회와 함께 지역사회 내의 욕구충족을 위해 구성되는 위원회를 가짐으로써 **지역사회와 관련된 책임**을 진다.

(3) 사회복지행정과 다른 행정의 차이점

5, 9, 12, 16, 17회 기출

① 사회복지조직에서 행정은 **지역사회 내의 인지된 욕구**를 충족시킬 수 있도록 돕기 위해 존재하는 것으로서 클라이언트의 욕구충족을 기본으로 한다.

② 사회복지행정은 **인간의 가치와 관계성**을 기반으로 하며, 서비스의 대상은 도덕적 가치를 지닌 인간이다.

③ 사회복지조직이 행정을 통해 제공하는 서비스는 크게 3가지 범주로 분류되는데 이는 **손상된 사회적 기능의 회복, 좀 더 효과적인 사회적 기능을 위한 사회적 · 개인적 자원의 제공, 사회적 역기능의 예방**이다.

④ 사회복지행정이 이루어지는 장(場)인 전형적인 사회복지조직은 일반적으로 지역사회를 대표하는 **이사회**를 갖고 있다.

⑤ 사회복지조직의 크기, 범위, 구조 및 프로그램의 형태는 광범위하고 다양하다.

⑥ 사회복지행정가는 사회복지조직의 내부운영을 지역사회와 관련시킬 책임을 갖고 있다.

⑦ 자원의 외부의존도가 높기 때문에 자원활용에 관하여 부단히 선택을 내릴 필요성이 있다.

⑧ 사회복지조직은 조직의 생존을 위해 자원의 **적자운영을 피해야 한다.** 따라서 조직의 최적기능을 산출 · 유지 · 보호할 주요한 책임은 사회복지행정가에게 부여된다.

⑨ 사회복지행정은 전문인력인 **사회복지사에 대한 의존도가 높다.**

⑩ 사회복지조직에 의해 수행되는 서비스는 **전문사회사업적 성격**이 점차로 증대하고 있다.

⑪ 모든 직원들이 행정과정에 참여하며 어느 정도까지는 전체 조직사업에 영향을 미친다.

(4) 사회복지행정에 관한 학자들의 정의

① **키든네이그(Kidngeigh)** : 사회사업행정은 사회정책을 사회적 서비스로 전환시키는 과정이며, 정책을 구체적인 사회적 서비스로 전환시키고 그 경험을 정책의 수정을 건의하는 데 활용하는 쌍방의 과정(Two-way Process)이다.

② **프리들랜더(Friedlander)** : 사회복지행정이란 사회입법의 규정 혹은 민영시설에서의 박애나 종교적 자선의 방침을 서비스의 역동성에 옮겨 인간의 복지를 높이는 것이다.

③ **티트머스(Titmuss)** : 사회복지행정은 단순한 사회복지기관 및 시설의 행정과는 달리 사회적 서비스의 관리 · 운영이며 사회복지행정의 연구는 사회복지서비스를 대상자에게 전달되도록 공급하는 인적 조직과 기구 및 서비스의 선택 문제를 검토하는 것과 관련되어야 한다.

④ **트랙커(Trecker)** : 사회사업행정은 그 지역사회가 필요로 하는 서비스와 사업을 제공하려는 의도로 이용 가능한 모든 자원을 주민들이 사용할 수 있도록 그들의 에너지를 방출하고 관련시키면서 주민들과 같이 일하는 과정이다.

⑤ **스키드모어(Skidmore)** : 사회사업행정은 사회복지기관의 사회정책을 사회서비스로 전환시키는 데 사회적 과정을 이용하는 사회복지요원의 활동이다.

⑥ **패티(Patti)** : 사회복지행정은 사회복지정책을 사회복지서비스로 전환시키는 데 필요한 사회복지조직에서의 총체적 활동이다.

Plus ⊕ one

사회복지행정의 공통된 요소

- 행정이란 지속적이고 동적인 과정이며, 그 과정은 공동의 목적 달성을 위한 하나의 활동이다.
- 인적 · 물적 자원들은 공통의 목표나 목적 달성을 가능하게 하기 위한 도구이다.
- 조정과 협동은 인적 · 물적 자원을 동원하는 데 결합하는 수단이다.
- 계획, 조직, 지도력, 예술적 수완 등이 함축되어 있다.

(5) 사회복지행정의 유형

① **사회복지행정**

사회복지행정의 주체나 객체에 관계없이 사회복지기관에서 나타나는 행정현상에 초점을 두고 관리하는 일련의 기술적 과정 또는 협동적 집단활동으로 이해하는 개념규정이다.

② **사회사업기관(시설)행정**

사회복지행정의 주체를 민간복지기관으로 간주하고, 그 객체를 클라이언트로 한정시켜 클라이언트에 대한 복지기관의 서비스 제공에 필요한 전문적인 과정으로 이해하는 개념규정이다.

③ 공공사회복지행정

사회복지행정의 주체를 공공복지기관으로 간주하고, 그 객체를 클라이언트를 포함한 전 국민으로 파악하며, 사회전체적인 입장에서 문제를 해결하는 과정 또는 기술을 의미하는 개념규정이다.

Plus ⊕ one

사회복지행정의 범주

사회복지행정	주 체	대 상
사회사업기관행정 (협의의 사회복지행정)	민간복지기관	클라이언트(요보호자)
공공사회복지행정	국가 및 지방자치단체	전 국민

(6) 사회복지행정의 영역

① 사회복지행정의 영역은 사회로부터 위임받은 임무를 수행할 정책의 수립 및 이 정책을 집행할 조직체를 구성·관리하고, 그 사업을 현장에서 실천하는 것까지를 포함한다.

② 이러한 단계들은 기관조직체를 중심으로 상호 연결되어 정책의 계획에 있어서 거시적 정책과 미시적 정책을 포함하여 상호 간에 역동적인 교류관계가 이루어지고 있다.

Plus ⊕ one

사회복지행정의 영역

- 사회적으로 부여된 임무를 실행 가능한 정책과 목적들로 전환
- 프로그램의 기획 및 실행
- 자원(물적·인적, 클라이언트, 사회적 인정 등) 확보와 할당
- 조직 내부 및 조직들 간의 운영·관리
- 인력관리 및 슈퍼비전
- 조직을 대표, 사회적 관계 담당
- 지역사회 교육
- 조직의 생산성을 위한 감독, 평가, 혁신

(7) 사회복지행정 연구의 필요성

11회 기출

① 사회복지조직에 투입되는 공적 자원의 효율적이고 효과적인 사용을 도모하기 위해서 필요하다.

② 사회로부터 인가된 사회복지조직의 책임성 이행을 위해서 필요하다.

③ 사회복지조직이 환경과의 상호 교환적 관계를 유지하고 이를 발전시키기 위해서 필요하다.

④ 조직에 변화를 가하여 조직이 보다 효과적이고 효율적으로 목표를 달성하기 위해서는 독자적인 지식체계가 필요하다.

⑤ 사회복지서비스는 조직을 통해 제공되고 사회복지조직은 점차 규모가 확대됨과 동시에 복잡화되기 때문에 이를 관리 · 운영하기 위해서는 별도의 조직관리 관련 기술이 필요하다.

⑥ 사회복지조직의 종사자, 특히 사회사업가는 조직의 관리 · 운영에 관여할 뿐만 아니라 조직의 주요 관리업무를 수행해야 한다.

2 사회복지행정과 일반행정의 비교

(1) 공통점

① 대안선택에 있어서 가치판단을 사용하며 미래와 관련되어 있다.

② 개인 및 집단이 좀 더 효과적으로 기능할 수 있도록 하는 과정으로 간주된다.

③ 지식과 기술이라는 판에 박힌 활용이라기보다 창의적인 활용으로 이루어지고 있다.

④ 최적 효율과 상품 또는 서비스의 생산을 쉽게 하기 위한 프로그램, 서비스 및 직원들의 조직화에 관심을 둔다.

⑤ 목표를 공의(Public Will)를 실행에 옮기는 데 둔다.

⑥ 관리 · 운영의 객관화와 인적 자원의 활용 간에 적절한 균형을 유지한다.

⑦ 개개 조직원들의 지위와 인정뿐 아니라 조직의 목표, 가치 및 방법에 조직원들이 적극적으로 일체감을 가질 필요성에도 관심을 갖는다.

⑧ 의사소통이나 조직원 간의 집단관계, 행정에의 참여 등은 행정의 주요한 영역이다.

(2) 차이점

① 사회복지행정의 대상인 인간은 그 자체가 투입요소임과 동시에 결과가 된다. 영유아, 보육대상 아동, 미혼모, 비행청소년, 빈곤노인 등이 그 예이다.

② 상담, 케이스 매니지먼트, 집단사회사업 등과 같은 인간관계의 기술에 대한 의존도가 높으며, 이러한 기술을 자율적으로 활용할 수 있을 뿐만 아니라 프로그램의 개발과 전달을 정당화하기 위하여 전문성에 의존한다.

③ 가정위기, 아동폭력, 긴급한 의료문제 등 사회복지사들이 개입해야 되는 문제들의 상당 부분은 예측을 불허하는 상황과 문제이기 때문에 안정된 방법에 의한 문제해결이 어려울 수도 있다.

제2절 사회복지행정의 이념 및 특성

1 사회복지행정의 이념과 운영방법

(1) 사회복지행정의 이념

2, 19회 기출

① 효과성(Effectiveness)

㉠ 조직체의 목표를 달성하는 정도로서, 서비스가 욕구의 충족 또는 해결에 있어서 어느 정도 유효한가를 의미한다.

㉡ 욕구충족을 위해 선택된 서비스가 그 목적달성을 위해 어느 정도 적합한가의 관점에서 판단된다.

② 효율성(Efficiency)

㉠ 최소의 자원으로 어떻게 최대의 효과를 거둘 것인가의 문제로서, 투입(비용 · 노력)에 대한 산출(목표달성)의 비율을 말한다.

㉡ 효율성 이념은 자원의 유한성을 전제로 하는 경우 항상 문제가 되는데 자원이 제한된 사회복지서비스에 있어서도 중요시되는 이념이다.

③ 공평성(Equity)

㉠ 동일한 욕구를 가진 대상자는 동일한 혜택을 받아야 한다는 것을 말한다.

㉡ 사회복지서비스의 특성상 공평성이 특별히 배려되어야 한다.

㉢ 공평의 의미는 서비스를 받는 기회와 내용뿐 아니라 그 비용 등을 모두 포함하여 판단한다.

④ 편익성(Convenience) 또는 접근성(Accessibility)

㉠ 대상자가 서비스를 쉽게 이용할 수 있어야 한다는 것을 말한다.

㉡ 사회복지서비스 중 현금급여가 아닌 비화폐적 욕구에 대한 서비스의 경우, 이를 제공받을 기관 등의 충분한 설비, 기능, 물리적 거리, 민주적 기관운영 등이 접근성을 좌우할 수 있다.

Plus ⊕ one

사회복지행정의 4가지 이념

이 념	내 용
효과성	욕구의 충족 또는 해결에 있어서 어느 정도 유효한가를 의미한다.
효율성	투입에 대한 산출의 비율로서 최소한의 자본으로 최대의 효과를 어떻게 거둘 것인가 하는 것이다.
공평성(형평성)	동일한 욕구를 가진 대상자는 동일한 혜택을 받아야한다는 입장이다.
편의성(접근성)	사회복지의 욕구 중 비화폐적 욕구와 밀접한 현물서비스는 상담서비스를 대상자가 쉽게 접근하고 이용할 수 있어야 한다는 입장이다.

(2) 운영방법

전술한 사회복지행정의 4가지 이념은 상호 간에 모순 · 대립되는 경우가 적지 않다. 이때 문제를 해결하는 방법으로 선별주의와 보편주의 두 가지가 있다. 선별주의와 보편주의의 원리는 복지서비스의 제공 기준, 즉 사회복지정책 활동으로부터 제공되는 서비스를 받을 수 있는 사람들의 자격 및 범위와 관련이 있다.

① 선별주의적 운영방법

㉠ 선별주의적 운영방법은 대상자에게 수급자격 등의 조건을 붙여 서비스를 제공하는 방법이다.

㉡ 일반적으로 유한의 자원을 효율적으로 배분하기 위해서는 선별주의적 방법이 바람직하여 사회복지분야에서 오래전부터 광범위하게 채택되고 있다. 즉, 효과성 및 효율성의 면에서 긍정적이다.

㉢ 욕구를 명확히 파악하기 위한 선별주의적 운영방법은 경우에 따라서는 수혜자의 개인생활 등을 포함한 인권과 관련되어 때로는 수혜자에게 낙인을 찍는 위험도 있다.

㉣ 선별주의적 운영방법은 욕구의 선별이 적절하게 행하여질 때 **효과성 · 효율성의 면에서 보다 우월**하지만 특정 사람들에게만 서비스가 제공된다는 점은 공평성, 편익성, 접근성의 면에서 문제가 될 수 있다.

참고

낙인효과(Labeling Effect)

낙인효과는 낙인이론에서 유래한 용어로, 범죄학뿐 아니라 사회학 · 심리학 · 정치학 · 경제학 등에서도 쓰인다. 예를 들어 어린 아이를 보고 주위에서 '바보'라고 낙인찍다 보면 이 아이는 갈수록 의기소침해지면서 자신이 진짜 바보인 줄 의심하게 되어 결국은 진짜 바보가 될 수도 있다. 같은 이치로 사회복지서비스를 받는 경우의 수혜자에게도 낙인효과가 나타날 수 있다.

② 보편주의적 운영방법

㉠ 보편주의적 운영방법은 서비스의 공급 시 대상자에게 특정의 자격 또는 조건을 부여하지 않는 것을 원칙으로 하는 방법이다.

㉡ 보편주의적 운영방법은 공평성 · 편익성의 측면에서는 적절하지만 욕구가 높은 것에 서비스를 집중하여야 한다는 효과성 · 효율성이라는 측면에서 보면 문제가 있을 수 있다.

㉢ 궁극적으로 사회복지의 맥락에서 보면 사회복지행정이념은 보편주의적 운영방법을 목표로 삼아야 할 것이다.

㉣ 장점은 최저소득을 보장함으로써 빈곤을 예방하고 수혜자에게 심리적, 사회적 낙인을 가하지 않으며 혜택의 균일성을 유지하여 모든 시민의 구매력을 일정수준으로 유지함으로써 경제적 안정과 성장에 기여한다. 즉, **공평성과 편익성** 측면에 적합하다.

㉤ 비용이 많이들며, 한정된 자원을 꼭 필요한 부분에 효과적으로 사용하는 데 있어서 효과성, 효율성 문제가 제기된다.

Plus ⊕ one

구 분	선별주의 운영방법	보편주의 운영방법
내 용	• 대상자에게 수급자격 등의 조건을 붙여 서비스를 제공하는 방법 • 자산조사를 통해 원조의 필요가 있다고 인정된 사람들을 대상으로 함	• 서비스의 공급 시 대상자에게 특별한 자격 또는 조건을 부여하지 않는 것을 원칙으로 하는 방법 • 별도의 자산조사를 하지 않으며 특별한 자격 요건이 필요하지 않음
장 점	효과성, 효율성 측면에 적합	공평성, 편익성 측면에 적합
단 점	공평성, 편익성 측면에 문제	효과성, 효율성 측면에 문제
예	• 빈민을 위한 공공주택 • 공공부조 제도 • 한부모가족 자녀에 대한 장학금 혜택	• 만 65세 이상 노인에게 기초 연금(일정 소득 인정액 이하) • 영유아에 대한 유치원 무상보육

2 사회복지행정의 특수성과 필요성

14회 기출

(1) 사회복지행정의 특수성

① 사회복지조직의 대상(클라이언트)

㉠ 인간을 대상으로 하며, 인간의 가치와 도덕성을 중시하고 전체적 접근방식에 의한 개별화된 클라이언트의 욕구를 구현하는 데 목적을 둔다.

㉡ 사회복지서비스기술은 사회적 가치에 제약을 받게 되고 도덕적으로 정당화될 수 있어야 한다.

② 사회복지조직 내 목표의 애매성

㉠ 목표를 달성하기 위한 조직원 간의 합의점을 찾아내기가 어렵고, 목표가 구체적인 숫자로 표현되는 것은 아니기 때문에 추상적인 성격을 갖는다.

㉡ 조직 내부의 가치, 규범, 이념체계 등이 다를 수 있다. 또한 외부적으로 과업환경은 클라이언트와 이해관계를 가지고 있는 다양한 사회집단으로 구성되어 있으므로 사회집단의 상이한 목표들을 모두 수용하려는 과정에서 목표가 모호해지고 불확실해지기 쉽다.

③ 도덕적 모호성

㉠ 클라이언트가 속해있는 환경은 이해관계를 가진 이익집단으로 각자의 가치관과 목적을 달성하고자 한다.

㉡ 사회복지조직은 운영자금을 지역사회의 후원자로부터 받기 때문에 이들 집단에 더욱 의존하기 쉽고 환경의 영향을 쉽게 받는다.

④ 기술의 불확실성

㉠ 사회복지조직의 대상이 인간이라는 측면에서 불확실성이 발생한다.

㉡ 인간은 복잡한 체계로 상호 연관되어 있고 다양한 속성을 지녔으며, 변동적이고 불안정한 존재이기 때문에 인간의 변화와 기능하는 방법에 대한 기술은 명료하지 못하고 불확실하다.

⑤ 직원과 클라이언트의 상호관계

사회복지서비스의 전달과정은 사회복지조직의 직원과 클라이언트 관계에서 이루어지므로 직원과 클라이언트의 관계는 조직의 성패를 좌우하는 요인이 된다.

⑥ 효과성, 효율성 척도 부재

사회복지조직은 인간을 대상으로 하고 있어 도덕적 모호성과 목표의 애매성으로 인해 신뢰성과 타당성 있는 효과성과 효율성을 측정할 척도가 부족하다.

⑦ 사회적 책임성

사회조직에서 제공하는 각종 사업들은 사회적 문제를 경험하고 있는 사람들이나 문제를 겪고 있음에도 법적 · 제도적 지원을 받지 못하는 사람을 대상으로 하는 경우가 있다. 이렇듯 사회복지서비스는 사회문제와 깊은 연관이 있으며 사회적 책임성에 대한 요구를 받게 된다.

⑧ 결과의 무형성

사회복지서비스의 궁극적인 결과는 클라이언트의 변화양상이라고 할 수 있는데 그 결과가 형태를 띠고 있는 것이 아니기 때문에 성공여부의 판단이 모호하다.

⑨ 간접적 실천방법

사회복지실천의 효과적인 수행을 위해 직접적으로 사회복지서비스를 계획하고 실천하기보다는 간접적인 지원활동을 펼치는 사회실천방법이다.

Plus ⊕ one

사회복지행정의 특성 16회 기출

- 인적 · 물적 자원을 활용하여 조직 목적과 목표를 달성함
- 지역사회의 욕구를 충족시키기 위한 활동
- 서비스 기술은 도덕적으로 정당화될 수 있는 것이어야 하며, 그 효과성은 인간적 가치의 측면에서 고려되어야 함
- 사회복지조직이 제공하는 서비스는 전문적인 성격을 가지고 있음
- 사회복지행정가는 조직운영에서 지역사회 협력의 중요성을 인식해야 함

(2) 사회복지행정의 필요성

① **산업화 · 도시화 · 복잡화된 현대사회** : 산업화로 인한 사회변동은 빈곤, 의료, 주택 등의 다양한 사회문제를 야기하였고 이에 따라 사회 전체에 사회복지제도와 정책적인 개입이 필요하게 되었다.

② **상호 연관되어 있는 인간과 사회** : 인간은 사회적인 체계와 관계 속에 존재하고 있으며 따라서 지역사회 내 인적 · 물적 자원을 효율적으로 활용하기 위해서는 합리적인 행정과정이 필요하다.

③ **재정의 효과성과 효율성 향상** : 사회복지조직의 유한한 자원을 고려했을 때, 사회복지행정은 클라이언트에게 필요한 서비스를 적절히 제공하고 서비스의 효율성을 높이기 위해 반드시 필요하다.

(3) 사회복지행정의 원칙(H. B. Trecker)

15, 18회 기출

① **사회사업가치의 원칙** : 사회사업의 전문적 가치는 제반 서비스 개발과 활용의 기초가 된다.

② **지역사회와 클라이언트 요구의 원칙** : 기관의 존립과 프로그램 제공의 기반이며 기관 종사자들의 제1차적 의무이다.

③ **기관 목적의 원칙** : 기관의 사회적 목적을 공식화 또는 명문화하고 이해 및 활용하여야 한다.

④ **문화적 장의 원칙** : 지역사회의 문화에 대한 지식과 이해의 정도를 확대시키고 활용한다.

⑤ **의도적인 관계의 원칙** : 효율성 증진을 위한 의도적인 관계나 상호연결이 필요하다.

⑥ **기관 전체성의 원칙** : 상호 관련되는 부서들이 연계되고 전체적 · 총체적인 기구로서 운용되어야 한다.

⑦ **전문적 책임의 원칙** : 주의 깊게 공식화되고 엄격하게 적용되어 전문적 실천의 기준에 기반을 둔 고도의 전문적 서비스를 제공해야 한다.

⑧ **참여의 원칙** : 지속적이고 역동적인 참여의 과정을 통해 이사 또는 직원 등의 적절한 공헌을 추구하고 활용해야 한다.

⑨ **지도력의 원칙** : 예시, 자극, 격려, 지지 등을 통한 목적달성과 전문적 서비스의 측면에서 지도력을 구사해야 할 책임이 있다.

⑩ **계획의 원칙** : 의미 있는 서비스의 계속적인 개발을 위한 과정이다.

⑪ **조직(조직화)의 원칙** : 많은 사람들의 활동은 효과성과 효율성의 제고 및 책임과 관계의 명백화를 위해 조직화 · 구조화되어야 한다.

⑫ **권한위임의 원칙** : 직원들의 능력에 비추어 업무를 할당하고 책임을 위임하며 그들로 하여금 한정된 범위 내에서 결정을 내리게 하는 필수적인 원리이다.

⑬ **커뮤니케이션의 원칙** : 사람들의 완전한 기능을 위해 커뮤니케이션의 경로를 조성하고 최대한으로 개방하면서 활용해야 한다.

⑭ **조정의 원칙** : 위임된 다양한 업무들에 노력이 집중될 수 있도록 적절히 조정되어야 한다.

⑮ **자원활용의 원칙** : 사회가 기관에 부여한 신뢰에 부응하여 재정, 시설, 인사 등을 주의 깊게 통제하고 처리해야 한다.

⑯ **변화의 원칙** : 변화의 과정은 기관 내에서든 지역 내에서든 계속적인 것이므로, 사회복지행정가는 민주적으로 결정된 변화를 실천하도록 돕고, 변화의 과정을 유도하기도 한다.

⑰ **평가의 원칙** : 기관의 목적달성(목표성취)에 필수적인 것으로 자타의 활동과정과 프로그램을 개방적 · 비판적 · 미래지향적으로 평가할 수 있는 분위기가 보장되어야 한다.

⑱ **성장의 원칙** : 모든 참여자의 성장과 발전을 위해 적극적인 작업의 할당과 사려 깊은 지도 · 감독 및 개인과 집단의 학습을 위한 기회를 제공해야 한다.

제3절 사회복지행정가와 사회복지행정과정

1 사회복지행정가

(1) 사회복지행정가의 의의

① 사회복지행정가란 사회복지사가 가져야 할 지식, 기술, 경험을 가짐과 동시에 일선 사회복지사를 지도 · 감독할 능력을 가질 뿐만 아니라 사회복지프로그램을 개발 · 관리하고 사회복지조직의 관리 · 운영에 필요한 지식과 기술, 경험을 겸비한 3차원적인 능력과 책임을 가진 사람을 말한다.

② 사회복지행정가들은 인간행동 및 사회문제의 이해를 바탕으로 건전한 사회복지정책 입안에 참여하며, 정책을 효과적이고도 효율적인 사회복지실천으로 전환하는 행정과정을 수행하기 위해 기본적 지식, 기술, 태도를 갖추고 전문가적 입장에서 행정활동을 수행해야 한다.

(2) 사회복지행정가의 역할

사회복지행정가는 기획, 조직설계, 인적 자원 개발, 리더십, 재정관리, 평가, 마케팅, 홍보 등의 역할을 담당한다.

① 일반행정관리의 역할 : 행정업무, 보고서 준비, 프로그램과 수업과정 감독, 홍보, 지역사회 참여활동 등

② 교육행정관리자의 역할 : 평가 및 개발, 전문적 자료준비 등 전문가로서의 역할이 강조된다.

③ 인간관리의 역할 : 정확한 욕구파악, 대변인의 역할, 봉사자로서의 역할 등 사회복지행정에서 강조되는 역할

④ 정보제공의 역할 : 모니터의 역할, 홍보자의 역할, 대변인의 역할

⑤ 전문적 역할 : 갈등 조정자, 자원할당자, 협상자의 역할

(3) 사회복지행정가가 가져야 할 주요 행동 및 지식 요소 20회 기출

행동 요소	• 수용과 관심 • 창의성과 민주성 • 신뢰와 인정 • 기획과 조직화 • 우선순위 결정 • 권한위임과 권한실행 • 의사결정과 대안모색 • 의사소통과 의사전달 • 동기부여와 촉진 • 지역사회 및 타 전문직과의 관계 유지 등

지식 요소	• 기관의 목표, 정책, 서비스, 자원에 대한 지식 • 기관과 관련된 지역사회의 자원에 대한 지식 • 사회복지관련 전문단체 및 협회들에 대한 지식 • 기관에서 활용하는 사회복지방법론에 대한 지식 • 조직이론에 대한 지식 • 인간행동의 역동성에 대한 지식 • 관리의 원칙 · 과정 · 기술에 대한 지식 • 평가과정과 기법에 대한 지식 등

(4) 사회복지조직의 책임성 있는 관리자의 특징

12회 기출

① 지역사회의 다양한 이해집단에 대하여 정확하게 파악한다.
② 클라이언트 집단의 관점이 배제되지 않도록 주의한다.
③ 조직 내 서비스 제공자의 업무수행을 파악한다.
④ 동원된 자원의 사용에 관한 정보를 공개한다.
⑤ 조직의 구조와 직원이 조직의 목표달성을 위해 얼마나 노력하는지 평가한다.
⑥ 어떤 행정통제 기제를 사용할 것인지를 결정한다.

2 사회복지행정과정

(1) 개 념

사회복지행정도 일반행정과 마찬가지로 조직을 통해 실천되는 과정이기 때문에 일반행정의 조직을 유지하는 최고관리층의 기술인 기획, 조직, 인사, 지시, 조정, 보고, 재정, 평가의 과정을 따른다. 이는 영어 알파벳 철자를 따서 'POSDCoRBE'라고 한다.

(2) 과 정

5, 6, 7, 16회 기출

① 기획(Planning)

㉠ 기획의 개념

- 조직의 목적을 달성하기 위하여 행동의 대책과 그 방법을 개괄적으로 확정하는 행위이다.
- 목표의 설정과 목표를 달성하기 위한 과업 및 수행방법을 결정하는 과정으로, 과업을 달성하기 위한 방법은 변화하는 목표에 따라 달라질 수 있다.
- 사회복지행정가는 변화하는 목표에 맞춰 과업을 계획하고 방법과 기술을 결정해야 한다.

㉡ 기획의 필요성

- 효율성과 효과성을 증진시킨다.
- 책임성과 합리성을 증진시킨다.
- 미래의 불확실성을 감소시킨다.
- 조직성원의 사기를 진작시킨다.

Plus ⊕ one

학자별 기획과정 14, 20회 기출

- 스키드모어
  - 목표 설정(제1단계) : 목적(Purpose)을 달성하기 위해 목표(Goal)가 설정되며, 목표를 달성하기 위해 세부목표(Objective)가 설정된다.
  - 자원 고려(제2단계) : 설정된 목표를 달성하기 위해 정보를 수집하며, 기관의 인적 · 물적 자원을 고려한다.
  - 대안 모색(제3단계) : 목표를 달성하는 데 필요한 여러 가지 대안들을 고려한다.
  - 결과 예측(제4단계) : 열거한 대안들을 다각도로 검토하며, 기대효과와 장점과 단점 등을 평가한다.
  - 계획 결정(제5단계) : 대안들을 검토한 후 우선순위에 따라 최종적인 대안을 선택한다.
  - 구체적 프로그램 수립(제6단계) : 합의된 목표에 도달하기 위해 구체적인 프로그램을 기획한다.
  - 개방성 유지(제7단계) : 프로그램의 실제 수행 과정에서 발생할 수 있는 변화에 대해 개방성과 융통성을 발휘함으로써 발전적이고 합리적인 변경이 이루어지도록 한다.
- 드러커(Drucker)
  '목표 설정 → 목표의 우선순위 선정 → 자원의 식별 → 프로그램 실행 → 통솔 유지'로 제시
- 요크(York)
  - 기획의 과정을 '목표 설정 → 프로그램 설계 → 평가'로 설명
  - 평가 과정이 다시 문제 확인 과정으로 연결되는 순환적 관계로 정리

② **조직(Organizing)** : 설정한 목표를 달성하기 위하여 직무를 배분하고 규정하며 조정하는 권한의 구조를 공식적으로 수립하는 일, 즉 조직구조를 설정하는 과정으로 과업이 할당 또는 조정된다. 즉, 조직의 공식구조를 통해 업무를 규정하고 조직목표와 과업 변화에 부응하여 조직구조를 확립한다.

③ **인사(Staffing)** : 직원을 채용하고 훈련하며, 좋은 근무조건을 부여하도록 노력하는 일, 즉 직원의 채용과 해고와 관련된 인사과정이다.

④ **지시(Directing)** : 조직의 주도자로서 끊임없이 여러 가지 결정을 하고 그 결정을 일반적인 명령, 지시, 봉사의 형태로 구체화하는 과정을 말한다. 사회복지행정가는 합리적으로 결정하며, 능동적인 관심, 헌신적인 태도로 직원의 공헌을 칭찬하고 책임과 권한을 효과적으로 위임하며 개인과 집단의 창의성을 고려하여 지시한다.

⑤ **조정(Coordinating)** : 업무의 다양한 부분들을 상호 관련시키는 중요한 과정으로 사회복지행정가는 부서 · 직원 간 효과적인 의사소통의 망을 만들어 유지 · 조정해야 한다. 이를 위한 방법으로는 위원회의 조직 등이 있는데 위원회에서는 프로그램, 인사, 재정 및 긴급한 문제상황, 임시적인 활동 등을 다루게 된다.

⑥ **보고(Reporting)** : 최고관리층이 하위 직원들에게 작업의 진행상황을 알리는 것으로 기록, 조사 연구, 감독을 통하여 자기 자신은 물론 직원, 이사회, 지역사회, 행정기관, 후원자 등에게 알린다.

⑦ **재정(Budgeting)** : 예산, 회계 및 재정통제의 형식에 의한 예산편성과 관련된 모든 일을 수행하는 과정이다. 재정을 투명하게 관리 · 사용할 수 있어야 하며 조직의 사회복지행정가는 중 · 장기적인 재정계획을 수립해야 하고 회계규정에 따라 재정운영에 대해 책임을 진다.

⑧ **평가(Evaluating)** : 클라이언트의 욕구나 문제의 해결이 적절했는지에 대한 서비스의 효과성과 자원의 투입 · 산출과 관련된 효율성을 평가한다.

Plus ⊕ one

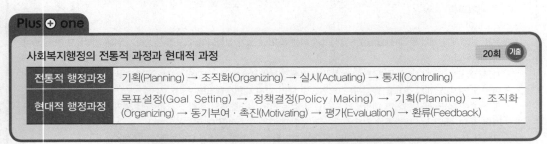

사회복지행정의 전통적 과정과 현대적 과정 20회 기출

전통적 행정과정	기획(Planning) → 조직화(Organizing) → 실시(Actuating) → 통제(Controlling)
현대적 행정과정	목표설정(Goal Setting) → 정책결정(Policy Making) → 기획(Planning) → 조직화(Organizing) → 동기부여 · 촉진(Motivating) → 평가(Evaluation) → 환류(Feedback)

(3) 사회복지행정의 책임성 기준 10회 기출

① **법적 기준** : 사회복지조직의 행정활동이 명문화된 법령에 근거하여 충실하게 이행되고 있는지를 결정하는 기준을 말한다. 이러한 법적 기준은 **윤리적 기준이나 도덕적 기준과 상충되는 것이라기보다는 이들을 보완하는 기능**을 한다.

② **이념적 기준** : 사회복지행정의 이념은 사회복지실천의 지도이념인 동시에 사회복지조직의 책임성에 대한 법적 · 윤리적 기본전제이자 평가의 기준이 된다. 그로 인해 사회복지행정의 이념은 국가 및 시대의 요구에 영향을 받으며, 가치지향적 측면에서 다양한 양상을 보이게 된다.

③ **공익성 기준** : 공익성은 사회복지조직의 재량권과 관련하여 정당성 여부를 결정짓는 기준이 된다. 이러한 공익성은 규범적 기준으로서 포괄성 및 상대성을 본질적인 특징으로 한다.

④ **욕구충족 기준** : 사회복지행정은 클라이언트의 욕구충족을 목표로 사회복지서비스의 접근성 및 대응성을 강조한다. 특히 사회복지서비스는 프로그램을 통해 전달되므로 클라이언트의 욕구에 대응하는 적절한 프로그램이 개발되어야 한다.

CHAPTER 01

출제유형문제

01 일반행정과 비교하여 사회복지행정의 특징이 아닌 것은? [12회]

① 클라이언트의 욕구충족을 기본으로 한다.
② 인간의 가치와 관계성을 기반으로 한다.
③ 자원의 외부의존도가 높다.
④ 전문인력인 사회복지사에 대한 의존도가 높다.
⑤ 실천표준기술의 확립으로 효과성 측정이 용이하다.

해설 ⑤ 사회복지행정의 서비스 대상은 도덕적 가치를 지닌 인간이다. 따라서 서비스 기술은 도덕적으로 정당화될 수 있어야 하며, 그 효과성은 인간적 가치의 측면에서 고려되어야 한다. 그러나 이와 같이 인간의 도덕적 가치를 고려해야 한다는 점에서 목표달성의 효과성 및 효율성을 측정하는 데 어려움이 있으며, 사실상 평가에 적합한 판단척도도 부재하다.

02 책임성이 있는 관리자의 자세에 관한 설명으로 옳지 않은 것은? [12회]

① 지역사회의 다양한 이해집단에 대하여 정확하게 파악한다.
② 클라이언트 집단의 관점이 배제되지 않도록 주의한다.
③ 개별 서비스 제공자의 활동을 통제하지 않는다.
④ 조직 내 서비스 제공자의 업무수행을 파악한다.
⑤ 동원된 자원의 사용에 관한 정보를 공개한다.

해설 ③ 사회복지행정은 사회로부터 인가된 사회복지조직의 책임성 이행을 위해서 필요하다. 이와 같은 책임성을 확보하기 위해서는 일반 행정에서 사용하는 행정통제가 이루어져야 한다. 행정통제란 행정책임을 확보하기 위한 사전적 혹은 사후적 제어기제로서, 행정조직의 하부구조나 참여자들이 조직의 목표 및 규범에서 이탈하지 않도록 적절한 제재와 보상을 부여하는 활동이다. 따라서 사회복지조직의 책임성 있는 관리자는 조직의 구조와 직원이 조직의 목표달성을 위해 얼마나 노력하고 있는지 평가해야 하며, 조직의 목표달성을 위해 어떤 행정통제 기제를 사용할 것인지 결정해야 한다.

Answer 1⑤ 2③

03 사회복지평가의 의의로 옳지 않은 것은? [15회]

① 환류 기능을 가지고 있다.
② 행정관리수단의 역할을 한다.
③ 책무성을 강조한다.
④ 기관의 외부자원 확보에 영향을 미친다.
⑤ 평가결과는 기관의 변화를 반드시 수반한다.

해설 ⑤ 사회복지평가의 결과가 기관의 변화를 반드시 수반하는 것은 아니다. 평가에 따른 과도한 경쟁 분위기와 평가준비 업무에 대한 부담감은 기관들 간의 관계는 물론 개별 기관 내 직원들 간의 관계에도 부정적인 영향을 미친다. 이는 기관 및 직원들 간의 관계를 폐쇄적으로 만드는 것은 물론, 직원들로 하여금 자신이 담당해야하는 직무에 대한 책임감과 부담감을 가중시킴으로써 새로운 변화에의 시도를 기피하는 결과를 낳을 수 있다.

04 사회복지조직의 특성으로 옳은 것은? [17회]

① 클라이언트와 직접 접촉을 피한다.
② 정부 이외의 지원을 받지 않는다.
③ 조직성과의 객관적 증명이 쉽지 않다.
④ 법률과 규칙에 의해 운영되므로 전문성은 중요하지 않다.
⑤ 기업조직과 비교할 때 대표적 차별성은 효율성을 중요하게 여긴다는 점이다.

해설 ③ 사회복지조직이 제공하는 사회복지서비스는 그 효과성을 타당성 있고 신뢰성 있게 측정할 수 있는 표준척도가 없으므로, 그 결과에 대한 평가와 관련하여 논란이 많다.
① 사회복지조직은 변화되어야 할 속성을 가진 클라이언트와 직접 접촉하여 활동한다.
② 사회복지조직은 공공의 이익을 위해 지역사회로부터 물질적 · 비물질적 후원을 받는다.
④ 사회복지행정의 담당자는 적절한 개입을 통해 제공된 서비스가 과연 클라이언트의 욕구를 충족하였는지를 측정할 수 있어야 하므로 전문성이 요구된다.
⑤ 조직의 다양한 활동들을 기획 · 조정 · 통제 및 평가함으로써 효율성과 효과성을 담보하는 것은 기업조직과 사회복지조직이 가지는 공통된 특성이다.

3 ⑤ 4 ③ Answer

05 다음은 스키드모어(Skidmore)의 기획과정을 열거한 것이다. (　　)에 들어갈 내용을 순서대로 연결한 것은? [14회]

목표 설정 − 자원 고려 − (　　) − (　　) − (　　) − (　　) − 개방성 유지

① 대안 모색 − 구체적 프로그램 수립 − 결과 예측 − 계획 결정
② 대안 모색 − 결과 예측 − 계획 결정 − 구체적 프로그램 수립
③ 계획 결정 − 구체적 프로그램 수립 − 결과 예측 − 대안 모색
④ 결과 예측 − 대안 모색 − 계획 결정 − 구체적 프로그램 수립
⑤ 결과 예측 − 구체적 프로그램 수립 − 대안 모색 − 계획 결정

해설 기획의 과정(Skidmore)
스키드모어는 기획과정을 '목표 설정 − 자원 고려 − 대안 모색 − 결과 예측 − 계획 결정 − 구체적 프로그램 수립 − 개방성 유지'의 과정으로 정의하였다.

06 사회복지행정의 특성에 따른 행정원리로 옳지 않은 것은? [11회]

① 가치중립적 행정기술을 적용해야 한다.
② 역동적 환경변화에 대응하는 조직관리를 실행해야 한다.
③ 대립적인 가치로 인한 갈등을 조정해야 한다.
④ 서비스 이용자와 제공자 간 공동생산(Co−production)의 가치를 높여야 한다.
⑤ 조직 간 상호연계망을 구축해야 한다.

해설 ① 사회복지조직은 가치중립적이 아닌, 문화적 가치를 부여받고 사회적 · 도덕적 정체성을 가진 인간을 대상으로 한다. 그로 인해 사회복지행정은 서비스 대상으로서 인간을 사회적 · 도덕적 가치를 지닌 존재로 가정한다. 따라서 서비스기술은 도덕적으로 정당화될 수 있는 것이어야 하며, 그 효과성은 인간적 가치의 측면에서 고려되어야 한다.

Answer 5 ② 6 ①

07 사회복지행정의 과정에 대한 설명으로 옳은 것은?

ㄱ. 기획(Planning) – 목표의 설정과 목표를 달성하기 위한 과업 및 활동, 과업을 수행하기 위해 사용되는 방법을 결정하는 단계
ㄴ. 조직(Organizing) – 사회복지기관의 활동에 있어서 다양한 부분들을 상호 연결시키는 과정
ㄷ. 인사(Staffing) – 직원의 채용과 해고, 직원의 훈련, 우호적인 근무조건의 유지 등이 포함되는 활동
ㄹ. 지시(Directing) – 사회복지행정가가 직원, 지역사회, 이사회, 행정기관, 후원자 등에게 조직에서 일어나는 상황을 알려주는 과정

① ㄱ, ㄴ, ㄷ
② ㄱ, ㄷ
③ ㄴ, ㄹ
④ ㄹ
⑤ ㄱ, ㄴ, ㄷ, ㄹ

해설 ㄴ. 조정(Coordinating)에 대한 설명이다.
ㄹ. 보고(Reporting)에 대한 설명이다.

08 휴먼서비스 사회복지행정의 특성을 결정하는 요소가 아닌 것은? [13회]

① 환경에의 의존성
② 대립적 가치의 상존성
③ 조직 간 연계의 중요성
④ 성과평가의 용이성
⑤ 인본주의적 가치지향성

해설 사회복지행정은 서비스 대상으로서 인간을 도덕적 가치를 지닌 존재로 가정한다. 사회복지조직은 휴먼서비스(Human Service) 조직으로, 그 원료가 인간이기 때문에 인간의 도덕적 · 윤리적 가치판단이 강조됨으로써 목표달성의 효과성 및 효율성을 측정하는 데 어려움이 있다.

7 ② 8 ④ Answer

09 사회복지행정이 지향하는 바가 아닌 것은? [14회]

① 사회복지전문가를 행정업무로부터 면제해 준다.
② 서비스의 효과성을 높인다.
③ 조직운영의 실패원인을 확인하고 실패를 줄인다.
④ 조직운영의 비일관성을 줄인다.
⑤ 조직운영에서 책임성을 향상시킨다.

해설 ① 사회복지행정은 전문성을 지향한다. '전문성의 원칙'이란 복지서비스의 주요 핵심 업무는 전문적인 서비스이므로 반드시 전문가가 담당해야 한다는 의미이다.

10 사회복지조직의 특징으로 옳은 것은? [14회]

① 도덕적 정당성에 민감하다.
② 이해관계 집단의 구성이 단순하다.
③ 성과에 대한 평가가 용이하다.
④ 일선전문가의 재량을 인정하지 않는다.
⑤ 주된 기술이 단순하고 확실하다.

해설 ① 사회복지행정은 서비스 대상으로서 인간을 도덕적 가치를 지닌 존재로 가정한다. 따라서 사회복지조직의 서비스 기술은 도덕적으로 정당화될 수 있는 것이어야 하며, 그 효과성은 인간적 가치의 측면에서 고려되어야 한다.
② 사회복지조직의 목표는 모호하고 질적인 요소를 많이 포함하며, 다양한 이해관계자들 간의 타협을 요구한다.
③ 사회복지조직은 인간의 도덕적 가치를 고려함으로써 목표달성의 효과성 및 효율성을 측정하는 데 어려움이 있다.
④ 사회복지조직의 활동은 전문적인 과정으로서 주로 전문가에 의존하며, 조직의 운영 등 제반 업무들에 있어서 전문가의 역할을 요구한다.
⑤ 사회복지조직은 지속적인 변화를 거듭하는 인간과 사회를 대상으로 하므로, 그 변화에 대응하여 목표를 달성하는 데 있어서 불완전한 지식과 기술을 사용할 수밖에 없다.

Answer 9 ① 10 ①

CHAPTER 01

최신기출문제

01 사회복지행정에서 효과성(Effectiveness)에 관한 설명으로 옳은 것은? [19회]

① 조직의 목표 달성 정도
② 투입에 대한 산출의 비율
③ 사회복지기관의 지역적 집중도
④ 서비스 이용의 편의성 정도
⑤ 서비스 자원의 활용가능성 정도

해설 사회복지행정에서 효율성과 효과성

효율성 또는 능률성 (Efficiency)	• 투입(Input)에 대한 산출(Output)의 비율을 말한다. • 사회복지행정 과정의 경제성이나 비용의 절감 등 본래 목표와는 단절된 양적 개념이다.
효과성 (Effectiveness)	• 조직의 목표가 어느 정도 달성되었는가를 말한다. • 목표와 수단을 연결한 상태에서 현실적인 산출이 본래 목표는 물론 사회적 기대수준을 어느 정도 충족시켰는가 하는 목표의 달성도를 의미하는 사회학적 개념이다.

02 사회복지행정의 특성에 관한 설명으로 옳지 않은 것은? [18회]

① 조직들 간의 통합과 연계를 중시한다.
② 지역사회 욕구를 충족시키기 위한 조직관리 기술을 필요로 한다.
③ 모든 구성원들이 조직운영 과정에 참여하여 일정 부분 영향을 미친다.
④ 조직 내부 부서 간의 관료적이고 위계적인 조직관리 기술을 필요로 한다.
⑤ 사회복지조직의 관리자는 조직의 운영을 지역사회와 연관시킬 책임이 있다.

해설 ④ 휴먼서비스는 사회복지사와 클라이언트 간의 대면(만남)에 의존하므로, 클라이언트의 능동적인 참여와 사회복지사의 적극적인 업무 진행이 필수적이다. 행정조직 또한 명령과 복종체제인 수직적(위계적) 조직보다는 서로 협력하는 수평적 조직이 요구된다. 즉, 클라이언트와의 전문적인 상호작용을 위해서는 참여적인 수평적 조직구조가 유리하며, 이를 통해 창의성과 역동성을 추구할 수 있다.

1 ① 2 ④ Answer

03 사회복지행정의 실행 과정을 순서대로 나열한 것은? [20회]

ㄱ. 과업 평가
ㄴ. 과업 촉진
ㄷ. 과업 조직화
ㄹ. 과업 기획
ㅁ. 환 류

① ㄱ - ㄷ - ㄹ - ㅁ - ㄴ
② ㄷ - ㄱ - ㄹ - ㄴ - ㅁ
③ ㄷ - ㄹ - ㅁ - ㄴ - ㄱ
④ ㄹ - ㄴ - ㄷ - ㄱ - ㅁ
⑤ ㄹ - ㄷ - ㄴ - ㄱ - ㅁ

해설 사회복지행정의 전통적 과정과 현대적 과정

전통적 행정과정	기획(Planning) → 조직화(Organizing) → 실시(Actuating) → 통제(Controlling)
현대적 행정과정	목표설정(Goal Setting) → 정책결정(Policy Making) → 기획(Planning) → 조직화(Organizing) → 동기부여 · 촉진(Motivating) → 평가(Evaluation) → 환류(Feedback)

제2영역

04 사회복지행정가가 가져야 할 능력이 아닌 것은? [20회]

① 배타적 사고
② 대안모색
③ 조직이론 이해
④ 우선순위 결정
⑤ 권한위임과 권한실행

해설 사회복지행정가가 가져야 할 주요 행동 및 지식 요소

행동 요소	• 수용과 관심 • 창의성과 민주성 • 신뢰와 인정 • 기획과 조직화 • 우선순위 결정(④) • 권한위임과 권한실행(⑤) • 의사결정과 대안모색(②) • 의사소통과 의사전달 • 동기부여와 촉진 • 지역사회 및 타 전문직과의 관계 유지 등
지식 요소	• 기관의 목표, 정책, 서비스, 자원에 대한 지식 • 기관과 관련된 지역사회의 자원에 대한 지식 • 사회복지관련 전문단체 및 협회들에 대한 지식 • 기관에서 활용하는 사회복지방법론에 대한 지식 • 조직이론에 대한 지식(③) • 인간행동의 역동성에 대한 지식 • 관리의 원칙 · 과정 · 기술에 대한 지식 • 평가과정과 기법에 대한 지식 등

Answer 3 ⑤ 4 ①

CHAPTER 02

사회복지행정의 역사

학습목표

- 사회복지행정의 역사적인 흐름을 전반적으로 이해하고 있는지가 중요한 영역이다.
- 최근에는 주로 미국과 우리나라의 사회복지행정의 역사가 출제되는 추세이다.
- 우리나라의 사회복지행정 역사의 중요 사항을 연도별로 암기하되, 2000년대 이후 변화과정을 꼭 숙지하도록 하자.
- 미국 사회복지행정의 역사에서 각 시기별로 특징적인 점을 정리하고 민영화 경향 및 그 이후 변화의 흐름에 주목하자.

제1절 미국 사회복지행정의 역사

7, 9, 10, 12회 기출

1 형성기 : 명목상의 인정단계(1900~1935년)

(1) 영국에서 시작된 자선조직협회가 미국동부에서 처음 조직되고 점차 미국전역으로 확산되었다. 이러한 자선조직협회를 통해 민간 자선활동에 대한 관심이 더욱 증대되었다.

(2) 개별 사회사업이 형성되고 점차 병원, 학교, 정신과로 확산되었으며, 사회사업학교 및 사회사업 전문직협회들이 설립되기 시작하였다.

(3) 1914년 사회사업의 교과과정에 최초로 사회복지행정이 등장하였고, 1923년 미국 사회사업대학 협의회가 채택한 교과과정에 사회복지행정이 선택과목으로 포함되었다.

2 발전기 : 사실상의 인정단계(1935~1960년)

(1) 1930년대 초 경제대공황에 따른 빈곤 및 실업문제의 해결을 위해 민간단체의 노력만으로는 역부족이었기 때문에, 1934년 연방긴급구호청(FERA ; Federal Emergency Relief Administration)을 설립하였고 이것이 사회복지행정으로 인정받았다.

(2) 1935년 사회보장법의 제정에 따라 연방과 각 주(州)에서 공적부조제도가 생겨나면서 공동사회복지서비스 부문에 공무를 담당할 인력수요가 급증하였다.

(3) 1950년대 사회복지교육협의회(CSWE)에서 사회복지과목을 교과과정으로 인정하였다.

Plus ⊕ one

1935년 사회보장법의 구성

- 노령연금보험제도 : 연방정부가 운영
- 실업보험제도 : 주정부가 운영하되 연방정부가 주정부에 보조금 지급
- 극빈노인, 맹인, 보호를 요하는 아동을 위한 공적부조제도와 사회복지서비스 : 각 주정부가 운영하되 연방정부가 주정부에 보조금 지급

3 정체기 : 정체의 단계(1960~1970년)

(1) 1960년대 정치적, 제도적 혁신으로 국가가 빈곤, 인종차별, 도시문제와 같은 사회문제를 해결하고자 했지만 크게 실효성을 거두지 못하였다.

(2) 사회복지기관들이 서비스의 제공보다는 조직의 유지와 안정에 더 힘쓰면서 변화하는 욕구에 적절히 대처하지 못한 데에 대한 비난이 제기되었다.

(3) 사회문제의 해결을 위한 사회복지조직들의 활동이 성과를 거두지 못하자 지역사회 조직사업을 사회복지행정에 대한 대안으로 생각하게 되었다.

(4) 행정에 대한 대안으로서의 지역사회 조직사업의 획기적 발달은 상대적으로 사회복지행정의 발달을 정체시키는 결과를 가져왔다.

(5) 1963년에 미국 사회복지사협회(NASW) 산하에 사회복지행정위원회가 설립되었다.

4 확립기 : 도전과 발전의 단계(1970~1990년)

1960년대의 사회 · 경제적 배경을 기반으로 하여 사회복지행정에 관한 관심과 필요성의 증대 및 전문사회복지행정가에 대한 수요가 늘어나 사회복지행정의 발전이 가속화되는 시기라 볼 수 있다.

(1) 1970년대

① 베트남전쟁, 사회복지비지출의 증가, 인플레이션과 경제성장의 둔화(오일쇼크) 등의 요인이 복합적으로 작용하여 사회복지프로그램의 재정적 부담이 어렵게 되자 정부에서는 지출된 비용에 대하여 가장 큰 효과를 낼 수 있는 사회복지프로그램을 선정하여 재정지원을 하게 되었다.

② 사회복지 프로그램의 다양화, 세분화로 인해 사회복지사의 행정가로서의 역할이 증대되었다.

③ 새로운 관리기법(PPBS, 비용편익분석, PERT 등)들이 사회복지행정에 도입되어 행정은 사회복지서비스의 계획 · 유지 · 관리 · 평가의 주된 기술로서 전문 사회사업의 고유한 방법으로 발전했다.

④ 사회사업대학에서는 행정교과과정이 급속도로 확장되었다.

⑤ 1976년에는 「Administration in Social Work」라는 이 분야 최초의 학술지가 발간되어 사회복지 행정의 풍부한 자료들로 전문적 의견교환이 이루어지게 되었다.

(2) 1980년대

① 작은 정부를 표방하는 레이건정부에 의해 연방정부의 복지비용이 축소되었고, 공공서비스의 민영화가 시작되었다.

② 1987년 여름에 심포지엄에서 「사회사업행정의 특별한 쟁점」이라는 책자를 발간하였다.

(3) 1990년대(보수적 성향이 강함)

① 기획에서 서비스 전달까지를 직접 담당했던 거대 공공관료조직들이 퇴조했다.

② 민간과 공공의 엄격한 조직적 구분이 없어졌다.

③ 계약이나 서비스 구입 등의 방법을 통한 민간부문의 직접 서비스전달에서의 역할이 증대되었다.

④ 서비스의 목적실현을 위해서는 느슨하게 연결되어 있는 다양한 서비스조직들을 연계할 서비스 전달체계의 통합이 필요하다는 인식이 확산되었다. 이러한 인식 전환은 사회복지 서비스의 책임성에 대한 구체적인 행정실천 등으로 나타났다.

Plus ⊕ one

미국 사회복지행정제도의 발전과정

구 분	단 계	내 용
형성기 (1900~1935년)	명목상 인정단계	• 1914년 : 사회사업의 교과과정에 최초로 사회복지행정이 등장함 • 1923년 : 미국 사회사업대학협의회가 채택한 교과과정에 사회복지행정이 선택과목으로 포함됨
발전기 (1935~1960년)	사실상 인정단계	• 1935년 : 사회보장에 대한 국가의 책임을 인정하는 내용의 사회보장법이 제정됨 • 1950년 : 공동모금이 전국적으로 확대됨(미국 사회복지공동모금협의회로 발전됨) • 1952년 : 미국 사회복지교육협의회(CSWE)에서 대학원 교과과정으로 사회복지행정이 인정됨 • 1960년 : 미국 사회복지사협회(NASW)에 의해 사회복지행정 보고서가 발간됨
정체기 (1960~1970년)	정체단계	• 1960년대 : 경제적 풍요와 정치적 · 제도적 혁신을 통해 빈곤문제를 해결하고자 하였으나 막대한 재원의 투자에도 불구하고 실효성을 거두지 못함. 또한 행정에 대한 대안으로서 지역사회조직사업의 발달이 상대적으로 행정 발달의 저하를 초래함 • 1963년 : 미국 사회복지사협회(NASW) 산하에 사회복지행정위원회가 설립됨
확립기 (1970~1990년)	도전과 발전의 단계	• 1970년대 : 사회복지 프로그램의 다양화 · 세분화로 인한 사회복지사의 행정가로서의 역할 증대, 재정적 부담으로 인해 가장 큰 효과를 낼 수 있는 사회복지 프로그램만을 선정하고 지원, 사회복지행정 전문학술연구지 〈Administration in Social Work〉 발간 • 1980년대 : 사회복지서비스의 민영화와 상업화가 가속화되면서 민간 사회복지조직에서 재원조달의 문제와 책임성의 문제가 강조됨 • 1990년대 – 재정관리와 마케팅 등 민간사회복지조직의 자원 확보를 위한 경영기법 강조 – 영세한 민간 사회복지조직들이 경쟁력 있는 대규모 조직에 합병되거나 상호협력으로 클라이언트를 확보하기 위해 노력 – 거대 공공관료조직들의 퇴조 – 계약이나 서비스 구입 방식을 통한 민간전달체계의 역할 증대 – 공공과 민간의 조직적 구분 모호 – 다양한 서비스 조직들을 상호 연계할 서비스 전달체계 통합의 필요성에 대한 인식 확산 – 사회복지서비스의 책임성에 대한 구체적인 행정실천 강조

제2절 우리나라 사회복지행정의 역사

2, 6, 10, 12, 14, 19회 기출

1 사회복지 전문활동의 태동(1900~1945년)

(1) 이 시기의 사회복지행정은 자선 및 시혜의 성격이 강했으며, 종교단체의 박애정신과 민간단체의 봉사정신에 의해 사회복지기관이 설립 · 운영되었다.

(2) 1920년대 조선총독부는 식민통치를 위해 사회복지사업을 활용하였으며, 내무부 산하에 구휼 및 자선사업을 담당하는 사무국을 통해 사회복지 업무를 통합하였다.

(3) 1927년 이후 방면위원제도의 도입으로 지역사회 빈민들을 대상으로 한 개별사회사업이 시행 되었다.

(4) 1944년 식민정책의 일환으로서 일본의 구호법을 기초로 한 '조선구호령(朝鮮救護令)'이 제정 · 시행되었으나 이는 정치적 목적의 자선 및 시혜의 의미를 가지고 있었으며, 실질적인 급여 또한 형식적인 수준에 그쳤다. 다만, 조선구호령은 근대적 의미의 공공부조의 시작으로 볼 수 있으며, 이를 토대로 해방 이후 '생활보호법'이 만들어졌다.

2 외원기관의 원조활동 및 사회복지행정의 시작(1946~1970년대)

(1) 이 시기의 사회복지행정은 전쟁의 여파로 인해 전쟁고아나 부랑인 등을 대상으로 한 긴급구호 및 수용시설에의 보호가 주를 이루었으며, 외국으로부터의 구호물자를 효율적으로 배분하는 것과 함께 수용시설을 적절하게 유지 · 운영하는 것에 초점을 두었다.

(2) 3년간의 미군정 하에서 사회복지행정은 임시방편적인 양상을 보였으며, 조직의 운영 및 관리가 체계적으로 이루어지지 못했다.

(3) 한국전쟁 이후 외국의 원조기관들이 대거 들어옴으로써 수용시설 위주로 긴급구호 및 시설보호 형태의 사회복지사업이 펼쳐졌다.

(4) 1947년 이화여자대학교에 기독교사회사업학과가 개설되었으며, 1957년에는 '한국사회사업학회'가, 1967년에는 한국사회복지사협회의 전신인 '한국사회사업가협회'가 창설되었다.

(5) 1970년 1월 1일 '사회복지사업법'이 제정되었으며, 1970년대에 사회복지행정 분야가 대학 교과목으로 채택되어 사회복지행정의 필요성이 인정되었다.

(6) 1970년대에는 외원기관의 원조가 감소하면서 민간 사회복지시설의 경우 시설운영에 필요한 자원이 부족하였으며, 여전히 체계적인 운영 및 관리가 이루어지지 못했다.

Plus ⊕ one

외국민간원조기관협의회(KAVA ; Korea Association of Voluntary Agency) 18회 기출

- 한국전쟁을 계기로 우리나라에 들어온 외국민간원조기관 간의 정보교환 및 사업협력 등을 목적으로 구성된 협의회이다.
- 일선기관들이 사업을 수행하는 데 필요한 정보교환, 사업평가, 사업조정 등을 위해 협력체계를 구축하였다.
- 구호물자 및 양곡 배급, 의료서비스 제공, 학교 및 병원 설립, 후생시설 운영 등 특히 구호 활동과 관련된 조직관리 기술을 도입하였으며, 당시 사회복지기관들도 수용 · 보호에 바탕을 둔 행정관리 기술을 주로 사용하였다.
- 일부 회원단체들이 정착사업이나 농촌개발사업, 지도자 훈련사업 등을 실시하기도 하였으나 지역사회 조직화나 공동체 형성 등 보다 체계적인 형태의 조직관리 기술이 활용되지는 못하였다.

3 사회복지행정의 체계화(1980~1990년대)

11, 17회 기출

(1) 다양한 사회문제의 증가와 함께 사회복지 관련 법률 및 정책들이 등장하였으며, 사회복지기관들이 급속히 증가하였다. 특히 1990년대 지방자치제도의 시행과 함께 사회복지서비스 전달체계의 중요성이 인정되어 사회복지행정에 대한 연구 활동이 활발히 전개되었다.

(2) 1987년 사회복지전문요원제도가 시행되어 공공영역에 사회복지전문요원이 배치됨으로써 공공복지행정의 체계를 구축하였다.

(3) 1992년 사회복지사업법의 개정으로 사회복지전담공무원과 복지사무전담기구의 설치를 위한 법적 근거를 마련하였으며, 1997년 동법 개정으로 사회복지시설에 대한 평가를 의무화함으로써 사회복지행정에 대한 수요가 증가하였다.

(4) 1990년대에는 사회복지학과가 설치된 거의 모든 대학에서 사회복지행정을 필수과목으로 책정하였다.

(5) 1997년 사회복지사업법의 개정에 따라 사회복지시설의 설치 · 운영이 허가제에서 신고제로 전환되었으며, 사회복지시설에 대한 평가제도가 도입되었다.

(6) 1998년 사회복지공동모금회가 설립되었으며, 1999년 사회복지행정학회가 창설되었다.

4 사회복지행정의 확립(2000년대 이후)

13, 15, 17회 기출

(1) 이 시기의 사회복지행정은 지방분권화의 강화에 의해 중앙정부와 지방정부 간의 적절한 역할분담이 강조되었다.

(2) 지역사회를 중심으로 지역사회복지협의체의 운영 및 지역사회복지계획(지역사회보장계획)의 수립 등 시범사업의 실시로 사회복지행정에 있어서 지역적 특수성, 전문성, 책임성 등이 요구되었다.

(3) 2000년 '국민기초생활보장법'의 시행과 함께 수급자의 권리성이 강화된 공공부조 정책으로의 전환이 이루어졌으며, '보호'에서 '보장'으로, '단순 복지급여'에서 '생산적 복지급여'로의 변화가 이루어졌다.

(4) 2000년 1월부터 사회복지전담공무원제도가 도입되었고, 2003년 사회복지사 1급 국가시험이 실시되었으며, 2004년 사회복지사무소가 시범적으로 운영되었다.

(5) 2005년부터 시 · 군 · 구를 중심으로 지역사회의 복지문제를 해결하기 위해 수요자 중심의 통합적 복지서비스를 구축하고 복지자원을 효율적으로 활용하며, 자원 간 연계협력을 강화하는 것을 주된 기능으로 하는 '지역사회복지협의체'를 운영하였다.

(6) 이때 분권교부세의 도입을 통해 지방재정분권을 본격화하였다.

(7) 2007년부터 장애인 활동보조, 노인돌봄, 지역사회서비스 투자사업으로 사회서비스 이용권(바우처)사업이 시작되었고 지역사회복지계획이 수립 · 시행되었다.

(8) 2009년부터 사회복지서비스 제공의 효율성을 목표로 공공 및 민간부문 전달체계를 개편하고 사회복지통합관리망을 구축하기 위한 '희망복지' 전달체계를 마련하였으며, 개별적 수요자에게 필요한 다양한 복지서비스를 원스톱으로 제공하기 위해 희망복지지원단이 각 지방자치단체에 설치되었다.

(9) 2010년부터 사회복지 급여 · 서비스의 지원대상자 자격 및 이력에 관한 정보를 통합적으로 관리하고 지방자치단체의 복지업무처리를 지원하기 위한 연계활동으로서 사회복지통합관리망 '행복e음'이 구축되었다. 사회복지통합관리망은 2013년 사회보장정보시스템으로 확대되었다. 기존 사회복지통합관리망을 확대한 사회보장정보시스템(행복e음)과 각 부처 및 정보보유기관에서 제공하고 있는 복지 사업 정보와 지원 대상자의 자격 정보, 수급 이력 정보를 통합 관리하는 사회보장정보시스템(범정부)으로 구성되어 있다(사회보장정보원 홈페이지).

(10) 2012년 8월부터 사회복지법인의 사회복지시설정보시스템(www.w4c.go.kr)을 의무화하였다.

(11) 2016년 민 · 관 협력에 의한 맞춤형 통합서비스 제공을 목적으로 하는 '읍 · 면 · 동 복지허브화'전략의 구체적인 사업계획이 마련되어, 읍 · 면 · 동을 중심으로 복지사각지대 발굴, 통합사례관리, 지역자원 발굴 및 지원 등의 서비스를 제공하고 있다.

(12) 2019년 사회서비스의 공공성 및 투명성을 향상하고 서비스 종사자들의 일자리 질 제고를 위해 사회서비스원 설립을 본격적으로 추진하고 있다.

Plus ⊕ one

분권교부세의 영향 15회 기출

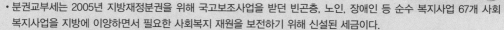

- 분권교부세는 2005년 지방재정분권을 위해 국고보조사업을 받던 빈곤층, 노인, 장애인 등 순수 복지사업 67개 사회복지사업을 지방에 이양하면서 필요한 사회복지 재원을 보전하기 위해 신설된 세금이다.
- 분권교부세는 2009년까지 운영할 계획이었으나, 당시 추진하던 일부 사업의 국고보조 환원이 관계부처 반대로 이뤄지지 않아 운영기한을 5년 연장한 바 있다. 그런데 '지방교부세법' 개정안이 통과되면서 2015년 분권교부세는 계획대로 폐지되고 보통교부세로 통합되었다.
- 2005년 중앙정부에서 지방정부로 이양된 67개 사회복지 사업 중 장애인거주시설, 노인양로시설, 정신요양시설 등 국가사업으로 환원되는 3개를 제외한 64개 사업은 보통교부세에서 재원을 활용하게 되었다.

주요정책 변화와 영향 15회 기출

- 사회복지시설평가제 도입 → 자원의 효율적 운영에 대한 관심을 확대
- 국가에서 운영한 주요복지사업 → 지방정부로 이양
- 맞춤형 통합서비스를 제공하기 위한 민 · 관 협력을 기반 → 읍 · 면 · 동 복지허브화
- 희망복지지원단 → 공공영역에서의 사례관리 기능을 담당
- 국민기초생활보장제도 → 복지가 국민의 권리로서 인정받기 시작함

CHAPTER 02

출제유형문제

01 **미국 사회복지행정 역사에서 1990년대 이후 일어난 변화는?** [12회]

① 사회복지행정 교육의 필요성이 주장되었다.
② 자선조직협회(COS)가 조직되었다.
③ 공공기간과 민간기관의 기능이 유사해졌다.
④ 지역사회정신건강센터(Community Mental Health Center)가 크게 늘었다.
⑤ 사회복지분야의 민영화가 시작되었다.

해설 **1990년대 미국 사회복지행정의 변화**

- 기획 업무에서 서비스 전달 업무에 이르기까지 직접 담당했던 거대 공공관료조직들의 퇴조가 두드러졌다.
- 계약이나 서비스 구입 방식을 통한 민간조직의 전달에서의 역할이 증대되었다.
- 공공기관과 민간기관의 기능이 유사해짐에 따라 공공과 민간의 조직적 구분이 모호해졌다.
- 서비스 목표달성을 위해 느슨하게 연결되어 있는 다양한 서비스 조직들을 상호 연계할 서비스 전달체계 통합의 필요성에 대한 인식이 확산되었다.
- 사회복지서비스의 책임성에 대한 구체적인 행정 실천이 강조되었다.

02 **우리나라 사회복지행정의 역사에 관한 설명으로 옳지 않은 것은?**

① 1960년대 – 이용시설보다는 생활시설이 주를 이루었다.
② 1970년대 – 외원기관의 원조가 감소하면서 민간사회복지시설은 시설운영에 필요한 자원이 부족하였다.
③ 1980년대 – 사회복지전담공무원제도가 도입되면서 공적 전달체계 내에 사회복지독립조직이 설치되었다.
④ 1990년대 – 사회복지학과가 설치된 거의 모든 대학에서 사회복지행정을 필수과목으로 책정하였다.
⑤ 2000년대 – 시 · 군 · 구에 배치된 사회복지통합서비스 전문요원의 사례관리 역할이 강조되었다.

해설 ③ 1987년 사회복지전문요원제도가 시행되어 공공영역에 사회복지전문요원이 배치됨으로써 공공복지행정의 체계를 구축하였다. 다만, 이들 사회복지전문요원이 별정직 사회복지전문요원에서 일반직 사회복지전담공무원으로 전환된 것은 2000년 1월부터이다.

1 ③ 2 ③ Answer

03 우리나라에서 나타난 2000년대 이후의 사회복지행정 변화로 옳은 것은? [13회]

① 사회복지전담공무원이 공공부문의 복지행정 업무를 맡기 시작하였다.
② 지역사회복지협의체를 설치하고 지역사회복지계획을 수립하기 시작하였다.
③ 사회복지시설의 설치가 허가제에서 신고제로 변경되었다.
④ 사회복지시설에 대한 평가제도가 법제화되었다.
⑤ 사회서비스 공급주체에서 사회복지법인이 차지하는 비중이 증가하였다.

해설
② 2005년부터 시 · 군 · 구를 중심으로 지역사회의 복지문제를 해결하기 위해 수요자 중심의 통합적 복지서비스를 구축하고 복지자원을 효율적으로 활용하며, 자원 간 연계협력을 강화하는 것을 주된 기능으로 하는 '지역사회복지협의체(지역사회보장협의체)'를 운영하였다.
① 1992년 사회복지사업법의 개정으로 사회복지전담공무원과 복지사무전담기구(사회복지사무소)의 설치를 위한 법적 근거를 마련하였다.
③ · ④ 1997년 사회복지사업법의 개정에 따라 사회복지시설의 설치 · 운영이 허가제에서 신고제로 전환되었으며, 사회복지시설에 대한 평가제도가 도입되었다.
⑤ 1980~1990년대에 다양한 사회문제의 증가와 함께 사회복지 관련 법률 및 정책들이 등장하였으며, 사회복지관련 시설 · 기관들이 급속히 증가하였다.

04 우리나라 사회복지행정의 역사적 사실을 빠른 시간 순으로 바르게 나열한 것은? [12회]

ㄱ. 주민생활지원국 설치
ㄴ. 사회복지시설 평가제 도입
ㄷ. 사회복지전문요원제도 시행
ㄹ. 사회복지통합관리망 구축

① ㄴ – ㄷ – ㄱ – ㄹ
② ㄴ – ㄷ – ㄹ – ㄱ
③ ㄱ – ㄹ – ㄴ – ㄷ
④ ㄷ – ㄴ – ㄹ – ㄱ
⑤ ㄷ – ㄴ – ㄱ – ㄹ

해설
ㄷ. 1987년 사회복지전문요원제도가 시행되어 공공영역에 사회복지전문요원이 배치되었다.
ㄴ. 사회복지시설 평가제도는 1997년 사회복지사업법 전부개정에 따라 1998년에 도입되었다.
ㄱ. 주민생활지원국은 2004년 7월부터 시범운영에 있던 사회복지사무소를 개편하여 마련한 것으로서, 2006년 7월부터 시 · 군 · 구에 설치되었다.
ㄹ. 2010년 사회복지 급여 · 서비스의 지원대상자 자격 및 이력에 관한 정보를 통합적으로 관리하고 지방자치단체의 복지업무처리를 지원하기 위한 사회복지통합관리망 '행복e음'이 구축되었다.

Answer 3 ② 4 ⑤

05 영국 사회복지의 역사에 관한 설명으로 옳은 것을 모두 고른 것은? [12회]

ㄱ. 스핀햄랜드법은 가족수당제도의 시초로 불린다.
ㄴ. 공장법은 아동의 노동여건을 개선하였다.
ㄷ. 1834년 신구빈법은 전국적으로 구빈 행정 구조를 통일하였다.
ㄹ. 1911년 국민보험법은 건강보험과 실업보험으로 구성되었다.

① ㄱ, ㄴ, ㄷ
② ㄱ, ㄷ
③ ㄴ, ㄹ
④ ㄹ
⑤ ㄱ, ㄴ, ㄷ, ㄹ

해설
ㄱ. 스핀햄랜드법(1795년)은 빈민의 노동에 대한 임금을 보충해 주기 위한 제도로서, 최저생활기준에 미달되는 임금의 부족분을 구빈세로 보조하였다. 이는 오늘날 가족수당 또는 최저생활보장의 기반이 되었다.
ㄴ. 공장법(1833년)은 아동에 대한 노동력 착취를 막기 위한 목적에서 만들어진 제도로서, 9세 미만의 아동에 대한 고용 금지, 아동에 대한 야간 노동 금지 등 아동의 노동조건 및 작업환경의 개선을 주된 내용으로 하였다.
ㄷ. 신구빈법(1834년)은 스핀햄랜드법의 임금보조제를 철폐하고 교구단위의 구빈행정체제를 중앙집권화함으로써 '전국 균일처우의 원칙'을 탄생시켰다. 또한 피구제 빈민 생활 상황이 자활의 최하급 노동자의 생활조건보다 높지 않은 수준에서 보호되어야 한다는 '열등처우의 원칙'을 확립하였다.
ㄹ. 국민보험법(1911년)은 의료보험과 실업보험을 내용으로 한 제도로서, 특히 재정을 고용주와 근로자로부터 조달받는 영국 최초의 사회보험이었다. 로이드 조지와 윈스턴 처칠(L. George & W. Churchill)의 합작품으로서, 일종의 강제적인 자조에 의한 자유주의적 사회개혁을 통해 부자와 빈민 간의 양극화를 막고자 하였다.

06 우리나라 사회복지행정의 변화에 관한 설명으로 옳지 않은 것은? [14회]

① 1987년부터 사회복지전문요원이 배치되기 시작
② 1995년 분권교부세를 도입, 재정분권이 본격화
③ 1997년 사회복지시설의 설치가 허가제에서 신고제로 변경 결정
④ 2000년대 사회서비스이용권(바우처) 사업이 등장
⑤ 2000년대 중반 이후 지역사회복지계획 수립

해설
② 분권교부세의 도입을 통해 지방재정분권을 본격화한 것은 지난 2005년부터이다. 분권교부세는 국고보조사업을 이양받은 지방자치단체에 교부하는 재정보전 수단으로서, 국고보조금 이양사업 중 일정수준의 재정수요를 계속적으로 보전할 필요가 있는 사업이나 특정 자치단체의 사업수요로 인하여 재정수요를 보전할 필요가 있는 사업에 대해 구분하여 산정한다. 본래 2005년부터 2009년까지 한시적으로 도입하였다가 2014년까지 연장하였으나, 지방교부세법 개정으로 2015년에 폐지되어 보통교부세로 통합되었다.

5 ⑤ 6 ② Answer

07 최근 우리나라 사회복지행정을 둘러싼 환경변화의 추세를 옳게 나타낸 것은?

ㄱ. 사회복지시설의 평가제도 강화
ㄴ. 사회복지시설 설치 시 신고제에서 허가제로 전환
ㄷ. 사회복지서비스에 대한 지방정부의 책임 강화
ㄹ. 민간자원 동원에 관한 규제 강화

① ㄱ, ㄴ, ㄷ
② ㄱ, ㄷ
③ ㄴ, ㄹ
④ ㄹ
⑤ ㄱ, ㄴ, ㄷ, ㄹ

해설 ㄴ · ㄹ. 최근 사회복지시설 설치는 '허가제'에서 '신고제'로 전환되고 있는 추세이며, 민간자원 동원에 관한 규제는 약화되고 있는 상황이다.

08 다음 내용을 설명하는 사회복지서비스의 경향으로 옳은 것은? [15회]

• 1980년대 미국 레이건 정부의 '작은 정부론' 표방
• 2007년 우리나라 사회서비스 바우처 제도의 도입
• 2008년 우리나라 노인장기요양보험제도의 실시

① 민영화
② 집권화
③ 통합성
④ 협력성
⑤ 책무성

해설 사회서비스의 민영화와 시장화

• 1980년대 레이건(Reagan) 행정부는 '작은 정부' 지향으로 사회복지에 대한 지원을 연방정부 책임 하에서 지방정부, 민간기업, 가족에 중심을 두는 방향으로 전환하였다.
• 2000년대 중반 이후 이른바 3세대 사회서비스 공급은 바우처(Voucher) 방식으로 대표되며, 이는 사회서비스 공급에 있어서 시장기제의 활용을 통한 영리부문의 참여, 즉 민영화를 특징으로 한다.
• 3세대 방식의 사회서비스는 기존의 보육서비스 외에도 노인장기요양, 장애인활동지원, 지역사회서비스 투자 등이 중심이 되어 왔다. 특히 이 방식은 시장 환경에서 이용자의 선택을 공급체계 효율성의 중심기제로 삼음으로써, 정부부문의 규제 완화와 함께 영리부문의 본격적인 진입을 유도하는 것이다.

Answer 7 ② 8 ①

CHAPTER 02

최신기출문제

01 1950년대 우리나라 사회복지행정 역사에 관한 설명으로 옳지 않은 것은? [18회]

① 외국민간원조기관협의회(KAVA, Korea Association of Voluntary Agencies)는 구호물자의 배분을 중심으로 사회복지행정 활동을 하였다.
② KAVA는 구호 활동과 관련된 조직관리 기술을 도입했다.
③ 사회복지기관들은 수용 · 보호에 바탕을 둔 행정 관리 기술을 사용하였다.
④ KAVA는 서비스 중복, 누락, 서비스 제공자 간의 협력체계 구축에 초점을 두었다.
⑤ KAVA는 지역사회 조직화나 공동체 형성을 위한 조직관리 기술을 적극적으로 활용하였다.

해설 외국민간원조기관협의회(KAVA ; Korea Association of Voluntary Agency)

- 한국전쟁을 계기로 우리나라에 들어온 외국민간원조기관 간의 정보교환 및 사업협력 등을 목적으로 구성된 협의회이다.
- 일선기관들이 사업을 수행하는 데 필요한 정보교환, 사업평가, 사업조정 등을 위해 협력체계를 구축하였다.
- 구호물자 및 양곡 배급, 의료서비스 제공, 학교 및 병원 설립, 후생시설 운영 등 특히 구호 활동과 관련된 조직관리 기술을 도입하였으며, 당시 사회복지기관들도 수용 · 보호에 바탕을 둔 행정관리 기술을 주로 사용하였다.
- 일부 회원단체들이 정착사업이나 농촌개발사업, 지도자 훈련사업 등을 실시하기도 하였으나 지역사회 조직화나 공동체 형성 등 보다 체계적인 형태의 조직관리 기술이 활용되지는 못하였다.

02 2000년 이후 공적 사회복지전달체계의 변화에 해당하는 것을 모두 고른 것은? [15회]

ㄱ. 사회복지통합관리망 구축
ㄴ. 주민생활지원서비스로의 개편
ㄷ. 사회복지전문요원제 도입
ㄹ. 사회보장정보시스템 구축

① ㄱ, ㄴ
② ㄱ, ㄹ
③ ㄱ, ㄴ, ㄹ
④ ㄴ, ㄷ, ㄹ
⑤ ㄱ, ㄴ, ㄷ, ㄹ

해설 ㄷ. 1987년 7월부터 사회복지전문요원제도가 시행되어 공공영역에 사회복지전문요원이 배치되었다.

1 ⑤ 2 ③ Answer

03 최근 사회복지행정의 환경변화에 관한 설명으로 옳지 않은 것은? [15회]

① 사회서비스 공급에서 영리부문의 참여가 감소되고 있다.
② 사회복지조직관리에 기업경영기법이 도입되고 있다.
③ 품질관리를 통한 이용자 중심 서비스가 요구되고 있다.
④ 사회서비스의 시장화 경향성이 뚜렷해지고 있다.
⑤ 서비스 이용자의 권리가 강조되고 있다.

해설 ① 2000년대 이후 사회서비스 공급에서 영리부문의 참여와 시장화가 장려되는 경향이 나타나고 있다. 요컨대, 1세대 사회서비스 공급(1950~1970년대)은 생활시설 원조 방식, 2세대 사회서비스 공급(1980~2000년대 중반)은 이용서비스 원조 방식을 특징으로 하였다. 그에 반해 3세대 사회서비스 공급(2000년대 중반 이후)은 바우처(Voucher) 방식에 의해 대표된다. 특히 3세대 사회서비스 공급체계는 서비스 생산자 역할에서 영리부문의 본격적인 진입을 특징으로 하는데, 이는 바우처(이용권) 방식의 사회서비스 공급이 시장기제의 활용을 전제로하므로, 시장 환경에 민감하게 반응하는 민간부문이 서비스 생산자로서 상대적으로 우월할 수 있기 때문이다.

04 우리나라 사회복지행정의 변화과정과 주요 정책에 관한 설명으로 옳지 않은 것은? [15회]

① 사회복지시설평가제 도입은 자원의 효율적 운영에 대한 관심을 확대시키는 계기가 되었다.
② 주로 지방정부에서 운영되는 사회복지사업이 국고보조사업으로 이양되었다.
③ '읍면동 복지허브화' 전략은 맞춤형 통합서비스를 제공하기 위한 민 · 관 협력을 기반으로 한다.
④ 희망복지지원단은 공공영역에서의 사례관리 기능을 담당한다.
⑤ 국민기초생활보장제도는 복지가 국민의 권리로서 인정받기 시작했다는 의미를 갖는다.

해설 ② 2005년 분권교부세제도의 시행과 함께 국가에서 운영한 주요 사회복지사업들이 지방정부로 이양되었다. 이 과정에서 보건복지 분야 67개 사업이 지방으로 이양되었으며, 여기에는 사회복지관 운영, 아동시설 운영, 재가노인복지시설 운영, 정신요양시설 운영, 장애인생활시설 운영 등의 사업이 포함되었다. 다만, 노인양로시설 운영, 장애인거주시설 운영, 정신요양시설 운영 등 일부 사업은 2015년 다시 국고보조사업으로 전환되었다.

Answer 3 ① 4 ②

05 우리나라 지역사회복지의 역사적 흐름에 관한 설명으로 옳지 않은 것은? [16회]

① 1950년대 외국원조기관은 구호 및 생활보호 등에 기여하였다.
② 1970년대 사회복지관 국고보조금지침이 마련되었다.
③ 1980년대 민주화 운동으로 전개된 지역사회 생활권 보장을 위한 활동은 사회행동모델에서 비롯되었다.
④ 1990년대 재가복지서비스의 확대가 이루어졌다.
⑤ 2000년대 도입된 지역사회서비스 투자사업의 사회서비스이용권 비용 지급 · 정산은 사회보장정보원이 담당한다.

해설 ② 1980년대의 내용에 해당한다. 1983년 사회복지사업법 개정으로 사회복지관 운영 국고보조가 이루어졌으며, 1980년대 후반 사회복지관 운영 · 국고보조사업지침이 마련되었다.
① 1950년대 한국인에 대한 기여와 봉사를 증대하기 위해 외국 민간원조단체의 한국연합회인 'KAVA(Korean Association of Voluntary Agencies)'가 구성되었다.
③ 1980년대 민주화 운동과 함께 생활권 보장의 차원에서 지역사회를 중심으로 사회운동과 연관된 지역사회 행동이 구체화되었다.
④ 1990년대 재가복지가 정부 차원의 지원을 받아 종합적인 프로그램으로 발전하게 되었다. 특히 1991년 재가복지봉사센터 설치 · 운영의 지침이 마련되어 1992년에 최초로 설립되었다
⑤ 지역사회서비스 투자사업은 2007년에 도입되었으며, 해당 사업과 관련하여 사회보장정보원이 사회서비스 이용권(바우처) 비용 지급 및 정산, 시 · 군 · 구 예탁금 관리, 사업 모니터링 실시 및 통계 관리, 사업 품질 평가 등을 담당하고 있다.

06 최근 한국 사회복지행정의 추세에 관한 설명으로 옳지 않은 것은? [17회]

① 민간부문과 공공부문의 협력이 강조되고 있다.
② 이용시설보다는 생활시설 중심의 보호가 강조된다.
③ 공공성 강화방향으로 전달체계 개편이 이루어지고 있다.
④ 영리기관의 전달체계 참여가 증가하고 있다.
⑤ 지역사회를 중심으로 서비스를 통합하려고 한다.

해설 ② 전통적으로 우리나라 사회복지는 생활시설 중심이었으나, 1980년대 기존 경제개발 위주의 정책에서 사회개발을 동시에 강조하는 정책으로 전환이 이루어지면서 전국 시 · 도에 종합사회복지관이 설립되었으며, 종합사회복지관 중심의 사회복지서비스의 수가 급증하였다. 또한 1990년대 초반 지역사회를 중심으로 전국의 사회복지관에 재가복지봉사센터가 신설됨에 따라 재가복지서비스의 확대가 이루어졌다.

5 ② 6 ② Answer

CHAPTER 03

사회복지서비스 전달체계

학습목표

- 사회복지서비스 전달체계의 개념과 기능, 유형 및 문제점과 개선방향을 알아본다.
- 사회복지서비스 전달체계 구축의 기본원칙, 공공과 민간의 역할분담 및 각각의 장점과 단점, 통합성 증진 방법에 관한 문제들이 꾸준히 출제되고 있다.
- 사회복지서비스의 통합성 증진을 위한 전달체계의 개선전략은 중요한 부분이므로 반드시 숙지해야 한다.

제1절 사회복지서비스 전달체계 일반

1 사회복지서비스와 전달체계

(1) 사회복지서비스의 의의

2, 6회 기출

① 사회복지서비스란 국가 · 지방자치단체 및 민간부문의 도움을 필요로 하는 모든 국민에게 상담, 재활, 직업소개 및 지도, 사회복지시설의 이용 등을 제공하여 정상적인 사회생활이 가능하도록 지원하는 제도를 말한다.

② 사회복지서비스는 사회보험, 공공부조와 함께 사회보장정책의 중심을 이루는 영역이다.

③ 사회적으로 불우하고 열세한 위치에 있는 아동, 노인, 부녀 및 장애인들을 대상으로 전문적인 지식과 방법을 활용하여 이들의 제반 문제들을 해결함으로써 정상적인 사회인으로 복귀시키는 데 목적이 있다.

④ 사회복지서비스를 구축하기 위해 기본적으로 고려해야 할 요소로는 사회적 할당, 사회적 급부, 서비스 전달, 재정 등이다.

⑤ 사회복지서비스의 구성은 물질적 서비스와 비물질적 서비스로 대별된다.

(2) 사회복지서비스의 기본원칙

2, 7, 14회 기출

① 통합성의 원칙 : 인간의 복지와 관련되는 프로그램과 서비스는 통합적으로 상호보완한다.

② 제도성의 원칙 : 보편적인 서비스가 일관성과 지속성을 유지할 수 있도록 제도화를 지향해야 한다.

③ 전문성의 원칙 : 조직과 인력의 전문화를 통해 서비스를 전문화해야 한다.

④ 선택성의 원칙 : 대상, 재원, 프로그램과 서비스 제공방법의 차원에서 우선순위를 두어야 한다.

(3) 사회복지서비스 이용의 장애요인

12회 기출

① 서비스 관련 정보의 부족 혹은 접근에의 어려움
② 원거리 혹은 교통 불편에 따른 지리적 장해
③ 자신의 문제를 노출하는 데 대한 두려움 등의 심리적 장해
④ 수혜자로 선정되는 과정에서의 시간상 혹은 절차상의 장해
⑤ 서비스 사용 시 사회적 낙인의 여부
⑥ 서비스 이용에 소요되는 비용부담
⑦ 서비스 인력의 부적절한 태도 등

(4) 서비스 전달체계

① 개 념

㉠ 전달체계란 서비스의 제공자와 클라이언트를 연결시키기 위한 체계적이고 조직적인 장치를 말한다.

㉡ 좁은 의미에서는 실제 서비스가 전달되는 사회복지사와 클라이언트 사이의 체계를 의미하며 넓은 의미에서는 이러한 서비스의 전달을 지원하는 행정적 지원까지를 포함한다.

㉢ 복지대상자에게 서비스를 제공하는 모든 복지기관들의 서비스의 내용, 제공절차 등을 통해 서비스의 효과를 극대화하기 위한 것으로, 공 · 사 사회복지기관과 이들 기관의 서비스전달망을 말한다.

② 특 징

㉠ 사회복지서비스 전달체계상에서 논의되는 문제들은 **단편성, 비계속성, 비책임성, 비접근성**의 특징을 지닌다.

㉡ 이상적인 전달체계는 다양한 사회복지서비스가 **통합성, 계속성, 책임성, 접근 가능성**으로 구축되어야 한다.

㉢ 사회복지서비스 전달체계가 제 기능을 발휘하기 위해서는 전달체계와 하위체계 또는 단위를 구성하는 복지기관들이 적절한 기능을 수행해야 한다.

(5) 사회복지서비스 전달체계 구분

15회 기출

① 서비스 전달체계의 운영 주체에 따라 공적 전달체계와 사적 전달체계로 구분

② 서비스 종류별 분석에 따라 서비스 수급자의 입장을 반영한 것으로 아동복지, 노인복지, 정신보건, 국민기초생활(생활보호) 등으로 구분

③ **구조 · 기능적 차원에 따라 행정체계와 집행체계로 구분**

㉠ 행정체계 : 서비스를 기획, 지시, 지원, 관리하는 것

㉡ 집행체계 : 서비스 전달기능을 주로 수행하면서 행정기능도 수행

예 읍 · 면 · 동은 사회복지서비스와 급여를 제공하는 집행체계에 해당

2 서비스 전달체계의 기능과 구축원칙

(1) 서비스 전달체계의 기능

① **투입기능** : 서비스를 제공하기 위해 외부환경으로부터 각종 자원을 확보해서 체계 내로 도입하는 기능이다. 투입요소로는 고객, 자원, 전문요원 등이다.

㉠ 고객 : 서비스 소비자

㉡ 자원 : 기술, 시설, 장비, 자금, 사회적 지지, 안정

㉢ 전문요원 : 개입자, 치료자

예 이용자, 직원, 봉사자, 자금, 예산, 시설, 장비, 소모품 등

② **전환기능** : 서비스를 직접 전달하는 개입과정으로 서비스는 고객과 전달자와의 대면적 상호관계 속에서 전달되므로 고객과 전달자 간의 신뢰감 형성이 중요하다. 구성조건은 다음과 같다.

㉠ 고객의 개인적 목적과 전달자의 목적(관심)의 일치

㉡ 서비스의 질에 대한 좋은 평판

㉢ 전달자 대 고객의 비율

㉣ 전달자의 일에 대한 헌신 정도

㉤ 전달자의 고객의 인격을 보는 관점

예 상담, 직업훈련, 치료 및 교육, 보호, 청소년 대인관계 지도 등

③ **산출기능**

㉠ 사전에 계획하고 기대한 효과발생 및 서비스 전달체계의 목표달성으로 산출은 개입의 결과를 나타내며 이를 통해 전달체계를 평가 · 분석하게 된다.

㉡ 서비스 프로그램의 성격으로 접근가능성, 지속성, 적합성, 포괄성, 통합성, 공평성, 비용의 적절성이 있다.

예 관심분야의 확대, 바람직한 관계의 지속

(2) 서비스 전달체계의 구축원칙

4, 10, 11, 12, 13, 15, 16, 17, 19회 기출

① **전문성의 원칙** : 사회복지서비스의 핵심적인 업무는 반드시 전문가가 담당해야 한다. 그러나 전문성이 요하는 정도에 따라 준전문가나 비전문가에 일임함으로써 조직운영의 효율성을 높일 수 있다.

② **적절성(충분성)의 원칙** : 사회복지서비스는 그 양과 질, 제공하는 기간이 클라이언트나 소비자의 욕구충족과 서비스의 목표달성에 충분해야 한다.

③ **포괄성의 원칙** : 사람들의 욕구와 문제는 다양하고 복잡하기 때문에 이러한 문제들을 동시에 또는 순서적으로 해결하기 위하여 포괄적인 서비스를 필요로 한다.

④ **지속성(연속성)의 원칙** : 한 개인의 문제나 욕구를 해결하는 과정에서 필요한 서비스의 종류와 질이 달라져야 하는 경우가 많다. 따라서 한 개인이 필요로 하는 다른 종류의 서비스와 질적으로 다른 서비스를 지역사회 내에서 계속적으로 받을 수 있도록 서비스들이 상호 연계되어야 하며 필요한 서비스가 일정기간 동안 지속적으로 제공되어야 한다.

⑤ **통합성의 원칙** : 클라이언트의 문제는 매우 복합적이고 상호 연관되어 있기 때문에 이러한 문제를 해결하기 위해서 기관 간의 서비스가 통합적으로 제공되어야 한다.

⑥ **평등성의 원칙** : 사회복지서비스는 기본적으로 성별, 연령, 소득, 지역, 종교, 지위에 관계없이 모든 국민에게 평등하게 제공되어야 한다.

⑦ **책임성의 원칙** : 사회복지조직은 복지국가가 시민의 권리로 인정한 사회복지서비스를 전달하도록 위임받은 조직이므로 사회복지서비스의 전달에 대하여 책임을 져야 한다.

⑧ **접근 용이성의 원칙** : 사회복지서비스는 그것을 필요로 하는 사람들이면 누구나 쉽게 받을 수 있어야 하기 때문에 클라이언트가 접근하기에 용이하여야 한다.

⑨ **경쟁성의 원칙** : 사회복지서비스가 특정 조직에 의해 독점적으로 제공되는 경우 서비스 가격 및 질적인 측면에서 불리할 수 있으므로, 여러 공급자의 경쟁을 통해 소비자에게 유리한 방식으로 공급이 이루어져야 한다.

⑩ **비파편성의 원칙** : 서비스의 편중이나 조건의 불확실로 인해 누락이 발생하여 전달체계나 서비스가 제대로 연계되지 못하는 것을 지양해야 한다.

(3) 우리나라 공공사회복지체계의 현황

14, 15, 16회 기출

① 서비스 전달체계는 구조기능상 행정체계와 집행체계로 구분된다. 일반적으로 우리나라 공공부조의 전달체계에서 시 · 군 · 구는 행정체계, 읍 · 면 · 동은 집행체계가 된다.

㉠ 희망복지지원단을 시 · 군 · 구에 설치하였다

㉡ 국민기초생활보장법상 생계급여의 집행체계는 읍 · 면 · 동이다.

② 사회보험은 국가의 책임으로 시행되므로, 사회보험제도 운영에서 중앙정부의 책임성이 크다고 볼 수 있다.

③ 일반적인 서비스 신청 및 상담은 거주지 주민센터에서도 가능하다. 참고로 보건복지부는 2016년 1월 20일 맞춤형 통합서비스를 통해 읍 · 면 · 동 복지기능을 대폭 강화하였다. 2017년부터는 읍면동 주민센터를 "찾아가는 맞춤형 복지서비스 제공" 중심(Hub)기관으로 개편하여 복지기능을 강화하면서 '맞춤형 복지팀'을 신설하여 복지 사각지대 발굴, 찾아가는 상담, 맞춤형 복지서비스 연계 · 지원 및 민관협력 활성화를 추진하고 있다.

④ 국민연금 급여의 결정 및 지급은 국민연금공단에서, 연금보험료 징수업무는 2011년 1월 1일부터 사회보험 징수통합에 따라 국민건강보험공단에서 담당한다.

⑤ **사회보장정보시스템(행복e음)**

㉠ 국가 및 지방자치단체가 지원하는 각종 사회복지 급여 · 서비스 지원 대상자 및 수혜 서비스 이력을 통합적으로 관리하는 지자체 복지업무 처리지원시스템으로서, 복지대상자의 신청, 자산조사, 지원여부 결정, 급여지급, 사후관리 등의 업무를 수행한다.

㉡ 보건복지사업 위주로 운영되고 있던 사회복지통합관리망의 성과를 범부처로 확대할 필요성이 제기됨에 따라, 행복e음이 기존 '사회복지통합관리망'에서 '사회보장정보시스템'으로 확대 개편되었다.

⑥ 2012년 4월(공식적인 운영은 5월부터)에는 복합적 욕구를 가진 대상자에게 통합사례관리를 통해

공공 · 민간의 급여 · 서비스 · 자원 등을 맞춤형으로 연계 · 제공하는 통합서비스 제공체계로서 희망복지지원단이 전국 203개 시 · 군 · 구별로 구축되었다.

⑦ 최근 민관 통합사례관리의 필요성이 높아지고 있으며 사회복지 수요 증가에 따라 사회복지청과 같은 사회복지전담기관의 필요성이 제기되고 있으나 별도로 운영하고 있지 않다.

Plus ⊕ one

지역사회에서 사회복지서비스의 분절화 현상을 방지하기 위한 방법 10, 12, 14회 기출

- 지역사회 통합을 달성하기 위해 지역사회의 관련 조직 및 기관들 상호 간의 네트워크 구축을 통한 서비스 전달체계의 확립 방안을 모색한다.
- 참여자들 사이의 개인적인 유대를 강화하며, 갈등을 대비하여 미리 협상규칙을 세우고 충분한 논의과정을 통해 각 참여기관의 입장을 최대한 반영한다.
- 네트워크의 목적을 세밀하게 규정하기보다는 다소 일반적인 수준에서 합의하여 도출한다.
- 통합적 사례관리에 의한 지역사회지지체계를 구성하며, 사회복지서비스의 권리성 · 선택성이 보장되는 수요자 중심의 서비스체계를 구축한다.
- 가족, 집단, 지역사회, 기업, 정부 등 다양한 복지주체의 참여를 위한 연계 시스템을 개발한다.
- 사회적 연대를 토대로 사회복지서비스 제공을 위한 인적 · 물적자원을 확보하며, 자원배분과 교환에서 균등도를 높인다.
- 사회복지서비스의 중복제공을 방지하고 사회적 비용을 절감하기 위해 사례관리 및 재가복지 등의 방법을 활용한다.
- 사회복지행정에 있어서 관료적(공식적) 접근방법과 민주적(비공식적) 접근방법의 특성이 적절히 혼합된 조직구조를 발전시키되, 민주적인 접근방법에 보다 비중을 두도록 한다.

3 서비스 전달체계 개선의 전략

(1) 의사결정의 권위와 통제의 재구조화

① **협조체제 구축** : 전달체계의 기관을 중앙집권화 또는 연합화하여 전달체계를 통합적이고 포괄적인 것으로 발전시키는 전략이다.

㉠ 중앙집권화는 행정적인 통일화를 위해 사회복지 관련 업무를 하나의 통일된 전략체제로 통합시키는 것이다.

㉡ 연합화는 전달체계 기관 간의 자발적 상호호혜적 공조체제로 각 기관이 가지고 있는 자원을 지역적으로 집권화하는 것이다.

② **시민참여 체제의 도입** : 의사결정의 권위를 전달체계의 기관과 클라이언트에 재배분하는 전략으로 시민 참여의 형태는 영향력의 정도와 참여분야 및 관여 전달체계의 수준 등에 따라 다양하게 분류된다(비재배분적 참여, 명목적 참여, 재배분적 참여).

(2) 업무 분담의 재조직화

① **전문가의 역할부여** : 클라이언트가 사회계층적, 문화적, 인종적으로 서비스를 전달하는 전문가와 다를 경우 중간에서 연결시켜 줄 수 있는 사람을 찾아 그에게 전문가의 임무를 부여하는 것을 말한다.

② **전문가의 조직적 상황에서의 분리** : 서비스 전달체계가 관료적 특성이 강하여 전문가로서 전문성이나 자율성을 발휘하기 힘든 경우, 그러한 조직적 상황에서 벗어나 전문적인 역할을 담당할 수 있도록 해주는 것이다.

(3) 전달체계의 구조변경

① **접근촉진** : 어떤 서비스에 대한 접근을 한결 용이하게 만들어주는 별도의 서비스를 더하는 것이다.

② **전달체계 중복화** : 클라이언트의 서비스 선택권을 강화하기 위해 또는 거리가 멀어 서비스 이용이 어려울 때 같은 서비스를 제공하는 조직이나 기관을 근거리에 중복하여 두는 것이다.

(4) 서비스의 배분 방법

① **공급 억제 전략**

㉠ 클라이언트에 대한 제한 강화 : 수혜자격요건을 강화하여 수혜자격이 있는 클라이언트의 서비스 이용률을 저하시키는 방법이다.

㉡ 서비스의 희석화 : 서비스의 양과 질을 감소시키는 방법이다.

② **수요 억제 전략** : 서비스의 접근에 물리적 · 시간적 · 사회적 장애를 제거하지 않거나 또는 장애를 생기게 하는 방법이다.

(5) 전달체계 개선을 통해 서비스를 통합하는 방법

3, 9, 11, 13회 기출

① **종합서비스센터**

장애인종합복지관, 지역종합복지관처럼 하나의 서비스 분야를 두고서 복수의 서비스가 제공될 수 있도록 하는 곳을 말한다.

② **인테이크의 단일화**

클라이언트의 다양한 욕구를 종합적으로 평가하여 적절한 서비스 계획을 개발하도록 인테이크를 전담하는 창구를 개발하는 기능이다.

③ **종합적인 정보와 의뢰시스템**

전달체계들을 단순 조정하는 방법으로 각기 독립성을 유지하면서 서비스 제공을 강화하는 방식이다.

④ **사례관리**

사례관리자가 중심이 되어 조직들 간의 네트워크를 이용하여 클라이언트를 관리하고 욕구를 만족시켜주는 방법이다.

⑤ **트래킹**

서로 다른 각각의 기관과 프로그램에서 다루었던 클라이언트에 대한 정보를 서로 공유할 수 있게 하는 시스템이다. 이 시스템을 통해 클라이언트가 받은 서비스의 경로와 행적을 추적해서 정보를 얻을 수 있다.

제2절 사회복지 역할분담

1 역할분담의 원칙

(1) 역할분담 원칙의 의의

① 공공재의 성격이 강하거나 외부효과가 큰 복지재는 국가에 의해 제공되어야 한다.

② 사유재의 특성이 강하거나 내부효과가 큰 복지재의 분배에는 시장의 핵심적인 행위자들의 적극적인 참여가 필요하다.

③ 연대재의 특성이 강하거나 연계효과가 큰 복지재의 분배에는 자원부분, 즉 각종 시민사회조직이나 자조집단, 연줄집단의 적극적인 참여가 필요하다.

(2) 정부 간(중앙정부와 지방정부) 역할분담의 원칙

① **분권성** : 기초자치단체 우선의 원칙으로 기초자치단체가 주민들의 욕구를 가장 정확히 파악하고 행정의 능률성을 향상시킨다는 관점이다.

② **현실성** : 지방정부의 규모와 능력에 맞추어 기능배분을 한다.

③ **전문성** : 이양되는 업무를 담당할 수 있는 행정인력의 전문성을 확보한다.

④ **종합성** : 분업과 조정의 협력체계가 이루어져야 한다.

⑤ **책임성** : 행정책임 명확화의 원칙에 따른 책임이 부과되어야 한다.

(3) 사회복지 업무분담의 문제점

① 사회복지 기능분담이 개괄적으로 표시되어 있고 명확한 기준이 없다.

② 자치사무가 예시되어 있으나 자치사무를 국가사무화하는 개별법이 많다.

③ 지방자치단체에는 위임사무가 지나치게 많고 재정지원은 부족하다.

④ 지방자치단체 고유사무에 대한 중앙정부의 통제 · 감독이 심하다.

2 공공과 민간의 역할분담

서비스 전달체계를 누가 운영하는가에 따라 정부나 공공기관이 직접 관리 · 운영하는 공적 사회복지 전달체계와 민간이 직접 관리 · 운영하는 사적 사회복지 전달체계가 있다.

(1) 공적 사회복지 전달체계

① 중앙정부의 역할

㉠ 특 징

- 중앙정부는 복지체계의 전반적인 정책방향과 기준을 설정 · 제시하여야 한다.

• 민간참여 확대를 포함한 복지체계의 구축에 필요한 법이나 제도의 마련, 각종 사업의 시범실시 및 확대, 그리고 다양한 지역복지모델에 대한 평가와 확산 등의 역할을 담당한다.
• 사회복지재화나 서비스 가운데 의료나 교육서비스와 같은 것은 그 속성상 공공재적인 성격이 강하여, 모든 국민들을 대상으로 하는 것이 전체 사회의 이득의 관점에서 유리한데, 현실적으로 이것은 중앙정부만이 할 수 있다.
• 일부 재화는 대상자가 많을수록 기술적인 측면에서 유리한 경우가 있는데 사회보험의 경우 가입대상이 많을수록 여러 측면에서 유리한 것이 그 예에 해당한다.
• 사회복지정책이 추구하는 가장 중요한 목표인 평등(소득재분배)과 사회적 적절성의 두 가치를 구현하는 데 중앙정부가 유리하며 소득재분배정책에 대한 정치적 저항이 적을 수 있다.
• 중앙정부의 정책에 의해서만 조세의 징수와 급여의 양면에서 모든 국민들의 소득분배 형태에 영향을 줄 수 있다.
• 중앙정부에 의한 사회복지정책은 다양한 사회복지에 대한 욕구를 체계화하여 다양한 프로그램을 통합 · 조정하거나, 이러한 정책들을 지속적이고 안정적으로 유지하는 데 유리하다.

ⓛ 중앙정부의 독점전달체계의 문제점
• 중앙정부에서 제공하는 재화들은 일반적으로 그것들의 공급량이나 형태에 관한 수급자의 선택이 반영되기 어렵기 때문에 수급자들의 효용을 극대화하는 데 한계가 있다.
• 중앙정부의 재화는 공급자가 독점적이기 때문에 공급자가 다수인 경쟁적인 체계에 비하여 재화의 가격과 질에 있어 수급자에게 불리할 수 있다.
• 중앙정부를 통하여 제공되는 재화나 서비스는 정부조직의 관료성으로 인하여 수급자의 욕구에 대한 대응이 빠르지 못하고 지역 특수적인 욕구에 대한 대응이 융통적이지 못하다.

ⓒ 중앙정부 전달체계의 장점과 단점

장 점	단 점
• 의료 · 교육서비스 등 공공재적 속성이 강한 서비스의 경우 전국민 대상 적용이 유리 • 재화의 특성상 대상자가 많을수록 기술적인 측면에서 유리 • 평등(소득재분배), 사회적 적절성의 가치 구현 유리 • 서비스의 지속, 안정적 유지에 유리	• 효용 극대화의 한계 • 독점공급으로 재화의 가격 · 질에 있어 수급자에게 불리 • 정부조직의 특성상 욕구 대응에 비융통적 • 수급자의 접근성에 대한 보장의 어려움

② 지방정부의 역할

㉠ 특 징
• 지역사회 내 문제해결을 위한 조사 및 기획을 담당하고 정책의 우선순위를 결정한다.
• 지역 내 다양한 자원의 조정 및 동원을 담당하고 민간자원과의 협력관계를 구축하며 지역주민들의 욕구를 더 효율적으로 해결할 수 있다.
• 지방정부들 간의 경쟁을 유발시켜, 경쟁논리에 의하여 재화의 가격과 질의 측면에서 수급자에게 유리해질 수 있으며 창의적이고 실험적인 서비스 개발이 용이하다.

㉡ 지방정부 전달체계의 문제점

- 지방정부 단위는 중앙정부에 비해서 규모의 경제효과가 적어, 사회보험의 경우 기술적인 측면에서 불리하다.
- 지방정부 단위의 프로그램 발전은 단편화될 가능성이 크다.
- 지방재정의 분권화로 지방자치단체들 간 사회복지 수준의 격차가 발생할 수 있다.
- 재정자립도가 낮아 중앙정부의 지원을 받기 때문에 자율성이 낮아진다.
- 분권 교부에 따른 지방재정이 약화되고 타 지역 거주자의 시설입소가 제한된다.

㉢ 지방정부 전달체계의 장점과 단점

장 점	단 점
• 지역주민의 욕구해결에 보다 효율적 • 지방정부들 간의 경쟁으로 수급자에게 유리 • 보다 창의적 · 실험적인 서비스의 개발이 용이, 변화 환경에 유연 • 수급자들의 정책결정 참여기회 증대	• 지역 간 불평등 야기로 사회통합 저해 • 사회보험의 경우 기술적인 측면에서 불리 • 지방정부의 프로그램 발전 단편화 가능성 • 안정성과 지속성의 측면에서 불리

Plus ⊕ one

중앙정부와 지방정부 간의 사회복지 재원지원의 방법

- 항목별 보조금 : 재원이 사용될 세부적인 항목을 지정하여 제공한다. 지방정부의 자율적 권한이 거의 없이 단순 전달에 그치기 쉽다.
- 기능별 보조금 : 프로그램의 기능별로 포괄적으로 구분하여 제공한다. 기능 영역 내에서 지방정부가 구체적인 사용방법을 정할 수 있어 지방정부의 자율성이 어느 정도 주어진다.
- 특별 보조금 : 중앙정부의 예산 중 일부를 지방정부에 이관하는 것이다. 지방정부의 독립성을 높여 지방정부 전달체계의 장점을 크게 살릴 수 있다.

(2) 사적 사회복지 전달체계

14회 기출

사적 사회복지 전달체계에는 사회복지활동가조직 및 사회복지회관, 종교단체, 경제계, 전문가, 단체, 학계, 노동조직, 지역시민, 사회단체 등이 있으며 다음과 같은 역할을 담당한다.

① 정부 제공 서비스 비 해당자에게 서비스 제공

정부에서 제공하는 서비스의 대부분은 클라이언트의 자격기준을 심사하여 선별하기 때문에 서비스가 필요함에도 불구하고 누락되는 경우가 있는데, 이들을 위한 서비스를 제공하기 위하여 존재한다.

② 정부가 제공할 수 없는 서비스 제공

클라이언트의 욕구가 날로 다양해지는 현실에서 정부는 서비스의 1차적인 욕구충족에 목표를 두고 있는 만큼 민간사회복지서비스 전달체계에서 보다 다양하고 질 높은 서비스를 제공할 수 있다.

③ **동종 서비스에 대한 선택의 기회 제공**

정부에서 제공하는 서비스와 동일할 경우 지리적 · 기호적 또는 시간상 편리한 여건을 선택할 수 있게 하여 공사기관의 경쟁을 유발함으로써 서비스의 질을 높일 수 있다.

④ **사회복지서비스의 선도적 개발과 보급**

행정적으로 융통성이 있고 의사결정 라인이 신속하므로 환경의 변화와 클라이언트의 새로운 욕구를 민감하게 파악하고 새로운 프로그램을 개발 · 보급하는 데 유리하다.

⑤ **민간의 사회복지참여에 대한 욕구 수렴**

지역사회 내 인적 · 물적 자원을 쉽게 동원할 수 있고 자원봉사자, 후원자의 형태로 민간의 사회복지참여를 유도할 수 있다.

⑥ **정부의 사회복지활동에 대한 압력단체 역할**

민간기관의 경우 연합체를 형성하여 정부의 서비스를 감시하거나 건의할 수 있고 새로운 서비스를 위한 영향력을 행사할 수 있다.

⑦ **국가의 사회복지비용 절감**

국민의 복지욕구는 나날이 높아가지만 서비스의 공급은 한정되어 있는 실정에서 민간 전달체계가 대신하므로 비용의 절감을 가져올 수 있다.

Plus ⊕ one

구 분	공적 사회복지 전달체계	사적 사회복지 전달체계
운영주체	정부, 공공기관	민간, 민간단체
재 정	안정적	취약, 불안
특 성	복잡, 관료적, 외부요인에 둔감	융통성, 창의적, 외부요인에 민감, 유연한 대처

Plus ⊕ one

공공과 민간의 역할분담 14회 기출

구 분	내 용	제공주체
공공재 성격	공익, 사회적 필요성, 다수의 수혜자가 혜택을 보는 경우	정 부
외부효과	서비스가 필요한 만큼 제공되지 않거나 더욱 많은 부담을 유발하는 부정적인 외부효과	
서비스에 대한 정보	서비스에 대한 국민의 정보가 적거나, 정보 공유에 많은 비용이 소요되는 경우	
서비스의 속성	서비스를 대규모 혹은 강제적으로 제공하는 것이 바람직한 경우	
보완적인 서비스	정부서비스와 민간서비스가 서로 보완적인 관계인 경우	정부와 민간
서비스의 가치	서비스가 추구하는 중요한 가치가 평등이나 공평성인 경우	정 부
서비스 제공의 연속성	서비스를 안정적 · 지속적으로 제공할 필요가 있는 경우	

3 사회복지 전달체계의 문제점과 개선방안

(1) 공적 사회복지 전달체계

2회 기출

① 문제점

㉠ 상의하달식 수직전달체계

'보건복지부 → 지침 하달 → 중간 및 하부기관' 형태의 수직적 전달체계 내에서 중간 및 하부기관은 클라이언트의 욕구에 능동적 · 자율적으로 대처하기 어렵다(적절성, 통합성, 포괄성 문제).

㉡ 사회복지행정을 지방의 일반 행정체계에 편입

- 서비스의 전달을 위한 행정체계가 행정안전부의 지방행정체계에 편입되어 사회복지전문성을 살리지 못하고 있으며 일선 전문요원의 경우 일반 행정업무를 겸함으로써 전문성을 발휘하기 어려워지고 있다.
- 서비스 전달업무의 효과성, 책임성, 업무만족도 등이 저하되고 쉽게 소진될 수 있으며 결국 서비스의 효율성도 저하된다.

㉢ 전문인력관리 미흡

사회복지전담공무원은 승진의 기회가 적어서 사기가 저하되고 일반 공무원이 사회복지전문직으로 전환되고 있는 실정이라 서비스의 효과성을 악화시킬 수 있다.

㉣ 전문인력 부족

사회복지전담공무원의 업무는 더욱 과중되고 있으나 인원의 보충은 부족한 상태이므로 서비스의 질과 효과성을 저하시킨다.

㉤ 서비스 통합성 결여

공적 사회복지 전달체계의 관련 부서들은 분리되어 설치되어 있으며 통합성이 낮아 결국 서비스의 단편성을 초래하여 서비스 효과성을 저하시킨다.

㉥ 각종 위원회 활동의 부진

전달체계 내에 자문위원회, 심의위원회 등 다양한 위원회들이 존재하지만 형식적으로 운영되고 있어 서비스의 효과성 및 효율성 향상에 도움이 되지 못하고 있다.

② 개선방안

㉠ 조직, 인력, 업무에 대해 제도 운영의 합리화가 필요하다. 즉, 현행 정부조직 관리체계에 대한 전면적인 재검토와 조직과 인력에 대한 사고 전환이 필요하다.

㉡ 중앙과 지방, 공공과 민간의 역할분담 및 협력 기제를 활성화시켜 전달체계와 관련된 다양한 영역이 동시에 변화될 필요가 있다.

㉢ 전달체계 문제해결에 있어서도 전문가와 관계 실무자의 의견을 실질적으로 반영할 필요가 있으며, 복지에 대한 인식을 전환시킬 수 있도록 다양하고도 지속적인 사회교육이 필요하다. 특히 인권과 시민권에 대한 교육이 보다 강화될 필요가 있다.

(2) 사적 사회복지 전달체계

① 문제점

㉠ 사회복지협의체

- 지역사회와 전국 사회복지 관련 기관 간 협의조정 역할을 제대로 수행하지 못하고 있다.
- 사업내용과 활동이 지역사회의 복지적 욕구를 충분히 수렴하지 못하고 있다.
- 직원의 수준이 높지 않아 협의조정 업무와 사회복지 전반에 대한 연구개발이 미흡하다.
- 지방조직을 가지고 있지 않아 지방조직과의 협조가 부족하다.

㉡ 사회복지수용시설

- 전문가의 비율이 낮고 제공되는 서비스가 최저생활 유지수준에 미치지 못하고 있다.
- 직원의 빈번한 교체로 서비스의 지속성이 부족하고 지역사회서비스가 제대로 연계되지 않아 통합성이 결여되어 있다.
- 서비스에 대한 효과성과 효율성에 대한 평가가 없다.

㉢ 사회복지이용시설

- 서비스의 전문성과 서비스기술이 부족하다.
- 서비스제공의 통합성과 서비스의 효과성 · 효율성이 결여되어 있다.
- 홍보 부족으로 서비스 접근성이 낮고 서비스의 중복적인 제공이 있다.

② 개선방안

㉠ 기존 사회복지협의체의 기능강화가 필요하다.

- 기능강화를 위해서는 우선 사회복지사업법을 개정하여 보건복지부의 지시 · 감독에서 벗어날 수 있어야 한다.
- 전문가들이 스스로 노력하여 전문적 수준을 높일 수 있도록 민간단체협의체에서도 계속 교육 프로그램을 제공하는 것이 바람직하다.

㉡ 사회복지수용시설의 개선

- 사회복지수용시설의 전문적 수준을 높이기 위해 사회복지시설 종사자에 대한 처우가 크게 개선되어야 한다.
- 시설의 개방성을 높임으로써 지역사회 내 다른 사회복지기관과의 협조가 용이하도록 하고, 시설수용자에 대한 서비스의 질도 향상시킨다.

㉢ 사회복지이용시설의 개선

- 수용시설과 마찬가지로 전문적 수준을 높여야 한다.
- 어느 한 시설에서 다양한 서비스를 제공하려 하지 말고, 각각의 이용기관이 다른 기관보다 더 잘 할 수 있는 비교우위적 서비스를 선택해 보다 효과적이고 질 높은 서비스를 집중적으로 제공하여 전문기관이 되도록 노력하는 것이 바람직하다.

CHAPTER 03

출제유형문제

01 **서비스의 통합성을 증진시키기 위한 전달체계 개선전략으로 옳지 않은 것은?** [9회]

① 종합적 서비스를 제공하는 별도의 기관을 설치한다.
② 지역사회 수준에서 사례관리체계를 도입한다.
③ 클라이언트의 서비스이력 정보를 공유한다.
④ 서비스별로 인테이크 창구를 마련한다.
⑤ 통합정보망을 구축하여 서비스 연계를 강화한다.

해설 ④ 인테이크(Intake)의 단일화를 통해 접수과정을 반복함으로써 발생하는 번거로움을 해소하며, 클라이언트가 필요로 하는 서비스를 체계적이고 종합적으로 받을 수 있도록 한다.

전달체계 개선에 의한 서비스 통합 방법
- 종합서비스센터
- 인테이크(Intake)의 단일화
- 종합적인 정보와 의뢰시스템(I & R)
- 사례관리
- 트래킹(Tracking)

02 **사회복지서비스 전달체계의 구축 원칙에 관한 설명으로 옳지 않은 것은?** [13회]

① 통합성 원칙 구현을 위해서는 조직 간 유기적 연계가 중요하다.
② 서비스 편중이나 누락이 없도록 하는 것은 비파편성 원칙에서 강조된다.
③ 충분성의 원칙은 서비스의 양과 기간을 설정하는 것과 관련된다.
④ 서비스 공급이 연속적으로 이루어지기 위해서는 개별성 원칙을 견지하여야 한다.
⑤ 책임성 원칙은 전달체계 자체의 효과성이나 효율성과 관련된다.

해설 ④ 서비스 공급이 연속적으로 이루어지기 위해서는 '지속성의 원칙'을 견지하여야 한다. 지속성의 원칙이란 한 개인의 문제나 욕구를 해결하는 과정에서 필요한 서비스의 종류와 질이 달라져야 하는 경우가 많은데, 한 개인이 필요로 하는 다른 종류의 서비스와 질적으로 다른 서비스를 지역사회 내에서 계속적으로 받을 수 있도록 서비스들이 상호 연계되어야 하는 것을 말한다.

Answer 1 ④ 2 ④

03 사회복지서비스 전달체계에 관한 설명으로 옳지 않은 것은? [15회]

① 구조 · 기능적 차원에서는 행정체계와 집행체계로 구분된다.
② 서비스 종류에 따라 공적 전달체계와 사적 전달체계로 구분된다.
③ 행정체계는 서비스를 기획, 지시, 지원, 관리하는 것을 말한다.
④ 집행체계는 서비스 전달기능을 주로 수행하면서 행정기능도 수행한다.
⑤ 읍 · 면 · 동은 사회복지서비스와 급여를 제공하는 집행체계에 해당한다.

해설 ② 서비스 전달체계의 운영주체에 따라 공적 전달체계와 사적 전달체계로 구분된다. 반면, 서비스 종류별 분석은 서비스 수급자의 입장을 반영한 것으로 아동복지, 노인복지, 정신보건, 국민기초생활(생활보호) 등으로 구분된다.

04 사회복지서비스 전달체계의 원칙에 관한 설명으로 옳지 않은 것은? [12회]

① 통합성 – 상호 연관된 서비스를 종합적으로 고려한다.
② 책임성 – 핵심 업무는 반드시 전문가가 담당한다.
③ 지속성 – 필요한 여러 서비스를 중단 없이 제공한다.
④ 적절성 – 서비스의 양과 질이 욕구충족을 위한 수준이어야 한다.
⑤ 평등성 – 소득이나 지위에 관계없이 평등하게 서비스를 제공한다.

해설 ② 전문성의 원칙에 해당한다. 사회복지서비스의 핵심적인 업무는 반드시 전문가가 담당해야 한다. 여기서 전문가는 자격요건이 객관적으로 인정된 사람이며, 자신의 전문적 업무에 대한 권위와 자율적 책임성을 가진 사람을 말한다. 반면, 책임성의 원칙은 사회복지조직이 복지국가가 시민의 권리로 인정한 사회복지서비스를 전달하도록 위임받은 조직이므로, 사회복지서비스의 전달에 대하여 책임을 져야 한다는 것이다.

05 우리나라 사회복지 전달체계에 관한 설명으로 옳지 않은 것은? [11회]

① 중앙정부는 사회통합이나 평등과 같은 정책목표를 달성하는 데 유리하다.
② 중앙정부는 지방정부에 비해서 다양한 욕구에 부합하는 사회복지서비스 제공에 유리하다.
③ 비영리 사회복지기관은 공공부문과 연계하여 서비스를 제공하기도 한다.
④ 영리기관은 이윤을 목적으로 하며, 효율성을 추구한다.
⑤ 최근 서비스 생산 및 전달에 있어 지방정부와 민간기관의 역할이 증대되고 있다.

해설 ② 중앙정부에 의한 공공전달체계는 통일성, 지속성, 안정성에서 유리하며, 규모의 경제와 평등지향적 서비스 공급이 가능한 장점이 있다. 그러나 수급자의 다양한 욕구를 반영하는 데 한계가 있고 접근성이 결여되며, 공급의 독점성에 따라 서비스의 질이 저하되는 단점이 있다.

3 ② 4 ② 5 ② Answer

06 사회복지서비스 전달에서 민간조직의 강점이 아닌 것은? [12회]

① 다양한 서비스 제공이 가능하다.
② 기본적이고 보편적인 욕구충족에 유리하다.
③ 서비스 이용자의 선택 기회를 넓힌다.
④ 선도적인 서비스 개발과 보급에 유리하다.
⑤ 민간의 사회복지 참여욕구를 수렴할 수 있다.

해설 ② 민간조직이 아닌 정부조직의 강점에 해당한다. 특히 정부의 서비스는 일반적으로 기본적이고 보편적인 문제나 욕구충족에 1차적인 목표를 둔다. 그로 인해 개인의 다양한 문제나 욕구를 충족시킬 수 없으며, 질 높은 서비스를 제공하는 데에도 한계가 있다. 따라서 민간조직은 정부에서 제공할 수 없는 보다 다양하고 질 높은 서비스를 제공하기 위해 필요하다.

07 사회복지기관이 농어촌에서 이동목욕을 실시했다면, 사회복지서비스 전달체계 구축의 원칙 중 이와 가장 관련이 깊은 것은?

① 전문성
② 효과성
③ 접근성
④ 효율성
⑤ 공평성

해설 ③ '접근성의 원칙'은 클라이언트가 사회복지 서비스를 이용하는 데 있어 지리적인 거리, 경제적인 이유, 개인적 동기와 인식 등 클라이언트의 사회복지조직이나 서비스에 대한 접근성이 높아야 한다는 것이다.

08 우리나라의 공공 사회복지 전달체계 현황으로 옳은 것은? [14회]

① 공공부조의 전달체계에서 시 · 군 · 구/읍 · 면 · 동이 중요한 역할을 하고 있다.
② 사회보험제도 운영에서 지방자치단체의 책임성이 매우 크다.
③ 서비스 신청과 상담을 위해 시 · 도청을 방문해야 한다.
④ '사회보장정보시스템'을 활용하여 읍 · 면 · 동에서 국민연금의 징수 · 지급 업무를 수행하고 있다.
⑤ 사회복지청이 복지서비스의 전문적 전달을 지원하고 있다.

해설 ① 서비스 전달체계는 구조 · 기능상 행정체계와 집행체계로 구분된다. 일반적으로 우리나라 공공부조의 전달체계에서 시 · 군 · 구는 행정체계, 읍 · 면 · 동은 집행체계가 된다.
② 사회보험은 국가의 책임으로 시행되므로, 사회보험제도 운영에서 중앙정부의 책임성이 크다고 볼 수 있다.
③ 일반적인 서비스 신청 및 상담은 거주지 주민센터에서도 가능하다. 참고로 보건복지부는 2016년 1월 20일 맞춤형 통합서비스를 통해 읍 · 면 · 동 복지기능을 대폭 강화하고, 읍 · 면 · 동 중심의 찾아가는 서비스, 원스톱 서비스 구축 등을 골자로 한 맞춤형 복지계획을 발표한 바 있다.

Answer 6 ② 7 ③ 8 ①

④ 국민연금 급여의 결정 및 지급은 국민연금공단에서, 연금 보험료 징수업무는 2011년 1월 1일부터 사회보험 징수통합에 따라 국민건강보험공단에서 담당한다. 참고로 사회보장정보시스템(행복e음)은 국가 및 지방자치단체가 지원하는 각종 사회복지 급여 · 서비스 지원 대상자 및 수혜 서비스 이력을 통합적으로 관리하는 지자체 복지업무 처리지원시스템으로서, 복지대상자의 신청, 자산조사, 지원여부 결정, 급여지급, 사후관리 등의 업무를 수행한다.

⑤ 우리나라는 사회복지 수요 증가에 따른 필요성 제기에도 불구하고, 사회복지청과 같은 사회복지전담기관을 별도로 운영하고 있지 않다.

09 사회복지서비스 전달에서 공공과 민간의 상대적 장점을 고려할 때 바람직한 역할분담으로 옳지 않은 것은? [14회]

① 공공재적 성격, 외부효과가 강한 서비스는 정부가 제공
② 개별화가 강한 서비스는 민간이 제공
③ 재원 안정성이 중요한 서비스는 정부가 제공
④ 표준화가 용이한 서비스는 민간이 제공
⑤ 기초적인 대규모 서비스는 정부가 제공

해설 ④ 정부는 복지에 대한 다양한 욕구를 수용하여 프로그램을 포괄 · 조정할 수 있으므로, 표준화가 용이한 서비스를 제공하는 데 유리하다.

10 사회복지 전달체계 구축의 주요 원칙에 관한 설명으로 옳은 것을 모두 고른 것은? [11회]

ㄱ. 정보 부족으로 인해 서비스를 이용할 수 없다면 '통합성'이 결여된 것이다.
ㄴ. 이용자 불만을 표시할 수 있는 장치가 없다면 '책임성'이 결여된 것이다.
ㄷ. 특정 프로그램 종료 후 필요한 후속 프로그램이 없다면 '평등성'이 결여된 것이다.
ㄹ. 필요한 서비스의 양과 질이 부족하다면 '적절성'이 결여된 것이다.

① ㄱ, ㄴ, ㄷ
② ㄱ, ㄷ
③ ㄴ, ㄹ
④ ㄹ
⑤ ㄱ, ㄴ, ㄷ, ㄹ

해설 ㄱ. 접근 용이성의 결여, ㄷ. 지속성의 결여

9 ④ 10 ③ Answer

CHAPTER 03

최신기출문제

01 **최근 우리나라의 지역사회복지 동향에 관한 내용으로 옳은 것은?** [16회]

① 중앙정부 중심의 지역사회복지서비스 전달체계 구축
② 복지재정 분권화로 인한 지역 간 사회복지 불균형
③ 다양한 서비스 공급 주체의 참여 축소
④ 서비스 이용자의 권리 제한
⑤ 지역사회 복지네트워크 중요성 감소

해설 ② 지방분권화에 따른 복지재정의 분권화는 지방자치단체장의 의지에 따라 복지서비스의 지역 간 불균형이 나타날 수 있고, 지방정부 간 재정력 격차로 인해 복지수준의 차이가 발생할 수 있는 단점이 있다.
① 지방자치제 실시로 중앙정부 중심의 복지행정으로부터 지방정부 중심의 복지행정으로 전환이 이루어졌다.
③ 서비스 공급 주체가 다양화되고 있는 추세이다.
④ 서비스 이용자의 권리가 강화되고 있는 추세이다.
⑤ 지역사회 복지네트워크의 중요성이 증가하고 있다.

02 **사회복지전달체계 구축 시 고려해야 할 사항으로 옳지 않은 것은?** [19회]

① 통합성 : 서비스의 중복과 누락을 방지하고 다양한 서비스를 통합적으로 제공해야 한다.
② 포괄성 : 클라이언트의 다양한 욕구 중 한 가지 욕구를 해결하기 위하여 전문가 집단이 개입하는 방식이다.
③ 적절성 : 사회복지서비스의 양과 질이 서비스 수요자의 욕구충족과 서비스 목표달성에 적합해야 한다.
④ 접근성 : 서비스 이용자에게 공간, 시간, 정보, 재정 등의 제약이 없는 서비스 제공을 의미한다.
⑤ 전문성 : 충분한 사회복지전문가의 확보가 필요하다.

해설 ② 포괄성 : 사람들의 욕구와 문제는 다양하고 복잡하기 때문에 이러한 문제들을 동시에 또는 순차적으로 해결하기 위하여 포괄적인 서비스를 필요로 한다.

Answer 1② 2②

03 다음 (　　)에 들어갈 사회복지서비스 전달체계 구축 원칙의 연결이 옳은 것은? [15회]

> (ㄱ) : 클라이언트의 욕구와 문제해결을 위해 다양한 서비스를 제공해야 한다.
> (ㄴ) : 서비스의 양과 질이 욕구와 목표달성에 충분해야 한다.
> (ㄷ) : 핵심적인 업무는 반드시 객관적으로 자격이 인정된 사람이 담당해야 한다.
> (ㄹ) : 서비스를 필요로 하는 사람은 누구나 쉽게 받을 수 있어야 한다.

① ㄱ : 전문성, ㄴ : 접근성, ㄷ : 포괄성, ㄹ : 적절성
② ㄱ : 포괄성, ㄴ : 적절성, ㄷ : 전문성, ㄹ : 접근성
③ ㄱ : 포괄성, ㄴ : 전문성, ㄷ : 적절성, ㄹ : 접근성
④ ㄱ : 전문성, ㄴ : 포괄성, ㄷ : 접근성, ㄹ : 적절성
⑤ ㄱ : 포괄성, ㄴ : 접근성, ㄷ : 적절성, ㄹ : 전문성

해설
ㄱ. 포괄성의 원칙 : 사람들의 욕구와 문제는 다양하고 복잡하기 때문에 이러한 문제들을 동시에 또는 순서적으로 해결하기 위하여 포괄적인 서비스를 필요로 한다.
ㄴ. 적절성(충분성)의 원칙 : 사회복지서비스는 그 양과 질, 제공하는 기간이 클라이언트나 소비자의 욕구충족과 서비스의 목표달성에 충분해야 한다.
ㄷ. 전문성의 원칙 : 사회복지서비스의 핵심적인 업무는 반드시 전문가가 담당해야 한다. 여기서 전문가는 자격요건이 객관적으로 인정된 사람이며, 자신의 전문적 업무에 대한 권위와 자율적 책임성을 지닌 사람을 말한다.
ㄹ. 접근 용이성(접근성)의 원칙 : 사회복지서비스는 그것을 필요로 하는 사람들이면 누구나 쉽게 받을 수 있어야 하기 때문에 클라이언트가 접근하기에 용이해야 한다.

04 독거노인을 위한 복지서비스 전달체계 구축 원칙과 내용이 옳지 않은 것은? [17회]

① 충분성 : 치매예방서비스 양을 증가시킴
② 연속성 : 치매예방 및 관리서비스를 중단 없이 이용하게 함
③ 접근성 : 치매예방서비스 비용을 낮춤
④ 책임성 : 치매예방서비스 불만사항 파악절차를 마련함
⑤ 통합성 : 치매예방서비스를 적극적으로 홍보함

해설 **복지서비스 전달체계 구축의 통합성(Unification) 원칙**
- 클라이언트의 문제는 매우 복합적이고 상호 연관되어 있기 때문에 이러한 문제를 해결하기 위해서 기관 간의 서비스가 통합적으로 제공되어야 한다.
- 예를 들어, 독거노인의 치매 관련 문제는 인지기능저하 노인을 대상으로 한 초기상담 프로그램, 조기검진 프로그램, 초기 경증 치매노인의 치매 악화 지연을 위한 인지재활 프로그램 등 관련 서비스 프로그램들을 필요한 순서에 따라 진행함으로써 통합적으로 접근할 수 있다.

3 ② 4 ⑤ Answer

CHAPTER 04

사회복지조직

학습목표

- 이 장은 사회복지서비스를 제공하기 위한 조직의 구성 및 운영 등에 관한 내용을 다루는 분야이다.
- 공식적 조직과 비공식적 조직, 조직의 유형, 사회복지조직 관련 용어 등도 반복 출제될 수 있는 중요한 내용들임을 유념해서 잘 숙지하여야 한다.
- 각 조직구조의 순기능과 역기능을 파악하고 실제 적용할 수 있는 상황과 연결해본다.
- 업무 세분화 방안 및 세분화로 인한 문제점 극복방안에 대해서 자주 출제가 되고 있다.

제1절 사회복지조직의 개념

제2영역

1 사회복지조직의 정의

(1) 사회복지조직의 특성

① 일반조직

㉠ 일반적으로 조직은 '주요 목표를 달성할 목적으로 의도적으로 구조화된 계획적 단위'로 정의할 수 있으며, 조직의 특성적 요소는 사회적 구조, 참여자, 목표, 기술, 환경 등이다.

㉡ 조직구조는 조직의 각 부분 간에 성립되어 있는 관계의 유형을 의미하는 것으로, 조직의 기능, 권한, 책임 등이 어떻게 배분되고 조정되는가 등과 관련된다.

② 일반조직문화의 기능

㉠ 조직문화는 조직구성원들에게서 뚜렷하게 나타나는 가치나 규범, 신념체계이며 조직구성원의 가치관과 사고방식 그리고 행동패턴을 결정하는 기본요소라고 할 수 있다.

㉡ 순기능과 역기능 4, 12, 13회 기출

순기능	• 구성원의 일탈행동을 방지하는 통제기능을 수행한다. • 구성원을 통합하여 동질감을 높여준다. • 조직의 안정성과 계속성을 유지시킨다. • 조직에 대한 몰입도를 높여준다. 문화가 강할 경우 조직몰입도가 상대적으로 높아진다. • 모방과 학습으로 구성원들로 하여금 사회적 적응을 촉진시켜 사회화하는 기능을 한다.
역기능	• 부서별 독자적인 조직문화로 인해 조정과 통합에 지장을 초래한다. • 초기에는 조직문화가 순기능을 하지만 장기적으로는 그 경직성으로 인해 변화와 개혁에 장애가 된다. • 집단사고의 폐단으로 유연성과 창의성을 떨어뜨린다.

Plus ⊕ one

'조직' 개념에 대한 학자별 정의

- 에치오니 : 특정 목표를 달성할 목적으로 의도적으로 구조화된 계획적 단위
- 파슨스 : 특정 목표를 추구하기 위해 신중하게 구축된 사회적 단위나 인간집단
- 랄프 앤더슨과 카터 : 구체적이고 명백한 목표달성을 목적으로 하는 하나의 사회체계

③ 사회복지조직의 의의 2, 6회 기출

㉠ 사회복지조직은 사회복지를 주요 업무로 하는 일련의 조직으로서 사회로부터 공익을 위한 활동을 하도록 인가를 받았을 뿐만 아니라 활동에 필요한 물질적 · 비물질적 후원을 받는다.

㉡ 사회 속에 있는 인간의 바람직하지 못한 상태를 예방하거나 현재의 상태를 유지 또는 그것의 악화를 지연시키는 활동을 하는 조직이다.

㉢ 사회복지조직은 일반조직과는 달리 공동목표가 사회복지라고 명확하게 규정되어 있다는 점에서 그 의의를 찾을 수 있다.

㉣ 소비자에게 직접 서비스의 전달을 통해 정상적인 인간활동을 지원하는 것에 중점을 둔다.

(2) 사회복지조직의 목표 9회 기출

① 조직의 바람직한 미래상을 통해 조직운영과 활동의 방향을 제시한다.

② 조직의 존재 그 자체와 조직의 활동에 대한 정당성의 근거로 작용한다.

③ 조직의 다양한 프로그램 및 활동에 대한 효과성 측정의 기준이 된다.

④ 조직의 목표달성에 요구되는 자원 및 기술 과정을 설계하는 준거가 된다.

Plus ⊕ one

사회복지조직의 원리

- 계층제(Hierarchy)의 원리 : 수직적 관계에 의한 원리이다. 상급자와 하급자는 수직적 관계에 있어야하며, 단절된 수직관계가 아니라 서로 밀접하게 연결되어야 한다는 원리이다.
- 명령통일(Unity of Command)의 원리 : 조직구성원은 그 정점에 있는 개인의 지시에 따라 움직여야 한다는 원리이다.
- 통솔범위(Span of Control)의 원리 : 한 사람의 상급자가 통솔하는 하급자의 수는 제한되어 있다는 원리이다.
- 분업 · 전문성(Functional Specialization)의 원리 : 조직의 작은 단위는 분업과 전문성에 따라 나누어져야 한다는 원리이다.
- 통합조정(Coordination)의 원리 : 전문화되거나 분업화된 조직 단위의 업무가 조직의 목표달성이라는 관점에서 일관성이 유지되어야 한다는 원리이다.
- 권한에 준하는 책임(Authority Parallel with Responsibility) : 권한의 행사에는 반드시 그에 상응하는 책임이 수반된다는 원리이다.
- 부문화 · 부서화의 원리 : 조직의 효율성을 달성하기 위해서 조직 내의 또 다른 하부구조를 만드는 원리이다.

2 유형 구분

14회 기출

(1) 공식성(Formalization)에 따른 구분

법률에 의하여 인위적으로 이루어진 조직을 공식조직이라 하고 공식조직 내에서 인간관계에 입각한 상호접촉 · 친분 · 감정 등에 의하여 자연발생적으로 성립된 조직을 비공식조직이라 한다.

① 공식적 조직

㉠ 조직목표를 달성하기 위하여 법령 등에 의해 공식적으로 업무와 역할을 할당하고 권한과 책임을 부여하는 조직을 말한다.

㉡ 공식적 조직을 연구한 것은 주로 과학적 관리론으로 분업, 위계질서, 통제범위, 조직구조 등이 주요한 특징으로 제시된다.

② 비공식적 조직

3회 기출

㉠ 구성원 상호 간의 접촉이나 친근관계로 인해서 형성되는 조직으로서 구조가 명확하지 않은 조직을 말한다.

㉡ 비공식적 조직은 의사소통의 통로, 응집력의 유지, 성원의 자존심 향상 등에서 유용성을 가지지만 비공식적 조직이 공식적 조직을 대체해서는 안 된다.

㉢ 비공식적 조직은 자연발생적 · 비합리적이며, 능률보다 감정의 논리를 우선시하며, 소규모 집단으로 이루어진다.

㉣ 비공식 조직의 순기능과 역기능

3, 18회 기출

순기능	역기능
• 귀속감 · 심리적 안정감 등의 충족과 사기진작 • 행동규범의 확립과 사회적 통제 • 공식조직의 능력보완과 쇄신적 분위기의 조성 • 구성원 간 협조와 지식 · 경험의 공유를 통한 업무의 능률적 수행 • 공식조직(계층제)의 경직성 완화와 적응성 증진 • 원활한 의사소통 • 조직의 응집력을 높임	• 적대감정과 심리적 불안감 조성 • 비생산적 규범 형성 • 비합리적 의사결정 초래 • 공식적 권위 약화, 파벌 조성 • 비공식적 의사소통의 역기능(소문 등의 만연) • 정보의 공식적 이용 곤란

③ 비공식조직에 대한 효과적인 통제방법

9회 기출

㉠ 관리자는 조직구성원의 불만 원인을 분석하고 이해와 설득으로써 불만을 제거하도록 노력해야 한다.

㉡ 관리자는 비공식조직구성원과의 대립과 알력을 해소하고 불안감과 긴장감을 제거하기 위해 노력해야 한다.

㉢ 관리자는 비공식조직이 조직의 이해 및 목적과 양립하는 것이 아님을 인식해야 한다.

㉣ 관리자는 비공식조직의 유형, 목표, 기능을 비롯하여 비공식조직구성원의 인적사항 등 비공식조직의 전반적인 실태를 파악해야 한다.

㉤ 관리자는 비공식조직의 지도자를 파악하고 그로 하여금 조직의 목표에 협조하도록 설득하여야 한다.

ⓗ 관리자는 비공식조직의 통제가 불가능하다고 판단하는 경우 비공식조직의 관례를 약화시키거나 비공식조직구성원을 전직 또는 분산시키는 등 비공식조직을 무력화해야 한다.

ⓢ 관리자는 비공식조직의 통제가 근본적으로 조직의 목표활동을 저해하는 음성적 집단을 조직의 목표활동에 기여하는 양성적 집단으로 전환시키는 데 있음을 인식해야 한다.

Plus ⊕ one

공식조직과 비공식조직의 비교

구 분	공식조직	비공식조직
자발적 성격	주요목적을 위하여 인위적 · 계획적으로 형성	구성원 상호 간 욕구충족을 위한 것이며 자연발생적 성격이 강함
조직목표	보통 공적으로 설정되는 것은 하나뿐이고 목표를 향해 조직 전체가 통합	구성원의 욕구 또는 소망의 다양성에 따라서 목표가 달라짐
구성논리	구성원은 주어진 목표를 향하여 규칙에 따라 합리적으로 행동하도록 요구되므로 능률의 논리에 따라서 구성	대면적인 제1차 집단적 성격이 강하고 구성원의 행동은 소외된 인간성의 회복을 무의식적으로 추구하게 되어, 감정의 논리에 따라서 구성

(2) 복잡성(Complexity)에 따른 구분

10회 기출

① 조직구조의 복잡성(Complexity)은 조직 내 분화 정도를 나타내는 것으로서, 크게 '수직적 분화', '수평적 분화', '지역적 분산'으로 구분된다.

㉠ 수직적 분화

- 수직적 분화는 조직구조의 깊이 또는 조직의 계층 수를 의미한다.
- 분화가 증가할수록 계층 수가 늘어나며, 그로 인해 복잡성이 증대된다.
- 통제범위가 좁으면 수직적으로 긴 조직계층을 형성하는 반면, 통제범위가 넓으면 상대적으로 평평한 조직구조를 형성한다.
- 관리자 중심의 통제가 이루어지나, 계층 수가 과도하게 많은 경우 조정 및 의사소통이 복잡해진다.

㉡ 수평적 분화

- 수평적 분화는 종업원의 수, 과업의 양과 질에 따른 조직단위 간의 분화 정도를 의미한다.
- 조직 내에서 전문화된 지식 및 기술을 요구하는 특징적 과업들이 많을수록 수평적 분화가 많이 일어나며, 이로써 조직의 복잡성이 증대된다.
- 조직은 분업의 효율성을 위해 전문화를 추구하며, 이는 통제 및 조정의 필요성을 가중시킨다.
- 유사한 직무를 수행하는 전문가들은 하나의 집단으로 부문화되며, 이러한 부문화를 통해 동일집단의 전문가들은 수평적으로 분화된 활동을 통합하게 된다.

㉢ 지역적 분산

- 지역적 분산은 과업 및 권력을 지리적 · 장소적으로 분리하는 것을 의미한다.
- 사무실 또는 작업장 간의 분산은 물론 조직성원 간의 거리에 의한 분산을 포함한다.
- 지역적 분산이 가중될수록 조직의 복잡성이 증대된다.

② 수직조직과 수평조직의 비교

㉠ 수직조직

- 명령과 복종관계를 가진 수직적 구조를 형성하여 목표달성에 중심이 되기도 하는 구조로서 조직 내 '관장 – 부장 – 과장 – 팀장' 등과 같은 계층적인 형태를 띤다.
- 조직의 목표달성에 결정권을 가지며 서비스대상자와 직접적인 참여를 가지고 조직의 목표달성에 기여한다.

㉡ 수평조직

- 수직조직이 원활하게 기능을 수행할 수 있도록 지원하고 촉진하여 조직의 목표달성에 간접적으로 공헌하는 구조로 참모조직이라고도 한다.
- 자문, 정보수집, 기획, 인사, 회계, 연구 등의 기능을 수행한다.
- 전문적인 지식과 경험을 활용하며, 합리적인 지시와 명령이 가능하다.

㉢ 수직조직과 수평조직의 장점과 단점

구 분	수직조직	수평조직
장 점	• 위계적인 구조로 권한과 책임이 분명하다. • 책임자가 결정권과 집행권을 가짐으로써 결정의 신속성을 꾀할 수 있다. • 통솔력을 행사할 수 있으므로 정책결정이 신속하며 조직의 안정성을 확보할 수 있다.	• 책임자의 통솔범위가 확대되어 효율성을 기할 수 있다. • 전문지식과 경험을 활용할 수 있다. • 독단적이지 않으며 참여적이고 객관적인 의사결정을 가능하게 한다. • 조직의 융통성이 있어 대규모 조직에 유리하다.
단 점	• 대규모 조직에서는 불리하다. 즉, 책임자의 총괄적인 지휘 · 감독으로 업무량이 과중될 수 있다. • 결정권이 있는 책임자가 독단적이고 주관적인 의사결정을 내릴 우려가 있다. • 특수분야에 전문적인 지식을 활용할 수 없으며, 조직이 경직될 우려가 있다.	• 조직 내 인사관계가 복잡해진다. • 책임소재를 둘러싸고 갈등이 야기될 수 있다. • 운영과 행정의 지연이 야기될 수 있다. • 의사소통의 경로를 혼란에 빠뜨릴 수 있다.

Plus ⊕ one

수직조직과 수평조직의 비교

수직조직	수평조직
• 계층적 성격 • 조직목표달성에 직접적으로 기여 • 국민과 직접접촉 • 명령권 · 집행권의 행사 • 수직적 복종관계 • 일반사회복지행정가	• 비계층적 성격 • 조직목표달성에 간접적으로 기여 • 국민과 직접 접촉하지 않음 • 명령권 · 집행권 없음 • 수평적 대등관계 • 전문사회복지행정가

(3) 집권성(Centralization)에 따른 구분

① 글라슨(Glisson)에 의하면 조직 내에서 기획이나 정책에 관한 의사결정에 참여하는 권한이 소규모의 집단에 국한되어 있는 경우를 집권화라고 하며 이 권한이 다양한 집단에 분산 또는 위임되어 있는 경우를 분권화라고 한다.

② **집권화와 분권화의 비교** 14, 17회 기출

구 분	집권화	분권화
의 미	의사결정권이나 지도 · 감독권이 조직 내 상위계층에 집중되어 있는 경우	권한이 하위계층에 분산 또는 위임되어 있는 경우
장 점	• 통일된 정책의 수립과 집행 가능 • 통제와 지도 · 감독이 수월, 재원 절감 • 위기나 비상시 신속한 대응 • 조직기능의 중복 억제 • 혁신과 변화를 추구하고 갈등의 신속한 해결	• 신속한 의사결정, 업무 감소 • 자발적 협조 유도, 책임감 증진 • 조직의 협조관계 용이
단 점	• 조직을 관료적이고 권위주의적 성격으로 몰아감 • 창의성과 자발성의 저해와 획일화	• 지도 · 감독과 통제 약화 • 업무 중복, 행정력 분산 • 전문기술을 활용할 수 없게 만듦

③ **집권화와 분권화의 결정요인**

㉠ 조직이 속한 사회문화적 환경

권위주의적 문화가 지배적인 환경, 상하 간의 위계질서가 강조되는 사회는 집권화 경향이 뚜렷하고 다원주의와 평등주의의 영향을 받는 환경에서는 분권화가 촉진된다.

㉡ 조직의 규모와 역사

- 소규모 조직일수록 집권화를, 대규모 조직은 분권화를 지향하는 경향이 있다.
- 역사가 짧은 신설조직은 집권화, 오래된 조직은 분권화하는 경향이 있다.
- 하위조직의 능력 : 하위조직에 속한 구성원의 전문성이 낮은 경우에는 집권화, 전문성이 높은 경우에는 권한위임 또는 배분이 이루어지는 분권화의 성향을 띠게 된다.

㉢ 조직의 위기

평상시에는 분권화를 지향하지만 위기나 비상사태가 발생하면 집권화로 전향하는 경향이 있다.

㉣ 조직의 지도력

조직 내 특정인이 유능한 인물인 경우에는 집권화의 경향이 높아지고, 민주적 지도력을 추구하는 조직에서는 분권화 성향을 띤다.

㉤ 업무내용과 업무분담

업무가 동시에 동일한 방법 · 내용으로 수행되는 경우, 업무의 내용이 단순하고 획일적일 경우, 주요 업무가 공공의 관심사이거나 상위조직에서 중요하다고 생각하는 경우에는 집권화되기 쉽다.

㉥ 기술의 발달과 행정의 전문화

통신과 교통의 발달, 컴퓨터의 등장은 집권화를 촉진시키는 요인이다. 과학과 기술의 발달은 행정의 영역을 확대하고, 전문적 기술을 요구하는 경향이 있으므로 동시에 분권화에도 지대한 영향을 미친다.

㉦ 조직환경의 불확실성과 가변성

조직환경의 불확실성이나 가변성은 분권화를 촉진시킨다.

㉧ 관리자의 인간관

맥그리거(Mcgregor)에 의하면 X이론에 근거한 관리자는 권위주의적인 지도력, 엄격한 통제와 지도 · 감독, 상부책임제도의 강화를 관리전략으로 활용하므로 집권화를 선호하고, Y이론에 근거한 관리자는 민주적 지도력의 확립, 권한의 위임, 자기평가제도의 활성화 등 분권화를 선호한다.

Plus ⊕ one

집권화 요인과 분권화 요인

집권화 요인	분권화 요인
• 소규모의 신설 · 영세조직(Hamilton 사상) • 국가 위기의식이 존재 • 카리스마적 지도자 필요시, 전문화 필요시 적용 • 교통 · 통신 · 과학기술의 발달 • 사회복지 재정의 확대(규제강화, 거대정부)	• 대규모의 오래되고 안정된 조직(Jefferson 사상) • 불확실한 상황 시, 권한위임을 통한 관리자 양성 필요시, 신속한 사무처리 필요시 적용 • 지역실정에 맞는 행정수행 • 작은 정부 구현

Plus ⊕ one

조직구조의 구성요소 12, 14회 기출

- 공식화(Formalization)
  조직 내 직무에 대한 표준화 정도를 의미한다. 공식화는 조직이 직면한 상황을 다루기 위해 고안해낸 규칙이나 절차들로 나타나며, 이와 같은 공식화의 정도는 매우 엄격한 수준에서부터 방임의 수준에 이르기까지 다양하다.
- 복잡성(Complexity)
  조직 내 분화의 정도를 의미한다. 분화에는 조직 활동의 분업화에 의한 '수평적 분화', 분업화된 조직 활동들을 조직목표 달성을 위해 구조화한 '수직적 분화', 지역적 거리 혹은 분산에 의한 '공간적 분화'가 있다.
- 집권화(Centralization)
  조직 내 의사결정의 권한이 어느 한 지점에 집중되어 있는 정도를 의미한다. 의사결정 권한 집중도의 높고 낮음에 따라 집권화와 분권화(Decentralization)가 대비된다. 집권화는 조직의 상층부를 중심으로 하위단위들에 대한 체계적인 관리에 유리한 반면, 분권화는 변화하는 외부환경에의 유연한 대처에 유리하다.

(4) 조직의 유형에 따른 분류

① 권력의 형태에 따른 분류(에치오니의 조직유형) 16회 기출

㉠ 에치오니의 분류에 따르면 사회복지조직은 규범적 조직에 속한다. 휴먼서비스에 대한 사명감이나 이념이 조직구성원으로 하여금 조직의 명령에 순응하도록 하는 성향을 가지고 있기 때문이다.

㉡ 특 성

- 강제적 조직(Coercive Organization) : 조직구성원이 강제적으로 조직의 명령에 순응하도록 규정되어 있는 조직
  예 수용소, 형무소, 군대와 경찰 등
- 공리적 조직(Remunerative Organization) : 산업현장의 조직처럼 보수가 조직구성원으로 하여금 조직의 명령에 순응하도록 하는 조직
- 규범적 권력(Normative Organization) : 이념이나 규범이 조직구성원으로 하여금 조직에 순응하도록 하는 조직
  예 종교조직, 정치조직, 학교조직 등

㉢ 모든 조직을 에치오니의 세 가지 유형으로 분류할 수는 없다. 보수를 위하여 사회복지조직에 근무한다면 그 조직은 공리적 조직으로서의 성격을 가진다.

㉣ 에치오니는 복종관계에 의하여 조직의 유형을 분류하고 권력의 종류와 관여에 따라 9가지 조직유형을 다음과 같이 제시하고 있다.

구 분	소외적 관여 (복종 혹은 강한 부정)	타산적 관여 (획득한 보상에 따른 무관심을 드러냄)	도덕적 관여 (강한 긍정)
강제적 권력 (위협, 신체적 탄압)	유형 1. 강제적 조직 (수용소, 정신병원, 형무소 등)	유형 2	유형 3
보상적 권력 (물질, 금전)	유형 4	유형 5. 공리적 조직 (산업조직, 기업 등)	유형 6
규범적 권력 (지위의 상징, 존엄)	유형 7	유형 8	유형 9. 규범적 조직 (종교조직, 정치조직, 사회복지조직, 학교조직, 병원조직)

※ 진한 테두리 : 가장 효과적인 조직

② 사회적 기여에 따른 분류(파슨스의 조직유형) 3회 기출

㉠ 파슨스(Parsons)는 조직을 사회기여의 종류에 따라 경제적 생산조직(Production Organization), 통합(질서유지)조직(Integrative Organization), 유형유지조직(Pattern Maintenance Organization)으로 분류하였다.

㉡ 특 성

- 파슨스의 분류에 의하면 사회복지조직은 통합조직으로서의 성격을 가진다.
- 사회구성원이 함께 일하고 나누어가지는 가치를 실현함으로써 사회통합을 추구하는 조직을 사회복지조직이라고 보았다.

㉢ 조직의 유형

경제적 생산조직	사회의 적응기능을 수행하는 경제적 생산과 분배에 종사하는 조직 예 회사, 공기업 등
정치조직	사회자원을 동원하여 사회적 목적과 가치를 창조하는 조직 예 공공행정, 정당 등
통합(질서유지)조직	사회의 안정을 유지하고, 사회적 갈등의 조정과 일탈방지에 종사하는 조직 예 사법기관, 경찰, 정신병원, 사회복지조직 등
유형유지조직	사회체제의 독특한 문화와 가치를 보존하고, 문화형태의 전승이나 교육적 기능을 수행하는 조직 예 학교, 교회, 문화단체 등

③ 수혜자의 종류에 따른 분류(블라우와 스코트의 유형) 3, 16회 기출

㉠ 블라우(Blau)와 스코트(Scott)는 조직을 수혜자의 종류에 따라 호혜조직, 사업조직, 서비스조직, 공익조직으로 분류하였다.

㉡ 특 성

- 블라우와 스코트의 분류에 의하면 클라이언트가 수혜자이기 때문에 사회복지조직은 서비스조직으로서의 성격을 가진다.

• 사회복지조직은 또한 공익조직으로서의 성격도 가지고 있다. 사회복지를 제공하는 정부조직의 수혜자는 일반 시민 전체이기 때문이다.

ⓒ 조직의 유형

호혜조직	조직의 주된 수혜자가 조직의 일반 구성원이 되는 조직 예 정당, 노동조합, 공제회, 재향군인회, 전문직업인회, 종파 등
사업조직	조직의 주된 수혜자가 조직의 관리자나 소유자가 되는 조직 예 회사, 통신판매소, 도매 및 소매상, 은행, 보험회사 등
서비스조직	조직의 주된 수혜자가 조직과 직접 접촉하고 있는 일반 대중이 되는 조직 예 사회사업기관, 병원, 학교, 법률상담소, 정신병원 등
공익조직	조직의 주된 수혜자가 대중전체가 되는 조직 예 각종 정부기관, 군대, 경찰, 소방서, 대학의 연구기관 등

④ **업무통제성에 따른 분류(스미스의 조직유형)** 3, 16회 기출

스미스(Smith)는 업무통제에 따라 사회복지조직을 관료제와 일선조직, 전면적 통제조직, 투과성 조직으로 나누어 설명하였다

구 분	특 성
관료제	• 공식적인 조직과 규정 • 계층적인 권위구조 • 명확하고 전문화된 분업 • 문서에 의한 업무처리 • 기술에 의한 신분보장 • 합리적인 통제조직 예 보건복지부, 주민자치센터, 사회복지전담 공무원 등
일선조직	• 주도권이 일선에 있는 조직 • 각 업무단위는 독립적으로 상호 업무를 수행 • 업무단위의 직접적인 통제가 어려움
전면적 통제조직	관리자가 전면적으로 강한 통제를 갖는 조직 예 정신병원, 기숙사, 교도소, 요양시설 등
투과성 조직	• 조직구성원, 클라이언트의 자발적인 참여 • 가정과 사생활의 침해를 받지 않음 • 조직의 통제가 약하며 조직의 활동이 노출되는 조직 • 자원봉사활동 조직이 해당함 예 자원봉사조직

⑤ **클라이언트의 상태와 조직기술에 따른 분류(하센필드의 조직유형)**

㉠ 하센필드(Hasenfeld)는 조직이 클라이언트에게 제공할 서비스를 결정하고 이런 서비스가 클라이언트를 어떻게 변화시킬 것인가를 결정한다고 보았다.

㉡ 클라이언트 유형은 정상기능과 비정상기능으로 나눌 수 있다.

• 정상기능 : 개인의 복리를 유지 · 강화하는 것이 주된 임무인 조직 즉, 사회적으로 정상적인 기능을 수행한다고 인정되는 기능이다.

• 비정상기능 : 사회적으로 역기능을 한다고 판정된 병적이거나 일탈적인 행위자들을 통제 · 개선 · 치료를 주요 임무로 하는 기능이다.

㉢ 이러한 변화 기술을 인간식별 기술(People-processing Technologies), 인간유지 기술(People-sustaining Technologies), 인간변화 기술(People-changing Technologies)의 세 가지로 구분하였다.

㉣ 위의 분류방식은 절대적인 것은 아니며, 조직에 따라서 두세 가지 유형의 서비스를 동시에 제공하는 경우도 있다.

Plus ⊕ one

하센필드(Hasenfeld)의 조직유형

구 분	인간식별기술	인간유지기술	인간변화기술
정상기능	유형 1 (대학교 신입생선발, 신용카드회사)	유형 3 (사회보장청, 요양시설)	유형 5 (공립학교, YMCA)
비정상기능	유형 2 (소년법원, 진료소)	유형 4 (공적부조사무소, 요양시설)	유형 6 (병원, 수용치료센터)

• 유형 1 : 순기능적인 클라이언트 업무처리조직이다. 정상적인 라벨을 계속 유지하게 함으로써 클라이언트를 변화시키려는 조직으로 신용평가기관 등이 있다.
• 유형 2 : 역기능적인 클라이언트 업무처리조직으로 클라이언트에게 붙여진 불편한 라벨을 제거함으로써 클라이언트의 행동변화를 지원하는 역할을 하는 조직을 의미한다. 소년범죄 재판소가 여기에 속한다.
• 유형 3 : 순기능적인 클라이언트 지지조직을 의미한다. 클라이언트의 복지를 지속적으로 유지하도록 하는 국민연금과 같은 기능을 담당하는 조직이 여기에 속한다.
• 유형 4 : 역기능적인 클라이언트 지지조직을 의미한다. 양로원과 같이 개인의 복지가 더 악화되는 것을 방지하는 기능을 수행하는 조직을 의미한다.

조직의 딜레마

• 유형 1 : 대상자에 대한 분류, 배치방안의 일관성, 특정인을 편애하지 않았음을 확신시켜야 한다.
• 유형 2 : 일탈행위를 하는 클라이언트에 사법권을 가지고 있어 클라이언트를 효과적으로 식별할 수 있음을 증명해야 한다.
• 유형 3, 4 : 수혜자격이 있는 사람과 없는 사람을 구별하기 위해 수혜자격기준을 발전시켜야 한다.
• 유형 5, 6 : 사용하는 기술이 불확실한 결과를 낳기 때문에 효과성을 의심받을 가능성이 있다.

⑥ 조직의 상태에 따른 분류(민츠버그의 조직유형)

㉠ 민츠버그(Mintzberg)는 조직의 규모와 관리의 복잡성에 따라 단순조직, 기계적 관료조직, 전문관료제조직, 분립구조 · 사업부제조직, 애드호크라시의 5가지로 분류하였다.

㉡ 사회복지조직은 전문가라고 할 수 있는 사회복지사를 중심으로 형성되어있는 조직이기 때문에 전문관료제조직에 속한다.

㉢ 조직의 유형

단순조직	상대적으로 소규모 조직이지만 조직 환경이 매우 동태적이며 조직기술은 정교하지 않음
기계적 관료조직	조직규모가 크고 조직 환경이 안정되어 있으며 표준화된 절차에 의하여 업무가 수행되는 조직 예 은행, 우체국, 대량생산제조업체, 항공회사 등
전문관료제조직	전문적 · 기술적 훈련을 받은 조직구성원에 의하여 표준화된 업무가 수행되는 전문가 중심의 분권화된 조직 예 대학, 종합병원, 사회복지기관, 컨설팅회사 등
분립구조 · 사업부제조직	독자적 구조를 가진 분립적 조직이며 중간관리층이 핵심적 역할을 함 예 대기업, 대학분교, 지역병원을 가진 병원조직 등
애드호크라시 (Adhocracy)	고정된 계층구조를 갖지 않고 공식화된 규칙이나 표준적 운영절차가 없는 조직 예 첨단기술연구소, 우주센터 등

Plus ⊕ one

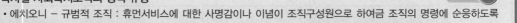

학자별 사회복지조직의 성격 규정 16회 기출

- 에치오니 – 규범적 조직 : 휴먼서비스에 대한 사명감이나 이념이 조직구성원으로 하여금 조직의 명령에 순응하도록 하는 조직
- 파슨스 – 통합조직 : 사회구성원이 함께 일하고 나누어 가지는 가치를 실현함으로써 사회통합을 추구하는 조직
- 블라우와 스코트 – 서비스조직 : 클라이언트가 바로 수혜자이며, 사회복지를 제공하는 정부조직의 수혜자는 일반시민 전체인 서비스조직이자 공익조직
- 민츠버그 – 전문관료제조직 : 전문가라고 할 수 있는 사회복지사를 중심으로 형성되어 있는 조직
- 지벨만 – 사회복지조직을 운영주체에 따라 공공조직, 준공공조직, 준민간조직, 민간조직으로 분류
- 하센필드 – 사회복지조직의 조직기술을 인간식별기술, 인간유지기술, 인간변화기술로 구분

제2절 사회복지조직의 구조

1 기본유형에 따른 분류

1, 2, 6, 7, 12회 기출

(1) 기계적 구조

① 기계적 구조는 경직적인 조직구조로 구성되어 조직의 내부적 관리에 초점을 두는 구조를 말한다.

② 명확한 규칙과 절차에 따른 업무처리에 초점을 두고, 분업과 전문화, 집권화된 구조를 보인다.

③ **관료제 조직 - 대표적 기계적 구조**

㉠ 자격과 능력에 따른 명확한 분업체계와 규칙에 의한 통제가 특징이다.

㉡ 대규모 조직에서 합리성과 효율성을 극대화하고자 제시된 모형이다.

㉢ 장점과 단점

18회 기출

장 점	• 내적 통제력에 따른 내부관리의 능률성 • 집권적 계층제로 내적 통제력 강화 • 높은 공식화에 따른 행정의 안정성 • 전문화에 따른 능률성 확보 • 업무의 계속성과 안정성
단 점	• 경직성으로 인한 효율저하 • 분업으로 인한 수평적 조정의 어려움, 낮은 팀워크 • 집권성으로 의사결정의 부담, 과부하 및 결정의 지체 • 공식화와 몰인간성으로 인해 낮은 동기부여, 자율성, 창의성 상실 • 응집성으로 인한 폐쇄성, 집단사고(Group Thinking) • 폐쇄성으로 인한 관료주의화, 권위주의화 되는 경향 • 높은 공식성으로 동조과잉, 지나친 형식주의, 보수주의화 초래 • 수단과 목적이 바뀌는 목적전치 발생 가능성

(2) 유기적 구조

① 신축적인 조직구조로 구성되어 환경변화에 대해 유연하게 대응할 수 있는 구조를 말한다.

② 규칙절차를 단순화하고, 구성원 사이에 인간적인 관계를 바탕으로 팀워크를 강조하는 동시에 분권화된 구조로 나타난다.

③ **학습조직 - 대표적 유기적 구조**

㉠ 모든 조직구성원들이 문제의 인지와 해결에 참여하면서, 조직의 문제해결을 높이기 위해 시행착오를 거치면서 지속적으로 실험할 수 있는 조직을 말한다.

㉡ 지식정보화 사회로 전환됨에 따라 환경이 불확실해짐으로써 요구되는 조직의 기억과 학습의 가능성을 강조하면서 관료제 모형의 대안으로 떠오르고 있다.

㉢ 구성원의 역량을 강화(Empowerment)하여 자율팀(Self-directed) 단위의 학습이 이루어진다.

㉣ 중앙이 아닌 일선공무원이나 현장 사회복지사 간의 긴밀한 네트워크가 전략수립에서 중요한 역할을 한다. 따라서 분권적 · 다원적 전략수립이 가능하다.

ⓜ 수평적 조직구조로 풍부한 정보공유와 구성원 간 광범위한 의사소통이 가능하다.

ⓗ 장점과 단점

장 점	• 환경변화에 대한 대응성 • 외부의 자극 · 통제 없이도 지속적으로 개혁 · 학습가능 • 팀워크 및 수평적 조정에 유리 • 내적 동기부여 및 학습기회의 제공을 통한 자기발전
단 점	• 정부조직에 대한 적용이 제한적 • 신속한 결정이 어려움 • 내적 통제력 부족 • 구성원의 능력, 태도, 동기 등이 전제되어야 함

ⓢ 학습조직 구축요인 20회 기출

- 자기숙련(Personal Mastery) : 조직구성원이 단순한 지식의 습득이나 능력의 신장을 넘어서 진실로 원하는 성과를 창조적으로 획득할 수 있는 능력을 확장시키는 것이다.
- 사고모형(Mental Models) : 조직구성원이 상호 간의 대화, 성찰, 질문을 통한 지속적인 학습과정에서 최선의 해결책을 찾고, 현재의 상황과 미래에 대한 사고의 틀을 형성하도록 하는 것이다.
- 공유비전(Shared Vision) : 조직구성원 모두에 의해 공유된 조직 비전이 다시 조직학습의 목표와 에너지 원천으로 작용하는 것이다.
- 팀 학습(Team Learning) : 학습조직을 구성하는 팀의 구성원들이 조직 안팎의 문제를 해결하기 위해 서로의 생각과 아이디어를 교환하고 학습하여 문제해결능력을 신장시키는 것이다.
- 시스템 사고(Systems Thinking) : 조직에 다양한 요소가 상호관련을 맺고 역동적으로 작용하고 있다는 인식을 토대로, 이러한 요소들 간의 타협과 협력으로 전체 조직의 목표 달성에 기여한다고 생각하는 것이다.

Plus ⊕ one

구 분	기계적 구조	유기적 구조
구조적 특징	• 집권적 의사결정(집권성) • 엄격하게 규정된 직무(직무설계) • 많은 규칙과 절차(공식화) • 좁은 통솔범위(좁은 계층제) • 공식적이고 몰인간적 대면관계 • 팀워크보다는 분업과 전문화 강조	• 복합적 직무설계 • 분권적 의사결정 • 많은 통솔범위(저층구조) • 비공식적 · 인간적 대면관계 • 높은 팀워크
장 점	내적통제에 따른 예측가능성과 안정성 (표준화된 통제)	• 수직적 · 수평적 의사소통 • 신축성에 따른 환경에 대한 신속대응성
단 점	환경에 대한 대응능력 부족	신뢰성 우려, 내적 통제력 부족
대표적 모델	관료제	학습조직

2 그 밖의 유형에 따른 분류

(1) 전통적 조직에 따른 분류

① 기능적 조직

㉠ 각각의 업무단위를 병렬로 나열한 조직구조이다.

㉡ 업무가 표준화된 서비스를 위주로 하는 사회보험 관련조직이나 정신보건 서비스 조직 등에서 쓰인다.

㉢ 사회복지조직 구조로는 흔하지 않은 구조이다.

② 위원회 조직과 이사회 조직

㉠ 위원회 조직

- 조직의 목표를 달성하기 위한 특별한 과업이나 문제를 해결하기 위해 조직의 일상적인 업무수행 기구 이외에 별도로 구성한 활동조직을 말한다.
- 전문가 또는 과업 관련자들로 구성하며, **상임위원회**와 **임시위원회**가 있다.
- 장점과 단점

장 점	단 점
• 조직 전반에 관계되는 문제에 관한 협조와 정보를 제공하는 데 효율적이다. • 제안을 평가하거나 관련된 여러 전문가의 의견을 들을 수 있다. • 행정의 참여적 권리를 실현하여 지역주민의 참여를 독려할 수 있다.	• 위원회 유지에 비용이 많이 든다. • 문제를 해결하는 데 시간이 많이 걸린다. • 위원의 책임감이 희박할 가능성이 있다. • 이해관계가 얽힌 대표의 참여로 문제를 전체적으로 보지 못할 우려가 있다.

㉡ 이사회 조직 6회 기출

- 조직이 그 목표를 달성할 수 있도록 법률적 책임을 지고 있는 **조직의 정책결정기구**이다.
- 지역사회로부터 피드백을 얻을 수 있고, 지역사회의 욕구와 이를 충족할 방법에 대한 지침을 얻을 수 있으며, 효과성과 효율성을 높이는 방법들을 찾는 데 도움을 받을 수 있다.
- 사회복지법인에는 대표이사를 포함하여 **이사 7인 이상과 감사 2인 이상**을 두고 **친족이 총 이사수의 1/5을 초과할 수 없도록 규정**하고 있다.
- 이사의 임기는 3년, 감사의 임기는 2년으로 하되 각각 연임이 가능하도록 되어 있다.

㉢ 이사회와 의원회의 비교

- 이사회는 위원회에 비하여 조직의 행정책임자 참석 없이 회의를 가지는 경우는 드물다.
- 이사회는 위원회에 비하여 조직의 직원이 구성원이 되는 경우가 드물다.
- 이사회의 구성원 수는 위원회의 구성원 수보다 적은 경우가 많다.
- 이사회는 위원회에 비하여 수혜자가 참여하는 경우가 드물다.
- 이사회는 위원회에 비하여 조직의 운영과 서비스 전달에 더 많은 영향을 미친다.
- 이사회는 정책을 결정하고 이에 대해 책임을 지며, 위원회는 사안을 건의하는 역할을 주로 하고 책임을 지지 않는다.

Plus ⊕ one

사회복지법인에서 이사회의 기능과 책임 6회 기출

기 능	책 임
• 기관의 법인체 형성 • 기관목표 · 정책 · 프로그램 형성의 책임 • 기관의 활동에 대해서 지역사회에 설명 • 지역사회로부터 프로그램에 대한 신뢰 • 작업과 인사정책에 관한 조건설정 및 기관장 선정과 업무평가에 대한 책임 • 재원의 확보와 지출에 대한 책임 • 기관활동에 대한 평가 • 역할의 지속성 보장	• 기관목표의 달성 • 기관의 법적 구조의 형성 • 필요시설의 제공 • 간부직원의 고용 • 정책확정 • 예산결정 및 재원조달 • 기관활동의 점검 • 지역사회주민에게 서비스에 대해 설명 • 지역사회계획에 참여

(2) 사업부제 조직

① 사업부 단위로 조직을 수평적으로 편성하고, 각 사업부는 독자적 생산과 마케팅, 관리를 담당한다.

② 사업부별로 독립채산제를 실시하고 각 사업부는 과업의 계획과 집행, 실행, 성과분석까지 개별조직처럼 운영하는 구조이다.

③ **장점과 단점**

㉠ 장점 : 동기부여와 관리자의 능력 개발에 유용하며 업무 수행에 대한 통제와 평가가 용이하다. 또한 최고경영자의 업무량이 경감되고 생산과 판매능력이 증대되므로 혁신적인 문제해결을 원하는 조직에 유용하다.

㉡ 단점 : 조정과 통제에 어려움이 있고 전문화나 일의 중복과 관련한 효율성 등의 제약이 있다.

(3) 동태적 조직

① **프로젝트 조직**

㉠ 주요 사안을 해결하기 위하여 부처의 경계를 두지 않고 다양한 전문성을 가진 구성원을 팀으로 조직하여 그 사안이 해결될 때까지 운영하도록 하는 조직이다.

㉡ 즉, 특별한 과업에 따라 관련부서에서 프로젝트 수행을 위해 인력을 파견하고 프로젝트를 해결한 후에 원래 부서로 복귀하는 조직을 말한다.

㉢ 조직구성원의 관계가 수직적인 관계라기보다는 수평적인 관계에서 운영된다. 비록 상급자 한 사람이 팀을 주도한다고 하더라도 상명하복의 관계가 아니라 전문성을 가진 팀원으로서의 역할을 하며 상급자는 조정자의 역할을 수행할 뿐이다.

㉣ 조직구성이 유지되는 동안 대량의 자원과 재능을 집중 투입하여 목표달성을 위해 일시적으로 인적 · 물적 자원이 결합된다.

㉤ 프로젝트 팀의 팀장은 위계적인 상급자가 아닌 의사결정의 조정자로서 임무를 수행한다.

ⓑ 환경의 변화에 매우 유연하게 적응할 수 있으며, 조직운영의 효율성을 증대시킬 수 있다.

ⓢ 프로젝트 조직은 임시조직이라는 점에서 한계가 있다. 임시조직으로서 일정한 역할을 수행하고 해체되는 특성을 가지고 있기 때문에 프로젝트 조직에서 제안한 정책이 끝까지 집행되지 않거나 도중에 변질될 가능성이 있다는 문제점을 가지고 있다.

② **태스크 포스(TF ; Task Force) 조직** 20회 기출

㉠ 주로 장기적인 사안을 두고 대규모로 조직되며, 수직적 구조의 형태를 취한다.

㉡ 프로젝트 조직의 구성원은 기존 부서에 소속된 상태에서 일시적으로 차출되어 업무를 하지만, 태스크 포스 조직의 구성원은 기존 부서에서 탈퇴하는 방식으로 태스크 포스 팀을 형성한다.

㉢ 과업이 끝난 후 팀 해체 이후 기존 부서로 복귀하거나 다른 부서로 복귀, 또는 TF팀이 존속하는 경우 남아있을 수도 있다.

㉣ 프로젝트 조직은 조직구조를 도식화할 때 드러나지 않는 경우가 있지만 태스크 포스 조직은 조직구조에 표현되는 공식조직의 특성이 강하게 나타난다.

③ **매트릭스(Matrix) 조직(행렬조직)**

㉠ 조직의 일상적 기능은 상급자의 명령을 통해 수행하지만, 문제 해결 및 전문성이 필요한 기능은 상하가 아닌 수평으로 그 분야 전문가의 명령을 받아 수행하는 조직이다.

㉡ 두 개 이상의 권한계통이 중첩되는 이중의 권한구조를 가진다.

㉢ 조직 내 기능별 부문에서 차출된 인력으로 매트릭스 조직 내의 과업집단을 구성한다.

㉣ 매트릭스 조직 내에서 기능별 부문은 그대로 존속하며, 해당 기능 내 인력개발 등 본연의 업무를 계속 수행한다.

㉤ 분업과 통합이 가능한 구조로서 안정성과 탄력성을 가진다.

ⓑ 역할 및 권한 관계, 책임소재 등이 모호하며, 업무수행 평가에 어려움이 있다.

ⓢ 전통적 기능조직과 프로젝트 조직을 결합하여 구성원은 각자 기증부서에 속한 동시에 프로젝트 조직에 속하도록 구성되었다.

ⓞ 기능 부서상사와 프로젝트 관리자 양쪽에 보고하고 지휘 · 관리를 받도록 되어있다.

ⓩ 조직규모가 너무 크지도 작지도 않은 경우, 환경변화가 심하고 불확실성이 높은 경우, 비일상적 기술을 많이 사용하는 경우, 기술적 전문성이 높고 산출의 결과가 빨리 요구되는 경우 유용한 조직이다.

Plus ⊕ one

프로젝트 조직과 매트릭스 조직의 비교 5, 6, 10, 17회 기출

구 분	프로젝트 조직	매트릭스 조직
장 점	• 목적, 고객 지향의 증대 • 분권화와 기동성의 촉진 • 책임, 평가의 명확성 • 후계자의 육성이 용이	• 분업과 통합이 가능한 구조로서 안정성과 탄력성을 가짐 • 유동적인 인재의 이동활동이 용이 • 전문지식 및 기술의 축적 · 개발이 용이 • 지식 · 기술의 전사적 이전 및 활용이 용이
단 점	• 자원이 중복되기 쉬움 • 섹셔널리즘의 확대(인사의 경직화 등) • 단기 지향의 증가	• 명령계통 간의 권력다툼이 발생하기 쉬움 • 조정을 위한 의사결정이 지연되기 쉬움 • 책임, 권한이 애매함 • 스트레스가 발생하기 쉬움

④ 공동관리 조직

㉠ 모든 주요결정에 전 구성원이 참여하는 완전 민주주의 구조이다.

㉡ 대학의 학과 운영과 같은 곳에서 활용된다.

⑤ 프로세스 조직

㉠ 리엔지니어링에 따라 기존조직을 근본적으로 재설계하여 획기적인 경영성과를 도모할 수 있도록 프로세스를 기본단위로 설계된 조직이다.

㉡ 고객의 가치를 이상적으로 반영할 수 있도록 조직 구조를 재설계하는 것을 말한다.

㉢ 전체적인 조직구조, 직무수행에 필요한 인적요건, 인적자원관리, 조직문화 등 전반적인 조직 시스템의 완전히 새로운 설계를 말한다.

㉣ 프로세스의 유형

- 가치창출 프로세스 : 원자재 조달, 생산, 마케팅, 상품출하 등으로 가장 핵심적 영역이다.
- 자산창출 프로세스 : 인적 자원관리, 자금조달, 시설관리 등에 이용된다.
- 조정 · 통제 프로세스 : 예산, 경영계획, 내부평가 등 경영관리 및 기획관련 영역에 유용하다.
- 지원 프로세스 : 가치창출 프로세스를 위해 정보, 기술, 물자 등을 직접 제공한다.

참고

프로세스

조직의 모든 부문에서 이루어지는 모든 업무처리 과정을 말하며, 시장과 고객의 요구에 의하여 특정 서비스를 산출하는 활동들의 집합체이다.

⑥ 팀(Team) 조직

㉠ 과거의 전통적 조직체계인 부 · 과 · 계와 같은 조직을 업무 재편을 통하여 통합 · 분할하여 하나의 팀으로 전환하여 팀장을 중심으로 업무를 하도록 조직한 구조이다.

㉡ 팀제의 성공요건으로는 관리층의 이해와 지지, 조직 목표에 대한 명확한 인식, 상 · 하층 간의 신뢰, 목표성취를 위한 팀의 모험과 결과에 대한 책임, 훈련과 능력개발을 위한 투자 등이 있다.

㉢ 장점과 단점

장 점	단 점
• 신속한 의사결정 • 자율적 책임체제 • 조직 간 유연성 • 현장중심적 서비스 • 성과중심의 생산성 비교	• 단기적 안목중심의 목표 • 팀 간 갈등심화 • 동일한 목표의식 공유로 인한 개별적 창의성 약화

㉣ 효과적인 팀의 특성

- 목표 : 동일한 목표의식의 공유
- 임파워먼트 : 목표실현이 가능한 팀의 능력에 대한 동기부여
- 인간관계와 의사소통 : 의견, 생각, 감정소통, 신뢰, 수용, 화합의 분위기, 피드백 등
- 융통성 : 책임과 리더십의 분담
- 생산성 : 질적 수준의 제고
- 인정과 평가 : 개인의 실적과 팀의 실적을 인정
- 사기 : 팀워크에 대한 자부심, 열의, 낙관적 팀정신 공유

⑦ 네트워크(Network) 조직

㉠ 환경변화에 보다 신속하고 적절하게 대응할 수 있도록 외부자원의 효과적인 활용을 꾀하도록 하는 조직구조이다.

㉡ 보유자원을 핵심 사업에 집중하고 핵심 이외의 부분은 아웃소싱하기도 한다.

㉢ **다른 기업들과 제휴 등을 통해 강점을 결합한 시너지 효과를 창출**하고 상호 네트워크 구축효과로 상호 신뢰를 형성한다.

⑧ 자율적 작업조직(Self-Directed Work Group)

㉠ 스스로를 관리하도록 권한을 위임받은 사람들로 구성된 소규모 조직구조이다.

㉡ 제도의 발전에 의해 작업집단을 정기적 모임을 통해 검토하고 해결책을 모색하고자 한다.

제3절 사회복지조직 구조의 설계

1 직무설계

(1) 직무설계의 의의

① 직무설계(Job Design)란 조직의 효율적 업무수행을 위해 각 직무의 구체적 내용, 직무수행방법, 조직 내 다른 직무들과의 연계 등을 설계하는 것을 말한다.
② 대부분의 조직에서 직무관련 활동들은 공식적으로 규정되어 있다.
③ 어떤 직무행위는 비공식적으로 이루어진다. 그러나 이런 비공식적 직무행위도 실제로 직무의 중요한 부분을 이루고 있다.
④ 직무의 사회적 측면도 고려되어야 한다.
⑤ 직무설계의 정의에는 유효성, 생산성 등과 같은 조직목표와 성장, 복지 등과 같은 개인목표도 포함되어 있다.

(2) 직무설계 방안

① **전통적 접근 방법 – 과학적 관리법**
테일러에 의해 제시된 과학적 관리법은 작업자의 유효성, 즉 동기유발, 직무만족, 높은 과업성과 등을 증대시키기 위한 최초의 직무설계방법이다.

Plus ⊕ one

3S
- 단순화(Simplification) : 전체적인 작업을 조사하여 가능한 한 최소의 작업단위로 세분화
- 표준화(Standardization) : 세분화된 작업단위를 수행하기 위해 필요한 작업절차나 방법의 규격화
- 전문화(Specialization) : 각 종업원에게 한 가지의 작업만 수행하도록 하여 작업의 능률 향상

② **현대적 접근 방법**
㉠ 직무확충(Job Enrichment)
조직 내에서 각 구성원이 담당하는 직무에 있어서 인간성을 회복하도록 직무내용의 확충을 돕는 것이다. 동일한 직무에 각기 다른 과업들을 병합하는 것으로 직무확대와 직무충실로 나눌 수 있다.
- 직무확대
전문화와 표준화의 원리로부터 벗어나 직무를 재설계하려는 최초의 시도로 과업의 다양성을 증진시키기 위하여 직무를 수평적으로 확대하는 것이다. 즉, 중심과업에 다른 관련 직무를 더하는 것이다.

• 직무충실

- 직무충실화란 직무수행을 통하여 작업자에게 자아성취감과 일의 보람을 느낄 수 있도록 직무내용과 환경을 설계하는 방법이다.
- 직무확대보다 더 포괄적인 것으로 구성원들에게 더 많은 선택과 책임을 부여한다. 직무의 질적 개선을 목표로 직무충실로 인해 질적 개선에 따른 양의 증가를 기대하는 효과이다.
- 허즈버그(F. Herzberg)는 자신의 동기-위생이론을 기초로 하여 직무충실화를 제안하였고 직무가 종업원들에게 성취감 · 책임감 · 발전성 등과 같은 긍정적인 직무경험을 제공할 경우에만 동기유발을 시킬 수 있다고 믿었다.

㉡ 직무순환(Job Rotation)

작업자들이 완수해야 하는 직무는 그대로 두고 작업자들의 자리를 교대 이동시키는 방법으로, 한 작업자가 같은 직무만 하면 지루하기도 하고 한 가지 기술 밖에 익힐 수 없게 되지만 동료들과 자리를 바꾸면 다른 직무도 배울 수 있고 지루함도 어느 정도 감소시킬 수 있다는 장점이 있다.

㉢ 직무 공유(Job Sharing)

일종의 시간제 근무로 하나의 전일제(Full-time)근무를 두 명의 업무자가 나누어 수행하는 것이다.

2 업무 세분화

(1) 업무 세분화의 의의

4, 9, 10회 기출

① 업무세분화는 조직 내에서 업무들이 구분되어 있는 정도를 말하는 것으로서, 구분될 수 있는 업무의 수에 의해 파악될 수 있다. 구분되는 업무들과 그에 따른 직원 수가 많을수록 업무의 세분화가 증대되는 것이다.

② 조직이나 프로그램 전체의 목적을 보다 효율적으로 수행하기 위한 것이다.

③ **장점과 단점**

장 점	단 점
• 자신이 맡은 업무에 충실할 수 있기 때문에 전문성을 키울 수 있다. • 각자의 역할이 뚜렷하게 구별되기 때문에 감독이 용이하다. • 개별업무로 효율성을 꾀할 수 있다.	• 분화된 업무들이 통합되지 못할 경우 조직전체의 차원에서 효율성이 저하된다. • 개별업무들이 전체적인 조직목표에 통합될 수 있도록 조정 및 통제에 시간과 비용이 소요될 수 있다. • 동일한 업무를 지속적으로 반복함으로써 매너리즘에 빠질 수 있다.

(2) 업무 재구조화 방안

업무 세분화로 인해 나타나는 문제점을 개선하기 위한 방안으로 사례관리, 옹호, 팀제 도입 등은 업무의 조정 및 통합을 위한 집단적 차원의 접근이라 볼 수 있다. 직무확충, 직무순환은 업무 세분화에 따른 문제점을 개선하기 위한 개인적 차원의 접근이다.

① 사례관리

사정, 연계 및 의뢰, 옹호 등을 주된 서비스 내용으로 하여 사례관리자의 주된 책임하에 다양하게 분화되어있는 세분화된 서비스와 개별 클라이언트의 복합적인 문제를 연결하고자 하는 통합적인 방식이다.

② 사례옹호

옹호자적 입장에서 클라이언트를 지지하는 방식이다. 클라이언트의 욕구와 권익을 대변하는 역할을 수행하며 사례관리와 유사한 면에서 사례관리의 한 부분으로 여겨지기도 한다.

③ 팀제 도입

세분화된 다양한 분야들이 모여서 한 클라이언트의 문제를 함께 해결하기 위해 팀을 조직하는 방식이다.

(3) 부문화

1, 9, 15회 기출

일종의 부처편성 기준으로 수혜자나 취급에 따라 부처를 조직하는 것으로 행정활동이 수행되는 지역이나 장소를 기준으로 편성된 조직인 지방청, 지방사무소조직 등이 이에 해당된다.

① 수(數) 기준 부문화

㉠ 동일 역할을 하는 사람들을 한 명의 슈퍼바이저 밑에 소속시키는 방법으로 수에 의해 업무를 부문화한다.

㉡ 단점 : 개인의 능력 차이를 고려하지 못하기 때문에 다른 방법과 같이 혼합하여 적용하는 것이 바람직하다.

② 시간 기준 부문화

㉠ 업무시간을 2교대 또는 3교대로 하여 사회복지 생활시설이나 요양원, 의료 및 보건서비스 조직 등에서 24시간의 서비스가 이루어지도록 업무를 부문화한다.

㉡ 24시간 서비스를 제공해야 하는 거주시설이나 상담소, 요양원, 의료 및 보건 서비스조직 등에 유용하게 사용될 수 있는 방법이다.

㉢ 단점 : 근무요건을 충족할 근무자를 찾기가 어렵고 업무인계가 잘 이루어지지 않아 조직의 기능이 단편화될 우려가 있다.

③ 기능 기준 부문화

㉠ 조직요원의 능력, 선호도, 관심 등에 근거하여 직무상 적성에 맞는 분야에 사람을 배치한다.

㉡ 단점 : 팀이나 부서의 협조가 부족해질 수 있으며, 조직의 목표보다 자신이 속한 업무단위에 더 치중하는 경우가 발생할 수 있다.

④ 지리적 영역 기준 부문화

㉠ 클라이언트의 거주 지역, 즉 잠정적 고객(클라이언트)에 따라 업무를 부문화한다.

㉡ 서비스를 제공해야 하는 영역이 광범위한 경우에 주로 사용된다. 즉, 구조가 큰 기관이 각 지역에 지소나 지부를 두어 클라이언트의 지리적 접근성을 향상시킬 수 있다.

㉢ 단점 : 담당 부서 간 업무량이 다를 수 있고, 선호하지 않는 지역을 회피할 수 있으며, 지리적 구분에 따라 받지 못하는 서비스가 생겨날 수 있다.

⑤ 서비스 기준 부문화

㉠ 개별사회사업, 집단사회사업, 지역사회조직사업 등 사회사업 실천방법에 따라 부문화한다.

㉡ 단점 : 클라이언트 개개인의 문제는 복잡하고 다양하므로 통합적인 서비스 제공이 어렵다.

⑥ 고객 기준 부문화

㉠ 클라이언트의 특성에 따라 아동복지, 청소년복지, 노인복지 등으로 업무를 부문화한다.

㉡ 단점 : 한 클라이언트 개인의 문제와 욕구를 다루는 데는 이점이 있지만 그 문제가 다양하고 복잡한 경우 서비스 제공자의 기술로써는 담당하기 힘든 부분이 있다.

⑦ 서비스 접근통로 기준 부문화

㉠ 클라이언트가 서비스에 접근할 수 있는 통로별로 업무를 부문화한다.

㉡ 일반 기업체와 달리 사회복지조직의 서비스 접근통로는 대중매체를 통한 광고나 홈페이지, 각종 홍보물, 타 기관에 대한 의뢰, 유·무료 서비스, 바우처 이용 등 매우 다양하다.

㉢ 단점 : 실지로 제공하는 서비스가 클라이언트에 따라 달라질 수 있어 접근통로에 따라 제공되는 정보가 제한적이거나 불명확할 수 있다.

Plus ⊕ one

부처편성의 기준

- 목적 또는 기능 기준 : 동일한 종류의 사무는 동일부처에 전담시켜 처리하게 함으로써 기능상의 중복이나 부처 간의 마찰과 간섭을 배제하려는 데 목적을 둔 부처편성기준
- 과정 또는 절차 기준 : 과정 또는 절차에 의한 부처편성이란 동일한 기구를 사용하는 사람 또는 동일한 직업에 종사하는 자를 한 조직에 소속시키거나 혹은 하나의 업무가 완성되기까지의 과정을 중심으로 부처를 편성하는 방법
- 수혜자 또는 취급물 기준 : 행정행위로 인하여 혜택을 받는 사람인 수혜자나 취급되는 물건을 기준으로 하여 동일한 수혜자나 취급물을 다루는 행정을 동일행정기관에 편입시키는 기준
- 장소 또는 지역 기준 : 행정수행의 대상지역이나 장소를 기준으로 부처를 편성하는 방법

CHAPTER 04

출제유형문제

01 **사회복지조직에 관한 설명으로 옳지 않은 것은?** [16회]

① 에치오니(A. Etzioni)의 권력 형태에 따른 분류 중 사회복지조직은 규범적 조직에 속한다.
② 블라우(P. Blau)와 스콧(W. Scott)이 제시한 호혜적 조직은 조직구성원들이 주요 수혜자인 조직을 말한다.
③ 스미스(G. Smith)는 업무통제에 따라 사회적경제조직, 사업조직, 공공조직으로 분류하였다.
④ 지벨만(M. Gibelman)은 운영주체에 따라 공공조직, 준공공조직, 준민간조직, 민간조직으로 분류하였다.
⑤ 하센필드(Y. Hasenfeld)는 사회복지조직의 조직기술을 인간식별기술, 인간유지기술, 인간변화기술로 구분하였다.

해설 업무의 통제성에 따른 조직유형(Smith)

관료조직	• 공식적인 조직과 규정 • 계층적인 권위구조 • 문서에 의한 업무처리 • 명확하고 전문화된 분업 • 기술에 의한 신분보장 • 합리적인 통제조직
일선조직	• 주도권이 일선에 있는 조직 • 각 업무단위는 독립적으로 상호 업무를 수행함 • 업무단위의 직접적인 통제가 어려움
전면통제조직	관리자가 전면적으로 강한 통제권을 행사하는 조직 예 정신병원, 기숙사, 교도소 등
투과성조직	• 조직구성원, 클라이언트의 자발적인 참여 • 업무와 사적 활동에 구분이 있어 사적 활동을 침해하지 않음 • 조직의 통제가 약하며 활동이 노출됨 • 영역의 유지구조가 매우 약하며 역할구조가 복잡함 예 자원봉사활동조직 등

1 ③ Answer

02 업무세분화의 부정적 영향에 대한 대처방법으로 옳은 것은? [10회]

① 관리 · 감독을 철저히 한다.
② 직무순환을 실시한다.
③ 업무와 기술을 단순화한다.
④ 전문기술 개발을 강화한다.
⑤ 업무의 효율성을 높인다.

해설 직무순환(Job Rotation)
작업자들이 완수해야 하는 직무는 그대로 둔 채 작업자들의 자리를 교대 이동시키는 방법으로서, 업무세분화에 의해 야기되는 고유 업무 반복의 문제를 해소하고 작업자로 하여금 다양한 직무경험을 쌓도록 하기 위한 것이다.

제 2 영역

03 행렬구조(Matrix Organization)를 가진 조직의 단점으로 옳은 것은? [10회]

① 역동적인 외부환경 변화에 대응하기 힘들다.
② 집권화와 분권화를 동시에 얻기 힘들다.
③ 업무자가 역할긴장이나 갈등을 경험할 수 있다.
④ 조직의 안정성에 기여하나 비탄력적이다.
⑤ 합리적 분업과 부서 간 통합을 허용하지 않는다.

해설 매트릭스조직 또는 행렬구조(Matrix Organization)의 장점과 단점

장 점	• 분업과 통합이 가능한 구조로서 안정성과 탄력성을 가진다. • 전문인력의 이동활동이 용이하다. • 전문지식의 축적 및 기술의 개발이 용이하다. • 지식 및 기술의 전사적 이전과 활용이 용이하다.
단 점	• 이중의 권한구조로 인해 명령계통 간 권력다툼이 발생할 수 있다. • 조정 과정을 필요로 하므로 의사결정이 지연될 수 있다. • 책임소재가 모호하다. • 업무자가 역할긴장이나 갈등을 경험할 수 있다.

Answer 2 ② 3 ③

04 사회복지조직의 부문화(Departmentation)에 관한 설명으로 옳은 것을 모두 고른 것은? [15회]

ㄱ. 서비스 기준 : 서비스 제공, 사례관리, 지역사회조직 등으로 구분
ㄴ. 지리적 기준 : 클라이언트 거주 지역에 따라 구분
ㄷ. 기능 기준 : 개별사회사업, 집단사회사업, 지역사회조직사업 등으로 구분
ㄹ. 시간 기준 : 업무시간에 따라 2교대 혹은 3교대로 구분

① ㄱ, ㄴ
② ㄱ, ㄷ
③ ㄴ, ㄹ
④ ㄱ, ㄴ, ㄹ
⑤ ㄴ, ㄷ, ㄹ

해설 사회복지조직의 부문화 방법

- 수(數) 기준 부문화 : 동일 역할을 하는 사람들을 한 명의 슈퍼바이저 밑에 소속시키는 방법으로 수에 의해 업무를 부문화한다.
- 시간 기준 부문화 : 업무시간을 2교대 또는 3교대로 하여 사회복지 생활시설이나 요양원, 의료 및 보건서비스조직 등에서 24시간의 서비스가 이루어지도록 업무를 부문화한다.(ㄹ)
- 기능 기준 부문화 : 조직요원의 능력, 선호도, 관심 등에 근거하여 직무상 적성에 맞는 분야에 사람을 배치한다.
- 지리적 영역 기준 부문화 : 클라이언트의 거주 지역, 즉 잠정적 고객을 포함한 서비스 수요자의 거주 지역에 따라 업무를 부문화한다.(ㄴ)
- 서비스 기준 부문화 : 개별사회사업, 집단사회사업, 지역사회조직사업 등 사회사업 실천방법에 따라 부문화한다.(ㄱ · ㄷ)
- 고객 기준 부문화 : 클라이언트의 특성에 따라 아동복지, 청소년복지, 노인복지 등으로 업무를 부문화한다.
- 서비스 접근통로 기준 부문화 : 클라이언트가 서비스에 접근할 수 있는 통로별로 업무를 부문화한다.

05 조직구조에 관한 설명으로 옳지 않은 것은? [14회]

① 수평적 분화에서는 통제의 범위를, 수직적 분화에서는 조정과 의사소통의 수준을 고려하여 설계한다.
② 업무의 표준화는 조직운영의 경제성과 예측성을 높이기 위한 활동이다.
③ 정보가 과다하게 집중되어 있는 상황에서 의사결정의 집권화는 실패 가능성을 줄일 수 있다.
④ 공식적 권한의 집중 · 분산은 조직관리의 효과성 · 효율성과 연관되어 있다.
⑤ 공식화는 구성원들의 업무 편차를 줄이는 데 효과적이다.

해설 ③ 집권화(Centralization)는 의사결정 권한이 조직의 어느 한 지점에 집중되어 있는 정도를 말하는 것으로서, 집중도의 높고 낮음에 따라 분권화(Decentralization)와 대비된다. 특히 집권화는 조직의 상층부를 중심으로 하위단위들을 서로 연결 · 조정함으로써 체계적인 관리를 할 수 있는 반면, 권한의 집중으로 인해 부적절한 결정의 개연성을 높일 수 있는 단점도 가진다.

4 ③ 5 ③ Answer

06 위원회에 대한 설명으로 옳은 것은?

> ㄱ. 위원회는 조직이 그 목표를 달성할 수 있도록 법률적 책임을 지고 있는 조직의 정책결정기구이다.
> ㄴ. 위원회는 사회복지조직의 목표달성을 위해 일상 업무를 수행하는 사회복지사 외에 특별한 업무를 처리할 수 있는 전문가로 구성된 기구이다.
> ㄷ. 위원회는 이사회에 비하여 조직의 운영과 서비스 전달에 더 많은 영향을 미친다.
> ㄹ. 위원회의 경우 이해관계가 얽힌 대표의 참여로 문제를 전체적으로 보지 못할 우려가 있다는 단점이 있다.

① ㄱ, ㄴ, ㄷ
② ㄱ, ㄷ
③ ㄴ, ㄹ
④ ㄹ
⑤ ㄱ, ㄴ, ㄷ, ㄹ

해설
ㄱ. 이사회는 조직이 그 목표를 달성할 수 있도록 법률적 책임을 지고 있는 조직의 정책결정기구이다.
ㄷ. 이사회는 위원회에 비하여 조직의 운영과 서비스 전달에 더 많은 영향을 미친다. 위원회의 경우, 유지에 비용이 많이 들고, 문제를 해결하는 데 시간이 많이 걸리는 등의 단점이 있다.

07 사회복지서비스들 사이의 파편화(Fragmentation)와 단절을 줄이는 방법에 해당하지 않는 것은? [14회]

① 사회복지 제공자 네트워크 구축
② 사례관리 강화
③ 서비스 분화
④ 욕구를 종합적으로 파악
⑤ 서비스 연계 기제 마련

해설
③ 서비스의 지나친 분화와 전문화는 서비스의 파편화와 단절 현상을 가중시킴으로써 클라이언트의 다양한 문제와 욕구에 적절히 대응하지 못하도록 한다.
①·②·④·⑤ 클라이언트의 욕구를 종합적으로 다루기 위해 둘 이상의 서비스 공급자들을 함께 묶는 것, 사회복지 제공자들 간의 네트워크를 구축하여 서비스의 연계 기제를 마련하는 것, 개별조직에 분산되어있는 서비스들을 클라이언트의 욕구에 맞게 개별화하여 이를 연결·조정·점검하는 사례관리를 강화하는 것 등은 모두 사회복지서비스들 사이의 파편화와 단절을 줄이기 위한 방법으로 볼 수 있다.

Answer 6 ③ 7 ③

CHAPTER 04

최신기출문제

01 **조직 내 비공식조직의 순기능으로 옳은 것은?** [18회]

① 조직의 응집력을 높인다.
② 공식 업무의 신뢰성과 일관성을 높인다.
③ 정형화된 구조로 조직의 안정성을 높인다.
④ 파벌이나 정실인사의 부작용이 나타난다.
⑤ 의사결정이 하층부에 위임되어 직원들의 참여의식을 높인다.

해설 조직 내 비공식조직의 순기능과 역기능

순기능	• 조직 내 구성원들이 소속감 및 안정감을 갖기 쉬우므로 조직의 응집력을 높인다. • 공식적으로 거론될 수 없는 문제나 사안들에 대한 의사소통 경로가 될 수 있으며, 심리적 불만에 대한 배출구가 될 수도 있다.
역기능	• 파벌이 형성될 수 있으며, 조직 내 갈등을 고조시킬 수 있다. • 업무의 처리나 인사 등에서 자신이 속한 비공식조직의 구성원에게 유리한 결정을 내리는 정실행위가 나타날 수 있다.

02 **사회복지조직에서 활용되고 있는 관료제의 역기능으로 옳지 않은 것은?** [18회]

① 조직 운영규정 자체가 목적으로 인식될 수 있다.
② 조직 변화가 어렵다.
③ 부서이기주의가 나타날 수 있다.
④ 서비스가 최저수준에 머무를 수 있다.
⑤ 조직의 복잡한 규칙을 적용하면서 창조성이 향상된다.

해설 관료제의 경직성

• 관료제는 조직관리를 위한 합리적인 규칙을 의미하는 것으로, 의사결정의 계층화와 고도의 전문화를 특징으로 한다.
• 관료제이론은 한 번 정해진 규칙이 조직의 안정성을 보장하고 효율적인 의사결정을 가능하게 만든다고 보는데, 이는 오히려 정해진 규칙에 집착하는 관행을 만들고, 조직운영의 경직성을 초래함으로써 조직 변화를 어렵게 만든다.

1 ① 2 ⑤ Answer

03 행렬조직(Matrix Organization)에 관한 설명으로 옳은 것은? [17회]

① 직무 배치가 위계와 부서별 구분에 따라 이루어지는 전형적 조직이다.
② 조직운영을 지원하는 비공식 조직을 의미한다.
③ 합리성을 강조하기 때문에 조직 유연성을 저하시킬 수 있다.
④ 직무별 분업을 인정하면서 동시에 사업별 협력을 강조한다.
⑤ 현실에서 작동하지 않는 가상의 사업조직을 일컫는다.

해설 **행렬조직 또는 매트릭스조직(Matrix Organization)**
조직의 일상적 기능은 상급자의 명령을 통해 수행하지만, 문제해결 및 전문성이 필요한 기능은 상하가 아닌 수평으로 해당 분야 전문가의 명령을 받아 수행하는 조직이다.

장 점	• 분업과 통합이 가능한 구조로서 안정성과 탄력성을 가진다. • 전문인력의 이동활동이 용이하다. • 전문지식의 축적 및 기술의 개발이 용이하다. • 지식 및 기술의 전사적 이전과 활용이 용이하다.
단 점	• 이중의 권한구조로 인해 명령계통 간 권력다툼이 발생할 수 있다. • 조정 과정을 필요로 하므로 의사결정이 지연될 수 있다. • 책임소재가 모호하다. • 업무자가 역할긴장이나 갈등을 경험할 수 있다.

제 2 영역

04 조직구조 유형 중 태스크 포스(TF)에 관한 설명으로 옳은 것을 모두 고른 것은? [20회]

ㄱ. 팀 형식으로 운영하는 조직이다.
ㄴ. 특정 목표달성을 위한 업무에 전문가들을 배치한다.
ㄷ. 환경의 변화에 대응하기 위해서 만든 조직의 성격이 강하다.

① ㄱ
② ㄴ
③ ㄱ, ㄷ
④ ㄴ, ㄷ
⑤ ㄱ, ㄴ, ㄷ

해설 **프로젝트 조직 혹은 태스크 포스(TF ; Task Force)**
• 특정 업무 해결을 위해 각 부서로부터 인력을 뽑아 프로젝트 팀을 만들고 업무가 해결되면 다시 해당 부서에 복귀시키는 조직이다.
• 부서 간 경계 없이 다양한 전문성을 가진 구성원을 팀으로 조직하여 임시적으로 운영한다.
• 환경의 변화에 매우 유연하게 적응할 수 있으며, 조직운영의 효율성을 증대시킬 수 있다.

Answer 3 ② 4 ⑤

05 학습조직 구축요인에 관한 설명으로 옳은 것은? [20회]

① 자기숙련(Personal Mastery) : 명상 활동
② 공유비전(Shared Vision) : 개인적 비전 유지
③ 사고모형(Mental Models) : 계층적 수직구조 이해
④ 팀 학습(Team Learning) : 최고관리자의 감독과 통제를 통한 학습
⑤ 시스템 사고(Systems Thinking) : 전체와 부분 간 역동적 관계 이해

해설 **학습조직 구축요인**

- 자기숙련(Personal Mastery) : 조직구성원이 단순한 지식의 습득이나 능력의 신장을 넘어서 진실로 원하는 성과를 창조적으로 획득할 수 있는 능력을 확장시키는 것이다.
- 사고모형(Mental Models) : 조직구성원이 상호 간의 대화, 성찰, 질문을 통한 지속적인 학습과정에서 최선의 해결책을 찾고, 현재의 상황과 미래에 대한 사고의 틀을 형성하도록 하는 것이다.
- 공유비전(Shared Vision) : 조직구성원 모두에 의해 공유된 조직 비전이 다시 조직학습의 목표와 에너지 원천으로 작용하는 것이다.
- 팀 학습(Team Learning) : 학습조직을 구성하는 팀의 구성원들이 조직 안팎의 문제를 해결하기 위해 서로의 생각과 아이디어를 교환하고 학습하여 문제해결능력을 신장시키는 것이다.
- 시스템 사고(Systems Thinking) : 조직에 다양한 요소가 상호관련을 맺고 역동적으로 작용하고 있다는 인식을 토대로, 이러한 요소들 간의 타협과 협력으로 전체 조직의 목표 달성에 기여한다고 생각하는 것이다.

5 ⑤ Answer

CHAPTER 05

사회복지조직 관련 이론

학습목표

- 사회복지조직의 이론적 배경인 고전적 이론과 인간관계이론, 상황이론, 체계이론, 경영조직이론은 반복되어 출제되므로 각 이론별 특성을 반드시 알아두어야 한다.
- 고전이론부터 현대조직이론까지 전체적으로 이론이 발달되어 가는 흐름에 대한 파악뿐만 아니라 세부적인 이론들의 특징과 차이점까지 이해할 수 있어야 한다.
- 각각의 조직이론을 사회복지조직에 적용했을 때의 한계점을 파악해본다.

제1절 고전모형

1, 2, 6, 7, 12, 15회 기출

제2영역

1 관료제이론

16회 기출

관료제이론은 조직을 어떻게 구성하는 것이 생산성을 향상시킬 수 있는가에 대한 이론으로 **베버(Weber)**는 지배의 유형을 전통적 지배, 합법적 · 합리적 지배, 카리스마적 지배로 나누고, 근대 관료제는 **합법적 · 합리적 지배**라는 이념형에 입각한다고 보았다.

(1) 특 징

① **전문화된 분업과 엄격한 규칙에 의한 위계적 관리**를 강조한다.

② 인간의 개성보다 공적인 지위에 기반을 둔 **위계적인 권위구조**로 지위에 따른 권위를 규정하는 규칙의 체계이다.

③ 명확하고도 고도로 전문화된 업무 분업을 강조하는 **비인간적인 인간관계**이다.

④ 관료제의 특성은 고도의 전문화, 위계적인 권위구조, 조직구성원들 간의 비인간적 관계, 실적과 기술적 지식에 따른 임용, 직무권한을 사전에 명시, 정책과 행정결정의 분리, 그 밖의 제반관계를 지배하는 규칙 등이 있다.

⑤ 조직이 수행해야 할 과업이 일상적 · 일률적인 경우 효율적이며 조직운영의 권한양식이 합법성 · 합리성을 띠고 있다.

(2) 사회복지조직의 도입에 있어서의 유용성

① 거의 모든 조직은 규모에 상관없이 어느 정도 관료제화되어 있다는 사실에서 현실 적용성이 인정된다.

② 방만하거나 비체계적으로 운영될 수 있는 사회복지조직의 활동을 합리화한다는 측면에서 유용한 이론이다.

(3) 사회복지조직의 도입에 있어서의 한계

① 사회복지서비스의 합리화와 효율성 증대, 개선된 서비스 기술을 가져다주었으나 클라이언트를 소외하는 결과를 초래하였다. 따라서 사회복지행정조직에서의 관료제이론은 상반된 영향력 사이에서 균형을 이루는 것이 과제이다.

② 사회복지조직에서 요원들의 법칙과 규제에 대한 과도한 의존, 서비스 전달과정에서 비인간적인 관계 초래, 서비스 제공 과정의 융통성 결여라는 문제점이 나타난다.

③ 크리밍(Creaming) 현상 11회 기출

㉠ 서비스 조직들이 접근성 메커니즘을 조정함으로써 보다 유순하고 성공 가능성이 높은 클라이언트를 선발하기 위해 비협조적이거나 어려울 것으로 예상되는 클라이언트들을 배척하고자 하는 것이다.

㉡ 사회복지조직도 투입비용을 줄이는 동시에 자원을 극대화하기 위해 비교적 성공 가능성이 높은 클라이언트를 선별적으로 모집하려는 경향이 있다.

㉢ 민간 사회서비스 기관들에서는 재량권 행사의 폭이 넓으므로 크리밍 현상의 문제가 현저히 나타난다.

2 과학적 관리론 20회 기출

철강회사의 엔지니어였던 테일러(F. W. Taylor)가 당시에 새로 대두되고 있던 경영 및 생산의 기술들을 종합하면서 만든 것이다.

(1) 의 의

① 최소의 비용으로 최대의 생산효과를 낸다는 원칙하에서 개개인의 기본 동작에 대해 그 형태 및 소요시간을 표준화하고, 적정한 1일 작업량 과업을 구성하여 과업의 기준을 정하는 관리의 과학화를 의미한다.

② 생산과정에 있어서 필요한 지식과 기술을 적절히 활용하고, 작업수행에 있어서 낭비와 비능률을 제거하여 최소노동과 비용으로 최대의 생산효과를 확보할 수 있는 방법을 찾아내기 위한 관리이론이다.

③ 조직이 적정 수준으로 달성하고자 하는 객관적인 기준과 목표를 규정하여 조직의 능률과 생산성의 향상을 극대화하기 위한 이론이다.

(2) 특 징 15, 19회 기출

① 행정의 전문성을 강조하며 과학화 · 객관화 · 분업화를 통한 행정의 능률성을 중시한다.

② 권한 · 책임의 범위 분담을 위한 계층제 등 공식구조 · 조직을 강조하였으며, 상의하달형 의사 전달에 따른 경직성을 초래한다. 즉, 권한과 책임성은 행정 간부에게만 주어지며, 특히 관리자에게만 조직의 목표를 설정할 수 있는 권한과 책임이 부여된다.

③ 경제적 · 합리적 인간을 전제로 X이론적 인간관을 주장하였으며, 기계적 능률성을 강조한다.
④ 외부적 환경변수를 무시하고, 비공식적 요인을 고려하지 않는 폐쇄적 조직이론이다.

(3) 사회복지조직의 도입에 있어서의 유용성과 한계

15회 기출

① 유용성

㉠ 조직과 인간관리의 과학화를 주창함으로써 능률을 극대화하는 데 크게 기여하였다.
㉡ 행정을 관리현상으로 인식하고 행정능률을 보다 향상 · 촉진시키는 데 공헌하였으며, 정치행정이원론의 성립에 기여하였다.
㉢ 행정조사 및 행정개혁운동의 배경으로 작용하여 엽관주의의 폐단을 극복하는 계기가 되었다.

② 한 계

㉠ 인간의 부품화라는 인식을 초래하였다.
㉡ 폐쇄형 조직이론으로서 조직과 환경과의 상호작용을 무시하고 있다.
㉢ 인간의 정서적인 측면과 사회적 관계를 소홀히 하며, 비공식 집단, 커뮤니케이션 등의 중요성을 간과하였다.
㉣ 정치가 개입되는 행정을 경영과 동일시하고 있다.
㉤ 조직 내 비공식 집단을 무시하고 있다.
㉥ 직원의 의사결정참여를 지향하는 사회복지조직에 적용하는 데는 한계가 있을 수 있다.

Plus ⊕ one

관료제이론과 과학적 관리론의 역기능

관료제이론	• 관료의 특권계층화 • 경직성 · 창조성 결여 • 형식주의 · 서면주의 • 선례주의 · 무사안일주의 • 비민주성 · 비인간성 • 할거주의 • 동조과잉 및 목적전도 • 크리밍 현상 발생 • 전문화에 대한 제약 • 상급자에 의존 · 외적 가치와 이익추구
과학적 관리론	• 경제적 · 기계적 인간관 • 인간의 감정적 · 정서적 · 심리적 요소 경시 • 조직에 영향을 미치는 외적 요소에 대한 경시 • 조직구성원 간 교류문제 소홀

제2절 인간관계론, 구조주의론, 체계이론

1 인간관계모형(Human Relations Model)

(1) 인간관계모형의 의의와 기본가정

① 의 의

㉠ 고전모형의 결함을 보충하기 위해 개발된 모형이다.

㉡ 진정한 능률을 추구하기 위해서는 인간을 기계적으로만 취급할 것이 아니라 감정, 정서, 비합리성, 사회성을 지닌 존재로 간주해야 한다.

㉢ 인간의 감정적 요소와 비합리적 요소를 효율적으로 운용하는 것이 능률성 제고에 유용하다는 이론이다.

② 기본가정

㉠ 개인의 욕구가 충족된다면 조직에서의 개인은 조직의 목표를 위해 일할 것이다(기본가정은 고전모형과 같음).

㉡ 개인의 욕구에서 관심을 보인 경우 조직의 목표와 개인의 목표는 일치할 수 있고, 사회복지조직에 적용하기에 효과적인 모형이다.

(2) 특 징

17회 기출

① 구성원은 개인으로서가 아니라 집단의 구성원으로서 행동한다.

② 사람은 감정과 기분에 따라 움직이며 조직참여자들이 만족하면 생산성 향상에 도움이 된다.

③ 기계적 능률성보다 사회적 능률성을 중시하고, 대인관계 등 사회적 · 비경제적 동기가 생산성을 결정한다.

④ 조직구성원의 사기는 소규모 집단을 중심으로 형성되며, 공식구조보다는 구성권 간의 욕구나 혈연 · 지연 등에 따른 비공식적인 소집단에서의 소속감을 중시한다.

(3) 인간관계이론

13, 15회 기출

① 메이요의 인간관계이론

1, 2, 6, 9회 기출

㉠ 메이요(Mayo) 등 하버드 대학의 경영학과 교수들이 미국의 웨스턴일렉트릭사(Western Electric Co.)의 **호손(Hawthorne) 공장**에서 수행한 일련의 실험에 의해 이론적 틀이 마련되었다.

㉡ 조직의 생산성 향상을 위해 **인간의 정서적인 요인**과 함께 **사회적 · 심리적 · 비공식적 요인**에 역점을 두어 인간을 관리하는 기술 또는 방법에 관한 이론체계이자 관리체계이다.

㉢ 기본적으로 **조직구성원의 사회적 · 심리적 욕구와 조직 내 비공식집단 등을 중시**한다.

㉣ 조직구성원의 생산성이 생리적 · 경제적 요인으로만 자극받는 것이 아니라 사회적 · 심리적 요인에 의해 크게 영향을 받는다고 주장한다.

㉤ **인간관계**가 작업능률과 생산성을 좌우하며, **조직 내 비공식 집단**이 개인의 생산성에 영향을 미친다고 본다.

㉥ 조직의 목표와 조직구성원들의 목표 간의 균형유지를 위한 **민주적 · 참여적 관리방식**을 지향한다.

② **맥그리거의 X · Y이론과 룬트슈테트의 Z이론** 5, 15회 기출

맥그리거는 직원을 X형과 Y형으로 구분하고 지휘자에 이에 대해 각기 다른 관리방법을 사용해야 한다고 주장했다.

㉠ 맥그리거의 X이론

사람은 본래 일하는 것을 싫어하며 가능하면 일을 하지 않으려고 한다. 이러한 속성 때문에 조직의 목표를 성취하려면 **통제와 지시**가 필요하다.

㉡ 맥그리거의 Y이론

- **사람은 본래 일하기 좋아하는 존재**이며 육체적 · 정신적 노력의 지출은 놀이나 휴식과 같이 자연스러운 것으로 조직의 목표가 주어지면 스스로 자기통제와 자기지시를 할 수 있다.
- 인간은 일을 스스로 할 능력과 창의성이 있으므로 **적절한 자기책임**을 부여한다고 본다.

Plus ⊕ one

맥그리거의 X · Y이론

X이론	Y이론
• 1920년대 과학적 관리론, 고전적 조직이론에서 강조 • 경제적 보상이나 물질 중시(경제적 · 합리적 인간중시, 기계적 능률성, 권위형) • 인간은 선천적으로 게으르고, 남의 통제를 필요로 함(인간의 피동성을 강조) • 보상과 제재에 의한 관리	• 1930년대 인간관계론, 신고전적 조직이론에서 중시 • 심리적 · 감정적 · 정서적 요인과 같은 비합리적 · 비경제적 측면을 중시 • 사회적 능률성(민주성)을 강조

㉢ 룬트슈테트의 Z이론

- 룬트슈테트(Lundstedt)가 맥그리거(McGregor)의 X · Y이론의 결함을 보완하기 위하여 제시한 것으로, X이론과 Y이론에 포함시킬 수 없는 인간의 또 다른 한 측면을 부각시키기 위하여 제기되었다.
- 특수분야에 종사하는 사람, 즉 **과학자**나 **학자**들에 관한 관리이론으로서 이들은 자유방임적이고 고도로 **자율적**이며, 관리자는 오로지 구성원의 자유의지에 따라 행동하도록 분위기만 조성할뿐 인위적인 동기부여는 가능한 억제한다는 이론이다.

(4) 인간관계론의 유용성과 한계

① 유용성

㉠ 인간을 인격적으로 인식하고, 인간의 심리적 · 사회적 측면을 중시하였다.

㉡ 사회적 능률이라는 개념을 정립하고 노동자의 인격적 대우가 조직의 능률향상에 기여함을 파악하였다.

㉢ 조직의 관리에 있어서 의사전달, 리더십, 비공식조직 등을 강조함으로써 경쟁이 아닌 협동과 화합에 의한 생산성 제고를 강조하였다.

② 한 계

㉠ 인간의 경제적 동기를 지나치게 경시하였다.

㉡ 조직과 외부환경과의 작용관계를 설명하지 못한다.

㉢ 직무 자체를 중심으로 한 동기부여를 간과하고 있다.

㉣ 공식조직의 합리적 기능을 경시하고, 비공식 집단의 중요성을 지나치게 강조하였다.

㉤ 인간을 관리의 대상으로 삼는다는 점에서 관리방법 적용상의 기술적 한계가 현실적으로 존재한다.

Plus ⊕ one

과학적 관리론과 인간관계론 비교

구 분	과학적 관리론	인간관계론
차이점	직무중심	인간중심
	공식적 구조관	비공식적 구조관
	능률성과 민주적 목표와의 조화가 이루어지지 못함	능률성과 민주적 목표가 조화됨
	인간을 기계의 부품화로 인식(정태적 인간관)	인간을 감정적 존재로 인식(동태적 인간관)
	합리적 · 경제적 인간(맥그리거 → X이론)	사회적 인간(맥그리거 → Y이론)
	기계적 능률성 중시	사회적 능률성 중시
	경제적 자극(물질적 자극)	비경제적 · 인간적 자극
	1930년대 이전부터 강조	1930년대 이후 강조
	능률증진에 기여	민주성의 확립에 기여
	과학적 원리 강조	보편적 원리에 치중하지 않음
공통점	• 외부환경의 무시(보수성 · 정태성) • 생산 · 능률 향상이 궁극적 목적 • 관리층을 위한 연구 • 조직목표와 개인목표의 양립 · 조화가능성 인정 • 인간행동의 피동성 및 동기부여의 외재성 중시 • 욕구의 단일성 중시	

2 구조주의모형(Structuralist Model)

(1) 의 의

① 구조주의모형은 인간관계모형에 대한 비판에서 발생한 것이다.

② 인간관계적 접근에 대해 조직에 대한 완전한 시각을 제공하지 못하고 있으며, 그 부분적 시각은 관리자들을 유리하게 하고 근로자들을 잘못 인도하고 있다고 보았다.

③ 기본가정 : 개인과 조직의 목표가 일치하지 않을 수 있고, 조직에서의 갈등은 불가피하다.

(2) 특 징

① 고전모형과 인간관계모형을 조화시키고 통합하는 다요인적인 접근을 한다.

② 조직을 사회집단들이 상호작용하는 크고 복잡한 사회단위로 간주한다. 이 집단들은 어떤 이해관계를 공유하기도 하지만, 양립할 수 없는 이해관계를 갖기도 한다.

③ 갈등을 역기능이 아니라 순기능으로 본다.

㉠ 갈등은 문제를 노출시키고 해결책을 강구함으로써 사회적 순기능의 역할을 한다.

㉡ 갈등에 직면하게 되면 권력을 시험하게 하고 조직체계를 현실적 상황에 적응하도록 하며, 조직의 평화를 가져오게 한다.

㉢ 갈등이 은폐되면 잠재적 소외 · 이탈 · 사고 증가 등의 현상이 발생한다.

㉣ 노조, 불만처리위원회 등은 조직 내 불가피한 갈등을 중재하기 위한 기제로 작용한다.

㉤ 사회복지분야에서 갈등을 문제해결전략으로 사용하는 것에 대해서는 저항이 있다.

④ 조직에 대한 환경의 영향을 강조한다.

사회복지조직에서 일반 환경은 경제적, 사회 · 인구통계적, 정치적, 법적, 기술적 환경 등이 며, 과업환경은 재정자원의 제공자, 정당성과 권한의 제공자, 클라이언트의 제공자, 보조적 서비스의 제공자, 조직산물의 소비자 및 수혜자, 경쟁조직 등이 있다.

(3) 사회복지조직의 도입에 있어서의 유용성

① 사회복지분야에서 항상 갈등은 존재하므로 조직의 목표달성을 위해 양보와 타협, 중재, 지도, 대화 등을 통한 문제해결이 요구된다.

② 사회복지조직들의 서비스 전달형태에 환경이 미치는 영향은 상당히 중요하다는 점을 반영할 수 있다.

(4) 구조주의모형에 대한 비판

① 인간관계모형을 주장하는 사람들은 구조주의모형이 인간적인 요소를 충분히 고려하지 않고 있다고 비판한다. 이들은 조직에서 갈등이 발생하지만, 그 갈등은 공개적인 의사소통과 신뢰를 통해 해결될 수 있다고 주장한다.

② 구조주의자들은 인간의 욕구와 성격을 무시하고 있다고 비판한다. 자기표현, 창의성, 독립성과 같은 인간의 욕구를 충족시킬 여지를 주지 않기 때문에 결국 비효율, 비융통성, 단조로움을 창조한다는 것이다.

3 체계모형(Systems Model)

1, 3, 4, 8, 9회 기출

(1) 의 의

① 고전이론, 인간관계이론, 구조주의이론 등 세 모형이 하나로 통합될 수 있다는 가정에 기초를 두고 있다.

② 체계모형은 조직을 다양한 역동성과 메커니즘에 기초를 두고 구체적 기능을 수행하는 많은 하위체계로 구성된 복합체로 보고, 관리자에게 조직의 문제를 분석하고 진단하기 위한 방법을 제공한다.

③ 또한 체계는 상호작용하는 관련 부분과 부환경의 집합으로서 여기서 환경은 한 부분의 변화가 다른 부분의 변화를 자극하는 것이다

④ 조직의 각 하위체계들이 어떤 기능, 역동성, 기제를 수행하는가의 표준을 제시함으로써 특정한 조직의 성과를 표준과 비교 · 평가한다.

⑤ 사회복지관점에서 볼 때 사회복지조직의 문제를 진단하는 포괄적인 도구를 제공했다는 점에서 중요하다.

(2) 기본가정

① 각 하위체계들은 생존과 발전을 위한 경쟁의 역동성 때문에 부단히 활동하며, 하위체계 간의 갈등과 모순은 불가피하다고 가정한다.

② 조직이 최적으로 기능하기 위해서는 조직의 목표에 따라 모든 하위체계가 기능하도록 해야 한다고 가정한다.

③ 관리하위체계는 나머지 네 개의 하위체계를 통합하고 조장하는 과업을 수행한다.

(3) 체계모형의 5가지 하위체계

3, 15회 기출

① 생산하위체계(Production Subsystem)

㉠ 모든 조직은 생산과 관련된 과업을 수행한다.

㉡ 모든 조직은 결과물로서 '생산품'을 생산하기 위해 조직 · 운영된다.

㉢ 사회복지조직에서 생산하위체계의 기능은 클라이언트에게 서비스를 제공하는 것이다.

㉣ 서비스의 효과적인 전달을 위해 다양한 형태의 전문화 및 분업으로 변화시키지만, 전문화를 추구하는 과정에서 지나치게 기술을 강조하여 기술이 클라이언트의 욕구를 대치하면 수단과 목적이 바뀌는 부정적인 결과를 초래할 수 있다.

② 유지하위체계(Maintenance Subsystem)

㉠ 조직의 욕구에 개인의 욕구를 통합하는 데 강조를 둔 인간관계모형(Human Relations Model)에 기반을 두고, 조직의 계속성을 확보하며, 조직 내 안정상태를 유지하도록 한다.

㉡ 사회복지조직에서 유지하위체계의 기능은 개별 직원들의 목표가 조직의 목표에 통합되도록 촉진하는 것이다. 즉, 절차와 활동의 공식화 및 표준화, 보상체계의 확립, 새로운 구성원의 사회화, 직원선발과 훈련이다.

㉢ 현재 상태를 유지하고 안정성을 유지하는 기능을 수행하는 과정에서 클라이언트의 욕구보다는 직원들의 욕구 충족을 강조하면 조직의 역기능적인 측면이 부각될 수 있다. 사회복지조직의 궁극적인 목표는 클라이언트의 욕구 충족에 있으며, 이는 조직의 목표달성의 수단이 된다.

③ 경계하위체계(Boundary Subsystem)

㉠ 구조주의모형의 가정과 관련된다.

㉡ 사회복지조직에 있어서 경계하위체계의 목적은 조직의 외부환경에 영향을 미치는 것에 있다.

㉢ 사회복지조직은 생존하고 발전하기 위해 외부환경에서 일어나는 변화를 알고자 부단히 노력하고 그 변화에 적절히 반응할 수 있어야 한다.

④ 적응하위체계(Adaptive Subsystem)

㉠ 실제 조직변화를 위한 최적의 대안을 찾기 위해 연구 · 평가 한다.

㉡ 변화하는 환경의 요구(새로운 클라이언트의 욕구, 새로운 정부의 요구조건, 재정지원조직의 우선순위)에 반응하여 조직을 변화시킬 필요성을 인식하고 관리층에 적절한 건의를 하며, 이를 위해 체계적인 연구와 평가를 수행한다.

㉢ 조직의 업무수행 능력평가 및 조직 변화의 방향을 제시한다.

⑤ 관리하위체계(Managerial Subsystem)

㉠ 갈등을 해결하고 교섭하기 위한 지식과 기술이 필요하다.

㉡ 목적은 네 개의 하위체계를 조정하고 통합하기 위해 리더십을 제공한다.

㉢ 관리자는 각기 다른 하위체계가 어떻게 조정 · 통합될 수 있는지를 이해하기 위해 체계적 관점을 가질 필요가 있다. 이데올로기 간의 갈등, 하위체계들 간의 과업의 갈등, 갈등과 모순의 구조를 파악할 필요가 있다.

㉣ 통제를 강조하는 점에서 고전모형에 기초하고, 외부환경을 강조하는 점에서 구조주의모형의 특성을 가지고 있으며, 타협을 강조하는 점에서 인간관계모형의 특성을 갖고 있다.

㉤ 관리하위체계의 기능

- 타협과 심의를 통해 하위체계를 조정한다.
- 권한의 활용을 통해 계층 간에 생겨나는 갈등을 해결한다.
- 자원을 증진시키고 조직을 재구조화하기 위해 외부환경을 조정한다.

Plus ⊕ one

조직의 성장 단계에 따라 강조되는 하위체계

- 초기단계 : 생산
- 안정단계 : 생산, 유지, 관리
- 발전단계 : 적응, 경계

(4) 사회복지조직의 도입에 있어서의 유용성과 한계

① **유용성** : 사회복지조직에서도 사회복지사들의 행동, 결정 등이 다른 조직성원들의 행동, 전체조직과 관련되어 있다는 것을 인식시키고, 사회복지조직의 관리자들에게 환경의 중요성을 일깨워 준다.

② **한계** : 조직 내의 구성원이나 집단들이 항상 통합과 균형을 이루기 위해서 변화에 적응한다고 보기는 힘들다.

제3절 기타 조직경영이론

1 상황이론(상황적응이론, Contingency Theory)

(1) 의 의

20회 기출

① 체제이론에서 유래한 상황이론은 조직의 **환경적 요인을 강조**하면서 고도의 불확실성하에서 최선의 **관리방법이란 있을 수 없으며, 다만 효과적인 방법만이 있을 뿐이라는** 점을 강조하는 입장이다.

② 효과적인 조직관리 방법이 조직이 처한 환경과 조건에 따라 달라진다고 본다. 환경-조직-과업-인간관계를 유기적으로 파악할 수 있는 장점이 있으나, 조직과 관련된 부분적인 상황 요인만을 중시하는 경우 전체적인 사회, 정치, 경제, 문화적 변수를 간과할 수 있음을 고려해야 한다.

(2) 기본 전제

19회 기출

① 조직의 관리가 **상황에 의존**한다.

② 우리의 결정이 오직 한 번의 상황에서 이루어진다고 믿는다.

③ 상황이론은 **모든 상황에서 작업과 관련된 정확한 결정이나 최상의 결정은 없다**고 주장한다.

(3) 특 징

① 중범위이론을 지향한다.

② 원인보다는 **객관적 결과를 중시**한다.

③ 조직 내 개인이나 집단이 아닌 **조직 그 자체를 분석단위**로 삼는다.

④ 고전적 행정이론이 주장하는 모든 조직에 적용될 수 있는 최선의 방법(One Best Way)이나 일반원칙은 **존재할 수 없다**는 입장이다.

⑤ 조직의 목적, 과업의 종류, 조직의 기술, 조직의 규모 등에 따라 적합한 조직구조는 달라질 수 있다.

(4) 사회복지조직의 도입에 있어서의 유용성과 한계

① 유용성

㉠ 사회복지조직의 내부적 특성을 잘 이해하고 상황과 환경의 중요성을 강조하여 설명하고 있다. 즉, 동질적이고 안정된 환경에서는 형식적 · 계층적인 조직이 적합하고 다양하고 변동하는 환경에서는 덜 형식화되고 보다 유기적인 조직이 적합하다는 것이다.

㉡ 사회복지조직은 환경적 변화에 크게 좌우되기 때문에 그에 따른 조직구조와 관리형태의 적용이 필요하다는 점에서 이론적 타당성이 상당하다.

② 한 계

㉠ 어떤 상황에서 어떤 조직구조가 적합한지에 대해 일정한 원칙을 제시하지 못하고 있다. 즉, 이 이론에서 상황은 조직과 관련된 부분적인 것일 뿐, 전체적인 사회 · 문화 · 정치적 변수를 고려하지 못하였다.

㉡ 환경에 따라 조직이 바뀐다는 환경결정론적 시각에서 접근하기 때문에 조직 내부 변화의 능동성을 간과하고 있다.

㉢ 조직구조 형성에서 주체적인 역할을 하는 의사결정, 가치관, 의도, 목적을 간과하고 있다.

제2영역

2 정치경제이론(Political Economy Theory)

16, 18회 기출

(1) 특 징

① 조직과 환경 간의 상호작용을 중시하며, 그러한 상호작용이 조직의 내부 역학관계에 어떻게 영향을 미치는가에 관하여 초점을 두고 있다.

② 보다 폭넓은 개방체계의 관점에서 조직을 이해한다. 이 이론은 규범적이기보다는 분석적이며, 개연성 이론과 마찬가지로 환경적 요소들에 의해 조직의 주요 행태가 영향을 받는 과정에 초점을 둔다.

③ 업무환경의 중요성을 강조하는데 여기서 업무환경이란 대개가 다른 조직들이나 클라이언트를 포함하는 이해집단들을 가리킨다.

④ 업무환경 요소들은 조직이 필요로 하는 중요한 자원을 통제하며, 조직을 통해 자신들의 이해(Interest)를 실현시키려 하기 때문에 조직에 대해 상당한 이해관계를 형성하게 된다.

⑤ 자원을 소유하고 있는 이해관계집단이 조직에 영향력을 발휘하며 조직환경에서 재원을 둘러싼 권력관계를 부각시킨다.

⑥ 생존을 위해서 환경으로부터 합법성을 부여받아야 하며, 서비스 전달체계에서 업무환경을 강조한다.

(2) 사회복지조직의 도입에 있어서의 유용성과 한계

① 유용성

㉠ 조직의 내 · 외부 정치경제적 역학관계들이 조직의 서비스 전달체계에 대해 어떻게 영향을 미치는지를 파악하게 하는 데 중요한 기여를 한다.

㉡ 사회복지조직들이 외부환경에 대해 매우 의존적이라는 사실을 감안하면, 환경-의존에 적응하는 과정에서 채택하는 조직 전략들이 사회복지조직의 구조와 과정들에 어떻게 영향을 미치는지를 설득력 있게 나타낼 수 있다. 즉, 외부환경에 의존하는 사회복지조직의 현실을 설명할 수 있다.

㉢ 클라이언트를 중요한 자원이면서, 한편으로는 잠재적인 이해집단인 것으로 인식한다. 이것은 곧 클라이언트들이 보유하는 정치적 파워와 경제적 자원을 근거로 해서 볼 때, 사회복지조직이 어떻게 클라이언트들에 대해 반응할 것인지를 예측 가능하게 한다.

② 한 계

㉠ 정치 · 경제적 자원들에 한정하여 조직의 행태를 설명하고 있기 때문에 무형의 가치와 이념들에 의해 형성되는 부분이 많은 사회복지조직을 이해하는 데 어려움이 있다.

㉡ 사회복지조직을 이끄는 가치와 이념은 간과하고 있다.

3 (신)제도이론(Institutional Theory)

(1) 의 의

기존의 조직 환경 이론들은 과업환경에 대해 관심을 집중시킨 반면 제도이론은 기술적인 특성들보다 제도적인 환경 속에 존재하는 규범이나 규칙들에 의해서 조직의 성격이 결정된다고 주장한다.

(2) 특 징

① 조직들이 그들이 수행하는 활동에 대한 지원과 정당성을 얻기 위해서 반드시 따라야만 하는 사회적 규범과 가치 및 문화적 규칙 시스템, 즉 제도환경에서의 순응을 강조한다.

② 제도적 환경은 조직의 행동과 구조에 영향을 미치는 핵심적 원천이며, 조직은 사회적 정당성을 확보하기 위해서 제도환경에서 기대하는 요소 · 특성을 조직의 행동 · 구조에 반영함으로써 동조적인 방식을 통해 정당성을 확보해 나갈 수 있다.

(3) 제도적 순응과정의 예

① 정부나 법률의 규정에 의해 강제로 받아들여지는 규칙을 따른다.

② 성공적인 조직의 관행과 절차를 모방하여 규칙을 정하는 방법으로 우수기관의 조직체계나 프로그램을 도입하여 시행하는 경우가 여기에 해당한다.

③ 전문직의 규범으로 자연스럽게 절차를 수용하는 것, 즉 전문직의 요구에 따라 과학적으로 효과성이 입증된 실천모델을 적용하는 것이다.

(4) 사회복지조직의 도입에 있어서의 유용성과 한계

① 유용성

㉠ 사회복지조직과 같이 도덕적인 신념이나 가치에 의해서 존립의 정당성이 확보되고, 정부와 전문직의 제도적 규범이 강하게 작용하는 조직을 이해하는 데 유용한 이론이다.

㉡ 한국에서 사회복지기관들이 갖는 준공공적인 특성을 설명하는 데 적합하다.

② 한 계

㉠ 제도이론의 핵심인 제도화 과정에 대한 설명이 명확하지 못하다.

㉡ 기술적 환경과 제도적 환경과의 상호연관성에 대해서 뚜렷한 언급이 없으며 구체적인 조직관리의 원칙이 없다.

4 조직군생태이론(Population Ecology Theory)

(1) 의 의

조직과 환경과의 관계에서 환경의 조직선택이라는 환경결정론적 시각으로 환경적 요인들이 가장 적합한 조직특성들을 선택한다고 보는 이론이다.

(2) 특 징

① 분석단위를 개별조직이 아닌 조직군으로 본다.

② 장기적 조직변동에 관심을 두며 변이, 선택, 보전의 과정을 거친다.

③ 조직은 환경의 변화속도보다 변화속도가 느린 것으로 간주하며, 조직은 환경에 의해 선택당하게 된다. 즉, 이 이론에서 조직은 환경에 대해 무기력한 존재이다.

(3) 사회복지조직의 도입에 있어서의 유용성과 한계

① **유용성** : 새로운 형태의 사회복지조직이 생겨나는 환경과 유사한 조직들이 제한된 자원을 확보하기 위해 경쟁하는 환경의 변화 양상을 이해하기 용이하다.

② **한계** : 환경결정론적 입장이 강하여 조직의 재정능력, 또는 환경을 극복할 수 있는 가능성 등을 소홀히 하며, 환경에서 조직 간의 권력관계, 갈등과 같은 중요사항을 도외시한다는 비판을 받는다.

Plus ⊕ one

환경에 대한 입장 비교

상황이론, 정치경제이론, 제도이론, 조직군생태이론은 모두 조직에 대한 환경의 영향력을 강조했다는 공통점이 있다. 그러나 각 이론마다 설정된 환경에 대한 입장은 조금씩 다르며, 각각의 차이점은 다음과 같다.

이 론	환경에 대한 입장
상황이론	• 조직의 합리적 선택에 의한 적응에 초점 • 환경변화에 수동적 입장
정치경제이론	• 조직과 환경과의 상호작용에 초점 • 조직의 자발성 강조
제도이론	• 과업환경이 아닌 법적 · 제도적 환경 강조 • 조직의 생존을 위해 법적 · 제도적 순응
조직군생태이론	환경적 요인에 가장 적합한 조직이 피동적으로 선택된다는 조직의 적응을 가정

제4절 현대조직이론

1 목표관리이론(MBO ; Management By Objectives)

3, 11, 13회 기출

(1) 의 의

① 목표관리는 조직구성원이 스스로 목표를 설정하여 그 **목표달성을 중심으로 자율적으로** 일을 수행하도록 하는 관리이론이다.

② 목표관리는 관리는 통제라는 인식을 바꾸는 데 기여하였다. 일선관리자와 조직구성원이 스스로 목표를 설정하고 자신의 성과를 스스로 관리할 수 있게 해주었다는 점에서 참여관리로서의 기능을 가지고 있다.

③ 목표관리는 관리자를 명령에 의한 관리(Management by Domination)의 틀에서 벗어날 수 있게 하였으며, 자기통제에 의한 관리(Management by Self-control)를 수용할 수 있는 길을 마련해 주었다.

(2) 특 징

① 조직을 특정한 목표달성을 위한 합리적인 도구로 이해하는 **고전적 조직관**을 토대로 한다.

② 조직은 궁극적으로 목표를 가지고 있으며, 이러한 목표는 경험적인 확인과 성취도 측정이 가능하다.

③ 조직의 효과성은 동원되는 수단보다는 **목표달성 여부에 따라 평가**되어야 한다.

④ 현대 조직이론에서 각광받는 이론이며 여기서 목표는 **단기목표 설정**을 말한다.

⑤ 조직의 목표는 해당 조직의 성공여부를 평가하는 주요 도구에 해당한다.

⑥ 효과적인 목표달성의 결정요인으로는 생산성, 순응성, 적응성, 제도화, 의욕 등이 있으며, 특히 생산성이 조직의 효과성과 가장 밀접하게 연관된다.

⑦ 조직의 목표달성과 직접적으로 연관되지 않은 조직 체계상의 문제에 대해 별다른 관심을 기울이지 않는다.

⑧ 목표지향적 활동과 비목표지향적 활동 간에 조정이 이루어지지 않는다.

⑨ 목표는 직원들이 실시한 수행에 기반한 과업 분석과 연관되며 계획, 피드백, 보상은 목표달성을 위해 필수적이다.

⑩ 목표는 성과지향적 · 긍정적 · 구체적 · 현실적이며, 측정가능하다.

(3) 목표관리의 한계점

① 목표관리를 실천하기 위하여 성과에 대한 계량화 작업이 전제가 되어야 한다.
성과를 객관적으로 평가하기 위하여 계량화는 꼭 필요한 과정이지만 행정업무의 성격상 계량적으로 처리될 수 없는 것도 많이 있다.

② 목표관리는 조직구성원 개개인의 목표달성도에 대한 수평적 비교가 가능해야 상여금과 같은 인센티브 프로그램을 개발할 수 있다.
사회복지분야에서도 행정업무는 사업, 정책, 기획, 서비스, 행정지원업무 등 다양하기 때문에 비교가 어렵다는 한계가 있다. 중요도와 난이도 등으로 계량화한다고 하더라도 수평적 비교는 용이하지 않다는 것이 문제이다.

③ 행정은 외부환경으로부터 끊임없이 영향을 받는다.
사회복지행정도 예외일 수는 없다. 복지업무담당자가 목표달성을 위하여 열심히 노력했는데도 정책변경, 국회공전과 같은 외부요인이 불리하게 변할 경우에는 목표달성의 수준이 낮을 수밖에 없다. 목표관리는 외생변수를 통제할 수 없다는 한계를 가지고 있다

(4) 사회복지조직에 적용상의 한계

① 사회복지조직은 목표가 모호하고 인간을 대상으로 서비스를 제공하는 것이기 때문에 운영 및 관리가 복잡하다.

② 전체 구성원의 참여를 유도하기 때문에 시간, 노력이 많이 소요될 수 있으며, 운영 및 관리가 복잡하다.

③ 목표를 수량적으로 표시하기 때문에 목표의 질적인 측면이 간과될 수 있고 성과를 중요시하기 때문에 수단 및 과정에 대해 소홀할 수 있다.

④ 가시적인 성과를 내기 위해 단기적이고 계량적 측정이 가능한 업무에만 주력하게 되는 경향이 나타날 수 있다.

⑤ 관리상황이 유동적이기 때문에 MBO를 적용하는 과정에서 어려움을 겪을 수 있으며, 실제 성과로 연결되기 어려울 수 있다.

2 애드호크라시(Adhocracy) 조직이론

(1) 의 의

① 기계적이고 정태적이며, 일상적인 관료제에 비하여 애드호크라시는 유기성 · 동태성 · 비일상성을 강조하는 조직구조 개념으로 대표적인 상황이론 중의 하나이다.

② 다양한 전문기술을 가진 비교적 이질적인 전문가들이 프로젝트를 중심으로 집단을 구성하며, 문제를 해결하는 변화가 빠르고 적응적 · 일시적인 체계이다.

③ 애드호크라시의 조직구조는 태스크 포스(Task Force), 프로젝트 팀(Project Team), 위원회조직, 담당관제, 국 · 과제의 폐지 · 축소, 행렬(Matrix)조직 등이 있다.

(2) 특 징

① 전통적 관료제 구조와는 달리 융통적 · 적응적 · 혁신적 구조를 지닌 '특별임시조직'을 말한다.

② 다양한 전문기술을 가진 비교적 이질적인 전문가들이 프로젝트를 중심으로 집단을 구성해 문제를 해결하는, 변화가 빠르고 적응적이며 임시적인 체제이다.

③ 이러한 애드호크라시는 대체로 영구적인 부서나 공식화된 규칙, 그리고 일상적인 문제를 처리하기 위한 표준화된 절차가 없이, 프로젝트에 따라 전문요원들이 팀을 구성해 상황에 맞게 문제를 해결해 가는 특성을 지닌다.

④ 구조적 차원에서 볼 때 애드호크라시는 복잡성 · 공식화 · 집권화의 정도가 모두 낮다는 특징을 지닌다.

⑤ 당면 과제를 해결하기 위해 다양한 전문적 기술을 가진 사람들로 구성된 임시적 조직 구조로 조직 구조적 측면에서 관료제와 대조를 이루는 개념이다.

⑥ 고도의 수평적 직무 전문화로서 기능의 표준화 대신 전문가 간의 상호조정에 의존하게 되므로 혁신을 추구할 수 있다.

⑦ 기능별 집단과 목적별 집단이 공존한다. 즉, 조직구성원들은 조직의 운영상 각자의 기능별 부서(예 총무부, 생산부, 판매부 등)에 속해 있으면서 혁신업무를 위해 목적별 집단(예 프로젝트 팀)에 소속되어 있다.

⑧ 정보의 흐름에 따른 효율적인 연락장치의 설치를 시도한다. 즉, 조정의 수단으로서 전문가 간 상호조정 수단을 택하게 되는데, 구체적인 예로서 통합관리자, 프로젝트 매니저 등을 들 수 있다.

⑨ 고도로 훈련된 전문가들에게 의존하고 있기 때문에 권력이 분권화된다. 그런데 전문가들이 수행하는 의사결정의 성질에 따라 의사결정권이 위임되므로 수평적 · 수직적인 선택적 분권화라고 할 수 있다.

(3) 사회복지조직의 도입에 있어서의 유용성과 한계

① 유용성 : 급변하는 환경에 적절하게 대처할 수 있는 이론이므로 이러한 상황에 노출되어 있는 사회복지조직에서 유용하게 활용할 수 있다.

② 한 계

㉠ 명백한 상하관계가 없고 권한과 책임이 명확히 구분되어 있지 않으므로 조직구성원의 역할이 모호하다.

㉡ 상이한 전문적 기술을 가진 전문가들이 모여서 프로젝트 팀을 구성하므로 구성원 간의 갈등이 상존할 수 있다.

㉢ 문제해결 및 혁신에 있어서 애드호크라시는 가장 적합한 조직이라고 할 수 있지만 공식적 · 비공식적 의사소통을 중시하는 관계로 의사소통 비용이 많이 들게 되고 별도의 프로젝트가 없는 경우에도 2개의 기능별 · 목적별 집단을 운영해야 하므로 비용문제가 발생한다.

3 총체적 품질관리 이론(TQM ; Total Quality Management)

8, 10, 11, 13, 14, 15, 16, 18, 20회 기출

(1) 의 의

① 1980년대 초반 미국 기업들이 일본 기업들의 경쟁력에 대해 연구하는 과정에서 처음 등장하였다. 이 연구에서 일본 기업들이 최종 생산물을 중심으로 조직을 운영하기보다는 산출물의 결함을 제거하는 과정을 중요시한다는 사실을 발견하게 되었다.

② TQM이 전통적인 관리기법과 구별되는 가장 큰 특징은 고객의 욕구나 필요에 따라 조직의 목표가 설정된다는 고객 중심의 관리를 강조하는 것이다

(2) 특 징

① 품질에 중점을 둔 관리기법으로서, 산출과 서비스의 질을 개선하기 위한 포괄적이고 고객중심적인 관리체계이다.

② 조직의 목표가 고객의 욕구에 따라 설정되므로, 서비스에 대한 내부 또는 외부 고객의 요구사항에 관심을 기울인다. 즉, 고객은 최초의 그리고 최고의 품질 판정자이다.

③ 최고관리층에서 하위계층에 이르기까지 전원참여에 의해 고객만족과 조직구성원 및 사회에 대한 이익창출로 장기적인 성공에 목표를 두는 조직 전체의 체계적인 노력에 해당한다.

④ 작업시간 단축이 아닌 고객서비스 시간 단축, 즉 고객이 필요로 하는 서비스를 가능한 한 빠른 시간 내에 제공함으로써 고객만족에 도달하는 것을 목표로 한다.

(3) 총체적 품질관리의 원리

① 품질은 고객에 의해 정의된다.

② 품질은 초기단계부터 고려된다.

③ 고품질의 서비스는 조직구성원 간 협력의 결과이다.

④ 품질의 개선을 위한 지속적인 개선에의 노력과 전 직원의 적극적인 참여가 요구된다.

⑤ 품질관리는 결과보다 과정을 중시하며 인간 위주의 경영시스템을 지향한다.

Plus ⊕ one

총체적 품질관리의 기본요소(Martin)

- 서비스의 질(Quality)
- 고객(Customers)
- 고객만족(Customers Satisfaction)
- 변이(Variation) – 문제를 일으키는 요인(원인)
- 변화(Change) – 지속적인 개선
- 최고관리층의 절대적 관심(Top Management Commitment)

(4) 사회복지조직의 도입에 있어서의 유용성과 한계

① 유용성

㉠ 실적 위주의 관리와 운영 및 사업만 강조하던 입장에서 벗어나 클라이언트의 만족도에 관심을 기울이게 되었다.

㉡ 전문적인 관리 · 운영 및 급변하는 환경에 대한 대응으로서의 서비스 제공이 필요한 상황에 대비할 수 있게 되었다.

㉢ 구호적인 목적의 사회복지에서 벗어나 실질적인 사회복지서비스 요구에 대응할 수 있는 계기가 마련되었다.

② 한 계

㉠ 사회복지서비스의 효과와 질을 측정하기 어렵다.

㉡ 조직구성원들의 자발적인 참여의지가 선행되어야 한다는 전제조건을 충족시키기 어렵고 총체적 품질관리 기법을 활용할 수 있는 지식과 기술이 부족하다.

4 전략적 관리(Strategic Management) 이론

(1) 의 의

① 전략적 관리는 환경과의 관계를 중시하는 변혁적 관리로서 조직에 영향을 미치는 변화의 효율적 관리를 추구한다.

② 역동적인 환경에 처하여 변화를 겪는 조직에 새로운 노선을 제시하고 그에 입각한 전략 · 기술을 개발하여 집행함으로써 조직이 그 활동을 스스로 통제할 수 있게 하는 것을 말한다.

(2) 특 징

① 목표지향적 · 개혁적 관리를 추구한다.

② 장기적 시간관리를 요한다.

③ 환경분석과 조직역량 분석을 강조한다.

④ 전략개발과 조직활동 통합을 강조한다.

5 학습조직(Learning Organization) 이론

(1) 의 의

① 상호학습 이론이라고도 하며, 조직구성원이 바라는 결과를 창조할 능력을 확장하고, 새롭고 확대된 사고패턴을 육성하는 것이다.

② 집단적 목표나 열망을 자유롭게 선정하고, 함께 학습하는 방법을 지속적으로 배우는 조직이다.

(2) 특 징

① 개인적 통제감, 정신적 모델, 사고의 틀, 비전 공유, 팀 학습, 체계적 사고와 같은 조직의 주요영역의 역량이 강화(Empowerment)될 수 있다.

② 조직의 목표와 성과가 일치할 경우와 조직의 성과가 목표가 불일치할 경우 학습방법이 다르게 적용된다.

③ 시정방법이 전체 조직 운영의 틀을 고치는 방식으로 전개된다면 복선적 학습이 일어난다. 복선적 학습이 조직과 구성원을 역량을 강화하는 데 더욱 효과적이라고 볼 수 있다.

④ 외부 인력자원의 도입이나 학습방법의 공유, 벤치마킹 방법 등을 이용할 수 있다.

Plus ⊕ one

학습조직에 대한 학자들의 정의

- 센지(Senge) : 학습조직이란 조직원들이 진실로 원하는 성과를 달성하도록 지속적으로 역량을 확대시키고 새롭고 포용력 있는 사고능력을 함양하며, 집중된 열의가 자유롭게 설정되고, 학습방법을 서로 공유하면서 지속적으로 배우는 조직이다.
- 루이스(Lewis) : 학습조직의 개념은 팀이나 대화를 사용하는 휴먼서비스의 원칙과 양립하는 것처럼 보이며 또한 인간봉사조직의 성장을 위한 기회를 제시해 준다.

6 조직구조 개선을 위한 기타 방법들

(1) 벤치마킹(Benchmarking)

① 지속적인 개선을 달성하기 위해 조직 내부의 활동과 기능 및 관리능력 등을 외부의 조직과 비교 · 평가하고 판단하는 것이다.

② 성공적인 조직 운영을 위해 최고의 실제사례를 찾고 그것을 표적으로 자기조직과 비교하여 그 차이를 극복하기 위해 노력함으로써 부단히 자기혁신을 추구하는 방법이다.

③ 벤치마킹의 실패원인

㉠ 사전준비 부족
㉡ 관행 탈피의 어려움
㉢ 단순 견학이나 모방
㉣ 구성원 참여유도 실패
㉤ 일회성 행사로 그치는 경우

(2) 다운사이징(Downsizing)

① 조직의 관료화에 따른 불필요한 낭비조직을 제거하는 것이다. 즉, 불필요하고 불합리한 임원이나 부서를 축소하여 조직의 계층구조를 감소시키는 것으로 조직개편을 의미한다.
② 일반적으로 다운사이징은 해고나 합병과 같은 기구축소나 감원을 의미하며, 수익성이 없거나 비생산적인 부서나 지점을 축소 또는 제거하고 조직을 단순화한다.
③ 원가절감이 주요 목표이기는 하지만 단기적 차원이 아닌 장기적 경영전략 차원에서 추진된다.

(3) 리스트럭처링(Restructuring)

① 조직의 기존사업구조나 조직구조를 좀 더 효과적으로 그 기능이나 효율을 높이고자 실시하는 사업구조조정 또는 기업구조조정 과정에서 활용되는 기법이다.
② 재구조화는 부실기업이나 비능률적인 조직을 미래지향적인 사업구조로 개편하는 데 주목적이 있다.
③ 다운사이징 같은 수동적 기법뿐만 아니라 국내외의 유망기업과 제휴하여 새로운 기술을 개발시킨다거나 전략적으로 다른 사업 분야와 공동사업을 추진하는 방법과 같은 적극적 기법을 포함한다.
④ 기업의 중 · 장기 경영전략의 핵심적 부분이기도 하다.

(4) 리엔지니어링(Reengineering)

① BPR(Business Process Reengineering)이라고도 불리며 리스트럭처링의 하위개념에 속한다.
② 비용, 품질, 서비스, 속도와 같이 핵심이 되는 경영성과의 지표들을 비약적으로 향상시킬 수 있도록 사업활동을 근본적으로 다시 생각하여 조직구조와 업무방법을 혁신시키는 재설계방법이다.

(5) 균형성과표(BSC ; Balanced Score Card) 20회 기출

① 정보화시대의 경영환경은 기존의 유형자산을 투자하고 관리하기보다는 무형자산을 운용하고 활용할 수 있는 역량을 요구하고 있다. 또한 경영자들은 조직 내 비전과 전략을 알리고 조직의 모든 힘을 한 곳으로 집중하도록 동기를 부여하는 성과지표의 필요성을 인식하게 되었다.
② 캐플런과 노턴(Kaplan & Norton)은 단순한 성과측정에서 한걸음 더 나아가 고객 관점, 내부 프로세스 관점, 학습 · 혁신 · 성장 관점, 재무 관점 등 4가지 관점에서 조직의 성과를 종합적으로 관리하기 위한 성과평가 기법을 고안하였다.
③ 조직의 비전과 전략으로부터 도출된 성과지표의 조합으로서, 조직에게 전략적 방향을 알려주고 변화에 대한 동기를 부여하며, 계획수립, 예산편성, 조직구조 조정 및 결과통제 등의 의사결정에 있어서 기초를 제공한다.

CHAPTER 05

출제유형문제

01 다음에서 설명하고 있는 이론은? [18회]

- 서비스 전달체계에서 업무환경을 강조한다.
- 생존을 위해서 환경으로부터 합법성을 부여받아야 한다.
- 조직의 내 · 외부 환경의 역학관계가 서비스 전달체계에 영향을 미친다.

① 관료제이론
② 정치경제이론
③ 인간관계이론
④ 목표관리이론(MBO)
⑤ 총체적 품질관리(TQM)

해설 ② 정치경제이론은 조직이 합법성이나 세력 등의 정치적 자원과 함께 인적 · 물적 자원 등의 경제적 자원을 통해 서비스 활동을 수행하며 생존을 하게 되는데, 이와 같은 외부환경적 요소가 조직의 내부에 영향을 미치게 되어 조직 내부의 권력관계와 조직 외부의 이익집단 간의 역학관계에 의해 조직의 의사결정에 크게 영향을 미친다고 주장한다.
① 관료제이론은 합리적이고 합법적인 규칙과 최대한의 효율성을 목적으로 한 조직구조에 관한 이론이다. 관료제는 조직관리를 위한 합리적인 규칙을 의미하는 것으로, 의사결정의 계층화, 고도의 전문화에 기초한다.
③ 인간관계이론은 조직의 생산성 향상을 위해 인간의 정서적인 요인과 함께 심리사회적 요인, 비공식적 요인에 역점을 두어 인간을 관리하는 기술 또는 방법을 강조한다.
④ 목표관리(MBO)는 조직구성원의 광범위한 참여와 합의하에 조직의 목표를 설정 · 평가 · 환류함으로써 조직 운영의 효율성을 향상시키는 목표 중심의 민주적 · 참여적 관리를 강조한다.
⑤ 총체적 품질관리(TQM)는 조직운영, 제품, 서비스의 지속적인 개선을 통해 고품질과 경쟁력을 확보하기 위한 전 종업원의 체계적인 노력을 강조한다.

02 총체적 품질관리(Total Quality Management)에 관한 설명으로 옳지 않은 것은? [14회]

① 서비스 이용자를 대상으로 욕구조사 실시
② 기획 단계부터 서비스 품질을 고려
③ 서비스의 변이(Variation) 가능성을 예방하는 노력
④ 최고 관리자를 품질의 최종 결정자로 간주
⑤ 투입과 과정에 대한 지속적 개선 노력

Answer 1 ② 2 ④

해설 ④ 총체적 품질관리(TQM ; Total Quality Management)는 품질에 중점을 둔 관리기법으로서, 조직운영, 제품, 서비스의 지속적인 개선을 통해 고품질과 경쟁력을 확보하기 위한 전 종업원의 체계적인 노력으로 볼 수 있다. 특히 품질(Quality)을 조직의 중심적인 목표로 인식하며, 고객(Customers)을 품질에 대해 정의를 내리는 사람, 즉 품질의 최종 결정자로 간주한다.

03 다음은 어떤 조직이론에 관한 설명인가? [10회]

- 사회복지조직의 과업환경에 대한 중요성을 부각시키며, 외부자원에 의존할 수밖에 없는 사회복지조직의 현실을 생생하게 설명해 준다.
- 자원의존이론이라고도 하며, 조직을 이끄는 가치와 이념을 간과하는 한계성을 드러낸다.

① 정치경제론
② 상황적합론
③ 관료제론
④ 조직군생태학론
⑤ 제도이론

해설 ② 상황적합론은 조직의 목표달성을 위한 관리의 합리성만으로는 조직의 효율성을 보장할 수 없다는 인식하에 체계론적 관점에서 조직의 능률성에 영향을 미치는 환경적 요소를 고려한다.
③ 관료제론은 전문적인 능력과 기술을 바탕으로 합법적인 규칙과 합리적인 결정, 업무의 효율성과 행정의 능률성을 강조한다.
④ 조직군생태학론은 환경적 요인에 가장 적합한 조직이 생존한다는 환경결정론적인 관점을 기초로 한다.
⑤ 제도이론은 조직의 지속적인 생존의 이유를 명확히 설명하지 못하는 상황적합론의 한계를 인식하여, 조직의 생존을 사회적 정당성과 결부시킨다. 즉, 조직이 제도적 환경에 부합하는 행동을 통해 사회로부터 정당성을 인정받는 경우 생존 가능성이 증가한다는 것이다.

04 과학적 관리론에 관한 설명으로 옳지 않은 것은? [15회]

① 구성원들의 비인간화로 소외현상이 발생한다.
② 인간의 정서적인 측면과 사회적 관계를 중시한다.
③ 주로 경제적 보상을 강조한다.
④ 폐쇄적 환경을 강조하여 환경적 요인이 조직의 목적과 구조에 미치는 영향을 등한시한다.
⑤ 비공식집단, 커뮤니케이션 등의 중요성을 간과하였다.

해설 ② 조직의 생산성 향상을 위해 인간의 정서적인 요인과 함께 사회적 · 심리적 · 비공식적 요인에 역점을 두어 인간을 관리하는 기술 또는 방법에 관한 이론체계는 메이요(Mayo)의 인간관계이론이다. 반면, 테일러(Taylor)의 과학적 관리론은 인간의 노동을 기술적으로 판단하여 노동생산성을 향상시키는 데 몰두함으로써 인간의 사회적 · 심리적 측면을 등한시하고 있으며, 조직의 내부문제에만 초점을 둔 채 전체 사회조직과의 관계를 소홀히 다룸으로써 권위주의적 조직관으로 될 수밖에 없다는 비판을 받고 있다.

3 ① 4 ② Answer

05 다음에서 설명하는 이론은? [17회]

> 조직구성원은 비공식 집단의 성원으로 행동하며, 이러한 비공식 집단이 개인의 생산성에 영향을 준다.

① 인간관계이론
② 생산집단이론
③ 과학적 관리론
④ 상황생태이론
⑤ 개방구조이론

해설 **인간관계이론(Human Relations Theory)**

- 조직의 생산성 향상을 위해 인간의 정서적인 요인과 함께 심리사회적 요인, 비공식적 요인에 역점을 두어 인간을 관리하는 기술 또는 방법을 강조한다.
- 인간관계가 작업능률과 생산성을 좌우하며, 조직 내 비공식 집단이 개인의 생산성에 영향을 미친다고 본다.
- 조직구성원의 자율성과 책임성을 강조하며, 조직의 목표와 조직구성원들의 목표 간의 균형유지를 위한 민주적 · 참여적 관리방식을 지향한다.

06 구성원의 참여를 강조하면서, 명확한 목표 설정과 책임 부여에 초점을 두어 생산성을 높이고자 하는 조직관리 접근은? [11회]

① 학습조직
② Z이론
③ 인간관계론
④ 과학적 관리론
⑤ MBO

해설 '목표관리이론(MBO)'은 목표 중심의 민주적 · 참여적 관리기법으로서, 조직성원들의 광범위한 참여와 합의하에 조직의 목표를 설정 · 평가 · 환류함으로써 조직 운영의 효율성을 향상시키는 방법이다.

Answer 5 ① 6 ⑤

07 조직이론이 조직관리에 미친 영향으로 옳지 않은 것은? [12회]

① 생태체계이론은 객관성의 원칙과 협동의 원칙에 대한 이해를 증진시켰다.
② 정치경제이론은 이해집단의 중요성에 대한 인식을 증진시켰다.
③ 관료이론은 권위에 대한 이해를 증진시켰다.
④ 체계이론은 주체들 간의 상호의존성에 대한 이해를 증진시켰다.
⑤ 인간관계이론은 비공식적 조직에 대한 이해를 증진시켰다.

해설

① 조직이론에서 체계이론과 다소 맥락을 같이하는 생태학적 관점은 하나의 조직이 변화하는 환경에 적응할 수 있는 역량상의 문제를 비롯하여 제한된 자원의 확보를 위한 특수한 경쟁적 환경 등에 관심을 기울임으로써, 환경을 조직의 생존을 위한 중요 변수로 해석한다. 이와 같은 생태학적 관점은 새로운 형태의 사회복지조직이 생성되는 환경, 유사한 조직들이 제한된 자원의 확보를 위해 경쟁하는 환경 등에 대한 이해를 증진시켰다.
② 정치경제이론은 조직 내부의 권력관계와 조직 외부의 이익집단 간의 역학관계가 조직의 의사결정에 크게 영향을 미친다고 주장함으로써, 이해집단의 중요성에 대한 인식을 증진시켰다.
③ 관료이론 또는 관료제이론은 인간의 개성보다 공적인 지위에 기반을 둔 위계적인 권위구조를 강조함으로써, 권위에 대한 이해를 증진시켰다.
④ 체계이론은 복잡하지만 통일된 전체를 이루는 상호 관련된 부분의 집합, 즉 다양한 하위체계들 간의 기능적 관계를 강조함으로써, 각 체계들 간의 상호의존성에 대한 이해를 증진시켰다.
⑤ 인간관계이론은 인간의 정서적 요인과 함께 사회적 · 심리적 · 비공식적 요인에 중점을 둠으로써, 조직성원의 사회적 · 심리적 욕구와 조직 내 비공식적 조직에 대한 이해를 증진시켰다.

08 총체적 품질관리(TQM)에 관한 설명으로 옳지 않은 것은? [13회]

① 우리나라에서는 사회복지서비스의 전문직주의 강화로 인해 확산되었다.
② 구성원의 참여 활성화 전략을 중요시한다.
③ 조직의 문제점을 발견하고 시정함에 있어 지속적인 학습과정을 강조한다.
④ 초기 과정에서는 조직리더의 주도성이 중요하다.
⑤ 고객만족을 우선적 가치로 하며 서비스 질을 강조한다.

해설

① 우리나라에서 총체적 품질관리(TQM ; Total Quality Management)는 이용자를 보호하고 사회서비스의 질을 높이기 위하여 확산되었다. 「사회서비스 이용 및 이용권 관리에 관한 법률」 제30조 제1항에서는 "보건복지부장관은 이용자를 보호하고 사회서비스의 질을 높이기 위하여 사회서비스의 품질기준을 정하고, 그 품질기준에 따라 제공자가 제공하는 사회서비스의 질을 평가하는 등 사회서비스 품질관리 업무를 수행하여야 한다."라고 명시하고 있다. 품질관리의 일환으로 「사회복지사업법」에 따른 시설평가 제도를 들 수 있으며, 하위등급의 기관에 대해 등급 개선의 유도 차원에서 품질관리 지원을 실시하고 있다.

7 ① 8 ① Answer

09 다음은 체계이론 중 어떤 하위체계에 관한 설명인가? [15회]

> • 주요 목적은 개인의 욕구를 통합하고 조직의 영속성을 확보하는 것이다.
> • 업무절차를 공식화 하고 표준화한다.
> • 직원을 선발하여 훈련시키며 보상하는 제도를 확립한다.

① 관리하위체계
② 적응하위체계
③ 생산하위체계
④ 경계하위체계
⑤ 유지하위체계

해설 체계모형의 5가지 하위체계

생산하위체계	• 모든 조직은 생산과 관련된 과업을 수행한다. • 모든 조직은 결과물로서 '생산품'을 생산하기 위해 조직 · 운영된다.
유지하위체계	• 보상체계를 확립하고, 교육 · 훈련 등을 통해 조직의 안정을 추구한다. • 업무절차의 공식화 · 표준화로 조직의 계속성을 확보하며, 조직을 안정상태로 유지한다.
경계하위체계	• 조직과 환경적인 요인을 강조한다. • 외부환경의 변화에 대한 적절한 반응과 대응이 목표이다.
적응하위체계	• 실제 조직 변화를 위한 최적의 대안을 찾기 위해 연구 · 평가한다. • 조직의 업무수행 능력평가 및 조직 변화의 방향을 제시한다.
관리하위체계	• 다른 4가지 하위체계를 조정하고 통합하기 위한 리더십을 제공한다. • 갈등의 해결과 조정, 적절한 업무환경의 제공, 외부환경의 영향에 대한 조직의 대응책을 모색한다.

Answer 9 ⑤

10 다음 설명에 해당하는 조직이론은? [16회]

- 자원을 소유하고 있는 이해관계집단이 조직에 영향력을 발휘한다.
- 조직환경에서 재원을 둘러싼 권력관계를 부각시킨다.
- 외부환경에 의존하는 사회복지조직의 현실을 설명할 수 있다.

① 정치경제(Political Economy)이론
② 신제도(New Institutional)이론
③ 과학적 관리(Scientific Management)이론
④ 의사결정(Decision Making)이론
⑤ 조직군생태(Organizational Ecology)이론

해설

① 정치경제이론은 조직이 합법성이나 세력 등의 정치적 자원과 함께 인적 · 물적 자원 등의 경제적 자원을 통해 서비스 활동을 수행하며 생존을 하게 되는데, 이와 같은 외부환경적 요소가 조직의 내부에 영향을 미치게 되어 조직 내부의 권력관계와 조직 외부의 이익집단 간의 역학관계에 의해 조직의 의사결정에 크게 영향을 미친다고 주장한다.

② (신)제도이론은 제도적 환경을 조직의 행동과 구조에 영향을 미치는 핵심적 원천으로 간주하면서, 조직의 법률, 규칙, 사회적 여론 등 제도적 규칙에의 순응을 강조한다. 또한 조직에서의 제도적 동형화(Isomorphism) 현상을 성공적인 조직의 관행 및 절차를 동조 또는 모방의 방식을 통해 수용하는 것으로 설명한다.

③ 과학적 관리론은 조직에서 사람들의 육체적 능력의 중요성을 강조하면서, 개인들의 과업을 수행하는 데 필요한 시간 및 동작에 초점을 둔다. 조직에서 개인의 기여를 극대화하기 위해 개인의 동작에 대한 소요시간을 표준화하여 적정한 일의 분업을 확립한 다음 과업의 성과와 임금을 연관시킨다.

④ 의사결정이론은 인간의 제한된 합리성을 개념화하여 인간의 합리적 행동의 한계를 지적하면서, 문제해결과 목표달성을 극대화하기보다는 만족시키는 수준에 그쳐야 한다고 주장한다. 특히 개인의 의사를 결정하는 조직적 요인에 초점을 둠으로써 사회복지조직의 종사자들이 클라이언트에 대해 내리는 결정을 이해하고 설명할 수 있는 분석적 도구를 제공한다.

⑤ 조직군생태이론은 환경적 요인에 가장 적합한 조직이 생존한다는 환경결정론적인 관점을 기초로 한다. 특히 분석단위가 미시적 수준의 개별조직이 아닌 거시적 수준의 조직군이라는 점에서 다른 조직이론과 구분되며, '변이(Variation)', '선택(Selection)', '보전(Retention)'의 조직변동 과정을 장기적인 관점에서 파악한다.

10 ① Answer

CHAPTER 05

최신기출문제

01 **과학적 관리론(Scientific Management)에 관한 설명으로 옳은 것을 모두 고른 것은?** [19회]

ㄱ. 조직구성원의 업무를 과학적으로 분석하여 활용한다.
ㄴ. 집권화를 통한 위계구조 설정이 조직성과의 결정적 요인이다.
ㄷ. 호손(Hawthorne) 공장에서의 실험결과를 적극 반영하였다.
ㄹ. 경제적 보상을 통해 생산성을 극대화할 수 있다.

① ㄱ, ㄴ
② ㄱ, ㄷ
③ ㄱ, ㄹ
④ ㄴ, ㄷ
⑤ ㄷ, ㄹ

해설 ㄱ. 과학적 관리론은 조직구성원의 업무를 과학적으로 분석하여 그에 관한 지식을 적극적으로 활용한다면 조직의 능률성을 극대화할 수 있다고 주장한다.
ㄹ. 과학적 관리론은 주어진 과업을 성실히 수행한 사람에게 경제적 보상을 부여하고 과업을 달성하지 못한 사람에게 낮은 임금을 주어 전체적으로 조직의 생산성을 극대화하려는 경제적 보상체계를 강조한다.
ㄴ. 집권화(Centralization)는 조직 내 의사결정이 조직의 상층부에 속하는 소수의 사람에게 집중되어 있는 정도를 말하는 것으로, 그와 같은 집권화를 통한 위계구조 설정을 조직성과의 주요 요인으로 간주한 이론은 관료제이론이다.
ㄷ. 미국의 웨스턴일렉트릭사(Western Electric Co.)의 호손(Hawthorne) 공장에서 수행한 일련의 실험에 기초하여, 인간의 심리사회적 욕구와 구성원의 사회적 상호작용이 생산성에 중요한 영향을 미친다는 점을 강조한 이론은 인간관계이론이다.

Answer 1 ③

02 총체적 품질관리(TQM) 원칙에 관한 설명으로 옳은 것은? [18회]

① 조직구성원들의 집단적 노력을 강조한다.
② 현상 유지가 조직의 중요한 관점이다.
③ 의사결정은 전문가의 직관을 기반으로 한다.
④ 구성원들과 각 부서는 경쟁체제를 형성한다.
⑤ 품질결정은 전문가가 주도한다.

해설
① 총체적 품질관리(TQM ; Total Quality Management)는 품질에 중점을 둔 관리기법으로서, 조직운영, 제품, 서비스의 지속적인 개선을 통해 고품질과 경쟁력을 확보하기 위한 전 종업원의 체계적인 노력으로 볼 수 있다.
② 지속적인 서비스 품질향상을 강조하며, 서비스 생산 과정과 절차를 지속적으로 개선한다.
③ 의사결정은 객관적인 데이터 분석을 기반으로 한다.
④ 조직의 문제점을 발견하고 시정함에 있어 지속적인 학습과정을 강조하며, 팀워크를 통한 조직의 지속적인 변화를 도모한다.
⑤ 품질(Quality)을 조직의 중심적인 목표로 인식하며, 고객(Customers)을 품질에 대해 정의를 내리는 사람, 즉 품질의 최종 결정자로 간주한다.

03 다음의 (　　)에 들어갈 내용으로 옳은 것은? [20회]

> 테일러(F. W. Taylor)가 개발한 과학적 관리론은 (ㄱ)에게만 조직의 목표를 설정할 수 있는 (ㄴ)을 부여하기 때문에 (ㄷ)의 의사결정(ㄹ)을(를) 지향하는 사회복지조직에 적용하는 데는 한계가 있을 수 있다.

① ㄱ : 직원, ㄴ : 책임, ㄷ : 직원, ㄹ : 과업
② ㄱ : 관리자, ㄴ : 책임, ㄷ : 직원, ㄹ : 참여
③ ㄱ : 관리자, ㄴ : 과업, ㄷ : 관리자, ㄹ : 참여
④ ㄱ : 직원, ㄴ : 과업, ㄷ : 직원, ㄹ : 과업
⑤ ㄱ : 직원, ㄴ : 과업, ㄷ : 관리자, ㄹ : 참여

해설
ㄱ · ㄴ. 과학적 관리론에서 권한과 책임성은 행정 간부에게만 주어지며, 특히 관리자에게만 조직의 목표를 설정할 수 있는 권한과 책임이 부여된다.
ㄷ · ㄹ. 과학적 관리론은 인간의 정서적인 측면과 사회적 관계를 소홀히 하며, 비공식 집단, 커뮤니케이션 등의 중요성을 간과하므로, 직원의 의사결정참여를 지향하는 사회복지조직에 적용하는 데는 한계가 있을 수 있다.

2 ① 3 ② Answer

04 사회복지조직관리자가 상황이론(Contingency Theory)을 활용할 경우 고려해야 할 것을 모두 고른 것은? [20회]

> ㄱ. 계층적 승진 제도를 통해서 직원의 성취 욕구를 고려한다.
> ㄴ. 시간과 동작 분석을 활용하여 표준시간과 표준동작을 정한다.
> ㄷ. 사회복지조직을 둘러싸고 있는 사회, 정치, 경제, 문화 변수 등을 고려한다.

① ㄱ
② ㄴ
③ ㄷ
④ ㄱ, ㄷ
⑤ ㄴ, ㄷ

해설

ㄷ. 상황이론(상황적합이론)은 효과적인 조직관리 방법이 조직이 처한 환경과 조건에 따라 달라진다고 본다. 환경-조직-과업-인간관계를 유기적으로 파악할 수 있는 장점이 있으나, 조직과 관련된 부분적인 상황요인만을 중시하는 경우 전체적인 사회, 정치, 경제, 문화적 변수를 간과할 수 있음을 고려해야 한다.

ㄱ. 관료제이론을 활용할 경우의 고려사항에 해당한다. 관료제 조직은 전문화된 분업과 엄격한 규칙에 의한 위계적 관리를 강조하면서, 계층적 승진 제도를 통해 직원의 성취(혹은 상승) 욕구를 자극하여 동기를 유발한다.

ㄴ. 과학적 관리론을 활용할 경우의 고려사항에 해당한다. 과학적 관리론은 개인들의 과업을 수행하는 데 필요한 시간 및 동작에 초점을 두고, 조직에서 개인의 기여를 극대화하기 위해 개인의 동작에 대한 소요시간을 표준화하여 적정한 일의 분업을 확립한 다음 과업의 성과와 임금을 관련시킨다.

05 현대조직운영 기법에 관한 설명으로 옳지 않은 것은? [20회]

① 리스트럭처링(Restructuring) : 중복사업을 통합하여 조직 경쟁력 확보
② 리엔지니어링(Re-engineering) : 업무시간을 간소화시켜 서비스 시간 단축
③ 벤치마킹(Benchmarking) : 특수분야에서 우수한 대상을 찾아 뛰어난 부분 모방
④ 아웃소싱(Outsourcing) : 계약을 통해 외부전문가에게 조직기능 일부 의뢰
⑤ 균형성과표(Balanced Score Card) : 공정한 직원채용을 위해서 만든 면접평가표

해설 균형성과표(BSC ; Balanced Score Card)

- 정보화시대의 경영환경은 기존의 유형자산을 투자하고 관리하기보다는 무형자산을 운용하고 활용할 수 있는 역량을 요구하고 있다. 또한 경영자들은 조직 내 비전과 전략을 알리고 조직의 모든 힘을 한 곳으로 집중하도록 동기를 부여하는 성과지표의 필요성을 인식하게 되었다.
- 캐플런과 노턴(Kaplan & Norton)은 단순한 성과측정에서 한걸음 더 나아가 고객 관점, 내부 프로세스 관점, 학습 · 혁신 · 성장 관점, 재무 관점 등 4가지 관점에서 조직의 성과를 종합적으로 관리하기 위한 성과평가 기법을 고안하였다.
- 조직의 비전과 전략으로부터 도출된 성과지표의 조합으로서, 조직에게 전략적 방향을 알려주고 변화에 대한 동기를 부여하며, 계획수립, 예산편성, 조직구조 조정 및 결과통제 등의 의사결정에 있어서 기초를 제공한다.

Answer 4 ③ 5 ⑤

CHAPTER 06

사회복지조직의 환경과 책임성

학습목표
- 일반환경과 과업환경에 관한 내용이 자주 출제되었으므로 비교하여 이해하도록 한다.
- 사회복지조직의 다양한 환경관리 전략을 이해하고 각 조직환경 이론을 알아둔다.
- 사회복지조직의 책임성이 강조되는 이유와 책임성의 기준에 대해 알아두도록 한다.

제1절 사회복지조직의 환경

1 일반환경

17회 기출

(1) 개 념

① 한 사회의 인구사회학적 변동, 정치적 · 법적 조건, 경제상황 등의 거시적 사회환경을 의미하는 것으로 업무환경을 통해 간접적으로 조직에 영향을 미치는 영역을 말한다.

② 일반환경이란 환경 내의 경제적 · 문화적 · 정치적 · 인구통계적 · 법적 · 기술적 조건들을 의미하며 조직이 가질 수 있는 기회, 제약 및 선택의 범위를 규정한다.

③ 일반환경들은 모든 조직에 영향을 미치며, 조직이 변화시키기 어려운 주어진 조건으로 여겨야 한다.

(2) 일반환경의 종류

1, 2, 4, 10, 11, 15, 16, 19회 기출

① 경제적 조건

㉠ 국가나 지역사회의 경제는 조직에 직접적인 영향을 준다.

㉡ 경제상황은 사회복지조직에 대한 자원공급과 클라이언트의 수요를 결정하는 주요 요인이 된다.

② 사회, 인구, 통계학적 조건

㉠ 연령과 성별분포, 가족구성, 거주지역, 사회적 계급은 여러 가지 문제나 욕구의 발생빈도와 밀접한 관련을 갖는다.

㉡ 클라이언트의 사회인구학적 특징은 사회복지조직에서 클라이언트를 택하는 데에도 영향을 미친다.

③ 문화적 조건

사회복지조직은 사회의 우세한 문화적 가치에 민감하게 반응하고 특히 서비스의 형태, 클라이언트의 서비스에 대한 접근, 문제의 규정 등에 크게 영향을 받는다.

④ **정치적 조건**

사회복지조직의 가용 재정자원 대부분을 **정부에 의존하고 있는 상황**에서 자원분배를 하는 과정으로, 매우 중요한 조건이다.

⑤ **법적 조건**

중앙과 지방에서 제정 · 시행되는 많은 법률들은 사회복지기관이 서비스를 제공하는 것과 관련된 많은 조건들을 규정 · 통제 · 장려함으로써 사회복지의 고객선정, 서비스의 지원범위, 장소, 기술 등에 큰 영향을 준다.

⑥ **기술적 조건**

사회복지조직에서 제공할 수 있는 서비스의 범위는 의료, 정신, 교육, 지역사회계획 등과 같은 다양한 분야의 기술수준에 영향을 받는다.

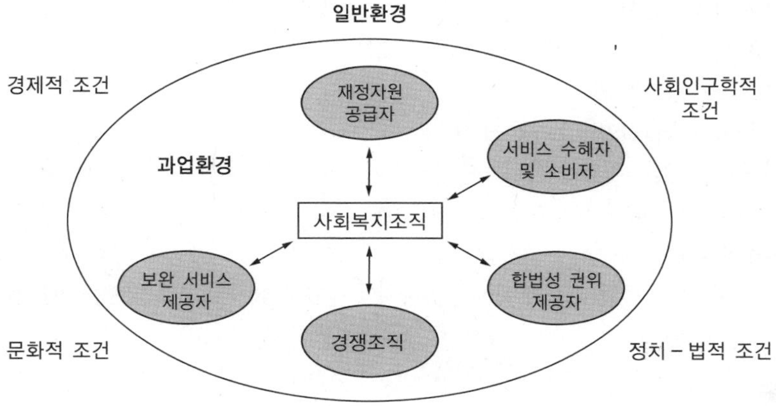

2 과업환경/작업환경

1, 2, 4, 10, 11, 15, 16, 17회 기출

(1) 과업환경/작업환경의 개념

① 특정의 사회복지조직이 자원과 서비스를 교환하고 특별한 상호작용을 하는 집단을 의미하는 것이다.

② 즉, 조직활동에 대한 인 · 허가기관, 감독기관, 재정자원제공기관 등이 포함된다. 사회복지조직에 직접적으로 영향을 미치는 환경요인으로 작용한다.

③ 과업환경은 일반환경의 영향을 받는다.

④ 사회복지조직은 과업환경의 영향을 받는 것이 일반적이며, 사회복지조직이 과업환경에 영향을 미치기도 한다.

(2) 과업환경/작업환경의 종류

15회 기출

조직이 업무활동을 통해 직접적으로 관련을 맺고 있는 영역을 말한다.

① 재정자원의 제공자

사회복지조직의 재정제공자는 조직에 가장 큰 영향을 미치는 요인으로 정부 및 공적 · 사적단체, 외국단체, 개인 등이 포함된다.

② 정당성과 권위의 제공자

사회복지조직의 합법성과 권위는 법률에 의해 부여되며, 조직에 대한 사회적 승인이나 정당성은 조직이 봉사하고 있는 지역사회나 클라이언트 집단, 전문가 집단에 의해 부여된다.

③ 클라이언트 및 클라이언트 제공자

조직으로부터 직접 서비스를 받고자 하는 개인과 가족 및 클라이언트를 사회복지조직에 의뢰하는 타 조직, 집단, 개인을 포함하며, 클라이언트의 제공자는 구체적인 사회복지조직의 성격과 종류에 따라 다양하다.

④ 보충적 서비스 제공자

서비스조직은 주된 서비스를 보충해 줄 수 있는 보충적 서비스의 제공자와 공식적 또는 비공식적 협조체제를 유지해야 한다.

⑤ 조직이 산출한 것을 소비 · 인수하는 자

문제나 욕구가 있는 인간을 사회복지조직의 외부에서 내부로 투입하고, 기술을 통해 변화된 신체적 혹은 개성적 속성을 가진 인간으로 산출한다.

⑥ 경쟁하는 조직들

자원이나 클라이언트를 놓고 경쟁하거나 자원에 대한 조직의 접근에 영향을 미치는 조직들을 포함한다.

Plus ⊕ one

사회복지조직 환경의 특징 6회 기출

- 조직과 상호작용하는 외부요소를 총칭한다.
- 경제적 조건은 조직의 재정적 기반 마련과 관련이 있다.
- 조직 간의 의뢰 · 협력체계는 보충적 서비스 제공 역할을 한다.
- 법적 조건은 조직의 활동을 인가하는 기준이 된다.
- 정치적 조건은 과업환경(업무환경)이 아닌 일반환경에 포함되는 환경 요소로, 선 성장 후 분배 또는 성장과 분배의 균형 등 정부정책기조를 의미한다.

3 사회복지조직의 변화 20회 기출

(1) 민간부분

① 시설복지에서 지역복지로 전환(탈시설화)되었다.

② 공급자 중심에서 클라이언트 중심으로 전환되면서, 소비자의 주권이 강화되었다.

③ 욕구충족에서 수요충족을 위한 복지제공으로, 원조중심에서 자립, 자활중심으로 변화하였다.

④ 기관의 개방화와 투명화에 대한 요구가 강화되었다.
⑤ 사회복지조직 운영에 있어서 품질관리의 강화, 마케팅의 활성화, 산출에 대한 강도 등 시장의 경쟁적 구조에 적합한 기업경영관리기법이 도입되었다.
⑥ 사회복지서비스 분야에서의 **민영화와 경쟁성 강화를 위한 노력이 증가**되고 있다.

(2) 공공부분

① 공공의 책임성을 다하는 동시에 민간의 전문성을 확보할 수 있도록 민간 위탁, 민·관 협력체제 등 다양한 방식을 모색하게 되었다.
② 서비스의 통합·개편을 통해 각 정부부처에 흩어져있는 사회복지 관련 서비스를 **통합적으로 제공**하여 서비스의 누락 및 중복을 피하고자 한다.
③ 관료제중심 구조에서 **소규모임무 중심(Task Force) 구조**로 전환되고 위계적 형태에서 **유기적 형태**로 전환되었다.
④ 사회복지자원이 다양화되었고 사회복지 인력이 **전문화**되었다.

(3) 사회복지조직의 위험관리

16회 기출

사회복지조직의 환경 변화에 따라 위험관리의 필요성에 대한 인식이 대두되고 있다.
① 위험관리는 위험을 예방·회피하려는 사전적인 대응활동으로, 위험을 확인(발견), 분석, 평가하여 최적의 위험 처리 방도를 선택하는 관리 과정을 말한다.
② 사고가 발생하지 않도록 하는 사전적 예방대책과 함께 사고가 발생했을 때 확실한 대처로서 사후적 사고대책을 포함한다.
③ 서비스 측면에서 고객과 이용자에 대한 안전 확보가 서비스의 질과 연결되어 있으며, 조직관리 측면에서 작업환경의 안전과 사고 예방책이 마련되어야 한다는 점을 강조한다.
④ 위험관리는 복지권의 보장 차원에서 이루어진다. 복지권의 보장은 이용자의 권리옹호를 위한 모든 대책까지 포함한 광의의 위험관리를 필요로 한다.
⑤ 위험관리는 전문성의 확보와 윤리적 기준의 실행을 위해, 더 나아가 조직을 유지시키고 발전시키기 위해 필요하다.

4 환경관리전략의 필요성

(1) 의 의

① 사회복지조직은 재정동원, 인력과 클라이언트의 확보, 승인이나 지지 획득에 있어 외부환경에 취약해 과업환경과 일반환경에 대해서 종속적이기 쉬우므로 이를 극복하고 조직의 효과성을 발휘하기 위해서는 사회복지조직의 환경관리전략의 수립이 필요하다.
② **사회복지조직의 외부환경에 대한 의존은 현실적으로 피할 수 없다.**
③ 사회복지조직은 외부환경에 종속될 수도 있고, 노력에 따라 이러한 종속을 상쇄할 수도 있다.

Plus ⊕ one

하센필드(Hasenfeld)의 의존강화조건과 의존상쇄조건

의존강화조건	의존상쇄조건
• 외부에서의 정책적 강요 • 조직이 서비스를 사용하는 데 있어 외부에서의 재량권 행사 • 외부조직의 서비스를 필요로 함 • 필요한 목표를 외부에서 인가 • 대안에 대한 부정확한 정보	• 외부세력에 의해 허용된 자유 • 주요 자원의 소유 • 대체적 서비스의 가용성 • 자체승인의 이념 개발 • 대안에 대한 효과적 정보

(2) 환경의존에 대한 대응전략

8, 16회 기출

① 권위주의 전략

조직이 정확한 행동을 하도록 권력을 사용하고 이를 권장하거나 보상하지 않는 것이다. 여러 복지 프로그램을 위한 자금과 권위를 관장하는 정부기관에서 주로 사용한다.

㉠ 장점 : 조직의 자율성에 영향을 미치지 않고 외부조직을 교환조건에 상응시킬 수 있어 효과적이다.

㉡ 단 점

- 다른 조직의 활동을 감시, 명령할 수 있는 카리스마가 있어야 한다.
- 민주적 · 지방분권적인 정치체제가 발전되어 있는 상황에서는 가능하지만 그렇지 않은 경우에는 이용하기 어렵다.
- 우세한 위치에 있는 소수의 사회복지조직에 한정될 수밖에 없다.

② 경쟁적 전략

서비스의 질과 절차 및 관련된 행동 등을 더욱 바람직하고 매력적으로 하기 위하여 다른 사회복지조직들과의 경쟁을 통해 세력을 증가시키는 것이다. 이는 조직이 전략을 실현하는 데 필요한 자원이 환경에 분산되어 있거나 다른 조직과 세력균형을 이룰 수 있을 만큼 충분한 내적 자원이 있을 때 가능하다.

㉠ 장점 : 경쟁적 전략으로 인해 클라이언트로 하여금 선택의 폭을 넓혀줄 수 있고, 질 높은 서비스를 제공할 수 있다.

㉡ 단 점

- 기관의 지위와 성공률을 높이기 위해 낮은 사회계층의 클라이언트를 외면할 수 있다.
- 문제해결가능성이 높은 클라이언트만 선별적으로 지원하여 서비스와 자원을 낭비할 가능성이 있다.

③ 협동적 전략

조직이 과업환경 내 다른 조직에게 필요한 서비스를 제공하여 그 조직이 서비스를 획득하는데 있어 느낄 수 있는 불안감을 해소시키는 전략이다. 사회복지조직이 가장 많이 사용하는 전략이며 3가지 형태로 나눌 수 있다.

㉠ 계 약

- 두 조직 사이의 교환을 위해 협상된 공식, 비공식적 합의를 말한다.
- 계약은 조직의 선택범위를 좁히고 자율성을 침해하여 조직의 목적과 부합하지 않는 서비스를 제공할 우려가 있으며, 서비스의 효과성 평가를 어렵게 하고 부적절한 계약으로 인해 서비스가 부실해질 수 있다.

㉡ 연 합

- 여러 조직들이 합동으로 사업을 하기 위하여 자원을 합치는 것을 의미한다.
- 여러 조직의 연합으로 인해 자원이 낭비될 수 있고 불화와 이익배분에 대한 의견 불일치 등이 나타날 수 있다.

㉢ 흡 수

- 과업환경 내 구성조직의 대표자들을 조직의 지도층으로 흡수함으로써 조직의 안정 또는 생존에 대한 위협을 피하는 방법이다.
- 조직의 의사결정에 외부대표를 참여시키는 것이므로 조직의 목적과 활동 등에 있어 자율성을 침해당할 수 있고 소수 지도자의 의견에 끌려다닐 가능성이 있다.

제2영역

④ **방해전략** 16회 기출

경쟁적 위치에 있는 복지조직의 활동을 방해하거나 세력을 약화시키려는 전략으로 사회적 약자를 대신해 권한을 가진 조직으로부터 양보를 얻는 데 효과적이며, 일시적으로 얻은 이익을 상쇄하는 반작용을 야기할 수 있다.

㉠ 장점 : 방해전략으로 얻을 수 있는 목표조직들 간의 양보를 통해 의존-권력 관계를 변화시킬 수 있다.

㉡ 단점 : 방해전략을 통해 얻은 양보는 약소하여 자칫 사회복지전달조직체 내에 불평등이 야기될 수 있다.

Plus ⊕ one

하센필드(Hasenfeld)의 사회복지조직에서의 권력관계를 변화시키기 위한 환경전략 8, 16, 18회 기출

권위주의 전략	명령에 대해 동의하도록 효과적인 제개를 할 수 있는 능력을 향상시키는 전략
경쟁적 전략	다른 조직과 경쟁하여 세력을 증가시켜 서비스의 질과 절차, 행정절차 등을 매력적으로 만드는 전략
협동적 전략	다른 조직들에게 필요한 서비스를 제공하여 상호불안감을 해소하고 이에 대한 보답으로 권력을 증가시키는 전략 • 계약 : 두 조직 사이의 지원 혹은 서비스의 교환을 통해 협상된 공식적 · 비공식적 합의 • 연합 : 여러 조직들이 사업을 위해 합동하여 자원을 합하는 전략 • 흡수 : 과업환경 내 주요 조직의 대표자들을 조직의 정책수립기구에 참여시키는 전략
방해전략	조직의 자원 생산 능력을 위협하는 행동을 의도적으로 하는 전략으로 권력이 없는 사람들이 사회복지조직으로부터 양보를 얻어내는 데 효과적

(3) 내 · 외적 관계를 변화시키기 위한 전략

① 클라이언트 임파워먼트(Empowerment)

㉠ '임파워먼트 실천'이란 무력감을 경험하는 개인, 집단, 지역사회의 잠재적인 힘을 개발하고 자원과 기회를 제공하여 **역량기반을 강화**시키는 과정이다.

㉡ 개인적 차원에서의 임파워먼트는 변화를 위한 능력감과 통제감을 갖고 동기가 부여된 상태를 말하며 대인관계 차원에서 타인에게 영향력을 행사할 수 있는 능력을 갖는 것이다.

㉢ 사회구조적 차원에서는 권력의 획득과 자원의 균형적 배분이 이루어지고 힘이 없는 집단의 사회적 자원에의 접근성이 향상되며 새로운 기회를 향유하는 상태를 의미한다.

② 옹호(Advocacy)

㉠ 클라이언트 개인의 이익을 보호하고 대변하는 **사례옹호**와 소외되고 불리한 대우를 받는 취약계층의 이익을 확대시키기 위해서 노력하는 **계층옹호**로 나누어진다.

㉡ 거시적 실천의 일종인 지역사회조직화의 기능을 활성화한다는 측면과 불우하고 취약한 클라이언트 집단을 임파워한다는 측면에서 반드시 필요한 전략이다.

③ 학습조직전략

㉠ 지식과 정보가 주는 자원으로 간주되는 **조직의 효과성과 효율성을 향상**시키는 하나의 전략 조직을 형성하는 것이다.

㉡ 학습조직이란 조직구성원 개개인의 일과 조직과 환경에 대한 학습이 개인의 학습수준에서 멈추지 않고 조직의 학습이 될 수 있도록 그 조직체계가 구성되어 있는 조직이다.

㉢ 전통적인 관료제 조직과는 달리 조직구성원 간의 대화와 팀제 등을 통해 획득한 학습경험을 축적하여 조직구성원이 비전을 가지고 창조적으로 활동하고, 개인적 · 조직적 성장과 변화에 몰입할 수 있게 한다.

㉣ 학습조직전략의 특성

- 개인적 통제감
  조직의 구성원들은 새로운 지식과 기술을 획득하고 연구하는 학습과정을 통해서 자신이 원하는 것을 성취하게 되어 직무수행에 자신감과 창의성을 발휘하게 한다.
- 변화된 사고와 정신
  관리, 조직 통제가 원칙적으로 강조되는 관료제 조직의 사고와는 달리 학습조직에서는 현상의 분석과 미래의 도전을 포함한 문제해결을 위한 최선의 방안을 모색하기 위해 칭찬과 질문을 통한 학습과정의 중요성을 강조한다.
- 비전의 공유
  학습과정을 통해서 개인에 따라 다르게 설정된 목표의 공통분모를 만들고, 이러한 조직의 비전이 모든 구성원에 공유될 때 효과적으로 작용할 수 있다.
- 팀 학습
  조직의 구조와 원리를 팀제로 두는 학습조직에서는 조직 내외적인 문제해결을 위하여 팀구성원이 자유롭게 의견을 교환하며 다른 사람의 생각과 아이디어를 배우는 과정이 중요시 된다.

• 체계적 사고

체계적 사고에서는 조직 내 다양한 요소가 상호 관련을 맺고 역동적으로 작용하고 있다는 것과 이러한 요소들 간의 마찰과 대립이 상존하고 타협과 협력도 가능하다는 사실을 인정한다.

제2절 조직환경이론

9, 10회 기출

1 결정론(Deterministic Theory)

(1) 상황적합이론(Contingency Theory)

① 조직의 목표달성을 위한 관리의 합리성만으로는 조직의 효율성을 보장할 수 없다는 인식하에 체계론적 관점에서 조직의 능률성에 영향을 미치는 환경적 요소를 고려한다.

② 조직의 구조와 환경의 적합성이 조직의 능률성을 확보하는 데 있어서 매우 중요하다고 본다.

③ 불확실하고 예측하기 어려운 환경에서 그와 같은 불확실성을 줄이고 환경에 대한 정보를 수집 · 분석함으로써 환경 특성에 적합한 조직구조를 갖출 수 있다고 주장한다.

(2) 조직군생태이론(Population Ecology Theory)

① 환경적 요인에 가장 적합한 조직이 생존한다는 환경결정론적인 관점을 기초로 한다.

② 분석단위가 미시적 수준의 개별조직이 아닌 거시적 수준의 조직군이라는 점에서 다른 조직이론과 구분된다.

③ '변이(Variation)', '선택(Selection)', '보전(Retention)'의 조직변동 과정을 장기적인 관점에서 파악한다는 점에서 특징적이다.

(3) 정치경제이론(Political Economy Theory)

① 개방체계적 관점에서 조직과 환경 간의 상호작용을 중시하며, 그와 같은 상호작용이 조직의 내부역학 관계에 어떠한 영향을 미치는가에 초점을 둔다.

② 조직은 합법성이나 세력 등의 정치적 자원과 함께 인적 · 물적 자원 등의 경제적 자원을 통해 서비스 활동을 수행하며 생존을 하게 된다.

③ 외부환경적 요소가 조직의 내부에 영향을 미치게 되어 조직 내부의 권력관계와 조직 외부의 이익집단 간의 역학관계가 조직의 의사결정에 크게 영향을 미친다고 주장한다.

(4) (신)제도이론(Institutional Theory)

13, 14회 기출

① 조직의 지속적인 생존의 이유를 명확히 설명하지 못하는 상황적합이론의 한계를 인식하여, 조직의 생존을 사회적 정당성과 결부시킨다.

② 조직이 제도적 환경에 부합하는 행동을 통해 사회로부터 정당성을 인정받는 경우 생존 가능성이 증가한다는 것이다.

③ 제도적 환경을 조직의 행동과 구조에 영향을 미치는 핵심적 원천으로 간주하면서, 조직이 법률, 규칙, 사회적 여론 등의 제도적 규칙을 받아들이며, 동조 또는 모방의 방식을 통해 성공적인 조직의 관행 및 절차를 수용하는 것으로 본다.

(5) 주인-대리인이론(Principal-agent Theory)

① 조직경제학 분야에서 중요한 주인-대리인이론은 최소의 노력으로 최대의 보상을 원하는 대리인과 최소의 보상으로 최대의 노력을 요구하는 주인(위임자)은 모두 자신의 효용을 극대화하는 존재라고 가정한다.

② 주인은 대리인을 가장 효율적으로 이용하여 투자이익의 최대화를 도모하고 대리인은 최소의 노력으로 최대의 보수를 실현하려는 상반된 이해관계로 볼 수 있는데, 양자 간의 효율적인 계약관계를 유지하기 위해서는 대리손실(Agent Loss)의 최소화가 중요하다는 것이다.

③ '주인-대리인' 관계에서 정치적인 주인과 규제 관료적인 대리인 사이의 관계는 국회의원과 이익집단이 주인이라고 한다면, 관료는 대리인이 된다.

④ 공공선택이론과 마찬가지로 인간을 합리적이며, 자기이익추구적인 존재로 보고 환경이 불확실할수록 주인은 대리인이 업무를 잘 수행할 수 있도록 여러 가지 형태의 조직화와 계약을 이용해야 한다고 주장한다.

(6) 거래비용이론(Transactions Cost Theory)

① "시장메커니즘이 최적의 효율적 자원배분의 장치(거래비용=0)라면 왜 기업조직이 발생할까?"라는 물음에 대해 코즈(Coase)는 인간의 합리적 선택결과 거래비용이 계층제적 조직의 내부관리비용보다 크기 때문이라고 설명한다.

② 거래비용이론은 조직 내외의 소유자-관리자, 관리자-부하, 공급자-생산자, 판매자-구매자 간의 거래비용을 분석하는 이론으로서, 조직의 계층적 구조는 시장실패의 상황에서 집단적 행동의 이익을 얻게 하는 수단이며 기회주의의 발동을 억제한다고 주장한다.

Plus ⊕ one

주인-대리인이론과 거래비용이론의 기본 가정

- 주인-대리인이론과 거래비용이론은 인간에 대해 자기이익추구적 존재일 뿐 아니라, 상대방을 기만하는 기회주의적 존재라는 동일한 인식을 갖고 있다.
- 인간은 인지능력의 한계에 따른 제한된 합리성을 추구할 수밖에 없다.

2 자유의지론(Voluntary Theory)

(1) 전략적 선택이론(Strategic Choice Theory)

① '조직구조란 최고관리자의 전략에 달려있다'라는 자유의지(자발)론의 시각에서 최고관리자들이 필요에 따라 조직특성을 환경에 적응시킬 뿐만 아니라 환경 그 자체를 기준조직에 적합하도록 조정할 수도 있다고 본다.

② 최고관리자의 책임(의지)과 합리성에 초점을 두고 외부환경의 변화에 대한 자발적 내부적응이 조직효과성의 주된 관건이 된다는 입장이다.

(2) 자원의존이론(Resources Dependence Theory)

① 조직은 필요한 자원을 자급자족할 수는 없기 때문에, 조직의 효과성을 증대시키기 위해서는 환경에 대해 보다 능동적이고 적극적으로 대처하여 자원을 효율적으로 관리 · 통제함으로써 조직의 목표를 달성할 수 있다는 것이다.

② 환경의존에 대한 대응전략의 의미

㉠ 문제요소들을 전면적으로 흡수하는 합병, 겸임이사제와 같이 조직 간 인사관계를 이용한 부분적 흡수, 트러스트와 같이 문화환경에 대해 적극적 협력관계를 구축 등이 있다.

㉡ 불확실성을 감소시키기 위하여 자원의 재고를 증가시킬 수 있는 완충전략으로서 분류, 비축, 형평화, 예측, 성장으로 분류한다.

③ 환경의존 대응전략

연결전략	권위주의	중심조직이 지배적인 위치를 차지하여 외부조직이 필요로 하는 자원이나 정보를 통제하는 위치에서 외부조직의 행동을 유효하게 통제
	경 쟁	조직 내부적 경쟁을 통해 조직의 능력을 신장
	계 약	두 조직 간에 공식적 · 비공식적으로 자원교환을 협상하여 합의
	합 병	여러 조직이 자원을 통합하고 연대
완충전략	분 류	환경의 요구를 조직과정에 투입하기 전에 사전심의하여 분류하는 과정에서 시급하지 않거나 잘못된 요구를 가려내어 요구자체를 배척
	비 축	필요한 자원과 산출물을 비축하여 환경적 요구에 의해 환경적으로 방출되는 과정을 통제
	형평화	조직이 환경 속에 적극 접근하여 투입요인의 공급자를 동기화하거나 산출물에 대한 수요를 고취
	예 측	환경의 변화가 비축이나 형평화로 해결될 수 없을 때, 자원의 수요, 공급 변화를 예견하고 그에 적응
	성 장	기술적 핵심(Technical Core)을 확장하여 환경에 대하여 더 많은 권력과 수단을 가지는 방법

3 공동체생태학이론(Collective Strategy Theory)

(1) 어떤 지역에서 함께 생활하는 모든 개체군들의 집단을 대상으로 연구하는 이론으로 이러한 수준의 연구는 주로 조직유형들의 출현 및 소멸과 관련되는 거시진화론적 접근법에 의존한다.

(2) 조직군생태론이 환경변화에 대한 능동적이며 공동적인 노력을 설명해 주지 못하는 데 비해, 공동체생태학이론은 조직 상호 간 공동적 호혜관계(공동전략)를 통하여 능동적 환경적응과정을 설명해 준다.

Plus ⊕ one

조직과 환경관계이론의 분류

구 분	결정론		자유의지론
	환경결정론	수동적 적응론	
미시적 수준	관료제이론	상황적합이론	• 전략적 선택이론 • 자원의존이론
거시적 수준	• 조직경제론 • 조직군생태론	제도이론	• 조직관계론 • 공동체생태학이론

Plus ⊕ one

환경에 대한 체계적 관점 10회 기출

폐쇄체계적 관점	• 다른 체계와의 상호교류에 관심을 기울이지 않으며, 상황이나 환경에 대한 관점에서 폐쇄적이다. • 조직의 엄격한 경계 내에서 합리적인 의사결정과 체계적인 관리를 강조한다. 예 관료제이론, 과학적 관리론, 인간관계이론, 맥그리거(McGregor)의 X · Y이론, 룬트슈테트(Lundstedt)의 Z이론, 공공행정이론 등
개방체계적 관점	• 상황, 환경, 기술의 영향에 따른 조직의 가변성을 강조한다. • 조직의 외부환경에 관심을 가지며, 조직들 상호 간의 의존적 성격을 강조한다. 예 상황적합이론, 경로-목표이론, 정치경제이론, 자원의존이론, 조직군생태이론, (신)제도이론 등

제3절 사회복지조직의 책임성

1 책임성의 정의

(1) 개 념

20회 기출

① 책임성이란 수행의 결과에 대한 책임감을 갖고 조직의 효과성과 효율성을 위한 투입단계에서부터 산출단계까지의 과정에 있어서의 정당성을 갖추는 것으로 권한의 원칙이나 영향력 등의 정당성까지 고려해야 함을 뜻한다.

② 책임성을 확보하기 위해서 사회복지조직은 클라이언트와 기관 혹은 사회복지사와의 관계 같은 조직 내부에서의 상호작용뿐만 아니라 **조직과 외부 지역사회와의 관계에서 정당성을 획득해야 한다.**

③ 사회복지조직의 정당성은 클라이언트와 지역사회에 기반하고 있기 때문에 이에 대하여 책임성을 가져야 하며, 외부환경의 변화를 수용하여 적합한 사회복지서비스를 효율적으로 제공해야 할 의무가 있다.

④ 책임성은 광의의 측면에서 효율성과 효과성을 아우르는 개념으로, 협의의 측면에서는 회계와 보고의 개념으로 사용된다.

⑤ 최소의 비용으로 최대한의 효과를 이루었다는 객관적인 증거를 제시하는 것이며 이를 통해 사회복지조직의 존립정당성을 확보하는 과정이기도 하다.

(2) 책임성의 주체

① **클라이언트에 대한 책임**

㉠ 사회복지조직은 일차적으로 클라이언트의 복지증진을 위해 존재하는 것으로 클라이언트의 이익을 최우선 순위로 놓고 서비스를 제공해야 하며 **최대한 클라이언트가 자기 결정을 할 수 있도록 도움을 제공해야 한다.**

㉡ 클라이언트의 사생활을 존중하고 전문적 서비스과정에서 얻은 모든 정보에 대해 비밀을 보장하며 서비스비용은 공정하고 합리적이며 사려 깊게 결정해야 한다.

② **사회에 대한 책임**

사회의 전반적인 복지를 촉진시켜야 하며 사회복지조직들이 수행하는 모든 사업은 그것들이 사회적 목표를 달성하는 데 이바지할 수 있다는 것을 보여줄 수 있도록 사회에 대한 책임성을 지녀야 한다.

③ **사회복지전문직에 대한 책임**

㉠ 사회복지조직은 사회복지전문직을 뒷받침하는 사회복지사 윤리강령을 준수함은 물론 사회복지전문직의 지식체계를 충실히 적용해 나감으로써 사회복지전문직의 효과성을 올리고 위신을 높여야 한다.

㉡ 사회복지에 관한 전문적 지식과 기술을 개발 · 발전시킴으로써 사회복지전문직의 성숙과 발전에 기여하며 한국사회복지사협회, 사회복지 관련 학회와 유기적인 관계를 맺고 활동해 나가야 한다.

(3) 책임성의 기준

10회 기출

① 법적 기준

법적 기준은 사회복지조직의 행정활동이 명문화된 법령에 근거하여 충실하게 이행되고 있는지를 결정하는 기준을 말한다. 이러한 법적 기준은 윤리적 기준이나 도덕적 기준과 상충되는 것이라기보다는 이들을 보완하는 기능을 한다.

② 이념적 기준

사회복지행정의 이념은 사회복지실천의 지도이념인 동시에 사회복지조직의 책임성에 대한 법적 · 윤리적 기본전제이자 평가의 기준이 된다. 그로 인해 사회복지행정의 이념은 국가 및 시대의 요구에 영향을 받으며, 가치 지향적 측면에서 다양한 양상을 보이게 된다.

③ 공익성 기준

공익성은 사회복지조직의 재량권과 관련하여 정당성 여부를 결정짓는 기준이 된다. 이러한 공익성은 규범적 기준으로서 포괄성 및 상대성을 본질적인 특징으로 한다.

④ 욕구충족 기준

사회복지행정은 클라이언트의 욕구충족을 목표로 사회복지서비스의 접근성 및 대응성을 강조한다. 특히 사회복지서비스는 프로그램을 통해 전달되므로 클라이언트의 욕구에 대응하는 적절한 프로그램이 개발되어야 한다.

2 책임성의 관리

(1) 책임성 수행을 위한 행정관리자의 역할

① 조직이나 프로그램의 가치와 목적에 근거해 능동적으로 환경요소들을 파악, 선별함으로써 보다 적극적으로 책임성을 실현해 나가야 한다.

② 사회복지조직의 관리자는 지휘자(Director), 생산자(Producer), 점검자(Monitor), 조정자(Coordinator), 조력자(Mentor), 촉진자(Facilitator), 혁신자(Innovator), 환경중개자(Broker)로서의 역할을 수행한다.

㉠ **지휘자 역할** : 합리적이고 명확한 의사결정을 내릴 수 있어야 한다. 다변하는 외부환경에 적극적으로 대처하고 미래지향적인 조직의 목표를 설정하며, 인적 · 물적 자원의 동원에 힘쓰는 지도자로서의 역할을 수행해야 한다.

㉡ **생산자 역할** : 행동지향적이고 과업지향적인 업무에 초점을 둔다.

㉢ **점검자 역할** : 정보, 의사전달, 인사행정, 교육, 보고체계, 평가, 시설관리 등 업무의 흐름을 점검하는 기능을 수행한다.

㉣ **조정자 역할** : 리더십을 발휘하고 직원을 적절히 배치하며, 업무를 조정하여 합리적인 통제를 행사할 수 있어야 한다.

㉤ **조력자 역할** : 조력자로서의 행정가는 보호적이며 직원들의 개인적인 문제와 욕구에 민감해야 하고 지지와 인정을 통해 직원들의 발전을 도모해야 한다.

㉥ **촉진자 역할** : 직원들 간의 상호작용을 촉진시키고 원만한 관계를 유지하도록 하여 공동의 목표를 수행하도록 한다.

㉦ **혁신자 역할** : 창조적이고 진취적이며 개방적으로 새로운 변화에 열려있어야 한다.

㉧ **환경중개자 역할** : 자원지향적이고 정서적으로 기민하여 외부환경을 인식하고 이에 민감하게 반응해야 한다.

Plus ⊕ one

Pfeffer & Salancik의 행정관리자의 역할

상징적(Symbolic) 역할	행정관리자가 조직의 성과에 아무런 영향을 주지 않는 것이다. 행정적인 활동은 단지 상징적일 뿐 외부 소재들에 대해 조직이 책임을 수행하고 있다는 인상을 심어주는 역할이다.
반응적(Reactive) 역할	외부의 요구들에 수동적으로 반응하는 것이다. 외부에서 규정한 의무나 절차들만을 충실하게 수행하며, 자신과 조직의 안전을 최우선으로 하는 전형적인 관료적 역할이다.
재량적(Discretionary) 역할	행정관리자라기보다는 적극적으로 외부 환경과의 타협 내지는 개척까지 모색하는 역할이다.

(2) 책임성 수행을 위한 경영자의 역할

① **전략적 계획** : 변화하는 내부적 · 외부적 환경의 배경에서 조직의 위치를 검증하는 조직적인 과정을 수행한다.

② **품질 보증** : 상호작용의 질에 대한 지속적인 개선이 중요하다.

(3) 클라이언트를 위한 책임성의 영역

① 잘못된 진단이나 치료가 이루어지지 않도록 한다.

② 클라이언트의 개인적인 사항 등에 대한 비밀을 유지한다.

③ 부적절한 문제의 발생을 차단하고 손상을 입지 않도록 보호할 의무가 있다.

(4) 서비스 제공자들의 통제

① 서비스 제공자들의 통제의 의의

㉠ 사회복지조직과 프로그램을 실행하는 다양한 서비스 제공자들(사회복지사, 심리상담가, 재활교사, 물리치료사, 특수교사, 간호사, 영양사, 의사, 자원봉사자 등)의 행동에 적절히 관여함으로 통제하는 것이다.

㉡ 서비스 제공자들의 행동에 관한 지식을 얻기 위해서는 개별 서비스 제공자들이 취한 행동에 관한 기록, 직접관찰, 업무와 관련된 수량화된 측정치들을 사용하는 척도활용법 등 3가지 방법이 있다.

㉢ 통제의 목적은 개별 서비스 제공자들의 활동이 조직과 프로그램의 목적에 들어맞도록 하는 데 있으며 보다 궁극적으로는 그런 통제를 통해 조직 활동이 외부의 책임성 요구에 부응하도록 만들려는 것이다.

㉣ 행정관리자가 서비스 제공자들의 행동을 통제하는 데는 단순한 원칙이 적용된다. 행정관리자는 자신이 알고 있는 행동측면들에 대해서만 통제할 수 있다는 것이다. 따라서 조직과 프로그램이 보유하는 다양한 서비스 제공자들의 행동을 적절히 파악하는 것이 중요하다.

② 서비스 제공자들의 행동에 관한 지식 습득 방법

㉠ 기 록

- 개별 서비스 제공자에 의해 작성된 기록으로, 클라이언트가 제시한 상황들에 대한 정보와 그것에 대해 서비스 제공자가 취한 행동에 관한 것들이 수록된다. 이 기록들을 기관의 표준화된 기준에 비추어 비교해 본다.
- 기록을 대조한 결과 표준화된 절차를 따르고 있었다면, 서비스 제공자의 결정과 행위가 조직이 요구하는 책임성의 범주 안에서 수행되고 있음을 알 수 있다.
- 표준화된 기준을 지나치게 강조하는 것은 개별적이고 특수한 상황에서 서비스 제공자들이 취할 수 있는 재량권의 폭을 제한하는 결과를 초래하게 된다.

㉡ 직접 관찰

- 서비스 이용자와 제공자 간의 상호작용에서 보편적으로 나타나는 무형의 요소들을 평가하는데 도움이 된다.
- 행정관리자에 의한 직접 관찰은 비용이 많이 들고 관찰대상자들이 관찰을 의식하는 행동을 하게 되고, 또한 업무자와 클라이언트의 관계의 비밀성 보장이 전제되지 않는다는 문제점이 있다.

㉢ 수량변수

- 업무수행과 관련한 수량화된 측정치들을 사용하는 것으로 인테이크 수, 담당케이스 수, 종료케이스 수 등이 해당된다. 업무수행에 관한 추론을 가능하게 하지만, 실질적인 평가도구로 사용되기에는 조악한 측면이 있다.
- 서비스과정에서는 다양한 변수들이 상호작용하고 있기 때문에 이런 수량적 변수들의 확인만으로는 실제로 무엇이 특정한 결과를 초래했는지에 대해서 파악하기 어렵다.
- 수량화된 측정치들을 서비스제공자의 행동을 통제하기 위한 수단으로 계속해서 사용하게 될 때, 기준행동이라는 심각한 문제를 야기할 수 있다.
- 수량화된 측정치로는 높은 성과를 초래하는 것처럼 나타나지만, 서비스이용자들에게는 실제로 도움이 되지 않는 서비스제공자들의 행동이 나타남을 뜻한다. 따라서 수량적 기준치를 채우는 데 급급할 것이 아니라 전문적인 통제와 책임성을 강조하는 것이 바람직하다.

CHAPTER
06
출제유형문제

01 사회복지조직 환경에 관한 설명으로 옳지 않은 것은? [16회]

① 조직과 상호작용하는 외부요소를 총칭한다.
② 경제적 조건은 조직의 재정적 기반 마련과 관련이 있다.
③ 조직 간의 의뢰 · 협력체계는 보충적 서비스 제공 역할을 한다.
④ 법적 조건은 조직의 활동을 인가하는 기준이 된다.
⑤ 정치적 조건은 과업환경으로서 규제를 통해 사회적 기반을 형성한다.

해설 ⑤ 사회복지조직의 환경은 크게 '일반환경(General Environment)'과 '과업환경 또는 업무환경(Task Environment)'으로 구별할 수 있다. 일반환경은 조직의 거시적인 사회환경으로서 과업환경(업무환경)을 통해 간접적으로 조직에 영향을 미치는 영역을 말한다. 반면, 과업환경(업무환경)은 조직이 업무활동을 통해 직접적으로 관련을 맺고 있는 영역을 말한다. 특히 정치적 조건은 과업환경(업무환경)이 아닌 일반환경에 포함되는 환경 요소로서, 선 성장 후 분배 또는 성장과 분배의 균형 등 정부정책기조를 의미한다고 볼 수 있다.

02 사회복지조직의 과업환경에 해당하지 않는 것은? [15회]

① 클라이언트
② 재정자원 제공자
③ 보충적 서비스 제공자
④ 문화적 조건
⑤ 경쟁조직

해설 사회복지조직의 환경

일반환경	경제적 조건, 사회인구 통계학적 조건, 문화적 조건, 정치적 조건, 법적 조건, 기술적 조건 등
과업환경	재정자원의 제공자, 합법성과 권위의 제공자, 클라이언트 제공자, 보충적 서비스 제공자, 조직이 산출한 것을 소비 · 인수하는 자, 경쟁조직 등

Answer 1 ⑤ 2 ④

03 사회복지조직의 환경에 관한 설명으로 옳은 것을 모두 고른 것은? [17회]

ㄱ. 인구사회학적 조건은 사회문제와 욕구를 가늠할 수 있게 한다.
ㄴ. 빈곤이나 실업에 대한 사람들의 태도는 정책 수립과 실행에 영향을 미친다.
ㄷ. 과학기술 발전정도는 사회복지조직 운영에 영향을 미친다.
ㄹ. 조직에 미치는 영향에 따라 일반환경과 과업환경으로 구분할 수 있다.

① ㄷ, ㄹ
② ㄱ, ㄴ, ㄷ
③ ㄱ, ㄴ, ㄹ
④ ㄴ, ㄷ, ㄹ
⑤ ㄱ, ㄴ, ㄷ, ㄹ

해설

ㄱ. 연령과 성별분포, 가족구성, 거주지역, 사회적 계급 등 인구사회학적 조건(사회 · 인구 · 통계학적 조건)은 사회문제와 욕구발생에 매우 밀접한 관계를 가진다.
ㄴ. 인간문제의 원인과 욕구, 욕구해소에 있어서 지켜야 할 태도 혹은 가치관 등 사회의 가치와 규범에 관련된 문화적 조건은 정책 수립과 실행에 영향을 미친다.
ㄷ. 사회복지조직이 적용하는 서비스 기술은 인간문제와 욕구에 대응하기 위해 개발된 전반적인 기술의 발전을 반영한다.
ㄹ. 사회복지조직 환경은 조직의 거시적인 사회환경으로서 일반환경, 조직이 업무활동을 통해 직접적으로 관련을 맺고 있는 영역으로서 과업환경으로 구분할 수 있다.

04 최근 사회복지행정의 환경변화에 관한 설명으로 옳지 않은 것은? [15회]

① 사회서비스 공급에서 영리부문의 참여가 감소되고 있다.
② 사회복지조직관리에 기업경영기법이 도입되고 있다.
③ 품질관리를 통한 이용자 중심 서비스가 요구되고 있다.
④ 사회서비스의 시장화 경향성이 뚜렷해지고 있다.
⑤ 서비스 이용자의 권리가 강조되고 있다.

해설

① 2000년대 이후 사회서비스 공급에서 영리부문의 참여와 시장화가 장려되는 경향이 나타나고 있다. 즉, 사회복지서비스 분야에서도 민영화와 경쟁성 강화 노력이 증가되고 있다.

3 ⑤ 4 ① Answer

05 다음 보기의 내용이 설명하는 것은?

> • 환경적 요인에 가장 적합한 조직이 생존한다.
> • 미시적 수준의 개별조직이 아닌, 거시적 수준의 조직군이 분석단위가 된다.
> • 환경적 적소(適所)가 다양하기 때문에 무수한 형태의 조직이 존재한다.

① 상황이론
② 조직군생태론
③ 주인-대리인 이론
④ 거래비용이론
⑤ 제도화이론

해설 **조직군생태론**
• 환경적 요인에 가장 적합한 조직이 생존한다는 환경결정론적인 관점을 기초로 한다.
• 분석단위가 미시적 수준의 개별조직이 아닌, 거시적 수준의 조직군이라는 점에서 다른 조직이론과 구분된다.
• 계층제 조직, 사업부제 조직 등 무수한 형태의 조직이 존재하는 이유는 환경적 적소(適所)가 다양하기 때문이다.
• '변이(Variation)', '선택(Selection)', '보전(Retention)'의 조직변동 과정을 장기적인 관점에서 파악한다.

06 다음 보기의 내용이 설명하는 개념으로 가장 옳은 것은?

> • 개인적 차원에서는 변화를 위한 능력감과 통제감을 갖고 동기가 부여된 상태를 말한다.
> • 대인관계 차원에서는 타인에게 영향력을 행사할 수 있는 능력을 갖는 것이다.
> • 사회구조적 차원에서는 권력의 획득과 자원의 균형적 배분이 이루어지고 힘이 없는 집단의 사회적 자원에의 접근성이 향상되며 새로운 기회를 향유하는 상태를 의미한다.

① 권위주의 ② 조직화
③ 임파워먼트 ④ 옹 호
⑤ 연 합

해설 **임파워먼트(Empowerment)**
클라이언트의 문제를 해결하기 위해 필요로 하는 인력이나 서비스를 규합하고 나아가 조직의 목표를 성취하도록 합당하게 운영해 나가는 과정이다.

Answer 5 ② 6 ③

07 사회복지행정의 책임성의 기준으로 옳은 것을 모두 고른 것은? [10회]

> ㄱ. 명문화된 법적 기준이 있어야 한다.
> ㄴ. 사회복지행정 이념이 전제되어야 한다.
> ㄷ. 공익이 고려되어야 한다.
> ㄹ. 고객의 요구를 반영해야 한다.

① ㄱ, ㄴ, ㄷ
② ㄱ, ㄷ
③ ㄴ, ㄹ
④ ㄹ
⑤ ㄱ, ㄴ, ㄷ, ㄹ

해설 **사회복지행정의 책임성 기준**

- 법적 기준 : 법적 기준은 사회복지조직의 행정활동이 명문화된 법령에 근거하여 충실하게 이행되고 있는지를 결정하는 기준을 말한다. 이러한 법적 기준은 윤리적 기준이나 도덕적 기준과 상충되는 것이라기보다는 이들을 보완하는 기능을 한다.
- 이념적 기준 : 사회복지행정의 이념은 사회복지실천의 지도이념인 동시에 사회복지조직의 책임성에 대한 법적 · 윤리적 기본전제이자 평가의 기준이 된다. 그로 인해 사회복지행정의 이념은 국가 및 시대의 요구에 영향을 받으며, 가치지향적 측면에서 다양한 양상을 보이게 된다.
- 공익성 기준 : 공익성은 사회복지조직의 재량권과 관련하여 정당성 여부를 결정짓는 기준이 된다. 이러한 공익성은 규범적 기준으로서 포괄성 및 상대성을 본질적인 특징으로 한다.
- 욕구충족 기준 : 사회복지행정은 클라이언트의 욕구충족을 목표로 사회복지서비스의 근성 및 대응성을 강조한다. 특히 사회복지서비스는 프로그램을 통해 전달되므로 클라이언트의 욕구에 대응하는 적절한 프로그램이 개발되어야 한다.

08 사회복지조직의 외부환경에 관한 설명으로 옳지 않은 것은? [11회]

① 사회복지조직은 외부환경에 의존적이다.
② 시장 상황에서 활동하는 사회복지조직은 경쟁조직을 중요한 환경요소로 다룬다.
③ 우리나라 민간 사회복지조직은 정부재정 요소의 비중이 상대적으로 낮은 편이다.
④ 사회복지조직이 직접 상호작용하는 외부 집단들을 과업환경(Task Environment)이라 한다.
⑤ 사회복지사업법은 사회복지조직의 정당성과 권위를 제공하는 외부환경 중 하나이다.

해설 ③ 우리나라 민간 사회복지조직은 재정자원을 정부나 다른 민간단체, 일반 시민 또는 영리기업 등 조직 외부의 다양한 재정지원자에게 의존한다. 비록 민간 사회복지조직이 사업을 수행하기 위해 자체적으로 수익사업을 하거나 후원자를 개발하기 위해 노력한다고 해도, 여전히 정부재정에 의존하는 경향이 상대적으로 높은 편이다.

7 ⑤ 8 ③ Answer

CHAPTER
06 최신기출문제

01 **최근 사회복지조직의 환경변화로 옳은 것을 모두 고른 것은?** [20회]

ㄱ. 사회복지 공급주체의 다양화	ㄴ. 행정관리능력 향상으로 거주시설 대규모화
ㄷ. 성과에 대한 강조와 마케팅 활성화	ㄹ. 기업의 경영관리 기법 도입

① ㄱ, ㄴ
② ㄱ, ㄷ
③ ㄴ, ㄹ
④ ㄱ, ㄷ, ㄹ
⑤ ㄴ, ㄷ, ㄹ

해설 **최근 사회복지조직의 환경변화**

- 사회복지 공급주체의 다양화(ㄱ)
- 시설복지에서 지역복지로의 전환(ㄴ)
- 소비자 주권에 대한 인식 강화
- 욕구(Need) 충족에서 수요(Demand) 충족을 위한 복지제공으로의 관점 전환
- 원조 중심에서 자립(자활) 중심으로의 전환
- 조직의 개방화와 투명화에 대한 요구 증가
- 민영화와 경쟁성 강화 노력의 증가
- 기업의 경영관리 기법 도입(ㄹ)
- 성과에 대한 강조, 마케팅 활성화, 품질관리의 강화 등(ㄷ)

02 **사회복지조직의 책임성에 관한 설명으로 옳지 않은 것은?** [20회]

① 업무수행 결과에 대한 책임뿐만 아니라 업무과정에 대한 정당성을 의미한다.
② 책임성 이행 측면에서 효율성을 배제하고 효과성을 극대화해야 한다.
③ 지역사회와의 관계뿐만 아니라 조직 내 상호작용에서도 정당성을 확보해야 한다.
④ 정부 및 재정자원제공자, 사회복지조직, 사회복지전문직, 클라이언트 등에게 책임성을 입증해야 한다.
⑤ 클라이언트 집단의 욕구를 충족시키고 당면한 사회문제를 해결하고 있다는 증거를 보여줘야 한다.

해설 ② 사회복지조직의 책임성은 책임의 대상(책임의 객체), 책임의 내용, 그리고 책임성을 구현하기 위한 행정가의 역할에 관한 문제이다. 특히 책임의 내용에는 서비스 효과성, 효율성, 조직 내부의 유지관리 등이 포함된다.

Answer 1 ④ 2 ②

03 하센필드(Y. Hasenfeld)가 주장하는 조직환경 대응전략이 아닌 것은? [18회]

① 권위주의 전략
② 경쟁 전략
③ 협동 전략
④ 방해 전략
⑤ 전문화 전략

해설 권력관계 변화 혹은 종속관계 극복을 위한 조직의 대응전략(Hasenfeld)

권위주의 전략 (Authority Strategy)	명령에 대해 동의하도록 효과적인 제재를 가할 수 있는 능력을 향상시키는 전략이다.
경쟁 전략 (Competitive Strategy)	서비스의 질과 절차 및 관련된 행정절차 등을 더욱 바람직하고 매력적으로 하기 위해 다른 사회복지조직들과 경쟁하여 세력을 증가시키는 전략이다.
협동 전략 (Cooperative Strategy)	과업환경 내 다른 조직에게 필요한 서비스를 제공하여 그 조직이 그러한 서비스를 획득하는 데 대한 불안감을 해소시키는 전략이다.
방해 전략 (Disruptive Strategy)	조직의 자원생산 능력을 위협하는 행동을 의도적으로 하는 전략이다.

04 사회복지조직의 환경에 관한 설명으로 옳지 않은 것은? [19회]

① 다른 기관과의 경쟁은 고려하지 않는다.
② 과학기술의 발전은 사회복지기관의 서비스에도 영향을 미친다.
③ 사회인구적 특성은 사회문제와 밀접한 관계가 있다.
④ 경제적 상황은 서비스 수요에 영향을 미친다.
⑤ 법적 규제가 많을수록 서비스에 대한 클라이언트의 접근이 제한된다.

해설 ① 다른 기관과의 경쟁을 고려한다.

사회복지조직의 환경

일반환경	경제적 조건, 사회 · 인구 · 통계학적 조건, 문화적 조건, 정치적 조건, 법적 조건, 기술적 조건 등
과업환경	재정자원의 제공자, 합법성과 권위의 제공자, 클라이언트 제공자, 보충적 서비스 제공자, 조직이 산출한 것을 소비 · 인수하는 자, 경쟁조직 등

3 ⑤ 4 ① Answer

CHAPTER 07

리더십

학습목표

- '리더십' 영역은 조직의 목표달성을 위해서 필요한 리더십과 기획, 의사소통을 다루는 분야이다.
- 리더십의 유형, 프로그램계획의 수행기법, 의사결정의 모형 등은 거의 매년 빠짐없이 출제되는 중요한 내용들로 출제빈도가 매우 높으므로 꼼꼼하게 학습해야 한다.
- 리더십의 이론, 기획의 특징, 의사전달의 구분 등에서 골고루 출제되고 있으므로 빠짐없이 잘 숙지하도록 하여야 한다.

제1절 리더십의 개요

1 리더십의 의의

(1) 정 의

① 리더십(Leadership) 또는 지도력은 정해진 목표를 달성하기 위해 구성원들에게 영향을 행사하는 과정을 말한다.

② 리더십은 집단 또는 팀의 공동 목표를 달성하기 위해 구성원들이 목표지향적인 행동을 할 수 있도록 집단의 상호작용을 돕는 지도자의 영향력 있는 행동이라 할 수 있다.

③ '지도성'을 의미하는 것으로서, '직위로서의 리더십'과 '능력으로서의 리더십'으로 나타난다.

㉠ 직위로서의 리더십 : 어떠한 상황에 대한 통제의 책임과 함께 지도 및 관리의 역할을 부여받은 직위를 의미한다.

㉡ 능력으로서의 리더십 : 구성원 간의 관계에 영향을 미쳐 집단의 지도자가 의도한 바람직한 방향으로 이끄는 재능 및 기술을 의미한다.

④ 리더십과 헤드십은 다 같이 권위를 근거로 하지만 리더십은 개인의 권위를 근거로 하는 데 비해 헤드십은 계층제적 권위에 의존하고 있다는 데 차이가 있다. 헤드십은 일방적 강제성을 그 본질로 하는 데 비해 리더십은 상호성 · 자발성을 그 본질로 한다.

[리더십과 헤드십의 비교]

리더십(Leadership)	헤드십(Headship)
상호작용적 · 자발적 · 비일상적 발동	일방적 · 계속적 · 규칙적 발동
법적 구속력 없음	법적 구속력 있음
계층적 지위와 무관하게 인간적 차원의 유인	계층적 지위에 의존한 공식적 권한행사

공식적 · 법적 지위와 전문적 능력, 인간적 자질과 특성에서 유래	공식적 · 법적 지위에 유래
쌍방적 의사소통	일방적 의사소통
심리적 유대감에 의한 추종	강제력을 전제로 강압적 분위기
신뢰와 안정성(Recognition)	물질적 보상과 처벌에 의존

(2) 리더십에 대한 학자들의 정의

① **스톡딜(R. M Stogdill)** : 리더십의 정의를 집단과정의 초점, 퍼스낼러티(Personality)와 그 효과, 복종을 유도하는 기술, 영향력의 행사, 활동 또는 행동, 설득의 형태, 목표달성의 수단, 상호작용의 효과, 분화된 역할, 구조의 주도와 유지 등 10가지 범주로 요약하고 있다.

② **테리(Terry)** : 사람들로 하여금 집단의 목표를 기꺼이 달성하도록 영향을 미치는 활동이다.

③ **쿤츠(Koontz)와 오도넬(O'Donnell)** : 한 개인이 구성원에게 이미 설정된 공동목표를 달성하는 데 따라오도록 영향력을 행사하는 과정이다.

④ **로빈스(Robbins)** : 목표달성을 지향하도록 집단에 대하여 영향을 미칠 수 있는 능력이다.

⑤ **트랙커(Trecker)** : 공동목표의 달성에 있어서 사람들이 협동하여 일하도록 영향을 주는 능력이다.

2 리더십의 분류

(1) 리더십의 유형

① 칼리슬(Carlisle)의 리더십유형

칼리슬은 리더십을 지시형, 참여형, 자율형(자유형)의 세 가지 유형으로 제시한다. 그 중 자유형의 사용은 극히 제한되어 있기 때문에 주로 지시형과 참여형의 리더십이 사용된다.

㉠ 지시적 리더십

상급자 중심으로 의사를 결정하고 하급자에게 명령을 전달한다.

장 점	단 점
• 중앙집권적 통제와 조정 • 정책의 해석과 수행의 일관성 • 신속한 의사결정 • 변화와 위기에 강한 리더십	• 과도한 통제로 사기 저하 • 잠재력 개발의 기회 감소 • 일방적 의사소통 • 적대감, 소외감, 비융통성 초래

㉡ 참여적 리더십 15, 16, 19, 20회 기출

민주적 리더십으로, 의사결정을 할 때 부하직원의 의견을 묻고 이들을 의사결정에 참여시키는 것으로 기술수준이 높고, 동기부여 된 직원들이 있을 때 효과적이다.

장 점	단 점
• 조직목표에 대한 참여동기의 증대 • 집단의 지식과 기술 활용 용이 • 조직의 활동에 헌신적 • 개인적 가치, 신념 등을 고취 • 참여를 통해 경영의 사고와 기술들을 익힘 • 자유로운 의사소통 장려(리더-직원 간 양방향 의사소통 가능) • 직원들의 사명감 증진	• 참여에 따르는 시간소모 • 타협에 의한 어중간한 결정에 도달 • 책임 분산으로 인한 무기력 • 혁신적이고 선견지명을 가진 지도자를 갖기 어려움 • 참여적 스타일을 배우기가 쉽지 않음 • 구성원들의 자격이 비슷한 제한적인 상황에서만 효과적

㉢ 자율적 리더십

- 방임적 리더십으로 대부분의 의사결정권을 부하직원에게 위임한다.
- 전문가 조직에 적합하고, 집단의 지식과 기술을 활용하는 데 유리한 장점이 있는 반면 일의 처리에 대한 정보제공이 부족하며 내부 갈등에 개입이 어려워 혼란을 야기할 수 있는 단점이 있다.

[리더십의 유형]

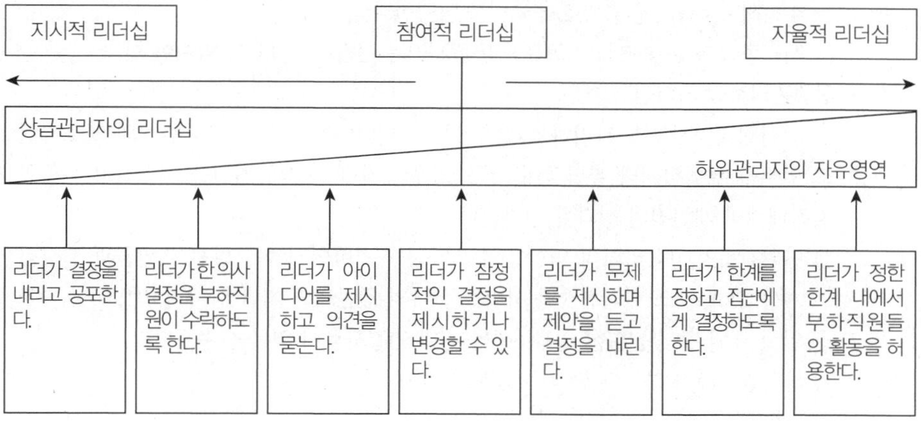

② 기타 리더십의 유형

학 자	유 형	특 징
리피트와 화이트 (Lippitt & White)	권위형, 민주형, 자유방임형	의사결정과정에의 참여가 기준
블레이크와 머튼 (Blake & Mouton)	친목형(컨트리클럽형), 빈약형, 절충형, 단합형(팀발전형), 과업형(직무중심형)	생산과 인간에 대한 관심이 기준
피들러 (Fiedler)	과업중심형과 인간관계중심형에 상황적 요인 추가	상황조건모형(지도자 · 부하의 관계, 지위 권력, 과업구조)
허시와 블랜차드 (Hersey & Blanchard)	과업중심형과 인간관계중심형에 효과성(부하의 성숙도) 추가	3차원 모형

(2) 계층별 리더십

① 최고관리층의 리더십

최고관리층이란 사회정책을 사회복지행정으로 전환하고 필요한 재정을 획득하며 정치적 지지를 얻어내는 책임을 지고 있는 계층으로서 조직 외부의 다양한 이익집단과 지역사회와 상호 연관을 가져야 하며 조직 내 · 외부환경의 변화에도 적절히 적응하여 조직을 이끌어나가야 한다.

㉠ 조직의 기본적인 임무를 설정한다.

㉡ 변화를 주도하고 수행한다.

㉢ 임무 수행을 위한 서비스기술을 선정한다.

㉣ 내부구조를 발전시키고 유지한다.

㉤ 외부의 이해관계집단과 교섭하고 중재하여 조직의 정체성을 확립한다.

② 중간관리층의 리더십

중간관리층이란 조직의 한 부서를 책임지고 있는 계층으로서 이들은 최고관리층의 지시를 구체적인 프로그램으로 전환하고 필요한 인적 · 물적 자원을 확보하며 프로그램을 관리, 감독, 조정, 평가하는 일을 담당한다.

㉠ 수직적 · 수평적 연결자로서 역할을 담당한다.

㉡ 직원들의 욕구를 조직의 목표에 통합시키는 인간관계기술이 있어야 한다.

③ 하위관리층의 리더십

일선 사회복지사들을 관리하고 접촉하는 슈퍼바이저로서 일선 요원들의 프로그램 수행을 감독하고 업무를 위임하거나 분담하며, 일선 요원들에게 충고와 지침을 제공하고 부족한 지식과 기술을 지적해주며 개인적인 성과를 평가한다.

㉠ 단위감독자, 팀 리더의 역할을 수행하는 슈퍼바이저들은 일선 요원들과 일상적으로 긴밀한 관계를 맺고 있으며 직접적인 서비스 분야의 전문적인 기술을 가지고 있어야 하고, 중간관리층과 일선 요원 간의 원활한 의사소통을 위한 연결자로서 역할을 수행한다.

㉡ 하위관리층이 가져야 할 리더십 기술

- 전문기술

  슈퍼바이저가 직원과 자원을 효율적으로 사용하도록 도움을 주는 기술로, 일선 요원들의 업무를 조직화하고 조정하는 데 도움을 준다.

- 공평에 대한 관심

  승진과 보상을 위해 윗사람에게 아첨하고 비판을 하지 않음으로써 윗사람을 위협하지 않는 등의 공평을 가져오려는 슈퍼바이저의 책임은 일선 요원들의 동기부여 및 조직의 일체감을 발전시키는 데 필요하다.

(3) 사회복지조직에서 리더십의 필요성

① 구성원들이 규칙과 규정을 준수하도록 동기부여

사회복지전문가의 자율성과 통제성 사이에는 갈등과 긴장이 발생할 수 있다. 이로 인해 구성원들이 조직의 규칙과 규정을 준수할 수 있는 동기를 유발하도록 하는 리더십이 필요하다.

② 조직의 내부적 변화를 조직에 통합

사회복지서비스 제공에 있어서 새로운 기술의 도입이나 새로운 직원의 채용과 같이 구조적인 변화가 조직에 통합될 수 있도록 리더십이 필요하다.

③ 환경의 변화에 대응

사회복지조직과 관련 있는 이익집단이나 지역사회와 관련된 환경적 압력이 증가하고 있으므로 이에 대응할 리더십이 필요하다.

④ 조직의 목표와 구성원의 목표 일치를 유도

조직의 목표와 개인의 목표는 다를 수 있으며 사회복지행정책임자는 최대한 이들의 일치를 유도하는 데 리더십을 발휘해야 한다.

제2절 리더십 이론

14회 기출

1 특성론적 접근(특성이론, Trait Theory)

(1) 내 용

① 1940~1950년대에 주장된 이론이다.

② 리더십이 어떤 사람은 가지고 있고 또 다른 사람은 가지고 있지 못한 개인적 특성에서 나타나는 것이라고 가정하며, 지도자들이 가지는 공통요소를 규명하고자 한다.

③ 개별적인 동시에 공통적인 요소를 가지고 있다면, 그가 처해있는 상황이나 환경이 바뀌더라도 항상 지도자가 될 수 있다.

④ 효과적인 지도자의 자질로는 활력 및 인내성, 설득력, 결단력, 지적 능력, 책임성 등이 있다.

⑤ 지도자는 신체적 특성, 사회적 배경과 함께 인지적 · 정서적 · 사회적 · 과업적 특성을 가진다.

⑥ 신체적 특성과 사회적 배경은 비교적 선천적인 반면, 인지적 · 정서적 · 사회적 · 과업적 특성은 후천적이므로 지도자의 특성은 학습될 수도 있다.

(2) 비 판

① 지도자가 누구나 동일한 자질을 가지고 있는 것은 아니다.

② 집단의 특성 · 조직목표 · 상황이 다르면 리더십의 자질도 전혀 다를 수 있다.

③ 지도자가 되기 전후의 자질 간에 인과관계가 없다.

④ 여러 자질 간의 비중이 분명하지 않고 내용이 중복되는 경우도 있다.

⑤ 지도자가 반드시 갖추어야 할 보편적인 자질은 없다.

Plus ⊕ one

지도자의 특성
- 신체적 특성 : 연령, 신장, 체중, 외모 등
- 배경적 특성 : 교육수준, 사회적 지위, 가족적 배경, 사교적 관계 등
- 인지적 특성 : 판단력, 표현력, 결단력 등
- 성격적(정서적) 특성 : 자신감, 독립성, 지배성(독점성), 공격성(자극성) 등
- 사회적 특성 : 대인관계기술, 관리능력, 협조성, 청렴성, 권력욕구 등
- 과업적 특성 : 책임감, 솔선력, 지구력, 문제 해결력, 성취욕구, 안정욕구 등

2 형태론적 접근(행동이론, Behavioral Theory)

(1) 내 용

① 1950~1960년대 주장된 이론

② 지도자는 어떻게 행동하는가 하는 관점에서 적합한 지도자의 행동유형(리더십의 유형)을 밝히려고 하였는데, 상이한 지도자의 다양한 행위유형이 조직구성원의 만족과 과업성과에 어떠한 영향을 미치는가를 파악하고자 하였다.

③ 효과적인 지도자는 비효과적인 지도자보다 구성원의 자존감을 높여주며, 그들과 상호 협력적인 관계를 맺는다. 또한 구성원들의 입장을 고려한 의사결정을 하며, 과업수행의 목표를 구체적으로 설정한다.

④ 아이오와(Iowa) 대학, 오하이오(Ohio) 주립대학, 미시간(Michigan) 대학의 연구, 블레이크와 머튼(Blake & Mouton)의 관리망 연구 등이 대표적이다.

(2) 연구내용

① 미시간 연구

미시간대학교 사회조사연구소에서 리더의 행동유형에 따라 업무성과와 만족도가 높아지는가에 대해 연구한 것으로 직무중심적 리더십(Job-centered Leadership Style)과 구성원 중심적 리더십(Employment-centered Leadership Style) 유형을 확인했다.

㉠ 직무중심적 리더십

세밀한 감독과 합법적이고 강제적인 권력을 활용하며 업무계획표에 따라 이를 실천하고 업무성과를 평가하는 데 초점을 둔다.

㉡ 구성원 중심적 리더십

인간지향적이며 책임의 위임과 구성원의 복지, 욕구, 승진, 개인적인 성장에 대한 관심을 강조한다.

② 오하이오 연구

오하이오 주립대학에서 '리더 행동 기술 질문지(LBDG)'를 개발하여 리더의 행동을 **구조주도(Initiating Structure) 행동과 배려(Consideration) 행동**이라는 2가지 차원에서 5가지 리더십 유형을 설명하고자 하였다. 연구 결과 **구조주도와 배려에서 치우치지 않은 리더**가 더 높은 성과와 만족을 가지고 오는 결과가 나타났다.

㉠ 리더십행동의 구성요소인 구조주도와 배려는 각각 독자적이어서 구조주도의 수준이 높다고 해서 배려의 수준이 낮은 것은 아니었으며, 구조주도의 수준이 높다고 해서 배려의 수준이 언제나 높은 것도 아니었다.

㉡ 높은 배려의 수준과 낮은 불평의 수준 사이에는 높은 상관관계가 있음을 발견하였다. 즉, 리더십행동이 배려적일수록 부하직원의 불평은 감소되는 경향을 확인하였다.

㉢ 구조주도와 배려의 수준이 높을 때 부하들의 불평수준과 이직률은 가장 낮고 생산성은 높다는 것, 구조주도와 배려의 수준이 낮을 때 불평수준과 이직률이 높다는 것, 구조주도의 수준은 높으나 배려의 수준이 낮을 때에도 불평수준과 이직률이 높다는 것 등을 발견하였다.

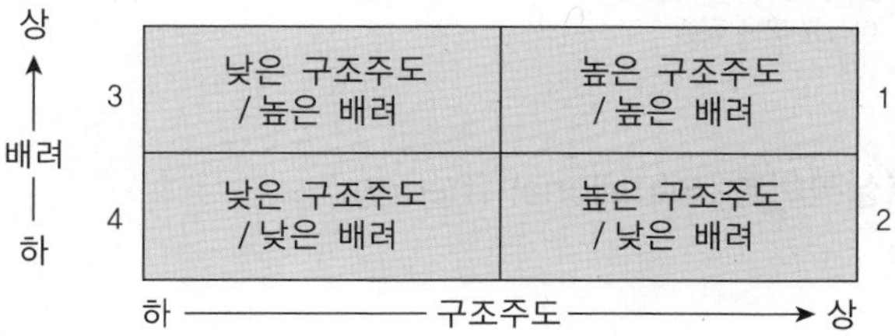

③ 아이오와 연구

지도자의 행위 유형을 집단의 태도 및 생산성의 관점에서 '권위적 리더, 민주적 리더, 자유방임적 리더'로 구분하였다.

㉠ **권위적 리더는** 계획의 수립에서 정책의 결정에 이르기까지 지도자가 단독으로 결정한다.

㉡ **민주적 리더는** 필요한 정보를 확보하여 계획을 수립하며, 활동 과정 및 정책의 결정을 집단의 결정에 맡긴다.

㉢ **자유방임적 리더는** 집단 개별성원들에게 제반 활동과정을 일임하며, 자신이 임의대로 구체적인 계획이나 정책 결정을 내리지 않는다.

㉣ 업무의 양적 측면에서는 권위형 집단이 낫고, 업무의 질 및 구성원의 만족도 측면에서는 민주형 집단이 낫다는 결과를 얻었다.

④ 블레이크와 머튼의 관리격자 모형 18, 19회 기출

㉠ 오하이오 연구를 발전시킨 것으로서, 횡축과 종축을 따라 각각 9개의 위치로 설정된 관리망을 통해 총 81종의 합성적 리더십 유형을 제시하였다.

㉡ **횡축은 생산(산출)에 대한 관심 정도를, 종축은 인간에 대한 관심 정도를 나타낸다.**

㉢ 특히 네 모퉁이와 중앙 등 기본적인 5개의 리더십 유형으로 **방임형 또는 무기력형(1,1), 인간중심형 또는 컨트리클럽형(1,9), 생산지향형 또는 과업형(9,1), 중도형(5,5), 이상형 또는 팀형(9,9)**을 강조하였다.

제2영역

㉣ 연구결과 가장 높은 성과를 보이는 최적의 리더십 스타일은 팀형(9,9)이다.

[관리격자모형(Blake & Mouton)]

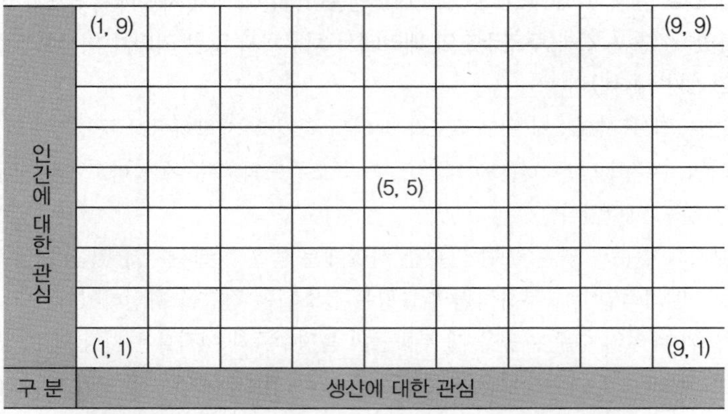

- (1, 1) : 방임형 또는 무기력형
- (1, 9) : 인간중심형 또는 컨트리클럽형
- (9, 1) : 생산지향형 또는 과업형
- (5, 5) : 중도형
- (9, 9) : 이상형 또는 팀형

3 상황론적 접근법(상황이론, Situational Theory)

(1) 내 용

① 1960~1970년대에 주장된 이론이다.

② 지도자의 행동은 상황에 따라 달라질 수 있다는 가정에 기초하고 있다. 즉, 그때의 상황이 지도자의 행동을 결정하는 요인이 된다고 보고, 상황이 달라짐에 따라 다른 리더십이 요청될 수도 있다고 보는 입장이다.

③ 리더십에 영향을 미치는 상황으로는 지도자가 속한 집단, 집단 목표, 구조, 성격, 사회문화적 요인, 시간적 · 공간적 요인 등을 들 수 있다.

④ 리더의 지위권력 정도, 직원과의 관계, 과업의 구조화, 직원의 성숙도가 중요하며 한 조직에서 성공한 리더가 타 조직에서도 반드시 성공하는 것은 아니다.

⑤ 피들러(Fiedler)의 상황적합이론, 하우스(House)의 목표-경로이론, 첼라두라이(Chelladurai)의 다차원이론, 허시와 블랜차드(Hersey & Blanchard)의 상황적 리더십이론 등이 대표적이다.

(2) 비 판

① 상황변수가 복잡하고 측정이 어렵다.

② 이 연구에 사용한 측정도구가 불명확하다.

③ 순전히 상황만이 요인이라면 동일한 상황에서 다른 사람들을 물리치고 어느 특정인이 지도자가 되는 이유를 설명하지 못한다.

(3) 연구내용

① 피들러(Fiedler)의 상황적합이론(LPC ; Least-preferred Coworker)

㉠ 리더십 유형을 '과업지향적 리더십'과 '관계지향적 리더십'으로 구분하였으며, LPC(Least Preferred Coworker) 척도를 고안하였다.

㉡ 리더십 상황이 리더에게 유리하거나 불리한 경우에는 과업지향적 리더십이 효과적이며, 상황이 리더에게 유리하지도 불리하지도 않은 경우 관계지향적 리더십이 효과적이라고 주장한다.

㉢ LPC 평점이 높은 사람은 대인관계지향형 리더로 간주되며, LPC 평점이 낮은 사람은 과업지향형 리더로 간주된다.

> **참고**
>
> 피들러의 이론은 상황이론 중에서도 초기에 나타난 이론으로, 이후 상황이론이 점차 발전하면서 리더나 부하직원의 기술적 능력이나 변화를 변수로 파악한 연구들도 나타나게 되었습니다.

② 하우스(House)의 목표-경로이론(Path-goal Theory of Leadership)

㉠ 지도자의 특성보다는 상황과 지도자의 행동에 초점을 맞추어 네 가지(지시적 · 지원적 · 참여적 · 성취지향적 리더십)로 분류하였다.

㉡ 상황변수로서는 부하의 특성(부하의 능력 · 성격 · 욕구 · 동기)과 근무환경적 특성(과업의 구조화 · 과업진단의 특성 · 조직 내 규칙 · 조직 내 절차)을 고려하면서 효과적인 리더의 행동에 관하여 설명하고 있다.

㉢ 연구결과 지시적 리더의 행동은 비구조화된 과업을 수행하는 직원들에게 더 효과적이고 지원적 리더의 행동은 구조화된 일상적 과업에 종사하는 직원들에게 더 효과적이라는 결론을 얻었다.

㉣ 피들러의 이론에서처럼 리더의 고정적인 성향들이 아니라 상황과 리더의 행동들에 초점을 두어 상황에 따라 리더십이 변할 수 있다고 가정한다.

㉤ 부하직원의 만족을 예측하고 리더십과 부하직원의 행동관계를 개선하는 데 의의가 있다.

③ 허시(Hersey)와 블랜차드(Blanchard)의 상황이론 20회 기출

㉠ 리더의 행동을 과업행동과 관계성 행동으로 구분하고 부하의 성숙도(Maturity)를 상황변수로 채택하였다.

㉡ 부하의 성숙도가 낮은 상황에서는 부하의 역할, 목표, 표준, 절차 등의 설정에서 리더의 적극적인 지시적 과업행동이 효과적이다.

㉢ 부하의 성숙도가 중간 정도이면 부하에게 깊은 관심을 가지고 부하가 가지고 있는 문제해결에 지원적이며 의사결정과정에서 부하를 참여시키도록 노력하는 관계성 행동이 효과적이다.

㉣ 부하의 성숙도가 높은 상황에서는 부하에게 대폭적인 재량권을 부여하여 스스로 과업을 수행할 수 있도록 배려하는 것이 바람직하다.

④ 첼라두라이(Chelladurai)의 다차원이론

㉠ 지도자의 특별한 행동이 특정 상황에 매우 효율적이라는 가정에 기초한다.

㉡ 집단의 수행 및 구성원의 만족도에 따라 상황이 요구하는 행동(요구된 행동), 실제 리더가 취하는 행동(인지된 행동), 집단성원이 좋아하는 리더의 행동(선호된 행동)을 구분한다.

㉢ 특정 상황이 요구하는 행동을 리더가 취하는 경우, 집단의 수행 및 집단성원의 만족도가 매우 높다.

Plus ⊕ one

특성론과 상황론의 비교

특성론	상황론
• 선천적인 요인이나 기질 · 특성 · 전통을 중시(속성론) • 사회적 요인보다 개인적 요인을 중시 • 리더와 부하와의 관계를 고려하지 않음 • 보편적인 자질이나 리더십 존재 • 군대나 학교에서의 리더십은 같음	• 지도자는 그때그때 상황에 따라 결정된다고 봄 • 개인적 요인보다 사회적 요인을 중시 • 리더와 부하와의 관계를 고려 • 개인적인 요인을 지나치게 무시 • 주어진 상황이 동일하다면 어느 특정인이 리더가 되는 요인을 설명할 수 없음

Plus ⊕ one

전통적인 리더십의 비교

특성이론	행동이론	상황이론
1940~1950년대	1950~1960년대	1960~1970년대
신체적 특성, 학력, 경력 등에서 리더의 특성을 찾을 수 있으며, 특정한 특성을 갖추면 성공적인 리더가 된다고 봄	• 리더의 행동에 관심을 두고 행동 유형에 따라 성공적인 리더와 그렇지 않은 리더가 구분된다고 봄 • 해당이론 : 미시간 · 오하이오 · 아이오와 연구, 블레이크와 머튼의 관리격자모형	• 성공적인 리더의 행동이나 특성은 상황에 따라 다름을 강조함 • 해당이론 : 상황적합이론, 목표-경로이론, 상황적 리더십이론, 다차원이론

4 현대 리더십 이론

(1) 거래적-변혁적 리더십 이론(Transactional-Transformational Leadership Theory)

14, 18회 기출

리더십을 안정을 지향하는 유형과 변화를 지향하는 유형, 즉 거래적 리더십과 변혁적 리더십으로 구분한다.

① 거래적 리더십(Transactional Leadership)

㉠ 거래적 리더십은 구성원을 개인적 관심에 치중하는 이기적인 존재로 보고 보상 등의 적절한 거래를 통해 구성원에게 동기를 부여한다.

㉡ 안정지향형 리더십으로 업무 할당, 업무 결과 평가, 의사결정 등의 일상적인 역할에 주력하고 성과에 대한 적절한 보상, 규칙에 의한 관리, 의사결정에 있어서 자유방임을 특징으로 한다.

② 변혁적 리더십(Transformational Leadership) 20회 기출

㉠ 변혁적 리더십은 조직의 노선과 문화를 변화시키려고 노력하는 변화추구적 · 개혁적 리더십이다.

㉡ 거래적 리더십이 기존의 리더십 이론에서 제시된 일반적인 리더의 특징에 해당한다면, 변혁적 리더십은 조직구성원에 대한 보다 깊은 관심과 함께 기존의 문제에 대한 새로운 접근방식을 통해 조직구성원의 변화를 이끌어내는 리더의 특징을 말한다.

㉢ 변혁적 리더십은 카리스마와 영감, 조직구성원에 대한 개인별 고려 및 지적 자극 등을 특징으로 하며, 조직의 합병, 신규부서 조직, 조직구성원의 능력 발전, 새로운 조직문화 창달 등을 주도한다.

③ 거래적 리더십과 변혁적 리더십의 비교

구 분	거래적 리더십	변혁적 리더십
목 적	현상유지	변 화
활 동	규정 또는 규칙에 의거	규정 또는 규칙의 변화
보 상	개인적	비개인적
초 점	하급관리자	최고관리층
리더와 추종자와의 관계	상호의존적	상호독립적
조직구도	기계적 관료제 구조에 적합	단순구조나 임시구조에 적합
과 업	일상적 과업	비일상적 과업
업 무	업무할당, 업무결과 평가, 의사결정 등	조직의 합병, 신규부서조직, 조직구성원의 능력발전, 새로운 조직문화 창달 등

(2) 카리스마적 리더십 이론

① 1차적으로 특성이론과 관련되는데, 카리스마(Charisma)는 부하들이 리더를 지원하고 수용하도록 만드는 대인적 매력(Interpersonal Attraction)이며 이는 부하들의 행동에 지대한 영향력을 준다고 하우스(House)와 콩거(Conger) 등이 강조하였다.

② 카리스마적 리더의 행동특성과 양식에서 리더는 자신감이 강하고 자신의 소신과 이상을 확신하며, 다른 사람들에게 영향력을 행사하려는 욕구가 강하고 부하들의 기대와 신뢰를 이끄는 데 노력한다는 것을 의식적으로 보여주려는 경향이 강하다.

(3) 귀인이론

① 어떤 사람(부하)의 행동을 관찰한 후 행동의 원인을 추론하고 이에 따라 관리방식을 채택해야 한다는 이론이다.

② 부하의 낮은 근무성과를 능력이나 노력의 부족에 따른 것이라고 판단한 경우에는 질책과 해고를 하고, 부적절한 직무설계 때문이라고 판단한 경우에는 부하에 대한 질책이 아닌 근무여건의 개선에 주력하는 식의 리더십 이론이다.

(4) 상징적 리더십 이론

① 리더의 실제 결정이나 행동보다는 행동에서 나타나는 상징적 분위기가 더 중요하다는 이론이다.

② 예를 들면 상사가 부하한테 보낸 생일카드에 대해 카드자체보다는 카드에 적힌 글씨가 친필인지, 제때에 맞게 도착했는지 여부처럼 마음의 배려를 염두에 두는 것이다.

(5) 서번트 리더십 이론

① 그린리프(Greenleaf)는 리더를 다른 사람에게 봉사하는 하인(Servant)으로 규정하고 구성원을 섬김의 대상으로 간주함으로써 부하들의 성장을 도모하면서 리더와 부하 간의 신뢰를 형성시켜 궁극적으로 조직성과를 달성하게 하는 리더십이라고 보았다.

② 서번트 리더십은 구성원 성장에의 헌신과 함께 이를 통한 공동체 목표의 달성을 강조한다.

(6) 경쟁적 가치(Competing Values) 모델

17회 기출

① 단순화 또는 이분화된 리더십 이론이 아니라 통합적 관점을 유지하는 리더십 이론이다.

② 리더십의 초점을 '외부지향적 – 내부지향적'으로 구분한 축과 '통제 위주–유연성 위주'로 구분한 또 하나의 축을 바탕으로 이를 조합하여 다음과 같은 4가지 영역을 제시하였다.

㉠ A(Adaptation) : 환경적응(비전제시가)

㉡ G(Goal Attainment) : 목표달성(목표달성가)

㉢ I(Integration) : 통합(동기부여가)

㉣ L(Latent Pattern Maintenance) : 형태유지(분석가)

③ 위의 영역에 따라 필요한 리더십 기술도 4가지로 분류할 수 있다.

㉠ 경계잇기(Boundary-spanning)기술 : 외부지향, 유연성에 근거

㉡ 인간관계(Human Relations)기술 : 내부지향, 유연성에 근거

㉢ 지시(Directing)기술 : 외부지향, 통제에 근거

㉣ 조정(Coordinating)기술 : 내부지향, 통제에 근거

CHAPTER
07
출제유형문제

01 **참여적 리더십에 관한 설명으로 옳지 않은 것은?** [15회]

① 직원들의 지식과 기술 활용이 용이하다.
② 직원들의 사명감이 증진될 수 있다.
③ 책임 분산으로 인해 조직이 무기력하게 될 수 있다.
④ 하급자들이 의사결정을 적극적으로 주도한다.
⑤ 리더-직원들 간의 양방향 의사소통이 가능하다.

해설 ④ 하급자들이 의사결정을 적극적으로 주도하는 것은 자율적(방임적 또는 위임적) 리더십의 특징에 해당한다.

02 **상황적(Contingency) 리더십 이론에 관한 설명으로 옳은 것은?** [11회]

① 참여적 리더십 스타일을 선호한다.
② 블레이크-모튼(Blake-Mouton)의 관리격자이론이 대표적이다.
③ 효과적인 리더십을 리더의 개인적 성향이나 행동적 특성으로 설명한다.
④ 경쟁-가치 리더십도 상황적 리더십 이론에 해당한다.
⑤ 리더는 팔로워(Follower)의 성숙도에 따라 리더십 행동을 변화시켜 나간다.

해설 허시와 블랜차드(Hersey & Blanchard)의 상황적 리더십 이론에서는 팔로워의 업무와 심리적인 성숙도가 효율적인 리더십을 위한 리더십 유형의 결정에 매우 중요하다.

Answer 1 ④ 2 ⑤

03 지시적 리더십과 비교하여 참여적 리더십이 갖는 장점은? [10회]

① 정책의 해석과 집행에 일관성이 있다.
② 명령과 복종을 강조하므로 통제와 조정이 쉽다.
③ 신속한 결정이 가능하므로 위기에 도움이 된다.
④ 보상과 처벌을 중심으로 통제하고 관리한다.
⑤ 구성원들 간 정보교환이 활발해질 수 있다.

해설 리더십(Leadership)의 유형

지시적 리더십	• 명령과 복종을 강조한다. • 지도자는 독선적이며, 조직성원들을 보상 · 처벌의 연속선에서 통제한다.
참여적 리더십	• 민주적 리더십에 해당하는 것으로서, 의사결정 과정에 있어서 부하직원을 참여시킨다. • 의사소통 경로의 개방을 통해 정보교환이 활발히 이루어지도록 한다.
자율적 리더십	• 방임적 리더십에 해당하는 것으로서, 대부분의 의사결정권을 부하직원에게 위임한다. • 특정 과업을 해결하기 위한 전문가 조직에 적합하며, 이들에게는 일정한 한계 내에서 자유로운 활동이 허용된다.

04 변혁적 리더십에 관한 설명으로 옳은 것을 모두 고른 것은? [18회]

ㄱ. 새로운 비전제시 및 지적 자극, 조직문화 창출을 지향한다.
ㄴ. 성과에 대한 금전적인 보상이 구성원의 높은 헌신을 가능하게 한다.
ㄷ. 조직목표 중 개인의 사적이익을 가장 우선시한다.

① ㄱ
② ㄴ
③ ㄱ, ㄷ
④ ㄴ, ㄷ
⑤ ㄱ, ㄴ, ㄷ

해설 ㄴ · ㄷ. 거래적 리더십과 연관된다.

거래적 리더십과 변혁적 리더십의 차이점

거래적 리더십	• 구성원은 이기적이므로 개인적인 관심에 주의를 기울인다. • 리더는 조직성원의 보수나 지위를 보상하는 것과 같이 거래를 통해 조직성원의 동기 수준을 높인다. • 리더는 조직성원의 역할과 임무를 명확히 제시하며, 복종과 그에 대한 보상을 강조한다.
변혁적 리더십	• 리더십은 높은 도덕적 가치와 이상에 호소하여 조직성원의 의식을 변화시킨다. • 리더는 추종자들에게 권한부여(Empowerment)를 통해 개혁적 · 변화지향적인 모습과 함께 비전을 제시함으로써 그들에게 높은 수준의 동기를 부여한다. • 변혁적 리더는 구성원 스스로 업무에 대한 확신감을 가질 수 있도록 동기를 부여하고 업무결과에 대한 욕구를 자극함으로써, 구성원 스스로 추가적인 노력을 통해 기대 이상의 성과를 가져오도록 유도한다.

3 ⑤ 4 ① Answer

05 리더십이론에 관한 설명으로 옳지 않은 것은? [18회]

① 관리격자이론은 조직원의 특성과 같은 상황적 요소를 고려하고 있다.
② 특성이론의 비판적 대안으로 행동이론이 등장하였다.
③ 섬김의 리더십(Servant Leadership)은 힘과 권력에 의한 조직지배를 지양한다.
④ 거래적 리더십은 교환관계를 기반으로 하여 조직 성과를 높이고자 한다.
⑤ 상황이론은 과업환경에 따라 적합하게 대응하는 리더십이 효과적이라고 가정한다.

해설 ① 관리격자이론은 "지도자는 어떤 행동을 하며, 어떻게 행동을 하는가"라는 관점에 초점을 두고 적합한 지도자의 행동 유형을 규명하고자 하는 행동이론(행위이론)의 범주에 포함된다. 반면, 상황적 요소를 고려하는 상황이론의 범주에 포함되는 것으로 특히 조직원의 특성과 업무환경 특성을 고려하는 대표적인 리더십 이론으로 경로-목표이론이 있다.

06 다음에서 설명하는 리더십 이론은? [16회]

- 리더의 지위권력 정도, 직원과의 관계, 과업의 구조화가 중요하다.
- 직원의 성숙도가 중요하다.
- 한 조직에서 성공한 리더가 타 조직에서도 반드시 성공하는 것은 아니다.

① 행동이론
② 상황이론
③ 특성이론
④ 공동체이론
⑤ 카리스마이론

해설 **상황이론(Situational Theory)**

리더(지도자)의 행동이 상황에 따라 달라질 수 있다는 가정에 기초한 것으로서, 피들러(Fiedler)의 상황적합이론, 하우스(House)의 목표-경로이론, 첼라두라이(Chelladurai)의 다차원이론, 허시와 블랜차드(Hersey & Blanchard)의 상황적 리더십 이론 등이 대표적이다.

상황적합이론	조직에 대한 리더의 영향력이 리더의 지위권력(직위권력) 정도, 직원(부하)과의 관계, 과업의 구조화 등 3가지 상황변수에 의해 결정된다고 주장한다.
목표-경로이론	리더의 특성보다는 상황과 지도자의 행동에 초점을 맞추어 리더십을 지시적 · 지지적 · 참여적 · 성취지향적 리더십으로 분류하며, 상황변수로서 직원(부하)의 특성과 근무 환경적 특성을 고려하여 효과적인 리더의 행동에 대해 설명한다.
다차원이론	리더의 행동을 일으키는 선행요건으로 상황적 특성, 리더의 특성, 구성원의 특성을 제시하고, 상황이 요구하는 행동(요구된 행동), 실제 리더가 취하는 행동(인지된 행동), 구성원이 좋아하는 리더의 행동(선호된 행동)을 구분한다.
상황적 리더십 이론	리더의 행동을 인간관계지향적 행동과 과업지향적 행동으로 구분하고, 상황변수로 직원(부하)의 심리적 성숙도(Maturity)를 강조한 3차원적 유형을 제시한다.

Answer 5 ① 6 ②

07 피들러(Fiedler)의 상황적응적 리더십에 대한 설명으로 옳지 않은 것은?

① 피들러는 상황의 유리성에 따라 과업중심형과 인간관계중심형으로 나누었다.
② 상황이 매우 유리할 때에는 인간관계중심적 리더십이 효과적이다.
③ 상황의 유리성이 중간 정도일 때에는 인간관계중심적 리더십이 효과적이다.
④ 상황이 매우 불리할 때에는 과업중심적 리더십이 매우 효과적이다.
⑤ 리더십의 효과성여부는 특정상황이 리더에게 유리한가의 여부에 의해 결정된다.

해설 ② 피들러의 상황적응적 리더십 이론에서는 상황이 유리하거나 불리할 때는 과업지향형의 리더십이 효과적이고, 중간 정도일 때는 인간관계중심형이 효과적이라고 본다.

08 권한을 위임하는 데 필요한 지도자의 태도와 능력에 대한 쿤츠(Koontz)와 오도넬(O'Donnel)의 설명으로 옳은 것을 모두 고른 것은? [9회]

ㄱ. 지도자는 하급자들보다 능력 면에서 뛰어나야 한다.
ㄴ. 지도자는 하급자의 실수를 허용할 수 있어야 한다.
ㄷ. 지도자는 하급자들을 구체적으로 통제할 수 있어야 한다.
ㄹ. 지도자는 하급자의 아이디어가 채택되어 실현될 수 있는 기회를 준다.

① ㄱ, ㄴ, ㄷ
② ㄱ, ㄷ
③ ㄴ, ㄹ
④ ㄹ
⑤ ㄱ, ㄴ, ㄷ, ㄹ

해설 쿤츠와 오도넬(Koontz & O'Donnel)은 리더십을 조직구성원들로 하여금 공통의 목표를 달성하기 위한 복종, 신뢰, 존경, 협동이 이루어지도록 영향력을 행사하는 기술 또는 과정으로 보았다. 조직화 과정으로서 균형과 유연성, 효율적인 관리자 지위의 중요성을 강조하며, 조직구성원들의 자발적인 노력을 전제조건으로 하였다. 즉, 쿤츠와 오도넬은 조직에서의 원칙이나 기술의 적용이 전체 조직의 효율성을 확보할 수 있도록 균형이 이루어져야 하고, 조직 내 구조를 유연하게 하여 조직의 목적 충족에 적합하도록 해야 하며, 적절한 권한의 위임으로 성과를 위한 환경을 유지하는 동시에 관리자들의 리더십 능력 배양이 이루어져야 한다는 것이다. 이와 같이 비교적 자율적이고 유연한 리더십 환경에서는 하급자의 의사결정 기회와 재량권이 용인됨으로써 그들의 아이디어가 채택될 수 있는 가능성이 높게 나타난다.

7 ② 8 ③ Answer

09 리더십에 관한 이론과 설명이 옳게 연결된 것을 모두 고른 것은? [14회]

ㄱ. 행동이론 : 관계지향적 리더십과 직무지향적 리더십으로 구분하기도 한다.
ㄴ. 경쟁가치 리더십 이론 : 조직구성원의 성숙에 따라서 리더는 관리행동을 맞추어 나가야 한다.
ㄷ. 변혁적 리더십 이론 : 리더의 개혁적 · 변화지향적인 모습과 비전 제시는 조직구성원에게 높은 수준의 동기를 부여한다.
ㄹ. 특성이론 : 구성원 성장에 대한 헌신과 공동체 의식 형성에 초점을 둔다.

① ㄱ, ㄴ, ㄷ
② ㄱ, ㄷ
③ ㄴ, ㄹ
④ ㄹ
⑤ ㄱ, ㄴ, ㄷ, ㄹ

해설
ㄴ. 상황적 리더십 이론에 해당한다. 허시와 블랜차드(Hersey & Blanchard)는 리더의 행동을 인간관계지향적 행동과 과업지향적 행동으로 구분하고, 상황변수로서 팔로워(조직성원 또는 부하)의 심리적 성숙도(Maturity)를 강조한 3차원적 유형의 상황적 리더십을 제시하였다. 이를 통해 팔로워의 업무와 심리적인 성숙도가 효율적인 리더십을 위한 리더십 유형의 결정에 매우 중요하다고 강조하였다.
ㄹ. 서번트 리더십 이론에 해당한다. 그린리프(Greenleaf)는 리더를 다른 사람에게 봉사하는 하인(Servant)으로, 구성원을 섬김의 대상으로 간주함으로써 구성원 성장에의 헌신과 함께 이를 통한 공동체 목표의 달성을 강조하였다. 이는 구성원이 성장할 때 공동체의 목표를 보다 탁월하게 달성할 수 있다는 주장에서 비롯된다.

10 리더십이론에 관한 설명으로 옳은 것은? [17회]

① 블레이크와 머튼(R. Blake & J. Mouton)의 관리격자이론에 의하면 과업형(1.9)이 가장 이상적인 리더이다.
② 피들러(F. E. Fiedler)의 상황이론에 의하면 상황의 호의성이 모두 불리하면 리더가 인간중심의 행동을 해야 효과적이다.
③ 허시와 블랜차드(P. Hersey & K. H. Blanchard)의 상황이론에 의하면 구성원의 성숙도가 낮을 경우 위임형 리더십이 적합하다.
④ 퀸(R. Quinn)의 경쟁적 가치 리더십에 의하면 동기부여형 리더십은 목표달성가 리더십과 상반된 가치를 추구한다.
⑤ 배스(B. M. Bass)의 변혁적 리더십에 의하면 변혁적 리더는 구성원의 욕구와 보상에 주된 관심을 갖는다.

해설
④ 퀸(Quinn)의 경쟁적 가치 접근에 의한 리더십이론은 '비전제시가', '목표달성가', '분석가', '동기부여가' 등 리더십 유형을 제시하고 있다. 비전제시가는 기관의 변화 · 적응, 목표달성가는 기관 생산력의 극대화, 분석가는 기관 활동 지속성 향상, 동기부여가는 기관구성원 관계강화를 리더십의 목표로 한다.

Answer 9 ② 10 ④

CHAPTER 07

최신기출문제

01 **리더십이론에 관한 설명으로 옳은 것은?** [20회]

① 블레이크와 머튼(R. Blake & J. Mouton)의 관리격자 모형은 자질이론 중 하나이다.
② 블레이크와 머튼의 관리격자 모형에서 가장 바람직한 행동유형은 극단에 치우치지 않은 중도형이다.
③ 허시와 블랜차드(P. Hersey & K. H. Blanchard)의 상황적 리더십 모형에서는 구성원의 성숙도를 중요하게 고려한다.
④ 퀸(R. Quinn)의 경쟁가치 리더십 모형은 행동이론의 대표적 모형이다.
⑤ 퀸의 경쟁가치 리더십 모형에서는 조직환경의 변화에 따라 리더십이 달라져서는 안 된다는 것을 강조한다.

해설 ③ 허시와 블랜차드(Hersey & Blanchard)는 상황적 리더십 모형을 통해 리더의 행동을 '과업지향적 행동'과 '관계지향적 행동'으로 구분하고, 상황변수로서 조직성원이나 부하의 심리적 성숙도(Maturity)를 강조한 3차원적 유형의 상황적 리더십을 제시하였다.
① 블레이크와 머튼(Blake & Mouton)의 관리격자 모형은 행동이론(행위이론) 중 하나이다.
② 블레이크와 머튼의 관리격자 모형에서 가장 바람직한 행동유형은 생산과 인간에 대한 높은 관심을 보이는 이상형 또는 팀형(9.9)이다.
④ 퀸(Quinn)의 경쟁가치 리더십 모형은 통합적 관점을 유지하려는 리더십 모형이다. 특성이론, 행동이론, 상황이론은 리더의 역할을 과업중심과 관계중심의 두 가지 형태로 구분하여 규정하는 경향이 있으나, 퀸은 통합적 관점에서 리더의 다양한 역할을 규정하고 있다.
⑤ 퀸은 리더십 유형을 비전제시형 리더십, 목표달성형 리더십, 분석형 리더십, 동기부여형 리더십으로 구분하였는데, 그중 비전제시형 리더십은 기관 운영과 관련된 외부환경 변화를 주시하며, 기관 운영의 새로운 방향을 모색하고 혁신적 변화를 주도하는 비전제시가로서의 역할을 강조한다.

1 ③ Answer

02 변혁적 리더십에 관한 설명으로 옳은 것을 모두 고른 것은? [20회]

> ㄱ. 구성원들에게 봉사하는 것을 핵심적 가치로 한다.
> ㄴ. 구성원들에 대한 상벌체계를 강조한다.
> ㄷ. 구성원들 스스로 혁신할 수 있도록 비전을 제시해주는 것을 강조한다.

① ㄱ
② ㄴ
③ ㄷ
④ ㄱ, ㄴ
⑤ ㄴ, ㄷ

해설

ㄷ. 변혁적 리더십이론에서 변혁적 리더는 추종자들에게 권한부여(Empowerment)를 통해 개혁적 · 변화지향적인 모습과 함께 비전을 제시함으로써 그들에게 높은 수준의 동기를 부여한다.

ㄱ. 서번트 리더십이론에 해당한다. 그린리프(Greenleaf)는 리더를 다른 사람에게 봉사하는 하인(Servant)으로, 구성원을 섬김의 대상으로 간주함으로써 구성원 성장에의 헌신과 함께 이를 통한 공동체 목표의 달성을 강조하였다.

ㄴ. 변혁적 리더십이론에서 변혁적 리더는 구성원 스스로 업무에 대한 확신감을 가질 수 있도록 동기를 부여하고 업무결과에 대한 욕구를 자극함으로써, 구성원 스스로 추가적인 노력을 통해 기대 이상의 성과를 가져오도록 유도한다.

03 다음에 해당하는 리더십 유형은? [19회]

> • 조직의 목표에 대한 구성원의 참여동기가 증대될 수 있다.
> • 조직의 리더와 구성원 간 의사소통이 활발해질 수 있다.
> • 집단의 지식, 경험, 기술의 활용이 용이하다.

① 지시적 리더십
② 참여적 리더십
③ 방임적 리더십
④ 과업형 리더십
⑤ 위계적 리더십

해설

참여적 리더십

- 민주적 리더십에 해당하는 것으로서, 의사결정 과정에 있어서 부하직원들을 참여시킨다.
- 의사소통 경로의 개방을 통해 정보교환이 활발히 이루어지도록 함으로써 직원들의 일에 대한 적극적 동기부여가 가능하며, 사명감이 증진될 수 있다.
- 기술수준이 높고 동기부여 된 직원들이 있을 때 효과적이며, 집단의 지식, 경험, 기술을 활용하는 데 유리하다.
- 책임이 분산되어 조직이 무기력하게 될 수 있고, 긴급한 결정이 어려운 단점이 있다.

Answer 2 ③ 3 ②

CHAPTER 08

기획과 의사결정

★ 학습목표

- 기획, 의사결정 및 의사전달에 대해 학습하자.
- 기획은 수단적 과정임을 주목하여 사회복지조직의 특수성과 연결하여 특성과 필요성을 알아본다.
- 기획기법의 특성과 장단점을 꼼꼼히 정리하여 각 기획기법의 차이점을 비교할 수 있어야 한다.
- 개인적으로 이루어지는 의사결정기법과 집단적으로 이루어지는 의사결정기법을 구분하고 여러 의사결정모형의 특징을 숙지한다.

제1절 기 획

1 기획의 개요

(1) 기획의 개념

① 사업의 준비과정으로 볼 수 있으며 지적 활동과정, 사회의 바람직한 가치 또는 공동선을 추구하는 과정, 정책목표와 수단을 발견하기 위한 복합적 활동 등으로 규정할 수 있다.

② 해야 할 일과 하는 방법 및 시기 그리고 필요성, 일을 책임질 사람을 구체적으로 정하는 것으로서 선택할 수 있는 여러 가지 대안들 중 적절한 것을 가려내는 작업이다.

③ 최적수단으로 행정목표를 달성하기 위하여 장래의 구체적인 활동에 관한 일련의 계획을 준비하는 계속적 · 동태적 · 예정적 과정으로 구체적인 집행계획을 말한다.

(2) 기획의 특성

2, 4, 5, 7, 16회 기출

① 미래지향적

기획활동은 미래의 기관목적을 설정하고 그것을 달성하기 위한 미래의 행동을 규정하는 것이다.

② 계속적(연속적) · 동태적

기획활동은 미래활동에 대한 연속적인 준비과정이다. 따라서 단일과업이 아닌 계속적으로 진행되는 의사결정활동을 의미한다.

③ 적응지향적

기획활동은 조직의 외부 환경변화에 적응하기 위한 노력이다.

④ 목표를 위한 수단적 과정

결정을 내려야하는 의사결정과 관계가 있으며 그 자체가 목적이라기보다 목표달성을 위한 수단적 과정이다.

⑤ 과정 지향적

기획 활동은 미래 활동에 대한 연속적인 준비과정으로서 단일과업이 아닌 계속적으로 진행되는 의사결정 활동을 의미한다.

(3) 기획의 필요성

2, 5, 7, 10, 12, 14, 16회 기출

① 효율성의 증진

사회복지인력과 자원은 제한되어 있으므로 최소의 비용과 노력으로 효율적인 서비스를 제공하기 위해서는 치밀한 기획이 필요하다.

② 효과성의 증진

계획된 활동을 통해 클라이언트의 욕구충족과 제공된 서비스의 효과성을 높일 수 있다.

③ 책임성의 증진

사회복지행정은 사회의 인가를 받아 국고와 개인의 기부금을 사용하고 있기 때문에 목표하는 서비스를 효과적이고 효율적으로 제공할 책임을 져야 하고 책임 수행을 위한 서비스 기획이 필요하다.

④ 문제해결을 위한 합리성의 증진

기획은 문제해결과 의사결정의 근거가 될 수 있기 때문에 합리성을 향상시켜준다.

⑤ 미래의 불확실성의 감소

사회복지조직의 목표의 모호성을 감소시키고 급변하는 환경과 불확실한 미래상황에 대처한다.

⑥ 조직성원의 사기진작

기획과정에 많은 조직성원들을 참여시킴으로써 성취감과 안정감을 주고 사기를 진작한다.

Plus ⊕ one

기획의 동태적 특징

- 기획은 '목표설정 → 자원의 고려 → 대안모색 → 결과예측 → 계획결정 → 구체적 프로그램 수립 → 개방성 유지'의 과정으로 이루어진다.
- 여기서 개방성 유지란 프로그램 설계 후 예상되는 문제나 개선점 등을 고려해보고 변경이 필요할 경우 융통성 있게 내용을 변경할 수 있어야 한다는 것이다. 실제로 요크(York)는 기획의 과정을 '문제확인 → 목표설정 → 프로그램 설계 → 평가'의 과정이 순환되는 연속적 과정으로 보았다.

2 기획의 유형

15회 기출

(1) 조직의 위계수준에 따른 유형

위계수준	담당 기획의 유형
최고관리층	목표, 정책, 장기적 기획, 전략적 기획, 조직 전체 영역
중간관리층	사업계획, 보완적 목표, 프로그램 기획, 할당 기획, 정책
감독관리층	구체적 사업계획, 일정표, 단기목표, 운영기획
관리실무자	일정표, 일상적 업무 및 사소한 절차에 국한

(2) 시간차원에 따른 유형

3회 기출

① 장기기획

㉠ 1년 이상, 5년, 10년 또는 그 이상의 기간에 걸친 기획으로 외부환경의 영향을 중시하고 조직의 목적과 목표를 재설정하는 것을 포함한다.

㉡ 창의성과 미래에 대한 비전을 가지게 한다는 점에서 중요하며, 조직의 발전을 위해서 장기적인 계획을 수립하는 것이 필요하다.

Plus ⊕ one

Carlisle의 장기기획의 8단계

- 1단계 : 현재 처한 위치의 결정
- 2단계 : 미래상황과 경향에 관한 세부기획지침의 설정
- 3단계 : 목표의 개발과 사정
- 4단계 : 목표달성을 위한 전략수립
- 5단계 : 요구한 결과들을 얻기 위한 프로그램 활동
- 6단계 : 활동실행을 위한 지지자원의 결정
- 7단계 : 기획의 집행
- 8단계 : 기획의 통제

② 단기기획

㉠ 장기기획에 의거한 1년 미만의 사업기획이며 장기계획에 근거하고 있다.

㉡ 구체적이고 상세하며, 행동지향적이고 실행방법에 관한 내용이 포함된다.

(3) 대상에 따른 유형

3, 9, 15회 기출

① 전략적 기획

㉠ 조직의 구체적 목표의 설정 및 변경과 구체적 목표달성을 위한 자원 및 그 자원의 획득방법, 사용과 분배를 위한 정책을 결정하는 과정이다.

㉡ 기관의 사명과 가치를 설정하고 자원 할당을 통해 기관이 목표로 하는 **전략적인 방향을 설정**하는 과정으로 조직의 기본적인 결정과 행동계획을 수립하기 위해 이루어진다.

㉢ 경쟁은 불가피하며 경쟁을 적극적으로 활용해야함을 강조한다.

㉣ SWOT 등과 같은 기술을 활용하여 조직의 환경변화에 대한 집중적 분석 및 조직의 장단점과 위기분석을 토대로 기관의 사명, 목적 및 활동에 대한 최적의 변화전략을 선택한다.

② **프로그램 기획**

㉠ '프로그램'은 일정 기간 동안 지속되는 기관의 주요 활동 또는 서비스로서, 특정 산물이나 서비스를 생산하기 위해 **자체적인 목적, 목표, 정책, 예산을 가지는 것**을 말한다.

㉡ 현재와 미래의 환경변화에 대응하기 위한 것으로서, 프로그램의 목표 설정에서부터 실행, 평가에 이르기까지 제반 과정들을 합리적으로 결정함으로써 미래의 행동 계획을 구체화하는 과정에 해당한다.

Plus ⊕ one

기관의 환경분석 요소(SWOT 분석) 6, 9회 기출

- 기관의 환경분석을 통해 강점(Strength), 약점(Weakness), 기회(Opportunity), 위협(Threat) 요인을 규정하고 이를 토대로 마케팅 전략을 수립하는 분석기법이다.
- 현재 기관의 조직력, 자원 확보력 등의 강점과 내부 지원 부족, 외부 환경의 열악 등 약점을 점검하며, 사회적 욕구 증가, 여론형성 등 기회의 요인과 저출산 · 고령화, 실업률 증가 등 위협의 요인을 파악한다.

강점(Strength)	조직력, 자원 확보력 등
약점(Weakness)	내부 자원 부족, 외부 환경의 열악 등
기회(Opportunity)	사회적 욕구 증가, 여론형성 등
위협(Threat)	저출산, 고령화, 실업률 증가 등

(4) 기획의 과정

2, 6, 13, 14회 기출

① 6단계 기획의 과정

목표의 설정	조직은 목적을 가지고 이를 달성하기 위해 목표를 설정하며 여기에 근거하여 세부 목표를 설정한다.
정보수집 및 가용자원 검토	문헌검토, 면접, 관찰, 설문조사 등의 방법을 사용하여 정보를 수집하고 필요한 인적 · 물적 · 사회적 자원을 검토한다.
대안방법 모색	목표달성을 위한 다양한 방법들을 찾아야 하며 창의성의 발휘가 특히 중요하다.
대안결과 평가	각 대안의 실시조건과 기대효과를 예측하고 장점과 단점을 평가한다. 공통적이고 객관적인 평가기준에 따라 평가하는 것이 바람직하다.
최종대안 선택	적절한 비중으로 점수를 주어 각 대안의 실시조건 및 기대효과를 비교하여 가장 점수가 높은 것을 최종적인 대안으로 선정한다.
구체적 실행계획 수립	시간과 활동에 연관된 구체적인 계획을 수립한다. 시간별 활동계획도표, 프로그램 평가 검토기법, 월별 활동계획카드 등을 사용할 수 있다.

② 7단계 기획의 과정(Skidmore) 14, 16회 기출

㉠ 목표 설정(제1단계) : 목적(Purpose)을 달성하기 위해 목표(Goal)가 설정되며, 목표를 달성하기 위해 세부목표(Objective)가 설정된다.

㉡ 자원 고려(제2단계) : 설정된 목표를 달성하기 위해 정보를 수집하며, 기관의 인적 · 물적 자원을 고려한다.

㉢ 대안 모색(제3단계) : 목표를 달성하는 데 필요한 여러 가지 대안들을 고려한다.

㉣ 결과 예측(제4단계) : 열거한 대안들과 발생가능한 일을 다각도로 검토하며 예측하면서, 기대효과와 장단점 등을 평가한다.

㉤ 계획 결정(제5단계) : 대안들을 검토한 후 우선순위에 따라 최종적인 대안을 선택한다.

㉥ 구체적 프로그램 수립(제6단계) : 합의된 목표에 도달하기 위해 구체적인 프로그램을 기획하는 단계로, 도표 작성 등의 업무를 포함한다.

㉦ 개방성 유지(제7단계) : 프로그램의 실제 수행 과정에서 발생할 수 있는 변화에 대해 개방성과 융통성을 발휘함으로써 발전적이고 합리적인 변경이 이루어지도록 하는 단계로 보다 나은 절차가 없는 경우 기존 계획이 유지된다.

(5) 프로그램 기획의 기법 2, 5, 7, 15, 18회 기출

① 시간별 활동계획 도표(Gantt Chart) 4, 8, 13, 16회 기출

㉠ 1910년 미국의 사업가인 Henry Grant가 생산관리를 위해 고안한 방식이다.

㉡ '간트 차트'라고도 하며, **세로 바에는 목표, 활동 및 프로그램을 기입하고 가로 바에는 시간을 기입하여** 사업의 소요시간을 막대로 나타내는 도표이다.

㉢ 작업단위와 작업시간을 분석하여 작업들을 '하나의 작업이 완성된 후 다음 단계로 넘어갈 수 있는 작업, 하나의 작업이 진행되는 도중에 시작되는 작업, 동시적으로 시작할 수 있는 작업'으로 구분하여 시간을 통제함으로써 프로그램이 정해진 시간에 완성되도록 관리한다.

㉣ **비교적 단순 명료하고 전체 작업의 진행상황을 점검**할 수 있으며, 과업 완성 시간을 단축할 수 있고 여유시간을 관리할 수 있다.

㉤ 세부적인 활동을 포함하지 않으며, 과업이나 활동 간의 연결과정도 표시하지 않으므로 작업 간의 연결선에 대한 파악이 어렵다.

㉥ 계획과 실제의 작업량을 시간에 따라 표시하여 계획과 통제기능이 동시에 수행가능하다.

㉦ 장점과 단점

장 점	단 점
• 상대적으로 복잡하지 않은 사업을 기획할 때 사용되며, 단순명료하다. • 활동이 언제 시작되고 언제 끝나는지 분명히 알 수 있고, 전체적인 작업의 진행과정을 파악할 수 있다.	• 작업 간의 유기적 관계, 즉 하나의 작업이 다른 작업과 어떻게 연결되는지 파악할 수 없다. • 복잡하고 세밀한 일정계획에 적용하기 어렵다. • 계획변경을 유연하게 수용할 수 없다. • 작업에 착수한 후 일어날 수 있는 문제점을 미리 예상하기 어렵다.

참고

시간별 활동계획 도표의 예

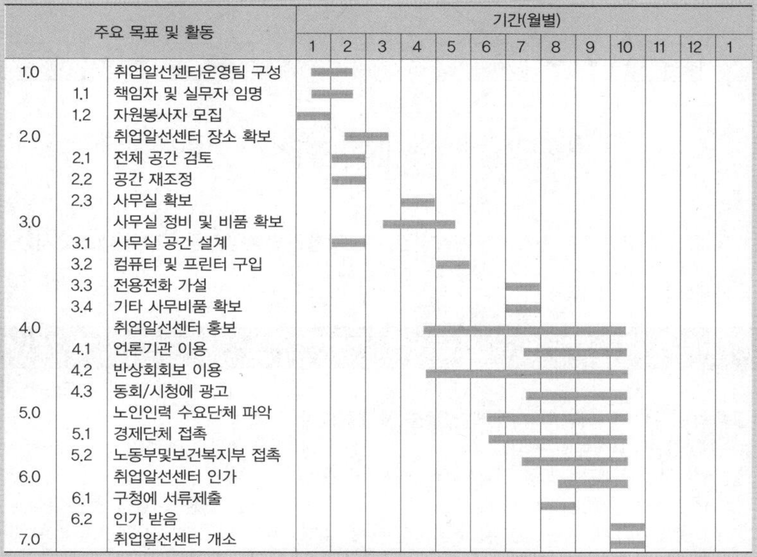
주요 목표 및 활동
기간(월별)
1 2 3 4 5 6 7 8 9 10 11 12 1
1.0 취업알선센터운영팀 구성
1.1 책임자 및 실무자 임명
1.2 자원봉사자 모집
2.0 취업알선센터 장소 확보
2.1 전체 공간 검토
2.2 공간 재조정
2.3 사무실 확보
3.0 사무실 정비 및 비품 확보
3.1 사무실 공간 설계
3.2 컴퓨터 및 프린터 구입
3.3 전용전화 가설
3.4 기타 사무비품 확보
4.0 취업알선센터 홍보
4.1 언론기관 이용
4.2 반상회회보 이용
4.3 동회/시청에 광고
5.0 노인인력 수요단체 파악
5.1 경제단체 접촉
5.2 노동부및보건복지부 접촉
6.0 취업알선센터 인가
6.1 구청에 서류제출
6.2 인가 받음
7.0 취업알선센터 개소

② 프로그램 평가 검토기법(PERT ; Program Evaluation Review Technique) **3, 5, 8, 10, 11, 13회** 기출

㉠ 1958년 미국 폴라리스 잠수함(Polaris Submarine) 건조계획에 도입된 것으로서, 본래 6년으로 예정했던 폴라리스 미사일 잠수함의 배치 계획을 4년으로 단축하기 위해 고안되었다.

㉡ 작성의 의의는 조직구성원들에게 프로젝트를 완성하기 위해 필요한 제반 활동과 과업들을 전체적인 그림을 통해 보여주는 데 있다.

㉢ 프로그램을 명확한 목표들로 조직화하고 진행일정표를 작성하며, 자원계획을 세우고 프로그램 진행사항을 추적하는 데 활용할 수 있는 관리도구이다.

㉣ 목표달성을 위해 설정된 주요 세부목표와 프로그램의 상호관계 및 시간계획을 연결시켜 도표화한 것이다.

㉤ 기획된 활동의 실행을 위해 필요한 과업의 선행 · 후행관계 및 소요시간 등을 일목요연하게 파악하며, 과업별 소요시간을 계산하여 추정한다.

㉥ 임계경로 또는 임계통로(Critical Path)는 시작에서 종료에 이르기까지 가장 많은 시간을 요구하는 통로를 말한다. 이는 활동 수행을 위해 최소한 확보해야 할 시간에 해당한다.

㉦ 간트 차트(Gantt Chart)가 단선적 활동만을 표시하여 복잡한 작업 단계들 간의 상관관계를 나타낼 수 없었던 것에 반해, PERT는 각 작업 단계들을 입체적으로 연결하여 전반적인 계획을 잘 반영하는 것은 물론 작업완성에 기대되는 시간까지 보여준다.

㉧ PERT를 통해 전체 과업들 간 최적의 시간경로를 파악할 수 있으며, 시작 및 완료 기간을 고려하여 예산배정을 관리할 수 있다.

㉢ 도표 작성에 시간이 소요되며, 프로그램 실행과정상 불확실성이 많은 경우 활용하기 어렵다.

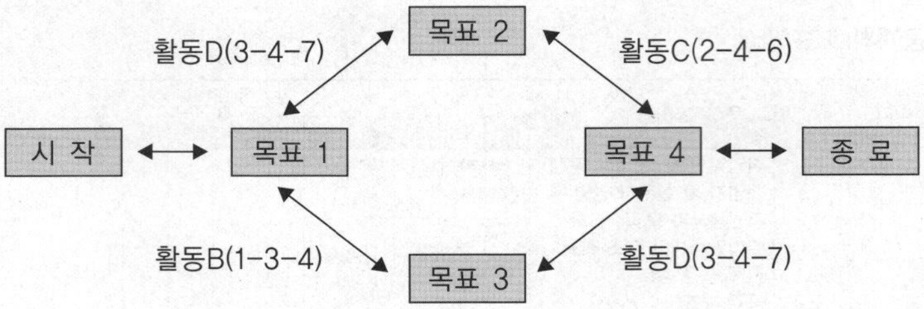

(1-2-3) 1. 최소소요예상시간　2. 보통소요예상시간　3. 최대소요시간

㉣ 장점과 단점

장 점	단 점
• 활동의 순서가 나타나기 때문에 업무를 체계적으로 수행하는 데 도움이 된다. • 활동 간 상관관계가 나타나기 때문에 전반적인 진행의 흐름을 파악하는 데 용이하다. • 활동을 진행하면서 특정 활동의 소요시간 증감, 일정변경 등 유동적인 상황에 대처하는 데 편리하다.	• 도식화가 지나치게 복잡하면 오히려 파악하기 어려울 수가 있다. • 소요시간 예측이 어렵기 때문에 치밀한 계산이 필요하다. • 모든 활동을 활동간 연결성을 파악하여 순서대로 배치해야 하기 때문에 도식화 과정에서 너무 많은 시간과 비용이 들 수 있으며 도식화 자체에 어려움을 겪을 수도 있다.

Plus ⊕ one

간트 차트와 PERT 비교 15회 기출

구 분	시간별 활동계획 도표(Gantt Chart)	프로그램 평가 검토기법(PERT)
차이점	단선적으로 표현되어 활동 간 연관성을 알 수 없다.	복선적 · 입체적으로 그려져 작업 간의 연관선 파악이 용이하다.
공통점	작업상황을 파악하여 시간관리를 하기 위한 기획 기법이다.	

③ **월별 활동계획카드(Shed-U Graph)**

㉠ 미국의 Reminngton-rand라는 회사에서 고안해 낸 것으로 간트 차트와 비슷한 성격을 가지고 있다.

㉡ 바탕종이의 위쪽 가로에는 월별이 기록되어 있고 특정 활동이나 업무를 조그만 카드에 기입하여 월별 아래 공간에 삽입하거나 붙인다.

㉢ 이 카드는 업무의 시간에 따라 변경하여 이동시키는 데 편리하다.

㉣ 간트 차트와 마찬가지로 과업과 완성된 행사들 간의 상관관계를 알기 어렵다.

참고

월별 활동계획카드의 예

○○ 기관 예산서 작성계획				
7월	8월	9월	10월	11월
예산서를 복사함	예비적 예산안을 완성함	임시예산안을 완성하여 경리담당 이사에게 제출함	최종예산안을 경리담당이사가 승인하여 이사회에 제출함	이사회에서 예산을 승인함

④ 방침관리 기획(PDCA Cycle) 19회 기출

㉠ '계획(Plan) – 실행(Do) – 확인(Check) – 조정(Act)'의 일련의 절차를 프로그램 기획과정으로 보는 것으로서, 조직의 핵심적인 목표달성을 위해 조직의 자원을 결집시키고 조직구성원 전체의 노력을 조정하기 위한 기법이다.

㉡ 보통의 기획 과정이 계획을 수립하고 각종 대안들에 대해 우선순위를 파악한 후 실행에 옮겨지는 반면, 방침관리 기획은 계획을 수립한 후 곧바로 실행에 옮겨진다는 차이가 있다.

㉢ 계획을 실행한 후 발견되는 문제점에 대해서는 즉각적인 수정을 거쳐 보완해 나가는 방식으로 해결해 나간다.

⑤ 아이디어의 정립과 기획안의 작성

기획자의 기본임무는 아이디어를 개발해 내는 것이다. 아이디어를 정립할 수 있는 방법으로는 5W2H가 있다.

㉠ What : 어떤 아이디어인가 하는 것을 한 단어로 표현할 수 있는가?

㉡ Who : 아이디어가 누구를 위한 것인가?

㉢ Why : 아이디어의 근거가 되는 것, 힌트가 된 것이 무엇인가?

㉣ When : 아이디어를 언제 사용하고, 언제 실행에 옮길 것인가?

㉤ Where : 장소나 공간적 규모

㉥ How To : 어떤 방식을 사용하고 어떻게 만들 것인가?

㉦ How Much : 비용이 얼마고, 얼마나 수익이 있는가?

제2절 의사결정

1 개 요

(1) 의사결정의 의의

① 일반적으로 의사결정이란 두 개 이상의 행동방안 중에서 한 가지 행동방안을 의식적으로 선택하는 것을 말한다.

② 사회복지행정에 있어서의 의사결정이란 행동목적으로 달성하기 위한 두 개 이상의 가능한 행동방안 중에서 최선의 방안을 선택하는 행위 또는 행동이라고 규정할 수 있다.

(2) 의사결정방법

14, 15회 기출

① Carlisle의 분류

㉠ 직관적 결정(Intuitive Decision)

합리성보다는 감정, 느낌, 인상에 의거하여 결정하는 것으로 체계적 훈련이 없기 때문에 위험성이 크다.

㉡ 판단적 결정(Judgement Decision)

일상적이고 정해진 절차의 일을 하는 가운데 얻어진 지식과 경험에 의하여 결정하는 것으로 거의 대부분의 결정이 이러한 방식으로 이루어지게 된다.

㉢ 문제 해결적 결정(Problem-solving Decision)

정보수집, 연구, 분석과 같은 과학적이고 객관적인 의사결정, 시간적인 여유가 있고 중요한 사항에 대한 의사결정방법에 바람직하다.

② P. Simon의 분류

㉠ 정형적 의사결정

- 일상적이고 반복적인 결정이며 특별한 절차에 따른 것이다.
- 정해진 특별절차에 의해 의사결정을 하는 것으로 습관, 사무적 관례, 조직의 체계 등에 의해 결정이 이루어진다.

㉡ 비정형적 의사결정

- 일회적이고 비조직적인 새로운 정책결정이다.
- 조직이 종전에는 경험하지 못한 새로운 문제에 대해 또는 예측하지 못한 상황이 발생하는 경우에 의사결정을 하는 방법으로 직관 · 판단 · 창의성을 지닌 책임자의 선택에 의해 결정이 이루어진다.
- 사회복지조직은 환경에 의존하고 있고 환경은 예측불가능하기 때문에 비정형적 의사결정에 많이 따른다.

2 의사결정모형에 따른 사회복지정책결정

8, 11, 12회 기출

(1) 합리모형(포괄적 합리성 모형, 순수합리성 모형)

① 기본가정

㉠ 인간은 고도의 합리성과 이성에 따라 행동하고 결정한다고 가정한다.

㉡ 경제학(비용과 편익분석이론)에서 유래하였고 비용보다 편익이 큰 대안을 선택한다.

㉢ 사회적 편익, 가치, 정서, 선호 등을 고려한다.

② 특 징

㉠ 의사결정자는 문제에 대해 명확한 정의를 가지고 가능한 모든 대안인식을 유추한다.

㉡ 의사결정자는 문제에 대한 정보지식을 가질뿐 아니라 대안에 대한 결과정보지식을 가진다.

㉢ 사회구성원의 가치나 선호체계에 대한 정보지식을 중요시한다.

③ 과 정

㉠ 의사결정자는 문제의 본질과 타고난 현상을 인식한다.

㉡ 목표의 가치나 문제의 심각성의 정도에 따라 우선순위를 정한다.

㉢ 문제해결을 위한 대안들을 검토하고 사회적 비용을 측정한다.

㉣ 비용과 편익을 비교하여 비용보다 편익이 큰 효율적인 대안을 선택한다.

④ 평 가

㉠ 인간이 합리성을 가진 존재라는 것은 인정하나 정책결정자의 주관적인 가치판단 기준, 정보의 비대칭성으로 인해 객관성이 결여된다.

㉡ 인간의 행동 및 사고에 비논리적 요소를 포함하고 있기 때문에 극히 제한된 합리성의 범위 내에서 이루어질 수밖에 없어 현실 적용에 한계가 있다.

(2) 제한적 합리모형(만족모형)

① 사이먼과 마치(Simon & March)에 의해 제안되었으며 합리모형이 가진 현실적인 정책결정과정에 영향을 줄 수 있는 개인적 · 형태적 측면의 제약을 수정 · 보완한 모형이다.

② 인간이성의 제한적 합리성을 강조하며 정책결정자에 의한 만족스러운 정책 대안이 가능하다고 본다.

③ 특 징

㉠ 제한된 합리성

인간이 합리적이긴 하지만 완전한 합리성을 가진다고 보지 않고, 정책결정자는 정책목표나 정책상황을 간소화시켜 인지할 수밖에 없으며, 제한된 합리성을 전제로 하여 대안들을 모두 검토하는 것도 아니라고 본다. 그들 가운데 몇 개를 검토하다가 어느 정도 만족스러운 결과를 낼 수 있다고 생각하면 그냥 정책결정을 내린다.

㉡ 정책목표 및 기준의 불확실성

정책목표가 항상 명백하다고 보지는 않으며, 여러 개의 복수목표 사이의 우선순위도 뚜렷이 매겨질 수는 없다고 본다. 정책대안 사이의 우선순위를 평가할 수 있는 기준 역시 명백하지도 않고 알 수 없는 경우도 많다고 보고 있다.

㉢ 제한된 대안의 탐색

만족모형에서는 정책결정과정에서 모든 정책대안이 다 고려되지도 않고 고려될 수도 없을 뿐만 아니라 고려될 필요도 없다고 본다. 정책대안의 탐색과정에서도 유력해 보이는 몇 개의 대안을 우선적으로 검토하고, 만약 부적절하다고 생각하는 경우 또 다른 대안을 검토하는 과정을 밟게 되며, 그러다가 만족스러운 정책대안을 접하게 되면 정책결정을 내리게 된다.

㉣ 만족스러운 대안의 선택

정책결정자는 만족할 만한 정책대안을 찾으면 그 대안을 선택함으로써 대안의 탐색이 중단되고 정책결정이 이루어진다고 보고 있다.

④ **평 가**

㉠ 순수합리성의 비현실적 문제를 보완하고 있으며 합리성에 대한 제한성의 문제를 제기하지만 만족수준에 대한 명확한 기준이 없다.

㉡ 인간의 인식에 대한 한계뿐만 아니라 구조, 조직, 정치경제에 환경에 대한 오류도 존재한다고 본다.

㉢ 정책결정은 인적 · 물적자원의 제한, 불완전한 사회환경 등 제한된 조건하에서 이루어진다.

㉣ 가능한 모든 부분을 탐색하고 분석하지만 행정가는 선별적인 대안만 검토하여 만족할 만한 것을 찾는다.

(3) 점증모형(Incrementalism)

린드블롬(Lindblom)의 점증모형은 처음부터 정책자의 능력에 한계가 있다고 가정한다. 인간이성의 비합리성을 강조하며, 부분적인 수정에 의해 정책결정이 이루어진다고 본다.

① **특 징**

㉠ 정책결정자는 다양한 가치체계, 상황의 복잡성, 정치적 성향 등 여러 유형의 한계에 직면하여 기존의 정책에서 약간의 변화만을 시도한 정책을 채택하며, 그로 인한 문제들을 지속적으로 수정 · 보완해 나간다.

㉡ 합리적 기준에 의한 대안의 평가는 실제로 불가능하고, 정책에 대한 관계자 사이의 합의가 높을수록 우수한 정책대안이라고 보고 있다.

㉢ 장기적인 관점의 전략보다 단기적 문제해결에 초점을 맞춘다.

㉣ 목표와 수단을 연결한다.

㉤ 주로 공공기관에서 많이 사용하며 이상적 · 규범적 합리성보다 시민과 정치인의 지지를 얻을 수 있는 정치적 합리성을 중요시한다.

② **평 가**

㉠ 합리모형과 전적으로 반대되는 모형으로서 현실수준에 그치므로 보수주의로 흐르기 쉽고 소수집단의 의견이 반영되지 않을 가능성이 높다.

㉡ 합리모형의 단점을 보완하지만 기존정책을 그대로 유지한 채 부분적인 조정만 행한다는 점에서 한계가 있다.

㉢ 정보처리기술이나 분석기법의 발달로 합리모형 이론의 적용 가능성에 대한 논의가 증가되면서 설득력을 잃는 경우가 많다.

㉣ 정보화 물결에 따라 새로운 조직형성과 정책을 채택하게 되는 최근의 경향에는 적용도가 떨어진다.

Plus ⊕ one

합리모형과 점증모형의 비교

합리모형	점증모형
• 목표는 정책대안에 대한 분석과 명백히 구별되는 별개의 것이며, 대안의 분석에 선행되는 것이 보통이다. • 정책은 목표–수단분석을 통해 작성된다. 즉, 먼저 목표가 독립적으로 있고 난 다음에 그것을 달성하기 위한 수단이 탐색된다. • 좋은 정책이란 바라는 목적에 가장 잘 부합하는 수단이 될 수 있는 정책이다. • 분석은 종합적으로 이루어진다. 즉, 관련된 모든 요소들이 고려된다. • 이론에 의존하는 경향이 강하다.	• 가치로서의 목표를 선택하는 문제와 정책대안의 선택은 서로 명백히 구별되는 별개의 것이 아니라 연결되어 있다. • 목표와 수단은 상호 뚜렷이 구별되는 별개의 것이 아니기 때문에 목표–수단분석을 적절한 것이거나 제한적으로 이용될 뿐이다. • 좋은 정책은 여러 다양한 정책분석가들의 합의에 의해 이루어진 정책이다. • 분석은 다분히 제한된 범위 내에서 이루어진다. 예를 들어 미래의 가능한 결과는 고려되지 않을 수 있다. • 계속적 비교를 통해 결정이 이루어지기 때문에 이론에 의존하는 성향이 약하다.

(4) 혼합모형(Mixed–scanning Model)

① 기본가정

㉠ 합리모형과 점증모형의 혼합으로, 인간 이성의 합리성과 현실적인 제약을 동시에 염두에 둠으로써 두 모형의 한계점을 보완한다.

㉡ 종합적 합리성(Comprehensive Rationality)을 바탕으로 하여 큰 범위에서의 기본적인 결정은 합리적으로 이루어지지만, 세부적 결정은 기본적 결정을 보완 · 수정하여 점증적으로 이루어진다고 주장하는 정책결정모형이다.

② 특 징

㉠ 점증적인 정책결정이 기본적인 결정의 범위 내에서 이루어진다고 보며, 결정과정을 기본적 결정과 세부적 결정으로 나눈다.

㉡ 기본적 결정은 전체적이고 기본적인 방향을 설정하기 위해 중요한 대안을 탐색한 후에 이루어지는데 세세한 내용이나 구체적인 것들은 의식적으로 제외하고 개괄적으로 검토한다. 세부적인 결정은 기본적 결정의 범위 속에서 점증적으로 구체화한다고 본다.

③ 평 가

㉠ 두 모형의 장점을 수정하고 단점을 보완하는 점은 인정되나, 정책의 범위에 따라서 합리모형의 이상주의와 점증모형의 보수주의 성향을 띠지 않는 경우가 있다. 결국 정책결정의 특성에 따라 정책과정 및 혼합비율을 다르게 해야 한다.

㉡ 가치판단에 대한 혼합기준이 애매하고 좋고 나쁘다는 객관적인 기준을 마련하기 어렵다.
㉢ 두 모형의 선행과 강조점의 구분이 명확하지 않다.
㉣ 두 모형의 현실적인 것만 제시하였고, 새로운 면은 제시하지 못했다.

(5) 최적모형(Optimal Model)

① 기본가정

㉠ 순수합리모형 · 만족모형 · 점증모형 등은 정책결정에 부적합하다고 본다.
㉡ 합리모형의 제약에 타협과 같은 상황논리가 적용되어야 한다.
㉢ 선례가 없는 새로운 결정을 해야 하는 경우 경제적 합리성과, 직관 · 창의 · 판단과 같은 초합리적인 요소가 정책결정과정에 개입되어야 한다.
㉣ 최적모형은 정책결정에 드는 비용보다는 효과가 더 높아야 한다는 것을 전제로 한다.

② 특 징

㉠ 드로어(Dror)는 합리모형의 비현실성 및 지나친 이상주의적 경향 및 점증모형의 보수성을 비판하며, 이러한 문제점을 수정 · 보완하여 최적모형을 설정하고자 하였다.
㉡ 최적모형은 현실적인 여건을 고려하여 합리적인 의사결정방안을 찾고자 하는 것이다.
㉢ 의사결정 과정에서 합리성 · 경제성뿐만 아니라 초합리성(직관력, 판단력, 창의력)도 중요하게 작용한다고 보았다.
㉣ 제한된 자원, 불확실한 정보 등으로 합리적 결정에 한계가 발생하며, 이를 극복하기 위해 초합리성이 요구된다는 것이다.

③ 과 정

㉠ 상위 정책결정 단계 : 가치, 현실, 문제, 자원에 대한 조사 및 배분, 정책결정의 설계, 평가, 재설계, 전략, 정책결정에 관한 결정이 이루어진다.
㉡ 정책결정 단계 : 우선순위에 입각한 구체적 목표 및 가치설정에 따라 자원의 하위배분이 이루어지며 대안의 마련 및 평가, 예측 및 결정이 이루어지는 단계이다.
㉢ 정책집행 단계(결정 후 단계) : 집행을 위한 동기부여 및 집행, 평가 등이 이루어진다.

④ 평 가

㉠ 초합리성이라는 개념을 도입함으로써 합리모형을 좀 더 체계적으로 발전시켰고, 급변하는 사회상황에 대응할 수 있는 의사결정방법을 제시하였다는 면에서 긍정적으로 평가된다.
㉡ 초합리성을 구체적으로 어떻게 달성할 수 있는지에 대한 문제와 '최적'의 범위와 근거가 불분명하다는 점 등은 문제점으로 지적된다.

(6) 쓰레기통 모형(Garbage Can Model)

① 기본가정

㉠ 정책과정은 몇 가지의 흐름으로 구성되어 있으며 이러한 흐름이 합쳐질 때 정책결정이 이루어진다고 본다.

ⓛ 정책결정에 필요한 몇 가지 흐름이 우연히 쓰레기통 속에서 만나게 되면 그때 정책결정이 이루어진다고 본다.

② 특 징

㉠ 코헨, 마치, 올슨, 킹돈 등이 고안한 모형으로서 합리성이나 협상, 타협 등을 통해서 정책결정이 이루어지는 것이 아니라, '조직화된 무정부상태(Organized Anarchies)' 속에서 나타나는 몇 가지 흐름에 의하여 우연히 이루어진다고 보는 정책모형이다.

㉡ 합류시점은 의도적인 특성보다는 운이나 타이밍에 달려있기 때문에 우연이나 기회의 중요성을 강조한 모형이다.

③ 평 가

㉠ 사회나 집단에서 무질서의 상태는 일시적이고 이러한 경향은 공공기관이나 교육기관, 정당성 없는 기관에서 발생하는 경향이 있다.

㉡ 쓰레기통 모형은 조직활동의 전부를 설명할 수는 없지만 일부는 설명한다. 수시로 변화하는 조직을 설명하기 적합하므로 시간적인 차원의 변화를 부각시켜준다는 면에서 의의가 있다.

Plus ⊕ one

의사결정의 이론모형

이론모형	접근방법	기준 및 이념	학자 및 기법	비 판
합리모형 (제1접근)	이상적 · 포괄적 · 규범적 · 합리적 · 연역적 접근	완전한 경제적 합리성(결정자의 전지전능성)	Sa, Edps, Idps, 게임이론, Pert, 관리과학, OR, 공공선택이론 등	실제로 실현불가능하다는 비판 또는 지나친 낙관주의와 이상주의라는 비판
만족모형	현실적 · 실증적 · 경험적 · 귀납적 접근	제한된 합리성(만족할 정도의 수준)	H. A. Simon, J. S. March, Barnard 등	지나치게 보수적이어서 발전행정 하의 발전목표달성에 저해
점증모형 (제2접근)		정치적 합리성(현재보다 약간 나은 수준)	Lindblom, Wildavsky, Banfield 등	선진국형
혼합주사모형 (제3접근)	혼합적 접근	기본적 결정은 합리모형, 특수 · 부분적인 점증모형	A. Etzioni	정책결정을 정치사회화시켰다는 장점이 있으나 불투명
최적모형 (최신형)	최적화 모형	기본은 합리모형, 특수는 직관 · 영감 · 육감 등 초합리성	H. D. Lasswell, Y. Dror 등	가장 최근 모형이지만 지나치게 유토피아적 성향

3 의사결정 기법

1, 6, 7, 9, 14회 기출

(1) 개인적 의사기법(Individual Decision-making)

최고 책임자가 수집한 자료와 정보 및 자신의 경험과 판단에 따라 혼자 의사결정을 내리는 방법이다.

① 의사결정 나무분석(Decision Tree Analysis)

㉠ 여러 가지 대안에 대해 선택했을 때, 선택하지 않았을 때의 결과를 그림으로 그려 생각하는 것으로 그림모양이 나무와 같다는 의미로 의사결정 나무분석이라고 한다.

㉡ 불확실한 상황 하에서 **확률을 지속적으로 추정**하고 새로운 정보입수에 의해 확률을 단계적으로 수정해 나가면서 최종적으로 가장 합리적인 의사를 가려내는 기법이다.

㉢ **개인이 가능한 한 여러 대안을 발견하여 나열**하고, 선택했을 때와 선택하지 않았을 때를 연속적으로 그려가면서 최종적인 결과를 예상한다.

② 대안선택흐름도표(Alternative Choice Flow Chart)

목표가 분명하고 예상가능한 사항의 선택에 적용될 수 있는 것으로 진행되는 과정에서 **'예, 아니오'로 대답할 수 있는 질문**을 통해 예상결과를 결정하도록 하는 도표이다.

(2) 집단적 의사결정(Group Decision-making)

최고 책임자가 의사결정을 내리기 위해 다른 구성원이나 전문가들의 의견을 듣고 종합하는 방식이다.

① 델파이기법(Delphi Technique)

전문가 또는 관련자들로부터 우편으로 의견이나 정보를 수집하여 그 결과를 분석한 후 다시 응답자들에게 보내 의견을 묻는 식으로 만족스러운 결과를 얻을 때까지 계속하는 방법인데, 어떤 불확실한 사항에 대한 전문가들의 합의를 얻으려고 할 때 적용될 수 있다.

1단계	주요 관심사에 관한 설문지 작성
2단계	설문지를 심사위원들에게 배부
3단계	설문을 회수하면 합의 및 합의되지 않은 분야를 파악하기 위해 집계
4단계	합의되지 않은 부분에 관한 이유를 내포한 두 번째 설문지를 위원들에게 배부
5단계	위와 같은 절차를 합의점에 도달할 때까지 반복

② 소집단투표의사결정법/명목집단기법(NGT ; Nominal Group Technique)

㉠ 전문가 또는 관련자들을 한 장소에 모아 각자의 의견을 적어낸 것을 가지고 종합하여 정리한 후 집단이 각각의 의견을 검토하는 절차를 만족스러운 수준의 합의가 이루어질 때까지 계속하는 것을 말한다.

㉡ 참여한 사람 모두의 의사가 고루 반영될 수 있고, 소수 엘리트 집단의 독단에 의한 의사결정 가능성을 최소화할 수 있다.

㉢ 보통 6명에서 9명 정도의 소집단에서 의사결정을 하는 기법으로 개인이나 집단의 장점을 살리는 동시에 한 사람이 의견을 주도하는 상황을 방지할 수 있다.

㉣ **비교적 빠른 시간 내에 다양한 배경을 가진 집단의 이익을 수렴**하기 위한 것이다.

㉤ 대화나 토론 없이 어떠한 비판이나 이의제기가 허용되지 않는 가운데 각자 아이디어를 서면으로 제시하도록 하여 우선순위를 결정한 후 최종 합의를 도출하기 위해 사용된다.

③ **브레인 스토밍(Brain-Storming, 집단토의)**

㉠ 오스본(Osborn)이 제시한 방법으로 어떤 한 가지 주제에 관하여 관계된 사람들이 모여 집단의 효과를 살려서 **아이디어의 연쇄반응**을 일으키게 함으로써 자유분방하게 아이디어를 내는 방법이다.

㉡ 가장 중요한 점은 의사교환을 자유롭게 하는 것이며 다소 주제와 무관한 의견이라 할지라도 새로운 아이디어로 연결될 수 있다는 점을 감안하여 **제약 없이 의견을 제시할 수 있다.**

㉢ 다만, 자유로운 토론방식으로 인해 특정한 소수에게 발언권이 집중되지 않도록 해야 하고, 제시된 의견들을 잘 취합해야 한다.

④ **변증법적 토의(Dialectic Debate)**

㉠ **'정(正) – 반(反) – 합(合)'**이라는 헤겔의 변증법적 사고방식에 기초한 토의 방법이다.

㉡ 참여자들은 토의 전에 미리 쟁점 및 관련정보를 받고 각자 정보를 검토하여 찬성이나 반대를 선택한다.

㉢ 두 집단은 찬성과 반대로 나뉘어져 각각 자신들의 입장을 발표함으로써 쟁점에 대한 장단점을 나누게 된다.

㉣ 양 집단의 토론을 통해 장점을 극대화하고 단점을 최소화하는 대안을 모색한다.

⑤ **동의달력(Consent Calender)**

집단참여자들의 표결에 의해 찬성의 지지를 받은 안들을 수록한 일종의 목록집을 말한다.

4 의사전달(소통)

(1) 의 의

두 사람 이상의 사실, 생각, 의견, 감정의 교환을 통하여 공통적 이해를 이룩하고 수용자 측의 의식이나 태도 또는 행동에 변화를 일으키게 하는 일련의 행위이다. 의사결정, 권한의 행사, 통제 등 모든 과정은 의사전달에 의존하기 때문에 의사전달은 그러한 과정들의 형태를 빌어 표출된다고 할 수 있다.

(2) 원 칙

① **명료성** : 피전달자가 쉽고 정확하게 이해할 수 있도록 표시되어야 한다.

② **일관성** : 전달내용의 전후가 모순되거나 불일치해서는 안 된다.

③ **적시성** : 시기에 적합해야 한다.

④ **적정성** : 전달내용이 그 양이나 규모에 있어서 너무 많거나 너무 빈약해서는 안 된다.

⑤ **배포성** : 비밀사항이 아닌 이상 되도록 관계된 모든 사람들에게 알려져야 한다. 공식적 의사전달일 경우 더욱 그러하다.

⑥ **적응성** : 행위자가 구체적 상황에 따라 재량성을 발휘할 수 있도록 융통성과 신축성을 지녀야 한다.

⑦ **수용성** : 의사전달의 최종목표, 피전달자가 적극적 반응을 보일 수 있는 내용이어야 한다.

(3) 의사전달의 유형

① 공식적 의사전달과 비공식적 의사전달

7회 기출

구 분	공식적 의사전달	비공식적 의사전달
유 형	• 하향적 : 명령, 지시, 훈령, 편람, 핸드북, 구내방송, 직원수첩, 게시판 등 • 상향적 : 보고, 제안, 의견 · 설문조사, 면접, 면담 등	직접적 · 간접적 접촉, 소문, 풍문, 유언비어, 메모 등
장 점	• 책임소재의 명확성 • 상관의 권위 유지 • 정보의 정확성, 정책결정에 활용 • 객관적인 의사소통 가능	• 융통성, 행동의 통일성에 기여 • 배후사정 이해의 용이 • 신속한 전달, 탁월한 적응성 • 구성원의 긴장 · 소외감 극복
단 점	• 형식주의로의 변질 가능성 • 배후사정 파악 곤란 • 복잡하고 다양한 의사 표현의 어려움 • 융통성, 신축성 결여	• 책임소재의 불분명, 통제 곤란 • 공식적 의사전달의 왜곡, 마비 우려 • 상관의 권위손상 가능성 • 의사결정 활용에의 어려움
수 단	공문서(명령 · 지시와 보고 · 품의)	소문 · 풍문 · 메모

② 수직적 의사전달과 수평적 의사전달

㉠ 수직적 의사전달 : 조직 내 상하계층 간에 쌍방적으로 이루어지는 의사전달 형태로 상의하달적 의사전달(명령과 일반적인 정보전달)과 하의상달적 의사전달(보고, 품의제도, 의견조사)로 이루어진다.

㉡ 수평적 의사전달 : 상하관계가 아닌 수평적 관계에 있는 동일 계층 간의 의사전달을 의미하며 회의, 사전심사제도, 회람 등의 방법이 있다.

③ 언어적 의사전달과 비언어적 의사전달

㉠ 언어적 의사전달 : 말이나 글로써 표현되는 의사전달의 형태로 구성원들의 언어를 통해 자신의 생각이나 감정, 계획, 기술 등을 교환할 수 있다. 사실만을 강조하여 감정적 요소를 파악 못할 수 있고 다른 사람과의 전달과정에서 와전될 수도 있다.

㉡ 비언어적 의사전달 : 몸짓, 눈짓, 말의 속도, 목소리의 높낮이, 얼굴 표정 등에 의해 전달되는 것으로 경우에 따라 언어적 전달보다 더욱 비중 있고 효과적으로 전달 될 수 있다.

(4) 의사전달과정 및 수단의 저해요인

① 정보의 잘못된 해석으로 원래 정보의 의도나 내용과는 전혀 다른 결론을 초래할 가능성이 있다.

② 구두전달(口頭傳達)의 경우 연속적인 전달과정에서 원래의 전달내용이 유실되거나 왜곡되어 의도한 효과가 나타나지 않을 가능성이 있다.

③ 정보의 집권적 관리는 다양한 정보의 입수를 방해한다.

④ 전달자와 피전달자 사이에 기인하는 요인으로 가치관의 차이, 전달자가 의식적으로 정보를 제한하는 경우, 전달자의 자기방어, 피전달자에 대한 불신으로 정보가 왜곡되거나 전달내용을 임의로 판단하는 경우가 생길 수 있다.

(5) 의사전달의 개선방안

① 민주적이고 쇄신적인 리더십의 확립 및 상향적 의사전달을 개선시켜야 한다.

② 하의상달을 촉진한다.

③ 대안적 정보원을 중첩시키고, 권위적인 행정행태를 개선한다.

④ 원활한 인사교류가 이루어질 수 있어야 하며, 의사소통의 중요성을 인식하여야 한다.

⑤ 발신자가 보낸 정보의 왜곡을 미리 추정하고, 해석을 할 때 적절한 수정을 가하는 역편견을 활용해야 한다.

⑥ 의사전달을 위한 통로를 다원화시키고, 계층제의 완화와 분권화를 이루어야 한다.

⑦ 매체의 정확성을 확보하고, 확인과 환류장치를 활용할 수 있어야 한다.

⑧ 효율적인 정보관리체계를 확립시켜 관리해야 한다.

CHAPTER 08

출제유형문제

01 프로그램 기획이 합리적으로 수행될 때 따르는 논리적인 순서는? [13회]

ㄱ. 목적 설정
ㄴ. 실 행
ㄷ. 프로그래밍
ㄹ. 평 가
ㅁ. 문제 확인

① ㄱ – ㄴ – ㄷ – ㄹ – ㅁ
② ㄴ – ㄹ – ㅁ – ㄱ – ㄷ
③ ㄷ – ㄴ – ㅁ – ㄱ – ㄹ
④ ㄹ – ㅁ – ㄷ – ㄱ – ㄴ
⑤ ㅁ – ㄱ – ㄷ – ㄴ – ㄹ

해설

목표의 설정	조직은 목적을 가지고 이를 달성하기 위해 목표를 설정하며 여기에 근거하여 세부 목표를 설정한다.
정보수집 및 가용자원 검토	문헌검토, 면접, 관찰, 설문조사 등의 방법을 사용하여 정보를 수집하고 필요한 인적 · 물적 · 사회적 자원을 검토한다.
대안방법 모색	목표달성을 위한 다양한 방법들을 찾아야 하며 특히 창의성의 발휘가 중요하다.
대안결과 평가	각 대안의 실시조건과 기대효과를 예측하고 장점과 단점을 평가한다. 공통적이고 객관적인 평가기준에 따라 평가하는 것이 바람직하다.
최종대안 선택	적절한 비중으로 점수를 주어 각 대안의 실시조건 및 기대효과를 비교하여 가장 점수가 높은 것을 최종적인 대안으로 선정한다.
구체적 실행계획 수립	시간과 활동에 연관된 구체적인 계획을 수립한다. 시간별 활동계획도표, 프로그램 평가 검토기법, 월별 활동계획카드 등을 사용할 수 있다.

1 ⑤ Answer

02 기획에 관한 설명으로 옳지 않은 것은? [12회]

① 미래에 일어날 일을 예측하며 과거 오류의 재발을 방지한다.
② 프로그램 수행의 책임성을 높이는 데 도움이 된다.
③ 프로그램의 효율성, 효과성 및 합리성을 증진시킨다.
④ 프로그램 수행 과정의 불확실성이 증가된다.
⑤ 전문화된 지식체계에 기반을 둔다.

해설 ④ 프로그램 수행 과정의 불확실성이 감소된다.

기획의 필요성
- 효율성의 증진 : 제한된 자원, 최소의 노력과 비용으로 목표를 달성한다.
- 효과성의 증진 : 이용자들에게 효과적인 서비스를 제공하기 위해 사전계획이 필요하다.
- 책임성의 증진 : 정부와 지역사회의 재원을 사용하므로 서비스의 효과성 및 효율성에 대한 책임을 진다.
- 합리성의 증진 : 더욱 타당하게 적용될 수 있는 수단을 제공한다.
- 미래의 불확실성의 감소 : 급변하는 환경과 불확실한 미래상황에 대처한다.
- 조직성원의 사기진작 : 기획과정에 많은 조직성원들을 참여시킴으로써 사기를 진작한다.

03 프로그램 평가 검토기법(PERT)에 관한 설명으로 옳지 않은 것은? [15회]

① 목표달성의 기한을 정해 놓고 진행한다.
② 과업별 소요시간을 계산하여 추정한다.
③ 최종 목표를 달성하는 데 있어 필요한 최단 시간을 제시할 수 있는 기법이다.
④ 주요 세부목표 또는 활동의 상호관계와 시간계획을 연결시켜 나타낸 것이다.
⑤ 간트 차트(Gantt Chart)에 비해 활동 간의 상관관계를 파악하는 데 유용하지 않다.

해설 ⑤ 간트 차트(Gantt Chart)가 단선적 활동만을 표시하여 복잡한 작업단계들 간의 상관관계를 나타낼 수 없었던 것에 반해, 프로그램 평가 검토기법(PERT)은 각 작업단계들을 입체적으로 연결하여 전반적인 계획을 잘 반영하는 것은 물론 작업완성에 기대되는 시간까지 보여준다.

Answer 2 ④ 3 ⑤

04 의사결정 방법에 관한 설명으로 옳지 않은 것은? [14회]

① 브레인스토밍은 아이디어의 양보다 질이 중요하며 능동적 참여가 중요하다.
② 변증법적 토의는 사안의 찬성과 반대를 이해함을 기본으로 한다.
③ 델파이기법은 전문가로부터 정보를 수집하여 합의를 얻으려 할 때 적용할 수 있다.
④ 대안선택흐름도표는 '예'와 '아니요'로 답할 수 있는 연속적 질문을 통해 예상되는 결과를 결정한다.
⑤ 명목집단기법은 감정이나 분위기상의 왜곡현상을 피할 수 있다.

해설 ① 브레인스토밍(Brainstorming)은 집단성원들 간의 대화나 토론을 통한 자유발언의 기회를 제공하여 일정한 주제에 대해 각자 아이디어를 제시하도록 함으로써, 자유분방한 사고과정에서 우수한 아이디어를 수집하기 위한 방법이다. 특히 브레인스토밍에서는 아이디어의 양이 강조되는데, 참여자의 아이디어가 많을수록 더 우수한 아이디어가 나올 가능성이 높기 때문이다.

05 다음과 같은 프로그램 관리기법은? [10회]

- 프로그램에 필요한 과업들을 확인한다.
- 과업별 소요시간을 계산하여 추정한다.
- 전체 과업들 간 최적의 시간경로를 파악한다.

① SWOT
② Gantt Chart
③ PDCA
④ PERT
⑤ MBO

해설 프로그램 평가 검토기법(PERT ; Program Evaluation Review Technique)

- 1958년 미국 폴라리스 잠수함(Polaris Submarine) 건조계획에 도입된 것으로서, 본래 6년으로 예정했던 폴라리스 미사일 잠수함의 배치 계획을 4년으로 단축하기 위해 고안되었다.
- 프로그램을 명확한 목표들로 조직화하고 진행일정표를 작성하며, 자원계획을 세우고 프로그램 진행사항을 추적하는 데 활용할 수 있는 관리도구이다.
- 목표달성을 위해 설정된 주요 세부목표와 프로그램의 상호관계 및 시간계획을 연결시켜 도표화한 것이다.
- 기획된 활동의 실행을 위해 필요한 과업의 선행 · 후행관계 및 소요시간 등을 일목요연하게 파악하며, 과업별 소요시간을 계산하여 추정한다.
- '임계통로(Critical Path)'는 시작에서 종료에 이르기까지 가장 많은 시간을 요구하는 통로를 말한다. 이는 활동수행을 위해 최소한 확보해야 할 시간에 해당한다.
- 간트 차트(Gantt Chart)가 단선적 활동만을 표시하여 복잡한 작업단계들 간의 상관관계를 나타낼 수 없었던 것에 반해, PERT는 각 작업단계들을 입체적으로 연결하여 전반적인 계획을 잘 반영하는 것은 물론 작업완성에 기대되는 시간까지 보여준다.
- PERT를 통해 전체 과업들 간 최적의 시간경로를 파악할 수 있으며, 시작 및 완료 기간을 고려하여 예산배정을 관리할 수 있다.
- 도표 작성에 시간이 소요되며, 프로그램 실행과정상 불확실성이 많은 경우 활용하기 어렵다.

4 ① 5 ④ Answer

06 기획(Planning)에 관한 설명으로 옳지 않은 것은? [14회]

① 사회복지조직의 불확실성을 감소시킨다.
② 사업에 대한 연속적인 의사결정으로서 정적인 개념이다.
③ 서비스의 효과적 달성을 위해 필요하다.
④ 구성원의 사기진작을 위해 필요하다.
⑤ 목표달성을 위한 미래 활동을 준비하는 과정이다.

해설 ② 기획(Planning)은 다양한 정보들을 종합하여 목표달성을 위한 여러 가지 대안을 모색하고, 그중에서 최적의 대안을 선택하는 미래지향적이고 지속적이며, 능동적인 의사결정 과정이다.

기획의 필요성
- 효율성의 증진
- 효과성의 증진
- 책임성의 증진
- 합리성의 증진
- 미래의 불확실성의 감소
- 조직성원의 사기진작

제2영역

07 다음의 의사결정 모형은? [11회]

- 현실적 제약을 고려하여, 문제를 일으키는 것에 초점을 맞춤
- 과거의 결정 내용에 기초한 변화를 시도함
- 현상유지 위주의 문제해결 방식이라는 비판도 있음

① 포괄적 합리성 모형
② 점증주의 모형
③ 제한적 합리성 모형
④ 직관주의 모형
⑤ 공공선택 모형

해설 사회복지정책결정의 이론모형으로서 점증모형
- 린드블롬과 윌다프스키(Lindblom & Wildavsky)가 제시한 의사결정(정책결정) 모형으로서, 현실적 모형 또는 실증적 모형에 해당한다.
- 인간 이성의 한계와 의사결정 수단의 기술적 제약 등 현실적 제약을 고려하여 기존의 정책이나 의사결정을 점진적 · 부분적으로 수정해 나가는 방식이다.
- 계획성이 결여되고 의사결정의 명확한 평가기준이 없으며, 정치적 합리성에 따른 단기적 · 임기응변적 정책에 관심을 두는 단점이 있다.
- 보수적 성격으로 과감한 의사결정 및 정책 전환이 어려우며, 강자에게 유리한 반면 약자에게 불리한 문제점도 있다.

Answer 6 ② 7 ②

CHAPTER 08

최신기출문제

01 시간별 활동계획 도표(Gantt Chart)의 설명으로 옳은 것을 모두 고른 것은? [18회]

ㄱ. 시간별 활동계획의 설계는 확인 – 조정 – 계획 – 실행의 순환적 과정으로 이루어진다.
ㄴ. 헨리 간트(H. Gantt)에 의해 최초로 개발되었다.
ㄷ. 목표달성 기한을 정해 놓고 목표달성을 위해 설정된 주요활동과 시간계획을 연결시켜 도표로 나타낸 것이다.
ㄹ. 활동과 활동 사이의 상관관계를 파악하기 힘들다.

① ㄱ, ㄴ
② ㄱ, ㄷ
③ ㄴ, ㄷ
④ ㄴ, ㄹ
⑤ ㄷ, ㄹ

해설

ㄴ. 간트 차트(Gantt Chart)로도 불리는 시간별 활동계획 도표는 1910년 미국의 기술공학자이자 사업가인 헨리 간트(Henry L. Gantt)에 의해 최초로 개발되었다.
ㄹ. 간트 차트는 단선적 활동만을 표시하여 복잡한 작업단계들 간의 상관관계를 나타낼 수 없으므로, 활동과 활동 사이의 상관관계를 파악하기 힘들다.
ㄱ. '계획(Plan) – 실행(Do) – 확인(Check) – 조정(Act)'의 일련의 절차를 프로그램 기획과정으로 보는 것은 방침관리기획(PDCA Cycle)이다.
ㄷ. 목표달성 기한을 정해 놓고 목표달성을 위해 설정된 주요 세부목표와 프로그램의 상호관계 및 시간 계획을 연결시켜 도표화한 것은 프로그램 평가 검토기법(PERT ; Program Evaluation Review Technique)이다.

02 의사결정방법 및 기술에 관한 설명으로 옳은 것은? [15회]

① 대안선택흐름도표는 집단적 의사결정기법에 해당한다.
② 브레인스토밍은 지도자만 주제를 알고 그 집단에는 문제를 제시하지 않은 상태에서 장시간 자유롭게 토론하는 방법이다.
③ 판단적 결정은 정보수집, 연구, 분석과 같은 합리적이고 과학적인 절차를 통해 이루어진다.
④ 직관적 결정은 개인의 지식과 경험에 의해 이루어진다.
⑤ 비정형적(Non-programmed) 의사결정은 의사결정자의 직관과 판단에 의해 이루어진다.

1 ④ 2 ⑤ Answer

해설 ① 대안선택흐름도표(Alternative Choice Flow Chart)는 의사결정나무분석(Decision Tree Analysis)과 함께 개인적 의사결정기법에 해당한다.
② 브레인스토밍(Brainstorming)이 아닌 시네틱스(Synectics)에 해당한다. 시네틱스에서 문제를 노출시키지 않는 이유는 자유로운 토론 과정을 통해 집단성원들의 아이디어 산출노력을 지속시키기 위해서이다.
③ 판단적 의사결정은 개인의 지식과 경험에 의해 결정이 이루어진다. 참고로 정보수집, 연구, 분석 절차에 의해 결정이 이루어지는 것은 문제해결적 의사결정에 해당한다.
④ 직관적 의사결정은 개인의 감정, 육감, 느낌, 인상에 의해 결정이 이루어진다.

03 다음에서 설명하는 기획기법은? [16회]

- 막대그래프를 이용해서 막대그래프 차트로도 불린다.
- 작업 간의 연결성에 대한 파악이 어렵다.

① 프로그램 평가 검토기법(PERT)
② 시간별 활동계획 도표(Gantt Chart)
③ 월별 활동계획카드(Shed-U Graph)
④ 방침관리기획(P-D-C-A)
⑤ 주요경로방법(Critical Path Method)

해설 ② 시간별 활동계획 도표(Gantt Chart)는 '간트 차트' 또는 '막대그래프 차트'라고도 하며, 세로 바에는 목표, 활동 및 프로그램을 기입하고 가로 바에는 시간을 기입하여 사업의 소요시간을 막대로 나타내는 도표이다. 비교적 단순 명료하고 전체 작업의 진행상황을 점검할 수 있으며, 과업 완성 시간을 단축할 수 있고 여유시간을 관리할 수 있다. 다만, 세부적인 활동을 포함하지 않으며, 과업이나 활동 간의 연결과정도 표시하지 않는다.
① 프로그램 평가 검토기법(PERT ; Program Evaluation Review Technique)은 목표달성을 위해 설정된 주요 세부목표와 프로그램의 상호관계 및 시간계획을 연결시켜 도표화한 것이다. 프로그램을 명확한 목표들로 조직화하고 진행일정표를 작성하며, 자원계획을 세우고 프로그램 진행사항을 추적하는 데 활용된다.
③ 월별 활동계획카드(Shed-U Graph)는 바탕종이의 위쪽 가로에는 월별이 기록되어 있고 특정 활동이나 업무를 조그만 카드에 기입하여 월별 아래 공간에 삽입하거나 붙이는 기법이다.
④ 방침관리기획(PDCA Cycle)은 '계획(Plan)-실행(Do)-확인(Check)-조정(Act)'의 일련의 절차를 프로그램 기획과정으로 보는 것으로, 조직의 핵심적인 목표달성을 위해 조직의 자원을 결집시키고 조직구성원 전체의 노력을 조정하기 위한 기법이다.
⑤ 주요경로방법(CPM ; Critical Path Method)은 프로그램 평가 검토기법(PERT)과 유사한 것으로, 프로그램 평가 검토기법(PERT)이 새로운 프로젝트와 같이 활동의 소요시간 예측이 어려운 경우 주로 활용되는 반면, 주요경로방법(CPM)은 소요시간이 비교적 확실한 기획활동에 사용된다.

Answer 3 ②

04 사회복지기획과 관리기법에 관한 설명으로 옳은 것은? [17회]

① PERT는 최초로 시도되는 프로그램 관리에는 유용하지 않다.
② 간트 차트는 임계통로에 대한 정확한 정보파악에 유용하다.
③ 책임행렬표는 목표, 활동, 책임유형을 구성원별로 제시한다.
④ 사례모델링이란 클라이언트의 서비스 이용경로를 제시하는 것이다.
⑤ 마일스톤은 월별 활동내용을 파악하는 주된 기법이다.

해설 ③ 목표관리(MBO)에서는 활동이 어느 목표성취에 어떻게 기여하는지를 제시하고, 각 활동에 따른 구성원들의 책임과 역할을 책임행렬표(Responsibility Matrix)에 따라 명시하는 것이 효과적이다. 책임행렬표는 주로 목표, 활동, 책임의 종류와 소재 등을 각 구성원별로 구체적으로 명시하는 데 사용되는 도구이다.
① 프로그램 평가 검토기법(PERT)은 신규 프로젝트로 정해진 목표의 계획 및 실시를 시간에 맞추어 과학적으로 수행하기 위한 기법으로서, 최초로 시도되는 프로그램 관리에 유용하다.
② 임계통로(Critical Path)에 대한 정확한 정보파악에 유용한 것은 프로그램 평가 검토기법(PERT)이다.
④ 클라이언트의 서비스 이용경로를 제시하거나 서비스 이용에 따른 행동변화 양상을 검증하기 위해 경로분석(Path Analysis) 방법을 사용할 수 있다.
⑤ 마일스톤(Milestone)은 프로그램 진행상황을 모니터링하고 목표성취를 가늠하기 위한 기법이다.

05 기획의 모델과 기법에 관한 설명으로 옳지 않은 것은? [19회]

① 논리모델은 투입－활동－산출－성과로 도식화하는 방법이다.
② 전략적 기획은 과정을 강조하므로 우선순위를 설정하고 단계적인 계획을 수립한다.
③ 방침관리기획(PDCA)은 체계이론을 적용한 모델이다.
④ 간트 도표(Gantt Chart)는 사업별로 진행시간을 파악하여 각각 단계별로 분류한 시간을 단선적 활동으로 나타낸다.
⑤ 프로그램 평가 검토기법(PERT)은 일정한 기간에 추진해야 하는 행사에 필요한 복잡한 과업의 순서가 보이도록 하고 임계통로를 거친다.

해설 ③ 프로그램 개발과정에서 체계이론을 적용하여 '투입(Input)－활동(Activity)－산출(Output)－성과(Outcome)' 간의 관계를 논리적으로 설명하는 도식을 활용하는 것은 논리모델(Logic Model)이다. 반면, 방침관리기획(PDCA Cycle)은 '계획(Plan)－실행(Do)－확인(Check)－조정(Act)'의 일련의 절차를 프로그램 기획과정으로 보는 모델이다.

4 ③ 5 ③ Answer

CHAPTER 09

인적자원관리

★ 학습목표

- 인사관리의 개요, 동기부여, 직무유지에 대해 학습하자.
- 직무기술서와 직무명세서의 차이 비교, 직원능력개발 방법, 동기부여이론 등에 대한 개념정리는 필수이다.
- 슈퍼비전의 기능과 슈퍼바이저의 역할은 자주 출제되는 부분이므로 철저한 학습이 필요하다.
- 인적자원관리 영역은 사회복지조직의 목적을 달성하기 위해 인적자원을 가장 효과적으로 관리하는 내용을 다루는 분야로 다양한 직원능력개발 방법에 대해 알아본다.

제1절 인적자원관리의 기초

1 인적자원관리(인사관리)의 의의 및 기능

14, 19회 기출

(1) 의 의

① 조직의 직무수행에 필요한 인적 자원의 효율적 관리와 관련된 활동을 의미한다.

② 조직의 목표를 달성하기 위해 직원을 채용하고 교육하며 교육 및 훈련, 동기부여, 사기진작 등으로 조직구성원을 단순한 노동력이 아닌 조직의 생존과 발전에 핵심적인 역할을 하는 인적차원으로 인식한다.

㉠ 광의의 인사관리 : 직무분석, 선발과 배치, 교육과 훈련, 직무평가, 보수제도 등

㉡ 협의의 인사관리 : 고용관리, 단체교섭, 고충처리, 경영참가, 인사상담, 동기부여 등

③ 조직구성원의 능력과 성향을 중요시하며 구성원의 혁신적 사고와 행동이 조직의 경쟁력이라고 본다.

④ 환경적응을 위하여 직무의 협력, 통합, 융합 수준을 향상시킨다.

(2) 기능 및 핵심요소

① 인사관리의 기능은 우수인력 확보관리, 교육훈련, 능력개발관리, 노동조건관리, 보상관리, 복지후생관리, 인간관계관리, 노사관계관리 등이다.

② 이외에도 인력계획, 경력관리, 보수 및 퇴직금, 보건, 안전 및 복리후생, 사기와 인간관계관리, 복무와 근무규율, 노사협조, 인사관리 정보체계 등의 기능이 있다.

③ 인사관리의 핵심요소로는 업무 분석 및 업무성과에 대한 평가, 직원개발 및 보상 등을 꼽을 수 있다.

④ 직원채용을 위해서 직업능력검사를 시행하고 업무 담당자를 위해 직무기술서를 작성하며 업무성과 평가를 위해 직원의 행동평가를 실시한다. 또한 조직의 역사, 사명, 기본정책 등에 관하여 직원 오리엔테이션을 한다.

2 인사관리의 과정

10, 14, 15, 17회 기출

(1) 모 집

충원계획 수립 → 직위에 대한 직무분석 → 직무기술서 및 직무명세서 작성이 이루어진다.

① 직무분석

17, 20회 기출

㉠ 직무를 구성하고 있는 일, 즉 해당 직무의 내용 및 직무의 수행을 위한 직무조건을 조직적으로 밝히는 절차이다.

㉡ 인사관리 또는 노무관리를 원활하게 수행하기 위해 필요한 정보를 획득하는 것을 목표로 한다.

㉢ 직무분석 자료의 특징

- 최신의 정보를 반영하는 것이어야 한다.
- 사실 그대로를 나타내는 것이어야 한다.
- 가공하지 않은 원상태 그대로의 것이어야 한다.
- 논리적인 방식으로 체계화될 수 있어야 한다.
- 다양한 목적으로 활용될 수 있어야 한다.

Plus ⊕ one

직무분석의 종류

직무분석은 수행요건 분석과 수행업무 분석이 있다. 수행요건 분석에는 감독책임, 지시, 훈련, 정신적 · 육체적 요건, 재해위험, 불쾌조건 등이 있으며, 수행업무 분석에는 일의 목적, 내용, 방법, 근무시간 등이 있다.

② 직무기술서

6, 15, 19회 기출

㉠ 맡은 일과 그에 따른 책임의 내용을 구체적으로 기술한 문서로서 직무분석의 기초자료가 된다.

㉡ 직무분석의 결과에 의거하여 직무수행과 관련된 과업 및 직무행동을 일정한 양식에 따라 기술한 문서이다.

㉢ 분석대상이 되는 직무의 활동 내용 및 과제, 작업조건을 기술한 것이다.

㉣ 직무기술서에 포함되는 정보

- 직무명칭(소속부서, 직무번호 등)
- 직무개요 및 내용
- 직무수행에 필요한 각종 장비 및 도구
- 직무수행 방법 및 절차
- 작업조건, 직무가 수행되는 장소 등의 환경
- 작업활동 등

㉣ 직무기술서의 작성원칙

- **명확성(Clear)** : 해당 직무에 대해 잘 모르는 사람일지라도 그 직무의 윤곽을 명확히 파악할 수 있도록 작성해야 한다.
- **간결성(Concise)** : 간결한 용어를 선택하여 기술함으로써 누구든지 쉽고 간편하게 읽을 수 있도록 작성해야 한다.
- **완전성(Complete)** : 해당 직무에 대한 중요한 정보들이 빠짐없이 모두 포함되도록 작성해야 한다.
- **일관성(Consistent)** : 내용을 체계적으로 정리하고 상호 모순된 진술을 적절히 조정함으로써 일관성이 유지되도록 작성해야 한다.

③ **직무명세서** 5, 15회 기출

㉠ 직무분석의 결과를 인사관리의 특정한 목적에 맞게 직무의 내용과 **직무에 요구되는 자격요건**에 중점을 두어 정리한 문서이다.

㉡ 직무수행에 필요한 종업원의 행동, 기능, 능력, 지식 등을 일정한 양식에 기록한 문서로서, 직무에 요구되는 인적요건을 기술한 것이다.

㉢ 직무를 수행하는 데 요구되는 작업자의 지식, 기술, 능력, 경험에 관한 인적요건들을 알려주므로 **선발이나 교육**과 같은 인적자원관리에 활용된다.

㉣ **직무명세서에 포함되는 정보**

- 적성 및 교육수준
- 지식 및 기능 · 기술 수준
- 판단력, 주도력
- 정신적 특성 및 육체적 능력
- 의사소통기술
- 작업경험 및 자격요건
- 책임정도
- 감각기능의 사용도와 필요도 등

Plus ⊕ one

직무기술서와 직무명세서의 차이점

구 분	직무기술서(Job Description)	직무명세서(Job Specification)
용도 및 특성	• 인적자원관리 측면에서 일반적인 용도로 작성 • 특정직무 · 직위에 부가된 임무와 책임을 구체적으로 기술한 것 • 종업원의 교육훈련이나 업적평가 등을 위한 기초자료로 활용	• 특정 직무를 수행하는 데 요구되는 최소한의 자격요건을 세분화하여 기술한 것 • 직무 자체의 내용보다는 직무요건 중 특히 인적요건을 중점적으로 다룸 • 모집과 선발을 위해 활용
내 용	• 직무명칭(소속부서, 직무번호, 직속상관 등) • 직무 개요 및 내용 • 직무수행에 필요한 각종 장비 및 도구 • 직무수행 방법 및 절차 • 직무수행의 환경적 조건(작업조건) 등	• 직무명칭(소속부서, 직무번호, 직속상관 등) • 교육수준, 기능 · 기술 수준 • 기타직무에 필요한 능력과 그에 따른 수준 • 육체적 능력 및 정신적 특성 • 판단력, 의사소통기술, 정서적 특성 • 작업경험, 책임 정도 등

※ 직무기술서가 직무의 내용에 좀 더 비중을 두는 반면, 직무명세서는 특히 그 직무를 수행하는 데 필요한 사항, 인적 자원요건에 좀 더 비중을 둔다고 볼 수 있다.

(2) 선 발

① 조직에 대한 충성심과 조직의 요구에 기초하여 선발되어야 하며 전문성과 원만한 인간관계, 클라이언트 및 직원들을 보호할 수 있는 능력이 고려된 사람을 선발해야 한다.

② 선발기법에는 시험이 있다. 시험과정은 객관도, 타당도, 신뢰도가 있어야 하며 표준화된 시험방법으로는 필기시험, 실기시험, 면접시험 등이 있다.

③ **시험의 요소**

㉠ 객관도 : 채점의 공정성과 관련

㉡ 타당도 : 측정하고자 하는 내용의 정확한 측정여부

㉢ 신뢰도 : 시험시기 · 장소 등 여건에 따라 점수가 영향을 받지 않는 정도(일관성, 일치도)

㉣ 난이도 : 쉬운 문제와 어려운 문제의 조화 정도

㉤ 실용도 : 시험의 경제성, 채점의 용이성, 이용가치 등

④ **시험의 종류**

종 류		장 점	단 점
필기시험	주관식	• 통찰력 · 판단력 등 사고력 측정가능 • 시험출제에 적은 시간소요	• 채점자의 객관도 • 채점에 시간과 경비소요
	객관식	• 용이한 채점 • 객관성 확보가능	사고력 측정에는 비효율적
실기시험		높은 타당도	• 다수에 적용 불가 • 채점에서 객관도, 신뢰도 저하
면접시험		태도, 창의성, 협조성, 성격을 파악	면접관의 선입견이 개입될 가능성이 높음

(3) 임 용

직위에 임명하는 것으로 관리자는 기관이나 부서의 목적과 서비스를 재해석하여 전달하고 직무에 대한 정보와 의무 및 구체적인 책임을 설명해야 한다.

(4) 오리엔테이션(교육훈련)

오리엔테이션은 신규채용자에게 기관과 그 서비스 및 지역사회를 소개하는 과정이다.

(5) 배 치

조직이 필요로 하는 자리에 가장 적합한 인력을 위치시키는 것으로, 적재적소에 사람을 골라서 쓰는 과정을 의미한다.

(6) 활 용

현장에 배치를 받은 후에야 인력은 비로소 조직의 목표달성에 동참할 수 있으며, 조직을 통하여 개인의 욕구를 충족시킬 수 있다.

3 인적자원개발

(1) 목 적

직원들로 하여금 새로운 지식과 기술 및 전문적 태도를 향상시켜 사회복지조직이 제공하는 서비스의 효과성을 높인다. 또한 토론, 감정의 공유, 함께 활동하는 것과 같은 직원들 간의 상호작용을 통해 상호 간 이해와 연대감을 높여 직 · 간접적으로 조직의 효과성을 높이려는 데 있다.

(2) 유 형

① 신규 채용자훈련(오리엔테이션)

새로운 직원에게 조직과 조직의 서비스 및 지역사회를 소개하는 과정으로 적응훈련 또는 기초훈련이라고도 한다. 조직의 역사와 미션, 목적, 기본정책, 규정, 조직의 구조, 급여, 보상체계 등이 소개된다.

② 일반 직원훈련

직무수행 개선을 위한 교육훈련, 현재 근무하고 있는 직원들에게 필요한 새로운 기법을 습득하게 하는 등의 직무수행능력을 향상시키는 것을 목적으로 한다. 장기적이고 지속적으로 실시되어야 한다.

③ 감독자훈련

슈퍼바이저에 대한 훈련으로 업무수행에 필요한 지식과 리더십, 의사전달, 인간관계, 인사관리 등에 걸쳐 있고 훈련방법으로는 강의, 토의, 사례발표 등이 이용된다.

④ 관리자훈련

최고 계층에 속하는 중 · 고급관리자에 대한 훈련으로 정책 수립에 관한 것과 리더십에 관한 훈련을 받게 된다. 교육방법으로는 사례발표, 회의, 토의방법, 신디케이트가 이용될 수 있다.

⑤ 멘토링

상위단계의 업무에 대해서 경험이 많지 않은 구성원들에게 경험을 공유시키면서 역량개발을 유도하는 방법이다.

(3) 직원능력개발의 방법

3, 15, 18, 19회 기출

강의, 회의, 토의가 많이 이용되는 방법이며 그 외에 다음과 같은 방법이 있다.

① 코칭(Coaching)

관리자 개발을 위한 직무상에서의 현직훈련 접근방식이다.

② 경영게임법(Management Game)

참가자들의 팀들은 일련의 업무적 혹은 최고경영의사결정을 하도록 요청받고 이를 결정하여 모델과 일치성 여부를 계산하는 것이다.

③ 사례연구방법(Case Study)

사례를 작성 · 배부하고 토론을 하는 방식이다.

④ 회의식 방법(Conference)

토의를 통해서 참가자들이 공통이해를 갖도록 하며 문제를 해결하도록 시도하는 것이다.

⑤ 행위모델법(Behavior Model)

관리자에게 상호 간의 기능에 대한 훈련을 받도록 하는 과정이다.

⑥ 인바스켓훈련(In-Basket Training)

관리자의 결재능력을 높이기 위한 훈련방법으로 관리자의 일상 상황과 비슷한 장면을 설정하고 결재서류를 인바스켓(미결함)에 넣어 두면 수강자는 그러한 서류에 대하여 차례로 의사결정을 하여 아웃바스켓(기결함)으로 옮겨 넣는데, 비교적 단시간에 다량의 서류를 처리하게 함으로써 독해력 · 판단력 · 결단력 등을 높이고자 하는 것이다.

⑦ 인턴십(Internship)

연수생으로서 기업이나 단체에서 일정기간 동안 실질적으로 실무 체험을 쌓는 제도로, 고용주에게 잠재적인 종업원을 평가하는 훌륭한 수단을 제공한다.

⑧ 역할연기법(Role-Playing)

참가자 중에서 실연자를 선출하고 주제에 따르는 역할을 실제로 연출시킴으로써 공명과 체험을 통하여 훈련효과를 높이는 방법이다.

⑨ 프로그램 학습(Program Learning)

특별한 형태로 짜인 교재에 의해서 학습자료를 제시하고, 학생에게 개별학습을 시켜서 특정한 학습목표까지 무리 없이 확실하게 도달시키기 위한 학습방법이다.

⑩ 신디게이트(Syndicate, 분단연구반/분임토의)

10명 내외의 소집단으로 나누고 각 집단별로 동일한 문제를 토의하여 해결방안을 작성한 뒤, 다시 전체가 모인 자리에서 각 집단별로 문제해결방안을 작성 · 발표 · 토론하여 하나의 합리적인 문제해결방안을 모색하는 방법이다.

⑪ 로테이션(Rotation)

일정한 훈련계획하에서 순차적으로 직무를 바꾸어서 담당하게 함으로써 지식과 경험을 쌓게 하는 훈련방법이다.

⑫ 패널(Panel)

토의법의 하나로서 사회자의 사회 아래 정해진 테마에 대하여 지식과 경험이 풍부한 여러 명의 전문가가 토의하고 연수자는 그 토의를 듣는 학습방식이다.

⑬ 직장 내 훈련(OJT) : 직무를 통한 연수로, 직무를 수행하는 과정에서 조직의 상사나 선배들에게 직접적으로 직무교육을 받는 방식이다. 교육의 중심은 인사나 교육부서가 아닌 현업부서가 되며, 일상적인 업무를 통해 이루어지는 경우가 많다.

⑭ 직장 외 훈련(Off-JT) : 직무와 분리된 연수로, 조직 외부의 연수원이나 전문교육 기관에서 체계적인 교육을 받는 방식이다. 일정 기간 일상적인 업무에서 벗어나 행하는 연수로, 보통 직원이 지출한 자기개발 비용을 조직에서 지원한다.

⑮ 포럼(Forum)

토의법의 하나로 특정 주제에 관하여 새로운 자료와 견해를 제공하여 참가자들의 관심을 높이고 나아가 필요한 정보를 제공하여 문제를 명확하게 한 후 자신의 의견을 표명하도록 촉진하는 것을 말한다.

⑯ 순환보직(Job Rotation)

일정한 시일의 간격을 두고 여러 다른 직위나 직급에 전보 또는 순환보직 등을 통해 직원들을 훈련시키는 방법이다.

⑰ 계속교육(Continuing Education)

학교교육이 끝난 직원들을 대상으로 그들의 전문성을 유지 및 향상시키기 위해 계속적으로 필요한 교육을 실시하는 방법이다.

4 슈퍼비전과 슈퍼바이저

13회 기출

(1) 개 념

① 사회복지조직에서 활동하고 있는 직원들이 전문성과 능력을 발휘할 수 있도록 교육 및 지도 · 원조하는 과정이다.

② 궁극적 목적은 클라이언트에 대해 효과적이고 질 높은 서비스를 제공함으로써 기관의 책임성을 높이는 것이다.

(2) 슈퍼비전의 기능

① 교육적 기능

㉠ 교육적 슈퍼비전의 핵심은 사회복지사의 지식과 기술의 향상이다.

㉡ 슈퍼비전의 기능은 결국 하나의 전문인으로서 사회복지사의 능력을 향상시키는 데 초점을 둔다.

㉢ 가르침, 학습촉진, 훈련, 경험과 지식 공유, 정보제공, 명확화, 가이드 제고, 사회복지사 원조, 전문적 성장 제고, 조언, 제안, 문제해결 원조를 제공한다.

② 행정적 기능

㉠ 관리자로서 슈퍼바이저의 역할은 기관의 규정과 절차에 맞는 서비스를 제공하는 것이다.

㉡ 적합한 사회복지사에게 특정한 클라이언트의 사례를 위임하는 것을 비롯하여 사회복지사의 사례관리 및 서비스제공을 감독하고 평가하는 역할을 수행한다.

㉢ 직원의 채용과 선발, 임명과 배치, 업무계획, 업무할당, 업무위임, 업무 모니터링 및 업무 조정, 의사소통 촉진을 담당한다.

③ 지지적 기능

㉠ 슈퍼비전의 교육 및 관리기능은 사회복지사의 수단적 욕구에 관심을 두지만 지지적 기능은 사회복지사의 개별적 욕구에 관심을 갖는다.

㉡ 슈퍼바이저의 지지기능은 사회복지사의 직무만족에 큰 영향력을 갖는다.

㉢ 스트레스 유발 상황 방지, 스트레스 해소 및 대처 원조, 신뢰 형성, 관점 공유, 결정에 대한 책임 공유, 성공을 위한 기회 제공, 동료를 통한 지지 제공, 업무관련 긴장완화의 기능을 한다.

(3) 슈퍼비전의 모형(Watson)

10회 기출

① 개인교습모형(Tutorial Model)

슈퍼바이저(Supervisor)와 슈퍼바이지(Supervisee) 간의 일대일 관계에 의해 슈퍼비전이 이루어진다.

② 사례상담(Case Consultation)

업무자와 상담자의 일대일 관계 또는 다른 업무자의 참여하에, 슈퍼바이저가 상담자로서 그들의 학습을 돕거나 기여를 모색한다.

③ 슈퍼비전 집단(Supervision Group)

개인교습모형이 확대된 형태로서, 한 사람의 슈퍼바이저와 한 집단의 슈퍼바이지로 구성된다.

④ 동료집단 슈퍼비전(Peer-group Supervision)

특정한 슈퍼바이저 없이 모든 집단성원들이 동등한 자격으로 참여한다.

⑤ 직렬 슈퍼비전(Tandem Supervision)

동료집단 슈퍼비전이 발전된 형태로서, 두 업무자가 동등한 입장에서 서로에게 슈퍼비전을 제공한다.

⑥ 팀 슈퍼비전(Team Supervision)

안건을 미리 팀 구성원들에게 제시하고 그에 대한 결정을 다양한 성격을 가진 팀 동료들 간의 상호작용에 의해 구체화하도록 한다.

(4) 슈퍼바이저의 역할(Kadushin)

9회 기출

① 행정적인 상급자로서의 역할

하급자가 기관의 정책이나 과정, 규정 등을 잘 지키고 있는지를 감독하는 역할이다.

② 교육자로서의 역할

직접 서비스를 제공하는 일선 사회복지사에게 전문적인 지식과 기술을 증진시키는 역할로 전통적인 교육 기능을 강조한다.

③ 상담자로서의 역할

사회복지사의 사기를 진작시키고, 좌절과 불만에 대해 도움을 제공하여 전문가로서의 가치를 느끼도록 하며, 기관에 대한 소속감과 직무수행에 안정감을 갖도록 한다.

(5) 슈퍼바이저의 조건

12, 16회 기출

① 지식 구비

슈퍼바이저는 전문직에 대한 지식과 기관에 대한 종합적인 지식을 갖추어야 한다.

② 실천기술과 경험 구비

슈퍼바이저는 자신이 클라이언트에 대한 문제를 해결해 본 실천경험과 기술을 갖추고 있어야 한다.

③ 개방적 접근의 허용

응급 또는 필요시 하급자가 쉽게 접근하여 질문하고 지도를 받을 수 있도록 기회를 마련해야 한다.

④ 헌신적인 사명감

슈퍼바이저가 기관, 하급자, 자신 간의 역동적 관계에 대하여 진실하고 지속적인 관심을 가지면, 하급자에게 적극적인 동기부여를 하고 지식과 기술을 향상시키는 데 크게 도움을 줄 수 있다.

⑤ 솔직한 태도

하급자가 제기한 질문이나 문제해결에 대한 해답을 제시할 수 없을 때에는 자신의 입장을 솔직히 밝히고 또한 실수가 있을 때에도 솔직히 인정할 수 있어야 한다.

⑥ 감사와 칭찬의 태도

사람은 인정받고 칭찬받기를 갈망하기 때문에 가능하면 감사와 칭찬의 태도를 가지고 하급자의 동기를 유발하며 전문직 업적의 발전을 도모하여야 한다. 특히 하급자에게 감사하는 태도를 보이는 데 인색하면 슈퍼비전의 효과가 줄어들 수 있고 하급자의 능력도 저하시킬 수 있으므로 유의해야 한다.

Plus ⊕ one

혁신적 슈퍼바이저가 가져야 할 능력(퀸)

- 유연한 변화를 만들기 위한 의사소통 능력
- 비판적 · 창의적 사고 능력
- 융통성과 외부지향성의 가치를 실현
- 조직을 둘러싼 변화를 판단할 수 있는 능력
- 조직구성원과 이해관계자들 간의 갈등을 예방할 수 있는 능력

제 2 절 동기부여

1 욕구의 4가지 유형

8, 10, 12회 기출

(1) 규범적 욕구

기준 또는 규범의 개념에 욕구를 대입한 것으로서, 관습이나 권위 또는 일반적 여론의 일치로 확립된 표준 또는 기준의 존재를 가정한다. 일반적으로 전문가에 의해 정해지는 사회적 조건 및 상황과 연관된다.

(2) 인지적 욕구

욕구는 사람들이 그들의 욕구로 생각하는 것 또는 욕구가 되어야 한다고 느끼는 것으로 정의될 수 있다.

(3) 표현적 욕구

욕구를 가진 당사자가 욕구를 충족시키기 위해 행위로 표현하는 욕구로, 서비스에 대한 수요에 기초한다.

(4) 비교적 욕구

비교적 욕구 또는 상대적 욕구는 한 지역사회에 존재하는 서비스 수준과 유사 지역사회나 지리적 영역에 존재하는 서비스 수준 간의 차이로 측정된다.

2 동기부여이론(내용이론)

20회 기출

내용적 차원의 동기부여이론은 선험적(先驗的)인 욕구의 존재를 인정하고 누구나 몇 갈래의 욕구가 있다는 입장이다.

(1) 매슬로우(Maslow)의 욕구단계이론

① 내 용

㉠ 인간의 욕구를 타고난 것으로 보고, 욕구를 강도와 중요성에 따라 5단계로 분류한 이론이다.

㉡ 하위단계에서 상위단계로 계층적으로 배열되어 하위단계의 욕구가 충족되어야 그 다음 단계의 욕구가 발생한다.

② 5단계의 욕구

㉠ 1단계(생리적 욕구)

- 가장 기초적인 욕구로서 우선순위가 가장 높으며, 휴식에 대한 욕구, 성적 욕구, 먹고 자는 것, 종족보존 등 최하위 단계의 욕구 등이 해당된다.
- 관리전략으로는 적정보수제도, 휴양제도, 탄력시간제 등이 있다.

㉡ 2단계(안전에 대한 욕구)

- 추위 · 질병 · 위험 등으로부터 자신을 보호하는 욕구와 같은 위험 · 위협에 대한 보호, 경제적 안정, 질서에 대한 욕구 등을 말한다.
- 관리전략으로는 고용 및 신분의 안정화, 퇴직금 등의 연금제도의 활성화 등이다.

㉢ 3단계(애정과 소속에 대한 욕구)

- 다른 사람과의 친밀한 인간관계, 애정 · 우정을 주고받는 것 등 어떤 조직이나 단체에 소속되어 애정을 주고받는 욕구이다.
- 관리전략으로는 인간관계의 개선(비공식 · 소집단 · 사기의 중시), 고충처리 및 상담, 커뮤니케이션의 활성화 등이 있다.

㉣ 4단계(자기존중의 욕구)
- 소속단체의 구성원으로 명예나 권력을 누리려는 욕구로 긍지 · 자존심 · 인정 · 명예 · 위신 등에 대한 욕구이다.
- 관리전략으로는 참여의 확대, 권한의 위임, 교육훈련, 제안제도 실시, 공정한 근무성적 평정, 포상제도 등이 있다.

㉤ 5단계(자아실현의 욕구)
- 자신의 재능과 잠재력을 충분히 발휘하여 자기가 이룰 수 있는 모든 것을 성취하려는 최고수준의 욕구이다.
- 자기의 잠재력을 최대한으로 발휘해 보려는 자기발전 · 창의성과 관련되는 욕구이다.
- 관리전략으로는 합리적 승진제도 구비, 전직 · 전보에 의한 배치의 효율화, 공무원 단체의 승인, 직무충실 · 확대, 공직에 대한 사회적 평가 제고, 윤리의 확립 등이 있다

③ 매슬로우(Maslow) 이론의 문제점

㉠ 욕구계층은 고정되어 있지 않고 하위욕구와 상위욕구 간의 경계가 애매하고 중복되어 있다.

㉡ 하나의 행동은 단일한 욕구가 아니라 복합적 욕구에 의해 동기가 부여될 수도 있다.

㉢ 인간은 욕구 이외에도 사회규범 · 의무 · 이념 등에 따라 행동하기도 한다는 점을 간과하였다.

㉣ 어느 계층의 욕구가 완전히 충족되어야만 다음 단계의 욕구가 나타나는 것은 아니며, 어느 정도 충족되면서 상위욕구가 나타나게 된다. 또 욕구가 완전히 충족되면 실질적으로 행동에 대한 동기를 부여하지 않게 되기도 한다.

㉤ 하나의 욕구가 모든 사람에게 동일한 반응을 일으킨다고 볼 수는 없다.

㉥ 장기간 어느 욕구가 계속 충족되면 다른 욕구는 과소평가될 수도 있다.

Plus ⊕ one

매슬로우의 인간욕구

욕구수준	일반요소	조직체요소	일반만족도
자아실현	자율성 · 성장 · 성숙	창의적 업무, 보람 있는 직무, 성취감, 경력발전 등	• 욕구결핍 • 욕구충족
존 경	인정, 신분, 성립, 자존심	직위, 직무내용, 책임감, 상관 · 동료 · 부하로부터의 인정 등	
애 정	교제, 친분, 친애	리더십, 집단소속감, 준거집단 관계 등	
안 전	안전, 안정, 기본실력	봉급, 안정된 직장 등	
생리적	공기, 의 · 식 · 주, 성	안전하고 건전한 직업환경 등	

(2) 허즈버그(Herzberg)의 동기-위생이론

3, 15회 기출

① 개 념

허즈버그는 사람은 이원적 욕구구조를 가지고 있으며, 불만을 일으키는 요인(불만요인 또는 위생요인)과 만족을 주는 요인(만족요인 또는 동기부여요인)은 서로 다르다는 욕구충족요인 이원론을 제시하였다.

② 불만요인(위생요인)

㉠ 맥그리거의 X이론과 관련성이 많으며 조직의 정책과 관리, 감독, 보수, 대인관계, 근무조건 등을 의미한다.

㉡ 일하고 있는 환경과 관련되는 것으로, 개선되면 불만을 줄이거나 방지하게 된다.

㉢ 불만요인의 제거는 근무태도의 단기적 변동만 가져올 뿐 장기적 효과는 없다.

㉣ 충족되지 않으면 심한 불만을 일으키지만 충족되어도 근무의욕을 향상시키지는 않는다.

㉤ 인간의 동물적 · 본능적 측면이나 욕구계층상의 하위욕구(생리적 · 안전욕구)와 관련된다.

㉥ 매슬로우의 욕구단계 중 저차원적 욕구와 유사하다. 조직의 정책과 경영, 감독기술, 급여, 인간관계, 작업조건 등 5가지가 이에 속한다.

③ 만족요인(동기부여요인)

㉠ 맥그리거의 Y이론과 관련되며 직무 그 자체, 직무상의 성취, 직무성취에 대한 인정, 승진, 보람 있는 일, 책임, 성장 · 발전 등이다.

㉡ 인간의 정신적 측면이나 자기실현욕구 · 존경욕구 등 상위욕구와 관련되며 장기적 효과가 있다.

㉢ 일 자체에 대한 욕구로서 일의 성취와 이를 통한 자기실현이 이에 속하며 충족되면 적극적인 만족감을 느끼고 근무의욕이 향상될 수 있다.

㉣ 달성, 인정, 일에 대한 책임, 승진 등이 이에 속하며, 그 중에서도 일에 대한 책임, 일 그 자체, 승진의 3가지 요소가 일에 대한 의욕과 동기를 지속시키는 요인이라 본다.

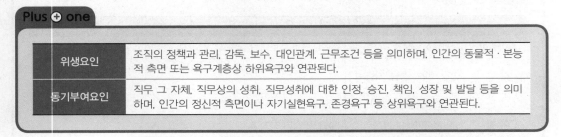

Plus ⊕ one

위생요인	조직의 정책과 관리, 감독, 보수, 대인관계, 근무조건 등을 의미하며, 인간의 동물적 · 본능적 측면 또는 욕구계층상 하위욕구와 연관된다.
동기부여요인	직무 그 자체, 직무상의 성취, 직무성취에 대한 인정, 승진, 책임, 성장 및 발달 등을 의미하며, 인간의 정신적 측면이나 자기실현욕구, 존경욕구 등 상위욕구와 연관된다.

(3) 알더퍼(Alderfer)의 ERG이론

20회 기출

① 내 용

㉠ 알더퍼는 매슬로우의 '만족-진행'의 욕구 전개를 비판하고 **'좌절-퇴행'**의 욕구전개를 주장하면서 **존재욕구, 관계욕구, 성장욕구** 등 3가지 욕구의 범주를 제시했다.

㉡ 각 욕구는 순서대로 나타나는 것이 아니라 어느 시점에서 어떤 욕구든 나타날 수 있다.
㉢ 고순위 욕구가 좌절될 경우 저순위 욕구가 중요해진다는 좌절-퇴행접근을 주장한다.
㉣ 이론의 기반을 현장연구에 두었으며, 동기에 관한 체계적인 연구와 구성원의 근무태도에 관한 요인분석연구 등을 실시하였다.

② ERG 욕구

㉠ E(Existence, 존재욕구)

매슬로우 생리적 욕구나 안전의 욕구와 같이 인간이 자신의 존재를 확보하는 데 필요한 욕구이다. 급여, 육체적 작업에 대한 욕구, 물질적 욕구 등이다.

㉡ R(Relatedness, 관계욕구)

주변사람들과 의미 있는 인간관계를 형성하고 싶은 욕구를 말한다. 매슬로우의 안전에 대한 욕구, 사회적 욕구, 자기존중의 욕구가 이에 해당한다.

㉢ G(Growth, 성장욕구)

매슬로우의 자기존중의 욕구와 자아실현이 욕구를 말한다. 개인의 잠재력 개발과 관련된 욕구이다.

Plus ⊕ one

존재욕구	생리적 욕구 + 안전에 대한 욕구
관계욕구	애정과 소속에 대한 욕구 + 자기존중의 욕구 일부
성장욕구	자기존중의 욕구 일부 + 자아실현의 욕구

(4) 맥클리랜드(McClelland)의 성취동기이론

9, 15, 17회 기출

① 내 용

㉠ 맥클리랜드는 개인의 성격이 행위를 유발하는 잠재적인 요소들, 즉 **성취욕구 · 권력욕구 · 친교욕구**로 구성되어 있다고 보았다.
㉡ 맥클리랜드는 세 가지 욕구 중 **성취욕구의 중요성**을 강조하였으며, 이를 토대로 성취동기이론을 전개하였다.
㉢ 높은 성취욕구를 가진 사람은 문제의 해결책을 찾는 데 **개인적인 책임**을 부여하는 상황을 선호하고, 그들의 성과에 대한 개선 여부를 알기 위해 **신속하고 명확한 피드백**을 받을 수 있는 상황을 원한다.
㉣ **적절하고 도전적인 목표**를 설정할 수 있는 상황과 타인의 행동이나 우연에 의한 결과보다는 성공이나 실패에 대해 자신이 **책임을 지는 도전적인 일**을 원한다.
㉤ 맥클리랜드가 제시한 성취욕구는 매슬로우의 자아실현의 욕구와 흡사하며, 친교욕구는 애정과 소속에 대한 욕구와 밀접하다.

② 맥클리랜드의 3가지 욕구

성취욕구	• 어려운 일을 성취하려는 욕구, 즉 목표를 달성하고 그것을 능가하려는 욕구이다. • 일을 신속하고 독자적으로 해내려고 하며, 스스로의 능력을 성공적으로 발휘하여 자긍심을 높이려고 한다.
권력욕구	• 조직의 지도자가 되어 다른 사람을 통제 · 지시하려는 욕구이다. • 다른 사람에 대해 영향력을 행사하여 자기가 바라는 대로 이끌고자 한다.
친교욕구	• '친화욕구' 또는 '귀속욕구'라고도 하며, 다른 사람과 친근하고 밀접한 관계를 맺으려는 욕구이다. • 다른 사람들과 좋은 관계를 유지하려고 노력하며, 친절하고 동정심이 많다.

(5) 맥그리거(McGregor)의 X · Y이론

1, 10회 기출

맥그리거는 조직 내에서 개인과 집단이 직무를 보는 태도성향과 직무 수행 자세에 따라 인간을 X이론과 Y이론으로 구분한다.

① 특 성

㉠ 맥그리거는 인간의 본성에 대해 상반된 가정을 토대로, 부정적인 관점을 반영한 X이론과 함께 긍정적인 관점을 반영한 Y이론을 제시하였다.

㉡ 일반적으로 X이론은 전통적인 인간관을, Y이론은 현대적인 인간관을 반영한다.

㉢ 맥그리거는 Y이론의 가정이 X이론의 가정보다 타당하다고 보았다. 그로 인해 의사결정, 책임, 도전적인 직무에 직원들을 참여시키는 것은 직무동기를 극대화시킨다고 주장하였다.

㉣ Y이론은 인간의 동기가 대체로 저차원의 욕구수준에 머물러 있으므로 고차원의 욕구를 충족시키는 방향으로 동기부여가 이루어져야 한다고 주장한다.

② 맥그리거의 X · Y이론의 내용과 인간관

이 론	내 용	인간관
X이론 (전통적 인간관)	• 인간은 본래 일을 하기 싫어하며, 신체적 · 정신적 수고를 요하는 일을 회피하고자 한다. • 인간은 자발적으로 책임을 지기보다는 오히려 지시받기를 좋아한다. • 조직 내 목표달성을 위해 통제, 명령, 처벌이 필요하다. • 저차원의 욕구, 즉 생리적 욕구와 안전에 대한 욕구 수준에 머문다.	• 본래 태만하고 가능한 한 일을 회피함 • 야망이 없고 책임지기를 싫어함 • 이기적이며 창의력이 부족함 • 변화에 저항함 • 생리적 · 안전적 수준에서 동기부여 • 인간은 통제와 강제의 대상임
Y이론 (현대적 인간관)	• 인간은 본래 일을 하기 좋아하며, 신체적 · 정신적 수고는 놀이나 휴식과도 같다. • 인간은 자율적이고 능동적으로 자신의 의지에 따라 스스로를 통제할 수 있다. • 조직 내 목표달성을 위한 의지는 목표달성에 따른 보상 및 그에 대한 기대에서 비롯된다. • 고차원의 욕구, 즉 자아실현의 욕구 수준에 이른다.	• 일을 놀이와 같이 자연스럽게 생각함 • 목표달성을 위한 자기통제가 가능함 • 수동적인 성향을 지닌 것은 아님 • 변화에 저항적으로만 반응하지는 않음 • 친화, 자존, 자기실현 수준에서 동기부여 • 자율성, 창조성을 지님

Plus ⊕ one

내용적 차원의 동기부여 이론의 비교

종 류	동 기	내 용
고전이론	경제적 요소(돈)	금전적인 보상만이 직원의 동기를 유발하여 생산성을 향상시킨다고 주장하지만, 사회복지조직에서는 금전적인 보상만으로 동기가 유발되지는 않는다.
매슬로우의 욕구이론	직원들의 욕구	매슬로우는 인간의 욕구를 5단계로 나누어 보면서 근로자의 동기는 직원들의 욕구에 따라 유발된다고 주장한다.
인간관계이론	인간관계와 상호작용	행정가는 직원들에게 동기를 유발하기 위한 핵심적인 역할을 해야 한다고 주장, 직원 상호 간 인간관계가 좋은 집단에서는 생산성이 극대화된다고 가정하여 직원들의 인간관계와 상호작용에 따라 동기가 유발된다고 보았다.
행동수정이론	조직적 조건화 보상과 처벌	인간의 행동은 지속적인 처벌이나 보상에 따라 변화될 수 있다고 보며, 처벌보다는 보상이 더 바람직한 방법이라고 주장한다.
X · Y이론	• X이론 : 규제와 지시 • Y이론 : 인간의 자율성	X이론은 인간은 본래 일하기를 싫어하고 통제가 있어야만 작업에 동기가 부여가 된다는 관점이며, Y이론은 인간은 창의적이고 지지를 받고 싶어하므로 근로자를 의사결정에 참여시키고 규제와 통제는 최소화해야 한다는 관점이다.
동기부여 – 위생론	일의 내용과 심리적 만족	근로자는 고통을 피하고 심리적 성장과 만족을 성취하려는 욕구가 강하기 때문에 일의 내용과 심리적인 만족에 의해 작업의 동기가 부여된다는 입장이다.
EGR이론	존재, 관계, 성장의 욕구	고순위 욕구가 좌절될 경우 저순위 욕구가 중요해진다는 좌절 – 퇴행접근을 주장한다.
성취동기이론	성취, 권력, 친교의 욕구	매슬로우의 자아실현의 욕구와 흡사하며, 친교욕구는 애정과 소속에 대한 욕구와 밀접하다.

3 과정이론

과정적 차원의 동기부여이론은 선험적 욕구의 존재를 부정하고 욕구형성에 있어서 심리적 요인(주관적 평가과정)에 역점을 두는 입장이다. 즉, 동기유발과정에 관계되는 독립변수와 종속변수와의 관계 또는 이들 변수들 간의 상호 관련성을 검토하고 분석하는 데 그 중점을 두고 있다.

(1) 브룸(Vroom)의 기대이론

① 기대이론의 의의

㉠ Vroom의 기대이론(Expectancy Theory)은 동기부여이론 중에서 가장 널리 수용되는 이론 중 하나로 Lewin과 Tolman에 의해 처음 제시되었고, 1964년 Vroom에 의해 발전된 이론이다.

㉡ 동기부여의 정도는 행위의 결과에 대한 매력의 정도(유의성)와 결과의 가능성(기대) 그리고 성과에 대한 보상 가능성(수단성)의 함수에 의해 결정된다고 주장하였다.

㉢ 어떤 직무를 하기 위한 동기유발수준은 개인이 노력해서 직무를 성공적으로 달성할 수 있는가라는 기대감과 성과에 따르는 보상이 확실한가에 대한 수단성, 그리고 보상이 개인에게 얼마나 매력적인가에 대한 유의성에 의해 결정된다는 것이다.

② 기대이론의 내용

㉠ 인간이 행동하는 방향과 강도는 그 행동이 일정한 성과로 이어진다는 기대(E)의 강도, 실제로 이어진 결과(I)에 대해 느끼는 매력(V)에 달려 있다.

㉡ 기본적으로 어떤 행동을 작동시키는 동기(M)는 성과에 대한 유의성(V_1)과 자신의 행동이 그런 결과를 초래하리라는 기대감(E)에 의해 결정된다.

㉢ 1차적 성과에 대한 유의성(V_1)은 보상에 대한 매력(V_2)과 그 보상이 성과에 의해 생길 수 있다는 개인적 기대감(I : 수단성)에 의해 영향을 받는다는 이론이다.

㉣ 직원의 동기부여를 위해서는 근무성적평정결과와 개인들이 가치 있게 생각하는 보상(보수, 승진 등) 체계를 분명하게 연계하여 근무결과에 대한 매력을 높임으로써 자신의 노력으로 그러한 성과를 초래할 수 있다는 기대를 높이는 것이 필요하다.

③ 기대이론의 요소

㉠ 유의성(V : Valence) : 선택한 행위의 결과로 주어지는 산물의 가치 또는 특정 결과에 대한 개인적 선호의 강도로, 취업했을 때 받는 봉급 · 사회적 명성 등을 말한다.

㉡ 수단성(I : Instrumentality) : 행위가 결과를 초래할 가능성(확률)에 대한 개인적 신념을 말하는 것으로 취업했을 때 봉급 · 명성 · 기회가 주어질 가능성 또는 기대하는 가치가 달성될 가능성을 말한다.

㉢ 기대(E : Expectation) : 이러한 행위를 해낼 수 있는 자신감으로, 자신의 능력에 대한 기대와 신뢰를 의미하며 내용 · 과정이론의 가장 중요한 변별기준이다.

(2) 아담스(Adams)의 형평성 · 공정성이론

18회 기출

① 개인의 행위는 타인과의 관계에서 공평성을 유지하는 방향으로 동기부여가 되며, 업무에서 공평하게 취급받으려고 하는 욕망이 개인으로 하여금 동기를 갖게 한다.

② 투입, 산출, 준거인물을 요소로 하여 자신의 '산출/투입'보다 준거가 되는 다른 사람의 '산출/투입'이 클 때 비형평성을 자각하게 되고, 형평성 추구행동을 작동시키는 동기가 유발된다.

③ 주요개념

㉠ **투입** : 보상을 기대하고 조직에 투여한 능력, 기술, 교육, 경험, 사회적 지위 등

㉡ **산출** : 투입에 대한 결과로서 개인이 받은 수익이나 비용(보수, 승진, 직무만족, 학습기회 등)

㉢ **준거인물** : 자신의 산출/투입 비율을 비교하는 대상 인물

(3) 목표설정(Goal Setting)이론

16회 기출

① 인지에 초점을 둔 이론으로 의미 있는 목표가 동기유발을 일으켜서 조직성과 달성에 기여한다고 본다. 즉, 목표의 설정 자체가 사람들의 인지에 영향을 미쳐서 이것이 동기화될 수 있다고 설명한다.

② 목표가 구체적일수록 효과적이라고 보며 의미 있는 목표는 동기유발을 일으켜 조직성과 달성에 기여한다고 본다.

③ 조직에서 구성원들의 동기를 형성시키는 방안으로 목표설정에 대한 관리가 필요하다고 주장한다.

Plus ⊕ one

내용이론과 과정이론

16회 기출

내용이론(욕구이론)	과정이론
동기를 부여하는 실제적인 내용이 무엇인가에 초점을 둔다. 즉, 무엇이 인간의 행동을 일으키는가와 관련된다. • 매슬로우(Maslow)의 욕구계층이론 • 허즈버그(Herzberg)의 동기-위생이론(2요인 이론) • 알더퍼(Alderfer)의 ERG이론 • 맥클리랜드(McClelland)의 성취동기이론 • 맥그리거(McGregor)의 X · Y이론	조직구성원이 목표달성 과정에서 어떤 요인에 의해 행동을 일으키는지에 초점을 둔다. • 브룸(Vroom)의 기대이론 • 아담스(Adams)의 형평성(공정성 또는 공평성)이론 • 목표설정이론

제3절 직무유지

1 직무만족

(1) 직무만족의 개념

직무수행자가 직무수행 과정에서 경험하거나 직무수행의 결과로 얻게 되는 성취감 등의 욕구만족 함수를 말한다.

(2) 내적 만족와 외적 만족

① **내적 만족** : 직무의 난이도, 도전감, 다양성, 중요성, 책임 등 직무 그 자체의 내재적 가치가 주는 만족감

② **외적 만족** : 보상, 승진, 작업환경 등 직무수행의 결과에 따라 직무 외적으로 부여된 외재적 가치가 주는 만족감

(3) 학자에 따른 직무만족에 대한 정의

매코믹(Mccormick)	직무수행자가 직무수행과정에서 경험하거나 직무수행결과로 얻게 되는 성취감 등의 욕구만족 함수
스미스(Smith)	개별적 직무를 통해서 경험되는 모든 감정의 총화 내지 균형상태에 좌우되는 태도
로크(Locke)	종업원 자신이 직무에 대한 평가결과에서 느낄 수 있는 유쾌하고 긍정적인 정서 상태
베티(Beatty)	조직구성원의 직무가치를 달성하고 촉진시키는 것으로서 개인별로 직무평가에서 얻는 감정적 상태
포터(Porter) & 롤러(Lawler)	실제로 얻은 보상이 정당하다고 인정되는 보상의 수준을 초과한 정도

2 소진(Burn out)

11, 17, 18회 기출

(1) 의 의

① 헌신적이었던 전문직업인이 직업에서 경험하는 스트레스와 고통으로 인해 직무로부터 멀어져 가는 과정을 말하며, 목적의식이나 관심이 점차적으로 상실되는 과정이다.

② 주로 밀접한 인간관계와 관련된 직무 스트레스가 많은 직종의 종사자들에게서 나타나는 부정적 현상이다.

③ 직무가 주로 그 대상자에 대한 이해나 감정이입을 전제로 서비스를 제공하는 교사, 간호사, 사회복지사 등과 같이 타인을 돕는 일과 관련된 직종에서 나타나기 쉬운 현상이다. 특히 사회복지사는 다른 집단에 비해 소진의 위험이 높은 직업군에 속한다.

(2) 단 계

① **열성의 단계** : 자신의 일에 대해 희망과 정열, 때로는 비현실적인 기대를 가지고 많은 시간과 정력을 투자하는 단계이다.

② **침체의 단계** : 근무는 하되 업무가 다른 모든 것을 대체할 만큼 흥미 있는 것으로 느껴지지 않는 단계로, 사회복지사는 보수, 근무시간과 근무환경 등에 신경을 쓰고 개인적인 욕구충족을 더 중요하게 여기게 된다.

③ **좌절의 단계** : 자신의 직무수행능력과 일 자체의 가치에 대한 의문을 갖게 되어 업무환경 내 여러 제한점을 자신이 하는 일에 대한 위협으로 보게 되고, 노력에 비해 성과가 적다고 불평하게 된다.

④ **무관심의 단계** : 자신을 좌절로부터 방어하기 위해 냉담해지는 단계로, 정신적 · 신체적인 기권상태에서 클라이언트에게 무관심해지거나 아예 그 작업을 떠나는 단계이다.

(3) 조직수준의 소진 방지 전략

① 소진을 유발하는 조직구조적인 요인에 대응하여 자율성과 통제권을 확대한다.
② 중요한 결정에 사회복지사의 참여기회를 보장하고 수직적 의사소통의 경로를 마련한다.
③ 사회복지사 대 클라이언트 비율을 낮춘다.
④ 정신적 · 정서적 부담이 가중될 때 타임아웃을 가능하게 한다.
⑤ 개별 사회복지사의 장점을 살릴 수 있도록 조직에 융통성을 부여한다.
⑥ 적절한 교육훈련의 기회를 정기적으로 제공한다.
⑦ 일터의 물리적 환경을 개선한다.

3 근무성적평정

(1) 의 의

① 근무평정(인사고과)이란 일정 기간 동안에 수행한 능력, 근무성적, 가치관, 태도 등을 평가하여 재직, 승진, 훈련수요의 파악, 보수결정 및 상벌에 영향을 주는 인사행정상의 한 과정으로 직무가 아닌 인간에 대한 평가이다.
② 직무평정은 단순히 근무성과만을 평가하는 것이 아니라 지니고 있는 능력, 직무수행태도도 평가대상이 된다.

(2) 원 칙

① 모든 대상자들에게 일관되게 적용되는 방법과 기준을 사용한다.
② 업무활동에 대한 피드백을 통해 지속적으로 수행되어야 한다.
③ 평가대상자의 참여와 관여 속에서 진행되어야 한다.
④ 평가대상자가 수행한 업무와 결과, 행동에 초점을 두어야 한다.
⑤ 문제를 악화시키기보다 해결해나가는 데 기본적인 목적을 둔다.

(3) 평가의 기준

14회 기출

① 효율성 : 비용 최소화 또는 산출 극대화를 평가하는 것이다.
② 효과성 : 프로그램의 목적 달성도의 여부를 평가한다. 클라이언트의 기능향상이나 행동변화를 나타내는 직접자료 및 만족도를 나타내는 간접자료도 이에 포함될 수 있다.
③ 공평성 : 프로그램의 효과와 비용이 사회집단 또는 지역 간에 공평하게 배분되었는지를 판단하는 것이다.
④ 서비스의 질 : 서비스가 전문적인 지식과 기술을 보유한 직원에 의해 제공되었는지, 서비스를 제공받는 사람들의 신체적 · 정서적 · 사회적 · 경제적 욕구를 충족시킬 수 있는 수준으로 제공되었는지를 평가한다.

(4) 평가도구

① **도표평정식** : 한편에는 평정요소, 한편에는 우열의 등급을 도표로 표시한다. 평가자가 각각의 수행 등급을 표시하는 것으로 직위 간 직무의 차이를 구별하지 못하며, 평가요소들이 일반적이므로 일반적인 평가밖에 할 수 없다.

② **개조서열식** : 평가자들이 모든 직원에 대해 최상에서 최하까지 등급을 매기는 척도이다. 평가에 따라 서열이 매겨지므로 직원들을 지나치게 경쟁으로 몰아가며, 평가요소가 구체적이지 못해 평가에 한계가 있다.

③ **이분비교식** : 등급을 매기거나 서열을 정하는 것이 아닌 자신을 제외한 나머지 같은 서열 내 다른 직원들과 비교하여 평가가 이루어지는 척도이다. 다른 척도에 비해 다소 구체적이다.

④ **강제배분식** : 평정상의 착오로 나타나는 집중화 경향, 관대화 경향의 폐해를 방지하기 위해 근무성적을 강제로 배분하는 방법이며 일반적으로 수(20%), 우(40%), 양(30%), 가(10%)로 강제 배분한다.

⑤ **중요사건평가식** : 직원이 직무수행 시 과정이나 결과가 좋았던 업무와 나빴던 업무를 기록하게 하여 좋았던 업무는 강화하고 나빴던 업무는 교정하여 검토하는 척도로서 직원들에게 피드백을 제공한다.

⑥ **행동계류평정식** : 업무와 관련된 행동의 효과성에 대한 평점을 매기는 델파이기법을 사용하여 전문가들에 의해 등급을 매기는 척도이다. 가장 높은 점수를 받은 업무와 관련된 행동이 바로 직무평가의 기대치가 된다. 시간이 많이 소요되고 비용이 많이 든다는 단점이 있지만 직무평가도구로서 타당성이 가장 높다.

(5) 근무성적평정상의 오류

① **연쇄효과** : 어느 한 평정요소에 대한 평정자의 판단이 연쇄적으로 다른 요소의 평정에도 영향을 주는 현상

② **집중화 경향** : 평정자가 모든 피평정자들에게 대부분 중간 수준의 점수나 가치를 주는 심리적 경향

③ **관대화 경향과 엄격화 경향** : 평정결과의 분포가 우수한 쪽 또는 열등한 쪽에 치우치는 경향

④ **규칙적 오류** : 어떤 평정자의 가치관 및 평정기준의 차이로 인해 언제나 다른 평정자들보다 후하거나 나쁜 점수를 주는 것

⑤ **총계적 오류** : 평정자의 평정기준이 일정하지 않아 관대화 · 엄격화 경향이 불규칙하게 나타나는 것

⑥ **시간적 오류** : 쉽게 기억할 수 있는 최근의 실적이나 능력을 중심으로 평가하려는 데서 발생하는 오차

⑦ **선입견에 의한 오류** : 평정의 요소와 관계없는 요소 등에 대해 평정자가 갖고 있는 편견이 평정에 영향을 미치는 것

⑧ **논리적 오차** : 평정요소 간에 논리적 상관관계가 있다는 관념에 의한 오차

CHAPTER 09

출제유형문제

01 사회복지조직의 인사관리에 관한 설명으로 옳지 않은 것을 모두 고른 것은? [10회]

ㄱ. 직원을 모집하기 위해서는 단기 · 중기 · 장기의 충원계획 수립이 필요하다.
ㄴ. 직무기술서(Job Description)는 직무명칭과 개요 등 직무 자체에 관한 내용이다.
ㄷ. 선발시험 방법은 크게 필기시험, 실기시험, 면접시험 등으로 구분된다.
ㄹ. 직무명세서를 작성한 후 해당 직무에 대한 직무분석이 이루어져야 한다.

① ㄱ, ㄴ, ㄷ
② ㄱ, ㄷ
③ ㄴ, ㄹ
④ ㄹ
⑤ ㄱ, ㄴ, ㄷ, ㄹ

해설 ㄹ. 인사관리의 일반적인 절차 중 모집의 절차는 '충원계획 수립 → 직위(직무)에 대한 직무분석 → 직무기술서 및 직무명세서 작성'의 과정으로 전개된다. 특히 직무명세서는 직무분석의 결과를 인사관리의 특정한 목적에 맞게 직무의 내용과 직무에 요구되는 자격요건에 중점을 두어 정리한 문서로서, 직무 자체에 관한 내용을 담는 직무기술서와 달리 직무수행자의 지식, 교육수준, 기능 · 기술수준 등 인적 요소를 더욱 강조한다.

02 직무기술서에 포함되는 정보라고 보기 어려운 것은?

① 직무명칭
② 작업경험
③ 소속 · 직종
④ 직무수행 방법
⑤ 작업조건

해설 직무기술서와 직무명세서에 포함되는 내용

직무기술서	직무명세서
• 직무명칭, 소속 · 직종 • 직무 개요 및 내용 • 직무수행에 필요한 각종 장비 및 도구 • 직무수행 방법 및 절차 • 직무수행의 환경적 조건(작업조건) 등	• 직무명칭, 소속 · 직종(공통) • 직무수행에 요구되는 지식, 교육수준, 기능 · 기술수준 • 육체적 능력 및 정신적 특성 • 판단력, 의사소통기술, 정서적 특성 • 작업경험, 책임 정도 등

Answer 1 ④ 2 ②

03 사회복지조직에서의 인적자원관리에 관한 설명으로 옳은 것을 모두 고른 것은? [16회]

ㄱ. 직원채용을 위해서 직업능력검사를 시행하였다.
ㄴ. 조직의 역사, 사명, 기본정책 등에 관하여 직원 오리엔테이션을 가졌다.
ㄷ. 업무 담당자를 위해 직무기술서를 작성하였다.
ㄹ. 업무성과 평가를 위해 직원의 행동평가를 실시하였다.

① ㄱ, ㄷ
② ㄴ, ㄹ
③ ㄱ, ㄴ, ㄷ
④ ㄱ, ㄷ, ㄹ
⑤ ㄱ, ㄴ, ㄷ, ㄹ

해설
ㄱ. 직원채용을 위해서 직업능력검사를 시행하는 것은 그중 선발 과정에 해당한다.
ㄴ. 직원의 신규채용과 훈련을 위한 오리엔테이션(Orientation)은 직원개발(Staff Development)과 관련된다. 직원개발은 조직구성원의 소양 · 능력을 개발하고 직무수행에 필요한 지식 · 기술을 향상시키며, 가치관과 태도를 바람직한 방향으로 변화시키기 위한 교육훈련 활동을 말하는 것으로 인적자원관리의 기능에 해당한다.
ㄷ. 인사계획의 관점에서 직무분석(Job Analysis), 직무기술서(Job Description) 및 직무명세서(Job Specification)의 작성 등은 인적자원관리의 필수적인 활동이다.
ㄹ. 인적자원관리는 인력에 대한 모집 · 채용 · 유지 · 개발은 물론 평가 과정까지 포함하는 관리 과정이다. 직원의 평가는 직무수행(Job Performance) 정도를 평가하는 것으로서, 여기에는 조직 · 프로그램의 목적 성취에 대한 기여도를 평가하는 직무능력평가(Job Performance Appraisal)를 비롯하여 직원들이 일과 업무환경에 대해 가지고 있는 태도나 인지상태를 파악하는 직무만족도평가(Job Satisfaction Appraisal) 등이 포함된다.

04 사회복지서비스 기관에서의 슈퍼비전에 관한 설명으로 옳지 않은 것은? [13회]

① 카두신(A. Kadushin)은 슈퍼비전을 행정적, 지지적, 교육적 기능으로 설명한다.
② 긍정적 슈퍼비전은 사회복지사의 소진 예방에 도움을 준다.
③ 슈퍼바이지(Supervisee) 간 동료 슈퍼비전은 인정되지 않는다.
④ 사회복지사의 관리 및 통제의 수단으로도 활용된다.
⑤ 슈퍼비전의 질은 슈퍼바이저의 역량에 좌우된다.

해설
③ 동료집단 슈퍼비전(Peer-group Supervision)이란 특정한 슈퍼바이저 없이 모든 집단성원들이 동등한 자격으로 참여하는 것으로, 슈퍼비전의 모형에 포함된다.

Answer 3 ⑤ 4 ③

05 인적자원관리(Human Resource Management)에 관한 설명으로 옳지 않은 것은? [14회]

① 조직구성원의 능력과 성향이 조직성과에 주는 영향이 크기 때문에 인적자원관리가 중요하다.
② 조직구성원의 혁신적 사고와 행동이 조직의 경쟁력이라고 전제한다.
③ 인적자원 확보와 조직구성원에 대한 훈련, 교육, 보상관리 등을 의미한다.
④ 환경 적응을 위하여 전문적 직무의 협력, 통합, 융합수준을 향상시킨다.
⑤ 명문화, 세분화된 직무는 이용자의 욕구와 시장변화에 대한 전략을 세우는 데 도움이 된다.

해설 ⑤ 명문화, 세분화된 직무는 직무기술서에 의해 그 책임과 권한이 명백히 규정되고 통제범위 또한 구체적으로 제시됨으로써 작업조직의 경직성을 초래한다. 따라서 인적자원관리의 최근 경향은 기존의 세분화된 직무에 기반을 둔 전통적인 직무중심 인적자원관리에서 구성원 개개인의 창의성과 역량 강화를 강조하면서 유연한 인력관리가 가능한 이른바 속인중심 인적자원관리로 변모되고 있다.

06 슈퍼바이저에게 필요한 자질에 해당하는 것을 모두 고른 것은? [12회]

ㄱ. 풍부한 지식
ㄴ. 실천기술과 경험
ㄷ. 개방적 접근의 용이성
ㄹ. 솔직성

① ㄱ, ㄴ, ㄷ
② ㄱ, ㄷ
③ ㄴ, ㄹ
④ ㄹ
⑤ ㄱ, ㄴ, ㄷ, ㄹ

해설 슈퍼바이저의 조건
- 풍부하고 종합적인 지식의 구비
- 실천기술과 경험의 구비
- 개방적 접근의 용이성
- 헌신적인 사명감
- 솔직한 태도
- 감사와 칭찬의 태도

Answer 5 ⑤ 6 ⑤

07 다음에서 설명하는 직원능력 개발방법은? [18회]

> • 지속적이고 새로운 전문지식 습득 방법
> • 지역사회의 필요 및 구성원의 욕구에 따라 융통성 있게 실시 가능
> • 사회복지사에게 직무연수 방식으로 제공

① 패널토의(Panel Discussion)
② 순환보직(Job Rotation)
③ 계속교육(Continuing Education)
④ 역할연기(Role Playing)
⑤ 분임토의(Syndicate)

해설

③ 계속교육(Continuing Education)은 학교교육이 끝난 직원들을 대상으로 그들의 전문성을 유지 및 향상시키기 위해 계속적으로 필요한 교육을 실시하는 방법이다.
① 패널토의(Panel Discussion)는 토의법의 일종으로서, 특정 주제에 대해 지식과 경험이 풍부한 전문가들이 사회자의 진행에 따라 토의를 하고 연수자는 그 토의를 듣는 방법이다.
② 순환보직(Job Rotation)은 일정한 시일의 간격을 두고 여러 다른 직위나 직급에 전보 또는 순환보직 등을 통해 직원들을 훈련시키는 방법이다.
④ 역할연기(Role Playing)는 직원으로 하여금 어떤 사례나 사건을 구체적인 상황에 근거하여 실제 연기로 표현해 보도록 하는 방법이다.
⑤ 분임토의 또는 신디케이트(Syndicate)는 전체를 10명 내외의 소집단들로 나누고 각 집단별로 동일한 문제를 토의하여 그 해결방안을 작성하도록 한 후, 전체가 모인 자리에서 각 집단별 해결방안을 발표하고 그에 대해 토론하여 합리적인 해결방안을 모색하는 방법이다.

08 직무소진(Burnout)에 관한 설명으로 옳은 것을 모두 고른 것은? [18회]

> ㄱ. 직무에서 비롯되는 스트레스에 대한 반응이다.
> ㄴ. 목적의식이나 관심을 점차적으로 상실하는 과정이다.
> ㄷ. 감정이입이 업무의 주요 기술인 직무현장에서 발생하는 현상이다.

① ㄱ
② ㄴ
③ ㄱ, ㄷ
④ ㄴ, ㄷ
⑤ ㄱ, ㄴ, ㄷ

해설

ㄱ. 소진 또는 직무소진(Burnout)은 과도한 스트레스에 노출되어 신체적 · 정신적 기력이 고갈됨으로써 직무수행능력이 떨어지고 단순 업무에만 치중하게 되는 현상이다.
ㄴ. 직무에 만족하지 못한 직원들은 감정의 고갈과 목적의식의 상실, 자신의 업무와 클라이언트에 대한 관심 상실 등 부정적인 태도를 보이기 쉽다.
ㄷ. 사회복지조직에서 소진은 클라이언트 중심의 실천, 감정이입적 업무 특성, 급속한 변화와 비현실적 기대, 저임금과 열악한 환경 등 다양한 원인에서 비롯된다.

7 ③ 8 ⑤ Answer

09 동기부여이론과 주요 학자의 연결이 옳은 것은? [15회]

① 인간관계이론 – 매슬로우(Maslow)
② ERG이론 – 허즈버그(Herzberg)
③ 성취동기이론 – 맥클리랜드(McClelland)
④ 욕구계층이론 – 맥그리거(McGregor)
⑤ X · Y이론 – 알더퍼(Alderfer)

해설 **동기부여이론의 분류**

동기부여이론은 크게 내용이론과 과정이론으로 분류된다. 내용이론은 어떤 욕구(What)를 충족시킬 때 동기가 유발될 것인가에 관심을 두는 반면, 과정이론은 특정한 욕구를 어떻게(How) 충족시킬 것인가에 역점을 둔다.

내용이론	• 매슬로우(Maslow)의 욕구계층이론 • 허즈버그(Herzberg)의 동기-위생이론(2요인 이론) • 알더퍼(Alderfer)의 ERG이론 • 맥클리랜드(McClelland)의 성취동기이론 • 맥그리거(McGregor)의 X · Y이론
과정이론	• 브룸(Vroom)의 기대이론 • 아담스(Adams)의 형평성(공정성 또는 공평성)이론

10 인사관리에 관한 설명으로 옳지 않은 것은? [15회]

① 직무분석 이전에 직무명세서와 직무기술서를 작성한다.
② 직무기술서는 직무 자체에 대한 기술이다.
③ 직무명세서는 직무수행자의 요건에 대한 기술이다.
④ 인사관리는 성과관리, 개발관리, 보상관리 등을 포함한다.
⑤ OJT(On-the-job Training)는 일상업무를 수행하면서 훈련을 실시한다.

해설 ① 직무분석은 직무를 구성하고 있는 일, 즉 해당 직무의 내용 및 직무의 수행을 위한 직무조건을 조직적으로 밝히는 절차로서, 직무명세서와 직무기술서는 이와 같은 직무분석이 이루어진 후에 작성하게 된다.

Answer 9 ③ 10 ①

CHAPTER 09

최신기출문제

01 직무를 통한 연수(OJT)에 관한 설명으로 옳은 것을 모두 고른 것은? [19회]

ㄱ. 직원이 지출한 자기개발 비용을 조직에서 지원한다.
ㄴ. 일반적으로 조직의 상사나 선배를 통해 이루어진다.
ㄷ. 일상적인 업무를 통해 이루어지는 경우가 많다.
ㄹ. 조직 외부의 전문교육 기관에서 제공된다.

① ㄱ, ㄴ
② ㄱ, ㄷ
③ ㄱ, ㄹ
④ ㄴ, ㄷ
⑤ ㄷ, ㄹ

해설 OJT와 Off-JT

OJT (On-the-Job Training)	• 직무를 통한 연수로, 직무를 수행하는 과정에서 조직의 상사나 선배들에게 직접적으로 직무교육을 받는 방식이다. • 교육의 중심은 인사나 교육부서가 아닌 현업부서가 되며, 일상적인 업무를 통해 이루어지는 경우가 많다.
Off-JT (Off-the-Job Training)	• 직무와 분리된 연수로, 조직 외부의 연수원이나 전문교육 기관에서 체계적인 교육을 받는 방식이다. • 일정 기간 일상적인 업무에서 벗어나 행하는 연수로, 보통 직원이 지출한 자기개발 비용을 조직에서 지원한다.

1 ④ Answer

02 인적자원관리의 영역에 해당하지 않는 것은? [19회]

① 채 용
② 배 치
③ 평 가
④ 승 진
⑤ 재 무

해설 ⑤ 재무는 재정관리(재무관리)의 영역에 해당한다. 재정관리는 조직이 목표 달성을 위해 필요한 재원을 합리적이고 계획적으로 동원 · 배분하고, 이를 효율적으로 사용 · 관리하는 과정이다.
① 채용은 조직의 직원으로서 적절한 인물을 신규로 충원하는 것이다.
② 배치는 신입직원을 각각의 부서에 배치하는 과정이다.
③ 평가는 직원의 업무수행능력이나 업적 등을 파악하여 전문직을 발전시키는 방법이다.
④ 승진은 직무에 대한 직원의 수행결과에 기초하여 지위와 보수를 발전시키는 방법이다.

03 동기부여 이론에 관한 설명으로 옳은 것은? [20회]

① 알더퍼(C. Alderfer)의 ERG이론은 고순위 욕구가 충족되지 못하면 저순위 욕구를 더욱 원하게 된다는 좌절퇴행(Frustration Regression) 개념을 제시한다.
② 맥그리거(D. McGregor)의 X · Y이론은 조직에 대한 기대와 현실 간 차이가 동기수준을 결정한다는 점을 강조한다.
③ 허즈버그(F. Herzberg)의 동기-위생요인이론은 불만 초래 요인을 동기요인으로 규정한다.
④ 맥클리랜드(D. McClelland)의 성취동기이론은 조직 공정성을 성취동기 고취를 위한 핵심요소로 간주한다.
⑤ 매슬로우(A. Maslow)의 욕구단계이론은 욕구가 존재, 관계, 성장욕구의 세 단계로 구성된다고 주장한다.

해설 ① 알더퍼(Alderfer)의 ERG이론은 매슬로우(Maslow)의 '만족-진행'의 욕구 전개를 비판하고 '좌절-퇴행'의 욕구 전개를 강조한다. 특히 저차원(저순위) 욕구와 고차원(고순위) 욕구를 구별하면서, 고차원 욕구가 좌절되었을 때 오히려 저차원 욕구의 중요성이 커진다고 주장한다.
② 조직에 대한 기대와 현실 간 차이가 동기수준을 결정한다는 점을 강조한 것은 기대이론으로서 특히 앳킨슨(Atkinson) 모형과 연관된다. 앳킨슨 모형은 기대와 현실 간 차이가 크면 그 차이를 줄이는 행동이 동기화된다고 주장한다.
③ 허즈버그(Herzberg)의 동기-위생(요인)이론은 불만 초래 요인을 위생요인으로 규정한다.
④ 조직 공정성을 성취동기 고취를 위한 핵심요소로 간주한 것은 아담스(Adams)의 형평성(공정성 또는 공평성)이론이다.
⑤ 욕구가 존재, 관계, 성장욕구의 세 단계로 구성된다고 주장한 것은 알더퍼의 ERG이론이다.

Answer 2 ⑤ 3 ①

04 퀸(R. Quinn)이 주장하는 혁신적 슈퍼바이저가 가져야 할 능력으로 옳지 않은 것은? [16회]

① 유연한 변화를 만들기 위한 의사소통 능력
② 비판적 · 창의적 사고 능력
③ 슈퍼바이지(Supervisee)의 개인성과를 점검하는 능력
④ 조직을 둘러싼 변화를 판단할 수 있는 능력
⑤ 조직구성원과 이해관계자들 간의 갈등을 예방할 수 있는 능력

해설 ③ 보수적 · 신중적 리더 혹은 슈퍼바이저가 가져야 할 능력에 해당한다. 보수적 · 신중적 리더 혹은 슈퍼바이저는 의사소통 및 의사결정체계, 인사관리체계, 교육 및 평가체계 등의 영역에서 통제와 내부지향성의 가치를 실현하며, 점검자(Monitor), 조정자(Coordinator Role)의 역할을 수행한다. 반면, 혁신적 · 모험적 리더 혹은 슈퍼바이저는 융통성과 외부지향성의 가치를 실현하는데, 특히 변화에의 적응을 위한 비판적 · 창의적 · 독창적 사고 및 판단 능력을 필요로 하는 혁신자(Inventor)의 역할은 물론 조직의 내외부에 합법적 영향력을 행사하면서 정치적으로 긴밀하고 설득적이며 영향력 있는 힘을 필요로 하는 중개자(Broker)의 역할을 수행한다.

05 다음에서 공통적으로 설명하는 인적자원관리 방식은? [17회]

- 인적자원관리의 기초가 된다.
- 직무에 대한 업무내용과 책임을 종합적으로 분류한다.
- 직무명세서 작성의 전 단계이다.

① 직무평가
② 직무분석
③ 직무순환
④ 직무수행평가
⑤ 직무충실

해설 ③ 직무순환은 작업자들이 완수해야 하는 직무는 그대로 둔 채 작업자들의 자리를 교대 이동시키는 방법으로서, 업무세분화에 의해 야기되는 고유 업무 반복의 문제를 해소하고 작업자로 하여금 다양한 직무경험을 쌓도록 하기 위한 것이다.

④ 직무수행평가는 일정 기간 작업자들이 그들의 업무를 얼마나 잘 수행했는지에 대한 정기적 · 공식적인 평가이다. 작업자에 대한 기대치와 비교하여 그들의 업적을 측정 · 평가하고 이를 다시 구성원들에게 피드백하는 과정이다.

⑤ 직무확대가 직무의 과업 수를 늘여서 업무량을 확대하는 방법인 데 반해, 직무충실은 업무 그 자체를 질적으로 충실히 하기 위해 업무에 계획, 준비, 통제 등의 내용을 추가하고, 책임이나 권한의 범위를 확대하여 업무의 폭을 넓히고자 하는 것이다.

4 ③ 5 ② Answer

CHAPTER 10

재정과 재무관리

✪ 학습목표

- 재정관리의 개요, 예산의 수립, 예산의 집행과 결산, 회계 및 회계감사를 학습하자.
- 사회복지조직의 재정을 이해하고 재정적 원천을 알아본다.
- 출제빈도가 가장 높은 부분은 예산모형 영역이다. 다양한 예산모형의 특성을 비교하여 학습하고 우리나라의 정부예산제도와 재무 · 회계 규칙을 전반적으로 살펴본다.
- 바우처제도, 규정순응 감사에 대해 알아보고 사회복지제도와의 연관성에 대해 주목한다.

제1절 재정관리의 개요

1 사회복지재정

사회복지기관의 재정관리는 필요한 재원을 합리적이고 계획적으로 동원 · 배분하고 이를 효율적으로 사용 · 관리하는 과정이다.

(1) 사회복지조직의 재정관리

10, 13, 14회 기출

① 재정관리는 조직이 목표를 달성하기 위해 필요한 물적 자원을 동원하며 이를 활용하는 제반과정을 말한다. 즉, 재정관리는 물적 자원의 동원으로서의 세입과 함께 물적 자원의 활용으로서의 지출로 구분된다.

② 기관의 목표달성은 물론 전문직으로서의 윤리 확보와 지역사회의 복지욕구 충족을 위한 방향에서 재원을 통제하고 계획적으로 활용하는 것이다.

③ 사회복지재정은 민주성과 공공성, 합리성과 형평성이 강조된다. 또한 조직운영에 있어서 통제기능, 조정기능, 정책형성의 기능이 강조되는 동시에 재정관리에 있어서 프로그램 기획 및 관리기능, 회계기능 등이 강조된다.

④ 사회복지재정은 예산, 기부금, 급료, 세금, 여비 등과 관련하여 사회복지기관의 기본적인 활동에 영향을 미친다.

⑤ 기금조성, 예산수립, 지출조정, 평가 등의 연속적인 과정으로 순환된다. 즉, 예산수립에 의해 예산안이 확정되는 경우 이에 근거하여 예산집행이 이루어지며, 결산과정을 거쳐 그에 대한 회계 및 감사가 이어진다.

⑥ 바이너(Weiner)는 재정관리의 예산편성 과정에서 기획기능을 강조하면서 이를 조직의 변화에 영향을 미치는 매우 광범위하고 포괄적이며 미래지향적인 과정으로 간주한 바 있다.

(2) 사회복지재정의 이전체계

12회 기출

① 범주적 보조금(Categorical Grant)

㉠ 보조금의 지급 및 사용 목적이 상세히 규정되어 있다.

㉡ 재정 사용에 관한 지방정부의 재량권은 중앙정부의 상세한 규정에 의해 제한된다.

② 포괄 보조금(Block Grant)

㉠ 보조금의 지급 및 사용 목적이 포괄적으로 규정되어 있다.

㉡ 지역보건이나 지역사회개발, 교육 등과 같은 일반적인 프로그램 영역에 사용되어야 한다는 것 이상으로 보조금의 용도에 대한 구체적인 규정을 정하는 경우가 거의 없다.

③ 일반교부세(General Revenue Sharing)

㉠ 보조금의 지급 및 사용 목적이 별도로 규정되어 있지 않다.

㉡ 중앙정부가 각 지방정부의 재정부족액을 산정하여 아무런 조건 없이 용도에 제한을 두지 않고 교부하는 재원이므로, 지방정부의 자율적인 정책 수립 및 집행이 가능하다.

(3) 사회복지조직의 재원 개발

① 정부 측 재정원천

㉠ 정부 보조금

사회복지사업을 수행하는 비영리법인, 사회복지법인, 사회복지시설, 보호대상자를 수용하거나 보육 · 상담 자립지원을 하기 위하여 사회복지시설을 설치 · 운영하는 개인 등이 정부보조금 지급대상에 포함된다.

㉡ 위탁비

본래는 정부 또는 지방자치단체가 행해야 할 사업을 민간 사회복지시설에 위탁한 것으로 국가의 책임 하에 실시된다. 서비스 이행의 대가로 지불되는 것이 위탁비이다.

㉢ 바우처제도

14회 기출

- 정부가 수요자에게 쿠폰을 지급하여 원하는 공급자를 선택하도록 하고, 공급자가 수요자로부터 받은 쿠폰을 정부에 제시하면 정부가 그 재정을 지원하는 방식이다.
- 기관의 재정을 지원하는 측면과 이용자에 대한 보조금의 측면으로 볼 수 있다.
- 사회복지와 관련하여 노인 돌봄, 산모 · 신생아 도우미, 가사, 간병, 장애인 돌봄, 방문사업 등에 다양한 전자바우처 제도가 도입되고 있다.
- 수급자가 일정한 용도에 한하여 필요로 하는 상품이나 서비스를 자유롭게 선택할 수 있도록 한다.
- 영리화된 사회서비스 공급체계에서는 영리기관이 비영리기관과 서비스 이용권자의 선택을 받기 위해 경쟁하게 되므로 서비스 제공자에 대한 정보 접근성이 필요하다.

② 민간 측 재정원천

19회 기출

후원금, 일반 기부금, 결연후원금, 자선파티나 음악회 등 특별행사를 통한 모금, 유증(재산증여), 개인 및 타 조직으로부터 받는 회비, 서비스 이용요금, 지역 공동모금의 배분, 자체수익사업(건물 임대, 이자증식 등)을 통해 발생한 금액 등이 있다.

(4) 사회서비스 전자바우처 도입배경

① 기존 사회복지서비스는 공급자 지원방식으로 이루어져 수요자의 선택권이 제한되어 시장 창출에 한계가 있기 때문에 수요자 중심의 직접 지원방식으로 바우처(서비스 이용권)제도를 도입하게 되었다.

② 수요자 직접지원 방식으로 공급기관의 허위 · 부당 청구 등 도덕적 해이를 최소화하고, 자금 흐름의 투명성, 업무 효율성 확보, 정보 집적 관리를 통한 사회서비스 발전기반 마련을 위해 금융기관 시스템을 활용한 '전자식 바우처' 추진이 필요하게 되었다.

구 분	공급기관 지원방식	수요자 지원방식
대 상	수급자 등 저소득층	서민 · 중산층까지 확대
서비스 비용	전액 국가지원	일부 본인 부담
서비스 시간	공급기관 재량	대상자 욕구별 표준화
공급기관	단일기관 독점	다수기관 경쟁
특 징	획일적, 정형화된 서비스 제공	공급자간 경쟁을 통한 다양한 서비스 제공

③ 도입성과

㉠ 일자리 창출

고용 취약계층에게 적합한 일자리 제공으로 서민생활 안정 및 경제활동 참여기회가 확대되었다.

㉡ 선택권 강화

복지서비스 대상자가 소극적인 복지수급자에서 능동적인 서비스 구매자로 전환되어 수요자의 선택권 강화 수요자 지원방식 전환으로 국민의 정책체감도 및 만족도가 증가되었다.

㉢ 품질 경쟁체계 구축

복지 분야 독점상태를 해소하여 경쟁을 통한 서비스 품질 제고환경 구축으로 민간 및 대학 등 다양한 사회서비스 제공기관 신규 확충이 가능하게 되었다.

㉣ 투명성과 효율성 향상

사업의 전자화로 행정관리비용이 감소하고 재정운영의 효율성 및 투명성이 제고되었다. 이에 따라 지불 · 정산업무 전산화로 지방자치단체의 행정 부담이 경감되고 중앙정보 집적체계로 사업실적 실시간 파악 및 행정비용 절감이 가능하게 되었다.

(5) 사회복지재정의 특징 및 확충 방안

14, 16회 기출

① 사회복지조직은 재원조달에 있어서 직접적인 통제력이 약하므로 재원확보를 위한 다양한 노력이 필요하다.

② 사회복지부문 정부예산을 증액하고 목적세로서 복지세를 신설하도록 하며 정부와 의도적 연계를 통해 재정을 확충한다.

③ 지방복지재정을 확충하여 지방재정의 자립도를 높이는 동시에 지방자치단체 간의 재정 격차를 좁히고 재원확보를 위해서 지역사회의 타 기관과 연계노력을 해야 한다.

④ 사회복지사업기금 및 공동모금을 활성화하며, 기타 종교단체 및 기업 등의 민간자원을 동원한다.
⑤ 기부금에 대한 면세 한도액의 증액, 사회복지사업기금의 출연금과 기부금의 지출 감면, 사회복지법인의 수익사업에서 얻어지는 수익 및 사회복지사업에 직접 사용되는 것에 대한 각종 세금의 비과세조치 확대 등 사회복지사업에 대한 세제상의 혜택을 확대한다.
⑥ 수익자 부담의 적정성을 확대한다.
⑦ 사회복지법인의 자체 재원을 육성하도록 한다.

제2절 예산의 수립

1 예산의 의의 및 예산편성의 과정

(1) 의 의

① 독립적인 실체에서 행할 장래 일정 기간의 계획된 지출과 그 지출을 위한 자금조달계획으로서 일반적으로 다음 1년간의 조직의 목표를 금전적으로 표시한 것이고 1년 동안의 재정활동의 감시장치를 제공하는 것이다.
② 수입 · 지출의 종류 및 금액을 계통적 · 조직적으로 편성한 예정적 계산으로, 사업계획의 내용과 방향을 계수적으로 표시하며 재정의 규모 · 내용 및 방향을 알 수 있게 해준다.

(2) 예산의 종류

16회 기출

① **본예산** : 사회복지기관의 필요 예산을 편성하여 운영위원회 보고와 법인이사회 의결을 통하여 확정된 당초의 예산을 말한다.
② **추가경정예산** : 법인의 대표이사 및 시설의 장은 예산 성립 후에 생긴 사유로 인하여 이미 성립된 예산에 변경을 가할 필요가 있을 때에는 법령의 규정에 의한 절차에 준하여 추가경정예산을 편성 · 확정할 수 있다(사회복지법인 및 사회복지시설 재무 · 회계 규칙 제13조).
③ **준예산** : 회계연도 개시 전까지 법인 및 시설의 예산이 성립되지 아니한 때에는 법인의 대표이사 및 시설의 장은 시장 · 군수 · 구청장에게 그 사유를 보고하고 예산이 성립될 때까지 임 · 직원의 보수, 법인 및 시설운영에 직접 사용되는 필수적인 경비, 법령상 지급의무가 있는 경비를 전년도 예산에 준하여 집행할 수 있도록 한다(사회복지법인 및 사회복지시설 재무 · 회계 규칙 제12조).
④ **특별회계예산** : 특정사업을 운영할 때, 특정자금 세입으로 특정세출에 충당하기 위하여 본예산과 구분하여 작성할 필요가 있을 때 목적사업별로 예산 및 회계를 별도로 구분하여 작성할 수 있다.

(3) 예산편성의 과정

① 조직의 목표설정

② 기관의 운영에 관한 사실의 확인

③ 운영대안의 검토

④ 우선순위의 결정

⑤ 예산에 관한 최종적인 결정

⑥ 적절한 해석과 홍보

(4) 사회복지조직의 예산서류 제출 시 첨부하는 서류(사회복지법인 및 사회복지시설 재무 · 회계 규칙 제11조 제1항 참조) 20회 기출

① 예산총칙

② 세입 · 세출명세서

③ 추정재무상태표

④ 추정수지계산서

⑤ 임직원 보수 일람표

⑥ 예산을 의결한 이사회 회의록 또는 예산을 보고받은 시설운영위원회 회의록 사본

2 예산체계의 모형

(1) 품목별 예산제도(LIBS ; Line Item Budget System) 2, 7, 9, 18회 기출

① 의 의

구입하고자 하는 물품 또는 서비스별로 편성하는 예산(투입 중심 예산)이다. 가장 오래되고 전통적이며 일반화된 예산체계이다.

② 특 징

㉠ 대개 1회계년도를 기준으로 작성하는 가장 기본적인 예산형식이며, 사회복지관에서 가장 많이 사용하는 형식이기도 하다.

㉡ 예산을 수입과 지출의 항목별로 구체적으로 제시한다.

㉢ 점증주의적 특성을 갖는다.

㉣ 품목별 예산체계는 사회복지조직에서 전적으로 이용하는 데는 문제가 있으므로 회계의 편의와 예산의 통제를 위해서 다른 예산체계와 결합하여 도입하는 것이 바람직하다.

㉤ 예산의 집행에 대한 회계책임을 명백히 하고 경비 사용의 적정화를 기하는 데 필요하다.

㉥ 우리나라의 세출예산과목인 장, 관, 항, 세항, 목 중 목이 품목별 분류이며, 급여 · 여비 · 수용비 · 시설장비 유지비 등이 이에 해당된다.

③ 장 점

㉠ 전체 예상 지출항목들을 수직적으로 나열하여 사용하기에 간편하고 단순하다.

㉡ **지출근거가 명확**하여 예산통제에 효과적이며, 회계책임을 명백히 할 수 있다.
㉢ 지출이 예산 항목별로 정리되어 회계에 유리하다.
㉣ 급여와 재화 및 서비스 구매에 효과적이다.

④ **단 점**

㉠ 전년도 예산을 기준으로 하여 예산증감의 **신축성이 없고 비탄력적**이다.
㉡ 전반적인 인상률을 적용하므로 예산 증감기준의 타당성이 희박하다. 어떠한 것의 비용이 왜 요구되는지에 대한 근거를 알 수 없다.
㉢ 프로그램 목표나 내용, 결과 등과의 연결성이 없기 때문에 프로그램의 사회적 책임성이라는 요구를 충족시키기 어렵다.
㉣ 정책 및 사업의 우선순위를 소홀히 할 수 있다.

Plus ⊕ one

품목별 예산제도의 특징과 장단점

특 징	장 점	단 점
• 전년도 예산에 근거 • 구입품목별 편성 • 통제적 기능이 강함 • 회계자에게 유리함	• 지출근거를 명확히 하여 예산통제에 효과적 • 회계에 용이 • 회계책임이 명백함	• 예산의 신축성 저해 우려 • 예산증대의 정당성 부여 근거미약 • 목표달성 고려 부족 • 사업내용 파악 곤란 • 효율성 저하

참고

품목별 예산서의 예

항 목	전년도 예산	금년도 예산
급 여	96,590	102,280
임대료	5,500	6,300
소모품비	2,480	4,550
우편 및 소포비	7,430	8,000
장비비	…	…
인쇄출판비	…	…
출장비	…	…
회의비	…	…
잡 비	…	…
…	…	…

(2) 성과주의예산제도(PBS ; Performance Budget System)

3, 5, 6, 7, 14, 15회 기출

① 의 의

㉠ 각 기관이 예산사업의 성과 목표와 달성 방법을 제시하고, 예산 당국이 **매년 성과 결과를 평가**해 다음 회계연도에 반영하는 것이다.

㉡ 성과주의 예산을 편성하기 위해서는 각 업무의 성과를 측정할 수 있는 **업무 단위를 개발**하는 것이 관건이다.

㉢ 업무 단위를 개발하기 위해서는 우선적으로 행정기관의 기능이나 사업을 세부기능이나 세부사업으로 계속 **세분화**하는 작업을 수행해야 한다.

② 특 징

㉠ 기능적 예산관리(Functional Budgeting System)라고도 하며, 개별 지출항목들을 조직활동과 연결시키는 것이 특징이다.

㉡ 기관이 제공하는 서비스나 재화의 비용을 강조하여 예산을 수립하는 방식으로, 직접비용 뿐만 아니라 간접비용도 포함하여 계산한다.

㉢ 성과주의 예산모형은 단순히 프로그램의 목표에만 집중하는 것이 아니라 조직의 활동을 기능별 · 프로그램별로 나누고 이를 다시 세부 프로그램으로 나누어 각 세부 프로그램별로 필요한 활동의 단위원가와 성과량을 곱하여 예산을 수립한다.

㉣ 성과주의 예산은 프로그램의 목표를 성취하기 위한 수단, 즉 과정에 집중한다.

㉤ 사회복지 조직의 책임성과 관련하여 점차 중요성이 강조되고 있으며, 우리나라는 1990년대 후반부터 성과주의 예산제도를 도입하고 있다.

③ 장 점

㉠ 성과물이 예산할당의 기준이 되기 때문에 **효율성**을 기할 수 있다.

㉡ 프로그램의 목표와 운영에 대한 **모니터링이 가능**하다.

㉢ 단위비용을 계산하여 **합리적 자금 분배**가 가능하다.

④ 단 점

㉠ 직접비용과 간접비용의 계산에 범위를 정하는 것이 쉽지 않다.

㉡ 비용산출의 단위(시간, 횟수, 클라이언트의 수)설정과 **단위비용을 책정하는** 데 어려움이 있다.

Plus ⊕ one

성과주의 예산제도의 특징과 장단점

특 징	장 점	단 점
• 단위원가 × 업무량 = 예산액 • 장기기획을 고려하지 않고, 효율성을 중시하며, 관리기능이 강함 • 관리자에게 유리	• 목표와 사업 이해 용이 • 자금분배의 합리성 및 사업의 효율성(사업별 통제 가능) • 예산집행의 신축성 • 정책이나 사업수립에 용이	• 예산통제 곤란 • 비용산출 단위설정 및 비용책정 어려움 • 회계책임의 불분명과 공금관리의 소홀 • 운영상의 문제점

참고

단위비용과 단위원가

단위비용은 상품 한 단위를 만드는 데 필요한 총 비용을 말하고 단위 원가는 상품 한 단위를 만드는 데 소비되는 경제가치를 화폐단위로 측정한 것을 말한다.

참고

성과주의 예산서(PBS ; Performance Budget System)의 예

(단위 : 원)

항 목	전년도 예산	금년도 예산
집단 식사 제공 = 3,000 × 1,000 = 3,000,000	…	3,000,000
교육 및 오락프로그램 = 8,000 × 4,000 = 32,000,000	…	32,000,000
교통비 = 5,000 × 12,000 = 60,000,000	…	60,000,000
총지출	…	…

(3) 기획예산제도(PPBS ; Planning Programming Budgeting System)

12, 19회 기출

① 의 의

㉠ 장기적인 계획수립과 단기적인 예산편성을 프로그램 작성을 통해 유기적으로 결합시킴으로써 자원 배분에 관한 의사결정의 합리성을 도모한다.

㉡ 목표달성을 위한 각종 대안의 비용 – 효과분석을 통해 체계적으로 검토한다.

㉢ 현재 내리는 결정에 대한 미래비용을 함축하며, 장기적인 시야를 확보한다.

㉣ 기획예산제도는 '문제상황 → 기획행정 → 기획 → 사업기획(프로그램)작성 → 사업기획서 → 예산편성 → 예산'의 과정으로 이루어진다.

② 특 징

㉠ 목표지향주의

가능한 한 조직의 목표를 수량적으로 명확히 설정한다.

㉡ 효과성과 비교선택주의

효과성을 중요시하는 비교선택주의이므로 비용 – 효과분석은 PPBS의 가장 중요한 도구 중 하나로 사용된다.

㉢ 절약과 능률

일정 자원을 투입하여 최대효과를 낳거나 일정 효과를 낳기 위해 최소자원을 투입한다.

㉣ 과학적 객관성

체제분석과 비용-효과분석 등 과학적 방법을 사용하여 주관과 편견을 배제하고 객관적인 판단에 의해 결정한다.

㉤ 예산기간의 장기화

장기적인 고찰을 중시한다(사업재정계획을 5년 기간으로 작성한 후 예산편성).

③ **장 점**

㉠ 한정된 자원에 대한 최적의 활용으로 분배 방법을 계산하여 능률과 절약을 가져올 수 있다.

㉡ 체제분석, 비용효과분석 등을 통해 의사결정에 있어 객관적이고 합리적인 판단을 내릴 수 있다.

㉢ 목표와 프로그램을 정확히 알고, 계획과 예산이 결합되어 조직운영의 통합성을 도모할 수 있다.

④ **단 점**

㉠ 필요한 품목이나 단위원가가 직접적으로 제시되지 않는다.

㉡ 프로그램 목표와 재정계획이 뒷받침되기 위해 장기적인 계획이 필요하다.

㉢ 결과중심으로 과정을 무시하고, 권력과 의사결정이 중앙집권화될 경향이 있다.

Plus ⊕ one

기획예산제도의 특징과 장단점

특 징	장 점	단 점
• 장기기획과 단기예산편성을 구체적 사업실행계획을 통해 유기적으로 연결하며 계획기능이 강함 • 장기기획을 전제로 함 • 목표를 분명히 함 • 계획자에게 유리	• 사업계획과 예산편성 간의 불일치 해소 • 자원배분의 합리화 및 능률의 절약 • 정책결정과정의 일원화 • 조직체의 통합적 운영에 효과적임 • 장기적 시계와 장기계획의 신뢰성	• 간접비의 배분문제 • 달성 성과의 계량화 곤란 • 지나친 중앙집권화의 초래 • 목표설정의 곤란 • 환산작업의 곤란

참고

기획예산제도의 예

항 목	전년도 예산	금년도 예산
집단 식사제공 300만원의 총비용으로 200명의 노인에게 제공하는 것	…	3,000,000
교육 및 오락 프로그램 200만원의 총비용으로 교육 및 오락프로그램 제공	…	2,000,000
교통비 400만원의 총비용으로 교통관련 보조를 하는 것	…	4,000,000
…	…	…

(4) 영기준예산(ZBB ; Zero Based Budget)

1, 2, 4, 10회 기출

① 의 의

㉠ 영점예산, 무전제예산, 백지상태예산이라고도 한다.

㉡ 전년도 예산을 기준으로 하여 점증적으로 예산을 책정하는 것을 탈피하여 조직의 모든 사업활동에 대해 영기준을 적용한다.

㉢ 프로그램 각각의 효율성, 효과성, 중요성 등을 체계적으로 분석하고 사업의 존속, 축소, 확대 여부를 분석 · 검토하며, **우선순위가 높은 사업을 선택**하여 실행예산을 결정한다.

㉣ **매년 목표달성을 위해 새로운 프로그램을 고려**하는 것으로서, **소비자에게 유리한 방식**이다.

㉤ 영기준 예산은 '의사결정단위 설정 → 의사결정 패키지 설정 → 각 패키지에 우선순위 부여 → 예산배정 → 예산집행의 성과평가'의 과정으로 이루어진다.

② 특 징

㉠ 예산의 효율성을 재고하고, **목표의 효율적인 성취**에 중점을 둔다.

㉡ 어떠한 목적을 세울 것인가에 최대의 관심을 기울인다.

㉢ 기존의 프로그램이라고 해서 높게 평가하지 않는다.

㉣ 집중적 예산편성방식으로, 정책결정이 상향적이다.

③ 장 점

㉠ 예산절약과 프로그램의 쇄신에 기여하는 점이 있지만, 예산절약은 과정상에 나타나는 장점이지 궁극적인 목표는 아니다.

㉡ 자원의 합리적인 분배가 가능하며, 탄력적인 특성을 가진다.

㉢ 프로그램의 효과성, 효율성에 기여한다.

④ 단 점

㉠ 프로그램에 대한 관리자의 전문성과 객관성이 요구되기 때문에 이와 관련된 관리자의 교육, 훈련이 이루어져야 한다.

㉡ 합리성의 강조로 심리적 요인을 무시하는 경향이 있다.

㉢ 다음 해에 진행될 것 같은 프로그램의 예산을 예측하기 어렵기 때문에 장기적인 프로그램의 예산계획으로는 부적절하다.

Plus ⊕ one

영기준예산의 특징과 장단점

특 징	장 점	단 점
• 해마다 사업목표와 수행능력, 다양한 사업을 고려함 • 사업 간 비교평가에 기초하여 우선순위 설정, 사업 선택 • 의사결정기능이 강함 • 소비자에게 유리함	• 예산절약 및 사업 쇄신에 기여 • 재정운영과 자금배분이 탄력적 • 관리 참여 확대 • 사업의 전반적인 평가와 자금 배분 합리화 • 사업의 효과성 및 효율성 • 적절한 정보와 계층간의 단절을 방지하는 역할 • 하의상달과 각 수준의 관리자 참여	• 의사소통 및 결정, 사업평가에 대한 관리자의 능력 필요 • 매년 모든 사업의 재평가 곤란 • 장기기획에 의한 사업수행 곤란 • 시간 및 노력의 과중 • 전면적인 평가곤란 및 능력부족

Plus ⊕ one

예산체계 유형의 비교

구 분	항목별 예산	성과주의예산	프로그램예산	영기준예산
특 징	• 통제중심 예산 • 전년도 예산이 주요 근거가 됨 • 구입품목별, 회계계정별로 편성 • 통제적 기능이 강함 • 회계실무자에 유리	• 과정중심 예산 • 관리중심 예산 • 단위원가 × 업무량 = 예산액 • 효율성 중시 • 장기적 계획을 고려하지 않음 • 관리기능이 강함 • 관리자에게 유리	• 계획지향 예산 • 장기적 계획과 단기적 예산편성을 통해 연결 • 장기적 계획에 유리 • 목표의 명확화 및 목표달성을 강조 • 계획자에게 유리	• 순위지향 예산 • 사업목표와 수행능력에 따라매년 새로 편성 • 동등한 기회 부여 • 사업의 비교평가에 기초 • 의사결정기능 강함 • 소비자에 유리
장 점	• 지출 근거가 명확 • 예산통제에 효과적 • 간편성으로 쉽게 사용 가능	• 목표와 사업을 분명히 이해 • 자금배분의 합리성 • 사업별 통제 가능 • 사업의 효율성 제고	• 목표 및 사업, 예산 간의 괴리 극복 • 합리적 자금배분 • 사업의 효과성 제고 • 장기적 사업계획에 유리	• 예산절약과 사업의 쇄신에 기여 • 합리적 · 탄력적 자금 배분 • 사업의 효과성 · 효율성 제고
단 점	• 예산의 신축성 저해 • 예산증대 명목이 약함 • 결과나 목표달성에 대한 고려 부족 • 사업내용 파악 곤란 • 효율성 무시	• 예산통제가 어려움 • 비용산출의 단위설정과 비용책정이 어려움 • 효율성의 강조로 효과성이 무시됨	• 목표설정의 어려움 • 결과에 치중하여 과정이 무시됨 • 의사결정과 권력이 중앙집권화 될 우려	• 의사소통 · 의사결정 · 사업평가 등 관리자 훈련필요 • 정치적 · 심리적 요인이 무시됨 • 장기계획에 의한 사업수행의 어려움

제3절 예산의 집행과 결산

1 예산의 집행

(1) 의 의

예산집행은 수입과 지출에 관한 단순한 관리나 통제로서의 의미만 가지는 것이 아니고 회계의 통제, 프로그램관리의 통제, 인사관리의 통제, 산출(제공된 서비스)의 통제, 관리행위(형태)의 통제라는 의미도 갖고 있다.

(2) 예산통제의 원칙

13, 20회 기출

① 개별화의 원칙

재정통제체계는 개별 기관 그 자체의 제약조건, 요구사항 및 기대사항에 맞게 고안되어야 한다.

② 강제의 원칙

재정통제체계는 강제성을 띠는 명시적인 규정이 있어야 한다. 강제성은 개별성을 무시할 수도 있지만 규칙의 동일한 적용을 통한 공평성과 활동을 공식화하는 것이다.

③ 예외의 원칙

규칙은 반드시 예외상황을 고려해야 하고 그러한 상황에 적용되는 다른 규칙도 명시되어야 한다.

④ 보고의 원칙

통제체계는 보고의 규정을 두어야 한다. 재정활동에 대한 보고의 원칙이 없으면 재정 관련 행위를 공식적으로 감시하고 통제할 수가 없다.

⑤ 개정의 원칙

규칙이 많은 경우 일정 기간 동안만 적용할 수 있도록 제한되어 있거나, 적용 시 부작용이 나타날 경우를 대비하여 일정한 기간이 지난 후 규칙을 새로 개정할 수 있어야 한다.

⑥ 효율성의 원칙

통제에는 시간과 비용이 많이 드는 경우가 있다. 통제는 비용과 노력을 최소화하는 정도에서 이루어질 수 있어야 한다.

⑦ 의미의 원칙

효과적인 통제가 되기 위해서는 규칙, 기준, 의사소통 및 계약 등은 관계되는 모든 사람들이 의미 있게 잘 이해하도록 전달되어야 한다.

⑧ 환류의 원칙

규칙, 기준, 의사소통, 계약 등을 적용할 때 발생할 수 있는 여러 가지의 부작용 및 장단점 등을 관련자들로부터 참고하여 개정 · 개선의 기초가 되어야 한다.

⑨ 생산성의 원칙

재정통제는 서비스가 효과적이고 효율적으로 전달되도록 하기 위한 수단이므로 이로 인한 서비스 전달이라는 생산성에 장애와 갈등이 발생하지 않도록 유의한다.

(3) 예산집행통제의 기제

① 분기별 할당

수입예산이 계획된 대로 들어오지 않거나 또는 한 기간에 집중되어 들어오는 경우가 있는가하면 비용의 지출이 월별 또는 분기별로 동일하지 않고 어떤 시기에 집중되는 경우도 있다. 한편, 집중하여 지출하는 것이 절약이 되는 경우도 있는데 수입예산의 수입과 지출예산의 지출을 분기별로 조정하여 수입과 지출의 균형을 유지할 필요가 있다.

② 지출의 사전 승인

조직에서 일정액 이상의 지출을 할 경우 최고행정책임자의 사전 승인을 받거나 또는 지출액수에 따라 중간 행정책임자의 사전 승인을 받도록 하는 것이 일반적이다.

③ 자금지출의 최소

예상된 재정원천으로부터의 수입이 인가되지 않거나 또는 삭감정책에 의하여 예상된 수입액이 입금되지 않을 경우 자금지출을 잠정적으로 취소 또는 최종적으로 취소할 수밖에 없다.

④ 정기적 재정현황보고서 제도

행정책임자는 월별, 분기별로 재정현황을 보고받아 검토하여야 한다. 보고서의 내용은 수입지출현황, 변제비용, 인원당 비용, 기능별 비용, 서비스단위당 비용 등이 포함하는 것이 바람직하다.

⑤ 대 체

회계연도 말에 재정현황이 사업별 · 계정별로 과다지출 또는 과소지출이 된 경우 과소지출분에서 과다지출분을 메우기 위해 행정책임자의 승인을 받아 대체할 필요가 있다.

⑥ 지불 연기

조직의 내외부로부터의 지불요청에 대하여 의도적으로 적당한 방법을 통해 연기를 함으로써 수입예산의 입금 여유를 갖는 것이다.

⑦ 차 용

은행 또는 특별단체(협회, 연합회, 정부기관 등)로부터 자금을 빌리는 것을 말한다.

2 결 산

18회 기출

(1) 의 의

한 회계연도 내에 발생한 모든 수입과 지출을 확정적인 계수로 표시하는 절차로 세입 · 세출결산보고서 또는 수입 · 지출결산서는 중앙관서의 장이나 법인의 대표이사, 시설의 장이 작성하므로 예산집행 마무리 단계라고 할 수 있다.

(2) 결산의 기능

① 예산 집행의 타당성을 검토하고 예산이 목적에 맞게 합리적이고 타당성 있게 집행되었는가를 규명하는 사후 통제적 기능을 담당한다.

② 재정계획 수립의 합리화, 즉 재정운용에 대한 감시에 필요한 정보제공과 다음연도 예산편성 및 심의 · 집행에 참고자료로 활용하여 미래의 재정계획 수립과 합리화를 도모한다.

(3) 결산서의 작성 제출(사회복지법인 및 사회복지시설 재무 · 회계규칙 제19조)

① 법인의 대표이사 및 시설의 장은 법인회계와 시설회계의 세입 · 세출 결산보고서를 작성하여 각각 이사회의 의결 및 시설운영위원회에의 보고를 거친 후 다음 연도 3월 31일까지(「영유아보육법」에 따른 어린이집의 경우에는 5월 31일까지) 시장 · 군수 · 구청장에게 제출(「사회복지사업법」에 따른 정보시스템을 활용한 제출을 포함)하여야 한다.

② 다만, 법인이 설치 · 운영하는 시설인 경우에는 시설운영위원회에 보고한 후 법인 이사회의 의결을 거쳐 제출하여야 한다.

③ 시장 · 군수 · 구청장은 위 ①의 규정에 따라 결산보고서를 제출받은 때에는 20일 이내에 법인 및 시설의 세입 · 세출결산서를 시 · 군 · 구의 게시판과 인터넷 홈페이지에 20일 이상 공고하고, 법인의 대표이사 및 시설의 장으로 하여금 해당 법인 및 시설의 게시판과 인터넷 홈페이지에 20일 이상 공고하도록 하여야 한다.

(4) 결산보고서에 첨부하여야 할 서류(사회복지법인 및 사회복지시설 재무 · 회계규칙 제20조)

결산보고서에는 다음의 서류가 첨부되어야 한다. 다만, 단식부기로 회계를 처리하는 경우에는 제1호~제3호 및 제14호~제23호의 서류만을 첨부할 수 있고, 소규모 시설의 경우에는 제1호 및 제17호의 서류만을 첨부할 수 있으며, 어린이집은 보건복지부장관이 정하는 바에 따른다.

1. 세입 · 세출결산서
2. 과목 전용조서
3. 예비비 사용조서
4. 대차대조표
5. 수지계산서
6. 현금 및 예금명세서
7. 유가증권명세서
8. 미수금명세서
9. 재고자산명세서
10. 기타 유동자산명세서(6호 내지 9호의 유동자산 외의 유동자산)
11. 고정자산(토지 · 건물 · 차량운반구 · 비품 · 전화가입권)명세서
12. 부채명세서(차입금 · 미지급금 포함)
13. 제충당금명세서
14. 기본재산수입명세서(법인만 해당)
15. 사업수입명세서
16. 정부보조금명세서
17. 후원금수입명세 및 사용결과보고서(전산파일 포함)
18. 후원금 전용계좌의 입출금내역
19. 인건비명세서
20. 사업비명세서
21. 기타비용명세서(인건비 및 사업비를 제외한 비용)
22. 감사보고서
23. 법인세 신고서(수익사업이 있는 경우에 한함)

제4절 예산의 회계 및 회계감사

1 회계(Accounting)

(1) 의 의

① 어떤 조직체의 재정적 활동과 수지에 관한 사실 확인과 그 결과를 해석하는 여러 기록과 분류 및 요약이며, 재정적 거래를 분류, 기록, 요약하고 그 결과를 해석하고 표준화한 기술적 방법을 의미한다.

② 회계는 이해관계자들의 의사결정에 유용한 정보제공을 목적으로 재무회계와 관리회계로 나누어진다.

(2) 재무회계와 관리회계

① 재무회계

재무회계는 내부 및 외부 정보이용자의 경제적 의사결정에 유용하도록 일정 기간 동안의 수입과 지출사항을 측정하여 보고하는 것인데 거래자료 기록, 시산표 작성, 분개 작성, 결산을 주요 내용으로 한다.

② 관리회계

관리회계는 행정책임자(경영자)가 행정적(경영적) 의사결정을 하는 데 필요하도록 재정관계 자료를 정리하는 것으로, 예산단위의 비용을 계산하여 예산의 실행성과를 분석하는 것을 주요 내용으로 한다.

Plus ⊕ one

재무회계와 관리회계의 비교

항 목	재무회계	관리회계
정보이용자	외부 이해관계자	내부 의사결정자
정보내용	재무상태, 경영성과, 자금의 변동	관리적 의사결정과 통제에 유용한 정보
거래성격	과거의 거래	미래 상황에 대한 예측
작성기준	일반적으로 인정된 회계원칙	의사결정에 필요한 합리성

(3) 주요 회계활동

① 기록업무

수입과 지출에 관한 다양한 기록장부를 마련하고 회계원칙에 따라 장부에 기록하는 일이다. 사회복지기관의 재정관리자는 기록의 정확성보다 기록하는 작업에 대한 감독에 더 관심을 갖는 경향이 있다.

② 정리업무

장부에 기록된 회계사항을 주기적으로 종결하여 정리하는 업무이다. 주기적으로 재정상태를 파악하기 위한 재정보고서 작성을 위해서 꼭 필요한 절차이다.

③ 재정보고서 작성 및 발행

1년분의 수입지출현황을 알 수 있는 적절한 양식의 보고서(대차대조표를 포함한 보고서)를 작성하여 회계연도 말에 정부기관 및 이사회에 반드시 보고해야 한다.

(4) 회계의 방법(사회복지법인 및 사회복지시설 재무 · 회계 규칙 제23조)

회계는 단식부기에 의한다. 다만, 법인회계와 수익사업회계에 있어서 복식부기의 필요가 있는 경우에는 복식부기에 의한다.

(5) 장부의 종류(사회복지법인 및 사회복지시설 재무 · 회계 규칙 제24조 제1항)

법인 및 시설에는 현금출납부, 총계정원장, 재산대장, 비품관리대장 등의 회계장부를 둔다.

2 회계감사(Accounting Audit)

(1) 의 의

① 조직의 운영 및 사업의 문제점을 발견하고 이를 교정할 수 있도록 하기 위한 것으로서, 사회복지조직에서는 기관이나 프로그램들이 그 역할을 적합하게 수행하고 있는지 확인하는 작업으로 볼 수 있다.

② 감사는 조직의 예산과 수입 및 지출에 대한 확인 또는 검증을 강조하므로 좁은 의미에서 회계감사와 동일한 의미로 인식되고 있다.

(2) 종 류

11회 기출

① 목적에 따른 분류

㉠ 규정순응감사

- 기관의 재정 운영이 적절한 회계절차에 따라 시행되었는지, 관련 보고서들이 적절하게 준비되었는지 등을 확인한다.
- 전형적인 항목별(품목별) 예산 방식에서 요구하는 방식으로서, 주어진 자금이 규정된 항목별로 올바르게 사용되고 있는지를 평가한다.

• 업무의 효과성이나 경비지출의 능률성(효율성) 등을 중시하기보다는 규칙 및 절차, 항목의 규정에 따른 예산집행이 적절히 이루어지고 있는지에 초점을 둔다.

㉡ 운영회계감사

• 예산과 관련하여 바람직한 프로그램 운영의 산출 여부, 조직목표를 달성하는 데 있어서 효과성과 능률성 등의 문제를 확인한다.

• 규정준수 회계감사의 약점을 보완하기 위한 것이다.

• 예산과 관련된 바람직한 프로그램 운영의 산출여부, 조직목표달성을 위한 효과성 및 능률성 등의 문제에 초점을 둔다.

• 운영회계감사를 위해서는 예산비용에 따른 산출물의 양 또는 목표달성 여부를 판단할 수 있도록 기능별 예산이 성과중심의 프로그램 예산과 같은 형식을 갖추어야 한다.

② **주체에 따른 분류**

㉠ 내부 회계감사 : 조직의 내부인인 최고 행정책임자 또는 다른 중간 행정책임자가 행하는 것을 말한다.

㉡ 외부감사 : 조직 외부의 독립된 회계기관, 회계사 또는 정부의 업무감독기관에서 행하는 감사를 말한다.

③ **대상조직에 따른 분류** : 공적 사회복지기관에 대한 감사는 정부의 감독관청 및 감사원이, 법인에 대한 감사는 법인, 법인에서 지정한 외부의 회계기관 또는 정부의 감독관청, 사회복지조직은 당해 법인, 외부 회계기관 및 감독관청이 할 수 있다.

(3) 회계감사의 절차(사회복지법인 및 사회복지시설 재무 · 회계 규칙 제42조)

① 법인의 감사는 당해법인과 시설에 대하여 매년 1회 이상 감사를 실시하여야 한다.

② 법인의 대표이사는 시설의 장과 수입원 및 지출원이 사망하거나 경질된 때에는 그 관장에 속하는 수입, 지출, 재산, 물품 및 현금 등의 관리상황을 감사로 하여금 감사하게 하여야 한다.

③ ②의 규정에 의한 감사를 함에 있어서는 전임자가 입회하여야 하며, 전임자가 입회할 수 없는 경우에는 그 전임자가 지정하거나 법인의 대표이사가 관계직원 중에서 지정한 입회인을 입회하게 하여야 한다.

④ 감사는 위의 규정에 의하여 감사를 한 때는 감사보고서를 작성하여 당해법인의 이사회에 보고하여야 하며, 재산상황 또는 업무집행에 관하여 부정 또는 불비한 점이 발견된 때에는 시장 · 군수 · 구청장에게 보고하여야 한다.

⑤ 감사보고서에는 감사가 서명 또는 날인하여야 한다.

CHAPTER 10

출제유형문제

01 예산통제의 원칙에 관한 로만(R. Lohmann)의 설명으로 옳은 것을 모두 고른 것은? [13회]

> ㄱ. 강제의 원칙 – 재정통제는 명시적 강제규정에 근거해야 한다.
> ㄴ. 개별화의 원칙 – 예외적인 상황에 적용할 수 있는 예외적 규칙이 있어야 한다.
> ㄷ. 환류의 원칙 – 재정통제의 결과를 환류받아 개정의 기초로 사용해야 한다.
> ㄹ. 보편성의 원칙 – 비용과 활동을 최적화할 수 있도록 통제해야 한다.

① ㄱ, ㄴ, ㄷ
② ㄱ, ㄷ
③ ㄴ, ㄹ
④ ㄹ
⑤ ㄱ, ㄴ, ㄷ, ㄹ

해설

ㄴ. 예외의 원칙에 해당한다. 개별화의 원칙이란 재정통제체계는 개별기관 그 자체의 제약조건, 요구 및 기대사항에 맞게 고안되어야 하는 것을 말한다.
ㄹ. 효율성의 원칙에 해당한다. 예산통제에는 시간과 비용이 많이 드는 경우가 있는데, 비용과 노력을 최소화하는 정도에서 이루어질 수 있어야 한다.

예산통제의 원칙

- 개별화의 원칙 : 재정통제체계는 개별기관 그 자체의 제약 조건, 요구 및 기대사항에 맞게 고안되어야 한다.
- 강제의 원칙 : 재정통제체계는 강제성을 띠는 명시적 규정이 있어야 하며, 이를 통해 공평성과 활동에 공식성이 부여된다.
- 예외의 원칙 : 예외적인 상황에 적용할 수 있는 예외적 규칙이 있어야 한다.
- 보고의 원칙 : 재정통제체계는 보고의 규정을 두어야 하며, 이를 통해 재정 관련 행위를 공식적으로 감시 및 통제를 할 수 있다.
- 개정의 원칙 : 일정한 기간이 지난 후에는 규칙을 새로 개정하여야 한다.
- 효율성의 원칙 : 예산통제에는 시간과 비용이 많이 드는 경우가 있는데, 비용과 노력을 최소화하는 정도에서 이루어질 수 있어야 한다.
- 의미의 원칙 : 효과적인 통제를 위해 모든 관계자가 잘 이해할 수 있는 규칙, 기준, 의사소통, 계약 등이 전달되어야 한다.
- 환류의 원칙 : 재정통제체계에 관한 규칙, 기준, 의사소통 및 계약 등을 적용할 때 관련자들로부터 장단점 및 부작용을 수렴해 개정의 기초가 되어야 한다.
- 생산성의 원칙 : 재정통제로 인해 서비스 전달의 생산성에 장애가 발생하지 않도록 유의하여야 한다.

1 ② Answer

02 사회복지조직 재원의 특징으로 옳지 않은 것은? [13회]

① 재원조달에 대한 직접적인 통제력이 약하다.
② 정부보조금, 재단지원금, 기부금, 상품판매 등의 다양한 재원을 가지고 있다.
③ 재원확보를 위해서 사업제안서, 모금행사, 정부와 계약 맺기 등의 활동을 한다.
④ 재원확보를 위해서 의도적 연계를 한다.
⑤ 법적으로 위탁받은 서비스를 제공할 때는 그 재정을 전적으로 임의 할당할 수 있다.

해설 ⑤ 사회복지조직은 재원조달에 있어서 직접적인 통제력이 약하다. 그 이유는 우리나라의 사회서비스 공급체계에 있어서 정부와 이용자 간에 명확한 관계 설정이 이루어지지 않고 있기 때문이다. 정부가 민간 서비스 제공자에게 대부분의 시설운영 보조금 지원의 형식으로 사회서비스의 공급을 제한적으로 지원하고 있는 만큼, 사실상 서비스 선택과 관련하여 이용자가 주요 고객이기보다는 재정 지원의 권한을 가진 정부가 주요 고객이 될 수밖에 없다. 그로 인해 민간 사회복지조직은 정부와 사실상 종속적 의존관계를 맺게 됨으로써 정부의 법률적 · 행정적 규제를 받게 된다.

제2영역

03 보편적인 재정관리의 과정을 순서대로 나열한 것은? [13회]

ㄱ. 심의 · 의결
ㄴ. 예산편성
ㄷ. 결산 및 회계감사
ㄹ. 예산집행

① ㄱ - ㄴ - ㄷ - ㄹ
② ㄱ - ㄹ - ㄴ - ㄷ
③ ㄴ - ㄱ - ㄹ - ㄷ
④ ㄷ - ㄴ - ㄱ - ㄹ
⑤ ㄹ - ㄷ - ㄴ - ㄱ

해설 사회복지조직의 재정관리는 기금조성, 예산수립, 지출조정, 평가 등의 연속적인 과정으로 순환된다. 즉, 예산수립에 의해 예산안이 확정되는 경우 이에 근거하여 예산집행이 이루어지며, 결산과정을 거쳐 그에 대한 회계 및 감사가 이어진다.

Answer 2 ⑤ 3 ③

04 사회복지법인 및 사회복지시설 재무 · 회계 규칙상 다음에서 설명하는 예산은? [16회]

> 회계연도 개시 전까지 법인 예산이 성립되지 아니한 때는 시장 · 군수 · 구청장에게 그 사유를 보고하고 예산성립 전까지 임 · 직원의 보수, 법인 및 시설운영에 직접 사용되는 필수경비, 법령상 지급의무가 있는 경비는 전년도 예산에 준하여 집행할 수 있다.

① 계획예산
② 본예산
③ 특별예산
④ 준예산
⑤ 추가경정예산

해설 **사회복지법인 및 사회복지시설 재무 · 회계 규칙상 준예산 및 추가경정예산**

준예산 (제12조)	회계연도 개시 전까지 법인 및 시설의 예산이 성립되지 아니한 때에는 법인의 대표이사 및 시설의 장은 시장 · 군수 · 구청장에게 그 사유를 보고하고 예산이 성립될 때까지 임 · 직원의 보수, 법인 및 시설운영에 직접 사용되는 필수적인 경비, 법령상 지급의무가 있는 경비를 전년도 예산에 준하여 집행할 수 있다.
추가경정예산 (제13조)	법인의 대표이사 및 시설의 장은 예산성립 후에 생긴 사유로 인하여 이미 성립된 예산에 변경을 가할 필요가 있을 때에는 법령의 규정에 의한 절차에 준하여 추가경정예산을 편성 · 확정할 수 있다.

05 계획예산제도(PPBS)에 관한 설명으로 옳지 않은 것은? [12회]

① 목표개발에서부터 시작된다.
② 조직의 통합적 운영이 편리하다.
③ 조직품목과 예산이 직접 연결되지 않아 환산작업에 어려움이 있다.
④ 단위원가계산이 쉬워 단기적 예산변경이 유리하다.
⑤ 의사결정에 있어서 과학적이고 합리적인 기법을 활용한다.

해설 **계획예산제도(PPBS ; Planning-Programming-Budgeting System)**

장기적인 계획수립과 단기적인 예산편성을 프로그램 작성을 통해 유기적으로 결합시킴으로써 자원배분에 관한 의사결정의 합리성을 도모하는 예산체계 모델이다. 이러한 계획예산제도는 실행되는 프로그램에 대한 비용 – 효과분석을 통해 조직 전체의 목적과 장기계획을 달성하는 데 최적의 상황을 제공해 준다는 장점이 있다. 그러나 특성상 산출 · 효과의 계량화에 중점을 두고 있으나 그와 같은 달성 성과의 계량화가 곤란하다는 점, 조직품목과 예산이 직접 연결되지 않으므로 실제운영상 환산작업이 곤란하다는 점 등이 단점으로 제시되고 있다.

4 ④ 5 ④ Answer

06 사회서비스이용권(바우처)에 관한 설명으로 옳지 않은 것은? [14회]

① 사용범위가 제한된 선택 허용
② 현물과 비교하여 이용자의 높은 선택권 보장
③ 이용자에게 이용권 지원
④ 영리기관으로 서비스제공자 제한
⑤ 서비스제공자에 관한 정보 접근성 필요

해설 ④ 이용권(바우처)은 서비스제공자를 영리기관으로 확대하는 것이지, 이를 영리기관으로 제한하는 것이 아니다.

이용권(증서) 또는 바우처(Voucher)

- 정부가 특정 사회복지재화나 서비스를 구입할 수 있는 이용권을 소비자에게 직접 제공하여 소비자들로 하여금 민간부문에서 필요한 재화나 서비스를 받을 수 있도록 하는 방법이다.
- 현금급여와 현물급여의 중간형태로서 수급자가 일정한 용도에 한하여 필요로 하는 상품이나 서비스를 자유롭게 선택할 수 있도록 함으로써 현금급여의 오 · 남용 위험성과 현물급여의 소비자 주권 침해와 관련한 단점을 보완하기 위한 것이다.
- 사회서비스제공에 있어서 시장기제를 도입한 것으로, 사회서비스 공급체계에 영리기관의 참여를 허용한다. 이와 같이 영리화된 사회서비스 공급체계에서는 영리기관이 비영리기관과 서비스 이용권자의 서비스 선택을 받기 위해 경쟁하게 된다.

07 성과주의예산에 관한 설명으로 옳지 않은 것은? [14회]

① 수행하는 업무에 중점을 둔다.
② 각 세부사업을 '단위원가 × 업무량 = 예산액'으로 표시하여 편성을 한다.
③ 간편하고 주로 점증식으로 평가된다.
④ 기관의 사업과 목표를 이해하는 데 도움을 준다.
⑤ 예산집행에 신축성을 부여한다.

해설 ③ 예산의 형식으로서 전년도의 예산을 근거로 일정한 금액만큼 증가시킨 이른바 '점증주의적 예산방식'을 취하는 것은 항목별(품목별) 예산(LIB ; Line-Item Budget)이다.

성과주의예산(PB ; Performance Budget)

- '기능주의예산(FB ; Functional Budget)' 또는 '프로그램예산(PB ; Program Budget)'이라고도 한다.
- 각 기관이 예산사업의 성과 목표와 달성 방법을 제시하고, 예산 당국이 매년 성과 결과를 평가하여 다음 회계연도에 반영하는 것이다.
- 과정중심의 예산으로서 관리자에게 유리한 방식이며, 사회복지기관의 경우 기관 활동을 여러 가지 사업 및 프로그램으로 구분하고 이를 세부적으로 분류하여 각 사업의 단위 원가 및 업무량을 계산하여 예산을 편성한다.
- 이러한 방식은 목표와 프로그램에 대해 명확히 이해할 수 있고 예산을 신축적으로 집행할 수 있는 반면, 비용 산출의 단위 설정에 어려움이 있으며 예산통제가 곤란한 단점이 있다.

Answer 6 ④ 7 ③

08 사회복지재원에 관한 설명으로 옳은 것을 모두 고른 것은? [16회]

ㄱ. 외부재원의 영향을 많이 받는다.
ㄴ. 사회서비스이용권(바우처)과 같은 민간재원이 감소하고 있다.
ㄷ. 재원확보를 위해서 지역사회의 타 기관과 연계노력을 해야 한다.

① ㄱ
② ㄷ
③ ㄱ, ㄴ
④ ㄱ, ㄷ
⑤ ㄴ, ㄷ

해설 ㄴ. 마틴과 케트너(Martin & Kettner)는 미국의 사례를 중심으로 사회복지행정에서 민영화의 경향이 증가할 것으로 전망했다. 즉, 보수적이고 정부의 개입이 억제되는 분위기가 지배적일 것이므로 계약, 보조금, 이용권(Vouchers), 공동생산(Co-production), 자원봉사자 활용 등 이른바 민영화(Privatization)의 기법을 사용하지 않을 수 없다는 것이다.

09 예산집행의 결과에 대한 감사(Audit)의 유형으로, 다음에 해당하는 것은? [11회]

• 재정감사에 가깝다.
• 전형적인 품목예산 방식과 잘 맞는다.
• 프로그램의 목표달성 여부나 효율성 문제를 다루기 어렵다.

① 복식부기 감사
② 운영감사(Operational Audit)
③ 발생주의 감사(Accrual Audit)
④ 성과감사
⑤ 규정순응 감사(Compliance Audit)

해설 **회계감사의 주요 유형**

• 규정준수 회계감사 또는 규정순응 감사
  - 기관의 재정운영이 적절한 절차에 의해 시행되고 있는지, 재정이나 다른 보고서들이 적절히 구비되어 있는지, 조직이 각종 규칙 및 규제들을 제대로 준수하고 있는지 등을 확인한다.
  - 전형적인 품목별(항목별) 예산 방식에서 요구하는 방식으로서, 주어진 자금이 규정된 항목별로 올바르게 사용되고 있는지를 평가한다.
• 운영회계감사 또는 운영감사
  - 규정준수 회계감사의 약점을 보완하기 위한 것이다.
  - 예산과 관련된 바람직한 프로그램 운영의 산출여부, 조직목표달성을 위한 효과성 및 능률성 등의 문제에 초점을 둔다.

8 ④ 9 ⑤ Answer

CHAPTER 10

최신기출문제

01 **사회복지법인 및 사회복지시설 재무 · 회계규칙상 사회복지관의 결산보고서에 첨부해야하는 서류가 아닌 것은?** [18회]

① 과목 전용조서
② 사업수입명세서
③ 사업비명세서
④ 세입 · 세출명세서
⑤ 인건비명세서

해설 결산보고서에 첨부해야 할 서류(사회복지법인 및 사회복지시설 재무 · 회계 규칙 제20조 제1항 참조)

- 세입 · 세출결산서
- 과목 전용조서(①)
- 예비비 사용조서
- 재무상태표
- 수지계산서
- 현금 및 예금명세서
- 유가증권명세서
- 미수금명세서
- 재고자산명세서
- 그 밖의 유동자산명세서
- 고정자산(토지 · 건물 · 차량운반구 · 비품 · 전화가입권)명세서
- 부채명세서(차입금 · 미지급금을 포함)
- 각종 충당금 명세서
- 기본재산수입명세서(법인만 해당)
- 사업수입명세서(②)
- 정부보조금명세서
- 후원금수입 및 사용결과보고서
- 후원금 전용계좌의 입출금내역
- 인건비명세서(⑤)
- 사업비명세서(③)
- 그 밖의 비용명세서(인건비 및 사업비를 제외한 비용)
- 감사보고서
- 법인세 신고서(수익사업이 있는 경우만 해당)

Answer 1 ④

02 사회복지법인 및 시설 재무 · 회계 규칙상 사회복지관에서 예산서류를 제출할 때 첨부하는 서류가 아닌 것은? [20회]

① 예산총칙
② 세입 · 세출명세서
③ 사업수입명세서
④ 임직원 보수 일람표
⑤ 예산을 의결한 이사회 회의록 또는 예산을 보고받은 시설운영위원회 회의록 사본

해설 **예산에 첨부하여야 할 서류(사회복지법인 및 사회복지시설 재무 · 회계 규칙 제11조 제1항 참조)**

예산에는 다음 각 호의 서류가 첨부되어야 한다. 다만, 단식부기로 회계를 처리하는 경우에는 제1호 · 제2호 · 제5호 및 제6호의 서류만을 첨부할 수 있고, 국가 · 지방자치단체 · 법인 외의 자가 설치 · 운영하는 시설로서 거주자 정원 또는 일일평균 이용자가 20명 이하인 소규모 시설은 제2호, 제5호(노인장기요양기관의 경우만 해당) 및 제6호의 서류만을 첨부할 수 있으며, 「영유아보육법」에 따른 어린이집은 보건복지부장관이 정하는 바에 따른다.

1. 예산총칙(①)
2. 세입 · 세출명세서(②)
3. 추정재무상태표
4. 추정수지계산서
5. 임직원 보수 일람표(④)
6. 예산을 의결한 이사회 회의록 또는 예산을 보고받은 시설운영위원회 회의록 사본(⑤)

03 예산에 관한 설명으로 옳지 않은 것은? [19회]

① 영기준 예산(Zero Based Budgeting)은 예산의 효율성을 중요시 한다.
② 영기준 예산(Zero Based Budgeting)은 전년도 예산을 고려하지 않는다.
③ 성과주의 예산(Performance Budgeting)은 업무에 중점을 두는 관리지향의 예산제도이다.
④ 기획예산제도(Planning Programming Budgeting System)는 미래의 비용을 고려하지 않는다.
⑤ 품목별 예산(Line Item Budgeting)은 전년도 예산을 근거로 한다.

해설 **기획예산제도 또는 계획예산제도(PPBS)**

- 장기적인 계획수립과 단기적인 예산편성을 프로그램 작성을 통해 유기적으로 결합시키는 방식이다.
- 우선 목표를 설정 및 개발(Planning)하고 정해진 목표를 달성할 수 있도록 실시계획을 입안(Programming)한 다음, 그 구체적인 실시계획들에 대해 체계적으로 예산을 배정(Budgeting)한다.
- 기획예산제도(PPBS)는 중장기 계획이 필요하고 실시계획이 구체적으로 기술되어야 하며, 비용-효과 분석 및 비용-편익 분석과 같은 수량적 분석기법이 필요하다.

2 ③ 3 ④ Answer

04 사회복지조직의 예산 수립 원칙으로 옳은 것은? [17회]

① 회계연도 개시와 동시에 결정되어야 한다.
② 수지균형을 맞춰 흑자 예산이 되어야 한다.
③ 회계연도가 중첩되도록 다년도로 수립하여야 한다.
④ 예산이 집행된 후 즉시 심의 · 의결을 거쳐야 한다.
⑤ 세입과 세출은 모두 예산에 계상하여야 한다.

해설 ⑤ 1회계연도의 모든 수입을 세입으로 하고 모든 지출을 세출로 하되, 세입과 세출은 모두 예산에 계상하여야 한다(사회복지법인 및 사회복지시설 재무 · 회계 규칙 제7조 및 제8조).
① 예산은 예정적 계획이므로 회계연도가 개시되기 전에 법인 이사회의 의결을 거쳐야 한다.
② 수지균형은 수입과 지출이 균형을 이루는 것으로, 적자재정이나 흑자재정이 아닌 건전재정운영을 강조하는 원칙이다. 사회복지조직은 비영리를 목적으로 하므로 건전재정운영을 위해 수지균형을 조화 있게 하여야 한다.
③ 사회복지조직은 회계연도 독립의 원칙에 따라 세입 · 세출의 상황을 명확히 하고 재정을 적절히 통제하기 위해 1년 단위로 예산을 수립하여야 한다.
④ 법인의 대표이사 및 시설의 장은 법인회계와 시설회계의 세입 · 세출 결산보고서를 작성하여 각각 이사회의 의결 및 시설운영위원회에의 보고를 거친 후 다음 연도 3월 31일까지 시장 · 군수 · 구청장에게 제출하여야 한다. 다만, 법인이 설치 · 운영하는 시설인 경우에는 시설운영위원회에 보고한 후 법인 이사회의 의결을 거쳐 제출하여야 한다(동 규칙 제19조 제1항).

05 품목별 예산에 관한 설명으로 옳지 않은 것은? [18회]

① 예산의 남용을 방지할 수 있다.
② 회계책임을 명백히 할 수 있다.
③ 신축성 있게 예산을 집행할 수 있다.
④ 급여와 재화 및 서비스 구매에 효과적이다.
⑤ 정책 및 사업의 우선순위를 소홀히 할 수 있다.

해설 **품목별(항목별) 예산(LIB ; Line-Item Budget)의 장단점**

장 점	• 회계작성 및 회계작업이 용이하다. • 집행내용을 명확히 보여주므로 급여와 재화 및 서비스 구매에 효과적이다.(④) • 지출근거가 명확하므로 예산통제에 효과적이며, 예산의 남용을 방지할 수 있다.(①) • 회계책임을 명백히 할 수 있다.(②)
단 점	• 조직의 활동내용을 명확히 알기 어려우며, 정책 및 사업의 우선순위를 소홀히 할 수 있다.(⑤) • 예산증감을 전년도와 비교하여 결정하므로 신축성이 떨어진다. • 부서별 중복되는 활동이 있는 경우 효율성이 문제시된다. • 신규 사업을 벌이기보다는 전년도 사업을 답습하는 경향이 있다.

Answer 4 ⑤ 5 ③

CHAPTER 11

홍보와 마케팅

★ 학습목표
- 사회복지조직에서 홍보와 마케팅이 중요해진 배경, 마케팅 진행 시 고려해야 할 사회복지 서비스의 특징, 요구되는 관점 등을 살펴본다.
- 마케팅의 각 전략과 방식, 기관 환경 분석방법, 마케팅 믹스, 마케팅 시장의 세분화에 대해서도 꾸준히 관심을 가질 필요가 있다.
- 다양한 마케팅 기법을 사례를 통해 이해한다.

제 1 절 홍보와 마케팅의 개요

1 홍보(Public Relations) 13회 기출

(1) 의 의

① 홍보는 지역사회 내 존재하는 조직과 집단 간의 쌍방적 의사소통을 원활하게 만들어주는 것으로 조직의 이미지와 능력을 증진시키는 측면이 강하다.

② 사회복지조직을 둘러싼 이해당사자와 좋은 관계를 형성하는 것은 자원개발, 조직에 대한 지지 · 획득 등에 있어서 중요한 요소이다. 그러므로 조직은 사회적 환경이 되는 대중과의 원활한 관계를 유지하고자 하는 제반 노력, 즉 홍보가 중요하다.

(2) 특 징

홍보는 시각적 매체, 청각적 매체, 시청각적 매체 등을 다양하게 활용하고 특히 TV · 라디오 · 신문 · 인터넷 등과 같은 대중매체를 활용하는 것이 효과적이다.

2 마케팅(Marketing)

(1) 개 념

① 마케팅이란 소비자에게 상품과 서비스를 제공하면서 구입하도록 격려하는 활동으로 규정할 수 있다.

② 마케팅은 홍보와 달리 잠재적 클라이언트 혹은 소비자에 대한 직접적인 활동인 동시에 서비스 프로그램에 대한 정보의 효율적인 제공을 주된 내용으로 한다.

③ 근래에는 사회복지기관의 책임성과 효율성에 대한 요구가 높아지고, 자원의 한계에 부딪히면서 마케팅 활동에 대한 인식이 증가하고 있다.

(2) 기업 마케팅과 사회복지기관 마케팅

① 기업 마케팅

㉠ 기업조직이 표적구매자들과의 상호 유익한 교환을 창조하고 촉진하며 유지하기 위해 고안된 프로그램과 관련된 활동을 계획, 조직, 통제하는 과정이다.

㉡ 소비의 극대화, 소비자 만족의 극대화, 선택의 극대화 및 생활의 질 극대화 등과 같은 세부적 목표추구를 통한 궁극적 이윤극대화를 목적으로 한다.

② 사회복지기관 마케팅 19회 기출

㉠ 기존의 마케팅개념이 비영리조직으로 확대되고 그 필요성이 인정되면서, 사회복지조직의 마케팅은 기관의 소비자인 클라이언트, 재원 제공자, 자격부여기관 및 전체 사회가 사회복지조직에 대해 좀 더 많은 관심과 요구를 갖도록 하기 위한 제반활동으로 이해되고 있다.

㉡ **기업 마케팅**이 **이윤 극대화**를 최종 목적으로 한다면 **사회복지조직의 마케팅은 조직의 목적 달성을 지향**한다.

㉢ 기관이 각종 지원금과 후원금을 보다 많이 확보하기 위해서는 기관의 욕구보다 기관의 장점을 부각시켜야 한다는 의식의 변화가 이루어지고 있다.

③ 기업 마케팅과 사회복지기관 마케팅의 차이점

구 분	기업 마케팅	사회복지기관 마케팅
관심사	대체로 상품과 서비스	상품과 서비스 및 사람, 장소, 조직
교 환	보통 화폐형태로 이루어짐	무형의 형태로 이루어질 수 있음
목 적	기관이 소유하고 있는 것을 사람들이 구매하도록 설득	사람들이 원하는 활동을 기관에 위임하도록 유도
특 성	기관의 내부욕구 강조	기관의 외부욕구 강조
고 객	단일 고객시장	수혜대상자와 후원자 시장

(3) 사회복지행정 마케팅의 필요성

① 책임성 측면

정부의 보조금이나 기타 단체의 기부금으로 운영되기 때문에 서비스의 제공에 있어서 효율성과 효과성을 달성할 책임을 가지고 있다. 이러한 책임성의 요구에 부응하려면 비영리조직의 운영도 전략적인 마케팅의 도입이 절실하다.

② 대상자관리 측면

클라이언트, 기관의 이용자, 기부자, 지역사회를 고객으로 인식하여 욕구를 세분화하고 관리에 있어 궁극적으로 고객만족을 이끌어내는 마케팅 접근이 필요하다.

③ 서비스개발 측면

사회복지조직은 외부환경의 강한 영향을 받게 되는데 급변하는 정치적 · 사회적 · 법적 · 문화적 환경을 세분화하고 분석하여 서비스의 개발에 있어 상품의 가치를 높여야 한다.

④ 재정확보 측면

목표를 달성하기 위해 필요한 재정자원의 계획과 동원, 배분, 효율적인 사용과 책임성 있는 관리는 필수적이다.

(4) 사회복지행정 마케팅의 특성

10, 16회 기출

① 자금의 확보

사회복지행정에서의 마케팅과정은 주로 기관의 자금 확보와 관련되어 있으며, 현재 기관에서 중요해진 프로그램의 홍보에 관한 사항도 포함된다.

② 이원화 구조

두 개의 시장, 즉 사회복지기관으로부터 서비스를 제공받는 소비자(이용자)들로 구성된 시장과 함께 사회복지기관의 활동을 지원해 주는 후원자들로 구성된 시장으로 이루어진다.

③ 서비스의 다양성

기업 등 영리단체가 이윤 극대화의 단일한 목표를 가지는 것에 반해 비영리조직인 사회복지기관의 목표는 다양한 양상으로 나타날 수 있다.

④ 서비스의 무형성

사회복지 마케팅의 대상은 무형의 서비스로 이루어지는 경우가 많고 이용하기 전에 확인할 수가 없으며 홍보 · 특허 등이 어렵다.

⑤ 서비스의 복잡성

사회복지 마케팅에 의한 서비스는 소비자의 개별적인 욕구를 중시하므로 다양한 형태로 제공되며, 서비스와 관련된 이해집단들의 요구에 따라 복잡한 양상을 보인다.

⑥ 윤리성과 투명성 강조

대상자 선정, 후원자 개발, 후원금의 전달과정 등과 관련하여 윤리성과 투명성을 강조한다.

⑦ 서비스의 소멸성

사회복지기관의 서비스는 소멸성을 가지고 있으며, 제공된 서비스를 반환하거나 되팔기 어렵다. 따라서 가능한 한 서비스를 최적의 조건으로 제공하는 방향으로 이루어져야 한다.

⑧ 소비자의 평가

사회복지기관은 소비자들이 필요로 하는 서비스를 제공하는 대신 정부나 관련 단체들에게서 보조금 및 후원금을 비롯하여 각종 세제상의 혜택을 제공받고 있다. 따라서 소비자들의 평가에 의해 지배되기 쉽다.

⑨ 생산과 소비의 동시 발생

일반적으로 영리부분의 상품은 먼저 생산되고 그 후에 소비가 이루어지지만, 사회복지 서비스는 생산과 소비가 동시에 발생하는 특징이 있다.

⑩ 서비스의 다양성과 복잡성

사회복지행정 마케팅이 영리조직 마케팅과 다른 점은 서비스의 다양성(Heterogeneity)과 복잡성(Complexity)에 있다.

(5) 사회복지조직 마케팅의 목적

① 개인의 발전 도모

사회복지기관에서 월별 프로그램을 알리는 것이나, 자원봉사자를 모집하기 위한 노력들은 비록 방법은 다르다 하더라도 거기에 참여하는 개인의 발전을 촉진하기 위함이다.

② 사회적인 아이디어를 제시하고 설득

입법화를 위한 대부분의 캠페인활동이나 의회나 국회에 입법필요성을 탄원하는 일 등이 여기에 포함된다.

③ 새로운 정보와 실천 전파

사회복지조직은 주민들에게 그들의 이익이 되는 정보를 전달하며 어떤 실천을 촉구한다. 또한 학교사회복지와 관련된 프로그램을 실시함으로써 지역 내 학교와의 교류를 증진시키면서 학교사회복지가 정착될 수 있는 근거를 마련할 수 있다.

④ 행동의 변화 유도

사회복지조직은 자신과 사회에 이로울 수 있도록 개개인의 행동을 변화시키려고 시도한다. 알코올중독자, 마약사용자 혹은 아동학대자에 대한 행동변화의 노력이 여기에 해당된다.

제 2 절 마케팅 과정과 기법

1 마케팅 과정

(1) 마케팅의 목표 및 마케팅의 과정

① 마케팅의 목표

㉠ 기관의 목적을 보다 분명히 해서 구체적이고 양적으로 측정 가능하며 달성 가능한 목표를 세운다.

㉡ 이윤추구를 목표로 하는 것이 아닌 해당 조직체가 추구하는 목표를 얼마나 효과적으로 달성하는가에 중점을 두므로 기업 등 영리단체가 이윤 극대화의 단일한 목표를 가지는 것에 반해 비영리조직인 사회복지기관의 목표는 다양한 양상으로 나타날 수 있다.

② 마케팅의 과정

기관의 환경분석 → 시장의 욕구분석 → 프로그램의 목표설정 → 기부시장 분석 → 마케팅 도구 설정 → 마케팅 계획의 작성 → 마케팅 실행 → 마케팅 평가

(2) 기관의 외부환경 및 내부자원의 분석

① 시장기회 분석의 특징

㉠ 사회복지기관의 자원개발은 모든 집단을 대상으로 이루어질 수는 없다. 따라서 후원가능성이 높은 잠재적 후원자 집단을 표적시장으로 하여 자원개발이 이루어져야 한다.

㉡ 자원개발에 앞서 마케팅을 수행하는 데 있어 방해가 되는 환경적 요인을 분석할 필요성이 있다. **환경적 요인은 사회제도적 환경과 조직 내부환경으로 구분**할 수 있다.

㉢ 사회제도적 환경은 모금과 관련된 각종 법규와 정부정책, 경제상황 등에 관한 내용이다. 조직 내부의 환경은 조직의 경쟁력과 조직 내 자원의 분석을 의미한다.

② **분석의 종류**

㉠ 기관환경 분석(SWOT)

- 조직 내외부의 환경을 분석하기 위해 조직의 강점과 약점, 기회와 위협요인 등을 분석하는 방법이다.
- 기관의 목표와 프로그램, 정당성, 자원 등을 토대로 기관의 강점과 약점을 분석하여 조직의 준비 상태를 확인한다.
- 지역 내의 사회문제, 경제적 측면, 인구변화 등을 고려하여 외부환경이 기관에 대해 미치는 기회요인과 위협요인을 분석한다.

Plus ⊕ one

SWOT 분석의 예

강점(Strength)	약점(Weakness)	기회(Oppotunity)	위협(Treat)
• 조직력 • 자원확보력	• 내부자원 부족 • 외부환경의 열악	• 사회적 욕구 증가 • 여론 형성	• 저출산 고령화 • 실업률 증가

㉡ 시장욕구분석(마케팅 조사)

일종의 시장조사의 성격을 띠며, 다음의 내용을 분석 · 확인한다.

- 상품 및 서비스에 대한 욕구 : 기관이 관심을 갖는 문제와의 관련여부
- 구매욕구 : 이 분야의 후원에 대한 관심여부
- 상품 구매력 : 후원을 위한 금전적 지원
- 구매의 의지 : 후원할 의지

㉢ 기부시장 분석

표적시장 선정(시장세분화), 시장 포지셔닝의 방법으로 분석할 수 있다.

- 표적시장의 선정(시장세분화)
  - 사회복지조직이 마련한 특정 서비스를 가장 필요로 하고, 이를 적극적으로 이용하거나 활용할 수 있는 고객들을 중심으로 시장을 세분화하는 것이다.
  - 세분화(Segmentation)의 기본 아이디어는 인구, 시장, 또는 대상자를 서로 비슷한 구성원 집단으로 나누는 것으로 '**식별이 가능한 특성을 토대로 대상자나 대단위 시장을 동질적인 하위 단위로 나누는 것**'을 말한다.
  - 시장이 세분화되는 곳의 후원가능성을 발견하여 하나 또는 그 이상의 후원자를 선정하여 진입하는 것을 말한다.

Plus ⊕ one

시장세분화의 요건
- 각 세분시장의 규모와 구매욕구가 측정 가능해야 한다.
- 구매욕구를 가진 사람들이 제품구입에 관심이 있는 충분한 시장의 규모여야 한다.
- 마케팅 노력으로 세분시장에 효과적이며 경제적으로 접근할 수 있는 적절한 수단이 존재해야 한다.
- 각각의 세분시장이 마케팅전략 수립 후 구성원 마케팅전략에 의해 서로 다르게 반응해야 한다.

- 포지셔닝(P ; Positioning) 3회 기출
  - 포지셔닝 전략은 서비스대상자가 원하는 바를 준거점으로 하여 제공서비스의 포지션을 개발하려는 전략이다.
  - 소비자 욕구의 변화 등으로 인하여 기본 서비스의 포지션을 바람직한 포지션으로 새롭게 전환시키는 전략을 리포지셔닝이라 한다.

(3) 마케팅 도구의 설정

① 기부금과 후원활동, 기관에 대한 지역사회의 지지나 정치적 지원을 이끌어 낼 수 있는 구체적인 수단을 의미한다.

② 인터넷, ARS, 이벤트, 캠페인, 정기후원회원 개발, 직접우편 등의 방법을 활용하여 시민들의 관심과 참여를 이끈다.

(4) 마케팅 실행(I ; Implementation)

① 설정한 마케팅 목표를 달성하기 위해서 기획한 마케팅 활동을 실제 실행에 옮기는 것을 의미한다.

② 마케팅기회와 실행을 통해 잠재적 기부대상자들에게 기부를 요청한다.

(5) 마케팅 통제(C ; Control) 및 평가

① 기부발생에 대한 종합적인 평가와 함께 새로운 기관외부환경에 대한 분석으로 연계한다.

② 포괄적인 평가, 체계적(단계적) 평가, 객관적 평가, 주기적 평가로 나눌 수 있다.

2 마케팅 기법 5, 6, 12, 15, 16, 18회 기출

(1) 다이렉트 마케팅(DM ; Direct Marketing)

① 우편을 이용하여 고객에게 상품과 조직의 정보를 전달하는 전통적인 방법이다.

② 잠재적 후원자 등에게 현재 기관의 운영현황이나 이용할 수 있는 서비스와 프로그램에 대한 다양한 정보를 전달하는 방법이다.

③ 다양한 모금상품을 개발하여 정기적 · 지속적으로 발송하는 것도 자원 확보에 유리하다.

(2) 고객관계관리(CRM ; Customer Relationship Management) 마케팅

20회 기출

① 후원자 관리에는 이 마케팅기법이 유용하다. 신규 후원자의 개발, 기존 후원자의 관리, 잠재적 후원자의 개발을 위해 그들의 욕구를 파악하여 이른바 '맞춤 서비스'를 지속적으로 제공함으로써 모금 효과를 극대화할 수 있다.

② 고객 데이터의 세분화를 실시하여 신규고객 획득, 우수고객 유지, 고객가치 증진, 평생고객화, 잠재고객 활성화와 같은 전략을 통하여 고객을 적극적으로 관리하고 유도하여 가치를 극대화시킬수 있다.

(3) 기업연계 마케팅(CRM ; Cause Related Marketing)

① 기업이 사회복지조직에 기부함으로써 이윤을 사회에 환원한다는 철학을 달성하고, 세제혜택을 누린다는 개념보다 더욱 광범위한 의미를 가지고 사회복지조직에 기부함으로써 기업의 이미지는 좋아진다. 이는 상품의 판매를 촉진시킨다는 하나의 홍보전략으로서의 마케팅전략이다.

② 사회공헌은 사회적 책임을 다하는 기업의 역할적 측면이 강하지만, 기업연계 마케팅은 공익적 이슈를 기업의 마케팅 활용과 연계시키는 것으로 마케팅적 측면이 강하다고 볼 수 있다.

③ 비영리조직에서 기업연계 마케팅을 효과적으로 달성하기 위해서는 먼저 기업의 욕구를 정확히 파악하고 기업의 생산성을 향상시킬 수 있는 측면을 강조하여 모금 프로그램을 개발하고 접근해야 한다.

참고

기업연계 마케팅의 예

- 신용카드 구매나 사용을 특정 공익프로그램에 링크
- 지속적 또는 한시적 이벤트를 개발하고 후원
- 쿠폰발행과 같은 방법을 통해 특정상품을 선정해서 홍보 및 판매
- 현물 및 자원봉사활동과 기업연계 프로그램의 연결

(4) 데이터베이스 마케팅(Database Marketing)

① 고객의 지리적, 인구통계적, 심리적 특성, 생활양식, 행동양식이나 구매기록 같은 개인적인 정보를 데이터베이스화함으로써 수익공헌도가 높은 고객에게 마일리지와 같은 차별적인 서비스를 제공하는 등의 개별 고객의 정보를 바탕으로 차별적인 전략을 펼치는 마케팅기법이다.

② 클라이언트와의 개별접촉을 통해 세심한 정보를 기입함으로써 과거고객의 재활성화, 기존고객에 대한 고객유지 및 충성도 제고로 교차판매 전략을 펼칠 수 있고 신규고객에 대한 고객확보 전략을 구상할 수 있다.

(5) 인터넷 마케팅(Internet Marketing)

① 인터넷을 통해 고객에게 정보를 전달하고 전자우편이나 홈페이지 등을 통하여 이익을 극대화하는 마케팅기법이다.

② 기관의 사업과 프로그램을 알릴 수 있는 홍보, 기부금 모집 등이 가능하고 메일링서비스를 통해 개별적인 고객관리를 할 수 있으며 배너 교환이나 이메일링 서비스 등의 방법이 있다.

(6) 사회 마케팅(Social Marketing)

① 정부나 지방자치단체, 시민과 지역사회를 위한 공중의 행동변화를 위한 마케팅기법으로 공익을 실현하기 위한 집단적 · 조직적인 노력이다.

② 공공의 건강, 안전, 환경 또는 사회복지에 대한 개선을 목표로 기업이 특정 행동의 변화를 기획, 시도할 때 적용하는 방식이다.

③ 투표참여 운동, 금연 운동, 자살방지 캠페인 등이 이에 속한다.

Plus ⊕ one

마케팅 기법의 종류

다이렉트 마케팅	후원을 요청하는 편지를 잠재적 후원자들에게 발송함으로써 후원자를 개발하는 가장 전통적인 마케팅 방법
고객관계관리 마케팅	고객과 관련된 자료를 분석하여 고객 특성에 기초한 맞춤서비스를 지속적으로 제공함으로써 가치 있는 고객을 파악 · 획득 · 유지하는 활동
기업연계 마케팅	기업의 기부 또는 봉사활동을 사회복지와 연계함으로써 기업 이윤의 사회로 환원을 통한 긍정적 기업 이미지의 확보와 함께 사회복지조직의 프로그램 운영 효율성을 동시에 달성하고자 하는 방법
데이터베이스 마케팅	고객정보, 경쟁사정보, 산업정보 등 시장에 관한 정보를 직접 수집 · 분석하고 이를 데이터베이스화하여 마케팅전략을 수립하는 기법
인터넷 마케팅	정보화 시대에 적합한 마케팅기법으로서, 인터넷의 홈페이지 등을 통해 기관의 홍보와 모금을 하는 방법
사회 마케팅	사회문제로부터 도출된 사회적 목표를 달성하기 위해 사회적 아이디어를 개발하고 이를 일반인들에게 수용시키기 위한 마케팅

제3절 마케팅 믹스

1 마케팅 전략의 마케팅 믹스 4P's

5, 6, 14, 17, 19회 기출

(1) 상품(Product)

① 제품 관련 결정 중 가장 중요한 것은 어떻게 차별화(Differentiation)할 것인가이다.

② 차별화란 소비자가 가치 있게 생각하는 어떤 것을 제공하기 위하여 독특한 특성을 갖추는 것을 말한다.

③ 독특한 점을 통해서 경쟁사보다 더 높은 가격을 받을 수 있거나 같은 가격에 더 많은 제품이 팔릴 수 있으면 성공한 차별화이다.

(2) 유통(Place)

① 제품을 **어디서 팔 것인가**를 결정해야 한다. 제품을 특별한 매장에서만 배타적으로 판매할 것인지, 몇몇 대리점에서만 판매할 것인지, 아니면 시장에 대량으로 배포할 것인지 등을 결정하는 것이다.

② 할인점이나 홈쇼핑, 인터넷 쇼핑몰이 성장하면서 유통 채널의 결정은 점점 더 중요한 요소로 떠오르고 있다.

③ 유통 채널은 소비자가 제품을 어떻게 인식하는 지에 막대한 영향을 미치므로 같은 옷이라도 백화점 명품 매장에서 파는 경우와 할인 매장에서 파는 경우는 전혀 다르게 받아들여진다.

(3) 판매 촉진(Promotion)

① 판촉(프로모션) 결정에서 가장 중요한 것은 **확실한 목표 설정**이다.

② 판촉을 통해 소비자가 어떤 행동을 해줬으면 좋겠다는 것이 구체적으로 그려져 있어야 하며 소비자의 구매 과정의 어떤 단계에 어떻게 영향을 미치고 싶은지를 미리 생각하고 있어야 한다.

③ 소비자의 인지 단계에 영향을 미치고 싶다면 제품 정보를 어떻게 제공할 것인지를 생각해야 하고, 브랜드 충성도를 높여서 구매 후 강화과정에 영향을 미치고 싶다면 브랜드 이미지 광고나 사후 서비스 안내 광고에 주력할 수 있다.

(4) 가격(Price)

① 마케팅 믹스 수립의 마지막 단계는 가격 결정이다. 가격은 그 자체가 제품 차별화를 해주는 요소이다.

② 가격 결정방법에는 몇 가지가 있다. 먼저 '원가 대비', 즉 원하는 마진을 원가에 더해서 가격을 책정한다. 그 다음으로 **스키밍(Skimming)가격 전략**과 **침투(Penetration)가격 전략**이 있다.

㉠ 스키밍가격 전략

초기에 고가정책을 취함으로써 높은 가격을 지불할 의사를 가진 소비자로부터 큰 이익을 흡수한 뒤 제품 시장의 확장에 따라 가격을 조정해 가는 방식이다.

㉡ 침투가격 전략

어떤 시장을 선점하기 위해서 또는 시장점유율 확보를 일차적 목표로 저가 정책을 펴는 방식이다.

2 사회복지기관에서의 마케팅 믹스 4P's

14회 기출

(1) 상품(Product)

비영리조직에서의 상품은 프로그램과 서비스라고 할 수 있는데 이 상품의 성격은 그 기관의 사명과 목적에 따라 달라진다.

(2) 유통(Place)

① 비영리조직에서의 유통전략이란 서비스의 전달과 입금경로, 접근성과 연관이 있으며 지역사회 네트워크 형성과 관계가 있다. 고객들은 사회복지조직을 쉽게 이용할 수 있어야 한다.

② 비영리조직의 유통경로는 서비스 기관에서 클라이언트에게 직접 전달되는 형태로서 중간상의 개입 없이 지역사회에서 이루어진다.

(3) 판매 촉진(Promotion)

① 서비스의 홍보와 더 많은 기부금을 확충하기 위해 인쇄물 제작이나 언론 · 방송매체를 통한 홍보, 인터넷을 이용한 홍보, 판매촉진 등과 같은 커뮤니케이션 수단을 사용한다.

② 종교단체, 과거의 후원자, 동창회 등에는 대중매체를 이용한 광고보다 직접우편의 방법이 더 효과적일 수 있다.

③ 종교단체의 선교활동이나 사회복지 직원의 후원요청과 같은 개인적인 설득을 통한 판촉활동도 효과적이다.

(4) 가격(Price)

① 비영리조직의 가격은 수익사업의 이용료가 될 수도 있고 모금프로그램에 대한 가격, 즉 후원금을 의미하기도 한다.

② 서비스를 상품으로 하는 사회복지조직에서의 가격은 좀 더 넓은 의미를 가지며, 서비스를 받기위해 지급하는 비용 외에도 목표를 달성했을 때 받을 수 있는 보상, 서비스를 받기 위해 투자해야 하는 시간, 노력, 신체적 부담감, 심리적 긴장감, 불안감, 압박감 등의 비금전적 내용도 포함된다.

Plus ⊕ one

사회복지기관에서 마케팅의 중요성이 대두되는 배경

- 서비스이용자의 선택권 확대
- 서비스 제공 조직들 간 경쟁 증가
- 고객중심의 서비스 제공 요구 증가
- 사회서비스의 시장방식 공급확대

CHAPTER 11

출제유형문제

01 **사회복지 마케팅에서 시장을 세분화하는 정도가 가장 높은 것은?** [9회]

① 대량(Mass) 마케팅
② 틈새(Niche) 마케팅
③ 미시적(Micro) 마케팅
④ 세분화(Segment) 마케팅
⑤ 표적시장(Target Market) 마케팅

해설 미시적 마케팅(Micro Marketing)은 원 투 원(One-To-One) 마케팅이라고도 하며, 특히 인터넷을 통해 고객 개인의 취향을 반영한 양방향성 맞춤 생산 판매를 위주로 한다. 고객의 성별과 나이, 기호와 취미를 파악하고 제품구매 패턴을 조사함으로써 특정 고객에 대한 차별화된 마케팅 활동을 전개한다. 이러한 미시적 마케팅은 충족되지 않은 고객의 욕구를 발견하여 그러한 욕구를 충족시킬 수 있는 제품을 생산 · 제공함으로써 고객만족을 창출하는 동시에 조직의 목표를 효과적으로 달성하고자 한다.

02 **사회복지 마케팅에서 고려해야 할 서비스 특성으로 옳은 것은?** [10회]

① 표준화된 서비스로 대량생산할 수 있다.
② 대체로 목표달성에 대한 측정이 가능하다.
③ 일반적으로 소비자가 서비스를 이용하기 전에 평가한다.
④ 서비스의 생산과 소비는 주로 분리된다.
⑤ 제공된 서비스를 반환하거나 되팔기 어렵다.

해설 사회복지 마케팅의 특성

- 두 개의 시장, 즉 사회복지기관으로부터 서비스를 제공받는 소비자(이용자)들로 구성된 시장과 함께 사회복지기관의 활동을 지원해 주는 후원자들로 구성된 시장으로 이루어진다.
- 이윤추구를 목표로 하는 것이 아닌 해당 조직체가 추구하는 목표를 얼마나 효과적으로 달성하는가에 중점을 둔다. 따라서 기업 등 영리단체가 이윤 극대화의 단일한 목표를 가지는 것에 반해 비영리조직인 사회복지기관의 목표는 다양한 양상으로 나타날 수 있다.
- 대상은 무형의 서비스로 이루어지는 경우가 많다.
- 사회복지 마케팅에 의한 서비스는 소비자의 개별적인 욕구를 중시하므로 다양한 형태로 제공되며, 서비스와 관련된 이해집단들의 요구에 따라 복잡한 양상을 보인다.
- 대상자 선정, 후원자 개발, 후원금의 전달과정 등과 관련하여 윤리성과 투명성을 강조한다.
- 사회복지기관의 서비스는 소멸성을 가지고 있으며, 제공된 서비스를 반환하거나 되팔기 어렵다. 따라서 사회복지 마케팅은 가능한 한 서비스를 최적의 조건으로 제공하는 방향으로 이루어져야 한다.
- 사회복지기관은 소비자들이 필요로 하는 서비스를 제공하는 대신 정부나 관련 단체들에게서 보조금 및 후원금을 비롯하여 각종 세제상의 혜택을 제공받고 있다. 따라서 사회복지 마케팅은 소비자들의 평가에 의해 지배되기 쉽다.

1 ③ 2 ⑤ Answer

03 사회복지조직의 마케팅 목적에 대한 설명으로 옳은 것은?

ㄱ. 새로운 정보의 전달과 실천 촉구
ㄴ. 자신과 사회에 이로울 수 있도록 개개인의 행동변화 유도
ㄷ. 사회적인 아이디어 제시 · 설득
ㄹ. 개인의 발전을 도모

① ㄱ, ㄴ, ㄷ
② ㄱ, ㄷ
③ ㄴ, ㄹ
④ ㄹ
⑤ ㄱ, ㄴ, ㄷ, ㄹ

해설 사회복지조직의 마케팅 목적

- 사회복지기관에서 월별 프로그램을 알리는 것, 자원봉사자 모집 등의 노력들은 비록 방법은 다르다 하더라도 거기에 참여하는 개인의 발전을 촉진하기 위함이다.
- 입법화를 위한 대부분의 캠페인 활동, 의회나 국회에 입법 필요성을 탄원하는 일 등은 사회적인 아이디어를 제시하고 그것을 설득하기 위함이다.
- 사회복지조직은 주민들에게 그들의 이익이 되는 정보를 전달하여 어떤 실천을 촉구한다.
- 사회복지조직은 자신과 사회에 이로울 수 있도록 개개인의 행동을 변화시키려고 시도한다.

04 다음에서 설명하는 자원개발 방법은? [12회]

- 기업이 전략적으로 이용하는 방법이다.
- 기업의 이미지를 높여 상품판매에도 긍정적인 영향을 준다.
- 사회복지기관의 자원개발에도 기여하며 사회공헌활동도 한다.

① 우편발송(DM ; Direct Mail)
② 공익연계 마케팅(CRM ; Cause Related Marketing)
③ 네트워크(Network)
④ 자동응답시스템(ARS ; Auto Response System)
⑤ 공동모금(Community Chest)

해설 공익연계 마케팅 또는 기업연계 마케팅(CRM ; Cause Related Marketing)

- 기업의 기부 또는 봉사활동을 사회복지와 연계하는 마케팅 방법이다.
- 1980년대 판매 촉진을 위해 시작되었으며, 1990년대에 이르러 제휴와 브랜드 마케팅으로 기업의 사회적 책임을 나타내 주는 방법으로서의 위치를 차지하게 되었다.
- 사회복지기관 등 비영리기관의 입장에서는 기업의 이미지 사용을 통해 판매수익의 일정 부분을 받거나 기업이 생산한 물건을 기증받을 수 있으며, 정기후원자 모집, 이벤트 행사 등을 기업의 활동을 통해 더욱 활성화시킬 수 있다. 더욱이 기업의 홍보활동을 통해 기관의 사업을 널리 알릴 수 있으며, 신뢰성 구축 등의 긍정적인 이미지를 높일 수 있다는 이점이 있다.

Answer 3 ⑤ 4 ②

05 아동학대 예방 운동과 같이 대중의 행동 변화를 통해 공익을 실현하기 위한 마케팅 기법은? [12회]

① 기업연계 마케팅
② 사회 마케팅
③ 데이터베이스 마케팅
④ 고객관계관리 마케팅
⑤ 인터넷 마케팅

해설
- 사회 마케팅 : 사회문제로부터 도출된 사회적 목표를 달성하기 위해 사회적 아이디어를 개발하고 이를 일반인들에게 수용시키기 위한 마케팅
- 다이렉트 마케팅(DM) : 후원을 요청하는 편지를 잠재적 후원자들에게 발송함으로써 후원자를 개발하는 가장 전통적인 마케팅 방법
- 고객관계관리 마케팅(CRM) : 고객과 관련된 자료를 분석하여 고객 특성에 기초한 맞춤서비스를 지속적으로 제공함으로써 가치 있는 고객을 파악 · 획득 · 유지하는 활동
- 기업연계 마케팅(CRM) : 기업의 기부 또는 봉사활동을 사회복지와 연계함으로써 기업의 이윤을 사회에 환원하는 것을 통해 긍정적 기업이미지를 확보하고 사회복지조직의 프로그램 운영효율성을 동시에 달성하고자 하는 방법
- 데이터베이스 마케팅(DBM) : 고객정보, 경쟁사정보, 산업정보 등 시장에 관한 각종 정보를 직접 수집 · 분석하고 이를 데이터베이스화하여 마케팅 전략을 수립하는 기법
- 인터넷 마케팅 : 정보화 시대에 적합한 마케팅 기법으로서, 인터넷의 홈페이지 등을 통해 기관의 홍보와 모금을 하는 방법

06 사회복지 마케팅 믹스(Marketing Mix)의 4P에 해당하는 것은? [14회]

① 기획(Plan)
② 사람(Person)
③ 과정(Process)
④ 촉진(Promotion)
⑤ 성과(Performance)

해설 사회복지 마케팅 믹스(Marketing Mix)의 4P
- 상품(Product) : 상품(프로그램)의 차별화 전략
- 유통(Place) : 장소개발, 접근편리성 등의 전략
- 촉진(Promotion) : 이벤트, 광고, 자원봉사자 활용 등의 전략
- 가격(Price) : 가격 및 후원금 개발 전략

5 ② 6 ④ Answer

07 다음 (　　)에 해당하는 마케팅 기법은? [15회]

> (　　)은 고객들이 A기업의 물품을 구입할 경우 A기업이 그 수입의 일정비율을 B복지관에 기부하는 방식이다.

① 공익연계 마케팅
② 고객관계관리 마케팅
③ 다이렉트 마케팅
④ 데이터베이스 마케팅
⑤ 사회 마케팅

해설 **마케팅 기법**

- 공익연계 마케팅 또는 기업연계 마케팅(CRM ; Cause Related Marketing) : 기업의 기부 또는 봉사활동을 사회복지와 연계함으로써 기업 이윤의 사회로의 환원을 통한 긍정적 기업이미지의 확보와 함께 사회복지조직의 프로그램 운영효율성을 동시에 달성하고자 하는 방법
- 다이렉트 마케팅(DM ; Direct Marketing) : 후원을 요청하는 편지를 잠재적 후원자들에게 발송함으로써 후원자를 개발하는 가장 전통적인 방법
- 고객관계관리 마케팅(CRM ; Customer Relationship Management Marketing) : 고객과 관련된 자료를 분석하여 고객 특성에 기초한 맞춤서비스를 지속적으로 제공함으로써 가치 있는 고객을 파악 · 획득 · 유지하는 활동
- 데이터베이스 마케팅(DBM ; Database Marketing) : 고객정보, 경쟁사정보, 산업정보 등 시장에 관한 각종 정보를 직접 수집 · 분석하고 이를 데이터베이스화하여 마케팅전략을 수립하는 기법
- 인터넷 마케팅(Internet Marketing) : 정보화 시대에 적합한 마케팅 기법으로서, 인터넷의 홈페이지 등을 통해 기관의 홍보와 모금을 하는 방법
- 사회 마케팅(Social Marketing) : 사회문제로부터 도출된 사회적 목표를 달성하기 위해 사회적 아이디어를 개발하고 이를 일반인들에게 수용시키기 위한 마케팅

08 일반적인 마케팅 믹스(4P) 전략에 포함되지 않는 것은? [17회]

① 가격(Price)
② 촉진(Promotion)
③ 성과(Performance)
④ 유통(Place)
⑤ 상품(Product)

해설 **마케팅 믹스(Marketing Mix)**

- 상품(Product) : 상품(프로그램)의 차별화 전략
- 유통(Place) : 장소개발, 접근편리성 등의 전략
- 촉진(Promotion) : 이벤트, 광고, 자원봉사자 활용 등의 전략
- 가격(Price) : 가격 및 후원금 개발 전략

Answer 7 ① 8 ③

09 사회복지조직을 포함한 비영리조직 마케팅에 관한 설명으로 옳은 것은? [16회]

① 생산 후 소비의 발생이 이루어진다.
② 틈새시장 마케팅이 시장세분화 정도가 가장 높다.
③ 사회복지서비스의 표준성은 영리조직 마케팅과의 차이점 중 하나이다.
④ 마케팅 믹스의 4P는 유통(Place), 촉진(Promotion), 가격(Price), 문제(Problem)를 의미한다.
⑤ 공익연계 마케팅을 통해 참여 기업과 사회복지조직 모두 혜택을 얻을 수 있다.

해설
⑤ 공익연계 마케팅 또는 기업연계 마케팅(CRM ; Cause Related Marketing)은 기업의 기부 또는 봉사활동을 사회복지와 연계함으로써 기업 이윤의 사회로의 환원을 통한 긍정적 기업이미지 확보와 사회복지조직의 프로그램 운영 효율성 제고를 동시에 달성하고자 하는 방법이다.
① 사회복지부문의 서비스는 생산과 소비가 동시에 일어난다. 영리부문에서의 서비스는 생산이 선행되고 고객에 의해 소비가 발생하는 반면, 사회복지조직에서는 생산과 소비가 분리되지 않은 경우가 많다. 이는 생산자와 소비자가 서비스 생산과정에 동시에 참여한다는 것을 의미한다.
② 시장세분화(Segmentation)는 전체 시장을 일정한 기준에 의해 동질적인 세분시장으로 구분하는 과정이다. 특히 개별적인 고객수준에서 각 고객의 욕구에 맞춰 제품과 마케팅 프로그램을 개발하여 제공하는 미시적 마케팅(Micro Marketing)이 시장세분화 정도가 가장 높다.
③ 비영리조직 마케팅이 영리조직 마케팅과 다른 점은 서비스의 다양성(Heterogeneity)과 복잡성(Complexity)에 있다.
④ 마케팅 믹스(Marketing Mix)의 4P는 상품(Product), 유통(Place), 촉진(Promotion), 가격(Price)을 의미한다.

10 다음 중 시장세분화의 요건에 해당하지 않는 것은?

ㄱ. 각 세분시장의 규모와 구매욕구가 측정 가능해야 한다. ㄴ. 구매욕구를 가진 사람들이 제품구입에 관심이 있는 충분한 시장의 규모여야 한다. ㄷ. 자원개발에 앞서 마케팅을 수행하는 데 있어 방해가 되는 환경적 요인을 분석할 필요성이 있다. ㄹ. 각각의 세분시장이 마케팅전략 수립 후 구성원 마케팅전략에 의해 서로 다르게 반응해야 한다.

① ㄱ, ㄴ, ㄷ
② ㄱ, ㄷ
③ ㄴ, ㄹ
④ ㄷ
⑤ ㄱ, ㄴ, ㄷ, ㄹ

해설
ㄷ. 기관의 외부환경 및 내부자원의 분석에 해당하는 내용으로 시장세분화의 나머지 요건은 마케팅 노력으로 세분시장에 효과적이며 경제적으로 접근할 수 있는 적절한 수단이 존재해야 한다는 것이다.

9 ⑤ 10 ④ Answer

CHAPTER 11

최신기출문제

01 **사회복지관에서 우편으로 잠재적 후원자에게 기관의 현황이나 정보 등을 제공하여 후원자를 개발하는 마케팅 방법은?** [18회]

① 고객관계관리 마케팅
② 데이터베이스 마케팅
③ 다이렉트 마케팅
④ 소셜 마케팅
⑤ 클라우드 펀딩

해설 ③ 다이렉트 마케팅(DM ; Direct Marketing)은 후원을 요청하는 편지를 잠재적 후원자들에게 발송함으로써 후원자를 개발하는 가장 전통적인 방법이다.
① 고객관계관리 마케팅(CRM ; Customer Relationship Management Marketing)은 고객과 관련된 자료를 분석하여 고객 특성에 기초한 맞춤서비스를 지속적으로 제공함으로써 가치 있는 고객을 파악·획득·유지하는 방법이다.
② 데이터베이스 마케팅(DBM ; Database Marketing)은 고객정보, 경쟁사정보, 산업정보 등 시장에 관한 각종 정보를 직접 수집·분석하고 이를 데이터베이스화하여 마케팅전략을 수립하는 방법이다.
④ 사회 마케팅 또는 소셜 마케팅(Social Marketing)은 사회문제로부터 도출된 사회적 목표를 달성하기 위해 사회적 아이디어를 개발하고 이를 일반인들에게 수용시키기 위한 방법이다.
⑤ 클라우드 펀딩(Crowd Funding)은 "대중으로부터 자금을 모은다"는 의미로, 소셜미디어나 인터넷 등의 매체를 활용하여 필요한 자금을 불특정 다수로부터 지원받는 방법이다.

02 **비영리조직 마케팅에 관한 설명으로 옳은 것은?** [19회]

① 영리추구의 목적으로만 마케팅을 추진한다.
② 비영리조직 간의 경쟁에 대한 대응은 필요 없다.
③ 공익사업과 수익사업의 적절한 운영을 위하여 필요하다.
④ 사회복지조직이 제공하는 비물질적인 서비스는 마케팅 대상이 아니다.
⑤ 비영리조직의 재정자립은 마케팅의 목표가 될 수 없다.

해설 ③ 비영리조직은 고유목적사업으로서 공익사업과 목적사업에 부수적인 수익사업의 적절한 운영을 위해 마케팅 전략과 기법을 필요로 한다.
① 비영리조직은 영리추구 없이 목표시장과 사회이익을 위해 봉사하기 위한 목적으로 마케팅을 추진한다.
② 비영리조직에도 경쟁관계가 있으므로, 경쟁상태에 있는 타 조직들의 현황과 주요 프로그램 및 활동을 파악함으로써 경쟁에 적절히 대응해야 한다.
④ 비영리조직으로서 사회복지조직은 사회의 전반적인 이슈나 이념 등을 마케팅하며, 이는 무형의 형태(예 지지, 노력, 시간 등)로 이루어질 수 있다.
⑤ 비영리조직 간 경쟁이 심화되고 있는 상황에서 기업의 마케팅 전략이 비영리조직의 생존과 성장을 위한 재정자립의 방안 중 하나로 떠오르고 있다.

Answer 1 ③ 2 ③

03 다음에서 설명하는 마케팅 방법은? [20회]

A초등학교의 학부모들이 사회복지사에게 본인들의 자녀와 연령대가 비슷한 아이들을 돕고 싶다고 이야기하였다. 이에 사회복지사들은 월 1회 아동문화체험 프로그램을 기획하여 이들을 후원자로 참여할 수 있도록 요청하였다.

① 사회 마케팅
② 공익연계 마케팅
③ 다이렉트 마케팅
④ 데이터베이스 마케팅
⑤ 고객관계관리 마케팅

해설 ⑤ 고객관계관리 마케팅(CRM ; Customer Relationship Management Marketing)은 고객과 관련된 자료를 분석하여 고객 특성에 기초한 맞춤서비스를 지속적으로 제공함으로써 가치 있는 고객을 파악 · 획득 · 유지하는 방법이다.

① 사회 마케팅 또는 소셜 마케팅(Social Marketing)은 사회문제로부터 도출된 사회적 목표를 달성하기 위해 사회적 아이디어를 개발하고 이를 일반인들에게 수용시키기 위한 방법이다.
② 공익연계 마케팅 또는 기업연계 마케팅(CRM ; Cause Related Marketing)은 기업의 기부 또는 봉사활동을 사회복지와 연계함으로써 기업 이윤의 사회에의 환원을 통한 긍정적 기업이미지의 확보와 함께 사회복지조직의 프로그램 운영효율성을 동시에 달성하고자 하는 방법이다.
③ 다이렉트 마케팅(DM ; Direct Marketing)은 후원을 요청하는 편지를 잠재적 후원자들에게 발송함으로써 후원자를 개발하는 가장 전통적인 방법이다.
④ 데이터베이스 마케팅(DBM ; Database Marketing)은 고객정보, 경쟁사정보, 산업정보 등 시장에 관한 각종 정보를 직접 수집 · 분석하고 이를 데이터베이스화하여 마케팅전략을 수립하는 방법이다.

04 마케팅 믹스(Marketing Mix)의 4P에 해당하지 않는 것은? [19회]

① 제품(Product)
② 가격(Price)
③ 판매촉진(Promotion)
④ 입지(Place)
⑤ 성과(Performance)

해설 마케팅 믹스(Marketing Mix)

- 상품 또는 제품(Product) : 상품(프로그램)의 차별화 전략
- 유통 또는 입지(Place) : 장소개발, 접근편리성 등의 전략
- 촉진 또는 판매촉진(Promotion) : 이벤트, 광고, 자원봉사자 활용 등의 전략
- 가격(Price) : 가격 및 후원금 개발 전략

3 ⑤ 4 ⑤ Answer

CHAPTER 12 정보관리

학습목표

- 정보관리시스템의 의의와 필요성 및 장단점을 숙지한다.
- 사회복지기관에서 정보관리시스템이 중요해진 배경과 사회복지기관의 정보관리시스템에서 정보 유형, 향후 발전 과제에 대한 정리가 필요하다.
- 사회복지통합 관리망 구축에 대한 부분도 알아둔다.
- 최근에 정보관리시스템 구축의 영향을 묻는 문제와 지식기반시스템에 대해 묻는 문제가 출제되었다.

제 1 절 정보관리의 개요

1 정보관리

(1) 정보관리의 의미

① 자료(Data)는 스스로 의미를 갖지 않은 집합에 불과하지만, 정보(Information)는 이러한 사실이 축적과 조직화의 과정을 통해 의미 있는 가치를 지니는 것이다.

② 정보는 경영 관리자가 의사결정을 할 수 있게끔 도움을 주는 가공 처리된 자료를 말한다.

(2) 정보관리의 장점 및 단점

① 정보관리의 장점

㉠ 업무처리의 효율성 : 업무의 자동화에 따른 비용절감과 시간절약은 물론 서비스인력과 자원들을 보다 직접적인 서비스에 충실할 수 있도록 할 수 있다.

㉡ 정보교류의 활성화 : 조직업무의 전산화를 통해 다른 조직들 간의 자연스러운 정보공유가 가능하여 서비스 간의 연계가 비교적 용이하며 정보의 호환이 자유롭다.

㉢ 서비스의 효과성

- 기관과 기관 간의 공유된 정보와 또 기관에서 오랫동안 누적된 기존의 프로그램의 활동 양식을 보고 미래에 대한 계획을 수립한다.
- 다른 프로그램의 아이디어를 얻거나 클라이언트의 정보공유를 통해 서비스의 중복을 피하고 보다 많은 사람들에게 적절한 서비스를 제공할 수 있다.

② 정보관리의 단점

㉠ 비밀보장의 어려움 : 컴퓨터의 전산화를 통해 모든 정보를 공유하기 때문에 기관은 물론 클라이언트의 사적인 부분까지 과다 노출될 우려가 있다.

㉡ 정보의 소외현상 : 컴퓨터를 다루는 기술여부나 정보의 접근 가능성 즉, 곧 기업이나 조직에서의 정보에 접할 수 있는 개인 위치에 따라 정보의 소외가 일어날 수 있다.

㉢ 서비스의 일반화 및 잘못된 정보의 습득 : 기관에서 정보를 공유함에 있어서 잘못된 정보를 그대로 받아들인다거나 혹은 기존의 정보를 바탕으로 하기 때문에 클라이언트의 새로운 욕구나 요구는 무시될 수도 있다.

㉣ 기준행동의 유발 : 전산화된 일정 형식에 의거하여 조사를 하거나 자료를 정리할 때 발생할 수 있는 문제로 어떤 틀에 의거하여 나름의 기준을 결정할 수 있다.

2 정보관리시스템(MIS)

(1) 정보관리시스템의 의의

① 사회복지행정에서 정보관리시스템은 **사무자동화(OA), 의사결정지원시스템(DSS), 전문가지원시스템(ESS) 등을 포함하는 개념으로 종합적 의미를 가진 정보시스템**을 의미한다.

② 조직관리와 관련된 기본적인 정보를 처리하기 위해 컴퓨터를 응용하여 형성된 체계이다.

③ 정보관리시스템에서 의사결정지원시스템은 조직의 효과적인 의사결정을 위해서 정보의 흐름을 원활하게 하는 체계이다.

④ 경영관리기법 중 최근 발전된 기법으로 컴퓨터 기술의 발전으로 인해 보다 효율적인 정보관리를 가능하게 하였다.

⑤ 클라이언트와 관련된 정보를 체계적으로 보관할 수 있지만 비밀보장에 있어서 윤리적인 문제를 발생시킬 수도 있다.

(2) 정보관리시스템의 종류

① 사용방법에 따른 종류

㉠ 고객정보시스템 : 고객의 정보를 입력하여 보다 질 높은 서비스를 제공하기 위해 개발된 정보시스템

㉡ 조직정보시스템 : 조직의 하위체계 사이에 커뮤니케이션 원활화를 목표로 조직내부의 효율성을 높이기 위해 개발되어 사용되는 정보시스템

② 발전과정에 따른 분류

㉠ 1960년대 : 비용절약형 생산성 정보시스템

㉡ 1980년대 : 경쟁력 제고 중심의 정보시스템

㉢ 2000년대 : 성과 중심의 정보시스템

㉣ 2010년 이후 : 사회복지통합관리망 개통 · 운영

③ 조직 내부관리 영역에 따른 분류

㉠ 인사관리정보시스템 : 조직 구성원의 채용이나 훈련, 승급관리, 승진에 관한 시스템

㉡ 조직관리정보시스템 : 서비스 전달과정이나 조직 내 커뮤니케이션 관리를 목표로 한 시스템

④ 시스템 용도에 따른 분류

㉠ 데이터베이스관리시스템 : 데이터를 체계적으로 관리하는 체계

㉡ 모델베이스관리시스템 : 데이터를 분석하기 위한 모형을 체계적으로 관리하는 체계

㉢ 대화생성관리시스템 : 사용자와 시스템이 지속적으로 대화할 수 있도록 개발된 체계

⑤ 사회복지영역에 따른 분류

사회복지행정정보시스템, 노인복지정보시스템, 아동복지정보시스템, 사회보험정보시스템

제2절 기타 사회복지조직 정보관리

1 정보관리시스템의 분류

10, 12회 기출

(1) 정보관리시스템(MIS)의 주요 유형

① 전산자료처리체계(EDPS)

㉠ 컴퓨터를 통해 복잡한 계산을 수행하며, **대량의 자료를 처리하기 위한 시스템**이다.

㉡ 정보수집 · 저장 · 검색 · 조정 · 자료출력의 체계적인 과정을 포함한다.

㉢ 사무적 업무처리에 있어서 **시간 및 비용을 줄임으로써 능률을 향상**시키는 데 역점을 둔다.

② 관리정보체계(MIS)

㉠ 기업이 경영에 관한 정보를 효과적으로 제공하기 위해 **컴퓨터를 통한 통합시스템**을 활용한다.

㉡ 정형화된 구조를 통해 다양한 자료들을 수집 · 저장 · 처리함으로써 유용한 정보로 전환한다.

㉢ 주로 **중간관리층**을 지원하기 위한 시스템으로서 **경영관리의 효율성**을 도모한다.

③ 지식기반체계(KBS)

㉠ 정보자원 및 정보시스템 자원을 경영의 전략적 자원으로 활용하기 위해 구축하는 시스템으로서, '**전문가 시스템(Expert System), 사례기반추론(CBR ; Case-Based Reasoning), 자연음성처리(NLP ; Natural Language Processing)**'의 단계로 구분된다.

㉡ 전문가 시스템은 사례에 관한 의사결정을 위해 컴퓨터 안에 저장된 지식을 응용하는 것이고, 사례기반추론은 저장되어 있는 사례자료에서 지식을 얻어내는 것이다. 또한 자연음성처리는 언어를 텍스트로 전환하여 사람의 말을 이해하도록 하는 음성전환 또는 번역시스템을 말한다.

㉢ 클라이언트와 직접 서비스제공자의 상호작용을 지원하기 위해 복잡하고 어려운 처리기술을 동원한다.

㉣ 상황 · 유형별 다양한 정보의 축적이 필요하다.

㉤ 전문가들 사이에서 의견이 다를 수 있어 의사결정이 모호해질 수 있다.

④ 의사결정지원체계(DSS)

㉠ 관리정보체계(MIS)보다 발전된 것으로 상위관리층의 비구조적 · 비정형적 업무 또는 전략적 문제해결을 위한 의사결정을 지원하는 대화식 시스템이다.

㉡ 의사결정 및 프로그램의 집행을 지원함으로써 효과적인 의사결정이 이루어지도록 하며, 관리능률을 향상시키는 데 역점을 둔다.

㉢ '데이터지향모형'과 '모델지향모형'으로 구분된다.

⑤ 업무수행지원체계(PSS)

㉠ 1990년대 정보기술 발달에 힘입어 개발되었다.

㉡ 현장에서 업무수행에 필요한 정보를 지원하고 필요한 정보를 통합함으로써 업무수행능력을 향상시키기 위한 시스템이다.

㉢ 직접 서비스를 제공하는 서비스 제공자로 하여금 최소한의 도움을 받아 문제를 즉각적으로 해결할 수 있도록 함으로써 업무성과를 높이는 데 역점을 둔다.

㉣ 업무수행 방법에 관한 지시사항 및 절차가 방대한 경우 또는 직원의 재편성에 따른 업무교육이 일상적으로 이루어지는 경우 효과적이다.

(2) 정보관리시스템의 설계 시 고려하여야 할 사항

① 정보체계에 대한 전담직원이 별도로 확보되어야 한다.

② 전체직원은 일상 업무에 정보체계를 이용하여 데이터를 저장하고 사용하며 관리자는 고유사업의 수행과 정보체계 활용을 모니터링하여 필요한 경우 업무조정을 해야 한다.

③ 직원 교육을 위한 예비예산을 확보하도록 한다.

④ 직원회의 때 정보체계를 사용하는 직원의 태도 및 감정을 모니터링하고 직원들이 업무수행 과정에서 정보체계를 활용하는 것이 조직의 사업목적을 달성하기 위해서도 가치 있는 것임을 강조한다.

Plus ⊕ one

우리나라 주요 사회복지정보시스템 20회 기출

사회보장정보시스템(행복e음)	각종 사회복지 급여 및 서비스 지원 대상자의 자격과 이력에 관한 정보를 통합 관리하고, 지자체의 복지업무 처리를 지원하기 위해 기존 시 · 군 · 구별 새올행정시스템(업무통합시스템)의 31개 업무 지원시스템 중 복지분야를 분리하여 개인별 · 가구별 DB로 중앙에 통합 구축한 정보시스템이다.
사회보장정보시스템(범정부)	정부 각 부처 및 정보보유기관에서 제공하고 있는 사회복지사업 정보와 지원대상자의 자격정보, 수급이력정보 등을 통합 관리하는 시스템이다.
사회복지시설 정보시스템	사회복지법인 및 시설의 회계 · 인사 · 급여 · 후원금 관리 등 업무를 전자적으로 처리하고, 행복e음과 연계하여 각종 온라인 보고를 처리할 수 있는 사회복지시설 통합업무관리시스템이다.
복지로	정부 각 부처의 복지서비스 정보를 모아 한눈에 볼 수 있도록 제공하고 맞춤검색에서 온라인 신청까지 실생활 중심의 복지정보와 서비스를 제공하는 복지포털이다.

2 정보관리의 필요성과 과제

(1) 사회복지조직 정보관리 구축의 필요성

① 사회복지의 개념이 보호에서 권리로 전환되어 보다 효율적인 서비스 제공이 중요하게 부각되었다.

② 사회복지행정의 영역이 확대되고 수요가 증가하면서 복지정보관리체계의 대대적인 혁신이 필요하게 되었다.

③ 프로그램 담당 직원들의 동기와 전문적 학습, 보상의 인식 등을 증가시킬 필요성이 높아졌다.

④ 사회복지조직의 목표지향적인 성과가 중요한 요소로 자리 잡았다.

(2) 사회복지조직 정보관리 구축의 효과

14회 기출

① **신속한 서비스 제공** : 시간과 장소의 구애 없이 신속한 서비스 제공이 가능하다.

② **업무의 효율성 증가** : 일상적으로 반복되는 업무를 컴퓨터를 이용함으로써 보다 표준화되고 빠르게 처리할 수 있기 때문에 업무의 효율성은 증가한다.

③ **비용의 감소** : 정보화 작업 초기 일시적으로 시스템을 갖추는 데 많은 예산이 쓰인다고 생각될 수 있지만 거시적으로 볼 때 사람의 손을 통해서 장시간 걸리는 업무를 단시간 내에 처리할 수 있기 때문에 인건비, 운영비 등의 비용절감 효과를 가져올 수 있다.

④ **저렴한 서비스를 제공** : 기관에서의 업무처리에 드는 운영비, 인건비의 절감은 서비스 이용요금의 인하로 이어지기 때문에 저렴한 양질의 서비스를 제공할 수 있게 된다.

⑤ **책임 있는 양질의 서비스를 제공** : 정보화는 정보의 공유를 의미하며 정보의 공유는 객관적으로 공개되는 정보를 의미하기 때문에 보다 책임 있는 과학적인 정보를 제공하게 된다.

⑥ **업무의 표준화** : 모든 기관의 정보공유는 우선 데이터가 표준화되어야 하므로 이는 업무의 표준화를 가져와 업무의 질 향상에도 도움이 된다.

⑦ **효과적인 정보 활용** : 정보를 효과적으로 활용하게 됨으로써 사회복지의 정확성 · 객관성 · 타당성을 확보할 수 있으며, 이에 따라 정보화를 통해 책임감 있는 복지활동을 전개할 수 있다.

⑧ **정보의 대중화** : 대중의 관심으로부터 소외되기 쉬운 사회복지사업에 대한 관심을 일반인에게도 확산시킬 수 있다.

(3) 사회복지조직의 정보관리체계 개발을 위한 과제

① 사회복지조직은 보다 적극적이고 조직적으로 정보화 시대에 적응해 가는 노력이 요구된다.

② 사회복지기관의 업무효율을 높이기 위한 전산 프로그램을 개발하는 데 자원을 투자한다.

③ 기본적인 전산 프로그램의 개발보급을 이룬 상태에서 중장기적으로는 지식기반체계, 의사결정지원체계, 업무수행지원체계의 구축으로 발전해야 할 것이다.

④ 사회복지서비스를 향상시키기 위해 인간과 컴퓨터 시스템을 통합하는 최상의 방법을 결정해야 한다.

CHAPTER 12

출제유형문제

01 **정보관리체계에 관한 설명으로 옳지 않은 것은?** [10회]

① 포괄적인 의미에서 정보관리체계는 사람 · 절차 · 기술의 집합체이다.
② 운영정보시스템(OIS)은 하위관리자의 업무에 필요한 정보를 제공한다.
③ 관리정보체계(MIS)는 지식기반체계(KBS)를 보완하기 위해 개발되었다.
④ 업무수행지원체계(PSS)는 1990년대 정보기술 발달에 힘입어 개발되었다.
⑤ 우리나라의 경우 2010년 1월부터 사회복지통합관리망이 개통 · 운영되고 있다.

해설 정보관리체계의 유형을 정보기술의 발달과정에 따라 역사적 관점에서 구분하는 경우 '전산자료처리체계(EDPS ; Electronic Data Processing System)', '관리정보체계(MIS ; Management Information System)', '지식기반체계(KBS ; Knowledge Based System)', '의사결정지원체계(DSS ; Decision Support System)', '업무수행지원체계(PSS ; Performance Support System)'의 단계들로 설명할 수 있다.

02 **지식기반시스템(Knowledge-Based System)에 관한 설명으로 옳지 않은 것은?** [12회]

① 정보제공과 보고에 초점을 두고 있다.
② 전문가 시스템, 사례기반추론, 자연음성체계 등이 있다.
③ 전문가들 사이에서 의견이 다를 수 있어 의사결정이 모호해질 수 있다.
④ 복잡하고 어려운 정보기술이 필요하다.
⑤ 상황 · 유형별 다양한 정보의 축적이 필요하다.

해설 ① '관리정보체계(MIS ; Management Information System)'와 보다 밀접하게 연관된다. 관리정보체계는 기초적인 조직정보를 처리하는 공식적이고 전산화된 응용프로그램을 말하는 것으로서, 정형화된 구조를 통해 다양한 자료들을 수집 · 저장 · 처리하여 유용한 정보로 전환하는 것이다. 이러한 관리정보체계는 독립된 자료처리 과정을 통합시키고 단계별로 조직에게 도움을 주며, 보고의 형식으로 정보를 만들어낸다. 예를 들어 서비스 이용자 실적을 사업 부서에 따라 월별 혹은 분기별 보고서로 자동작성하도록 함으로써, 부서별 사업현황에 관한 정보를 정기적으로 제공하여 그에 대한 적절한 점검이 이루어지도록 할 수 있다.

1 ③ 2 ① Answer

03 사회복지기관의 정보관리에 관한 설명으로 옳지 않은 것은? [11회]

① 정보관리의 용도가 의사결정의 질을 높이는 방향으로 확장되고 있다.
② 정보관리를 위해서는 전산화가 필수조건이다.
③ 정보관리 시스템 설계에 현장 서비스 인력의 참여가 중요하다.
④ 정보관리에서 조직 간 수준의 개방성이 강조되고 있다.
⑤ 클라이언트 정보의 통합시스템을 대표하는 예가 트래킹 시스템(Tracking System)이다.

해설 정보관리

- 조직의 행정가가 조직의 목적을 효과적 · 효율적으로 달성하기 위해 수집된 정보를 처리 및 조직화하고 관리하는 활동을 말한다.
- 사회복지조직의 정보관리는 사회복지행정가의 전문성 확보에 기여하는 것은 물론 사회복지조직의 평가를 위해 필수적이라고 할 수 있다. 이러한 정보관리는 조직을 효율적으로 운영하기 위해 정보처리기술로서 전산화를 활용한다.
- 전산화란 본래 전자계산조직을 행정에 도입하여 행정정보를 관리 · 가공 · 전달 · 보존하며, 이를 행정처리의 수단으로 활용함으로써 행정의 합리화 및 능률화, 과학화 및 현대화를 도모하기 위한 과정을 말한다.
- 전산화는 정보관리의 수단으로서, 전산화가 곧 정보관리를 의미하는 것은 아니다. 더욱이 정보관리를 위한 기술 자체가 조직의 효과성 및 책임성을 직접적으로 가져다주는 것으로 볼 수 없다.

04 정보관리의 장점에 대한 설명으로 옳은 것은?

ㄱ. 업무의 자동화에 따른 시간과 비용을 절약할 수 있다.
ㄴ. 전산화를 통해 서비스 간의 연계가 비교적 용이하다.
ㄷ. 서비스의 중복을 피하고 보다 많은 사람들에게 적절한 서비스를 제공할 수 있다.
ㄹ. 클라이언트의 사적인 정보는 개인정보보호법에 따른 철저한 비밀보장이 가능하다.

① ㄱ, ㄴ, ㄷ
② ㄱ, ㄷ
③ ㄴ, ㄹ
④ ㄹ
⑤ ㄱ, ㄴ, ㄷ, ㄹ

해설 ㄹ. 컴퓨터의 전산화를 통해 모든 정보를 공유하기 때문에 기관은 물론 클라이언트의 사적인 부분까지 과다 노출될 우려가 있다.

Answer 3 ② 4 ①

05 사회복지조직에서 정보관리 체계가 필요한 이유를 모두 고른 것은? [13회]

ㄱ. 상시적인 평가와 환류
ㄴ. 서비스 질에 대한 모니터링
ㄷ. 조직성과의 대내외적 제시
ㄹ. 유관기관 간 서비스 연계

① ㄱ, ㄴ, ㄷ
② ㄱ, ㄷ
③ ㄴ, ㄹ
④ ㄹ
⑤ ㄱ, ㄴ, ㄷ, ㄹ

해설 '정보관리'는 조직의 행정가가 조직의 목적을 효과적 · 효율적으로 달성하기 위해 수집된 정보를 처리 및 조직화하고 관리하는 활동을 말한다. 사회복지조직의 정보관리는 사회복지행정가의 전문성 확보에 기여하는 것은 물론 사회복지조직의 평가를 위해 필수적이라고 할 수 있다. 정보관리는 조직을 효율적으로 운영하기 위해 정보처리기술로서 전산화를 활용한다.

06 사회복지조직의 정보체계 구축의 효과에 대한 설명으로 옳지 않은 것은?

① 일상적으로 반복되는 업무를 신속하게 처리할 수 있다.
② 책임 있는 양질의 서비스를 제공할 수 있다.
③ 거시적인 관점에서 볼 때 인건비, 운영비 등 많은 예산의 발생이 예상된다.
④ 정보화를 통해 책임감 있는 복지활동을 전개할 수 있다.
⑤ 대중의 관심으로부터 소외된 사회복지사업에 대한 관심을 환기시킬 수 있다.

해설 정보화 작업 초기 일시적으로 시스템을 갖추는 데 많은 예산이 쓰인다고 생각될 수 있으나, 거시적으로 볼 때 사람의 손을 통해서 장시간 걸리는 업무를 단시간 내에 처리할 수 있기 때문에 인건비, 운영비 등의 비용절감 효과를 가져와 오히려 재정적인 이득을 가져올 수 있다.

5 ⑤ 6 ③ Answer

CHAPTER 12

최신기출문제

01 다음에서 설명하는 사회복지정보시스템 명칭은? [20회]

> • 사회복지사업 정보와 지원대상자의 자격정보, 수급이력정보 등을 통합 관리하는 시스템
> • 대상자의 소득, 재산, 인적자료, 수급이력정보 등을 연계하여 정확한 사회복지대상자 선정 및 효율적 복지업무 처리 지원

① 복지로
② 사회보장정보시스템(범정부)
③ 사회복지시설정보시스템
④ 사회서비스전자바우처시스템
⑤ 보건복지정보시스템

해설 우리나라 주요 사회복지정보시스템

사회보장정보시스템 (행복e음)	각종 사회복지 급여 및 서비스 지원 대상자의 자격과 이력에 관한 정보를 통합 관리하고, 지자체의 복지업무 처리를 지원하기 위해 기존 시 · 군 · 구별 새올행정시스템(업무통합시스템)의 31개 업무 지원시스템 중 복지분야를 분리하여 개인별 · 가구별 DB로 중앙에 통합 구축한 정보시스템이다.
사회보장정보시스템 (범정부)	정부 각 부처 및 정보보유기관에서 제공하고 있는 사회복지사업 정보와 지원대상자의 자격정보, 수급이력정보 등을 통합 관리하는 시스템이다.
사회복지시설 정보시스템	사회복지법인 및 시설의 회계 · 인사 · 급여 · 후원금 관리 등 업무를 전자적으로 처리하고, 행복e음과 연계하여 각종 온라인 보고를 처리할 수 있는 사회복지시설 통합 업무관리시스템이다.
복지로	정부 각 부처의 복지서비스 정보를 모아 한눈에 볼 수 있도록 제공하고 맞춤검색에서 온라인 신청까지 실생활 중심의 복지정보와 서비스를 제공하는 복지포털이다.

02 정보관리시스템 구축의 영향에 해당하지 않는 것은? [14회]

① 대규모 개인정보 유출 위험 감소
② 사회복지전문가가 복잡한 의사결정을 쉽게 할 수 있도록 지원
③ 저장된 수천 개의 사례를 기반으로 한 이론의 발전
④ 서비스이용자의 실적을 월별, 분기별, 사업현황별로 정기적 점검이 가능
⑤ 필요한 정보를 통합 · 제공하여 업무 향상

해설 ① 정보관리시스템(MIS ; Management Information System)은 조직관리에서 의사결정의 유효성을 높이고 경영 내외의 관련 정보를 필요에 따라 즉각적으로 그리고 대량으로 수집 · 전달 · 처리 · 저장 · 이용할 수 있도록 고안된 것으로서, 정보관리에 있어서 체계성과 효율성을 기할 수 있으나 개인정보 유출 등 비밀보장 측면에서 위험성을 지니고 있다.

Answer 1 ② 2 ①

CHAPTER 13

프로그램의 개발과 평가

학습목표
- 꾸준히 출제율이 증가하는 단원이다. 논리모델에 관한 문제는 계속 출제되는 만큼 철저한 숙지가 필요하다.
- 욕구이론, 목표들의 위계와 프로그램 설계과정도 구분해둔다.
- 평가의 분류, 방법, 각 평가방법에 대한 설명 및 욕구조사 기법의 사례나 특징을 알아둔다.

제1절 욕구측정

1 욕구측정의 개요

(1) 의 의

① 욕구사정, 욕구조사라고도 하며 해당지역 내에 있는 사람들의 욕구수준을 확인하여 이를 수량화, 계량화 하는 것을 말한다.

② 욕구측정은 포괄적 프로그램 계획과정의 한 단계이다. 이 과정은 준비, 욕구측정, 정책개발, 프로그램개발, 실천, 점검 및 평가의 여섯 단계로 이루어진다.

(2) 목 적

① 주민들이 필요로 하는 각종 서비스 또는 프로그램을 식별하여 우선순위를 정한다.

② 프로그램 운영자금의 할당기준을 마련한다.

③ 현재 진행되고 있는 사업들의 운영상태를 평가한다.

④ 프로그램 운영기관들 간의 상호 의존 및 협동상황을 파악한다.

2 욕구의 종류

(1) 매슬로우(Maslow)

① 하위단계의 욕구가 충족된 후에만 상위단계의 욕구가 발생한다고 보았다.

② '생리적 욕구 – 안전의 욕구 – 사랑과 소속에 대한 욕구 – 자기존중의 욕구 – 자아실현의 욕구' 순으로 발전한다.

(2) 브래드쇼(Bradshaw)

① 규범적 욕구(Normative Need)

㉠ 전문가의 판단에 의해 규정된 욕구로 정부차원에서 공표하는 최저임금이나 최저생계비도 이에 해당된다.

㉡ 계량화가 쉽고 구체적인 변화의 표적을 만들어낼 수 있다는 장점이 있는 반면, 연구 · 조사자의 성향 및 지식 · 기술 · 가치의 변화에 따라 결과가 달라질 수도 있다.

② 인지적 욕구(Perceived Need)

㉠ 개개인이 느끼는 욕구로 사람들이 욕구로 생각하는 것, 선호하는 것으로 주로 사회조사를 통해 욕구를 파악한다.

㉡ 사람의 기대에 따라 각각 기준이 불안정하고 수시로 변경될 수 있다는 단점이 있다.

③ 표출적 욕구(Expressed Need)

㉠ 서비스의 수요에 대한 욕구로 사회복지 서비스에 가장 많이 이용되는 욕구의 개념이다.

㉡ 인지한 욕구를 실제로 행동에 옮기게 되는 상황을 강조한 개념이지만, 실제로 욕구를 가진 모든 사람이 서비스를 원하는 것은 아니라는 점에서 한계가 있다.

④ 상대적 욕구(Relative Need)

㉠ 다른 사람이나 타지역과 비교해서 발생하는 것으로 서비스와 차이에서 비롯된다. 지역의 특성을 고려한 상태에서 두 집단의 욕구를 비교하는 것이 타당하다.

㉡ 동일한 욕구를 가진 클라이언트에게는 동일한 서비스가 제공되어야 한다는 형평성의 이념과 관계가 있다.

3 욕구측정기법

(1) 지표분석

① 일정한 행정지역 또는 지역사회의 상태를 파악하기 위해 기존의 공용자료(인구조사, 보건의료 등) 및 사회조사(설문지, 면접)에 사회지표를 포함해서 얻은 자료를 사용할 수도 있다.

② 지표분석방법 중 사회 및 보건지표분석방법은 공공기록문서와 보고서에 기록된 통계자료를 바탕으로 욕구를 추정하는 것이다.

(2) 일반 인구조사(General Population Survey)

① 지정된 지역 내 주민 가운데서 추출된 표본으로부터 면접 또는 설문지를 통하여 자료를 얻은 후 이를 기초로 욕구를 측정하는 것이다.

② 일반 인구조사는 다른 지역에서도 해당 지역의 특수성에 맞게 수정 · 보완해서 사용할 수 있으며, 신축성이 있다.

③ 비용이 많이 들며 전문적 조사기술과 상당한 시간과 인원을 필요로 한다.

(3) 표적인구조사(Target Population Survey)

① 일반 인구 중 어떤 특성을 가진 사람들만을 골라서 수혜자격(소득, 연령, 건강, 교육, 성별 등), 거주지역, 현재 수혜하고 있는 상태를 알아보는 것이다.
② 일반 인구조사에 비해서 표본의 크기가 작다.
③ 비슷한 조사에서 이미 사용된 조사방법과 도구를 사용할 수 있다. 또한 조사결과의 타당성이 높고, 다른 욕구조사를 보완할 수 있는 장점이 있다.

(4) 프로그램운영자/서비스제공자 조사

조사의 초점을 프로그램이나 서비스제공자에 맞추는 것이다.

① 장 점
㉠ 사회적으로 잘 알려져 있지 않거나, 이야기하기 거북한 문제들에 관한 정보를 얻을 수 있다.
㉡ 현존하는 잠재적인 지역사회 및 기관의 자원에 대한 정확한 정보를 좀 더 전문적으로 얻을 수 있다.
㉢ 지역사회의 전반적 상황과 개개 문제를 파악하는 데 도움이 되는 자료를 얻을 수 있다.
㉣ 전문적인 판단을 바탕으로 욕구를 측정한다.

② 단 점
㉠ 제공자들이 식별한 문제는 대상인구의 실제 문제라기보다 제공자의 문화적 또는 계급적 편견일 수 있다.
㉡ 제공자들은 주로 수혜자만을 상대하기 때문에 수혜자에 관한 자료만을 제공할 수 있다.

(5) 주요 정보제공자 조사

① 프로그램이나 서비스전달에는 직접 가담하지 않지만 지역사회에서 오랫동안 거주했거나 그 지역의 사정을 잘 알며, 대상주민들의 사정을 대변할 수 있는 정보제공자에 조사의 초점을 맞추는 것이다.
② 기존 조사방법을 이용할 수 있고, 비용이 적게 든다. 또한 신축성이 있으며 현재 가지고 있는 요원을 그대로 사용할 수 있는 장점이 있다.
③ 많은 면접자를 사용해야 하고, 제공자들을 직접 만나 면접을 해야 하기 때문에 우편조사로는 면접이 불가능하다는 단점이 있다.

(6) 행정자료 조사

① 행정자료는 주민들의 요청사항, 공익사업의 동향, 특별한 연구를 요하는 대상인구 또는 지역에 관한 중요한 정보를 제공한다.
② 대개의 정보는 주민들의 특성에 관한 정보를 흔히 포함하고 있기 때문에 주민들의 문제를 파악하는 데 이용할 수 있다.

(7) 지역사회 공개토론회

① 목 적

목적은 주민들이 특정한 정책적 관심사에 대해 의견을 발표하는 장(場)을 마련해 주는 것이다. 이러한 모임은 3~4일간 계속될 수 있으며, 정보교환 · 새로운 프로그램 또는 계획에 대한 의견교환 · 주민들에 대한 소개 · 상호교환 등 광범위한 활동을 전개할 수 있다.

② 장 점

㉠ 매우 경제적이고, 광범위한 주민계층 및 집단의 의견을 모을 수 있다.
㉡ 지역사회를 위한 정책의 기획 및 개발을 촉발할 계기가 될 수 있다.
㉢ 문제에 대한 특별한 지식과 관심을 개인이나 집단 또는 기관별로 구별해 볼 수 있다.

③ 단 점

㉠ 모든 주민이 모임에 참석하는 것은 아니며, 특정 사항에 대한 욕구와 관련된 의견을 발표하지만 흔히 의견발표에만 그치고 만다.
㉡ 문제 사항에 대한 관심은 커지지만 문제해소가 잘 이루어지지 않기 때문에 대개 실망이 뒤따르고, 의견을 발표하는 사람의 수가 매우 제한적이다.

(8) 델파이기법

① 특정한 관심사에 대한 바른 판단을 체계적으로 집계하는 절차로, 세심하게 짜여진 몇 단계의 설문을 사용한다. 1차에 사용한 설문에 대한 응답을 정리하여 2차 설문에서 재확인하는 방식으로 진행된다.

② 광범위하고 장기적인 정책을 세우는 데 널리 사용되어 보건 · 교육 · 도시문제 등에 관한 욕구를 파악할 수 있어 주민의 욕구유형과 사회문제에 대한 상이한 판단을 야기하는 요인들을 조사할 수 있다. 또한 전문가의 판단고찰과 응답자 또는 조사대상자로 하여금 다양하고 상호연관된 주민의 욕구를 이해하도록 할 수 있다.

(9) 기 타

① 초점집단기법 18회 기출

집단성원들이 자유롭고 편안한 분위기에서 지역사회에서 발생하는 주요 사건들의 맥락을 통해 지역사회의 욕구와 관련된 첨예한 문제들을 토론하는 것이다.

② 브레인스토밍

집단성원들 간의 대화나 토론을 통한 자유발언의 기회를 제공하여 일정한 주제에 대해 각자 아이디어를 제시하도록 함으로써, 자유분방한 사고과정에서 우수한 아이디어를 수집하기 위한 방법이다.

③ 명목집단기법

비교적 빠른 시간 내에 다양한 배경을 가진 집단의 이익을 수렴하기 위한 것으로서, 어떠한 비판이나 이의제기가 허용되지 않는 가운데 각자 아이디어를 제시하도록 하여 우선순위를 결정한 후 최종 합의를 도출하기 위해 사용된다.

제2절 사회복지 프로그램 개발

1 사회복지 프로그램의 개발

(1) 의 의

① 프로그램이란 하나의 목표를 수행하는 행위들의 집합이다.
② 사회복지 프로그램은 사람을 돕는 방법이다.
③ 사회복지 프로그램은 사회복지사가 업무를 완수하고 이에 만족을 얻도록 하는 것이다.
④ 사회복지 프로그램은 사회의 구성원을 원조하고자 하는 명백한 사회의 욕구이기도 하다.

(2) 기획과정

7, 8회 기출

① 문제확인
기획의 첫 단계로 경험과 전문성을 바탕으로 문제에 대한 정확하고 객관적인 이해가 요구된다.

② 욕구사정
문제가 확인되면 이를 욕구로 변화시키는 욕구사정이 필요하다.

③ 목적과 목표의 설정
프로그램의 목적은 프로그램이 예방 · 소거 · 개선하려는 문제를 다루면서 기대되는 성과를 진술한 것이며, 목표는 일반적으로 목적을 달성하기 위한 수단인 동시에 하위목적의 성격을 갖는다.

④ 개입전략 선정
서비스 제공을 위한 프로그램 가설을 수립하는 과정이다.

⑤ 프로그램 설계
목표체계가 제시하는 지침에 따라 실행방법 및 자원을 연결하여 하나의 일관성 있는 틀을 만드는 작업으로 투입, 전환, 산출, 성과의 순으로 진행된다.

⑥ 예산편성
설계된 프로그램을 실행하기 위한 자원을 할당하는 작업을 하는 과정이다.

⑦ 평가계획
목표달성의 여부에 대한 평가로 목표의 식별, 월별, 연도별 업무수행상황 점검, 부족함의 분석 및 평가결과의 지속적인 피드백이 이루어진다.

(3) 개발의 단계

① P(Problem & Need Assessment) : 문제와 욕구사정
② R(Resource & System Identification) : 자원체계 확인
③ O(Objectives Establishment) : 목적(Purpose) 및 세부목표 설정
④ G(Gathering Data & Alternative Choice) : 자료수집과 대안선택
⑤ R(Representing Action Plan) : 실천계획의 묘사(표현)

⑥ A(Action & Implementation) : 실천활동과 실행
⑦ M(Measure & Evaluation) : 측정과 평가

(4) 프로그램의 목표 설정

① 목표는 방대한 용어로 공표하는 경우가 많은데, 프로그램관리자는 이 방대한 목표를 장기간에 걸쳐 달성해 나갈 수 있는 타당한 절차를 구상 · 설정해야 한다.
② 초기목표와 중간목표는 최고의 성공도를 낼 수 있는 것으로 신중하게 선정해야 한다(구체화 · 세분화 필요).
③ 프로그램 목표는 다차원적이고 세별하기가 쉽지 않으며, 불안정 · 불확실하다. 이러한 문제들은 흔히 목표를 선정하고 수행하는 당사자인 개방체계로서의 조직체의 구조 및 기능으로 인한 것이다.
④ 사회복지프로그램은 일반적으로 인간의 욕구 및 문제를 해결하는 방안을 제시하기 때문에 프로그램 수행자들이 목표에 대한 합의를 이루자면 여러 가지 도덕이론과 신념체계의 선택을 필요로 한다.

(5) 목표 설정의 일반적인 기준(성과수준 결정 시 고려사항)

① 클라이언트를 중심으로 두고 설정되어야 한다.
② 목적과 논리적인 연관성이 있어야 한다.
③ 결과 중심적이어야 한다.
④ 현실적이어야 한다.
⑤ 달성할 수 있어야 한다.
⑥ 측정 가능해야 한다.
⑦ 구체적이고 분명하며 정확해야 한다.
⑧ 시간과 연계되어야 한다.
⑨ 달성되었을 때의 상태를 기술해야 한다.

2 사회복지 프로포절 작성법

(1) 사회복지 프로포절의 의의

① 수행하고자 하는 프로그램의 내용을 설명하는 사업 제안서로 경쟁력 향상을 통해 사회복지서비스의 질을 개선하고, 기금 배분의 투명성 확보를 위해 필요하다.
② 프로그램의 예산 확보에 상당한 영향을 주며 추후 프로그램 평가 시 근거자료로 활용될 수 있다.
③ 프로포절 작성 시 문제의 심각성, 프로그램의 참신성과 효과성, 프로그램 운영의 비용효율성, 기관의 능력과 직원의 전문성, 실현가능성, 기관의 신뢰성, 기록의 신뢰성을 고려하여야 한다.

(2) 작성방법

① 표 지

표지는 일반적으로 정해져 있는 양식이기 때문에 프로포절 작성자들이 소홀히 할 수 있으나 경쟁력 있는 프로포절은 세심한 부분까지 차별화할 수 있어야 한다.

㉠ 기관에 대한 부분

법인의 특성, 연혁(신청 프로그램과 관련된 실적을 강조해서 제시), 조직 기구표 등을 제시한다.

㉡ 프로그램에 대한 부분

프로포절 전체의 내용을 함축적으로 담고 있는 중요한 부분이므로 핵심내용을 전달할 수 있어야 한다. 문제의 심각성, 프로그램의 필요성 및 기대효과에 따른 내용이 함축적으로 제시되어야 한다.

② 문제 분석

사회현상을 사회문제로 파악할 수 있는 통찰력을 지녀야 하고 문제의 심각성은 객관적인 자료와 함께 제시해야 한다. 또한 문제분석과 함께 제시할 수 있는 것이 프로그램 효과성인데 프로그램이 지원되었을 때 대상자와 지역사회에 어떤 변화가 일어날 것이며, 비용효과는 어느 정도인지 제시하는 것이 바람직하다.

③ 대상자 선정

일반집단	프로그램에 영향을 미칠 대상 가능 인구로서 클라이언트가 속한 관할 지역 또는 행정구역 내에 있는 모든 사람 예 서울시 거주 65세 이상 노인 전체 5만 명
위험집단	일반 집단 중 해당 문제 노출위험이 있거나 욕구가 있는 집단 예 서울시 거주 65세 이상 노인 중 치매노인으로서 전체 5%인 2,500명
표적집단	위험집단 중 하위집단으로서 프로그램 영향이 구체적으로 미치는 인구 혹은 프로그램의 대상이 되어야 하는 집단 예 서울시 65세 이상 치매노인 2,500명 중 기초생활보장 수급가구에 해당하는 500명
클라이언트집단	표적집단 중 실제 프로그램 참여자 예 서울시 65세 이상 기초생활보장 수급 치매노인 500명 중 본인이나 가족이 주간보호를 희망하고 기관의 서비스가 가능한 지역에 거주하는 노인 15명

④ 목표 설정

㉠ 목표의 개념

- 목적 : 프로그램을 통해 궁극적으로 달성하고자 하는 포괄적 · 추상적인 지향점을 설정한다.
- 목표 : 목적을 보다 구체화하여 방향성을 제시하는 것이지만 추상적인 용어로 표현된다.
- 세부목표 : 프로그램을 통해 달성하고자 하는 구체적인 목표로 프로그램의 성공 여부는 세부목표의 달성 여부와 관련이 있으며 가능한 구체적이고 현실적이며 측정 가능한 언어로 표현되어야 한다.

㉡ 프로그램 목표설정의 원칙(SMART)

- 구체적일 것(Specific)
- 측정 가능할 것(Measurable)

• 달성 가능할 것(Attainable)
• 결과지향적일 것(Result Oriented)
• 시간제한적일 것(Time Bounded)

㉢ 목표들의 위계적 구분
• 소비자목표 : 얼마나 많은 소비자들이 서비스를 받게 될 것인가를 구체화한다.
• 활동목표 : 얼마나 많은 서비스가 제공될 수 있는지를 구체화하는 것으로, 주로 시간 개념을 가진 서비스 단위로 표현된다.
• 성취목표 : 무엇이 어느 정도 성취되어야 할지 성취될 숫자로 구체화한 것으로, 프로그램으로 인해 나타난 변화 양상을 중심으로 기술된다.
• 영향목표 : 프로그램이 문제 지표들에 대해 얼마나 많은 영향을 끼칠 수 있는지를 구체화하는 것으로, 주로 지역사회에 미치는 파급효과를 나타낸다.

참고

목표의 위계적 구분
'소비자목표 – 활동목표 – 성취목표 – 영향목표'의 순서로 위계화 할 수 있으나, 모든 프로그램들이 반드시 이 목표들을 포함해야 한다는 의미는 아니며, 실제로 이에 따라 구성하기도 어렵다.

㉣ 프로그램 결과에 따른 구분
• 산출(Output)목표 : 프로그램에 따른 직접적인 산출물을 중심으로 한다.
• 성과(Outcome)목표 : 프로그램의 결과로 나타난 변화와 관련된 내용으로 기술한다.

⑤ **활동내용**

㉠ 프로그램의 구조
세부목표를 중심으로 프로그램 내용과 수행을 위한 방법, 매개물, 직원, 클라이언트의 역할 등이 구체적으로 명시된다.

㉡ 담당인력
슈퍼바이저, 담당 인력, 자원봉사자를 포함하되 실명으로 기재하는 것이 원칙이다. 담당 인력의 경력이나 학력은 프로그램의 수행능력을 평가하는 중요한 기준이므로 구체적으로 기입한다.

㉢ 일정표
프로그램의 진행일정에 관한 것으로 기간, 간격, 소요시간 등을 포함한다.

⑥ **예산수립**
프로그램의 총예산을 인건비, 관리비, 기자재 및 집기 구입비, 수용비, 사업비 등의 항목으로 나누어 각 항목의 산출근거를 구체적으로 제시한다.

⑦ 프로그램 일정표에 설정된 진행과업별 · 시기별 공정표를 작성하고, 성과평가계획은 평가지표 · 측정도구 · 평가방법 등이 구체적으로 제시되어야 한다.

제3절 프로그램 평가

1 프로그램 평가의 의의 및 유형

(1) 의 의

① 일반적으로 행정운영 체계로 불리며, 프로그램이 의도된 결과를 달성하고 측정 가능한 영향을 성취할 수 있는 정도를 사정하는 것이다.

② 프로그램 평가의 목적은 과학적 사고방법, 측정, 분석을 사용하여 사회복지서비스를 질적으로 향상시키고 사회문제를 효과적이고 효율적으로 해결하고자 하는 것이다.

(2) 프로그램 평가의 유형

2, 5, 11, 12, 13, 15, 16, 17, 19회 기출

① 목적에 따른 분류

㉠ 총괄평가(성과평가)

- 프로그램 투입에 대한 총체적인 판단을 내리기 위한 평가이다.
- 주로 사업이 종료된 후 그 사업이 지역사회에 미치는 영향을 추정하는 조사활동이다.
- 연역적 · 객관적인 방법에 의해 프로그램의 효율성 및 효과성을 평가한다.

㉡ 형성평가

- 프로그램의 수행 및 전달과정 중에 실시하는 평가로 과정평가라고도 한다.
- 사업내용의 수정 · 변경 여부의 결정에 도움을 주고, 사업의 효과나 부작용의 경로를 밝혀줌으로써 총괄평가를 보완하는 기능을 수행한다.
- 모니터링도 형성평가에 속한다고 볼 수 있다.

㉢ 통합평가

- 형성평가와 총괄평가를 혼합한 방식이다.
- 총괄평가적 접근으로 평가를 한 후 과정 평가적 접근을 통해 평가한다.

㉣ 메타평가

- 평가에 대한 평가이다. 평가에 포함된 질에 대한 판단자료가 된다.
- 평가활동의 영향 및 평가결과의 활용도를 파악하고 미래에 적합한 평가자를 선정하는 데 지침이 된다.

Plus ⊕ one

형성평가와 총괄평가의 비교

형성평가	총괄평가
• 진행과정에서 피드백이 필요한 정보를 수집하는 데 관심을 둠 • 과정지향적인 특성 • 주로 조직 내부적으로 활용될 정보를 수집하기 위한 것 • 유연한 틀을 적용 • 귀납적 방법을 주로 사용 • 진행 중인 프로그램을 수정 · 보완하는 데 목적을 둠	• 프로그램의 결과에 해당하는 성과의 발생여부와 성과에 수반된 비용의 문제에 관심을 둠 • 목표가 얼마나 효율적으로 효과적으로 달성되었는지를 판단하기 위한 것으로 목표 지향적 • 전문적인 평가를 위해 외부평가를 진행하는 경우가 많음 • 엄격한 틀을 가지고 전문적이고 과학적인 평가를 적용 • 연역적 · 객관적 방법으로 달성하고자 했던 목표의 달성 여부를 평가 • 일반적으로 프로그램 종료 후 실시

② 규범에 따른 분류

㉠ 효과성 평가

• 제공된 프로그램과 서비스에 의해 의도했던 목표들이 달성되었는지를 평가하는 것이다.

• 의도했던 효과가 과연 그 프로그램 때문에 발생했는지, 발생한 효과는 목표에 대비하여 어느 정도인지를 평가하는 것이다.

예 클라이언트의 서비스 참여도나 만족도 등 간접자료, 클라이언트의 취업률 향상, 가족기능의 향상 등 직접자료

㉡ 효율성 평가

$$\text{효율성} = \frac{\text{프로그램의 산출(Output)}}{\text{프로그램에 대한 투입(Input)}} = \frac{\text{효과}}{\text{비용}}$$

투입된 비용에 비해 산출된 서비스의 양(산출물 또는 성과)을 비교평가 하는 것이다.

예 프로그램 목표를 성취하는 데 부과된 비용, 프로그램 산출 단위와 관련된 비용 등

Plus ⊕ one

비용 – 편익 분석 및 비용 – 효과 분석

비용 – 편익 분석 (Cost–Benefit Analysis)	• 목표달성에 가장 효과적인 대안을 찾기 위해 각 대안이 초래할 비용과 편익을 비교 · 분석하는 기법이다. • 어떤 프로젝트와 관련된 편익, 비용들을 모두 화폐적 가치로 환산한 후의 결과를 토대로 프로그램의 효율성을 평가한다.
비용 – 효과 분석 (Cost–Effectiveness Analysis)	• 목표달성에 가장 효과적인 대안을 찾기 위해 각 대안이 초래할 비용과 산출 효과를 비교 · 분석하는 기법이다. • 프로그램에 투입되는 비용들은 화폐적 가치로 환산하나, 프로그램으로부터 얻게 되는 편익 또는 산출은 화폐적 가치로 환산하지 않고 산출물 그대로 분석에 활용한다.

㉢ 노력성 평가

얼마나 많은 양의 서비스가 제공되었는지, 어떤 활동들을 수행했는지를 평가하는 것이다.

예 클라이언트에 의한 서비스 경험, 서비스 담당자들의 활동, 업무수행의 질, 지출과 자원 활용 정도 등

㉣ 서비스의 질

제공되는 서비스들이 전문가에 의해 제공되었는지, 클라이언트의 욕구를 충족시킬 수준으로 제공되었는지를 판단하는 것이다.

㉤ 영향성

의도했던 사회문제 해결에 어느 정도의 영향을 미쳤는지를 평가한다.

Plus ⊕ one

규범에 따른 평가 20회 기출

효과성 (Effectiveness)	• 프로그램을 시작하였을 때 기대된 것이 프로그램 실시 후 실제 달성된 정도 • 단일사례분석(Single Subject Design), 목표달성척도(Goal Attainment Scale), 평가조사(Evaluation Research)의 방법 등
효율성 (Efficiency)	• 투입과 산출의 비율 • 비용 – 편익 분석(Cost–Benefit Analysis) : 목표달성에 가장 효과적인 대안을 찾기 위해 각 대안이 초래할 비용과 편익을 비교 · 분석하는 기법 • 비용 – 효과 분석(Cost–Effectiveness Analysis) : 목표달성에 가장 효과적인 대안을 찾기 위해 각 대안이 초래할 비용과 산출 효과를 비교 · 분석하는 기법 • 비용 – 노력으로서 서비스 단위당 투입된 비용(Cost per Service Unit) 등
노력성 (Effort)	• 목표달성을 위하여 필요한 프로그램 활동의 양과 종류, 프로그램을 위해 동원된 자원 정도 • 투입시간, 금전적 · 물질적 자원의 배분 및 사용, 클라이언트의 참여, 담당자의 제반 활동 등
서비스의 질 (Quality of Service)	• 서비스의 우월성과 관련된 클라이언트의 전반적인 평가나 태도 • 클라이언트의 서비스 품질에 대한 기대와 서비스 품질 지각의 불일치 정도를 파악할 수 있도록 해줌 • 클라이언트의 서비스 만족도 조사, 단일사례분석, 품질인증(예 ISO 9000)
영향성 (Impact)	• 서비스 제공 이전과 이후를 비교함으로써 프로그램의 순효과를 파악할 수 있도록 해줌 • 성과평가(총괄평가)의 한 유형

2 프로그램 평가의 요소(논리모델) 9, 10, 11, 12, 15회 기출

(1) 의 의

① 논리모형(Logic Model)은 프로그램의 **투입**(Inputs), **전환**(Throughputs) 또는 **활동**(Activities), **산출**(Outputs), **성과**(Outcomes), **영향**(Impact) 간의 관계를 논리적으로 연결함으로써 프로그램을 체계적으로 기획하고 성과를 구체적으로 측정하는 평가모형이다.

② 투입에서 성과 및 영향에 이르는 과정을 하나의 연결고리로 제시함으로써 프로그램의 목적달성을 위한 과정은 물론 프로그램 전반에 대한 이해를 증진시킨다.

③ 프로그램 개발자 및 평가자, 기관의 책임자, 기타 이해관계 당사자들이 프로그램의 목표를 명확히 인식하는 데 유효하다.

④ 과정평가와 성과평가를 구분하여 통합적으로 운영할 수 있다.

(2) 논리모형에 의한 프로그램 설계의 진행 흐름

13, 14, 15, 16, 17회 기출

단 계	내 용
투 입	프로그램에 투여되거나 프로그램에 의해 소비되는 자원을 말한다. 예 이용자, 직원, 봉사자, 자금, 예산, 시설, 장비, 소모품 등
전환(활동)	임무를 수행하기 위해 프로그램에서 투입으로 활동하는 것을 말한다. 예 상담, 직업훈련, 치료 및 교육, 보호, 청소년 대인관계지도 등
산 출	프로그램 활동의 직접적인 산물(양적인 최종 실적)을 말한다. 예 상담 수, 서비스에 참여한 참여자 수, 취업인원, 서비스 제공 시간, 분배된 교육적 자료의 수, 지도한 집단 수 등
성과(결과)	프로그램 활동 중 또는 활동 이후의 참여자들이 얻은 이익을 말한다. 예 새로운 지식, 향상된 기술, 태도 및 가치변화, 행동의 수정, 향상된 조건, 변화된 지위, 생활 만족도 등
영 향	프로그램 활동의 결과로 인해 원래 의도했던 혹은 의도하지 않았던 변화가 나타났는지를 말한다. 예 관심분야의 확대, 바람직한 관계의 지속 등

Plus ⊕ one

프로그램 평가의 논리모델은 학자에 따라 다음과 같이 약간씩 다르게 제시되고 있다.

- 투입 – 전환(활동) – 산출 – 성과(결과)
- 투입 – 전환(활동) – 산출 – 성과(결과) – 환류
- 투입 – 전환(활동) – 산출 – 성과(결과) – 영향

3 사회복지시설 평가

(1) 사회복지시설 평가의 의의

① 사회복지사업법상 사회복지시설 평가

16, 19회 기출

㉠ 보건복지부장관 및 시 · 도지사는 3년마다 시설에 대한 평가를 실시하여야 한다. 시설의 평가기준은 법령에 따른 서비스 최저기준을 고려하여 보건복지부장관이 정한다(사회복지사업법 시행규칙 제27조의2 제1항 및 제2항).

㉡ 사회복지시설 평가 법제화는 1998년 사회복지사업법의 개정을 통해 이루어졌으며, 1999년부터 모든 사회복지시설이 3년마다 시설에 대한 평가를 받도록 하고 있다.

㉢ 보건복지부장관과 시 · 도지사는 시설평가의 결과를 해당 기관의 홈페이지 등에 게시하여야 한다(동법 시행규칙 제27조의2 제3항).

② 사회복지시설 평가의 기대효과

㉠ 사회복지시설 운영의 질적 향상을 도모한다.

㉡ 사회복지시설 운영의 관리체계 마련에 도움을 준다.

㉢ 사회복지시설 운영의 객관적 기준을 제시할 수 있다.

㉣ 사회복지시설 운영의 책임성을 강화한다.

㉤ 사회복지시설의 투명성을 제고할 수 있게 한다.

㉥ 사회복지시설 운영자의 의식을 개선시켜 적극적으로 서비스에 참여하게 한다.

㉦ 사회복지시설의 상호비교를 통해 시설운영의 개선근거를 마련한다.

㉧ 사회복지시설 평가는 환류 기능을 가지며 행정관리수단의 역할을 하면서 책무성을 강조한다.

㉨ 사회복지시설 평가는 기관의 외부자원 확보에 영향을 미친다.

(2) 사회복지조직의 체계적 평가의 필요성

① 경영통제

자원들이 조직의 목표를 수행하기에 효과적으로 획득되고 사용되는지를 행정관리자들이 확인하는 과정이다.

② 피드백

일선 업무 담당자들에게 자신들이 수행하고 있는 활동을 되돌아 볼 수 있게 하는 평가정보를 제공하기 위한 과정이다.

③ 서비스 개선

평가를 통해 서비스의 변화와 개선이 이루어질 수 있다.

④ 책임성

프로그램을 수행하는 데 관련된 법이나 규제, 절차 등에 잘 순응하고 있는지, 혹은 상부나 외부로부터 요구되는 바람직한 성과의 도출에 순응하고 있는지 등을 판단할 수 있게 한다.

⑤ 대외관계

평가 정보들은 프로그램의 성과를 외부사회에 알리는 데 사용된다.

(3) 사회복지조직의 효과성 평가모형

9회 기출

① 목표달성모형

㉠ 조직을 특정한 목표달성을 위한 합리적인 도구로 이해하는 고전적 조직관을 토대로 하므로 조직은 궁극적으로 목표를 가지고 있으며, 이러한 목표는 경험적인 확인과 성취도 측정이 가능하다고 본다.

㉡ 조직의 효과성은 동원되는 수단보다는 목표달성 여부에 따라 평가되어야 하며 목표달성영역은 조직이 목적을 달성하기 위해 창출된 것과 연결된다.

㉢ 조직의 목표는 해당 조직의 성공여부를 평가하는 주요 도구에 해당하며 목표지향적 활동과 비목표지향적 활동 간에 조정이 이루어지지 않는다.

㉣ 효과적인 목표달성의 결정요인으로는 생산성, 순응성, 적응성, 제도화, 의욕 등이 있으며, 특히 생산성이 조직의 효과성과 가장 밀접하게 연관된다.

㉤ 조직의 목표달성과 직접적으로 연관되지 않은 조직 체계상의 문제에 대해 별다른 관심을 기울이지 않는다.

② 체계모형

㉠ 목표달성모형에 대비되는 것으로, 투입 및 자원 획득 등의 과정을 강조하며 구체적인 목표보다는 목표달성에 필요한 수단에 초점을 둔다.

㉡ 조직의 생존을 비롯하여 그것에 영향을 미치는 다양한 요인들을 고려하므로 장기적인 시간을 요구한다.

㉢ 조직을 구성하는 요인 및 기능을 전반적으로 포괄하며 조직의 평가는 조직의 기능적인 요건을 토대로 한다.

㉣ 조직현상에 대한 보다 포괄적인 이해를 강조하나, 구체적인 방법론적 측면에서 어려움이 있다.

Plus ⊕ one

사회복지시설의 서비스 최저기준(사회복지사업법 시행규칙 제27조 제1항)

- 시설 이용자의 인권
- 시설의 환경
- 시설의 운영
- 시설의 안전관리
- 시설의 인력관리
- 지역사회 연계
- 서비스의 과정 및 결과
- 그 밖에 서비스 최저기준 유지에 필요한 사항

CHAPTER 13

출제유형문제

01 **평가에 관한 설명으로 옳지 않은 것은?** [14회]

① 평가의 부작용으로 새로운 시도를 어렵게 할 수 있다.
② 형성평가는 프로그램의 수정 · 변경 · 중단에 대한 여부를 결정한다.
③ 평가의 목적 중 하나는 사회적 요구를 파악하는 것이다.
④ 평가는 서비스에 대한 책임성을 향상시킬 수 있다.
⑤ 비용 – 편익(Cost–Benefit) 분석은 효과성을 측정하며 타 프로그램과의 비교를 포함한다.

해설 ⑤ 비용 – 편익(Cost–Benefit) 분석은 효율성 평가에 해당한다. 프로그램에 드는 비용과 프로그램의 성과를 금전가치로 환산하는 방식으로서, 이때 프로그램 성과의 계산은 서비스가 주어지지 않았다고 가정할 때 발생할 결과들을 통해 그 가치를 유추하게 된다. 이렇게 산정된 프로그램 성과, 즉 서비스의 경제적 편익을 프로그램 비용과 상호 비교하여, 비용에 비해 편익이 높을수록 해당 프로그램을 효율적인 것으로 간주하게 된다.

02 **프로그램의 효율성 평가를 위하여 성과를 화폐적 가치로 환산해서 비용과 대비해 보는 방법은?** [13회]

① 비용 – 편익 분석
② 비용 – 임계 분석
③ 비용 – 산출 분석
④ 비용 – 재무 분석
⑤ 비용 – 효과 분석

해설 프로그램의 효율성 평가는 비용, 노력, 시간 등의 투입에 대한 산출(목표달성 정도)의 비율에 대한 평가로서 자원의 효율적인 사용에 대한 정보를 제공해 준다. 효율성을 측정하는 방법으로서 '비용 – 편익 분석(Cost–Benefit Analysis)'이란 목표 달성에 가장 효과적인 대안을 찾기 위해 각 대안이 초래할 비용과 편익을 비교 · 분석하는 기법이다. 즉, 어떤 프로젝트와 관련된 편익, 비용들을 모두 화폐적 가치로 환산한 후 이 결과를 토대로 프로그램의 효율성을 평가하는 기법을 말한다.

1 ⑤ 2 ① Answer

03 형성평가에 관한 설명으로 옳은 것은? [12회]

① 성과와 비용에 관심을 둔다.
② 과정 중 프로그램 개선을 위한 정보수집이 강조된다.
③ 목표지향적이다.
④ 전문적인 외부 평가가 우선된다.
⑤ 평가를 위하여 고정화된 틀이 필요하다.

해설 형성평가(Formative Evaluation)

- '과정평가'라고도 하며, 프로그램의 수행이나 전달과정 중에 실시하는 평가이다.
- 귀납적인 방법에 의해 프로그램의 변화나 변경, 기관의 운영상황이나 고객 욕구의 변동 등 "앞으로의 결정을 위하여 알아야만 하는 것이 무엇인가"에 평가의 초점이 있다.
- 사업 또는 서비스 내용의 수정 · 변경 여부의 결정에 도움을 주며, 그 효과나 부작용의 경로를 밝힘으로써 성과평가(총괄평가)를 보완하는 기능을 수행한다.

04 사회복지 평가기준과 그 설명으로 옳지 않은 것은? [16회]

① 효과성은 목표달성 정도를 의미한다.
② 영향성은 사회집단 간 얼마나 공평하게 배분되었는가를 의미한다.
③ 노력성은 프로그램을 위해 동원된 자원 정도를 의미한다.
④ 서비스 질은 이용자의 욕구 충족 수준과 전문가의 서비스 제공여부 등을 의미한다.
⑤ 효율성은 투입 대비 산출을 의미한다.

해설 ② 공평성 또는 형평성(Equity) 기준에 해당한다. 반면, 영향성(Impact)은 프로그램 노력과 사회적 지표 변화 간의 관계와 연관된다.

Answer 3 ② 4 ②

05 프로그램 평가유형과 그 설명의 연결이 옳은 것은? [10회]

ㄱ. 프로그램의 효율성과 효과성을 평가한다.
ㄴ. 조사연구기관이 프로그램을 평가한다.
ㄷ. 서비스 대상자에 대한 프로그램 만족도를 평가한다.
ㄹ. 양적 및 질적 방법으로 프로그램 과정을 평가한다.

	ㄱ	ㄴ	ㄷ	ㄹ
①	총괄평가	외부평가	프로그램평가	형성평가
②	형성평가	기관평가	내부평가	총괄평가
③	기관평가	내부평가	활용지향적평가	영향평가
④	내부평가	옹호적평가	외부평가	총괄평가
⑤	기관평가	외부평가	활용지향적평가	영향평가

해설 평가의 종류

• 평가목적에 따른 분류
 – 형성평가 : 서비스 전달체계 향상 및 서비스의 효율성 증진을 도모하기 위해 프로그램 운영 도중에 이루어지는 평가이다.
 – 총괄평가 : 프로그램 운영이 끝날 때 행해지는 평가조사로서, 기관의 정책 또는 프로그램이 달성하고자 했던 목표를 얼마나 잘 성취했는가의 여부를 평가한다.
 – 메타평가 : 메타평가는 평가 자체에 대한 평가로 평가자 자신에 의하여 이루어질 수도 있으나 일반적으로는 상급자나 외부전문가들에 의해 이루어진다.

• 평가기준에 따른 분류
 – 효율성평가 : 특정 프로그램이 주어진 자원들을 경제적 · 효율적으로 적절하게 활용하고 있는지 파악하는 것으로서 투입 대 산출의 비율로 측정한다.
 – 효과성평가 : 프로그램에 의해 의도된 결과나 급부들이 성취되었는가를 파악하는 것으로서 목표달성도, 프로그램 또는 프로젝트의 성공 여부와 연관된다.
 – 노력성평가 : 목표달성을 위해 필요한 프로그램 활동의 양 및 종류를 평가하는 것으로서, 투입시간, 물적자원의 배분 및 사용, 클라이언트의 참여, 담당자의 제반 활동 등과 연관된다.

• 평가주체에 따른 분류
 – 내부평가 : 프로그램을 수행한 사람을 제외한 조직 내 다른 구성원에 의해 이루어지는 조사이다.
 – 외부평가 : 프로그램의 집행을 담당하는 조직 외 전문가에 의해 이루어지는 조사이다.
 – 자체평가 : 프로그램을 수행하는 당사자에 의해 직접 이루어지는 조사이다.

5 ① Answer

06 사회논리모델(Logic Model)을 적용한 '독거노인 사회관계형성 프로그램'의 내용으로 옳지 않은 것은? [15회]

① 투입 : 독거노인 20명, 사회복지사 2명
② 활동 : 자원봉사자 모집, 사회성 향상 프로그램 실시
③ 산출 : 교육시간, 출석률
④ 성과 : 노인의 자살률 감소, 노인부양의식 향상
⑤ 영향 : 지역의 독거노인 관심도 향상

해설 ④ 성과(Outcome)는 프로그램 활동 중 또는 활동 이후의 참여자들이 얻은 이익을 말하는 것으로서, 보통 태도, 지식, 기술 등 프로그램 종료 후 구체적으로 나타나는 참여자의 내적인 변화를 의미한다. '독거노인 사회관계형성 프로그램'의 경우 독거노인의 사회관계 향상, 대인기술 향상 등이 해당한다.

07 사회복지조직의 성과평가에서 성과수준을 결정할 때 고려할 사항이 아닌 것은? [12회]

① 성과수준은 현실적이어야 한다.
② 성과수준은 달성할 수 있어야 한다.
③ 성과수준은 목표가 달성되었을 때의 상태를 기술해야 한다.
④ 성과수준은 수량, 품질 등으로 표현되어야 한다.
⑤ 성과수준은 측정을 전제로 하는 것은 아니다.

해설 목표설정의 일반적인 기준(성과수준 결정 시 고려사항)

- 목표(성과수준)는 클라이언트를 중심으로 두고 설정되어야 한다.
- 목적과 논리적인 연관성이 있어야 한다.
- 결과 중심적이어야 한다.
- 현실적이어야 한다.
- 달성할 수 있어야 한다.
- 측정 가능해야 한다.
- 구체적이고 분명하며 정확해야 한다.
- 시간과 연계되어야 한다.
- 달성되었을 때의 상태를 기술해야 한다.

Answer 6 ④ 7 ⑤

08 사회복지서비스 성과평가의 내용으로 옳은 것을 모두 고른 것은? [15회]

ㄱ. 아동의 자아존중감 향상 정도를 평가한다.
ㄴ. 유사한 취업프로그램의 1인당 취업비용을 비교한다.
ㄷ. 프로그램 참여자의 취업률을 측정한다.

① ㄱ
② ㄴ
③ ㄱ, ㄷ
④ ㄴ, ㄷ
⑤ ㄱ, ㄴ, ㄷ

해설 **성과평가(총괄평가)**

- 프로그램 운영이 끝날 때 행해지는 평가조사로서, 해당 프로그램이 달성하고자 했던 목표를 얼마나 잘 성취했는가의 여부를 평가한다.
- 연역적 · 객관적인 방법에 의해 프로그램의 효율성 및 효과성을 평가하며, 평가 결과에 근거하여 프로그램의 재시작 또는 종결 여부를 결정한다.

8 ⑤ Answer

CHAPTER 13

최신기출문제

01 **중 · 장년 고독사 예방 프로그램을 기획하기 위해 사회복지관에서 근무하는 사회복지사, 사회복지 전담공무원, 보건소 간호사 등이 모여 상호 간 질의와 응답을 통해 자료를 수집하는 방법은?** [18회]

① 패널조사
② 초점집단조사
③ 델파이기법
④ 사회지표조사
⑤ 서베이조사

해설 ② 초점집단조사 또는 초점집단기법(Focus Group Technique)은 소수 이해관계자들의 인위적인 면접 집단 또는 토론집단을 구성하여 연구자가 토의 주제나 쟁점을 제공하며, 특정한 토의 주제 또는 쟁점에 대해 여러 명이 동시에 질의 · 응답을 하거나 인터뷰를 하는 등의 방법으로 상호작용을 통해 공동의 관점을 확인하는 방법이다.

① 패널조사(Panel Study)는 '패널(Panel)'이라 불리는 특정응답자 집단을 정해 놓고 그들로부터 상당히 긴 시간 동안 지속적으로 연구자가 필요로 하는 정보를 획득하는 방법이다.

③ 델파이기법(Delphi Technique)은 전문가 · 관리자들로부터 우편이나 이메일(E-mail)로 의견이나 정보를 수집하여 그 결과를 분석한 후 그것을 다시 응답자들에게 보내어 의견을 묻는 식으로 만족스러운 결과를 얻을 때까지 계속하는 방법이다.

④ 사회지표조사 또는 사회지표분석(Social Indicator Analysis)은 일정 인구가 생활하는 지역의 지역적 · 생태적 · 사회적 · 경제적 및 인구적 특성에 근거하여 지역사회의 욕구를 추정할 수 있다는 전제 하에 사회지표를 분석하는 방법이다.

⑤ 서베이조사(Survey)는 질문지(설문지), 면접, 전화 등을 사용하여 응답자로 하여금 연구주제와 관련된 질문에 답하도록 함으로써 체계적이고 계획적으로 자료를 수집 및 분석하는 방법이다.

Answer 1 ②

02 다음에서 설명하는 프로그램 평가의 기준은? [20회]

> • 서비스를 받은 클라이언트 수
> • 목표달성을 위해 투입된 시간 및 자원의 양
> • 프로그램 담당자의 제반활동

① 노 력
② 영 향
③ 효과성
④ 효율성
⑤ 서비스의 질

해설 ① 노력성(Effort)은 프로그램을 위해 동원된 자원 정도를 의미하는 것으로, 투입시간, 금전적 · 물질적 자원의 배분 및 사용, 클라이언트의 참여, 사회복지사의 수와 활동시간 등을 평가요소로 한다.
② 영향성(Impact)은 사회문제 해결에 미친 영향 정도를 의미하는 것으로, 프로그램 노력과 사회적 지표 변화 간의 관계와 연관된다.
③ 효과성(Effectiveness)은 서비스 목표 달성 정도를 의미하는 것으로, 프로그램 참여자의 변화 정도, 클라이언트의 문제해결능력 향상도, 클라이언트의 만족도 등과 연관된다.
④ 효율성(Efficiency)은 투입 대비 산출을 의미하는 것으로, 비용-효과 분석, 비용-편익 분석, 비용-노력으로서 서비스 단위당 투입된 비용 등을 평가도구로 한다.
⑤ 서비스의 질(Quality of Service)은 이용자의 욕구 충족 수준과 전문가의 서비스 제공 여부 등을 의미하는 것으로, 특히 프로그램의 전문성을 강조한다.

03 사회복지의 책임성 평가에 관한 설명으로 옳지 않은 것은? [19회]

① 효과성 평가를 위하여 비용편익 분석을 실시한다.
② 형성평가는 과정을 파악하는 동태적 분석으로 프로그램 진행 중에 실시할 수 있다.
③ 사회복지 프로그램 평가를 통하여 프로그램 수정과 정책 개발 등에 활용한다.
④ 사회복지전달체계는 사회복지의 책임성을 이행할 수 있도록 구축되어야 한다.
⑤ 우리나라의 사회복지시설 평가는 사회복지사업법에 근거하여 실시한다.

해설 ① 목표 달성에 가장 효과적인 대안을 찾기 위해 각 대안이 초래할 비용과 편익을 비교 · 분석하는 비용-편익 분석(Cost-Benefit Analysis)은 효율성 평가에 해당한다.

2 ① 3 ① Answer

04 사회복지 평가기준과 내용이 바르게 연결된 것은? [17회]

① 노력 : 클라이언트의 변화정도로 측정됨
② 효율성 : 목표 달성 정도로 측정됨
③ 효과성 : 대안비용과의 비교로 측정됨
④ 영향 : 서비스가 인구집단에 형평성 있게 배분된 정도로 측정됨
⑤ 과정 : 절차나 규정준수 여부 등으로 측정됨

해설 ⑤ 과정(Process)은 노력이 산출로 옮겨지는 중간 과정(혹은 절차)을 의미하는 것으로, 산출물이 만들어지기 위한 이전 단계로서의 중간 과정이 체계적이고 합리적으로 구조화되어 있는지, 미리 정해진 절차나 규정에 따라 서비스가 제공되고 있는지 등에 초점을 둔다.
①·② 서비스 목표 달성 정도를 의미하는 것으로, 클라이언트의 변화정도로 측정되는 것은 효과성(Effectiveness)이다.
③ 투입 대비 산출을 의미하는 것으로, 대안비용과의 비교로 측정되는 것은 효율성(Efficiency)이다.
④ 서비스가 사회집단 간 얼마나 공평하게 배분되었는가를 의미하는 것은 공평성 또는 형평성(Equity)이다.

05 논리모델을 적용하여 치매부모부양 가족원 스트레스 완화 프로그램을 설계했을 때, 옳은 것을 모두 고른 것은? [17회]

ㄱ. 투입 : 스트레스 완화 프로그램 실행 비용 1,500만원
ㄴ. 활동 : 프로그램 참여자의 스트레스 완화
ㄷ. 산출 : 상담전문가 10인
ㄹ. 성과 : 치매부모부양 가족원 삶의 질 향상

① ㄱ
② ㄱ, ㄹ
③ ㄴ, ㄷ
④ ㄷ, ㄹ
⑤ ㄴ, ㄷ, ㄹ

Answer 4 ⑤ 5 ②

해설 ㄴ. 성과(결과), ㄷ. 투입

프로그램 평가의 논리모델(Logic Model) 구성요소

투 입	프로그램에 투여되거나 프로그램에 의해 소비되는 인적 · 물적 · 기술적 자원들을 말한다. 예 이용자, 직원, 봉사자, 자금, 예산, 시설, 장비, 소모품 등
전 환 (활동)	임무를 수행하기 위해 프로그램에서 투입으로 활동하는 것을 말한다. 예 상담, 직업훈련, 치료 및 교육, 보호, 청소년 대인관계지도 등
산 출	프로그램 활동의 직접적인 산물(실적)을 말한다. 예 상담 수, 서비스에 참여한 참가자 수, 취업인원, 서비스 제공시간, 분배된 교육적 자료의 수, 지도한 집단 수 등
성 과 (결과)	프로그램 활동 중 또는 활동 이후의 참여자들이 얻은 이익을 말한다. 예 새로운 지식, 향상된 기술, 태도 및 가치변화, 행동의 수정, 향상된 조건, 변화된 지위, 생활만족도 등
영 향	프로그램 활동의 결과로 인해 원래 의도했던 혹은 의도하지 않았던 변화가 나타났는지를 말한다. 예 관심분야의 확대, 바람직한 관계의 지속 등

06 **사회복지평가의 기준이 되는 효율성에 관한 설명으로 옳지 않은 것은?** [19회]

① 사회복지조직의 책임성 평가 방식이다.
② 투입한 자원과 산출된 결과의 비율을 측정한다.
③ 자금이나 시간의 투입과 서비스 제공 실적의 비율을 파악한다.
④ 비용 절감은 서비스 이용자의 욕구충족을 위한 목표와 관련성이 없다.
⑤ 최소한의 비용으로 최대한의 효과를 거둘 수 있도록 한다.

해설 **사회복지평가의 기준으로서 효율성(Efficiency)**

- 최소한의 자원을 투입하여 최대한의 효과를 내는 것을 의미한다.
- 투입한 자원(예 자금, 시간, 인력, 물리적 공간 등)과 산출된 결과(예 클라이언트의 변화 정도, 서비스 제공 실적 등)의 비율관계를 통해 측정한다.
- 효율성은 서비스의 질을 희생시켜 성과를 높이는 것이 아니라 서비스의 질을 일정한 수준 이상으로 유지하는 것을 전제로 한다.
- 비용 절감은 서비스 이용자의 욕구충족을 위한 목표와 연결된다. 만약 서비스의 질을 희생시키거나 이를 포기하여 비용을 절감하였다면, 이는 효율적인 것이 아니라 단지 투입요소를 희생시켜 비용이 적게 든 것뿐이다.

6 ④ Answer

빨리보는

간단한 키워드

3영역

사회복지법제론

빨리보는 간단한 키워드

꼭 알아야 할 기출 키워드

최근 7년간 실제 시험(2022년 제20회~2016년 제14회)에 출제된 키워드를 간략히 정리하였습니다. 본격적인 학습 전후, 꼼꼼히 정리한 꼭 알아야 하는 '정답 키워드'를 통해 최신 출제경향을 빠르게 파악하고, 스스로의 실력을 점검해 봅시다.

3 영역 사회복지법제론

2022년 제20회

문제 키워드	정답 키워드
사회적 기본권	• 모든 국민은 근로의 권리를 가진다. 국가는 사회적 · 경제적 방법으로 근로자의 고용 증진과 적정임금의 보장에 노력하여야 하며, 법률이 정하는 바에 의하여 최저임금제를 시행하여야 한다. • 국가는 여자의 복지와 권익의 향상을 위하여 노력하여야 한다. • 공무원인 근로자는 법률이 정하는 자에 한하여 단결권 · 단체교섭권 및 단체행동권을 가진다. • 국가는 평생교육을 진흥하여야 한다. • 국가는 모성의 보호를 위하여 노력하여야 한다.
법원(法源)	• 성문법원 : 헌법, 법률, 명령(대통령령, 총리령, 부령), 자치법규(조례, 규칙), 국제조약 및 국제법규 • 불문법원 : 관습법, 판례법, 조리
법률의 제정연도	• 노인복지법 : 1981년 6월 5일 제정, 같은 날 시행 • 영유아보육법 : 1991년 1월 14일 제정, 같은 날 시행 • 고용보험법 : 1993년 12월 27일 제정, 1995년 7월 1일 시행 • 사회보장기본법 : 1995년 12월 30일 제정, 1996년 7월 1일 시행 • 국민건강보험법 : 1999년 2월 8일 제정, 2000년 1월 1일 시행
사회보장제도의 운영원칙	사회보험은 국가의 책임으로 시행하고, 공공부조와 사회서비스는 국가와 지방자치단체의 책임으로 시행하는 것을 원칙으로 한다. 다만, 국가와 지방자치단체의 재정 형편 등을 고려하여 이를 협의 · 조정할 수 있다.
사회기본법상 국가와 지방자치단체	• 국가와 지방자치단체는 모든 국민의 인간다운 생활을 유지 · 증진하는 책임을 가진다. • 국가와 지방자치단체는 사회보장에 관한 책임과 역할을 합리적으로 분담하여야 한다. • 국가와 지방자치단체는 국가 발전수준에 부응하고 사회환경의 변화에 선제적으로 대응하며 지속가능한 사회보장제도를 확립하고 매년 이에 필요한 재원을 조달하여야 한다. • 국가와 지방자치단체는 가정이 건전하게 유지되고 그 기능이 향상되도록 노력하여야 한다.

사회기본법상 사회보장위원회의 구성	• 사회보장위원회는 위원장 1명, 부위원장 3명과 행정안전부장관, 고용노동부장관, 여성가족부장관, 국토교통부장관을 포함한 30명 이내의 위원으로 구성한다. • 위원장은 국무총리가 되고 부위원장은 기획재정부장관, 교육부장관 및 보건복지부장관이 된다.
사회보장급여법상 수급자격의 조사	보장기관의 장은 사회보장급여의 신청을 받으면 지원대상자와 그 부양의무자에 대하여 사회보장급여의 수급자격 확인을 위하여 다음의 어느 하나에 해당하는 자료 또는 정보를 제공받아 조사하고 처리할 수 있다. 다만, 부양의무자에 대한 조사가 필요하지 아니하거나 그 밖에 대통령령으로 정하는 사유에 해당하는 경우는 제외한다. • 인적사항 및 가족관계 확인에 관한 사항 • 소득 · 재산 · 근로능력 및 취업상태에 관한 사항 • 사회보장급여 수급이력에 관한 사항 • 그 밖에 수급권자를 선정하기 위하여 보장기관의 장이 필요하다고 인정하는 사항
사회복지사업법의 주요 내용	• 설립허가 : 사회복지법인이 설립 후 기본재산을 출연하지 아니한 때 시 · 도지사는 설립허가를 취소하여야 한다. • 사회복지시설 : 사회복지법인과 사회복지시설을 설치 · 운영하는 자는 시설에 근무할 종사자를 채용할 수 있다. • 사회복지법인 : 이사는 법인이 설치한 사회복지시설의 장을 제외한 그 시설의 직원을 겸할 수 없다.
국민기초생활보장법상 보장기관과 보장시설	• 보장기관 : 「국민기초생활보장법」에 따라 급여를 실시하는 국가 또는 지방자치단체 – 보건복지부장관, 국토교통부장관, 교육부장관 – 특별시장 · 광역시장 · 도지사, 특별자치시장 · 특별자치도지사 · 시장 · 군수 · 구청장 – 특별시 · 광역시 · 특별자치시 · 도 · 특별자치도의 교육감 • 보장시설 : 「국민기초생활보장법」에 따라 급여를 실시하는 「사회복지사업법」에 따른 사회복지시설로서 다음의 시설 중 보건복지부령으로 정하는 시설 – 장애인 거주시설 – 노인주거복지시설 및 노인의료복지시설 – 아동복지시설 및 통합 시설 – 정신요양시설 및 정신재활시설 – 노숙인재활시설 및 노숙인요양시설 – 가정폭력피해자 보호시설 – 성매매피해자 등을 위한 지원시설 – 성폭력피해자보호시설 – 한부모가족복지시설 – 결핵 및 한센병요양시설 등
의료급여의 내용	의료법에 따른 수급권자의 질병 · 부상 · 출산 등에 대한 의료급여의 내용은 다음과 같다. • 진찰 · 검사 • 약제 · 치료재료의 지급 • 처치 · 수술과 그 밖의 치료 • 예방 · 재활 • 입 원 • 간 호 • 이송과 그 밖의 의료목적 달성을 위한 조치
기초연금법상 기초연금의 지급정지 사유	• 기초연금 수급자가 금고 이상의 형을 선고받고 교정시설 또는 치료감호시설에 수용되어 있는 경우 • 기초연금 수급자가 행방불명되거나 실종되는 등 대통령령으로 정하는 바에 따라 사망한 것으로 추정되는 경우 • 기초연금 수급자의 국외 체류기간이 60일 이상 지속되는 경우

국민건강보험법상 건강보험심사평가원의 업무	• 요양급여비용의 심사 • 요양급여의 적정성 평가 • 심사기준 및 평가기준의 개발 • 위의 업무와 관련된 조사연구 및 국제협력 • 다른 법률에 따라 지급되는 급여비용의 심사 또는 의료의 적정성 평가에 관하여 위탁받은 업무 • 건강보험과 관련하여 보건복지부장관이 필요하다고 인정한 업무 • 그 밖에 보험급여 비용의 심사와 보험급여의 적정성 평가와 관련하여 대통령령으로 정하는 업무
산업재해보상보험법상 보험급여의 종류	• 요양급여 • 장해급여 • 유족급여 • 장례비 • 휴업급여 • 간병급여 • 상병보상연금 • 직업재활급여
노인장기요양보험법	• "장기요양급여"란 장기요양등급판정 결과에 따라 6개월 이상 동안 혼자서 일상생활을 수행하기 어렵다고 인정되는 자에게 신체활동 · 가사활동의 지원 또는 간병 등의 서비스나 이에 갈음하여 지급하는 현금 등을 말한다. • 장기요양기관은 수급자에게 재가급여 또는 시설급여를 제공한 경우 국민건강보험공단에 장기요양급여비용을 청구하여야 한다. • "노인 등"이란 65세 이상의 노인 또는 65세 미만의 자로서 치매 · 뇌혈관성질환 등 대통령령으로 정하는 노인성 질병을 가진 자를 말한다. • 재가급여에는 방문요양, 방문목욕, 방문간호, 주 · 야간보호, 단기보호, 기타 재가급여 등이 있다.
사회복지공동모금회법	• 국가나 지방자치단체는 모금회에 기부금품 모집에 필요한 비용과 모금회의 관리 · 운영에 필요한 비용을 보조할 수 있다. • 분과실행위원회는 위원장 1명을 포함하여 20명 이내의 위원으로 구성한다. 다만, 모금분과실행위원회 및 배분분과실행위원회는 각각 20명 이상의 위원으로 구성한다. • 기부금품의 기부자는 배분지역, 배분대상자 또는 사용 용도를 지정할 수 있다. • 사회복지공동모금회는 기부금품의 접수를 효율적이고 공정하게 하기 위하여 언론기관을 모금창구로 지정하고, 지정된 언론기관의 명의로 모금계좌를 개설할 수 있다. • 이 법 또는 모금회의 정관으로 규정하지 아니한 사항은 「민법」 중 재단법인에 관한 규정을 준용한다.

● 2021년 제19회

문제 키워드	정답 키워드
법률 제정연도	• 산업재해보상보험법 : 1963년 11월 5일 제정 • 사회복지사업법 : 1970년 1월 1일 제정 • 노인복지법 : 1981년 6월 5일 제정 • 아동복지법 : 1981년 4월 13일 전부개정 • 국민연금법 : 1986년 12월 31일 전부개정 • 장애인복지법 : 1989년 12월 30일 전부개정 • 고용보험법 : 1993년 12월 27일 제정 • 국민건강보험법 : 1999년 2월 8일 제정 • 사회복지공동모금회법 : 1999년 3월 31일 전부개정 • 국민기초생활보장법 : 1999년 9월 7일 제정
법원(法源)	• 성문법원 : 헌법, 법률, 명령, 자치법규, 국제조약 및 국제법규 • 불문법원 : 관습법, 판례법, 조리
자치법규	• 지방자치단체는 주민의 복리에 관한 사무를 처리하고 재산을 관리하며, 법령의 범위안에서 자치에 관한 규정을 제정할 수 있다(헌법 제117조 제1항). • 자치법규는 지방자치단체가 제정하는 법령으로서, 지방의회의 의결을 거친 조례와 지방자치단체의 장이 제정한 규칙이 있다. • 시 · 군 및 자치구의 조례나 규칙은 시 · 도의 조례나 규칙을 위반해서는 아니 된다(지방자치법 제30조). • 조례안이 지방의회에서 의결되면 지방의회의 의장은 의결된 날부터 5일 이내에 그 지방자치단체의 장에게 이송하여야 한다(동법 제32조 제1항).
우리나라 법체계	• 법규범 위계에서 최상위 법규범은 헌법이다. • 법률은 법규범의 위계에서 헌법 다음 단계의 규범이다. • 법률은 국회에서 제정하거나 행정부에서 제출하여 국회의 의결을 거쳐 제정된다. • 국무총리 또는 행정각부의 장은 소관사무에 관하여 법률이나 대통령령의 위임 또는 직권으로 총리령 또는 부령을 발할 수 있다. • 명령에는 시행령과 시행규칙이 있다.
사회보장기본법상 사회보장수급권	• 모든 국민은 사회보장 관계 법령에서 정하는 바에 따라 사회보장급여를 받을 권리인 사회보장수급권을 가진다. • 사회보장수급권은 정당한 권한이 있는 기관에 서면으로 통지하여 포기할 수 있다. • 사회보장수급권은 관계 법령에서 정하는 바에 따라 다른 사람에게 양도하거나 담보로 제공할 수 없으며, 이를 압류할 수 없다. • 사회보장수급권의 포기는 취소할 수 있다.
법률의 권리구제절차	• 국민연금법에 따르면 심사청구와 재심사청구의 순으로 진행된다. • 국민건강보험법에 명시되어 있는 권리구제절차는 이의신청과 심판청구이다. • 고용보험법에 명시되어 있는 권리구제절차는 심사청구와 재심사청구이다. • 한부모가족지원법에 명시되어 있는 권리구제절차는 심사청구이다. • 기초연금법에 명시되어 있는 권리구제절차는 이의신청이다.
법률에 명시된 날	• 장애인의 날 4월 20일 • 노인의 날 10월 2일 • 아동학대예방의 날 11월 19일 • 사회복지의 날 9월 7일 • 어버이날 5월 8일

국민기초생활보장법상 외국인에 대한 특례	국내에 체류하고 있는 외국인 중 대한민국 국민과 혼인하여 본인 또는 배우자가 임신 중이거나 대한민국 국적의 미성년 자녀를 양육하고 있거나 배우자의 대한민국 국적인 직계존속(直系尊屬)과 생계나 주거를 같이하고 있는 사람으로서 대통령령으로 정하는 사람이 이 법에 따른 급여를 받을 수 있는 자격을 가진 경우에는 수급권자가 된다.
업무상 재해의 인정 기준 중 업무상 사고	• 근로자가 근로계약에 따른 업무나 그에 따르는 행위를 하던 중 발생한 사고 • 사업주가 제공한 시설물 등을 이용하던 중 그 시설물 등의 결함이나 관리소홀로 발생한 사고 • 사업주가 주관하거나 사업주의 지시에 따라 참여한 행사나 행사준비 중에 발생한 사고 • 휴게시간 중 사업주의 지배관리하에 있다고 볼 수 있는 행위로 발생한 사고 • 그 밖에 업무와 관련하여 발생한 사고
기초연금 수급권자의 범위 등	• 기초연금은 65세 이상인 사람으로서 소득인정액이 보건복지부장관이 정하여 고시하는 금액(이하 "선정기준액"이라 한다) 이하인 사람에게 지급한다. • 보건복지부장관은 선정기준액을 정하는 경우 65세 이상인 사람 중 기초연금 수급자가 100분의 70 수준이 되도록 한다.
국민연금법상 급여의 종류	• 노령연금 • 장애연금 • 유족연금 • 반환일시금
국민건강보험공단이 관장하는 업무	• 가입자 및 피부양자의 자격 관리 • 보험료와 그 밖에 이 법에 따른 징수금의 부과 · 징수 • 보험급여의 관리 • 가입자 및 피부양자의 질병의 조기발견 · 예방 및 건강관리를 위하여 요양급여 실시 현황과 건강검진 결과 등을 활용하여 실시하는 예방사업으로서 대통령령으로 정하는 사업 • 보험급여 비용의 지급 • 자산의 관리 · 운영 및 증식사업 • 의료시설의 운영 • 건강보험에 관한 교육훈련 및 홍보 • 건강보험에 관한 조사연구 및 국제협력 • 국민건강보험법에서 공단의 업무로 정하고 있는 사항 • 국민연금법, 고용보험 및 산업재해보상보험의 보험료징수 등에 관한 법률, 임금채권보장법 및 석면피해구제법(징수위탁근거법)에 따라 위탁받은 업무 • 그 밖에 국민건강보험법 또는 다른 법령에 따라 위탁받은 업무 • 그 밖에 건강보험과 관련하여 보건복지부장관이 필요하다고 인정한 업무
학 대	• 장애인학대란 장애인에 대하여 신체적 · 정신적 · 정서적 · 언어적 · 성적 폭력이나 가혹행위, 경제적 착취, 유기 또는 방임을 하는 것을 말한다 • 아동학대범죄의 처벌 등에 관한 특례법에 따른 아동학대범죄는 아동복지법상 아동학대관련범죄에 해당한다. • 노인복지법상 노인학대라 함은 노인에 대하여 신체적 · 정신적 · 정서적 · 성적 폭력 및 경제적 착취 또는 가혹행위를 하거나 유기 또는 방임을 하는 것을 말한다.
노인복지시설의 종류	• 노인주거복지시설 • 노인의료복지시설 • 노인여가복지시설 • 재가노인복지시설 • 노인보호전문기관 • 노인일자리지원기관 • 학대피해노인 전용쉼터
자원봉사활동의 기본 방향	자원봉사활동은 무보수성, 자발성, 공익성, 비영리성, 비정파성(非政派性), 비종파성(非宗派性)의 원칙 아래 수행될 수 있도록 하여야 한다.

● 2020년 제18회

문제 키워드	정답 키워드
법 제정연도	• 긴급복지지원법 : 2005년 12월 23일 제정, 2006년 3월 24일 시행 • 고용보험법 : 1993년 12월 27일 제정, 1995년 7월 1일 시행 • 노인복지법 : 1981년 6월 5일 제정, 같은 날 시행 • 기초연금법 : 2014년 5월 20일 제정, 2014년 7월 1일 시행
생존권 및 협의의 복지권에 관한 규정	• 제1항 : 모든 국민은 인간다운 생활을 할 권리를 가진다. • 제2항 : 국가는 사회보장 · 사회복지의 증진에 노력할 의무를 진다. • 제3항 : 국가는 여자의 복지와 권익의 향상을 위하여 노력하여야 한다. • 제4항 : 국가는 노인과 청소년의 복지향상을 위한 정책을 실시할 의무를 진다. • 제5항 : 신체장애자 및 질병 · 노령 기타의 사유로 생활능력이 없는 국민은 법률이 정하는 바에 의하여 국가의 보호를 받는다. • 제6항 : 국가는 재해를 예방하고 그 위험으로부터 국민을 보호하기 위하여 노력하여야 한다.
사회복지사업법상 사회복지사업 관련 법률	• 국민기초생활보장법 • 아동복지법 • 노인복지법 • 장애인복지법 • 한부모가족지원법 • 영유아보육법 • 의료급여법 • 기초연금법 • 긴급복지지원법 • 다문화가족지원법 • 장애인연금법 • 입양특례법 • 성매매방지 및 피해자보호 등에 관한 법률 • 정신건강증진 및 정신질환자 복지서비스 지원에 관한 법률 • 성폭력방지 및 피해자보호 등에 관한 법률 • 일제하 일본군위안부 피해자에 대한 생활안정지원 및 기념사업 등에 관한 법률 • 사회복지공동모금회법 • 장애인 · 노인 · 임산부 등의 편의증진 보장에 관한 법률 • 가정폭력방지 및 피해자보호 등에 관한 법률 • 농어촌주민의 보건복지증진을 위한 특별법 • 식품 등 기부 활성화에 관한 법률 • 장애인활동 지원에 관한 법률 • 노숙인 등의 복지 및 자립지원에 관한 법률 • 보호관찰 등에 관한 법률 • 장애아동 복지지원법 • 발달장애인 권리보장 및 지원에 관한 법률 • 청소년복지 지원법 • 그 밖에 대통령령으로 정하는 법률
운영위원회의 위원(운영위원)이 될 수 있는 사람	운영위원회의 위원은 다음의 어느 하나에 해당하는 사람 중에서 관할 시장 · 군수 · 구청장이 임명하거나 위촉한다. • 시설의 장 • 시설 거주자 대표 • 시설 거주자의 보호자 대표 • 시설 종사자의 대표 • 해당 시 · 군 · 구 소속의 사회복지업무를 담당하는 공무원 • 후원자 대표 또는 지역주민 • 공익단체에서 추천한 사람 • 그 밖에 시설의 운영 또는 사회복지에 관하여 전문적인 지식과 경험이 풍부한 사람

국민기초생활보장법상 용어	• 소득인정액 : 보장기관이 급여의 결정 및 실시 등에 사용하기 위하여 산출한 개별가구의 소득평가액과 재산의 소득환산액을 합산한 금액 • 수급권자 : 이 법에 따른 급여를 받을 수 있는 자격을 가진 사람 • 수급자 : 이 법에 따른 급여를 받는 사람 • 기준 중위소득 : 보건복지부장관이 급여의 기준 등에 활용하기 위하여 중앙생활보장위원회의 심의 · 의결을 거쳐 고시하는 국민 가구소득의 중위값 • 보장기관 : 이 법에 따른 급여를 실시하는 국가 또는 지방자치단체 • 최저생계비 : 국민이 건강하고 문화적인 생활을 유지하기 위하여 필요한 최소한의 비용으로서 법령에 따라 보건복지부장관이 계측하는 금액
기초연금 수급권자의 범위 및 기초연금액의 감액	**기초연금법 제3조 제2항**: 보건복지부장관은 선정기준액을 정하는 경우 65세 이상인 사람 중 기초연금 수급자가 100분의 70 수준이 되도록 함 **기초연금법 제8조 제1항**: 본인과 그 배우자가 모두 기초연금 수급권자인 경우에는 각각의 기초연금액에서 기초연금액의 100분의 20에 해당하는 금액을 감액
긴급복지지원법	• 주거지가 불분명한 자도 긴급지원대상자가 될 수 있다. • 위기상황에 처한 사람에게 일시적으로 신속하게 지원하는 것을 기본원칙으로 한다. • 누구든지 긴급지원대상자를 발견한 경우에는 관할 시장 · 군수 · 구청장에게 신고하여야 한다. • 국가 및 지방자치단체는 위기상황에 처한 사람에 대한 발굴조사를 연 1회 이상 정기적으로 실시하여야 한다. • 국내에 체류하고 있는 외국인 중 대통령령으로 정하는 사람이 이 법에 따른 긴급지원대상자에 해당하는 경우에는 긴급지원대상자가 된다.
요양급여	가입자와 피부양자의 질병, 부상, 출산 등에 대하여 다음의 요양급여를 실시한다. • 진찰 · 검사 • 약제(藥劑) · 치료재료의 지급 • 처치 · 수술 및 그 밖의 치료 • 예방 · 재활 • 입 원 • 간 호 • 이송(移送)
장기요양급여 제공의 기본원칙	• 노인 등이 자신의 의사와 능력에 따라 최대한 자립적으로 일상생활을 수행할 수 있도록 제공하여야 함 • 노인 등의 심신상태 · 생활환경과 노인 등 및 그 가족의 욕구 · 선택을 종합적으로 고려하여 필요한 범위 안에서 이를 적정하게 제공하여야 함 • 노인 등이 가족과 함께 생활하면서 가정에서 장기요양을 받는 재가급여를 우선적으로 제공하여야 함 • 노인 등의 심신상태나 건강 등이 악화되지 아니하도록 의료서비스와 연계하여 이를 제공하여야 함
아동복지법의 주요 내용	• 아동정책조정위원회 : 아동의 권리 증진과 건강한 출생 및 성장을 위하여 종합적인 아동정책을 수립하고 관계 부처의 의견을 조정하며 그 정책의 이행을 감독하고 평가하기 위하여 국무총리 소속으로 아동정책조정위원회를 둔다. • 아동복지심의위원회 : 시 · 도지사, 시장 · 군수 · 구청장은 법령에 따른 아동의 보호 및 지원서비스에 대해 필요하다고 인정하는 사항을 심의하기 위하여 그 소속으로 아동복지심의위원회를 각각 둔다. • 아동정책기본계획의 수립 : 보건복지부장관은 아동정책의 효율적인 추진을 위하여 5년마다 아동정책기본계획을 수립하여야 한다. • 아동종합실태조사 : 보건복지부장관은 5년마다 아동의 양육 및 생활환경, 언어 및 인지 발달, 정서적 · 신체적 건강, 아동안전, 아동학대 등 아동의 종합실태를 조사하여 그 결과를 공표하고, 이를 기본계획과 시행계획에 반영하여야 한다.

장애인복지법에 근거하여 설치 또는 설립하는 것	장애인 거주시설, 한국장애인개발원, 장애인권익옹호기관, 장애인자립생활지원센터 등
공동모금재원 배분기준에 포함되어야 하는 사항	사회복지공동모금회는 매년 8월 31일까지 다음의 사항이 포함된 다음 회계연도의 공동모금재원 배분기준을 정하여 공고하여야 한다. • 공동모금재원의 배분대상 • 배분한도액 • 배분신청기간 및 배분신청서 제출 장소 • 배분심사기준 • 배분재원의 과부족 시 조정방법 • 배분신청 시 제출할 서류 • 그 밖에 공동모금재원의 배분에 필요한 사항
성폭력피해자 보호시설의 종류	• 일반보호시설 • 장애인보호시설 • 특별지원 보호시설 • 외국인보호시설 • 자립지원 공동생활시설 • 장애인 자립지원 공동생활시설

● 2019년 제17회

문제 키워드	정답 키워드
법 제정연도	• 산업재해보상보험법 : 1963년 11월 5일 제정, 1964년 1월 1일 시행 • 국민연금법 : 1986년 12월 31일 전부개정(1973년 12월 24일 제정된 「국민복지연금법」의 전부개정), 1988년 1월 1일 시행 • 고용보험법 : 1993년 12월 27일 제정, 1995년 7월 1일 시행 • 국민건강보험법 : 1999년 2월 8일 제정, 2000년 1월 1일 시행
헌법상 복지권 및 지방자치단체의 자치권	• 신체장애자 및 질병 · 노령 기타의 사유로 생활능력이 없는 국민은 법률이 정하는 바에 의하여 국가의 보호를 받는다(헌법 제34조 제5항). • 지방자치단체는 주민의 복리에 관한 사무를 처리하고 재산을 관리하며, 법령의 범위 안에서 자치에 관한 규정을 제정할 수 있다(헌법 제117조 제1항).
사회보장급여의 관리	국가와 지방자치단체는 국민의 사회보장수급권의 보장 및 재정의 효율적 운용을 위하여 다음에 관한 사회보장급여의 관리체계를 구축 · 운영하여야 한다. • 사회보장수급권자 권리구제 • 사회보장급여의 사각지대 발굴 • 사회보장급여의 부정 · 오류 관리 • 사회보장급여의 과오지급액의 환수 등 관리

<table>
<tr><td>사회보장위원회의
심의 · 조정 사항</td><td>• 사회보장 증진을 위한 기본계획
• 사회보장 관련 주요 계획
• 사회보장제도의 평가 및 개선
• 사회보장제도의 신설 또는 변경에 따른 우선순위
• 둘 이상의 중앙행정기관이 관련된 주요 사회보장정책
• 사회보장급여 및 비용 부담
• 국가와 지방자치단체의 역할 및 비용 분담
• 사회보장의 재정추계 및 재원조달 방안
• 사회보장 전달체계 운영 및 개선
• 사회보장통계
• 사회보장정보의 보호 및 관리
• 그 밖에 위원장이 심의에 부치는 사항</td></tr>
<tr><td>긴급지원의 종류</td><td><table>
<tr><td>금전 또는 현물
등의 직접지원</td><td>• 생계지원 : 식료품비 · 의복비 등 생계유지에 필요한 비용 또는 현물 지원
• 의료지원 : 각종 검사 및 치료 등 의료서비스 지원
• 주거지원 : 임시거소 제공 또는 이에 해당하는 비용 지원
• 사회복지시설 이용 지원 : 사회복지시설 입소 또는 이용 서비스 제공이나 이에 필요한 비용 지원
• 교육지원 : 초 · 중 · 고등학생의 수업료, 입학금, 학교운영지원비 및 학용품비 등 필요한 비용 지원
• 그 밖의 지원 : 연료비나 그 밖에 위기상황의 극복에 필요한 비용 또는 현물 지원</td></tr>
<tr><td>민간기관 · 단체
와의 연계 등의
지원</td><td>• 대한적십자사, 사회복지공동모금회 등의 사회복지기관 · 단체와의 연계 지원
• 상담 · 정보제공, 그 밖의 지원</td></tr>
</table></td></tr>
<tr><td>장기요양인정의
신청자격</td><td>장기요양인정을 신청할 수 있는 자는 노인 등으로서 다음의 어느 하나에 해당하는 자격을 갖추어야 한다.
• 장기요양보험가입자 또는 그 피부양자
• 의료급여법에 따른 수급권자</td></tr>
<tr><td>산업재해보상보험법상
보험급여의 종류</td><td>• 요양급여
• 장해급여
• 유족급여
• 장례비
• 휴업급여
• 간병급여
• 상병보상연금
• 직업재활급여</td></tr>
<tr><td>가입자 자격의
상실 시기</td><td>• 사망한 날의 다음 날
• 국적을 잃은 날의 다음 날
• 국내에 거주하지 아니하게 된 날의 다음 날
• 직장가입자의 피부양자가 된 날
• 수급권자가 된 날
• 건강보험을 적용받고 있던 사람이 유공자 등 의료보호대상자가 되어 건강보험의 적용배제 신청을 한 날</td></tr>
<tr><td>장애인복지법상 벌칙</td><td>• 장애인의 신체에 폭행을 가한 사람 : 5년 이하의 징역 또는 5천만원 이하의 벌금
• 장애인의 신체에 상해를 입힌 사람 : 7년 이하의 징역 또는 7천만원 이하의 벌금</td></tr>
</table>

국가와 지방자치단체의 성폭력을 방지하고 성폭력피해자를 보호 · 지원하기 위한 책무	• 성폭력 신고체계의 구축 · 운영 • 성폭력 예방을 위한 조사 · 연구, 교육 및 홍보 • 피해자를 보호 · 지원하기 위한 시설의 설치 · 운영 • 피해자에 대한 주거지원, 직업훈련 및 법률구조 등 사회복귀 지원 • 피해자에 대한 보호 · 지원을 원활히 하기 위한 관련 기관 간 협력체계의 구축 · 운영 • 성폭력 예방을 위한 유해환경 개선 • 피해자 보호 · 지원을 위한 관계 법령의 정비와 각종 정책의 수립 · 시행 및 평가
사회보장과 관련한 헌법재판소 결정	국가가 국민의 인간다운 생활을 보장하기 위한 헌법적 의무를 다하였는지 여부는 국민연금제도와 같은 사회보험에 의한 소득보장제도만으로 판단하여서는 아니 되고, 사회부조의 방식에 의하여 행하여지는 각종 급여나 각종 부담의 감면 등을 총괄한 수준을 가지고 판단하여야 할 것이다. 따라서 60세 이상의 국민에 대한 국민연금제도 가입을 제한하는 것만으로 곧 그것이 헌법에 위반된다거나 인간으로서의 존엄과 가치, 행복추구권이나 인간다운 생활을 할 권리를 침해한 것이라고 볼 수 없다(헌재 2000헌마390).

● 2018년 제16회

문제 키워드	정답 키워드
법률의 효력 발생 기간	법률은 특별한 규정이 없는 한 공포한 날로부터 20일을 경과함으로써 효력을 발생함
사회복지법의 체계와 법원	• 지방자치단체는 법령의 범위 안에서 자치에 관한 규정을 제정할 수 있음 • '시행령'은 대통령령으로 공포되는 것 • 국무총리는 소관사무에 관하여 법률이나 대통령령의 위임 또는 직권으로 총리령을 발함 • 시행규칙은 부령의 규정형식으로 각 부 장관에 의해 제정(예 장애인복지법 시행규칙의 경우 보건복지부장관이 제정)
법 제정 날짜	• 장애인복지법 : 1989년 12월 30일 전부 개정되어 같은 날 시행 • 사회복지사업법 : 1970년 1월 1일 제정되어 1970년 4월 2일부터 시행 • 고용보험법 : 1993년 12월 27일 제정되어 1995년 7월 1일부터 시행 • 노인장기요양보험법 : 2007년 4월 27일 제정되어 2008년 7월 1일부터 시행 • 산업재해보상보험법 : 1963년 11월 5일 제정되어 1964년 1월 1일부터 시행
사회보장위원회	• 사회보장위원회는 국무총리 소속으로 둠 • 위원장은 국무총리, 부위원장은 기획재정부장관, 교육부장관 및 보건복지부장관 • 위원의 임기는 2년, 위원장 1명, 부위원장 3명과 행정안전부장관, 고용노동부장관, 여성가족부장관, 국토교통부장관을 포함한 30명 이내의 위원으로 구성
사회보장기본법상 사회보장수급권	• 사회보장수급권은 관계 법령에서 정하는 바에 따라 다른 사람에게 양도하거나 담보로 제공할 수 없으며, 이를 압류할 수 없음 • 사회보장수급권은 정당한 권한이 있는 기관에 서면으로 통지하여 포기할 수 있고, 사회보장수급권의 포기는 취소할 수도 있음 • 사회보장수급권은 제한되거나 정지될 수 없음(단, 관계 법령에서 따로 정하고 있는 경우 그러하지 아니함)
사회보장기본법상 외국인에 대한 적용	국내에 거주하는 외국인에게 사회보장제도를 적용할 때에는 상호주의의 원칙에 따르되, 관계 법령에서 정하는 바에 따름

사회서비스	국가 · 지방자치단체 및 민간부문의 도움이 필요한 모든 국민에게 복지, 보건의료, 교육, 고용, 주거, 문화, 환경 등의 분야에서 인간다운 생활을 보장하고 상담, 재활, 돌봄, 정보의 제공, 관련 시설의 이용, 역량 개발, 사회참여 지원 등을 통하여 국민의 삶의 질이 향상되도록 지원하는 제도
장기요양보험사업의 보험자	장기요양보험사업의 보험자(피보험자가 아님)는 국민건강보험법에 따른 국민건강보험공단으로 함
근로복지공단의 사업	• 보험가입자와 수급권자에 관한 기록의 관리 · 유지 • 보험료징수법에 따른 보험료와 그 밖의 징수금의 징수 • 보험급여의 결정과 지급 • 보험급여 결정 등에 관한 심사 청구의 심리 · 결정 • 산업재해보상보험 시설의 설치 · 운영 • 업무상 재해를 입은 근로자 등의 진료 · 요양 및 재활 • 재활보조기구의 연구개발 · 검정 및 보급 • 보험급여 결정 및 지급을 위한 업무상 질병 관련 연구 • 근로자 등의 건강을 유지 · 증진하기 위하여 필요한 건강진단 등 예방 사업 • 근로자의 복지 증진을 위한 사업 • 그 밖에 정부로부터 위탁받은 사업과 법령에 따른 사업에 딸린 사업
사회복지사업법상 사회복지의 날	매년 9월 7일을 사회복지의 날로 하고, 사회복지의 날부터 1주간을 사회복지주간으로 함
사회복지사업법상 사회복지법인	• 사회복지법인의 이사 또는 감사 중에 결원이 생겼을 때에는 2개월 이내에 보충하여야 함 • 사회복지법인의 이사는 해당 법인이 설치한 사회복지시설의 장을 제외한 그 시설의 직원을 겸할 수 없음 • 시 · 도지사는 임시이사가 선임되었음에도 불구하고 해당 사회복지법인이 정당한 사유 없이 이사회 소집을 기피할 경우 이사회 소집을 권고할 수 있음 • 해산한 사회복지법인의 남은 재산은 정관으로 정하는 바에 따라 국가 또는 지방자치단체에 귀속됨 • 사회복지법인을 설립하려는 자는 시 · 도지사의 허가를 받아야 함
사회복지사업법상 사회복지시설	• 국가나 지방자치단체는 사회복지시설을 설치 · 운영할 수 있고 사회복지시설의 장은 상근(常勤)하여야 함 • 사회복지시설의 운영자는 손해보험회사의 책임보험에 가입하거나 한국사회복지공제회의 책임공제에 가입하여야 함 • 사회복지시설의 장은 시설에 대하여 정기 및 수시 안전점검을 실시하여야 함 • 국가나 지방자치단체가 설치한 사회복지시설은 필요한 경우 사회복지법인이나 비영리법인에 위탁하여 운영하게 할 수 있음
의료급여법상 서류의 보존	• 의료급여기관은 의료급여가 끝난 날부터 5년간 보건복지부령으로 정하는 바에 따라 급여비용의 청구에 관한 서류를 보존하여야 함 • 약국 등 보건복지부령으로 정하는 의료급여기관은 처방전을 급여비용을 청구한 날부터 3년간 보존하여야 함
기초생활보장 계획의 수립	소관 중앙행정기관의 장은 수급자의 최저생활을 보장하기 위하여 3년마다 소관별로 기초생활보장 기본계획을 수립하여 보건복지부장관에게 제출해야 함
기준 중위소득	보건복지부장관이 급여의 기준 등에 활용하기 위하여 중앙생활보장위원회의 심의 · 의결을 거쳐 고시하는 국민 가구소득의 중위값
기초연금법상 기초연금액의 환수에 대한 시효	환수금을 환수할 권리와 기초연금 수급권자의 권리는 5년간 행사하지 아니하면 시효의 완성으로 소멸

가정폭력방지 및 피해자 보호 등에 관한 법률상 긴급전화센터의 업무	• 피해자의 신고접수 및 상담 • 관련 기관 · 시설과의 연계 • 피해자에 대한 긴급한 구조의 지원 • 경찰관서 등으로부터 인도받은 피해자 및 피해자가 동반한 가정구성원의 임시 보호
사회복지사업법상 사회복지법인의 임원	• 법인은 대표이사를 포함한 이사 7명 이상과 감사 2명 이상을 두어야 함 • 이사의 임기는 3년으로 하고 감사의 임기는 2년으로 하며, 각각 연임할 수 있음 • 외국인인 이사는 이사 현원의 2분의 1 미만이어야 함
자원봉사활동기본법상 자원봉사활동의 원칙	무보수성, 자발성, 공익성, 비영리성, 비정파성(非政派性), 비종파성(非宗派性)
국민건강보험법상 국민건강보험종합계획에 포함되어야 할 사항	• 건강보험정책의 기본목표 및 추진방향 • 건강보험 보장성 강화의 추진계획 및 추진방법 • 건강보험의 중장기 재정 전망 및 운영 • 보험료 부과체계에 관한 사항 • 요양급여비용에 관한 사항 • 건강증진 사업에 관한 사항 • 취약계층 지원에 관한 사항 • 건강보험에 관한 통계 및 정보의 관리에 관한 사항 • 그 밖에 건강보험의 개선을 위하여 필요한 사항으로 대통령령으로 정하는 사항
다문화가족정책위원회	다문화가족의 삶의 질 향상과 사회통합에 관한 중요 사항을 심의 · 조정하기 위하여 국무총리 소속으로 다문화가족정책위원회를 둠
국민연금법에 따른 급여의 종류	노령연금, 장애연금, 유족연금, 반환일시금
아동복지법상 후견인 선임 청구권자	시 · 도지사, 시장 · 군수 · 구청장, 아동복지시설의 장 및 학교의 장은 친권자 또는 후견인이 없는 아동을 발견한 경우 그 복지를 위하여 필요하다고 인정할 때에는 법원에 후견인의 선임을 청구하여야 함
구직급여의 수급 요건	• 이직일 이전 18개월간(이하 "기준기간"이라 한다) 피보험 단위기간이 통산하여 180일 이상일 것 • 근로의 의사와 능력이 있음에도 불구하고 취업(영리를 목적으로 사업을 영위하는 경우를 포함한다)하지 못한 상태에 있을 것 • 이직사유가 수급자격의 제한 사유에 해당하지 아니할 것 • 재취업을 위한 노력을 적극적으로 할 것 • 수급자격 인정신청일 이전 1개월 동안의 근로일수가 10일 미만일 것(최종 이직 당시 일용근로자였던 자만 해당) • 최종 이직일 이전 기준기간의 피보험 단위기간 180일 중 다른 사업에서 수급자격의 제한사유에 해당하는 사유로 이직한 사실이 있는 경우에는 그 피보험 단위기간 중 90일 이상을 일용근로자로 근로하였을 것(최종 이직 당시 일용근로자였던 자만 해당)
재외동포 및 외국인의 장애인 등록	• 「재외동포의 출입국과 법적 지위에 관한 법률」에 따라 국내거소신고를 한 사람 • 「주민등록법」에 따라 재외국민으로 주민등록을 한 사람 • 「출입국관리법」에 따라 외국인등록을 한 사람으로서 같은 법에 따른 체류자격 중 대한민국에 영주할 수 있는 체류자격을 가진 사람 • 「재한외국인 처우 기본법」에 따른 결혼이민자 • 「난민법」에 따른 난민인정자
노인복지법상 단독주택 또는 공동주택에 설치할 수 있는 시설	재가노인복지시설, 노인공동생활가정, 노인요양공동생활가정

● 2017년 제15회

문제 키워드	정답 키워드
우리나라 사회복지법의 정의	• 헌법상의 생존권을 구체적으로 실현하기 위한 법 • 단일 법전 형식이 아니라 개별법 체계로 구성 • 최저임금법은 실질적 의미의 사회복지법에 포함 • 공법과 사법의 요소들이 공존
사회복지사업법상 사회복지사 의무채용 제외시설	노인여가복지시설, 수화통역센터, 점자도서관과 점자도서 및 녹음서도서 출판시설, 어린이집, 성매매피해자 등을 위한 지원시설 및 성매매피해상담소, 정신요양시설 및 정신재활시설, 성폭력피해상담소
기초연금액의 감액	본인과 그 배우자가 모두 기초연금 수급권자인 경우에는 각각의 기초연금액에서 기초연금액의 100분의 20에 해당하는 금액을 감액
영유아보육법 제정	1991년 1월 14일 제정되어 같은 날 시행
사회복지사업법상 정보의 파기	보건복지부장관 및 시장 · 군수 · 구청장은 조사하거나 제공받은 정보 중 보호대상자가 아닌 사람의 정보는 5년을 초과하여 보유할 수 없고 정보의 보유기한이 지나면 지체 없이 이를 파기하여야 함
국민기초생활보장법상 소득이 아닌 것	• 정기적으로 지급되는 것으로 볼 수 없는 금품(퇴직금, 현상금, 보상금, 근로장려금, 자녀장려금 등) • 보육료, 학자금, 그 밖에 이와 유사한 금품 • 지방자치단체가 지급하는 금품으로서 보건복지부장관이 정하는 금품
사회복지사업법상 사회복지법인의 정관에 포함되어야 할 사항	• 목적과 명칭 • 주된 사무소의 소재지와 사업의 종류 • 자산 및 회계에 관한 사항과 임원의 임면 등에 관한 사항 • 회의에 관한 사항과 정관의 변경에 관한 사항 • 수익을 목적으로 하는 사업이 있는 경우 그에 관한 사항 • 존립시기와 해산 사유를 정한 경우에는 그 시기와 사유 및 남은 재산의 처리방법 • 공고 및 공고방법에 관한 사항
지역사회복지협의체(지역사회보장협의체)의 위원	• 사회복지 또는 보건의료에 관한 학식과 경험이 풍부한 사람 • 사회복지사업을 하는 기관 · 단체의 대표자 • 보건의료사업을 하는 기관 · 단체의 대표자 • 공익단체에서 추천한 사람 • 사회복지업무 또는 보건의료업무를 담당하는 공무원
사회복지와 관련한 헌법의 내용	• 모든 국민은 능력에 따라 균등하게 교육을 받을 권리를 가짐 • 여자의 근로는 특별한 보호를 받으며, 고용 · 임금 및 근로조건에 있어서 부당한 차별을 받지 아니함 • 국가는 사회보장 · 사회복지의 증진에 노력할 의무를 짐 • 환경권의 내용과 행사에 관하여는 법률로 정함
장애인복지법상 장애인 등록	국가는 외국인이 장애인으로 등록된 경우 예산 등을 고려하여 장애인복지사업의 지원을 제한할 수 있음
사회복지법의 법원(法源)	법령의 범위를 벗어난 조례는 법적 구속력이 없음

노인복지법상 노인학대 금지행위	• 노인의 신체에 폭행을 가하거나 상해를 입히는 행위 • 노인에게 성적 수치심을 주는 성폭행 · 성희롱 등의 행위 • 자신의 보호 · 감독을 받는 노인을 유기하거나 의식주를 포함한 기본적 보호 및 치료를 소홀히 하는 방임행위 • 노인에게 구걸을 하게 하거나 노인을 이용하여 구걸하는 행위 • 노인을 위하여 증여 또는 급여된 금품을 그 목적 외의 용도에 사용하는 행위 • 폭언, 협박, 위협 등으로 노인의 정신건강에 해를 끼치는 정서적 학대행위
가정폭력방지 및 피해자보호 등에 관한 법률상 보호시설의 종류	단기보호시설, 장기보호시설, 외국인보호시설, 장애인보호시설
한부모가족지원법상 지원대상자인 아동	• 부모가 사망하거나 생사가 분명하지 아니한 아동 • 부모가 정신 또는 신체의 장애 · 질병으로 장기간 노동능력을 상실한 아동 • 부모의 장기복역 등으로 부양을 받을 수 없는 아동 • 부모가 이혼하거나 유기하여 부양을 받을 수 없는 아동 • 부모가 가정의 불화 등으로 가출하여 부모의 부양을 받을 수 없는 아동 • 그 밖에 부모가 실직 등으로 장기간 경제적 능력을 상실하여 부양을 받을 수 없는 아동
다문화가족지원법상 실태조사	여성가족부장관은 다문화가족의 현황 및 실태를 파악하고 다문화가족 지원을 위한 정책수립에 활용하기 위하여 3년마다 다문화가족에 대한 실태조사를 실시
성폭력방지 및 피해자 보호 등에 관한 법률상 피해자 보호	국가 또는 지방자치단체는 성폭력 전담의료기관의 의료 지원에 필요한 경비의 전부 또는 일부를 지원할 수 있음
사회보장기본법상 사회보장제도의 운영원칙	사회보험은 국가의 책임으로 시행하고, 공공부조와 사회서비스는 국가와 지방자치단체의 책임으로 시행하는 것을 원칙으로 함
산업재해보상보험법상 '유족'의 정의	사망한 자의 배우자(사실상 혼인 관계에 있는 자를 포함) · 자녀 · 부모 · 손자녀 · 조부모 또는 형제자매를 말함
노인장기요양보험법상 주 · 야간보호	수급자를 하루 중 일정한 시간 동안 장기요양기관에 보호하여 신체활동 지원 및 심신 기능의 유지 · 향상을 위한 교육 · 훈련 등을 제공하는 장기요양급여
사회보장기본법상 사회보장수급권의 양도	사회보장수급권은 관계 법령에서 정하는 바에 따라 다른 사람에게 양도하거나 담보로 제공할 수 없으며, 이를 압류할 수 없음
사회보장기본법상 비용부담	공공부조 및 관계 법령에서 정하는 일정 소득 수준 이하의 국민에 대한 사회서비스에 드는 비용의 전부 또는 일부는 국가와 지방자치단체가 부담하고, 부담 능력이 있는 국민에 대한 사회서비스에 드는 비용은 그 수익자가 부담함을 원칙으로 하되, 관계 법령에서 정하는 바에 따라 국가와 지방자치단체가 그 비용의 일부를 부담할 수 있음
국민연금법상 유족연금 수급권의 소멸	• 수급권자가 사망한 때 • 배우자인 수급권자가 재혼한 때 • 자녀나 손자녀인 수급권자가 다른 사람에게 입양되거나 파양된 때 • 장애등급 2급 이상에 해당하지 아니한 자녀인 수급권자가 25세가 된 때 또는 장애등급 2급 이상에 해당하지 아니한 손자녀인 수급권자가 19세가 된 때
사회보장기본법상 사회보장 기본계획	보건복지부장관은 관계 중앙행정기관의 장과 협의하여 사회보장 증진을 위하여 사회보장에 관한 기본계획을 5년마다 수립

● 2016년 제14회

문제 키워드	정답 키워드
법률 제정 순서	• 고용보험법 : 1993년 12월 27일 제정 • 사회보장기본법 : 1995년 12월 30일 제정 • 노인장기요양보험법 : 2007년 4월 27일 제정 • 국민기초생활보장법 : 1999년 9월 7일 제정
헌법 제34조(복지권)	• 모든 국민은 인간다운 생활을 할 권리를 가짐 • 국가는 사회보장 · 사회복지의 증진에 노력할 의무를 짐 • 국가는 여자의 복지와 권익의 향상을 위하여 노력하여야 함 • 국가는 노인과 청소년의 복지향상을 위한 정책을 실시할 의무를 짐 • 신체장애자 및 질병 · 노령 기타의 사유로 생활능력이 없는 국민은 법률이 정하는 바에 의하여 국가의 보호를 받음 • 국가는 재해를 예방하고 그 위험으로부터 국민을 보호하기 위하여 노력하여야 함
조례와 규칙에 관한 헌법과 법률의 내용	• 지방자치단체는 법령의 범위 안에서 그 사무에 관하여 조례를 제정할 수 있음 • 지방자치단체는 법령의 범위 안에서 자치에 관한 규정을 제정할 수 있음 • 조례에서 주민의 권리 제한에 관한 사항을 정할 때에는 법률의 위임이 있어야 함
사회보장기본법상 평생사회안전망의 정의	생애주기에 걸쳐 보편적으로 충족되어야 하는 기본욕구와 특정한 사회위험에 의하여 발생하는 특수욕구를 동시에 고려하여 소득 · 서비스를 보장하는 맞춤형 사회보장제도
사회보장기본법상 사회보장수급권의 포기	사회보장수급권을 포기하는 것이 다른 사람에게 피해를 주거나 사회보장에 관한 관계 법령에 위반되는 경우에는 사회보장수급권을 포기할 수 없음
사회보장기본법상 최저보장수준	국민의 소득 · 지출 수준과 수급권자의 가구 유형 등 생활실태, 물가상승률 등을 고려하여 법령에 따라 급여의 종류별로 공표하는 금액이나 보장수준
사회복지사업법상 사회복지법인의 남은 재산	해산한 법인의 남은 재산은 정관으로 정하는 바에 따라 국가 또는 지방자치단체에 귀속됨
사회복지사업법상 사회복지업무의 전자화를 위한 정보시스템	• 보건복지부장관은 정보시스템을 구축 · 운영할 수 있음 • 지방자치단체의 장은 사회복지사업을 수행할 때 관할 복지행정시스템과 정보시스템을 전자적으로 연계하여 활용하여야 함 • 사회복지시설의 장은 국가와 지방자치단체가 실시하는 사회복지업무의 전자화 시책에 협력하여야 함 • 보건복지부장관은 정보시스템의 운영에 관한 업무를 수행하는 전담기구를 설립할 수 있으며, 그 전담기구는 법인으로 함
사회복지사업법상 사회복지관이 실시하는 서비스의 우선 제공 대상자	• 국민기초생활보장법에 따른 수급자 및 차상위계층 • 장애인, 노인, 한부모가족 및 다문화가족 • 직업 및 취업 알선이 필요한 사람 • 보호와 교육이 필요한 유아 · 아동 및 청소년 • 그 밖에 사회복지관의 사회복지서비스를 우선 제공할 필요가 있다고 인정되는 사람
사회복지사업법상 사회복지사 교육의 명령권자	보건복지부장관은 사회복지사의 자질 향상을 위하여 필요하다고 인정하면 사회복지사에게 교육을 받도록 명할 수 있음
국민기초생활보장법상 기준 중위소득의 산정	기준 중위소득은 통계법에 따라 통계청이 공표하는 통계자료의 가구 경상소득의 중간값에 최근 가구소득 평균 증가율, 가구규모에 따른 소득수준의 차이 등을 반영하여 가구규모별로 산정

의료급여법상 의료급여기관	• 의료법에 따라 개설된 의료기관 • 지역보건법에 따라 설치된 보건소 · 보건의료원 및 보건지소 • 농어촌 등 보건의료를 위한 특별조치법에 따라 설치된 보건진료소 • 약사법에 따라 개설등록된 약국 및 같은 법에 따라 설립된 한국희귀 · 필수의약품센터
긴급복지지원법상 긴급지원 중 '금전 또는 현물(現物) 등의 직접지원'	• 생계지원 : 식료품비 · 의복비 등 생계유지에 필요한 비용 또는 현물 지원 • 의료지원 : 각종 검사 및 치료 등 의료서비스 지원 • 주거지원 : 임시거소 제공 또는 이에 해당하는 비용 지원 • 사회복지시설 이용 지원 : 사회복지사업법에 따른 사회복지시설 입소 또는 이용 서비스 제공이나 이에 필요한 비용 지원 • 교육지원 : 초 · 중 · 고등학생의 수업료, 입학금, 학교운영지원비 및 학용품비 등 필요한 비용 지원 • 그 밖의 지원 : 연료비나 그 밖에 위기상황의 극복에 필요한 비용 또는 현물 지원
기초연금법 중 기초연금액의 적정성 평가	보건복지부장관은 5년마다 기초연금 수급권자의 생활수준, 국민연금법에 따른 기본연금액의 변동률, 전국소비자물가변동률 등을 종합적으로 고려하여 기초연금액의 적정성을 평가하고 그 결과를 반영하여 기준연금액을 조정
국민건강보험법령상 직장가입자의 피부양자	• 직장가입자의 배우자 • 직장가입자의 직계존속(배우자의 직계존속 포함) • 직장가입자의 직계비속(배우자의 직계비속 포함)과 그 배우자 • 직장가입자의 형제 · 자매
국민연금법상 지역가입자	사업장가입자가 아닌 자로서 18세 이상 60세 미만인 자
산업재해보상보험법상 장해, 중증요양상태, 진폐의 정의	• 장해(障害) : 부상 또는 질병이 치유되었으나 정신적 또는 육체적 훼손으로 인하여 노동능력이 상실되거나 감소된 상태 • 중증요양상태 : 업무상의 부상 또는 질병에 따른 정신적 또는 육체적 훼손으로 노동능력이 상실되거나 감소된 상태로서 그 부상 또는 질병이 치유되지 아니한 상태 • 진폐(塵肺) : 분진을 흡입하여 폐에 생기는 섬유증식성 변화를 주된 증상으로 하는 질병
고용보험법상 육아휴직급여	고용노동부장관은 남녀고용평등과 일 · 가정 양립 지원에 관한 법률에 따른 육아휴직을 30일 이상 부여받은 피보험자 중 육아휴직을 시작한 날 이전에 피보험 단위기간이 통산하여 180일 이상이고, 같은 자녀에 대하여 피보험자인 배우자가 30일 이상의 육아휴직을 부여받지 아니하거나 육아기 근로시간 단축을 30일 이상 실시하지 아니하고 있을 경우 그 피보험자에게 육아휴직급여를 지급
노인장기요양보험법상 장기요양급여의 종류	• 재가급여 : 방문요양, 방문목욕, 방문간호, 주 · 야간보호, 단기보호, 기타 재가급여 • 시설급여 • 특별현금급여 : 가족요양비, 특례요양비, 요양병원간병비
아동복지법상 아동의 정의	18세 미만인 사람
노인복지법상 노인의 날	매년 10월 2일
장애인복지법상 실태조사	3년마다 장애실태조사를 실시
한부모가족지원법상 '모' 또는 '부'에 해당하는 자	• 배우자와 사별 또는 이혼하거나 배우자로부터 유기된 자 • 정신이나 신체의 장애로 장기간 노동능력을 상실한 배우자를 가진 자 • 교정시설 · 치료감호시설에 입소한 배우자 또는 병역복무 중인 배우자를 가진 사람 • 미혼자(사실혼 관계에 있는 자는 제외) • 위의 규정된 자에 준하는 자로서 배우자의 생사가 분명하지 아니한 자 혹은 배우자나 배우자 가족과의 불화 등으로 인하여 가출한 자
자원봉사활동기본법상 자원봉사센터의 설치	국가기관 및 지방자치단체는 자원봉사센터를 설치할 수 있고 자원봉사센터를 법인으로 하여 운영하거나 비영리 법인에 위탁하여 운영하여야 함

MEMO

I wish you the best of luck!

제 3 영역

사회복지법제론

CHAPTER 01

사회복지관련 법제 총론

학습목표

- 사회복지관련 법제 총론에서는 법률에 관한 일반적인 상식과 사회복지법의 종류 및 역사 등이 총체적으로 다루어진다. 법 일반에서는 법의 개념과 목적을 숙지하고, 법의 일반적 체계에서는 성문법과 불문법에 대해 살펴보도록 한다.
- 사회복지법 일반에서는 사회법의 등장배경과 사회복지법의 분류에 대해 살펴보고, 사회복지법의 발달과정에서는 영국, 독일, 미국의 사회보장제도에 대해 숙지하도록 한다. 사회복지의 권리성에서는 우리나라 헌법상 기본권의 내용을 알도록 한다.

제1절 법 일반

1 법의 개념 및 목적

(1) 법의 개념

① **법은 사회규범** : 사회규범은 인간의 사회생활에 관한 당위(當爲)의 규범으로서, 지켜야 할 것에 관한 것을 내용으로 한다.

② **법은 문화규범** : 법은 단순히 당위만을 나타내는 것이 아닌 존재 현실을 반영한다. 어느 사회나 독특한 문화가 있는 만큼 법문화도 그 나라의 특색을 반영하여 독특한 면을 가진다.

③ **법은 상대적 규범인 동시에 절대적 규범** : 법은 '존재'의 측면에서 시간적 · 공간적 제약을 받는 상대적 규범이자, '정의'의 측면에서 보편적인 가치를 지향하는 절대적 규범이다.

④ **법은 행위규범** : 법은 사회구성원의 행동의 기준으로서 사람들이 어떻게 행동할 것인지 예상할 수 있도록 하며, 그에 따라 경쟁적 사회에서 일정한 질서를 예측할 수 있도록 한다.

⑤ **법은 강제성을 띤 규범** : 법은 도덕이나 관심 등의 사회규범과 달리 강제성을 가지며, 그에 따라 법을 위반한 사람은 강제적 처벌을 받게 된다.

Plus ⊕ one

법과 도덕

법	도 덕
• 강제성 • 공동생활을 위한 규칙 • 도덕규범 중 반드시 지켜야 할 내용	• 인간이 마땅히 지켜야 할 도리 • 자율성 • 행위의 동기 중시

(2) 법의 기능

① 사회질서의 유지 : 법을 위반한 행위에 대하여 일정한 형벌을 가함으로써 사회질서를 유지한다.
② 분쟁의 해결 : 분쟁이 발생하면 법에 명시된 규정에 따라 이를 해결한다.
③ 공공선의 실현 : 좋은 공동체를 만들어가고자 하는 바람을 실현하기 위하여 법이 필요하다.
④ 인간의 권리보장 : 법은 인간의 자유와 권리를 보장하기 위해서 필요하다.

(3) 법의 목적

① 정의의 실현 : 공동생활을 하는 모든 사람에게 각자가 받아야 할 정당한 몫을 주는 것을 말한다.
② 공공복리의 실현 : 여러 사람의 이익과 행복을 말한다.
③ 법적 안정성
㉠ 의미 : 아무리 훌륭한 법이라도 자주 바뀐다면 혼란스러워 국민들이 따를 수 없게 되기 때문에 법은 자주 변경되어서는 안 되고, 명확해야 한다.
㉡ 법적 안정성의 실현 : 법 개정절차를 까다롭게 하고 있으며, 법률불소급의 원칙을 따르고 있다.
④ 법의 합목적성
㉠ 의미 : 법은 국가와 사회가 추구하는 이념이나 가치에 맞는 방향으로 제정되어야 한다.
㉡ 법의 합목적성 실현 : 민주주의 사회에서는 국가의 질서 유지와 발전, 그리고 국민의 자유 및 권리보장을 기초로 한 복지주의적 목적들이 법 제정의 원칙이 되고 있다.

Plus ⊕ one

법의 목적 및 특징

- 법의 이념으로서의 목적은 독일의 법 철학자 라드부르흐(Radbruch)가 말한 정의의 실현과 합목적성 · 법적 안정성의 세 가지이다.
- 사회적 · 문화적 · 경제적 · 정치적 기초가 역사적으로 변화하면서 사회법의 일종인 사회복지법이 다루는 사회적 욕구와 요보호대상자의 범위, 보호수준 등이 사회변동에 따라 변화하였다.
- 사회복지법은 공법 · 사법과 같은 법에 비하여 상대적으로 법적 안정성이 약하고 유동성이 강한 특징이 있다.

2 법의 일반적 체계

(1) 자연법

① 인간의 본성에서 유래하여 시공간을 초월한 영구불변의 초월법적인 자연헌법이다.
② 자연현상에 의해 자연적으로 발생하는 것으로 인위적인 영향을 전혀 받지 않는 법규범이다.
③ 우주의 존재질서를 규율하는 보편타당한 것으로서 정의의 개념을 근본으로 하기 때문에 법의 근원이 된다.

(2) 실정법

① 경험적 사실(법 제정법, 관습법, 판례법)에 의거하여 현실적으로 제정되거나 형성되어 일정한 시대와 사회에서 시행되는 법으로, 현재 시행되고 있는 실정법을 현행법이라고 한다.

② 인간에 의해 존재하는 인위적인 법이다.

③ 실정법은 크게 국내법과 국제법으로 나누어진다.

㉠ 국내법(Municipal Law) : 한 국가에 의하여 제정 또는 승인되고 그 국가의 주권이 미치는 범위 내에서만 행해지는 법으로서 국가법이다.

㉡ 국제법(International Law) : 명시 또는 묵시의 국가 간의 합의를 근거로 하여 국제 사회에 있어서 국가 간의 사이를 규율하는 법을 말한다.

(3) 공(公) · 사법(私法), 사회법(社會法)

① 공법 : 공적인 생활관계를 규율하는 법이다(헌법, 형법, 형사소송법, 민사소송법, 행정법 등).

② 사법 : 사적인 생활관계를 규율하는 법이다(민법, 상법 등).

③ 사회법(수정된 시민법)

㉠ 종래의 공 · 사법으로 해결할 수 없는 폐단을 극복하기 위한 제3의 법이다(노동법, 사회보장법, 경제법 등).

㉡ 가치와 윤리가 가장 많이 적용되어 있는 법이다.

㉢ 재산과 계약에 대해 국가가 간섭하였고, 무과실 책임주의 원칙을 적용하는 규칙이 있다.

(4) 실체법과 절차법

① 실체법(Substantial Law) : 주법(主法)이라고도 하며 권리 · 의무의 실체관계, 발생, 변경, 소멸, 효과 등에 관하여 규정한 법이다.

② 절차법(Adjective Law) : 실체법에 대립되는 개념으로 권리와 실질적 내용을 실현하기 위하여 취해야 할 방법을 규율하는 법이다.

(5) 일반법과 특별법

① 일반법(General Law) : 법이 적용되는 효력범위가 제한이 없이 일반적으로 적용되는 법이다. 즉, 사람에 관한 사항이나 장소에 관하여 넓은 효력범위를 갖는 법을 말한다.

② 특별법(Special Law) : 효력범위가 특별한 사항에서만 효력을 갖는 법을 말한다.

3 사회복지법의 법원

15회 기출

(1) 개 념

① 법원(法源)이란 법이 어떤 방식으로 존재하는가를 의미하는 것으로, 그 법의 존재양식은 표현 방식에 따라 성문법과 불문법으로 나뉜다.

② 사회복지법의 법원이란 사회복지와 관련하여 그 급여서비스의 내용, 그 서비스를 제공하기 위한 조직과 관리, 감독의 기준이 법률 등에 의하여 어떠한 형식으로 표현되는가 하는 것을 말하는 것으로 사회복지법의 원천과 존재양식을 의미한다.

(2) 법원으로서 성문법

10, 11, 19, 20회 기출

① 헌 법

㉠ 국가와 국민 간의 권리와 의무에 관한 기본법이다.

㉡ 국가의 최상위법으로서, 국가의 기본조직, 통치 작용, 국민의 기본권 등을 규정한다.

㉢ 헌법 규정은 사회복지 관련 하위법규의 존립근거인 동시에 재판의 규범으로서 효력을 가진다.

㉣ 1919년 독일의 바이마르 공화국이 헌법 제151조에 생존권적 기본권에 관한 내용을 명시함으로써 사회복지법의 기본 근거가 되었다.

Plus ⊕ one

독일 바이마르 공화국 헌법 제151조
"경제생활의 질서는 모든 사람에게 인간다운 생존을 보장하기 위하여 정의의 원칙에 합치하지 않으면 안 된다. 이 한계 안에서 개인의 경제적 자유는 보장되어야 한다."

② 법 률

10, 14회 기출

㉠ 법률은 헌법의 하위에, 명령이나 규칙의 상위에 있는 규범이다.

㉡ 국회의 의결을 거쳐 대통령이 서명 · 공포함으로써 성립한다.

㉢ 우리나라 헌법 제52조에는 국회의원과 정부가 법률안을 제출할 수 있다고 명시되어 있다.

㉣ 헌법 제53조는 국회에서 의결된 법률안을 대통령이 15일 이내에 공포하도록 규정하고 있다. 또한 법률안에 이의가 있을 경우 대통령이 국회에 재의를 요구할 수 있으나, 법률안의 일부에 대해 또는 법률안을 수정하여 재의를 요구할 수 없다고 명시하고 있다.

③ 명 령

16회 기출

㉠ 국회의 의결을 거치지 않고 대통령 이하의 행정기관이 제정한 법규이다.

㉡ 개별 법률의 시행령 및 시행규칙의 존재양식으로 표현되며, 대통령령, 총리령, 부령(장관령) 등이 포함된다.

㉢ '시행령'은 대통령령으로 공포되는 것으로서, 법에서 위임된 사항을 비롯하여 그 시행에 관하여 필요한 사항을 정한 것이며, '부령'은 행정 각부의 장이 소관사무에 관하여 법률이나 대통령령의 위임 또는 직권으로 발하는 명령을 말한다.

㉣ '대통령령'은 대통령이 발하는 명령으로서, 그 성질 및 효력에 따라 '법규명령'과 '행정명령(행정규칙)'으로 구분된다. '법규명령'은 국민의 권리와 의무에 관계되는 것으로서, 헌법이나 법률에서 구체적으로 범위를 정하여 위임받은 사항에 대해서만 효력을 발할 수 있다. 이에 반해 '행정명령'은 행정조직의 내부만을 규율하는 것으로서, 대통령이 직권의 범위 내에서 당연히 효력을 발할 수 있다.

㉤ **'총리령'**은 국무총리가 소관사무에 관하여 법률이나 대통령령의 위임 또는 직권으로 발하는 명령으로서, 법률이나 대통령령의 위임에 의해 발하는 명령을 **'위임명령'**이라고 하며, 직권으로 발하는 명령을 **'집행명령(시행명령)'**이라고 한다. 다만, '집행명령'의 경우 법규사항을 규정할 수 없으며, 단지 대통령령의 집행을 위한 시행세칙만을 규정할 수 있다.

㉥ '부령'은 행정 각부의 장이 소관사무에 관하여 법률이나 대통령령의 위임 또는 직권으로 발하는 명령으로서, 총리령과 마찬가지로 법률이나 대통령령의 위임에 의해 발하는 명령을 '위임명령'이라고 하며, 직권으로 발하는 명령을 **'집행명령(시행명령)'**이라고 한다. 이러한 부령은 법률이나 대통령령에 위배되는 내용을 규정할 수 없다.

④ **자치법규** 13, 14, 16, 17, 19회 기출

㉠ **'자치법규'**는 지방자치단체가 법령의 범위 안에서 자기의 사무에 관하여 또는 주민의 권리와 의무에 관하여 제정한 자치에 관한 법규를 말하는 것으로서, **조례**와 **규칙**이 포함된다.

㉡ 헌법 제117조 제1항에는 "지방자치단체는 주민의 복리에 관한 사무를 처리하고 재산을 관리하며, 법령의 범위 안에서 자치에 관한 규정을 제정할 수 있다"고 명시되어 있다.

㉢ **'조례'**는 법률이나 명령보다 하위의 법규범으로서, 지방자치단체가 법령의 범위 안에서 그 권한에 속하는 사무에 관하여 **지방의회의 의결**을 거쳐 정립하는 법형식이다.

㉣ 지방자치단체는 **법령의 범위** 안에서 그 사무에 관하여 조례를 제정할 수 있다. 다만, 주민의 권리 제한 또는 의무 부과에 관한 사항이나 벌칙을 정할 때에는 **법률의 위임**이 있어야 한다(지방자치법 제22조).

㉤ 19세 이상의 주민으로서 지방자치단체의 관할 구역에 주민등록이 되어 있는 사람이나 국내거소신고인명부에 올라 있는 재외동포 또는 출입국관리법에 따라 영주의 체류자격 취득일 후 3년이 경과한 외국인으로서 지방자치단체의 외국인등록대장에 올라 있는 사람은 시 · 도 및 인구 50만 이상 대도시의 경우 19세 이상 주민 총수의 100분의 1 이상 70분의 1 이하, 시 · 군 및 자치구의 경우 19세 이상 주민 총수의 50분의 1 이상 20분의 1 이하의 범위에서 지방자치단체의 조례로 정하는 19세 이상의 주민 수 이상의 연서(連署)로 해당 지방자치단체의 장에게 조례의 제정 · 개정 · 폐지를 청구할 수 있다(지방자치법 제15조 제1항 참조).

㉥ **'규칙'**은 지방자치단체의 장이 법령이나 조례가 위임한 범위 안에서 그 권한에 속하는 사무에 관하여 제정하는 규범이다.

㉦ 자치법규는 원칙적으로 해당 지방자치단체 영역 안에서만 효력을 가진다.

⑤ **국제조약 및 국제법규**

㉠ **'국제조약'**은 국제법 주체 간에 국제적 권리의무의 발생 및 국제법률 관계의 설정을 위해 문서로써 명시적으로 합의한 것이다.

㉡ 국제조약은 국가 간의 조약은 물론 협정, 협약, 의정서, 헌장 등을 포함한다.

㉢ **'국제법규'**는 우리나라가 당사국이 아닌 조약으로, 국제사회에 의해 그 규범성이 인정된 것과 국제관습법을 포괄한다.

㉣ 헌법 제6조 제1항에는 "헌법에 의하여 체결 · 공포된 조약과 일반적으로 승인된 국제법규는 국내법과 같은 효력을 가진다"고 명시되어 있다.

Plus ⊕ one

조례로 정하도록 위임된 사항

- 법에 규정된 사항 외에 지역사회보장협의체, 실무협의체의 조직 · 운영에 필요한 사항은 보건복지부령으로 정하는 바에 따라 해당 시 · 군 · 구의 조례로 정한다(사회보장급여의 이용 · 제공 및 수급권자 발굴에 관한 법률 제41조 제6항).
- 사회보장사무 전담기구의 사무 범위, 조직 및 운영 등에 필요한 사항은 해당 특별자치시 및 시 · 군 · 구의 조례로 정한다(사회보장급여의 이용 · 제공 및 수급권자 발굴에 관한 법률 제42조 제3항).
- 의료급여법에서 정한 사항 외에 기금의 관리 · 운용에 관하여 필요한 사항은 보건복지부령으로 정하는 바에 따라 해당 지방자치단체의 조례로 정한다(의료급여법 제26조 제4항).
- 아동복지전담공무원은 사회복지사업법에 따른 사회복지사의 자격을 가진 사람으로 하고 그 임용 등에 필요한 사항은 해당 시 · 도 및 시 · 군 · 구의 조례로 정한다(아동복지법 제13조 제2항).
- 국가가 부담하는 비용을 뺀 비용은 특별시 · 광역시 · 특별자치시 · 도 · 특별자치도와 시 · 군 · 구가 상호 분담한다. 이 경우, 그 부담비율은 노인인구 비율 및 재정여건 등을 고려하여 보건복지부장관과 협의하여 시 · 도의 조례 및 시 · 군 · 구의 조례로 정한다(기초연금법 제25조 제2항).

(3) 법원으로서 불문법

① 관습법

㉠ 사회인의 사실상 관행이 계속적이고 일반적으로 행해짐에 따라 법으로서의 효력을 가지는 불문법이다.

㉡ 관습법이 성립되기 위해서는 해당 관습이 선량한 풍속 및 기타 사회질서에 위반되지 않는 동시에 법적 확신에 의해 지지되어야 한다.

㉢ 우리나라는 관습법의 법원성을 인정하고 있다. 다만, 민법 제1조 "민사에 관하여 법률에 규정이 없으면 관습법에 의하고 관습법이 없으면 조리에 의한다"의 규정에서와 같이 그 보충적인 효력만 인정하고 있다.

② 판례법

㉠ 법원이 내리는 판결로서 대법원의 판례에 의해 형성된다.

㉡ 일정한 법률문제에 대해 동일하거나 유사한 취지의 판결이 반복되어 나타남으로써 사실상 법원을 구속하게 된 규범에 해당한다.

㉢ 영미법계에서는 판례를 중요한 법원으로 인정하고 있는 반면, 대륙법계에서는 아직 판례의 법원성이 부정되고 있다.

③ 조 리

㉠ 사물의 도리, 합리성, 본질적 법칙을 의미한다.

㉡ 실정법이나 관습법이 존재하지 않는 경우 최종적으로 의지하는 법원으로서, 자연법과 같은 의미로 사용되어 실정법의 존립근거로 이해되기도 한다.

㉢ 조리는 민법 제1조와 판례 및 다수설을 통해 보충적 규범으로서 법원성을 인정받고 있다.

4 법의 분류방법

13회 기출

(1) 상위법과 하위법 – 법의 수직적 체계

① 우리나라 법체계는 헌법, 법률, 시행령, 시행규칙, 자치법규의 순서로 법제정 형식에 따른 위계를 가지고 있다.

② 예를 들어, 헌법은 국가의 기본법으로서 다른 법들의 상위법이므로, 헌법의 규정을 위반한 하위의 법률은 위헌법률이 되며, 그 효력은 상실된다.

(2) 강행법과 임의법 – 법률 또는 법조문 적용상의 강제성 유무

① 강행법은 법률행위 당사자의 의사에 관계없이 적용되는 법인 반면, 임의법은 법률행위 당사자의 의사에 따라 적용이 배제될 수 있는 법을 말한다.

② 일반적으로 형법, 행정법 등의 공법은 강행법에 해당하는 반면, 민법, 상법 등의 사법은 임의법에 해당한다. 다만, 사회복지법 등의 사회법은 그 성격에 따라 구별된다.

(3) 일반법과 특별법 – 법 적용 및 효력의 범위

① 일반법은 법 적용 및 효력의 범위가 넓은 법인 반면, 특별법은 보다 제한된 영역에서 적용되는 법을 말한다.

② 일반법과 특별법의 구분의 실익은 "특별법은 일반법에 우선한다"는 원칙에 따라 우선적으로 특별법을 적용하며, 그 보충으로 일반법을 적용한다.

(4) 신법과 구법 – 법의 제정 시기

① 신법은 새로 제정된 법인 반면, 구법은 신법에 의해 폐지되는 법을 말한다.

② 신법의 시행시기와 구법의 종료시기가 상호 불일치할 수 있으므로, 이를 위해 신법에 경과규정 혹은 부칙을 둔다.

Plus ⊕ one

법 적용의 우선순위 13회 기출

- 일반법과 특별법이 충돌할 때에는 특별법 우선의 원칙에 따라 특별법이 일반법에 우선 적용된다.
- 신법과 구법이 충돌할 때에는 신법 우선의 원칙에 따라 신법이 우선 적용되는데, 이 경우 충돌된 법이 동등 효력을 가진 경우에만 해당되며, 상위법이나 특별법 관계일 때에는 적용되지 않는다.
- 즉, '신법인 특별법 > 구법인 특별법 > 신법인 일반법 > 구법인 일반법' 순으로 적용

제2절 사회복지법 일반

1 사회복지법의 개념

(1) 사회복지법의 의미

① 형식적 의미의 사회복지법 : 사회복지법이라는 외적 형식을 갖춘 제반법규의 개념을 규정하는 것으로서 주로 각국의 실정법상 사회복지와 연관된 법규의 모든 법들이 이에 포함된다.

② 실질적 의미의 사회복지법

㉠ 법의 존재형식이나 명칭에 관계없이 법규범의 내용, 규범의 목적과 기능에 따라 그 법 규범에 내재하는 공통된 법 원리를 도출하고, 그 법 원리에 근거하여 사회복지법의 개념을 파악하는 방법이다. 실질적 의미의 사회복지법의 개념규정은 사회복지법의 포괄범위에 따라 '넓은 의미의 사회복지법'과 '좁은 의미의 사회복지법'으로 개념규정을 나눌 수 있다.

㉡ 좁은 의미의 사회복지법 : 한국에서 시행하고 있는 복지관계법으로는 아동복지법, 한부모가족지원법, 노인복지법, 장애인복지법, 사회복지사업법, 사회복지공동모금회법 등이 있다. → 국가로부터 보호를 받는 구체적인 사회복지서비스라는 개념

㉢ 넓은 의미의 사회복지법 : 사회복지란 사회보장기본법 제3조 제1호가 규정하고 있는 출산, 양육, 실업, 노령, 장애, 질병, 빈곤 및 사망 등의 사회적 위험으로부터 모든 국민을 보호하고 국민 삶의 질을 향상시키는 데 필요한 소득 · 서비스를 보장하는 사회보험, 공공부조, 사회서비스를 말한다. 이것을 넓은 의미의 사회복지라 할 수 있다.

(2) 사회복지법의 법적 성격

① 사회복지법은 사회복지에 관한 법이다. → 사회복지법은 사회복지의 조직과 작용으로서 급여 및 재정에 관한 법이자 권리구제에 관한 법이다.

② 사회복지법은 사회법이다. → 사회복지법은 생존권 보장을 이념으로 하는 사회법으로서, 시민의 자유권 보장을 기본으로 하는 공법이나 사법의 영역과 다른 성격을 지닌다.

③ 사회복지법은 사회복지에 관한 국내법이다. → 사회복지법은 대한민국의 통일적 법체계 속에서 사회복지 현상을 다루는 국내 법규범의 총체이다.

(3) 사회법의 등장 배경

① 자본주의 사회는 근대시민법의 원리를 법적 기반으로 하여 출발하였으나 상대적 빈곤과 실질적 불평등의 심화로 존립의 위기에 처하게 되었다.

② 사회법은 근대시민법의 원리를 수정한 것으로서, 자본주의 경제의 기본적인 틀은 유지하되 실질적 자유와 평등을 도모하는 한편, 자본주의 경제를 지속적으로 유지 · 발전시키고자 하는 시도에서 비롯되었다.

③ 근대시민법 원리의 수정은 노동법, 경제법, 사회보장법, 그리고 사회복지법의 순서로 발전이 이루어졌다.

2 사회복지법의 분류

3, 5, 11회 기출

(1) 사회보장법

① 사회복지법의 기본 법률로서의 성격을 가지는 것으로, 우리나라의 사회보장기본법이 이를 포괄적으로 다루고 있다.
② 사회보장에 관한 국민의 권리와 국가 및 지방자치단체의 책임을 정하고, 사회보장정책의 수립 · 추진과 관련 제도에 관한 기본적인 사항들을 규정한다.
③ 사회보장이란 말은 1935년 미국의 사회보장법에서 처음 법률적 용어로 사용하였다.
④ 엄격한 의미에서 사적 자원봉사기관이나 단체에 의해 제공되는 보호조치는 사회보장에서 제외되고 있다.

Plus ⊕ one

베버리지의 사회보장방법상 기본원칙
- 균일한 생계급여(Benefit)
- 균일한 기여금(Contribution)
- 행정책임의 통합
- 급여의 적절성
- 사고와 대상의 포괄성
- 가입대상의 분류

(2) 사회보험법

① 국가와 사회가 책임을 지고 위험 분산의 보험 원리를 이용하여 국민의 생활을 위협하는 출산, 양육, 실업, 노령, 장애, 질병, 빈곤 및 사망 등의 문제를 해결하거나 경제적 불안으로부터 국민 개개인을 제도적으로 보호하는 것을 목적으로 한다.
② 국민연금법, 국민건강보험법, 고용보험법, 산업재해보상보험법, 노인장기요양보험법, 군인연금법, 공무원연금법, 사립학교교직원연금법 등이 해당된다.
③ **사회보험의 특성**
㉠ 빈곤을 방지하는 소득보장수단이다.
㉡ 법률에 의한 강제가입을 특색으로 한다.
㉢ 비영리적인 국가사업이다.
㉣ 재원조달은 보통 사용자와 피용자가 납입하는 기여금으로 충당된다.
㉤ 소득재분배기능을 하여 시장경제부문에서 나타나는 불평등을 완화한다.

(3) 공공부조법

① 국가가 규정한 일정 수준 이하의 경제적 빈곤층 혹은 요보호 상태에 있는 사람들에 대해 건강하고 문화적인 최저한도의 기초생활을 유지할 수 있도록 현금급여, 현물급여 혹은 이용권(증서)을 제공하기 위한 것이다.

② 국가의 책임하에 도움을 사람들에게 무기여급부를 제공하는 제도이다.

③ 종류에는 국민기초생활보장법, 의료급여법, 기초연금법, 긴급복지지원법, 장애인연금법 등이 있다.

④ 공공부조의 기본원리는 생존권보장의 원리, 최저생활보장의 원리, 평등의 원리, 보충성의 원리가 있다.

Plus ⊕ one

사회보험과 공공부조

구 분	사회보험	공공부조
적용조건	강제가입	신 청
대 상	주로 노동가와 그 가족	일반 국민(생활곤란자)
비 용	유상(본인의 기여를 전제)	무상(공적 비용)
급여수준	임금비례, 균일액	최저생활비
급여시간	대체로 유한	대체로 무한
급여개시	사고의 발생(자동적)	빈곤하다는 사실 확인(자산조사)
수 급	피보험자 본인 및 그 가족	자산조사를 받은 자
기 능	예방적, 방빈적	구빈적, 사후치료적

(4) 사회서비스법

① 국가, 지방자치단체 및 민간부문의 도움이 필요한 모든 국민을 대상으로 상담, 재활, 돌봄, 정보의 제공, 관련 시설의 이용, 역량 개발, 사회참여 지원 등을 통한 삶의 질 향상을 목적으로 한다.

② 노인복지법, 아동복지법, 영유아보육법, 장애인복지법, 한부모가족지원법, 다문화가족지원법, 입양특례법, 정신건강증진 및 정신질환자 복지서비스 지원에 관한 법률, 성매매방지 및 피해자보호 등에 관한 법률, 성폭력방지 및 피해자보호 등에 관한 법률, 가정폭력방지 및 피해자보호 등에 관한 법률, 농어촌주민의 보건복지증진을 위한 특별법, 노숙인 등의 복지 및 자립지원에 관한 법률, 장애인활동 지원에 관한 법률, 장애아동 복지지원법 등이 해당된다.

3 우리나라의 사회복지 관련 입법 역사

(1) 정부수립 이전의 사회복지입법

① 고 대

㉠ 천재지변으로 인한 재난구제는 국가(군주)의 가장 중요한 임무 중 하나였다.

㉡ 고조선 8조법 : 사회의 안녕과 질서유지의 차원에서 국민의 생명, 신체, 재산, 정조 등 이른바 생존권적 기본권을 지향하는 사회적 법치주의의 이념에 입각한 법제(우리나라 최초의 복지제도)이다.

㉢ 삼국시대 : 왕이 어진 정치를 베푸는 방편으로 창고의 비축양곡을 내어 백성들에 대한 구제사업을 행하였다. 진대법은 삼국시대 가장 대표적인 사회복지입법이다.

② 고려시대

㉠ 구제사업을 국가적 사업으로 인식하여 점차 구제사업을 담당하는 전문기관을 마련하고 구제사업을 전개하였다.

㉡ 가난한 백성을 돕기 위한 중앙관서로서 구제도감을 처음 설립하고, 일반 서민에게 의약 혜택을 널리 펴기 위해 혜민국을 두었다.

㉢ 대비원 · 혜민국에 각각 구급사무를 관장하는 제위보를 두어 의료구제사업을 널리 실시하기도 하였다.

㉣ 훈요십조, 노비안검법, 면재법, 흑창, 의창 등을 실시하였다.

③ 조선시대

㉠ 태종 : 연호미법을 제정하여 봄에 식량과 종곡을 무이식으로 대출해주었으며, 민간에서 곡식을 거두어 의창미로 충당하였다.

㉡ 세종 : 이재민의 구제에 관한 교서 공포, 빈곤하게 된 난민들을 관곡 또는 국비로 구제, 옥수비호지법 제정, 하장자구기법 시행, 공법의 시행, 관계지방관리가 구제행정을 등한시할 경우 문책 또는 엄벌하였다.

㉢ 성종 : 경국대전 완성 → 6전(이전, 호전, 예전, 병전, 형전, 공전)으로 구성되었으며, 이 가운데 의료구제 기관으로 혜민서와 활민서를 두었다.

㉣ 영조 : 경국속전에 민간 수양에 관한 규정을 제정하였다.

㉤ 정조 : 자휼전칙을 공표(무의탁한 사궁의 구제에 관한 구호사업준칙)하고 혜정연표를 작성하였다.

④ 일제 강점기

㉠ 일제 강점기의 사회복지법은 공공부조제도와 관련이 있으며, 노동능력의 유무를 기준으로 구분처우를 하고 있다.

㉡ 조선구호령 실시(1944) : 국민기초생활보장법의 전신인 생활보호법의 모태가 되었다. 이는 형식적 · 근대적 의미의 공공부조가 우리나라에 최초로 제도화된 것이다.

Plus ⊕ one

조선구호령의 내용

- 적용대상 : 65세 이상의 노쇠자, 13세 이하의 유아, 임산부, 불구 · 폐질 · 질병 · 상이 · 기타 정신 또는 신체장애로 인하여 노동에 지장이 있는 자
- 급여내용 : 생활부조, 의료, 조산, 생업부조, 장제부조 등
- 신청주의에 의해 구호 실시 → 자산조사를 거치도록 규정
- 거택보호를 원칙으로 하며 예외로 구호시설수용과 위탁수용을 할 수 있도록 규정
- 재정은 국가가 1/2 또는 7/12 이내로 보조하고, 도는 1/4를 보조할 수 있으며, 이하는 읍 · 면에서 부담하도록 규정

⑤ 미군정기

㉠ 구호행정의 법적 · 제도적 근거 : 일제시대의 관계법을 계승했으나, 미군정법령 및 몇 가지 업무처리준칙에 의해 이루어졌다.

㉡ 빈곤정책 : 광범위한 요구호자들의 긴박한 필요에 대응하는 임시적 구호사업을 중심으로 전개되었다.

㉢ 구호사업 : 월남한 피난민과 국내 거주의 요구호 빈민에 식량 · 의료 및 주택의 공급에 치중하였다.

㉣ 보건후생정책 : 기아의 방지, 최소한의 서민의 생계유지, 보건위생 및 치료, 응급주택의 공급 등에 중점을 두었다.

㉤ 구호준칙

- 후생국보3호 C항 : 공공구호의 규정
- 후생국보3A호 : 이재민과 피난민에 대한 구호의 규정
- 후생국보3C호 : 궁민과 실업자에 대한 구호규칙

㉥ 구호행정 : 1946년 보건후생부를 중심으로 이루어졌다.

(2) 정부수립 이후의 사회복지입법

① 정부수립과 6 · 25 전쟁기

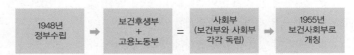

1948년 정부수립 ➡ 보건후생부 + 고용노동부 = 사회부 (보건부와 사회부 각각 독립) ➡ 1955년 보건사회부로 개칭

외국 민간원조단체가 주축이 되어 고아원, 양로원 등 수용보호시설을 중심으로 한 미국식 사회 사업개념이 도입되었고 복지제도의 방향설정에 중요한 계기가 되었다.

② 1960년대

㉠ 1962년 군사정권이 의료균점시책을 수립하고 사회보장제도의 기틀을 마련하였다.

㉡ 국민생활의 향상과 복지사회의 건설에 기할 것을 공식적으로 언급하였으나, 실질적으로 사회복지를 위한 투자는 비생산적이고 경제성장을 저하시키는 요인으로 간주했다.

사회복지 관련법	제정(개정)	시 행	내 용
공무원연금법	1960. 1. 1.(제정)	1960. 1. 1.	공무원의 퇴직 또는 사망과 공무로 인한 부상 · 질병 · 폐질에 대하여 적절한 급여를 실시함으로써 공무원 및 유족의 생활안정과 복리향상에 기여
생활보호법	1961. 12. 30.(제정)	1962. 1. 1.	생활유지의 능력이 없거나 생활이 어려운 자에게 필요한 보호를 행하여 최저생활을 보장하고 자활을 조성함으로써 사회복지의 향상에 기여 • 영세민을 법정 보호대상범위에 포함 • 보호대상자가 생활의 향상을 위해 자산 및 근로능력을 최대한 활용할 것을 전제함 • 친족부양우선주의를 명백히 함 • 보조수준 : 건강하고 문화적인 최저생활 유지 • 자활보호와 교육보호 추가 • 의의 : 우리나라 빈곤구제정책이 정착되고 공공부조사업이 본격적으로 실시됨
아동복지법	1961. 12. 30.(제정)	1962. 1. 1.	아동이 건강하게 출생하여 행복하고 안전하게 자라나도록 복지를 보장함 → 우리나라 보육사업의 본격적 실시
재해구호법	1962. 3. 20.(제정)	1962. 3. 20.	비상재해가 발생하였을 때 국가와 지자체가 공적 자금을 활용하여 응급구호 → 피해지역의 재해복구, 이재민의 생존보호, 사회질서의 유지를 위해 제정
군인연금법	1963. 1. 28.(제정)	1963. 1. 1.	군인이 성실히 퇴직하거나 심신의 장애로 퇴직 또는 사망, 공무상의 질병 · 부상으로 요양하는 때에 본인이나 유족에게 적절한 급여지급 → 생활안정과 복리향상
산업재해보상 보험법	1963. 11. 5.(제정)	1964. 1. 1.	• 우리나라 최초 사회보험제도 • 사업장에서 일하는 근로자들의 업무수행 중 또는 업무수행과 관련된 부상 · 질병 · 신체장애 · 사망의 경우 사회보험방식으로 근로자 본인의 치료나 본인 및 부양가족의 생계를 보장하기 위한 제도
의료보험법	1963. 12. 16.(제정)	1964. 3. 17.	국민의 질병 · 부상 · 분만 · 사망에 대해 보험급여를 실시함으로써 국민보건의 향상과 사회보장의 증진 도모가 목적

③ 1970년대 13회 기출

㉠ 민주화와 산업화가 충돌하는 혼란의 시기로 박정희 대통령이 장기집권을 보다 확실히 하기 위해 국회를 해산하고 비상계엄령을 선포하면서 10월 유신을 단행했다.

㉡ 경제적으로는 경제개발 5개년계획이 실시됨으로써 급속한 경제성장을 이루었으나 소득분배가 왜곡되고, 부익부빈익빈 현상이 가중되었으며 농촌이 공동화되고 환경오염이 문제시되었다.

사회복지 관련법	제정(개정)	시 행	내 용
사회복지 사업법	1970. 1. 1.(제정)	1970. 4. 2.	사회복지를 필요로 하는 사람의 인간다운 생활을 할 권리를 보장하고 사회복지사업의 공정 · 투명 · 적정을 기함으로써 사회복지 증진에 기여
국민복지 연금법	1973. 12. 24.(제정)	1974. 1. 1.	• 국민에게 사회적 위험이 발생할 경우를 대비하여 가입자의 갹출금을 주된 재원으로 연금급여를 실시하면서 국민의 생활안정과 복지증진에 기여 • 형식상으로 1988년 시행된 국민연금의 기초
의료보호법	1977. 12. 31.(제정)	1977. 12. 31.	• 생활유지능력이 없고 일정 수준 이하의 저소득층을 대상으로 하여 국가재정으로 기본적인 의료혜택을 제공하여 국민보건향상 · 사회복지증진에 이바지 • 의료급여법으로 개정
공무원 및 사립학교 교직원 의료보험법	1977. 12. 31.(제정)	1978. 7. 1.	공무원, 사립학교의 교직원 및 그 부양가족의 질병 · 부상 · 분만 · 사망 등에 대해 보험급여를 실시함으로써 건강을 향상시키고 사회복지증진을 도모

④ 1980년대 13, 19, 20회 기출

㉠ 10 · 26 사태 후 전국에 비상계엄령이 선포되고 학원의 자율화, 민주화시위 등이 격렬하게 이루어졌다.

㉡ 12대 대통령으로 당선된 전두환은 정부의 수립 이후 최대의 정부기구축소작업을 단행하고 개방화 정책을 실시하였으며, 남북 간에 상호교류를 전개하였다.

㉢ 1988년 의료보험법 개정에 따라 농어촌지역으로 확대 실시되었고, 1989년 의료보험법 개정으로 도시지역까지 확대 실시되며 전 국민 의료보험 체제가 확립되었다.

사회복지 관련법	제정(개정)	시 행	내 용
아동복지법	1981. 4. 13. (전부개정)	1981. 4. 13.	아동이 건전하게 출생하여 행복하고 건강하게 육성되도록 그 복지를 보장하기 위해 제정되었으며, 아동의 보호 · 양육 · 육성을 위한 국민과 국가 및 지방자치단체의 책임규정과 어린이날 제정
심신장애자 복지법	1981. 6. 5.(제정)	1981. 6. 5.	• 1989년 장애인복지법으로 개정됨 • 지체 · 시각 · 청각 · 언어장애 및 정신지체 등 장애자란 장기간에 걸쳐 일상생활 또는 사회생활에 상당한 제약을 받는 자를 의미
노인복지법	1981. 6. 5.(제정)	1981. 6. 5.	핵가족화된 현대적 산업사회로 변화됨에 따라 노인문제가 발생하자 노인의 건강 유지 및 생활 안정을 꾀함으로써 사회문제를 해결하고 노인의 복지증진을 위해 제정

국민연금법	1986. 12. 31. (전부개정)	1988. 1. 1.	국민의 노령 · 폐질 · 사망에 대하여 연금급여를 실시함으로써 국민생활안정과 복지증진에 기여함을 목적으로 국민복지연금법을 개정하여 1988년부터 실시
최저임금법	1986. 12. 31.(제정)	1986. 12. 31.	노동자에 대하여 임금의 최저수준을 보장함으로써 근로자의 생활안정과 노동력의 질적 향상을 통한 국민경제의 건전한 발전에 이바지함
보호관찰법	1988. 12. 31.(제정)	1989. 7. 1.	죄를 범한 자로서 재범방지를 위해 보호관찰, 사회봉사, 수강 및 갱생보호 등의 처우가 필요하다고 인정되는 자에 대해 지도 · 원호함으로써 건전한 사회복귀를 촉진, 효율적 범죄예방활동으로 개인 · 공공복리 증진과 사회보호를 위해 제정
모자복지법	1989. 4. 1.(제정)	1989. 7. 1.	모자가정이 건강하고 문화적인 생활을 영위할 수 있도록 모자가정의 생활안정과 복지증진에 기여하기 위해 제정
장애인복지법	1989. 12. 30. (전부개정)	1989. 12. 30.	1981년 심신장애자복지법을 개정하여 장애인복지대책의 종합적 추진을 도모하고 장애인의 자립 및 보호에 관하여 필요한 사항을 정함으로써 장애인의 생활안정에 기여하는 등 장애인의 복지증진에 기여하기 위해 제정

⑤ 1990년대 13, 14, 15, 17, 20회 기출

㉠ 국제적으로 미국을 중심으로 하는 신세계질서가 확립되고 유럽, 일본, 중국 등이 국제질서의 한 중심을 잡아가는 평화공존시대였다.

㉡ 국내적으로는 민정 · 민주 · 공화의 3당이 합당하여 민자당이 창당되었고, 남북관계는 호전되어 분단 이후 처음으로 남북고위급회담이 서울과 평양에서 각각 개최되었다.

사회복지 관련법	제정(개정)	시 행	내 용
영유아보육법	1991. 1. 14.(제정)	1991. 1. 14.	• 보호자의 보호를 받기 어려운 영 · 유아의 보호 · 교육에 관해 규정한 법률로서 그 당시 야당의 탁아복지법안과 각 계층의 의견을 수렴하여, 1990년 11월 20일 국회에 제출 • 법률의 명칭을 「영 · 유아의 보호 · 교육에 관한 법률」에서 「영유아보육법」으로 하고, 보육교사의 자격을 직접 법률에서 규정하는 등 몇 가지 수정을 거쳐 확정
청소년기본법	1991. 12. 31.(제정)	1993. 1. 1.	청소년의 권리 및 책임과 가정 · 사회 · 국가 · 지방자치단체의 청소년에 대한 책임을 정하고 청소년정책에 관한 기본적인 사항을 규정
고용보험법	1993. 12. 27.(제정)	1995. 7. 1.	고용보험의 시행을 통하여 실업의 예방, 고용의 촉진 및 근로자의 직업능력의 개발 · 향상을 도모하고, 근로자가 실업한 경우에 생활에 필요한 급여를 실시함으로써 근로자의 생활안정과 구직활동을 촉진하여 경제 · 사회발전에 이바지하기 위해 제정

사회보장 기본법	1995. 12. 30.(제정)	1996. 7. 1.	• 사회보장에 관한 국민의 권리와 국가 및 지방자치단체의 책임을 정하고, 사회보장제도에 관한 기본적인 사항을 규정함으로써, 국민의 복지증진에 기여하기 위해 제정 • 사회보장과 관련된 최우선의 일반법
청소년보호법	1997. 3. 7.(제정)	1997. 7. 1.	점차 심각해지고 있는 청소년유해매체물과 유해약물 등이 청소년에게 유통되는 것을 막고, 청소년유해업소에 청소년이 출입하는 것 등을 규제함으로써 청소년을 각종 유해한 사회환경으로부터 보호하고, 건전한 인격체로 성장할 수 있도록 하기 위해 제정
가정폭력방지 및 피해자보호 등에 관한 법률	1997. 12. 31.(제정)	1998. 7. 1	가정폭력을 예방하고 가정폭력의 피해자를 보호함으로써 건전한 가정을 육성하기 위하여 제정
국민건강 보험법	1999. 2. 8.(제정)	2000. 1. 1.	국민의료보험법 폐지, 국민의 질병 · 부상에 대한 예방, 진단, 치료, 재활과 출산, 사망 및 건강증진에 대하여 보험급여를 실시함으로써 국민보건을 향상시키고 사회보장을 증진시키기 위하여 제정
사회복지공동 모금회법 (사회복지공동 모금법)	1999. 3. 31. (전부개정)	1999. 4. 1.	사회복지공동모금회의 공동모금을 통하여 사회복지에 대한 국민의 이해와 참여를 제고함과 아울러 국민의 자발적인 성금으로 조성된 재원을 효율적이고 공정하게 관리 · 운용함으로써 사회복지증진에 이바지함을 목적으로 개정
국민기초생활 보장법	1999. 9. 7.(제정)	2000. 10. 1.	IMF사태 이후 절대빈곤계층이 대량 발생하여 기존의 생활보호제도가 제 기능을 다하지 못하자 생활보호제도를 대폭 확충하여 사회안전망의 사각지대에 살고 있는 저소득계층을 생존위기로부터 보호하기 위해 제정

⑥ 2000년대

13, 14, 16회 기출

㉠ 국제적으로 정보화 · 디지털화 · 세계화 등이 본격적으로 전개되고 지구공동화가 더욱 촉진되었다.

㉡ 국내적으로는 IMF외환위기를 탈출하였고 생산적 복지 · 적극적 노동시장정책 등이 국가의 주요 정책방향으로 제시되었다.

㉢ 고령화가 급속히 촉진되어 사회문제로 대두되었으며, 장애인고용문제에 대한 이슈가 지속적으로 제기되었고, 남녀평등 및 모성보호에 대한 관심이 고조되었다.

사회복지 관련법	제정(개정)	시 행	내 용
장애인고용 촉진 및 직업재활법	2000. 1. 12. (전부개정)	2000. 7. 1.	장애인이 그 능력에 맞는 직업생활을 통하여 인간다운 생활을 할 수 있도록 장애인의 고용촉진과 직업재활 및 직업안정을 도모하기 위하여 제정
의료급여법	2001. 5. 24. (전부개정)	2001. 10. 1.	저소득 국민의 건강을 증진하기 위하여 제정

건강가정 기본법	2004. 2. 9.(제정)	2005. 1. 1.	건강한 가정생활의 영위와 가족의 유지 및 발전을 위한 국민의 권리 · 의무와 국가 및 지방자치단체 등의 책임을 명백히 하고, 가정문제의 적절한 해결 방안을 강구하며 가족구성원의 복지증진에 이바지 할 수 있는 지원정책을 강화함으로써 건강가정 구현에 기여하는 것을 목적으로 제정
저출산 · 고령 사회기본법	2005. 5. 18.(제정)	2005. 9. 1.	저출산 및 인구의 고령화에 따른 변화에 대응하는 저출산 · 고령사회정책의 기본방향과 그 수립 및 추진체계에 관한 사항을 규정함으로써 국가의 경쟁력을 높이고 국민의 삶의 질 향상과 국가의 지속적인 발전에 이바지함을 목적으로 제정
자원봉사활동 기본법	2005. 8. 4.(제정)	2006. 2. 5.	자원봉사활동에 관한 기본적인 사항을 규정함으로써 자원봉사활동을 진흥하고 행복한 공동체 건설에 기여함을 목적으로 제정
긴급복지 지원법	2005. 12. 23. (제정)	2006. 3. 24.	생계곤란 등의 위기상황에 처하여 도움이 필요한 사람을 신속하게 지원함으로써 이들이 위기 상황에서 벗어나 건강하고 인간다운 생활을 하게 함을 목적으로 제정
장애인차별금지 및 권리구제 등에 관한 법률	2007. 4. 10. (제정)	2008. 4. 11.	모든 생활영역에서 장애를 이유로 한 차별을 금지하고 장애를 이유로 차별받은 사람의 권익을 효과적으로 구제함으로써 장애인의 완전한 사회참여와 평등권 실현을 통하여 인간으로서의 존엄과 가치를 구현함을 목적으로 제정
노인장기요양 보험법	2007. 4. 27. (제정)	2008. 7. 1.	고령이나 노인성 질병 등의 사유로 일상생활을 혼자서 수행하기 어려운 노인 등에게 제공하는 신체활동 또는 가사활동 지원 등의 장기요양급여에 관한 사항을 규정하여 노후의 건강증진 및 생활안정을 도모하고 그 가족의 부담을 덜어줌으로써 국민의 삶의 질을 향상하도록 함을 목적으로 제정
한부모가족 지원법	2007. 10. 17. (일부개정)	2008. 1. 18.	한부모가족이 건강하고 문화적인 생활을 영위할 수 있도록 함으로써 한부모가족의 생활 안정과 복지 증진에 이바지함을 목적으로 모 · 부자 복지법을 개정
다문화가족 지원법	2008. 3. 21.(제정)	2008. 9. 22.	다문화가족 구성원이 안정적인 가족생활을 영위할 수 있도록 함으로써 이들의 삶의 질 향상과 사회통합에 이바지함을 목적으로 제정
건강검진 기본법	2008. 3. 21.(제정)	2009. 3. 22.	국가건강검진에 관한 국민의 권리 · 의무와 국가 및 지방자치단체의 책임을 정하고 국가건강검진의 계획과 시행에 관한 기본적인 사항을 규정함으로써 국민의 보건 및 복지의 증진에 이바지함을 목적으로 제정
국민연금과 직역연금의 연계에 관한 법률	2009. 2. 6.(제정)	2009. 8. 7.	국민연금의 가입기간과 공무원연금, 사립학교교직원연금, 군인연금 및 별정우체국직원연금의 재직기간 · 복무기간을 연계하여 연계급여를 지급함으로써 국민의 노후생활 안정과 복지증진에 이바지함을 목적으로 제정

장애인연금법	2010. 4. 12.(제정)	2010. 7. 1.	장애로 인하여 생활이 어려운 중증장애인에게 장애인연금을 지급함으로써 중증장애인의 생활 안정 지원과 복지 증진 및 사회통합을 도모하는 데 이바지함을 목적으로 제정
성폭력방지 및 피해자보호 등에 관한 법률	2010. 4. 15.(제정)	2011. 1. 1.	성폭력을 예방하고 성폭력피해자를 보호 · 지원함을 목적으로 제정
장애인활동 지원에 관한 법률	2011. 1. 4.(제정)	2011. 10. 5.	신체적 · 정신적 장애 등의 사유로 혼자서 일상생활과 사회생활을 하기 어려운 장애인에게 제공하는 활동지원급여에 관한 사항을 규정하여 장애인의 자립생활을 지원하고 그 가족의 부담을 줄임으로써 장애인의 삶의 질을 높이는 것을 목적으로 제정
노숙인 등의 복지 및 자립 지원에 관한 법률	2011. 6. 7.(제정)	2012. 6. 8.	노숙인(露宿人) 등의 인간다운 생활을 할 권리를 보호하고 재활 및 자립을 위한 기반을 조성하여 이들의 건전한 사회복귀와 복지증진에 이바지하는 것을 목적으로 제정
장애아동복지 지원법	2011. 8. 4.(제정)	2012. 8. 5.	국가와 지방자치단체가 장애아동의 특별한 복지적 욕구에 적합한 지원을 통합적으로 제공함으로써 장애아동이 안정된 가정생활 속에서 건강하게 성장하고 사회에 활발하게 참여할 수 있도록 하며, 장애아동 가족의 부담을 줄이는 데 이바지함을 목적으로 제정
기초연금법	2014. 5. 20.(제정)	2014. 7. 1.	노인에게 기초연금을 지급하여 안정적인 소득기반을 제공함으로써 노인의 생활안정을 지원하고 복지를 증진함을 목적으로 제정
사회보장급여의 이용 · 제공 및 수급권자 발굴에 관한 법률	2014. 12. 30.(제정)	2015. 7. 1.	사회보장급여의 이용 및 제공에 관한 기준과 절차 등 기본적 사항을 규정하고 지원을 받지 못하는 지원대상자를 발굴하여 지원함으로써 사회보장급여를 필요로 하는 사람의 인간다운 생활을 할 권리를 최대한 보장하고, 사회보장급여가 공정하고 효과적으로 제공되도록 하며, 사회보장제도가 지역사회에서 통합적으로 시행될 수 있도록 그 기반을 구축하는 것을 목적으로 제정
정신건강증진 및 정신질환자 복지서비스 지원에 관한 법률	2016. 5. 29 (전부개정)	2017. 5. 30.	정신보건법을 변경한 것으로 현행 법률상 미흡한 점을 개선 · 보완
아동수당법	2018. 3. 27.(제정)	2018. 9. 1.	아동 양육에 따른 경제적 부담을 경감하고 건강한 성장 환경을 조성함으로써 아동의 기본적 권리와 복지를 증진함을 목적으로 제정
사회서비스 지원 및 사회서비스원 설립 · 운영에 관한 법률	2021. 9. 24.(제정)	2022. 3. 25	사회서비스의 공공성 · 전문성 및 투명성 제고 등 사회서비스를 강화하고, 사회서비스와 사회서비스 관련 일자리의 질을 높여 국민의 복지를 증진함을 목적으로 제정

제3절 사회복지의 주체

1 기본권의 주체

(1) 국 민

① 기본권의 보유능력(기본권 능력)

㉠ 국민이란 국가의 구성원으로서의 계속적 지위를 가지며, 헌법 제2조에 의한 대한민국의 국적을 가진 모든 사람을 말한다.

㉡ 민법상 권리능력은 있으나 기본권의 보유능력은 없는 경우는 태아, 사자(死者), 외국인(일정한 경우) 등이다.

㉢ 모든 국민에게 보장됨이 원칙이나, 민법상의 권리능력과 일치하는 것은 아니며, 민법상 법인의 경우 법인격의 유무와 기본권의 능력은 일치하지 않는 경우가 많다.

② **기본권의 행사능력** : 민법상의 행위능력과 일치하는 것은 아니다. 미성년자도 인정되는 기본권(인간의 권리)이 있고, 성년자도 제한되는 경우가 있다(각종 피선거권).

(2) 외국인

① 외국인은 대한민국의 국적을 갖지 않고 외국국적을 가진 사람을 말하며 무국적자까지 포함한다.

② 현행 헌법은 외국인의 기본권에 대해 상호주의에 입각하여 "외국인은 국제법과 조약이 정하는 바에 의하여 그 지위가 보장된다."고 헌법 제6조에서 정하고 있다.

(3) 법 인

① 법인(Legal Person)이란 자연인이 아니면서도 권리, 의무, 주체로 인정된 자를 말한다.

② 법인은 자유, 의무에 관계되는 것을 제외하고는 자연인과 동일하게 권리, 의무, 주체로서 사회적 활동을 한다.

③ 법인에는 일정한 목적과 조직 하에 결합된 사람의 단체인 사단법인과 일정한 목적 하에 바쳐진 재산에 법인격이 부여된 재단법인이 있다.

2 공적 사회복지주체

(1) 공적 사회복지주체의 의의

① 개 념

㉠ 사회복지법의 법률관계에 있어서 복지행정권을 행사하고, 그의 법적 효과가 궁극적으로 귀속되는 당사자를 **공적 사회복지주체** 또는 **사회복지행정권의 주체**라고 한다.

㉡ 일반적으로 공적 사회복지주체는 국가와 공공단체가 되며, 예외적으로 개인 또는 사법인도 공적 사회복지주체가 되기도 한다.

㉢ 공공단체는 일반적으로 지방자치단체, 공공조합, 공법상의 사단법인, 영조물법인, 공재단 등을 포함한다.

② 공적 사회복지주체와 사회복지행정기관의 차이점

㉠ 사회복지의 공적 주체는 스스로의 이름으로 행정권을 행사하고, 그 법적 효과가 자기에게 귀속된다.

㉡ 사회복지행정기관은 사회복지의 공적 주체를 위해 권한을 행사하고, 그 법적 효과는 기관이 아니라 공적 주체에 귀속된다.

(2) 공적 사회복지주체의 종류

① 국 가

㉠ 국가란 공식적인 통치조직을 가지고 일정한 영토에 정주하는 다수의 사람들로 이루어진 단체를 말한다.

㉡ 국가는 법인으로서 법률관계에서의 주체가 되는 것이며 국가가 행정주체가 되는 경우, 그 권한은 대통령을 정점으로 하는 국가행정조직을 통해 행사된다.

㉢ 국가를 위해 실제로 행정사무를 담당 · 수행하는 역할을 하는 것이 행정기관이다.

㉣ 행정기관은 어떠한 권한을 행사하는 것에 따라 행정관청, 집행기관, 의결기관, 자문기관, 보조기관으로 나뉜다.

② 지방자치단체

㉠ 정의 : 지방자치단체는 국가 영토의 일부를 자기 구역으로 하여 그 구역 내의 모든 주민에 대하여 법률이 정하는 범위 내에서 지배권을 행사하는 단체이다.

㉡ 역할 : 지방자치단체는 국민기초생활보장제도와 같은 공공부조나 사회복지서비스를 직접 국민들의 삶의 현장에서 집행하는 중요한 역할을 한다. 지방자치가 발전되어 가면서 오늘날 지방자치단체는 공적 사회복지주체로서 그 역할이 점차 증가하고 있다.

③ 공법인

㉠ 특정한 공공목적을 위하여 특별한 법적 근거에 의하여 설립된 법인으로서 그 설립 · 관리에 국가의 공권력이 관여하는 법인이다.

㉡ 광의로는 국가와 공공단체를 모두 포함한 의미로 사용되고, 협의로는 공공단체와 같은 뜻으로, 최협의로는 공공단체 중에서 지방자치단체 이외의 것을 가리키는 뜻으로 사용된다.

㉢ 공법인에는 그 목적에 부합되는 한도 내에서 행정권을 부여할 수 있다.

㉣ 공법인은 국가의 특별한 감독 · 공과금의 면제 등과 같이 사법인과는 다른 실정법상의 취급을 받는 경우가 많으나, 그에 관한 모든 법률관계가 공법관계인 것은 아니고, 사업의 실질적인 내용 · 실정법상의 규정 등에 의하여 구체적으로 결정된다.

④ 영조물법인

㉠ 영조물법인은 영조물이 독립된 법인격을 취득한 공공단체로, 독립채산제를 지향하고 있다.

㉡ 기업으로서의 영리보다는 공익적인 사업을 목적으로 하는 데에 특징이 있다.

㉢ 영조물에는 이용자는 있으나 구성원은 없으며, 영조물의 운영자 또는 직원 역시 구성원은 아니다.

3 민간 사회복지주체

(1) 법인의 의의

① 법인의 개념

㉠ 법인(法人)이란 자연인 이외의 법률상 권리 · 의무의 주체이다. 또한 일정한 목적 하에 결합된 사람의 집단 또는 재산에 대하여 법인격이 부여된 것을 말한다.

㉡ 법인으로 될 수 있는 단체에는 사단과 재단이 있다.

② 권리 · 의무의 주체로서의 법인

㉠ 법인은 권리 · 의무의 주체가 될 수 있지만 자연인처럼 스스로 행동할 수 없기 때문에 대표이사와 같은 기관을 설정하고, 기관의 행위는 곧 법인의 행위로 간주하는 방식을 취한다.

㉡ 법인은 구성원의 가입 · 탈퇴가 있더라도 그에 영향을 받지 않고 그 동일성이 유지된다.

㉢ 법인의 재산은 구성원의 재산과는 독립된 법인 자체의 재산이다.

(2) 법인의 능력

① 법인도 권리의 주체이므로 자연인과 마찬가지로 권리능력, 행위능력, 불법행위능력을 갖는다.

② 법인의 경우에는, 법인에 어떠한 범위의 권리 · 의무를 인정할 것인가(권리능력)를 전제로 하여, 그것을 향유하기 위하여 어떠한 종류의 행위를 누가 어떠한 형식으로 하여야 하는가(행위능력), 누구의 어떠한 불법행위에 대하여 법인 자신이 배상책임을 부담하는가(불법행위능력)라는 관점에서 다루어진다.

③ **권리능력** : 권리능력이란 법률상의 권리 · 의무의 주체가 될 수 있는 지위 또는 자격을 말하며 이를 법적 인격이라고도 한다. 법인이 권리 · 의무의 주체가 되어 법률적 행위를 스스로 현실적으로 할 수 있는 능력이다.

④ **행위능력** : 행위능력이란 단독으로 완전하고 유효한 법률행위를 할 수 있는 지위나 자격을 말하는 것으로 법인은 행위능력자이고, 행위능력이 없는 자를 행위무능력자라고 한다. 법인은 그 권리능력의 범위에 속하는 권리를 현실로 취득하거나 이미 취득한 권리를 관리 · 처분하기 위해서는 일정한 행위를 하여야 한다. 대표기관은 법인을 대표하여 법인의 행위를 한다. 즉, 대표기관의 행위는 법인 스스로가 행위를 한 것으로 간주되며, 행위의 범위는 권리능력의 범위에서 행위능력을 가진다.

⑤ **불법행위능력** : 법률상의 책임을 부담할 능력으로 책임능력이라고도 한다. 법인은 이사, 임시이사, 특별대리인, 청산인, 기타 대표자가 그 직무에 관하여 타인에게 가한 손해를 배상할 책임이 있으며, 법인이 불법행위책임을 지는 것은 이사나 기타 대표자의 불법행위에 대해서이다.

(3) 법인의 종류

① **내국법인과 외국법인** : 한국법에 준거하여 설립된 법인을 **내국법인**이라 하고, 외국법에 준거하여 설립된 법인을 **외국법인**이라 한다.

② **공법인과 사법인**

㉠ 공법인(公法人) : 특정한 공공목적을 위하여 **특별한 법적 근거에 따라서 설립된 법인**을 공법인이라 한다. 공법인은 사법인과는 달리 보통 그 목적이 법률로써 정해져 있고, 목적달성에 필요한 한도에서 행정권이 부여되고, 여러 특혜가 인정되며, 국가의 특별한 지도 · 감독을 받는다.

㉡ 사법인(私法人) : 사법인은 **사법에 의하여 설립되고 규율되는 법인**이다. 민법상의 비영리사단법인과 비영리재단법인 그리고 상법상의 영리법인이 대표적이며, 그 내부의 법률관계에 국가 또는 공공단체의 강제적 권력작용이 가해지지 않는 법인을 가리킨다. 한국사회복지사협회, 한국복지재단 등과 같은 사회복지사업법상 사회복지법인은 사법인이다.

③ **영리법인과 비영리법인**

㉠ 영리법인 : 사원의 경제적 이익을 도모함을 궁극적 목적으로 하여 설립된 법인으로 사단법인만이 영리법인이 될 수 있고, 재단법인은 영리법인이 될 수 없다. 사법인 중에서도 상법상의 법인은 영리법인이고, **민법상의 법인은 비영리법인**이다.

㉡ 비영리법인 : 공익을 위한 사업이나 학술, 종교, 자선, 기예, 사교, 기타 영리가 아닌 사업을 목적으로 하는 법인을 비영리법인이라 한다. 대부분의 사회복지기관이나 시설인 사회복지법인은 비영리 법인이지만 유료노인복지시설인 실버사업과 같은 이용시설의 경우 영리법인이 될 수 있다.

④ **사단법인과 재단법인** : 민법은 비영리법인으로서 사단법인과 재단법인의 두 가지만을 인정한다. 사회복지법인은 사단법인과 재단법인 모두를 포함한다.

㉠ 사단법인 : 사단법인은 일정한 목적을 위하여 결합한 사람의 단체에 법인격이 부여된 것으로 단체의사에 의하여 자율적으로 활동한다.

㉡ 재단법인 : 일정한 목적에 바쳐진 재산이라는 실체에 법인격이 부여된 것으로 설립자의 의사에 의하여 타율적으로 운영된다.

(4) 사회복지법인의 설립

① **정 의**

㉠ 사회복지법인이라 함은 사회복지사업법 제2조에 따라 사회복지사업을 행할 목적으로 설립된 비영리 특수법인이다.

㉡ 민법의 적용을 받는 비영리법인의 성립에 관해 법인법정주의(法人法定主義)를 취하고 있으며, 비영리법인의 성립요건으로 '주무관청의 허가'와 '설립등기'를 요구하고 있다.

② 설립허가

㉠ 사회복지법인을 설립하려는 자는 대통령령으로 정하는 바에 따라 시 · 도지사의 허가를 받아야 한다.

㉡ 허가를 받은 자는 법인의 주된 사무소의 소재지에서 설립등기를 하여야 한다.

③ 종 류

㉠ 시설법인 : 사회복지사업법 제2조의 사회복지시설을 설치 · 운영할 목적으로 설립된 사회복지법인

㉡ 지원법인 : 사회복지사업을 지원할 목적으로 설립된 사회복지법인

④ 법인설립에 관한 입법주의

㉠ 자유설립주의 : 법인의 설립에 관해 아무런 제한을 하지 않는 것으로 사회복지사업법이나 민법은 이 주의를 취하지 않고 있다.

㉡ 준칙주의 : 법률이 법인설립에 관한 요건을 미리 정해놓고, 그 요건만 충족되면 당연히 법인의 설립을 인정하는 것으로 주로 각종 영리법인이나 노동조합 등의 설립이 이 주의에 속한다. 준칙주의에서는 법인설립에 관하여 관청의 인가를 받을 필요가 없고, 다만 그 조직과 내용을 공시(公示)하기 위한 등기나 등록을 법인의 성립요건으로 하고 있다.

㉢ 허가주의 : 법인의 설립에 관하여 행정관청의 자유재량에 의한 **허가를 필요로 하는 주의**로서 법인의 설립이 행정관청의 재량에 의해 제한되는 점에서 자유설립주의나 준칙주의에 비하여 법인설립이 자유롭지 못하다. 우리나라는 허가주의를 채택하고 있어 사회복지법인을 설립할 때는 시 · 도지사의 허가를 받아야 하며, 비영리법인의 설립은 주무관청의 허가를 받아야 한다.

㉣ 인가주의 : 법률이 정한 요건을 갖추고 **행정관청의 인가**(허가와는 달리 그 요건을 갖추면 반드시 인가를 해주어야 함)를 얻음으로써 법인으로 성립하는 것으로서, 각종의 협동조합 등이 이에 속한다.

㉤ 특허주의 : 법인을 설립할 때에 특별한 법률의 제정을 필요로 하는 것으로서, 각종의 공법인이나 국책은행, 공사가 이에 속한다. 이때 특허란 특정의 상대방을 위하여 능력을 설정하는 행위를 말한다.

㉥ 강제주의 : 법인의 설립을 국가가 강제하는 것으로 변호사회, 약사회 등이 이에 속한다.

⑤ 비영리사단법인의 설립

㉠ 목적의 비영리성 : '학술 · 종교 · 자선 · 기예 · 사교 · 기타 영리가 아닌 사업'을 목적으로 하여야 한다. 따라서 영리가 아닌 사업이어야 하며, 반드시 공익을 목적으로 할 필요는 없다.

㉡ 설립행위(정관작성) : 사단법인의 설립은 설립자가 일정한 사항을 기재한 정관을 작성하여 기명날인하여야 한다. 정관은 법인의 조직과 활동을 정한 근본규칙이다. 민법은 그 설립자의 수에 관해 규정하고 있지는 않으나, 사단의 성질상 2인 이상이어야 하며, 정관의 작성에는 설립자들이 반드시 기명날인을 하여야 한다. 이때 정관의 작성은 사단법인의 설립행위이다.

㉢ 주무관청의 허가(허가주의) : 사단법인의 설립은 주무관청의 허가가 있어야 한다.

㉣ 설립등기 : 법인은 그 주된 사무소의 소재지에서 설립등기를 함으로써 성립한다(민법 제33조).

⑥ 비영리재단법인의 설립

㉠ 설립요건 : 목적의 비영리성, 설립행위, 주무관청의 허가, 설립등기의 4가지 요건을 갖추어야 한다.

㉡ 설립행위 : 재단법인의 설립자는 일정한 재산을 출연하고, 일정한 사항이 기재된 정관을 작성하여 기명날인하여야 한다. 정관의 작성 이외에 재산을 출연하는 점에서 사단법인의 설립행위와 근본적으로 다르다.

제4절 사회복지의 권리성

1 기본권

(1) 기본권의 의의 및 특성

① 기본권은 국민이 향유하는 기본적인 권리로서, 헌법에 의해 보장되는 권리를 말한다.

② 국가의 기본질서를 구성하는 요소로서 사회적 통합을 위한 생활양식이자, 법질서의 바탕이 되는 가치체계로서 국가권력 정당성의 원천이다.

③ 헌법에 규정된 기본권이 개인의 주관적인 권리인 동시에 공동사회의 객관적 질서로서의 성격을 가진다는 점에서 양면적 혹은 이중적이라 할 수 있다.

(2) 기본권의 종류

17회 기출

① **포괄적 기본권** : 인간의 존엄과 가치, 행복추구권, 평등권 등

② **자유권적 기본권** : 신체의 자유, 주거의 자유, 언론 · 출판의 자유, 집회 · 결사의 자유, 종교의 자유, 학문의 자유, 예술의 자유 등

③ **사회권적 기본권** : 1919년 독일 바이마르 공화국 헌법에 의해 최초로 규정된 인간다운 생활을 할 권리

(3) 사회권적 기본권으로서 생존권

6, 13회 기출

① 생존권은 헌법상 보장된 기본권으로서, 사회복지의 권리이자 사회복지법의 이념이다.

② 국민이 자신의 최저생활유지를 위해 필요한 조건을 국가로 하여금 확보해 주도록 요구할 수 있는 권리를 말한다.

③ 생존권은 사회권적 기본권의 일부이다. 특히 헌법상 사회권적 기본권에 해당하는 교육권, 근로권, 근로3권, 복지권, 환경권, 혼인 · 가족생활 · 모성보호 · 보건권 등은 생존권적 기본권의 보다 완전한 보장을 위한 보완적 권리로 이해할 수 있다.

2 헌법상의 기본권

(1) 헌법상 기본권의 성격

① 주관적 공권성 : 기본권은 그 주체가 가지는 구체적이고 주관적인 권리이기 때문에 국가권력을 구속하고 국가에 대하여 작위와 부작위를 요청할 수 있다. 즉, 이는 기본권을 국민이 국가 권력에 대하여 일정한 권리를 가진다는 것이다.

② 자연권성

㉠ 실정권설(법실증주의) : 기본권이라 하더라도 실정법에 규정되어 있지 않으면 구속력이 없다.

㉡ 자연권설(다수설) : 실정법은 기본권의 존재를 확인하는 것에 불과하며 실정법에 규정되어 있지 않더라도 구속력이 있다.

㉢ 통합주의 : 기본권의 자연권성과 실정권성을 모두 부정(기본권은 통합의 공감대적 가치에 불과)한다.

③ 기본권의 이중적 성격

㉠ 긍정설(다수설) : 기본권은 주관적으로는 개인을 위한 주관적 공권을 의미하지만 객관적으로는 국가공동체를 전제로 하는 가치질서의 성격을 갖는다.

㉡ 부정설 : 국가권력이 헌법상 기본권의 보장조항에 구속되기 때문이지, 기본권이 객관적 질서이기 때문은 아니라고 본다.

(2) 우리나라 헌법상 기본권

9, 14회 기출

① 헌법 제10조 – 행복추구권 : 국민의 인간으로서의 행복을 추구할 권리, 국가의 개인에 대한 기본적 인권 보장에의 의무

② 헌법 제31조 – 교육권 : 국민의 능력에 따라 균등하게 교육을 받을 권리, 초등교육 등에 대한 무상 의무교육, 교육의 자주성 · 전문성 · 정치적 중립성 및 대학의 자율성 보장, 평생교육의 진흥

③ 헌법 제32조 – 근로권 : 국민의 근로에 대한 권리 및 의무, 최저임금제 시행, 근로조건의 인간 존엄성 보장, 근로에 있어서 여성 및 연소자에 대한 특별한 보호, 국가유공자 및 유가족 등에 대한 우선적 근로의 기회 부여

④ 헌법 제33조 – 근로3권 : 근로자의 근로3권 보장(자주적 단결권, 단체교섭권, 단체행동권)

⑤ 헌법 제34조 – 복지권(협의)

17, 18회 기출

① 모든 국민은 인간다운 생활을 할 권리를 가진다.

② 국가는 사회보장 · 사회복지의 증진에 노력할 의무를 진다.

③ 국가는 여자의 복지와 권익의 향상을 위하여 노력하여야 한다.

④ 국가는 노인과 청소년의 복지향상을 위한 정책을 실시할 의무를 진다.

⑤ 신체장애자 및 질병 · 노령 기타의 사유로 생활능력이 없는 국민은 법률이 정하는 바에 의하여 국가의 보호를 받는다.

⑥ 국가는 재해를 예방하고 그 위험으로부터 국민을 보호하기 위하여 노력하여야 한다.

⑥ **헌법 제35조 – 환경권** : 국민의 건강하고 쾌적한 환경에서 생활할 권리, 국가와 국민의 환경보전을 위한 노력, 국민의 쾌적한 주거생활을 위한 국가의 노력

⑦ **헌법 제36조 – 혼인 · 가족생활 · 모성보호 · 보건권** : 혼인과 가족생활이 개인의 존엄과 양성의 평등에 기초하여 성립 · 유지되도록 하기 위한 국가의 노력, 모성보호와 보건에 대한 노력

⑧ **헌법 제53조 – 법률의 제정** 16회 기출

㉠ 국회에서 의결된 법률안은 정부에 이송되어 15일 이내에 대통령이 공포한다.

㉡ 법률안에 이의가 있을 때에는 대통령은 ㉠의 기간내에 이의서를 붙여 국회로 환부하고, 그 재의를 요구할 수 있다. 국회의 폐회 중에도 또한 같다.

㉢ 대통령은 법률안의 일부에 대하여 또는 법률안을 수정하여 재의를 요구할 수 없다.

㉣ 재의의 요구가 있을 때에는 국회는 재의에 붙이고, 재적의원과반수의 출석과 출석의원 3분의 2 이상의 찬성으로 전과 같은 의결을 하면 그 법률안은 법률로서 확정된다.

㉤ 대통령이 15일 내에 공포나 재의의 요구를 하지 아니한 때에도 그 법률안은 법률로서 확정된다.

㉥ 대통령은 확정된 법률을 지체 없이 공포하여야 한다. 법률이 확정된 후 또는 확정법률이 정부에 이송된 후 5일 이내에 대통령이 공포하지 아니할 때에는 국회의장이 이를 공포한다.

㉦ 법률은 특별한 규정이 없는 한 공포한 날로부터 20일을 경과함으로써 효력을 발생한다.

3 헌법상 생존권적 기본권의 법적 성격

(1) 생존권(사회권적 기본권)의 법적 성격에 관한 학설

① 헌법에서 최초로 생존권의 이념을 규정한 것은 1919년 독일의 바이마르(Weimar)헌법이다.

② 생존권의 보장방식은 헌법의 하위법인 각종 법률이나 명령(시행령), 규칙(시행규칙) 등에 의거한 행정행위에 달려 있다는 의미이다.

③ 헌법상의 생존권 조항을 둘러싼 법적 성격 논쟁은 크게 프로그램 규정설과 법적 권리설로 나누며, 다시 법적 권리설은 추상적 권리설과 구체적 권리설로 분리되고 있다.

(2) 프로그램 규정설

① 단지 국가의 정책적 목표 또는 정치 강령으로서의 입법방침을 밝힌 것이다.

② 구체적 · 현실적 권리가 아니므로 그 권리실현에 필요한 입법을 하지 않는 한 국가에 대한 의무이행을 재판을 통해 청구할 수 없다.

③ 권리실현에 필요한 입법부작위를 이유로 위헌이라는 사법적 구제를 구할 수 없다.

④ 헌법에서 사회적 기본권을 규정하여도 국가재정능력이 미치지 못하면 사회적 기본권은 결국 실효성 없는 선언에 불과한 것이다.

⑤ 사회적 기본권에 관한 헌법조항은 구체적 입법절차와 방법을 명문화하고 있지 않다.

(3) 추상적 권리설

① 헌법상의 사회적 기본권은 법적 권리이다.

② 헌법상의 조항만으로 구체적 권리가 발생하는 것은 아니다.

③ 헌법상의 사회적 기본권이 구체적 기본권이 되려면 법률로 청구권이 보장되어야 한다.

④ 법률로 청구권이 인정되면 국가에 의하여 사회적 기본권이 침해되는 경우 그 법률에 의거하여 침해된 사회적 기본권의 구제를 법원에 청구할 수 있다.

⑤ 국민은 헌법상의 사회적 기본권을 구체화하기 위해 필요한 입법조치를 요구할 법적 권리를 가지고 있고 국가는 그런 조치를 위할 법적 의무가 있다. 그러나 그 권리와 의무는 추상적인 것에 불과하므로 법률로 구체화하지 않은 경우 헌법상 규정을 근거로 하여 입법부작위로 사회적 기본권을 침해받은 자는 헌법소원을 제기할 수 없다.

(4) 구체적 권리설(다수설)

① 헌법상의 사회적 기본권은 그 자체로 현실적인 효력을 갖는 구체적 권리이다.

② 헌법규정만으로 그 규정에 적합한 입법조치를 하도록 입법부와 집행부에 청구할 수 있으며, 입법권자는 사회적 기본권의 내용형성에 재량을 갖는다.

③ 사회적 기본권을 구체화하기 위한 입법부작위와 불충분한 입법에 대해서는 입법을 청구할 수 있고 입법부작위로 사회적 기본권을 침해받은 자는 헌법소원을 청구할 수 있다.

4 사회권적 기본권의 규범적 구조

6회 기출

(1) 실체적 권리

① 뜻 : 모든 국민의 인간다운 생활 유지를 보장하기 위한 헌법상 권리를 구체화하는 법이 제정되었을 때, 국민이 그 법에 따라 현실적인 급여를 청구할 수 있는 권리이다.

② 예

㉠ 공공부조청구권 : 공공부조법에 의한 생계급여나 의료급여 등을 청구할 수 있는 권리

㉡ 사회보험청구권 : 사회보험법에 의한 연금이나 요양급여, 실업급여, 휴업급여 등을 청구할 수 있는 권리

㉢ 사회서비스청구권 : 사회복지법에 의한 사회복지서비스를 청구할 수 있는 권리

(2) 절차적 권리

① 뜻 : 수급권의 실체적 권리를 보장하고, 이를 실현하기 위해 필요한 의무를 구체적으로 이행 및 강제하도록 하기 위한 절차에 관한 권리이다.

② 예

㉠ 사회복지행정참여권 : 복지행정 과정에 복지권자나 국민들이 참여할 권리

㉡ 사회복지입법청구권 : 생존권 보장을 위한 사회복지급부를 제공하는 구체적인 법률이 제정되지 않았거나, 또는 제정되었더라도 그 법률이 생존권 실현에 불충분한 경우에 사회복지입법을 추진하거나 그 개정을 청구할 수 있는 권리

㉢ 사회복지급여쟁송권 : 사회복지급여 청구권이 위법 또는 부당한 행정기관의 조치에 의해서 침해되었을 때 이의 구제를 신청하는 권리

(3) 수속적 권리

① **뜻** : 사회복지급여를 받기 위한 일련의 절차들이 본래의 수급권 보장 목적에 따라 적절하게 진행되어야 할 것을 요구하는 권리이다.

② **예** : 홍보 및 정보 제공 요구권, 상담 및 조언 제공 요구권, 사회복지기관 이용 요구권, 그 밖의 권리실현의 적절한 진행을 요구할 수 있는 권리 등

5 사회권적 기본권에 관한 판례

13, 15, 17회 기출

① 국민연금제도는 상호부조의 원리에 입각한 사회연대성에 기초하여 고소득계층에서 저소득층으로, 근로세대에서 노년세대로, 현재 세대에서 다음 세대로 국민 간에 소득재분배의 기능을 함으로써 사회적 시장경제질서에 부합하는 제도라 할 것이므로, 헌법상의 시장경제질서에 위배되지 않는다(헌재 99헌마365).

② 국민연금의 가입대상을 경제활동이 가능한 18세 이상 60세 미만의 국민으로 제한한 것은 헌법상의 행복추구권, 평등권, 인간다운 생활을 할 권리를 박탈한 것으로 볼 수 없다(헌재 2000헌마390).

③ 국민연금법상 연금보험료의 강제징수는 재산권행사의 사회적 의무성의 한계 내에 있다고 볼 수 있으므로, 조세법률주의나 재산권보장에 위배되지 않는다(헌재 99헌마365).

④ 국민건강보험법에서 보험료 체납 등으로 인한 보험급여의 제한규정은 그 자체로 직접 자유의 제한, 의무의 부과 또는 권리나 법적 지위의 박탈을 초래하는 것이 아니며, 국민건강보험공단의 보험급여 거부처분이라는 집행행위를 통하여 비로소 기본권에 대한 직접적 현실적 침해가 있게 되므로 기본권 침해의 직접성이 없다(헌재 2000헌마668).

⑤ 헌법 제34조 제5항의 신체장애자 등에 대한 국가의 보호 의무는 장애인도 인간다운 생활을 누릴 수 있는 정의로운 사회질서를 형성해야 할 국가의 일반적인 의무를 뜻하는 것이지, 장애인을 위하여 저상버스를 도입해야 한다는 구체적 내용의 의무가 헌법으로부터 나오는 것은 아니다(헌재 2002헌마52).

⑥ 국민기초생활보장법령상 수급자 등의 금융자산을 확인할 수 있는 자료의 제출요구는 급여대상자의 소득과 재산을 정확히 파악하여 급여가 정말 필요한 사람들에게 제대로 지급되도록 하기 위한 불가피한 조치이므로 그 차별의 합리성이 인정되므로 급여신청자의 평등권을 침해하지 않는다(헌재 2005헌마112).

제5절 국제법과 사회복지

1 국제인권규약

(1) 의의 및 특징

① 국제연합은 1966년 제21차 총회에서 국제인권규약(International Covenants on Human Rights)을 채택하였다.

② 1948년 12월 각국 정부들이 서명하고 비준한 세계인권선언(Universal Declaration of Human Rights)을 구체화한 것이다.

③ 법적 구속력이 없는 세계인권선언과 달리 국제조약으로서 체약국을 법적으로 구속한다.

④ A규약과 B규약으로 구분되며, 특히 A · B규약은 모두 제1조에 민족자결권과 자연의 부(富) 및 자원에 대한 영구적 권리에 관해서 규정한 것이 특징이다.

⑤ 우리나라는 1990년 4월에 가입하였으나 상소권 보장, 결사의 자유, 일사부재리의 원칙 등 일부에 대해 유보하였다.

(2) A규약

① 의미 : 경제적 · 사회적 · 문화적 권리에 관한 국제규약(International Covenant on Economic, Social and Cultural Rights)

② 내 용

㉠ 경제적 · 사회적 · 문화적 권리 향유에 있어서 남녀평등의 권리(제3조)

㉡ 근로권(제6조)

㉢ 고용평등권(제7조)

㉣ 근로3권(제8조)

㉤ 사회보장권(제9조)

㉥ 가정에 대한 보호와 지원, 혼인의 자유, 임산부 및 아동의 보호(제10조)

㉦ 생활보장권(제11조)

㉧ 신체적 · 정신적 건강권(제12조)

㉨ 교육권(제13조)

㉩ 문화향유권(제15조)

(3) B규약

① 의미 : 시민적 · 정치적 권리에 관한 국제규약(International Covenant on Civil and Political Rights)

② 내 용

㉠ 생명권(제6조)

㉡ 비인도적 취급금지(제7조)

㉢ 신체의 자유와 안전에 대한 권리(제9조)

㉣ 재판에 있어서의 평등권(제14조)

㉤ 사생활 침해금지(제17조)

㉥ 사상, 양심, 종교의 자유에 대한 권리(제18조)

㉦ 결사의 자유에 대한 권리(제22조)

㉧ 혼인과 가정의 권리(제23조)

㉨ 인종, 성, 언어, 종교, 출신, 출생, 재산 등에 있어서의 차별금지(제24조)

㉩ 참정권 및 공무수행에 참여할 권리(제25조)

㉪ 법 앞의 평등과 차별금지(제26조)

2 사회보장에 관한 다양한 국제조약 및 선언

(1) 사회복지에 관한 국제적 선언

① 프랑스 인권선언문(프랑스 혁명, 1789년)

㉠ 공공구호는 국가의 신성한 책무이고 그 적용범위는 법률로 정한다고 선언하였다.

㉡ "사회는 빈곤한 시민들에게 노동의 기회를 제공하거나 노동할 수 없는 사람들에게는 생존의 수단을 제공하여 시민들의 생존권을 보장해야 한다"고 규정하였다.

② 대서양헌장(1941년)

㉠ 미국의 루스벨트 대통령과 영국의 처칠 수상이 선언하였다.

㉡ '공포와 결핍으로부터의 자유'라는 슬로건을 제시하고, 서방국가들로 하여금 사회보장에 관한 권리를 국민의 기본권으로 인정하도록 하고 있다.

③ 필라델피아선언(1944년)

㉠ 1944년 국제노동기구(ILO)의 필라델피아총회에서 채택된 ILO의 목적에 관한 선언이다.

㉡ 국제노동기구의 목표와 목적, 회원국의 정책에 지침이 되는 원칙들을 담고 있다.

㉢ 노동은 상품이 아니고 표현과 결사의 자유는 진보를 위해 불가결한 요건이며, 일부의 빈곤은 사회 전체의 번영에 있어 위험이 된다는 점, 어려움을 해결하기 위해서는 정부, 노동자, 사용자 대표들이 계속적이고 협조적인 국제적 노력을 기울여야 한다는 점을 명확히 하고 있다.

④ 세계인권선언(1948년)

㉠ 1948년 12월 제3차 국제연합총회에서 채택된 선언이다.

㉡ 보편적 사회보장을 받을 권리를 선언하고, 사회보장에 관한 방법들을 제시하고 있다. 비록 법적 구속력은 없으나, 모든 사람과 모든 국가가 달성해야 할 인권에 대한 상징적인 기준이 되고 있다.

⑤ 국제사회보장헌장(1961년)

㉠ 세계노동조합연맹(WFTU)이 1961년 제5회 모스크바 대회에서 채택한 것이다.

㉡ 사회보장은 모든 노동자의 기본적 권리를 구성하고 있다고 천명하면서, 근로자 무기여 원칙, 의료의 사회화 원칙, 완결성의 원칙, 포괄성의 원칙, 무차별 보장의 원칙 등 사회보장에 관한 기본원칙들을 선언하고 있다.

(2) 사회보장최저기준협약

5, 10회 기출

① 의의 및 특징

㉠ 국제노동기구(ILO ; International Labour Organization)는 제네바에서 열린 제35차 이사회 회의에서 사회보장의 최저기준에 관한 제안을 채택하기로 결정하여, 마침내 1952년 6월 20일 43개국의 비준으로 **사회보장(최저기준)협약**을 **채택**하였다.

㉡ 사회보장에 관한 주요 3원칙으로서 '대상의 보편성', '비용부담의 공평성', '급여수준의 적절성'을 천명하였다.

㉢ 협약에는 협약의 정의와 운영, 정기적 급부의 산정기준, 재원, 항소에 관한 일반적인 조항과 함께 각 분야마다 최소 보호내용, 급여수준, 적용기간, 수급자격 요건 등의 정의에 관한 내용을 포함하고 있다.

㉣ 적용범위는 '근로자 층', '경제활동인구 층', '거주민 생활수단의 분류' 중 하나를 선택하기로 되어 있다.

㉤ 외국인 거주자들도 자국민 거주자들과 동등한 권리를 가져야 한다고 명시하고 있다. 다만, 공적 자금을 재원으로 하는 급여, 과도적 계획에 의해 지급되는 급여 관련 특별규칙 등에 대해서는 예외로 하고 있다.

㉥ 이 협약은 선원이나 어부들에 대해서는 적용을 배제하고 있다.

② 협약의 주요 사회보장분야

㉠ 의료보험

㉡ 상병급여

㉢ 실업급여

㉣ 노령급여

㉤ 업무상 재해급여

㉥ 가족급여

㉦ 모성급여

㉧ 장해급여

㉨ 유족급여

(3) 국제사회복지관련기관

① 국제연합(UN) : 주요 선언이나 권고협약을 채택하여 여러 분야에 국제적인 기준을 설정하여 개별 국가의 사회복지법 제정 및 개정에 영향을 주고 있다.

② 국제노동기구(ILO) : 근로조건의 국제적 기준 설정뿐 아니라 사회복지에 대해서도 활동을 전개하고 있다.

③ 세계보건기구(WTO) : 전염병이나 기타 질병예방, 환경위생, 영양들에 대한 국제적인 조사 · 보급 활동 외 장애인의 복지와 관련된 활동을 하고 있다.

④ 국제사회보장협회(ISSA) : 1927년 질병보험의 확대 · 강화를 위해 창설, ILO와 협력하여 활동하는 단체로서 국제사회보장의 발전을 시도하고 있다.

⑤ 유럽협의회(Council of Europe) : 회원국들의 사회보장을 발전시키기 위해 1961년 유럽사회헌장을 채택하고, 사회보장제도를 유지해야 한다고 선언하였다.

⑥ 유럽경제공동체(ECC) : 1958년 해외이주근로자의 사회보장에 관한 규칙을 제정하였다.

⑦ 국제사회복지협의회(ICSW) : 사회복지에 관한 국제적 협의체이다.

⑧ 경제협력개발기구(OECD) : 경제 · 사회분야의 정책 전반에 걸쳐 수시논의 및 협력을 추진하고 있다.

3 아동의 권리에 관한 국제협약

(1) 아동의 권리에 관한 제네바선언

① 아동의 복지와 권리보장을 위한 국제사회의 노력은 1924년 국제연맹(League of Nations, 유엔의 전신)의 '아동의 권리에 관한 제네바선언' 채택으로부터 시작되었다.

② 다섯 가지 핵심내용으로 구성된 이 문서는 '제네바선언(Declaration of Geneva)'으로 알려져 있으며, 이후 새롭게 구성된 유엔의 1948년 아동권리선언(7개 조문으로 개정)이 있기까지 약 25년 동안 국제연맹의 회원국들이 따라야 할 원칙으로 자리 잡았다.

③ 제네바선언의 다섯 가지 핵심내용

㉠ 물질적으로나 정신적으로 아동의 정상적인 발달에 필요한 수단이 아동에게 주어져야 한다.

㉡ 배고픈 아동에겐 음식을, 병든 아동에겐 도움을 주어야 하고, 잘못에 빠진 아동은 교화되어야 하며 고아와 집 없는 아동은 보호와 구제를 받아야 한다.

㉢ 아동은 재난 시에 가장 먼저 구제되어야 한다.

㉣ 아동은 생계를 유지할 수 있는 상황에 있어야 하며, 모든 형태의 착취로부터 보호되어야 한다.

㉤ 아동은 자신의 능력을 널리 인류동포를 위하여 바칠 수 있도록 양육되어야 한다.

(2) 아동의 권리선언

① 1959년 유엔은 '아동권리선언'을 채택하고 "아동은 충분한 성장을 위하여 애정과 물질적인 안정 속에서 성장할 권리가 있으며 부모와 사회는 그 책임을 진다"고 규정하였다.
② 아동과 청소년의 권리신장에 획기적으로 기여한 국제문서이다.
③ 사회적 약자의 입장에 있는 사람에 대하여 그 인권의 보장과 실현을 가능하게 하기 위해 특별한 조치와 배려를 해야 할 필요성을 선언하였다.
④ 아동을 인권이나 자유의 주체로서 파악하였다.

(3) 아동의 권리에 관한 국제협약(아동권리협약)

① 특 징

㉠ 유엔아동권리협약(CRC ; Convention on the Rights of the Child)은 1989년 11월 20일 유엔 총회에서 채택된 국제적인 인권조약으로, 아동의 생존 · 보호 · 발달 · 참여의 권리 등 어린이 인권과 관련된 모든 권리를 규정한 인권조약이다.
㉡ 2003년까지 우리나라를 포함한 191개국의 비준을 받아 전 세계적으로 가장 많은 국가의 비준을 받은 국제법이다.
㉢ 아동권리협약을 비준한 나라의 정부는 생존의 권리, 발달의 권리, 유해한 것으로부터 보호받을 권리, 학대받고 착취당하지 않을 권리, 참여의 권리, 문화적 · 사회적 삶에 대한 권리 등 협약에 명시된 모든 아동의 권리를 보장할 의무를 가지고 있으며, 협약의 이행사항을 처음 비준한 후에는 2년 안에, 그 후에는 5년마다 유엔아동권리위원회에 보고해야 한다.
㉣ 비준한 국가들은 각 나라의 다양한 전통문화나 국내법체계, 경제적 여건 등을 이유로 일부만을 수용 · 실천해서는 안 된다.
㉤ 아동을 권리의 주체로 보는 원칙이 모든 조항에 담겨져 있다.

② 아동 권리 협약의 기본권

㉠ 생존의 권리 : 적절한 생활수준을 누릴 권리, 안전한 주거지에서 살아갈 권리, 충분한 영양을 섭취하고 기본적인 보건서비스를 받을 권리 등 기본적인 삶을 누리는 데 필요한 권리
㉡ 보호의 권리 : 차별 대우로부터의 보호, 학대 및 방임으로부터의 보호, 장애 아동 · 고아 · 난민 아동의 보호, 폭력 · 학대 · 방임 · 착취 · 차별 · 전쟁 등으로부터 보호받을 권리
㉢ 발달의 권리 : 교육을 받을 권리, 여가를 즐길 권리, 문화생활을 하고 정보를 얻을 권리, 생각과 양심 · 종교의 자유를 누릴 권리 등 잠재능력을 최대한 발휘시키는 데 필요한 권리
㉣ 참여의 권리 : 자신의 의견을 표현하고 자신의 삶에 영향을 주는 문제들에 대해 발언권을 지니며, 단체에 가입하거나 평화적인 집회에 참여할 수 있는 자유 등으로 자신의 나라와 지역사회 활동에 적극적으로 참여할 수 있는 권리

4 장애인 관련 권리 선언 · 협약

(1) 장애인 권리선언(1975년 UN 제30차 총회에서 채택)

① **특징** : 이 선언에서는 장애인(Disabled Person)을 신체적 혹은 정신적 능력면에서 선천적 · 후천적 결함으로 인하여 정상적, 개인적 혹은 사회적 생활을 스스로는 완전히 혹은 부분적으로 영위할 수 없는 사람을 의미한다.

② 주요 내용

㉠ 장애인들은 이 선언에 제시된 모든 권리를 향유할 수 있어야 한다.

㉡ 장애인은 인간으로서의 존엄성을 존중받을 권리를 타고난다.

㉢ 장애인들은 다른 사람과 동등한 시민권과 정치권을 가진다.

㉣ 장애인들은 자립하도록 하기 위해서 만들어진 시책을 활용할 자격을 가지고 있다.

㉤ 장애인들은 필요한 모든 치료, 서비스, 교육, 훈련, 기술적 원조를 받을 권리를 가진다.

㉥ 장애인들은 경제적 · 사회적 보장을 받을 권리가 있다.

㉦ 장애인들은 국가계획에서 고려될 특별요구를 가진다.

㉧ 장애인들은 가족생활을 할 권리가 있다.

㉨ 장애인들은 착취와 규제와 처우에서 보호되어야 한다.

㉩ 장애인들은 적절한 법적 원조를 받을 수 있어야 한다.

㉪ 장애인들과 그들의 가족 및 지역사회의 모든 적절한 수단을 통해 이 선언에 포함된 권리를 충분히 알릴 수 있어야 한다.

(2) 정신지체인 권리선언

① 1971년 12월 20일 유엔총회에서 선언한 것이다.

② 정신지체를 가진 장애인에게 사회정의와 평등의 원칙이 적용되어야 한다는 권리사상의 표현이다.

③ 제반권리의 보장을 각국이 정책으로 전개하여야 한다는 방향성을 제시한 것이다.

(3) 장애인의 권리에 관한 협약

① 특 징

㉠ 2006년 12월 13일 제61차 유엔 총회에서 채택되었다.

㉡ 신체 장애, 정신 장애, 지적 장애를 포함한 모든 장애가 있는 이들의 존엄성과 권리를 보장하기 위한 유엔 인권 협약이다.

㉢ 21세기 최초의 국제 인권법에 따른 인권 조약이다.

② **목적** : 장애인의 모든 인권과 기본적인 자유를 완전하고 동등하게 향유하도록 증진, 보호 및 보장하고, 장애인의 천부적 존엄성에 대한 존중을 증진하는 것이다.

CHAPTER 01

출제유형문제

01 법원의 순위가 차례대로 구성된 것은?

① 헌법 – 법률 – 명령 · 규칙 – 자치법규
② 법률 – 헌법 – 명령 · 규칙 – 자치법규
③ 법률 – 명령 · 규칙 – 헌법 – 자치법규
④ 법률 – 자치법규 – 헌법 – 명령 · 규칙
⑤ 법률 – 자치법규 – 명령 · 규칙 – 헌법

해설
- 헌법 : 국가와 국민 간의 권리 · 의무에 관한 기본법
- 법률 : 국회에서 의결되어 대통령이 공표한 법
- 명령 · 규칙 : 국회의 의결을 거치지 않고 대통령 이하의 행정기관이 제정한 법규
- 자치법규 : 지방자치단체가 법률의 의하여 인정된 자치권 범위 내에서 자기의 사무에 관하여 또는 주민의 권리 · 의무에 관하여 제정한 자치에 관한 조례와 규칙

02 사회복지법의 성문법원(成文法源)이 될 수 있는 것을 모두 고른 것은? [10회]

ㄱ. 관습법
ㄴ. 헌법에 의해 체결 · 공포된 조약
ㄷ. 조 리
ㄹ. 대통령령

① ㄱ, ㄴ, ㄷ
② ㄱ, ㄷ
③ ㄴ, ㄹ
④ ㄹ
⑤ ㄱ, ㄴ, ㄷ, ㄹ

Answer 1 ① 2 ③

해설 법원(法源)

성문법원	• 법률 : 국회에서 의결되어 대통령이 공포한 법 • 명령 : 국회의 의결을 거치지 않고 대통령 이하의 행정기관이 제정한 법규 예 대통령령, 총리령, 부령 등 • 자치법규 : 지방자치단체가 자치권의 범위 내에서 자기의 사무 또는 주민의 권리의무에 관해 제정한 자치에 관한 규칙 • 국제조약 및 국제법규 : 국제법상의 주체인 국가 간에 맺은 문서에 의한 합의 예 조약, 협정, 협약, 의정서, 헌장 등
불문법원	• 관습법 : 사회인의 사실상 관행이 계속적이고 일반적으로 행해짐에 따라 법으로서의 효력을 가지는 불문법 • 판례법 : 법원이 내리는 판결로서 대법원의 판례에 의해 형성 • 조리 : 사물의 도리, 합리성, 본질적 법칙을 의미

03 국제노동기구(ILO)를 통해 채택된 것은? [10회]

① 대서양헌장(1941년)
② 사회보장최저기준협약(1952년)
③ 아동권리에 관한 협약(1989년)
④ 세계인권선언(1948년)
⑤ 사회보장헌장(1961년)

해설 사회보장최저기준협약

• 국제노동기구(ILO)는 제네바에서 열린 제35차 이사회 회의에서 사회보장의 최저기준에 관한 제안을 채택하기로 결정하여, 마침내 1952년 6월 20일 43개국의 비준으로 사회보장(최저기준)협약을 채택하였다.
• 이 협약은 사회보장에 관한 주요 3원칙으로서 대상의 보편성, 비용부담의 공평성, 급여수준의 적절성을 천명하였다.
• 협약에는 9개 주요 사회보장분야, 즉 의료보험, 상병급여, 실업급여, 노령급여, 업무상 재해급여, 가족급여, 모성급여, 장해급여, 유족급여를 하나의 제도 속에 다루고 있다.
• 비준의 충분조건은 실업급여, 업무상 재해급여, 노령급여, 장애급여, 유족급여 중 반드시 하나를 포함하여 세 분야 이상을 선택하는 것으로 하였다.
• 협약에는 협약의 정의와 운영, 정기적 급부의 산정기준, 재원, 항소에 관한 일반적인 조항과 함께 각 분야마다 최소보호내용, 급여수준, 적용기간, 수급자격 요건 등의 정의에 관한 내용을 포함하고 있다.
• 적용범위는 근로자 층, 경제활동인구 층, 거주민 생활수단의 분류 중 하나를 선택하기로 되어 있다.
• 협약은 외국인 거주자들도 자국민 거주자들과 동등한 권리를 가져야 한다고 명시하고 있다. 다만, 공적자금을 재원으로 하는 급여, 과도적 계획에 의해 지급되는 급여 관련 특별규칙 등에 대해서는 예외로 하고 있다.
• 급여지급의 중단 사유로서 수급자가 국가를 떠나있는 경우, 공적자금이나 사회보장비에 의존하여 생활하는 경우, 구체적인 잘못으로 인해 유죄판결을 받은 경우 등을 제시하고 있다.
• 이 협약은 선원이나 어부들에 대해서는 적용을 배제하고 있다.

3 ② Answer

04 우리나라 사회복지법에 관한 설명으로 옳지 않은 것은? [15회]

① 헌법상의 생존권을 구체적으로 실현하기 위한 법이 사회복지법이다.
② 사회복지법은 단일 법전 형식이 아니라 개별법 체계로 구성되어 있다.
③ 최저임금법은 실질적 의미의 사회복지법에 포함된다.
④ 사회복지법은 사회법으로서 과실 책임의 원칙에 기초하고 있다.
⑤ 사회복지법에는 공법과 사법의 요소들이 공존하고 있다.

해설 ④ 사회복지법은 생존권 보장을 이념으로 하는 사회법으로서, 근대시민법의 한계를 극복하기 위하여 출현하였다. 그에 따라 '소유권 절대의 원칙'은 '소유권 상대의 원칙'으로, '계약 자유의 원칙'은 '계약 공정의 원칙'으로, '과실 책임의 원칙'은 '무과실 책임의 원칙'으로 발전하였다.

05 다음 중 우리나라 법령 제정에 대한 설명으로 가장 옳은 것은?

① 행정 각부의 장이 발하는 명령은 시행령이다.
② 명령은 대통령 이하의 행정기관이 국회의 의결을 거쳐 제정한 법규이다.
③ 국회의원은 물론 정부도 헌법의 규정에 따라 법률안을 제출할 수 있다.
④ 법률을 제정하기 위해 반드시 국회의 의결을 거칠 필요는 없다.
⑤ 국무총리는 소관사무에 관하여 법률의 위임 없이 직권으로 총리령을 발할 수 없다.

해설 ① 행정 각부의 장이 소관사무에 관하여 법률이나 대통령령의 위임 또는 직권으로 발하는 명령은 '부령'에 해당한다.
② 명령은 대통령 이하의 행정기관이 국회의 의결을 거치지 않고 제정한 법규이다.
④ 법률을 제정하기 위해서는 반드시 국회의 의결을 거쳐야 한다.
⑤ 국무총리는 소관사무에 관하여 법률이나 대통령령의 위임 또는 직권으로 총리령을 발할 수 있다.

Answer 4 ④ 5 ③

06 사회복지법의 법원(法源)에 관한 설명으로 옳은 것은? [15회]

① 대통령의 긴급명령은 법원이 될 수 없다.
② 국무총리는 사회복지에 관하여 총리령을 직권으로 제정할 수 없다.
③ 법률의 위임에 의한 조례는 법률과 동등한 자격을 가진다.
④ 법령의 범위를 벗어난 조례는 법적 구속력이 없다.
⑤ 관습법은 사회복지법의 법원이 될 수 없다.

해설
④ 지방자치단체는 법령의 범위 안에서 그 사무에 관하여 조례를 제정할 수 있으며, 마찬가지로 법령의 범위 안에서 자치에 관한 규정을 제정할 수 있다.
① 대통령의 긴급명령은 헌법 제76조에 따른 법률의 효력을 가지는 명령으로서 법원(法源)이 될 수 있다.
② 국무총리 또는 행정 각 부의 장은 소관사무에 관하여 법률이나 대통령령의 위임 또는 직권으로 총리령 또는 부령을 발할 수 있다.
③ 위임조례는 지방의회에서 제정하는 규범으로 법률에서 구체적인 범위를 정하여 위임한 범위 내에서 제정하여야 하므로 행정입법으로서의 성질을 가진다.
⑤ 불문법으로서 관습법도 사회복지법의 법원(法源)이 될 수 있다. 사실적인 관습이 법원으로 인정을 받는 것은 법원이 판례를 통해 이를 법규범으로 인정함으로써 이루어진다.

07 사회복지법의 개념 및 성격에 관한 설명으로 옳지 않은 것은? [11회]

① 관점에 따라 개념이 다양할 수 있다.
② 사회복지법은 헌법을 구체화한 법이다.
③ 사회복지법은 공 · 사법의 성격이 혼재된 사회법 영역에 속한다.
④ 헌법에는 사회보장과 사회복지라는 용어가 사용되고 있다.
⑤ 우리 실정법상 사회보장의 정의규정은 존재하지 아니한다.

해설
사회보장기본법 제1조는 "사회보장에 관한 국민의 권리와 국가 및 지방자치단체의 책임을 정하고 사회보장 정책의 수립 · 추진과 관련 제도에 관한 기본적인 사항을 규정함으로써 국민의 복지증진에 이바지하는 것을 목적으로 한다"고 규정하고 있다. 또한 제3조 제1호는 "사회보장이란 출산, 양육, 실업, 노령, 장애, 질병, 빈곤 및 사망 등의 사회적 위험으로부터 모든 국민을 보호하고 국민 삶의 질을 향상시키는 데 필요한 소득 · 서비스를 보장하는 사회보험, 공공부조, 사회서비스를 말한다"고 규정하고 있다.

6 ④ 7 ⑤ Answer

08 자치법규에 관한 설명으로 옳지 않은 것은?

① 조례는 지방의회에서 제정하는 자치법규이다.

② 지방자치단체는 법령의 범위와 무관하게 조례를 제정할 수 있다.

③ 규칙은 지방자치단체의 장이 법령이나 조례가 위임한 범위에서 그 권한에 속하는 사무에 관하여 제정할 수 있는 자치법규이다.

④ 시 · 군 및 자치구의 조례나 규칙은 시 · 도의 조례나 규칙을 위반하여서는 아니 된다.

⑤ 조례안이 지방의회에서 의결되면 의장은 의결된 날부터 5일 이내에 그 지방자치단체의 장에게 이를 이송하여야 한다.

해설 ② 지방자치단체는 주민의 복리에 관한 사무를 처리하고 재산을 관리하며, 법령의 범위안에서 자치에 관한 규정을 제정할 수 있다(헌법 제117조 제1항).

① · ③ 자치법규는 지방자치단체가 제정하는 법령으로서, 지방의회의 의결을 거친 조례(條例)와 지방자치단체의 장이 제정한 규칙(規則)이 있다.

④ 시 · 군 및 자치구의 조례나 규칙은 시 · 도의 조례나 규칙을 위반해서는 아니 된다(지방자치법 제30조).

⑤ 조례안이 지방의회에서 의결되면 지방의회의 의장은 의결된 날부터 5일 이내에 그 지방자치단체의 장에게 이송하여야 한다(동법 제32조 제1항).

09 사회복지 자치법규에 관한 설명으로 옳지 않은 것은? [11회]

① 자치법규로는 조례와 규칙을 들 수 있다.

② 대외적 구속력 있는 법규범에 해당한다.

③ 법체계상 지방자치단체장의 전속권한에 속하는 것으로서 규칙으로 정하여야 하는 사항을 조례로 정하더라도 위법은 아니다.

④ 주민은 복지조례의 제정을 청구할 수 있다.

⑤ 원칙적으로 상위법령의 위임이 없더라도 사회복지에 관한 수익적인 조례를 제정할 수 있다.

해설 자치법규는 지방자치단체가 자치권의 범위 내에서 자기의 사무 또는 주민의 권리의무에 관해 제정한 자치에 관한 규칙으로서, 넓은 의미로 지방자치단체의 자치에 관한 모든 법규를 총칭하나, 좁은 의미로 지방자치단체가 제정하는 자치에 관한 규정, 즉 조례와 규칙만을 가리킨다. 조례는 법률이나 명령보다 하위의 법규범으로서, 지방자치단체가 법령의 범위 안에서 제정하는 자치에 관한 법규에 해당한다. 지방자치법 제22조는 "지방자치단체는 법령의 범위 안에서 그 사무에 관하여 조례를 제정할 수 있다. 다만, 주민의 권리 제한 또는 의무 부과에 관한 사항이나 벌칙을 정할 때에는 법률의 위임이 있어야 한다"고 규정하고 있다. 따라서 규칙으로 정하여야 하는 사항을 조례로 정하는 경우 위법에 해당한다고 볼 수 있다.

Answer 8 ② 9 ③

10 다음 중 현행 법체계상 최상위에 해당하는 것은?

① 헌 법
② 조 약
③ 민 법
④ 사회복지사업법
⑤ 사회보장기본법

해설 헌법은 국가통치체계의 기초를 정한 근본법이다. 사회복지법은 국가가 근본법인 헌법의 하위법으로 헌법에 기초하고 헌법의 테두리 안에서 성립한다.

11 자치법규인 조례와 규칙에 관한 헌법과 법률의 내용으로 옳은 것을 모두 고른 것은? [14회]

ㄱ. 지방자치단체는 법령의 범위 안에서 그 사무에 관하여 조례를 제정할 수 있다.
ㄴ. 지방자치단체는 법령의 범위 안에서 자치에 관한 규정을 제정할 수 있다.
ㄷ. 시 · 군 및 자치구의 조례는 시 · 도의 조례를 위반하여서는 아니 된다.
ㄹ. 조례에서 주민의 권리 제한에 관한 사항을 정할 때에는 법률의 위임이 있어야 한다.

① ㄱ, ㄴ, ㄷ
② ㄱ, ㄷ
③ ㄴ, ㄹ
④ ㄹ
⑤ ㄱ, ㄴ, ㄷ, ㄹ

해설 ㄱ. 지방자치단체는 법령의 범위 안에서 그 사무에 관하여 조례를 제정할 수 있다. 다만, 주민의 권리 제한 또는 의무 부과에 관한 사항이나 벌칙을 정할 때에는 법률의 위임이 있어야 한다(지방자치법 제22조).
ㄴ. 지방자치단체는 주민의 복리에 관한 사무를 처리하고 재산을 관리하며, 법령의 범위 안에서 자치에 관한 규정을 제정할 수 있다(헌법 제117조 제1항).
ㄷ. 시 · 군 및 자치구의 조례나 규칙은 시 · 도의 조례나 규칙을 위반하여서는 아니 된다(지방자치법 제24조).
ㄹ. 지방자치단체는 법령의 범위 안에서 그 사무에 관하여 조례를 제정할 수 있다. 다만, 주민의 권리 제한 또는 의무 부과에 관한 사항이나 벌칙을 정할 때에는 법률의 위임이 있어야 한다(동법 제22조).

10 ① 11 ⑤ Answer

12 법률의 제정연도가 빠른 순서대로 나열된 것은? [17회]

ㄱ. 국민연금법
ㄴ. 고용보험법
ㄷ. 국민건강보험법
ㄹ. 산업재해보상보험법

① ㄱ - ㄴ - ㄷ - ㄹ
② ㄱ - ㄷ - ㄹ - ㄴ
③ ㄹ - ㄱ - ㄴ - ㄷ
④ ㄹ - ㄱ - ㄷ - ㄴ
⑤ ㄹ - ㄴ - ㄱ - ㄷ

해설

ㄱ. 국민연금법 : 1986년 12월 31일 전부개정(1973년 12월 24일 제정된 「국민복지연금법」의 전부개정), 1988년 1월 1일 시행
ㄴ. 고용보험법 : 1993년 12월 27일 제정, 1995년 7월 1일 시행
ㄷ. 국민건강보험법 : 1999년 2월 8일 제정, 2000년 1월 1일 시행
ㄹ. 산업재해보상보험법 : 1963년 11월 5일 제정, 1964년 1월 1일 시행

13 사회복지법령에서 조례로 정하도록 위임하고 있는 사항이 아닌 것은?

① 사회보장사무 전담기구의 사무 범위, 조직 및 운영 등에 필요한 사항
② 아동복지전담공무원의 임용 등에 필요한 사항
③ 의료급여법에서 정한 사항 외에 기금의 관리 · 운용에 관하여 필요한 사항
④ 장애인에게 공공시설 안의 매점이나 자동판매기 운영을 우선적으로 위탁하는 데 필요한 사항
⑤ 지역사회보장협의체의 조직 · 운영에 필요한 사항

해설

④ 장애인에게 공공시설 안의 매점이나 자동판매기 운영을 우선적으로 위탁하는 등의 생업지원에 관한 사항은 장애인복지법령의 규정에 따른다(장애인복지법 제42조 참조).
① 사회보장사무 전담기구의 사무 범위, 조직 및 운영 등에 필요한 사항은 해당 시 · 군 · 구의 조례로 정한다(사회보장급여의 이용 · 제공 및 수급권자 발굴에 관한 법률 제42조 제3항).
② 아동복지전담공무원은 사회복지사업법에 따른 사회복지사의 자격을 가진 사람으로 하고 그 임용 등에 필요한 사항은 해당 시 · 도 및 시 · 군 · 구의 조례로 정한다(아동복지법 제13조 제2항).
③ 의료급여법에서 정한 사항 외에 기금의 관리 · 운용에 관하여 필요한 사항은 보건복지부령으로 정하는 바에 따라 해당 지방자치단체의 조례로 정한다(의료급여법 제26조 제4항).
⑤ 법에 규정된 사항 외에 지역사회보장협의체, 실무협의체 및 읍 · 면 · 동 단위 지역사회보장협의체의 조직 · 운영에 필요한 사항은 보건복지부령으로 정하는 바에 따라 해당 특별자치 시 · 군 · 구의 조례로 정한다(사회보장급여의 이용 · 제공 및 수급권자 발굴에 관한 법률 제41조 제6항).

Answer 12 ③ 13 ④

14 헌법 규정의 내용 중 사회적 기본권으로 보기 어려운 것은? [17회]

① 모든 국민은 신체의 자유를 가진다.
② 모든 국민은 근로의 권리를 가진다.
③ 모든 국민은 인간다운 생활을 할 권리를 가진다.
④ 모든 국민은 능력에 따라 균등하게 교육을 받을 권리를 가진다.
⑤ 모든 국민은 건강하고 쾌적한 환경에서 생활할 권리를 가진다.

해설 ① "모든 국민은 신체의 자유를 가진다"는 헌법 제12조 제1항의 규정은 자유권적 기본권에 해당한다.

15 우리나라에서 나타난 2000년대 이후의 사회복지행정 변화로 옳은 것은? [13회]

① 사회복지 전담공무원이 공공부문의 복지행정 업무를 맡기 시작하였다.
② 지역사회복지협의체를 설치하고 지역사회복지계획을 수립하기 시작하였다.
③ 사회복지시설의 설치가 허가제에서 신고제로 변경되었다.
④ 사회복지시설에 대한 평가제도가 법제화되었다.
⑤ 사회서비스 공급주체에서 사회복지법인이 차지하는 비중이 증가하였다.

해설 ② 2005년부터 시 · 군 · 구를 중심으로 지역사회의 복지문제를 해결하기 위해 수요자 중심의 통합적 복지서비스를 구축하고 복지자원을 효율적으로 활용하며, 자원 간 연계협력을 강화하는 것을 주된 기능으로 하는 '지역사회복지협의체'를 운영하였다.
① 1992년 사회복지사업법의 개정으로 사회복지전담공무원과 복지사무전담기구(사회복지사무소)의 설치를 위한 법적 근거를 마련하였다.
③ · ④ 1997년 사회복지사업법의 개정에 따라 사회복지시설의 설치 · 운영이 허가제에서 신고제로 전환되었으며, 사회복지시설에 대한 평가제도가 도입되었다.
⑤ 1980~1990년대에 다양한 사회문제의 증가와 함께 사회복지 관련 법률 및 정책들이 등장하였으며, 사회복지관련 시설 · 기관들이 급속히 증가하였다.

16 다음 중 가장 먼저 제정된 법률은? [14회]

① 고용보험법
② 정신보건법
③ 사회보장기본법
④ 노인장기요양보험법
⑤ 국민기초생활보장법

해설 ① 고용보험법은 1993년 12월 27일 제정되어 1995년 7월 1일부터 시행되었다.
② 정신보건법은 1995년 12월 30일 제정되어 1996년 12월 31일부터 시행되었다.
③ 사회보장기본법은 1995년 12월 30일 제정되어 1996년 7월 1일부터 시행되었다.
④ 노인장기요양보험법은 2007년 4월 27일 제정되어 2008년 7월 1일부터 시행되었다(일부는 2007년 10월 1일부터 시행).
⑤ 국민기초생활보장법은 1999년 9월 7일 제정되어 2000년 10월 1일부터 시행되었다.

14 ① 15 ② 16 ① Answer

CHAPTER 01

최신기출문제

01 사회복지법의 성문법원에 해당하는 것끼리 묶은 것은? [19회]

① 관습법, 판례법
② 헌법, 판례법
③ 헌법, 명령
④ 관습법, 법률
⑤ 법률, 조리

해설 법원(法源)

성문법원	헌법, 법률, 명령, 자치법규, 국제조약 및 국제법규
불문법원	관습법, 판례법, 조리

02 사회복지법의 체계와 법원(法源)에 관한 설명으로 옳은 것은? [16회]

① 시행령은 업무소관 부처의 장관이 발한다.
② 국무총리는 소관사무에 관하여 법률의 위임 또는 직권으로 부령을 발할 수 있다.
③ 지방자치단체는 법령의 범위 안에서 자치에 관한 규정을 제정할 수 있다.
④ 장애인복지법 시행규칙은 지방의회에서 제정한다.
⑤ 국민연금법 시행령보다 국민연금법 시행규칙이 상위의 법규범이다.

해설 ③ 지방자치단체는 주민의 복리에 관한 사무를 처리하고 재산을 관리하며, 법령의 범위 안에서 자치에 관한 규정을 제정할 수 있다(헌법 제117조 제1항).
① '시행령'은 대통령령으로 공포되는 것으로서, 법에서 위임된 사항을 비롯하여 그 시행에 관하여 필요한 사항을 정한 것이다. 행정 각부의 장이 소관사무에 관하여 법률이나 대통령령의 위임 또는 직권으로 발하는 명령은 '부령'에 해당한다.
② 국무총리는 소관사무에 관하여 법률이나 대통령령의 위임 또는 직권으로 총리령을 발할 수 있다.
④ 시행규칙은 부령의 규정형식으로 각 부 장관에 의해 제정된다. 장애인복지법 시행규칙의 경우 보건복지부 장관이 제정한다.
⑤ 국민연금법 시행령이 국민연금법 시행규칙보다 상위의 법규범이다.

Answer 1 ③ 2 ③

03 우리나라 사회복지법의 법원에 해당하는 것을 모두 고른 것은? [20회]

ㄱ. 대통령령
ㄴ. 조 례
ㄷ. 일반적으로 승인된 국제법규
ㄹ. 규 칙

① ㄱ
② ㄱ, ㄴ
③ ㄱ, ㄴ, ㄹ
④ ㄴ, ㄷ, ㄹ
⑤ ㄱ, ㄴ, ㄷ, ㄹ

해설 법원(法源)

성문법원	• 헌 법 • 명령(대통령령, 총리령, 부령) • 국제조약 및 국제법규	• 법 률 • 자치법규(조례, 규칙)
불문법원	• 관습법 • 조 리	• 판례법

04 헌법 규정의 사회적 기본권에 관한 설명으로 옳지 않은 것은? [20회]

① 국가는 근로자의 고용의 증진과 적정임금의 보장에 노력하여야 한다.
② 국가는 여자의 복지와 권익의 향상을 위하여 노력하여야 한다.
③ 국가는 모든 공무원인 근로자의 단결권 · 단체교섭권 및 단체행동권을 보장하여야 한다.
④ 국가는 평생교육을 진흥하여야 한다.
⑤ 국가는 모성의 보호를 위하여 노력하여야 한다.

해설 ③ 공무원인 근로자는 법률이 정하는 자에 한하여 단결권 · 단체교섭권 및 단체행동권을 가진다(헌법 제33조 제2항).
① 모든 국민은 근로의 권리를 가진다. 국가는 사회적 · 경제적 방법으로 근로자의 고용의 증진과 적정임금의 보장에 노력하여야 하며, 법률이 정하는 바에 의하여 최저임금제를 시행하여야 한다(헌법 제32조 제1항).
② 헌법 제34조 제3항
④ 헌법 제31조 제5항
⑤ 헌법 제36조 제2항

3 ⑤ 4 ③ Answer

05 법률의 제정연도가 가장 빠른 것은? [20회]

① 사회보장기본법
② 국민건강보험법
③ 고용보험법
④ 영유아보육법
⑤ 노인복지법

해설 ⑤ 노인복지법 : 1981년 6월 5일 제정, 같은 날 시행
① 사회보장기본법 : 1995년 12월 30일 제정, 1996년 7월 1일 시행
② 국민건강보험법 : 1999년 2월 8일 제정, 2000년 1월 1일 시행
③ 고용보험법 : 1993년 12월 27일 제정, 1995년 7월 1일 시행
④ 영유아보육법 : 1991년 1월 14일 제정, 같은 날 시행

06 헌법 제34조 규정의 일부이다. ( )에 들어갈 내용이 순서대로 옳은 것은? [18회]

- 국가는 사회보장 · ( )의 증진에 노력할 의무를 진다.
- 신체장애자 및 질병 · 노령 기타의 사유로 생활능력이 없는 국민은 ( )이 정하는 바에 의하여 국가의 보호를 받는다.

① 공공부조, 헌법
② 공공부조, 법률
③ 사회복지, 헌법
④ 사회복지, 법률
⑤ 자원봉사, 법률

해설 생존권 및 협의의 복지권에 관한 규정(헌법 제34조)
- 제1항 : 모든 국민은 인간다운 생활을 할 권리를 가진다.
- 제2항 : 국가는 사회보장 · 사회복지의 증진에 노력할 의무를 진다.
- 제3항 : 국가는 여자의 복지와 권익의 향상을 위하여 노력하여야 한다.
- 제4항 : 국가는 노인과 청소년의 복지향상을 위한 정책을 실시할 의무를 진다.
- 제5항 : 신체장애자 및 질병 · 노령 기타의 사유로 생활능력이 없는 국민은 법률이 정하는 바에 의하여 국가의 보호를 받는다.
- 제6항 : 국가는 재해를 예방하고 그 위험으로부터 국민을 보호하기 위하여 노력하여야 한다.

Answer 5 ⑤ 6 ④

CHAPTER 02

사회보장 및 사회복지사업에 관한 법률

학습목표

- '사회보장 및 사회복지사업에 관한 법률' 영역에서는 사회보장기본법, 사회복지사업법, 그리고 사회보장급여의 이용 · 제공 및 수급권자 발굴에 관한 법률의 기본적인 내용에 대해 소개한다.
- 사회보장기본법에서는 사회보장의 종류, 주체와 책임, 객체, 사회보장수급권의 전반적인 내용에 대해 명확히 이해하여야 한다.
- 사회복지사업법에서는 사회복지사, 사회복지법인, 사회복지시설에 대한 내용이 매해 출제되고 있으므로, 이와 관련된 내용을 반드시 기억해 두어야 한다. 특히, 사회보장급여의 이용 · 제공 및 수급권자 발굴에 관한 법률로 이관된 지역사회보장계획, 지역사회보장협의체, 시 · 도사회보장위원회, 지역사회보장계획, 사회보장사무 전담기구, 사회복지전담공무원 등을 살펴보도록 한다.

제1절 사회보장기본법

1 개 요

(1) 의 의

① 사회복지법의 기본법으로서 사회보장에 관한 법률은 사회보장제도 전반에 걸친 기본법으로서 기능하기에는 그 내용이 너무 빈약하여 기본법으로서의 의의가 없었다.

② 사회보장기본법은 사회보장제도의 기본적인 사항을 법률로서 규정한 것이다. 이 법은 비록 각각의 사회보장 관련법보다 시기적으로 늦게 입법되었지만 제반 사회보장법의 모법으로서의 위치를 가지고 있다고 볼 수 있다.

③ 현대 복지국가에서의 사회보장제도는 각 국가마다 상이한 형태로 운영되고 있지만 사회보장의 기본적 형태는 소득보장과 의료보장을 중심축으로 하여 구성되고 있다.

④ 선진국은 오래 전에 사회복지기본법을 제정하고 이 기본법에 따라 개별 사회복지법의 균형 유지, 새로운 복지제도의 창설, 사회복지제도의 발전, 각 제도 간의 통합 · 조정을 도모하여 왔다. 즉, 미국은 사회보장법, 영국은 연방사회보험법, 프랑스와 독일은 사회보장법전이라는 명칭으로 사회복지기본법을 제정하여 사회보장제도의 발전을 도모하였다.

(2) 입법 배경

① 우리나라의 개별사회복지법은 사회복지기본법에 입각해서 제정된 것이 아니라 여러 가지 다른 요인들에 의해 제정되는 경우가 많아 개별 사회복지법률들의 조정 문제와 형평성 문제가 발생하였고, 사회보장사업의 균형유지와 발전을 위해서 개별 사회복지법률들의 통일성과 연계성이 필요하게 되었다. 이에 따라 사회보장에 관한 법률이 제정되었다.

② 사회보장에 관한 법률이 제정된 후 30여 년 동안 경제 · 사회적으로 빠른 변화를 가져왔고, 이에 따라 각종 사회보장제도가 도입 · 실시되었지만 임시방편적이고 단속적으로 분립되어 실시되어 왔다.

③ 그 결과 사회보장제도 간 연계성이 부족하고 제도 간 충돌과 갈등이 야기될 소지를 갖게 되었다. 더욱이 관리운영상의 비효율성과 재정부족, 제도 간 급여수준의 불평등 등 많은 문제점이 생겨나 시대적 변화에 맞는 사회보장의 기본법을 입법해야 하는 필요성이 제기되었다.

2 목적 및 기본 개념

(1) 목적과 기본 이념

① **목적(법 제1조)** : 사회보장에 관한 국민의 권리와 국가 및 지방자치단체의 책임을 정하고 사회보장 정책의 수립 · 추진과 관련 제도에 관한 기본적인 사항을 규정함으로써 국민의 복지증진에 이바지하는 것을 목적으로 한다.

② **기본 이념(법 제2조)** : 사회보장은 모든 국민이 다양한 사회적 위험으로부터 벗어나 행복하고 인간다운 생활을 향유할 수 있도록 자립을 지원하며, 사회참여 · 자아실현에 필요한 제도와 여건을 조성하여 사회통합과 행복한 복지사회를 실현하는 것을 기본 이념으로 한다.

(2) 사회보장의 기본개념(법 제3조)

11, 12, 14, 16, 19, 20회 기출

① **사회보장** : 출산, 양육, 실업, 노령, 장애, 질병, 빈곤 및 사망 등의 사회적 위험으로부터 모든 국민을 보호하고 국민 삶의 질을 향상시키는 데 필요한 소득 · 서비스를 보장하는 사회보험, 공공부조, 사회서비스를 말한다.

② **사회보험** : 국민에게 발생하는 사회적 위험을 보험의 방식으로 대처함으로써 국민의 건강과 소득을 보장하는 제도를 말한다.

③ **공공부조** : 국가와 지방자치단체의 책임 하에 생활 유지 능력이 없거나 생활이 어려운 국민의 최저생활을 보장하고 자립을 지원하는 제도를 말한다.

④ **사회서비스** : 국가 · 지방자치단체 및 민간부문의 도움이 필요한 모든 국민에게 복지, 보건의료, 교육, 고용, 주거, 문화, 환경 등의 분야에서 인간다운 생활을 보장하고 상담, 재활, 돌봄, 정보의 제공, 관련 시설의 이용, 역량 개발, 사회참여 지원 등을 통하여 국민의 삶의 질이 향상되도록 지원하는 제도를 말한다.

⑤ **평생사회안전망** : 생애주기에 걸쳐 보편적으로 충족되어야 하는 기본욕구와 특정한 사회위험에 의하여 발생하는 특수욕구를 동시에 고려하여 소득 · 서비스를 보장하는 맞춤형 사회보장제도를 말한다.

⑥ **사회보장 행정데이터** : 국가, 지방자치단체, 공공기관 및 법인이 법령에 따라 생성 또는 취득하여 관리하고 있는 자료 또는 정보로서 사회보장 정책 수행에 필요한 자료 또는 정보를 말한다.

3 사회보장의 책임

(1) 국가와 지방자치단체의 책임(법 제5조)

14, 20회 기출

① 국가와 지방자치단체는 모든 국민의 인간다운 생활을 유지 · 증진하는 책임을 가진다.

② 국가와 지방자치단체는 사회보장에 관한 책임과 역할을 합리적으로 분담하여야 한다.

③ 국가와 지방자치단체는 국가 발전수준에 부응하고 사회환경의 변화에 선제적으로 대응하며 지속가능한 사회보장제도를 확립하고 매년 이에 필요한 재원을 조달하여야 한다.

④ 국가는 사회보장제도의 안정적인 운영을 위하여 중장기 사회보장 재정추계를 격년으로 실시하고 이를 공표하여야 한다.

(2) 국가 등과 가정(법 제6조)

16회 기출

① 국가와 지방자치단체는 가정이 건전하게 유지되고 그 기능이 향상되도록 노력하여야 한다.

② 국가와 지방자치단체는 사회보장제도를 시행할 때에 가정과 지역공동체의 자발적인 복지활동을 촉진하여야 한다.

(3) 국민의 책임(법 제7조)

16회 기출

① 모든 국민은 자신의 능력을 최대한 발휘하여 자립 · 자활할 수 있도록 노력하여야 한다.

② 모든 국민은 경제적 · 사회적 · 문화적 · 정신적 · 신체적으로 보호가 필요하다고 인정되는 사람에게 지속적인 관심을 가지고 이들이 보다 나은 삶을 누릴 수 있는 사회환경 조성에 서로 협력하고 노력하여야 한다.

③ 모든 국민은 관계 법령에서 정하는 바에 따라 사회보장급여에 필요한 비용의 부담, 정보의 제공 등 국가의 사회보장정책에 협력하여야 한다.

4 주체와 객체

(1) 사회보장의 주체

사회보장의 주체는 국가 및 지방자치단체이지만 민간도 사회보장의 주체로서 역할을 할 수 있도록 적극적으로 조장함으로써 실질적으로 복지다원주의를 지향하고 있다.

(2) 사회보장의 객체

5, 6회 기출

① 경제적으로 빈곤한 자와 근로자뿐만 아니라 자영민이나 농어민 등도 포함되어 전 국민이 사회보장의 대상이 되고 있으며 나아가 내국인뿐만 아니라 국내에 거주하는 외국인도 포함된다.

② 사회보장은 국민 모두를 그 대상으로 함으로써 원칙적으로 보편주의에 입각하고 있다. 사회보장제도 가운데 사회보험은 보편주의를 택하고 있으나 공공부조는 자산조사를 통해 일정소득 이하의 국민만을 선별적으로 수혜대상으로 하는 선별주의를 택하고 있다.

③ 사회보장에 관하여 속인주의를 원칙으로 삼고 있다. 다만, 외국인에 대하여는 해당국과 상호주의에 입각한 사회보장협약과 같은 조약을 체결한 경우 외국인은 체류국인 대한민국 사회보장법의 적용을 받는다. 이때는 속인주의가 적용되지 않고 속지주의가 적용되지만, 공공부조의 경우 예외이다.

5 사회보장을 받을 권리(사회보장수급권)

(1) 개 념

① 제반 사회보장제도상의 급여를 받는 것을 권리로서 인정함을 말한다.

② 사회보장기본법에서 이러한 수급권을 미리 규정함으로써 권리성을 부여하여 국민복지를 증진하려는 것이다.

(2) 수급권자(법 제8조 및 법 제9조)

9, 13, 16, 19회 기출

① 모든 국민은 사회보장에 관한 관계 법령이 정하는 바에 의하여 사회보장의 급여를 받을 권리(사회보장수급권)를 가진다.

② 국내에 거주하는 외국인에 대한 사회보장제도의 적용은 상호주의의 원칙에 의하되, 관계 법령이 정하는 바에 따른다.

(3) 사회보장급여의 수준(법 제10조)

12, 14회 기출

① 국가와 지방자치단체는 모든 국민이 건강하고 문화적인 생활을 유지할 수 있도록 사회보장급여의 수준 향상을 위하여 노력하여야 한다.

② 국가는 관계 법령에서 정하는 바에 따라 최저보장수준과 최저임금을 매년 공표하여야 한다.

③ 국가와 지방자치단체는 최저보장수준과 최저임금 등을 고려하여 사회보장급여의 수준을 결정하여야 한다.

(4) 급여의 신청(법 제11조)

12, 14회 기출

① 사회보장급여를 받으려는 사람은 관계 법령에서 정하는 바에 따라 국가나 지방자치단체에 신청하여야 한다. 다만, 관계 법령에서 따로 정하는 경우에는 국가나 지방자치단체가 신청을 대신할 수 있다.

② 사회보장급여를 신청하는 사람이 다른 기관에 신청한 경우에는 그 기관은 지체 없이 이를 정당한 권한이 있는 기관에 이송하여야 한다. 이 경우 정당한 권한이 있는 기관에 이송된 날을 사회보장급여의 신청일로 본다.

(5) 사회보장수급권의 보호 · 제한 및 포기

10, 12, 14, 15, 16, 17, 19회 기출

① 사회보장수급권의 보호(법 제12조) : 사회보장수급권은 관계 법령에서 정하는 바에 따라 다른 사람에게 양도하거나 담보로 제공할 수 없으며, 이를 압류할 수 없다.

② 사회보장수급권의 제한(법 제13조)

㉠ 사회보장수급권은 제한되거나 정지될 수 없다. 다만, 관계 법령에서 따로 정하고 있는 경우에는 그러하지 아니하다.

㉡ 사회보장수급권이 제한되거나 정지되는 경우에는 제한 또는 정지하는 목적에 필요한 최소한의 범위에 그쳐야 한다.

③ 사회보장수급권의 포기(법 제14조)

㉠ 사회보장수급권은 정당한 권한이 있는 기관에 서면으로 통지하여 포기할 수 있다.

㉡ 사회보장수급권의 포기는 취소할 수 있다.

㉢ 사회보장수급권을 포기하는 것이 다른 사람에게 피해를 주거나 사회보장에 관한 관계 법령에 위반되는 경우에는 사회보장수급권을 포기할 수 없다.

(6) 불법행위에 대한 구상(법 제15조)

① 불법행위로 피해를 입은 국민이 그로 인하여 사회보장수급권을 가지게 된 경우 사회보장제도를 운영하는 자는 그 불법행위의 책임이 있는 자에 대하여 관계 법령에서 정하는 바에 따라 구상권을 행사할 수 있다.

② 구상권은 불법행위로 인하여 어려움을 당하는 국민으로 하여금 신속하게 생활의 곤궁을 회피하게 하여 인간다운 생활을 보장하기 위한 규정이다.

6 사회보장 기본계획과 사회보장위원회

(1) 사회보장 기본계획의 수립(법 제16조)

15회 기출

① 보건복지부장관은 관계 중앙행정기관의 장과 협의하여 사회보장 증진을 위하여 사회보장에 관한 기본계획을 5년마다 수립하여야 한다.

② 기본계획 포함 사항

㉠ 국내외 사회보장환경의 변화와 전망

㉡ 사회보장의 기본목표 및 중장기 추진방향

㉢ 주요 추진과제 및 추진방법

㉣ 필요한 재원의 규모와 조달방안

㉤ 사회보장 관련 기금 운용방안

㉥ 사회보장 전달체계

㉦ 그 밖에 사회보장정책의 추진에 필요한 사항

(2) 연도별 시행계획의 수립 · 시행(법 제18조)

① 보건복지부장관 및 관계 중앙행정기관의 장은 기본계획에 따라 사회보장과 관련된 소관 주요 시책의 시행계획을 매년 수립 · 시행하여야 한다.

② 관계 중앙행정기관의 장은 소관 시행계획 및 전년도의 시행계획에 따른 추진실적을 대통령령으로 정하는 바에 따라 매년 보건복지부장관에게 제출하여야 한다.

③ 보건복지부장관은 관계 중앙행정기관 및 보건복지부 소관의 추진실적을 종합하여 성과를 평가하고, 그 결과를 사회보장위원회에 보고하여야 한다.

(3) 지역계획의 수립 · 시행(법 제19조)

① 특별시장 · 광역시장 · 특별자치시장 · 도지사 또는 특별자치도지사 · 시장 · 군수 · 구청장은 관계 법령으로 정하는 바에 따라 사회보장에 관한 지역계획을 수립 · 시행하여야 한다.

② 지역계획은 기본계획과 연계되어야 한다.

(4) 사회보장위원회

9, 16, 18, 20회 기출

① 성격(법 제20조)

㉠ 사회보장에 관한 주요 시책을 심의 · 조정하기 위하여 국무총리 소속으로 사회보장위원회를 둔다.

㉡ 각종 사회보장 관계주요시책을 계획 · 개선하는 과정에서 사회보장심의위원회가 심의 · 조정하여 보다 양질의 정책과 제도를 수립 · 실행하는 것을 목적으로 하고 있다.

② 구성(법 제21조)

㉠ 위원회는 위원장 1명, 부위원장 3명과 행정안전부장관, 고용노동부장관, 여성가족부장관, 국토교통부장관을 포함한 30명 이내의 위원으로 구성한다.

㉡ 위원장은 국무총리가 되고 부위원장은 기획재정부장관, 교육부장관 및 보건복지부장관이 된다.

㉢ 위원회의 위원은 대통령령으로 정하는 관계 중앙행정기관의 장(법무부장관, 문화체육관광부장관, 농림축산식품부장관, 산업통상자원부장관, 환경부장관, 국무조정실장 및 국가보훈처장), 근로자와 사용자를 대표하는 사람 중에서 대통령이 위촉하는 사람, 사회보장에 관한 학식과 경험이 풍부한 사람 중에서 대통령이 위촉하는 사람, 변호사 자격이 있는 사람 중에서 대통령이 위촉하는 사람으로 한다(시행령 제9조).

㉣ 위원의 임기는 2년으로 한다. 다만, 공무원인 위원의 임기는 그 재임 기간으로 하고, 위원이 기관 · 단체의 대표자 자격으로 위촉된 경우에는 그 임기는 대표의 지위를 유지하는 기간으로 한다.

㉤ 보궐위원의 임기는 전임자 임기의 남은 기간으로 한다.

㉥ 위원회를 효율적으로 운영하고 위원회의 심의 · 조정 사항을 전문적으로 검토하기 위하여 위원회에 실무위원회를 두며, 실무위원회에 분야별 전문위원회를 둘 수 있다.

ⓢ 실무위원회에서 의결한 사항은 위원장에게 보고하고 위원회의 심의를 거쳐야 한다. 다만, 대통령령으로 정하는 경미한 사항에 대하여는 실무위원회의 의결로써 위원회의 의결을 갈음할 수 있다.
ⓞ 위원회의 사무를 효율적으로 처리하기 위하여 **보건복지부에 사무국**을 둔다.
ⓩ 이 법에서 규정한 사항 외에 위원회, 실무위원회, 분야별 전문위원회, 사무국의 구성 · 조직 및 운영 등에 필요한 사항은 대통령령으로 정한다.

Plus ⊕ one

사회보장위원회의 심의 · 조정사항(법 제20조) 17회 기출

- 사회보장 증진을 위한 기본계획
- 사회보장 관련 주요 계획
- 사회보장제도의 평가 및 개선
- 사회보장제도의 신설 또는 변경에 따른 우선순위
- 둘 이상의 중앙행정기관이 관련된 주요 사회보장정책
- 사회보장급여 및 비용 부담
- 국가와 지방자치단체의 역할 및 비용 분담
- 사회보장의 재정추계 및 재원조달 방안
- 사회보장 전달체계 운영 및 개선
- 사회보장통계
- 사회보장정보의 보호 및 관리
- 사회보장제도의 신설 또는 변경에 따른 조정
- 그 밖에 위원장이 심의에 부치는 사항

7 사회보장정책의 기본방향

(1) 평생사회안전망의 구축 · 운영(법 제22조)

① 국가와 지방자치단체는 모든 국민이 생애 동안 삶의 질을 유지 · 증진할 수 있도록 **평생사회안전망**을 구축하여야 한다.
② 국가와 지방자치단체는 평생사회안전망을 구축 · 운영함에 있어 사회적 취약계층을 위한 공공부조를 마련하여 최저생활을 보장하여야 한다.

(2) 사회서비스 보장(법 제23조)

① 국가와 지방자치단체는 모든 국민의 인간다운 생활과 자립, 사회참여, 자아실현 등을 지원하여 삶의 질이 향상될 수 있도록 사회서비스에 관한 시책을 마련하여야 한다.
② 국가와 지방자치단체는 사회서비스 보장과 소득보장이 효과적이고 균형적으로 연계되도록 하여야 한다.

(3) 소득 보장(법 제24조)

16회 기출

① 국가와 지방자치단체는 다양한 사회적 위험 하에서도 모든 국민들이 인간다운 생활을 할 수 있도록 소득을 보장하는 제도를 마련하여야 한다.

② 국가와 지방자치단체는 공공부문과 민간부문의 소득보장제도가 효과적으로 연계되도록 하여야 한다.

8 사회보장제도의 운영

(1) 운영원칙(법 제25조)

6, 11, 13, 15, 17, 20회 기출

① **적용범위의 보편성** : 국가와 지방자치단체가 사회보장제도를 운영할 때에는 이 제도를 필요로 하는 모든 국민에게 적용하여야 한다.

② **급여 수준 및 비용 부담의 형평성** : 국가와 지방자치단체는 사회보장제도의 급여 수준과 비용 부담 등에서 형평성을 유지하여야 한다.

③ **운영의 민주성** : 국가와 지방자치단체는 사회보장제도의 정책 결정 및 시행 과정에 공익의 대표자 및 이해관계인 등을 참여시켜 이를 민주적으로 결정하고 시행하여야 한다.

④ **연계성 · 전문성 강화** : 국가와 지방자치단체가 사회보장제도를 운영할 때에는 국민의 다양한 복지 욕구를 효율적으로 충족시키기 위하여 연계성과 전문성을 높여야 한다.

⑤ **시행의 책임성** : 사회보험은 국가의 책임으로 시행하고, 공공부조와 사회서비스는 국가와 지방자치단체의 책임으로 시행하는 것을 원칙으로 한다. 다만, 국가와 지방자치단체의 재정형편 등을 고려하여 이를 협의 · 조정할 수 있다.

(2) 협의 및 조정(법 제26조)

16, 18회 기출

① 국가와 지방자치단체는 사회보장제도를 신설하거나 변경할 경우 기존 제도와의 관계, 사회보장 전달체계에 미치는 영향, 재원의 규모 · 조달방안을 포함한 재정에 미치는 영향 및 지역별 특성 등을 사전에 충분히 검토하고 상호협력하여 사회보장급여가 중복 또는 누락되지 아니하도록 하여야 한다.

② 중앙행정기관의 장과 지방자치단체의 장은 사회보장제도를 신설하거나 변경할 경우 신설 또는 변경의 타당성, 기존 제도와의 관계, 사회보장 전달체계에 미치는 영향, 지역복지 활성화에 미치는 영향 및 운영방안 등에 대하여 대통령령으로 정하는 바에 따라 보건복지부장관과 협의하여야 한다.

③ 중앙행정기관의 장과 지방자치단체의 장은 업무를 효율적으로 수행하기 위하여 필요하다고 인정하는 경우에는 관련 자료의 수집 · 조사 및 분석에 관한 업무를 다음의 기관 또는 단체에 위탁할 수 있다.

㉠ 정부출연연구기관 등의 설립 · 운영 및 육성에 관한 법률에 따라 설립된 정부출연연구기관

㉡ 사회보장급여의 이용 · 제공 및 수급권자 발굴에 관한 법률에 따른 한국사회보장정보원

㉢ 그 밖에 대통령령으로 정하는 전문기관 또는 단체

④ 중앙행정기관의 장과 지방자치단체의 장은 ②에 따른 협의가 이루어지지 아니할 경우 위원회에 조정을 신청할 수 있으며, 위원회는 대통령령으로 정하는 바에 따라 이를 조정한다.
⑤ 보건복지부장관은 사회보장급여 관련 업무에 공통적으로 적용되는 기준을 마련할 수 있다.

(3) 민간의 참여(법 제27조)

① 국가와 지방자치단체는 사회보장에 대한 민간부문의 참여를 유도할 수 있도록 정책을 개발 · 시행하고 그 여건을 조성하여야 한다.
② 국가와 지방자치단체는 사회보장에 대한 민간부문의 참여를 유도하기 위하여 다음의 사업이 포함된 시책을 수립 · 시행할 수 있다.
㉠ 자원봉사, 기부 등 나눔의 활성화를 위한 각종 지원 사업
㉡ 사회보장정책의 시행에 있어 민간 부문과의 상호협력체계 구축을 위한 지원사업
㉢ 그 밖에 사회보장에 관련된 민간의 참여를 유도하는 데에 필요한 사업
③ 국가와 지방자치단체는 개인 · 법인 또는 단체가 사회보장에 참여하는 데에 드는 경비의 전부 또는 일부를 지원하거나 그 업무를 수행하기 위하여 필요한 지원을 할 수 있다.

(4) 비용의 부담(법 제28조)

① 사회보장비용의 부담은 각각의 사회보장제도의 목적에 따라 국가, 지방자치단체 및 민간부문 간에 합리적으로 조정되어야 한다.
② 사회보험에 드는 비용은 사용자, 피용자(被傭者) 및 자영업자가 부담하는 것을 원칙으로 하되, 관계 법령에서 정하는 바에 따라 국가가 그 비용의 일부를 부담할 수 있다.
③ 공공부조 및 관계 법령에서 정하는 일정 소득 수준 이하의 국민에 대한 사회서비스에 드는 비용의 전부 또는 일부는 국가와 지방자치단체가 부담한다.
④ 부담 능력이 있는 국민에 대한 사회서비스에 드는 비용은 그 수익자가 부담함을 원칙으로 하되, 관계 법령에서 정하는 바에 따라 국가와 지방자치단체가 그 비용의 일부를 부담할 수 있다.

(5) 사회보장 전달체계(법 제29조)

① 국가와 지방자치단체는 모든 국민이 쉽게 이용할 수 있고 사회보장급여가 적시에 제공되도록 지역적 · 기능적으로 균형 잡힌 사회보장 전달체계를 구축하여야 한다.
② 국가와 지방자치단체는 사회보장 전달체계의 효율적 운영에 필요한 조직, 인력, 예산 등을 갖추어야 한다.
③ 국가와 지방자치단체는 공공부문과 민간부문의 사회보장 전달체계가 효율적으로 연계되도록 노력하여야 한다.

(6) 사회보장급여의 관리(법 제30조) 17회 기출

① 국가와 지방자치단체는 국민의 사회보장수급권의 보장 및 재정의 효율적 운용을 위하여 다음에 관한 사회보장급여의 관리체계를 구축 · 운영하여야 한다.

㉠ 사회보장수급권자 권리구제
㉡ 사회보장급여의 사각지대 발굴
㉢ 사회보장급여의 부정 · 오류 관리
㉣ 사회보장급여의 과오지급액의 환수 등 관리

② 보건복지부장관은 사회서비스의 품질기준 마련, 평가 및 개선 등의 업무를 수행하기 위하여 필요한 전담기구를 설치할 수 있다.

(7) 사회보장통계(법 제32조)

① 국가와 지방자치단체는 효과적인 사회보장정책의 수립 · 시행을 위하여 사회보장에 관한 통계를 작성 · 관리하여야 한다.
② 관계 중앙행정기관의 장과 지방자치단체의 장은 소관 사회보장통계를 대통령령으로 정하는 바에 따라 보건복지부장관에게 제출하여야 한다.
③ 보건복지부장관은 제출된 사회보장통계를 종합하여 사회보장위원회에 제출하여야 한다.

(8) 국가와 지방자치단체의 기타 책무(법 제33조, 제34조, 제35조 및 제36조)

① **정보의 공개** : 국가와 지방자치단체는 사회보장제도에 관하여 국민이 필요한 정보를 관계 법령에서 정하는 바에 따라 공개하고, 이를 홍보하여야 한다.
② **사회보장에 관한 설명** : 국가와 지방자치단체는 사회보장 관계 법령에서 규정한 권리나 의무를 해당 국민에게 설명하도록 노력하여야 한다.
③ **사회보장에 관한 상담** : 국가와 지방자치단체는 사회보장 관계 법령에서 정하는 바에 따라 사회보장에 관한 상담에 응하여야 한다.
④ **사회보장에 관한 통지** : 국가와 지방자치단체는 사회보장 관계 법령에서 정하는 바에 따라 사회보장에 관한 사항을 해당 국민에게 알려야 한다.

9 사회보장정보의 관리

(1) 사회보장정보시스템의 구축 · 운영 등(법 제37조)

① 국가와 지방자치단체는 국민편익의 증진과 사회보장업무의 효율성 향상을 위하여 사회보장업무를 전자적으로 관리하도록 노력하여야 한다.
② 국가는 관계 중앙행정기관과 지방자치단체에서 시행하는 사회보장수급권자 선정 및 급여 관리 등에 관한 정보를 통합 · 연계하여 처리 · 기록 및 관리하는 시스템을 구축 · 운영할 수 있다.
③ 보건복지부장관은 사회보장정보시스템의 구축 · 운영을 총괄한다.
④ 보건복지부장관은 사회보장정보시스템 구축 · 운영의 전 과정에서 개인정보 보호를 위하여 필요한 시책을 마련하여야 한다.

⑤ 보건복지부장관은 관계 중앙행정기관, 지방자치단체 및 관련 기관 · 단체에 사회보장정보시스템의 운영에 필요한 정보의 제공을 요청하고 제공받은 목적의 범위에서 보유 · 이용할 수 있다. 이 경우 자료의 제공을 요청받은 자는 정당한 사유가 없으면 이에 따라야 한다.
⑥ 관계 중앙행정기관 및 지방자치단체의 장은 사회보장정보와 관련하여 사회보장정보시스템의 활용이 필요한 경우 사전에 보건복지부장관과 협의하여야 한다. 이 경우 보건복지부장관은 관련 업무에 필요한 범위에서 정보를 제공할 수 있고 정보를 제공받은 관계 중앙행정기관 및 지방자치단체의 장은 제공받은 목적의 범위에서 보유 · 이용할 수 있다.
⑦ 보건복지부장관은 사회보장정보시스템의 운영 · 지원을 위하여 전담기구를 설치할 수 있다.

(2) 개인정보 등의 보호(법 제38조)

① 사회보장업무에 종사하거나 종사하였던 자는 사회보장업무 수행과 관련하여 알게 된 개인 · 법인 또는 단체의 정보를 관계 법령에서 정하는 바에 따라 보호하여야 한다.
② 국가와 지방자치단체, 공공기관, 법인 · 단체, 개인이 조사하거나 제공받은 개인 · 법인 또는 단체의 정보는 이 법과 관련 법률에 근거하지 아니하고 보유, 이용, 제공되어서는 아니 된다.

10 보 칙

(1) 권리구제와 의견수렴

① 권리구제(법 제39조) : 위법 또는 부당한 처분을 받거나 필요한 처분을 받지 못함으로써 권리 또는 이익을 침해받은 국민은 행정심판법에 따른 행정심판을 청구하거나 행정소송법에 따른 행정소송을 제기하여 그 처분의 취소 또는 변경 등을 청구할 수 있다.
② 국민 등의 의견수렴(법 제40조) : 국가와 지방자치단체는 국민생활에 중대한 영향을 미치는 사회보장 계획 및 정책을 수립하려는 경우 공청회 및 정보통신망 등을 통하여 국민과 관계 전문가의 의견을 충분히 수렴하여야 한다.

(2) 관계 행정기관 등의 협조(법 제41조)

① 국가와 지방자치단체는 사회보장 관련 계획 및 정책의 수립 · 시행, 사회보장통계의 작성 등을 위하여 관련 공공기관, 법인, 단체 및 개인에게 자료제출 등 필요한 협조를 요청할 수 있다.
② 위원회는 사회보장에 관한 자료 제출 등 위원회 업무에 필요한 경우 관계 행정기관의 장에게 협조를 요청할 수 있다.
③ 협조요청을 받은 자는 정당한 사유가 없으면 이에 따라야 한다.

제2절 사회복지사업법

1 개 요

(1) 사회복지사업의 정의(법 제2조 제1호)

사회복지사업이란 보호 · 선도 또는 복지에 관한 사업과 사회복지상담, 직업지원, 무료 숙박, 지역사회복지, 의료복지, 재가복지, 사회복지관 운영, 정신질환자 및 한센병력자의 사회복귀에 관한 사업 등 각종 복지사업과 이와 관련된 자원봉사활동 및 복지시설의 운영 또는 지원을 목적으로 하는 사업을 말한다.

(2) 사회복지사업의 특징

① 사회복지사업법의 급여는 금전적 · 물질적 급여보다는 비금전적 · 비물질적 급여를 내용으로 한다. 다시 말하면, 보호, 선도, 또는 복지에 관한 사업, 상담, 사회복귀, 자원봉사, 시설사업의 운영 및 지원을 내용으로 하는데 이것은 경제적 욕구에 대한 개입이라기보다는 비물질적 심리, 사회적 욕구의 해결을 목적으로 한다.

② 사회적 욕구의 해결은 사회복지전문가의 전문적 개입과 실천이 필수적이다. 이를 위해 사회복지사업법은 사회복지사의 자격제도와 사회복지공공행정을 위한 사회복지전담공무원 제도를 규정하고 있다.

③ 사회복지사업은 대상자별(아동, 노인, 장애인, 성폭력피해자 등), 문제별(심리사회, 질병, 소득, 범죄, 학대 등), 접근방법별(비금전적 방법, 금전적 방법, 지원적 방법 등)로 분류할 수 있다.

④ 사회복지사업은 위 규정에 명시한 사업만을 의미하지 않는다. 다시 말하면, 위 규정은 사회복지사업의 한 예시일 뿐이다. 그러므로 앞서 기술한 세 가지 성격에 실질적으로 해당하는 사회복지활동을 사회복지사업이라고 말할 수 있다.

⑤ 사회복지사업법은 헌법 제34조에 규정된 생존권을 구체화한 법률이며, 사회복지사업의 조직과 운영에 관한 기본법적 성격을 갖는 동시에 일반법적 특성을 갖는다.

⑥ 사회복지사업 관련 법률의 제정 시 입법지침을 제공해 주어야 하며, 헌법과 개별사회복지사업 관련법 간의 중간자 역할을 수행한다.

⑦ 사회복지와 관련된 헌법의 추상적인 법 이념과 원칙, 사회복지사업분야의 관련 법률을 제정하거나 개정할 때 입법지침을 제공해 주어야 한다.

(3) 사회복지의 날 제정 및 포상(법 제15조의2, 법 제50조)

16, 19회 기출

① **사회복지의 날** : 국가는 국민의 사회복지에 대한 이해를 증진하고 사회복지사업 종사자의 활동을 장려하기 위하여 매년 9월 7일을 사회복지의 날로 하고, 사회복지의 날부터 1주간을 사회복지주간으로 한다. 국가와 지방자치단체는 사회복지의 날의 취지에 적합한 행사 등 사업을 하도록 노력하여야 한다.

② **포상** : 정부는 사회복지사업에 관하여 공로가 현저하거나 모범이 되는 자에게 포상(褒賞)을 할 수 있다.

Plus ⊕ one

사회복지사업의 근거가 되는 법(법 제2조 제1호) 13회 기출

국민기초생활 보장법, 아동복지법, 노인복지법, 장애인복지법, 한부모가족지원법, 영유아보육법, 성매매방지 및 피해자보호 등에 관한 법률, 정신건강증진 및 정신질환자 복지서비스 지원에 관한 법률, 성폭력방지 및 피해자보호 등에 관한 법률, 입양특례법, 일제하 일본군위안부 피해자에 대한 생활안정지원 및 기념사업 등에 관한 법률, 사회복지공동모금회법, 장애인 · 노인 · 임산부 등의 편의증진 보장에 관한 법률, 가정폭력방지 및 피해자보호 등에 관한 법률, 농어촌주민의 보건복지증진을 위한 특별법, 식품 등 기부 활성화에 관한 법률, 의료급여법, 기초연금법, 긴급복지지원법, 다문화가족지원법, 장애인연금법, 장애인활동 지원에 관한 법률, 노숙인 등의 복지 및 자립지원에 관한 법률, 보호관찰 등에 관한 법률, 장애아동 복지지원법, 발달장애인 권리보장 및 지원에 관한 법률, 청소년복지 지원법, 그 밖에 대통령령으로 정하는 법률

2 사회복지사업법의 목적 및 이념

(1) 사회복지 사업법의 목적(법 제1조)

① 사회복지사업에 관한 기본적 사항을 규정한다.
② 사회복지를 필요로 하는 사람에 대하여 인간의 존엄성과 인간다운 생활을 할 권리를 보장한다.
③ 사회복지의 전문성을 높이며, 사회복지사업의 공정 · 투명 · 적정을 도모한다.
④ 지역사회복지의 체계를 구축하고 사회복지서비스의 질을 높여 사회복지의 증진에 이바지한다.

(2) 사회복지사업법의 이념(법 제1조의2) 19회 기출

① 사회복지를 필요로 하는 사람은 누구든지 자신의 의사에 따라 서비스를 신청하고 제공받을 수 있다.
② 사회복지법인 및 사회복지시설은 공공성을 가지며 사회복지사업을 시행하는 데 있어서 공공성을 확보하여야 한다.
③ 사회복지사업을 시행하는 데 있어서 사회복지를 제공하는 자는 사회복지를 필요로 하는 사람의 인권을 보장하여야 한다.
④ 사회복지서비스를 제공하는 자는 필요한 정보를 제공하는 등 사회복지서비스를 이용하는 사람의 선택권을 보장하여야 한다.

3 용어의 정의와 타법과의 관계

(1) 용어의 정의

① **지역사회복지** : 주민의 복지증진과 삶의 질 향상을 위하여 지역사회 차원에서 전개하는 사회복지
② **사회복지법인** : 사회복지사업을 할 목적으로 설립된 법인
③ **사회복지시설** : 사회복지사업을 할 목적으로 설치된 시설
④ **사회복지관** : 지역사회를 기반으로 일정한 시설과 전문 인력을 갖추고 지역주민의 참여와 협력을 통하여 지역사회의 복지문제를 예방하고 해결하기 위하여 종합적인 복지서비스를 제공하는 시설
⑤ **사회복지서비스** : 국가 · 지방자치단체 및 민간부문의 도움을 필요로 하는 모든 국민에게 사회서비스 중 사회복지사업을 통한 서비스를 제공하여 삶의 질이 향상되도록 제도적으로 지원하는 것
⑥ **보건의료서비스** : 국민의 건강을 보호 · 증진하기 위하여 보건의료인이 하는 모든 활동

(2) 타법과의 관계 및 법률적 지위(법 제3조)

① 사회복지사업의 내용, 절차 등에 관하여 사회복지사업과 관련된 타 법률에 특별한 규정이 있는 경우를 제외하고는 사회복지사업법의 규정에 따른다.
② 사회복지사업법은 사회복지사업에 관한 일반법으로서 역할을 한다. '특별법 우선의 원칙'에 따라 다른 특정 법률에 규정이 있는 법률은 특별법으로서 일반법인 사회복지사업법에 우선 적용된다.
③ 예를 들어 사회복지사업법과 노인복지법 간에 충돌이 있는 경우 노인복지법의 규정들은 사회복지사업법에 우선하여 적용된다. 사회복지사업법은 사회복지사업관련 타 법률보다 상위에 있는 법이 아니라 동일한 위치에 있는 법이다.
④ 사회복지사업과 관련 특정 법률을 개정하는 경우에는 사회복지사업법에 부합하도록 하여야 한다. 사회복지사업법은 법률 개정 시에 다른 사회복지관련법의 모법의 역할을 한다.

4 국가 및 지방자치단체의 책임

(1) 복지와 인권증진의 책임

① 일반적 책임(법 제4조)
㉠ 국가와 지방자치단체는 사회복지서비스를 증진하고, 서비스를 이용하는 사람에 대하여 인권침해를 예방하고 차별을 금지하며 인권을 옹호할 책임을 진다.
㉡ 국가와 지방자치단체는 사회복지서비스와 보건의료서비스를 함께 필요로 하는 사람에게 이들 서비스가 연계되어 제공되도록 노력하여야 한다.

㉢ 국가와 지방자치단체, 그 밖에 사회복지사업을 하는 자는 사회복지를 필요로 하는 사람에 대하여 그 사업과 관련한 상담, 작업치료, 직업훈련 등을 실시하고 필요한 경우에는 주민의 복지 욕구를 조사할 수 있다.

㉣ 국가와 지방자치단체는 도움을 필요로 하는 국민이 본인의 선호와 필요에 따라 적절한 사회복지서비스를 제공받을 수 있도록 사회복지서비스 수요자 등을 고려하여 사회복지시설이 균형 있게 설치되도록 노력하여야 한다.

㉤ 국가와 지방자치단체는 민간부문의 사회복지 증진활동이 활성화되고 국가 및 지방자치단체의 사회복지사업과 민간부문의 사회복지 증진활동이 원활하게 연계될 수 있도록 노력하여야 한다.

㉥ 국가와 지방자치단체는 사회복지를 필요로 하는 사람의 인권이 충분히 존중되는 방식으로 사회복지서비스를 제공하고 사회복지와 관련된 인권교육을 강화하여야 한다.

㉦ 국가와 지방자치단체는 사회복지서비스를 이용하는 사람이 긴급한 인권침해 상황에 놓인 경우 신속히 대응할 체계를 갖추어야 한다.

㉧ 국가와 지방자치단체는 시설 거주자의 희망을 반영하여 지역사회보호체계에서 서비스가 제공될 수 있도록 노력하여야 한다.

㉨ 국가와 지방자치단체는 사회복지서비스를 필요로 하는 사람들에게 사회복지서비스의 실시에 대한 정보를 제공하여야 한다.

㉩ 국가와 지방자치단체는 사회복지서비스를 제공하는 자로부터 위법 또는 부당한 처분을 받아 권리나 이익을 침해당한 사람을 위하여 간이하고 신속한 구제조치를 마련하여야 한다.

② **사회복지시설 설치의 책임(법 제6조)**

㉠ 누구든지 정당한 이유 없이 사회복지시설의 설치를 방해하여서는 아니 된다.

㉡ 시장 · 군수 · 구청장은 정당한 이유 없이 사회복지시설의 설치를 지연시키거나 제한하는 조치를 하여서는 아니 된다.

(2) 사회복지서비스 제공의 원칙(법 제5조의2)

17, 19회 기출

① 사회복지서비스를 필요로 하는 사람에 대한 사회복지서비스 제공은 현물로 제공하는 것을 원칙으로 한다.

② 시장 · 군수 · 구청장은 국가 또는 지방자치단체 외의 자로 하여금 서비스 제공을 실시하게 하는 경우에는 보호대상자에게 사회복지서비스 이용권을 지급하여 국가 또는 지방자치단체 외의 자로부터 그 이용권으로 서비스 제공을 받게 할 수 있다.

③ 국가와 지방자치단체는 사회복지서비스의 품질향상과 원활한 제공을 위하여 필요한 시책을 마련하여야 한다.

④ 국가와 지방자치단체는 사회복지서비스의 품질을 관리하기 위하여 사회복지서비스를 제공하는 기관 · 법인 · 시설 · 단체의 서비스 환경, 서비스 제공 인력의 전문성 등을 평가할 수 있다.

(3) 사회복지시설 업무의 전자화(법 제6조의2)

14회 기출

① 보건복지부장관은 사회복지법인 및 사회복지시설의 종사자, 거주자 및 이용자에 관한 자료 등 운영에 필요한 정보의 효율적 처리와 기록 · 관리 업무의 전자화를 위하여 **정보시스템을 구축 · 운영**할 수 있다.

② 보건복지부장관은 정보시스템을 구축 · 운영하는 데 필요한 자료를 수집 · 관리 · 보유할 수 있으며 관련 기관 및 단체에 필요한 자료의 제공을 요청할 수 있다. 이 경우 요청을 받은 기관 및 단체는 정당한 사유가 없으면 그 요청에 따라야 한다.

③ 지방자치단체의 장은 사회복지사업을 수행할 때 관할 복지행정시스템과 정보시스템을 전자적으로 연계하여 활용하여야 한다.

④ 사회복지법인의 대표이사와 사회복지시설의 장은 국가와 지방자치단체가 실시하는 **사회복지업무의 전자화 시책에 협력하여야 한다.**

⑤ 보건복지부장관은 정보시스템을 효율적으로 운영하기 위하여 **전담기구**에 그 운영에 관한 업무를 위탁할 수 있다.

(4) 양성 책임과 재정 책임

① **사회복지 자원봉사활동의 지원 · 육성 및 양성 책임(법 제9조)**

㉠ 국가와 지방자치단체는 사회복지 자원봉사활동을 지원 · 육성하기 위하여 다음의 사항을 실시하여야 한다.

- 자원봉사활동의 홍보 및 교육
- 자원봉사활동 프로그램의 개발 · 보급
- 자원봉사활동 중의 재해에 대비한 시책의 개발
- 그 밖에 자원봉사활동의 지원에 필요한 사항

㉡ 국가와 지방자치단체는 위의 사항을 효율적으로 수행하기 위하여 **사회복지법인이나 그 밖의 비영리법인 · 단체에 이를 위탁**할 수 있다.

② **재정 책임(법 제42조 및 제44조)**

19회 기출

㉠ 국가나 지방자치단체는 사회복지사업을 하는 자 중 대통령령으로 정하는 자(사회복지법인, 사회복지사업을 수행하는 비영리법인, 사회복지시설 보호대상자를 수용하거나 보육 · 상담 및 자립지원을 하기 위하여 사회복지시설을 설치 · 운영하는 개인)에게 **운영비 등 필요한 비용의 전부 또는 일부를 보조할 수 있다**(법 제42조 제1항).

㉡ 복지조치에 필요한 비용을 부담한 지방자치단체의 장이나 그 밖에 시설을 운영하는 자는 그 혜택을 받은 본인 또는 그 부양의무자로부터 대통령령으로 정하는 바에 따라 그가 부담한 비용의 전부 또는 일부를 징수할 수 있다(법 제44조).

㉢ 보건복지부장관은 시설에서 제공하는 **서비스의 최저기준을 마련**하여야 하고 **시설 운영자는 서비스 최저기준 이상으로 서비스 수준을 유지**하여야 한다(법 제 43조 제1 · 2항).

(5) 사회복지법인, 시설(장) 및 종사자의 책임

18회 기출

① 인권존중 및 최대 봉사의 원칙(법 제5조)

㉠ 복지업무에 종사하는 사람은 그 업무를 수행할 때에 사회복지를 필요로 하는 사람을 위하여 인권을 존중하고 차별 없이 최대로 봉사하여야 한다.

㉡ 국가와 지방자치단체는 복지업무에 종사하는 사람이 그 업무를 수행할 때에 사회복지를 필요로 하는 사람의 인권을 침해하는 행위를 한 경우에는 법률이 정하는 바에 따라 처분하고 그 사실을 공표하는 등의 조치를 하여야 한다.

② 비밀보장의 의무 : 사회복지사업 또는 사회복지업무에 종사하였거나 종사하고 있는 사람은 그 업무 수행 과정에서 알게 된 다른 사람의 비밀을 누설하여서는 아니 된다(법 제47조).

③ 보험가입 및 안전점검의무

㉠ 시설의 운영자는 화재로 인한 손해배상책임이나 화재 외의 안전사고로 인하여 생명 · 신체에 피해를 입은 보호대상자에 대한 손해배상책임을 이행하기 위하여 손해보험회사의 책임보험에 가입하거나 **한국사회복지공제회**의 책임공제에 가입하여야 한다(법 제34조의3 제1항).

㉡ 시설의 장은 시설에 대해 정기 및 **수시 안전점검**을 실시해야 한다(법 제34조의4 제1항).

④ 상근 및 서류비치의 의무

㉠ 시설의 장은 상근해야 한다(법 제35조 제1항).

㉡ 후원금품대장 등 보건복지부령이 정하는 서류를 시설에 갖추어 두어야 한다(법 제37조).

⑤ 임원의 겸직 금지(법 제21조)

㉠ 이사는 법인이 설치한 사회복지시설의 장을 제외한 그 시설의 직원을 겸할 수 없다.

㉡ 감사는 법인의 이사, 법인이 설치한 사회복지시설의 장 또는 그 직원을 겸할 수 없다.

⑥ 사회복지사 채용의무 : 사회복지법인 및 사회복지시설을 설치 · 운영하는 자는 대통령령으로 정하는 바에 따라 **사회복지사를 그 종사자로 채용**하고, 보고방법 · 보고주기 등 보건복지부령으로 정하는 바에 따라 특별시장 · 광역시장 · 특별자치시장 · 도지사 · 특별자치도지사 또는 시장 · 군수 · 구청장에게 사회복지사의 임면에 관한 사항을 보고하여야 한다. 다만, 대통령령으로 정하는 사회복지시설은 그러하지 아니하다(법 제13조 제1항).

⑦ 시설의 운영위원회 설치의무 : 시설의 장은 시설의 운영에 관한 다음의 사항을 심의하기 위하여 시설에 운영위원회를 두어야 한다. 다만, 보건복지부령으로 정하는 경우에는 복수의 시설에 공동으로 운영위원회를 둘 수 있다(법 제36조 제1항).

㉠ 시설운영계획의 수립 · 평가에 관한 사항

㉡ 사회복지 프로그램의 개발 · 평가에 관한 사항

㉢ 시설 종사자의 근무환경 개선에 관한 사항

㉣ 시설 거주자의 생활환경 개선 및 고충 처리 등에 관한 사항

㉤ 시설 종사자와 거주자의 인권보호 및 권익증진에 관한 사항

㉥ 시설과 지역사회의 협력에 관한 사항

㉦ 그 밖에 시설의 장이 운영위원회의 회의에 부치는 사항

⑧ **운영위원회의 위원** : 다음의 어느 하나에 해당하는 사람 중에서 관할 시장 · 군수 · 구청장이 임명하거나 위촉한다(법 제36조 제2항).

㉠ 시설의 장

㉡ 시설 거주자 대표

㉢ 시설 거주자의 보호자 대표

㉣ 시설 종사자의 대표

㉤ 해당 시 · 군 · 구 소속의 사회복지업무를 담당하는 공무원

㉥ 후원자 대표 또는 지역주민

㉦ 공익단체에서 추천한 사람

㉧ 그 밖에 시설의 운영 또는 사회복지에 관하여 전문적인 지식과 경험이 풍부한 사람

⑨ **후원금 관리의무** : 사회복지법인의 대표이사와 시설의 장은 아무런 대가 없이 무상으로 받은 금품이나 그 밖의 자산의 수입 · 지출 내용을 공개하여야 하며 그 관리에 명확성이 확보되도록 하여야 한다(법 제45조 제1항).

5 사회복지사

(1) 사회복지사 자격증의 발급(법 제11조)

① 보건복지부장관은 사회복지에 관한 전문지식과 기술을 가진 사람에게 사회복지사 자격증을 발급할 수 있다. 다만, 자격증 발급 신청일 기준으로 제11조의2에 따른 결격사유에 해당하는 사람에게 자격증을 발급해서는 아니 된다.

② 사회복지사의 등급은 1급 · 2급으로 하고 등급별 자격기준 및 자격증의 발급절차 등은 대통령령으로 정한다.

③ 사회복지사 1급 자격증을 받으려는 사람은 국가시험에 합격하여야 한다.

(2) 사회복지사의 결격사유(법 제11조의2)

7회 기출

① 피성년후견인 또는 피한정후견인

② 금고 이상의 형을 선고받고 그 집행이 끝나지 아니하였거나 그 집행을 받지 아니하기로 확정되지 아니한 사람

③ 법원의 판결에 따라 자격이 상실되거나 정지된 사람

④ 마약 · 대마 또는 향정신성의약품의 중독자

⑤ 정신건강증진 및 정신질환자 복지서비스 지원에 관한 법률에 따른 정신질환자. 다만, 전문의가 사회복지사로서 적합하다고 인정하는 사람은 그러하지 아니하다.

(3) 사회복지사의 의무채용(법 제13조 및 시행령 제6조 제1항)

6, 14회 기출

① 사회복지법인 및 사회복지시설을 설치 · 운영하는 자는 해당 법인 또는 시설에서 다음에 해당하는

업무에 종사하는 사회복지사를 채용하고, 보고방법 · 보고주기 등 보건복지부령으로 정하는 바에 따라 특별시장 · 광역시장 · 특별자치시장 · 도지사 · 특별자치도지사 또는 시장 · 군수 · 구청장에게 사회복지사의 임면에 관한 사항을 보고하여야 한다. 다만, 대통령령으로 정하는 사회복지시설은 그러하지 아니하다.

㉠ 사회복지프로그램의 개발 및 운영업무

㉡ 시설거주자의 생활지도업무

㉢ 사회복지를 필요로 하는 사람에 대한 상담업무

② 사회복지법인 및 사회복지시설을 설치 · 운영하는 자는 매월 말일까지 서면 또는 정보시스템을 통하여 사회복지사의 임면에 관한 사항을 특별시장 · 광역시장 · 도지사 · 특별자치도지사 또는 시장 · 군수 · 구청장에게 보고하여야 한다(시행규칙 제5조).

(4) 사회복지사의 의무채용 예외시설(시행령 제6조 제2항) 7, 15회 기출

① 노인복지법에 따른 노인여가복지시설(단, 노인복지관은 의무채용 시설에 해당)

② 장애인복지법에 따른 장애인 지역사회재활시설 중 수화통역센터, 점자도서관, 점자도서 및 녹음서 출판시설

③ 영유아보육법에 따른 어린이집

④ 성매매방지 및 피해자보호 등에 관한 법률에 따른 성매매피해자 등을 위한 지원시설 및 성매매피해상담소

⑤ 정신건강증진 및 정신질환자 복지서비스 지원에 관한 법률에 따른 정신요양시설 및 정신재활시설

⑥ 성폭력방지 및 피해자보호 등에 관한 법률에 따른 성폭력피해상담소

(5) 사회복지사의 보수교육(법 제13조 및 시행규칙 제5조) 5, 7, 8회 기출

① 보건복지부장관은 사회복지사의 자질 향상을 위하여 필요하다고 인정하면 사회복지사에게 교육을 받도록 명할 수 있다. 다만, 사회복지법인 또는 사회복지시설에 종사하는 사회복지사는 정기적으로 인권에 관한 내용이 포함된 보수교육을 받아야 한다.

② 사회복지법인 또는 사회복지시설에 종사하는 사회복지사는 연간 8시간 이상의 보수교육을 받아야 한다.

③ 보수교육에는 사회복지윤리 및 인권보호, 사회복지정책 및 사회복지실천기술 등이 포함되어야 한다.

(6) 사회복지사의 자격취소(법 제11조의3)

① 보건복지부장관은 사회복지사가 다음에 해당하는 경우 그 자격을 취소하거나 1년의 범위에서 정지시킬 수 있다. 다만, ㉠부터 ㉢까지에 해당하면 그 자격을 취소하여야 한다.

㉠ 거짓이나 그 밖의 부정한 방법으로 자격을 취득한 경우

㉡ 피성년후견인 또는 피한정후견인, 금고 이상의 형을 선고받고 그 집행이 끝나지 아니하였거나

그 집행을 받지 아니하기로 확정되지 아니한 사람, 법원의 판결에 따라 자격이 상실되거나 정지된 사람, 마약 · 대마 또는 향정신성의약품의 중독자, 정신건강증진 및 정신질환자 복지서비스 지원에 관한 법률에 따른 정신질환자(다만, 전문의가 사회복지사로서 적합하다고 인정하는 사람 제외)

㉢ 자격증을 대여 · 양도 또는 위조 · 변조한 경우

㉣ 사회복지사의 업무수행 중 그 자격과 관련하여 고의나 중대한 과실로 다른 사람에게 손해를 입힌 경우

㉤ 자격정지 처분을 3회 이상 받았거나, 정지 기간 종료 후 3년 이내에 다시 자격정지 처분에 해당하는 행위를 한 경우

㉥ 자격정지 처분 기간에 자격증을 사용하여 자격 관련 업무를 수행한 경우

② 자격이 취소된 사람은 취소된 날부터 15일 내에 자격증을 보건복지부장관에게 반납하여야 한다.

③ 보건복지부장관은 자격이 취소된 사람에게는 그 취소된 날부터 2년 이내에 자격증을 재교부하지 못한다.

6 사회복지법인

(1) 사회복지법인의 의의

① 사회복지법인

㉠ 사회복지사업을 할 목적으로 설립된 법인이다(법 제2조의3).

㉡ 사회복지법인은 사회복지사업법에서 규정한 사회복지사업을 수행하기 위하여 설립된 비영리공익 특수법인을 말한다.

㉢ 민간사회복지사업의 공공성과 안정성을 높이기 위한 것이며 사회복지시설법인과 지원법인으로 구분된다.

② 시설법인

㉠ 시설법인은 시설의 설치 및 운용을 목적으로 하는 법인을 말한다.

㉡ 사회복지시설은 수용시설과 이용시설로 구분되는데 수용시설은 가정에서 양육보호할 수 없는 사람, 재활을 필요로 하는 사람들을 보호 · 수용하며, 수용자에 대한 건강관리, 영양관리, 생활지도, 학습지도, 직업지도, 재활치료, 상담, 숙식관리 등 생활의 장으로서 일상생활의 향상과 자활을 위한 서비스를 제공한다.

㉢ 이용시설은 일반가정에서 생활하고 있는 주민들이 어떤 문제가 있거나 필요에 따라 전문상담을 받거나 직업훈련, 재활치료, 아동위탁, 청소년활동, 각종 학습활동, 여가선용 등 다양한 서비스 기능을 이용할 수 있도록 하였다.

③ **지원법인** : 시설의 설치 및 운영을 목적으로 하지 아니하고 사회복지사업을 지원하는 것을 목적으로 하는 법인을 말한다.

(2) 법인의 설립 허가 및 등기

13, 16회 기출

① 사회복지법인은 허가주의를 채택하고 있다. 허가주의란 법인을 설립하는 데 주무행정관청의 개별적인 허가를 필요로 하는 정책을 말한다.

② 사회복지법인은 공공성을 갖고 있으며 세법 등의 보호를 받기 때문에 그 설립에는 허가를 필요로 한다. 허가는 주무관청의 자유재량행위이다.

③ 사회복지법인을 설립하고자 하는 자는 사회복지사업법 시행령의 규정에 따라 시 · 도지사의 허가를 받아야 한다. 또한 설립된 법인은 주된 사무소의 소재지에서 설립등기를 하여야 한다.

(3) 정 관

15회 기출

① **정관** : 법인의 조직, 활동 등을 정한 근본규칙을 말한다. 정관은 설립자, 발기인 등 설립사무를 담당하는 자가 정하여 서면에 기재하고 기명날인한다.

② **사회복지법인의 정관** : 사회복지법인의 정관에는 목적, 명칭, 주된 사무소의 소재지, 사업의 종류, 자산 및 회계에 관한 사항, 임원의 임면 등에 관한 사항, 회의에 관한 사항, 수익을 목적으로 하는 사업이 있는 경우 그에 관한 사항, 정관의 변경에 관한 사항, 존립시기와 해산사유를 정한 때에는 그 시기와 사유 및 잔여재산의 처리방법, 공고 및 그 방법에 관한 사항을 기재하여야 한다(법 제17조).

③ **사회복지법인의 정관변경** : 사회복지법인의 정관변경은 인가사항이다. 사회복지법인이 정관을 변경하고자 할 때, 정관의 공고 및 그 방법에 사항과 같은 경미한 사항이 아닌 경우에는 시 · 도지사의 인가를 받아야 한다.

(4) 임 원

① **임원 구성 및 자격(법 제18조)**

10, 13, 14, 16, 17회 기출

㉠ 법인은 대표이사를 포함한 이사 7명 이상과 감사 2명 이상을 두어야 한다.

㉡ 법인은 ㉠에 따른 이사 정수의 3분의 1(소수점 이하는 버린다) 이상을 시 · 도사회보장위원회나 지역사회보장협의체가 규정에 해당하는 사람 중 3배수로 추천한 사람 중에서 선임하여야 한다.

㉢ 이사회의 구성에 있어서 대통령령으로 정하는 특별한 관계에 있는 사람이 이사 현원의 5분의 1을 초과할 수 없다.

㉣ 이사의 임기는 3년으로 하고 감사의 임기는 2년으로 하며, 각각 연임할 수 있다.

㉤ 외국인인 이사는 이사 현원의 2분의 1 미만이어야 한다.

㉥ 법인은 임원을 임면하는 경우에는 보건복지부령으로 정하는 바에 따라 지체 없이 시 · 도지사에게 보고하여야 한다.

㉦ 감사는 이사와 ㉢에 따른 특별한 관계에 있는 사람이 아니어야 하며, 감사 중 1명은 법률 또는 회계에 관한 지식이 있는 사람 중에서 선임하여야 한다. 다만, 대통령령으로 정하는 일정 규모 이상의 법인은 시 · 도지사의 추천을 받아 주식회사 등의 외부감사에 관한 법률에 따른 감사인에 속한 사람을 감사로 선임하여야 한다.

ⓞ 시 · 도사회보장위원회나 지역사회보장협의체는 이사를 추천하기 위하여 매년 다음 하나에 해당하는 사람으로 이사 후보군을 구성하여 공고하여야 한다. 다만, 사회복지법인의 대표자, 사회복지사업을 하는 비영리법인 또는 단체의 대표자, 지역사회보장협의체의 대표자는 제외한다.

- 사회복지 또는 보건의료에 관한 학식과 경험이 풍부한 사람
- 사회복지를 필요로 하는 사람의 이익 등을 대표하는 사람
- 비영리민간단체에서 추천한 사람
- 사회복지공동모금지회에서 추천한 사람

② 임원의 결격사유(법 제19조) 10회 기출

다음에 해당하는 사람은 임원이 될 수 없으며, 임원의 결격사유에 해당하게 되었을 때에는 그 자격을 상실한다.

㉠ 미성년자

㉡ 피성년후견인 또는 피한정후견인

㉢ 파산선고를 받고 복권되지 아니한 사람

㉣ 법원의 판결에 따라 자격이 상실되거나 정지된 사람

㉤ 금고 이상의 실형을 선고받고 그 집행이 끝나거나(집행이 끝난 것으로 보는 경우를 포함한다) 집행이 면제된 날부터 3년이 지나지 아니한 사람

㉥ 금고 이상의 형의 집행유예를 선고받고 그 유예기간 중에 있는 사람

㉦ 위의 ㉤ 및 ㉥에도 불구하고 사회복지사업 또는 그 직무와 관련하여 「아동복지법」 제71조, 「보조금 관리에 관한 법률」 제40조부터 제42조까지, 「지방재정법」 제97조, 「영유아보육법」 제54조 제2항 제1호, 「장애아동 복지지원법」 제39조 제1항 제1호 또는 「형법」 제28장 · 제40장(제360조는 제외한다)의 죄를 범하거나 이 법을 위반하여 다음 어느 하나에 해당하는 사람

- 100만원 이상의 벌금형을 선고받고 그 형이 확정된 후 5년이 지나지 아니한 사람
- 형의 집행유예를 선고받고 그 형이 확정된 후 7년이 지나지 아니한 사람
- 징역형을 선고받고 그 집행이 끝나거나(집행이 끝난 것으로 보는 경우를 포함한다) 집행이 면제된 날부터 7년이 지나지 아니한 사람

ⓞ 위의 ㉤부터 ㉦까지의 규정에도 불구하고 「성폭력범죄의 처벌 등에 관한 특례법」 제2조의 성폭력범죄 또는 「아동 · 청소년의 성보호에 관한 법률」 제2조 제2호의 아동 · 청소년대상 성범죄를 저지른 사람으로서 형 또는 치료감호를 선고받고 확정된 후 그 형 또는 치료감호의 전부 또는 일부의 집행이 끝나거나(집행이 끝난 것으로 보는 경우를 포함한다) 집행이 유예 · 면제된 날부터 10년이 지나지 아니한 사람

㉧ 위의 ㉤부터 ⓞ까지의 규정에도 불구하고 「아동복지법」 제3조 제7호의2에 따른 아동학대관련범죄를 저지른 사람으로서 다음의 어느 하나에 해당하는 사람

- 금고 이상의 실형을 선고받고 그 집행이 끝나거나(집행이 끝난 것으로 보는 경우를 포함한다) 집행이 면제된 날부터 10년이 지나지 아니한 사람
- 금고 이상의 형의 집행유예를 선고받고 그 집행유예가 확정된 날부터 10년이 지나지 아니한 사람
- 벌금형을 선고받고 그 형이 확정된 날부터 5년이 지나지 아니한 사람

ⓩ 해임명령에 따라 해임된 날부터 5년이 지나지 아니한 사람

ⓚ 설립허가가 취소된 사회복지법인의 임원이었던 사람(그 허가의 취소사유 발생에 관하여 직접적인 또는 이에 상응하는 책임이 있는 자로서 대통령령으로 정하는 사람으로 한정)으로서 그 설립허가가 취소된 날부터 5년이 지나지 아니한 사람

ⓣ 시설의 장에서 해임된 사람으로서 해임된 날부터 5년이 지나지 아니한 사람

ⓟ 폐쇄명령을 받고 3년이 지나지 아니한 사람

ⓗ 사회복지분야의 6급 이상 공무원으로 재직하다 퇴직한 지 3년이 경과하지 아니한 사람 중에서 퇴직 전 5년 동안 소속하였던 기초자치단체가 관할하는 법인의 임원이 되고자 하는 사람

③ 임원의 보충 등 13, 14, 16, 20회 기출

㉠ 임원의 보충 : 이사 또는 감사 중에 결원이 생긴 때에는 **2개월 이내**에 이를 보충하여야 한다(법 제20조).

㉡ 겸직금지 : 이사는 법인이 설치한 사회복지시설의 장을 제외한 당해 시설의 직원을 겸할 수 없다. 감사는 법인의 이사, 법인이 설치한 사회복지시설의 장 또는 그 **직원을 겸할 수 없다**(법 제21조).

㉢ 임원의 해임명령(법 제22조)

• 시 · 도지사는 임원이 시 · 도지사의 명령을 정당한 이유 없이 이행하지 아니하였을 때, 회계부정이나 인권침해 등 현저한 불법행위 또는 그 밖의 부당행위 등이 발견되었을 때, 법인의 업무에 관하여 시 · 도지사에게 보고할 사항에 대하여 고의로 보고를 지연하거나 거짓으로 보고를 하였을 때, 임원 중 법인의 선임, 이사회 구성, 감사의 선임의 조건을 위반하여 선임된 사람, 임원의 겸직 금지를 위반한 사람, 직무집행 정지명령을 이행하지 아니한 사람, 그 밖에 이법 또는 이 법에 따른 명령을 위반하였을 때에 해당할 경우에는 법인에 그 임원의 해임을 명할 수 있다.

• 해임명령은 시 · 도지사가 해당 법인에게 그 사유를 들어 시정을 요구한 날부터 15일이 경과하여도 이에 응하지 아니한 경우에 한한다. 다만, 시정을 요구하여도 시정할 수 없는 것이 명백하거나 회계부정, 횡령, 뇌물수수 등 비리의 정도가 중대한 경우에는 시정요구 없이 임원의 해임을 명할 수 있으며, 그 세부적 기준은 대통령령으로 정한다.

• 해임명령을 받은 법인은 2개월 이내에 임원의 해임에 관한 사항을 의결하기 위한 이사회를 소집하여야 한다.

㉣ 임원의 직무집행 정지 : **시 · 도지사**는 해임명령을 하기 위하여 사실 여부에 대한 조사나 감사가 진행 중인 경우 및 해임명령 기간 중인 경우에는 해당 임원의 직무집행을 정지시킬 수 있다. 다만, 제22조 제1항 제4호에 해당하여 해임명령을 받은 경우에는 해당임원의 직무집행을 정지시켜야 한다. **시 · 도지사**는 임원의 직무집행 정지사유가 소멸되면 즉시 직무집행 정지명령을 해제하여야 한다(법 제22조의2).

㉤ 임시이사의 선임(법 제22조의3)

• 법인이 다음의 어느 하나에 해당하여 법인의 정상적인 운영이 어렵다고 판단되는 경우 시 · 도지사는 지체 없이 이해관계인의 청구 또는 직권으로 임시이사를 선임하여야 한다.

– 기간 내에 결원된 이사를 보충하지 아니하거나 보충할 수 없는 것이 명백한 경우
– 기간 내에 임원의 해임에 관한 사항을 의결하기 위한 이사회를 소집하지 아니하거나 소집할 수 없는 것이 명백한 경우

• 임시이사는 위의 사유가 해소될 때까지 재임한다.
• 시 · 도지사는 임시이사가 선임되었음에도 불구하고 해당 법인이 정당한 사유 없이 이사회 소집을 기피할 경우 이사회 소집을 권고할 수 있다.
• 임시이사의 선임 등에 필요한 사항은 보건복지부령으로 정한다.
• 임시이사를 선임하는 경우 직무집행이 정지된 이사는 자신의 해임명령 이행을 위한 이사회와 관련해서는 이사로 보지 않으며, 이 경우 해당 임시이사가 직무집행이 정지된 이사의 지위를 대신한다.

ⓑ 임시이사의 해임 : 시 · 도지사는 규정에 해당하는 경우 이해관계인의 청구 또는 직권으로 임시이사를 해임할 수 있다. 이 경우 규정에 따라 임시이사를 해임하는 때에는 지체 없이 그 후임자를 선임하여야 한다. **해임된 임시이사를 이사로 선임할 수 없다**(법 제22조의4).

(5) 사회복지법인의 재산

13, 14, 16회 기출

① 사회복지법인은 사회복지사업의 운영에 필요한 재산을 소유하여야 한다(법 제23조 제1항).
② 법인의 재산은 보건복지부령이 정하는 바에 의하여 **기본재산과 보통재산**으로 구분하며, 기본재산은 그 목록과 가액을 정관에 기재하여야 한다(동조 제2항).
③ 법인은 기본재산을 매도 · 증여 · 교환 · 임대 · 담보제공 또는 용도변경하고자 하거나, 보건복지부령이 정하는 금액 이상을 1년 이상 장기차입하려는 경우에는 시 · 도지사의 허가를 받아야 한다(동조 제3항). 다만, 기본재산에 관한 임대계약을 갱신하는 경우는 그러하지 아니하다.
④ 법인이 매수 · 기부채납, 후원 등의 방법으로 재산을 취득하였을 때에는 **지체 없이 이를 법인의 재산으로 편입조치하여야 한다.** 이 경우 법인은 그 취득 사유, 취득재산의 종류 · 수량 및 가액을 매년 시 · 도지사에게 보고하여야 한다(법 제24조).
⑤ 해산한 법인의 남은 재산은 정관으로 정하는 바에 따라 국가 또는 지방자치단체에 귀속된다(법 제27조).
⑥ 기본재산은 목적사업용 **기본재산과 수익용 기본재산**으로 구분한다. 목적사업용 기본재산은 법인이 사회복지시설 등을 설치하는 데 직접 사용하는 기본재산이며, 수익용 기본재산은 법인이 그 수익으로 목적사업의 수행에 필요한 경비를 충당하기 위한 기본재산이다(시행규칙 제12조).

(6) 법인의 설립허가 취소

20회 기출

① 시 · 도지사는 법인이 다음의 어느 하나에 해당할 때에는 기간을 정하여 시정명령을 하거나 설립허가를 취소할 수 있다. 다만, ㉠ 또는 ㉦에 해당할 때에는 설립허가를 취소하여야 한다(법 제26조 제1항).

㉠ 거짓이나 그 밖의 부정한 방법으로 설립허가를 받았을 때
㉡ 설립허가 조건을 위반하였을 때

㉢ 목적 달성이 불가능하게 되었을 때
㉣ 목적사업 외의 사업을 하였을 때
㉤ 정당한 사유 없이 설립허가를 받은 날부터 6개월 이내에 목적사업을 시작하지 아니하거나 1년 이상 사업실적이 없을 때
㉥ 법인이 운영하는 시설에서 반복적 또는 집단적 성폭력범죄 및 학대관련 범죄가 발생한 때
㉦ 법인 설립 후 기본재산을 출연하지 아니한 때
㉧ 임원정수를 위반한 때
㉨ 임원선임 관련 규정을 위반하여 이사를 선임한 때
㉩ 임원의 해임명령을 이행하지 아니한 때
㉪ 그 밖에 이 법 또는 이 법에 따른 명령이나 정관을 위반하였을 때

② 법인이 설립허가를 취소하는 경우는 다른 방법으로 감독 목적을 달성할 수 없거나 시정을 명한 후 6개월 이내에 법인이 이를 이행하지 아니한 경우로 한정한다(동조 제2항).

(7) 수익사업(법 제28조)

① 법인은 목적사업의 경비에 충당하기 위하여 필요한 때에는 사회복지법인의 설립목적 수행에 지장이 없는 범위 안에서 수익사업을 할 수 있다.
② 법인은 수익사업으로부터 생긴 수익을 법인 또는 그가 설치한 사회복지시설의 운영 외의 목적에 사용할 수 없다.
③ 수익사업에 관한 회계는 법인의 다른 회계와 구분하여 회계처리하여야 한다.

(8) 합 병

5, 9회 기출

① 법인은 시 · 도지사의 허가를 받아 이 법에 따른 다른 법인과 합병할 수 있다. 다만, 주된 사무소가 서로 다른 특별시 · 광역시 · 특별자치시 · 도 · 특별자치도에 소재한 법인 간의 합병의 경우에는 보건복지부장관의 허가를 받아야 한다. 법인이 합병하는 경우 합병 후 존속하는 법인이나 합병으로 설립된 법인은 합병으로 소멸된 법인의 지위를 승계한다(법 제30조).
② 사회복지법인의 합병허가를 받고자 하는 때에는 법인합병허가신청서에 합병 후 존속하는 사회복지법인 또는 합병에 의하여 설립되는 사회복지법인의 정관과 보건복지부령이 정하는 서류를 첨부하여 시 · 도지사(주된 사무소가 서로 다른 시 · 도에 소재한 법인 간의 합병의 경우에는 보건복지부장관)에게 제출하여야 한다(시행령 제11조).

7 사회복지시설

(1) 사회복지시설의 설치(법 제34조)

12, 17회 기출

① 국가나 지방자치단체는 사회복지시설을 설치 · 운영할 수 있다.

② 국가 또는 지방자치단체 외의 자가 시설을 설치 · 운영하려는 경우에는 보건복지부령으로 정하는 바에 따라 시장 · 군수 · 구청장에게 신고하여야 한다. 다만, 시설의 폐쇄명령을 받고 3년이 지나지 아니한 자 혹은 법령에 따른 사회복지법인 임원의 결격사유(법 제19조) 중 ㉠부터 ⓞ까지의 어느 하나에 해당하는 개인 또는 그 개인이 임원인 법인은 시설의 설치 · 운영 신고를 할 수 없다.

③ 시설을 설치 · 운영하는 자는 보건복지부령으로 정하는 재무 · 회계에 관한 기준에 따라 시설을 투명하게 운영하여야 한다.

④ 국가나 지방자치단체가 설치한 시설은 필요한 경우 사회복지법인이나 비영리법인에 위탁하여 운영하게 할 수 있다.

⑤ 위탁운영의 기준 · 기간 및 방법 등에 관하여 필요한 사항은 보건복지부령으로 정한다.

(2) 시설의 통합 설치 · 운영 등에 관한 특례(법 제34조의2)

① 시설을 설치 · 운영하려는 경우에는 지역특성과 시설분포의 실태를 고려하여 이 법 또는 법률에 따른 시설을 통합하여 하나의 시설로 설치 · 운영하거나 하나의 시설에서 둘 이상의 사회복지사업을 통합하여 수행할 수 있다. 이 경우 국가 또는 지방자치단체 외의 자는 통합하여 설치 · 운영하려는 각각의 시설이나 사회복지사업에 관하여 해당 관계 법령에 따라 신고하거나 허가 등을 받아야 한다.

② 둘 이상의 시설을 통합하여 하나의 시설로 설치 · 운영하거나 하나의 시설에서 둘 이상의 사회복지사업을 통합하여 수행하는 경우 해당 시설에서 공동으로 이용하거나 배치할 수 있는 시설 및 인력 기준 등은 보건복지부령으로 정한다.

(3) 시설의 보험가입과 안전점검(법 제34조의3, 법 제34조의4)

16회 기출

① 시설의 운영자는 화재로 인한 손해배상책임과 화재 외의 안전사고로 인하여 생명 · 신체에 피해를 입은 보호대상자에 대한 손해배상책임을 이행하기 위하여 손해보험회사의 책임보험에 가입하거나 한국사회복지공제회의 책임공제에 가입하여야 한다.

② 국가나 지방자치단체는 예산의 범위에서 책임보험 또는 책임공제의 가입에 드는 비용의 전부 또는 일부를 보조할 수 있다.

③ 시설의 장은 시설에 대하여 정기 및 수시 안전점검을 실시하여야 하며, 시설의 장은 정기 또는 수시 안전점검을 한 후 그 결과를 시장 · 군수 · 구청장에게 제출하여야 한다.

(4) 사회복지관의 설치 등(법 제34조의5)

14, 17, 18회 기출

① 사회복지관은 지역복지증진을 위하여 다음의 사업을 실시할 수 있다.

㉠ 지역사회의 특성과 지역주민의 복지욕구를 고려한 서비스 제공 사업

㉡ 국가 · 지방자치단체 및 민간 부문의 사회복지서비스를 연계 · 제공하는 사례관리 사업

㉢ 지역사회 복지공동체 활성화를 위한 복지자원 관리, 주민교육 및 조직화 사업

㉣ 그 밖에 복지증진을 위한 사업으로서 지역사회에서 요청하는 사업

② 사회복지관은 모든 지역주민을 대상으로 사회복지서비스를 실시하되, 다음의 지역주민에게 우선 제공하여야 한다.

㉠ 국민기초생활보장법에 따른 수급자 및 차상위계층

㉡ 장애인, 노인, 한부모가족 및 다문화가족

㉢ 직업 및 취업 알선이 필요한 사람

㉣ 보호와 교육이 필요한 유아 · 아동 및 청소년

㉤ 그 밖에 사회복지관의 사회복지서비스를 우선 제공할 필요가 있다고 인정되는 사람

(5) 시설의 장 및 종사자(법 제35조 및 제35조의2)

5, 16, 20회 기출

① 시설의 장은 상근하여야 한다.

② 다음의 어느 하나에 해당하는 사람은 시설의 장이 될 수 없다.

㉠ 법령에 따른 법인 임원의 결격사유(법 제19조)의 어느 하나에 해당하는 사람

㉡ 임원의 해임명령에 따라 해임된 날부터 5년이 지나지 아니한 사람

㉢ 사회복지분야의 6급 이상 공무원으로 재직하다 퇴직한 지 3년이 경과하지 아니한 사람 중에서 퇴직 전 5년 동안 소속하였던 기초자치단체가 관할하는 시설의 장이 되고자 하는 사람

③ 사회복지법인과 사회복지시설을 설치 · 운영하는 자는 시설에 근무할 종사자를 채용할 수 있다.

(6) 운영위원회(법 제36조)

13회 기출

① 시설의 장은 시설의 운영에 관한 다음의 사항을 심의하기 위하여 시설에 운영위원회를 두어야 한다. 다만, 보건복지부령으로 정하는 경우에는 복수의 시설에 공동으로 운영위원회를 둘 수 있다.

㉠ 시설운영계획의 수립 · 평가에 관한 사항

㉡ 사회복지 프로그램의 개발 · 평가에 관한 사항

㉢ 시설 종사자의 근무환경 개선에 관한 사항

㉣ 시설 거주자의 생활환경 개선 및 고충 처리 등에 관한 사항

㉤ 시설 종사자와 거주자의 인권보호 및 권익증진에 관한 사항

㉥ 시설과 지역사회의 협력에 관한 사항

㉦ 그 밖에 시설의 장이 운영위원회의 회의에 부치는 사항

② 운영위원회의 위원은 다음의 어느 하나에 해당하는 사람 중에서 관할 시장 · 군수 · 구청장이 임명하거나 위촉한다.

㉠ 시설의 장

㉡ 시설 거주자 대표
㉢ 시설 거주자의 보호자 대표
㉣ 시설 종사자의 대표
㉤ 해당 시 · 군 · 구 소속의 사회복지업무를 담당하는 공무원
㉥ 후원자 대표 또는 지역주민
㉦ 공익단체에서 추천한 사람
㉧ 그 밖에 시설의 운영 또는 사회복지에 관하여 전문적인 지식과 경험이 풍부한 사람

③ 시설의 장은 다음의 사항을 운영위원회에 보고하여야 한다.
㉠ 시설의 회계 및 예산 · 결산에 관한 사항
㉡ 후원금 조성 및 집행에 관한 사항
㉢ 그 밖에 시설운영과 관련된 사건 · 사고에 관한 사항

(7) 수용인원

13회 기출

① **원칙** : 각각의 시설은 그 수용인원이 300인을 초과해서는 안 된다(법 제41조).

② **예외(시행령 제19조)**
㉠ 노인복지법에 따른 노인주거복지시설 중 **양로시설과 노인복지주택**
㉡ 노인복지법에 따른 노인의료복지시설 중 **노인요양시설**
㉢ 보건복지부장관이 사회복지시설의 종류, 지역별 사회복지시설의 수, 지역별 · 종류별 사회복지서비스 수요 및 사회복지사업 관련 종사자의 수 등을 고려하여 정하여 고시하는 기준에 적합하다고 시장 · 군수 · 구청장이 인정하는 사회복지시설

(8) 시설의 휴지 · 재개 · 폐지신고 등(법 제38조)

① 시설의 운영자는 그 운영을 일정 기간 중단하거나 다시 시작하거나 시설을 폐지하려는 경우에는 보건복지부령으로 정하는 바에 따라 **시장 · 군수 · 구청장**에게 신고하여야 한다.

② 시장 · 군수 · 구청장은 시설 운영이 중단되거나 시설이 폐지되는 경우에는 보건복지부령으로 정하는 바에 따라 시설 거주자의 권익을 보호하기 위하여 다음의 조치를 하고 신고를 수리하여야 한다.
㉠ 시설 거주자가 자립을 원하는 경우 자립을 할 수 있도록 지원하고 그 이행을 확인하는 조치
㉡ 시설 거주자가 다른 시설을 선택할 수 있도록 하고 그 이행을 확인하는 조치
㉢ 시설 거주자가 이용료 · 사용료 등의 비용을 부담하는 경우 납부한 비용 중 사용하지 아니한 금액을 반환하게 하고 그 이행을 확인하는 조치
㉣ 보조금 · 후원금 등의 사용 실태 확인과 이를 재원으로 조성한 재산 중 남은 재산의 회수 조치
㉤ 그 밖에 시설 거주자의 권익 보호를 위하여 필요하다고 인정되는 조치

③ 시설 운영자가 시설운영을 재개하려고 할 때에는 보건복지부령으로 정하는 바에 따라 시설거주자의 권익을 보호하기 위하여 다음의 조치를 하여야 한다. 이 경우 시장 · 군수 · 구청장은 그 조치 내용을 확인하고 신고를 수리하여야 한다.
㉠ 운영 중단 사유의 해소

㉡ 향후 안정적 운영계획의 수립
㉢ 그 밖에 시설 거주자의 권익 보호를 위하여 보건복지부장관이 필요하다고 인정하는 조치

(9) 시설의 개선, 사업의 정지, 폐쇄 등(법 제40조)

① 보건복지부장관, 시 · 도지사 또는 시장 · 군수 · 구청장은 시설의 개선, 사업의 정지, 시설의 장의 교체를 명하거나 시설의 폐쇄를 명할 수 있다.

② 그 사유는 다음과 같다.

㉠ 시설이 설치기준에 미달하게 되었을 때
㉡ 사회복지법인 또는 비영리법인이 설치 · 운영하는 시설의 경우 그 사회복지법인 또는 비영리법인의 설립허가가 취소되었을 때
㉢ 설치 목적이 달성되었거나 그 밖의 사유로 계속하여 운영될 필요가 없다고 인정할 때
㉣ 회계부정이나 불법행위 또는 그 밖의 부당행위 등이 발견되었을 때
㉤ 신고를 하지 아니하고 시설을 설치 · 운영하였을 때
㉥ 운영위원회를 설치하지 아니하거나 운영하지 아니하였을 때
㉦ 정당한 이유 없이 보고 또는 자료 제출을 하지 아니하거나 거짓으로 하였을 때
㉧ 정당한 이유 없이 검사 · 질문을 거부 · 방해하거나 기피하였을 때
㉨ 시설에서 다음의 성폭력범죄 또는 학대관련범죄가 발생한 때

- 「성폭력범죄의 처벌 등에 관한 특례법」의 성폭력범죄
- 「아동 · 청소년의 성보호에 관한 법률」의 아동 · 청소년대상 성폭력범죄
- 「아동복지법」의 아동학대관련범죄
- 「노인복지법」의 노인학대관련범죄
- 그 밖에 대통령령으로 정하는 성폭력범죄 또는 학대관련범죄

㉩ 1년 이상 시설이 **휴지상태**에 있어 시장 · 군수 · 구청장이 **재개를 권고**하였음에도 불구하고 재개하지 아니한 때

(10) 시설의 서비스 최저기준(법 제43조)

① 보건복지부장관은 시설에서 제공하는 서비스의 최저기준을 마련하여야 한다.
② 시설 운영자는 서비스 최저기준 이상으로 서비스 수준을 유지하여야 한다.
③ 서비스 기준 대상시설과 서비스 내용 등에 관하여 필요한 사항은 보건복지부령으로 정한다.

(11) 시설평가

19, 20회 기출

① 보건복지부장관과 시 · 도지사는 보건복지부령으로 정하는 바에 따라 시설을 정기적으로 평가하고, 그 결과를 공표하거나 시설의 감독 · 지원 등에 반영할 수 있으며 시설 거주자를 다른 시설로 보내는 등의 조치를 할 수 있다(법 제43조의2 제1항).
② 보건복지부장관 및 시 · 도지사는 3년마다 시설에 대한 평가를 실시하여야 한다(시행규칙 제27조의2 제1항).

③ 시설의 평가기준은 서비스 최저기준을 고려하여 보건복지부장관이 정한다(시행규칙 제27조의2 제2항).

④ 시설의 서비스 최저기준에는 다음의 사항이 포함되어야 한다(시행규칙 제27조 제1항).

㉠ 시설 이용자의 인권
㉡ 시설의 환경
㉢ 시설의 운영
㉣ 시설의 안전관리
㉤ 시설의 인력관리
㉥ 지역사회 연계
㉦ 서비스의 과정 및 결과
㉧ 그 밖에 서비스 최저기준 유지에 필요한 사항

(12) 시설의 위탁

① 국가 또는 지방자치단체가 설치한 시설을 위탁하여 운영하려는 경우에는 공개모집에 따라 수탁하는 법인(이하 "수탁자"라 한다)을 선정해야 한다. 다만, 국가 또는 지방자치단체가 사회복지사업을 할 목적으로 설립한 비영리법인에 위탁하여 운영하려는 경우로서 보건복지부장관이 정하는 경우에는 공개모집을 하지 않을 수 있다.

② 시설의 수탁자 선정을 위하여 해당 시설을 설치한 국가 또는 지방자치단체(이하 "위탁기관"이라 한다)에 수탁자선정심의위원회(이하 "선정위원회"라 한다)를 둔다.

③ 국가 또는 지방자치단체는 수탁자를 선정하려는 경우에는 수탁자의 재정적 능력, 공신력, 사업수행능력, 지역간 균형분포 및 제27조의2에 따른 평가결과(평가를 한 경우에만 해당한다) 등을 종합적으로 고려해야 하며, 선정위원회의 심의를 거쳐야 한다.

④ 국가나 지방자치단체는 시설을 위탁하여 운영하고자 하는 때에는 다음의 내용이 포함된 계약을 체결해야 한다(시행규칙 제21조의2 제1항).

㉠ 수탁자의 명칭, 주소 및 대표자 이름
㉡ 위탁계약기간
㉢ 위탁대상시설 및 업무내용
㉣ 수탁자의 의무 및 준수 사항
㉤ 시설의 안전관리에 관한 사항
㉥ 시설종사자의 고용승계에 관한 사항
㉦ 계약의 해지에 관한 사항
㉧ 기타 시설의 운영에 필요하다고 인정되는 사항

⑤ 위탁계약기간은 5년으로 한다. 다만, 위탁자가 필요하다고 인정하는 때에는 선정위원회의 심의를 거쳐 그 계약기간을 갱신할 수 있다(시행규칙 제21조의2 제2항).

8 재가복지(법 제41조의2)

(1) 재가복지서비스

① 국가나 지방자치단체는 보호대상자가 다음의 어느 하나에 해당하는 재가복지서비스를 제공받도록 할 수 있다.

㉠ 가정봉사서비스 : 가사 및 개인활동을 지원하거나 정서활동을 지원하는 서비스

㉡ 주간 · 단기 보호서비스 : 주간 · 단기 보호시설에서 급식 및 치료 등 일상생활의 편의를 낮 동안 또는 단기간 동안 제공하거나 가족에 대한 교육 및 상담을 지원하는 서비스

② 시장 · 군수 · 구청장은 보호대상자별 서비스 제공 계획에 따라 보호대상자에게 사회복지서비스를 제공하는 경우 시설 입소에 우선하여 재가복지서비스를 제공하도록 하여야 한다.

(2) 가정봉사원의 양성(법 제41조의4)

국가나 지방자치단체는 재가복지서비스를 필요로 하는 가정 또는 시설에서 보호대상자가 일상생활을 하기 위하여 필요한 각종 편의를 제공하는 가정봉사원을 양성하도록 노력하여야 한다.

9 한국사회복지사협회와 한국사회복지협의회

(1) 한국사회복지사협회

① 협회의 설립(법 제46조)

㉠ 사회복지사는 사회복지에 관한 전문지식과 기술을 개발 · 보급하고, 사회복지사의 자질 향상을 위한 교육훈련을 실시하며, 사회복지사의 복지증진을 도모하기 위하여 한국사회복지사협회를 설립한다.

㉡ 협회는 법인으로 하되, 협회의 조직과 운영 등에 필요한 사항은 대통령령으로 정한다.

㉢ 협회에 관하여 이 법에서 규정한 사항을 제외하고는 **민법 중 사단법인에 관한 규정**을 준용한다.

② 협회의 업무(시행령 제22조)

㉠ 사회복지사에 대한 전문지식 및 기술의 개발 · 보급

㉡ 사회복지사의 전문성 향상을 위한 교육훈련

㉢ 사회복지사제도에 대한 조사연구 · 학술대회개최 및 홍보 · 출판사업

㉣ 국제사회복지사단체와의 교류 · 협력

㉤ 보건복지부장관이 위탁하는 사회복지사업에 관한 업무

㉥ 기타 협회의 목적달성에 필요한 사항

(2) 한국사회복지협의회

① 협의회의 설치(법 제33조)

㉠ 사회복지에 관한 조사 · 연구와 각종 사회복지사업을 조성하기 위하여 전국 단위의 한국사회복지협의회(중앙협의회)와 시 · 도 단위의 시 · 도 사회복지협의회(시 · 도 협의회)를 두며, 필요한 경우에는 시(행정시 포함) · 군 · 구 단위의 시 · 군 · 구 사회복지협의회(시 · 군 · 구 협의회)를 둘 수 있다.

㉡ 중앙협의회, 시 · 도 협의회 및 시 · 군 · 구 협의회는 이 법에 따른 사회복지법인으로 하되, 사회복지법인의 재산에 관한 규정은 적용하지 아니한다.

② 한국사회복지협의회의 업무(법 제33조 및 시행령 제12조) 3, 4, 6, 11, 20회 기출

㉠ 사회복지에 관한 조사 · 연구 및 정책 건의

㉡ 사회복지 관련 기관 · 단체 간의 연계 · 협력 · 조정

㉢ 사회복지 소외계층 발굴 및 민간사회복지자원과의 연계 · 협력

㉣ 사회복지에 관한 교육훈련

㉤ 사회복지에 관한 자료수집 및 간행물 발간

㉥ 사회복지에 관한 계몽 및 홍보

㉦ 자원봉사활동의 진흥

㉧ 사회복지사업에 관한 기부문화의 조성

㉨ 사회복지사업에 종사하는 사람의 교육훈련과 복지증진

㉩ 사회복지에 관한 학술 도입과 국제사회복지단체와의 교류

㉪ 보건복지부장관이 위탁하는 사회복지에 관한 업무(중앙협의회만 해당)

㉫ 시 · 도지사 및 중앙협의회가 위탁하는 사회복지에 관한 업무(시 · 도협의회만 해당)

㉬ 시 · 도지사, 시장 · 군수 · 구청장, 중앙협의회 및 시 · 도협의회가 위탁하는 사회복지에 관한 업무(시 · 군 · 구협의회만 해당)

㉭ 그 밖에 중앙협의회, 시 · 도협의회, 시 · 군 · 구협의회의 목적 달성에 필요하여 각각의 정관에서 정하는 사항

10 보칙 및 벌칙

(1) 보조금 등(법 제42조)

① 국가나 지방자치단체는 사회복지사업을 하는 자 중 대통령령으로 정하는 자에게 운영비 등 필요한 비용의 전부 또는 일부를 보조할 수 있다.

② 보조금은 그 목적 외의 용도에 사용할 수 없다.

③ 국가나 지방자치단체는 보조금을 받은 자가 거짓이나 그 밖의 부정한 방법으로 보조금을 받았을 때, 사업 목적 외의 용도에 보조금을 사용하였을 때, 이 법 또는 이 법에 따른 명령을 위반하였을 때에는 이미 지급한 보조금의 전부 또는 일부의 반환을 명할 수 있다.

(2) 청문(법 제49조)

보건복지부장관, 시 · 도지사 또는 시장 · 군수 · 구청장은 사회복지사의 자격취소, 사회복지법인의 설립허가 취소, 사회복지시설의 폐쇄를 하려면 청문을 실시하여야 한다.

(3) 지도 · 감독 및 권한의 위임

① 보건복지부장관, 시 · 도지사 또는 시장 · 군수 · 구청장은 사회복지사업을 운영하는 자의 소관 업무에 관하여 지도 · 감독을 하며, 필요한 경우 그 업무에 관하여 보고 또는 관계 서류의 제출을 명하거나, 소속 공무원으로 하여금 사회복지법인의 사무소 또는 시설에 출입하여 검사 또는 질문을 하게 할 수 있다(법 제51조 제1항). 이 법의 목적 달성을 위해서 철저한 지도 · 감독이 이루어져야 한다.

② 보건복지부장관 또는 시 · 도지사의 권한은 대통령령으로 정하는 바에 따라 그 일부를 시 · 도지사 또는 시장 · 군수 · 구청장에게 위임할 수 있다(법 제52조 제1항).

(4) 과태료

① 500만 원 이하의 과태료

㉠ 채용광고의 내용을 종사자가 되려는 사람에게 불리하게 변경하여 채용한 자

㉡ 채용광고에서 제시한 근로조건을 변경 · 적용한 자

② 300만 원 이하의 과태료

㉠ 사회복지법인 또는 사회복지시설에 종사하는 사회복지사가 보수교육을 받지 아니한 경우

㉡ 사회복지법인 또는 사회복지시설을 운영하는 자가 보수교육을 이유로 사회복지사에게 불리한 처분을 하는 경우

㉢ 사회복지사가 아니면서 사회복지사 또는 이와 유사한 명칭을 사용한 경우

㉣ 법인이 임원을 임면하고 시 · 도지사에게 보고하지 아니한 경우

㉤ 법인이 시 · 도지사에게 재산 취득의 보고를 하지 아니한 경우

㉥ 사회복지법인이 아닌 자가 사회복지법인이라는 명칭을 사용한 경우

㉦ 시설의 운영자가 보험가입의 의무를 이행하지 아니한 경우

㉧ 시설의 장이 시설의 안전점검을 실시하지 아니한 경우

㉨ 시설의 장이 후원금품대장 등 시설의 서류를 비치하지 아니한 경우

㉩ 시설의 신고를 한 자가 지체 없이 시설의 운영을 시작하지 아니한 경우

㉪ 시설의 운영자가 시장 · 군수 · 구청장에게 시설의 휴지 · 재개 · 폐지의 신고를 하지 아니한 경우

㉫ 법인의 대표이사나 시설의 장이 후원금 관리의 명확성 확보 의무를 이행하지 아니한 경우

③ 과태료는 대통령령으로 정하는 바에 따라 보건복지부장관, 시 · 도지사 또는 시장 · 군수 · 구청장이 부과 · 징수한다.

(5) 벌 칙

① 5년 이하의 징역 또는 5천만 원 이하의 벌금

㉠ 법인은 기본재산에 관하여 매도 · 증여 · 교환 · 임대 · 담보제공 또는 용도변경하고자 할 때 또는 보건복지부령이 정하는 금액 이상을 1년 이상 장기차입하고자 할 때 보건복지부장관의 허가를 받지 아니한 자

㉡ 사회복지사업을 수행하는 자에게 지급된 국가 또는 지방자치단체의 보조금을 법에 규정한 목적 외의 용도로 사용한 자

② 1년 이하의 징역 또는 1천만 원 이하의 벌금

㉠ 사회복지시설의 설치를 방해한 자

㉡ 사회복지사 자격증을 다른 사람에게 빌려주거나 빌린 사람

㉢ 사회복지사 자격증을 빌려주거나 빌리는 것을 알선한 사람

㉣ 금품, 향응 또는 재산상의 이익을 주고받거나 주고받을 것을 약속한 사람

㉤ 수익사업으로부터 생긴 수익을 법인 또는 그가 설치한 사회복지시설의 운영 외의 목적에 사용한 자

㉥ 국가 또는 지방자치단체 외의 자가 사회복지시설을 시장 · 군수 · 구청장에게 신고하지 않고 시설을 설치 · 운영한 자

㉦ 시설운영의 휴지 및 폐지의 경우 정당한 이유 없이 시설거주자를 다른 시설로 보내는 등 시설거주자의 권익보호조치를 기피 또는 거부한 자

㉧ 정당한 이유 없이 보건복지부장관, 시 · 도지사 또는 시장 · 군수 · 구청장의 시설의 개선, 사업의 정지, 시설의 장의 교체명령이나 시설폐쇄명령을 이행하지 아니한 자

㉨ 비밀누설금지를 위반한 자

㉩ 정당한 이유 없이 규정에 따른 보고를 하지 아니하거나 거짓으로 보고한 자, 자료를 제출하지 아니하거나 거짓 자료를 제출한 자, 검사 · 질문 · 회계감사를 거부 · 방해 또는 기피한 자

③ **300만 원 이하의 벌금** : 사회복지법인 및 사회복지시설을 설치 · 운영하는 자로서 대통령령이 정하는 바에 의하여 사회복지사를 그 종사자로 채용하지 아니한 자

제3절 사회보장급여의 이용 · 제공 및 수급권자 발굴에 관한 법률

1 총 칙

(1) 목적(법 제1조)

① 사회보장기본법에 따른 사회보장급여의 이용 및 제공에 관한 기준과 절차 등 기본적 사항을 규정하고 지원을 받지 못하는 지원대상자를 발굴하여 지원함으로써 사회보장급여를 필요로 하는 사람의 인간다운 생활을 할 권리를 최대한 보장한다.

② 사회보장급여가 공정하고 효과적으로 제공되도록 하며, 사회보장제도가 지역사회에서 통합적으로 시행될 수 있도록 그 기반을 구축한다.

(2) 정의(법 제2조)

17, 19회 기출

① **사회보장급여** : 보장기관이 사회보장기본법에 따라 제공하는 현금, 현물, 서비스 및 그 이용권을 말한다.

② **수급권자** : 사회보장기본법에 따른 사회보장급여를 제공받을 권리를 가진 사람을 말한다.

③ **수급자** : 사회보장급여를 받고 있는 사람을 말한다.

④ **지원대상자** : 사회보장급여를 필요로 하는 사람을 말한다.

⑤ **보장기관** : 관계 법령 등에 따라 사회보장급여를 제공하는 국가기관과 지방자치단체를 말한다.

(3) 다른 법률과의 관계(법 제3조)

사회보장급여의 이용 및 제공에 필요한 기준, 방법, 절차와 지원대상자의 발굴 및 지원 등에 관하여는 다른 법률에 특별한 규정이 있는 경우를 제외하고는 이 법에 따른다.

(4) 기본원칙(법 제4조)

① 사회보장급여가 필요한 사람은 누구든지 자신의 의사에 따라 사회보장급여를 신청할 수 있으며, 보장기관은 이에 필요한 안내와 상담 등의 지원을 충분히 제공하여야 한다.

② 보장기관은 지원이 필요한 국민이 급여대상에서 누락되지 아니하도록 지원대상자를 적극 발굴하여 이들이 필요로 하는 사회보장급여를 적절하게 제공받을 수 있도록 노력하여야 한다.

③ 보장기관은 국민의 다양한 복지욕구를 충족시키고 생애주기별 필요에 맞는 사회보장급여가 공정 · 투명 · 적정하게 제공될 수 있도록 노력하여야 한다.

④ 보장기관은 사회보장급여와 사회복지법인, 사회복지시설 등 사회보장 관련 민간 법인 · 단체 · 시설이 제공하는 복지혜택 또는 서비스를 효과적으로 연계하여 제공할 수 있도록 노력하여야 한다.

⑤ 보장기관은 국민이 사회보장급여를 편리하게 이용할 수 있도록 사회보장 정책 및 관련 제도를 수립 · 시행하기 위하여 노력하여야 한다.

⑥ 보장기관은 지역의 사회보장 수준이 균등하게 실현될 수 있도록 노력하여야 한다.

2 사회보장급여의 이용

20회 기출

(1) 사회보장급여의 신청(법 제5조)

① 지원대상자와 그 친족, 민법에 따른 후견인, 청소년 기본법에 따른 청소년상담사 · 청소년지도사, 지원대상자를 사실상 보호하고 있는 자(관련 기관 및 단체의 장을 포함) 등(이하 "사회보장급여 신청권자"라 한다)은 지원대상자의 주소지 관할 보장기관에 사회보장급여를 신청할 수 있다. 다만, 중앙행정기관의 장이 지원대상자의 이용 편의, 사회보장급여의 제공 유형 등을 고려하여 필요하다고 결정한 사회보장급여의 경우에는 지원대상자의 주소지 관할이 아닌 보장기관에도 신청할 수 있다.

② 보장기관의 업무담당자는 지원대상자가 누락되지 아니하도록 하기 위하여 관할 지역에 거주하는 지원대상자에 대한 사회보장급여의 제공을 직권으로 신청할 수 있다. 이 경우 지원대상자의 동의를 받아야 하며, 동의를 받은 경우에는 지원대상자가 신청한 것으로 본다.

③ 보장기관의 업무담당자는 지원대상자가 심신미약 또는 심신상실 등 대통령령으로 정하는 경우에 해당하면 지원대상자의 동의 없이 직권으로 사회보장급여의 제공을 신청할 수 있다. 이 경우 보장기관의 업무담당자는 직권 신청한 사실을 보장기관의 장에게 지체 없이 보고하여야 한다.

④ 보장기관의 장이 지정한 법인 · 단체 · 시설 · 기관 등은 사회보장급여 신청권자의 요청에 따라 신청을 지원할 수 있다.

(2) 사회보장 요구의 조사 및 수급자격의 조사

① 사회보장 요구의 조사 사항(법 제6조)

㉠ 지원대상자의 사회보장 요구와 관련된 사항

㉡ 지원대상자의 건강상태, 가구 구성 등 생활 실태에 관한 사항

㉢ 그 밖에 지원대상자에게 필요하다고 인정되는 사회보장급여에 관한 사항

② 수급자격의 조사 사항(법 제7조)

㉠ 인적사항 및 가족관계 확인에 관한 사항

㉡ 소득 · 재산 · 근로능력 및 취업상태에 관한 사항

㉢ 사회보장급여 수급이력에 관한 사항

㉣ 그 밖에 수급권자를 선정하기 위하여 보장기관의 장이 필요하다고 인정하는 사항

③ 사회보장급여 제공의 결정(법 제9조)

㉠ 보장기관의 장이 사회보장 요구의 조사와 수급자격의 조사를 실시한 경우에는 사회보장급여의 제공 여부 및 제공 유형을 결정하되, 제공하고자 하는 사회보장급여는 지원대상자가 현재 제공받고 있는 사회보장급여와 보장내용이 중복되도록 하여서는 아니 된다.

㉡ 보장기관의 장은 사회보장급여의 제공 결정에 필요한 경우 지원대상자와 그 친족, 그 밖에 관계인의 의견을 들을 수 있다.

㉢ 보장기관의 장은 ㉠에 따라 결정된 사회보장급여의 제공 여부와 그 유형 및 변경사항 신고의무 등을 서면(신청인의 동의에 의한 전자문서를 포함한다)으로 신청인에게 통지하여야 하며, 필요한 경우 구두 등의 방법을 병행할 수 있다. 이 경우 통지에 필요한 사항은 대통령령으로 정한다.

④ 위기가구의 발굴(법 제9조의2)

㉠ 보장기관의 장은 누락된 지원대상자가 적절한 사회보장급여를 제공받을 수 있도록 지원이 필요한 다음의 위기가구를 발굴하기 위하여 노력하여야 한다.

- 관계 기관 · 법인 · 단체 · 시설의 장에게 공유받은 정보와 자료 또는 정보의 처리 결과 보장기관의 장이 위기상황에 처하여 있다고 판단한 사람의 가구
- 자살자가 발생한 가구 또는 자살시도자가 발생한 가구로서 대통령령으로 정하는 기준에 해당하는 가구

㉡ 보장기관의 장은 발굴한 위기가구의 구성원이 필요로 하는 적절한 사회보장급여를 제공받을 수 있도록 지원하여야 한다.

3 지원대상자의 발굴

(1) 자료 또는 정보의 제공과 홍보(법 제10조)

보장기관의 장은 지원대상자를 발굴하기 위하여 다음의 사항에 대한 자료 또는 정보의 제공과 홍보에 노력하여야 한다.

① 사회보장급여의 내용 및 제공 규모

② 수급자가 되기 위한 요건과 절차

③ 그 밖에 사회보장급여 수급을 위하여 필요한 정보

(2) 발굴조사의 실시 및 실태점검(법 제12조의2)

20회 기출

① 보장기관의 장은 지원대상자에 대한 발굴조사를 분기마다 정기적으로 실시하여야 한다. 다만, 긴급복지지원법에 따라 발굴조사를 실시한 경우에는 그러하지 아니하다.

② 보건복지부장관은 지원대상자 발굴체계의 운영 실태를 매년 정기적으로 점검하고 개선방안을 마련하여야 한다.

③ 발굴조사 및 운영 실태 점검에 관한 구체적인 사항은 보건복지부령으로 정한다.

(3) 지원대상자 발견시 신고의무(법 제13조)

① 누구든지 출산, 양육, 실업, 노령, 장애, 질병, 빈곤 및 사망 등의 사회적 위험으로 인하여 사회보장급여를 필요로 하는 지원대상자를 발견하였을 때에는 보장기관에 알려야 한다.

② 다음의 어느 하나에 해당하는 사람은 그 직무상 사회적 위험으로 인하여 사망 또는 중대한 정신적 · 신체적 장애를 입을 위기에 처한 지원대상자를 발견한 경우 지체 없이 보장기관에 알리고, 지원대상자가 신속하게 지원을 받을 수 있도록 노력하여야 한다.

㉠ 사회복지사업법에 따른 사회복지시설의 장과 그 종사자

㉡ 장애인활동 지원에 관한 법률에 따른 활동지원기관의 장 및 그 종사자, 활동지원인력

㉢ 의료법에 따른 의료인과 의료기관의 장

㉣ 의료기사 등에 관한 법률에 따른 의료기사
㉤ 응급의료에 관한 법률에 따른 응급구조사
㉥ 소방기본법에 따른 구조대 및 구급대의 대원
㉦ 국가공무원법에 따른 경찰공무원
㉧ 지방공무원법에 따른 자치경찰공무원
㉨ 정신건강증진 및 정신질환자 복지서비스 지원에 관한 법률에 따른 정신건강복지센터의 장과 그 종사자
㉩ 영유아보육법에 따른 어린이집의 원장 등 보육교직원
㉪ 유아교육법에 따른 교직원 및 강사 등
㉫ 초 · 중등교육법에 따른 교직원, 전문상담교사, 산학겸임교사 등
㉬ 학원의 설립 · 운영 및 과외교습에 관한 법률에 따른 학원의 운영자 · 강사 · 직원 및 교습소의 교습자 · 직원
㉭ 성폭력방지 및 피해자보호 등에 관한 법률에 따른 성폭력피해상담소의 장과 그 종사자 및 성폭력피해자보호시설의 장과 그 종사자
㉮ 성매매방지 및 피해자보호 등에 관한 법률에 따른 지원시설의 장과 그 종사자 및 성매매피해상담소의 장과 그 종사자
㉯ 가정폭력방지 및 피해자보호 등에 관한 법률에 따른 가정폭력 관련 상담소의 장과 그 종사자 및 가정폭력피해자 보호시설의 장과 그 종사자
㉰ 건강가정기본법에 따른 건강가정지원센터의 장과 그 종사자
㉱ 노인장기요양보험법에 따른 장기요양기관의 장과 그 종사자
㉲ 지역보건법에 따른 보건소의 방문간호 업무 종사자
㉳ 다문화가족지원법에 따른 다문화가족지원센터의 장과 그 종사자
㉴ 지방자치법에 따른 행정리의 이장 및 행정동의 하부조직으로 두는 통의 통장
㉵ 공동주택관리법에 따른 공동주택관리자

(4) 민관협력(법 제14조)

① 보장기관과 관계 기관 · 법인 · 단체 · 시설은 지역사회 내 사회보장이 필요한 지원대상자를 발굴하고, 가정과 지역공동체의 자발적인 협조가 이루어질 수 있도록 노력하여야 한다.
② 특별자치시장 및 시장 · 군수 · 구청장(자치구의 구청장을 말한다)은 지원대상자의 발굴 및 지역사회보호체계의 구축을 위하여 필요한 경우 제41조에 따른 지역사회보장협의체에 관계 기관 · 법인 · 단체 · 시설의 장 및 그 밖에 사각지대 발굴과 관련한 기관 · 법인 · 단체 · 시설의 장 등을 포함시켜 운영할 수 있다.
③ 특별자치시장 및 시장 · 군수 · 구청장은 ①에 따른 지역사회 내 지원대상자를 발굴하는 활동을 촉진하기 위하여 예산의 범위에서 필요한 비용을 지원할 수 있다.

4 수급권자 지원 및 급여의 관리

(1) 지원계획의 수립 및 시행(법 제15조)

① 보장기관의 장은 사회보장급여의 제공을 결정한 때에는 필요한 경우 다음의 사항이 포함된 수급권자별 사회보장급여 제공계획(지원계획)을 수립하여야 한다. 이 경우 수급권자 또는 그 친족이나 그 밖의 관계인의 의견을 고려하여야 한다.

㉠ 사회보장급여의 유형 · 방법 · 수량 및 제공기간

㉡ 사회보장급여를 제공할 기관 및 단체

㉢ 동일한 수급권자에 대하여 사회보장급여를 제공할 보장기관 또는 관계 기관 · 법인 · 단체 · 시설이 둘 이상인 경우 상호 간 연계방법

㉣ 사회보장 관련 민간 법인 · 단체 · 시설이 제공하는 복지혜택과 연계가 필요한 경우 그 연계방법

② 보장기관의 장은 지원계획에 따라 사회보장급여가 제공될 수 있도록 노력하여야 하며, 필요한 경우 사회보장급여 제공결과를 정기적으로 평가하고 그 결과에 따라 지원계획을 변경할 수 있다.

③ 보장기관의 장은 수급권자의 지원계획 수립 · 변경 시 사회보장정보시스템을 통하여 수급자격을 확인할 수 있다.

④ 보장기관의 장은 지원계획의 실행을 위하여 필요하다고 판단되는 최소한의 정보를 관계 보장기관과 공유할 수 있으며, 필요한 경우 수급권자의 동의를 받아 대통령령으로 정하는 법인 · 단체 · 시설과 공유할 수 있다.

(2) 수급권자 등에 대한 상담, 안내, 의뢰(법 제16조)

① 보장기관의 업무담당자는 수급권자 또는 지원대상자(수급권자)가 필요한 사회보장급여를 편리하게 이용할 수 있도록 사회보장급여의 명칭, 수급권자의 선정기준, 보장내용 및 신청방법 등에 관한 사항을 상담하고 안내하여야 하며, 이를 위하여 사회보장정보시스템에서 지원하는 정보를 최대한 활용하여야 한다.

② 보장기관의 업무담당자는 수급권자 등이 필요로 하는 사회보장급여의 이용이 다른 보장기관의 권한에 속한다고 판단되는 경우 신청인 또는 수급권자 등에게 ①의 사항과 해당 보장기관을 안내하고, 필요한 경우 해당 보장기관 또는 관계 기관 · 법인 · 단체 · 시설에 사회보장급여 또는 복지혜택 · 서비스의 제공을 의뢰하여야 한다.

③ 보장기관의 장은 수급권자 등에게 사회보장급여의 이용 및 제공에 필요한 사항을 종합적으로 상담 · 안내 · 의뢰하는 등의 업무를 수행하기 위하여 전화상담센터 등을 설치 · 운영할 수 있다.

(3) 사회보장급여 부정수급 실태조사(법 제19조의2)

① 보건복지부장관은 속임수 등의 부정한 방법으로 사회보장급여를 받거나 타인으로 하여금 사회보장급여를 받게 한 경우에 대하여 보장기관이 효과적인 대책을 세울 수 있도록 그 발생 현황, 피해사례 등에 관한 실태조사를 3년마다 실시하고, 그 결과를 공개하여야 한다.

② 보건복지부장관은 실태조사를 위하여 필요한 경우 관계 중앙행정기관의 장, 공공기관의 운영에 관한 법률에 따른 공공기관의 장, 그 밖에 관련 시설 · 법인 · 단체의 장에게 필요한 자료의 제출 또는 의견의 진술 등을 요청할 수 있다. 이 경우 관계 중앙행정기관의 장 등은 특별한 사유가 없으면 그 요청에 따라야 한다.

③ 실태조사의 방법, 내용 및 결과의 공개 등에 필요한 사항은 보건복지부령으로 정한다.

(4) 사회보장급여의 변경, 중지, 환수(법 제21조 및 제22조)

① 보장기관의 장은 사회보장급여의 적정성 확인조사 및 수급자의 변동신고에 따라 수급자 및 그 부양의무자의 인적사항, 가족관계, 소득 · 재산 상태, 근로능력 등에 변동이 있는 경우에는 직권 또는 수급자나 그 친족, 그 밖의 관계인의 신청에 따라 수급자에 대한 사회보장급여의 종류 · 지급방법 등을 변경할 수 있다.

② 보장기관의 장은 변동으로 수급자에 대한 사회보장급여의 전부 또는 일부가 필요 없게 된 때에는 사회보장급여의 전부 또는 일부를 중지하거나 그 종류 · 지급방법 등을 변경하여야 한다. 다만, 변동이 소득 · 재산 상태 등의 변동수준, 수급기간 등을 고려하여 보건복지부장관이 정하는 기준에 해당하는 경우에는 그러하지 아니하다.

③ 수급자가 변동신고를 고의로 회피하거나 속임수 등의 부정한 방법으로 사회보장급여를 받거나 타인으로 하여금 사회보장급여를 받게 한 경우에는 사회보장급여를 제공한 보장기관의 장은 그 사회보장급여의 전부 또는 일부를 그 사회보장급여를 받거나 받게 한 자(부정수급자)로부터 환수할 수 있다.

④ 보장기관의 장은 수급권이 없는 자에게 사회보장급여를 제공하거나 그 변경 · 중지로 인하여 수급자에게 이미 제공한 사회보장급여 중 과잉지급분이 발생한 경우에는 즉시 이를 제공받은 사람에 대하여 그 전부 또는 일부의 반환을 명하여야 한다. 다만, 이를 이미 소비하였거나 그 밖에 수급자에게 부득이한 사유가 있는 때에는 그 반환을 면제할 수 있다.

⑤ 환수 또는 반환받을 금액은 각각 부정수급자 또는 사회보장급여를 제공받은 사람에게 통지하여 이를 환수하거나 반환받고 이에 응하지 아니하는 경우 국세 체납처분의 예 또는 지방행정제재 · 부과금의 징수 등에 관한 법률에 따라 징수한다.

(5) 이의신청(법 제17조)

① 이 법에 따른 처분에 이의가 있는 수급권자 등은 그 처분을 받은 날로부터 90일 이내에 처분을 결정한 보장기관의 장에게 이의신청을 할 수 있다. 다만, 정당한 사유로 인하여 그 기간 내에 이의신청을 할 수 없음을 증명한 때에는 그 사유가 소멸한 때부터 60일 이내에 이의신청을 할 수 있다.

② 보장기관의 장은 이의신청을 받은 날부터 10일 이내에 그 이의신청에 대하여 결정하고 그 결과를 신청인에게 지체 없이 통지하여야 한다. 다만, 부득이한 사유로 정하여진 기간 이내에 결정할 수 없을 때에는 그 기간의 만료일 다음 날부터 기산하여 10일 이내의 범위에서 연장할 수 있으며, 연장사유를 신청인에게 통지하여야 한다.

③ ① 또는 ②에 따른 이의신청의 방법 및 절차 등에 관하여 필요한 사항은 대통령령으로 정한다.

5 사회보장정보 및 사회보장정보시스템의 이용 등

(1) 사회보장정보의 처리(법 제23조)

① 보건복지부장관은 보장기관이 수급권자의 선정 및 급여관리 등에 관한 업무를 효율적으로 수행할 수 있도록 사회보장정보시스템을 통하여 해당하는 자료 또는 정보(사회보장정보)를 처리할 수 있다.

② 보건복지부장관은 사회보장정보를 처리하기 위하여 관계 중앙행정기관, 지방자치단체, 관계기관 · 법인 · 단체 · 시설의 장에게 필요한 자료 또는 정보를 요청할 수 있다. 이 경우 관계 중앙행정기관의 장 등은 정당한 사유가 없으면 그 요청에 따라야 한다.

③ 사회보장 관련 민간 법인 · 단체 · 시설의 장은 사회보장정보시스템이 원활히 운영될 수 있도록 적극 협력하여야 한다.

④ 보건복지부장관은 사회보장정보를 사회보장 관련 예측조사, 연구개발 등에 활용할 수 있도록 지원할 수 있다.

(2) 사회보장정보시스템의 이용(법 제24조)

① 보장기관의 장은 업무를 효율적으로 수행하기 위하여 사회보장정보시스템을 이용하거나 관할 업무시스템과 사회보장정보시스템을 연계하여 이용할 수 있다. 이 경우 보장기관의 장은 사회보장정보시스템을 이용하여 처리하고자 하는 자료 또는 정보와 그 범위, 처리 목적 · 방식, 해당 자료 또는 정보의 보유기관 등을 특정하여 보건복지부장관과 협의하여야 한다.

② 보장기관의 장이 보건복지부장관과 협의하는 경우 보건복지부장관이 정하는 소득 · 재산조사의 유형 등 사회보장정보의 표준화에 관한 사항을 준수하여야 한다.

③ 보건복지부장관은 사회보장의 사각지대를 해소하기 위하여 사회보장정보시스템을 통하여 처리된 정보를 보장기관의 장에게 제공할 수 있으며, 보장기관의 장은 필요한 경우 지원대상자의 동의를 받아 대통령령으로 정하는 법인 · 단체 · 시설의 장이 활용할 수 있도록 지원할 수 있다.

④ 보장기관의 장은 사회보장정보시스템을 통한 사회보장정보를 이 법에서 정한 목적 외의 용도로 이용하여서는 아니 된다.

⑤ 보건복지부장관이 사회보장정보를 제공하는 경우에는 이용 목적을 고려하여 필요 최소한의 사회보장정보를 제공하여야 한다.

(3) 한국사회보장정보원(법 제29조)

18회 기출

① 한국사회보장정보원의 설립

㉠ 사회보장정보시스템의 운영 · 지원을 위하여 한국사회보장정보원을 설립한다.

㉡ 한국사회보장정보원은 법인으로 한다.

㉢ 정부는 사회보장급여의 이용 및 제공이 원활히 이루어질 수 있도록 한국사회보장정보원의 설립 · 운영에 필요한 비용을 출연하거나 지원할 수 있다.

② 한국사회보장정보원의 주요 업무

㉠ 사회보장정보시스템의 구축 및 유지 · 기능개선 · 관리 · 교육 · 상담 등 운영에 관한 사항
㉡ 자료 또는 정보의 처리 및 사회보장정보의 처리
㉢ 사회보장급여의 수급과 관련된 법령 등에 따른 신청, 접수, 조사, 결정, 환수 등 업무의 전자적 처리지원
㉣ 사회서비스이용권의 이용 · 지급 및 정산 등에 필요한 정보시스템의 운영, 사회서비스이용권을 통하여 사회서비스를 제공하는 사업의 관리에 관한 사항
㉤ 사회보장 관련 민간 법인 · 단체 · 시설에 대한 전자화 지원
㉥ 사회보장제도의 운영에 필요한 정책정보 및 통계정보의 생산 · 분석, 제공과 사회보장정책 지원을 위한 조사 · 연구
㉦ 대국민 포털의 운영에 관한 사항
㉧ 그 밖에 이 법 또는 다른 법령에 따라 보건복지부장관, 국가 또는 지방자치단체로부터 위탁받은 업무

6 사회보장정보의 보호

(1) 사회보장정보의 보호대책 수립 · 시행(법 제30조)

① 보건복지부장관은 사회보장정보시스템의 사회보장정보를 안전하게 보호하기 위하여 물리적 · 기술적 대책을 포함한 보호대책을 수립 · 시행하여야 한다.
② 한국사회보장정보원의 장은 보호대책을 시행하기 위한 실행계획을 매년 수립하여 보건복지부장관에게 제출하여야 한다.
③ 사회보장정보시스템을 이용하는 보장기관의 장은 보안에 정보보호책임자를 지정하여 보건복지부장관에게 통보하여야 한다.

(2) 사회보장정보 침해행위 금지사항(법 제31조)

① 사회보장정보의 처리업무를 방해할 목적으로 사회보장정보를 위조 · 변경 · 훼손하거나 말소하는 행위
② 정당한 사유 없이 사회보장정보를 위조 · 변경 · 훼손 · 말소 · 유출하거나 그 방법 또는 프로그램을 공개 · 유포 · 사용하는 행위
③ 정당한 사유 없이 사회보장정보시스템을 위조 · 변경 · 훼손하거나 이용하는 행위
④ 정당한 권한이 없거나 허용된 권한을 초과하여 사회보장정보를 처리하는 행위
⑤ 업무 외의 목적으로 사회보장정보를 열람하거나 조회하는 행위

7 지역사회보장에 관한 계획

(1) 지역사회보장계획의 수립(법 제35조)

① 특별시장 · 광역시장 · 특별자치시장 · 도지사 · 특별자치도지사(이하 "시 · 도지사"라 한다) 및 시장 · 군수 · 구청장은 지역사회보장에 관한 계획을 4년마다 수립하고, 매년 지역사회보장계획에 따라 연차별 시행계획을 수립하여야 한다. 이 경우 사회보장기본법에 따른 사회보장에 관한 기본계획과 연계되도록 하여야 한다.

② 시장 · 군수 · 구청장은 해당 시(제주특별자치도 설치 및 국제자유도시 조성을 위한 특별법에 따른 행정시를 포함) · 군 · 구(자치구를 말한다. 이하 같다)의 지역사회보장계획을 지역주민 등 이해관계인의 의견을 들은 후 수립하고, 지역사회보장협의체의 심의와 해당 시 · 군 · 구 의회의 보고(보고의 경우 제주특별자치도 설치 및 국제자유도시 조성을 위한 특별법에 따른 행정시장은 제외)를 거쳐 시 · 도지사에게 제출하여야 한다.

③ 시 · 도지사(특별자치시장은 제외한다)는 ②에 따라 제출받은 시 · 군 · 구의 지역사회보장계획을 지원하는 내용 등을 포함한 해당 특별시 · 광역시 · 도 · 특별자치도의 지역사회보장계획을 수립하여야 한다.

④ 특별자치시장은 지역주민 등 이해관계인의 의견을 들어 지역사회보장계획을 수립하여야 한다.

⑤ 시 · 도지사는 지역사회보장계획을 시 · 도사회보장위원회의 심의와 해당 시 · 도 의회의 보고를 거쳐 보건복지부장관에게 제출하여야 한다. 이 경우 보건복지부장관은 제출된 계획을 사회보장위원회에 보고하여야 한다.

⑥ 시 · 도지사 또는 시장 · 군수 · 구청장은 지역사회보장계획을 수립할 때 필요하다고 인정하는 경우에는 사회보장 관련 기관 · 법인 · 단체 · 시설에 자료 또는 정보의 제공과 협력을 요청할 수 있다.

⑦ 보장기관의 장은 지역사회보장계획의 수립 및 지원 등을 위하여 지역 내 사회보장 관련 실태와 지역주민의 사회보장에 관한 인식 등에 관하여 필요한 조사를 실시할 수 있으며, 시 · 도지사 및 시장 · 군수 · 구청장은 지역사회보장계획 수립 시 지역사회보장조사 결과를 반영할 수 있다.

⑧ 보건복지부장관 또는 시 · 도지사는 지역사회보장계획의 내용이 대통령령으로 정하는 사유에 해당하는 경우에는 시 · 도지사 또는 시장 · 군수 · 구청장에게 그 조정을 권고할 수 있다. 이 경우 보건복지부장관은 관계 중앙행정기관의 장의 의견을 들을 수 있다.

⑨ 시장 · 군수 · 구청장은 시 · 군 · 구 지역사회보장계획을 시행연도의 전년도 9월 30일까지, 그 연차별 시행계획을 시행연도의 전년도 11월 30일까지 각각 시 · 도지사에게 제출하여야 하며, 시 · 도지사는 시 · 도 지역사회보장계획을 시행연도의 전년도 11월 30일까지, 그 연차별 시행계획을 시행연도의 1월 31일까지 각각 보건복지부장관에게 제출하여야 한다(시행령 제20조 제3항 및 제4항 참조).

(2) 지역사회보장계획의 내용(법 제36조)

17, 18, 20회 기출

시 · 군 · 구 지역 사회보장계획	• 지역사회보장 수요의 측정, 목표 및 추진전략 • 지역사회보장의 목표를 점검할 수 있는 지표(지역사회보장지표)의 설정 및 목표 • 지역사회보장의 분야별 추진전략, 중점 추진사업 및 연계협력 방안 • 지역사회보장 전달체계의 조직과 운영 • 사회보장급여의 사각지대 발굴 및 지원 방안 • 지역사회보장에 필요한 재원의 규모와 조달 방안 • 지역사회보장에 관련한 통계 수집 및 관리 방안 • 지역 내 부정수급 발생 현황 및 방지대책 • 그 밖에 대통령령으로 정하는 사항
특별시 · 광역시 · 도 · 특별자치도 지역사회 보장계획	• 시 · 군 · 구의 사회보장이 균형적이고 효과적으로 추진될 수 있도록 지원하기 위한 목표 및 전략 • 지역사회보장지표의 설정 및 목표 • 시 · 군 · 구에서 사회보장급여가 효과적으로 이용 및 제공될 수 있는 기반 구축 방안 • 시 · 군 · 구 사회보장급여 담당 인력의 양성 및 전문성 제고 방안 • 지역사회보장에 관한 통계자료의 수집 및 관리 방안 • 시 · 군 · 구의 부정수급 방지대책을 지원하기 위한 방안 • 그 밖에 지역사회보장 추진에 필요한 사항
특별자치시 지역 사회보장계획	• 시 · 군 · 구 지역사회보장계획의 사항 • 사회보장급여가 효과적으로 이용 및 제공될 수 있는 기반 구축 방안 • 사회보장급여 담당 인력의 양성 및 전문성 제고 방안 • 그 밖에 지역사회보장 추진에 필요한 사항

8 지역사회보장 운영체제

(1) 지역사회보장협의체(법 제41조)

20회 기출

① 시장 · 군수 · 구청장은 지역의 사회보장을 증진하고, 사회보장과 관련된 서비스를 제공하는 관계 기관 · 법인 · 단체 · 시설과 연계 · 협력을 강화하기 위하여 해당 시 · 군 · 구에 지역사회보장협의체를 둔다.

② 지역사회보장협의체는 다음의 업무를 심의 · 자문한다.

㉠ 시 · 군 · 구의 지역사회보장계획 수립 · 시행 및 평가에 관한 사항

㉡ 시 · 군 · 구의 지역사회보장조사 및 지역사회보장지표에 관한 사항

㉢ 시 · 군 · 구의 사회보장급여 제공에 관한 사항

㉣ 시 · 군 · 구의 사회보장 추진에 관한 사항

㉤ 읍 · 면 · 동 단위 지역사회보장협의체의 구성 및 운영에 관한 사항

㉥ 그 밖에 위원장이 필요하다고 인정하는 사항

③ 지역사회보장협의체의 위원은 다음의 사람 중 시장 · 군수 · 구청장이 임명 또는 위촉한다.

㉠ 사회보장에 관한 학식과 경험이 풍부한 사람

㉡ 지역의 사회보장 활동을 수행하거나 서비스를 제공하는 기관 · 법인 · 단체 · 시설의 대표자

㉢ 비영리민간단체에서 추천한 사람

ⓔ 복지위원의 대표자

ⓜ 사회보장에 관한 업무를 담당하는 공무원

④ 지역사회보장협의체의 업무를 효율적으로 수행하기 위하여 지역사회보장협의체에 실무협의체를 둔다.

⑤ 특별자치시장 및 시장 · 군수 · 구청장은 읍 · 면 · 동 단위로 읍 · 면 · 동의 사회보장 관련 업무의 원활한 수행을 위하여 해당 읍 · 면 · 동에 읍 · 면 · 동 단위 지역사회보장협의체를 둔다.

⑥ 지역사회보장협의체 및 실무협의체의 조직 · 운영에 필요한 사항은 보건복지부령으로 정하는 바에 따라 해당 시 · 군 · 구의 조례로 정하며, 읍 · 면 · 동 단위 지역사회보장협의체의 조직 · 운영에 필요한 사항은 보건복지부령으로 정하는 바에 따라 해당 특별자치시 및 시 · 군 · 구의 조례로 정한다.

(2) 시 · 도사회보장위원회(법 제40조)

18, 20회 기출

① 시 · 도지사는 시 · 도의 사회보장 증진을 위하여 시 · 도사회보장위원회를 둔다.

② 시 · 도사회보장위원회는 다음의 업무를 심의 · 자문한다.

ⓖ 시 · 도의 지역사회보장계획 수립 · 시행 및 평가에 관한 사항

ⓝ 시 · 도의 지역사회보장조사 및 지역사회보장지표에 관한 사항

ⓓ 시 · 도의 사회보장급여 제공에 관한 사항

ⓔ 시 · 도의 사회보장 추진과 관련한 중요 사항

ⓜ 읍 · 면 · 동 단위 지역사회보장협의체의 구성 및 운영에 관한 사항(특별자치시에 한정)

ⓑ 사회보장과 관련된 서비스를 제공하는 관계 기관 · 법인 · 단체 · 시설과의 연계 · 협력 강화에 관한 사항(특별자치시에 한정)

ⓢ 그 밖에 위원장이 필요하다고 인정되는 사항

③ 시 · 도사회보장위원회는 다음의 사람 중 시 · 도지사가 임명 또는 위촉한 사람으로 구성한다.

ⓖ 사회보장에 관한 전문적 지식이나 경험을 가진 사람

ⓝ 사회보장 관련 기관 및 단체의 대표자

ⓓ 사회보장을 필요로 하는 사람의 이익 등을 대표하는 사람

ⓔ 지역사회보장협의체의 대표자

ⓜ 비영리민간단체에서 추천한 사람

ⓑ 사회복지공동모금지회에서 추천한 사람

ⓢ 읍 · 면 · 동 단위 지역사회보장협의체의 위원장(특별자치시에 한정하며, 공동위원장이 있는 경우에는 민간위원 중에서 선출된 공동위원장을 말함)

ⓞ 사회보장에 관한 업무를 담당하는 공무원

(3) 사회보장사무 전담기구(법 제42조)

① 특별자치시장 및 시장 · 군수 · 구청장은 사회보장에 관한 업무를 효율적으로 수행하기 위하여 관련 조직, 인력, 관계기관 간 협력체계 등을 마련하여야 하며, 필요한 경우에는 사회보장에 관한 사무를 전담하는 기구(사회보장사무 전담기구)를 별도로 설치할 수 있다.

② 사회보장사무 전담기구의 사무 범위, 조직 및 운영 등에 필요한 사항은 해당 특별자치시 및 시 · 군 · 구의 조례로 정한다.

(4) 통합사례관리(법 제42조의2)

17회 기출

① 보건복지부장관, 시 · 도지사 및 시장 · 군수 · 구청장은 지원대상자의 사회보장 수준을 높이기 위하여 지원대상자의 다양하고 복합적인 특성에 따른 상담과 지도, 사회보장에 대한 욕구조사, 서비스 제공 계획의 수립을 실시하고, 그 계획에 따라 지원대상자에게 보건 · 복지 · 고용 · 교육 등에 대한 사회보장급여 및 민간 법인 · 단체 · 시설 등이 제공하는 서비스를 종합적으로 연계 · 제공하는 통합사례관리를 실시할 수 있다.

② 통합사례관리를 실시하기 위하여 필요한 경우에는 특별자치시 및 시 · 군 · 구에 통합사례관리사를 둘 수 있다.

③ 보건복지부장관은 통합사례관리 사업의 전문적인 지원을 위하여 해당 업무를 공공 또는 민간 기관 · 단체 등에 위탁하여 실시할 수 있다.

(5) 사회복지전담공무원(법 제43조)

18회 기출

① 사회복지사업에 관한 업무를 담당하게 하기 위하여 시 · 도, 시 · 군 · 구, 읍 · 면 · 동 또는 사회보장사무 전담기구에 사회복지전담공무원을 둘 수 있다.

② 사회복지전담공무원은 사회복지사업법에 따른 사회복지사의 자격을 가진 사람으로 하며, 그 임용 등에 필요한 사항은 대통령령으로 정한다.

③ 사회복지전담공무원은 사회보장급여에 관한 업무 중 취약계층에 대한 상담과 지도, 생활실태의 조사 등 보건복지부령으로 정하는 사회복지에 관한 전문적 업무를 담당한다.

④ 국가는 사회복지전담공무원의 보수 등에 드는 비용의 전부 또는 일부를 보조할 수 있다.

9 보칙 및 벌칙

(1) 보 칙

① **비밀유지의무(법 제49조)** : 신청, 조사, 결정, 확인조사, 환수 등 급여의 제공 및 관리 등에 관한 업무 또는 사회보장정보의 처리 등에 관한 업무, 사회서비스정보시스템의 자료 또는 정보의 처리 등에 관한 업무, 통합사례관리에 관한 업무에 종사하거나 종사하였던 사람은 직무상 알게 된 비밀을 다른 사람에게 누설하거나 직무상 목적 외의 용도로 이용하여서는 아니 된다.

② **사회보장급여의 압류 금지(법 제50조)** : 사회보장급여로 지급된 금품과 이를 받을 권리는 압류하지 못한다.

③ **고발 및 징계요구(법 제53조)** : 보건복지부장관은 이 법 위반에 따른 범죄혐의가 있다고 인정될 만한 상당한 이유가 있을 때에는 관할 수사기관에 그 내용을 고발하여야 한다.

(2) 벌칙(법 제54조 및 제55조)

① 10년 이하의 징역 또는 1억 원 이하의 벌금 : 사회보장정보의 처리업무를 방해할 목적으로 사회보장정보를 위조 · 변경 · 훼손하거나 말소하는 행위

② 5년 이하의 징역 또는 5천만 원 이하의 벌금

㉠ 학대 예방 및 지원을 위하여 보건복지부장관으로부터 제공받은 자료 또는 정보를 취득한 사람은 학생 등에 대한 학대 예방 및 지원을 위한 목적 외로 해당 자료 또는 정보를 사용하거나 다른 사람에게 제공 또는 누설하는 행위

㉡ 사회보장정보원의 임직원이나 임직원으로 재직하였던 사람이 그 직무상 알게 된 비밀을 누설하거나 다른 용도로 사용하는 행위

㉢ 업무에 종사하거나 종사하였던 사람이 직무상 알게 된 비밀을 다른 사람에게 누설하거나 직무상 목적 외의 용도로 이용하는 행위

㉣ 정당한 사유 없이 사회보장정보를 위조 · 변경 · 훼손 · 말소 · 유출하거나 그 방법 또는 프로그램을 공개 · 유포 · 사용하는 행위

㉤ 정당한 사유 없이 사회보장정보시스템을 위조 · 변경 · 훼손하거나 이용하는 행위

㉥ 정당한 권한이 없거나 허용된 권한을 초과하여 사회보장정보를 처리하는 행위

③ 1년 이하의 징역 또는 1천만 원 이하의 벌금 : 부정수급자

④ 5천만 원 이하의 과태료 : 조사범위를 초과하여 개인정보를 수집한 자

⑤ 3천만 원 이하의 과태료 : 시정요구에 따르지 아니한 사람, 사회보장정보를 파기하지 아니한 사람

CHAPTER 02

출제유형문제

01 사회보장기본법의 내용으로 옳지 않은 것은? [18회]

① 사회보장위원회의 위원장은 보건복지부장관이 된다.
② 사회보장위원회는 30명 이내의 위원으로 구성한다.
③ 사회보장기본계획은 5년마다 수립하여야 한다.
④ 보건복지부장관은 사회보장정보시스템의 구축 · 운영을 총괄한다.
⑤ 모든 국민은 사회보장 관계 법령에서 정하는 바에 따라 사회보장급여를 받을 권리를 가진다.

해설
① 사회보장위원회의 위원장은 국무총리가 되고 부위원장은 기획재정부장관, 교육부장관 및 보건복지부장관이 된다(사회보장기본법 제21조 제2항).
② 사회보장위원회는 위원장 1명, 부위원장 3명과 행정안전부장관, 고용노동부장관, 여성가족부장관, 국토교통부장관을 포함한 30명 이내의 위원으로 구성한다(동법 제21조 제1항).
③ 보건복지부장관은 관계 중앙행정기관의 장과 협의하여 사회보장 증진을 위하여 사회보장에 관한 기본계획(사회보장 기본계획)을 5년마다 수립하여야 한다(동법 제16조 제1항).
④ 동법 제37조 제3항
⑤ 동법 제9조

02 사회보장기본법상 사회보장수급권에 관한 내용으로 옳은 것을 모두 고른 것은? [19회]

ㄱ. 모든 국민은 사회보장 관계 법령에서 정하는 바에 따라 사회보장급여를 받을 권리인 사회보장수급권을 가진다.
ㄴ. 사회보장수급권은 정당한 권한이 있는 기관에게 구두로 통지하여 포기할 수 있다.
ㄷ. 사회보장수급권은 수급자 임의로 다른 사람에게 양도할 수 있다.
ㄹ. 사회보장수급권의 포기는 취소할 수 없다.

① ㄱ
② ㄱ, ㄹ
③ ㄷ, ㄹ
④ ㄱ, ㄴ, ㄹ
⑤ ㄱ, ㄷ, ㄹ

해설
ㄱ. 사회보장기본법 제9조
ㄴ. 사회보장수급권은 정당한 권한이 있는 기관에 서면으로 통지하여 포기할 수 있다(동법 제14조 제1항).
ㄷ. 사회보장수급권은 관계 법령에서 정하는 바에 따라 다른 사람에게 양도하거나 담보로 제공할 수 없으며, 이를 압류할 수 없다(동법 제12조).
ㄹ. 사회보장수급권의 포기는 취소할 수 있다(동법 제14조 제2항).

Answer 1 ① 2 ①

03 사회보장수급권에 관한 설명으로 옳은 것은? [13회]

① 사회보장수급권은 헌법상 사회적 기본권과 관계가 없다.
② 사회보장기본법은 사회보장수급권을 명시적으로 규정하고 있다.
③ 사회보장수급권이 행정청의 위법한 처분에 의해 침해된 경우에는 민사소송을 통하여 다투어야 한다.
④ 국민연금법상 급여를 받을 권리는 재산권이므로 담보로 제공할 수 있다.
⑤ 수급권자는 사회보장수급권을 포기할 수 없는 것이 원칙이다.

해설 ② 모든 국민은 사회보장 관계 법령에서 정하는 바에 따라 사회보장급여를 받을 권리(사회보장수급권)를 가진다(사회보장기본법 제9조).
① 헌법상 사회적 기본권의 핵심이 되는 '인간다운 생활을 할 권리'는 사회보장수급권의 연원에 해당한다.
③ 사회보장수급권이 행정청의 위법한 처분에 의해 침해된 경우에는 행정소송법에 따른 행정소송을 통하여 다투어야 한다.
④ 국민연금법상 급여를 받을 권리는 양도·압류하거나 담보로 제공할 수 없다(국민연금법 제58조 제1항). 헌재판례에서도 국민연금급여를 받을 권리가 재산권의 성격을 가지고 있다고 하더라도 개인의 삶에 있어서 다른 재산권과 동일한 역할을 한다고 볼 수는 없다고 제시하고 있다. 이는 사회보험이 다른 저축이나 채권과 달리 장래 발생 가능한 사회적인 위험의 현실적 발생을 조건으로 하여 지급되는 것이기 때문이다(헌재 2002 헌바 15, 2004.06.24).
⑤ 사회보장수급권은 정당한 권한이 있는 기관에 서면으로 통지하여 포기할 수 있는 것이 원칙이다(사회보장기본법 제14조 제1항).

04 사회보장기본법상 사회보장제도의 운영원칙에 관한 설명으로 옳지 않은 것은? [15회]

① 국가와 지방자치단체가 사회보장제도를 운영할 때에는 이 제도를 필요로 하는 모든 국민에게 적용하여야 한다.
② 사회보험은 국가와 지방자치단체의 책임으로 시행하는 것을 원칙으로 한다.
③ 국가와 지방자치단체는 사회보장제도의 정책 결정 및 시행 과정에 공익의 대표자 및 이해관계인 등을 참여시켜 이를 민주적으로 결정하고 시행하여야 한다.
④ 국가와 지방자치단체가 사회보장제도를 운영할 때에는 국민의 다양한 복지 욕구를 효율적으로 충족시키기 위하여 연계성과 전문성을 높여야 한다.
⑤ 국가와 지방자치단체는 사회보장제도의 급여 수준과 비용 부담 등에서 형평성을 유지하여야 한다.

해설 ② 사회보험은 국가의 책임으로 시행하고, 공공부조와 사회서비스는 국가와 지방자치단체의 책임으로 시행하는 것을 원칙으로 한다. 다만, 국가와 지방자치단체의 재정 형편 등을 고려하여 이를 협의·조정할 수 있다(사회보장기본법 제25조 제5항).

3 ② 4 ② Answer

05 사회보장기본법의 내용으로 옳지 않은 것은? [14회]

① 국내에 거주하는 외국인에게 사회보장제도를 적용할 때에는 상호주의의 원칙에 따르되, 관계 법령에서 정하는 바에 따른다.
② 국가는 사회보장제도의 안정적인 운영을 위하여 중장기 사회보장 재정추계를 매년 실시하고 이를 공표하여야 한다.
③ 국가와 지방자치단체는 가정이 건전하게 유지되고 그 기능이 향상되도록 노력하여야 한다.
④ 사회보장에 관한 다른 법률을 제정하거나 개정하는 경우에는 이 법에 부합되도록 하여야 한다.
⑤ 사회보장에 관한 기본계획은 다른 법령에 따라 수립되는 사회보장에 관한 계획에 우선하며 그 계획의 기본이 된다.

해설 ② 국가는 사회보장제도의 안정적인 운영을 위하여 중장기 사회보장 재정추계를 격년으로 실시하고 이를 공표하여야 한다(사회보장기본법 제5조 제4항).
① 동법 제8조
③ 동법 제6조 제1항
④ 동법 제4조
⑤ 동법 제17조

06 사회보장기본법령의 내용으로 옳지 않은 것은? [12회]

① 국가와 지방자치단체는 모든 국민이 건강하고 문화적인 생활을 유지할 수 있도록 사회보장급여의 수준 향상을 위하여 노력하여야 한다.
② 국가는 관계 법령에서 정하는 바에 따라 최저보장수준과 최저임금을 매년 공표하여야 한다.
③ 사회보장수급권의 포기는 취소할 수 없다.
④ 사회보장급여를 신청하는 사람이 다른 기관에 신청한 경우에는 그 기관은 지체 없이 이를 정당한 권한이 있는 기관에 이송하여야 한다.
⑤ 사회보장수급권이 정지되는 경우에는 정지하는 목적에 필요한 최소한의 범위에 그쳐야 한다.

해설 ③ 사회보장수급권의 포기는 취소할 수 있다(동법 제14조 제2항). 그럼에도 불구하고 사회보장수급권을 포기하는 것이 다른 사람에게 피해를 주거나 사회보장에 관한 관계 법령에 위반되는 경우에는 사회보장수급권을 포기할 수 없다(동법 제14조 제3항).

Answer 5 ② 6 ③

07 다음 중 사회보장기본법상 사회적 위험에 해당하지 않는 것은?

① 질 병
② 노 령
③ 실 업
④ 사 망
⑤ 불 결

해설 **사회보장기본법상 사회적 위험(사회보장기본법 제3조 제1호)**

'사회보장'이란 출산, 양육, 실업, 노령, 장애, 질병, 빈곤 및 사망 등의 사회적 위험으로부터 모든 국민을 보호하고 국민 삶의 질을 향상시키는 데 필요한 소득 · 서비스를 보장하는 사회보험, 공공부조, 사회서비스를 말한다.

08 사회보장기본법상 사회보장제도 운영원칙이 아닌 것은?

① 민주성의 원칙
② 독립성의 원칙
③ 형평성의 원칙
④ 보편성의 원칙
⑤ 전문성의 원칙

해설 **사회보장제도 운영원칙(사회보장기본법 제25조 참조)**

- 적용범위의 보편성 : 국가와 지방자치단체가 사회보장제도를 운영할 때에는 이 제도를 필요로 하는 모든 국민에게 적용하여야 한다.
- 급여 수준 및 비용 부담의 형평성 : 국가와 지방자치단체는 사회보장제도의 급여 수준과 비용 부담 등에서 형평성을 유지하여야 한다.
- 운영의 민주성 : 국가와 지방자치단체는 사회보장제도의 정책 결정 및 시행 과정에 공익의 대표자 및 이해관계인 등을 참여시켜 이를 민주적으로 결정하고 시행하여야 한다.
- 연계성 · 전문성의 강화 : 국가와 지방자치단체가 사회보장 제도를 운영할 때에는 국민의 다양한 복지 욕구를 효율적으로 충족시키기 위하여 연계성과 전문성을 높여야 한다.
- 시행의 책임성 : 사회보험은 국가의 책임으로 시행하고, 공공부조와 사회서비스는 국가와 지방자치단체의 책임으로 시행하는 것을 원칙으로 한다. 다만, 국가와 지방자치단체의 재정 형편 등을 고려하여 이를 협의 · 조정할 수 있다.

7 ⑤ 8 ② Answer

09 (　)에 들어갈 숫자의 합은?

> 사회복지사업법상 사회복지법인은 대표이사를 포함한 이사 (　)명 이상과 감사 (　)명 이상을 두어야 하며, 이사 또는 감사 중에 결원이 생겼을 때에는 (　)개월 이내에 보충하여야 한다.

① 7
② 9
③ 11
④ 13
⑤ 15

해설
- 법인은 대표이사를 포함한 이사 7명 이상과 감사 2명 이상을 두어야 한다(사회복지사업법 제18조 제1항).
- 이사 또는 감사 중에 결원이 생겼을 때에는 2개월 이내에 보충하여야 한다(동법 제20조).

제3영역

10 사회복지사업법령상 국가와 지방자치단체의 복지와 인권증진의 책임에 관한 내용으로 옳지 않은 것은? [12회]

① 사회복지서비스를 이용하는 사람의 인권을 옹호할 책임을 진다.
② 사회복지서비스와 보건의료서비스를 함께 필요로 하는 사람에게 이들 서비스가 연계되어 제공되도록 노력하여야 한다.
③ 사회복지서비스 공급자를 고려하여 사회복지시설을 설치하여야 한다.
④ 사회복지서비스를 필요로 하는 사람들에게 사회복지서비스의 실시에 대한 정보를 제공하여야 한다.
⑤ 시설 거주자의 희망을 반영하여 지역사회보호체계에서 서비스가 제공될 수 있도록 노력하여야 한다.

해설 ③ 국가와 지방자치단체는 도움을 필요로 하는 국민이 본인의 선호와 필요에 따라 적절한 사회복지서비스를 제공받을 수 있도록 사회복지서비스 수요자 등을 고려하여 사회복지시설이 균형 있게 설치되도록 노력하여야 한다(사회복지사업법 제4조 제4항).

Answer 9 ③ 10 ③

11 한국사회복지협의회의 업무에 관한 설명으로 옳지 않은 것은?

① 사회복지에 관한 조사 · 연구 및 정책 건의
② 사회복지사업에 관한 기부문화의 조성
③ 사회복지에 관한 자료수집 및 간행물 발간
④ 사회복지관련 기관 · 단체 간의 연계 · 협력 · 조정
⑤ 사회복지사에 대한 전문지식 및 기술의 개발

해설 한국사회복지협의회(사회복지사업법 제33조 및 시행령 제12조 참조)

- 사회복지에 관한 조사 · 연구 및 정책 건의(①)
- 사회복지 관련 기관 · 단체 간의 연계 · 협력 · 조정(④)
- 사회복지 소외계층 발굴 및 민간사회복지자원과의 연계 · 협력
- 사회복지에 관한 교육훈련
- 사회복지에 관한 자료수집 및 간행물 발간(③)
- 사회복지에 관한 계몽 및 홍보
- 자원봉사활동의 진흥
- 사회복지사업에 관한 기부문화의 조성(②)
- 사회복지사업에 종사하는 사람의 교육훈련과 복지증진
- 사회복지에 관한 학술 도입과 국제사회복지단체와의 교류
- 보건복지부장관이 위탁하는 사회복지에 관한 업무(중앙협의회만 해당)
- 시 · 도지사 및 중앙협의회가 위탁하는 사회복지에 관한 업무(시 · 도협의회만 해당)
- 시 · 도지사, 시장 · 군수 · 구청장, 중앙협의회 및 시 · 도협의회가 위탁하는 사회복지에 관한 업무(시 · 군 · 구협의회만 해당)
- 그 밖에 중앙협의회, 시 · 도협의회, 시 · 군 · 구협의회의 목적 달성에 필요하여 각각의 정관에서 정하는 사항

12 사회복지사업법상 사회복지법인(이하 '법인'이라 한다)에 관한 내용으로 옳은 것은? [18회]

① 법인 설립 허가자는 보건복지부장관이다.
② 법인 설립은 시장 · 군수 · 구청장에 신고한다.
③ 해산한 법인의 남은 재산은 설립자에 귀속한다.
④ 이사는 법인이 설치한 사회복지시설의 장을 겸직할 수 있다.
⑤ 주된 사무소가 서로 다른 시 · 도에 소재한 법인이 합병할 경우 시 · 도지사에게 신고하여야 한다.

해설 ④ 이사는 법인이 설치한 사회복지시설의 장을 제외한 그 시설의 직원을 겸할 수 없다(사회복지사업법 제21조 제1항).

① · ② 사회복지법인을 설립하려는 자는 대통령령으로 정하는 바에 따라 시 · 도지사의 허가를 받아야 한다(동법 제16조 제1항).

③ 해산한 법인의 남은 재산은 정관으로 정하는 바에 따라 국가 또는 지방자치단체에 귀속된다(동법 제27조 제1항).

⑤ 법인은 시 · 도지사의 허가를 받아 이 법에 따른 다른 법인과 합병할 수 있다. 다만, 주된 사무소가 서로 다른 시 · 도에 소재한 법인 간의 합병의 경우에는 보건복지부장관의 허가를 받아야 한다(동법 제30조 제1항).

11 ⑤ 12 ④ Answer

13 사회복지사업법상 사회복지법인의 정관에 포함되어야 할 사항을 모두 고른 것은? [16회]

ㄱ. 회의에 관한 사항
ㄴ. 자산 및 회계에 관한 사항
ㄷ. 임원의 임면 등에 관한 사항
ㄹ. 공고 및 공고방법에 관한 사항

① ㄱ, ㄴ
② ㄴ, ㄷ
③ ㄱ, ㄷ, ㄹ
④ ㄴ, ㄷ, ㄹ
⑤ ㄱ, ㄴ, ㄷ, ㄹ

해설 사회복지법인의 정관에 포함되어야 할 사항(사회복지사업법 제17조 제1항)
- 목 적
- 명 칭
- 주된 사무소의 소재지
- 사업의 종류
- 자산 및 회계에 관한 사항(ㄴ)
- 임원의 임면 등에 관한 사항(ㄷ)
- 회의에 관한 사항(ㄱ)
- 수익을 목적으로 하는 사업이 있는 경우 그에 관한 사항
- 정관의 변경에 관한 사항
- 존립시기와 해산 사유를 정한 경우에는 그 시기와 사유 및 남은 재산의 처리방법
- 공고 및 공고방법에 관한 사항(ㄹ)

14 사회복지사업법령상 사회복지법인에 관한 설명으로 옳지 않은 것은? [13회]

① 사회복지법인의 정관에는 사업의 종류가 포함되어야 한다.
② 사회복지법인을 설립하려는 자는 시 · 도지사에게 신고하여야 한다.
③ 사회복지법인은 대표이사를 포함한 이사 7명 이상과 감사 2명 이상을 두어야 한다.
④ 이사는 사회복지법인이 설치한 사회복지시설의 장을 제외한 그 시설의 직원을 겸할 수 없다.
⑤ 사회복지법인은 사회복지사업의 운영에 필요한 재산을 소유하여야 한다.

해설 ② 사회복지법인을 설립하려는 자는 대통령령으로 정하는 바에 따라 시 · 도지사의 허가를 받아야 한다(사회복지사업법 제16조 제1항).
① 동법 제17조 참조
③ 동법 제18조 제1항
④ 동법 제21조 제1항
⑤ 동법 제23조 제1항

Answer 13 ⑤ 14 ②

15 사회보장급여의 이용 · 제공 및 수급권자 발굴에 관한 법률상 사회보장정보원에 관한 내용으로 옳지 않은 것은? [18회]

① 사회보장정보원은 법인으로 한다.

② 정부는 사회보장정보원의 설립에 필요한 비용을 출연할 수 있다.

③ 사회보장정보원의 운영에 필요한 비용은 정부가 지원할 수 없으며 정보이용자가 지불하는 부담금으로 충당한다.

④ 사회보장정보원에 관하여 이 법에서 규정한 사항 외에는 「민법」 중 재단법인에 관한 규정을 준용한다.

⑤ 사회보장정보원의 임직원은 그 직무상 알게 된 비밀을 다른 용도로 사용하여서는 아니 된다.

해설

② · ③ 정부는 사회보장급여의 이용 및 제공이 원활히 이루어질 수 있도록 한국사회보장정보원의 설립 · 운영에 필요한 비용을 출연하거나 지원할 수 있다(사회보장급여의 이용 · 제공 및 수급권자 발굴에 관한 법률 제29조 제4항).

① 한국사회보장정보원은 법인으로 한다(동법 제29조 제2항).

④ 한국사회보장정보원에 관하여 이 법에서 규정한 사항 외에는 「민법」 중 재단법인에 관한 규정을 준용한다(동법 제29조 제5항).

⑤ 한국사회보장정보원의 임직원이나 임직원으로 재직하였던 사람은 그 직무상 알게 된 비밀을 누설하거나 다른 용도로 사용하여서는 아니 된다(동법 제29조 제8항).

16 사회보장급여의 이용 · 제공 및 수급권자 발굴에 관한 법률상 사회복지전담공무원에 관한 내용으로 옳지 않은 것을 모두 고른 것은? [18회]

ㄱ. 시 · 군 · 구, 읍 · 면 · 동에 사회복지전담공무원을 둘 수 있고 시 · 도에는 둘 수 없다.
ㄴ. 사회복지전담공무원은 「사회복지사업법」에 따른 사회복지사의 자격을 가진 사람으로 한다.
ㄷ. 시 · 도지사 및 시장 · 군수 · 구청장은 「지방공무원 교육훈련법」에 따라 사회복지전담공무원의 교육훈련에 필요한 시책을 수립 · 시행하여야 한다.

① ㄱ
② ㄴ
③ ㄱ, ㄴ
④ ㄱ, ㄷ
⑤ ㄴ, ㄷ

해설

ㄱ. 사회복지사업에 관한 업무를 담당하게 하기 위하여 시 · 도, 시 · 군 · 구, 읍 · 면 · 동 또는 사회보장사무전담기구에 사회복지전담공무원을 둘 수 있다(사회보장급여의 이용 · 제공 및 수급권자 발굴에 관한 법률 제43조 제1항).

ㄴ. 사회복지전담공무원은 「사회복지사업법」에 따른 사회복지사의 자격을 가진 사람으로 하며, 그 임용 등에 필요한 사항은 대통령령으로 정한다(동법 제43조 제2항).

ㄷ. 동법 제43조 제5항

15 ③ 16 ① Answer

17 사회복지사업법의 내용으로 옳지 않은 것은? [17회]

① 사회복지서비스를 제공하는 자는 사회복지서비스를 이용하는 사람의 선택권을 보장하여야 한다.
② 사회복지서비스를 필요로 하는 사람에 대한 사회복지서비스 제공은 현금으로 제공하는 것이 원칙이다.
③ 국가는 매년 9월 7일 사회복지의 날로 한다.
④ 보건복지부장관은 사회복지사가 법원의 판결에 따라 자격이 정지된 경우에는 그 자격을 취소하여야 한다.
⑤ 시장 · 군수 · 구청장은 정당한 이유 없이 사회복지시설의 설치를 지연시키는 조치를 하여서는 아니된다.

해설 ② 사회복지서비스를 필요로 하는 사람에 대한 사회복지서비스 제공은 현물(現物)로 제공하는 것을 원칙으로 한다(사회복지사업법 제5조의2 제1항).
① 사회복지서비스를 제공하는 자는 필요한 정보를 제공하는 등 사회복지서비스를 이용하는 사람의 선택권을 보장하여야 한다(동법 제1조의2 제4항).
③ 국가는 국민의 사회복지에 대한 이해를 증진하고 사회복지사업 종사자의 활동을 장려하기 위하여 매년 9월 7일을 사회복지의 날로 하고, 사회복지의 날부터 1주간을 사회복지주간으로 한다(동법 제15조의2 제1항).
④ 보건복지부장관은 사회복지사가 법원의 판결에 따라 자격이 상실되거나 정지된 경우 그 자격을 취소하여야 한다(동법 제11조의3 제1항 제2호).
⑤ 시장 · 군수 · 구청장은 정당한 이유 없이 사회복지시설의 설치를 지연시키거나 제한하는 조치를 하여서는 아니 된다(동법 제6조 제2항).

18 우리나라의 사회복지시설 평가제도에 관한 설명으로 옳은 것은? [19회]

ㄱ. 3년마다 평가 실시
ㄴ. 5년마다 평가 실시
ㄷ. 평가 결과의 비공개 원칙
ㄹ. 평가 결과를 시설 지원에 반영

① ㄱ, ㄷ
② ㄱ, ㄹ
③ ㄴ, ㄷ
④ ㄴ, ㄹ
⑤ ㄷ, ㄹ

해설 ㄱ · ㄴ. 보건복지부장관 및 시 · 도지사는 3년마다 시설에 대한 평가를 실시하여야 한다(사회복지사업법 시행규칙 제27조의2 제1항).
ㄷ · ㄹ. 보건복지부장관과 시 · 도지사는 보건복지부령으로 정하는 바에 따라 시설을 정기적으로 평가하고, 그 결과를 공표하거나 시설의 감독 · 지원 등에 반영할 수 있으며 시설 거주자를 다른 시설로 보내는 등의 조치를 할 수 있다(동법 제43조의2 제1항).

Answer 17 ② 18 ②

CHAPTER 02

최신기출문제

01 사회보장기본법상 사회보장제도의 운영원칙에 관한 사항이다. (   )에 들어갈 내용으로 옳은 것은? [20회]

사회보험은 (ㄱ)의 책임으로 시행하고, 공공부조와 사회서비스는 (ㄴ)의 책임으로 시행하는 것을 원칙으로 한다.

① ㄱ : 국가 ㄴ : 국가
② ㄱ : 지방자치단체 ㄴ : 지방자치단체
③ ㄱ : 국가와 지방자치단체 ㄴ : 국가
④ ㄱ : 국가 ㄴ : 국가와 지방자치단체
⑤ ㄱ : 국가와 지방자치단체 ㄴ : 국가와 지방자치단체

해설 사회보장제도의 운영원칙(사회보장기본법 제25조 제5항)
사회보험은 국가의 책임으로 시행하고, 공공부조와 사회서비스는 국가와 지방자치단체의 책임으로 시행하는 것을 원칙으로 한다. 다만, 국가와 지방자치단체의 재정 형편 등을 고려하여 이를 협의 · 조정할 수 있다.

02 사회보장기본법상 국가와 지방자치단체에 관한 설명으로 옳지 않은 것은? [20회]

① 국가와 지방자치단체는 모든 국민의 인간다운 생활을 유지 · 증진하는 책임을 가진다.
② 국가와 지방자치단체는 사회보장에 관한 책임과 역할을 합리적으로 분담하여야 한다.
③ 국가와 지방자치단체는 사회보장제도의 안정적인 운영을 위하여 중장기 사회보장 재정추계를 매년 실시하고 이를 공표하여야 한다.
④ 국가와 지방자치단체는 지속가능한 사회보장제도를 확립하고 매년 이에 필요한 재원을 조달하여야 한다.
⑤ 국가와 지방자치단체는 가정이 건전하게 유지되고 그 기능이 향상되도록 노력하여야 한다.

1 ④ 2 ③ Answer

해설 ③ 국가는 사회보장제도의 안정적인 운영을 위하여 중장기 사회보장 재정추계를 격년으로 실시하고 이를 공표하여야 한다(사회보장기본법 제5조 제4항).
① 동법 제5조 제1항
② 동법 제5조 제2항
④ 국가와 지방자치단체는 국가 발전수준에 부응하고 사회환경의 변화에 선제적으로 대응하며 지속가능한 사회보장제도를 확립하고 매년 이에 필요한 재원을 조달하여야 한다(동법 제5조 제3항).
⑤ 동법 제6조 제1항

03 사회보장기본법상 사회보장위원회 위원으로 포함되어야 하는 중앙행정기관의 장을 모두 고른 것은? [20회]

ㄱ. 행정안전부장관
ㄴ. 고용노동부장관
ㄷ. 기획재정부장관
ㄹ. 국토교통부장관

① ㄱ, ㄴ, ㄷ
② ㄱ, ㄴ, ㄹ
③ ㄱ, ㄷ, ㄹ
④ ㄴ, ㄷ, ㄹ
⑤ ㄱ, ㄴ, ㄷ, ㄹ

해설 사회보장위원회의 구성 등(사회보장기본법 제21조 제1항 내지 제3항)
① 사회보장위원회는 위원장 1명, 부위원장 3명과 행정안전부장관, 고용노동부장관, 여성가족부장관, 국토교통부장관을 포함한 30명 이내의 위원으로 구성한다.
② 위원장은 국무총리가 되고 부위원장은 기획재정부장관, 교육부장관 및 보건복지부장관이 된다.
③ 사회보장위원회의 위원은 다음의 어느 하나에 해당하는 사람으로 한다.
- 대통령령으로 정하는 관계 중앙행정기관의 장
- 다음의 사람 중에서 대통령이 위촉하는 사람
  - 근로자를 대표하는 사람
  - 사용자를 대표하는 사람
  - 사회보장에 관한 학식과 경험이 풍부한 사람
  - 변호사 자격이 있는 사람

Answer 3 ⑤

04 **사회보장급여의 이용 · 제공 및 수급권자 발굴에 관한 법률의 내용으로 옳지 않은 것은?** [20회]

① 보장기관의 장은 「긴급복지지원법」 제7조의2에 따른 발굴조사를 실시한 경우를 제외하고 지원대상자에 대한 발굴조사를 1년마다 정기적으로 실시하여야 한다.

② 보장기관은 지역의 사회보장 수준이 균등하게 실현될 수 있도록 노력하여야 한다.

③ 누구든지 사회적 위험으로 인하여 사회보장급여를 필요로 하는 지원대상자를 발견하였을 때에는 보장기관에 알려야 한다.

④ 이의신청은 그 처분을 받은 날로부터 90일 이내에 처분을 결정한 보장기관의 장에게 할 수 있다.

⑤ 사회서비스 제공기관의 운영자는 위기가구의 발굴 지원업무 수행을 위해 사회서비스정보시스템을 이용할 수 있다.

해설

① 보장기관의 장은 지원대상자에 대한 발굴조사를 분기마다 정기적으로 실시하여야 한다. 다만, 「긴급복지지원법」 제7조의2(위기상황의 발굴)에 따라 발굴조사를 실시한 경우에는 그러하지 아니하다(사회보장급여의 이용 · 제공 및 수급권자 발굴에 관한 법률 제12조의2 제1항).
② 동법 제4조 제6항
③ 누구든지 출산, 양육, 실업, 노령, 장애, 질병, 빈곤 및 사망 등의 사회적 위험으로 인하여 사회보장급여를 필요로 하는 지원대상자를 발견하였을 때에는 보장기관에 알려야 한다(동법 제13조 제1항).
④ 이 법에 따른 처분에 이의가 있는 수급권자 등은 그 처분을 받은 날로부터 90일 이내에 처분을 결정한 보장기관의 장에게 이의신청을 할 수 있다. 다만, 정당한 사유로 인하여 그 기간 내에 이의신청을 할 수 없음을 증명한 때에는 그 사유가 소멸한 때부터 60일 이내에 이의신청을 할 수 있다(동법 제17조 제1항).
⑤ 동법 제24조의2 제2항 참조

05 **사회보장급여의 이용 · 제공 및 수급권자 발굴에 관한 법률상 수급자격 확인을 위해 지원대상자와 그 부양의무자에 대하여 조사할 수 있는 사항을 모두 고른 것은?** [20회]

ㄱ. 인적사항 및 가족관계 확인에 관한 사항
ㄴ. 소득 · 재산 · 근로능력 및 취업상태에 관한 사항
ㄷ. 사회보장급여 수급이력에 관한 사항
ㄹ. 수급권자를 선정하기 위하여 보장기관의 장이 필요하다고 인정하는 사항

① ㄱ, ㄴ
② ㄷ, ㄹ
③ ㄱ, ㄴ, ㄷ
④ ㄴ, ㄷ, ㄹ
⑤ ㄱ, ㄴ, ㄷ, ㄹ

4 ① 5 ⑤ Answer

해설 **수급자격의 조사(사회보장급여의 이용 · 제공 및 수급권자 발굴에 관한 법률 제7조 제1항)**

보장기관의 장은 사회보장급여의 신청을 받으면 지원대상자와 그 부양의무자에 대하여 사회보장급여의 수급자격 확인을 위하여 다음의 어느 하나에 해당하는 자료 또는 정보를 제공받아 조사하고 처리할 수 있다. 다만, 부양의무자에 대한 조사가 필요하지 아니하거나 그 밖에 대통령령으로 정하는 사유에 해당하는 경우는 제외한다.

- 인적사항 및 가족관계 확인에 관한 사항
- 소득 · 재산 · 근로능력 및 취업상태에 관한 사항
- 사회보장급여 수급이력에 관한 사항
- 그 밖에 수급권자를 선정하기 위하여 보장기관의 장이 필요하다고 인정하는 사항

제 3 영역

06 **사회복지사업법의 내용으로 옳지 않은 것은?** [20회]

① 보건복지부장관은 사회복지사가 거짓으로 자격을 취득한 경우 그 자격을 취소하여야 한다.
② 사회복지법인을 설립하려는 자는 대통령령으로 정하는 바에 따라 시 · 도지사의 허가를 받아야 한다.
③ 사회복지법인이 설립 후 기본재산을 출연하지 아니한 때 시 · 도지사는 시정명령을 내릴 수 있다.
④ 누구든지 정당한 이유 없이 사회복지시설의 설치를 방해하여서는 아니 된다.
⑤ 사회복지를 필요로 하는 사람은 누구든지 자신의 의사에 따라 서비스를 신청하고 제공받을 수 있다.

해설 ③ 사회복지법인이 설립 후 기본재산을 출연하지 아니한 때 시 · 도지사는 설립허가를 취소하여야 한다(사회복지사업법 제26조 제1항 제7호).
① 보건복지부장관은 사회복지사가 거짓이나 그 밖의 부정한 방법으로 자격을 취득한 경우, 사회복지사의 결격사유의 어느 하나에 해당하게 된 경우, 자격증을 대여 · 양도 또는 위조 · 변조한 경우 그 자격을 취소하여야 한다(동법 제11조의3 제1항 참조).
② 동법 제16조 제1항
④ 동법 제6조 제1항
⑤ 동법 제1조의2 제1항

Answer 6 ③

07 사회복지사업법상 사회복지시설(이하 '시설'이라고 한다)에 관한 설명으로 옳은 것은? [20회]

① 지방자치단체가 시설을 설치 · 운영하려는 경우에는 보건복지부에 신고하여야 한다.
② 사회복지법인의 대표는 시설에 대하여 정기 및 수시 안전점검을 실시하여야 한다.
③ 시설을 설치 · 운영하는 자는 시설에 근무할 종사자를 채용할 수 있다.
④ 시설의 장은 시설의 운영에 관한 사항을 의결하기 위하여 시설에 운영위원회를 두어야 한다.
⑤ 지방자치단체는 시설의 책임보험 가입에 드는 비용의 전부를 보조하여야 한다.

해설
③ 사회복지법인과 사회복지시설을 설치 · 운영하는 자는 시설에 근무할 종사자를 채용할 수 있다(사회복지사업법 제35조의2 제1항).
① 국가나 지방자치단체는 사회복지시설을 설치 · 운영할 수 있다. 국가 또는 지방자치단체 외의 자가 시설을 설치 · 운영하려는 경우에는 보건복지부령으로 정하는 바에 따라 시장 · 군수 · 구청장에게 신고하여야 한다(동법 제34조 제1항 및 제2항).
② 시설의 장은 시설에 대하여 정기 및 수시 안전점검을 실시하여야 한다(동법 제34조의4 제1항).
④ 시설의 장은 시설의 운영에 관한 사항을 심의하기 위하여 시설에 운영위원회를 두어야 한다(동법 제36조 제1항).
⑤ 국가나 지방자치단체는 예산의 범위에서 시설의 책임보험 또는 책임공제의 가입에 드는 비용의 전부 또는 일부를 보조할 수 있다(동법 제34조의3 제2항).

08 사회복지사업법상 사회복지법인(이하 '법인'으로 한다)에 관한 설명으로 옳지 않은 것은? [20회]

① 법인이 설치한 사회복지시설의 장과 직원은 그 법인의 이사를 겸할 수 없다.
② 파산선고를 받고 복권되지 아니한 사람은 임원이 될 수 없다.
③ 법인은 대표이사를 포함한 이사 7명 이상과 감사 2명 이상을 두어야 한다.
④ 이사회는 안건, 표결수 등을 기재한 회의록을 작성하여야 한다.
⑤ 해산한 법인의 남은 재산은 정관으로 정하는 바에 따라 국가 또는 지방자치단체에 귀속된다.

해설
① 이사는 법인이 설치한 사회복지시설의 장을 제외한 그 시설의 직원을 겸할 수 없다(사회복지사업법 제21조 제1항).
② 동법 제19조 제1항 제1의3호
③ 동법 제18조 제1항
④ 이사회는 개의 · 회의 중지 및 산회 일시, 안건, 의사, 출석한 임원의 성명, 표결수, 그 밖에 대표이사가 작성할 필요가 있다고 인정하는 사항을 기재한 회의록을 작성하여야 한다(동법 제25조 제1항).
⑤ 동법 제27조 제1항

7 ③ 8 ① Answer

CHAPTER 03

공공부조법

✪ 학습목표

- '공공부조법' 영역에서는 국민기초생활보장법, 의료급여법, 기초연금법, 긴급복지지원법에 대해 살펴보도록 한다.
- 국민기초생활보장법에서는 목적 및 정의, 급여의 기본원칙과 기준, 기준 중위소득의 산정 소득인정액, 차상위계층의 정의에 대해 숙지한다.
- 의료급여법에서는 수급권자, 의료급여기관, 급여비용의 청구 등을 학습하도록 하며, 기초연금법은 기초연금액, 선정기준액, 기초연금 수급권의 상실 등에 대해 반드시 기억해 둔다.
- 긴급복지지원법에서는 정의와 지원의 기본원칙과 긴급지원의 종류 및 내용에 대해 살펴보도록 한다.

제1절 공공부조법의 개요

1 공공부조법의 의미

(1) 공공부조법의 개념

① 공공부조는 스스로 생활유지능력이 없는 사람들에게 국가나 지방자치단체가 인간다운 생활을 영위할 수 있도록 지원하는 사회복지제도의 하나이다.

② 우리나라 사회보장기본법에서는 공공부조를 국가 및 지방자치단체의 책임하에 생활유지능력이 없거나 생활이 어려운 국민의 최저생활을 보장하고 자립을 지원하는 제도라고 규정하고 있다.

③ 공공부조법은 과거의 자선과 시혜와 같은 소극적 개념에서부터 급여의 권리성을 인정한 방향으로 진전되어 왔다. 1999년에 확대 · 개정된 국민기초생활보장법은 이러한 입장을 반영하여, 구법인 생활보호법에서 '보호대상자', '보호기관' 등의 용어가 국민기초생활보장법에서는 '수급권자', '보장기관' 등으로 바뀌면서 저소득층의 권리성을 강화하였다.

(2) 공공부조법의 내용

① 공공부조법은 인간다운 생활을 확보하는 것을 목적으로 하면서 한편으로는 자립을 돕는 것으로 이해할 수 있다.

② 우리나라의 공공부조법에 속하는 대표적인 법률은 국민기초생활보장법과 의료급여법을 손꼽을 수 있는데, 이는 빈곤과 의료문제가 인간다운 생활을 확보하는 근본이 되기 때문이다.

2 공공부조법의 특성

(1) 공공부조의 특성

① 공공부조가 가지고 있는 여러 가지 특성 중 가장 큰 특징은 빈곤에 대한 최후의 국가적 대응책이라는 점이다.

② 공공부조는 그 대상자를 선정하여 원조를 제공하므로 '선택주의(Selectivity)' 제도(선택적 · 잔여적)이다.

③ 공공부조에 필요한 재원조달은 일반조세를 통하여 마련한다.

④ 공공부조는 소득의 재분배적 기능을 도모할 수 있는 제도이다. 특히 중상류계층의 조세를 통해 빈곤층과 저소득층에 재원이 지출되면서 소득의 불평등을 완화할 수 있다(수직적 재분배).

(2) 공공부조와 사회보험과의 차이점

① 목적의 측면에서 살펴보면, 공공부조는 빈곤 등의 사회적 위험이 발생한 이후 이를 해결하기 위한 사후적 대응책으로써 기능하는 한편 사회보험은 미래에 직면할 수 있는 사회적 위험을 정형화하여 보험기술을 통해 미리 대비하는 제도적 장치이다.

② 이념적 정향을 상대적인 관점에서 비교하면 공공부조제도는 도움이 필요한 사람을 선정하여 개입하므로 **선택주의**에 입각해 있으며, 사회보험은 모든 국민을 대상으로 하고 적당한 자격요건을 갖추어서 보험사고를 당할 때 급여를 제공하는 점에서 **보편주의(제도적)**를 채택하고 있음을 알 수 있다.

③ 공공부조는 사람들을 무차별적으로 평등하게 취급하여 빈곤에 처한 모든 사람들에게 동일한 조건에서 똑같은 급여를 제공한다는 점에서 무차별평등주의라고 보는 반면, 사회보험은 급여의 제공에 있어 가능한 한 기여금에 비례하거나 혹은 가입연한에 비례하여 제공하는 경향이 있다.

④ 대상면에서 공공부조는 소수의 빈곤층이 주 대상인데 반하여, 사회보험은 국민 전체를 대상으로 규정하는 경우가 대부분이다.

제2절 국민기초생활보장법

1 의 의

(1) 빈곤문제와 사회복지

① 사회문제로서의 빈곤문제 : 국민기초생활보장법은 빈곤대책의 하나로서 공공부조제도에 속하는 법이다. 국가가 빈곤문제에 적극적으로 개입하는 이유는 빈곤문제를 개인의 문제로서 보기보다는 사회문제의 하나로 간주하기 때문이다.

② 빈곤대책으로서의 국민기초생활보장법

㉠ 공공부조는 최저한의 생활을 유지할 수 있도록 빈곤문제에 처한 국민을 돕는 사회복지제도이다. 따라서 정당한 자격요건을 갖춘 사람에 대하여 최저한의 삶을 유지할 수 있도록 최저생계비 이상을 확보하는 제도적 장치이며, 이 제도의 핵심이 국민기초생활보장제도이다.

㉡ 국민기초생활보장제도는 빈곤을 해결하기 위한 국가의 공식적 대책으로서 다양한 원리와 방법 및 급여내용 등 국민기초생활보장제도의 운용과 실시에 관한 내용을 규정하고 있다.

(2) 국민기초생활보장법의 특성

① 국민기초생활보장법은 다른 사회보험법과는 달리 무갹출(무기여)로 국가에 의해 수급자에게 일방적으로 제공되는 급여를 포함하고 있다. 이것은 국민이라는 자격으로 생존권을 보장받을 수 있다는 데에 근거를 두고 있으며, 수급권 또한 기본적 권리로 인정된다.

② 국민기초생활보장법의 급여내용은 다양하지만 핵심적인 내용은 생계유지와 생활보장이라는 것에 목적을 둔다. 그러므로 경제적 급여를 기반으로 하면서 다양한 형태의 급여가 제공된다.

③ 국민기초생활보장법의 재원은 보통 일반조세로 충당된다. 갹출금 또는 기여금에 의해서 마련되는 사회보험제도와는 다른 점이고, 일반조세로 충당되는 사회복지서비스와는 유사하다.

2 입법배경과 연혁

(1) 입법배경

① 국민기초생활보장법의 입법배경에는 1963년 이래 사회 · 경제적 변화에 적절하게 대응하지 못한 구법인 생활보호법의 확대 개편과 함께 1997년 IMF의 경제 위기로 인하여 수많은 실직자와 명예퇴직자의 발생에 대처하려는 노력이 게재되어 있다.

② 많은 저소득층이 사회보장의 혜택을 전혀 받지 못하는 사각지대에 존재하여 국가가 모든 국민의 기본적인 생활을 제도적으로 보장해야 할 필요성이 대두되었고 또한 단순 생계지원이 아닌 수급자의 자립자활을 촉진하는 생산적 복지지향의 종합적 빈곤대책이 필요하게 되었다.

③ 이러한 사회 · 경제적 배경에서 입법과정을 거쳐 1999년 9월 7일에 국민기초생활보장법이 공포되었고, 2000년 10월 1일부터 실시되기에 이르렀다.

(2) 연 혁

① 생활보호법은 1961년 12월 30일 제정되었으나 재정사정이 여의치 못하여 전면적으로 실시되지 못하고, 그 중 생계보호만이 부분적으로 실시되었다.

② 생활보호법은 공공부조법의 기본법으로 기능하기에는 여러 가지 한계가 많았다. 가장 큰 한계는 보호대상의 인구학적 제한이었다. 이로 인해 IMF 사태로 생겨난 대량의 빈곤층에 대해 생활보호법은 아무런 도움을 주지 못하였다.

③ 이러한 문제점을 해결하고자 1999년 9월에 생활보호법을 폐지하고 국민기초생활보장법을 새로 제정하였다.

3 주요내용

(1) 목적 및 정의

① 목적(법 제1조) 12회 기출

생활이 어려운 사람에게 필요한 급여를 실시하여 이들의 최저생활을 보장하고 자활을 돕는다. 국민기초생활보장법에서는 최저생계비, 소득인정액, 차상위계층의 정의, 급여의 종류별 기준 중위소득, 급여의 신청 · 변경 · 중지 등에 대해 살펴보아야 한다.

② 정의(법 제2조) 4, 10, 11, 12, 16, 17, 18회 기출

㉠ 수급권자 : 급여를 받을 수 있는 자격을 가진 사람을 말한다.

㉡ 수급자 : 급여를 받는 사람을 말한다.

㉢ 수급품 : 수급자에게 지급하거나 대여하는 금전 또는 물품을 말한다.

㉣ 보장기관 : 급여를 실시하는 국가 또는 지방자치단체를 말한다.

㉤ 부양의무자 : 수급권자를 부양할 책임이 있는 사람으로서 수급권자의 1촌의 직계혈족 및 그 배우자를 말한다. 다만, 사망한 1촌의 직계혈족의 배우자는 제외한다.

㉥ 최저보장수준 : 국민의 소득 · 지출 수준과 수급권자의 가구 유형 등 생활실태, 물가상승률 등을 고려하여 급여의 종류별로 공표하는 금액이나 보장수준을 말한다.

㉦ 최저생계비 : 국민이 건강하고 문화적인 생활을 유지하기 위하여 필요한 최소한의 비용으로서 보건복지부장관이 계측하는 금액을 말한다.

㉧ 개별가구 : 이 법에 따른 급여를 받거나 이 법에 따른 자격요건에 부합하는지에 관한 조사를 받는 기본단위로서 수급자 또는 수급권자로 구성된 가구를 말한다. 이 경우 개별가구의 범위 등 구체적인 사항은 대통령령으로 정한다.

㉨ 소득인정액 : 보장기관이 급여의 결정 및 실시 등에 사용하기 위하여 산출한 개별가구의 소득평가액과 재산의 소득환산액을 합산한 금액을 말한다.

㉧ 차상위계층 : 수급권자에 해당하지 아니하는 계층으로서 소득인정액이 기준 중위소득의 100분의 50 이하인 사람을 말한다.

㉨ 기준 중위소득 : 보건복지부장관이 급여의 기준 등에 활용하기 위하여 중앙생활보장위원회의 심의 · 의결을 거쳐 고시하는 국민 가구소득의 중위값을 말한다.

(2) 기준 중위소득과 소득인정액의 산정

14회 기출

① 기준 중위소득의 산정(법 제6조의2)

㉠ 기준 중위소득은 통계청이 공표하는 통계자료의 가구 경상소득(근로소득, 사업소득, 재산소득, 이전소득을 합산한 소득을 말한다)의 중간값에 최근 가구소득 평균 증가율, 가구규모에 따른 소득수준의 차이 등을 반영하여 가구규모별로 산정한다.

㉡ 그 밖에 가구규모별 소득수준 반영 방법 등 기준 중위소득의 산정에 필요한 사항은 중앙생활보장위원회에서 정한다.

② 소득인정액의 산정(법 제6조의3)

8회 기출

> 소득인정액 = 소득평가액(실제소득 − 가구특성별 지출비용 − 근로소득공제)
> \+ 재산의 소득환산액[(재산 − 기본재산액 − 부채) × 소득환산율]

㉠ 소득평가액

- 개별가구의 실제소득에도 불구하고 보장기관이 급여의 결정 및 실시 등에 사용하기 위하여 산출한 금액으로 근로소득, 사업소득, 재산소득, 이전소득을 합한 개별가구의 실제소득에서 장애 · 질병 · 양육 등 가구특성에 따른 지출요인, 근로를 유인하기 위한 요인, 그 밖에 추가적인 지출요인에 해당하는 금액을 감하여 산정한다.
- 다음의 금품은 소득으로 보지 아니한다(시행령 제5조 제2항). 15회 기출

> – 퇴직금, 현상금, 보상금, 근로장려금 및 자녀장려금 등 정기적으로 지급되는 것으로 볼 수 없는 금품
> – 보육 · 교육 또는 그 밖에 이와 유사한 성질의 서비스 이용을 전제로 받는 보육료, 학자금, 그 밖에 이와 유사한 금품

㉡ 재산의 소득환산액

- 개별가구의 재산가액에서 기본재산액(기초생활의 유지에 필요하다고 보건복지부장관이 정하여 고시하는 재산액) 및 부채를 공제한 금액에 소득환산율을 곱하여 산정한다. 이 경우 소득으로 환산하는 재산의 범위는 일반재산, 금융재산, 자동차 등으로 한다.
- 소득환산율은 이자율, 물가상승률, 부동산 및 전세가격 상승률 등을 고려하여 보건복지부장관이 정하여 고시한다(시행령 제5조의4 제2항).

(3) 급여의 기본원칙

10, 11회 기출

① **최저생활보장의 원칙** : 생활이 어려운 자에게 생계, 주거, 의료, 교육, 자활 등 필요한 급여를 행하여 이들의 최저생활을 보장한다.

② **보충급여의 원칙** : 생계급여 수급자에 대한 최저보장수준은 생계급여액과 수급자 가구의 소득인정액을 합한 수준이 생계급여 선정기준 이상이 되도록 지원한다.

③ **자립지원의 원칙** : 근로능력이 있는 생계급여 수급자가 근로활동에 종사하지 않는 경우에는 자활사업에 참여할 것을 조건으로 생계급여를 지급한다.

④ **개별성의 원칙** : 급여수준을 정함에 있어서 수급권자의 개별적 특수 상황을 최대한 반영한다.

⑤ **가족부양 우선의 원칙** : 급여신청자가 부양의무자에 의하여 부양될 수 있는 경우에는 기초생활보장급여에 우선하여 부양의무자에 의한 보호가 먼저 행해져야 한다.

⑥ **타급여 우선의 원칙** : 급여신청자가 다른 법령에 의하여 보호를 받을 수 있는 경우에는 기초생활보장급여에 우선하여 다른 법령에 의한 보호가 먼저 행해져야 한다.

⑦ **보편성의 원칙** : 국민기초생활 보장법에 규정된 요건을 충족시키는 국민에 대하여는 성별 · 직업 · 연령 · 교육수준 · 소득원 기타의 이유로 수급권을 박탈하지 아니한다.

(4) 급여의 기준(법 제4조, 법 제6조)

13회 기출

① 급여는 건강하고 문화적인 최저생활을 유지할 수 있는 것이어야 한다.

② 수급자의 연령, 가구 규모, 거주지역, 그 밖의 생활여건 등을 고려하여 급여의 종류별로 보건복지부장관이 정하거나 급여를 지급하는 중앙행정기관의 장이 보건복지부장관과 협의하여 정한다.

③ 보장기관은 이 법에 따른 급여를 개별가구 단위로 실시하되, 특히 필요하다고 인정하는 경우에는 개인 단위로 실시할 수 있다.

④ 지방자치단체인 보장기관은 해당 지방자치단체의 조례로 정하는 바에 따라 이 법에 따른 급여의 범위 및 수준을 초과하여 급여를 실시할 수 있다. 이 경우 해당 보장기관은 보건복지부장관 및 소관 중앙행정기관의 장에게 알려야 한다.

⑤ 보건복지부장관 또는 소관 중앙행정기관의 장은 급여의 종류별 수급자 선정기준 및 최저보장수준을 결정하여야 한다.

⑥ 보건복지부장관 또는 소관 중앙행정기관의 장은 매년 8월 1일까지 중앙생활보장위원회의 심의 · 의결을 거쳐 다음 연도의 급여의 종류별 수급자 선정기준 및 최저보장수준을 공표하여야 한다.

Plus ⊕ one

외국인에 대한 특례(법 제5조의2)

16, 19회 기출

국내에 체류하고 있는 외국인 중 대한민국 국민과 혼인하여 본인 또는 배우자가 임신 중이거나 대한민국 국적의 미성년 자녀를 양육하고 있거나 배우자의 대한민국 국적인 직계존속과 생계나 주거를 같이하고 있는 사람으로서 대통령령으로 정하는 사람이 이 법에 따른 급여를 받을 수 있는 자격을 가진 경우에는 수급권자가 된다.

(5) 부양능력(법 제8조의2)

① 부양의무자가 부양능력이 없는 것으로 보는 경우

㉠ 기준 중위소득 수준을 고려하여 대통령령으로 정하는 소득 · 재산 기준 미만인 경우

㉡ 직계존속 또는 장애인연금법 제2조 제1호의 중증장애인인 직계비속을 자신의 주거에서 부양하는 경우로서 보건복지부장관이 정하여 고시하는 경우

㉢ 그 밖에 질병, 교육, 가구 특성 등으로 부양능력이 없다고 보건복지부장관이 정하는 경우

② 부양을 받을 수 없는 것으로 보는 경우

㉠ 부양의무자가 병역법에 따라 징집되거나 소집된 경우

㉡ 부양의무자가 해외이주자에 해당하는 경우

㉢ 부양의무자가 교도소, 구치소, 치료감호시설 등에 수용 중인 경우

㉣ 부양의무자에 대하여 실종선고 절차가 진행 중인 경우

㉤ 부양의무자가 보장시설에서 급여를 받고 있는 경우

㉥ 부양의무자의 가출 또는 행방불명으로 경찰서 등 행정관청에 신고된 후 1개월이 지났거나 가출 또는 행방불명 사실을 특별자치시장 · 특별자치도지사 · 시장 · 군수 · 구청장이 확인한 경우

㉦ 부양의무자가 부양을 기피하거나 거부하는 경우

㉧ 그 밖에 부양을 받을 수 없는 것으로 보건복지부장관이 정하는 경우

③ 아동복지법에 따라 부양 대상 아동이 보호조치된 경우에는 부양을 받을 수 없는 것으로 본다.

(6) 보장기관 및 보장시설

20회 기출

① 보장기관(법 제19조)

㉠ 국민기초생활보장법에 의한 급여를 행하는 국가 또는 지방자치단체를 보장기관이라고 하는데, 이는 **기초생활보장제도를 실시하는 최종책임자**를 말한다.

㉡ 이 법에 따른 급여는 수급권자 또는 수급자의 거주지를 관할하는 **시 · 도지사와 시장 · 군수 · 구청장이 실시**한다. 다만, 주거가 일정하지 아니한 경우에는 수급권자 또는 수급자가 실제 거주하는 지역을 관할하는 시장 · 군수 · 구청장이 실시한다.

㉢ ㉡에도 불구하고 보건복지부장관, 소관 중앙행정기관의 장과 시 · 도지사는 수급자를 각각 국가나 해당 지방자치단체가 경영하는 보장시설에 입소하게 하거나 다른 보장시설에 위탁하여 급여를 실시할 수 있다.

㉣ 수급권자나 수급자가 거주지를 변경하는 경우의 처리방법과 보장기관 간의 협조, 그 밖에 업무처리에 필요한 사항은 **보건복지부령**으로 정한다.

㉤ 보장기관은 수급권자 · 수급자 · 차상위계층에 대한 조사와 수급자 결정 및 급여의 실시 등 이 법에 따른 보장업무를 수행하게 하기 위하여 **사회복지전담공무원을 배치**하여야 한다. 이 경우 자활급여 업무를 수행하는 사회복지전담공무원은 따로 배치하여야 한다.

② **보장시설(법 제32조)** : 규정된 급여를 실시하는 사회복지사업법에 의한 사회복지시설로서 다음의 시설 중 보건복지부령으로 정하는 시설을 말한다.

㉠ 장애인 거주시설
㉡ 노인주거복지시설 및 노인의료복지시설
㉢ 아동복지시설 및 통합 시설
㉣ 정신요양시설 및 정신재활시설
㉤ 노숙인재활시설 및 노숙인요양시설
㉥ 가정폭력피해자 보호시설
㉦ 성매매피해자 등을 위한 지원시설
㉧ 성폭력피해자보호시설
㉨ 한부모가족복지시설
㉩ 사회복지시설 중 결핵 및 한센병요양시설
㉪ 그 밖에 보건복지부령으로 정하는 시설

③ **생활보장위원회(법 제20조)** : 이 법에 따른 생활보장사업의 기획 · 조사 · 실시 등에 관한 사항을 심의 · 의결하기 위하여 보건복지부와 시 · 도 및 시 · 군 · 구(자치구를 말한다)에 각각 생활보장위원회를 둔다. 다만, 시 · 도 및 시 · 군 · 구에 두는 생활보장위원회는 그 기능을 담당하기에 적합한 다른 위원회가 있고 그 위원회의 위원이 규정된 자격을 갖춘 경우에는 시 · 도 또는 시 · 군 · 구의 조례로 정하는 바에 따라 그 위원회가 생활보장위원회의 기능을 대신할 수 있다.

㉠ 중앙생활보장위원회
- 중앙생활보장위원회의 심의 · 의결 사항 : 기초생활보장 종합계획의 수립, 소득인정액산정방식과 기준 중위소득의 결정, 급여의 종류별 수급자 선정기준과 최저보장수준의 결정, 급여기준의 적정성 등 평가 및 실태조사에 관한 사항, 급여의 종류별 누락 · 중복, 차상위계층의 지원사업 등에 대한 조정, 자활기금의 적립 · 관리 및 사용에 관한 지침의 수립, 그 밖에 위원장이 회의에 부치는 사항
- 중앙생활보장위원회는 위원장을 포함하여 16명 이내의 위원으로 구성하고 위원은 보건복지부장관이 공공부조 또는 사회복지와 관련된 학문을 전공한 전문가로서 대학의 조교수 이상인 사람 또는 연구기관의 연구원으로 재직 중인 사람 5명 이내, 공익을 대표하는 사람 5명 이내, 관계 행정기관 소속 3급 이상 공무원 또는 고위공무원단에 속하는 일반직공무원 5명 이내에 해당하는 사람 중에서 위촉 · 지명하며 위원장은 보건복지부장관으로 한다.

㉡ 시 · 도 및 시 · 군 · 구 생활보장위원회 : 시 · 도지사 또는 시장 · 군수 · 구청장이 사회보장에 관한 학식과 경험이 있는 사람, 공익을 대표하는 사람, 관계 행정기관 소속 공무원에 해당하는 사람 중에서 위촉 · 지명하며 위원장은 해당 시 · 도지사 또는 시장 · 군수 · 구청장으로 한다. 다만, 다른 위원회가 생활보장위원회의 기능을 대신하는 경우 위원장은 조례로 정한다.

④ **기초생활보장 계획의 수립 및 평가(법 제20조의2)** 16회 기출

㉠ 소관 중앙행정기관의 장은 수급자의 최저생활을 보장하기 위하여 3년마다 소관별로 기초생활보장 기본계획을 수립하여 보건복지부장관에게 제출하여야 한다.
㉡ 보건복지부장관 및 소관 중앙행정기관의 장은 실태조사 결과를 고려하여 급여기준의 적정성 등에 대한 평가를 실시할 수 있으며, 이와 관련하여 전문적인 조사 · 연구 등을 공공기관 또는 민간 법인 · 단체 등에 위탁할 수 있다.

㉢ 보건복지부장관은 기초생활보장 기본계획 및 평가결과를 종합하여 기초생활보장 종합계획을 수립하여 중앙생활보장위원회의 심의를 받아야 한다.

㉣ 보건복지부장관은 수급권자, 수급자 및 차상위계층 등의 규모 · 생활실태 파악, 최저생계비 계측 등을 위하여 3년마다 실태조사를 실시 · 공표하여야 한다.

(7) 급여의 종류

4, 8, 10, 12, 13회 기출

① **생계급여**

㉠ 생계급여 : 생계급여는 수급자에게 의복, 음식물 및 연료비와 그 밖에 일상생활에 기본적으로 필요한 금품을 지급하여 그 **생계를 유지하게 하는** 것으로 한다(법 제8조 제1항).

㉡ 수급권자의 범위

- 생계급여 수급권자는 부양의무자가 없거나, 부양의무자가 있어도 부양능력이 없거나 부양을 받을 수 없는 사람으로서 그 소득인정액이 생계급여 선정기준 이하인 사람으로 한다. 이 경우 생계급여 선정기준은 **기준 중위소득의 100분의 30 이상**으로 한다(법 제8조 제2항).
- 생계급여 최저보장수준은 생계급여와 소득인정액을 포함하여 생계급여 선정기준 이상이 되도록 하여야 한다(법 제8조 제3항).

㉢ 생계급여의 방법(법 제9조 및 제10조)

- 생계급여는 금전을 지급하는 것으로 한다. 다만, 금전으로 지급할 수 없거나 금전으로 지급하는 것이 적당하지 아니하다고 인정하는 경우에는 물품을 지급할 수 있다.
- 수급품은 대통령령으로 정하는 바에 따라 매월 정기적으로 지급하여야 한다. 다만, 특별한 사정이 있는 경우에는 그 지급방법을 다르게 정하여 지급할 수 있다.
- 수급품은 수급자에게 직접 지급한다. 다만, 보장시설이나 타인의 가정에 위탁하여 생계급여를 실시하는 경우에는 그 위탁받은 사람에게 이를 지급할 수 있다.
- 생계급여는 **수급자의 주거에서 실시**한다. 다만, 수급자가 주거가 없거나 주거가 있어도 그곳에서는 급여의 목적을 달성할 수 없는 경우 또는 수급자가 희망하는 경우에는 수급자를 보장시설이나 타인의 가정에 위탁하여 급여를 실시할 수 있다.
- 보장기관은 대통령령으로 정하는 바에 따라 근로능력이 있는 수급자에게 자활에 필요한 사업에 참가할 것을 조건으로 하여 생계급여를 실시할 수 있다.

② **주거급여**

㉠ 주거급여의 내용 : 주거급여는 수급자에게 주거 안정에 필요한 **임차료, 수선유지비, 그 밖의 수급품**을 지급하는 것으로 한다(법 제11조 제1항). 주거급여에 필요한 사항은 주거급여법에서 정한다. 주거급여는 국토교통부 소관으로 한다.

㉡ 수급권자의 범위(주거급여법 제5조) : 수급권자는 소득인정액이 중앙생활보장위원회의 심의 · 의결을 거쳐 결정하는 금액 이하인 사람으로 한다. 이 경우 주거급여 선정기준은 기준 중위소득의 100분의 43 이상으로 한다.

㉢ 보장기관(주거급여법 제6조) : 주거급여는 수급권자 또는 수급자의 거주지를 관할하는 특별시장 · 광역시장 · 특별자치시장 · 도지사 · 특별자치도지사와 시장 · 군수 · 구청장이 실시한다.

㉣ 임차료 및 수선유지비의 지급(주거급여법 제7조 및 제8조)

- 임차료는 타인의 주택 등에 거주하는 사람으로서 국토교통부장관이 정하는 사람에게 지급한다. 임차료의 지급기준은 국토교통부장관이 수급자의 가구규모, 소득인정액, 거주형태, 임차료 부담수준 및 지역별 기준임대료 등을 고려하여 정한다.
- 수선유지비는 주택 등을 소유하고 그 주택 등에 거주하는 사람에게 지급한다. 수선유지비의 지급기준은 국토교통부장관이 수급자의 가구규모, 소득인정액, 수선유지비 소요액, 주택의 노후도 등을 고려하여 정한다.

③ **교육급여** 14, 17회 기출

㉠ 교육급여 : 교육급여는 수급자에게 **입학금, 수업료, 학용품비, 그 밖의 수급품**을 지급하는 것으로 하되, 학교의 종류 · 범위 등에 관하여 필요한 사항은 대통령령으로 정한다(법 제12조 제1항). 교육급여는 교육부장관의 소관으로 한다.

㉡ 수급권자의 범위 : 교육급여 수급권자는 부양의무자가 없거나, 부양의무자가 있어도 부양능력이 없거나 부양을 받을 수 없는 사람으로서 그 소득인정액이 교육급여 선정기준 이하인 사람으로 한다. 이 경우 교육급여 선정기준은 **기준 중위소득의 100분의 50 이상**으로 한다(법 제12조 제3항).

㉢ 적용특례 : 교육급여 수급권자를 선정하는 경우에는 이 법에 따른 교육급여와 초 · 중등 교육법에 따른 교육비 지원과의 연계 · 통합을 위하여 소득인정액이 교육급여 선정기준 이하인 사람을 수급권자로 본다(법 제12조의2).

④ **의료급여**

㉠ 의료급여 : 의료급여는 수급자에게 건강한 생활을 유지하는 데 필요한 각종 검사 및 치료 등을 지급하는 것으로 한다(법 제12조의3 제1항). 의료급여에 필요한 사항은 의료급여법에서 정한다.

㉡ 수급권자의 범위 : 의료급여 수급권자는 부양의무자가 없거나, 부양의무자가 있어도 부양능력이 없거나 부양을 받을 수 없는 사람으로서 그 소득인정액이 의료급여 선정기준 이하인 사람으로 한다. 이 경우 의료급여 선정기준은 기준 중위소득의 100분의 40 이상으로 한다(법 제12조의3 제2항).

⑤ **해산급여**

㉠ 해산급여 : 해산급여는 생계급여, 주거급여, 의료급여 중 하나 이상의 급여를 받는 수급자에게 조산, 분만 전과 분만 후에 필요한 조치와 보호 등의 급여를 실시하는 것으로 한다(법 제13조 제1항).

㉡ 해산급여의 방법 : 해산급여에 필요한 수급품은 보건복지부령으로 정하는 바에 따라 수급자나 그 세대주 또는 세대주에 준하는 사람에게 지급한다. 다만, 그 급여를 의료기관에 위탁하는 경우에는 수급품을 그 의료기관에 지급할 수 있다(법 제13조 제3항).

⑥ 장제급여

㉠ 장제급여는 생계급여, 주거급여, 의료급여 중 하나 이상의 급여를 받는 수급자가 사망한 경우 사체의 검안 · 운반 · 화장 또는 매장, 그 밖의 장제조치를 하는 것으로 한다(법 제14조 제1항).

㉡ 장제급여는 보건복지부령으로 정하는 바에 따라 실제로 **장제를 실시하는 사람에게 장제에 필요한 비용을 지급**하는 것으로 한다. 다만, 그 비용을 지급할 수 없거나 비용을 지급하는 것이 적당하지 아니하다고 인정하는 경우에는 물품을 지급할 수 있다(법 제14조 제2항).

⑦ 자활급여

㉠ 자활급여는 수급자의 자활을 돕기 위하여 다음의 급여를 실시하는 것으로 한다(법 제15조 제1항).

- 자활에 필요한 금품의 지급 또는 대여
- 자활에 필요한 근로능력의 향상 및 기능습득의 지원
- 취업알선 등 정보의 제공
- 자활을 위한 근로기회의 제공
- 자활에 필요한 시설 및 장비의 대여
- 창업교육, 기능훈련 및 기술 · 경영지도 등 창업지원
- 자활에 필요한 자산형성 지원
- 그 밖에 대통령령으로 정하는 자활을 위한 각종 지원

㉡ 자활급여는 관련 공공기관 · 비영리법인 · 시설과 그 밖에 대통령령으로 정하는 기관에 위탁하여 실시할 수 있다. 이 경우 그에 드는 비용은 보장기관이 부담한다(법 제15조 제2항).

(8) 급여의 실시

20회 기출

① 급여의 신청

㉠ 수급권자와 그 친족, 그 밖의 관계인은 관할 시장 · 군수 · 구청장에게 수급권자에 대한 급여를 신청할 수 있다. 차상위자가 급여를 신청하려는 경우에도 같으며, 이 경우 신청방법과 절차 및 조사 등에 관하여는 법을 준용한다(법 제21조 제1항).

㉡ 사회복지 전담공무원은 이 법에 따른 급여를 필요로 하는 사람이 누락되지 아니하도록 하기 위하여 관할지역에 거주하는 수급권자에 대한 급여를 직권으로 신청할 수 있다. 이 경우 수급권자의 동의를 구하여야 하며 수급권자의 동의는 수급권자의 신청으로 볼 수 있다(법 제21조 제2항).

㉢ 급여신청을 할 때나 사회복지 전담공무원이 급여신청을 하는 것에 수급권자가 동의하였을 때에는 수급권자와 부양의무자는 다음의 자료 또는 정보의 제공에 대하여 동의한다는 서면을 제출하여야 한다(법 제21조 제3항).

- 금융자산 및 금융거래의 내용에 대한 자료 또는 정보 중 예금의 평균잔액과 그 밖에 대통령령으로 정하는 자료 또는 정보(금융정보)
- 신용정보 중 채무액과 그 밖에 대통령령으로 정하는 자료 또는 정보(신용정보)
- 보험에 가입하여 낸 보험료와 그 밖에 대통령령으로 정하는 자료 또는 정보(보험정보)

㉣ 수급권자 등이 급여를 신청할 경우 사회복지 전담공무원은 신청한 사람이 급여에 관한 정보의 부족 등으로 불리한 입장에 놓이지 아니하도록 수급권자의 선정기준, 급여의 내용 및 신청방법 등을 알기 쉽게 설명하여야 한다(법 제21조 제4항).

㉤ 시장 · 군수 · 구청장은 신청자에게 급여 신청의 철회나 포기를 유도하는 행위를 하여서는 아니 된다(법 제21조 제5항).

② **신청에 의한 조사(법 제22조)**

㉠ 시장 · 군수 · 구청장은 급여신청이 있는 경우에는 사회복지 전담공무원으로 하여금 급여의 결정 및 실시 등에 필요한 다음의 사항을 조사하게 하거나 수급권자에게 보장기관이 지정하는 의료기관에서 검진을 받게 할 수 있다.

- 부양의무자의 유무 및 부양능력 등 부양의무자와 관련된 사항
- 수급권자 및 부양의무자의 소득 · 재산에 관한 사항
- 수급권자의 근로능력, 취업상태, 자활욕구 등 제28조에 따른 자활지원계획 수립에 필요한 사항
- 그 밖에 수급권자의 건강상태, 가구 특성 등 생활실태에 관한 사항

㉡ 시장 · 군수 · 구청장은 ㉠에 따라 신청한 수급권자 또는 그 부양의무자의 소득, 재산 및 건강상태 등을 확인하기 위하여 필요한 자료를 확보하기 곤란한 경우 보건복지부령으로 정하는 바에 따라 수급권자 또는 부양의무자에게 필요한 자료의 제출을 요구할 수 있다.

㉢ 시장 · 군수 · 구청장은 급여의 결정 또는 실시 등을 위하여 필요한 경우에는 ㉠의 조사를 관계 기관에 위촉하거나 수급권자 또는 그 부양의무자의 고용주, 그 밖의 관계인에게 이에 관한 자료의 제출을 요청할 수 있다.

㉣ 보장기관이 ㉠의 조사를 하기 위하여 금융 · 국세 · 지방세 · 토지 · 건물 · 자동차 · 건강보험 · 국민연금 · 고용보험 · 출입국 · 병무 · 교정 등 관련 전산망 또는 자료를 이용하려는 경우에는 관계 기관의 장에게 협조를 요청할 수 있다. 이 경우 관계 기관의 장은 정당한 사유가 없으면 협조하여야 한다.

㉤ 조사를 하는 사회복지 전담공무원은 그 권한을 표시하는 증표 및 조사기간, 조사범위, 조사담당자, 관계 법령 등 보건복지부령으로 정하는 사항이 기재된 서류를 지니고 이를 관계인에게 보여주어야 한다.

㉥ 보장기관은 규정에 따른 조사 결과를 대장으로 작성하여 갖추어 두어야 하며 그 밖에 조사에 필요한 사항은 보건복지부장관이 정한다. 다만, 전산정보처리조직에 의하여 관리되는 경우에는 전산 파일로 대체할 수 있다.

㉦ 보장기관은 수급권자 또는 부양의무자가 ㉠ 및 ㉡에 따른 조사 또는 자료제출 요구를 2회 이상 거부 · 방해 또는 기피하거나 검진 지시에 따르지 아니하면 급여신청을 각하(却下)할 수 있다.

㉧ 조사의 내용 · 절차 · 방법 등에 관하여 이 법에서 정하는 사항을 제외하고는 행정조사기본법에서 정하는 바를 따른다.

③ 확인조사 및 차상위 계층에 대한 조사

㉠ 시장 · 군수 · 구청장은 수급자 및 수급자에 대한 급여의 적정성을 확인하기 위하여 매년 연간 조사계획을 수립하고 관할구역의 수급자를 대상으로 매년 1회 이상 정기적으로 조사하여야 하며, 특히 필요하다고 인정하는 경우에는 보장기관이 지정하는 의료기관에서 검진을 받게 할 수 있다. 다만, 보건복지부장관이 정하는 사항은 분기마다 조사하여야 한다(법 제23조).

㉡ 시장 · 군수 · 구청장이 수급권자, 수급자, 부양의무자 및 차상위계층을 조사하였을 때에는 보건복지부령으로 정하는 바에 따라 관할 시 · 도지사에게 보고하여야 하며 보고를 받은 시 · 도지사는 이를 보건복지부장관 및 소관 중앙행정기관의 장에게 보고하여야 한다. 시 · 도지사가 조사하였을 때에도 또한 같다(법 제25조).

④ 급여의 결정(법 제26조)

㉠ 시장 · 군수 · 구청장은 신청에 의한 조사를 한 때에는 지체 없이 급여실시의 여부와 급여의 내용을 결정하여야 하고, 차상위계층을 조사한 경우에는 급여 개시일이 속하는 월에 급여실시 여부와 급여내용을 결정하여야 한다.

㉡ 시장 · 군수 · 구청장은 급여 실시 여부와 급여 내용을 결정하였을 때에는 그 결정의 요지(급여의 산출근거를 포함), 급여의 종류 · 방법 및 급여의 개시 시기 등을 서면으로 수급권자 또는 신청인에게 통지하여야 한다.

㉢ 신청인에 대한 통지는 급여의 신청일부터 **30일 이내**에 하여야 한다. 다만, 부양의무자의 소득 · 재산 등의 조사에 시일이 걸리는 특별한 사유가 있는 경우와 수급권자 또는 부양의무자가 관계 법률에 따른 조사나 자료제출 요구를 거부 · 방해 또는 기피하는 경우에는 신청일부터 60일 이내에 통지할 수 있다. 이 경우 통지서에 그 사유를 구체적으로 밝혀야 한다.

⑤ 급여의 실시(법 제27조)

㉠ 급여 실시 및 급여 내용이 결정된 수급자에 대한 급여는 급여의 신청일부터 시작한다. 다만, 보건복지부장관 또는 소관행정기관의 장이 매년 결정 · 공표하는 급여의 종류별 수급자 선정기준의 변경으로 인하여 매년 1월에 새로 수급자로 결정되는 사람에 대한 급여는 해당 연도의 1월 1일을 그 급여개시일로 한다.

㉡ 시장 · 군수 · 구청장은 급여 실시 여부의 결정을 하기 전이라도 수급권자에게 급여를 실시하여야 할 긴급한 필요가 있다고 인정할 때에는 규정된 급여의 일부를 실시할 수 있다.

⑥ 급여의 변경(법 제29조) 13회 기출

㉠ 보장기관은 수급자의 소득 · 재산 · 근로능력 등이 변동된 경우에는 직권으로 또는 수급자나 그 친족, 그 밖의 관계인의 신청에 의하여 그에 대한 급여의 종류 · 방법 등을 변경할 수 있다.

㉡ 급여의 변경은 산출 근거 등 이유를 구체적으로 밝혀 서면으로 수급자에게 통지하여야 한다.

⑦ **급여의 중지(법 제30조)** : 보장기관은 수급자가 다음과 같은 경우에 해당할 때는 급여의 전부 또는 일부를 중지하여야 한다.
㉠ 수급자에 대한 급여의 전부 또는 일부가 필요 없게 된 경우
㉡ 수급자가 급여의 전부 또는 일부를 거부한 경우

(9) 수급자의 권리와 의무

8회 기출

① **급여 변경의 금지(법 제34조)** : 수급자에 대한 급여는 정당한 사유 없이 **수급자에게 불리하게 변경할 수 없다.**
② **압류금지(법 제35조)** : 수급자에게 지급된 수급품(지방자치단체가 실시하는 급여를 포함)과 이를 받을 권리는 **압류할 수 없다.** 또한 지정된 급여수급계좌의 예금에 관한 채권은 압류할 수 없다.
③ **양도금지(법 제36조)** : 수급자는 급여를 받을 권리를 타인에게 **양도할 수 없다.**
④ **신고의 의무(법 제37조)** : 수급자는 거주지역, 세대의 구성 또는 임대차 계약내용이 변동되거나 신청에 의한 조사사항이 현저하게 변동되었을 때에는 지체 없이 관할 보장기관에 신고하여야 한다.

(10) 이의신청

① **시 · 도지사에 대한 이의신청(법 제38조 및 제39조)**

13회 기출

㉠ 수급자나 급여 또는 급여 변경을 신청한 사람은 시장 · 군수 · 구청장의 처분에 대하여 이의가 있는 경우에는 그 결정의 통지를 받은 날부터 90일 이내에 해당 보장기관을 거쳐 시 · 도지사(특별자치시장 · 특별자치도지사 및 시 · 도 교육감의 처분에 이의가 있는 경우에는 해당 특별자치시장 · 특별자치도지사 및 시 · 도 교육감을 말한다)에게 **서면 또는 구두로 이의를 신청**할 수 있다. 이 경우 구두로 이의신청을 접수한 보장기관의 공무원은 이의신청서를 작성할 수 있도록 협조하여야 한다.
㉡ 이의신청을 받은 시장 · 군수 · 구청장은 **10일 이내**에 의견서와 관계 서류를 첨부하여 시 · 도지사에게 보내야 한다.
㉢ 시 · 도지사가 시장 · 군수 · 구청장으로부터 이의신청서를 받았을 때에는 30일 이내에 필요한 심사를 하고 이의신청을 각하 또는 기각하거나 해당 처분을 변경 또는 취소하거나 그 밖에 필요한 급여를 명하여야 한다.

② **보건복지부장관 등에 대한 이의신청(법 제40조 및 제41조)**
㉠ 시 · 도시자의 처분 등에 대하여 이의가 있는 사람은 그 처분 등의 통지를 받은 날부터 **90일 이내**에 시 · 도지사를 거쳐 보건복지부장관에게 서면 또는 구두로 이의를 신청할 수 있다. 이 경우 구두로 이의신청을 접수한 보장기관의 공무원은 이의신청서를 작성할 수 있도록 협조하여야 한다.
㉡ 시 · 도지사는 이의신청을 받으면 **10일 이내**에 의견서와 관계 서류를 첨부하여 보건복지부장관 또는 소관 중앙행정기관의 장에게 보내야 한다.
㉢ 보건복지부장관 또는 소관 중앙행정기관의 장은 이의신청서를 받았을 때에는 30일 이내에 필요한 심사를 하고 이의신청을 각하 또는 기각하거나 해당 처분의 변경 또는 취소의 결정을 하여야 한다.

(11) 보장비용

① **의미** : 모든 사회보장제도의 실시에는 비용이 필요한데, 비용의 조달과 배분을 재정이라고 한다. 비용의 조달방법과 부담에는 국가에 따라 다양한 형태가 있고, 조달된 재원의 배분형 태도 국가의 사정에 따라 다양하다.

② **보장비용과 부담 구분(법 제42조, 제43조)** : 국민기초생활보장법상에서 말하는 보장비용은 보장업무에 드는 인건비와 사무비, 생활보장위원회의 운영에 드는 비용, 제반 급여 실시 비용, 그 밖에 이 법에 따른 보장업무에 드는 비용 등을 말한다. 보장비용 부담은 다음에 따른다.

㉠ 국가 또는 시 · 도가 직접 수행하는 보장업무에 소요되는 비용은 국가 또는 당해 시 · 도가 부담한다.

㉡ 급여의 실시비용은 국가 또는 해당 시 · 도가 부담한다.

㉢ 시 · 군 · 구가 수행하는 보장업무에 소요되는 비용 중 인건비, 사무비 및 생활보장위원회비용은 당해 시 · 군 · 구가 부담한다.

㉣ 시 · 군 · 구가 수행하는 보장업무에 드는 비용 중 급여실시비용 및 기타 이 법에 의한 보장업무에 소요되는 비용(시 · 군 · 구 보장비용)은 시 · 군 · 구의 재정여건, 사회보장비 지출 등을 고려하여 국가, 시 · 도 및 시 · 군 · 구가 다음에 따라 차등하여 분담한다.

- 국가는 시 · 군 · 구 보장비용의 총액 중 100분의 40 이상 100분의 90 이하를 부담한다.
- 시 · 도는 시 · 군 · 구 보장비용의 총액에서 위의 국가부담분을 차감한 금액 중 100분의 30 이상 100분의 70 이하를, 시 · 군 · 구는 시 · 군 · 구 보장비용의 총액 중에서 국가와 시 · 도가 부담하는 금액을 차감한 금액을 각각 부담한다. 다만, 특별자치시 · 특별자치도는 시 · 군 · 구 보장비용의 총액 중에서 국가가 부담하는 금액을 차감한 금액을 부담한다.

③ **비용의 징수** : 수급자에게 부양능력을 가진 부양의무자가 있음이 확인된 경우에는 보장비용을 지급한 보장기관은 생활보장위원회의 심의 · 의결을 거쳐 그 비용의 전부 또는 일부를 그 부양의무자로부터 부양의무의 범위 안에서 징수할 수 있도록 하였으며, 속임수나 그 밖의 부정한 방법으로 급여를 받거나 타인으로 하여금 급여를 받게 한 경우에는 그 비용의 전부 또는 일부를 그 급여를 받은 자 또는 급여를 받게 한 자로부터 징수할 수 있다(법 제46조).

④ **반환명령** : 보장기관은 급여의 변경 또는 급여의 정지 · 중지에 따라 수급자에게 이미 지급한 수급품 중 과잉지급분이 발생한 경우에는 즉시 수급자에 대하여 그 전부 또는 일부의 반환을 명하여야 한다. 다만, 이미 이를 소비하였거나 그 밖에 수급자에게 부득이한 사유가 있을 때에는 그 반환을 면제할 수 있다. 또한 시장 · 군수 · 구청장이 긴급급여를 실시하였으나 조사결과에 따라 급여를 실시하지 아니하기로 결정한 경우 급여비용의 반환을 명할 수 있다(법 제47조).

제3절 의료급여법

1 의 의

(1) 개 요

① 소득계층의 보험원리에 의해서 제공되는 의료보험제도와는 달리, 빈곤계층에 대하여는 무료로 혹은 공공부조의 원리에 의하여 적절한 수준의 의료서비스를 제공하는 경향이 전세계적으로 일반화되고 있다.

② 인간다운 생활 혹은 생존권의 보장이 단순히 생계보호와 물질적 소득의 확보에 그치지 않고 건강회복을 위한 의료서비스 제공을 포함해야 한다는 요청이 높아지고 있다.

③ 반대로 의료보장과 소득보장은 상보적인 관계로서 빈곤계층의 경우 빈곤으로 인하여 양질의 의료를 구매하기 어려운 상황은 질병과 장애를 악화시켜 빈곤을 지속화한다.

④ 의료수가의 상승으로 인하여 빈곤한 사람들에게는 질병과 장애가 빈곤을 더욱 가속화시키는 상승작용을 하는 경향을 가진다.

⑤ 적절한 수준의 의료서비스 혹은 의료보장은 소득보장과 함께 공공부조의 양대 지주로 파악 되고, 현대사회에서는 이를 위한 구체적인 제도적 장치를 마련하고 있다.

(2) 입법배경

① 의료급여법은 빈곤계층에게 소득보장과 함께 의료보장을 제공하는 공공부조제도의 하나이다. 1961년에 제정된 생활보호법 제5조에 의한 의료보호는 생활보호대상자를 중심으로 주로 국공립의료기관에서 무료진료를 실시하였으나, 의료의 내용이 빈약하여 의료보장으로서의 실효성을 거둘 수 없었다.

② 이러한 현실을 감안하여 1977년 1월 4일 의료보호에 관한 규칙의 제정을 통하여 비로소 의료보호사업이 본격화되기 시작하였으며, 1977년 12월 31일에 의료보호법이 제정됨으로써 의료보호사업이 공공부조제도로서 정착할 기틀이 형성되었다.

③ 2001년 5월 24일 근거법률인 국민기초생활보장법에서 종전의 '의료보호'를 '의료급여'로 변경함에 따라 이 법의 제명을 의료급여법으로 변경하였다.

2 내 용

(1) 목 적

생활이 어려운 자에게 의료급여를 실시함으로써 국민보건의 향상과 사회복지의 증진에 이바지함을 목적으로 한다(법 제1조).

(2) 의료급여대상자

① 수급권자(법 제3조)

㉠ 국민기초생활보장법에 따른 의료급여 수급자

㉡ 재해구호법에 따른 이재민으로서 보건복지부장관이 의료급여가 필요하다고 인정한 사람

㉢ 의사상자 등 예우 및 지원에 관한 법률에 따라 의료급여를 받는 사람

㉣ 입양특례법에 따라 국내에 입양된 18세 미만의 아동

㉤ 독립유공자예우에 관한 법률, 국가유공자 등 예우 및 지원에 관한 법률 및 보훈보상대상자 지원에 관한 법률의 적용을 받고 있는 사람과 그 가족으로서 국가보훈처장이 의료급여가 필요하다고 추천한 사람 중에서 보건복지부장관이 의료급여가 필요하다고 인정한 사람

㉥ 무형문화재 보전 및 진흥에 관한 법률에 따라 지정된 국가무형문화재의 보유자(명예보유자를 포함한다)와 그 가족으로서 문화재청장이 의료급여가 필요하다고 추천한 사람 중에서 보건복지부장관이 의료급여가 필요하다고 인정한 사람

㉦ 북한이탈주민의 보호 및 정착지원에 관한 법률의 적용을 받고 있는 사람과 그 가족으로서 보건복지부장관이 의료급여가 필요하다고 인정한 사람

㉧ 5 · 18민주화운동 관련자 보상 등에 관한 법률 제8조에 따라 보상금 등을 받은 사람과 그 가족으로서 보건복지부장관이 의료급여가 필요하다고 인정한 사람

㉨ 노숙인 등의 복지 및 자립지원에 관한 법률에 따른 노숙인 등으로서 보건복지부장관이 의료급여가 필요하다고 인정한 사람

㉩ 그 밖에 생활유지 능력이 없거나 생활이 어려운 사람으로서 대통령령으로 정하는 사람

② 수급권자의 구분(의료급여법 시행령 제3조) 6, 18, 20회 기출

1종 수급권자	• 국민기초생활 보장법에 의한 수급자 중 다음의 어느 하나에 해당하는 자 – 다음의 어느 하나에 해당하는 자 또는 근로능력이 없거나 근로가 곤란하다고 인정하여 보건복지부장관이 정하는 자만으로 구성된 세대의 구성원 ⓐ 18세 미만인 자 ⓑ 65세 이상인 자 ⓒ 장애인고용촉진 및 직업재활법 제2조 제2호에 해당하는 중증장애인 ⓓ 국민기초생활보장법 시행령 제7조 제1항 제2호에 해당하는 질병 · 부상 또는 그 후유증으로 치료나 요양이 필요한 자 중에서 근로능력평가를 통하여 시장 · 군수 · 구청장이 근로능력이 없다고 판정한 자 ⓔ 임신 중에 있거나 분만 후 6개월 미만의 여자 ⓕ 병역법에 의한 병역의무를 이행 중인 자 – 국민기초생활보장법 제32조에 따른 보장시설에서 급여를 받고 있는 자 – 보건복지부장관이 정하여 고시하는 결핵질환, 희귀난치성질환 또는 중증질환을 가진 사람 • 이 법 제3조 제1항 제2호~제9호까지의 규정에 해당하는 자 • 일정한 거소가 없는 사람으로서 경찰관서에서 무연고자로 확인된 자 • 그 밖에 보건복지부령으로 정하는 사람으로서 보건복지부장관이 1종 의료급여가 필요하다고 인정하는 자
2종 수급권자	• 국민기초생활보장법에 의한 수급권자 중 1종 수급권자에 해당하지 아니한 자 • 그 밖에 보건복지부령으로 정하는 사람으로서 보건복지부장관이 2종 의료급여가 필요하다고 인정하는 자

③ 수급권자의 인정(법 제3조의3)

㉠ 수급권자가 되려는 사람은 보건복지부령으로 정하는 바에 따라 특별자치시장 · 특별자치도지사 · 시장(특별자치도의 행정시장은 제외) · 군수 · 구청장(이하 "시장 · 군수 · 구청장"이라 한다)에게 수급권자 인정 신청을 하여야 한다.

㉡ 시장 · 군수 · 구청장은 신청인을 수급권자로 인정하는 것이 타당한지를 확인하기 위하여 필요한 경우 그 신청인에게 급여의 신청에 따른 자료 또는 정보의 제공에 동의한다는 서면을 제출하게 할 수 있다.

(3) 의료급여기관

① 보장기관(법 제5조)

㉠ 이 법에 의한 의료급여에 관한 업무는 수급권자의 거주지를 관할하는 특별시장 · 광역시장 · 도지사 · 특별자치도지사와 시장 · 군수 · 구청장이 행한다.

㉡ 주거가 일정하지 아니한 수급권자에 대하여는 그가 실제 거주하는 지역을 관할하는 시장 · 군수 · 구청장이 행한다.

㉢ 특별시장 · 광역시장 · 도지사 및 시장 · 군수 · 구청장은 수급권자의 건강유지 · 증진을 위하여 필요한 사업을 실시하여야 한다.

② 사례관리(법 제5조의2)

㉠ 보건복지부장관, 특별시장 · 광역시장 · 도지사 및 시장 · 군수 · 구청장은 수급권자의 건강관리 능력 향상 및 합리적 의료이용 유도 등을 위하여 사례관리를 실시할 수 있다.

㉡ 사례관리를 실시하기 위하여 특별시 · 광역시 · 특별자치시 · 도 · 특별자치도 및 시 · 군 · 구에 의료급여 관리사를 둔다.

㉢ 보건복지부장관은 사례관리 사업의 전문적인 지원을 위하여 해당 업무를 공공 또는 민간기관 · 단체 등에 위탁하여 실시할 수 있다.

㉣ 의료급여 관리사의 자격 · 배치기준 등 운영에 관한 사항과 사례관리 사업 지원 업무 위탁실시 등에 필요한 사항은 보건복지부령으로 정한다.

③ 의료급여심의위원회(법 제6조)

㉠ 의료급여사업의 실시에 관한 사항을 심의하기 위하여 보건복지부, 시 · 도 및 시 · 군 · 구에 각각 의료급여심의위원회를 둔다. 다만, 시 · 도 및 시 · 군 · 구에 두는 의료급여심의위원회의 경우에는 그 기능을 담당하기에 적합한 다른 위원회가 있고 그 위원회의 위원이 제4항에 규정된 자격을 갖춘 경우 시 · 도 또는 시 · 군 · 구의 조례로 각각 정하는 바에 따라 그 위원회로 하여금 의료급여심의위원회의 기능을 수행하게 할 수 있다.

㉡ 보건복지부에 두는 의료급여심의위원회(중앙의료급여심의위원회)는 다음의 사항을 심의한다.

- 의료급여사업의 기본방향 및 대책 수립에 관한 사항
- 의료급여의 기준 및 수가에 관한 사항
- 그 밖에 보건복지부장관 또는 위원장이 부의하는 사항

㉢ 중앙의료급여심의위원회는 위원장을 포함하여 15명 이내의 위원으로 구성하고 위원은 보건복지부장관이 다음의 어느 하나에 해당하는 사람 중에서 위촉 · 지명하며 위원장은 보건복지부차관으로 한다.
- 공익을 대표하는 사람(의료보장에 관한 전문가로서 대학의 조교수 이상인 사람 또는 연구기관의 연구원으로 재직 중인 사람)
- 의약계를 대표하는 사람 및 사회복지계를 대표하는 사람
- 관계 행정기관 소속의 3급 이상 공무원

㉣ ㉠에 따른 시 · 도 및 시 · 군 · 구 의료급여심의위원회의 위원은 특별시장 · 광역시장 · 도지사 또는 시장 · 군수 · 구청장이 다음의 어느 하나에 해당하는 사람 중에서 위촉 · 지명하며 위원장은 해당 특별시장 · 광역시장 · 도지사 또는 시장 · 군수 · 구청장으로 한다. 다만, ㉠ 단서에 따라 다른 위원회가 의료급여심의위원회의 기능을 대신하는 경우 위원장은 조례로 정한다.
- 의료보장에 관한 학식과 경험이 있는 사람
- 공익을 대표하는 사람
- 관계 행정기관 소속의 공무원

㉤ ㉠에 따른 의료급여심의위원회는 심의와 관련하여 필요한 경우 제5조에 따른 보장기관에 대하여 그 소속 공무원의 출석이나 자료의 제출을 요청할 수 있다. 이 경우 해당 보장기관은 정당한 사유가 없는 한 이에 응하여야 한다.

㉥ 보건복지부와 시 · 도 및 시 · 군 · 구에 두는 의료급여심의위원회의 기능과 각 의료급여심의위원회의 구성 · 운영 등에 관하여 필요한 사항은 대통령령으로 정한다.

(4) 의료급여의 내용 및 의료급여기관

20회 기출

① **의료급여의 내용(법 제7조)** : 의료급여는 급여대상자에게 진찰 · 검사, 약제 · 치료재료의 지급, 처치 · 수술과 그 밖의 치료, 예방 · 재활, 입원, 간호, 이송과 그 밖의 **의료목적의 달성을 위한 조치**를 말한다.

② **의료급여기관(법 제9조)**

㉠ 의료급여기관의 범위 : 의료기관, 보건소 · 보건의료원 및 보건지소, 보건진료소, 약사법에 따라 개설등록된 약국 및 한국희귀 · 필수의약품센터(한국희귀의약품센터)

㉡ 의료급여기관의 분류

제1차 의료급여기관	• 의료법에 따라 시장 · 군수 · 구청장에게 개설신고를 한 의료기관 • 지역보건법에 따라 설치된 보건소 · 보건의료원 및 보건지소 • 농어촌 등 보건의료를 위한 특별조치법에 따라 설치된 보건진료소 • 약사법에 따라 개설등록된 약국 및 규정에 따라 설립된 한국희귀 · 필수의약품센터(한국희귀의약품센터)
제2차 의료급여기관	의료법에 따라 시 · 도지사의 개설허가를 받은 의료기관
제3차 의료급여기관	제2차 의료급여기관 중에서 보건복지부장관이 지정하는 의료기관

③ 진료기관의 진료범위(시행규칙 제16조)

제1차 의료급여기관 (약국 제외)	• 간단한 외과적 처치 그 밖의 통원치료가 가능한 질병의 진료 • 장기치료가 필요한 만성질환으로서 입원할 필요가 없는 질병의 진료 • 질병상태 · 이송거리 및 이송시간을 고려할 때 환자를 다른 의료급여기관으로 이송을 하여서는 환자의 생명에 위험이 초래되는 경우의 입원진료 • 제1차 의료급여기관에서 입원진료를 받는 것이 수급권자에게 유리하다고 판단하여 보건복지부장관이 정하여 고시하는 입원진료 • 지역보건법에 의한 보건의료원에서의 입원진료 • 노숙인 등인 수급권자가 의료급여를 신청한 경우의 진료(노숙인진료시설인 제1차 의료급여기관만 해당) • 제2차 의료급여기관 또는 제3차 의료급여기관으로부터 회송받은 환자의 진료
약 국	• 처방전에 의한 조제 • 약사법 제23조 제3항 단서(의료기관이 없는 지역에서 조제하는 경우, 재해가 발생하여 사실상 의료기관이 없게 되어 재해구조를 위하여 조제하는 경우, 경구용 감염병 예방접종약을 판매하는 경우, 사회봉사활동을 위하여 조제하는 경우)의 규정에 의하여 처방전에 의하지 아니한 직접 조제
제2차 의료급여기관	• 제3조 제1항 각 호의 어느 하나 또는 같은 조 제2항 각 호의 어느 하나에 해당하는 경우의 진료 • 노숙인 등인 수급권자가 의료급여를 신청한 경우의 진료(노숙인 진료시설인 제2차 의료급여기관만 해당) • 제1차 의료급여기관 또는 다른 제2차 의료급여기관으로부터 의뢰받은 환자의 진료 • 당해 의료급여기관에 입원하였던 환자로서 퇴원 후 경과의 관찰이 필요한 환자의 진료 • 제3차 의료급여기관으로부터 회송받은 환자의 진료
제3차 의료급여기관	• 제3조 제1항 제1호부터 제8호까지의 규정 및 같은 조 제2항 각 호에 해당하는 경우의 진료 • 제2차 의료급여기관 또는 다른 제3차 의료급여기관으로부터 의뢰받은 환자의 진료 • 당해 의료급여기관에 입원하였던 환자로서 퇴원 후 경과의 관찰이 필요한 환자의 진료

(5) 의료급여의 부담 및 청구 · 지급

9, 12, 16회 기출

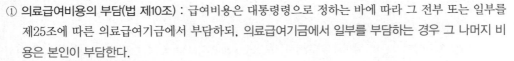

① **의료급여비용의 부담(법 제10조)** : 급여비용은 대통령령으로 정하는 바에 따라 그 전부 또는 일부를 제25조에 따른 의료급여기금에서 부담하되, 의료급여기금에서 일부를 부담하는 경우 그 나머지 비용은 본인이 부담한다.

② **급여비용의 청구와 지급(법 제11조)**

㉠ 의료급여기관은 의료급여기금에서 부담하는 급여비용의 지급을 시장 · 군수 · 구청장에게 청구할 수 있다.

㉡ 급여비용을 청구하려는 의료급여기관은 급여비용심사기관에 급여비용의 심사청구를 하여야 하며, 심사청구를 받은 급여비용심사기관은 이를 심사한 후 지체 없이 그 내용을 시장 · 군수 · 구청장 및 의료급여기관에 알려야 한다.

㉢ 심사의 내용을 통보받은 시장 · 군수 · 구청장은 지체 없이 그 내용에 따라 급여비용을 의료급여기관에 지급하여야 한다. 이 경우 수급권자가 이미 납부한 본인부담금이 과다한 경우에는 의료급여기관에 지급할 금액에서 그 과다하게 납부된 금액을 공제하여 수급권자에게 반환하여야 한다.

㉣ 시장 · 군수 · 구청장은 의료급여의 적정성 여부를 평가할 수 있고, 그 평가결과에 따라 급여비용을 가산 또는 감액 조정하여 지급한다. 또한, 적정성 평가결과를 공개할 수 있다.

③ 서류의 보존(법 제11조의2) 16회 기출

㉠ 의료급여기관은 의료급여가 끝난 날부터 5년간 보건복지부령으로 정하는 바에 따라 급여비용의 청구에 관한 서류를 보존하여야 한다.

㉡ 약국 등 보건복지부령으로 정하는 의료급여기관은 처방전을 급여비용을 청구한 날부터 3년간 보존하여야 한다.

④ 의료급여기관의 비용 청구에 관한 금지행위(법 제11조의4) : 의료급여기관은 의료급여를 하기 전에 수급권자에게 본인부담금을 청구하거나 수급권자가 이 법에 따라 부담하여야 하는 비용과 비급여비용 외에 입원보증금 등 다른 명목의 비용을 청구하여서는 아니 된다.

⑤ 요양비(법 제12조) : 시장 · 군수 · 구청장은 수급권자가 보건복지부령으로 정하는 긴급하거나 그 밖의 부득이한 사유로 의료급여기관과 같은 기능을 수행하는 기관으로서 보건복지부령으로 정하는 기관에서 질병 · 부상 · 출산 등에 대하여 의료급여를 받거나 의료급여기관이 아닌 장소에서 출산을 하였을 때에는 그 의료급여에 상당하는 금액을 보건복지부령으로 정하는 바에 따라 수급권자에게 요양비로 지급한다.

⑥ 건강검진(법 제14조) : 시장 · 군수 · 구청장은 이 법에 따른 수급권자에 대하여 질병의 조기발견과 그에 따른 의료급여를 하기 위하여 건강검진을 할 수 있다.

(6) 급여비용의 대불제도

① 급여비용의 대지급(법 제20조) : 급여비용의 일부를 의료급여기금에서 부담하는 경우에 그 나머지 급여비용에 대해서는 수급권자 또는 그 부양의무자의 신청을 받아 의료급여기금에서 대지급할 수 있다.

② 미지급금의 상환(법 제21조) : 상환의무자가 그 거주지를 다른 특별자치시 · 특별자치도 · 시 · 군 · 구로 이전한 때에는 대지급금을 새 거주지를 관할하는 시장 · 군수 · 구청장에게 상환하여야 한다.

③ 대지급금의 독촉(법 제22조)

㉠ 시장 · 군수 · 구청장은 상환의무자가 대지급금을 납부기한까지 상환하지 아니한 때에는 납부기한이 경과한 날부터 6개월 이내의 기간을 정하여 독촉장을 발급하여야 한다.

㉡ 시장 · 군수 · 구청장은 상환의무자가 대지급금의 독촉을 받고도 상환하지 아니하면 대지급금을 지방세 체납처분의 예에 따라 징수할 수 있다.

④ 결손처분(법 제24조)

㉠ 체납처분이 끝나 체납액에 충당될 배분금액이 그 체납액에 미치지 못하는 경우

㉡ 해당 권리에 대한 소멸시효가 완성된 경우

㉢ 그 밖에 징수할 가능성이 없다고 인정되는 경우로서 대통령령이 정하는 경우

(7) 의료급여의 제한과 중지

① 급여의 제한(법 제15조)

㉠ 수급권자가 자신의 고의 또는 중대한 과실로 인한 범죄행위에 그 원인이 있거나 고의로 사고를 일으켜 의료급여가 필요하게 된 경우

㉡ 수급권자가 정당한 이유 없이 이 법의 규정이나 의료급여기관의 진료에 관한 지시에 따르지 아니한 경우

② 급여의 변경(법 제16조) : 시장 · 군수 · 구청장은 수급권자의 소득 · 재산상황 · 근로능력 등이 변동이 되었을 때에는 직권 또는 수급권자나 친족, 그 밖의 관계인의 신청을 받아 의료급여의 내용 등을 변경할 수 있다.

③ 급여의 중지 등(법 제17조)

㉠ 다음의 경우에 의료급여를 중지한다.

- 수급권자에 대한 의료급여가 필요 없게 된 경우
- 수급권자가 의료급여를 거부한 경우

㉡ 시장 · 군수 · 구청장은 수급권자가 의료급여를 거부한 경우에는 수급권자가 속한 세대원 전부에 대하여 의료급여를 중지하여야 한다.

㉢ 시장 · 군수 · 구청장은 의료급여를 중지하였을 때에는 서면으로 그 이유를 밝혀 수급권자에게 알려야 한다.

(8) 수급권의 보호 및 소멸

① 의료급여를 받을 권리는 양도하거나 압류할 수 없다(법 제18조).

② 시장 · 군수 · 구청장은 제3자의 행위로 인하여 수급권자에게 의료급여를 한 경우에는 그 급여비용의 범위에서 제3자에게 손해배상을 청구할 권리를 얻는다(법 제19조).

③ 의료급여를 받을 권리, 급여비용을 받을 권리, 대지급금을 상환받을 권리는 3년간 행사하지 않으면 소멸시효가 완성된다(법 제31조).

(9) 의료급여기금(법 제25조)

① 기금의 설치 : 이 법에 따른 급여비용의 재원에 충당하기 위하여 시 · 도에 의료급여기금을 설치한다.

② 재원의 조성 : 의료급여기금은 다음의 재원으로 조성한다.

㉠ 국고보조금

㉡ 지방자치단체의 출연금

㉢ 상환받은 대지급금

㉣ 징수한 부당이득금

㉤ 징수한 과징금

㉥ 기금의 결산상 잉여금 및 그 밖의 수입금

(10) 이의신청(법 제30조)

① 수급권자의 자격, 의료급여 및 급여비용에 대한 시장 · 군수 · 구청장의 처분에 이의가 있는 자는 시장 · 군수 · 구청장에게 이의신청을 할 수 있다.

② 급여비용의 심사 · 조정, 의료급여의 적정성 평가 및 급여 대상 여부의 확인에 관한 급여비용심사기관의 처분에 이의가 있는 보장기관, 의료급여기관 또는 수급권자는 급여비용심사기관에 이의신청을 할 수 있다.

③ ① 및 ②에 따른 이의신청은 처분이 있음을 안 날부터 90일 이내에 문서(전자문서를 포함)로 하여야 하며, 처분이 있은 날부터 180일이 지나면 제기하지 못한다. 다만, 정당한 사유에 따라 그 기간에 이의신청을 할 수 없었음을 소명한 경우에는 그러하지 아니하다.

④ 의료급여기관이 급여비용심사기관의 확인에 대하여 이의신청을 하려면 같은 조 제2항에 따라 통보받은 날부터 30일 이내에 하여야 한다.

(11) 심판청구(법 제30조의2)

① 급여비용심사기관의 이의신청에 대한 결정에 불복이 있는 자는 국민건강보험법에 따른 건강보험분쟁조정위원회에 심판청구를 할 수 있다.

② ①에 따라 심판청구를 하려는 자는 대통령령으로 정하는 심판청구서를 급여비용심사기관에 제출하거나 건강보험분쟁조정위원회에 제출하여야 한다.

제4절 기초연금법

1 의의 및 목적

(1) 목적 및 정의

① 목적(법 제1조)

노인에게 기초연금을 지급하여 안정적인 소득기반을 제공함으로써 노인의 생활안정을 지원하고 복지를 증진한다.

② 정의(법 제2조) 17회 기출

㉠ 기초연금 수급권 : 이 법에 따른 기초연금을 받을 권리를 말한다.

㉡ 기초연금 수급권자 : 기초연금 수급권을 가진 사람을 말한다.

㉢ 기초연금 수급자 : 기초연금을 지급받고 있는 사람을 말한다.

㉣ 소득인정액 : 본인 및 배우자의 소득평가액과 재산의 소득환산액을 합산한 금액을 말한다.

(2) 수급권자의 범위(법 제3조) 15회 기출

① 기초연금은 65세 이상인 사람으로서 소득인정액이 보건복지부장관이 정하여 고시하는 선정기준액 이하인 사람에게 지급한다.

② 공무원, 사립학교교직원, 군인, 별정우체국직원 등 직역연금 수급권자 및 그 배우자로서 법령에 따른 연금의 수급권자와 그 배우자는 원칙적으로 기초연금 수급대상에서 제외한다. 다만, 직역재직기간 10년 미만인 연계연금(연계퇴직연금, 연계퇴직유족연금) 수급권자의 경우 기초연금 수급이 가능하다(법 제3조 제3항 참조).

2 주요 내용

(1) 연금액

① 선정기준액의 산정(법 제3조, 시행령 제4조) 16, 18, 19회 기출

㉠ 선정기준액 및 저소득자 선정기준액은 65세 이상인 사람 및 그 배우자의 소득 · 재산 수준과 생활실태, 물가상승률 등을 고려하여 산정한다.

㉡ 보건복지부장관은 선정기준액을 정하는 경우 65세 이상인 사람 중 기초연금 수급자가 100분의 70 수준이 되도록 한다.

㉢ 배우자가 있는 노인가구의 선정기준액 및 저소득자 선정기준액은 배우자가 없는 노인가구의 선정기준액 및 저소득자 선정기준액에 100분의 160을 곱한 금액으로 한다.

㉣ 해당 연도 선정기준액은 전년도 12월 31일까지 보건복지부장관이 결정 · 고시하고, 1월 1일부터 12월 31일까지 적용한다.

㉤ 2022년도 기준 선정기준액은 다음과 같다.

구 분	단독가구	부부가구
선정기준액	1,800,000원	2,880,000원

② 소득인정액의 산정(2022년도 기준) 17회 기출

소득인정액은 본인 및 배우자의 소득평가액과 재산의 소득환산액을 합산한 금액을 말한다. 이 경우 소득평가액과 재산의 소득환산액을 산정하는 소득 및 재산의 범위는 대통령령으로 정하고, 소득평가액과 재산의 소득환산액의 구체적인 산정방법은 보건복지부령으로 정한다(법 제2조 제4호).

소득인정액 = 소득평가액 + 재산의 소득환산액
- 소득평가액 = {0.7 × (근로소득 - 103만원)}* + 기타소득**
- 재산의 소득환산액 = [{(일반재산 - 기본재산액***) + (금융재산 - 2,000만원) - 부채} × 0.04 (재산의 소득환산율, 연 4%) ÷ 12개월] + P****

* 근로소득 공제 : 상시근로소득에서 월 103만원 공제 후 30% 추가공제
** 기타소득 : 사업소득, 공적이전소득, 무료임차소득, 재산소득이 포함
*** 기본재산액 공제 : 대도시(13,500만원), 중소도시(8,500만원), 농어촌(7,250만원)
**** P : 고급자동차 및 회원권의 가액

③ 기초연금액 등의 산정

㉠ 기초연금 수급권자에 대한 기초연금액은 기준연금액과 국민연금 급여액 등을 고려하여 산정한다(법 제5조 제1항).

㉡ 국민연금 수급권에 따라 산정된 국민연금 A급여액을 통해 기초연금액을 산정할 경우 다음의 산식(A급여액 적용 산식)을 적용한다(법 제5조 제5항 참조).

기초연금액 = {기준연금액 - (2/3 × A급여액)} + 부가연금액
[단, {기준연금액 - (2/3 × A급여액)} 안의 금액이 음(-)의 값일 경우 '0'으로 처리함]

2022년도 산식 = {307,500원 - (2/3 × A급여액)} + 153,750원

㉢ 법령에 따라 산정한 기초연금액이 기준연금액을 초과하는 경우 기준연금액을 기초연금액으로 본다(법 제7조).

④ 저소득 기초연금 수급권자에 대한 기초연금액 산정의 특례(법 제5조의2)

㉠ 65세 이상인 사람 중 소득인정액이 100분의 40 이하인 사람에게 적용하는 기준연금액은 30만 원으로 한다.

㉡ 보건복지부장관은 기준연금액을 적용받는 사람을 선정하기 위한 소득인정액을 정하여 고시하여야 한다.

Plus ⊕ one

기초연금 급여액 결정(출처 : 2022 기초연금 사업안내)

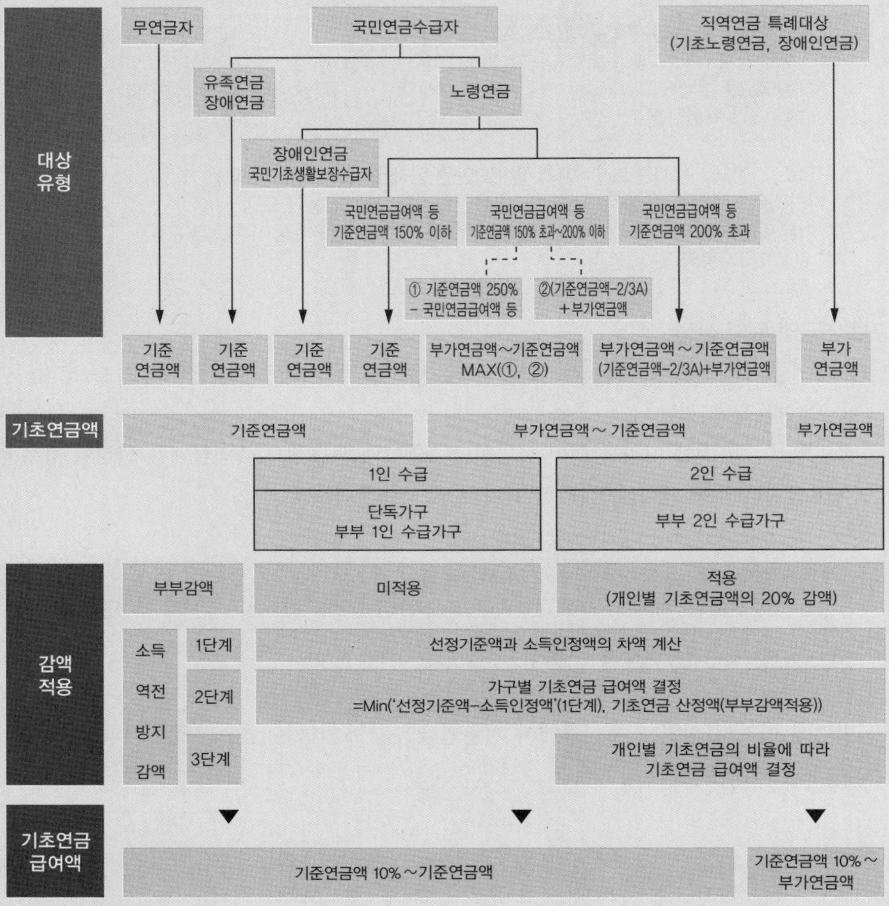

⑤ 기초연금액의 감액(법 제8조) 14, 15, 18회 기출

㉠ 부부 감액 : 본인과 그 배우자가 모두 기초연금 수급권자인 경우 각각의 기초연금액에서 기초연금액의 100분의 20에 해당하는 금액을 감액한다.

㉡ 소득역전방지 감액(시행령 제11조)

단독가구 (1인 수급 가구)	소득인정액과 기초연금액을 합산한 금액이 선정기준액을 초과하는 사람에 대해서는 법령에 따라 계산된 기초연금액을 상한으로 다음의 구분에 따른 금액을 지급한다.	
	선정기준액에서 소득인정액을 뺀 금액이 기준연금액의 100분의 10 이하인 경우	기준연금액의 100분의 10에 해당하는 금액
	선정기준액에서 소득인정액을 뺀 금액이 기준연금액의 100분의 10 이하인 경우	선정기준액에서 소득인정액을 뺀 금액
부부가구 (2인 수급 가구)	본인 및 배우자의 소득인정액과 부부 감액한 본인 및 배우자의 기초연금액을 더한 금액이 선정기준액을 넘는 본인 및 배우자에 대해서는 법령에 따라 감액한 본인 및 배우자의 기초연금액을 합산한 금액을 상한으로 다음의 구분에 따른 금액을 지급한다.	
	선정기준액에서 소득인정액을 뺀 금액이 기준연금액의 100분의 20 이하인 경우	기준연금액의 100분의 20에 해당하는 금액
	선정기준액에서 소득인정액을 뺀 금액이 기준연금액의 100분의 20을 넘는 경우	선정기준액에서 소득인정액을 뺀 금액

⑥ 기초연금액의 적정성 평가 등(법 제9조) 14회 기출

㉠ 보건복지부장관은 제5조 제2항에도 불구하고 5년마다 기초연금 수급권자의 생활수준, 국민연금법 제51조 제1항 제1호에 따른 금액의 변동률, 전국소비자물가변동률 등을 종합적으로 고려하여 기초연금액의 적정성을 평가하고 그 결과를 반영하여 기준연금액을 조정하여야 한다.

㉡ ㉠에 따른 적정성 평가를 할 때에는 노인 빈곤에 대한 실태 조사와 기초연금의 장기적인 재정 소요에 대한 전망을 함께 실시하여야 한다.

㉢ 보건복지부장관은 ㉠에 따라 조정한 기준연금액을 고시하여야 한다. 이 경우 그 고시는 제5조 제2항 전단에 따른 고시로 본다.

㉣ ㉠에 따른 기준연금액 조정, ㉡에 따른 재정 소요 전망과 노인 빈곤에 대한 실태 조사의 세부 절차 및 ㉢에 따른 기준연금액의 고시 등에 관하여 필요한 사항은 대통령령으로 정한다.

(2) 기초연금의 신청권자(법 제10조)

① **신청자격이 있는 자** : 대한민국 국적을 가진 자로서 신청일이 속하는 달에 주민등록 생년월일이 만 65세 이상인 자(만 65세 생일이 속한 달의 1개월 전부터 사전신청 가능)

② **예외적으로 신청(수급) 가능한 자**

㉠ 복수국적자

㉡ 혼인신고 후 국내체류기간이 2년이 경과하지 않은 외국국적의 배우자

㉢ 사회복지 전산관리번호를 부여받은 자

㉣ 국외(해외)이주 신고 후 주민등록말소 처리가 되지 않은 만 65세 이상의 자

㉤ 거주불명등록을 한 자

③ 대리인

㉠ 배우자(만 65세 미만 포함)

㉡ 자녀, 형제자매, 친족(8촌 이내의 혈족, 4촌 이내의 인척), 사회복지시설장 등

㉢ 관계 공무원

- 관할구역에 주소를 둔 노인 등으로서 거동이 불편한 홀로 사는 노인 등 필요하다고 인정되는 경우 관계 공무원이 대신 신청 가능
- 관계 공무원이 대신 신청하는 경우에는 수급희망자 본인으로부터 구비서류(신청서,소득 · 재산 신고서, 금융정보 등 제공 동의서 등)는 모두 징구

(3) 기초연금 지급의 정지(법 제16조)

15회 기출

특별자치시장 · 특별자치도지사 · 시장 · 군수 · 구청장은 기초연금 수급자가 다음의 어느 하나의 경우에 해당하면 그 사유가 발생한 날이 속하는 달의 다음 달부터 그 사유가 소멸한 날이 속하는 달까지는 기초연금의 지급을 정지한다.

① 기초연금 수급자가 금고 이상의 형을 선고받고 교정시설 또는 치료감호시설에 수용되어 있는 경우

② 기초연금 수급자가 행방불명되거나 실종되는 등 대통령령으로 정하는 바에 따라 사망한 것으로 추정되는 경우

③ 기초연금 수급자의 국외 체류기간이 60일 이상 지속되는 경우. 이 경우 국외 체류 60일이 되는 날을 지급 정지의 사유가 발생한 날로 봄

④ 기초연금 수급자가 주민등록법에 따라 거주불명자로 등록된 경우로서 그 실제 거주지를 알 수 없는 경우

(4) 기초연금 수급권의 상실(법 제17조)

13, 16, 20회 기출

기초연금 수급권자는 다음의 어느 하나에 해당하게 된 때에 기초연금 수급권을 상실한다.

① 사망한 때

② 국적을 상실하거나 국외로 이주한 때

③ 기초연금 수급권자에 해당하지 아니하게 된 때

(5) 신고 및 환수

① 신고(법 제18조) : 기초연금 수급자는 다음의 어느 하나에 해당하는 경우 대통령령으로 정하는 바에 따라 30일 이내에 그 사실을 특별자치시장 · 특별자치도지사 · 시장 · 군수 · 구청장에게 신고하여야 한다.

㉠ 지급 정지의 사유가 소멸한 경우

㉡ 기초연금 수급권 상실의 사유가 있는 경우

㉢ 기초연금 수급자 또는 그 배우자의 소득 · 재산의 변동이 발생한 경우

㉣ 기초연금 수급자가 결혼 또는 이혼을 하거나 그 배우자가 사망한 경우

㉤ 그 밖에 보건복지부령으로 정하는 사유가 발생한 경우

② **환수(법 제19조)** : 특별자치시장 · 특별자치도지사 · 시장 · 군수 · 구청장은 기초연금을 받은 사람이 다음의 어느 하나에 해당하는 경우에는 지급한 기초연금액을 대통령령으로 정하는 바에 따라 환수하여야 한다.

㉠ 거짓이나 그 밖의 부정한 방법으로 기초연금을 받은 경우(이자를 붙여 환수)

㉡ 기초연금의 지급이 정지된 기간에 대하여 기초연금이 지급된 경우

㉢ 그 밖의 사유로 기초연금이 잘못 지급된 경우

(6) 기초연금 수급권자의 권리 보호

① **기초연금 수급권의 보호(법 제21조)** 16회 기출

㉠ 기초연금 수급권은 양도하거나 담보로 제공할 수 없으며, 압류 대상으로 할 수 없다.

㉡ 기초연금으로 지급받은 금품은 압류할 수 없다.

② **이의신청(법 제22조)**

㉠ 기초연금법에 따른 기초연금 지급의 결정이나 그 밖에 이 법에 따른 처분에 이의가 있는 사람은 특별자치시장 · 특별자치도지사 · 시장 · 군수 · 구청장에게 이의신청을 할 수 있다.

㉡ 이의신청은 그 처분이 있음을 안 날부터 90일 이내에 서면으로 하여야 한다. 다만, 정당한 사유로 인하여 그 기간 이내에 이의신청을 할 수 없었음을 증명한 때에는 그 사유가 소멸한 때부터 60일 이내에 이의신청을 할 수 있다.

(7) 보 칙

14, 16회 기출

① **시효(법 제23조)** : 환수금을 환수할 권리와 기초연금 수급권자의 권리는 5년간 행사하지 아니하면 시효의 완성으로 소멸한다.

② **비용의 분담(법 제25조)**

㉠ 국가는 지방자치단체의 노인인구 비율 및 재정 여건 등을 고려하여 기초연금의 지급에 드는 비용 중 100분의 40 이상 100분의 90 이하의 범위에서 대통령령으로 정하는 비율에 해당하는 비용을 부담한다.

㉡ 국가가 부담하는 비용을 뺀 비용은 특별시 · 광역시 · 특별자치시 · 도 · 특별자치도가 상호 분담한다. 부담비율은 노인인구 비율 및 재정여건 등을 고려하여 보건복지부장관과 협의하여 조례로 정한다.

(8) 벌칙(법 제29조)

① 금융정보 등을 다른 자에게 제공하거나 누설한 자는 5년 이하의 징역 또는 5천만 원 이하의 벌금에 처한다.

② 거짓이나 그 밖의 부정한 방법으로 기초연금을 지급받은 사람은 1년 이하의 징역 또는 1천만 원 이하의 벌금에 처한다.

제5절 긴급복지지원법

1 목적 및 위기상황의 의미

(1) 목 적

생계곤란 등의 위기상황에 처하여 도움이 필요한 사람을 신속하게 지원함으로써 이들이 위기상황에서 벗어나 건강하고 인간다운 생활을 하게 함을 목적으로 한다.

(2) 위기상황

7, 11회 기출

① 위기상황(법 제2조) : 본인 또는 본인과 생계 및 주거를 같이 하고 있는 가구구성원이 다음의 어느 하나에 해당하는 사유로 인하여 생계유지 등이 어렵게 된 것을 말한다.

㉠ 주소득자가 사망, 가출, 행방불명, 구금시설에 수용되는 등의 사유로 소득을 상실한 경우

㉡ 중한 질병 또는 부상을 당한 경우

㉢ 가구구성원으로부터 방임 또는 유기되거나 학대 등을 당한 경우

㉣ 가정폭력을 당하여 가구구성원과 함께 원만한 가정생활을 하기 곤란하거나 가구구성원으로부터 성폭력을 당한 경우

㉤ 화재 또는 자연재해 등으로 인하여 거주하는 주택 또는 건물에서 생활하기 곤란하게 된 경우

㉥ 주소득자 또는 부소득자의 휴업, 폐업 또는 사업장의 화재 등으로 인하여 실질적인 영업이 곤란하게 된 경우

㉦ 주소득자 또는 부소득자의 실직으로 소득을 상실한 경우

㉧ 보건복지부령으로 정하는 기준에 따라 지방자치단체의 조례로 정한 사유가 발생한 경우

㉨ 그 밖에 보건복지부장관이 정하여 고시하는 사유가 발생한 경우

② 위기상황의 기준(시행규칙 제1조의2)

㉠ 가구원의 보호, 양육, 간호 등의 사유로 소득활동이 미미한 경우

㉡ 국민기초생활 보장법에 따른 급여가 중지된 경우

㉢ 국민기초생활 보장법에 따라 급여를 신청하였으나 급여의 실시 여부와 내용이 결정되기 전이거나 수급자로 결정되지 아니한 경우

㉣ 수도, 가스 등의 공급이 그 사용료의 체납으로 인하여 상당한 기간 동안 중단된 경우

㉤ 사회보험료, 주택임차료 등이 상당한 기간 동안 체납된 경우

㉥ 그 밖에 ㉠부터 ㉤까지에 준하는 사유가 있는 경우

2 주요 내용

(1) 긴급복지지원의 기본원칙

11, 12회 기출

① **선지원 후처리 원칙** : 위기상황에 처한 자 등의 지원요청 또는 신고가 있는 경우 긴급지원담당공무원 등의 현장 확인을 통해 긴급한 지원의 필요성을 포괄적으로 판단하여 우선 지원을 신속하게 실시하고 나중에 소득, 재산 등을 조사하여 지원의 적정성을 심사한다.

② **단기 지원 원칙** : 시장 · 군수 · 구청장은 위기상황에 처한 사람에게 일시적으로 신속하게 지원하는 것을 원칙으로 한다.

③ **타법률 중복지원 금지의 원칙** : 재해구호법, 국민기초생활보장법, 의료급여법, 사회복지사업법, 가정폭력방지 및 피해자보호 등에 관한 법률, 성폭력방지 및 피해자보호 등에 관한 법률, 사회복지공동모금회법 등 다른 법률에 의하여 긴급지원의 내용과 동일한 내용의 구호 · 보호나 지원을 받고 있는 경우 긴급지원을 하지 아니한다.

④ **가구단위 지원의 원칙** : 가구단위로 산정하여 지원하는 것을 원칙으로 한다. 다만, 의료지원, 교육지원 등의 경우 필요한 가구구성원에 한하여 개인단위로 지원한다.

(2) 긴급지원대상자(법 제5조 및 제5조의2, 시행령 제1조의2)

7, 8, 18회 기출

① 위기상황에 처한 사람으로서 이 법에 따른 지원이 긴급하게 필요한 사람으로 한다.

② 국내에 체류하고 있는 외국인 중 다음의 어느 하나에 해당하는 사람으로 한다.

㉠ 대한민국 국민과 혼인 중인 사람, 난민법에 따른 난민으로 인정된 사람

㉡ 대한민국 국민인 배우자와 이혼하거나 그 배우자가 사망한 사람으로서 대한민국 국적을 가진 직계존비속을 돌보고 있는 사람

㉢ 본인의 귀책사유 없이 화재, 범죄, 천재지변으로 피해를 입은 사람

㉣ 그 밖에 보건복지부장관이 긴급한 지원이 필요하다고 인정하는 사람

(3) 긴급지원기관(법 제6조)

① 긴급복지지원법에 따른 지원은 긴급지원대상자의 거주지를 관할하는 시장(행정시장 포함) · 군수 · 구청장이 한다. 다만, 긴급지원대상자의 거주지가 분명하지 아니한 경우에는 지원요청 또는 신고를 받은 시장 · 군수 · 구청장이 한다.

② ①의 단서에도 불구하고 거주지가 분명하지 아니한 사람에게 지원요청 또는 신고가 특정지역에 집중되는 경우에는 보건복지부령으로 정하는 바에 따라 긴급지원기관을 달리 정할 수 있다.

③ 시장 · 군수 · 구청장은 이 법에 따른 긴급지원사업을 수행할 담당공무원(긴급지원담당공무원)을 지정하여야 한다. 이 경우 긴급지원담당공무원은 긴급지원사업을 포함한 복지 관련 교육훈련을 받은 사람으로 한다.

(4) 지원요청 및 신고(법 제7조)

20회 기출

① 긴급지원대상자와 친족, 그 밖의 관계인은 구술 또는 서면 등으로 관할 시장 · 군수 · 구청장에게 이 법에 따른 지원을 요청할 수 있다.

② 누구든지 긴급지원대상자를 발견한 경우에는 관할 시장 · 군수 · 구청장에게 신고하여야 한다.

③ 다음의 어느 하나에 해당하는 사람은 진료 · 상담 등 직무수행 과정에서 긴급지원대상자가 있음을 알게 된 경우에는 관할 시장 · 군수 · 구청장에게 이를 신고하고, 긴급지원대상자가 신속하게 지원을 받을 수 있도록 노력하여야 한다.

㉠ 의료법에 따른 의료기관의 종사자

㉡ 유아교육법, 초 · 중등교육법 및 고등교육법에 따른 교원, 직원, 산학겸임교사, 강사

㉢ 사회복지사업법에 따른 사회복지시설의 종사자

㉣ 국가공무원법 및 지방공무원법에 따른 공무원

㉤ 장애인활동 지원에 관한 법률에 따른 활동지원기관의 장 및 그 종사자와 활동지원인력

㉥ 학원의 설립 · 운영 및 과외교습에 관한 법률에 따른 학원의 운영자 · 강사 · 직원 및 교습소의 교습자 · 직원

㉦ 건강가정기본법에 따른 건강가정지원센터의 장과 그 종사자

㉧ 청소년 기본법에 따른 청소년시설 및 청소년단체의 장과 그 종사자

㉨ 청소년 보호법에 따른 청소년 보호 · 재활센터의 장과 그 종사자

㉩ 평생교육법에 따른 평생교육기관의 장과 그 종사자

㉪ 그 밖에 긴급지원대상자를 발견할 수 있는 자로서 보건복지부령으로 정하는 자

④ 시장 · 군수 · 구청장이 지정한 법인 · 단체 · 시설 · 기관 등은 긴급지원대상자의 요청에 따라 ①에 따른 지원요청을 지원할 수 있다.

⑤ 관계 중앙행정기관의 장은 ③의 어느 하나에 해당하는 사람의 자격취득 또는 보수교육 과정에 긴급지원사업의 신고와 관련된 교육 내용을 포함하도록 하여야 하며, 긴급복지 신고의무자가 소속된 기관 · 시설 등의 장은 소속 긴급복지 신고의무자에게 신고의무 교육을 실시하고, 그 결과를 관계 중앙행정기관의 장에게 제출하여야 한다.

⑥ ⑤에 따른 교육의 내용, 시간, 방법, 그 밖에 필요한 사항은 보건복지부령으로 정한다.

⑦ 국가 및 지방자치단체는 ③의 어느 하나에 해당하는 사람에게 긴급지원사업에 관한 홍보를 실시하여야 한다.

(5) 현장 확인 및 지원(법 제8조)

① 시장 · 군수 · 구청장은 지원요청 또는 신고를 받거나 위기상황에 처한 사람을 찾아낸 경우에는 지체 없이 긴급지원담당공무원으로 하여금 긴급지원대상자의 거주지 등을 방문하여 위기상황을 확인하여야 한다.

② 시장 · 군수 · 구청장은 위기상황을 확인하기 위하여 필요한 경우에는 관할 경찰관서, 소방관서 등 관계 행정기관의 장에게 협조를 요청할 수 있다. 이 경우 관계 행정기관의 장은 정당한 사유가 없으면 그 요청에 따라야 한다.

③ 시장 · 군수 · 구청장은 현장 확인 결과 위기상황의 발생이 확인된 사람에 대하여는 지체 없이 지원의 종류 및 내용을 결정하여 지원을 하여야 한다. 이 경우 긴급지원대상자에게 신속히 지원할 필요가 있다고 판단되는 경우 긴급지원담당공무원으로 하여금 우선 필요한 지원을 하도록 할 수 있다.

④ 현장을 확인하는 긴급지원담당공무원은 권한을 표시하는 증표 및 조사기간, 조사범위, 조사담당자, 관계 법령, 제출자료, 그 밖에 해당 현장조사와 관련하여 필요한 사항이 기재된 서류를 지니고 이를 관계인에게 내보여야 한다.

⑤ 조사의 내용 · 절차 · 방법 등에 관하여 이 법에서 정하는 사항을 제외하고는 행정조사기본법에서 정하는 바를 따른다.

⑥ **금융정보 등의 제공동의서 제출(법 제8조의2)** : 지원을 요청할 때 또는 긴급지원담당공무원이 위기상황을 확인할 때에 그 긴급지원대상자 및 가구구성원은 다음의 자료 또는 정보의 제공에 대하여 동의한다는 서면을 제출하여야 한다. 다만, 긴급지원대상자가 의식불명 등 대통령령으로 정하는 사유에 해당하여 서면 제출이 사실상 불가능하다고 긴급지원담당공무원이 확인한 경우에는 ③에 따른 지원을 받은 후에 제출할 수 있다.

㉠ 금융실명거래 및 비밀보장에 관한 법률에 따른 금융자산 및 금융거래의 내용에 대한 자료 또는 정보 중 예금의 평균잔액과 그 밖에 대통령령으로 정하는 자료 또는 정보

㉡ 신용정보의 이용 및 보호에 관한 법률에 따른 신용정보 중 채무액과 그 밖에 대통령령으로 정하는 자료 또는 정보

㉢ 보험업법에 따른 보험에 가입하여 납부한 보험료와 그 밖에 대통령령으로 정하는 자료 또는 정보

(6) 긴급지원의 종류 및 내용(법 제9조)

14, 17회 기출

① **금전 또는 현물 등의 직접지원**

㉠ 생계지원 : 식료품비 · 의복비 등 생계유지에 필요한 비용 또는 현물 지원

㉡ 의료지원 : 각종 검사 및 치료 등 의료서비스 지원

㉢ 주거지원 : 임시거소 제공 또는 이에 해당하는 비용 지원

㉣ 사회복지시설 이용 지원 : 사회복지사업법에 따른 사회복지시설 입소 또는 이용 서비스 제공이나 이에 필요한 비용 지원

㉤ 교육지원 : 초 · 중 · 고등학생의 수업료, 입학금, 학교운영지원비 및 학용품비 등 필요한 비용 지원

㉥ 그 밖에 지원 : 연료비나 그 밖에 위기상황의 극복에 필요한 비용 또는 현물 지원

② **민간기관 · 단체와의 연계 등의 지원**

㉠ 대한적십자사 조직법에 따른 대한적십자사, 사회복지공동모금회법에 따른 사회복지공동모금회 등의 사회복지기관 · 단체와의 연계 지원

㉡ 상담 · 정보제공, 그 밖의 지원

③ 구체적인 지원기준 · 방법 및 절차 등에 관하여 필요한 사항은 대통령령으로 정한다. 이 경우 생계지원과 주거지원은 국민기초생활보장법에 따른 기준 중위소득의 100분의 40을 각각 한도로 한다.

④ 긴급지원의 기간(법 제10조 제1항)

㉠ 생계지원, 주거지원, 사회복지시설 이용 지원, 그 밖에 지원에 따른 긴급지원은 1개월간의 생계유지 등에 필요한 지원으로 한다. 다만, 시장 · 군수 · 구청장이 긴급지원대상자의 위기상황이 계속된다고 판단하는 경우에는 1개월씩 두 번의 범위에서 기간을 연장할 수 있다.

㉡ 시장 · 군수 · 구청장은 위의 지원에도 불구하고 위기상황이 계속되는 경우 **긴급지원심의위원회**의 심의를 거쳐 지원을 다음과 같이 연장할 수 있다.

- 생계지원, 사회복지시설의 이용 지원, 그 밖의 지원 : 지원기간을 합하여 총 **6개월** 초과금지
- 주거지원 : 지원기간을 합하여 총 **12개월** 초과금지
- 의료지원 : 지원횟수를 합하여 총 **2회** 초과금지
- 교육지원 : 지원횟수를 합하여 총 **4회** 초과금지

(7) 긴급지원심의위원회(법 제12조)

① 다음의 사항을 심의 · 의결하기 위하여 시(행정시 포함) · 군 · 구에 긴급지원심의위원회를 둔다.

㉠ 긴급지원연장 결정

㉡ 긴급지원의 적정성 심사

㉢ 긴급지원의 중단 또는 지원비용의 환수 결정

㉣ 그 밖에 긴급지원심의위원회의 위원장이 회의에 부치는 사항

② 긴급지원심의위원회는 위원장 1명을 포함한 15명 이내의 위원으로 구성한다.

③ 위원장은 시장 · 군수 · 구청장이 되고, 위원은 다음의 어느 하나에 해당하는 사람 중에서 시장 · 군수 · 구청장이 임명하거나 위촉한다. 이 경우 ㉠ 및 ㉡에 해당하는 사람이 2분의 1 이상 되도록 구성하여야 한다.

㉠ 사회보장에 관한 학식과 경험이 있는 사람

㉡ 비영리민간단체 지원법에 따른 비영리민간단체에서 추천한 사람

㉢ 해당 시 · 군 · 구 또는 관계 행정기관 소속의 공무원

㉣ 해당 시 · 군 · 구 지방의회가 추천하는 사람

④ 시 · 군 · 구에 국민기초생활보장법에 따른 생활보장위원회가 있는 경우 그 위원회는 조례로 정하는 바에 따라 긴급지원심의위원회의 기능을 대신할 수 있다.

(8) 사후조사 및 적정성 심사(법 제13조 및 제14조)

11회 기출

① 시장 · 군수 · 구청장은 지원을 받았거나 받고 있는 긴급지원대상자에 대하여 소득 또는 재산 등 대통령령으로 정하는 기준에 따라 긴급지원이 적정한지를 조사하여야 한다.

② 긴급지원심의위원회는 시장 · 군수 · 구청장이 한 사후조사 결과를 참고하여 긴급지원의 적정성을 심사한다.

③ 긴급지원심의위원회는 긴급지원대상자가 국민기초생활보장법 또는 의료급여법에 따른 수급권자로 결정된 경우에는 긴급지원의 적정성 심사를 하지 아니할 수 있다.

(9) 지원중단 또는 비용환수(법 제15조)

① 시장 · 군수 · 구청장은 심사결과 거짓이나 그 밖의 부정한 방법으로 지원을 받은 것으로 결정된 사람에게는 긴급지원심의위원회의 결정에 따라 지체 없이 지원을 중단하고 지원한 비용의 전부 또는 일부를 반환하게 하여야 한다.

② 시장 · 군수 · 구청장은 심사결과 긴급지원이 적정하지 아니한 것으로 결정된 사람에게는 지원을 중단하고 지원한 비용의 전부 또는 일부를 반환하게 할 수 있다.

③ 시장 · 군수 · 구청장은 지원기준을 초과하여 지원받은 사람에게는 그 초과 지원 상당분을 반환하게 할 수 있다.

(10) 이의신청(법 제16조)

① 지원의 종류 및 내용에 따른 결정이나 반환명령에 이의가 있는 사람은 그 처분을 고지받은 날부터 30일 이내에 해당 시장 · 군수 · 구청장을 거쳐 특별시장 · 광역시장 · 도지사 · 특별자치도지사에게 서면으로 이의신청할 수 있다. 이 경우 시장 · 군수 · 구청장은 이의신청을 받은 날부터 10일 이내에 의견서와 관련 서류를 첨부하여 시 · 도지사에게 송부하여야 한다.

② 시 · 도지사는 송부를 받은 날부터 15일 이내에 이를 검토하고 처분이 위법 · 부당하다고 인정되는 때는 시정, 그 밖에 필요한 조치를 하여야 한다.

(11) 압류 등의 금지(법 제18조)

① 긴급복지지원법에 따라 긴급지원대상자에게 지급되는 금전 또는 현물은 압류할 수 없다.

② 긴급지원수급계좌의 긴급지원금과 이에 관한 채권은 압류할 수 없다.

③ 긴급지원대상자는 이 법에 따라 지급되는 금전 또는 현물을 생계유지 등의 목적 외의 다른 용도로 사용하기 위하여 양도하거나 담보로 제공할 수 없다.

(12) 벌칙(법 제19조)

긴급지원담당공무원 또는 긴급지원담당공무원이었던 사람은 조사를 위하여 얻은 정보와 자료를 이 법에서 정한 지원 목적 외에 다른 용도로 사용하거나 다른 사람 또는 기관에 제공하여서는 아니되며, 이를 위반한 경우 3년 이하의 징역 또는 3천만 원 이하의 벌금에 처한다.

CHAPTER 03

출제유형문제

01 국민기초생활보장법의 내용으로 옳지 않은 것은? [17회]

① 수급자에 대한 급여는 정당한 사유 없이 수급자에게 불리하게 변경할 수 없다.
② "수급자"란 이 법에 따른 급여를 받는 사람을 말한다.
③ 이 법에 따른 급여는 건강하고 문화적인 최저생활을 유지할 수 있는 것이어야 한다.
④ 수급자 및 차상위자는 상호 협력하여 자활기업을 설립·운영할 수 있다.
⑤ 교육급여는 보건복지부장관의 소관으로 한다.

해설 ⑤ 교육급여는 교육부장관의 소관으로 한다(국민기초생활보장법 제12조 제2항).
① 동법 제34조
② 동법 제2조 제2호
③ 동법 제4조 제1항
④ 동법 제18조 제1항

02 기초연금법에 관한 설명으로 옳지 않은 것은? [15회]

① 기초연금은 65세 이상인 사람으로서 소득인정액이 선정기준액 이하인 사람에게 지급한다.
② 기초연금 수급희망자는 특별자치시장·특별자치도지사·시장·군수·구청장에게 기초연금의 지급을 신청할 수 있다.
③ 부부가 모두 기초연금 수급권자인 경우 각각의 기초연금액에서 기초연금액의 100분의 30에 해당하는 금액을 감액한다.
④ 수급권자가 국외로 이주한 경우 수급권을 상실한다.
⑤ 시장은 수급자가 법령에 따라 사망한 것으로 추정되는 경우 그 사유가 발생한 날이 속하는 달의 다음 달부터 그 사유가 소멸한 날이 속하는 달까지는 기초연금의 지급을 정지한다.

해설 ③ 본인과 그 배우자가 모두 기초연금 수급권자인 경우에는 각각의 기초연금액에서 기초연금액의 100분의 20에 해당하는 금액을 감액한다(기초연금법 제8조 제1항).
① 동법 제3조 제1항
② 동법 제10조 제1항
④ 동법 제17조
⑤ 동법 제16조 제1항 제2호

1 ⑤ 2 ③ Answer

03 기초연금법의 내용이다. (　　)에 들어갈 숫자가 순서대로 옳은 것은? [18회]

- 보건복지부장관은 선정기준액을 정하는 경우 65세 이상인 사람 중 기초연금 수급자가 100분의 (　　) 수준이 되도록 한다.
- 본인과 그 배우자가 모두 기초연금 수급권자인 경우에는 각각의 기초연금액에서 기초연금액의 100분의 (　　)에 해당하는 금액을 감액한다.

① 60, 40
② 60, 50
③ 70, 20
④ 70, 30
⑤ 80, 10

해설 기초연금 수급권자의 범위 및 기초연금액의 감액

기초연금법 제3조 제2항	보건복지부장관은 선정기준액을 정하는 경우 65세 이상인 사람 중 기초연금 수급자가 100분의 70 수준이 되도록 한다.
기초연금법 제8조 제1항	본인과 그 배우자가 모두 기초연금 수급권자인 경우에는 각각의 기초연금액에서 기초연금액의 100분의 20에 해당하는 금액을 감액한다.

04 긴급복지지원법의 내용으로 옳지 않은 것은? [18회]

① 주거지가 불분명한 자도 긴급지원대상자가 될 수 있다.
② 국내에 체류하는 모든 외국인은 긴급지원대상자가 될 수 없다.
③ 위기상황에 처한 사람에게 일시적으로 신속하게 지원하는 것을 기본원칙으로 한다.
④ 누구든지 긴급지원대상자를 발견한 경우에는 관할 시장 · 군수 · 구청장에게 신고하여야 한다.
⑤ 국가 및 지방자치단체는 위기상황에 처한 사람에 대한 발굴조사를 연 1회 이상 정기적으로 실시하여야 한다.

해설 ② 국내에 체류하고 있는 외국인 중 대통령령으로 정하는 사람이 이 법에 따른 긴급지원대상자에 해당하는 경우에는 긴급지원대상자가 된다(긴급복지지원법 제5조의2).
① 긴급복지지원법에 따른 지원은 긴급지원대상자의 거주지를 관할하는 시장 · 군수 · 구청장이 한다. 다만, 긴급지원대상자의 거주지가 분명하지 아니한 경우에는 지원요청 또는 신고를 받은 시장 · 군수 · 구청장이 한다(동법 제6조 제1항).
③ 긴급복지지원법에 따른 지원은 위기상황에 처한 사람에게 일시적으로 신속하게 지원하는 것을 기본원칙으로 한다(동법 제3조 제1항).
④ 동법 제7조 제2항
⑤ 동법 제7조의2 제1항

Answer 3 ③ 4 ②

05 국민기초생활보장법상 5년 이하의 징역 또는 5천만원 이하의 벌금에 처해지는 경우는? [19회]

① 부정한 방법으로 급여를 받은 경우
② 수급권자의 금융정보를 사용 · 제공한 경우
③ 지급받은 급여를 용도 외로 사용한 경우
④ 직무상 알게 된 비밀을 누설한 경우
⑤ 종교상의 행위를 강제한 경우

해설 ② 금융정보 등의 제공에 관한 규정을 위반하여 금융정보 등을 사용 · 제공 또는 누설한 자는 5년 이하의 징역 또는 5천만원 이하의 벌금에 처한다(국민기초생활보장법 제48조 제1항).
①·③ 거짓이나 그 밖의 부정한 방법으로 급여를 받거나 다른 사람으로 하여금 급여를 받게 한 자, 급여의 대리수령 등에 관한 규정을 위반하여 지급받은 급여를 목적 외의 용도로 사용한 자는 1년 이하의 징역, 1천만원 이하의 벌금, 구류 또는 과료에 처한다(동법 제49조 참조).
④ 비밀누설 등의 금지에 관한 규정을 위반하여 직무상 알게 된 비밀을 누설하거나 다른 용도로 사용한 자는 1년 이하의 징역 또는 1천만원 이하의 벌금에 처한다(동법 제49조의2).
⑤ 보장시설의 장의 의무에 관한 규정을 위반하여 수급자의 급여 위탁을 정당한 사유 없이 거부한 자나 종교상의 행위를 강제한 자는 300만원 이하의 벌금, 구류 또는 과료에 처한다(동법 제50조).

06 긴급복지지원법상 긴급지원의 종류 중 직접지원에 해당하지 않는 것은? [17회]

① 생계지원
② 의료지원
③ 교육지원
④ 정보제공 지원
⑤ 사회복지시설 이용 지원

해설 긴급복지지원법상 긴급지원의 종류(긴급복지지원법 제9조 제1항 참조)

금전 또는 현물 등의 직접지원	• 생계지원 : 식료품비 · 의복비 등 생계유지에 필요한 비용 또는 현물 지원 • 의료지원 : 각종 검사 및 치료 등 의료서비스 지원 • 주거지원 : 임시거소 제공 또는 이에 해당하는 비용 지원 • 사회복지시설 이용 지원 : 사회복지시설 입소 또는 이용 서비스 제공이나 이에 필요한 비용 지원 • 교육지원 : 초 · 중 · 고등학생의 수업료, 입학금, 학교운영지원비 및 학용품비 등 필요한 비용 지원 • 그 밖의 지원 : 연료비나 그 밖에 위기상황의 극복에 필요한 비용 또는 현물 지원
민간기관 · 단체와의 연계 등의 지원	• 대한적십자사, 사회복지공동모금회 등의 사회복지기관 · 단체와의 연계 지원 • 상담 · 정보제공, 그 밖의 지원

5 ② 6 ④ Answer

07 의료급여법령에 관한 설명으로 옳지 않은 것은? [13회]

① 국민기초생활보장법에 따른 수급자는 의료급여 수급권자이다.
② 수급권자가 다른 법령에 따라 의료급여를 받고 있는 경우에는 의료급여법에 따른 의료급여를 하지 아니한다.
③ 관할 시장 · 군수 · 구청장은 수급권자가 되려는 자의 인정 신청이 없더라도 직권으로 수급권자를 정할 수 있다.
④ 지역보건법에 따라 설치된 보건지소는 제1차 의료급여기관이다.
⑤ 의료급여기관은 의료급여를 하기 전에 수급권자에게 본인부담금을 청구하여서는 아니 된다.

해설 ③ 의료급여법령은 관할 시장 · 군수 · 구청장이 수급권자 인정 신청을 한 사람 중에서 수급권자의 인정 기준에 따라 수급권자를 정하여야 한다고 규정하고 있다(의료급여법 제3조의3 참조). 다만, 수급권자의 소득, 재산상황, 근로능력 등이 변동되었을 때에는 직권으로 또는 수급권자나 그 친족, 그 밖의 관계인의 신청을 받아 의료급여의 내용 등을 변경할 수 있다고 규정하고 있다(동법 제16조 참조).

08 의료급여법의 내용이다. ( )에 들어갈 숫자를 옳게 짝지은 것은? [16회]

- 의료급여기관은 의료급여가 끝난 날부터 (ㄱ)년간 보건복지부령으로 정하는 바에 따라 급여비용의 청구에 관한 서류를 보존하여야 한다.
- 약국 등 보건복지부령으로 정하는 의료급여기관은 처방전을 급여비용을 청구한 날부터 (ㄴ)년간 보존하여야 한다.

① ㄱ : 2, ㄴ : 3
② ㄱ : 3, ㄴ : 3
③ ㄱ : 3, ㄴ : 5
④ ㄱ : 5, ㄴ : 3
⑤ ㄱ : 5, ㄴ : 5

해설 서류의 보존(의료급여법 제11조의 2)
- 의료급여기관은 의료급여가 끝난 날부터 5년간 보건복지부령으로 정하는 바에 따라 급여비용의 청구에 관한 서류를 보존하여야 한다.
- 약국 등 보건복지부령으로 정하는 의료급여기관은 처방전을 급여비용을 청구한 날부터 3년간 보존하여야 한다.

Answer 7 ③ 8 ④

CHAPTER 03

최신기출문제

01 **국민기초생활보장법상 보장기관과 보장시설에 대한 예시이다. '보장기관 – 보장시설'을 순서대로 옳게 짝지은 것은?** [20회]

> ㄱ. 「장애인복지법」 제58조 제1항 제1호의 장애인 거주시설
> ㄴ. 「사회복지사업법」 제2조 제4호의 사회복지시설 중 결핵 및 한센병요양시설
> ㄷ. 대전광역시장
> ㄹ. 전라남도지사
> ㅁ. 인천광역시 교육감

① ㄱ – ㄴ
② ㄴ – ㅁ
③ ㄷ – ㄱ
④ ㄹ – ㄷ
⑤ ㅁ – ㄹ

해설 **국민기초생활보장법상 보장기관과 보장시설**

- 보장기관 : 「국민기초생활보장법」에 따라 급여를 실시하는 국가 또는 지방자치단체

> – 보건복지부장관, 국토교통부장관, 교육부장관
> – 특별시장 · 광역시장 · 도지사, 특별자치시장 · 특별자치도지사 · 시장 · 군수 · 구청장(ㄷ · ㄹ)
> – 특별시 · 광역시 · 특별자치시 · 도 · 특별자치도의 교육감(ㅁ)

- 보장시설 : 「국민기초생활보장법」에 따라 급여를 실시하는 「사회복지사업법」에 따른 사회복지시설로서 다음의 시설 중 보건복지부령으로 정하는 시설

> – 장애인 거주시설(ㄱ)
> – 노인주거복지시설 및 노인의료복지시설
> – 아동복지시설 및 통합 시설
> – 정신요양시설 및 정신재활시설
> – 노숙인재활시설 및 노숙인요양시설
> – 가정폭력피해자 보호시설
> – 성매매피해자 등을 위한 지원시설
> – 성폭력피해자보호시설
> – 한부모가족복지시설
> – 결핵 및 한센병요양시설(ㄴ) 등

1 ③ Answer

02 기초연금법상 기초연금의 지급정지 사유에 해당하는 것을 모두 고른 것은? [20회]

> ㄱ. 기초연금 수급자가 금고 이상의 형을 선고받고 교정시설 또는 치료감호시설에 수용되어 있는 경우
> ㄴ. 기초연금 수급자가 행방불명되거나 실종되는 등 대통령령으로 정하는 바에 따라 사망한 것으로 추정되는 경우
> ㄷ. 기초연금 수급권자가 국적을 상실한 때
> ㄹ. 기초연금 수급자의 국외 체류기간이 60일 이상 지속되는 경우

① ㄱ, ㄴ
② ㄷ, ㄹ
③ ㄱ, ㄴ, ㄷ
④ ㄱ, ㄴ, ㄹ
⑤ ㄱ, ㄴ, ㄷ, ㄹ

해설 ㄷ. 기초연금법상 기초연금의 지급정지 사유가 아닌 기초연금 수급권의 상실 사유에 해당한다. 기초연금 수급권자는 사망한 때, 국적을 상실하거나 국외로 이주한 때, 법령에 따른 기초연금 수급권자에 해당하지 아니하게 된 때에 기초연금 수급권을 상실한다(기초연금법 제17조).

03 긴급복지지원법상 직무수행 과정에서 긴급지원대상자가 있음을 알게 된 경우 이를 신고하고, 긴급지원대상자가 신속하게 지원을 받을 수 있도록 노력하여야 하는 자에 해당하지 않는 것은? [20회]

① 「의료법」에 따른 의료기관의 종사자
② 「고등교육법」에 따른 직원
③ 「지방공무원법」에 따른 공무원
④ 「무형문화재 보전 및 진흥에 관한 법률」에 따라 지정된 국가무형문화재의 보유자
⑤ 「사회복지사업법」에 따른 사회복지시설의 종사자

해설 **긴급복지지원법상 지원요청 및 신고 노력 의무자(긴급복지지원법 제7조 제3항)**

다음의 어느 하나에 해당하는 사람은 진료 · 상담 등 직무수행 과정에서 긴급지원대상자가 있음을 알게 된 경우에는 관할 시장 · 군수 · 구청장에게 이를 신고하고, 긴급지원대상자가 신속하게 지원을 받을 수 있도록 노력하여야 한다.

- 「의료법」에 따른 의료기관의 종사자(①)
- 「유아교육법」, 「초 · 중등교육법」 및 「고등교육법」에 따른 교원, 직원, 산학겸임교사, 강사(②)
- 「사회복지사업법」에 따른 사회복지시설의 종사자(⑤)
- 「국가공무원법」 및 「지방공무원법」에 따른 공무원(③)
- 「장애인활동 지원에 관한 법률」에 따른 활동지원기관의 장 및 그 종사자, 활동지원인력
- 「학원의 설립 · 운영 및 과외교습에 관한 법률」에 따른 학원의 운영자 · 강사 · 직원 및 교습소의 교습자 · 직원
- 「건강가정기본법」에 따른 건강가정지원센터의 장과 그 종사자
- 「청소년기본법」에 따른 청소년시설 및 청소년단체의 장과 그 종사자
- 「청소년보호법」에 따른 청소년 보호 · 재활센터의 장과 그 종사자
- 「평생교육법」에 따른 평생교육기관의 장과 그 종사자
- 그 밖에 긴급지원대상자를 발견할 수 있는 자로서 보건복지부령으로 정하는 자

Answer 2 ④ 3 ④

04 의료급여법상 의료급여의 내용에 해당하지 않는 것은? [20회]

① 진찰 · 검사
② 예방 · 재활
③ 입 원
④ 간 호
⑤ 화장 또는 매장 등 장제 조치

해설 **의료급여의 내용(의료급여법 제7조 제1항)**
이 법에 따른 수급권자의 질병 · 부상 · 출산 등에 대한 의료급여의 내용은 다음과 같다.
- 진찰 · 검사(①)
- 약제 · 치료재료의 지급
- 처치 · 수술과 그 밖의 치료
- 예방 · 재활(②)
- 입원(③)
- 간호(④)
- 이송과 그 밖의 의료목적 달성을 위한 조치

05 기초연금법상 수급권자의 범위에 관한 내용이다. ( )에 들어갈 숫자가 옳은 것은? [19회]

- 기초연금은 (ㄱ)세 이상인 사람으로서 소득인정액이 보건복지부장관이 정하여 고시하는 금액(이하 "선정기준액"이라 한다) 이하인 사람에게 지급한다.
- 보건복지부장관은 선정기준액을 정하는 경우 (ㄱ)세 이상인 사람 중 기초연금 수급자가 100분의 (ㄴ) 수준이 되도록 한다.

① ㄱ : 60, ㄴ : 70
② ㄱ : 65, ㄴ : 70
③ ㄱ : 65, ㄴ : 80
④ ㄱ : 70, ㄴ : 70
⑤ ㄱ : 70, ㄴ : 80

해설 **기초연금 수급권자의 범위 등(기초연금법 제3조 제1항 및 제2항)**
- 기초연금은 65세 이상인 사람으로서 소득인정액이 보건복지부장관이 정하여 고시하는 금액(이하 "선정기준액"이라 한다) 이하인 사람에게 지급한다.
- 보건복지부장관은 선정기준액을 정하는 경우 65세 이상인 사람 중 기초연금 수급자가 100분의 70 수준이 되도록 한다.

4 ⑤ 5 ② Answer

CHAPTER 04

사회보험법

학습목표 '사회보험법' 영역에서는 국민연금법, 국민건강보험법, 고용보험법, 산업재해보상보험법, 노인장기요양보험법 등 5대 사회보험에 관한 법률들을 간략히 다루고 있다. 국민연금법은 용어와 가입 대상, 가입자의 종류, 급여의 유형 등을 살펴보아야 하며, 국민건강보험법에서는 적용 대상, 가입자 자격의 취득 및 상실, 이의신청 및 심판청구, 건강보험 관련 기구들에 대한 내용이 출제되고 있다. 고용보험법에서는 실업급여의 종류와 자영업자인 피보험자에 대한 실업급여 적용의 특례에 대해 출제된 바 있다. 산업재해보상보험법에서는 용어의 정의와 업무상 재해의 인정 기준, 수급권자의 적용 범위, 보험료와 급여의 종류에 대해 반드시 학습하여야 한다. 노인장기요양보험법에서는 장기요양인정의 유효기간 및 갱신 · 변경, 장기요양급여의 종류에 대해 반드시 숙지하여야 한다.

제1절 사회보험법의 개요와 특성

1 사회보험법의 의의

(1) 사회보험법은 사회보험제도의 운영과 실시에 관한 법률로 가입의 강제성과 운영주체가 국가의 독점이라는 특징이 있다.

(2) 사회보장기본법에 의하면 사회보험은 국민에게 발생하는 사회적 위험을 보험방식에 따라 대처함으로써 국민건강과 소득을 보장하는 제도이다.

2 사회보험과 사보험의 유사점과 차이점

(1) 유사점

① 사회적 위험 등의 정해진 위험을 광범위하게 공동으로 분담한다.
② 적용범위, 급여, 재정과 관련된 모든 조건을 구체적으로 명시한다.
③ 급여를 받을 자격과 급여량을 정하기 위해서 명확한 계산이 필요하다.
④ 운용에 필요한 비용을 충당할 충분한 기여금과 보험료가 필요하다.
⑤ 급여를 받을 때 증명된 욕구에 근거하지 않는다.
⑥ 사회구성원에게 경제적 안정을 제공함으로써 사회 전체에 유익하게 된다.

(2) 차이점

구 분	사회보험	사보험
가 입	강제적	자발적
보험료 · 기여금 부과 기준	소득 수준	위험 정도 · 급여수준
보호의 양	최저 소득 보호	더 많은 보호 가능
강 조	사회적 적절성	개인적 적절성
급여 근거	법	계 약
운영 형태	정부 독점	경 쟁
비용예측	어려움	비교적 쉬움
완전한 재정 준비	필요하지 않음	필요함
목적 · 결과 관련 의견	다양함	대체로 일치
투 자	대체로 정부 업무	주로 민간 분야
인플레이션 보상	세금을 통해 바로 가능	인플레이션 아주 약함

3 사회보험법의 형태

(1) 사회보험제도의 내용은 적용대상을 어떻게 파악하느냐와 급여를 얼마만큼 제공할 것인가 등에 따라서 달라진다. 거의 모든 나라에서 근로자를 주된 대상으로 하면서 점진적으로 국민 전체를 포함하는 방향으로 확대되었다.

(2) 우리나라의 경우, 법이 규율하는 사회적 위험의 내용에 따라 구분하면, 국민연금법(노령 대비), 국민건강보험법(질병 대비), 고용보험법(실업 대비), 산업재해보상보험법(산업재해 대비), 노인장기요양보험법(노후 질병 대비)이 있다.

4 사회보험법의 특성

(1) 강제가입을 법에 규정하고 있어 역의 선택을 방지하고 규모의 경제를 기할 수 있다.

(2) 사회보험은 앞으로의 예방적 의미를 가진다.

(3) 주된 재원은 가입자가 의무적으로 납부하는 기여금 내지 보험료로 조달되고, 이를 재원으로 하여 보험급여가 지급되기 때문에 보험료를 납부한 가입자가 보험급여를 응당 받을 자격이 있어 권리성이 매우 강하다.

(4) 가입자격, 수급자격, 가입 · 탈퇴 · 수급시기, 급여수준 등 모든 보험 관련사항이 법적으로 규정되어 있으므로 획일적으로 관리된다. 따라서 법정사항을 신설 · 변경 · 폐지할 경우에는 국회의 법률개정절차를 거쳐야 한다.

(5) 비영리 특수공법인에 의해 공적으로 관리되는 보험사업이다.

제2절 국민연금법

1 개 요

(1) 의 의

① 가입자인 국민의 노령, 장애 또는 사망으로 소득능력이 상실 또는 감퇴된 경우, 본인이나 그 유족에게 경제적으로 안정된 생활을 보장할 수 있도록 연금형태의 장기적인 급여를 제공함으로써 국민의 생활안정과 복지증진에 기여함을 목적으로 하는 법이다.

② 국민연금은 사회보장 가운데 **사회보험의 일종으로 소득보장제도로서 1차적인 사회안전망의 기능을** 수행하고 있다.

(2) 특 성

① 사회보험방식으로 사회적 위험을 분산한다.

② 강제가입의 원칙에 따라 **18세 이상 60세 미만**의 경제활동을 하는 모든 국민을 단일연금체계에 편입하여 관리한다.

③ 연금제도 운영을 위한 재원은 피용자와 사용자의 보험료와 관리운영비에 대한 정부의 보조금으로 충당한다.

④ 세대 내 소득재분배요소(수직적 재분배, 수평적 재분배)와 소득비례요소 간의 균형을 추구한다.

⑤ 세대 간 재분배요소를 반영하고 있다(우리나라의 경우 수정적립방식 수용).

⑥ 적립기금을 통해 제도의 유지가능성을 증진시킨다.

(3) 입법 연혁

① 국민연금법은 1988년 1월 1일에 시행되었으나, 그 이전에 국민복지연금법이 **1973년**에 이미 제정되었다.

② 그러나 정작 국민복지연금제도를 실시하려고 했을 때, 요청되는 기여금 납입문제, 연금제도의 운용과 연관된 기술적 문제 등의 여건 조성이 쉽지 않아 시행을 연기할 수밖에 없었다.

③ 그 후 국민연금제도의 실시에 관한 정책논의는 1981년 제5차 경제사회발전 5개년 계획을 수립하면서 재개되었는데, 1984년 9월에 이르러 보건사회부(현 보건복지부) 대통령령에 의해 국민복지연금실시 준비위원회를 구성하였으며 같은 해 한국개발연구원은 연금제도의 연구에 본격적으로 착수하였다.

④ 1986년 6월 4일에 국민연금 실시를 위한 관계자회의를 개최하여 보건사회부, 경제기획원, 고용노동부 등 정부 · 각 부처 관계자가 참석하였으며 연금제도의 주요 골격이 형성되었다.

⑤ 1988년 국민연금법 회의를 개최하여 동년 10월 4일 국민연금법(안)을 입법 예고하고 **1988년 1월 1일부터 시행함을 공포**하였다.

2 목적 및 용어

(1) 목적과 관장

① 목 적

국민연금법은 국민의 노령, 장애 또는 사망에 대하여 연금급여를 실시함으로써 국민의 생활안정과 복지증진에 기여함을 목적으로 한다(법 제1조).

② 관 장

국민연금사업은 보건복지부장관이 맡아 주관한다(법 제2조).

(2) 용어의 정리(법 제3조 참조)

12, 13회 기출

① **근로자** : 직업의 종류가 무엇이든 사업장에서 노무를 제공하고 그 대가로 임금을 받아 생활하는 자(법인의 이사와 그 밖의 임원을 포함한다)를 말한다. 다만, 근로자에서 제외되는 사람은 다음과 같다.

㉠ 일용근로자나 1개월 미만의 기한을 정하여 사용되는 근로자. 다만, 1개월 이상 계속 사용되는 경우는 그러하지 아니하다.

㉡ 소재지가 일정하지 아니한 사업장에 종사하는 근로자

㉢ 법인의 이사 중 소득이 없는 사람

㉣ 1개월 동안의 소정근로시간이 60시간 미만인 단시간 근로자(다만, 해당 단시간 근로자 중 생업을 목적으로 3개월 이상 계속하여 근로를 제공하는 사람으로서 시간강사와 사용자의 동의를 받아 근로자로 적용되기를 희망하는 사람, 그리고 둘 이상 사업장에 근로를 제공하면서 각 사업장의 1개월 소정근로시간의 합이 60시간 이상인 사람으로서 1개월 소정근로시간이 60시간 미만인 사업장에서 근로자로 적용되기를 희망하는 사람은 제외)

② **사용자** : 해당 근로자가 소속되어 있는 사업장의 사업주를 말한다.

③ **소득** : 일정한 기간 근로를 제공하여 얻은 수입에서 대통령령으로 정하는 비과세소득을 제외한 금액 또는 사업 및 자산을 운영하여 얻는 수입에서 필요경비를 제외한 금액을 말한다.

④ **평균소득월액** : 매년 사업장가입자 및 지역가입자 전원의 기준소득월액을 평균한 금액을 말한다.

⑤ **기준소득월액** : 연금보험료와 급여를 산정하기 위하여 가입자의 소득월액을 기준으로 하여 정하는 금액을 말한다.

⑥ **사업장가입자** : 사업장에 고용된 근로자 및 사용자로서 제8조에 따라 국민연금에 가입된 자를 말한다.

⑦ **지역가입자** : 사업장가입자가 아닌 자로서 제9조에 따라 국민연금에 가입된 자를 말한다.

⑧ **임의가입자** : 사업장가입자 및 지역가입자 외의 자로서 제10조에 따라 국민연금에 가입된 자를 말한다.

⑨ **임의계속가입자** : 국민연금 가입자 또는 가입자였던 자가 제13조 제1항에 따라 가입자로 된 자를 말한다.

⑩ **연금보험료** : 국민연금사업에 필요한 비용으로서 사업장가입자의 경우에는 부담금 및 기여금의 합계액을, 지역가입자 · 임의가입자 및 임의계속가입자의 경우에는 본인이 내는 금액을 말한다.
⑪ **부담금** : 사업장가입자의 **사용자가 부담하는 금액**을 말한다.
⑫ **기여금** : **사업장가입자가 부담하는 금액**을 말한다.
⑬ **사업장** : 근로자를 사용하는 사업소 및 사무소를 말한다.
⑭ **수급권** : 급여를 받을 권리를 말한다.
⑮ **수급권자** : 수급권을 가진 자를 말한다.
⑯ **수급자** : 급여를 받고 있는 자를 말한다.
⑰ **초진일** : 장애의 주된 원인이 되는 질병이나 부상에 대하여 처음으로 의사의 진찰을 받은 날을 말한다.
⑱ **완치일** : 장애의 주된 원인이 되는 질병이나 부상이 규정 중 어느 하나에 해당하는 날을 말한다.
⑲ **가입대상기간** : 18세부터 초진일 혹은 사망일까지의 기간으로서, 규정에 해당하는 기간을 제외한 기간을 말한다.

(3) 국민연금 재정 계산 및 장기재정균형 유지(법 제4조)

① 급여 수준과 연금보험료는 국민연금 재정이 장기적으로 균형을 유지할 수 있도록 조정(調整)되어야 한다.
② 보건복지부장관은 대통령령으로 정하는 바에 따라 5년마다 국민연금 재정 수지를 계산하고, 국민연금의 재정 전망과 연금보험료의 조정 및 국민연금기금의 운용 계획 등이 포함된 국민연금 운영 전반에 관한 계획을 수립하여 국무회의의 심의를 거쳐 대통령의 승인을 받아야 하며, 승인받은 계획을 해당 연도 10월 말까지 국회에 제출하여 소관 상임위원회에 보고하고, 대통령령으로 정하는 바에 따라 공시하여야 한다. 다만, 급격한 경기변동 등으로 인하여 필요한 경우에는 5년이 지나지 아니하더라도 새로 국민연금 재정 수지를 계산하고 국민연금 운영 전반에 관한 계획을 수립할 수 있다.
③ 이 법에 따른 연금보험료, 급여액, 급여의 수급 요건 등은 국민연금의 장기재정 균형 유지, 인구구조의 변화, 국민의 생활수준, 임금, 물가, 그 밖에 경제사정에 뚜렷한 변동이 생기면 그 사정에 맞게 조정되어야 한다.

(4) 국민연금심의위원회(법 제5조)

① 심의 사항
㉠ 국민연금제도 및 재정계산에 관한 사항
㉡ 급여에 관한 사항
㉢ 연금보험료에 관한 사항
㉣ 국민연금기금에 관한 사항
㉤ 그 밖에 국민연금제도의 운영과 관련하여 보건복지부장관이 회의에 부치는 사항

② 국민연금심의위원회는 위원장 · 부위원장 및 위원으로 구성하되, 위원장은 보건복지부차관이 되고, 부위원장은 공익을 대표하는 위원 중에 선거를 거치며, 위원은 다음 구분에 따라 보건복지부장관이 지명하거나 위촉한다.

㉠ 사용자를 대표하는 위원으로서 사용자 단체가 추천하는 자 4명

㉡ 근로자를 대표하는 위원으로서 근로자 단체가 추천하는 자 4명

㉢ 지역가입자를 대표하는 위원으로서 농어업인 단체가 추천하는 자 2명, 농어업인 단체 외의 자영자(自營者) 관련 단체가 추천하는 자 2명, 소비자단체와 시민단체가 추천하는 자 2명

㉣ 수급자를 대표하는 위원 4명

㉤ 공익을 대표하는 위원으로서 국민연금에 관한 전문가 5명

③ 국민연금심의위원회의 구성 및 운영 등에 필요한 사항은 대통령령으로 정한다.

3 국민연금가입자

(1) 가입대상자 및 가입대상 제외자(법 제6조 및 제126조 제1항)

① **가입대상자** : '국내'에 거주하는 국민으로서 '18세 이상 60세 미만'이어야 한다.

② **가입대상 제외자** : 공무원연금법, 군인연금법 및 사립학교교직원 연금법 및 별정우체국법의 적용을 받는 공무원, 군인, 교직원 및 별정우체국 직원, 그 밖에 노령연금의 수급권을 취득한 자 중 60세 미만의 특수 직종 근로자, 조기노령연금의 수급권을 취득한 자(다만, 조기노령연금의 지급이 정지 중인 자는 제외)

(2) 가입자의 종류

13, 14회 기출

사업장가입자, 지역가입자, 임의가입자 및 임의계속가입자로 구분하고 있다(법 제7조).

① **사업장가입자(법 제8조)** : 사업의 종류, 근로자의 수 등을 고려하여 대통령령으로 정하는 사업장(당연적용사업장)의 18세 이상 60세 미만인 근로자와 사용자는 당연히 사업장가입자가 된다. 다만, 다음에 해당하는 자는 제외한다.

㉠ 공무원연금법, 공무원 재해 보상법, 사립학교교직원 연금법 또는 별정우체국법에 따른 퇴직연금, 장해연금 또는 퇴직연금일시금이나 군인연금법에 따른 퇴역연금, 퇴역연금일시금, 군인 재해보상법에 따른 상이연금을 받을 권리를 얻은 자(퇴직연금 등 수급권자). 다만, 퇴직연금 등 수급권자가 국민연금과 직역연금의 연계에 관한 법률에 따라 연계 신청을 한 경우에는 그러하지 아니하다.

㉡ 국민연금에 가입된 사업장에 종사하는 18세 미만 근로자는 사업장가입자가 되는 것으로 본다. 다만 본인이 원하지 않으면 사업장가입자가 되지 아니할 수 있다.

㉢ 국민기초생활보장법에 따른 생계급여 수급자 또는 의료급여 수급자는 본인의 희망에 따라 사업장가입자가 되지 아니할 수 있다.

② **지역가입자(법 제9조)** : 사업장가입자가 아닌 자로서 18세 이상 60세 미만인 자는 당연히 지역가입자가 된다. 다만, 다음의 어느 하나에 해당하는 자는 제외한다.

㉠ 다음의 어느 하나에 해당하는 자의 배우자로서 별도의 소득이 없는 자

- 국민연금 가입 대상에서 제외되는 자
- 사업장가입자, 지역가입자 및 임의계속가입자
- 노령연금 수급권자 및 퇴직연금 등 수급권자

㉡ 퇴직연금 등 수급권자. 다만, 퇴직연금 등 수급권자가 국민연금과 직역연금의 연계에 관한 법률에 따라 연계 신청을 한 경우에는 그러하지 아니하다.

㉢ 18세 이상 27세 미만인 자로서 학생이거나 군 복무 등의 이유로 소득이 없는 자(연금보험료를 납부한 사실이 있는 자는 제외한다)

㉣ 국민기초생활보장법에 따른 생계급여 수급자 또는 의료급여 수급자

㉤ 1년 이상 행방불명된 자

③ **임의가입자(법 제10조)** 6회 기출

㉠ 사업장가입자 및 지역가입자 이 외의 자로서 18세 이상 60세 미만인 자는 보건복지부령으로 정하는 바에 따라 국민연금공단에 가입을 신청하면 임의가입자가 될 수 있다.

㉡ 임의가입자는 보건복지부령으로 정하는 바에 따라 국민연금공단에 신청하여 탈퇴할 수 있다.

④ **임의계속가입자(법 제13조)** 6회 기출

㉠ 다음의 어느 하나에 해당하는 자는 65세가 될 때까지 보건복지부령으로 정하는 바에 따라 국민연금공단에 가입을 신청하면 임의계속가입자가 될 수 있다. 이 경우 가입 신청이 수리된 날에 그 자격을 취득한다.

- 국민연금 가입자 또는 가입자였던 자로서 60세가 된 자. 다만, 연금보험료를 납부한 사실이 없는 자, 노령연금 수급권자로서 급여를 지급받고 있는 자, 반환일시금을 지급받은 자에 해당하는 자는 제외한다.
- 전체 국민연금 가입기간의 5분의 3 이상을 대통령령으로 정하는 직종의 근로자로 국민연금에 가입하거나 가입하였던 사람으로서 노령연금 수급권을 취득한 사람, 특례노령연금 수급권을 취득한 사람에 해당하는 사람 중 노령연금 급여를 지급받지 않는 사람

㉡ 임의계속가입자는 보건복지부령으로 정하는 바에 따라 국민연금공단에 신청하면 탈퇴할 수 있다.

㉢ 임의계속가입자는 다음의 어느 하나에 해당하게 된 날의 다음 날에 그 자격을 상실한다. 다만, '탈퇴 신청이 수리된 때'의 경우 임의계속가입자가 납부한 마지막 연금보험료에 해당하는 달의 말일이 탈퇴 신청이 수리된 날보다 같거나 빠르고 임의계속가입자가 희망하는 경우에는 임의계속가입자가 납부한 마지막 연금보험료에 해당하는 달의 말일에 그 자격을 상실한다.

- 사망한 때
- 국적을 상실하거나 국외로 이주한 때
- 탈퇴 신청이 수리된 때
- 대통령령으로 정하는 기간 이상 계속하여 연금보험료를 체납한 때

(3) 가입기간의 추가 산입 및 가입기간의 합산

① 가입기간 추가 산입(법 제18조 내지 제19조의2)

㉠ 군 복무기간에 대한 가입기간 추가 산입 : 병역법에 따른 현역병, 전환복무를 한 사람, 상근예비역, 사회복무요원은 노령연금 수급권을 취득한 때에는 6개월을 가입기간에 추가로 산입한다. 다만, 병역의무를 수행한 기간이 6개월 미만인 경우에는 그러하지 아니한다.

㉡ 출산에 대한 가입기간 추가 산입 : 2 이상의 자녀가 있는 가입자 또는 가입자였던 자가 노령연금 수급권을 취득한 때에는 자녀가 2명인 경우 12개월, 자녀가 3명 이상인 경우 둘째 자녀에 대하여 인정되는 12개월에 2자녀를 초과하는 자녀 1명마다 18개월을 더한 개월 수를 추가로 산입한다.

㉢ 실업에 대한 가입기간 추가 산입 : 18세 이상 60세 미만인 사람 중 가입자 또는 가입자였던 자로서 재산 또는 소득이 보건복지부장관이 정하여 고시하는 기준 이하인 사람이 고용보험법에 따른 구직급여를 받는 경우 구직급여를 받는 기간을 가입기간으로 산입하기 위하여 국민연금공단에 신청하는 때에는 그 기간을 가입기간에 추가로 산입한다. 다만, 추가로 산입하는 기간은 1년을 초과할 수 없다.

② 가입기간의 합산(법 제20조) 13회 기출

㉠ 가입자의 자격을 상실한 후 다시 그 자격을 취득한 자에 대하여는 전후의 **가입기간을 합산**한다.

㉡ 가입자의 가입 종류가 변동되면 그 가입자의 가입기간은 **각 종류별 가입기간을 합산**한 기간으로 한다.

(4) 외국인에 대한 적용 및 사회보장협정

① 외국인에 대한 적용(법 제126조)

㉠ 이 법의 적용을 받는 사업장에 사용되고 있거나 국내에 거주하는 외국인으로서 대통령령으로 정하는 자 외의 외국인은 당연히 사업장가입자 또는 지역가입자가 된다. 다만, 이 법에 따른 국민연금에 상응하는 연금에 관하여 그 외국인의 본국법이 대한민국 국민에게 적용되지 아니하면 그러하지 아니하다.

㉡ 가입 중이거나 가입한 적이 있는 외국인에게 장애연금의 수급권자(제67조 제1항 제1호)를 적용하기 위해서는 질병이나 부상의 초진일이 국내 거주 기간 내에 있어야 한다. 그 밖에 외국인 가입자 등에 대한 장애연금의 수급권 발생 · 정지 · 소멸 및 장애연금 지급 등에 관한 사항은 제67조(제67조 제3항 제2호는 제외)부터 제71조까지의 규정을 준용한다.

㉢ 외국인 가입자 등이 국내 거주 중에 사망한 경우에는 유족연금의 수급권자(제72조 제2항 제2호)를 적용하지 아니한다. 그 밖에 외국인 가입자 등에 대한 유족연금의 수급권 발생 · 정지 · 소멸 및 유족연금 지급 등에 관한 사항은 제72조부터 제76조까지의 규정을 준용한다.

㉣ 외국인 가입자 등에게는 반환일시금, 반납금 납부와 가입기간, 반환일시금 수급권의 소멸 규정을 적용하지 아니한다. 다만, 다음의 어느 하나에 해당하는 외국인에 대하여는 그러하지 아니하다.

• 외국인의 본국법에 따라 대한민국 국민이 급여의 수급권을 취득하지 못하고 제77조 제1항 각호의 어느 하나에 해당하게 된 때에 그 대한민국 국민에게 일정 금액을 일시금으로 지급하도록 그 나라 법에서 규정하고 있는 경우의 외국인
• 외국인근로자의 고용 등에 관한 법률에 따른 외국인근로자로서 이 법을 적용받는 사업장에 사용된 자
• 출입국관리법 제10조에 따라 산업연수활동을 할 수 있는 체류자격을 가지고 필요한 연수기간 동안 지정된 연수 장소를 이탈하지 아니한 자로서 이 법을 적용받는 사업장에 사용된 자

ⓜ 사업장가입자 또는 지역가입자가 되는 외국인의 자격 취득 신고의 방법 및 절차 등은 보건복지부령으로 정한다.

② **외국과의 사회보장협정(법 제127조)** : 대한민국이 외국과 사회보장협정을 맺은 경우에는 이 법에도 불구하고 국민연금의 가입, 연금보험료의 납부, 급여의 수급 요건, 급여액의 산정, 급여의 지급 등에 관하여 그 사회보장협정에서 정하는 바에 따른다.

4 운영기구

(1) 운영방식

운영방식은 국영방식(정부가 직접관리), 민영방식(민간보험기관이 연금제도관리운영), 특수공법인운영방식(특수공법인을 설립하고 이 공법인이 연금제도 관리운영), 혼합방식(일부는 정부가 관리, 일부는 공법인이나 민간보험기관이 관리운영)으로 나눌 수 있다.

(2) 국민연금공단

① **설립 및 수탁자**

㉠ 보건복지부장관의 위탁을 받아 국민연금법의 목적을 달성하기 위한 사업을 효율적으로 수행하기 위하여 국민연금공단을 설립한다(법 제24조).

㉡ **국민연금의 관장기관은 보건복지부장관이지만, 국민연금의 목적사업을 효율적으로 수행하기 위하여 국민연금공단에 업무를 위탁한다.** 정부위탁관리형식은 복잡하고 다양한 행정수요에 대처하기 위해 관리조직의 전문성이 요구되고, 공적 통제가 가능하면서도 관료적 경직성을 지양할 수 있는 독립성과 자율성을 가진 관리조직이 필요하며, 보험자와 피보험자 간의 참여행정을 유도하여 민주성, 공정성, 투명성을 확보할 수 있게 하기 위한 것이다.

② **공단의 업무(법 제25조)**

㉠ 가입자에 대한 기록의 관리 및 유지

㉡ 연금보험료의 부과

㉢ 급여의 결정 및 지급

㉣ 가입자, 가입자였던 자, 수급권자 및 수급권자를 위한 자금의 대여와 복지시설의 설치 · 운영 등 복지사업

ⓜ 가입자 및 가입자였던 자에 대한 기금증식을 위한 자금 대여사업

ⓑ 가입대상과 수급권자 등을 위한 노후준비서비스 사업

ⓢ 국민연금제도 · 재정계산 · 기금운용에 관한 조사연구

ⓞ 국민연금기금 운용 전문인력 양성

ⓙ 국민연금에 관한 국제협력

ⓒ 그 밖에 이 법 또는 다른 법령에 따라 위탁받은 사항

ⓚ 그 밖에 국민연금사업에 관하여 보건복지부장관이 위탁하는 사항

③ **법인격과 공단의 사무소(법 제26조, 제27조 및 제27조의2)** 13회 기출

ⓐ 공단은 법인으로 한다.

ⓑ 공단의 주된 사무소 및 기금이사가 관장하는 부서의 소재지는 전라북도로 한다.

ⓒ 공단은 업무를 수행하기 위하여 공단 산하에 **국민연금연구원**을 둘 수 있다.

④ **복지사업(시행령 제31조)**

ⓐ 노인복지시설의 설치 · 공급 · 임대 · 운영과 노인복지시설의 부대시설로서 체육시설의 설치 · 운영 및 자금의 대여

ⓑ 아동복지시설, 장애인복지시설 등의 복지시설의 설치 · 운영 및 자금의 대여

ⓒ 병원과 휴양 시설 또는 요양 시설의 설치와 운영 및 자금의 대여

ⓓ 생활 안정을 위한 자금의 대여

ⓜ 학자금의 대여

ⓑ 당연적용사업장인 중 · 소사업장의 사업장 내 복지시설의 설치를 위한 자금의 대여

ⓢ 주택 구입 자금과 전세 자금의 대여

⑤ **업무의 위탁** : 공단은 정관으로 정하는 바에 따라 대여금 상환금의 수납, 급여 · 대여금의 지급에 관한 업무, 그 밖에 그 업무의 일부를 다른 법령에 따른 사회보험 업무를 수행하는 법인, 체신관서, 금융기관, 그 밖의 자에게 위탁할 수 있다(법 제47조).

⑥ **임직원(법 제30조)**

ⓐ 공단에 임원으로 이사장 4명, 상임이사 4명 이내, 이사 9명, 감사 1명을 두되, 이사에는 사용자 대표, 근로자 대표, 지역가입자 대표, 수급자 대표 각 1명 이상과 당연직 이사로서 보건복지부에서 국민연금 업무를 담당하는 3급 국가공무원 또는 고위공무원단에 속하는 일반직 공무원 1명이 포함되어야 한다(법 제30조).

ⓑ 임원의 임기는 3년으로 한다. 다만, 당연직 이사의 임기는 그 재임기간으로 하고, 기금이사의 임기는 계약기간으로 한다(법 제32조).

⑦ **공단의 수입과 지출**

ⓐ 수입 및 지출 : 수입은 국민연금기금으로부터의 전입금, 국가 보조금, 차입금 그 밖의 수입금으로 하고, 지출은 법에 의한 각종 급여, 적립금, 환부금, 차입금의 상환금과 이자, 그 밖에 공단의 운영 및 사업을 위한 각종 경비로 한다(법 제43조).

㉡ 일시차입 및 이입충당 : 공단은 회계연도마다 지출할 자금이 부족하면 대통령령으로 정하는 바에 따라 국민연금기금에서 일시차입할 수 있다. 일시차입금은 해당 회계연도 내에 상환하여야 하며, 공단은 회계연도마다 각종급여와 관련된 지출이 수입을 초과하게 되면 대통령령으로 정하는 바에 따라 국민연금기금운용위원회의 심의를 거쳐 국민연금기금에서 이입충당할 수 있다(법 제44조).

⑧ 근로자의 권익 및 비밀유지

㉠ 사용자는 근로자가 가입자로 되는 것을 방해하거나 부담금의 증가를 기피할 목적으로 정당한 사유 없이 근로자의 승급 또는 임금인상을 하지 아니하거나 해고 등 그 밖의 불리한 대우를 하여서는 아니 된다(법 제119조).

㉡ 공단에 종사하였던 자 또는 종사하는 자는 업무상 알게 된 비밀을 누설하여서는 아니 된다(법 제124조).

5 급 여

(1) 종 류

12, 16, 19회 기출

노령연금, 장애연금, 유족연금, 반환일시금이 있다(법 제49조).

(2) 지 급

① 급여는 그 지급받을 권리를 가진 자의 청구에 따라 공단이 지급한다. 연금액은 그 지급사유에 따라 기본연금액과 부양가족연금액을 기초로 하여 산정한다(법 제50조).

② 실제로는 연금의 종류에 따라 기본연금액에 연금종류별 지급률과 제한율을 곱한 후 부양가족연금액을 합하여 산정한다.

(3) 연금액의 최고한도, 병급 조정

① 연금의 월별지급액은 연금수급전년도를 기준으로 하여 가입자였던 최종 5년 동안의 기준소득월액의 평균액과 가입기간 동안의 기준소득월액의 평균한 금액을 물가에 연동하여 조정한 각각의 금액 중에서 많은 금액을 넘지 못한다(법 제53조 참조).

② 수급권자에게 두 가지 이상의 급여수급권이 발생한 때에는 그 자의 선택에 의하여 그 중의 하나만을 지급하고 다른 급여의 지급은 정지된다(법 제56조 제1항).

(4) 수급권보호 및 조세 기타 공과금의 면제

수급권은 이를 양도 · 압류하거나 담보로 제공할 수 없다(법 제58조). 국민연금법에 의한 급여로서 지급된 금액에 대하여는 조세특례제한법이나 그 밖의 법률 또는 지방자치단체의 조례가 정하는 바에 따라 조세, 그 밖에 국가 또는 지방자치단체의 공과금을 감면한다(법 제60조).

(5) 급여의 유형

20회 기출

① 노령연금

㉠ 노령연금

• 수급권자(법 제61조) : 가입기간이 10년 이상인 가입자 또는 가입자였던 자에 대하여는 60세(특수직종근로자는 55세)가 된 때부터 그가 생존하는 동안 노령연금을 지급한다.

• 노령연금액(법 제63조) : 다음의 구분에 따른 금액에 부양가족연금액을 더한 금액으로 한다.

- 가입기간이 20년 이상인 경우 : 기본연금액
- 가입기간이 10년 이상 20년 미만인 경우 : 기본연금액의 1천분의 500에 해당하는 금액에 가입기간 10년을 초과하는 1년(1년 미만이면 매 1개월을 12분의 1년으로 계산)마다 기본연금액의 1천분의 50에 해당하는 금액을 더한 금액

• 소득활동에 따른 노령연금액(법 제63조의2) : 노령연금 수급권자가 대통령령으로 정하는 소득이 있는 업무에 종사하면 60세 이상 65세 미만(특수직종근로자는 55세 이상 60세 미만)인 기간에는 노령연금액에서 부양가족연금액을 제외한 금액에 다음의 구분에 따른 금액을 뺀 금액을 지급한다. 이 경우 빼는 금액은 노령연금액의 2분의 1을 초과할 수 없다.

- 초과소득월액이 100만원 미만인 사람 : 초과소득월액의 1천분의 50
- 초과소득월액이 100만원 이상 200만원 미만인 사람 : 5만원 + (초과소득월액 − 100만원) × 1천분의 100
- 초과소득월액이 200만원 이상 300만원 미만인 사람 : 15만원 + (초과소득월액 − 200만원) × 1천분의 150
- 초과소득월액이 300만원 이상 400만원 미만인 사람 : 30만원 + (초과소득월액 − 300만원) × 1천분의 200
- 초과소득월액이 400만원 이상인 사람 : 50만원 + (초과소득월액 − 400만원) × 1천분의 250

㉡ 조기노령연금(법 제61조 및 제63조)

• 수급권자 : 가입기간이 10년 이상인 가입자 또는 가입자였던 자로서 55세 이상인 자가 대통령령으로 정하는 소득이 있는 업무에 종사하지 아니하는 경우 본인이 희망하면 60세가 되기 전이라도 본인이 청구한 때부터 그가 생존하는 동안 조기노령연금을 받을 수 있다.

• 조기노령연금액 : 가입기간에 따라 노령연금액 중 부양가족연금액을 제외한 금액에 수급연령별로 다음의 구분에 따른 비율을 곱한 금액에 부양가족연금액을 더한 금액으로 한다.

- 55세부터 지급받는 경우 : 1천분의 700
- 56세부터 지급받는 경우 : 1천분의 760
- 57세부터 지급받는 경우 : 1천분의 820
- 58세부터 지급받는 경우 : 1천분의 880
- 59세부터 지급받는 경우 : 1천분의 940

㉢ 분할연금(법 제64조 및 제64조의2 · 3)

11회 기출

• 수급권자 : 혼인 기간(배우자의 가입기간 중의 혼인 기간으로서 별거, 가출 등의 사유로 인하여

실질적인 혼인관계가 존재하지 아니하였던 기간을 제외한 기간)이 5년 이상인 자가 다음의 요건을 모두 갖추면 그때부터 그가 생존하는 동안 배우자였던 자의 노령연금을 분할한 일정한 금액의 연금(분할연금)을 받을 수 있다.

- 배우자와 이혼하였을 것
- 배우자였던 사람이 노령연금 수급권자일 것
- 60세가 되었을 것

• 분할연금액 : 배우자였던 자의 노령연금액(부양가족연금액은 제외) 중 혼인 기간에 해당하는 연금액을 균등하게 나눈 금액으로 한다.

• 청구기간 : 분할연금은 수급요건을 모두 갖추게 된 때부터 5년 이내에 청구하여야 한다.

• 분할연금 지급의 특례 : 연금의 분할에 관하여 별도로 규정된 경우에는 그에 따르고 연금의 분할이 별도로 결정된 경우에는 분할 비율 등에 대하여 공단에 신고하여야 한다.

• 분할연금 청구의 특례 : 규정의 연령에 도달하기 이전에 이혼하는 경우에는 이혼의 효력이 발생하는 때부터 분할연금을 미리 청구할 수 있다. 분할연금 선청구는 이혼의 효력이 발생하는 때부터 3년 이내에 하여야 하며, 연령이 도달하기 이전에 분할연금 선청구를 취소할 수 있다. 이 경우 분할연금 선청구 및 선청구의 취소는 1회에 한한다.

② 장애연금

㉠ 가입자 또는 가입자였던 자가 질병이나 부상으로 신체상 또는 정신상의 장애가 있고 다음의 요건을 모두 충족하는 경우에는 장애 정도를 결정하는 기준이 되는 날부터 그 장애가 계속되는 기간 동안 장애 정도에 따라 장애연금을 지급한다(법 제67조).

• 해당 질병 또는 부상의 초진일 당시 연령이 18세(다만, 18세 전에 가입한 경우에는 가입자가 된 날을 말한다) 이상이고 노령연금의 지급 연령 미만일 것

• 해당 질병 또는 부상의 초진일 당시 연금보험료를 낸 기간이 가입대상기간의 3분의 1 이상일 것

• 해당 질병 또는 부상의 초진일 5년 전부터 초진일까지의 기간 중 연금보험료를 낸 기간이 3년 이상일 것. 다만, 가입대상기간 중 체납기간이 3년 이상인 경우는 제외한다.

• 해당 질병 또는 부상의 초진일 당시 가입기간이 10년 이상일 것

㉡ 장애연금액(법 제68조) : 장애연금액은 장애등급에 따라 다음의 금액으로 한다.

• 장애등급 1급 : 기본연금액에 부양가족연금액을 더한 금액

• 장애등급 2급 : 기본연금액의 1천분의 800에 해당하는 금액에 부양가족연금액을 더한 금액

• 장애등급 3급 : 기본연금액의 1천분의 600에 해당하는 금액에 부양가족연금액을 더한 금액

• 장애등급 4급 : 기본연금액의 1천분의 2,250에 해당하는 금액을 일시보상금으로 지급

③ 유족연금 9, 15회 기출

㉠ 수급권자(법 제72조)

• 다음의 어느 하나에 해당하는 사람이 사망하면 그 유족에게 유족연금을 지급한다(제1항).
  – 노령연금 수급권자(제1호)
  – 가입기간이 10년 이상인 가입자 또는 가입자였던 자(제2호)

- 연금보험료를 낸 기간이 가입대상기간의 3분의 1 이상인 가입자 또는 가입자였던 자(제3호)
- 사망일 5년 전부터 사망일까지의 기간 중 연금보험료를 낸 기간이 3년 이상인 가입자 또는 가입자였던 자. 다만, 가입대상기간 중 체납기간이 3년 이상인 사람은 제외한다(제4호).
- 장애등급이 2급 이상인 장애연금 수급권자(제5호)

• 제1항에도 불구하고 제3호 또는 제4호에 해당하는 사람이 다음의 기간 중 사망하는 경우에는 유족연금을 지급하지 아니한다.
- 가입 대상에서 제외되는 기간
- 국외이주 · 국적상실 기간

ⓛ 유족의 범위 등(법 제73조)

유족연금을 지급받을 수 있는 유족은 유족연금 수급권자가 사망할 당시 그에 의하여 생계를 유지하고 있던 다음의 자로 한다. 이 경우 가입자 또는 가입자였던 자에 의하여 생계를 유지하고 있던 자에 관한 인정 기준은 대통령령으로 정한다.

• 배우자
• 자녀. 다만, 25세 미만이거나 장애등급 2급 이상인 자만 해당한다.
• 부모(배우자의 부모를 포함). 다만, 60세 이상이거나 장애등급 2급 이상인 자만 해당한다.
• 손자녀. 다만, 19세 미만이거나 장애등급 2급 이상인 자만 해당한다.
• 조부모(배우자의 조부모를 포함). 다만, 60세 이상이거나 장애등급 2급 이상인 자만 해당한다.

ⓒ 유족연금액(법 제74조) : 유족연금액은 가입기간에 따라 다음의 금액에 부양가족연금액을 더한 금액으로 한다.

• 가입기간 10년 미만 : 기본연금액의 1천분의 400에 해당하는 금액
• 가입기간 10년 이상 20년 미만 : 기본연금액의 1천분의 500에 해당하는 금액
• 가입기간 20년 이상 : 기본연금액의 1천분의 600에 해당하는 금액

ⓔ 유족연금 수급권의 소멸(법 제75조) : 유족연금 수급권자가 다음의 어느 하나에 해당하게 되면 그 수급권은 소멸한다.

• 수급권자가 사망한 때
• 배우자인 수급권자가 재혼한 때
• 자녀나 손자녀인 수급권자가 파양된 때
• 장애등급 2급 이상에 해당하지 아니한 자녀인 수급권자가 25세가 된 때 또는 장애등급 2급 이상에 해당하지 아니한 손자녀인 수급권자가 19세가 된 때

④ **유족연금의 지급 정지(법 제76조)**

㉠ 유족연금의 수급권자인 배우자에 대하여는 수급권이 발생한 때부터 3년 동안 유족연금을 지급한 후 55세가 될 때까지 지급을 정지한다. 다만, 그 수급권자가 다음의 어느 하나에 해당하면 지급을 정지하지 아니한다.

• 장애등급이 2급 이상인 경우
• 가입자 또는 가입자였던 자의 25세 미만인 자녀 또는 장애등급 2급 이상인 자녀의 생계를 유지한 경우

• 대통령령으로 정하는 소득이 있는 업무에 종사하지 아니하는 경우

㉡ 유족연금의 수급권자인 배우자의 소재를 1년 이상 알 수 없는 때에는 유족인 자녀의 신청에 의하여 그 소재 불명(不明)의 기간 동안 그에게 지급하여야 할 유족연금은 지급을 정지한다.

㉢ 배우자 외의 자에 대한 유족연금의 수급권자가 2명 이상인 경우 그 수급권자 중에서 1년 이상 소재를 알 수 없는 자가 있으면 다른 수급권자의 신청에 따라 그 소재 불명의 기간에 해당하는 그에 대한 유족연금의 지급을 정지한다.

㉣ 유족연금의 지급이 정지된 자의 소재가 확인된 경우에는 본인의 신청에 의하여 지급 정지를 해제한다.

㉤ 자녀나 손자녀인 수급권자가 다른 사람에게 입양된 때에는 그에 해당하게 된 때부터 유족연금의 지급을 정지한다.

㉥ 유족연금의 지급이 정지된 자가 파양된 경우에는 본인의 신청에 의하여 파양된 때부터 지급 정지를 해제한다.

㉦ 장애로 수급권을 취득한 자가 장애등급 2급 이상에 해당하지 아니하게 된 때에는 그에 해당하게 된 때부터 유족연금의 지급을 정지한다.

㉧ 유족연금의 지급이 정지된 자가 그 질병이나 부상이 악화되어 장애등급 2급 이상에 해당하게 된 경우에는 본인의 신청에 의하여 장애등급 2급 이상에 해당하게 된 때부터 지급 정지를 해제한다.

㉨ ㉡ 및 ㉢에도 불구하고 유족연금 수급권자가 1년 이상 소재불명이고 ㉡ 및 ㉢에 따른 지급 정지의 신청을 할 사람이 존재하지 아니하는 등 대통령령으로 정하는 경우에는 유족연금의 지급을 정지할 수 있다.

㉩ ㉨에 따른 지급 정지에 대한 취소 및 그에 따른 지급에 대해서는 제86조의2 제2항 및 제3항을 준용한다.

⑤ **반환일시금(법 제77조)**

㉠ 수급권자 : 가입자 또는 가입자였던 자가 다음의 어느 하나에 해당하게 되면 본인이나 그 유족의 청구에 의하여 반환일시금을 지급받을 수 있다.

• 가입기간이 10년 미만인 자가 60세가 된 때
• 가입자 또는 가입자였던 자가 사망한 때. 다만, 유족연금이 지급되는 경우에는 그러하지 아니하다.
• 국적을 상실하거나 국외로 이주한 때

㉡ 반환일시금액 : 가입자 또는 가입자였던 자가 납부한 연금보험료(사업장가입자 또는 사업장가입자였던 자의 경우 사용자의 부담금을 포함)에 대통령령으로 정하는 3년 만기 정기예금 이자율을 적용한 이자를 더한 금액으로 한다.

⑥ **사망일시금(법 제80조)**

㉠ 수급권자 : 가입자 또는 가입자였던 사람, 노령연금 수급권자, 장애등급이 3급 이상인 장애연금 수급권자가 사망한 때에 유족이 없으면 그 배우자 · 자녀 · 부모 · 손자녀 · 조부모 · 형제자매 또는 4촌 이내 방계혈족에게 사망일시금을 지급한다. 다만, 가출 · 실종 등에 해당하는 사람에게

는 지급하지 아니하며, 4촌 이내 방계혈족의 경우에는 사망 당시 그 사람에 의하여 생계를 유지하고 있던 사람에게만 지급한다.

ⓛ 사망일시금액

- 가입자 또는 가입자였던 사람 : 가입자 또는 가입자였던 사람의 반환일시금에 상당하는 금액. 다만, 사망한 가입자 또는 가입자였던 사람의 최종 기준소득월액을 연도별 재평가율에 따라 사망일이 속하는 해의 전년도의 현재가치로 환산한 금액과 가입기간 중 기준소득월액의 평균액 중에서 많은 금액의 4배를 초과하지 못한다.
- 노령연금 수급권자, 장애등급이 3급 이상인 장애연금 수급권자 : 수급권자가 사망할 때까지 지급받은 연금액이 가입자 또는 가입자였던 사람을 준용하여 산정한 금액보다 적은 경우에 그 차액에 해당하는 금액

(6) 연금보험료의 부과 · 징수 등

① 보건복지부장관은 국민연금사업 중 연금보험료의 징수에 관하여 국민연금법에서 정하는 사항을 **국민건강보험공단에 위탁**한다(법 제88조 제1항).

② 국민연금공단은 국민연금사업에 드는 비용에 충당하기 위하여 **가입자와 사용자**에게 가입기간 동안 매월 연금보험료를 부과하고, 국민건강보험공단이 이를 징수한다(법 제88조 제2항).

③ 사업장가입자의 연금보험료 중 기여금은 사업장가입자 본인이, 부담금은 사용자가 각각 부담하되, 그 금액은 각각 기준소득월액의 **1천분의 45에 해당하는 금액**으로 한다(법 제88조 제3항).

④ 지역가입자, 임의가입자 및 임의계속가입자의 연금보험료는 지역가입자, 임의가입자 또는 임의계속가입자 본인이 부담하되, 그 금액은 기준소득월액의 **1천분의 90**으로 한다(법 제88조 제4항).

⑤ 연금보험료는 납부 의무자가 다음달 10일까지 내야 한다(법 제89조 제1항).

⑥ 사용자는 사업장가입자가 부담할 기여금을 그에게 지급할 매달의 임금에서 공제하여 내야 한다(법 제90조 제1항).

6 국민연금기금

(1) 기금의 설치 및 조성(법 제101조)

국민연금기금 = 연금보험료 + 기금운용수익금 + 적립금 + 공단의 수입지출 결산상의 잉여금

(2) 국민연금기금의 운용(법 제102조)

10회 기출

① 국민연금기금은 **보건복지부장관**이 관리 · 운용한다.

② 보건복지부장관은 국민연금 재정의 장기적인 안정을 유지하기 위하여 그 수익을 최대로 증대시킬 수 있도록 **국민연금기금운용위원회**에서 의결한 바에 따라 기금을 관리 · 운용하되, 가입자, 가입자였던 자 및 수급권자의 복지증진을 위한 사업에 대한 투자는 국민연금 재정의 안정을 해치지 아니하는 범위에서 하여야 한다.

③ 국민연금기금을 운용할 수 있는 방법은 다음과 같다.

㉠ 은행 · 한국산업은행 및 중소기업은행, 투자매매업자 · 투자중개업자 · 신탁업자 · 집합투자업자 · 투자자문업자 및 종합금융회사, 보험회사, 체신관서에 대한 예입 또는 신탁

㉡ 공공사업을 위한 공공부문에 대한 투자

㉢ 자본시장과 금융투자업에 관한 법률에 따른 증권의 매매 및 대여

㉣ 자본시장과 금융투자업에 관한 법률에 따른 지수 중 금융투자상품지수에 관한 파생상품시장에서의 거래

㉤ 복지사업 및 대여사업으로서 자금의 대여

㉥ 기금의 본래 사업 목적을 수행하기 위한 재산의 취득 및 처분

㉦ 그 밖에 기금의 증식을 위하여 대통령령으로 정하는 사업

Plus ⊕ one

국민연금기금 운용의 원칙

- 수익성 : 가입자의 부담, 특히 미래세대의 부담 완화를 위해 가능한 한 많은 수익을 추구하여야 한다.
- 안정성 : 기금은 투자하는 자산의 전체 수익률 변동성과 손실위험이 허용되는 범위 내에서 안정적으로 운용하여야 한다.
- 공공성 : 전 국민을 대상으로 하는 제도로 국가경제에서 차지하는 비중이 크므로, 국가경제 및 국내 금융시장에 미치는 파급효과를 감안하여 운용하여야 한다.
- 유동성 : 기금은 연금급여의 지급이 원활하도록 유동성을 고려하여 운용하여야 한다.
- 독립성 : 기금은 위의 원칙에 따라 운용하여야 하며, 다른 목적을 위해 이와 같은 원칙이 훼손되어서는 안 된다.

(3) 국민연금기금운용위원회

① 심의 · 의결사항(법 제103조)

㉠ 기금운용지침에 관한 사항

㉡ 기금을 관리기금에 위탁할 경우 예탁이자율의 협의에 관한 사항

㉢ 기금운용계획에 관한 사항

㉣ 기금의 운용내용과 사용 내용에 관한 사항

㉤ 그 밖에 기금운용에 관한 중요사항으로서 운용위원회 위원장이 회의에 부치는 사항

② 위원회 구성

㉠ 위원장 : 보건복지부장관

㉡ 당연직위원 : 기획재정부차관, 농림축산식품부차관, 산업통상자원부차관, 고용노동부차관, 공단이사장 및 위원장이 위촉하는 위원

㉢ 위원장 위촉 위원 : 사용자 단체가 추천하는 자 3명, 노동조합을 대표하는 연합단체가 추천하는 자 3명, 농어업인 단체가 추천하는 자 2명, 농어업인 단체 외의 자영자 관련 단체가 추천하는 자 2명, 소비자단체 및 시민단체가 추천하는 자 2명, 관계 전문가로서 국민연금에 관한 학식과 경험이 풍부한 자 2명

(4) 국민연금기금운용실무평가위원회(법 제104조)

① 심의평가사항

㉠ 기금운용자산의 구성과 기금의 회계처리에 관한 사항

㉡ 기금운용성과의 측정에 관한 사항

㉢ 기금의 관리 · 운영과 관련하여 개선하여야 할 사항

㉣ 운용위원회에 상정할 안건 중 실무평가위원회의 위원장이 필요하다고 인정한 사항

㉤ 그 밖에 운용위원회에서 심의를 요청한 사항

② **구성** : 실무평가위원회는 위원장인 보건복지부차관, 위원 중에서 호선하는 부위원장 및 위원장이 위촉하는 다음의 위원으로 구성한다.

㉠ 운용위원회의 위원 중 위원장과 당연직 위원이 각각 지명하는 소속 부처의 3급 국가공무원 또는 고위공무원단에 속하는 일반직 공무원

㉡ 사용자를 대표하는 위원으로서 사용자 단체가 추천하는 자 3명

㉢ 근로자를 대표하는 위원으로서 노동조합을 대표하는 연합단체가 추천하는 자 3명

㉣ 지역가입자를 대표하는 위원으로서 농어업인 단체가 추천하는 자 2명, 농어업인 외의 자영자 관련 단체가 추천하는 자 2명, 소비자단체와 시민단체가 추천하는 자 2명

㉤ 국민연금제도와 국민연금기금 운용에 관한 학식과 경험이 풍부한 자 2명

(5) 국민연금기금운용지침, 기금출납, 운용계획 및 잉여금 처리

① 기금운용지침(법 제105조)

㉠ 공공사업에 사용할 기금자산의 비율

㉡ 공공사업에 대한 기금배분의 우선순위

㉢ 가입자, 가입자였던 자 및 수급권자의 복지증진을 위한 사업비

㉣ 기금증식을 위한 가입자 및 가입자였던 자에 대한 대여사업비

㉤ 기금의 관리 · 운용 현황에 관한 공시 대상 및 방법

② 기금운용계획 등(법 제107조)

㉠ 보건복지부장관은 매년 기금 운용계획을 세워서 운용위원회 및 국무회의의 심의를 거쳐 대통령의 승인을 받아야 한다.

㉡ 정부는 기금 운용계획을 전년도 10월 말까지 국회에 보고하여야 한다.

㉢ 보건복지부장관은 기금의 운용 내용을, 기획재정부장관은 관리기금에 예탁된 기금의 사용 내용을 각각 다음 연도 6월 말까지 운용위원회에 제출하여야 한다.

㉣ 운용위원회의 위원장은 기금의 운용 내용과 사용 내용을 운용위원회의 심의를 거쳐 국회에 제출하고 대통령령으로 정하는 바에 따라 공시하여야 한다.

7 권리구제

10, 19회 기출

(1) 심사청구

① 가입자의 자격, 기준소득월액, 연금보험료, 그 밖의 국민연금법에 따른 징수금과 급여에 관한 국민연금공단 또는 국민건강보험공단의 처분에 이의가 있는 자는 그 처분을 한 **공단 또는 건강보험공단에 심사청구를 할 수 있다**(법 제108조 제1항).

② 심사청구는 그 처분이 있음을 안 날부터 90일 이내에 문서로 하여야 하며, 처분이 있은 날부터 180일을 경과하면 이를 제기하지 못한다. 다만, 정당한 사유로 그 기간에 심사청구를 할 수 없었음을 증명하면 그 기간이 지난 후에도 심사 청구를 할 수 있다(법 제108조 제2항).

③ 심사청구 사항을 심사하기 위하여 국민연금공단에 **국민연금심사위원회**를 두고, 건강보험공단에 징수심사위원회를 둔다(법 제109조 제1항).

(2) 심사위원회의 구성

① 국민연금심사위원회는 **위원장 1명을 포함한 26명 이내의 위원**으로 구성하며, 징수심사위원회는 위원장 1명을 포함한 25명의 위원으로 구성한다(시행령 제89조 및 시행령 제102조의2).

② 위원은 다음에 해당하는 자 중에서 공단 이사장이 임명하거나 위촉한다(시행령 제89조 제2항).

㉠ 공단의 실장급 이상의 임직원

㉡ 사용자단체가 추천하는 자

㉢ 근로자단체가 추천하는 자

㉣ 지역가입자를 대표하는 단체가 추천하는 자

㉤ 법률이나 의료 또는 사회보험 분야에 관한 학식과 경험이 있는 사람으로서 변호사 자격 또는 의사 자격을 취득한 후 5년 이상 실무에 종사한 사람, 학교에서 사회보험 관련 학과의 조교수 이상으로 재직한 사람, 박사학위를 취득한 후 사회보험 관련 분야에서 5년 이상 근무한 사람, 사회보험 관련 분야에서 10년 이상 근무한 사람

(3) 재심사청구

① 심사청구에 대한 결정에 불복하는 자는 그 결정통지를 받은 날부터 **90일 이내**에 대통령령으로 정하는 사항을 적은 재심사청구서에 따라 **국민연금재심사위원회**에 재심사를 청구할 수 있으며, 재심사청구의 방법 및 절차 등은 보건복지부령으로 정한다(법 제110조 참조).

② 재심사 청구 사항을 재심사하기 위해 보건복지부에 국민연금재심사위원회를 둔다(법 제111조).

③ 국민연금재심사위원회는 **위원장 1명을 포함한 20명 이내의 위원**으로 구성한다(시행령 제104조 제1항).

8 보 칙

(1) 연금의 중복급여의 조정

장애연금 또는 유족연금의 수급권자가 이 법에 따른 장애연금 또는 유족연금의 지급 사유와 같은 사유로 다음의 어느 하나에 해당하는 급여를 받을 수 있는 경우에는 **장애연금액이나 유족연금액은 그 2분의 1에 해당하는 금액을 지급한다**(법 제113조).

① 근로기준법 제80조에 따른 장해보상, 같은 법 제82조에 따른 유족보상 또는 같은 법 제84조에 따른 일시보상

② 산업재해보상보험법 제57조에 따른 장해급여, 같은 법 제62조에 따른 유족급여, 같은 법 제91조의3에 따른 진폐보상연금 또는 같은 법 제91조의4에 따른 진폐유족연금

③ 선원법 제97조에 따른 장해보상, 같은 법 제98조에 따른 일시보상 또는 같은 법 제99조에 따른 유족보상

④ 어선원 및 어선 재해보상보험법 제25조에 따른 장해급여, 같은 법 제26조에 따른 일시보상급여 또는 같은 법 제27조에 따른 유족급여

(2) 대위권

① 공단은 제3자의 행위로 장애연금이나 유족연금의 지급 사유가 발생하여 장애연금이나 유족연금을 지급한 때에는 그 급여액의 범위에서 제3자에 대한 수급권자의 손해배상청구권에 관하여 수급권자를 대위한다(법 제114조 제1항).

② 제3자의 행위로 장애연금이나 유족연금의 지급 사유가 발생한 경우 그와 같은 사유로 제3자로부터 손해배상을 받았으면 공단은 그 배상액의 범위에서 장애연금이나 유족연금을 지급하지 아니한다(법 제114조 제2항).

Plus ⊕ one

급여산정방식 : 급여액 산정 및 소득대체율(출처 : NPS 국민연금) 6, 15회 기출

- 연금액 = 기본연금액 × 지급률 + 부양가족연금액
- 기본연금액 = 상수$(A+B) \times (1+0.5\text{m}/12)$

$$=[\underset{1988\sim1998년}{\frac{2.4(A+0.75B)\times P_1/P}{}}+\underset{1999\sim2007년}{\frac{1.8(A+B)\times P_2/P}{}}+\underset{2008년}{\frac{1.5(A+B)\times P_3/P}{}}+\underset{2009년}{\frac{1.485(A+B)\times P_4/P}{}}+\cdots$$

$$+\underset{2028년\ 이후}{\frac{1.2(A+B)\times P_{23}/P}{}}+\underset{출산크레딧}{\frac{X(A+A)\times C/P}{}}+\underset{군복무크레딧}{\frac{X(A+1/2.4)\times 6/P}{}}]\times(1+0.05n/12)$$

* A = 연금수급 전 3년간 전체 가입자의 평균소득월액의 평균액(소득균등부분으로서 소득재분배 효과)

* B = 가입자 개인의 가입기간 중 기준소득월액의 평균액(노령연금 산정 시에만 실업 크레딧 포함)

※ 가입자 개인의 가입기간 동안의 기준소득월액을 매년 보건복지부장관이 고시하는 연도별 재평가율에 의하여 연금 수급 전년도의 현재가치로 환산한 후 그 합계액을 가입자의 전체 가입월수로 나누어 산정

* P = 가입자의 전체 가입월수(노령연금액 산정 시에만 출산, 군복무 및 실업 크레딧을 포함한 전체 가입월수)

구분	1988~1998년	1999~2007년	2008~2027년	2028년 이후
상 수	2.4	1.8	1.5(매년 0.015씩 감소)	1.2
소득대체율	70%	60%	50% (매년 0.05%p씩 감소)	40%
가입월수	P_1	P_2	$P_3 \cdots P_{22}$	P_{23}

* n = 20년 초과월수(노령연금액 산정 시에만 출산, 군복무 및 실업 크레딧을 포함한 전체 가입월수)

* X : 1.5 ~ 1.2까지의 비례상수 중 노령연금 수급권 취득시점의 상수

* C : 추가가입기간 12, 30, 48, 50 (균분하는 경우에는 6, 15, 24, 25)

(출산, 군복무 및 실업 크레딧으로 인한 연금액 및 증가되는 가입기간은 노령연금액 산정 시에만 적용됨)

제3절 국민건강보험법

1 개 요

(1) 건강보험의 개념

① 건강보험은 사회보험방식을 통하여 국민의 건강을 확보하고 **소득유지와 생활안정**을 함께 도모하는 사회복지제도이다.

② 의료급여는 공공부조제도의 하나로서 정기적으로 기여금을 부담할 수 없는 저소득 계층에게 무료로 실비의 의료급여를 제공하는 **공공부조제도**를 말한다.

(2) 건강보험법의 목적과 특성

① 국민건강보험법의 목적

㉠ 국민건강보험법 제1조에 "이 법은 국민의 질병 · 부상에 대한 예방 · 진단 · 치료 · 재활과 출산 · 사망 및 건강증진에 대하여 보험급여를 실시함으로써 국민보건을 향상시키고 사회보장을 증진함을 목적으로 한다"고 규정하고 있다.

㉡ 이 법은 근본적으로 국가가 개입하여 국민의 기본적인 의료문제를 해결하고 사회보험원리를 통하여 개인의 위험을 보험가입자 전원에게 분산하여 의료의 경제적 부담을 해소하는 한편 소득의 재분배적 기능을 한다. 또한 국민의 의료비용을 사회연대성의 원리에 따라 공동체적 해결을 목적으로 한다.

② 건강보험의 특징

㉠ 강제적용의 사유 : 법률에 의한 강제가입. 일정한 법적 요건이 충족되면 본인의 의사에 관계없이 강제적용된다.

㉡ 부담능력에 따른 보험료의 차등부담(형평부과) : 사회보험방식인 건강보험에서는 사회적인 연대를 기초로 의료비 문제를 해결하려는 것이 목적이므로 소득수준 등 보험료부담능력에 따라 차등적으로 부담한다.

㉢ 보험급여의 균등 적용 : 민간보험은 보험료 부과수준, 계약기간 및 내용에 따라 차등급여를 받지만 건강보험은 보험료부과수준에 관계없이 관계 법령에 의하여 균등하게 보험급여가 이루어진다.

㉣ 보험료 납부의 강제성 : 가입이 강제적이라는 점에서 강제보험제도의 실효성을 확보하기 위하여 피보험자에게는 보험료 납부의 의무가 주어지며, 보험자에게는 보험료징수의 강제성이 부여된다.

㉤ 단기보험 : 장기적으로 보험료를 수탁하는 연금보험과는 달리 1년 단위의 회계연도를 기준으로 수입과 지출을 예정하여 보험료를 계산하며 지급조건과 지급액도 보험료 납입기간과는 상관이 없고 지급기간이 단기이다.

(3) 국민건강보험법의 연혁

① 국민건강보험법은 **1999년 2월 8일에 제정**되었지만, 그 전신인 의료보험법은 훨씬 이전인 1963년 12월 16일에 법이 제정되었다.

② 1963년 당시 의료보험법은 일부 관계 전문가들의 노력으로 입법화는 성공하였으나, 경제사회적 여건의 미비로 인하여 연기되었다.

③ 1970년 8월 의료보험법을 전면 개정하여 적용대상을 종래의 근로자 이외에 군인, 공무원, 자영업자 등 전국민이 의료보험혜택을 받을 수 있도록 문호를 개방하고 노동자, 군인, 공무원을 강제가입 대상자로, 자영자 계층을 임의가입대상자로 규정하였다.

④ 보건사회부는 1987년 보사부차관을 장으로 한 의료보험 확대 추진본부를 두어 실무작업반, 소추진반, 군실무반을 설치하였다. 또한 1987년 2월 한방의료보험을 전국에 확대 실시하였고 1988년 1월 1일부터 농어촌 지역의료보험을 실시하여 전인구의 80.4%가 의료보장의 적용을 받았다.

2 목적 · 관장 · 정의

(1) 목적 및 관장

① **목적(법 제1조)** : 국민의 질병 · 부상에 대한 예방 · 진단 · 치료 · 재활과 출산 · 사망 및 건강 증진에 대하여 보험급여를 실시함으로써 국민보건 향상과 사회보장 증진에 이바지한다.

② **관장(법 제2조)** : 건강보험사업은 **보건복지부장관**이 맡아 주관한다.

(2) 용어의 정의(법 제3조 및 제13조)

13회 기출

① **근로자** : 직업의 종류와 관계없이 근로의 대가로 보수를 받아 생활하는 사람(**법인의 이사와 그 밖의 임원을 포함)으로서 공무원 및 교직원을 제외한 사람**을 말한다.

② **사용자** : 다음의 어느 하나에 해당하는 자를 말한다.

㉠ 근로자가 소속되어 있는 사업장의 사업주

㉡ 공무원이 소속되어 있는 기관의 장으로서 대통령령으로 정하는 사람

㉢ 교직원이 소속되어 있는 사립학교를 설립 · 운영하는 자

③ **공무원** : 국가나 지방자치단체에서 **상시 공무에 종사하는 사람**을 말한다.

④ **교직원** : **사립학교나 사립학교의 경영기관에서 근무하는 교원과 직원**을 말한다.

⑤ **보험자** : 국민건강보험의 보험자는 **국민건강보험공단**으로 한다.

(3) 국민건강보험종합계획의 수립(법 제3조의2)

16회 기출

① 보건복지부장관은 이 법에 따른 건강보험의 건전한 운영을 위하여 건강보험정책심의위원회의 심의를 거쳐 5년마다 국민건강보험종합계획을 수립하여야 한다. 수립된 종합계획을 변경할 때도 또한 같다.

② 종합계획에는 다음의 사항이 포함되어야 한다.

㉠ 건강보험정책의 기본목표 및 추진방향

㉡ 건강보험 보장성 강화의 추진계획 및 추진방법

㉢ 건강보험의 중장기 재정 전망 및 운영

㉣ 보험료 부과체계에 관한 사항

㉤ 요양급여비용에 관한 사항

㉥ 건강증진 사업에 관한 사항

㉦ 취약계층 지원에 관한 사항

㉧ 건강보험에 관한 통계 및 정보의 관리에 관한 사항

㉨ 그 밖에 건강보험의 개선을 위하여 필요한 사항으로 대통령령으로 정하는 사항

③ 보건복지부장관은 종합계획에 따라 매년 연도별 시행계획을 건강보험정책심의위원회의 심의를 거쳐 수립 · 시행하여야 한다.

④ 보건복지부장관은 매년 시행계획에 따른 추진실적을 평가하여야 한다.

⑤ 보건복지부장관은 다음의 사유가 발생한 경우 관련 사항에 대한 보고서를 작성하여 지체 없이 국회 소관 상임위원회에 보고하여야 한다.

㉠ 종합계획의 수립 및 변경

㉡ 시행계획의 수립

㉢ 시행계획에 따른 추진실적의 평가

⑥ 보건복지부장관은 종합계획의 수립, 시행계획의 수립 · 시행 및 시행계획에 따른 추진실적의 평가를 위하여 필요하다고 인정하는 경우 관계 기관의 장에게 자료의 제출을 요구할 수 있다. 이 경우 자료의 제출을 요구받은 자는 특별한 사유가 없으면 이에 따라야 한다.

3 적용대상

(1) 수급권자(법 제5조)

14회 기출

① 국내에 거주하는 국민은 건강보험의 가입자 또는 피부양자가 된다. 다만, 다음의 어느 하나에 해당하는 사람은 제외한다.

㉠ 의료급여법에 따라 의료급여를 받는 사람

㉡ 「독립유공자예우에 관한 법률 및 국가유공자 등 예우 및 지원에 관한 법률」에 따라 의료보호를 받는 사람(단, 유공자 등 의료보호대상자 중 건강보험의 적용을 보험자에게 신청한 사람 또는 건강보험을 적용받고 있던 사람이 유공자 등 의료보호대상자로 되었으나 건강보험의 적용배제 신청을 보험자에게 하지 아니한 사람은 적용 대상에 해당함)

② 피부양자는 다음의 어느 하나에 해당하는 사람 중 직장가입자에게 주로 생계를 의존하는 사람으로서 소득 및 재산이 보건복지부령으로 정하는 기준 이하에 해당하는 사람을 말한다.

㉠ 직장가입자의 배우자

㉡ 직장가입자의 직계존속(배우자의 직계존속 포함)

㉢ 직장가입자의 직계비속(배우자의 직계비속 포함)과 그 배우자

㉣ 직장가입자의 형제 · 자매

③ 국내에 체류하는 재외국민 또는 외국인 중 주민등록법에 따라 등록을 한 사람, 재외동포의출입국과 법적 지위에 관한 법률에 따라 국내거소신고를 한 사람, 출입국관리법에 따라 외국인등록을 한 사람으로서, 건강보험 적용 사업장의 근로자, 공무원 또는 교직원인 사람은 외국인 등에 대한 특례에 따라 직장가입자가 된다.

Plus ⊕ one

직계존속(直系尊屬)과 직계비속(直系卑屬)

- 직계존속 : 본인을 기준으로 직접 혈연관계에 있는 윗사람, 즉 부모, 조부모, 증조부모 등이 해당
- 직계비속 : 본인을 기준으로 직접 혈연관계에 있는 아랫사람, 즉 자녀, 손자녀, 증손자녀 등이 해당

(2) 가입자의 종류

① 직장가입자

㉠ 근로자사업장

- 모든 사업장에 고용된 근로자와 그 사용자
- 근로자란 직업의 종별에 불구하고 근로의 대가로서 보수를 받아 생활하는 자로서 공무원과 교직원을 제외한 자

㉡ 공 · 교사업장 : 공무원 및 교직원으로 임용 또는 채용된 자

㉢ 적용 제외자(법 제6조 제2항)

- 고용 기간이 1개월 미만인 일용근로자
- 병역법에 따른 현역병(지원에 의하지 아니하고 임용된 하사를 포함), 전환복무된 사람 및 군간부후보생
- 선거에 당선되어 취임하는 공무원으로서 매월 보수 또는 보수에 준하는 급료를 받지 아니하는 사람
- 그 밖에 사업장의 특성, 고용 형태 및 사업의 종류 등을 고려하여 대통령령으로 정하는 사업장의 근로자 및 사용자와 공무원 및 교직원

② **지역가입자** : 지역가입자는 가입자 중 직장가입자와 그 피부양자를 제외한 자를 말한다.

③ **임의계속가입자** : 사용관계가 끝난 사람 중 직장가입자로서의 자격을 유지한 기간이 보건복지부령으로 정하는 기간 동안 통산 1년 이상인 사람은 지역가입자가 된 이후 최초로 지역가입자 보험료를 고지받은 날부터 그 납부기한에서 2개월이 지나기 이전까지 공단에 직장가입자로서의 자격을 유지할 것을 신청하면 대통령령으로 정하는 기간 동안 직장가입자의 자격을 유지한다. 다만, 신청 후 최초로 내야 할 직장가입자 보험료를 그 납부기한부터 2개월이 지난 날까지 내지 아니한 경우에는 그 자격을 유지할 수 없다.

(3) 가입자 자격의 취득과 상실

8, 13, 17회 기출

① **자격의 취득 시기** : 가입자는 국내에 거주하게 된 날에 직장가입자 또는 지역가입자의 자격을 얻는다. 다만, 다음의 어느 하나에 해당하는 사람은 그 해당되는 날에 각각 자격을 얻는다(법 제8조 제1항).

㉠ 의료급여 수급권자였던 사람은 그 대상자에서 제외된 날

㉡ 직장가입자의 피부양자였던 사람은 그 자격을 잃은 날

㉢ 유공자 등 의료보호대상자였던 사람은 그 대상자에서 제외된 날

㉣ 보험자에게 건강보험의 적용을 신청한 유공자 등 의료보호대상자는 그 신청한 날

② **자격의 변동 시기** : 가입자는 다음의 어느 하나에 해당하게 된 날에 그 자격이 변동된다(법 제9조 제1항).

㉠ 지역가입자가 적용대상사업장의 사용자로 되거나, 근로자 · 공무원 또는 교직원으로 사용된 날

㉡ 직장가입자가 다른 적용대상사업장의 사용자가 되거나 근로자 등으로 사용된 날

㉢ 직장가입자인 근로자 등이 그 사용관계가 끝난 날의 다음 날

㉣ 적용대상사업장에 휴업 · 폐업 등의 사유가 발생한 날의 다음 날
㉤ 지역가입자가 다른 세대로 전입한 날

③ **자격상실의 시기** : 국민건강보험제도의 가입자는 다음에 해당하게 된 날에 그 자격을 잃는다(법 제10조 제1항).
㉠ 사망한 날의 다음 날, 국적을 잃은 날의 다음 날, 국내에 거주하지 아니하게 된 날의 다음 날
㉡ 직장가입자의 피부양자가 된 날, 수급권자가 된 날
㉢ 건강보험을 적용받고 있던 유공자 등 의료보호대상자가 된 자가 건강보험의 적용배제신청을 한 날

④ **가입자 자격의 취득 및 상실의 신고**
㉠ 자격을 얻은 경우 그 직장가입자의 사용자 및 지역가입자의 세대주는 그 명세를 보건복지부령으로 정하는 바에 따라 자격을 취득한 날부터 14일 이내에 보험자에게 신고하여야 한다.
㉡ 자격을 잃은 경우 그 직장가입자의 사용자 및 지역가입자의 세대주는 그 명세를 보건복지부령으로 정하는 바에 따라 자격을 잃은 날부터 14일 이내에 보험자에게 알려야 한다.

4 운영조직

국민건강보험제도는 사회보험제도의 하나로서 감독 및 최종 책임은 보건복지부장관이 지게 되지만, 운영주체로서 보험자는 법인 형태의 국민건강보험공단이다.

(1) 국민건강보험공단

① 건강보험의 보험자는 국민건강보험공단(공단)으로 한다.

② **법인격과 조직(사무소 등)**
공단은 일종의 공법인으로서 주된 사무소의 소재지에 설립등기를 함으로써 성립하고, 정관이 정하는 바에 의하여 분사무소를 둘 수 있다.

③ **업무(법 제14조)** 19회 기출
㉠ 가입자 및 피부양자의 자격관리
㉡ 보험료 그 밖에 이 법에 따른 징수금의 부과 · 징수
㉢ 보험급여의 관리
㉣ 가입자 및 피부양자의 질병의 조기발견 · 예방 및 건강관리를 위하여 요양급여 실시 현황과 건강검진 결과 등을 활용하여 실시하는 예방사업으로서 대통령령으로 정하는 사업
㉤ 보험급여 비용의 지급
㉥ 자산의 관리 · 운영 및 증식사업
㉦ 의료시설의 운영
㉧ 건강보험에 관한 교육훈련 및 홍보
㉨ 건강보험에 관한 조사연구 및 국제협력
㉩ 이 법에서 공단의 업무로 정하고 있는 사항
㉪ 국민연금법, 고용보험 및 산업재해보상보험의 보험료징수 등에 관한 법률, 임금채권보장법 및 석면피해구제법에 따라 위탁받은 업무

ⓔ 그 밖에 이 법 또는 다른 법령에 따라 위탁받은 업무

ⓕ 그 밖에 건강보험과 관련하여 보건복지부장관이 필요하다고 인정한 업무

(2) 건강보험심사평가원

① 요양급여비용을 심사하고 요양급여의 적정성을 평가하기 위하여 건강보험심사평가원을 설립한다(법 제62조).

② 심사평가원은 법인으로 한다(법 제64조).

③ **진료심사평가위원회(법 제66조)**

㉠ 심사평가원의 업무를 효율적으로 수행하기 위하여 심사평가원에 진료심사평가위원회(심사위원회)를 둔다.

㉡ 심사위원회는 위원장을 포함하여 90명 이내의 상근 심사위원과 1천명 이내의 비상근 심사위원으로 구성하며, 진료과목별 분과위원회를 둘 수 있다.

㉢ ㉡에 따른 상근 · 비상근 심사위원은 심사평가원의 원장이 보건복지부령으로 정하는 사람 중에서 임명 · 위촉한다.

㉣ 심사평가원의 원장은 심사위원이 다음의 어느 하나에 해당하면 그 심사위원을 해임 또는 해촉할 수 있다.

- 신체장애나 정신장애로 직무를 수행할 수 없다고 인정되는 경우
- 직무상 의무를 위반하거나 직무를 게을리 한 경우
- 고의나 중대한 과실로 심사평가원에 손실이 생기게 한 경우
- 직무 여부와 관계없이 품위를 손상하는 행위를 한 경우

㉤ 이 외에 심사위원회 위원의 자격 · 임기 및 심사위원회의 구성 · 운영 등에 필요한 사항은 보건복지부령으로 정한다.

(3) 건강보험정책심의위원회(법 제4조 제1항)

건강보험정책에 관하여 종합계획 및 시행계획에 관한 사항, 요양급여의 기준, 요양급여비용에 관한 사항, 직장가입자의 보험료율, 지역가입자의 보험료부과점수당 금액, 그 밖에 건강보험에 관한 주요 사항으로서 대통령령으로 정하는 사항을 심의 · 의결하기 위하여 보건복지부장관 소속으로 건강보험정책심의위원회(심의위원회)를 둔다.

5 보험급여

(1) 현물급여

① 요양급여 18회 기출

㉠ 요양급여 실시 : 요양급여는 가입자와 피부양자의 질병, 부상, 출산 등에 대하여 진찰 · 검사, 약제(藥劑) · 치료재료의 지급, 처치 · 수술 및 그 밖의 치료, 예방 · 재활, 입원, 간호, 이송의 급여를 실시한다(법 제41조).

㉡ 약제에 대한 요양급여비용 상한금액의 감액 등(법 제41조의2)

• 보건복지부장관은 약사법의 위반과 관련된 약제에 대하여는 요양급여비용 상한금액의 100분의 20을 넘지 아니하는 범위에서 그 금액의 일부를 감액할 수 있다.

• 보건복지부장관은 요양급여비용의 상한금액이 감액된 약제가 감액된 날부터 5년의 범위에서 대통령령으로 정하는 기간 내에 다시 감액의 대상이 된 경우에는 요양급여비용 상한금액의 100분의 40을 넘지 아니하는 범위에서 요양급여비용 상한금액의 일부를 감액할 수 있다.

• 보건복지부장관은 요양급여비용의 상한금액이 감액된 약제가 감액된 날부터 5년의 범위에서 대통령령으로 정하는 기간 내에 다시 약사법의 위반과 관련된 경우에는 해당 약제에 대하여 1년의 범위에서 기간을 정하여 요양급여의 적용을 정지할 수 있다.

㉢ 요양급여 실시 기관(법 제42조)

• 의료법에 따라 개설된 의료기관

• 약사법에 따라 등록된 약국

• 약사법에 따라 설립된 한국희귀 · 필수의약품센터(한국희귀의약품센터)

• 지역보건법에 따른 보건소 · 보건의료원 및 보건지소

• 농어촌 등 보건의료를 위한 특별조치법에 따라 설치된 보건진료소

㉣ 요양급여비용의 산정(법 제45조)

• 요양급여비용은 공단의 이사장과 대통령령으로 정하는 의약계를 대표하는 사람들의 계약으로 정한다. 이 경우 계약기간은 1년으로 한다.

• 계약은 공단과 각 요양기관 사이에 체결된 것으로 본다.

㉤ 요양급여비용의 청구와 지급(법 제47조)

• 요양기관은 공단에 요양급여비용의 지급을 청구할 수 있다. 요양급여비용에 대한 심사청구는 공단에 대한 요양급여비용의 청구로 본다.

• 요양급여비용을 청구하려는 요양기관은 심사평가원에 요양급여비용의 심사청구를 하여야 하며, 심사청구를 받은 심사평가원은 이를 심사한 후 지체 없이 그 내용을 공단과 요양기관에 알려야 한다.

• 심사 내용을 통보받은 공단은 지체 없이 그 내용에 따라 요양급여비용을 요양기관에 지급한다. 이 경우 이미 낸 본인일부부담금이 통보된 금액보다 더 많으면 요양기관에 지급할 금액에서 더 많이 낸 금액을 공제하여 해당 가입자에게 지급하여야 한다.

② 건강검진(법 제52조 및 시행령 제25조)

㉠ 공단은 가입자와 피부양자에 대하여 질병의 조기 발견과 그에 따른 요양급여를 하기 위하여 건강검진을 실시한다.

㉡ 건강검진의 종류 및 대상

• 일반건강검진 : 직장가입자, 세대주인 지역가입자, 20세 이상인 지역가입자 및 20세 이상인 피부양자

• 암검진 : 암관리법에 따른 암의 종류별 검진주기와 연령 기준 등에 해당하는 사람

• 영유아건강검진 : 6세 미만의 가입자 및 피부양자

㉢ 건강검진은 2년마다 1회 이상 실시하되, 사무직에 종사하지 않는 직장가입자에 대해서는 1년에 1회 실시한다. 다만, 암검진은 암관리법 시행령에서 정한 바에 따르며, 영유아건강검진은 영유아의 나이 등을 고려하여 보건복지부장관이 정하여 고시하는 바에 따라 검진주기와 검진횟수를 다르게 할 수 있다.

(2) 현금급여

① 요양비(법 제49조)

㉠ 공단은 가입자나 피부양자가 보건복지부령으로 정하는 긴급하거나 그 밖의 부득이한 사유로 요양기관과 비슷한 기능을 하는 기관으로서 보건복지부령으로 정하는 기관(이하 준요양기관)에서 질병 · 부상 · 출산 등에 대하여 요양을 받거나 요양기관이 아닌 장소에서 출산한 경우에는 그 요양급여에 상당하는 금액을 보건복지부령으로 정하는 바에 따라 가입자나 피부양자에게 요양비로 지급한다.

㉡ 준요양기관은 보건복지부장관이 정하는 요양비 명세서나 요양 명세를 적은 영수증을 요양을 받은 사람에게 내주어야 하며, 요양을 받은 사람은 그 명세서나 영수증을 공단에 제출하여야 한다.

㉢ 준요양기관은 요양을 받은 가입자나 피부양자의 위임이 있는 경우 공단에 요양비의 지급을 직접 청구할 수 있다. 이 경우 공단은 지급이 청구된 내용의 적정성을 심사하여 준요양기관에 요양비를 지급할 수 있다.

② **장애인보장구급여비(장애인에 대한 특례)** : 공단은 장애인복지법에 따라 등록한 장애인인 가입자 및 피부양자에게는 보조기기에 대하여 보험급여를 할 수 있다(법 제51조 제1항). 장애인인 가입자 또는 피부양자에게 보조기기를 판매한 자는 가입자나 피부양자의 위임이 있는 경우 공단에 보험급여를 직접 청구할 수 있다. 이 경우 공단은 지급이 청구된 내용의 적정성을 심사하여 보조기기를 판매한 자에게 보조기기에 대한 보험급여를 지급할 수 있다(법 제51조 제2항).

③ **본인부담상한액 상환금(본인부담액 상한제)** : 요양급여비용 중 본인이 연간 부담하는 본인일부부담금의 총액이 대통령령으로 정하는 본인부담상한액을 초과한 경우에는 공단이 그 초과 금액을 부담한다(법 제44조 제2항).

(3) 부가급여(법 제50조, 시행령 제23조)

12, 18회 기출

① 공단은 이 법에서 정한 요양급여 외에 임신 · 출산 진료비, 장제비, 상병수당, 그 밖의 급여를 실시할 수 있다.

② 임신 · 출산한 가입자 또는 피부양자, 2세 미만 영유아의 법정대리인(출산한 가입자 또는 피부양자가 사망한 경우에 한정)을 지원 대상으로 한다.

③ 공단은 임신 · 출산 진료비 지원 대상에 해당하는 사람에게 다음의 구분에 따른 비용을 결제할 수 있는 임신 · 출산 진료비 이용권을 발급할 수 있다.

㉠ 임신 · 출산한 가입자 또는 피부양자의 진료에 드는 비용

㉡ 임신 · 출산한 가입자 또는 피부양자의 약제 · 치료재료의 구입에 드는 비용

㉢ 2세 미만 영유아의 진료에 드는 비용

㉣ 2세 미만 영유아에게 처방된 약제 · 치료재료의 구입에 드는 비용

6 재 정

(1) 의 미

① 국민건강보험 급여와 관련 사업에 사용되는 재원의 조달방법은 정기적인 기여금인 보험료와 운영 등에 필요한 비용을 국가에서 부담하는 국가부담 그리고 본인 일부부담액 등을 재원으로 한다.

② 보험료를 통한 재원조달방식은 일종의 정률방식을 채택하고 있으며 가입자의 종류에 따라 약간씩 상이하다.

(2) 보험료액의 산정(법 제69조, 제72조)

① 직장가입자의 보험료 산정

직장가입자의 월별 보험료액은 다음에 따라 산정한 금액으로 한다(법 제69조 제4항 참조).

- 보수월액보험료 = 보수월액 × 보험료율
- 소득월액보험료 = 소득월액 × 보험료율

㉠ 보수월액 : 직장가입자가 지급받는 보수를 기준으로 하여 산정한다(법 제70조 제1항). 공단은 사용자로부터 통보받은 보수의 총액을 전년도 중 직장가입자가 그 사업장 등에 종사한 기간의 개월 수로 나눈 금액을 매년 보수월액으로 결정한다(시행령 제35조 및 제36조 참조).

㉡ 소득월액 : 보수월액의 산정에 포함된 보수를 제외한 직장가입자의 소득(이하 "보수외소득"이라 한다)으로서 법령에 따른 이자소득, 배당소득, 사업소득, 근로소득, 연금소득, 기타소득(단, 소득세법에 따른 근로소득공제 및 연금소득공제, 공적연금소득 및 비과세소득은 제외)이 소득월액 산정에 포함되며, 해당 금액이 대통령령으로 정하는 금액(연간 3,400만 원)을 초과하는 경우 다음의 계산식에 따라 산정한다(법 제71조 및 시행령 제41조 참조).

소득월액 = (연간 보수외소득 – 대통령령으로 정하는 금액) × 1 / 12

㉢ 보험료율 : 직장가입자의 보험료율은 1천분의 80의 범위에서 건강보험정책심의위원회의 의결을 거쳐 대통령령으로 정한다. 다만, 국외에서 업무에 종사하고 있는 직장가입자에 대한 보험료율은 정해진 보험료율의 100분의 50으로 한다(법 제73조 제1항 및 제2항).

② 지역가입자의 보험료 산정

지역가입자의 월별 보험료액은 세대 단위로 산정하되, 지역가입자가 속한 세대의 월별 보험료액은 다음에 따라 산정한 금액으로 한다(법 제69조 제5항 참조).

월별 보험료액 = 보험료부과점수 × 보험료부과점수당 금액

㉠ 보험료부과점수 : 지역가입자의 소득 및 재산을 기준으로 산정하며, 보험료부과점수의 산정방법 · 산정기준 등에 필요한 사항은 대통령령으로 정한다(법 제72조 및 시행령 제42조 참조).

㉡ 보험료부과점수당 금액 : 건강보험정책심의위원회의 의결을 거쳐 대통령령으로 정한다(법 제73조 제3항).

㉢ 2022년 기준 직장가입자의 보험료율 및 지역가입자의 보험료부과점수당 금액(시행령 제44조 참조)

직장가입자의 보험료율	지역가입자의 보험료부과점수당 금액
6.99%	205.3원

③ **월별 보험료액의 상한 및 하한(법 제69조 제6항 및 시행령 제32조 참조)**

월별 보험료액은 가입자의 보험료 평균액의 일정비율에 해당하는 금액을 고려하여 대통령령으로 정하는 다음의 기준에 따라 상한 및 하한을 정한다.

㉠ 월별 보험료액의 상한

직장가입자의 보수월액 보험료	보험료가 부과되는 연도의 전전년도 직장가입자 평균 보수월액보험료의 30배에 해당하는 금액을 고려하여 보건복지부장관이 정하여 고시하는 금액
직장가입자의 소득월액 보험료 및 지역가입자의 월별 보험료액	보험료가 부과되는 연도의 전전년도 직장가입자 평균 보수월액보험료의 15배에 해당하는 금액을 고려하여 보건복지부장관이 정하여 고시하는 금액

㉡ 월별 보험료액의 하한

직장가입자의 보수월액 보험료	보험료가 부과되는 연도의 전전년도 직장가입자 평균 보수월액보험료의 1천분의 80 이상 1천분의 85 미만의 범위에서 보건복지부장관이 정하여 고시하는 금액
지역가입자의 월별 보험료액	보험료가 부과되는 연도의 전전년도 직장가입자 평균 보수월액보험료의 1천분의 60 이상 1천분의 65 미만의 범위에서 보건복지부장관이 정하여 고시하는 금액

(3) 보험료 부담(법 제76조)

6회 기출

① **직장가입자**

㉠ 보수월액보험료

- 직장가입자가 근로자인 경우 해당 근로자와 사용자가 **보험료액의 100분의 50씩** 부담한다.
- 직장가입자가 공무원인 경우 해당 공무원과 그가 소속되어 있는 국가 또는 지방자치단체가 100분의 50씩 부담한다.
- 직장가입자가 교직원인 경우 해당 교직원이 100분의 50을, 그가 소속되어 있는 사립학교의 사용자가 100분의 30을, 국가가 100분의 20을 각각 부담한다.

㉡ 소득월액보험료 : 직장가입자가 **전액**을 부담한다.

② **지역가입자** : 그 가입자가 속한 세대의 **지역가입자 전원이 연대하여** 부담한다.

(4) 보험료의 면제(법 제74조)

① 공단은 직장가입자가 국외에 체류하는 경우(1개월 이상), 현역병 · 전환복무된 사람 및 군간부 후보생 또는 교도소, 그 밖에 이에 준하는 시설에 수용되어 있는 경우 그 가입자의 보험료를 면제한다. 다만, 국외에 체류하는 직장가입자의 경우에는 국내에 거주하는 피부양자가 없을 때에만 보험료를 면제한다.

② 지역가입자가 국외에 체류하는 경우(1개월 이상), 현역병 · 전환복무된 사람 및 군간부 후보생 또는 교도소, 그 밖에 이에 준하는 시설에 수용되어 있는 경우 그 가입자가 속한 세대의 보험료를 산정할 때 그 가입자의 보험료부과점수를 제외한다.

③ 보험료의 면제나 보험료의 산정에서 제외되는 보험료부과점수에 대하여는 급여정지 사유가 생긴 날이 속하는 달의 다음 달부터 사유가 없어진 날이 속하는 달까지 적용한다. 다만, 급여정지 사유가 매월 1일에 없어진 경우, 국외에 체류하는 가입자 또는 그 피부양자가 국내에 입국하여 입국일이 속하는 달에 보험급여를 받고 그 달에 출국하는 경우에는 그 달의 보험료를 면제하지 아니하거나 보험료의 산정에서 보험료부과점수를 제외하지 아니한다.

(5) 보험료 납부

6회 기출

① **납부의무자(법 제77조 제3항)** : 사용자는 보수월액보험료 중 직장가입자가 부담하여야 하는 그 달의 보험료 액을 그 보수에서 공제하여 납부하여야 한다. 이 경우 직장가입자에게 공제액을 알려야 한다.

② **보험료 납부기한(법 제78조)**

㉠ 보험료 납부의무가 있는 자는 가입자에 대한 그 달의 보험료를 **그 다음 달 10일까지** 납부하여야 한다.

㉡ 직장가입자의 소득월액보험료 및 지역가입자의 보험료는 보건복지부령으로 정하는 바에 따라 분기별로 납부할 수 있다.

㉢ 공단은 납입 고지의 송달 지연 등 보건복지부령으로 정하는 사유가 있는 경우 납부의무자의 신청에 따라 납부기한부터 **1개월의 범위**에서 납부기한을 연장할 수 있다.

7 보험급여수급권의 제한과 보호 등

(1) 급여의 제한(법 제53조)

① 고의 또는 중대한 과실로 인한 범죄행위에 기인하거나 고의로 사고를 발생시킨 경우

② 고의 또는 중대한 과실로 공단이나 요양기관의 요양에 관한 지시에 따르지 아니한 경우

③ 고의 또는 중대한 과실로 문서와 그 밖의 물건의 제출을 거부하거나 질문 또는 진단을 기피한 경우

④ 업무상 또는 공무상 질병 · 부상 · 재해로 인하여 다른 법령에 의한 보험급여나 보상 또는 보상을 받게 되는 경우

(2) 급여의 정지(법 제54조)

보험급여를 받을 수 있는 자가 다음에 해당하는 때에는 그 기간 중 보험급여를 하지 아니한다.

① 국외에 체류하는 경우

② 현역병(지원에 의하지 않고 임용된 하사 포함), 전환복무된 사람 및 군간부 후보생으로 복무중인 경우

③ 교도소, 그 밖에 이에 준하는 시설에 수용되어 있는 경우

(3) 부당이득의 징수(법 제57조)

공단은 속임수나 그 밖의 부당한 방법으로 보험급여를 받은 사람 · 준요양기관 및 보조기기 판매업자나 보험급여 비용을 받은 요양기관에 대하여 그 보험급여나 보험급여 비용에 상당하는 금액의 전부 또는 일부를 징수한다.

(4) 구상권(법 제58조)

① 공단은 제3자의 행위로 보험급여사유가 생겨 가입자 또는 피부양자에게 보험급여를 한 경우에는 그 급여에 들어간 비용 한도에서 제3자에게 손해배상을 청구할 권리를 얻는다.

② **보험급여의 면책** : 보험급여를 받은 사람이 제3자로부터 이미 손해배상을 받은 경우에는 공단은 그 배상액 한도에서 보험급여를 하지 아니한다.

(5) 수급권의 보호(법 제59조)

① 보험급여를 받을 권리는 양도 또는 압류할 수 없다.

② 요양비 등 수급계좌에 입금된 요양비 등은 압류할 수 없다.

8 이의신청 및 심판청구 등

(1) 이의신청(법 제87조)

12, 13회 기출

① 가입자 및 피부양자의 자격, 보험료 등, 보험급여, 보험급여 비용에 관한 공단의 처분에 이의가 있는 자는 **공단에 이의신청**을 할 수 있다.

② **요양급여비용 및 요양급여의 적정성 평가** 등에 관한 심사평가원의 처분에 이의가 있는 공단, 요양기관 또는 그 밖의 자는 **심사평가원에 이의신청**을 할 수 있다.

③ 이의신청은 처분이 있음을 안 날부터 **90일 이내**에 문서(전자문서를 포함한다)로 하여야 하며 **처분이 있은 날부터 180일을 지나면 제기하지 못한다**. 다만, 정당한 사유로 그 기간에 이의신청을 할 수 없었음을 소명한 경우에는 그러하지 아니하다.

④ 요양기관이 제48조에 따른 심사평가원의 확인에 대하여 이의신청을 하려면 같은 조 제2항에 따라 통보받은 날부터 30일 이내에 하여야 한다.

(2) 심판청구(법 제88조)

10, 11회 기출

① 공단 또는 심사평가원에 행한 이의신청에 대한 결정에 불복이 있는 자는 건강보험분쟁조정위원회에 심판청구를 할 수 있다.

② 심판청구는 이의신청에 대한 결정통지를 받은 날부터 90일 이내에 문서로 하여야 하며, 처분이 있은 날부터 180일이 지나면 이를 제기하지 못한다.

③ 심판청구를 하고자 하는 자는 심판청구서를 처분을 행한 공단 또는 심사평가원에 제출하거나 건강보험분쟁조정위원회에 제출하여야 한다.

(3) 행정소송(법 제90조)

11회 기출

공단 또는 심사평가원의 처분에 이의가 있는 자와 이의신청 또는 심판청구에 대한 결정에 불복이 있는 자는 행정소송법이 정하는 바에 의하여 행정소송을 제기할 수 있다.

9 국민건강보험법 관련 기관의 세부내용

(1) 국민건강보험공단

① 구성(법 제20조)

㉠ 공단은 임원으로서 이사장 1명, 이사 14명 및 감사 1명을 둔다. 이 경우 이사장, 이사 중 5명 및 감사는 상임으로 한다.

㉡ 상임이사는 보건복지부령으로 정하는 추천 절차를 거쳐 이사장이 임명하며, 비상임이사는 노동조합 · 사용자단체 · 시민단체 · 소비자단체 · 농어업인단체 및 노인단체가 추천하는 각 1명과 관계 공무원 3명에 대해 보건복지부장관이 임명한다. 또한 감사는 임원추천위원회가 복수로 추천한 사람 중 기획재정부장관의 제청으로 대통령이 임명한다.

㉢ 이사장의 임기는 3년, 이사(공무원인 이사 제외) 및 감사의 임기는 각각 2년으로 한다.

② 업무(법 제14조)

10, 19, 20회 기출

㉠ 가입자 및 피부양자의 자격 관리

㉡ 보험료와 그 밖에 국민건강보험법에 따른 징수금의 부과 · 징수

㉢ 보험급여의 관리

㉣ 가입자 및 피부양자의 질병의 조기발견 · 예방 및 건강관리를 위하여 요양급여 실시 현황과 건강검진 결과 등을 활용하여 실시하는 예방사업으로서 대통령령으로 정하는 사업

㉤ 보험급여 비용의 지급

㉥ 자산의 관리 · 운영 및 증식사업

㉦ 의료시설의 운영

㉧ 건강보험에 관한 교육훈련 및 홍보

㉨ 건강보험에 관한 조사연구 및 국제협력

㉩ 국민건강보험법에서 공단의 업무로 정하고 있는 사항

㉪ 국민연금법, 고용보험 및 산업재해보상보험의 보험료징수 등에 관한 법률, 임금채권보장법 및 석면피해구제법에 따라 위탁받은 업무

㉫ 그 밖에 국민건강보험법 또는 다른 법령에 따라 위탁받은 업무

㉬ 그 밖에 건강보험과 관련하여 보건복지부장관이 필요하다고 인정한 업무

(2) 건강보험정책심의위원회

① 구성(법 제4조)

㉠ 위원장 1명과 부위원장 1명을 포함하여 25명의 위원으로 구성한다.

㉡ 위원장은 보건복지부차관이 되고, 부위원장은 위원장이 지명한 위원 중 한 사람으로 한다.

㉢ 심의위원회의 위원은 다음에 해당하는 사람 중 보건복지부장관이 임명 또는 위촉한 자로 한다.

- 근로자단체 및 사용자단체가 추천하는 각 2명
- 시민단체, 소비자단체, 농어업인단체 및 자영업자단체가 추천하는 각 1명
- 의료계를 대표하는 단체 및 약업계를 대표하는 단체가 추천하는 8명
- 다음에 해당하는 8명
  - 대통령령으로 정하는 중앙행정기관 소속 공무원 2명
  - 국민건강보험공단의 이사장 및 건강보험심사평가원의 원장이 추천하는 각 1명
  - 건강보험에 관한 학식과 경험이 풍부한 4명

㉣ 위원의 임기는 3년으로 한다.

② 심의 · 의결(법 제4조 및 시행령 제3조)

㉠ 종합계획 및 시행계획에 관한 사항(심의에 한정한다)

㉡ 요양급여의 기준

㉢ 요양급여비용에 관한 사항

㉣ 직장가입자의 보험료율

㉤ 지역가입자의 보험료부과점수당 금액

㉥ 요양급여의 각 항목에 대한 상대가치점수

㉦ 약제 · 치료재료별 요양급여비용의 상한

㉧ 그 밖에 건강보험에 관한 주요사항으로서 건강보험정책심의위원회의 위원장이 회의에 부치는 사항

(3) 건강보험심사평가원

① 구성(법 제65조)

㉠ 심사평가원에 임원으로서 **원장, 이사 15명 및 감사 1명**을 둔다. 이 경우 원장, 이사 중 4명 및 감사는 상임으로 한다.

㉡ 원장은 임원추천위원회가 복수로 추천한 사람 중 **보건복지부장관의 제청으로, 감사는 기획재정부장관의 제청으로 대통령이 임명한다.**

안심Touch

㉢ 상임이사는 보건복지부령으로 정하는 추천 절차를 거쳐 **원장이 임명**하며, **비상임이사**는 다음의 사람 중 10명과 관계 공무원 1명을 **보건복지부장관이 임명**한다.
- 국민건강보험공단이 추천하는 1명
- 의약관계단체가 추천하는 5명
- 노동조합 · 사용자단체 · 소비자단체 및 농어업인단체가 추천하는 각 1명

㉣ 원장의 임기는 3년, 이사(공무원인 이사 제외) 및 감사의 임기는 각각 2년으로 한다.

② 업무(법 제63조) 10, 20회 기출

㉠ **요양급여비용의 심사**

㉡ **요양급여의 적정성 평가**

㉢ 심사기준 및 평가기준의 개발

㉣ 요양급여의 심사 및 평가와 관련된 조사연구 및 국제협력

㉤ 다른 법률에 따라 지급되는 급여비용의 심사 또는 의료의 적정성 평가에 관하여 위탁받은 업무

㉥ 건강보험과 관련하여 보건복지부장관이 필요하다고 인정한 업무

㉦ 그 밖에 보험급여 비용의 심사와 보험급여의 적정성 평가와 관련하여 대통령령으로 정하는 업무

(4) 건강보험분쟁조정위원회

① 구성(법 제89조 및 시행령 제62조)

㉠ 심판청구를 심리 · 의결하기 위하여 보건복지부에 **건강보험분쟁조정위원회(분쟁조정위원회)**를 둔다.

㉡ 분쟁조정위원회는 **위원장을 포함하여 60명 이내의 위원**으로 구성하고, 위원장을 제외한 위원 중 1명은 당연직위원으로 한다. 이 경우 공무원이 아닌 위원이 전체 위원의 과반수가 되도록 하여야 한다.

㉢ 분쟁조정위원회의 위원장은 보건복지부장관의 제청으로 대통령이 임명하고, 위원은 다음의 사람 중에서 보건복지부장관이 임명하거나 위촉한다.
- 4급 이상 공무원 또는 고위공무원단에 속하는 일반직공무원으로 재직 중이거나 재직하였던 사람
- 판사 · 검사 또는 변호사 자격이 있는 사람
- 규정에 따른 학교에서 사회보험 또는 의료와 관련된 분야에 부교수 이상으로 재직하고 있는 사람
- 사회보험 또는 의료에 관한 학식과 경험이 풍부한 사람

㉣ 당연직위원은 심판청구에 관한 업무를 담당하는 공무원으로 한다.

㉤ 분쟁조정위원회를 실무적으로 지원하기 위하여 분쟁조정위원회에 사무국을 둔다.

② 회의(법 제89조 및 시행령 제65조)

㉠ 분쟁조정위원회의 회의는 위원장, 당연직위원 및 위원장이 매 회의마다 지정하는 7명의 위원을 포함하여 총 9명으로 구성한다.

㉡ 분쟁조정위원회는 구성원 과반수의 출석과 출석위원 과반수의 찬성으로 의결한다.

㉢ 분쟁조정위원회의 위원장은 분쟁조정위원회의 회의를 소집하고, 그 의장이 된다.

㉣ 분쟁조정위원회 운영에 필요한 사항은 분쟁조정위원회의 의결을 거쳐 위원장이 정한다.

③ 임기(시행령 제64조) : 분쟁조정위원회 위원의 임기는 3년으로 한다. 다만, 위원 중 공무원인 위원의 임기는 그 직위에 재임하는 기간으로 한다.

제4절 산업재해보상보험법

1 입법배경

(1) 정부수립 이전

우리나라의 산업재해보상보험제도는 정부수립 이전인 1915년 조선광업령에 의하여 광업자에게 업무상의 재해에 대한 부조의무제도가 시작

(2) 정부수립 이후

① **제헌헌법** : 1948년 정부수립 후 제헌헌법에 따른 노동 3권의 보장으로 근로자의 보상 문제가 단체협약을 통하여 전개됨

② **개별사용주 책임제도** : 1953년 5월에 산업화에 따른 근로자 보호의 제도화를 위한 근로기준법의 제정 · 공포와 더불어 산업재해의 개별사용주 책임제도 확립

(3) 산업재해보상보험에 관한 입법의 확립

① **산업재해보상보험제도의 창설** : 1963년 11월 5일에 사회보장에 관한 법률과 산업재해보상보험법이 제정 · 공포

② **강제사회보험의 형태** : 1964년 7월 1일 대통령령 제1837호로 공포되어 상시 500인 이상의 근로자를 사용하는 광업 및 제조업에 적용토록 하였으며 강제사회보험의 형태를 채택하여 노동청에서 이를 관장하도록 하였고 보험료는 전액 사업자가 부담

③ **산재보험기금제도 신설** : 1982년 산업재해보상보험특별회계법을 제정하여 산재보험기금제도를 신설

④ **관리기관 이관** : 1995년 산재보험의 업무를 고용노동부에서 근로복지공단으로 이관

⑤ 산업재해보상보험법은 우리나라 최초의 사회보험제도이다.

2 주요 내용

(1) 총 칙

① 목적(법 제1조) : 산업재해보상보험 사업을 시행하여 근로자의 업무상의 재해를 신속하고 공정하게 보상하며 재해근로자의 재활 및 사회 복귀를 촉진하기 위하여 이에 필요한 보험시설을 설치 · 운영하고, 재해 예방과 그 밖에 근로자의 복지 증진을 위한 사업을 시행하여 근로자 보호에 이바지하는 것을 목적으로 한다.

② 보험의 관장과 보험연도(법 제2조)

㉠ 이 법에 따른 산업재해보상보험 사업은 고용노동부장관이 관장한다.

㉡ 이 법에 따른 보험사업의 보험연도는 정부의 회계연도에 따른다.

③ 국가의 부담 및 지원(법 제3조)

㉠ 국가는 회계연도마다 예산의 범위에서 보험사업의 사무 집행에 드는 비용을 일반회계에서 부담하여야 한다.

㉡ 국가는 회계연도마다 예산의 범위에서 보험사업에 드는 비용의 일부를 지원할 수 있다.

④ 보험료(법 제4조) : 보험사업에 드는 비용에 충당하기 위하여 징수하는 보험료나 그 밖의 징수금에 관하여는 고용보험 및 산업재해보상보험의 보험료징수 등에 관한 법률(보험료징수법)에서 정하는 바에 따른다.

⑤ 정의(법 제5조) 12, 14, 15회 기출

㉠ 업무상의 재해 : 업무상의 사유에 따른 근로자의 부상 · 질병 · 장해 또는 사망을 말한다.

㉡ 근로자 · 임금 · 평균임금 · 통상임금 : 각각 근로기준법에 따른 근로자 · 임금 · 평균임금 · 통상임금을 말한다. 다만, 근로기준법에 따라 임금 또는 평균임금을 결정하기 어려운 경우 고용노동부장관이 정하여 고시하는 금액을 해당 임금 또는 평균임금으로 한다.

㉢ 유족 : 사망한 자의 배우자(사실상 혼인 관계에 있는 자를 포함) · 자녀 · 부모 · 손자녀 · 조부모 또는 형제자매를 말한다.

㉣ 치유 : 부상 또는 질병이 완치되거나 치료의 효과를 더 이상 기대할 수 없고 그 증상이 고정된 상태에 이르게 된 것을 말한다.

㉤ 장해 : 부상 또는 질병이 치유되었으나 정신적 또는 육체적 훼손으로 인하여 노동능력이 손실되거나 감소된 상태를 말한다.

㉥ 중증요양상태 : 업무상의 부상 또는 질병에 따른 정신적 · 육체적 훼손으로 노동능력이 상실되거나 감소된 상태로서 그 부상 또는 질병이 치유되지 아니한 상태를 말한다.

㉦ 진폐(塵肺) : 분진을 흡입하여 폐에 생기는 섬유증식성(纖維增殖性) 변화를 주된 증상으로 하는 질병을 말한다.

㉧ 출퇴근 : 취업과 관련하여 주거와 취업장소 사이의 이동 또는 한 취업장소에서 다른 취업장소로의 이동을 말한다.

⑥ 적용 범위(법 제6조) 10회 기출

근로자를 사용하는 모든 사업 또는 사업장(사업)에 적용한다. 다만, 위험률 · 규모 및 장소 등을 고려하여 대통령령으로 정하는 사업에 대하여는 이 법을 적용하지 아니한다.

Plus ⊕ one

산업재해보상보험법의 적용제외사업(시행령 제2조) 10회 기출

- 공무원 재해보상법 또는 군인연금법에 따라 재해보상이 되는 사업. 다만, 공무원 재해보상법에 따라 순직유족급여 또는 위험직무순직유족급여에 관한 규정을 적용받는 경우는 제외
- 선원법, 어선원 및 어선 재해보상보험법 또는 사립학교교직원 연금법에 따라 재해보상이 되는 사업
- 가구 내 고용활동
- 농업, 임업(벌목업은 제외), 어업 및 수렵업 중 법인이 아닌 자의 사업으로서 상시근로자 수가 5명 미만인 사업

⑦ 산업재해보상보험 및 심의위원회(법 제8조)

㉠ 산업재해보상보험 및 예방에 관한 중요 사항을 심의하게 하기 위하여 고용노동부에 산업재해보상보험 및 예방심의위원회를 둔다.

㉡ 위원회는 근로자를 대표하는 자, 사용자를 대표하는 자 및 공익을 대표하는 자로 구성하되, 그 수는 각각 같은 수로 한다.

㉢ 위원회는 그 심의 사항을 검토하고, 위원회의 심의를 보조하게 하기 위하여 위원회에 전문위원회를 둘 수 있다.

(2) 근로복지공단

① **근로복지공단의 설립(법 제10조)** : 고용노동부장관의 위탁을 받아 목적을 달성하기 위한 사업을 효율적으로 수행하기 위하여 근로복지공단(공단)을 설립한다.

② 공단의 사업(법 제11조) 12, 16회 기출

㉠ 보험가입자와 수급권자에 관한 기록의 관리 · 유지
㉡ 보험료징수법에 따른 보험료와 그 밖의 징수금의 징수
㉢ 보험급여의 결정과 지급
㉣ 보험급여 결정 등에 관한 심사 청구의 심리 · 결정
㉤ 산업재해보상보험 시설의 설치 · 운영
㉥ 업무상 재해를 입은 근로자 등의 진료 · 요양 및 재활
㉦ 재활보조기구의 연구개발 · 검정 및 보급
㉧ 보험급여 결정 및 지급을 위한 업무상 질병 관련 연구
㉨ 근로자 등의 건강을 유지 · 증진하기 위하여 필요한 건강진단 등 예방 사업
㉩ 근로자의 복지 증진을 위한 사업
㉪ 그 밖에 정부로부터 위탁받은 사업
㉫ ㉤~㉪까지의 규정에 따른 사업에 딸린 사업

③ 임원(법 제16조)

㉠ 공단의 임원은 **이사장 1명과 상임이사 4명을 포함한 15명 이내의 이사와 감사 1명**으로 한다.

㉡ 이사장 · 상임이사 및 감사의 임면에 관하여는 공공기관의 운영에 관한 법률 제26조에 따른다.

㉢ 비상임이사(당연히 비상임이사로 선임되는 사람은 제외한다)는 다음의 어느 하나에 해당하는 사람 중에서 고용노동부장관이 임명한다. 이 경우 총연합단체인 노동조합이 추천하는 사람과 전국을 대표하는 사용자단체가 추천하는 사람에 해당하는 비상임이사는 같은 수로 하되, 노사 어느 일방이 추천하지 아니하는 경우에는 그러하지 아니하다.

- 총연합단체인 노동조합이 추천하는 사람
- 전국을 대표하는 사용자단체가 추천하는 사람
- 사회보험 또는 근로복지사업에 관한 학식과 경험이 풍부한 사람으로서 공공기관의 운영에 관한 법률 제29조에 따른 임원추천위원회가 추천하는 사람

㉣ 당연히 비상임이사로 선임되는 사람은 다음과 같다.

- 기획재정부에서 공단 예산 업무를 담당하는 3급 공무원 또는 고위공무원단에 속하는 일반직 공무원 중에서 기획재정부장관이 지명하는 1명
- 고용노동부에서 산업재해보상보험 업무를 담당하는 3급 공무원 또는 고위공무원단에 속하는 일반직공무원 중에서 고용노동부장관이 지명하는 1명

㉤ 비상임이사에게는 보수를 지급하지 아니한다. 다만, 직무 수행에 드는 실제 비용은 지급할 수 있다.

④ 이사회(법 제22조)

㉠ 공단에 공공기관의 운영에 관한 법률 제17조 제1항 각 호의 사항을 심의 · 의결하기 위하여 이사회를 둔다.

㉡ 이사회는 이사장을 포함한 이사로 구성한다.

㉢ 이사장은 이사회의 의장이 된다.

㉣ 이사회의 회의는 이사회 의장이나 재적이사 3분의 1 이상의 요구로 소집하고, 재적이사 과반수의 찬성으로 의결한다.

㉤ 감사는 이사회에 출석하여 의견을 진술할 수 있다.

⑤ 업무의 지도 · 감독(법 제25조)

㉠ 공단은 대통령령으로 정하는 바에 따라 회계연도마다 사업 운영계획과 예산에 관하여 고용노동부장관의 승인을 받아야 한다.

㉡ 공단은 회계연도마다 회계연도가 끝난 후 **2개월 이내에 사업 실적과 결산을 고용노동부장관에게** 보고하여야 한다.

㉢ 고용노동부장관은 공단에 대하여 그 사업에 관한 보고를 명하거나 사업 또는 재산 상황을 검사할 수 있고, 필요하다고 인정하면 정관을 변경하도록 명하는 등 감독상 필요한 조치를 할 수 있다.

⑥ 권한 또는 업무의 위임 · 위탁(법 제29조)

㉠ 이 법에 따른 공단 이사장의 대표 권한 중 일부를 대통령령으로 정하는 바에 따라 공단의 분사무소(소속 기관)의 장에게 위임할 수 있다.

㉡ 이 법에 따른 공단의 업무 중 일부를 대통령령으로 정하는 바에 따라 **체신관서나 금융기관에 위탁할 수 있다.**

⑦ **자료 제공의 요청(법 제31조)**

㉠ 공단은 보험사업을 효율적으로 수행하기 위하여 필요하면 질병관리청 · 국세청 및 지방자치단체 등 관계 행정기관이나 보험사업과 관련되는 기관 · 단체 등에게 필요한 자료의 제공을 요청할 수 있다.

㉡ 자료의 제공을 요청받은 관계 행정기관이나 관련 기관 · 단체 등은 정당한 사유 없이 그 요청을 거부할 수 없다.

㉢ 공단에 제공되는 자료에 대하여는 수수료나 사용료 등을 면제한다.

⑧ **유사명칭의 사용 금지(법 제34조)** : 공단이 아닌 자는 근로복지공단 또는 이와 **비슷한 명칭을 사용하지 못한다.**

(3) 보험관계

① **보험관계의 성립** : 산업재해보상보험법에 의한 권리 · 의무관계가 이루어지는 것으로서, 보험관계의 성립에 의해 **사업주는 보험료 신고 및 납부의무가 발생하고, 보험관장자는 보험급여의 지급의무**가 발생하며, **근로자는 재해 및 실직시 보험급여청구권 등의 제반 권리의무가 발생하게 된다.**

② **보험관계의 성립일**

㉠ 당연가입사업장 : 그 사업이 시작된 날 또는 일정 규모 이상의 사업에 해당하게 된 날

㉡ 임의가입사업장 : 근로복지공단이 그 사업의 사업주로부터 보험가입승인신청서를 접수한 날의 다음 날

㉢ 당연적용사업이 사업규모의 변동 등으로 인해 임의가입사업으로 의제된 경우 : 그 의제된 날부터 임의가입으로 보험관계가 성립된 것으로 본다.

③ **보험관계의 소멸일(보험료징수법 제10조)**

㉠ 사업의 폐업 또는 종료 : **사업이 폐업되거나 끝난 날의 다음 날**

㉡ 임의가입사업장이 보험계약을 해지하는 경우 : **그 해지에 관하여 공단의 승인을 받은 날의 다음 날**

㉢ 사업 실체가 없는 등의 사유로 공단이 보험관계를 소멸시키는 경우 : 그 소멸을 결정 · 통지한 날의 다음 날

㉣ 의제가입 사업주의 경우 : 근로자를 사용하지 아니한 첫날부터 1년이 되는 날의 다음 날

④ **동종사업의 일괄적용(보험료징수법 제8조)**

㉠ 보험의 당연가입자인 사업주가 하는 각각의 사업이 다음의 요건에 해당하는 경우에는 보험료징수법을 적용할 때 그 사업의 전부를 **하나의 사업**으로 본다.

- 사업주가 동일인일 것
- 각각의 사업은 기간이 정하여져 있을 것
- 사업의 종류 등이 대통령령으로 정하는 요건에 해당할 것

㉡ 일괄적용을 받는 사업주 외의 사업주가 동종사업으로서 ㉠의 요건에 해당하는 사업의 전부를 하나의 사업으로 보아 보험료징수법을 적용받으려는 경우 공단의 승인을 받아야 한다.
㉢ 일괄적용을 받는 사업의 경우 처음 하는 사업이 시작된 날 보험관계가 성립된다.
㉣ 일괄적용을 받고 있는 사업주가 그 일괄적용관계를 해지하려는 경우 공단의 승인을 받아야 한다.
㉤ 일괄적용관계 해지의 효력은 다음 보험연도의 보험관계부터 발생한다.

(4) 보험료

10회 기출

① 산재보험료는 사업주가 전액을 부담한다. 다만, 특수형태근로종사자의 경우 사업주와 근로자가 보험료의 1/2를 각각 부담한다.
② 업무상의 재해에 관한 산재보험료율은 매년 6월 30일 현재 과거 3년 동안의 보수총액에 대한 산재보험급여총액의 비율을 기초로 하여, 연금 등 산재보험급여에 드는 금액, 재해예방 및 재해근로자의 복지증진에 드는 비용 등을 고려하여 사업의 종류별로 구분하여 고용노동부령으로 정한다. 이 경우 업무상의 재해를 이유로 지급된 보험급여액은 산재보험급여총액에 포함시키지 아니한다.
③ 산재보험은 산재보험료율 결정특례로서 개별실적 요율에 따라 사업장별로 달리 산정한다. 개별실적 요율은 동종사업의 보험료율을 적용함에 있어서 재해방지를 위해 노력한 사업주와 그렇지 못한 사업주 간의 형평성 원칙을 실현하기 위한 것으로서, 지난 3년간의 보험료 금액에 대한 보험급여 금액의 비율이 '85/100'을 넘거나 '75/100' 이하인 경우 그 사업에 적용되는 보험료율을 '50/100' 범위에서 사업 규모를 고려하여 대통령령으로 정하는 바에 따라 인상하거나 인하한 비율을 그 사업에 대한 다음 보험연도의 산재보험료율로 적용한다.
④ **보험료 산정기준(법 제36조 제3항)** : 보험급여를 산정하는 경우 해당 근로자의 평균임금을 산정하여야 할 사유가 발생한 날부터 1년이 지난 이후에는 매년 전체 근로자의 임금 평균액의 증감률에 따라 평균임금을 증감하되, 그 근로자의 연령이 60세에 도달한 이후에는 소비자물가변동률에 따라 평균임금을 증감한다. 다만, 산정한 금액을 평균임금으로 보는 진폐에 걸린 근로자에 대한 보험급여는 제외한다.

(5) 업무상 재해 인정 기준(법 제37조)

9, 12, 17, 18, 19회 기출

① **업무상 사고 · 질병 및 출퇴근 재해(법 제37조 제1항)**

근로자가 다음의 어느 하나에 해당하는 사유로 부상 · 질병 또는 장해가 발생하거나 사망하면 업무상의 재해로 본다. 다만, 업무와 재해 사이에 상당인과관계(相當因果關係)가 없는 경우에는 그러하지 아니하다.

업무상 사고	• 근로자가 근로계약에 따른 업무나 그에 따르는 행위를 하던 중 발생한 사고 • 사업주가 제공한 시설물 등을 이용하던 중 그 시설물 등의 결함이나 관리소홀로 발생한 사고 • 사업주가 주관하거나 사업주의 지시에 따라 참여한 행사나 행사준비 중에 발생한 사고 • 휴게시간 중 사업주의 지배관리하에 있다고 볼 수 있는 행위로 발생한 사고 • 그 밖에 업무와 관련하여 발생한 사고
업무상 질병	• 업무수행 과정에서 물리적 인자, 화학물질, 분진, 병원체, 신체에 부담을 주는 업무 등 근로자의 건강에 장해를 일으킬 수 있는 요인을 취급하거나 그에 노출되어 발생한 질병 • 업무상 부상이 원인이 되어 발생한 질병 • 근로기준법에 따른 직장 내 괴롭힘, 고객의 폭언 등으로 인한 업무상 정신적 스트레스가 원인이 되어 발생한 질병 • 그 밖에 업무와 관련하여 발생한 질병
출퇴근 재해	• 사업주가 제공한 교통수단이나 그에 준하는 교통수단을 이용하는 등 사업주의 지배관리하에서 출퇴근하는 중 발생한 사고 • 그 밖에 통상적인 경로와 방법으로 출퇴근하는 중 발생한 사고

② 자해행위에 따른 업무상의 재해(법 제37조 제2항 및 시행령 제36조)

근로자의 고의 · 자해행위나 범죄행위 또는 그것이 원인이 되어 발생한 부상 · 질병 · 장해 또는 사망은 업무상의 재해로 보지 아니한다. 다만, 그 부상 · 질병 · 장해 또는 사망이 정상적인 인식능력 등이 뚜렷하게 저하된 상태에서 한 행위로 발생한 경우로서 다음의 사유가 있으면 업무상의 재해로 본다.

㉠ 업무상의 사유로 발생한 정신질환으로 치료를 받았거나 받고 있는 사람이 정신적 이상 상태에서 자해행위를 한 경우

㉡ 업무상의 재해로 요양 중인 사람이 그 업무상의 재해로 인한 정신적 이상 상태에서 자해행위를 한 경우

㉢ 그 밖에 업무상의 사유로 인한 정신적 이상 상태에서 자해행위를 하였다는 것이 상당인과관계가 인정되는 경우

③ 출퇴근 중의 사고

㉠ 근로자가 출퇴근하던 중에 발생한 사고가 다음의 요건에 모두 해당하면 출퇴근 재해로 본다(시행령 제35조 제1항).

> • 사업주가 출퇴근용으로 제공한 교통수단이나 사업주가 제공한 것으로 볼 수 있는 교통수단을 이용하던 중에 사고가 발생하였을 것
> • 출퇴근용으로 이용한 교통수단의 관리 또는 이용권이 근로자측의 전속적 권한에 속하지 아니하였을 것

㉡ 출퇴근 경로 일탈 또는 중단이 있는 경우에는 해당 일탈 또는 중단 중의 사고 및 그 후의 이동 중의 사고에 대하여는 출퇴근 재해로 보지 아니한다. 다만, 일탈 또는 중단이 일상생활에 필요한 행위로서 다음의 사유가 있는 경우에는 출퇴근 재해로 본다(법 제37조 제3항 및 시행령 제35조 제2항).

- 일상생활에 필요한 용품을 구입하는 행위
- 고등교육법에 따른 학교 또는 직업교육훈련촉진법에 따른 직업교육훈련기관에서 직업능력 개발향상에 기여할 수 있는 교육이나 훈련 등을 받는 행위
- 선거권이나 국민투표권의 행사
- 근로자가 사실상 보호하고 있는 아동 또는 장애인을 보육기관 또는 교육기관에 데려주거나 해당 기관으로부터 데려오는 행위
- 의료기관 또는 보건소에서 질병의 치료나 예방을 목적으로 진료를 받는 행위
- 근로자의 돌봄이 필요한 가족 중 의료기관 등에서 요양 중인 가족을 돌보는 행위
- 위의 경우에 준하는 행위로서 고용노동부장관이 일상생활에 필요한 행위라고 인정하는 행위

(6) 급여의 종류

4, 5, 8, 11, 12, 13, 17, 20회 기출

① 요양급여(법 제40조)

㉠ 의의 : 근로자가 **업무상의 사유로 부상을 당하거나 질병에 걸린 경우** 그 근로자에게 지급한다.

㉡ 지급범위

- 진찰 및 검사
- 약제 또는 진료재료와 의지 그 밖의 보조기의 지급
- 처치, 수술, 그 밖의 치료
- 재활치료
- 입 원
- 간호 및 간병
- 이 송
- 그 밖에 **고용노동부령**으로 정하는 사항

② 휴업급여(법 제52조)

㉠ 의의 : 업무상 사유로 부상을 당하거나 질병에 걸린 근로자에게 **요양으로 취업하지 못한 기간에 대하여 지급**한다.

㉡ 급여방식 : 1일당 지급액은 **평균임금의 100분의 70**에 상당하는 금액으로 한다(단, 취업하지 못한 기간이 3일 이내인 경우 지급하지 아니함).

③ 장해급여(법 제57조)

15회 기출

㉠ 의의 : 업무상 사유로 부상을 당하거나 질병에 걸려 치유된 후 신체 등에 장해가 있는 경우 그 장해로 인한 노동력 손실 보전을 위해 지급한다.

㉡ 급여방식 : 장해등급에 따라 장해보상연금 또는 장해보상일시금으로 한다.

Plus ⊕ one

장해보상연금 등의 수급권의 소멸(법 제58조)

- 사망한 경우
- 대한민국 국민이었던 수급권자가 국적을 상실하고 외국에서 거주하고 있거나 외국에서 거주하기 위하여 출국하는 경우
- 대한민국 국민이 아닌 수급권자가 외국에서 거주하기 위하여 출국하는 경우
- 장해등급 또는 진폐장해등급이 변경되어 장해보상연금 또는 진폐보상연금의 지급 대상에서 제외되는 경우

④ 간병급여(법 제61조)

㉠ 의의 : 요양급여는 받은 자 중 치유 후 의학적으로 **상시 또는 수시로 간병이 필요한 경우 실제로 간병을 받는 자에게 보험급여를 지급**한다.

㉡ 급여방식 : 상시간병급여, 수시간병급여

⑤ 유족급여(법 제62조)

㉠ 의의 : 근로자가 업무상 사유로 사망시 또는 사망으로 추정되는 경우 그 근로자와 생계를 같이 하고 있던 **유족들의 생활보장**을 위해 지급한다.

㉡ 급여방식 : 유족보상연금, 유족보상일시금

⑥ 상병보상연금(법 제66조) 12회 기출

㉠ 의의 : 요양급여를 받는 근로자가 요양을 시작한 지 2년이 지난 날 이후에 계속해서 그 부상이나 질병이 치유되지 아니하고 그에 따른 중증요양상태의 정도가 대통령령으로 정하는 중증요양상태등급 기준에 해당하며, 요양으로 인하여 취업하지 못하였을 경우 휴업급여 대신 상병보상연금을 그 근로자에게 지급한다.

㉡ 급여방식 : 중증요양상태등급에 따라 **1급은 평균임금의 329일분, 2급은 291일분, 3급은 257일분을 지급**한다.

⑦ 장례비(법 제71조) 14, 16회 기출

㉠ 의의 : 근로자가 업무상의 사유로 사망한 경우 **장례를 지낸 유족**에게 지급한다.

㉡ 급여방식 : **평균임금의 120일분**에 상당하는 금액을 지급한다.

⑧ 직업재활급여(법 제72조)

㉠ 의 의

- 장해급여 또는 진폐보상연금을 받은 자나 장해급여를 받을 것이 명백한 자로서 취업을 위하여 직업훈련이 필요한 자에게 **직업훈련에 드는 비용 및 직업훈련수당을 지급**한다.
- 업무상의 재해가 발생할 당시의 사업에 복귀한 장해급여자에 대해 사업주가 고용을 유지하거나 직장적응훈련 또는 재활운동을 실시하는 경우 각각 지급하는 **직장복귀지원금, 직장적응훈련비 및 재활운동비**를 지급한다.

㉡ 급여방식 : 장해정도(**1~12급의 장해등급**) 및 연령 등을 고려하여 대통령령으로 정한다.

⑨ 특별급여

㉠ 장해특별급여(법 제78조) : **보험가입자의 고의 또는 과실로 발생한 업무상의 재해**로 근로자가 대통령령으로 정하는 장해등급 또는 진폐장해등급에 해당하는 장해를 입은 경우에 수급권자가 민법에 따른 손해배상청구를 갈음하여 장해특별급여를 청구하면 장해급여 또는 진폐보상연금 외에 대통령령으로 정하는 **장해특별급여**를 지급할 수 있다.

㉡ 유족특별급여(법 제79조) : **보험가입자의 고의 또는 과실로 발생한 업무상의 재해**로 근로자가 사망한 경우에 수급권자가 민법에 따른 손해배상청구를 갈음하여 유족특별급여를 청구하면 유족급여 또는 진폐유족연금 외에 대통령령으로 정하는 **유족특별급여**를 지급할 수 있다.

(7) 유족보상연금의 범위와 자격 상실

① 유족보상연금 수급자격자의 범위(법 제63조 제1항) 13회 기출

근로자가 사망할 당시 그 근로자와 생계를 같이 하고 있던 다음의 사람

㉠ 배우자

㉡ 부모 또는 조부모로서 각각 60세 이상인 자

㉢ 자녀로서 25세 미만인 자

㉣ 손자녀로서 19세 미만인 자

㉤ 형제자매로서 19세 미만이거나 60세 이상인 자

㉥ 위의 어느 하나에 해당하지 아니하는 자녀 · 부모 · 손자녀 · 조부모 또는 형제자매로서 장애인복지법에 따른 장애인 중 고용노동부령으로 정한 장애등급 이상에 해당하는 자

② 유족보상연금 수급자격자의 자격 상실 사유(법 제64조 제1항) 12회 기출

유족보상연금 수급자격자인 유족이 다음의 어느 하나에 해당하는 경우

㉠ 사망한 경우

㉡ 재혼한 때(사망한 근로자의 배우자만 해당, 사실상 혼인 관계에 있는 경우 포함)

㉢ 사망한 근로자와의 친족 관계가 끝난 경우

㉣ 자녀가 25세가 된 때

㉤ 손자녀 또는 형제자매가 19세가 된 때

㉥ 장애인이었던 자로서 그 장애 상태가 해소된 경우

㉦ 근로자가 사망할 당시 대한민국 국민이었던 유족보상연금 수급자격자가 국적을 상실하고 외국에서 거주하고 있거나 외국에서 거주하기 위하여 출국하는 경우

㉧ 대한민국 국민이 아닌 유족보상연금 수급자격자가 외국에서 거주하기 위하여 출국하는 경우

③ 유족의 순위(법 제65조) : 유족보상연금 수극자격자 중 유족보상연금을 받을 권리의 순위는 배우자, 자녀, 부모, 손자녀, 조부모 및 형제자매의 순서로 한다.

(8) 보험급여의 지급

① 보험급여의 일시지급(법 제76조)

㉠ 대한민국 국민이 아닌 근로자가 업무상의 재해에 따른 부상 또는 질병으로 요양 중 치유되기 전에 출국하기 위하여 보험급여의 일시지급을 신청하는 경우에는 출국을 위해 요양을 중단하는 날 이후에 청구 사유가 발생할 것으로 예상되는 보험급여를 한꺼번에 지급할 수 있다.

㉡ 한꺼번에 지급할 수 있는 금액은 다음의 보험급여를 미리 지급하는 기간에 따른 이자 등을 고려하여 대통령령으로 정하는 방법에 따라 각각 환산한 금액을 합한 금액으로 한다. 이 경우 해당 근로자가 제3호 및 제4호에 따른 보험급여의 지급사유 모두에 해당될 것으로 의학적으로 판단되는 경우에는 제4호에 해당하는 보험급여의 금액은 합산하지 않는다.

- 제1호 : 출국하기 위하여 요양을 중단하는 날부터 업무상의 재해에 따른 부상 또는 질병이 치유될 것으로 예상되는 날까지의 요양급여

• 제2호 : 출국하기 위하여 요양을 중단하는 날부터 업무상 부상 또는 질병이 치유되거나 그 상병상태가 취업할 수 있게 될 것으로 예상되는 날(그 예상되는 날이 요양 개시일부터 2년이 넘는 경우에는 요양 개시일부터 2년이 되는 날)까지의 기간에 대한 휴업급여
• 제3호 : 출국하기 위하여 요양을 중단할 당시 업무상의 재해에 따른 부상 또는 질병이 치유된 후에 남을 것으로 예상되는 장해의 장해등급에 해당하는 장해보상일시금
• 제4호 : 출국하기 위하여 요양을 중단할 당시 요양 개시일부터 2년이 지난 후에 상병보상연금의 지급대상이 되는 중증요양상태가 지속될 것으로 예상되는 경우에는 그 예상되는 중증요양상태등급(요양 개시일부터 2년이 경과한 후 출국하기 위하여 요양을 중단하는 경우에는 그 당시의 상병상태에 따른 중증요양상태등급)과 같은 장해등급에 해당하는 장해보상일시금에 해당하는 금액
• 제5호 : 요양 당시 받고 있는 진폐장해등급에 따른 진폐보상연금

② **보험급여의 지급(법 제82조)** : 보험급여는 **지급 결정일부터 14일 이내**에 지급하여야 한다.

③ **보험급여 지급의 제한(법 제83조)** : 공단은 근로자가 다음의 어느 하나에 해당되면 보험급여의 전부 또는 일부를 지급하지 아니할 수 있다.

㉠ 요양 중인 근로자가 정당한 사유 없이 요양에 관한 지시를 위반하여 부상 · 질병 또는 장해 상태를 악화시키거나 치유를 방해한 경우

㉡ 장해보상연금 또는 진폐보상연금 수급권자가 장해등급 또는 진폐장해연금 재판정 전에 자해 등 고의로 장해 상태를 악화시킨 경우

④ **제3자에 대한 구상권(법 제87조)** : 공단은 제3자의 행위에 따른 재해로 보험급여를 지급한 경우에는 그 급여액의 한도 안에서 급여를 받은 자의 제3자에 대한 손해배상청구권을 대위한다. 다만, 보험가입자인 2 이상의 사업주가 같은 장소에서 하나의 사업을 분할하여 각각 행하다가 그 중 사업주를 달리하는 근로자의 행위로 재해가 발생하면 그러하지 아니하다.

⑤ **수급권의 보호(법 제88조)**

㉠ 근로자의 보험급여를 받을 권리는 **퇴직하여도 소멸되지 아니한다**.

㉡ 보험급여를 받을 권리는 양도 또는 압류하거나 담보로 제공할 수 없다.

⑥ **국민건강보험 요양급여 비용의 정산**

㉠ 법에 따른 요양급여나 재요양을 받은 사람이 요양이 종결된 후 2년 이내에 국민건강보험법에 따른 요양급여를 받은 경우(종결된 요양의 대상이 되었던 업무상의 부상 또는 질병의 증상으로 요양급여를 받은 경우로 한정한다)에는 공단은 그 요양급여 비용 중 국민건강보험공단이 부담한 금액을 지급할 수 있다.

㉡ ㉠에 따른 요양급여 비용의 지급 절차와 그 밖에 필요한 사항은 고용노동부령으로 정한다.

⑦ **공과금의 면제(법 제91조)** : 보험급여로서 지급된 금품에 대하여는 국가나 지방자치단체의 공과금을 부과하지 아니한다.

(9) 근로복지 사업(법 제92조)

① 고용노동부장관은 근로자의 복지 증진을 위한 다음의 사업을 한다.

㉠ 업무상의 재해를 입은 근로자의 원활한 사회 복귀를 촉진하기 위한 다음의 보험시설의 설치 · 운영

• 요양이나 외과 후 처치에 관한 시설

• 의료재활이나 직업재활에 관한 시설

㉡ 장학사업 등 재해근로자와 그 유족의 복지 증진을 위한 사업

㉢ 그 밖에 근로자의 복지 증진을 위한 시설의 설치 · 운영 사업

② 고용노동부장관은 공단 또는 재해근로자의 복지 증진을 위하여 설립된 법인 중 고용노동부장관의 지정을 받은 법인에 사업을 하게 하거나 ㉠의 보험시설의 운영을 위탁할 수 있다.

③ 고용노동부장관은 예산의 범위에서 지정법인의 사업에 필요한 비용의 일부를 보조할 수 있다.

(10) 산업재해보상보험 및 예방기금

① 산업재해보상보험 및 예방기금의 설치 및 조성(법 제95조)

㉠ 고용노동부장관은 보험사업 · 산업재해 예방 사업에 필요한 재원을 확보하고, 보험급여에 충당하기 위하여 산업재해보상보험 및 예방기금을 설치한다.

㉡ 기금은 보험료, 기금운용 수익금, 적립금, 기금의 결산상 잉여금, 정부 또는 정부 아닌 자의 출연금 및 기부금, 차입금, 그 밖의 수입금을 재원으로 하여 조성한다.

㉢ 정부는 산업재해 예방 사업을 수행하기 위하여 회계연도마다 기금지출예산 총액의 100분의 3의 범위에서 정부의 출연금으로 세출예산에 계상(計上)하여야 한다.

② 기금의 용도(법 제96조)

㉠ 보험급여의 지급 및 반환금의 반환

㉡ 차입금 및 이자의 상환

㉢ 공단에의 출연

㉣ 재해 예방 관련 시설 및 운영 · 재해 예방 관련 사업

㉤ 재해근로자의 복지 증진

㉥ 한국산업안전보건공단법에 따른 한국산업안전보건공단에의 출연

㉦ 보험료징수법에 따른 업무를 위탁받은 자에의 출연

㉧ 그 밖에 보험사업 및 기금의 관리와 운용

③ 기금의 관리 · 운용(법 제97조) : 기금은 고용노동부장관이 관리 · 운용한다.

㉠ 금융기관 또는 체신관서에의 예입 및 금전신탁

㉡ 재정자금에의 예탁

㉢ 투자신탁 등의 수익증권 매입

㉣ 국가 · 지방자치단체 또는 금융기관이 직접 발행하거나 채무이행을 보증하는 유가증권의 매입

㉤ 그 밖에 기금 증식을 위하여 대통령령으로 정하는 사업

(11) 심사 청구 및 재심사 청구

① **심사청구(법 제103조 및 제105조)**

㉠ 보험급여에 관한 결정, 진료비에 관한 결정, 약제비에 관한 결정, 진료계획 변경 조치, 보험급여의 일시지급에 관한 결정, 합병증 등 예방관리에 관한 조치, 부당이득의 징수에 관한 결정, 수급권의 대위에 관한 결정 등 공단의 결정에 불복하는 자는 공단에 심사청구를 할 수 있다.

㉡ 심사청구는 보험급여 결정 등이 있음을 안 날부터 **90일 이내**에 하여야 한다.

㉢ 심사청구는 그 보험급여 결정 등을 한 **공단의 소속기관을 거쳐 공단에 제기**하여야 하며, 심사청구서를 받은 공단의 소속기관은 **5일 이내**에 의견서를 첨부하여 공단에 보내야 한다.

㉣ 보험급여 결정 등에 대하여는 행정심판법에 따른 행정심판을 제기할 수 없다.

㉤ 공단은 심사청구서를 받은 날부터 **60일 이내**에 산업재해보상보험심사위원회의 심의를 거쳐 심사 청구에 대한 결정을 하여야 한다.

② **재심사청구(법 제106조 및 제109조)**

㉠ 심사청구에 대한 결정에 불복하는 자는 산업재해보상보험재심사위원회에 재심사청구를 할 수 있다. 다만, 판정위원회의 심의를 거친 보험급여에 관한 결정에 불복하는 자는 심사청구를 하지 아니하고 재심사청구를 할 수 있다.

㉡ 재심사청구는 그 보험급여 결정 등을 한 공단의 소속기관을 거쳐 산업재해보상보험재심사위원회에 제기하여야 한다.

㉢ 재심사청구는 심사청구에 대한 결정이 있음을 안 날부터 **90일 이내**에 제기하여야 한다.

㉣ 재심사청구서를 받은 공단의 소속기관은 **5일 이내**에 의견서를 첨부하여 산업재해보상보험재심사위원회에 보내야 한다.

㉤ 산업재해보상보험재심사위원회는 재심사청구서를 받은 날부터 **60일 이내**에 재심사청구에 대한 재결을 하여야 한다. 재심사위원회의 재결은 공단을 기속한다.

③ **산업재해보상보험재심사위원회(법 제107조)**

㉠ 재심사 청구를 심리 · 재결하기 위하여 고용노동부에 산업재해보상보험재심사위원회(재심사위원회라 한다)를 둔다.

㉡ 재심사위원회는 위원장 1명을 포함한 90명 이내의 위원으로 구성하되, 위원 중 2명은 상임위원으로, 1명은 당연직위원으로 한다.

(12) 특례(법 제121조 내지 제126조)

① **국외의 사업** : 국외 근무 기간에 발생한 근로자의 재해를 보상하기 위하여 우리나라가 당사국이 된 사회보장에 관한 조약이나 협정으로 정하는 국가나 지역에서의 사업에 대하여는 고용노동부장관이 금융위원회와 협의하여 지정하는 자에게 이 법에 따른 보험사업을 자기의 계산으로 영위하게 할 수 있다.

② **해외파견자** : 보험료징수법에 따른 보험가입자가 대한민국 밖의 지역에서 하는 사업에 근로시키기 위하여 파견하는 자에 대하여 공단에 보험 가입 신청을 하여 승인을 받으면 해외파견자를 그 가입자의 대한민국 영역 안의 사업에 사용하는 근로자로 보아 이 법을 적용할 수 있다.

③ **현장실습생** : 이 법이 적용되는 사업에서 현장실습을 하고 있는 학생 및 직업훈련생 중 고용노동부장관이 정하는 현장실습생은 이 법을 적용할 때는 그 사업에 사용되는 근로자로 본다. 현장실습생이 실습과 관련하여 입은 재해는 업무상의 재해로 보아 보험급여를 지급한다.

④ **중 · 소기업 사업주** : 대통령령으로 정하는 중 · 소기업 사업주는 공단의 승인을 받아 자기 또는 유족을 보험급여를 받을 수 있는 자로 하여 보험에 가입할 수 있다. 이 경우 그 사업주는 이 법을 적용할 때 근로자로 본다.

⑤ **특수형태근로종사자** : 계약의 형식에 관계없이 근로자와 유사하게 노무를 제공함에도 근로기준법 등이 적용되지 아니하여 업무상의 재해로부터 보호할 필요가 있는 자로서 다음 모두에 해당하는 자 중 대통령령으로 정하는 직종에 종사하는 자의 노무를 제공받는 사업은 이 법의 적용을 받는 사업으로 본다.

㉠ 주로 하나의 사업을 운영하는 데 필요한 노무를 상시적으로 제공하고 보수를 받아 생활할 것

㉡ 노무를 제공함에 있어서 타인을 사용하지 아니할 것

⑥ **국민기초생활보장법상의 수급자** : 근로자가 아닌 자로서 국민기초생활보장법에 따른 자활급여수급자 중 고용노동부장관이 정하여 고시하는 사업에 종사하는 자는 이 법의 적용을 받는 근로자로 본다.

(13) 보 칙

① **시효(법 제112조)** : 보험급여를 받을 권리, 산재보험 의료기관의 권리, 약국의 권리, 보험가입자의 권리, 국민건강보험공단 등의 권리는 3년간 행사하지 아니하면 시효로 말미암아 소멸한다.

다만, 보험급여 중 장해급여, 유족급여, 장례비, 진폐보상연금 및 진폐유족연금을 받을 권리는 5년간 행사하지 아니하면 시효의 완성으로 소멸한다.

② **사업주의 조력(법 제116조)**

㉠ 보험급여를 받을 자가 사고로 보험급여의 청구 등의 절차를 행하기 곤란하면 사업주는 이를 도와야 한다.

㉡ 사업주는 보험급여를 받을 자가 보험급여를 받는 데에 필요한 증명을 요구하면 그 증명을 하여야 한다.

㉢ 사업주의 행방불명, 그 밖의 부득이한 사유로 증명이 불가능하면 그 증명을 생략할 수 있다.

③ **보험급여의 일시 중지(법 제120조)** : 공단은 보험급여를 받고자 하는 자가 다음의 어느 하나에 해당되면 보험급여의 지급을 일시 중지할 수 있다.

㉠ 요양 중인 근로자가 공단의 의료기관 변경 요양 지시를 정당한 사유 없이 따르지 아니하는 경우

㉡ 공단이 직권으로 실시하는 장해등급 재판정 요구에 응하지 아니하는 경우

㉢ 보고 · 서류제출 또는 신고를 하지 아니하는 경우

㉣ 질문이나 조사에 응하지 아니하는 경우

㉤ 진찰 요구에 따르지 아니하는 경우

㉥ 일시 중지의 대상이 되는 보험급여의 종류, 일시 중지의 기간 및 일시 중지 절차는 대통령령으로 정한다.

(14) 벌칙(법 제127조)

① 공동이용하는 전산정보자료를 목적 외의 용도로 이용하거나 활용한 자는 3년 이하의 징역 또는 3천만원 이하의 벌금에 처한다.

② 산재보험 의료기관이나 약국의 종사자로서 거짓이나 그 밖의 부정한 방법으로 진료비나 약제비를 지급받은 자는 3년 이하의 징역 또는 3천만 원 이하의 벌금에 처한다.

③ 거짓이나 그 밖의 부정한 방법으로 보험급여를 받은 자는 2년 이하의 징역 또는 2천만 원 이하의 벌금에 처한다.

④ 거짓이나 그 밖의 부정한 방법으로 보험급여를 받도록 시키거나 도와준 자는 2년 이하의 징역 또는 2천만원 이하의 벌금에 처한다.

⑤ 근로자를 해고하거나 그 밖에 근로자에게 불이익한 처우를 한 사업주는 2년 이하의 징역 또는 2천만 원 이하의 벌금에 처한다.

⑥ 비밀을 누설한 자는 2년 이하의 징역 또는 1천만 원 이하의 벌금에 처한다.

제5절 고용보험법

1 고용보험법의 입법

(1) 고용보험의 의의

① 고용보험이란 실직근로자에게 실업급여를 지급하는 전통적 의미의 실업보험사업 외에 적극적인 취업알선을 통한 재취업의 촉진과 근로자의 고용안정을 위한 고용안정사업, 근로자의 직업능력개발사업 등을 상호 연계하여 실시하는 사회보험제도이다.

② 실업보험은 단순하게 실직자의 생계를 지원하는 사후적 소극적인 사회보장제도에 그치는 반면, 고용보험은 실직자에 대한 생계지원은 물론 재취업을 촉진하고 더 나아가 실업의 예방 및 고용안정, 노동시장의 구조개편, 직업능력개발을 강화하기 위한 사전적 · 적극적 차원의 종합적인 노동시장정책의 수단이라고 할 수 있다.

(2) 입법배경

① 우리나라에서 고용보험제도는 1980년대 후반부터 부분적인 실업과 노동력 부족이라는 상호 모순된 현상에 따른 인력수급불균형 문제, 산업구조조정에 따른 인력수급불균형 문제, 산업구조조정에 따른 고용조정지원 문제, 직원훈련강화 문제 등에 대한 제도적 수단으로 도입이 논의되었다.

② 국가의 적극적인 인력정책 추진을 위해 고용보험제의 도입이 필요하다는 것을 인식한 뒤 정부는 7차 경제사회발전 5개년계획 및 신경제 5개년계획에 고용보험제 도입을 반영하고 1993년 고용보험법을 제정하여 1995년 7월 1일부터 제도를 시행하고 있다.

2 주요 내용

(1) 총 칙

① **목적(법 제1조)** : 고용보험의 시행을 통하여 실업의 예방, 고용의 촉진 및 근로자 등의 직업능력의 개발과 향상을 꾀하고, 국가의 직업지도와 직업소개 기능을 강화하며, 근로자 등이 실업한 경우에 생활에 필요한 급여를 실시하여 근로자의 생활안정과 구직 활동을 촉진함으로써 경제 · 사회 발전에 이바지하는 것을 목적으로 한다.

② **정의(법 제2조)** 17회 기출

㉠ 피보험자 : 고용보험 및 산업재해보상보험의 보험료징수 등에 관한 법률(보험료징수법)에 따라 **보험에 가입되거나 가입된 것으로 보는 근로자, 예술인, 노무제공자** 또는 고용산재보험료징수법에 따라 **고용보험에 가입하거나 가입된 것으로 보는 자영업자를 말한다.**

㉡ 이직 : **피보험자와 사업주 사이의 고용관계가 끝나게 되는 것을 말한다.**

㉢ 실업 : **근로의 의사와 능력이 있음에도 불구하고** 취업하지 못한 상태에 있는 것을 말한다.

㉣ 실업의 인정 : 직업안정기관의 장이 고용보험법에 따른 수급자격자가 실업한 상태에서 적극적으로 직업을 구하기 위하여 노력하고 있다고 인정하는 것을 말한다.

㉤ 보수 : 소득세법에 따른 근로소득에서 대통령령으로 정하는 금품을 뺀 금액을 말한다. 다만, 휴직이나 그 밖에 이와 비슷한 상태에 있는 기간 중에 **사업주 외의 자**로부터 지급받는 금품 중 고용노동부장관이 정하여 고시하는 금품은 보수로 본다.

㉥ 일용근로자 : **1개월 미만 동안 고용되는 사람**을 말한다.

③ **보험의 관장(법 제3조)** : 고용보험은 고용노동부장관이 관장한다.

④ **고용보험사업(법 제4조)** 18회 기출

㉠ 보험은 목적을 이루기 위하여 고용보험사업으로 고용안정 · 직업능력개발 사업, 실업급여, 육아휴직 급여 및 출산전후휴가 급여 등을 실시한다.

㉡ 보험사업의 보험연도는 정부의 회계연도에 따른다.

⑤ **국고의 부담(법 제5조)**

㉠ 국가는 매년 보험사업에 드는 비용의 일부를 일반회계에서 부담하여야 한다.

㉡ 국가는 매년 예산의 범위에서 보험사업의 관리 · 운영에 드는 비용을 부담할 수 있다.

⑥ **보험료(법 제6조)** : 보험사업에 드는 비용을 충당하기 위하여 징수하는 보험료와 그 밖의 징수금에 대하여는 고용산재보험료징수법으로 정하는 바에 따른다. 고용산재보험료징수법에 따라 징수된 고용안정 · 직업능력개발 사업의 보험료 및 실업급여의 보험료는 각각 그 사업에 드는 비용에 충당한다. 다만, 실업급여의 보험료는 국민연금 보험료의 지원, 육아휴직 급여의 지급, 육아기 근로시간 단축 급여의 지급, 출산전후휴가 급여 등 및 출산전후급여 등의 지급에 드는 비용에 충당할 수 있다. 자영업자인 피보험자로부터 징수된 고용안정 · 직업능력개발 사업의 보험료 및 실업급여의 보험료는 각각 자영업자인 피보험자를 위한 그 사업에 드는 비용에 충당한다.

⑦ **고용보험의 가입자**

㉠ 가입자

- 당연가입자 : 고용보험법을 적용받는 사업의 사업주와 근로자는 당연히 고용보험법에 따른 고용보험의 보험가입자가 된다. 즉, 사업이 개시되거나 적용요건을 충족하게 되었을 때 사업주 또는 근로자의 의사와 관계없이 자동적으로 보험관계가 성립된다.
- 임의가입자 : 적용 제외 사업의 사업주가 근로자의 과반수의 동의를 얻어 근로복지공단의 승인을 받음으로써 그 사업의 사업주와 근로자가 고용보험에 가입할 수 있다. 다만, 이 경우 실업급여에 한하여 가입할 수 없다.

㉡ 적용제외 사업(법 제8조 및 시행령 제2조)

- 농업 · 임업 및 어업 중 법인이 아닌 자가 상시 4명 이하의 근로자를 사용하는 사업
- 건설산업기본법에 따른 건설업자, 주택법에 따른 주택건설사업자, 전기공사업법에 따른 공사업자, 정보통신공사업법에 따른 공사업자, 소방시설공사업법에 따른 소방시설업자 또는 문화재수리 등에 관한 법률에 따른 문화재수리업자가 아닌 자가 시공하는 공사로 고용보험 및 산업재해보상보험의 보험료징수 등에 관한 법률 시행령에 따른 총공사금액이 2천만 원 미만인 공사와 연면적이 $100m^2$ 이하인 건축물의 건축 또는 연면적이 $200m^2$ 이하인 건축물의 대수선에 관한 공사
- 가구 내 고용활동 및 달리 분류되지 아니한 자가소비 생산활동

⑧ 적용 제외 근로자(법 제10조) : 다음 어느 하나에 해당하는 사람에게는 이 법을 적용하지 아니한다.

㉠ 소정근로시간이 대통령령으로 정하는 시간 미만인 사람 : 1개월간 소정근로시간이 60시간 미만인 사람(1주간의 소정근로시간이 15시간 미만인 사람을 포함)를 말한다. 다만, 3개월 이상 계속하여 근로를 제공하는 사람과 일용근로자는 제외한다.

㉡ 국가공무원법과 지방공무원법에 따른 공무원. 다만, 대통령령으로 정하는 바에 따라 별정직 및 계약직 공무원의 경우는 본인의 의사에 따라 고용보험에 가입할 수 있다.

㉢ 사립학교교직원 연금법의 적용을 받는 사람

㉣ 외국인근로자(단, 출입국관리법령에 따라 체류자격을 가진 사람을 적용대상에 포함)

㉤ 별정우체국법에 따른 별정우체국 직원

제3영역

(2) 보험료 및 보험료율

12, 20회 기출

① 보험료(고용산재보험료징수법 제13조 제2항 및 제4항)

㉠ 근로자 부담 보험료 : 자기의 보수총액에 실업급여의 보험료율의 2분의 1을 곱한 금액으로 한다.

㉡ 사업주 부담 보험료 : 그 사업에 종사하는 고용보험 가입자인 근로자의 개인별 보수총액에 고용안정 · 직업능력개발 사업의 보험료율 및 실업급여의 보험료율의 2분의 1을 곱하여 산출한 각각의 금액을 합한 금액으로 한다.

- 근로자 부담 보험료 = 자기보수총액 × 실업급여의 보험료율 × 1/2
- 사업주 부담 보험료 = 근로자의 개인별 보수총액 × [실업급여의 보험료율 × 1/2 + 고용안정 · 직업능력개발 사업의 보험료율]

② 고용보험료율

㉠ 보험수지의 동향과 경제상황 등을 고려하여 1000분의 30의 범위에서 고용안정 · 직업능력개발 사업의 보험료율 및 실업급여의 보험료율로 구분하여 대통령령으로 정한다(고용산재보험료징수법 제14조 제1항).

㉡ 실업급여의 보험료율은 1천분의 18이다(고용산재보험료징수법 시행령 제12조 제1항 제2호).

구 분		근로자	사업주
실업급여		0.90%	0.90%
고용안정 · 직업능력 개발 사업	상시근로자 수가 150명 미만인 사업주의 사업	–	0.25%
	상시근로자 수가 150명 이상인 사업주의 사업으로서 우선지원 대상기업의 범위에 해당하는 사업	–	0.45%
	상시근로자 수가 150명 이상~1,000명 미만인 사업주의 사업으로서 우선지원 대상기업의 범위에 해당하지 않는 사업	–	0.65%
	상시근로자 수가 1,000명 이상인 사업주의 사업으로서 우선지원 대상기업의 범위에 해당하지 않는 사업 및 국가 · 지방자치단체가 직접 하는 사업	–	0.85%

(3) 고용안정 · 직업능력개발 사업

① **고용안정 · 직업능력개발 사업의 실시(법 제19조)** : 고용노동부장관은 피보험자 및 피보험자였던 사람, 그 밖에 취업할 의사를 가진 사람(피보험자 등)에 대한 실업의 예방, 취업의 촉진, 고용기회의 확대, 직업능력개발 · 향상의 기회 제공 및 지원, 그 밖에 고용안정과 사업주에 대한 인력 확보를 지원하기 위하여 고용안정 · 직업능력개발 사업을 실시한다.

② **고용안정사업**

㉠ 고용창출의 지원
㉡ 고용조정의 지원
㉢ 지역 고용의 촉진
㉣ 고령자 등 고용촉진의 지원
㉤ 건설근로자 등의 고용안정 지원
㉥ 고용안정 및 취업 촉진
㉦ 고용촉진 시설에 대한 지원

③ **직업능력개발 사업**

㉠ 사업주에 대한 직업능력개발 훈련의 지원
㉡ 피보험자 등에 대한 직업능력개발 지원
㉢ 직업능력개발 훈련 시설에 대한 지원
㉣ 직업능력개발의 촉진
㉤ 건설근로자 등의 직업능력개발 지원
㉥ 고용정보의 제공 및 고용 지원 기반의 구축
㉦ 지방자치단체 등에 대한 지원

④ 고용노동부장관은 고용안정 · 직업능력개발 사업을 실시할 때 근로자의 수, 고용안정 · 직업능력개발을 위하여 취한 조치 및 실적 등에 따라 산업별로 상시 사용하는 근로자 수를 기준으로 다음에 해당하는 기업(우선지원 대상기업)을 우선적으로 고려하여야 한다.

우선지원 대상기업의 상시 사용하는 근로자 기준(시행령 제12조 참조)

산업분류(한국표준산업분류 기준)	상시 사용하는 근로자 수
제조업 (단, '산업용 기계 및 장비 수리업'은 그 밖의 업종으로 간주)	500명 이하
광 업	300명 이하
건설업	
운수 및 창고업	
정보통신업	
사업시설 관리, 사업 지원 및 임대 서비스업 (단, '부동산 이외 임대업'은 그 밖의 업종으로 간주)	
전문, 과학 및 기술 서비스업	
보건업 및 사회복지 서비스업	
도매 및 소매업	200명 이하
숙박 및 음식점업	
금융 및 보험업	
예술, 스포츠 및 여가 관련 서비스업	
그 밖의 업종	100명 이하

(4) 실업급여

10, 11, 12, 13, 16, 17, 19회 기출

① **실업급여의 종류(법 제37조)** : 실업급여는 구직급여와 취업촉진 수당으로 구분한다. 취업촉진 수당의 종류는 다음과 같다.

㉠ 조기재취업 수당

㉡ 직업능력개발 수당

㉢ 광역 구직활동비

㉣ 이주비

② **구직급여**

㉠ 구직급여의 수급 요건(법 제40조) : 구직급여는 이직한 근로자인 피보험자가 다음의 요건을 모두 갖춘 경우에 지급한다.

- 이직일 이전 18개월간(기준기간) 피보험 단위기간이 합산하여 180일 이상일 것
- 근로의 의사와 능력이 있음에도 불구하고 취업(영리를 목적으로 사업을 영위하는 경우를 포함)하지 못한 상태에 있을 것
- 이직사유가 수급자격의 제한 사유에 해당하지 아니할 것

- 재취업을 위한 노력을 적극적으로 할 것
- 수급자격 인정신청일 **이전 1개월 동안의 근로일수가 10일 미만일 것**
- 건설일용근로자로서 수급자격 인정신청일 **이전 14일간 연속하여 근로내역이 없을 것**
- 최종 이직 당시의 기준기간 동안의 피보험 단위기간 중 다른 사업에서 수급자격의 제한 사유에 해당하는 사유로 이직한 사실이 있는 경우에는 그 피보험 단위기간 중 90일 이상을 일용근로자로 근로하였을 것(최종 이직 당시 일용근로자였던 자만 해당)

㉡ 피보험 단위기간(법 제41조) : 근로자의 피보험 단위기간은 피보험기간 중 보수 지급의 기초가 된 날을 합하여 계산한다.

㉢ 실업의 신고(법 제42조) : 구직급여를 지급받으려는 사람은 이직 후 지체 없이 직업안정기관에 출석하여 실업을 신고하여야 한다.

㉣ 실업의 인정(법 제44조) : 구직급여는 수급자격자가 실업한 상태에 있는 날 중에서 직업안정기관의 장으로부터 실업의 인정을 받은 날에 대하여 지급한다.

㉤ 급여의 기초가 되는 임금일액(법 제45조) : 구직급여의 산정 기초가 되는 임금일액(기초일액)은 수급자격의 인정과 관련된 마지막 이직 당시 근로기준법 제2조 제1항 제6호에 따라 산정된 평균임금으로 한다. 다만, 마지막 이직일 이전 3개월 이내에 피보험자격을 취득한 사실이 2회 이상인 경우에는 마지막 이직일 이전 3개월간(일용근로자의 경우에는 마지막 이직일 이전 4개월 중 최종 1개월을 제외한 기간)에 그 근로자에게 지급된 임금 총액을 그 산정의 기준이 되는 3개월의 총 일수로 나눈 금액을 기초일액으로 한다.

㉥ 수급기간 및 수급일수(법 제48조) : 구직급여는 이 법에 따로 규정이 있는 경우 외에는 그 구직급여의 수급자격과 관련된 이직일의 다음 날부터 계산하기 시작하여 12개월 내에 소정급여일수를 한도로 하여 지급한다. 12개월의 기간 중 임신 · 출산 · 육아, 그 밖에 대통령령으로 정하는 사유로 취업할 수 없는 사람이 그 사실을 수급기간에 직업안정기관에 신고한 경우에는 12개월의 기간에 그 취업할 수 없는 기간을 가산한 기간(4년을 넘을 때에는 4년)에 소정급여일수를 한도로 하여 구직급여를 지급한다.

㉦ 대기기간(법 제49조) : 실업의 신고일부터 계산하기 시작하여 7일간은 대기기간으로 보아 구직급여를 지급하지 아니한다.
다만, 최종 이직 당시 건설일용근로자였던 사람에 대해서는 실업의 신고일부터 계산하여 구직급여를 지급한다.

㉧ 소정급여일수(법 제50조) : 하나의 수급자격에 따라 구직급여를 지급받을 수 있는 날(소정급여일수)은 대기기간이 끝난 다음날부터 계산하기 시작하여 피보험기간과 연령에 따른 소정 급여일수가 되는 날까지로 한다. 수급자격자가 소정급여일수 내에 임신 · 출산 · 육아, 그 밖에 대통령령으로 정하는 사유로 수급기간을 연장한 경우에는 그 기간만큼 구직급여를 유예하여 지급한다.

㉨ 지급일 및 지급 방법(법 제56조) : 구직급여는 대통령령으로 정하는 바에 따라 실업의 인정을 받은 일수분을 지급한다. 직업안정기관의 장은 각 수급자격자에 대한 구직급여를 지급할 날짜를 정하여 당사자에게 알려야 한다.

㉧ 지급되지 아니한 구직급여(법 제57조) : 수급자격자가 사망한 경우 그 수급자격자에게 지급되어야 할 구직급여로서 아직 지급되지 아니한 것이 있는 경우에는 그 수급자격자의 배우자(사실상의 혼인 관계에 있는 사람을 포함) · 자녀 · 부모 · 손자녀 · 조부모 또는 형제자매로서 수급자격자와 생계를 같이하고 있던 사람의 청구에 따라 그 미지급분을 지급한다.

(5) 취업촉진수당

① **조기재취업수당** : 조기재취업수당은 **수급자격자**(외국인근로자의 고용 등에 관한 법률에 따른 외국인 근로자는 제외)가 **안정된 직업에 재취직하거나 스스로 영리를 목적으로 하는 사업을 영위하는 경우**로서 대통령령으로 정하는 기준에 해당하면 지급한다.

② **직업능력개발 수당** : 직업능력개발 수당은 수급자격자가 직업안정기관의 장이 지시한 직업능력개발 훈련 등을 받는 경우에 그 직업능력개발 훈련 등을 받는 기간에 대하여 지급한다.

③ **광역 구직활동비** : 광역 구직활동비는 수급자격자가 직업안정기관의 소개에 따라 광범위한 지역에 걸쳐 구직 활동을 하는 경우로서 대통령령으로 정하는 기준에 따라 직업안정기관의 장이 필요하다고 인정하면 지급할 수 있다.

④ **이주비** : 이주비는 수급자격자가 취업하거나 직업안정기관의 장이 지시한 직업능력개발 훈련 등을 받기 위하여 그 주거를 이전하는 경우로서 대통령령으로 정하는 기준에 따라 직업안정기관의 장이 필요하다고 인정하면 지급할 수 있다.

⑤ **취업촉진 수당의 지급 제한** : 거짓이나 그 밖의 부정한 방법으로 실업급여를 받았거나 받으려한 자에게는 그 급여를 받은 날 또는 받으려 한 날부터의 취업촉진 수당을 지급하지 아니한다. 다만, 그 급여와 관련된 이직 이후에 새로 수급자격을 취득하면 그 새로운 수급자격에 따른 취업촉진 수당은 그러하지 아니하다.

(6) 자영업자인 피보험자에 대한 실업급여 적용의 특례

① **자영업자인 피보험자의 실업급여의 종류(법 제69조의2)** 12회 기출

자영업자인 피보험자의 실업급여의 종류는 이 법에 따른 실업급여의 종류에 따른다. 다만, **훈련연장급여, 개별연장급여, 특별연장급여 등의 연장급여와 조기재취업 수당은 제외한다.**

② **구직급여의 수급 요건(법 제69조의3)**

폐업한 자영업자인 피보험자가 다음의 요건을 모두 갖춘 경우에 지급한다.

㉠ **폐업일 이전 24개월간** 자영업자인 피보험자로서 갖춘 피보험 단위기간이 합산하여 **1년 이상**일 것

㉡ 근로의 의사와 능력이 있음에도 불구하고 취업을 하지 못한 상태에 있을 것

㉢ 폐업사유가 수급자격의 제한 사유에 해당하지 아니할 것

㉣ 재취업을 위한 노력을 적극적으로 할 것

③ 기초일액(법 제69조의4)

㉠ 자영업자인 피보험자이었던 수급자격자에 대한 기초일액은 수급자격과 관련된 피보험기간이 3년 이상인 경우 마지막 폐업일 이전 3년의 피보험기간 동안, 수급자격과 관련된 피보험기간이 3년 미만인 경우 수급자격과 관련된 그 피보험기간 동안 본인이 납부한 보험료의 산정기초가 되는 고용산재보험료징수법에 따라 고시된 보수액을 전부 합산한 후에 그 기간의 총일수로 나눈 금액으로 한다.

㉡ 기초일액이 최저기초일액에 미치지 못하는 경우에는 최저기초일액으로 하며, 기초일액이 대통령령으로 정하는 금액을 초과하는 경우에는 그 대통령령으로 정하는 금액으로 한다.

④ 구직급여일액(법 제69조의5)

자영업자인 피보험자로서 폐업한 수급자격자에 대한 구직급여일액은 그 수급자격자의 기초일액에 100분의 60을 곱한 금액으로 한다.

⑤ 소정급여일수(법 제69조의6 및 별표 2)

자영업자인 피보험자로서 폐업한 수급자격자에 대한 소정급여일수는 신고일부터 7일간의 대기기간이 끝난 다음 날부터 계산하기 시작하여 피보험기간에 따라 다음의 일수가 되는 날까지로 한다.

구 분	피보험기간			
	1년 이상 3년 미만	3년 이상 5년 미만	5년 이상 10년 미만	10년 이상
소정급여일수	120일	150일	180일	210일

(7) 육아휴직 급여

14회 기출

① 육아휴직 급여(법 제70조) : 고용노동부장관은 「남녀고용평등과 일 · 가정 양립 지원에 관한 법률」 제19조에 따른 육아휴직을 30일(근로기준법에 따른 출산전후휴가기간 90일과 중복되는 기간은 제외) 이상 부여받은 피보험자 중 육아휴직을 시작한 날 이전에 피보험 단위기간이 합산하여 180일 이상인 경우에 육아휴직 급여를 지급한다.

② 육아휴직급여 지급

㉠ 육아휴직급여를 지급받으려는 사람은 육아휴직을 시작한 날 이후 1개월부터 육아휴직이 끝난 날 이후 12개월 이내에 신청하여야 한다.

㉡ 육아휴직 급여는 육아휴직 시작일을 기준으로 한 월 통상임금의 100분의 80에 해당하는 금액을 월별 지급액으로 한다. 다만, 해당 금액이 150만원을 넘는 경우에는 150만원으로 하고, 해당 금액이 70만원보다 적은 경우에는 70만원으로 한다.

㉢ 육아휴직 급여의 100분의 75에 해당하는 금액은 매월 지급하고, 그 나머지 금액은 육아휴직 종료 후 해당 사업장에 복직하여 6개월 이상 계속 근무한 경우에 합산하여 일시불로 지급한다.

③ 급여의 지급 제한(법 제73조)

㉠ 피보험자가 육아휴직 기간 중에 그 사업에서 이직한 경우에는 그 이직하였을 때부터 육아휴직 급여를 지급하지 아니한다.

㉡ 피보험자가 육아휴직 기간 중에 취업을 한 경우에는 그 취업한 기간에 대해서는 육아휴직 급여를 지급하지 아니한다.

④ **육아기 근로시간 단축 급여(법 제73조의2)** : 고용노동부장관은 육아기 근로시간 단축을 30일(근로기준법에 따른 출산전후휴가기간 90일과 중복되는 기간은 제외한다) 이상 실시한 피보험자 중 육아기 근로시간 단축을 시작한 날 이전에 피보험 단위기간이 합산하여 180일 이상인 피보험자에게 육아기 근로시간 단축 급여를 지급한다.

⑤ 직업안정기관의 장은 거짓이나 그 밖의 부정한 방법으로 육아휴직급여를 지급받은 자에게 지급받은 전체 육아휴직급여의 전부 또는 일부의 반환을 명할 수 있고, 이에 추가하여 고용노동부령으로 정하는 기준에 따라 그 거짓이나 그 밖의 부정한 방법으로 지급받은 육아휴직급여액에 상당하는 액수 이하의 금액을 징수할 수 있다(동법 제74조 제1항).

(8) 출산전후휴가급여

① **급여 대상(법 제75조)** : 고용노동부장관은 남녀고용평등과 일 · 가정 양립 지원에 관한 법률에 따라 피보험자가 근로기준법에 따른 출산전후휴가 또는 유산 · 사산휴가 · 배우자 출산휴가를 받은 경우로서 다음의 요건을 모두 갖춘 경우에 출산전후휴가급여 등을 지급한다.

㉠ 휴가가 끝난 날 이전에 피보험 단위기간이 합산하여 180일 이상일 것

㉡ 휴가를 시작한 날 이후 1개월부터 휴가가 끝난 날 이후 12개월 이내에 신청할 것

② **지급 기간(법 제76조)** : 출산전후휴가 급여는 근로기준법 제74조와 남녀고용평등과 일 · 가정 양립 지원에 관한 법률 제18조의2에 따른 휴가 기간에 대하여 근로기준법의 통상임금(휴가를 시작한 날을 기준으로 산정)에 해당하는 금액을 지급한다.

③ **급여의 상한액과 하한액(법 제76조 및 시행령 제101조)**

㉠ 상한액

- 출산전후휴가기간 또는 유산사산휴가기간 90일에 대한 통상임금에 상당하는 금액이 540만 원을 초과하는 경우 : 540만 원
- 출산전후휴가 급여 등의 지급기간이 90일 미만인 경우 : 일수로 계산한 금액
- 한 번에 둘 이상의 자녀를 임신한 경우의 출산전후휴가기간 120일에 대한 통상임금에 상당하는 금액이 720만 원을 초과하는 경우 : 720만 원
- 한 번에 둘 이상의 자녀를 임신한 경우의 출산전후휴가 급여 등의 지급기간이 120일 미만인 경우 : 일수로 계산한 금액

㉡ 하한액 : 출산전후휴가 또는 유산 · 사산휴가기간 시작일 당시 적용되던 최저임금법에 따른 시간 단위에 해당하는 최저임금액보다 그 근로자의 시간급 통상임금이 낮은 경우, 시간급 최저임금액을 시간급 통상임금으로 하여 산정된 출산전후휴가급여 등의 지원기간 중 통상임금에 상당하는 금액

(9) 예술인인 피보험자에 대한 고용보험 특례

① **예술인인 피보험자에 대한 적용(법 제77조의2)**

㉠ 근로자가 아니면서 예술인 복지법에 따른 예술인 등 대통령령으로 정하는 사람 중 문화예술용역 관련 계약을 체결하고 다른 사람을 사용하지 아니하고 자신이 직접 노무를 제공하는 예술인

과 이들을 상대방으로 하여 문화예술용역 관련 계약을 체결한 사업에 대해서는 이 내용을 적용한다.

㉡ 예술인이 다음의 어느 하나에 해당하는 경우에는 이 법을 적용하지 아니한다.

- 65세 이후에 근로계약, 문화예술용역 관련 계약 또는 노무제공계약(65세 전부터 피보험자격을 유지하던 사람이 65세 이후에 계속하여 근로계약, 문화예술용역 관련 계약 또는 노무제공계약을 체결한 경우는 제외)을 체결하거나 자영업을 개시하는 경우
- 예술인 중 대통령령으로 정하는 소득 기준을 충족하지 못하는 경우. 다만, 예술인 중 계약의 기간이 1개월 미만인 단기예술인은 제외한다.

㉢ 사업의 특성 및 규모 등을 고려하여 대통령령으로 정하는 사업이 다음의 어느 하나에 해당하는 경우에는 하수급인이 사용하는 예술인에 대하여 대통령령으로 정하는 바에 따라 발주자 또는 원수급인이 신고를 하여야 한다.

- 하나의 사업에 다수의 도급이 이루어져 원수급인이 다수인 경우
- 하나의 사업이 여러 차례의 도급으로 이루어져 하수급인이 다수인 경우

② **예술인인 피보험자에 대한 구직급여(법 제77조의3)**

㉠ 예술인의 구직급여는 다음의 요건을 모두 갖춘 경우에 지급한다.

- 이직일 이전 24개월 동안의 피보험 단위기간이 통산하여 9개월 이상일 것
- 근로 또는 노무제공의 의사와 능력이 있음에도 불구하고 취업(영리를 목적으로 사업을 영위하는 경우를 포함)하지 못한 상태에 있을 것
- 이직사유가 수급자격의 제한 사유에 해당하지 아니할 것. 다만, 예술인이 이직할 당시 대통령령으로 정하는 바에 따른 소득감소로 인하여 이직하였다고 직업안정기관의 장이 인정하는 경우에는 수급자격의 제한 사유에 해당하지 아니하는 것으로 본다.
- 이직일 이전 24개월 중 3개월 이상을 예술인인 피보험자로 피보험자격을 유지하였을 것
- 재취업을 위한 노력을 적극적으로 할 것
- 다음의 요건을 모두 갖출 것(최종 이직 당시 단기예술인이었던 사람만 해당)
  - 수급자격의 인정신청일 이전 1개월 동안의 노무제공일수가 10일 미만이거나 수급자격 인정신청일 이전 14일간 연속하여 노무제공내역이 없을 것
  - 최종 이직일 이전 24개월 동안의 피보험 단위기간 중 다른 사업에서 수급자격의 제한 사유에 해당하는 사유로 이직한 사실이 있는 경우에는 그 피보험 단위기간 중 90일 이상을 단기예술인으로 종사하였을 것

㉡ 피보험 단위기간은 그 수급자격과 관련된 이직 당시의 사업에서의 피보험자격 취득일부터 이직일까지의 기간으로 산정하고, 이직일 이전 24개월 동안 근로자, 예술인, 노무제공자 중 둘 이상에 해당하는 사람으로 종사한 경우의 피보험 단위기간은 대통령령으로 정하는 바에 따른다.

㉢ 예술인의 구직급여일액은 기초일액에 100분의 60을 곱한 금액으로 한다.

③ **예술인인 피보험자의 출산전후급여 등(법 제77조의4)** : 고용노동부장관은 예술인인 피보험자가 출산 또는 유산 · 사산을 이유로 노무를 제공할 수 없는 경우에는 출산전후급여 등을 지급한다.

(10) 노무제공자인 피보험자에 대한 고용보험 특례

① 노무제공자인 피보험자에 대한 적용(법 제77조의6)

㉠ 근로자가 아니면서 자신이 아닌 다른 사람의 사업을 위하여 자신이 직접 노무를 제공하고 해당 사업주 또는 노무수령자로부터 일정한 대가를 지급받기로 하는 노무제공계약을 체결한 사람 중 대통령령으로 정하는 직종에 종사하는 노무제공자와 이들을 상대방으로 하여 노무제공계약을 체결한 사업에 대해서는 이 내용을 적용한다.

㉡ 노무제공자가 다음의 어느 하나에 해당하는 경우에는 이 법을 적용하지 아니한다.

- 65세 이후에 근로계약, 노무제공계약 또는 문화예술용역 관련 계약(65세 전부터 피보험자격을 유지하던 사람이 65세 이후에 계속하여 근로계약, 노무제공계약 또는 문화예술용역 관련 계약을 체결한 경우는 제외)을 체결하거나 자영업을 개시하는 경우
- 노무제공자 중 대통령령으로 정하는 소득 기준을 충족하지 못하는 경우. 다만, 노무제공자 중 계약의 기간이 1개월 미만인 단기노무제공자는 제외한다.

② **노무제공플랫폼사업자에 대한 특례(법 제77조의7)** : 노무제공사업의 사업주가 노무제공자와 노무제공사업의 사업주에 관련된 자료 및 정보를 수집 · 관리하여 이를 전자정보 형태로 기록하고 처리하는 시스템(노무제공플랫폼)을 구축 · 운영하는 노무제공플랫폼사업자와 노무제공플랫폼 이용에 대한 노무제공플랫폼이용계약을 체결하는 경우 노무제공플랫폼사업자는 대통령령으로 정하는 바에 따라 노무제공자에 대한 피보험자격의 취득 등을 신고하여야 한다.

③ 노무제공자인 피보험자에 대한 구직급여(법 제77조의8)

㉠ 노무제공자의 구직급여는 다음의 요건을 모두 갖춘 경우에 지급한다.

- 이직일 이전 24개월 동안 피보험 단위기간이 통산하여 12개월 이상일 것
- 근로 또는 노무제공의 의사와 능력이 있음에도 불구하고 취업하지 못한 상태에 있을 것
- 이직사유가 수급자격의 제한 사유에 해당하지 아니할 것. 다만, 노무제공자로 이직할 당시 대통령령으로 정하는 바에 따른 소득 감소로 인하여 이직하였다고 직업안정기관의 장이 인정하는 경우에는 수급자격의 제한 사유에 해당하지 아니하는 것으로 본다.
- 이직일 이전 24개월 중 3개월 이상을 노무제공자인 피보험자로 피보험자격을 유지하였을 것
- 재취업을 위한 노력을 적극적으로 할 것
- 다음의 요건을 모두 갖출 것(최종 이직 당시 단기노무제공자였던 사람만 해당)
  - 수급자격의 인정신청일 이전 1개월 동안의 노무제공일수가 10일 미만이거나 수급자격 인정신청일 이전 14일간 연속하여 노무제공내역이 없을 것
  - 최종 이직일 이전 24개월 동안의 피보험 단위기간 중 다른 사업에서 수급자격의 제한 사유에 해당하는 사유로 이직한 사실이 있는 경우에는 그 피보험 단위기간 중 90일 이상을 단기노무제공자로 종사하였을 것

㉡ 노무제공자의 구직급여일액은 기초일액에 100분의 60을 곱한 금액으로 한다. 이 경우 구직급여일액의 상한액은 근로자인 피보험자의 구직급여 상한액 등을 고려하여 대통령령으로 정하는 금액으로 한다.

④ **노무제공자인 피보험자의 출산전후급여 등(법 제77조의9)** : 고용노동부장관은 노무제공자인 피보험자가 출산 또는 유산 · 사산을 이유로 노무를 제공할 수 없는 경우에는 출산전후급여 등을 지급한다.

(11) 고용보험기금

① **기금의 설치 및 조성(법 제78조)** : 고용노동부장관은 보험사업에 필요한 재원에 충당하기 위하여 고용보험기금을 설치한다. 기금은 보험료와 이 법에 따른 징수금 · 적립금 · 기금운용수익금과 그 밖의 수입으로 조성한다.

② **기금의 관리 · 운용(법 제79조)** : 기금은 고용노동부장관이 관리 · 운용한다. 고용노동부장관은 다음의 방법에 따라 기금을 관리 · 운용한다.

㉠ 금융기관에의 예탁

㉡ 재정자금에의 예탁

㉢ 국가 · 지방자치단체 또는 금융기관에서 직접 발행하거나 채무이행을 보증하는 유가증권의 매입

㉣ 보험사업의 수행 또는 기금 증식을 위한 부동산의 취득 및 처분

㉤ 그 밖에 대통령령으로 정하는 기금 증식 방법

(12) 심사 및 재심사청구

① **심사와 재심사(법 제87조)**

㉠ 피보험자격의 취득 · 상실에 대한 확인, 실업급여 및 육아휴직 급여와 출산전후휴가 급여 등에 관한 처분(원처분 등)에 이의가 있는 자는 **고용보험심사관**에게 심사를 청구할 수 있고, 그 결정에 이의가 있는 자는 **고용보험심사위원회**에 재심사를 청구할 수 있다.

㉡ 심사의 청구는 확인 또는 처분이 있음을 안 날부터 **90일 이내**에, 재심사의 청구는 심사청구에 대한 결정이 있음을 안 날부터 **90일 이내**에 각각 제기하여야 한다.

㉢ 심사 및 재심사의 청구는 시효중단에 관하여 재판상의 청구로 본다.

② **대리인의 선임(법 제88조)**

심사청구인 또는 재심사청구인은 법정대리인 외에 다음 어느 하나에 해당하는 자를 대리인으로 선임할 수 있다.

㉠ 청구인의 배우자, 직계존속 · 비속 또는 형제자매

㉡ 청구인인 법인의 임원 또는 직원

㉢ 변호사나 공인노무사

㉣ 심사위원회의 허가를 받은 자

③ **고용보험심사관(법 제89조)** : 심사를 행하게 하기 위하여 고용보험심사관을 둔다. 심사관은 심사청구를 받으면 30일 이내에 그 심사청구에 대한 결정을 하여야 한다. 다만, 부득이한 사정으로 그 기간에 결정할 수 없을 때에는 한 차례만 10일을 넘지 아니하는 범위에서 그 기간을 연장할 수 있다.

④ **심사의 청구(법 제90조)** : 심사를 청구하는 경우 피보험자격의 취득 · 상실 확인에 대한 심사의 청

구는 근로복지공단을, 실업급여 및 육아휴직 급여와 출산전후휴가 급여등에 관한 처분에 대한 심사의 청구는 직업안정기관의 장을 거쳐 심사관에게 하여야 한다. 직업안정기관 또는 근로복지공단은 심사청구서를 받은 날부터 5일 이내에 의견서를 첨부하여 심사청구서를 심사관에게 보내야 한다.

⑤ **청구의 방식(법 제91조)** : 심사의 청구는 대통령령으로 정하는 바에 따라 문서로 하여야 한다.

⑥ **보정 및 각하(법 제92조)** : 심사의 청구가 기간이 지났거나 법령으로 정한 방식을 위반하여 보정하지 못할 것인 경우에 심사관은 그 심사의 청구를 결정으로 각하하여야 한다.

⑦ **원처분 등의 집행 정지(법 제93조)** : 심사의 청구는 원처분 등의 집행을 정지시키지 아니한다. 다만, 심사관은 원처분 등의 집행에 의하여 발생하는 중대한 위해를 피하기 위하여 긴급한 필요가 있다고 인정하면 직권으로 그 집행을 정지시킬 수 있다.

⑧ **결정** : 심사관은 심사의 청구에 대한 심리를 마쳤을 때에는 원처분 등의 전부 또는 일부를 취소하거나 심사청구의 전부 또는 일부를 기각한다.

㉠ 결정의 방법(법 제97조) : 결정은 대통령령으로 정하는 바에 따라 문서로 하여야 한다. 심사관은 결정을 하면 심사청구인 및 원처분 등을 한 직업안정기관의 장 또는 근로복지공단에 각각 결정서의 정본을 보내야 한다.

㉡ 결정의 효력(법 제98조) : 결정은 심사청구인 및 직업안정기관의 장 또는 근로복지공단에 결정서의 정본을 보낸 날부터 효력이 발생한다. 결정은 원처분 등을 행한 직업안정기관의 장 또는 근로복지공단을 기속한다.

⑨ **고용보험심사위원회(법 제99조)**

㉠ 재심사를 하게 하기 위하여 고용노동부에 고용보험심사위원회를 둔다.

㉡ 심사위원회는 근로자를 대표하는 사람 및 사용자를 대표하는 사람 각 1명 이상을 포함한 15명 이내의 위원으로 구성한다. 위원 중 2명은 상임위원으로 한다.

⑩ **심리(법 제101조)**

㉠ 심사위원회는 재심사의 청구를 받으면 그 청구에 대한 심리 기일 및 장소를 정하여 심리기일 3일 전까지 당사자 및 그 사건을 심사한 심사관에게 알려야 한다.

㉡ 당사자는 심사위원회에 문서나 구두로 그 의견을 진술할 수 있다.

㉢ 심사위원회의 재심사청구에 대한 심리는 공개한다. 다만, 당사자의 양쪽 또는 어느 한 쪽이 신청한 경우에는 공개하지 아니할 수 있다.

㉣ 심사위원회는 심리조서를 작성하여야 한다.

㉤ 당사자나 관계인은 심리조서의 열람을 신청할 수 있다.

㉥ 위원회는 당사자나 관계인이 열람 신청을 하면 정당한 사유 없이 이를 거부하여서는 안 된다.

(13) 벌 칙

① 거짓이나 그 밖의 부정한 방법으로 고용안정 · 직업능력개발 사업의 지원금, 실업급여, 육아휴직 급여 · 육아기 근로시간 단축 급여 · 출산전후휴가급여 등을 받은 자와 공모한 사업주는 5년 이하의 징역 또는 5천만원 이하의 벌금에 처한다.

② 피보험자격의 취득 또는 상실에 관한 확인의 청구를 한 것을 이유로 근로자를 해고하거나 그 밖에 근로자에게 불이익한 처우를 한 사업주와 거짓이나 그 밖의 부정한 방법으로 지원금 또는 급여를 받은 자는 3년 이하의 징역 또는 3천만원 이하의 벌금에 처한다.

제6절 노인장기요양보험법

1 노인장기요양보험법의 입법

(1) 노인장기요양보험 제도의 의의

① 고령이나 노인성 질병 때문에 일상생활을 혼자 수행하기 어려운 노인 등에게 **신체활동 또는 가사활동 지원(일상생활지원) 등의 장기요양급여를 사회적 연대원리에 의해 제공하는 사회보험제도**이다.

② 대상자의 심신 상태와 부양여건에 따라 시설 또는 가정 등 다양한 형태의 서비스 공급자를 포괄하며, 대상노인에 대한 현물서비스 제공과 함께 예외적으로 가족요양비, 휴식서비스(Respite Care)와 같은 부양가족 지원서비스도 포함한다.

(2) 노인장기요양보험법의 입법 추진과정

① **고령화시대에 대비, 노인요양보장제도 도입 발표**

㉠ 2001년 8월 15일 대통령 경축사에서 노인요양보장제도 도입 제시

㉡ 2002년 대통령 공약사항 포함

② **노인요양보장제도 시행 준비체계 구축**

㉠ 2003년 3월 ~ 2004년 2월 공적 노인요양보장 추진기획단 설치 · 운영

㉡ 2004년 3월 ~ 2005년 2월 공적 노인요양보장 제도 실행위원회 구성 · 운영

③ **노인장기요양보험법(안) 입법추진**

㉠ 2005년 10월 19일 ~ 11년 8월 입법예고

㉡ 2006년 2월 16일 정부입법 국회제출

㉢ 2007년 4월 2일 국회 통과, 국무회의 의결을 거쳐 4월 27일 공포, **2008년 7월 1일부터 시행**

2 주요 내용

(1) 총 칙

① **목적(법 제1조)** : 고령이나 노인성 질병 등의 사유로 일상생활을 혼자서 수행하기 어려운 노인 등에게 제공하는 신체활동 또는 가사활동 지원 등의 장기요양급여에 관한 사항을 규정하여 **노후의 건강 증진 및 생활안정을 도모**하고 그 가족의 부담을 덜어줌으로써 국민의 삶의 질을 향상하도록 함을 목적으로 한다.

② **용어의 정의(법 제2조)** 16회 기출

㉠ 노인 등 : 65세 이상의 노인 또는 65세 미만의 자로서 치매 · 뇌혈관성질환 등 대통령령으로 정하는 노인성 질병을 가진 자를 말한다.

㉡ 장기요양급여 : 6개월 이상 동안 혼자서 일상생활을 수행하기 어렵다고 인정되는 자에게 신체활동 · 가사활동의 지원 또는 간병 등의 서비스나 이에 갈음하여 지급하는 현금 등을 말한다.

㉢ 장기요양사업 : 장기요양보험료, 국가 및 지방자치단체의 부담금 등을 재원으로 하여 노인 등에게 장기요양급여를 제공하는 사업을 말한다.

㉣ 장기요양기관 : 지정을 받은 기관으로서 장기요양급여를 제공하는 기관을 말한다.

㉤ 장기요양요원 : 장기요양기관에 소속되어 노인 등의 신체활동 또는 가사활동 지원 등의 업무를 수행하는 자를 말한다.

③ **장기요양급여 제공의 기본원칙(법 제3조)** 18회 기출

㉠ 장기요양급여는 노인 등이 자신의 의사와 능력에 따라 최대한 자립적으로 일상생활을 수행할 수 있도록 제공하여야 한다.

㉡ 장기요양급여는 노인 등의 심신상태 · 생활환경과 노인 등 및 그 가족의 욕구 · 선택을 종합적으로 고려하여 필요한 범위 안에서 이를 적정하게 제공하여야 한다.

㉢ 장기요양급여는 노인 등이 가족과 함께 생활하면서 가정에서 장기요양을 받는 **재가급여를 우선적으로 제공**하여야 한다.

㉣ 장기요양급여는 노인 등의 심신상태나 건강 등이 악화되지 아니하도록 **의료서비스와 연계**하여 이를 제공하여야 한다.

④ **국가 및 지방자치단체의 책무 등(법 제4조)** 16회 기출

㉠ 국가 및 지방자치단체는 노인이 일상생활을 혼자서 수행할 수 있는 온전한 심신 상태를 유지하는 데 필요한 사업(노인성질환예방사업)을 실시하여야 한다.

㉡ 국가는 노인성질환예방사업을 수행하는 지방자치단체 또는 국민건강보험법에 따른 국민건강보험공단에 대하여 이에 소요되는 비용을 지원할 수 있다.

㉢ 국가 및 지방자치단체는 노인인구 및 지역특성 등을 고려하여 장기요양급여가 원활하게 제공될 수 있도록 적정한 수의 장기요양기관을 확충하고 장기요양기관의 설립을 지원하여야 한다.

㉣ 국가 및 지방자치단체는 장기요양급여가 원활히 제공될 수 있도록 공단에 필요한 행정적 또는 재정적 지원을 할 수 있다.

㉤ 국가 및 지방자치단체는 장기요양요원의 처우를 개선하고 복지를 증진하며 지위를 향상시키기 위하여 적극적으로 노력하여야 한다.

㉥ 국가 및 지방자치단체는 지역의 특성에 맞는 장기요양사업의 표준을 개발 · 보급할 수 있다.

⑤ **장기요양급여에 관한 국가정책방향(법 제5조)** : 국가는 장기요양기본계획을 수립 · 시행함에 있어서 노인뿐만 아니라 장애인 등 일상생활을 혼자서 수행하기 어려운 모든 국민이 장기요양급여, 신체활동지원서비스 등을 제공받을 수 있도록 노력하고 나아가 이들의 생활안정과 자립을 지원할 수 있는 시책을 강구하여야 한다.

⑥ **장기요양기본계획(법 제6조 제1항)** : 보건복지부장관은 노인 등에 대한 장기요양급여를 원활하게 제공하기 위하여 5년 단위로 다음의 사항이 포함된 장기요양기본계획을 수립 · 시행하여야 한다.

㉠ 연도별 장기요양급여 대상인원 및 재원조달 계획

㉡ 연도별 장기요양기관 및 장기요양전문인력 관리 방안

㉢ 장기요양요원의 처우에 관한 사항

㉣ 그 밖에 노인 등의 장기요양에 관한 사항으로서 대통령령으로 정하는 사항

⑦ **실태조사(법 제6조의2 제1항)** : 보건복지부장관은 장기요양사업의 실태를 파악하기 위하여 3년마다 다음의 사항에 관한 조사를 정기적으로 실시하고 그 결과를 공표하여야 한다.

㉠ 장기요양인정에 관한 사항

㉡ 장기요양등급판정위원회의 판정에 따라 장기요양급여를 받을 사람의 규모, 그 급여의 수준 및 만족도에 관한 사항

㉢ 장기요양기관에 관한 사항

㉣ 장기요양요원의 근로조건, 처우 및 규모에 관한 사항

㉤ 그 밖에 장기요양사업에 관한 사항으로서 보건복지부령으로 정하는 사항

(2) 장기요양보험(법 제7조, 제8조 및 제9조)

10, 12, 16, 20회 기출

① 장기요양보험사업은 **보건복지부장관이 관장**한다.

② 장기요양보험사업의 보험자는 국민건강보험법에 따른 국민건강보험공단으로 한다.

③ 장기요양보험의 가입자는 국민건강보험법에 따른 가입자로 한다.

④ 공단은 외국인근로자의 고용 등에 관한 법률에 따른 외국인근로자 등 대통령령으로 정하는 외국인이 신청하는 경우 보건복지부령으로 정하는 바에 따라 장기요양보험가입자에서 제외할 수 있다.

⑤ 장기요양보험료는 보험료와 통합하여 징수한다. 이 경우 공단은 장기요양보험료와 건강보험료를 구분하여 고지하여야 한다.

⑥ 통합 징수한 장기요양보험료와 건강보험료를 각각의 독립회계로 관리하여야 한다.

⑦ 장기요양보험료는 **국민건강보험법에 따라 산정한 보험료액**(직장가입자 및 지역가입자의 월별 보험료액)에서 법령에 따라 경감 또는 면제되는 비용을 공제한 금액에 **건강보험료율 대비 장기요양보험료율의 비율**을 곱하여 산정한 금액으로 한다. 장기요양보험료율은 **장기요양위원회의 심의**를 거쳐 대통령령으로 정한다.

(3) 장기요양인정

① **장기요양인정의 신청자격(법 제12조)** : 장기요양인정을 신청할 수 있는 자는 노인 등으로서 다음의 어느 하나에 해당하는 자격을 갖추어야 한다.

㉠ 장기요양보험가입자 또는 그 피부양자

㉡ 의료급여법 제3조 제1항에 따른 수급권자(의료급여수급권자)

② **장기요양인정의 신청(법 제13조)** 11, 17회 기출

㉠ 장기요양인정을 신청하는 자(신청인)는 공단에 장기요양인정신청서(신청서라 한다)에 의사 또는 한의사가 발급하는 소견서(의사소견서)를 첨부하여 제출하여야 한다. 다만, 의사소견서는 공단이 등급판정위원회에 자료를 제출하기 전까지 제출할 수 있다.

㉡ 거동이 현저하게 불편하거나 도서 · 벽지 지역에 거주하여 의료기관을 방문하기 어려운 자 등 대통령령으로 정하는 자는 의사소견서를 제출하지 아니할 수 있다.

③ **등급판정 등(법 제15조, 시행령 제7조)** : 공단은 조사가 완료된 때 조사결과서, 신청서, 의사소견서, 그 밖에 심의에 필요한 자료를 등급판정위원회에 제출하여야 한다. 등급판정위원회는 신청인이 신청자격요건을 충족하고 6개월 이상 동안 혼자서 일상생활을 수행하기 어렵다고 인정하는 경우 심신상태 및 장기요양이 필요한 정도 등 대통령령으로 정하는 **등급판정기준에 따라 수급자로 판정**한다.

㉠ **장기요양 1등급** : 심신의 기능상태 장애로 일상생활에서 전적으로 다른 사람의 도움이 필요한 자로서 장기요양인정 점수가 95점 이상인 자

㉡ **장기요양 2등급** : 심신의 기능상태 장애로 일상생활에서 상당 부분 다른 사람의 도움이 필요한 자로서 장기요양인정 점수가 75점 이상 95점 미만인 자

㉢ **장기요양 3등급** : 심신의 기능상태 장애로 일상생활에서 부분적으로 다른 사람의 도움이 필요한 자로서 장기요양인정 점수가 60점 이상 75점 미만인 자

㉣ **장기요양 4등급** : 심신의 기능상태 장애로 일상생활에서 일정부분 다른 사람의 도움이 필요한 자로서 장기요양인정 점수가 51점 이상 60점 미만인 자

㉤ **장기요양 5등급** : 치매(노인성 질병에 해당하는 치매)환자로서 장기요양인정 점수가 45점 이상 51점 미만인 자

㉥ **장기요양 인지지원등급** : 치매(노인성 질병에 해당하는 치매)환자로서 장기요양인정 점수가 45점 미만인 자

④ **장기요양등급판정기간(법 제16조)** : 등급판정위원회는 신청인이 신청서를 제출한 날부터 30일 이내에 장기요양등급판정을 완료하여야 한다. 다만, 신청인에 대한 정밀조사가 필요한 경우 등 기간 이내에 등급판정을 완료할 수 없는 부득이한 사유가 있는 경우 30일 이내의 범위에서 이를 연장할 수 있다.

⑤ **장기요양인정서(법 제17조)** : 공단은 등급판정위원회가 장기요양인정 및 등급판정의 심의를 완료한 경우 지체 없이 다음의 사항이 포함된 장기요양인정서를 작성하여 수급자에게 송부하여야 한다.

㉠ 장기요양등급

㉡ 장기요양급여의 종류 및 내용

㉢ 그 밖에 장기요양급여에 관한 사항으로서 보건복지부령으로 정하는 사항

⑥ **장기요양인정서를 작성할 경우 고려사항(법 제18조)**

㉠ 수급자의 장기요양등급 및 생활환경

㉡ 수급자와 그 가족의 욕구 및 선택

㉢ 시설급여를 제공하는 경우 장기요양기관이 운영하는 시설 현황

⑦ 장기요양인정의 유효기간(법 제19조 및 시행령 제8조) 8회 기출

㉠ 장기요양인정의 유효기간은 2년으로 한다. 다만 장기요양인정의 갱신 결과 직전 등급과 같은 등급으로 판정된 경우 그 갱신된 장기요양인정의 유효기간은 장기요양 1등급의 경우 4년, 장기요양 2등급부터 4등급까지의 경우 3년, 장기요양 5등급 및 인지지원등급의 경우 2년이다.

㉡ 장기요양등급판정위원회는 장기요양 신청인의 심신상태 등을 고려하여 장기요양인정 유효기간을 6개월의 범위에서 늘리거나 줄일 수 있다.

⑧ 장기요양인정의 갱신(법 제20조) 11회 기출

㉠ 수급자는 장기요양인정의 유효기간이 만료된 후 장기요양급여를 계속하여 받고자 하는 경우 공단에 장기요양인정의 갱신을 신청하여야 한다.

㉡ 장기요양인정의 갱신 신청은 유효기간이 만료되기 전 30일까지 이를 완료하여야 한다.

⑨ 장기요양등급 등의 변경(법 제21조)

장기요양급여를 받고 있는 수급자는 장기요양등급, 장기요양급여의 종류 또는 내용을 변경하여 장기요양급여를 받고자 하는 경우 공단에 변경신청을 하여야 한다.

⑩ 장기요양인정 신청 등에 대한 대리(법 제22조) 11회 기출

㉠ 장기요양급여를 받고자 하는 자 또는 수급자가 신체적 · 정신적인 사유로 이 법에 따른 장기요양인정의 신청, 장기요양인정의 갱신신청 또는 장기요양등급의 변경신청 등을 직접 수행할 수 없을 때 본인의 가족이나 친족, 그 밖의 이해관계인은 이를 대리할 수 있다.

㉡ 사회복지전담공무원, 치매안심센터의 장은 관할 지역 안에 거주하는 사람 중 장기요양급여를 받고자 하는 사람 또는 수급자가 장기요양인정신청 등을 직접 수행할 수 없을 때 본인 또는 가족의 동의를 받아 그 신청을 대리할 수 있다.

㉢ 장기요양급여를 받고자 하는 자 또는 수급자가 장기요양인정신청 등을 할 수 없는 경우 특별자치시장 · 특별자치도지사 · 시장 · 군수 · 구청장이 지정하는 자는 이를 대리할 수 있다.

(4) 장기요양급여의 종류(법 제23조) 8, 10, 11, 14, 15, 17회 기출

① 재가급여

㉠ 방문요양 : 장기요양요원이 수급자의 가정 등을 방문하여 신체활동 및 가사활동 등을 지원하는 장기요양급여

㉡ 방문목욕 : 장기요양요원이 목욕설비를 갖춘 장비를 이용하여 수급자의 가정 등을 방문하여 목욕을 제공하는 장기요양급여

㉢ 방문간호 : 장기요양요원인 간호사 등이 의사, 한의사 또는 치과의사의 지시서(방문간호지시서)에 따라 수급자의 가정 등을 방문하여 간호, 진료의 보조, 요양에 관한 상담 또는 구강위생 등을 제공하는 장기요양급여

㉣ 주 · 야간보호 : 수급자를 하루 중 일정한 시간 동안 장기요양기관에 보호하여 신체활동지원 및 심신기능의 유지 · 향상을 위한 교육 · 훈련 등을 제공하는 장기요양급여

㉤ 단기보호 : 수급자를 보건복지부령으로 정하는 범위 안에서 일정 기간 동안 장기요양기관에 보호하여 신체활동 지원 및 심신기능의 유지 · 향상을 위한 교육 · 훈련 등을 제공하는 장기요양급여

㉥ 기타재가급여 : 수급자의 일상생활 · 신체활동 지원 및 인지기능의 유지 · 향상에 필요한 용구를 제공하거나 가정을 방문하여 재활에 관한 지원 등을 제공하는 장기요양급여로서 대통령령으로 정하는 것

② **시설급여** : 장기요양기관에 장기간 입소한 수급자에게 신체활동 지원 및 심신기능의 유지 · 향상을 위한 교육 · 훈련 등을 제공하는 장기요양급여

③ **특별현금급여**

㉠ 가족요양비(가족장기요양급여) : 국민건강보험공단은 **도서 · 벽지 등** 장기요양기관이 현저히 부족한 지역에 거주하는 자, 천재지변 등으로 장기요양기관이 실시하는 장기요양급여 이용이 어렵다고 인정된 자, 신체 · 정신 · 성격 등의 사유로 가족 등으로부터 장기요양을 받아야 하는 자가 가족 등으로부터 방문요양에 상당한 장기요양급여를 받은 경우 대통령령으로 정하는 기준에 따라 당해 수급자에게 특별현금급여로서 가족요양비를 지급할 수 있다.

㉡ 특례요양비(특례장기요양급여) : 국민건강보험공단은 수급자가 장기요양기관이 아닌 노인요양시설 등의 기관 또는 시설에서 재가급여 또는 시설급여에 상당한 장기요양급여를 받은 경우 대통령령으로 정하는 기준에 따라 당해 장기요양급여비용의 일부를 당해 수급자에게 특례요양비로 지급할 수 있다.

㉢ 요양병원간병비(요양병원장기요양급여) : 국민건강보험공단은 수급자가 규정에 따라 요양병원에 입원한 때 대통령령으로 정하는 기준에 따라 장기요양에 사용되는 비용의 일부를 요양병원간병비로 지급할 수 있다.

④ **장기요양기관의 종류 및 기준(시행령 제10조)** 17회 기출

㉠ 재가급여 제공 : 노인복지법에 따른 재가노인복지시설로서 노인장기요양보험법령에 따라 지정받은 장기요양기관

㉡ 시설급여 제공

- 노인복지법에 따른 **노인요양시설**로서 노인장기요양보험법령에 따라 지정받은 장기요양기관
- 노인복지법에 따른 **노인요양공동생활가정**으로서 노인장기요양보험법령에 따라 지정받은 장기요양기관

(5) 장기요양급여의 제공 10회 기출

① **장기요양급여의 제공(법 제27조)** : 수급자는 장기요양인정서와 개인별장기요양이용계획서가 도달한 날부터 장기요양급여를 받을 수 있다. 다만, 돌봄 가족이 없는 경우 등 대통령령으로 정하는 사유가 있는 경우 신청서를 제출한 날부터 장기요양인정서가 도달되는 날까지의 기간 중에도 장기요양급여를 받을 수 있다.

② **장기요양급여의 월 한도액(법 제28조)** : 장기요양급여는 월 한도액 범위 안에서 제공한다. 이 경우 월 한도액은 장기요양등급 및 장기요양급여의 종류 등을 고려하여 산정한다.

③ **장기요양급여의 제한(법 제29조)** : 공단은 장기요양급여를 받고 있는 자가 정당한 사유 없이 등급판정 조사나 자료의 제출 또는 보고 및 검사에 따른 요구에 응하지 아니하거나 답변을 거절한 경우 장기요양급여의 전부 또는 일부를 제공하지 아니하게 할 수 있다.

(6) 장기요양기관

9회 기출

① **장기요양기관의 지정(법 제31조)** : 재가급여 또는 시설급여를 제공하는 장기요양기관을 운영하려는 자는 보건복지부령으로 정하는 장기요양에 필요한 시설 및 인력을 갖추어 소재지를 관할 구역으로 하는 특별자치시장 · 특별자치도지사 · 시장 · 군수 · 구청장으로부터 지정을 받아야 한다.

② **결격사유(법 제32조의2)**

㉠ 미성년자, 피성년후견인 또는 피한정후견인

㉡ 정신질환자. 다만, 전문의가 장기요양기관 설립 · 운영 업무에 종사하는 것이 적합하다고 인정하는 사람은 그러하지 아니하다.

㉢ 마약류에 중독된 사람

㉣ 파산선고를 받고 복권되지 아니한 사람

㉤ 금고 이상의 실형을 선고받고 그 집행이 종료(집행이 종료된 것으로 보는 경우를 포함한다)되거나 집행이 면제된 날부터 5년이 경과되지 아니한 사람

㉥ 금고 이상의 형의 집행유예를 선고받고 그 유예기간 중에 있는 사람

㉦ 대표자가 위의 규정 중 어느 하나에 해당하는 법인

③ **장기요양기관의 의무 등(법 제35조)**

㉠ 장기요양기관은 수급자로부터 장기요양급여신청을 받은 때 장기요양급여의 제공을 거부하여서는 아니 된다. 다만, 입소정원에 여유가 없는 경우 등 정당한 사유가 있는 경우는 그러하지 아니하다.

㉡ 장기요양기관은 장기요양급여의 제공 기준 · 절차 및 방법 등에 따라 장기요양급여를 제공하여야 하며, 장기요양급여를 제공한 수급자에게 장기요양급여비용에 대한 명세서를 교부하여야 한다.

㉢ 장기요양기관의 장은 장기요양급여 제공에 관한 자료를 기록 · 관리하여야 하며, 장기요양기관의 장 및 그 종사자는 장기요양급여 제공에 관한 자료를 거짓으로 작성하여서는 아니 된다.

㉣ 장기요양기관은 제40조 제2항 단서에 따라 면제받거나 같은 조 제4항에 따라 감경받는 금액 외에 영리를 목적으로 수급자가 부담하는 재가 및 시설 급여비용(본인부담금)을 면제하거나 감경하는 행위를 하여서는 아니 된다.

㉤ 누구든지 영리를 목적으로 금전, 물품, 노무, 향응, 그 밖의 이익을 제공하거나 제공할 것을 약속하는 방법으로 수급자를 장기요양기관에 소개, 알선 또는 유인하는 행위 및 이를 조장하는 행위를 하여서는 아니 된다.

④ **장기요양기관 재무 · 회계기준(법 제35조의2)**

㉠ 장기요양기관의 장은 보건복지부령으로 정하는 재무 · 회계에 관한 기준에 따라 장기요양기관을 투명하게 운영하여야 한다. 다만, 장기요양기관 중 사회복지사업법에 따라 설치한 사회복지시설은 같은 조 제3항에 따른 재무 · 회계에 관한 기준에 따른다.

㉡ 보건복지부장관은 장기요양기관 재무 · 회계기준을 정할 때에는 장기요양기관의 특성 및 그 시행시기 등을 고려하여야 한다.

⑤ 장기요양기관의 폐업 등 신고 및 시정명령(법 제36조 및 제36조의2)

㉠ 장기요양기관의 장은 폐업하거나 휴업하고자 하는 경우 폐업이나 휴업 예정일 전 30일까지 특별자치시장 · 특별자치도지사 · 시장 · 군수 · 구청장에게 신고하여야 한다. 신고를 받은 특별자치시장 · 특별자치도지사 · 시장 · 군수 · 구청장은 지체 없이 신고 명세를 공단에 통보하여야 한다.

㉡ 장기요양기관의 장은 장기요양기관을 폐업 또는 휴업하려는 경우 보건복지부령으로 정하는 바에 따라 수급자의 권익을 보호하기 위하여 해당 장기요양기관을 이용하는 수급자가 다른 장기요양기관을 선택하여 이용할 수 있도록 계획을 수립하고 이행하는 조치, 해당 장기요양기관에서 수급자가 부담한 비용 중 정산하여야 할 비용이 있는 경우 이를 정산하는 조치, 그 밖에 수급자의 권익 보호를 위하여 필요하다고 인정되는 조치로서 보건복지부령으로 정하는 조치를 취하여야 한다.

㉢ 특별자치시장 · 특별자치도지사 · 시장 · 군수 · 구청장은 폐업 또는 휴업 신고를 접수한 경우 장기요양기관의 장이 수급자의 권익을 보호하기 위한 조치를 취하였는지의 여부를 확인하고, 인근지역에 대체 장기요양기관이 없는 경우 등 장기요양급여에 중대한 차질이 우려되는 때에는 장기요양기관의 폐업 또는 휴업 철회를 권고하거나 그 밖의 다른 조치를 강구하여야 한다.

㉣ 특별자치시장 · 특별자치도지사 · 시장 · 군수 · 구청장은 노인복지법에 따라 노인의료복지시설 등(장기요양기관이 운영하는 시설인 경우에 한한다)에 대하여 사업정지 또는 폐지 명령을 하는 경우 지체 없이 공단에 그 내용을 통보하여야 한다.

㉤ 장기요양기관의 장은 폐업 또는 휴업 신고를 할 때 보건복지부령으로 정하는 바에 따라 장기요양급여 제공 자료를 공단으로 이관하여야 한다. 다만, 휴업 신고를 하는 장기요양기관의 장이 휴업 예정일 전까지 공단의 허가를 받은 경우에는 장기요양급여 제공 자료를 직접 보관할 수 있다.

㉥ 특별자치시장 · 특별자치도지사 · 시장 · 군수 · 구청장은 장기요양기관 재무 · 회계기준을 위반한 장기요양기관에 대하여 6개월 이내의 범위에서 일정한 기간을 정하여 시정을 명할 수 있다.

(7) 재가 및 시설 급여비용 등

① 재가 및 시설 급여비용의 청구 및 지급 등(법 제38조)

㉠ 장기요양기관은 수급자에게 재가급여 또는 시설급여를 제공한 경우 국민건강보험공단에 장기요양급여비용을 청구하여야 한다.

㉡ 공단은 장기요양기관으로부터 재가 또는 시설 급여비용의 청구를 받은 경우 이를 심사하여 그 내용을 장기요양기관에 통보하여야 하며, 장기요양에 사용된 비용 중 공단부담금(재가 및 시설 급여비용 중 본인부담금을 공제한 금액을 말한다)을 해당 장기요양기관에 지급하여야 한다.

㉢ 공단은 장기요양기관의 장기요양급여평가 결과에 따라 장기요양급여비용을 가산 또는 감액 조정하여 지급할 수 있다.

㉣ 장기요양기관은 지급받은 장기요양급여비용 중 보건복지부장관이 정하여 고시하는 비율에 따라 그 일부를 장기요양요원에 대한 인건비로 지출하여야 한다.

② 재가 및 시설 급여비용의 산정(법 제39조)

㉠ 재가 및 시설 급여비용은 급여종류 및 장기요양등급 등에 따라 장기요양위원회의 심의를 거쳐 보건복지부장관이 정하여 고시한다.

㉡ 보건복지부장관은 재가 및 시설 급여비용을 정할 때 대통령령으로 정하는 바에 따라 국가 및 지방자치단체로부터 장기요양기관의 설립비용을 지원받았는지 여부 등을 고려할 수 있다.

③ 본인부담금(법 제40조) 8회 기출

㉠ 장기요양급여(특별현금급여는 제외)를 받는 자는 대통령령으로 정하는 바에 따라 비용의 일부를 본인이 부담한다. 이 경우 장기요양급여를 받는 수급자의 장기요양등급, 이용하는 장기요양급여의 종류 및 수준 등에 따라 본인부담의 수준을 달리 정할 수 있다.

장기요양급여를 받는 자가 부담하여야 하는 본인부담의 수준(시행령 제15조의8 참고) • 재가급여 : 해당 장기요양급여비용의 100분의 15 • 시설급여 : 해당 장기요양급여비용의 100분의 20

㉡ 수급자 중 의료급여법에 따른 의료급여 수급자는 본인부담금을 부담하지 아니한다.

㉢ 다음의 장기요양급여에 대한 비용은 수급자 본인이 전부 부담한다.

- 급여의 범위 및 대상에 포함되지 아니하는 장기요양급여
- 수급자가 장기요양인정서에 기재된 장기요양급여의 종류 및 내용과 다르게 선택하여 장기요양급여를 받은 경우 그 차액
- 장기요양급여의 월 한도액을 초과하는 장기요양급여

㉣ 다음의 어느 하나에 해당하는 자에 대해서는 본인부담금의 100분의 60의 범위에서 보건복지부장관이 정하는 바에 따라 차등하여 감경할 수 있다.

- 의료급여법에 따른 수급권자
- 소득 · 재산 등이 보건복지부장관이 정하여 고시하는 일정 금액 이하인 자(다만, 도서 · 벽지 · 농어촌 등의 지역에 거주하는 자에 대하여 따로 금액을 정할 수 있다)
- 천재지변 등 보건복지부령으로 정하는 사유로 인하여 생계가 곤란한 자

④ **구상권(법 제44조)** : 공단은 제3자의 행위로 인한 장기요양급여의 제공사유가 발생하여 수급자에게 장기요양급여를 행한 때 **그 급여에 사용된 비용의 한도 안에서 그 제3자에 대한 손해배상의 권리**를 얻는다. 공단은 장기요양급여를 받은 자가 제3자로부터 이미 손해배상을 받은 때 그 손해배상액의 한도 안에서 장기요양급여를 행하지 아니한다.

(8) 장기요양위원회

① **장기요양위원회의 설치 및 기능(법 제45조)** : 다음의 사항을 심의하기 위하여 보건복지부장관 소속으로 장기요양위원회를 둔다.

㉠ 장기요양보험료율

㉡ 가족요양비, 특례요양비 및 요양병원간병비의 지급기준

㉢ 재가 및 시설 급여비용

㉣ 그 밖에 대통령령으로 정하는 주요 사항

② **장기요양위원회의 구성(법 제46조)**

㉠ 장기요양위원회는 **위원장 1인, 부위원장 1인을 포함한 16인 이상 22인 이하의 위원으로 구성한다.**

㉡ 위원장이 아닌 위원은 다음의 자 중에서 보건복지부장관이 임명 또는 위촉한 자로 하고, 각 호에 해당하는 자를 각각 동수로 구성하여야 한다.

- 근로자단체, 사용자단체, 시민단체(비영리민간단체지원법 제2조에 따른 비영리민간단체를 말한다), 노인단체, 농어업인단체 또는 자영자단체를 대표하는 자
- 장기요양기관 또는 의료계를 대표하는 자
- 대통령령으로 정하는 관계 중앙행정기관의 고위공무원단 소속 공무원, 장기요양에 관한 학계 또는 연구계를 대표하는 자, 공단 이사장이 추천하는 자

㉢ 위원장은 보건복지부차관이 되고, 부위원장은 위원 중에서 위원장이 지명한다.

㉣ 장기요양위원회 위원의 임기는 3년으로 한다. 다만, 공무원인 위원의 임기는 재임기간으로 한다.

③ **장기요양위원회의 운영(법 제47조)**

㉠ 장기요양위원회 회의는 **구성원 과반수의 출석으로 개의하고 출석위원 과반수의 찬성으로 의결**한다.

㉡ 장기요양위원회의 효율적 운영을 위하여 분야별로 실무위원회를 둘 수 있다.

(9) 관리운영기관 등(법 제48조)

① 장기요양사업의 관리운영기관은 공단으로 한다.

② **공단의 업무**

㉠ 장기요양보험가입자 및 그 피부양자와 의료급여수급권자의 자격관리

㉡ 장기요양보험료의 부과 · 징수

㉢ 신청인에 대한 조사

㉣ 등급판정위원회의 운영 및 장기요양등급 판정

㉤ 장기요양인정서의 작성 및 개인별장기요양이용계획서의 제공

㉥ 장기요양급여의 관리 및 평가

㉦ 수급자 및 그 가족에 대한 정보제공 · 안내 · 상담 등 장기요양급여 관련 이용지원에 관한 사항

㉧ 재가 및 시설 급여비용의 심사 및 지급과 특별현금급여의 지급

㉨ 장기요양급여 제공내용 확인

㉩ 장기요양사업에 관한 조사 · 연구 및 홍보

㉪ 노인성질환예방사업

㉫ 이 법에 따른 부당이득금의 부과 · 징수 등

㉬ 장기요양급여의 제공기준을 개발하고 장기요양급여비용의 적정성을 검토하기 위한 장기요양기관의 설치 및 운영

㉭ 그 밖에 장기요양사업과 관련하여 보건복지부장관이 위탁한 업무

③ 공단은 장기요양기관을 설치할 때 노인인구 및 지역특성 등을 고려한 지역 간 **불균형 해소를 고려**하여야 하고, 설치 목적에 필요한 **최소한의 범위**에서 이를 설치 · 운영하여야 한다.

④ 국민건강보험법에 따른 공단의 정관은 장기요양사업과 관련하여 장기요양보험료, 장기요양급여, 장기요양사업에 관한 예산 및 결산, 그 밖에 대통령령으로 정하는 사항을 포함 · 기재한다.

(10) 등급판정위원회

① 등급판정위원회의 설치(법 제52조)

㉠ 장기요양인정 및 장기요양등급 판정 등을 심의하기 위하여 공단에 장기요양등급판정위원회를 둔다.

㉡ 등급판정위원회는 특별자치시 · 특별자치도 · 시 · 군 · 구 단위로 설치한다. 다만, 인구수 등을 고려하여 하나의 특별자치시 · 특별자치도 · 시 · 군 · 구에 2 이상의 등급판정위원회를 설치하거나 2 이상의 특별자치시 · 특별자치도 · 시 · 군 · 구를 통합하여 하나의 등급판정위원회를 설치할 수 있다.

㉢ 등급판정위원회는 위원장 1인을 포함하여 15인의 위원으로 구성한다.

㉣ 등급판정위원회 위원은 다음의 자 중에서 공단 이사장이 위촉한다. 이 경우 특별자치시장 · 특별자치도지사 · 시장 · 군수 · 구청장이 추천한 위원은 7인, 의사 또는 한의사가 1인 이상 각각 포함되어야 한다.

- 의료법에 따른 의료인
- 사회복지사업법에 따른 사회복지사
- 특별자치시 · 특별자치도 · 시 · 군 · 구 소속 공무원
- 그 밖에 법학 또는 장기요양에 관한 학식과 경험이 풍부한 자

㉤ 등급판정위원회 위원의 임기는 3년으로 하되, 한 차례만 연임할 수 있다. 다만, 공무원인 위원의 임기는 재임기간으로 한다.

② 등급판정위원회의 운영(법 제53조)

㉠ 등급판정위원회 위원장은 위원 중에서 특별자치시장 · 특별자치도지사 · 시장 · 군수 · 구청장이 위촉한다. 이 경우 2 이상의 특별자치시 · 특별자치도 · 시 · 군 · 구를 통합하여 하나의 등급판정위원회를 설치하는 때 해당 특별자치시장 · 특별자치도지사 · 시장 · 군수 · 구청장이 공동으로 위촉한다.

㉡ 등급판정위원회 회의는 구성원 과반수의 출석으로 개의하고 출석위원 과반수의 찬성으로 의결한다.

(11) 이의신청 및 심사청구

9, 13회 기출

① 심사청구(법 제55조)

㉠ 장기요양인정 · 장기요양등급 · 장기요양급여 · 부당이득 · 장기요양급여비용 또는 장기요양보험료 등에 관한 공단의 처분에 이의가 있는 자는 공단에 심사청구를 할 수 있다.

㉡ 심사청구는 그 처분이 있음을 안 날부터 90일 이내에 문서(전자정부법에 따른 전자문서를 포함한다)로 하여야 하며, 처분이 있은 날부터 180일을 경과하면 이를 제기하지 못한다. 다만, 정당한 사유로 그 기간에 심사청구를 할 수 없었음을 증명하면 그 기간이 지난 후에도 심사청구를 할 수 있다.

㉢ 심사청구 사항을 심사하기 위하여 공단에 장기요양심사위원회를 둔다.

② **재심사청구(법 제56조)**

㉠ 심사청구에 대한 결정에 불복하는 사람은 그 결정통지를 받은 날부터 90일 이내에 장기요양재심사위원회에 재심사를 청구할 수 있다.

㉡ 재심사위원회는 보건복지부장관 소속으로 두고, 위원장 1인을 포함한 20인 이내의 위원으로 구성한다.

㉢ 재심사위원회의 위원은 관계 공무원, 법학, 그 밖에 장기요양사업 분야의 학식과 경험이 풍부한 자 중에서 보건복지부장관이 임명 또는 위촉한다. 이 경우 공무원이 아닌 위원이 전체 위원의 과반수가 되도록 하여야 한다.

③ **행정소송(법 제57조)** : 공단의 처분에 이의가 있는 자와 심사청구 또는 재심사청구에 대한 결정에 불복하는 자는 행정소송법으로 정하는 바에 따라 행정소송을 제기할 수 있다.

(12) 보 칙

① **국가의 부담(법 제58조)**

㉠ 국가는 매년 예산의 범위 안에서 **해당 연도 장기요양보험료 예상수입액의 100분의 20에 상당하는 금액을 공단에 지원한다.**

㉡ 국가와 지방자치단체는 대통령령으로 정하는 바에 따라 의료급여수급권자의 장기요양급여비용, 의사소견서 발급비용, 방문간호지시서 발급비용 중 공단이 부담하여야 할 비용(면제 및 감경됨으로 인하여 공단이 부담하게 되는 비용을 포함) 및 관리운영비의 전액을 부담한다.

㉢ 지방자치단체가 부담하는 금액은 특별시 · 광역시 · 특별자치시 · 도 · 특별자치도와 시 · 군 · 구가 분담한다.

② **전자문서의 사용(법 제59조)**

㉠ 장기요양사업에 관련된 각종 서류의 기록, 관리 및 보관은 보건복지부령으로 정한 전자문서로 한다.

㉡ 공단 및 장기요양기관은 장기요양기관의 지정신청, 재가 · 시설 급여비용의 청구 및 지급, 장기요양기관의 재무 · 회계정보처리 등에 대하여 전산매체 또는 전자문서교환방식을 이용하여야 한다.

㉢ 정보통신망 및 정보통신서비스 시설이 열악한 지역 등 보건복지부장관이 정하는 지역의 경우 전자문서 · 전산매체 또는 전자문서교환방식을 이용하지 아니할 수 있다.

③ **자료의 제출 등(법 제60조)** : 공단은 장기요양급여 제공내용 확인, 장기요양급여의 관리 · 평가 및 장기요양보험료 산정 등 장기요양사업 수행에 필요하다고 인정할 때 다음의 어느 하나에 해당하는 자에게 자료의 제출을 요구할 수 있다. 자료의 제출을 요구받은 자는 성실히 이에 응하여야 한다.

㉠ 장기요양보험가입자 또는 그 피부양자 및 의료급여수급권자

㉡ 수급자 및 장기요양기관

④ **보고 및 검사(법 제61조)** : 보건복지부장관 또는 특별자치시장 · 특별자치도지사 · 시장 · 군수 · 구청장은 다음의 어느 하나에 해당하는 자에게 보수 · 소득이나 그 밖에 보건복지부령으로 정하는 사항의 보고 또는 자료의 제출을 명하거나 소속 공무원으로 하여금 관계인에게 질문을 하게 하거나 관계 서류를 검사하게 할 수 있다.

㉠ 장기요양보험가입자

㉡ 피부양자

㉢ 의료급여수급권자

⑤ **비밀누설금지(법 제62조)** : 다음에 해당하는 자는 업무수행 중 알게 된 비밀을 누설하여서는 아니 된다.

㉠ 특별자치시 · 특별자치도 · 시 · 군 · 구, 공단, 등급판정위원회 및 장기요양기관에 종사하고 있거나 종사한 자

㉡ 가족요양비 · 특례요양비 및 요양병원간병비와 관련된 급여를 제공한 자

⑥ **수급권의 보호(법 제66조)** : 장기요양급여를 받을 권리는 양도 또는 압류하거나 담보로 제공할 수 없고 특별현금급여수급계좌의 예금에 관한 채권도 압류할 수 없다.

(13) 벌칙(법 제67조)

① 거짓이나 그 밖의 부정한 방법으로 장기요양급여비용을 청구한 자는 3년 이하의 징역 또는 3천만 원 이하의 벌금에 처한다.

② 다음의 어느 하나에 해당하는 자는 2년 이하의 징역 또는 2천만 원 이하의 벌금에 처한다.

㉠ 장기요양기관의 지정을 위반하여 지정받지 아니하고 장기요양기관을 운영하거나 거짓이나 그 밖의 부정한 방법으로 지정받은 자

㉡ 본인부담금을 면제하거나 감경하는 행위를 하여서는 아니되는 장기요양기관의 의무를 위반하여 본인일부부담금을 면제 또는 감경하는 행위를 한 자

㉢ 수급자를 소개, 알선 또는 유인하는 행위를 하거나 이를 조장한 자

㉣ 비밀누설금지를 위반하여 업무수행 중 알게 된 비밀을 누설한 자

③ 다음의 어느 하나에 해당하는 자는 1년 이하의 징역 또는 1천만 원 이하의 벌금에 처한다.

㉠ 장기요양기관의 의무 등을 위반하여 정당한 사유 없이 장기요양급여의 제공을 거부한 자

㉡ 거짓이나 그 밖의 부정한 방법으로 장기요양급여를 받거나 다른 사람으로 하여금 장기요양급여를 받게 한 자

㉢ 정당한 사유 없이 권익보호조치를 하지 아니한 사람

㉣ 수급자가 부담한 비용을 정산하지 아니한 자

④ 자료제출 명령에 따르지 아니하거나 거짓으로 자료제출을 한 장기요양기관이나 질문 또는 검사를 거부 · 방해 또는 기피하거나 거짓으로 답변한 장기요양기관은 1천만원 이하의 벌금에 처한다.

CHAPTER 04

출제유형문제

01 국민연금법상 급여의 종류에 해당하는 것을 모두 고른 것은? [19회]

ㄱ. 노령연금
ㄴ. 장해급여
ㄷ. 유족연금
ㄹ. 반환일시금

① ㄱ, ㄴ, ㄷ
② ㄱ, ㄴ, ㄹ
③ ㄱ, ㄷ, ㄹ
④ ㄴ, ㄷ, ㄹ
⑤ ㄱ, ㄴ, ㄷ, ㄹ

해설 ㄴ. 장해급여는 산업재해보상보험법상 보험급여에 해당한다.

국민연금법상 급여의 종류(국민연금법 제49조)

- 노령연금
- 장애연금
- 유족연금
- 반환일시금

02 국민건강보험법상 가입자가 자격을 상실하는 시기로 옳은 것은? [17회]

① 사망한 날 다음 날
② 국적을 잃은 날
③ 국내에 거주하지 아니하게 된 날
④ 직장가입자의 피부양자가 된 다음 날
⑤ 수급권자가 된 다음 날

해설 가입자 자격의 상실 시기(국민건강보험법 제10조 제1항)

- 사망한 날의 다음 날
- 국적을 잃은 날의 다음 날
- 국내에 거주하지 아니하게 된 다음 날
- 직장가입자의 피부양자가 된 날
- 수급권자가 된 날
- 건강보험을 적용받고 있던 사람이 유공자 등 의료보호대상자가 되어 건강보험의 적용배제신청을 한 날

Answer 1 ③ 2 ①

03 고용보험법령상 취업촉진 수당의 종류가 아닌 것은? [11회]

① 구직급여
② 이주비
③ 광역 구직활동비
④ 직업능력개발 수당
⑤ 조기(早期) 재취업 수당

해설 실업급여의 종류(고용보험법 제37조)
- 실업급여는 구직급여와 취업촉진 수당으로 구분한다.
- 취업촉진 수당의 종류 : 조기(早期) 재취업 수당, 직업능력개발 수당, 광역 구직활동비, 이주비 등이 있다.

04 산업재해보상보험법령의 내용으로 옳은 것은? [12회]

① 사망한 자와 사실상 혼인 관계에 있는 자는 유족의 범위에 포함되지 않는다.
② 장해급여의 결정과 지급은 한국장애인고용공단에서 수행한다.
③ 진폐에 따른 산업재해보상보험급여의 종류로는 요양급여, 휴업급여, 장해급여 등이 있다.
④ 휴업급여는 취업하지 못한 기간에 관계없이 지급한다.
⑤ 유족보상연금 수급권자인 사망한 근로자의 배우자가 재혼한 때에는 그 자격을 잃는다.

해설 ① '유족'이란 사망한 사람의 배우자(사실상 혼인 관계에 있는 사람을 포함) · 자녀 · 부모 · 손자녀 · 조부모 또는 형제자매를 말한다(산업재해보상보험법 제5조 제3호).
② 산업재해보상보험법상 보험급여의 결정과 지급은 근로복지공단에서 수행한다(동법 제11조 제1항 참조).
③ 진폐에 따른 산업재해보상보험급여의 종류는 요양급여, 간병급여, 장례비, 직업재활급여, 진폐보상연금 및 진폐유족연금으로 한다(동법 제36조 제1항 참조).
④ 휴업급여는 업무상 사유로 부상을 당하거나 질병에 걸린 근로자에게 요양으로 취업하지 못한 기간에 대하여 지급하되, 1일당 지급액은 평균임금의 100분의 70에 상당하는 금액으로 한다. 다만, 취업하지 못한 기간이 3일 이내이면 지급하지 아니한다(동법 제52조).

05 국민연금법령에 관한 설명으로 옳지 않은 것은? [13회]

① 부담금이란 사업장가입자가 부담하는 금액을 말한다.
② 가입자는 사업장가입자, 지역가입자, 임의가입자 및 임의계속가입자로 구분한다.
③ 가입자의 가입 종류가 변동되면 그 가입자의 가입기간은 각 종류별 가입기간을 합산한 기간으로 한다.
④ 국민연금공단은 법인으로 한다.
⑤ 연금액은 지급사유에 따라 기본연금액과 부양가족연금액을 기초로 산정한다.

해설 ① '부담금'은 사업장가입자의 사용자가 부담하는 금액을 말하며, '기여금'은 사업장가입자가 부담하는 금액을 말한다(국민연금법 제3조 제1항 제11호 및 제12호).

3 ① 4 ⑤ 5 ① Answer

06 산업재해보상보험법상 업무상 사고에 해당하지 않는 것은? [18회]

① 출장기간 중 발생한 모든 사고
② 근로자가 근로계약에 따른 업무나 그에 따르는 행위를 하던 중 발생한 사고
③ 휴게시간 중 사업주의 지배관리 하에 있다고 볼 수 있는 행위로 발생한 사고
④ 사업주가 주관하거나 사업주의 지시에 따라 참여한 행사나 행사준비 중에 발생한 사고
⑤ 사업주가 제공한 시설물 등을 이용하던 중 그 시설물 등의 결함이나 관리소홀로 발생한 사고

해설 ① 근로자가 사업주의 지시를 받아 사업장 밖에서 업무를 수행하던 중에 발생한 사고는 법령에 따른 업무상 사고로 본다. 다만, 사업주의 구체적인 지시를 위반한 행위, 근로자의 사적 행위 또는 정상적인 출장 경로를 벗어났을 때 발생한 사고는 업무상 사고로 보지 않는다(산업재해보상보험법 시행령 제27조 제2항).

07 노인장기요양보험법상 장기요양급여 제공의 기본원칙에 해당하는 것을 모두 고른 것은? [18회]

ㄱ. 노인 등의 심신상태나 건강 등이 악화되지 아니하도록 의료서비스와 연계하여 이를 제공하여야 한다.
ㄴ. 노인 등이 자신의 의사와 능력에 따라 최대한 자립적으로 일상생활을 수행할 수 있도록 제공하여야 한다.
ㄷ. 노인 등이 가족과 함께 생활하면서 가정에서 장기요양을 받는 재가급여를 우선적으로 제공하여야 한다.
ㄹ. 노인 등의 심신상태 · 생활환경과 노인 등 및 그 가족의 욕구 · 선택을 종합적으로 고려하여 필요한 범위 안에서 이를 적정하게 제공하여야 한다.

① ㄴ, ㄹ
② ㄱ, ㄴ, ㄷ
③ ㄱ, ㄷ, ㄹ
④ ㄴ, ㄷ, ㄹ
⑤ ㄱ, ㄴ, ㄷ, ㄹ

해설 장기요양급여 제공의 기본원칙(노인장기요양보험법 제3조)

- 장기요양급여는 노인 등이 자신의 의사와 능력에 따라 최대한 자립적으로 일상생활을 수행할 수 있도록 제공하여야 한다.(ㄴ)
- 장기요양급여는 노인 등의 심신상태 · 생활환경과 노인 등 및 그 가족의 욕구 · 선택을 종합적으로 고려하여 필요한 범위 안에서 이를 적정하게 제공하여야 한다.(ㄹ)
- 장기요양급여는 노인 등이 가족과 함께 생활하면서 가정에서 장기요양을 받는 재가급여를 우선적으로 제공하여야 한다.(ㄷ)
- 장기요양급여는 노인 등의 심신상태나 건강 등이 악화되지 아니하도록 의료서비스와 연계하여 이를 제공하여야 한다.(ㄱ)

Answer 6 ① 7 ⑤

08 국민연금법상 지역가입자에 관한 내용이다. (　)에 들어갈 숫자가 순서대로 옳은 것은? [14회]

> (　)세 이상 (　)세 미만인 자로서 학생이거나 군 복무 등의 이유로 소득이 없는 자(연금보험료를 납부한 사실이 있는 자는 제외한다)는 지역가입자에서 제외한다.

① 15, 25　　② 15, 27
③ 18, 27　　④ 18, 30
⑤ 20, 30

해설 **국민연금법상 지역가입자(국민연금법 제9조 참조)**

사업장가입자가 아닌 자로서 18세 이상 60세 미만인 자는 당연히 지역가입자가 된다. 다만, 다음의 어느 하나에 해당하는 자는 제외한다.

- 다음의 어느 하나에 해당하는 자의 배우자로서 별도의 소득이 없는 자
  - 공무원연금법, 군인연금법, 사립학교교직원 연금법 및 별정우체국법을 적용받는 공무원, 군인 및 사립학교 교직원, 그 밖에 대통령령으로 정하는 자
  - 사업장가입자, 지역가입자 및 임의계속가입자
  - 노령연금 수급권자 및 퇴직연금 등 수급권자
- 퇴직연금 등 수급권자(단, 퇴직연금 등 수급권자가 국민연금과 직역연금의 연계 신청을 한 경우는 지역가입자가 됨)
- 18세 이상 27세 미만인 자로서 학생이거나 군 복무 등의 이유로 소득이 없는 자(단, 연금보험료를 납부한 사실이 있는 경우는 지역가입자가 됨)
- 국민기초생활보장법에 따른 생계급여 수급자 또는 의료급여 수급자
- 1년 이상 행방불명된 자(이 경우 행방불명된 자에 대한 인정 기준 및 방법은 대통령령으로 정함)

09 고용보험법의 내용으로 옳은 것은? [18회]

① 고용노동부장관은 보험사업에 대하여 3년마다 평가를 하여야 한다.
② 국가는 매년 보험사업에 드는 비용의 20%를 특별회계에서 부담하여야 한다.
③ 피보험자는 이 법이 적용되는 사업에 고용된 날의 다음 달부터 피보험자격을 취득한다.
④ 실업급여로서 지급된 금품에 대하여 국가는 「국세기본법」에 따른 모든 공과금을 부과하여야 한다.
⑤ 고용보험사업으로 고용안정 · 직업능력개발 사업, 실업급여, 육아휴직 급여 및 출산전후휴가 급여 등을 실시한다.

해설 ⑤ 고용보험법 제4조 제1항
① 고용노동부장관은 보험사업에 대하여 상시적이고 체계적인 평가를 하여야 한다(동법 제11조의2 제1항).
② 국가는 매년 보험사업에 드는 비용의 일부를 일반회계에서 부담하여야 한다(동법 제5조 제1항).
③ 근로자인 피보험자는 이 법이 적용되는 사업에 고용된 날에 피보험자격을 취득한다(동법 제13조 제1항).
④ 실업급여로서 지급된 금품에 대하여는 국가나 지방자치단체의 공과금(「국세기본법」 또는 「지방세기본법」에 따른 공과금을 말한다)을 부과하지 아니한다(동법 제38조의2).

8 ③ 9 ⑤ Answer

10 국민건강보험법령상 직장가입자의 피부양자가 될 수 없는 자는?(단, 직장가입자에게 주로 생계를 의존하고, 그와 동거하며 보수나 소득이 없는 자에 한함) [14회]

① 직장가입자의 배우자의 자매
② 직장가입자의 배우자
③ 직장가입자의 자녀
④ 직장가입자의 부모
⑤ 직장가입자의 조부모

해설 **직장가입자의 피부양자가 될 수 있는 사람(국민건강보험법 제5조 제2항 참조)**

건강보험의 피부양자는 다음의 어느 하나에 해당하는 사람 중 직장가입자에게 주로 생계를 의존하는 사람으로서 소득 및 재산이 보건복지부령으로 정하는 기준 이하에 해당하는 사람을 말한다.

- 직장가입자의 배우자
- 직장가입자의 직계존속(배우자의 직계존속 포함)
- 직장가입자의 직계비속(배우자의 직계비속 포함)과 그 배우자
- 직장가입자의 형제 · 자매

제3영역

11 노인장기요양보험법상 다음은 어떤 장기요양급여에 관한 설명인가? [15회]

수급자를 하루 중 일정한 시간 동안 장기요양기관에 보호하여 신체활동 지원 및 심신 기능의 유지 · 향상을 위한 교육 · 훈련 등을 제공하는 장기요양급여

① 방문요양
② 방문간호
③ 주 · 야간보호
④ 단기보호
⑤ 기타 재가급여

해설 ① 방문요양 : 장기요양요원이 수급자의 가정 등을 방문하여 신체활동 및 가사활동 등을 지원하는 장기요양급여

② 방문간호 : 장기요양요원인 간호사 등이 의사, 한의사 또는 치과의사의 지시서에 따라 수급자의 가정 등을 방문하여 간호, 진료의 보조, 요양에 관한 상담 또는 구강위생 등을 제공하는 장기요양급여

④ 단기보호 : 수급자를 보건복지부령으로 정하는 범위 안에서 일정 기간 동안 장기요양기관에 보호하여 신체활동 지원 및 심신기능의 유지 · 향상을 위한 교육 · 훈련 등을 제공하는 장기요양급여

⑤ 기타 재가급여 : 수급자의 일상생활 · 신체활동 지원 및 인지기능의 유지 · 향상에 필요한 용구를 제공하거나 가정을 방문하여 재활에 관한 지원 등을 제공하는 장기요양급여로서 대통령령으로 정하는 것

Answer 10 ① 11 ③

CHAPTER 04

최신기출문제

01 국민건강보험법상 요양급여에 해당하지 않는 것은? [18회]

① 예방 · 재활
② 이송(移送)
③ 요양병원간병비
④ 처치 · 수술 및 그 밖의 치료
⑤ 약제(藥劑) · 치료재료의 지급

해설 ③ 요양병원간병비는 노인장기요양보험법상 장기요양급여에 해당한다(노인장기요양보험법 제23조 제1항 참조).

요양급여(국민건강보험법 제41조 제1항)

가입자와 피부양자의 질병, 부상, 출산 등에 대하여 다음의 요양급여를 실시한다.

- 진찰 · 검사
- 약제(藥劑) · 치료재료의 지급(⑤)
- 처치 · 수술 및 그 밖의 치료(④)
- 예방 · 재활(①)
- 입 원
- 간 호
- 이송(移送)(②)

02 국민건강보험법상 건강보험심사평가원의 업무에 해당하는 것은? [20회]

① 요양급여의 적정성 평가
② 가입자의 자격 관리
③ 보험급여의 관리
④ 보험급여 비용의 지급
⑤ 보험료의 부과 · 징수

1 ③ 2 ① Answer

해설 ②·③·④·⑤ 국민건강보험공단의 업무에 해당한다(국민건강보험법 제14조 제1항 참조).

건강보험심사평가원의 업무(국민건강보험법 제63조 제1항 참조)

- 요양급여비용의 심사
- 요양급여의 적정성 평가(①)
- 심사기준 및 평가기준의 개발
- 위의 업무와 관련된 조사연구 및 국제협력
- 다른 법률에 따라 지급되는 급여비용의 심사 또는 의료의 적정성 평가에 관하여 위탁받은 업무
- 건강보험과 관련하여 보건복지부장관이 필요하다고 인정한 업무
- 그 밖에 보험급여 비용의 심사와 보험급여의 적정성 평가와 관련하여 대통령령으로 정하는 업무

03 국민연금법상 급여의 종류에 해당하는 것을 모두 고른 것은? [20회]

ㄱ. 노령연금
ㄴ. 장애인연금
ㄷ. 장해급여
ㄹ. 장애연금
ㅁ. 반환일시금

① ㄱ, ㄴ, ㄹ
② ㄱ, ㄴ, ㅁ
③ ㄱ, ㄷ, ㅁ
④ ㄱ, ㄹ, ㅁ
⑤ ㄴ, ㄷ, ㄹ

해설 ㄴ. 장애인연금은 「장애인연금법」에 따른 급여에 해당한다.
ㄷ. 장해급여는 「산업재해보상보험법」에 따른 급여에 해당한다.

Answer 3 ④

04 산업재해보상보험법의 내용으로 옳지 않은 것은? [20회]

① "업무상의 재해"란 업무상의 사유에 따른 근로자의 부상 · 질병 · 장해 또는 사망을 말한다.
② 보험급여에는 간병급여, 상병보상연금, 실업급여 등이 있다.
③ 근로복지공단은 법인으로 한다.
④ "출퇴근"이란 취업과 관련하여 주거와 취업장소 사이의 이동 또는 한 취업장소에서 다른 취업 장소로의 이동을 말한다.
⑤ 요양급여는 근로자가 업무상의 사유로 부상을 당하거나 질병에 걸린 경우에 그 근로자에게 지급한다.

해설 ② 실업급여는 「고용보험법」에 따른 보험급여에 해당한다.

산업재해보상보험법상 보험급여의 종류(산업재해보상보험법 제36조 제1항 참조)

- 요양급여
- 휴업급여
- 장해급여
- 간병급여
- 유족급여
- 상병보상연금
- 장례비
- 직업재활급여

05 고용보험법의 내용으로 옳은 것은? [20회]

① 고용보험기금은 기획재정부장관이 관리 · 운용한다.
② 국가는 매년 보험사업에 드는 비용의 일부를 일반회계에서 부담하여야 한다.
③ 취업촉진 수당의 종류로는 구직급여, 직업능력개발 수당 등이 있다.
④ "실업"이란 근로의 의사와 능력이 없어 취업하지 못한 상태에 있는 것을 말한다.
⑤ "일용근로자"란 6개월 미만 동안 고용되는 사람을 말한다.

해설 ② 고용보험법 제5조 제1항
① 고용보험기금은 고용노동부장관이 관리 · 운용한다(동법 제79조 제1항).
③ 취업촉진 수당의 종류로는 조기재취업 수당, 직업능력개발 수당, 광역 구직활동비, 이주비 등이 있다(동법 제37조 제2항 참조).
④ "실업"이란 근로의 의사와 능력이 있음에도 불구하고 취업하지 못한 상태에 있는 것을 말한다(동법 제2조 제3호).
⑤ "일용근로자"란 1개월 미만 동안 고용되는 사람을 말한다(동법 제2조 제6호).

Answer 4 ② 5 ②

06 노인장기요양보험법의 내용으로 옳은 것은? [20회]

① 장기요양보험사업은 보건복지부장관이 관장한다.

② "장기요양급여"란 장기요양등급판정 결과에 따라 1개월 이상 동안 혼자서 일상생활을 수행하기 어렵다고 인정되는 자에게 신체활동 · 가사활동의 지원 또는 간병 등의 서비스를 말한다.

③ 장기요양기관은 수급자에게 재가급여 또는 시설급여를 제공한 경우 시 · 도지사에게 장기요양급여비용을 청구하여야 한다.

④ "노인 등"이란 60세 이상의 노인 또는 60세 미만의 자로서 치매 · 뇌혈관성질환 등 대통령령으로 정하는 노인성 질병을 가진 자를 말한다.

⑤ 재가급여에는 방문요양, 방문목욕, 특별현금급여가 있다.

해설

① 노인장기요양보험법 제7조 제1항

② "장기요양급여"란 장기요양등급판정 결과에 따라 6개월 이상 동안 혼자서 일상생활을 수행하기 어렵다고 인정되는 자에게 신체활동 · 가사활동의 지원 또는 간병 등의 서비스나 이에 갈음하여 지급하는 현금 등을 말한다(동법 제2조 제2호).

③ 장기요양기관은 수급자에게 재가급여 또는 시설급여를 제공한 경우 국민건강보험공단에 장기요양급여비용을 청구하여야 한다(동법 제38조 제1항).

④ "노인 등"이란 65세 이상의 노인 또는 65세 미만의 자로서 치매 · 뇌혈관성질환 등 대통령령으로 정하는 노인성 질병을 가진 자를 말한다(동법 제2조 제1호).

⑤ 재가급여에는 방문요양, 방문목욕, 방문간호, 주 · 야간보호, 단기보호, 기타 재가급여 등이 있다(동법 제23조 제1항 참조).

07 산업재해보상보험법상 '업무상 사고'에 해당하지 않는 것은? [19회]

① 근로자가 근로계약에 따른 업무나 그에 따르는 행위를 하던 중 발생한 사고

② 사업주가 제공한 시설물 등을 이용하던 중 그 시설물 등의 결함이나 관리소홀로 발생한 사고

③ 사업주가 주관하거나 사업주의 지시에 따라 참여한 행사나 행사준비 중에 발생한 사고

④ 비통상적인 경로와 방법으로 출퇴근하는 중 발생한 사고

⑤ 휴게시간 중 사업주의 지배관리하에 있다고 볼 수 있는 행위로 발생한 사고

해설 **업무상 재해의 인정 기준 중 업무상 사고(산업재해보상보험법 제37조 제1항 참조)**

- 근로자가 근로계약에 따른 업무나 그에 따르는 행위를 하던 중 발생한 사고
- 사업주가 제공한 시설물 등을 이용하던 중 그 시설물 등의 결함이나 관리소홀로 발생한 사고
- 사업주가 주관하거나 사업주의 지시에 따라 참여한 행사나 행사준비 중에 발생한 사고
- 휴게시간 중 사업주의 지배관리하에 있다고 볼 수 있는 행위로 발생한 사고
- 그 밖에 업무와 관련하여 발생한 사고

Answer 6 ① 7 ④

CHAPTER 05

사회서비스법

학습목표

- 사회서비스법에서는 1회 이상 출제된 아동복지법, 노인복지법, 장애인복지법, 한부모가족지원법, 영유아보육법, 정신건강증진 및 정신질환자 복지서비스 지원에 관한 법률, 사회복지공동모금회법, 자원봉사활동기본법, 입양특례법, 다문화가족지원법, 피해자보호 등에 관한 법률 등에 대해 간략히 살펴보도록 한다.
- 아동복지법은 용어의 정의와 아동복지시설의 종류 및 설치, 아동보호서비스에 대해 숙지하며, 노인복지법에서는 노인복지시설의 종류와 요양보호사, 노인의 날에 대한 내용을 학습한다.
- 장애인복지법에서는 장애인의 정의 · 권리 · 책임, 장애실태조사, 장애복지시설의 종류, 장애수당에 대해 학습하도록 한다. 한부모가족지원법에서는 용어의 정의, 지원대상자, 한부모가족복지시설의 종류 등에 대해 학습한다.
- 영유아보육법에서는 실태조사, 국공립어린이집 외의 어린이집 설치에 대해 살펴보아야 한다. 자원봉사활동기본법에서는 기본 방향과 정의, 금지의무, 한국자원봉사협의회 및 자원봉사봉사센터의 설치 및 운영 등을 반드시 알아야 한다.

제1절 사회서비스법의 개요

1 사회서비스의 의미

(1) 사회서비스는 개인, 집단, 지역사회가 사회적 혹은 개인적 만족과 독립성을 확보할 수 있도록 원조하는 인간관계상의 과학적 지식과 기술에 바탕을 둔 전문적인 서비스로서 사회적으로 불우하고 열악한 위치에 있는 아동, 노인, 장애인, 여성 등 사회적 기능을 발휘하는 데 문제를 겪고 있는 자에 대해서 전문적인 지식과 방법을 활용하여 이들의 제반문제를 해결해 주거나 또는 제반문제를 해결할 수 있도록 원조함으로써 정상적인 사회인으로 복귀시키기 위한 현물급여 및 서비스를 말한다.

(2) 사회서비스의 분야에서나 기타 관련복지제도에서의 법률관계의 특징은 공행정상의 행위로서 하명, 금지, 벌칙 등의 행위가 행해지는 경우가 많다는 것이다. 그러나 명령적 행정행위는 수급자에게 직접 하는 것이 아니라 사회복지사업을 운영하는 자에게 국가의 감독권을 행사한다.

(3) 요보호자의 복지시설에의 수용위탁 등과 같이 신체적 구속을 결정하는 문제는 개인의 자유와 권리를 침해할 소지가 크므로 이에 대한 절차적 통제가 중요한 과제로 대두된다. 이에는 일반 행정작용상의 행정절차법에 의한 절차적 보장이 강조되어야 한다.

2 사회서비스법의 특성

(1) 대상자의 특성

사회복지법 제도들은 대체로 대상자를 보편적 · 평균적 인간으로 상정하여 접근한다. 반면 사회서비스는 법제도로부터 이탈 · 소외되거나 사회적인 환경에 의한 방치자를 실질적으로 보호함으로써 시민적 자립을 보장하고 전문사회사업이라는 방법과 수단에 의한 생존권 실현을 위하여 대상자를 구체적 · 특수적 · 개별적 인간으로 상정하여 접근하고 있다.

(2) 급여의 특성

① 사회복지급여의 내용과 형태 측면에서 사회보험, 공공부조가 대체로 경제적 보장과 관련된 반면 사회서비스는 신체적 · 정신적 재활 내지 기능향상과 같은 비경제적 복지서비스보장을 주된 내용으로 하고 있다.

② 비물질적, 심리사회적, 정신서비스 등의 비경제적인 추상적 서비스는 획일화 · 표준화 · 계량화를 어렵게 하여 법적 규율을 곤란하게 한다.

(3) 복지욕구의 특성

사회복지서비스 대상자의 욕구는 시간과 대상에 따라 역동적이므로 개인적 욕구의 특수성에 따른 개별적 처우를 제공하여야 하고, 구체적인 급여제공은 사회복지담당자의 실천적인 복지조치에 의하므로 다른 사회복지분야에 비하여 사회복지인력의 전문적 자질과 실천적 윤리의식이 강조된다. 따라서 지원 및 보호대상별로 각종의 상담원제도를 두고 있다.

제2절 아동복지법

1 목적과 이념

(1) 목적(법 제1조)

아동이 건강하게 출생하여 행복하고 안전하게 자랄 수 있도록 아동의 복지를 보장하는 것을 목적으로 한다.

(2) 기본 이념(법 제2조)

① 아동은 자신 또는 부모의 성별, 연령, 종교, 사회적 신분, 재산, 장애유무, 출생지역, 인종 등에 따른 어떠한 종류의 차별도 받지 아니하고 자라나야 한다.

② 아동은 완전하고 조화로운 인격발달을 위하여 안정된 가정환경에서 행복하게 자라나야 한다.

③ 아동에 관한 모든 활동에 있어서 **아동의 이익이 최우선적으로 고려**되어야 한다.

④ 아동은 아동의 권리보장과 복지증진을 위하여 이 법에 따른 보호와 지원을 받을 권리를 가진다.

(3) 용어의 정의(법 제3조)

14, 19회 기출

① **아동** : 18세 미만인 사람을 말한다.

② **아동복지** : 아동이 행복한 삶을 누릴 수 있는 기본적인 여건을 조성하고 조화롭게 성장 · 발달할 수 있도록 하기 위한 **경제적 · 사회적 · 정서적 지원**을 말한다.

③ **보호자** : 친권자, 후견인, 아동을 보호 · 양육 · 교육하거나 그러한 의무가 있는 자 또는 업무 · 고용 등의 관계로 **사실상 아동을 보호 · 감독하는 자**를 말한다.

④ **보호대상아동** : 보호자가 없거나 보호자로부터 이탈된 아동 또는 보호자가 아동을 학대하는 경우 등 그 보호자가 아동을 양육하기에 적당하지 아니하거나 양육할 능력이 없는 경우의 아동을 말한다.

⑤ **지원대상아동** : 아동이 조화롭고 건강하게 성장하는 데에 필요한 기초적인 조건이 갖추어지지 아니하여 **사회적 · 경제적 · 정서적 지원이 필요한 아동**을 말한다.

⑥ **가정위탁** : 보호대상아동의 보호를 위하여 **성범죄, 가정폭력, 아동학대, 정신질환** 등의 전력이 없는 보건복지부령으로 정하는 기준에 적합한 가정에 보호대상아동을 일정 기간 위탁하는 것을 말한다.

⑦ **아동학대** : 보호자를 포함한 성인이 아동의 건강 또는 복지를 해치거나 정상적 발달을 저해 할 수 있는 **신체적 · 정신적 · 성적 폭력이나 가혹행위**를 하는 것과 아동의 보호자가 **아동을 유기하거나 방임하는** 것을 말한다.

⑧ **아동학대관련범죄**

㉠ 보호자에 의한 아동학대에 따른 아동학대범죄(아동학대범죄의 처벌 등에 관한 특례법 제2조 제4호 참조)에 따른 아동학대범죄

㉡ 아동에 대한 「형법」 제2편 제24장 살인의 죄 중 살인 · 존속살해, 영아살해, 촉탁 · 승낙에 의한 살인 등, 위계 등에 의한 촉탁살인 등, 미수범, 예비 · 음모까지의 죄

⑨ **피해아동** : 아동학대로 인하여 피해를 입은 아동을 말한다.

⑩ **아동복지시설** : 국가 또는 지방자치단체 또는 그 외의 자가 관할 시장 · 군수 · 구청장에게 신고하고 설치한 시설을 말한다.

⑪ **아동복지시설 종사자** : 아동복지시설에서 아동의 상담 · 지도 · 치료 · 양육, 그 밖에 아동의 복지에 관한 업무를 담당하는 사람을 말한다.

2 책 임

(1) 국가와 지방자치단체의 책임(법 제4조)

① 국가와 지방자치단체는 아동의 안전 · 건강 및 복지 증진을 위하여 아동과 그 보호자 및 가정을 지원하기 위한 정책을 수립 · 시행하여야 한다.

② 국가와 지방자치단체는 보호대상아동 및 지원대상아동의 권익을 증진하기 위한 정책을 수립 · 시행하여야 한다.

③ 국가와 지방자치단체는 아동이 태어난 가정에서 성장할 수 있도록 지원하고, 아동이 태어난 가정에서 성장할 수 없을 때에는 가정과 유사한 환경에서 성장할 수 있도록 조치하며, 아동을 가정에서 분리하여 보호할 경우에는 신속히 가정으로 복귀할 수 있도록 지원하여야 한다.

④ 국가와 지방자치단체는 장애아동의 권익을 보호하기 위하여 필요한 시책을 강구하여야 한다.

⑤ 국가와 지방자치단체는 아동이 자신 또는 부모의 성별, 연령, 종교, 사회적 신분, 재산, 장애 유무, 출생지역 또는 인종 등에 따른 어떠한 종류의 차별도 받지 아니하도록 필요한 시책을 강구하여야 한다.

⑥ 국가와 지방자치단체는 아동의 권리에 관한 협약에서 규정한 아동의 권리 및 복지 증진 등을 위하여 필요한 시책을 수립 · 시행하고, 이에 필요한 교육과 홍보를 하여야 한다.

⑦ 국가와 지방자치단체는 아동의 보호자가 아동을 행복하고 안전하게 양육하기 위하여 필요한 교육을 지원하여야 한다.

(2) 아동정책조정위원회(법 제10조)

8, 18회 기출

① 아동의 권리증진과 건강한 출생 및 성장을 위하여 종합적인 아동정책을 수립하고 관계 부처의 의견을 조정하며 그 정책의 이행을 감독하고 평가하기 위하여 국무총리 소속으로 아동정책조정위원회를 둔다.

② 위원회는 다음의 사항을 심의 · 조정한다.
   ㉠ 기본계획의 수립에 관한 사항
   ㉡ 아동의 권익 및 복지 증진을 위한 기본방향에 관한 사항
   ㉢ 아동정책의 개선과 예산지원에 관한 사항
   ㉣ 아동 관련 국제조약의 이행 및 평가 · 조정에 관한 사항
   ㉤ 아동정책에 관한 관련 부처 간 협조에 관한 사항
   ㉥ 그 밖에 위원장이 부의하는 사항

③ 위원회는 위원장을 포함한 25명 이내의 위원으로 구성하되, 위원장은 국무총리가 되고 위원은 다음의 사람이 된다.
   ㉠ 기획재정부장관 · 교육부장관 · 법무부장관 · 행정안전부장관 · 문화체육관광부장관 · 산업통상자원부장관 · 보건복지부장관 · 고용노동부장관 · 여성가족부장관
   ㉡ 아동 관련 단체의 장이나 아동에 대한 학식과 경험이 풍부한 사람 중 위원장이 위촉하는 15명 이내의 위원

제3영역

(3) 아동권리보장원의 설립 및 운영(법 제10조의2)

① 보건복지부장관은 아동정책에 대한 종합적인 수행과 아동복지 관련 사업의 효과적인 추진을 위하여 필요한 정책의 수립을 지원하고 사업평가 등의 업무를 수행할 수 있도록 아동권리보장원을 설립한다.

② 보장원은 다음의 업무를 수행한다.

㉠ 아동정책 수립을 위한 자료 개발 및 정책 분석

㉡ 기본계획 수립 및 시행계획 평가 지원

㉢ 위원회 운영 지원

㉣ 아동정책영향평가 지원

㉤ 아동보호서비스에 대한 기술지원

㉥ 아동학대의 예방과 방지를 위한 업무

㉦ 가정위탁사업 활성화 등을 위한 업무

㉧ 지역 아동복지사업 및 아동복지시설의 원활한 운영을 위한 지원

㉨ 입양특례법에 따른 국내입양 활성화 및 입양 사후관리를 위한 다음의 업무

- 국내외 입양정책 및 서비스에 관한 조사 · 연구
- 입양 관련 국제협력 업무
- 그 밖에 입양특례법에 따라 보건복지부장관으로부터 위탁받은 업무

㉩ 아동 관련 조사 및 통계 구축

㉪ 아동 관련 교육 및 홍보

㉫ 아동 관련 해외정책 조사 및 사례분석

㉬ 그 밖에 이 법 또는 다른 법령에 따라 보건복지부장관, 국가 또는 지방자치단체로부터 위탁받은 업무

③ 보장원은 법인으로 하고, 주된 사무소의 소재지에 설립등기를 함으로써 성립한다.

④ 보장원에는 보장원을 대표하고 그 업무를 총괄하기 위하여 원장을 두며, 원장은 보건복지부장관이 임면한다.

(4) 아동복지심의위원회(법 제12조) 18회 기출

① 시 · 도지사, 시장 · 군수 · 구청장은 다음의 사항을 심의하기 위하여 그 소속으로 아동복지심의위원회를 각각 둔다. 이 경우 ㉡부터 ㉧까지의 사항에 관한 심의 업무를 효율적으로 수행하기 위하여 대통령령으로 정하는 바에 따라 심의위원회 소속으로 사례결정위원회를 두고, 사례결정위원회의 심의를 거친 사항은 심의위원회의 심의를 거친 사항으로 본다.

㉠ 시행계획 수립 및 시행에 관한 사항

㉡ 보호조치에 관한 사항

㉢ 퇴소조치에 관한 사항

㉣ 보호기간의 연장 및 보호조치의 종료에 관한 사항

㉤ 친권행사의 제한이나 친권상실 선고 청구에 관한 사항

ⓗ 아동의 후견인의 선임이나 변경 청구에 관한 사항
ⓢ 지원대상아동의 선정과 그 지원에 관한 사항
ⓞ 그 밖에 아동의 보호 및 지원서비스를 위하여 시 · 도지사 또는 시장 · 군수 · 구청장이 필요하다고 인정하는 사항

② 심의위원회의 조직 · 구성 및 운영 등에 필요한 사항은 대통령령으로 정하는 기준에 따라 해당 지방자치단체의 조례로 정한다.

③ 시 · 도지사, 시장 · 군수 · 구청장은 대통령령으로 정하는 바에 따라 심의위원회의 구성 및 운영 현황에 관한 사항을 연 1회 보건복지부장관에게 보고하여야 한다.

Plus ⊕ one

어린이날 및 아동학대예방의 날(법 제6조 및 제23조) 12, 16회 기출

- 어린이날 : 매년 5월 5일
- 어린이주간 : 5월 1일부터 5월 7일까지
- 아동학대예방의 날 : 매년 11월 19일
- 아동학대예방주간 : 아동학대예방의 날부터 1주일

(5) 아동복지전담공무원 등(법 제13조)

① 아동복지에 관한 업무를 담당하기 위하여 특별시 · 광역시 · 도 · 특별자치도 및 시 · 군 · 구에 각각 아동복지전담공무원을 둘 수 있다.

② 전담공무원은 사회복지사의 자격을 가진 사람으로 하고 그 임용 등에 필요한 사항은 해당 시 · 도 및 시 · 군 · 구의 조례로 정한다.

③ 전담공무원은 아동에 대한 상담 및 보호조치, 가정환경에 대한 조사, 아동복지시설에 대한 지도 · 감독, 아동범죄 예방을 위한 현장확인 및 지도 · 감독 등 지역 단위에서 아동의 복지증진을 위한 업무를 수행한다.

④ 시 · 도지사 또는 시장 · 군수 · 구청장은 전담공무원의 업무를 지원하기 위하여 보건복지부령으로 정하는 바에 따라 민간전문인력을 둘 수 있다.

⑤ 관계 행정기관, 아동복지시설 및 아동복지단체를 설치 · 운영하는 자는 전담공무원 또는 민간전문인력이 협조를 요청하는 경우 정당한 사유가 없는 한 이에 따라야 한다.

(6) 아동위원(법 제14조)

9, 16회 기출

① 시 · 군 · 구에 아동위원을 둔다.

② 아동위원은 그 관할 구역의 아동에 대하여 항상 생활상태 및 가정환경을 상세히 파악하고 아동복지에 필요한 원조와 지도를 행하며 전담공무원, 민간전문인력 및 관계 행정기관과 협력하여야 한다.

③ 아동위원은 업무의 원활한 수행을 위하여 적절한 교육을 받을 수 있다.

④ 아동위원은 명예직으로 하되, 아동위원에 대하여는 수당을 지급할 수 있다.

⑤ 그 밖에 아동위원에 관한 사항은 해당 시 · 군 · 구의 조례로 정한다.

3 아동보호서비스

(1) 보호조치(법 제15조)

① 시 · 도지사 또는 시장 · 군수 · 구청장은 그 관할 구역에서 보호대상아동을 발견하거나 보호자의 의뢰를 받은 때에는 아동의 최상의 이익을 위하여 대통령령으로 정하는 바에 따라 다음에 해당하는 보호조치를 하여야 한다.

㉠ 전담공무원, 민간전문인력 또는 아동위원에게 보호대상아동 또는 그 보호자에 대한 상담 · 지도를 수행하게 하는 것

㉡ 민법에 따른 친족에 해당하는 사람의 가정에서 보호 · 양육할 수 있도록 조치하는 것

㉢ 보호대상아동을 적합한 유형의 가정에 위탁하여 보호 · 양육할 수 있도록 조치하는 것

㉣ 보호대상아동을 그 보호조치에 적합한 아동복지시설에 입소시키는 것

㉤ 약물 및 알콜 중독, 정서 · 행동 · 발달 장애, 성폭력 · 아동학대 피해 등으로 특수한 치료나 요양 등의 보호를 필요로 하는 아동을 전문치료기관 또는 요양소에 입원 또는 입소시키는 것

㉥ 입양특례법에 따른 입양과 관련하여 필요한 조치를 하는 것

② 시 · 도지사 또는 시장 · 군수 · 구청장 이외의 자가 보호대상아동을 발견하거나 보호자의 의뢰를 받은 때에는 지체 없이 시 · 도지사 또는 시장 · 군수 · 구청장에게 보호조치를 의뢰하여야 한다.

③ 시 · 도지사 또는 시장 · 군수 · 구청장은 ①의 ㉠ 및 ㉡의 보호조치가 적합하지 아니한 보호대상아동에 대하여 ①의 ㉢부터 ㉥까지의 보호조치를 할 수 있다. 이 경우 보호조치를 하기 전에 보호대상아동에 대한 상담, 건강검진, 심리검사 및 가정환경에 대한 조사를 실시하여야 한다.

④ 시 · 도지사 또는 시장 · 군수 · 구청장은 보호조치를 하려는 경우 보호대상아동에 대하여 다음의 사항이 포함된 개별 보호 · 관리 계획을 세워 보호하여야 하며, 그 계획을 수립할 때 해당 보호대상아동의 보호자를 참여시킬 수 있다.

㉠ 보호조치 계획

㉡ 아동 및 보호자에 대한 지원 계획

㉢ 그 밖에 보건복지부령으로 정하는 사항

⑤ 시 · 도지사 또는 시장 · 군수 · 구청장은 ①의 ㉢부터 ㉥까지의 보호조치 및 일시보호조치를 함에 있어서 해당 보호대상아동의 의사를 존중하여야 하며, 보호자가 있을 때에는 그 의견을 들어야 한다. 다만, 아동의 보호자가 아동학대범죄의 처벌 등에 관한 특례법의 아동학대행위자인 경우에는 그러하지 아니하다.

⑥ 시 · 도지사 또는 시장 · 군수 · 구청장은 다음의 어느 하나에 해당하는 경우 ①의 ㉢부터 ㉥까지의 보호조치를 할 때까지 필요하면 아동일시보호시설 또는 학대피해아동쉼터에 보호대상아동을 입소시켜 보호하거나, 적합한 위탁가정 또는 적당하다고 인정하는 자에게 일시 위탁하여 일시보호조치를 하게 할 수 있다. 이 경우 보호기간 동안 보호대상아동에 대한 상담, 건강검진, 심리검사 및 가정환경에 대한 조사를 실시하고 그 결과를 보호조치 시에 고려하여야 한다.

㉠ 1년 이내에 2회 이상 아동학대 신고가 접수된 아동에 대하여 현장조사 과정에서 학대피해가 강하게 의심되고 재학대가 발생할 우려가 있는 경우

㉡ 보호조치 결정이 있을 때까지 아동에 대하여 아동학대범죄의 처벌 등에 관한 특례법에 따른 응급조치 또는 긴급임시조치가 종료되었으나 임시조치가 청구되지 아니한 경우

㉢ 현장조사 과정에서 아동의 보호자가 아동에게 답변을 거부 · 기피 또는 거짓 답변을 하게 하거나 그 답변을 방해한 경우

㉣ 그 밖에 ①의 ㉢부터 ㉥까지의 보호조치를 할 때까지 아동을 일시적으로 보호할 필요가 있다고 시 · 도지사 또는 시장 · 군수 · 구청장이 인정하는 경우

⑦ 시 · 도지사 또는 시장 · 군수 · 구청장은 그 관할 구역에서 약물 및 알콜 중독, 정서 · 행동 · 발달 장애 등의 문제를 일으킬 가능성이 있는 아동의 가정에 대하여 예방차원의 적절한 조치를 강구하여야 한다.

⑧ 누구든지 보호조치 및 일시보호조치와 관련하여 그 대상이 되는 아동복지시설의 종사자를 신체적 · 정신적으로 위협하는 행위를 하여서는 아니 된다.

⑨ 시 · 도지사 또는 시장 · 군수 · 구청장은 아동의 가정위탁보호를 희망하는 사람에 대하여 범죄경력을 확인하여야 한다. 이 경우 본인의 동의를 받아 관계 기관의 장에게 범죄의 경력 조회를 요청하여야 한다.

⑩ 보장원의 장 또는 가정위탁지원센터의 장은 위탁아동, 가정위탁보호를 희망하는 사람, 위탁아동의 부모 등의 신원확인 등의 조치를 시 · 도지사 또는 시장 · 군수 · 구청장에게 협조 요청할 수 있으며, 요청을 받은 시 · 도지사 또는 시장 · 군수 · 구청장은 정당한 사유가 없는 한 이에 응하여야 한다.

⑪ 상담, 건강검진, 심리검사 및 가정환경에 대한 조사, 범죄경력 조회 및 신원확인의 요청 절차 · 범위 등에 필요한 사항은 대통령령으로 정한다.

(2) 보호대상아동의 퇴소조치와 사후관리(법 제16조, 제16조의2)

8회 기출

① **보호조치 중인 보호대상아동의 연령이 18세에 달하였거나, 보호 목적이 달성되었다고 인정되면 해당 시 · 도지사, 시장 · 군수 · 구청장은 대통령령으로 정하는 절차와 방법에 따라 그 보호 중인 아동의 보호조치를 종료하거나 해당 시설에서 퇴소시켜야 한다.**

② 보호조치 중인 보호대상아동의 친권자, 후견인 등 보건복지부령으로 정하는 자는 관할 시 · 도지사 또는 시장 · 군수 · 구청장에게 해당 보호대상아동의 가정 복귀를 신청할 수 있다.

③ 시 · 도지사 또는 시장 · 군수 · 구청장은 가정 복귀 신청을 받은 경우에는 보장원 또는 아동보호전문기관 등 아동복지시설의 장, 아동을 상담 · 치료한 의사의 의견을 들은 후 보호조치의 종료 또는 퇴소조치가 보호대상아동의 복리에 반하지 아니한다고 인정되면 해당 보호대상아동을 가정으로 복귀시킬 수 있다. 다만, 보호대상아동이 복귀하는 가정에 거주하는 아동학대행위자가 대통령령으로 정하는 상담 · 교육 · 심리적 치료 등에 참여하지 아니한 경우에는 그러하지 아니한다.

④ 시 · 도지사 또는 시장 · 군수 · 구청장은 전담공무원 등 관계 공무원 및 민간전문인력으로 하여금 보호조치의 종료로 가정으로 복귀한 보호대상아동의 가정을 방문하여 해당 아동의 복지 증진을 위하여 필요한 지도 · 관리를 제공하게 하여야 한다(법 제16조의2).

(3) 금지행위(법 제17조)

10회 기출

① 아동을 매매하는 행위
② 아동에게 음란한 행위를 시키거나 이를 매개하는 행위 또는 아동에게 성적 수치심을 주는 성희롱 등의 성적 학대행위
③ 아동의 신체에 손상을 주거나 신체의 건강 및 발달을 해치는 신체적 학대행위
④ 아동의 정신건강 및 발달에 해를 끼치는 정서적 학대행위(가정폭력에 아동을 노출시키는 행위로 인한 경우를 포함)
⑤ 자신의 보호 · 감독을 받는 아동을 유기하거나 의식주를 포함한 기본적 보호 · 양육 · 치료 및 교육을 소홀히 하는 방임행위
⑥ 장애를 가진 아동을 공중에 관람시키는 행위
⑦ 아동에게 구걸을 시키거나 아동을 이용하여 구걸하는 행위
⑧ 공중의 오락 또는 흥행을 목적으로 아동의 건강 또는 안전에 유해한 곡예를 시키는 행위 또는 이를 위하여 아동을 제3자에게 인도하는 행위
⑨ 정당한 권한을 가진 알선기관 외의 자가 아동의 양육을 알선하고 금품을 취득하거나 금품을 요구 또는 약속하는 행위
⑩ **아동을 위하여 증여 또는 급여된 금품을 그 목적 외의 용도로 사용하는 행위**

(4) 친권상실 선고의 청구 등(법 제18조)

9회 기출

① 시 · 도지사, 시장 · 군수 · 구청장 또는 검사는 아동의 친권자가 그 친권을 남용하거나 현저한 비행이나 아동학대, 그 밖에 친권을 행사할 수 없는 중대한 사유가 있는 것을 발견한 경우 아동의 복지를 위하여 필요하다고 인정할 때에는 **법원에 친권행사의 제한 또는 친권상실의 선고를 청구**하여야 한다.
② 아동복지시설의 장 및 학교의 장은 **시 · 도지사, 시장 · 군수 · 구청장 또는 검사**에게 법원에 친권행사의 제한 또는 친권상실의 선고를 청구하도록 요청할 수 있다.
③ 시 · 도지사, 시장 · 군수 · 구청장 또는 검사는 친권행사의 제한 또는 친권상실의 선고 청구를 할 경우 보장원 또는 아동보호전문기관 등 아동복지시설의 장, 아동을 상담 · 치료한 의사 및 해당 아동의 의견을 존중하여야 한다.
④ 시 · 도지사, 시장 · 군수 · 구청장 또는 검사는 친권행사의 제한 또는 친권상실의 선고 청구를 요청받은 경우에는 요청받은 날부터 **30일 내**에 청구 여부를 결정한 후 해당 요청기관에 청구 또는 미청구 요지 및 이유를 서면으로 알려야 한다.
⑤ 처리결과를 통보받은 아동복지시설의 장 및 학교의 장은 그 처리결과에 대하여 이의가 있을 경우 통보받은 날부터 **30일 내**에 직접 법원에 친권행사의 제한 또는 친권상실의 선고를 청구할 수 있다.

(5) 아동의 후견인의 선임 청구 등(법 제19조)

16회 기출

① 시 · 도지사, 시장 · 군수 · 구청장, 아동복지시시설의 장 및 학교의 장은 친권자 또는 후견인이 없는 아동을 발견한 경우 그 복지를 위하여 필요하다고 인정할 때에는 법원에 **후견인의 선임을 청구하여야 한다.**

② 시 · 도지사, 시장 · 군수 · 구청장, 아동복지시설의 장, 학교의 장 또는 검사는 후견인이 해당 아동을 학대하는 등 현저한 비행을 저지른 경우에는 후견인 변경을 법원에 청구하여야 한다.

(6) 아동의 후견인 선임(법 제20조)

법원은 후견인의 선임청구를 받은 경우 후견인이 없는 아동에 대하여 후견인을 선임하기 전까지 시 · 도지사, 시장 · 군수 · 구청장, 아동보호전문기관의 장, 가정위탁지원센터의 장 및 보장원의 장으로 하여금 임시로 그 아동의 후견인 역할을 하게 할 수 있다. 이 경우 해당 아동의 의견을 존중하여야 한다.

(7) 보조인의 선임(법 제21조)

16회 기출

① 법원의 심리과정에서 변호사, 법정대리인, 직계 친족, 형제자매, 아동학대전담공무원, 보장원 또는 아동보호전문기관의 상담원은 학대아동사건의 심리에 있어서 보조인이 될 수 있다. 다만, 변호사가 아닌 경우에는 법원의 허가를 받아야 한다.

② 법원은 피해아동을 증인으로 신문하는 경우 검사, 피해아동과 그 보호자 또는 보장원, 아동보호전문기관의 신청이 있는 경우에는 피해아동과 신뢰관계에 있는 사람의 동석을 허가할 수 있다.

4 아동학대의 예방 및 방지

(1) 아동학대의 예방과 방지 의무(법 제22조)

① 국가와 지방자치단체는 아동학대의 예방과 방지를 위하여 다음의 조치를 취하여야 한다.

㉠ 아동학대의 예방과 방지를 위한 각종 정책의 수립 및 시행

㉡ 아동학대의 예방과 방지를 위한 연구 · 교육 · 홍보 및 아동학대 실태조사

㉢ 아동학대에 관한 신고체제의 구축 · 운영

㉣ 피해아동의 보호와 치료 및 피해아동의 가정에 대한 지원

㉤ 그 밖에 대통령령으로 정하는 아동학대의 예방과 방지를 위한 사항

② 지방자치단체는 아동학대를 예방하고 수시로 신고를 받을 수 있도록 긴급전화를 설치하여야 한다. 이 경우 그 설치 · 운영 등에 필요한 사항은 대통령령으로 정한다.

③ 시 · 도지사 또는 시장 · 군수 · 구청장은 피해아동의 발견 및 보호 등을 위하여 다음의 업무를 수행하여야 한다.

㉠ 아동학대 신고접수, 현장조사 및 응급보호

㉡ 피해아동, 피해아동의 가족 및 아동학대행위자에 대한 상담 · 조사

㉢ 그 밖에 대통령령으로 정하는 아동학대 관련 업무

④ 시 · 도지사 또는 시장 · 군수 · 구청장은 업무를 수행하기 위하여 아동학대전담공무원을 두어야 한다.

⑤ 아동학대전담공무원은 사회복지사업법에 따른 사회복지사의 자격을 가진 사람으로 하고 그 임용 등에 필요한 사항은 해당 시 · 도 또는 시 · 군 · 구의 조례로 정한다.

⑥ 보장원은 아동학대예방사업의 활성화 등을 위하여 다음의 업무를 수행한다.

㉠ 아동보호전문기관에 대한 지원
㉡ 아동학대예방사업과 관련된 연구 및 자료 발간
㉢ 효율적인 아동학대예방사업을 위한 연계체계 구축
㉣ 아동학대예방사업을 위한 프로그램 개발 및 평가
㉤ 아동보호전문기관 · 학대피해아동쉼터 직원 및 아동학대전담공무원 직무교육, 아동학대예방 관련 교육 및 홍보
㉥ 아동보호전문기관 전산시스템 구축 및 운영
㉦ 그 밖에 대통령령으로 정하는 아동학대예방사업과 관련된 업무

(2) 아동학대 신고의무자에 대한 교육(법 제26조)

① 관계 중앙행정기관의 장은 아동학대 신고의무자의 자격 취득 과정이나 보수교육 과정에 아동학대 예방 및 신고의무와 관련된 교육 내용을 포함하도록 하여야 하며, 그 결과를 보건복지부장관에게 제출하여야 한다.
② 관계 중앙행정기관의 장 및 시 · 도지사는 아동학대 신고의무자에게 본인이 아동학대 신고의무자라는 사실을 고지할 수 있고, 아동학대 예방 및 신고의무와 관련한 교육을 실시할 수 있다.
③ 아동학대 신고의무자가 소속된 기관 · 시설 등의 장은 소속 아동학대 신고의무자에게 신고의무 교육을 실시하고, 그 결과를 관계 중앙행정기관의 장에게 제출하여야 한다.

(3) 아동학대 예방교육의 실시(법 제26조의2) 17회 기출

① 국가기관과 지방자치단체의 장, 「공공기관의 운영에 관한 법률」에 따른 공공기관과 대통령령으로 정하는 공공단체의 장은 아동학대의 예방과 방지를 위하여 필요한 교육을 연 1회 이상 실시하고, 그 결과를 보건복지부장관에게 제출하여야 한다.
② 아동의 보호자 등 교육 대상이 아닌 사람은 지역아동보호전문기관 또는 대통령령으로 정하는 교육기관에서 아동학대의 예방과 방지에 필요한 교육을 받을 수 있다.
③ 보건복지부장관은 교육을 위하여 전문인력을 양성하고, 교육 프로그램을 개발 · 보급하여야 한다.

(4) 아동학대 등의 통보(법 제27조의2)

① 사법경찰관리는 아동 사망 및 상해사건, 가정폭력 사건 등에 관한 직무를 행하는 경우 아동학대가 있었다고 의심할 만한 사유가 있는 때에는 시 · 도지사, 시장 · 군수 · 구청장 또는 보장원의 장에게 그 사실을 통보하여야 한다.
② 사법경찰관 또는 보호관찰관은 아동학대범죄의 처벌 등에 관한 특례법에 따라 임시조치의 청구를 신청하였을 때에는 시 · 도지사, 시장 · 군수 · 구청장 또는 보장원의 장에게 그 사실을 통보하여야 한다.
③ ① 및 ②의 통보를 받은 시 · 도지사, 시장 · 군수 · 구청장 또는 보장원의 장은 피해아동 보호조치 등 필요한 조치를 하여야 한다.

(5) 피해아동 응급조치에 대한 거부금지(법 제27조의3)

아동학대범죄의 처벌 등에 관한 특례법에 따라 사법경찰관리, 아동학대전담공무원이 피해아동을 인도하는 경우에는 아동학대 관련 보호시설이나 의료기관은 정당한 사유 없이 이를 거부하여서는 아니 된다.

(6) 사후관리(법 제28조)

20회 기출

① 보장원의 장 또는 아동보호전문기관의 장은 아동학대가 종료된 이후에도 가정방문, 전화상담 등을 통하여 아동학대의 재발 여부를 확인하여야 한다.

② 보장원의 장 또는 아동보호전문기관의 장은 아동학대가 종료된 이후에도 아동학대의 재발 방지 등을 위하여 필요하다고 인정하는 경우 피해아동 및 보호자를 포함한 피해아동의 가족에게 필요한 지원을 제공할 수 있다.

③ 보장원 또는 아동보호전문기관이 업무를 수행하는 경우 보호자는 정당한 사유 없이 이를 거부하거나 방해하여서는 아니 된다.

(7) 국가아동학대정보시스템(법 제28조의2)

① 보건복지부장관은 아동학대 관련 정보를 공유하고 아동학대를 예방하기 위하여 피해아동, 그 가족 및 아동학대행위자에 관한 정보와 아동학대예방사업에 관한 정보를 아동정보시스템에 입력 · 관리하여야 한다.

② 다음의 어느 하나에 해당하는 자는 아동의 보호 및 아동학대 발생 방지를 위하여 필요한 경우 국가아동학대정보시스템상의 피해아동, 그 가족 및 아동학대행위자에 관한 정보를 보건복지부장관에게 요청할 수 있다. 이 경우 대통령령으로 정하는 바에 따라 목적과 필요한 정보의 범위를 구체적으로 기재하여야 한다.

㉠ 시 · 도지사 및 시장 · 군수 · 구청장
㉡ 판사, 검사 및 경찰관서의 장
㉢ 초 · 중등교육법에 따른 학교의 장
㉣ 아동학대 전담의료기관의 장
㉤ 아동복지시설의 장
㉥ 입양특례법에 따른 입양기관의 장
㉦ 그 밖에 대통령령으로 정하는 피해아동의 보호 및 지원 관련 기관 또는 단체의 장

③ 보건복지부장관은 요청이 있는 경우 국가아동학대정보시스템상의 해당 정보를 제공할 수 있다. 다만, 피해아동의 보호를 위하여 필요한 경우로서 대통령령으로 정하는 경우에는 정보의 제공을 제한할 수 있다.

④ 피해아동관련 정보를 취득한 사람은 ②에 따른 요청 목적 외로 해당 정보를 사용하거나 다른 사람에게 제공 또는 누설하여서는 아니 된다.

(8) 피해아동 및 그 가족 등에 대한 지원(법 제29조)

① 보장원의 장 또는 아동보호전문기관의 장은 아동의 안전 확보와 재학대 방지, 건전한 가정기능의 유지 등을 위하여 피해아동 및 보호자를 포함한 피해아동의 가족에게 상담, 교육 및 의료적 · 심리적 치료 등의 필요한 지원을 제공하여야 한다.

② 보장원의 장 또는 아동보호전문기관의 장은 ①의 지원을 위하여 관계 기관에 협조를 요청할 수 있다.

③ 보호자를 포함한 피해아동의 가족은 보장원 또는 아동보호전문기관이 ①에 따라 제공하는 지원에 성실하게 참여하여야 한다.

④ 보장원의 장 또는 아동보호전문기관의 장은 ①의 지원 여부의 결정 및 지원의 제공 등 모든 과정에서 피해아동의 이익을 최우선으로 고려하여야 한다.

⑤ 국가와 지방자치단체는 보건복지부령으로 정하는 일정 소득 이하의 피해아동 및 보호자를 포함한 피해아동의 가족이 ①의 상담 및 교육 또는 의료적 · 심리적 치료 등을 받은 경우에는 예산의 범위에서 여비 등 실비(實費)를 지급할 수 있다.

⑥ 국가와 지방자치단체는 학교에 재학 중인 피해아동 및 피해아동의 가족이 주소지 외의 지역에서 취학(입학 · 재입학 · 전학 · 편입학을 포함)할 필요가 있을 때에는 그 취학이 원활하게 이루어질 수 있도록 지원하여야 한다.

⑦ ⑥에 따른 취학에 필요한 사항은 대통령령으로 정한다.

(9) 아동관련기관의 취업제한 등(법 제29조의3)

① 법원은 아동학대관련범죄로 형 또는 치료감호를 선고하는 경우에는 판결(약식명령을 포함한다. 이하 같다)로 그 형 또는 치료감호의 전부 또는 일부의 집행을 종료하거나 집행이 유예 · 면제된 날(벌금형을 선고받은 경우에는 그 형이 확정된 날을 말한다)부터 일정기간(이하 취업제한기간이라 한다) 동안 다음에 따른 시설 또는 기관(이하 아동관련기관이라 한다)을 운영하거나 아동관련기관에 취업 또는 사실상 노무를 제공할 수 없도록 하는 명령(이하 취업제한명령이라 한다)을 아동학대관련범죄 사건의 판결과 동시에 선고(약식명령의 경우에는 고지를 말한다)하여야 한다. 다만, 재범의 위험성이 현저히 낮은 경우나 그 밖에 취업을 제한하여서는 아니 되는 특별한 사정이 있다고 판단하는 경우에는 그러하지 아니하다.

㉠ 보장원, 지방자치단체, 취약계층 아동 통합서비스 수행기관, 아동보호전문기관, 다함께돌봄센터, 가정위탁지원센터 및 아동복지시설
㉡ 긴급전화센터, 가정폭력 관련 상담소 및 가정폭력피해자 보호시설
㉢ 건강가정지원센터
㉣ 다문화가족지원센터
㉤ 성매매피해자등을 위한 지원시설 및 성매매피해상담소
㉥ 성폭력피해상담소 및 성폭력피해자보호시설 및 성폭력피해자통합지원센터
㉦ 어린이집, 육아종합지원센터 및 시간제보육서비스제공기관
㉧ 유치원
㉨ 의료기관(의료인에 한정한다)

㉫ 장애인복지시설

㉬ 정신건강복지센터, 정신건강증진시설, 정신요양시설 및 정신재활시설

㉭ 공동주택의 관리사무소(경비업무 종사자에 한정한다)

㉮ 청소년시설, 청소년단체

㉯ 청소년활동시설

㉮ 청소년상담복지센터, 이주배경청소년지원센터 및 청소년쉼터, 청소년자립지원관, 청소년치료재활센터

㉯ 청소년 보호 · 재활센터

㉰ 체육시설 중 아동의 이용이 제한되지 아니하는 체육시설로서 문화체육관광부장관이 지정하는 체육시설

㉱ 학교 및 학습부진아 등에 대한 교육을 실시하는 기관

㉲ 학원 및 교습소 중 아동의 이용이 제한되지 아니하는 학원과 교습소로서 교육부장관이 지정하는 학원 · 교습소

㉳ 한부모가족복지시설

㉴ 아동보호전문기관 또는 학대피해아동쉼터를 운영하는 법인

㉵ 소년원 및 소년분류심사원

㉶ 아동인권, 아동복지 등 아동을 위한 사업을 수행하는 비영리법인(대표자 및 아동을 직접 대면하는 업무에 종사하는 사람에 한정한다)

㉷ 서비스제공기관

㉸ 입양기관

㉹ 산후조리도우미 서비스를 제공하는 사람을 모집하거나 채용하는 기관

② 취업제한기간은 10년을 초과하지 못한다.

③ 법원은 취업제한명령을 선고하려는 경우에는 정신건강의학과 의사, 심리학자, 사회복지학자, 아동학대 관련 전문가, 그 밖의 관련 전문가로부터 취업제한명령 대상자의 재범 위험성 등에 관한 의견을 들을 수 있다.

④ 아동관련기관의 설치 또는 설립인가 · 허가 · 신고를 관할하는 중앙행정기관의 장, 지방자치단체의 장, 교육감 또는 교육장은 아동관련기관을 운영하려는 자에 대하여 본인의 동의를 받아 관계 기관의 장에게 아동학대관련범죄 전력 조회를 요청하여야 한다. 다만, 아동관련기관을 운영하려는 자가 아동학대관련범죄 전력 조회 회신서를 중앙행정기관의 장, 지방자치단체의 장, 교육감 또는 교육장에게 직접 제출한 경우에는 아동학대관련범죄 전력 조회를 한 것으로 본다.

⑤ 아동관련기관의 장은 그 기관에 취업 중이거나 사실상 노무를 제공 중인 사람 또는 취업하려 하거나 사실상 노무를 제공하려는 사람(이하 취업자등이라 한다)에 대하여 아동학대관련범죄 전력을 확인하여야 하며, 이 경우 본인의 동의를 받아 관계 기관의 장에게 아동학대관련범죄 전력 조회를 요청하여야 한다. 다만, 취업자등이 아동학대관련범죄 전력 조회 회신서를 아동관련기관의 장에게 직접 제출한 경우에는 아동학대관련범죄 전력 조회를 한 것으로 본다.

⑥ 아동학대관련범죄 전력 조회 요청을 받은 관계 기관의 장은 아동학대관련범죄 전력 조회 회신서를 발급하여야 한다.

5 아동 안전 및 건강지원

(1) 아동의 안전에 대한 교육(법 제31조)

① 아동복지시설의 장, 어린이집의 원장, 유치원의 원장 및 학교의 장은 교육대상 아동의 연령을 고려하여 대통령령으로 정하는 바에 따라 매년 다음의 사항에 관한 교육계획을 수립하여 교육을 실시하여야 한다.

㉠ 성폭력 및 아동학대 예방

㉡ 실종 · 유괴의 예방과 방지

㉢ 감염병 및 약물의 오남용 예방 등 보건위생관리

㉣ 재난대비 안전

㉤ 교통안전

② 아동복지시설의 장 및 어린이집의 원장은 교육계획 및 교육실시 결과를 관할 시장 · 군수 · 구청장에게 매년 1회 보고하여야 한다. 유치원의 원장 및 학교의 장은 교육계획 및 교육실시결과를 대통령령으로 정하는 바에 따라 관할 교육감에게 매년 1회 보고하여야 한다.

(2) 아동보호구역에서의 영상정보처리기기 설치 등(법 제32조)

① 국가와 지방자치단체는 유괴 등 범죄의 위험으로부터 아동을 보호하기 위하여 필요하다고 인정하는 경우에는 도시공원, 어린이집, 육아종합지원센터 및 시간제보육서비스지정기관, 초등학교, 특수학교, 유치원 시설의 주변구역을 아동보호구역으로 지정하여 범죄의 예방을 위한 순찰 및 아동지도업무 등 필요한 조치를 할 수 있다.

② 아동보호구역의 지정 기준 및 절차 등에 필요한 사항은 대통령령으로 정하고, 국가와 지방자치단체는 지정된 아동보호구역에 영상정보처리기기를 설치하여야 한다. 그 외에 영상정보처리기기의 설치 등에 관한 사항은 개인정보 보호법에 따른다.

(3) 아동안전 보호인력의 배치 등(법 제33조)

① 국가와 지방자치단체는 실종 및 유괴 등 아동에 대한 범죄의 예방을 위하여 순찰활동 및 아동지도 업무 등을 수행하는 아동안전 보호인력을 배치 · 활용할 수 있다.

② 순찰활동 및 아동지도 업무 등을 수행하는 아동안전 보호인력은 그 권한을 표시하는 증표를 지니고 이를 관계인에게 내보여야 한다.

③ 국가와 지방자치단체는 아동안전 보호인력으로 배치하고자 하는 사람에 대하여 본인의 동의를 받아 범죄경력을 확인하여야 한다.

(4) 아동긴급보호소 지정 및 운영(법 제34조)

① 경찰청장은 유괴 등의 위험에 처한 아동을 보호하기 위하여 아동긴급보호소를 지정 · 운영할 수 있다.

② 경찰청장은 아동긴급보호소의 지정을 원하는 자에 대하여 본인의 동의를 받아 범죄경력을 확인하여야 한다.

(5) 건강한 심신의 보존(법 제35조)

① 아동의 보호자는 아동의 건강 유지와 향상을 위하여 최선의 주의와 노력을 하여야 한다.

② 국가와 지방자치단체는 아동의 건강 증진과 체력 향상을 위하여 다음에 해당하는 사항을 지원하여야 한다.

㉠ 신체적 건강 증진에 관한 사항

㉡ 자살 및 각종 중독의 예방 등 정신적 건강 증진에 관한 사항

㉢ 급식지원 등을 통한 결식예방 및 영양개선에 관한 사항

㉣ 비만 방지 등 체력 및 여가 증진에 관한 사항

③ 국가와 지방자치단체는 매년 물가상승률 등을 반영한 급식최저단가를 결정하고 급식지원 시 이를 반영하여 지원하여야 한다.

④ 국가와 지방자치단체는 아동의 신체적 · 정신적 문제를 미리 발견하여 아동이 제때에 상담과 치료를 받을 수 있는 기반을 마련하여야 한다.

⑤ ② 및 ④에 따른 지원서비스의 구체적인 내용은 대통령령으로 정한다. 다만, 급식지원의 지원 기준 · 방법 및 절차 등에 필요한 사항은 대통령령으로 정하는 기준에 따라 해당 지방자치단체의 조례로 정한다.

(6) 보건소의 업무(법 제36조)

① 아동의 전염병 예방조치

② 아동의 건강상담 및 신체검사와 보건위생에 관한 지도

③ 아동의 영양개선

6 취약계층 아동 통합서비스지원 및 자립지원 등

(1) 취약계층 아동에 대한 통합서비스지원(법 제37조)

① 국가와 지방자치단체는 아동의 건강한 성장과 발달을 도모하기 위하여 대통령령으로 정하는 바에 따라 아동의 성장 및 복지 여건이 취약한 가정을 선정하여 그 가정의 지원대상아동과 가족을 대상으로 보건, 복지, 보호, 교육, 치료 등을 종합적으로 지원하는 통합서비스를 실시한다.

② 통합서비스지원의 대상 선정, 통합서비스의 내용 및 수행기관 · 수행인력 등에 필요한 사항은 대통령령으로 정하고 보건복지부장관은 통합서비스지원사업의 운영지원에 관한 업무를 법인, 단체 등에 위탁할 수 있다.

(2) 자립지원(법 제38조)

① 국가와 지방자치단체는 보호대상아동의 위탁보호 종료 또는 아동복지시설 퇴소 이후의 자립을 지원하기 위하여 다음에 해당하는 조치를 시행하여야 한다.

㉠ 자립에 필요한 주거 · 생활 · 교육 · 취업 등의 지원

㉡ 자립에 필요한 자립정착금 및 자립수당 지급

㉢ 자립에 필요한 자산의 형성 및 관리 지원(이하 자산형성지원)

㉣ 자립에 관한 실태조사 및 연구

㉤ 사후관리체계 구축 및 운영

㉥ 그 밖에 자립지원에 필요하다고 대통령령으로 정하는 사항

② 자립지원의 절차와 방법, 지원이 필요한 아동의 범위 등에 필요한 사항은 대통령령으로 정한다.

(3) 자립지원 실태조사(법 제38조의2)

① 보건복지부장관은 보호대상아동의 위탁보호 종료 또는 아동복지시설 퇴소 이후의 자립지원, 생활 및 정서적 · 신체적 건강 등에 대한 실태조사를 3년마다 실시하여야 한다.

② 보건복지부장관은 ①에 따른 실태조사를 위하여 관계 기관 · 법인 · 단체 · 시설의 장에게 필요한 자료의 제출 또는 의견의 진술을 요청할 수 있다. 이 경우 요청을 받은 자는 정당한 사유가 없으면 이에 협조하여야 한다.

③ ①에 따른 실태조사의 내용과 방법 등에 필요한 사항은 보건복지부령으로 정한다.

(4) 자립지원계획의 수립 등(법 제39조)

보장원의 장, 가정위탁지원센터의 장 및 아동복지시설의 장은 보호하고 있는 15세 이상의 아동을 대상으로 매년 개별 아동에 대한 자립지원계획을 수립하고, 그 계획을 수행하는 종사자를 대상으로 자립지원에 관한 교육을 실시하여야 한다.

(5) 자립지원전담기관의 설치 · 운영(법 제39조의2)

① 국가와 지방자치단체는 보호대상아동의 위탁보호 종료 또는 아동복지시설 퇴소 이후의 자립을 지원하기 위하여 자립지원전담기관을 설치 · 운영할 수 있다.

② ①에 따른 자립지원전담기관의 설치기준과 운영, 종사자의 자격, 배치기준 등에 필요한 사항은 대통령령으로 정한다.

(6) 자립지원 관련 업무의 위탁(법 제40조)

국가와 지방자치단체는 자립지원전담기관 설치 · 운영, 자립지원 관련 데이터베이스 구축 및 운영, 자립지원 프로그램의 개발 및 보급, 사례관리 등의 업무를 법인에 위탁할 수 있다.

7 아동복지시설

(1) 아동보호전문기관의 설치 등(법 제45조)

① 지방자치단체는 학대받은 아동의 치료, 아동학대의 재발 방지 등 사례관리 및 아동학대예방을 담당하는 아동보호전문기관을 시·도 및 시·군·구에 1개소 이상 둔다. 다만, 시·도지사는 관할 구역의 아동 수 및 지리적 요건을 고려하여 조례로 정하는 바에 따라 둘 이상의 시·군·구를 통합하여 하나의 아동보호전문기관을 설치·운영할 수 있다.

② 아동보호전문기관을 통합하여 설치·운영하는 경우 시·도지사는 아동보호전문기관의 설치·운영에 필요한 비용을 관할 구역의 아동의 수 등을 고려하여 시장·군수·구청장에게 공동으로 부담하게 할 수 있다.

③ 시·도지사 및 시장·군수·구청장은 아동학대예방사업을 목적으로 하는 비영리법인을 지정하여 아동보호전문기관의 운영을 위탁할 수 있다.

(2) 지역아동보호전문기관의 업무(법 제46조 제2항)

13회 기출

① 피해아동, 피해아동의 가족 및 아동학대행위자를 위한 상담·치료 및 교육

② 아동학대예방 교육 및 홍보

③ 피해아동 가정의 사후관리

④ 그 밖에 대통령령으로 정하는 아동학대예방사업과 관련된 업무

(3) 가정위탁지원센터의 설치 등(법 제48조)

① 지방자치단체는 보호대상아동에 대한 가정위탁사업을 활성화하기 위하여 시·도 및 시·군·구에 가정위탁지원센터를 둔다. 다만, 시·도지사는 조례로 정하는 바에 따라 둘 이상의 시·군·구를 통합하여 하나의 가정위탁지원센터를 설치·운영할 수 있다.

② 가정위탁지원센터를 통합하여 설치·운영하는 경우 시·도지사는 가정위탁지원센터의 설치·운영에 필요한 비용을 관할 구역의 아동의 수 등을 고려하여 시장·군수·구청장에게 공동으로 부담하게 할 수 있다.

③ 시·도지사 및 시장·군수·구청장은 가정위탁지원을 목적으로 하는 비영리법인을 지정하여 가정위탁지원센터의 운영을 위탁할 수 있다.

④ 가정위탁지원센터의 설치기준과 운영, 상담원 등 직원의 자격과 배치기준, 지정의 요건 등에 필요한 사항은 대통령령으로 정한다.

⑤ 보장원은 가정위탁사업의 활성화 등을 위하여 다음의 업무를 수행한다.

㉠ 가정위탁지원센터에 대한 지원

㉡ 효과적인 가정위탁사업을 위한 지역 간 연계체계 구축

㉢ 가정위탁사업과 관련된 연구 및 자료발간

㉣ 가정위탁사업을 위한 프로그램의 개발 및 평가

㉤ 상담원에 대한 교육 등 가정위탁에 관한 교육 및 홍보

㉥ 가정위탁사업을 위한 정보기반 구축 및 정보 제공
㉦ 그 밖에 대통령령으로 정하는 가정위탁사업과 관련된 업무

(4) 가정위탁지원센터의 업무(법 제49조 제2항)

① 가정위탁사업의 홍보 및 가정위탁을 하고자 하는 가정의 발굴
② 가정위탁을 하고자 하는 가정에 대한 조사 및 가정위탁 대상 아동에 대한 상담
③ 가정위탁을 하고자 하는 사람과 위탁가정 부모에 대한 교육
④ 위탁가정의 사례관리
⑤ 친부모 가정으로의 복귀 지원
⑥ 가정위탁 아동의 자립계획 및 사례 관리
⑦ 관할 구역 내 가정위탁 관련 정보 제공
⑧ 그 밖에 대통령령으로 정하는 가정위탁과 관련된 업무

8 아동복지시설

(1) 아동복지시설의 설치(법 제50조)

10회 기출

① 국가 또는 지방자치단체는 아동복지시설을 설치할 수 있다.
② 국가 또는 지방자치단체 외의 자는 관할 시장 · 군수 · 구청장에게 신고하고 아동복지시설을 설치할 수 있다.

(2) 휴업 · 폐업 등의 신고(법 제51조 제1항)

신고한 아동복지시설을 폐업 또는 휴업하거나 그 운영을 재개하고자 하는 자는 보건복지부령으로 정하는 바에 따라 미리 시장 · 군수 · 구청장에게 신고하여야 한다.

(3) 아동복지시설의 종류(법 제52조)

6, 10회 기출

① **아동양육시설** : 보호대상아동을 입소시켜 보호, 양육 및 취업훈련, 자립지원 서비스 등을 제공하는 것을 목적으로 하는 시설
② **아동일시보호시설** : 보호대상아동을 일시보호하고 아동에 대한 향후의 양육대책수립 및 보호조치를 행하는 것을 목적으로 하는 시설
③ **아동보호치료시설** : 아동에게 보호 및 치료 서비스를 제공하는 다음의 시설
㉠ 불량행위를 하거나 불량행위를 할 우려가 있는 아동으로서 보호자가 없거나 친권자나 후견인이 입소를 신청한 아동 또는 가정법원, 지방법원소년부지원에서 보호위탁된 19세 미만인 사람을 입소시켜 치료와 선도를 통하여 건전한 사회인으로 육성하는 것을 목적으로 하는 시설
㉡ 정서적 · 행동적 장애로 인하여 어려움을 겪고 있는 아동 또는 학대로 인하여 부모로부터 일시 격리되어 치료받을 필요가 있는 아동을 보호 · 치료하는 시설

④ **공동생활가정** : 보호대상아동에게 가정과 같은 주거여건과 보호, 양육, 자립지원 서비스를 제공하는 것을 목적으로 하는 시설

⑤ **자립지원시설** : 아동복지시설에서 퇴소한 사람에게 취업준비기간 또는 취업 후 일정 기간 동안 보호함으로써 자립을 지원하는 것을 목적으로 하는 시설

⑥ **아동상담소** : 아동과 그 가족의 문제에 관한 상담, 치료, 예방 및 연구 등을 목적으로 하는 시설

⑦ **아동전용시설** : 어린이공원, 어린이놀이터, 아동회관, 체육 · 연극 · 영화 · 과학실험전시 시설, 아동휴게숙박시설, 야영장 등 아동에게 건전한 놀이 · 오락, 그 밖의 각종 편의를 제공하여 심신의 건강유지와 복지증진에 필요한 서비스를 제공하는 것을 목적으로 하는 시설

⑧ **지역아동센터** : 지역사회 아동의 보호 · 교육, 건전한 놀이와 오락의 제공, 보호자와 지역사회의 연계 등 아동의 건전육성을 위하여 종합적인 아동복지서비스를 제공하는 시설

⑨ 아동보호전문기관

⑩ 가정위탁지원센터

⑪ 보장원

⑫ 자립지원전담기관

Plus ⊕ one

아동복지시설 추가 사업(법 제52조 제3항)

아동복지시설은 각 시설 고유의 목적 사업을 해치지 아니하고 각 시설별 설치기준 및 운영기준을 충족하는 경우 다음의 사업을 추가로 실시할 수 있다.

- 아동가정지원사업 : 지역사회아동의 건전한 발달을 위하여 아동, 가정, 지역주민에게 상담, 조언 및 정보를 제공하여 주는 사업
- 아동주간보호사업 : 부득이한 사유로 가정에서 낮 동안 보호를 받을 수 없는 아동을 대상으로 개별적인 보호와 교육을 통하여 아동의 건전한 성장을 도모하는 사업
- 아동전문상담사업 : 학교부적응아동 등을 대상으로 올바른 인격형성을 위한 상담, 치료 및 학교폭력예방을 실시하는 사업
- 학대아동보호사업 : 학대아동의 발견, 보호, 치료 및 아동학대의 예방 등을 전문적으로 실시하는 사업
- 공동생활가정사업 : 보호대상아동에게 가정과 같은 주거여건과 보호를 제공하는 것을 목적으로 하는 사업
- 방과 후 아동지도사업 : 저소득층 아동을 대상으로 방과 후 개별적인 보호와 교육을 통하여 건전한 인격형성을 목적으로 하는 사업

(4) 아동전용시설의 설치(법 제53조)

① 국가와 지방자치단체는 아동이 항상 이용할 수 있는 아동전용시설을 설치하도록 노력하여야 한다.

② 아동이 이용할 수 있는 문화 · 오락 시설, 교통시설, 그 밖의 서비스시설 등을 설치 · 운영하는 자는 대통령령으로 정하는 바에 따라 아동의 이용편의를 고려한 편익설비를 갖추고 아동에 대한 입장료와 이용료 등을 감면할 수 있다.

(5) 아동복지시설의 종사자와 교육훈련(법 제54조, 제55조)

① 아동복지시설에는 필요한 전문인력을 배치하여야 한다.

② 시 · 도지사 또는 시장 · 군수 · 구청장은 아동복지시설 종사자의 양성 및 자질향상을 위한 교육 · 훈련을 실시하여야 한다.

③ 시 · 도지사 또는 시장 · 군수 · 구청장은 교육훈련을 대학(전문대학을 포함) 또는 아동복지단체나 그 밖의 교육훈련시설에 위탁하여 실시할 수 있다.

(6) 시설의 개선, 사업의 정지, 시설의 폐쇄 등(법 제56조)

① 보건복지부장관, 시 · 도지사 또는 시장 · 군수 · 구청장은 아동복지시설과 교육훈련시설(대학 및 전문대학은 제외)이 다음의 어느 하나에 해당하는 경우에는 소관에 따라 그 시설의 개선, 6개월 이내의 사업의 정지, 위탁의 취소 또는 해당 시설의 장의 교체를 명하거나 시설의 폐쇄를 명할 수 있다.

㉠ 시설이 설치기준에 미달하게 된 경우

㉡ 사회복지법인 또는 비영리법인이 설치 · 운영하는 시설로서 그 사회복지법인이나 비영리법인의 설립허가가 취소된 경우

㉢ 설치목적의 달성이나 그 밖의 사유로 계속하여 운영될 필요가 없다고 인정할 때

㉣ 보호대상아동에 대한 아동학대행위가 확인된 경우

㉤ 거짓이나 그 밖의 부정한 방법으로 경비의 지원을 받은 경우

㉥ 아동복지시설의 사업정지기간 중에 사업을 한 경우

㉦ 그 밖에 이 법 또는 이 법에 따른 명령을 위반한 경우

② 보건복지부장관, 시 · 도지사 또는 시장 · 군수 · 구청장은 아동복지시설과 교육훈련시설(대학 및 전문대학은 제외)이 사업 정지, 위탁 취소 또는 시설 폐쇄되는 경우에는 대통령령으로 정하는 바에 따라 해당 시설을 이용하는 아동을 다른 시설로 옮기도록 하는 등 보호대상아동의 권익을 보호하기 위하여 필요한 조치를 하여야 한다.

③ 시설의 개선, 사업의 정지, 위탁의 취소 또는 해당 시설의 장의 교체나 시설의 폐쇄 처분의 기준은 위반행위의 유형 및 그 사유와 위반의 정도 등을 고려하여 대통령령으로 정한다.

9 벌 칙

(1) 금지행위 위반자(법 제17조)에 대한 벌칙(법 제71조 제1항)

① 10년 이하의 징역

아동을 매매하는 행위를 한 자는 10년 이하의 징역에 처한다.

② 10년 이하의 징역 또는 1억 원 이하의 벌금

아동에게 음란한 행위를 시키거나 이를 매개하는 행위 또는 아동에게 성적 수치심을 주는 성희롱 등의 성적 학대행위를 한 자는 10년 이하의 징역 또는 1억 원 이하의 벌금에 처한다.

③ 5년 이하의 징역 또는 5천만 원 이하의 벌금

㉠ 아동의 신체에 손상을 주거나 신체의 건강 및 발달을 해치는 학대행위

㉡ 아동의 정신건강 및 발달에 해를 끼치는 정서적 학대행위
㉢ 자신의 보호 · 감독을 받는 아동을 유기하거나 의식주를 포함한 기본적 보호 · 양육 · 치료 및 교육을 소홀히 하는 방임행위
㉣ 장애를 가진 아동을 공중에 관람시키는 행위
㉤ 아동에게 구걸을 시키거나 아동을 이용하여 구걸하는 행위

(2) 3년 이하의 징역 또는 3천만원 이하의 벌금(법 제71조 제2항)

① 피해아동관련 정보를 요청 목적 외로 사용하거나 다른 사람에게 제공 또는 누설한 사람
② 비밀을 누설하거나 직무상 목적 외의 용도로 이용한 사람

(3) 1년 이하의 징역 또는 1천만원 이하의 벌금(법 제71조 제3항)

① 정당한 사유 없이 다른 아동복지시설로 옮기는 권익보호조치를 하지 아니한 사람
② 비밀을 누설하거나 부당한 이익을 취한 사람
③ 신고를 하지 아니하고 아동복지시설을 설치한 자
④ 거짓으로 서류를 작성하여 아동복지시설 전문인력의 자격을 인정받은 자
⑤ 사업의 정지, 위탁의 취소 또는 시설의 폐쇄명령을 받고도 그 시설을 운영하거나 사업을 한 자
⑥ 조사를 거부 · 방해 또는 기피하거나 질문에 대하여 답변을 거부 · 기피 또는 거짓 답변을 하거나, 아동에게 답변을 거부 · 기피 또는 거짓 답변을 하게 하거나 그 답변을 방해한 자

제3절 노인복지법

1 총 칙

(1) 목적(법 제1조)

노인의 질환을 사전예방 또는 조기발견하고 질환상태에 따른 적절한 치료 · 요양으로 심신의 건강을 유지하고, 노후의 생활안정을 위하여 필요한 조치를 강구함으로써 노인의 보건복지증진에 기여함을 목적으로 한다.

(2) 용어의 정의(법 제1조의2)

19회 기출

① **부양의무자** : 배우자(사실상의 혼인관계에 있는 자를 포함)와 직계비속 및 그 배우자(사실상의 혼인관계에 있는 자를 포함)를 말한다.
② **보호자** : 부양의무자 또는 업무 · 고용 등의 관계로 사실상 노인을 보호하는 자를 말한다.
③ **치매** : 퇴행성 뇌질환 또는 뇌혈관계 질환 등으로 인하여 기억력, 언어능력, 지남력, 판단력 및 수행능력 등의 기능이 저하됨으로써 일상생활에서 지장을 초래하는 후천적인 다발성 장애를 말한다.

④ **노인학대** : 노인에 대하여 신체적 · 정신적 · 정서적 · 성적 폭력 및 경제적 착취 또는 가혹행위를 하거나 유기 또는 방임을 하는 것을 말한다.

⑤ **노인학대관련범죄 : 보호자에 의한 65세 이상 노인에 대한 노인학대로서** 다음의 어느 하나에 해당되는 죄

㉠ 형법에서 상해와 폭행 죄 중 상해, 존속상해, 중상해, 존속중상해, 폭행, 존속폭행, 특수폭행, 상습범

㉡ 형법에서 유기와 학대 죄 중 유기, 존속유기, 학대, 존속학대

㉢ 형법에서 체포와 감금 죄 중 체포, 감금, 존속체포, 존속감금, 중체포, 중감금, 존속중체포, 존속중감금, 특수체포, 특수감금, 상습범, 미수범, 체포 · 감금 등의 치사상(상해에 이르게 한 때에만 해당)

㉣ 형법에서 협박, 존속협박, 특수협박, 상습범(제283조의 죄에만 해당) 및 미수범

㉤ 형법에서 강간과 추행 죄 중 강간, 유사강간, 강제추행, 준강간, 준강제추행, 미수범, 강간 등 상해 · 치상, 강간 등 살인 · 치사, 상습범(제297조, 제297조의2, 제298조부터 제300조까지의 죄에 한정)의 죄

㉥ 형법에서 명예에 관한 죄 중 명예훼손, 출판물 등에 의한 명예훼손, 모욕

㉦ 형법에서 주거침입 죄 중 주거 · 신체 수색

㉧ 형법에서 권리행사를 방해하는 죄 중 강요, 미수범(제324조의 죄에만 해당한다)

㉨ 형법에서 사기와 공갈의 죄 중 공갈, 미수범(제350조의 죄에만 해당한다)

㉩ 형법에서 손괴의 죄 중 재물손괴

㉪ 제55조의2, 제55조의3 제1항 제2호, 제55조의4 제1호, 제59조의2의 죄

㉫ 다른 법률에 따라 가중처벌되는 죄

(3) 기본이념(법 제2조)

① 노인은 후손의 양육과 국가 및 사회의 발전에 기여하여 온 자로서 존경받으며 건전하고 안정된 생활을 보장받는다.

② 노인은 그 능력에 따라 적당한 일에 종사하고 사회적 활동에 참여할 기회를 보장받는다.

③ 노인은 노령에 따르는 심신의 변화를 자각하여 항상 심신의 건강을 유지하고 그 지식과 경험을 활용하여 사회의 발전에 기여하도록 노력하여야 한다.

(4) 보건복지증진의 책임(법 제4조)

① 국가와 지방자치단체는 노인의 보건 및 복지증진의 책임이 있으며, 이를 위한 시책을 강구하여 추진하여야 한다.

② 국가와 지방자치단체는 시책을 강구함에 있어 기본이념이 구현되도록 노력하여야 한다.

③ 노인의 일상생활에 관련되는 사업을 경영하는 자는 그 사업을 경영함에 있어 노인의 보건복지가증진되도록 노력하여야 한다.

(5) 노인실태조사(법 제5조)

① 보건복지부장관은 노인의 보건 및 복지에 관한 **실태조사를 3년마다 실시**하고 그 결과를 공표하여야 한다.

② 보건복지부장관은 실태조사를 위하여 관계 기관 · 법인 · 단체 · 시설의 장에게 필요한 자료의 제출 또는 의견의 진술을 요청할 수 있다. 이 경우 관계 기관 · 법인 · 단체 · 시설의 장은 정당한 사유가 없으면 그 요청에 따라야 한다.

(6) 노인의 날(법 제6조, 법 제6조의2)

14회 기출

① 노인에 대한 사회적 관심과 공경의식을 높이기 위하여 **매년 10월 2일**을 노인의 날로, **매년 10월**을 경로의 달로 한다.

② 부모에 대한 효사상을 앙양하기 위하여 매년 **5월 8일을 어버이날**로 한다.

③ 범국민적으로 노인학대에 대한 인식을 높이고 관심을 유도하기 위하여 매년 6월 15일을 노인학대예방의 날로 지정하고, 국가와 지방자치단체는 노인학대예방의 날의 취지에 맞는 행사와 홍보를 실시하도록 노력하여야 한다.

④ 보건복지부장관은 노인학대의 예방과 방지, 노인학대의 위해성, 신고방법 등에 관한 홍보영상을 제작하여 방송편성책임자에게 배포하여야 한다.

(7) 노인복지상담원(법 제7조)

노인의 복지를 담당하게 하기 위하여 특별자치도와 시 · 군 · 구(자치구를 말한다)에 **노인복지상담원**을 둔다.

(8) 노인전용주거시설(법 제8조)

국가 또는 지방자치단체는 노인의 주거에 적합한 기능 및 설비를 갖춘 주거용시설의 공급을 조장하여야 하며, 그 주거용시설의 공급자에 대하여 적절한 지원을 할 수 있다.

2 보건 · 복지조치

(1) 노인사회참여 지원(법 제23조)

① 국가 또는 지방자치단체는 노인의 사회참여 확대를 위하여 노인의 지역봉사 활동기회를 넓히고 노인에게 적합한 직종의 개발과 그 보급을 위한 시책을 강구하며 근로능력 있는 노인에게 일할 기회를 우선적으로 제공하도록 노력하여야 한다.

② 국가 또는 지방자치단체는 노인의 지역봉사 활동 및 취업의 활성화를 기하기 위하여 노인지역봉사기관, 노인취업알선기관 등 노인복지관계기관에 대하여 필요한 지원을 할 수 있다.

(2) 노인일자리전담기관의 설치 · 운영(법 제23조의2)

11회 기출

① 노인의 능력과 적성에 맞는 일자리지원사업을 전문적 · 체계적으로 수행하기 위한 전담기관(노인일자리전담기관)은 다음의 기관으로 한다.

㉠ 노인인력개발기관 : 노인일자리개발 · 보급사업, 조사사업, 교육 · 홍보 및 협력사업, 프로그램 인증 · 평가사업 등을 지원하는 기관

㉡ 노인일자리지원기관 : 지역사회 등에서 노인일자리의 개발 · 지원, 창업 · 육성 및 노인에 의한 재화의 생산 · 판매 등을 직접 담당하는 기관

㉢ 노인취업알선기관 : 노인에게 취업 상담 및 정보를 제공하거나 노인일자리를 알선하는 기관

② 국가 또는 지방자치단체는 노인일자리전담기관을 설치 · 운영하거나 그 운영의 전부 또는 일부를 법인 · 단체 등에 위탁할 수 있다. 노인일자리전담기관의 설치 · 운영 또는 위탁에 관한 필요한 사항은 대통령령으로 정하고, 노인일자리지원기관의 시설 및 인력에 관한 기준 등은 보건복지부령으로 정한다.

(3) 지역봉사지도원 위촉 및 업무(법 제24조)

국가 또는 지방자치단체는 사회적 신망과 경험이 있는 노인으로서 지역봉사를 희망하는 경우에는 이를 지역봉사지도원으로 위촉할 수 있다. 지역봉사지도원의 업무는 다음과 같다.

① 국가 또는 지방자치단체가 행하는 업무 중 민원인에 대한 상담 및 조언
② 도로의 교통정리, 주 · 정차단속의 보조, 자연보호 및 환경침해 행위단속의 보조와 청소년 선도
③ 충효사상, 전통의례 등 전통문화의 전수교육
④ 문화재의 보호 및 안내
⑤ 노인에 대한 교통안전 및 교통사고예방 교육
⑥ 기타 대통령령이 정하는 업무

(4) 생업지원(법 제25조)

① 국가, 지방자치단체, 그 밖의 공공단체 중 대통령령으로 정하는 기관은 소관 공공시설에 식료품 · 사무용품 · 신문 등 일상생활용품의 판매를 위한 매점이나 자동판매기의 설치를 허가 또는 위탁할 때에는 65세 이상 노인의 신청이 있는 경우 이를 우선적으로 반영하여야 한다.

② 국가, 지방자치단체, 그 밖의 공공단체 중 대통령령으로 정하는 기관은 소관 공공시설에 청소, 주차관리, 매표 등의 사업을 위탁하는 경우에는 65세 이상 노인을 100분의 20 이상 채용한 사업체를 우선적으로 고려할 수 있다.

(5) 경로우대(법 제26조)

① 국가 또는 지방자치단체는 65세 이상의 자에 대하여 대통령령이 정하는 바에 의하여 국가 또는 지방자치단체의 수송시설 및 고궁 · 능원 · 박물관 · 공원 등의 공공시설을 무료로 또는 그 이용요금을 할인하여 이용하게 할 수 있다.

② 국가 또는 지방자치단체는 노인의 일상생활에 관련된 사업을 경영하는 자에게 65세 이상의 자에 대하여 그 이용요금을 할인하여 주도록 권유할 수 있다.

③ 국가 또는 지방자치단체는 노인에게 이용요금을 할인하여 주는 자에 대하여 적절한 지원을 할 수 있다.

(6) 건강진단 등(법 제27조)

① 국가 또는 지방자치단체는 대통령령이 정하는 바에 의하여 65세 이상의 자에 대하여 건강진단과 보건교육을 실시할 수 있다. 이 경우 보건복지부령으로 정하는 바에 따라 성별 다빈도질환 등을 반영하여야 한다.

② 국가 또는 지방자치단체는 건강진단 결과 필요하다고 인정한 때에는 그 건강진단을 받은 자에 대하여 필요한 지도를 하여야 한다.

(7) 홀로 사는 노인에 대한 지원(법 제27조의2)

① 국가 또는 지방자치단체는 홀로 사는 노인에 대하여 방문요양과 돌봄 등의 서비스와 안전 확인 등의 보호조치를 취하여야 한다.

② 국가 또는 지방자치단체는 사업을 노인 관련 기관 · 단체에 위탁할 수 있으며, 예산의 범위에서 그 사업 및 운영에 필요한 비용을 지원할 수 있다.

(8) 독거노인종합지원센터(법 제27조의3)

① 보건복지부장관은 홀로 사는 노인에 대한 돌봄과 관련된 다음의 사업을 수행하기 위하여 독거노인종합지원센터를 설치 · 운영할 수 있다.

㉠ 홀로 사는 노인에 대한 정책 연구 및 프로그램의 개발
㉡ 홀로 사는 노인에 대한 현황조사 및 관리
㉢ 홀로 사는 노인 돌봄사업 종사자에 대한 교육
㉣ 홀로 사는 노인에 대한 돌봄사업의 홍보, 교육교재 개발 및 보급
㉤ 홀로 사는 노인에 대한 돌봄사업의 수행기관 지원 및 평가
㉥ 관련 기관 협력체계의 구축 및 교류
㉦ 홀로 사는 노인에 대한 기부문화 조성을 위한 기부금품의 모집, 접수 및 배부
㉧ 그 밖에 홀로 사는 노인의 돌봄을 위하여 보건복지부장관이 위탁하는 업무

② 보건복지부장관은 독거노인종합지원센터의 운영을 전문 인력과 시설을 갖춘 법인 또는 단체에 위탁할 수 있다.

(9) 상담 · 입소 등의 조치(법 제28조)

보건복지부장관, 특별시장 · 광역시장 · 도지사 · 특별자치도지사, 시장 · 군수 · 구청장(자치구의 구청장을 말한다)은 노인에 대한 복지를 도모하기 위하여 필요하다고 인정한 때에는 다음의 조치를 하여야 한다. 65세 미만의 자에 대하여도 그 노쇠현상이 현저하여 특별히 보호할 필요가 있다고 인정할 때에도 같은 조치를 할 수 있다.

① 65세 이상의 자 또는 그를 보호하고 있는 자를 관계공무원 또는 노인복지상담원으로 하여금 상담 · 지도하게 하는 것
② 65세 이상의 자로서 신체적 · 정신적 · 경제적 이유 또는 환경상의 이유로 거택에서 보호받기가 곤란한 자를 노인주거복지시설 또는 재가노인복지시설에 입소시키거나 입소를 위탁하는 것
③ 65세 이상의 자로서 신체 또는 정신상의 현저한 결함으로 인하여 항상 보호를 필요로 하고 경제적 이유로 거택에서 보호받기가 곤란한 자를 노인의료복지시설에 입소시키거나 입소를 위탁하는 것

(10) 노인재활요양사업(법 제30조)

국가 또는 지방자치단체는 신체적 · 정신적으로 재활요양을 필요로 하는 노인을 위한 재활요양사업을 실시할 수 있다.

3 노인복지시설의 설치

3, 11, 12회 기출

(1) 노인복지시설의 종류(법 제31조)

13, 19회 기출

① 노인주거복지시설(법 제32조)
㉠ 양로시설 : 노인을 입소시켜 급식과 그 밖에 일상생활에 필요한 편의를 제공함을 목적으로 하는 시설
㉡ 노인공동생활가정 : 노인들에게 가정과 같은 주거여건과 급식, 그 밖에 일상생활에 필요한 편의를 제공함을 목적으로 하는 시설
㉢ 노인복지주택 : 노인에게 주거시설을 임대하여 주거의 편의 · 생활지도 · 상담 및 안전관리 등 일상생활에 필요한 편의를 제공함을 목적으로 하는 시설
② 노인의료복지시설(법 제34조)
㉠ 노인요양시설 : 치매 · 중풍 등 노인성질환 등으로 심신에 상당한 장애가 발생하여 도움을 필요로 하는 노인을 입소시켜 급식 · 요양과 그 밖에 일상생활에 필요한 편의를 제공함을 목적으로 하는 시설
㉡ 노인요양공동생활가정 : 치매 · 중풍 등 노인성질환 등으로 심신에 상당한 장애가 발생하여 도움을 필요로 하는 노인에게 가정과 같은 주거여건과 급식 · 요양, 그 밖에 일상생활에 필요한 편의를 제공함을 목적으로 하는 시설
③ 노인여가복지시설(법 제36조)
㉠ 노인복지관 : 노인의 교양 · 취미생활 및 사회참여활동 등에 대한 각종 정보와 서비스를 제공하고, 건강증진 및 질병예방과 소득보장 · 재가복지, 그 밖에 노인의 복지증진에 필요한 서비스를 제공함을 목적으로 하는 시설
㉡ 경로당 : 지역노인들이 자율적으로 친목도모 · 취미활동 · 공동작업장 운영 및 각종 정보교환과 기타 여가활동을 할 수 있도록 하는 장소를 제공함을 목적으로 하는 시설
㉢ 노인교실 : 노인들에 대하여 사회활동 참여욕구를 충족시키기 위하여 건전한 취미생활 · 노인건강유지 · 소득보장 기타 일상생활과 관련한 학습프로그램을 제공함을 목적으로 하는 시설

④ 재가노인복지시설(법 제38조)

㉠ 방문요양서비스 : 가정에서 일상생활을 영위하고 있는 노인(재가노인)으로서 신체적 · 정신적 장애로 어려움을 겪고 있는 노인에게 필요한 각종 편의를 제공하여 지역사회 안에서 건전하고 안정된 노후를 영위하도록 하는 서비스

㉡ 주 · 야간보호서비스 : 부득이한 사유로 가족의 보호를 받을 수 없는 심신이 허약한 노인과 장애노인을 주간 또는 야간 동안 보호시설에 입소시켜 필요한 각종 편의를 제공하여 이들의 생활안정과 심신기능의 유지 · 향상을 도모하고, 그 가족의 신체적 · 정신적 부담을 덜어주기 위한 서비스

㉢ 단기보호서비스 : 부득이한 사유로 가족의 보호를 받을 수 없어 일시적으로 보호가 필요한 심신이 허약한 노인과 장애노인을 보호시설에 단기간 입소시켜 보호함으로써 노인 및 노인가정의 복지증진을 도모하기 위한 서비스

㉣ 방문 목욕서비스 : 목욕장비를 갖추고 재가노인을 방문하여 목욕을 제공하는 서비스

㉤ 그 밖의 서비스 : 그 밖에 재가노인에게 제공하는 서비스로서 보건복지부령이 정하는 서비스(재가노인지원서비스, 방문간호서비스)

⑤ 노인보호전문기관(법 제39조의5) 11회 기출

㉠ 중앙노인보호전문기관을 설치 · 운영

- 노인인권보호 관련 정책제안
- 노인인권보호를 위한 연구 및 프로그램의 개발
- 노인학대 예방의 홍보, 교육자료의 제작 및 보급
- 노인보호전문사업 관련 실적 취합, 관리 및 대외자료 제공
- 지역노인보호전문기관의 관리 및 업무지원
- 지역노인보호전문기관 상담원의 심화교육
- 관련 기관 협력체계의 구축 및 교류
- 노인학대 분쟁사례 조정을 위한 중앙노인학대사례판정위원회 운영
- 그 밖에 노인의 보호를 위하여 대통령령으로 정하는 사항

㉡ 지역노인보호전문기관의 업무

- 노인학대 신고전화의 운영 및 사례접수
- 노인학대 의심사례에 대한 현장조사
- 피해노인 및 노인학대자에 대한 상담
- 피해노인에 대한 법률 지원의 요청
- 피해노인가족 관련자와 관련 기관에 대한 상담
- 상담 및 서비스제공에 따른 기록과 보관
- 일반인을 대상으로 한 노인학대 예방교육
- 노인학대행위자를 대상으로 한 재발방지 교육
- 노인학대사례 판정을 위한 지역노인학대사례판정위원회 운영 및 자체사례회의 운영
- 그 밖에 노인의 보호를 위하여 보건복지부령으로 정하는 사항

⑥ **노인일자리전담기관(법 제23조의2)**

노인의 능력과 적성에 맞는 일자리지원사업을 전문적 · 체계적으로 수행하기 위한 노인일자리전담기관은 다음의 기관으로 한다.

㉠ 노인인력개발기관 : 노인일자리개발 · 보급사업, 조사사업, 교육 · 홍보 및 협력사업, 프로그램 인증 · 평가사업 등을 지원하는 기관

㉡ 노인일자리지원기관 : 지역사회 등에서 노인일자리의 개발 · 지원, 창업 · 육성 및 노인에 의한 재화의 생산 · 판매 등을 직접 담당하는 기관

㉢ 노인취업알선기관 : 노인에게 취업 상담 및 정보를 제공하거나 노인일자리를 알선하는 기관

⑦ **학대피해노인 전용쉼터(법 제39조의19)** : 국가와 지방자치단체는 노인학대로 인하여 피해를 입은 노인을 일정기간 보호하고 심신 치유 프로그램을 제공하기 위하여 학대피해노인 전용쉼터를 설치 · 운영할 수 있다.

(2) 요양보호사와 요양보호사교육기관(법 제39조의2 및 제39조의3) 9, 10, 11, 20회 기출

① 노인복지시설의 설치 · 운영자는 보건복지부령으로 정하는 바에 따라 노인 등의 신체활동 또는 가사활동 지원 등의 업무를 전문적으로 수행하는 요양보호사를 두어야 한다.

② 요양보호사가 되려는 사람은 요양보호사교육기관에서 교육과정을 마치고 시 · 도지사가 실시하는 요양보호사 자격시험에 합격하여야 한다. 시 · 도지사는 요양보호사 자격시험에 합격한 사람에게 요양보호사 자격증을 교부하여야 한다.

③ 시 · 도지사는 요양보호사의 양성을 위하여 보건복지부령으로 정하는 지정기준에 적합한 시설을 요양보호사교육기관으로 지정 · 운영하여야 한다.

④ 시 · 도지사는 요양보호사교육기관이 다음의 어느 하나에 해당하는 경우 사업의 정지를 명하거나 그 지정을 취소할 수 있다.

㉠ 거짓이나 그 밖의 부정한 방법으로 요양보호사교육기관으로 지정을 받은 경우(반드시 취소)

㉡ 지정기준에 적합하지 아니하게 된 경우

㉢ 교육과정을 1년 이상 운영하지 아니하는 경우

㉣ 정당한 사유 없이 보고 또는 자료제출을 하지 아니하거나 거짓으로 한 경우 또는 조사 · 검사를 거부 · 방해하거나 기피한 경우

㉤ 요양보호사교육기관을 설치 · 운영하는 자가 교육 이수 관련 서류를 거짓으로 작성한 경우

⑤ **요양보호사의 결격사유(법 제39조의13)**

㉠ 정신건강증진 및 정신질환자가 복지서비스 지원에 관한 법률에 따른 정신질환자(단, 전문의가 요양보호사로서 적합하다고 인정하는 사람은 제외)

㉡ 마약 · 대마 또는 향정신성의약품 중독자

㉢ 피성년후견인

㉣ 금고 이상의 형을 선고받고 그 형의 집행이 종료되지 아니하였거나 그 집행을 받지 아니하기로 확정되지 아니한 사람

㉤ 법원의 판결에 따라 자격이 정지 또는 상실된 사람

㉥ 요양보호사의 자격이 취소된 날부터 1년이 경과되지 아니한 사람

(3) 노인학대 예방조치

9회 기출

① **긴급전화의 설치 등(법 제39조의4)** : 국가 및 지방자치단체는 노인학대를 예방하고 수시로 신고를 받을 수 있도록 긴급전화를 설치하여야 한다.

② **노인학대 신고의무와 절차(법 제39조의6)** : 누구든지 노인학대를 알게 된 때에는 노인보호전문기관 또는 수사기관에 신고할 수 있다. 다음에 해당하는 자는 그 직무상 65세 이상에 대한 노인학대를 알게 된 때에는 즉시 노인보호전문기관 또는 수사기관에 신고하여야 한다.

㉠ 의료기관에서 의료업을 행하는 의료인 및 의료기관의 장

㉡ 방문요양과 돌봄이나 안전 확인 등의 서비스 종사자, 노인복지시설의 장과 그 종사자 및 노인복지상담원

㉢ 장애인복지시설에서 장애노인에 대한 상담 · 치료 · 훈련 또는 요양업무를 수행하는 사람

㉣ 가정폭력 관련 상담소 및 가정폭력피해자 보호시설의 장과 그 종사자

㉤ 사회복지전담공무원 및 사회복지시설의 장과 그 종사자

㉥ 장기요양기관의 장과 그 종사자

㉦ 119구급대의 구급대원

㉧ 건강가정지원센터의 장과 그 종사자

㉨ 다문화가족지원센터의 장과 그 종사자

㉩ 성폭력피해상담소 및 성폭력피해자보호시설의 장과 그 종사자

㉪ 응급의료에 관한 법률에 따른 응급구조사

㉫ 의료기사 등에 관한 법률에 따른 의료기사

㉬ 국민건강보험공단 소속 요양직 직원

㉭ 지역보건의료기관의 장과 종사자

㉮ 노인복지시설 설치 및 관리 업무 담당 공무원

㉯ 병역법에 따른 사회복지시설에서 복무하는 사회복무요원(노인을 직접 대면하는 업무에 복무하는 사람으로 한정)

③ **응급조치의무 등(법 제39조의7)**

㉠ 노인학대신고를 접수한 노인보호전문기관의 직원이나 사법경찰관리는 지체없이 노인학대의 현장에 출동하여야 한다. 이 경우 노인보호전문기관의 장이나 수사기관의 장은 서로 동행하여 줄 것을 요청할 수 있고, 그 요청을 받은 때에는 정당한 사유가 없으면 소속 직원이나 사법경찰관리를 현장에 동행하도록 하여야 한다.

㉡ 출동한 노인보호전문기관의 직원이나 사법경찰관리는 피해자를 보호하기 위하여 신고된 현장에 출입하여 관계인에 대하여 조사를 하거나 질문을 할 수 있다. 이 경우 노인보호전문기관의 직원은 피해노인의 보호를 위한 범위에서만 조사 또는 질문을 할 수 있다.

㉢ 출입, 조사 또는 질문을 하는 노인보호전문기관의 직원이나 사법경찰관리는 그 권한을 표시하는 증표를 지니고 이를 관계인에게 보여주어야 한다.

㉣ 조사 또는 질문을 하는 노인보호전문기관의 직원이나 사법경찰관리는 피해자 · 신고자 · 목격자 등이 자유롭게 진술할 수 있도록 노인학대행위자로부터 분리된 곳에서 조사하는 등 필요한 조치를 하여야 한다.

㉤ 규정에 의하여 현장에 출동한 자는 학대받은 노인을 노인학대행위자로부터 분리하거나 치료가 필요하다고 인정할 때에는 노인보호전문기관 또는 의료기관에 인도하여야 한다.

㉥ 누구든지 정당한 사유 없이 노인학대 현장에 출동한 자에 대하여 현장조사를 거부하거나 업무를 방해하여서는 아니 된다.

㉦ 국가 및 지방자치단체는 노인보호전문기관의 장이 학대받은 노인의 보호, 치료 등의 업무를 수행함에 있어서 피해노인, 그 보호자 또는 노인학대행위자에 대한 신분조회 등 필요한 조치의 협조를 요청할 경우 정당한 사유가 없으면 이에 적극 협조하여야 한다.

④ **보조인의 선임 등(법 제39조의8)** : 학대받은 노인의 법정대리인, 직계친족, 형제자매, 노인보호전문기관의 상담원 또는 변호사는 노인학대사건의 심리에 있어서 보조인이 될 수 있다. 다만, 변호사가 아닌 경우에는 법원의 허가를 받아야 한다. 법원은 학대받은 노인을 증인으로 신문하는 경우 본인 · 검사 또는 노인보호전문기관의 신청이 있는 때에는 본인과 신뢰관계에 있는 자의 동석을 허가할 수 있다. 수사기관이 학대받은 노인을 조사하는 경우에도 같다.

⑤ **금지행위(법 제39조의9)** 5, 15회 기출

㉠ 노인의 신체에 폭행을 가하거나 상해를 입히는 행위

㉡ 노인에게 성적 수치심을 주는 성폭행 · 성희롱 등의 행위

㉢ 자신의 보호 · 감독을 받는 노인을 유기하거나 의식주를 포함한 기본적 보호 및 치료를 소홀히 하는 방임행위

㉣ 노인에게 구걸을 하게 하거나 노인을 이용하여 구걸하는 행위

㉤ 노인을 위하여 증여 또는 급여된 금품을 그 목적 외의 용도에 사용하는 행위

㉥ 폭언, 협박, 위협 등으로 노인의 정신건강에 해를 끼치는 정서적 학대 행위

⑥ **실종노인에 관한 신고의무(법 제39조의10)**

㉠ 누구든지 정당한 사유 없이 사고 등의 사유로 인하여 보호자로부터 이탈된 노인을 경찰관서 또는 지방자치단체의 장에게 신고하지 아니하고 보호하여서는 아니 된다.

㉡ 노인복지시설의 장 또는 그 종사자는 그 직무를 수행하면서 실종노인임을 알게 된 때에는 지체없이 보건복지부령으로 정하는 신상카드를 작성하여 지방자치단체의 장과 업무를 수행하는 기관의 장에게 제출하여야 한다.

㉢ 보건복지부장관은 실종노인의 발생예방, 조속한 발견과 복귀를 위하여 실종노인과 관련된 조사 및 연구, 실종노인의 데이터베이스 구축 · 운영, 그 밖에 실종노인의 보호 및 지원에 필요한 사항을 시행하여야 한다. 이 경우 보건복지부장관은 노인복지 관련 법인이나 단체에 그 업무의 전부 또는 일부를 위탁할 수 있다.

㉣ 경찰청장은 실종노인의 조속한 발견과 복귀를 위하여 실종노인에 대한 신고체계의 구축 및 운영, 그 밖에 실종노인의 발견과 복귀를 위하여 필요한 사항을 시행하여야 한다.

4 비 용

(1) 비용의 부담(법 제45조)

다음의 어느 하나에 해당하는 비용은 대통령령이 정하는 바에 따라 국가 또는 지방자치단체가 부담한다.

① 노인일자리전담기관의 설치 · 운영 또는 위탁에 소요되는 비용

② 건강진단 등과 상담 · 입소 등의 조치에 소요되는 비용

③ 노인복지시설의 설치 · 운영에 소요되는 비용

(2) 비용의 수납 및 청구(법 제46조)

① 복지조치에 필요한 비용을 부담한 복지실시기관은 해당 노인 또는 그 부양의무자로부터 그 부담한 비용의 전부 또는 일부를 수납하거나 청구할 수 있다.

② 부양의무가 없는 자가 복지조치에 준하는 보호를 행하는 경우 즉시 그 사실을 부양의무자 및 복지실시기관에 알려야 한다.

③ 보호를 행한 자는 부양의무자에게 보호비용의 전부 또는 일부를 청구할 수 있다.

④ 양로시설, 노인공동생활가정 및 노인복지주택, 노인요양시설 및 노인요양공동생활가정을 설치한 자는 그 시설에 입소하거나 그 시설을 이용하는 생계급여 수급자 또는 의료급여 수급자 외의 기초수급권자 외의 자로부터 그에 소요되는 비용을 수납하고자 할 때에는 시장 · 군수 · 구청장에게 신고하여야 한다. 다만, 보건복지부령이 정한 비용수납 한도액의 범위 안에서 수납할 때에는 그러하지 아니하다.

⑤ 노인여가복지시설 또는 재가노인복지시설을 설치한 자 또는 편의를 제공하는 자가 그 시설을 이용하는 자로부터 그에 소요되는 비용을 수납하고자 할 때에는 미리 시장 · 군수 · 구청장에게 신고하여야 한다.

(3) 비용의 보조(법 제47조)

국가 또는 지방자치단체는 대통령령이 정하는 바에 의하여 노인복지시설의 설치 · 운영에 필요한 비용을 보조할 수 있다.

(4) 상속인 없는 재산의 처리(법 제48조)

① 노인주거복지시설 또는 노인의료복지시설의 설치 · 운영자는 그 시설에 입소 중인 사람이 사망하고 그 상속인의 존부가 분명하지 아니한 경우 민법의 규정에 따라 처리한다. 다만, 사망한 사람의 잔여재산이 사회복지사업법에 따른 금액 이하인 경우에는 관할 시장 · 군수 · 구청장에게 잔여재산 목록을 작성하여 보고하는 것으로 그 재산의 처리를 갈음할 수 있다.

② 보고를 받은 시장 · 군수 · 구청장은 상속인, 일반상속채권자, 유증받은 자, 기타 상속재산에 대하여 권리를 주장하려는 자가 있으면 6개월 내에 그 권리를 주장할 것을 3개월 이상 공고하여야 한다.

(5) 조세감면(법 제49조)

노인복지시설에서 노인을 위하여 사용하는 건물 · 토지 등에 대하여는 조세감면규제법 등 관계법령이 정하는 바에 의하여 조세 기타 공과금을 감면할 수 있다.

5 이의신청 및 벌칙

(1) 이의신청(법 제50조) 11회 기출

① 노인 또는 그 부양의무자는 이 법에 의한 복지조치에 대하여 이의가 있을 때에는 당해 복지실시기관에 이의를 신청할 수 있다.

② 이의신청은 해당 복지조치가 있음을 안 날부터 90일 이내에 문서로 하여야 한다. 다만, 정당한 사유로 인하여 그 기간 이내에 이의신청을 할 수 없었음을 증명한 때에는 그 사유가 소멸한 날부터 60일 이내에 이의신청을 할 수 있다.

③ 이의신청을 받은 복지실시기관은 심사청구를 받은 때에는 30일 이내에 이를 심사 · 결정하여 청구인에게 통보하여야 한다.

④ 심사 · 결정에 이의가 있는 자는 그 통보를 받은 날부터 90일 이내에 행정심판을 제기할 수 있다.

⑤ 부양의무자가 부담하여야 할 보호비용에 대하여 보호를 행한 자와 부양의무자 사이에 합의가 이루어지지 아니하는 경우로서 시장 · 군수 · 구청장은 당사자로부터 조정요청을 받은 경우에는 이를 조정할 수 있다.

⑥ 시장 · 군수 · 구청장은 조정을 위하여 필요하다고 인정하는 경우 부양의무자에게 소득 · 재산 등에 관한 자료의 제출을 요구할 수 있다.

(2) 노인복지명예지도원(법 제51조)

① 복지실시기관은 양로시설, 노인공동생활가정, 노인복지주택, 노인요양시설 및 노인요양공동생활가정의 입소노인의 보호를 위하여 노인복지명예지도원을 둘 수 있다.

② 노인복지명예지도원의 위촉방법 · 업무범위 등 기타 필요한 사항은 대통령령으로 정한다.

(3) 권한이 위임 · 위탁(법 제53조)

① 보건복지부장관 또는 시 · 도지사는 이 법에 의한 권한의 일부를 대통령령이 정하는 바에 의하여 각각 시 · 도지사 또는 시장 · 군수 · 구청장에게 위임할 수 있다.

② 보건복지부장관, 시 · 도지사 또는 시장 · 군수 · 구청장은 이 법에 의한 업무의 일부를 대통령령이 정하는 바에 의하여 법인 또는 단체에 위탁할 수 있다.

(4) 국 · 공유재산이 대부 및 건축법에 대한 특례(법 제54조, 법 제55조) 16회 기출

① **국 · 공유재산의 대부** : 국가 또는 지방자치단체는 노인보건복지관련 연구시설이나 사업의 육성을 위하여 필요하다고 인정하는 경우에는 국유재산법 또는 지방재정법의 규정에 불구하고 국 · 공유재산을 무상으로 대부하거나 사용 · 수익하게 할 수 있다.

② 재가노인복지시설, 노인공동생활가정 및 노인요양공동생활가정은 건축법의 규정에 불구하고 단독 주택 또는 공동주택에 설치할 수 있다.

(5) 벌칙(법 제55조의2~제57조)

① **7년 이하의 징역 또는 7천만 원 이하의 벌금** : 노인의 신체에 폭행을 가하거나 상해를 입히는 행위를 한 자

② **5년 이하의 징역 또는 5천만 원 이하의 벌금**

㉠ 업무를 수행 중인 노인보호전문기관의 직원에 대하여 폭행 또는 협박하거나 위계 또는 위력으로써 그 업무를 방해한 자

㉡ 노인의 신체에 폭행을 가한 자

㉢ 노인에게 성적 수치심을 주는 성폭행 · 성희롱 등의 행위

㉣ 자신의 보호 · 감독을 받는 노인을 유기하거나 의식주를 포함한 기본적 보호 및 치료를 소홀히 하는 방임행위

㉤ 노인에게 구걸을 하게 하거나 노인을 이용하여 구걸하는 행위

㉥ 폭언, 협박, 위협 등으로 노인의 정신건강에 해를 끼치는 정서적 학대행위

③ **3년 이하의 징역 또는 3천만 원 이하의 벌금**

㉠ 노인을 위하여 증여 또는 급여된 금품을 그 목적 외의 용도에 사용하는 행위

㉡ 정당한 사유 없이 신고하지 아니하고 실종노인을 보호한 자

㉢ 위계 또는 위력을 행사하여 규정에 따른 관계 공무원의 출입 또는 조사를 거부하거나 방해한 자

㉣ 직무상 알게 된 비밀을 누설한 자

④ **3년, 5년 이상의 유기 또는 무기징역**

㉠ 3년 이상의 유기징역 : 단체 또는 다중의 위력을 보이거나 위험한 물건을 휴대하고 죄를 범하여 노인보호전문기관의 직원을 상해에 이르게 한 때

㉣ 직무상 알게 된 비밀을 누설한 자

⑤ **2년 이하의 징역 또는 1천만 원을 곱한 금액 이하의 벌금** : 입소자격자 아닌 자에게 노인복지주택을 임대한 자는 2년 이하의 징역에 처하거나 위법하게 임대한 세대의 수에 1천만 원을 곱한 금액 이하의 벌금에 처한다.

⑥ **1년 이하의 징역 또는 1천만 원 이하의 벌금**

㉠ 신고를 하지 아니하고 양로시설 · 노인공동생활가정 · 노인복지주택 · 노인요양시설 · 노인요양공동생활가정 · 노인여가복지시설 또는 재가노인복지시설을 설치하거나 운영한 자

㉡ 다른 사람에게 요양보호사 자격증을 빌려주거나 빌린 자

㉢ 요양보호사 자격증을 빌려주거나 빌리는 것을 알선한 자

㉣ 지정을 받지 아니하고 요양보호사교육기관을 설치하거나 운영한 자

㉤ 신고인의 신분 보호 및 신원 노출 금지 의무를 위반한 자

㉥ 정당한 사유 없이 권익보호조치를 하지 아니한 자

⑦ **50만 원 이하의 벌금** : 규정을 위반하여 수탁을 거부한 자

제4절 장애인복지법

1 총 칙

(1) 목적(법 제1조)

장애인의 인간다운 삶과 권리보장을 위한 국가와 지방자치단체 등의 책임을 명백히 하고, 장애발생예방과 장애인의 의료 · 교육 · 직업재활 · 생활환경개선 등에 관한 사업을 정하여 장애인복지대책을 종합적으로 추진하며, 장애인의 자립생활 · 보호 및 수당지급 등에 관하여 필요한 사항을 정하여 장애인의 생활안정에 기여하는 등 장애인의 복지와 사회활동 참여증진을 통하여 사회통합에 이바지함을 목적으로 한다.

(2) 장애인의 정의(법 제2조)

6, 10, 19회 기출

장애인이란 신체적 · 정신적 장애로 오랫동안 일상생활이나 사회생활에서 상당한 제약을 받는 자를 말한다. 장애인은 다음 어느 하나에 해당하는 장애가 있는 자로서 대통령령으로 정하는 장애의 종류 및 기준에 해당하는 자를 말한다.

① **신체적 장애** : 주요 외부 신체 기능의 장애, 내부기관의 장애 등을 말한다.
② **정신적 장애** : 발달장애 또는 정신 질환으로 발생하는 장애를 말한다.
③ **장애인학대** : 장애인에 대하여 신체적 · 정신적 · 정서적 · 언어적 · 성적 폭력이나 가혹행위, 경제적 착취, 유기 또는 방임을 하는 것을 말한다.
④ **장애인학대관련범죄** : 장애인학대로서 형법, 장애인복지법, 성매매알선 등 행위의 처벌에 관한 법률, 장애인차별금지 및 권리구제 등에 관한 법률, 정보통신망 이용촉진 및 정보보호 등에 관한 법률, 정신건강증진 및 정신질환자 복지서비스 지원에 관한 법률의 어느 하나에 해당하는 죄를 말한다.

(3) 기본이념(법 제3조)

5회 기출

장애인복지의 기본이념은 장애인의 완전한 사회 참여와 평등을 통하여 사회통합을 이루는 데에 있다.

(4) 장애인의 권리(법 제4조)

12, 16회 기출

① 장애인은 인간으로서 존엄과 가치를 존중받으며, 그에 걸맞은 대우를 받는다.
② 장애인은 국가 · 사회의 구성원으로서 정치 · 경제 · 사회 · 문화, 그 밖의 모든 분야의 활동에 참여할 권리를 가진다.
③ 장애인은 장애인 관련 정책결정과정에 우선적으로 참여할 권리가 있다.

(5) 책 임

11, 16회 기출

① **장애인 및 보호자 등에 대한 의견수렴과 참여(법 제5조)** : 국가 및 지방자치단체는 장애인 정책의 결정과 그 실시에 있어서 장애인 및 장애인의 부모, 배우자, 그 밖에 장애인을 보호하는 자의 의견을 수렴하여야 한다. 이 경우 당사자의 의견수렴을 위한 참여를 보장하여야 한다.

② **중증장애인의 보호(법 제6조)** : 국가와 지방자치단체는 장애 정도가 심하여 자립하기가 매우 곤란한 장애인(중증장애인)이 필요한 보호 등을 평생 받을 수 있도록 **알맞은 정책을 강구**하여야 한다.

③ **여성장애인의 권익보호(법 제7조)** : 국가와 지방자치단체는 여성장애인의 권익을 보호하고 사회참여를 확대하기 위하여 기초학습과 직업교육 등 **필요한 시책을 강구**하여야 한다.

④ **차별금지(법 제8조)**

㉠ 누구든지 장애를 이유로 정치 · 경제 · 사회 · 문화 생활의 모든 영역에서 차별을 받지 아니하고, 누구든지 장애를 이유로 정치 · 경제 · 사회 · 문화 생활의 모든 영역에서 장애인을 차별하여서는 아니 된다.

㉡ 누구든지 장애인을 비하 · 모욕하거나 장애인을 이용하여 부당한 영리행위를 하여서는 아니 되며, 장애인의 장애를 이해하기 위하여 노력하여야 한다.

⑤ **국가와 지방자치단체의 책임(법 제9조)**

㉠ 국가와 지방자치단체는 장애 발생을 예방하고, 장애의 조기 발견에 대한 국민의 관심을 높이며 장애인의 자립을 지원하고, 보호가 필요한 장애인을 보호하여 장애인의 복지를 향상시킬 책임을 진다.

㉡ 국가와 지방자치단체는 여성 장애인의 권익을 보호하기 위하여 정책을 강구하여야 한다.

㉢ 국가와 지방자치단체는 장애인복지정책을 장애인과 그 보호자에게 적극적으로 홍보하여야 하며, 국민이 장애인을 올바르게 이해하도록 하는 데에 필요한 정책을 강구하여야 한다.

⑥ **국민의 책임(법 제10조) : 모든 국민은 장애 발생의 예방과 장애의 조기 발견을 위하여 노력**하여야 하며, 장애인의 인격을 존중하고 사회통합의 이념에 기초하여 장애인의 복지향상에 협력하여야 한다.

⑦ **장애인정책종합계획(법 제10조의2)** 12, 20회 기출

㉠ 보건복지부장관은 장애인의 권익과 복지증진을 위하여 관계 중앙행정기관의 장과 협의하여 **5년마다 장애인정책종합계획을 수립 · 시행**하여야 한다.

㉡ 종합계획에 포함되어야 할 사항

- 장애인의 복지에 관한 사항
- 장애인의 교육문화에 관한 사항
- 장애인의 경제활동에 관한 사항
- 장애인의 사회참여에 관한 사항
- 그 밖에 장애인의 권익과 복지증진을 위하여 필요한 사항

㉢ **국회에 대한 보고(법 제10조의3)** : 보건복지부장관은 종합계획을 수립하거나 해당 연도의 사업계획, 전년도 사업계획의 추진실적, 추진성과의 평가를 확정한 때에는 이를 지체없이 **국회 소관 상임위원회에 보고**하여야 한다.

2 기본정책의 강구

(1) 장애발생 예방(법 제17조)

① 국가와 지방자치단체는 장애의 발생 원인과 예방에 관한 조사 연구를 촉진하여야 하며, 모자보건 사업의 강화, 장애의 원인이 되는 질병의 조기 발견과 조기 치료, 그 밖에 필요한 정책을 강구하여야 한다.

② 국가와 지방자치단체는 교통사고 · 산업재해 · 약물중독 및 환경오염 등에 의한 장애발생을 예방하기 위하여 필요한 조치를 강구하여야 한다.

(2) 의료와 재활치료(법 제18조)

국가와 지방자치단체는 장애인이 생활기능을 익히거나 되찾을 수 있도록 필요한 기능치료와 심리치료 등 재활의료를 제공하고 장애인의 장애를 보완할 수 있는 장애인보조기구를 제공하는 등 필요한 정책을 강구하여야 한다.

(3) 사회적응 훈련(법 제19조)

국가와 지방자치단체는 장애인이 재활치료를 마치고 일상생활이나 사회생활을 원활히 할 수 있도록 사회적응 훈련을 실시하여야 한다.

(4) 교육(법 제20조)

① 국가와 지방자치단체는 사회통합의 이념에 따라 장애인이 연령 · 능력 · 장애의 종류 및 정도에 따라 충분히 교육받을 수 있도록 교육 내용과 방법을 개선하는 등 필요한 정책을 강구하여야 한다.

② 국가와 지방자치단체는 장애인의 교육에 관한 조사 · 연구를 촉진하여야 하고, 장애인에게 전문 진로교육을 실시하는 제도를 강구하여야 한다.

③ 각급 학교의 장은 교육을 필요로 하는 장애인이 그 학교에 입학하려는 경우 장애를 이유로 입학 지원을 거부하거나 입학시험 합격자의 입학을 거부하는 등의 불리한 조치를 하여서는 아니 된다.

④ 모든 교육기관은 교육 대상인 장애인의 입학과 수학 등에 편리하도록 장애의 종류와 정도에 맞추어 시설을 정비하거나 그 밖에 필요한 조치를 강구하여야 한다.

(5) 직업(법 제21조)

① 국가와 지방자치단체는 장애인이 적성과 능력에 맞는 직업에 종사할 수 있도록 직업 지도, 직업능력평가, 직업 적응훈련, 직업훈련, 취업 알선, 고용 및 취업 후 지도 등 필요한 정책을 강구하여야 한다.

② 국가와 지방자치단체는 장애인 직업재활훈련이 원활히 이루어질 수 있도록 장애인에게 적합한 직종과 재활사업에 관한 조사 · 연구를 촉진하여야 한다.

(6) 정보에의 접근(법 제22조)

① 국가와 지방자치단체는 장애인이 정보에 원활하게 접근하고 자신의 의사를 표시할 수 있도록 전기통신 · 방송시설 등을 개선하기 위하여 노력하여야 한다.

② 국가와 지방자치단체는 방송국의 장 등 민간 사업자에게 뉴스와 국가적 주요 사항의 중계 등 대통령령으로 정하는 방송 프로그램에 청각장애인을 위한 한국수어 또는 폐쇄자막과 시각장애인을 위한 화면해설 또는 자막해설 등을 방영하도록 요청하여야 한다.

③ 국가와 지방자치단체는 국가적인 행사, 그 밖의 교육 · 집회 등 대통령령으로 정하는 행사를 개최하는 경우에는 청각장애인을 위한 한국수어 통역 및 시각장애인을 위한 점자 또는 점자 · 음성변환용 코드가 삽입된 자료 등을 제공하여야 하며 민간이 주최하는 행사의 경우에는 한국수어 통역과 점자 또는 점자 · 음성변환용 코드가 삽입된 자료 등을 제공하도록 요청할 수 있다.

(7) 편의시설(법 제23조)

국가와 지방자치단체는 장애인이 공공시설과 교통수단 등을 안전하고 편리하게 이용할 수 있도록 편의시설의 설치와 운영에 필요한 정책을 강구하여야 한다. 국가와 지방자치단체는 공공시설 등 이용편의를 위하여 한국 수어 통역 · 안내보조 등 인적서비스 제공에 관하여 필요한 시책을 강구하여야 한다.

(8) 안전대책 강구(법 제24조)

국가와 지방자치단체는 추락사고 등 장애로 인하여 일어날 수 있는 안전사고와 비상재해 등에 대비하여 시각 · 청각 장애인과 이동이 불편한 장애인을 위하여 피난용 통로를 확보하고, 점자 · 음성 · 문자 안내판을 설치하며, 긴급 통보체계를 마련하는 등 장애인의 특성을 배려한 안전대책 등 필요한 조치를 강구하여야 한다.

(9) 사회적 인식개선(법 제25조)

10, 16회 기출

① 국가와 지방자치단체는 학생, 공무원, 근로자, 그 밖의 일반국민 등을 대상으로 장애인에 대한 인식개선을 위한 교육 및 공익광고 등 홍보사업을 실시하여야 한다.

② 국가기관 및 지방자치단체의 장, 어린이집, 각급 학교의 장, 그 밖에 대통령령으로 정하는 국가기관 등의 장은 매년 소속 직원 · 학생을 대상으로 장애인에 대한 인식개선을 위한 인식개선교육을 실시하고, 그 결과를 보건복지부장관에게 제출하여야 한다.

③ 보건복지부장관은 인식개선교육의 실시 결과에 대한 점검을 대통령령으로 정하는 바에 따라 매년 실시하여야 한다.

④ 보건복지부장관은 점검 결과 인식개선교육 이수율 등이 보건복지부장관이 정한 기준에 미치지 못하는 국가기관등에 대하여 대통령령으로 정하는 바에 따라 관리자 특별교육 등 필요한 조치를 하여야 한다.

⑤ 보건복지부장관은 인식개선교육을 효과적으로 실시하기 위하여 전문강사를 양성하고 교육프로그램을 개발 · 보급하여야 한다.

⑥ 국가는 초 · 중등교육법에 따른 학교에서 사용하는 교과용도서에 장애인에 대한 인식개선을 위한 내용이 포함되도록 하여야 한다.

(10) 선거권 행사를 위한 편의 제공(법 제26조)

국가와 지방자치단체는 장애인이 선거권을 행사하는 데에 불편함이 없도록 편의시설 · 설비를 설치하고, 선거권 행사에 관하여 홍보하며, 선거용 보조기구를 개발 · 보급하는 등 필요한 조치를 강구하여야 한다.

(11) 주택 보급(법 제27조)

① 국가와 지방자치단체는 공공주택 등 주택을 건설할 경우에는 장애인에게 장애 정도를 고려하여 우선 분양 또는 임대할 수 있도록 노력하여야 한다.

② 국가와 지방자치단체는 주택의 구입자금 · 임차자금 또는 개 · 보수비용의 지원 등 장애인의 일상생활에 적합한 주택의 보급 · 개선에 필요한 시책을 강구하여야 한다.

(12) 문화환경 정비(법 제28조)

국가와 지방자치단체는 장애인의 문화생활, 체육활동 및 관광활동에 대한 장애인의 접근을 보장하기 위하여 관련 시설 및 설비, 그 밖의 환경을 정비하고 문화생활, 체육활동 및 관광활동 등을 지원하도록 노력하여야 한다.

(13) 복지 연구 등의 진흥(법 제29조)

국가와 지방자치단체는 장애인복지의 종합적이고 체계적인 조사 · 연구 · 평가 및 장애인 체육활동 등 장애인정책개발 등을 위하여 필요한 정책을 강구하여야 한다. 장애인 관련 조사 · 연구수행 및 정책개발 · 복지진흥 · 재활체육진흥 등을 위하여 재단법인 한국장애인개발원(개발원이라 한다)을 설립한다.

(14) 경제적 부담의 경감(법 제30조)

① 국가와 지방자치단체, 공공기관, 지방공사 또는 지방공단은 장애인과 장애인을 부양하는 자의 경제적 부담을 줄이고 장애인의 자립을 촉진하기 위하여 세제상의 조치, 공공시설 이용료 감면, 그 밖에 필요한 정책을 강구하여야 한다.

② 국가와 지방자치단체, 공공기관, 지방공사 또는 지방공단이 운영하는 운송사업자는 장애인과 장애인을 부양하는 자의 경제적 부담을 줄이고 장애인의 자립을 돕기 위하여 장애인과 장애인을 보호하기 위하여 동행하는 자의 운임 등을 감면하는 정책을 강구하여야 한다.

3 복지 조치

(1) 실태조사(법 제31조)

8, 14, 20회 기출

보건복지부장관은 이 법의 적절한 시행을 위하여 3년마다 장애인의 실태조사를 실시하여야 한다.

(2) 장애인 등록(법 제32조)

① 장애인, 그 법정대리인 또는 대통령령이 정하는 보호자는 장애 상태와 그 밖에 보건복지부령이 정하는 사항을 특별자치시장 · 특별자치도지사 · 시장 · 군수 또는 구청장(자치구의 구청장)에게 등록하여야 하며, 특별자치시장 · 특별자치도지사 · 시장 · 군수 · 구청장은 등록을 신청한 장애인이 기준에 맞으면 장애인등록증을 내주어야 한다.

② 장애인의 장애 인정과 정도 사정에 관한 업무를 담당하게 하기 위하여 보건복지부에 장애판정위원회를 둘 수 있다.

Plus ⊕ one

재외동포 및 외국인의 장애인 등록(법 제32조의2)

12, 15, 16, 20회 기출

- 국내거소신고를 한 사람
- 재외국민으로 주민등록을 한 사람
- 외국인등록을 한 사람으로서 체류자격 중 대한민국에 영주할 수 있는 체류자격을 가진 사람
- 결혼이민자
- 난민인정자

(3) 장애인복지상담원(법 제33조)

① 장애인 복지 향상을 위한 상담 및 지원 업무를 맡기기 위하여 시 · 군 · 구(자치구를 말한다)에 장애인복지상담원을 둔다.

② 장애인복지상담원은 그 업무를 할 때 개인의 인격을 존중하여야 한다.

(4) 재활상담 등의 조치(법 제34조)

보건복지부장관, 특별시장 · 광역시장 · 도지사 · 특별자치시장 · 특별자치도지사 또는 시장 · 군수 · 구청장(장애인복지실시기관)은 장애인에 대한 검진 및 재활상담을 하고, 필요하다고 인정되면 다음의 조치를 하여야 한다.

① 국 · 공립병원, 보건소, 보건지소, 그 밖의 의료기관에 의뢰하여 의료와 보건지도를 받게 하는 것

② 국가 또는 지방자치단체가 설치한 장애인복지시설에서 주거편의 · 상담 · 치료 · 훈련 등의 필요한 서비스를 받도록 하는 것

③ 설치된 장애인복지시설에 위탁하여 그 시설에서 주거편의 · 상담 · 치료 · 훈련 등의 필요한 서비스를 받도록 하는 것

④ 공공직업능력개발훈련시설이나 사업장 내 직업훈련시설에서 하는 직업훈련 또는 취업알선을 필요로 하는 자를 관련 시설이나 직업안정업무기관에 소개하는 것

(5) 장애 유형 · 장애 정도별 재활 및 자립지원 서비스 제공 등(법 제35조)

① 국가와 지방자치단체는 장애인의 일상생활을 편리하게 하고 사회활동 참여를 높이기 위하여 장애 유형 · 장애 정도별로 재활 및 자립지원 서비스를 제공하는 등 필요한 정책을 강구하여야 하며, 예산의 범위 안에서 지원할 수 있다.

② 국가와 지방자치단체는 시청각장애인을 대상으로 직업재활 · 의사소통 · 보행 · 이동 훈련, 심리상담, 문화 · 여가 활동 참여 및 가족 · 자조 모임 등을 지원하기 위하여 전담기관을 설치 · 운영하는 등 필요한 시책을 강구하여야 한다.

(6) 산후조리도우미 지원(법 제37조)

국가 및 지방자치단체는 임산부인 여성장애인과 신생아의 건강관리를 위하여 경제적 부담능력 등을 감안하여 여성장애인의 가정을 방문하여 산전 · 산후 조리를 돕는 도우미(산후조리도우미)를 지원할 수 있다.

(7) 자녀교육비 지급(법 제38조)

장애인복지실시기관은 경제적 부담능력 등을 고려하여 장애인이 부양하는 자녀 또는 장애인인 자녀의 교육비를 지급할 수 있다.

(8) 장애인이 사용하는 자동차 등에 대한 지원(법 제39조)

국가와 지방자치단체, 그 밖의 공공단체는 장애인이 이동수단인 자동차 등을 편리하게 사용할 수 있도록 하고 경제적 부담을 줄여 주기 위하여 조세감면 등 필요한 지원정책을 강구하여야 한다. 시장 · 군수 · 구청장은 장애인이 이용하는 자동차 등을 지원하는 데에 편리하도록 장애인이 사용하는 자동차 등임을 알아 볼 수 있는 표지(장애인사용자동차 등 표지)를 발급하여야 한다.

(9) 자금 대여 등(법 제41조)

국가와 지방자치단체는 장애인이 사업을 시작하거나 필요한 지식과 기능을 익히는 것 등을 지원하기 위하여 대통령령으로 정하는 바에 따라 자금을 대여할 수 있다.

(10) 생업 지원(법 제42조)

① 국가와 지방자치단체, 그 밖의 공공단체는 소관 공공시설 안에 식료품 · 사무용품 · 신문 등 일상생활용품을 판매하는 매점이나 자동판매기의 설치를 허가하거나 위탁할 때에는 장애인이 신청하면 우선적으로 반영하도록 노력하여야 한다.

② 시장 · 군수 또는 구청장은 장애인이 담배사업법에 따라 담배소매인으로 지정받기 위하여 신청하면 그 장애인을 우선적으로 지정하도록 노력하여야 한다.

(11) 자립훈련비 지급(법 제43조)

장애인복지실시기관은 장애인복지시설에서 주거편의 · 상담 · 치료 · 훈련 등을 받도록 하거나 위탁한 장애인에 대하여 그 시설에서 훈련을 효과적으로 받는 데 필요하다고 인정되면 자립훈련비를 지급할 수 있으며, 특별한 사정이 있으면 훈련비 지급을 대신하여 물건을 지급할 수 있다.

(12) 고용 촉진(법 제46조)

국가와 지방자치단체는 직접 경영하는 사업에 능력과 적성이 맞는 장애인을 고용하도록 노력하여야 하며, 장애인에게 적합한 사업을 경영하는 자에게 장애인의 능력과 적성에 따라 장애인을 고용하도록 권유할 수 있다.

(13) 공공시설의 우선 이용(법 제47조)

국가와 지방자치단체, 그 밖의 공공단체는 장애인의 자립을 지원하는 데에 필요하다고 인정되면 그 공공시설의 일부를 장애인이 우선 이용하게 할 수 있다.

(14) 국유 · 공유 재산의 우선매각이나 유상 · 무상 대여(법 제48조)

① 국가와 지방자치단체는 이 법에 따른 장애인복지시설을 설치하거나 장애인복지단체가 장애인복지사업과 관련한 시설을 설치하는 데에 필요할 경우 국유재산법 또는 공유재산 및 물품관리법에도 불구하고 국유재산 또는 공유재산을 우선 매각할 수 있고 유상 또는 무상으로 대부하거나 사용 · 수익하게 할 수 있다.

② 국가와 지방자치단체는 국가나 지방자치단체로부터 토지와 시설을 매수 · 임차하거나 대부받은 자가 그 매수 · 임차 또는 대부한 날부터 2년 이내에 장애인복지시설을 설치하지 아니하거나 장애인복지단체의 장애인복지사업 관련 시설을 설치하지 아니할 때에는 토지와 시설을 환수하거나 임차계약을 취소할 수 있다.

(15) 장애수당(법 제49조)

9회 기출

① 국가와 지방자치단체는 장애인의 장애 정도와 경제적 수준을 고려하여 장애로 인한 추가적비용을 보전(補塡)하게 하기 위하여 장애수당을 지급할 수 있다. 다만, 생계급여 또는 의료급여를 받는 장애인에게는 장애수당을 반드시 지급하여야 한다. 중증장애인에게는 이에 해당하는 장애수당을 지급하지 아니한다.

② 국가와 지방자치단체는 장애수당을 지급하려는 경우에는 장애수당을 받으려는 사람의 장애 정도에 대하여 심사할 수 있고, 장애수당을 지급받으려는 사람이 장애 정도의 심사를 거부 · 방해 또는 기피하는 경우에는 ①에도 불구하고 장애수당을 지급하지 아니할 수 있다.

(16) 장애아동수당과 보호수당(법 제50조)

8, 9회 기출

① 국가와 지방자치단체는 장애아동에게 보호자의 경제적 생활수준 및 장애아동의 장애 정도를 고려하여 장애로 인한 추가적 비용을 보전하게 하기 위하여 장애아동수당을 지급할 수 있다.

② 국가와 지방자치단체는 장애인을 보호하는 보호자에게 그의 경제적 수준과 장애인의 장애 정도를 고려하여 장애로 인한 추가적 비용을 보전하게 하기 위하여 보호수당을 지급할 수 있다.

(17) 자녀교육비 및 장애수당 등의 지급 신청(법 제50조의2)

자녀교육비, 장애수당, 장애아동수당 및 보호수당을 지급받으려는 사람은 보건복지부령으로 정하는 바에 따라 특별자치시장 · 특별자치도지사 · 시장 · 군수 · 구청장에게 자녀교육비 및 장애수당 등의 지급을 신청할 수 있다.

(18) 금융정보 등의 제공(법 제50조의3)

보건복지부장관은 신청인과 그 가구원이 제출한 동의 서면을 전자적 형태로 바꾼 문서로 금융회사 등이나 신용정보집중기관의 장에게 금융정보 · 신용정보 또는 보험정보의 제공을 요청할 수 있다.

(19) 자녀교육비 및 장애수당 등의 환수(법 제51조)

특별자치도시장 · 특별자치도지사 · 시장 · 군수 · 구청장은 자녀교육비 및 장애수당 등을 받은 사람이 다음의 어느 하나에 해당하면 그가 받은 자녀교육비 및 장애수당 등의 전부 또는 일부를 환수하여야 한다.

① 거짓이나 그 밖의 부정한 방법으로 자녀교육비 및 장애수당 등을 받은 경우
② 자녀교육비 및 장애수당 등을 받은 후 그 자녀교육비 및 장애수당 등을 받게 된 사유가 소급하여 소멸된 경우
③ 잘못 지급된 경우

4 복지시설과 단체

(1) 장애인복지시설의 이용 등(법 제57조)

① 국가와 지방자치단체는 장애인이 장애인복지시설의 이용을 통하여 기능회복과 사회적 향상을 도모할 수 있도록 필요한 정책을 강구하여야 한다.
② 국가와 지방자치단체는 장애인복지시설을 이용하는 장애인의 인권을 보호하기 위하여 필요한 정책을 마련하고 관련 프로그램을 실시할 수 있는 기반을 조성하여야 한다.
③ 장애인복지실시기관은 장애인복지시설에 대한 장애인의 선택권을 최대한 보장하여야 한다.
④ 장애인복지실시기관은 장애인의 선택권을 보장하기 위하여 장애인복지시설을 이용하려는 장애인에게 시설의 선택에 필요한 정보를 충분히 제공하여야 한다.
⑤ 장애인복지시설의 선택에 필요한 정보 및 서비스 제공 시에는 장애인의 성별 · 연령 및 장애의 유형과 정도를 고려하여야 한다.

(2) 장애인복지시설

5회 기출

① 장애인복지시설의 종류(법 제58조)

㉠ 장애인 거주시설 : 거주공간을 활용하여 일반가정에서 생활하기 어려운 장애인에게 일정기간 동안 거주 · 요양 · 지원 등의 서비스를 제공하는 동시에 지역사회생활을 지원하는 시설

㉡ 장애인 지역사회재활시설 : 장애인을 전문적으로 상담 · 치료 · 훈련하거나 장애인의 일상생활, 여가활동 및 사회참여활동 등을 지원하는 시설

㉢ 장애인 직업재활시설 : 일반 작업환경에서는 일하기 어려운 장애인이 특별히 준비된 작업환경에서 직업훈련을 받거나 직업 생활을 할 수 있도록 하는 시설(직업훈련 및 직업 생활을 위하여 필요한 제조 · 가공 시설, 공장 및 영업장 등 부속용도의 시설로서 보건복지부령으로 정하는 시설을 포함)

㉣ 장애인 의료재활시설 : 장애인을 입원 또는 통원하게 하여 상담, 진단 · 판정, 치료 등 의료재활서비스를 제공하는 시설

㉤ 그 밖에 대통령령으로 정하는 시설

② **장애인복지시설 설치(법 제59조)** : 국가와 지방자치단체는 **장애인복지시설**을 **설치**할 수 있다. 그 외의 자가 장애인복지시설을 설치 · 운영하려면 해당 시설 소재지 관할 **시장 · 군수 · 구청장**에게 신고하여야 하며, 신고한 사항 중 보건복지부령으로 정하는 중요한 사항을 변경할 때에도 신고하여야 한다. 다만, 폐쇄 명령을 받고 1년이 지나지 아니한 자는 시설의 설치 · 운영 신고를 할 수 없다. 장애인 거주시설의 정원은 **30명**을 **초과**할 수 없다. 다만, 특수한 서비스를 위하여 일정 규모 이상이 필요한 시설 등 대통령령으로 정하는 경우에는 그러하지 아니하다.

(3) 장애인정책조정위원회(법 제11조)

10회 기출

장애인 종합정책을 수립하고 관계 부처 간의 의견을 조정하며 그 정책의 이행을 감독 · 평가하기 위하여 **국무총리 소속하**에 **장애인정책조정위원회**를 둔다. 위원회는 다음의 사항을 심의 · 조정한다.

① **장애인복지정책의 기본방향**에 관한 사항
② **장애인복지 향상을 위한 제도개선과 예산지원**에 관한 사항
③ **중요한 특수교육정책의 조정**에 관한 사항
④ **장애인 고용촉진정책의 중요한 조정**에 관한 사항
⑤ **장애인 이동보장 정책조정**에 관한 사항
⑥ **장애인정책 추진과 관련한 재원조달**에 관한 사항
⑦ **장애인복지에 관한 관련 부처의 협조**에 관한 사항
⑧ 그 밖에 **장애인복지와 관련하여 대통령령으로 정하는 사항**

(4) 장애인정책책임관의 지정(법 제12조)

중앙행정기관의 장은 해당 기관의 장애인정책을 효율적으로 수립 · 시행하기 위하여 소속공무원 중에서 장애인정책책임관을 지정할 수 있다.

(5) 지방장애인복지위원회(법 제13조)

장애인복지 관련 사업의 기획 · 조사 · 실시 등을 하는 데에 필요한 사항을 심의하기 위하여 지방자치단체에 지방장애인복지위원회를 둔다.

(6) 장애인복지단체협의회(법 제64조)

장애인복지단체의 활동을 지원하고 장애인의 복지를 향상하기 위하여 장애인복지단체협의회(협의회라 한다)를 설립할 수 있다. 협의회는 사회복지사업법에 따른 사회복지법인으로 한다.

(7) 장애인의 날(법 제14조)

장애인에 대한 국민의 이해를 깊게 하고 장애인의 재활의욕을 높이기 위하여 **매년 4월 20일을 장애인의 날로 하며, 장애인의 날부터 1주간을 장애인 주간**으로 한다. 국가와 지방자치단체는 장애인이 장애인복지시설을 이용하는 데 드는 비용의 전부 또는 일부를 부담할 수 있으며, 시설이용자의 자산과· 소득을 고려하여 본인부담금을 부과할 수 있다. 이 경우 본인부담금에 관한 사항은 대통령령으로 정한다.

(8) 장애인복지 전문인력 양성(법 제71조)

13회 기출

① 국가와 지방자치단체 그 밖의 공공단체는 **의지 · 보조기 기사, 언어재활사, 장애재활상담사, 한국수어 통역사, 점역 · 교정사** 등 장애인복지 전문인력, 그 밖에 장애인복지에 관한 업무에 종사하는 자를 양성 · 훈련하는 데에 노력해야 한다.

② 장애인복지전문인력은 의지 · 보조기 기사, 언어재활사, 장애인재활상담사, 수화통역사, 점역사 · 교정사이다.

③ 국가와 지방자치단체는 장애인복지전문인력의 양성업무를 관계 전문기관 등에 위탁할 수 있고, 장애인복지전문인력의 양성에 소요되는 비용을 예산의 범위 안에서 보조할 수 있다.

(9) 장애인재활상담사 자격증 교부 등(법 제72조의3)

① 보건복지부장관은 장애인의 직업재활 등을 지원하기 위하여 자격요건을 갖춘 사람으로서 국가시험에 합격한 사람에게 장애인재활상담사 자격증을 내주어야 한다.

② 장애인재활상담사의 종류 및 국가시험 응시자격 요건은 다음의 구분과 같다. 이 경우 외국의 대학원 · 대학 · 전문대학에서 장애인재활 분야의 학위를 취득한 사람으로서 등급별 자격기준과 동등한 학력이 있다고 보건복지부장관이 인정하는 경우에는 해당 등급의 응시자격을 갖춘 것으로 본다.

㉠ 1급 장애인재활상담사

- 고등교육법에 따른 대학원에서 장애인재활 분야의 박사학위를 취득한 사람
- 고등교육법에 따른 대학원 · 대학 · 원격대학에서 보건복지부령으로 정하는 장애인재활 관련 교과목을 이수하고 관련 학과의 석사학위 또는 학사학위를 취득한 사람
- 2급 장애인재활상담사 자격증을 가진 사람으로서 장애인재활 관련 기관에서 3년 이상 재직한 사람

• 사회복지사 자격증을 가진 사람으로서 장애인재활 관련 기관에서 5년 이상 재직한 사람

㉡ 2급 장애인재활상담사

• 고등교육법에 따른 전문대학 · 원격대학에서 보건복지부령으로 정하는 장애인재활 관련 교과목을 이수하고 관련 학과의 전문학사학위를 취득한 사람

• 사회복지사 자격증을 가진 사람으로서 장애인재활 관련 기관에서 3년 이상 재직한 사람

5 비용 및 심사청구

(1) 비 용

① **비용 부담(법 제79조)** : 장애인복지시설의 설치 · 운영에 드는 비용은 예산의 범위 안에서 대통령령으로 정하는 바에 따라 **장애인복지실시기관이 부담**하게 할 수 있다.

② **비용 수납(법 제80조)** : 조치에 필요한 비용을 부담한 장애인복지실시기관은 해당 장애인 또는 그 부양의무자로부터 대통령령으로 정하는 바에 따라 장애인복지실시기관이 부담한 비용의 전부 또는 일부를 받을 수 있다.

③ **한국언어재활사협회(법 제80조의2)** : 언어재활사는 언어재활에 관한 전문지식과 기술을 개발 · 보급하고 언어재활사의 자질향상을 위한 교육훈련 및 언어재활사의 복지증진 도모를 위해 한국언어재활사협회를 설립할 수 있다.

④ **비용 보조(법 제81조)** : 국가와 지방자치단체는 대통령령으로 정하는 바에 따라 장애인복지시설의 설치 · 운영에 필요한 비용의 전부 또는 일부를 보조할 수 있다.

⑤ **압류 금지(법 제82조)**

㉠ 이 법에 따라 장애인에게 지급되는 금품은 압류하지 못한다.

㉡ 장애인복지급여수급계좌의 예금에 관한 채권은 압류할 수 없다.

⑥ **조세감면(법 제83조)** : 이 법에 따라 지급되는 금품, 장애인복지시설 및 장애인복지단체에서 장애인이 제작한 물품에는 조세특례제한법과 지방세특례제한법, 그 밖의 조세 관계법령이 정하는 바에 따라 조세를 감면한다.

(2) 이의신청(법 제84조)

① 장애인이나 법정대리인 등은 이 법에 따른 복지조치에 이의가 있으면 해당 장애인복지실시기관에 이의신청을 할 수 있다.

② 이의신청은 복지조치가 있음을 안 날부터 90일 이내에 문서로 하여야 한다. 다만, 정당한 사유로 인하여 그 기간 이내에 이의신청을 할 수 없었음을 증명한 때에는 그 사유가 소멸한 날부터 60일 이내에 이의신청을 할 수 있다.

③ 장애인복지실시기관은 이의신청을 받은 때에는 30일 이내에 심사 · 결정하여 신청인에게 통보하여야 한다.

6 벌칙과 과태료

(1) 벌 칙

① **10년 이하의 징역 또는 1억 원 이하의 벌금** : 장애인에게 성적 수치심을 주는 성희롱 · 성폭력 등의 행위를 한 사람

② **7년 이하의 징역 또는 7천만 원 이하의 벌금** : 장애인의 신체에 상해를 입히는 행위, 장애인을 폭행, 협박, 감금, 그 밖에 정신상 또는 신체상의 자유를 부당하게 구속하는 수단으로써 장애인의 자유의사에 어긋나는 노동을 강요하는 행위

③ **5년 이하의 징역 또는 5천만 원 이하의 벌금**

㉠ 금융정보 또는 보험정보를 이 법에서 정한 목적 외의 용도로 사용하거나 다른 사람 또는 기관에 제공 또는 누설한 사람

㉡ 업무를 수행 중인 장애인권익옹호기관의 직원에 대하여 폭행 또는 협박하거나 위계 또는 위력으로써 그 업무를 방해한 사람

㉢ 장애인의 신체에 폭행을 가하는 행위

㉣ 자신의 보호 · 감독을 받는 장애인을 유기하거나 의식주를 포함한 기본적 보호 및 치료를 소홀히 하는 방임행위

㉤ 장애인에게 구걸을 하게 하거나 장애인을 이용하여 구걸하는 행위

㉥ 장애인을 체포 또는 감금하는 행위

㉦ 장애인의 정신건강 및 발달에 해를 끼치는 정서적 학대행위

④ **3년 이하의 징역 또는 3천만 원 이하의 벌금**

㉠ 신고자의 인적사항 또는 신고자임을 미루어 알 수 있는 사실을 다른 사람에게 알려주거나 공개 또는 보도한 사람

㉡ 장애인을 위하여 증여 또는 급여된 금품을 그 목적 외의 용도에 사용하는 행위

㉢ 업무 수행 중 알게 된 정보 또는 비밀 등을 이 법에서 정한 목적 외에 다른 용도로 사용하거나 다른 사람 또는 기관에 제공 또는 누설한 사람

⑤ **2년 이하의 징역 또는 2천만 원 이하의 벌금** : 파면, 해임, 해고, 그 밖에 이에 준하는 신분상실의 조치에 해당하는 불이익조치를 한 자

⑥ **1년 이하의 징역 또는 1천만 원 이하의 벌금**

㉠ 공중의 오락 또는 흥행을 목적으로 장애인의 건강 또는 안전에 유해한 곡예를 시키는 행위

㉡ 징계, 정직, 감봉, 강등, 승진 제한, 그 밖에 이에 준하는 부당한 인사조치

㉢ 전보, 전근, 직무 미부여, 직무 재배치, 그 밖에 이에 준하는 인사조치

㉣ 성과평가 또는 동료평가 등을 통한 임금, 상여금 등의 차별적 지급

㉤ 교육 · 훈련 등 자기계발 기회의 박탈 및 예산 · 인력 등에 대한 업무상 제한, 그 밖에 이에 준하는 근무 조건의 차별적 조치

㉥ 요주의 대상자 명단의 작성 · 공개, 집단 따돌림 및 폭행 · 폭언, 그 밖에 이에 준하는 정신적 · 신체적 위해 행위

ⓢ 직무에 대한 부당한 감사, 조사 및 그 결과의 공표
ⓞ 장애인을 이용하여 부당한 영리행위를 한 자
ⓙ 등록증을 양도 또는 대여하거나 양도 또는 대여를 받은 자 및 유사한 명칭 또는 표시를 사용한 자
ⓒ 신고 또는 변경신고를 하지 아니하고 장애인복지시설을 설치 · 운영한 자
ⓚ 시설 이용자의 권익 보호조치를 위반한 시설 운영자
ⓣ 정당한 사유 없이 보고를 하지 아니하거나 거짓의 보고를 한 자, 자료를 제출하지 아니하거나 거짓 자료를 제출한 자, 조사 · 검사 · 질문을 거부 · 방해 또는 기피한 자
ⓟ 명령 등을 받고 이행하지 아니한 자
ⓗ 의지 · 보조기 기사를 두지 아니하고 의지 · 보조기제조업을 한 자
㉮ 폐쇄 명령을 받은 후 6개월이 지나지 아니하였음에도 불구하고 같은 장소에서 같은 제조업을 한 자
㉯ 제조업소 폐쇄 명령을 받고도 영업을 한 자

⑦ 500만 원 이하의 벌금
㉠ 장애인의 입학 지원을 거부하거나 입학시험 합격자의 입학을 거부하거나 입학시험 합격자의 입학을 거부하는 등 불리한 조치를 한 자
㉡ 타인에게 의지 · 보조기 기사자격증을 대여한 자

(2) 과태료

① 1천만 원 이하의 과태료
㉠ 해임요구를 정당한 사유 없이 거부하거나 1개월 이내에 이행하지 아니한 자
㉡ 정당한 사유 없이 학대받은 장애인의 인수를 거부한 자

② 500만 원 이하의 과태료 : 장애인관련기관의 운영자가 취업자 등에 대하여 장애인학대관련범죄 등 경력을 확인하지 아니한 경우

③ 300만 원 이하의 과태료
㉠ 정당한 사유 없이 등록증 반환 명령을 따르지 아니한 사람
㉡ 장애인사용자동차등표지를 대여하거나 보건복지부령으로 정하는 자 외의 자에게 양도한 자 또는 부당하게 사용하거나 이와 비슷한 표지 · 명칭 등을 사용한 자
㉢ 보조견표지를 붙인 장애인 보조견을 동반한 장애인, 장애인 보조견 훈련자 또는 장애인 보조견 훈련 관련 자원봉사자의 출입을 정당한 사유 없이 거부한 자
㉣ 직무상 장애인학대 및 장애인 대상 성범죄의 발생사실을 알고도 장애인권익옹호기관 또는 수사기관에 신고하지 아니한 사람
㉤ 현장조사를 거부 · 기피하거나 업무를 방해한 자
㉥ 장애인권익옹호기관의 업무 수행을 정당한 사유 없이 거부하거나 방해한 자
㉦ 시설 운영 개시 의무를 위반한 자
㉧ 시설의 운영 중단 · 재운영 · 시설폐지 등의 신고의무를 위반한 자
㉨ 의지 · 보조기 제조업소의 개설 또는 변경 사실을 통보하지 아니한 자
㉩ 의사의 처방에 의하지 아니하고 의지 · 보조기를 제조하거나 개조한 의지 · 보조기 제조업자

제5절 한부모가족지원법

1 총 칙

(1) 목적(법 제1조)

한부모가족이 안정적인 가족 기능을 유지하고 자립할 수 있도록 지원함으로써 한부모가족의 생활 안정과 복지 증진에 이바지함을 목적으로 한다.

(2) 국가 등의 책임(법 제2조)

① 국가와 지방자치단체는 한부모가족의 복지를 증진할 책임을 진다.
② 국가와 지방자치단체는 한부모가족의 권익과 자립을 지원하기 위한 여건을 조성하고 이를 위한 시책을 수립 · 시행하여야 한다.
③ 국가와 지방자치단체는 한부모가족에 대한 사회적 편견과 차별을 예방하고, 사회구성원이 한부모가족을 이해하고 존중할 수 있도록 교육 및 홍보 등 필요한 조치를 하여야 한다.
④ 교육부장관과 특별시 · 광역시 · 특별자치시 · 도 · 특별자치도의 교육감은 유아교육법의 유치원, 초 · 중등교육법 및 고등교육법의 학교에서 한부모가족에 대한 이해를 돕는 교육을 실시하기 위한 시책을 수립 · 시행하여야 한다.
⑤ 국가와 지방자치단체는 청소년 한부모가족의 자립을 위하여 노력하여야 한다.
⑥ 모든 국민은 한부모가족의 복지 증진에 협력하여야 한다.

(3) 한부모가족의 권리와 책임(법 제3조)

① 한부모가족의 모(母) 또는 부(父)는 임신과 출산 및 양육을 사유로 합리적인 이유 없이 교육 · 고용 등에서 차별을 받지 아니한다.
② 한부모가족의 모 또는 부와 아동은 한부모가족 관련 정책결정과정에 참여할 권리가 있다.
③ 한부모가족의 모 또는 부와 아동은 그가 가지고 있는 자산과 노동능력 등을 최대한으로 활용하여 자립과 생활 향상을 위하여 노력하여야 한다.

(4) 용어의 정의(법 제4조)

10, 11, 14회 기출

① **모 또는 부** : 다음의 어느 하나에 해당하는 자로서 아동인 자녀를 양육하는 자를 말한다.
㉠ 배우자와 사별 또는 이혼하거나 배우자로부터 유기(遺棄)된 자
㉡ 정신이나 신체의 장애로 장기간 노동능력을 상실한 배우자를 가진 자
㉢ 교정시설 · 치료감호시설에 입소한 배우자 또는 병역복무 중인 배우자를 가진 사람
㉣ 미혼자[사실혼(事實婚) 관계에 있는 자는 제외]
㉤ ㉠~㉣에 규정된 자에 준하는 자로서 여성가족부령으로 정하는 자
② **청소년 한부모** : 24세 이하의 모 또는 부를 말한다.

③ **한부모가족** : 모자가족 또는 부자가족을 말한다.

④ **모자가족** : 모가 세대주(세대주가 아니더라도 세대원(世代員)을 사실상 부양하는 자를 포함)인 가족을 말한다.

⑤ **부자가족** : 부가 세대주(세대주가 아니더라도 세대원을 사실상 부양하는 자를 포함한다)인 가족을 말한다.

⑥ **아동** : 18세 미만(취학 중인 경우에는 22세 미만, 병역의무를 이행하고 취학 중인 경우에는 병역의무를 이행한 기간을 가산한 연령 미만)의 자를 말한다.

⑦ **지원기관** : 이 법에 따른 지원을 행하는 **국가나 지방자치단체**를 말한다.

⑧ **한부모가족복지단체** : 한부모가족의 복지 증진을 목적으로 설립된 기관이나 단체를 말한다.

(5) 지원대상자

11회 기출

① **지원대상자의 범위(법 제5조)**

지원대상자는 **모 또는 부, 청소년 한부모, 한부모가족(모자가족 또는 부자가족), 아동**에 해당하는 자로서 여성가족부장관이 매년 기준 중위소득, 지원대상자의 소득수준 및 재산정도 등을 고려하여 지원 종류별로 고시한다. 지원대상자 중 아동의 연령을 초과하는 자녀가 있는 한부모가족의 경우 그 자녀를 제외한 나머지 가족구성원을 지원대상자로 한다.

② **지원대상자의 범위에 대한 특례(법 제5조의2)**

15회 기출

㉠ 혼인 관계에 있지 아니한 자로서 출산 전 임신부와 출산 후 해당 아동을 양육하지 아니하는 모는 미혼모자가족복지시설을 이용할 때에는 이 법에 따른 지원대상자가 된다.

㉡ 다음의 어느 하나에 해당하는 아동과 그 아동을 양육하는 조부 또는 조모로서 여성가족부령으로 정하는 자는 이 법에 따른 지원대상자가 된다.

- 부모가 사망하거나 생사가 분명하지 아니한 아동
- 부모가 정신 또는 신체의 장애 · 질병으로 장기간 노동능력을 상실한 아동
- 부모의 장기복역 등으로 부양을 받을 수 없는 아동
- 부모가 이혼하거나 유기하여 부양을 받을 수 없는 아동
- 위의 규정된 자에 준하는 자로서 여성가족부령으로 정하는 아동

㉢ 국내에 체류하고 있는 외국인 중 대한민국 국적의 아동을 양육하고 있는 모 또는 부로서 대통령령으로 정하는 사람이 지원대상자에 해당하면 이 법에 따른 지원대상자가 된다.

(6) 홍보 및 한부모가족의 날 제정

① 국가와 지방자치단체는 이 법에 따른 지원대상자를 발굴하기 위하여 필요한 자료 또는 정보의 제공과 홍보에 노력하여야 한다(법 제5조의3).

② 한부모가족에 대한 국민의 이해와 관심을 제고하기 위하여 매년 5월 10일을 한부모가족의 날로 하고 국가와 지방자치단체는 한부모가족의 날의 취지에 맞는 행사 등 사업을 실시할 수 있다(법 제5조의4).

(7) 실태조사와 단체에 대한 지원

11, 17회 기출

① 여성가족부장관은 한부모가족 지원을 위한 정책수립에 활용하기 위하여 **3년마다 한부모가족에 대한 실태조사를 실시하고 그 결과를 공표하여야** 한다. 또한, 여성가족부장관은 필요한 경우 여성가족부령으로 정하는 바에 따라 청소년 한부모 등에 대한 실태를 조사·연구할 수 있다(법 제6조 제1항).

② 여성가족부장관은 ①에 따른 실태조사를 위하여 관계 공공기관 또는 관련 법인·단체에 대하여 필요한 자료의 제출 등 협조를 요청할 수 있으며, 요청받은 관계 공공기관 또는 관련 법인·단체는 특별한 사유가 없으면 이에 협조하여야 한다(법 제6조 제2항).

③ 국가와 지방자치단체는 한부모가족 지원 관련 업무에 종사하는 공무원의 한부모가족에 대한 이해 증진과 전문성 향상을 위하여 교육을 실시할 수 있다(법 제6조의2).

④ 국가와 지방자치단체는 한부모가족복지단체에 대하여 필요한 비용의 전부 또는 일부를 보조하거나 그 업무수행에 필요한 행정적 지원을 할 수 있고, **한부모가족 간의 정보 공유와 상부상조 등을 위한 자조모임 단체의 사업 등을 지원할 수 있다**(법 제9조).

2 복지의 내용과 실시

(1) 지원대상자의 조사 등(법 제10조)

① 특별자치시장·특별자치도지사·시장·군수·구청장은 **매년 1회 이상** 관할구역 지원대상자의 가족상황, 생활실태 등을 조사하여야 한다.

② 특별자치시장·특별자치도지사·시장·군수·구청장은 조사 결과를 대장(臺帳)으로 작성·비치하여야 한다. 다만, 정보시스템을 활용할 때에는 전자적으로 작성하여 관리할 수 있다.

③ 조사 및 대장의 작성·관리에 필요한 사항은 여성가족부령으로 정한다.

(2) 복지 급여

① **복지 급여의 신청(법 제11조) : 지원대상자 또는 그 친족이나 그 밖의 이해관계인은** 복지 급여를 관할 **특별자치시장·특별자치도지사·시장·군수·구청장에게 신청**할 수 있다.

② **복지 급여의 내용(법 제12조)**

㉠ 국가나 지방자치단체는 복지 급여의 신청이 있으면 **생계비, 아동교육지원비, 아동양육비, 그밖에 대통령령으로 정하는 비용**의 복지 급여를 실시하여야 한다.

㉡ 이 법에 따른 지원대상자가 국민기초생활 보장법 등 다른 법령에 따라 지원을 받고 있는 경우에는 그 범위에서 이 법에 따른 급여를 하지 아니한다. 다만, 아동양육비는 지급할 수 있다.

㉢ 아동양육비를 지급할 때에 다음의 어느 하나에 해당하는 경우에는 예산의 범위에서 추가적인 복지 급여를 실시하여야 한다. 이 경우 모 또는 부의 직계존속이 5세 이하의 아동을 양육하는 경우에도 또한 같다.

• 미혼모나 미혼부가 5세 이하의 아동을 양육하는 경우
• 34세 이하의 모 또는 부가 아동을 양육하는 경우

㉣ 국가나 지방자치단체는 이 법에 따른 지원대상자의 신청이 있는 경우에는 예산의 범위에서 직업훈련비와 훈련기간 중 생계비를 추가적으로 지급할 수 있다.

Plus ⊕ one

복지급여수급계좌(법 제12조의5)

• 국가나 지방자치단체는 복지 급여를 받는 지원대상자의 신청이 있는 경우에는 복지 급여를 지원대상자 명의의 지정된 계좌(복지급여수급계좌)로 입금하여야 한다. 다만, 정보통신장애나 그 밖에 대통령령으로 정하는 불가피한 사유로 복지급여수급계좌로 이체할 수 없을 때에는 현금 지급 등 대통령령으로 정하는 바에 따라 복지 급여를 지급할 수 있다.
• 복지급여수급계좌의 해당 금융기관은 이 법에 따른 복지 급여만이 복지급여수급계좌에 입금되도록 관리하여야 한다.
• 신청 방법 · 절차와 복지급여수급계좌의 관리에 필요한 사항은 대통령령으로 정한다.

(3) 복지 자금의 대여(법 제13조)

11, 20회 기출

국가나 지방자치단체는 한부모가족의 생활안정과 자립을 촉진하기 위하여 다음의 어느 하나의 자금을 대여할 수 있다.

① 사업에 필요한 자금
② 아동교육비
③ 의료비
④ 주택자금
⑤ 그 밖에 대통령령으로 정하는 한부모가족의 복지를 위하여 필요한 자금

(4) 고용의 촉진(법 제14조)

① 국가 또는 지방자치단체는 한부모가족의 모 또는 부와 아동의 직업능력을 개발하기 위하여 능력 및 적성 등을 고려한 직업능력개발훈련을 실시하여야 한다.
② 국가 또는 지방자치단체는 한부모가족의 모 또는 부와 아동의 고용을 촉진하기 위하여 적합한 직업을 알선하고 각종 사업장에 모 또는 부와 아동이 우선 고용되도록 노력하여야 한다.

(5) 공공시설에 매점 및 시설 설치(법 제15조)

국가나 지방자치단체가 운영하는 공공시설의 장은 그 공공시설에 각종 매점 및 시설의 설치를 허가하는 경우 이를 한부모가족 또는 한부모가족복지단체에 우선적으로 허가할 수 있다.

(6) 시설 우선이용(법 제16조)

국가나 지방자치단체는 한부모가족의 아동이 공공의 아동 편의시설과 그 밖의 공공시설을 우선적으로 이용할 수 있도록 노력하여야 한다.

제3영역

(7) 가족지원서비스(법 제17조)

9회 기출

국가나 지방자치단체는 한부모가족에게 다음의 가족지원서비스를 제공하도록 노력하여야 한다.

① 아동의 양육 및 교육 서비스

② 장애인, 노인, 만성질환자 등의 부양 서비스

③ 취사, 청소, 세탁 등 가사 서비스

④ 교육 · 상담 등 가족 관계 증진 서비스

⑤ 인지청구 및 자녀양육비 청구 등을 위한 법률상담, 소송대리 등 법률구조서비스

⑥ 그 밖에 대통령령으로 정하는 한부모가족에 대한 가족지원서비스(한부모가족에 대한 상담 · 심리치료)

(8) 청소년 한부모에 대한 교육 지원(법 제17조의2)

① 국가나 지방자치단체는 청소년 한부모가 학업을 할 수 있도록 청소년 한부모의 선택에 따라 다음의 어느 하나에 해당하는 지원을 할 수 있다.

㉠ 학교에서의 학적 유지를 위한 지원 및 교육비 지원 또는 검정고시 지원

㉡ 학력인정 평생교육시설에 대한 교육비 지원

㉢ 초 · 중등교육법에 따른 교육 지원

㉣ 그 밖에 청소년 한부모의 교육 지원을 위하여 여성가족부령으로 정하는 사항

② 교육 지원을 위하여 특별시 · 광역시 · 특별자치시 · 도 · 특별자치도의 교육감은 한부모가족복지시설에 순회교육 실시를 위한 지원을 할 수 있다.

③ 국가와 지방자치단체는 청소년 한부모의 학업과 양육의 병행을 위하여 그 자녀가 청소년 한부모가 속한 학교에 설치된 직장어린이집을 이용할 수 있도록 지원할 수 있다.

④ 여성가족부장관은 청소년 한부모가 학업을 계속할 수 있도록 교육부장관에게 협조를 요청하여야 한다.

3 한부모가족복지시설

(1) 한부모가족복지시설의 종류(법 제19조)

6, 11회 기출

① **모자가족복지시설** : 모자가족에게 다음의 어느 하나 이상의 편의를 제공하는 시설

㉠ 기본생활지원 : 생계가 어려운 모자가족에게 일정 기간 동안 주거와 생계를 지원

㉡ 공동생활지원 : 독립적인 생활이 어려운 모자가족에게 일정 기간 동안 공동생활을 통하여 자립을 준비할 수 있도록 주거 등을 지원

㉢ 자립생활지원 : 자립욕구가 강한 모자가족에게 일정 기간 동안 주거를 지원

② **부자가족복지시설** : 부자가족에게 다음의 어느 하나 이상의 편의를 제공하는 시설

㉠ 기본생활지원 : 생계가 어려운 부자가족에게 일정 기간 동안 주거와 생계를 지원

㉡ 공동생활지원 : 독립적인 생활이 어려운 부자가족에게 일정 기간 동안 공동생활을 통하여 자립을 준비할 수 있도록 주거 등을 지원

㉢ 자립생활지원 : 자립욕구가 강한 부자가족에게 일정 기간 동안 주거를 지원

③ **미혼모자가족복지시설** : 미혼모자가족과 출산 미혼모 등에게 다음의 어느 하나 이상의 편의를 제공하는 시설

㉠ 기본생활지원 : 미혼 여성의 임신 · 출산 시 안전 분만 및 심신의 건강 회복과 출산 후의 아동의 양육 지원을 위하여 일정 기간 동안 주거와 생계를 지원(지원대상자 중 미혼이 아닌 여성의 임신 · 출산 시 안전 분만과 출산 후 양육 지원을 포함)

㉡ 공동생활지원 : 출산 후 해당 아동을 양육하지 아니하는 미혼모 또는 미혼모와 그 출산 아동으로 구성된 미혼모자가족에게 일정 기간 동안 공동생활을 통하여 자립을 준비할 수 있도록 주거 등을 지원

④ **일시지원복지시설** : 배우자(사실혼 관계에 있는 사람을 포함)가 있으나 배우자의 물리적 · 정신적 학대로 아동의 건전한 양육이나 모의 건강에 지장을 초래할 우려가 있을 경우 일시적 또는 일정 기간 동안 모와 아동 또는 모에게 주거와 생계를 지원하는 시설

⑤ **한부모가족복지상담소** : 한부모가족에 대한 위기 · 자립 상담 또는 문제해결 지원 등을 목적으로 하는 시설

(2) 한부모가족복지시설의 설치(법 제20조)

① 국가나 지방자치단체는 한부모가족복지시설을 설치할 수 있다.

② 한부모가족복지시설의 장은 청소년 한부모가 입소를 요청하는 경우에는 우선 입소를 위한 조치를 취하여야 한다.

③ 국가나 지방자치단체 외의 자가 한부모가족복지시설을 설치 · 운영하려면 특별자치시장 · 특별자치도지사 · 시장 · 군수 · 구청장에게 신고하여야 한다. 신고한 사항 중 여성가족부령으로 정하는 중요 사항을 변경하려는 경우에도 또한 같다.

④ 입양기관을 운영하는 자는 편의제공시설을 설치 · 운영할 수 없다.

(3) 폐지 또는 휴지(법 제21조)

한부모가족복지시설의 설치 신고를 한 자가 그 시설의 폐지, 일시적 운영중단 또는 운영재개를 하려면 여성가족부령으로 정하는 바에 따라 미리 특별자치시장 · 특별자치도지사 · 시장 · 군수 · 구청장에게 신고하여야 한다.

(4) 수탁 의무(법 제22조)

한부모가족복지시설을 설치 · 운영하는 자는 특별시장 · 광역시장 · 특별자치시장 · 도지사 · 특별자치도지사 또는 시장 · 군수 · 구청장으로부터 한부모가족복지시설에 한부모가족을 입소하도록 위탁받으면 정당한 사유 없이 이를 거부하지 못한다.

(5) 감독(법 제23조)

여성가족부장관, 시 · 도지사 또는 시장 · 군수 · 구청장은 한부모가족복지시설을 설치 · 운영하는 자에게 그 시설에 관하여 필요한 보고를 하게 하거나, 관계 공무원에게 시설의 운영 상황을 조사하게 하거나 장부 등 그 밖의 서류를 검사하게 할 수 있다. 그 직무를 수행하는 관계 공무원은 그 권한을 표시하는 증표를 지니고 이를 관계인에게 내보여야 한다.

(6) 시설 폐쇄 등(법 제24조)

11회 기출

① 특별자치시장 · 특별자치도지사 · 시장 · 군수 · 구청장은 한부모가족복지시설이 다음의 어느 하나에 해당하면 그 사업의 정지나 폐지를 명하거나 시설을 폐쇄할 수 있다.

㉠ 시설 기준에 미달하게 된 경우

㉡ 수탁 의무를 위반한 경우

㉢ 정당한 이유 없이 보고를 하지 아니하거나 거짓으로 한 경우 또는 조사 · 검사를 거부하거나 기피한 경우

② 특별자치시장 · 특별자치도지사 · 시장 · 군수 · 구청장은 한부모가족복지시설이 ①에 따라 그 사업이 정지 또는 폐지되거나 시설이 폐쇄되는 경우에는 해당 시설에 입소하고 있는 사람이 다른 한부모가족복지시설로 옮길 수 있도록 하는 등 여성가족부령으로 정하는 바에 따라 입소자의 권익을 보호하기 위하여 필요한 조치를 하여야 한다.

③ 특별자치시장 · 특별자치도지사 · 시장 · 군수 · 구청장은 제24조에 따라 사업의 폐지를 명하거나 시설을 폐쇄하려면 청문을 하여야 한다(법 제24조의2).

4 비 용

(1) 비용의 보조(법 제25조)

국가나 지방자치단체는 한부모가족복지사업에 드는 비용을 보조할 수 있다.

(2) 비용의 부담(시행령 제18조)

국가나 지방자치단체가 보조하여야 할 한부모가족복지사업에 드는 비용의 부담기준은 다음과 같다.

① 복지 급여에 드는 비용은 예산의 범위 안에서 국가와 지방자치단체가 부담한다.

② 국가나 지방자치단체가 설치하는 한부모가족복지시설의 설치 및 운영에 드는 비용은 그 한부모가족복지시설을 설치 · 운영하는 국가나 지방자치단체가 부담한다.

③ 국가나 지방자치단체 외의 자가 설치하는 한부모가족복지시설의 설치 및 운영에 드는 비용은 예산의 범위에서 국가와 지방자치단체가 그 비용의 100분의 80 이상을 부담한다.

(3) 부정수급자에 대한 비용의 징수(법 제25조의2)

① 거짓이나 그 밖의 부정한 방법으로 복지 급여를 받거나 타인으로 하여금 복지 급여를 받게 한 경우 복지 급여를 지급한 지원기관은 그 비용의 전부 또는 일부를 그 복지 급여를 받은 자 또는 복지 급여를 받게 한 자(부정수급자)로부터 징수할 수 있다.

② 징수할 금액은 부정수급자에게 통지하여 징수하고, 부정수급자가 이에 응하지 아니하는 경우 국세 또는 지방세 체납처분의 예에 따라 징수한다.

(4) 보조금 등의 반환명령(법 제26조)

국가나 지방자치단체는 한부모가족복지시설의 장이나 한부모가족복지단체의 장이 다음의 어느 하나에 해당하면 이미 내준 보조금의 전부 또는 일부의 반환을 명할 수 있다.

① 보조금의 교부 조건을 위반한 경우

② 거짓이나 그 밖의 부정한 방법으로 보조금을 받은 경우

③ 한부모가족복지시설을 경영하면서 개인의 영리를 도모하는 행위를 한 경우

④ 이 법 또는 이 법에 따른 명령을 위반한 경우

5 보 칙

제3영역

(1) 심사 청구(법 제28조)

9회 기출

① 지원대상자 또는 그 친족이나 그 밖의 이해관계인은 이 법에 따른 복지 급여 등에 대하여 이의가 있으면 그 결정을 통지받은 날부터 90일 이내에 서면으로 해당 복지실시기관에 심사를 청구할 수 있다.

② 복지실시기관은 심사 청구를 받으면 30일 이내에 이를 심사 · 결정하여 청구인에게 통보하여야 한다.

(2) 벌칙(법 제29조)

① **5년 이하의 징역 또는 5천만 원 이하의 벌금** : 금융정보 등을 사용 또는 누설한 사람

② **3년 이하의 징역 또는 3천만 원 이하의 벌금** : 자료 등을 사용 또는 누설한 사람

③ **1년 이하의 징역 또는 1천만 원 이하의 벌금** : 신고를 하지 아니하고 한부모가족복지시설을 설치한 자와 시설의 폐쇄 · 사업의 정지 또는 폐지의 명령을 받고 사업을 계속한 자

④ **1년 이하의 징역, 1천만 원 이하의 벌금, 구류 또는 과료** : 거짓이나 그 밖의 부정한 방법으로 복지 급여를 받거나 타인으로 하여금 복지 급여를 받게 한 자

제6절 영유아보육법

1 총 칙

(1) 목적(법 제1조)

영유아의 심신을 보호하고 건전하게 교육하여 건강한 사회 구성원으로 육성함과 아울러 보호자의 경제적 · 사회적 활동이 원활하게 이루어지도록 함으로써 영유아 및 가정의 복지 증진에 이바지함을 목적으로 한다.

(2) 용어의 정의(법 제2조)

① **영유아** : 6세 미만의 취학 전 아동을 말한다.
② **보육** : 영유아를 건강하고 안전하게 보호 · 양육하고 영유아의 발달 특성에 맞는 교육을 제공하는 어린이집 및 가정양육 지원에 관한 사회서비스를 말한다.
③ **어린이집** : 보호자의 위탁을 받아 영유아를 보육하는 기관을 말한다.
④ **보호자** : 친권자 · 후견인, 그 밖의 자로서 영유아를 사실상 보호하고 있는 자를 말한다.
⑤ **보육교직원** : 어린이집 영유아의 보육, 건강관리 및 보호자와의 상담, 그 밖에 어린이집의 관리 · 운영 등의 업무를 담당하는 자로서 어린이집의 원장 및 보육교사와 그 밖의 직원을 말한다.

(3) 보육 이념(법 제3조)

① 영유아의 이익을 최우선적으로 고려하여 제공되어야 한다.
② 영유아가 안전하고 쾌적한 환경에서 건강하게 성장할 수 있도록 하여야 한다.
③ 영유아는 자신이나 보호자의 성, 연령, 종교, 사회적 신분, 재산, 장애, 인종 및 출생지역 등에 따른 어떠한 종류의 차별도 받지 아니하고 보육되어야 한다.

(4) 책임(법 제4조)

① 모든 국민은 영유아를 건전하게 보육할 책임을 진다.
② 국가와 지방자치단체는 보호자와 더불어 영유아를 건전하게 보육할 책임을 지며, 이에 필요한 재원을 안정적으로 확보하도록 노력하여야 한다.
③ 특별자치도지사 · 시장 · 군수 · 구청장(자치구의 구청장)은 영유아의 보육을 위한 적절한 어린이집을 확보하여야 한다.
④ 국가와 지방자치단체는 보육교직원의 양성 및 근로여건 개선을 위하여 노력하여야 한다.

(5) 보육정책위원회(법 제6조)

① 보육에 관한 각종 정책 · 사업 · 보육지도 및 어린이집 평가에 관한 사항 등을 심의하기 위하여 보건복지부에 중앙보육정책위원회를, 특별시 · 광역시 · 특별자치시 · 도 · 특별자치도 및 시 · 군 · 구에 지방보육정책위원회를 둔다. 다만, 지방보육정책위원회는 그 기능을 담당하기에 적합한 다른 위원회가 있고 그 위원회의 위원이 자격을 갖춘 경우에는 시 · 도 또는 시 · 군 · 구의 조례로 정하는 바에 따라 그 위원회가 지방보육정책위원회의 기능을 대신할 수 있다.

② 중앙보육정책위원회와 지방보육정책위원회의 위원은 보육전문가, 어린이집의 원장 및 보육교사 대표, 보호자 대표 또는 공익을 대표하는 자, 관계 공무원 등으로 구성한다.

(6) 육아종합지원센터(법 제7조)

① 영유아에게 시간제보육 서비스를 제공하거나 보육에 관한 정보의 수집 · 제공 및 상담을 위하여 보건복지부장관은 중앙육아종합지원센터를, 특별시장 · 광역시장 · 특별자치시장 · 도지사 · 특별자치도지사 및 시장 · 군수 · 구청장은 지방육아종합지원센터를 설치 · 운영하여야 한다. 이 경우 필요하다고 인정하는 경우에는 영아 · 장애아 보육 등에 관한 육아종합지원센터를 별도로 설치 · 운영할 수 있다.

② 중앙육아종합지원센터와 지방육아종합지원센터에는 육아종합지원센터의 장과 보육에 관한 정보를 제공하는 보육전문요원 및 보육교직원의 정서적 · 심리적 상담 등의 업무를 하는 상담전문요원 등을 둔다.

③ 보건복지부장관은 업무의 효율적인 수행을 위하여 대통령령으로 정하는 공공기관 또는 민간기관 · 단체 등을 ①에 따른 중앙육아종합지원센터로 지정한다.

④ 육아종합지원센터의 설치 · 운영 및 기능, 육아종합지원센터의 장과 보육전문요원 및 상담전문요원의 자격 및 직무 등에 필요한 사항은 대통령령으로 정한다.

⑤ 육아종합지원센터의 안전사고 예방 및 사고에 따른 영유아 생명 · 신체 등의 피해보상에 관하여는 제31조의2를 준용한다. 이 경우 "어린이집"은 "육아종합지원센터"로, "어린이집의 원장"은 "육아종합지원센터의 장"으로 본다.

(7) 한국보육진흥원의 설립 및 운영(법 제8조)

① 보육서비스의 질 향상을 도모하고 보육정책을 체계적으로 지원하기 위하여 한국보육진흥원(이하 진흥원이라 한다)을 설립한다.

② 진흥원은 다음의 업무를 수행한다.

㉠ 어린이집 평가척도 개발

㉡ 보육사업에 관한 교육 · 훈련 및 홍보

㉢ 영유아 보육프로그램 및 교재 · 교구 개발

㉣ 보육교직원 연수프로그램 개발 및 교재 개발

㉤ 이 법에 따라 보건복지부장관으로부터 위탁받은 업무

㉥ 그 밖에 보육정책과 관련하여 보건복지부장관이 필요하다고 인정하는 업무

③ 진흥원은 법인으로 하고, 주된 사무소의 소재지에 설립등기를 함으로써 성립한다.
④ 진흥원은 보조금, 기부금, 그 밖의 수입금으로 운영한다.
⑤ 보건복지부장관은 진흥원의 운영에 필요한 경비를 예산의 범위에서 지원할 수 있다.
⑥ 진흥원은 영유아 보육프로그램 및 교재 · 교구 개발, 보육교직원 연수프로그램 개발 및 교재 개발 업무를 관련 전문기관 등에 위탁할 수 있다.
⑦ 진흥원에 관하여 이 법과 공공기관의 운영에 관한 법률에서 정한 사항 외에는 민법 중 재단법인에 관한 규정을 준용한다.

(8) 보육 실태 조사(법 제9조)

8회 기출

① 보건복지부장관은 이 법의 적절한 시행을 위하여 보육 실태 조사를 **3년마다** 실시하고 그 결과를 공표하여야 한다.
② 보건복지부장관은 보육 실태 조사를 위하여 어린이집 설치 · 운영자와 관계 기관 · 법인 · 단체의 장에게 필요한 자료의 제출 또는 의견의 진술을 요청할 수 있다. 이 경우 요청을 받은 자는 정당한 사유가 없으면 이에 협조하여야 한다.

2 어린이집의 설치

(1) 어린이집의 종류(법 제10조)

① **국공립어린이집** : 국가나 지방자치단체가 설치 · 운영하는 어린이집
② **사회복지법인어린이집** : 사회복지사업법에 따른 사회복지법인이 설치 · 운영하는 어린이집
③ **법인 · 단체 등 어린이집** : 각종 법인(사회복지법인을 제외한 비영리법인)이나 단체 등이 설치 · 운영하는 어린이집으로서 대통령령으로 정하는 어린이집
④ **직장어린이집** : 사업주가 사업장의 근로자를 위하여 설치 · 운영하는 어린이집
⑤ **가정어린이집** : 개인이 가정이나 그에 준하는 곳에 설치 · 운영하는 어린이집
⑥ **협동어린이집** : 보호자 또는 보호자와 보육교직원이 조합(영리를 목적으로 하지 아니하는 조합에 한정한다)을 결성하여 설치 · 운영하는 어린이집
⑦ **민간어린이집** : ①~⑥의 규정에 해당하지 아니하는 어린이집

(2) 국공립어린이집의 설치 등(법 제12조)

① 국가나 지방자치단체는 국공립어린이집을 설치 · 운영하여야 한다. 이 경우 국공립어린이집은 보육계획에 따라 도시 저소득주민 밀집 주거지역 및 농어촌지역 등 취약지역, 산업단지 지역에 우선적으로 설치하여야 한다.
② 국가나 지방자치단체가 국공립어린이집을 설치할 경우 지방보육정책위원회의 심의를 거쳐야 한다.

③ 국가나 지방자치단체는 공동주택에 설치되어야 하는 어린이집을 국공립어린이집으로 운영하여야 한다. 다만, 입주자등의 과반수가 국공립어린이집으로의 운영에 찬성하지 아니하는 경우 등 대통령령으로 정하는 경우에는 그러하지 아니하다.

(3) 국공립어린이집 외의 어린이집의 설치(법 제13조)

7, 8, 13회 기출

국공립어린이집 외의 어린이집을 설치 · 운영하려는 자는 **특별자치시장 · 특별자치도지사 · 시장 · 군수 · 구청장의 인가**를 받아야 한다. 인가받은 사항 중 중요 사항을 변경하려는 경우에도 또한 같다.

(4) 직장어린이집의 설치 등(법 제14조)

7회 기출

상시 여성근로자 300명 이상 또는 상시근로자 500명 이상을 고용하고 있는 사업장의 사업주는 직장어린이집을 설치하여야 한다. 다만, 사업장의 사업주가 직장어린이집을 단독으로 설치할 수 없을 때에는 사업주 공동으로 직장어린이집을 설치 · 운영하거나, 지역의 어린이집과 위탁계약을 맺어 근로자 자녀의 보육을 지원하여야 한다.

(5) 어린이집을 설치 · 운영할 수 없는 사람(법 제16조)

10회 기출

① 미성년자 · 피성년후견인 또는 피한정후견인
② 정신건강증진 및 정신질환자 복지서비스 지원에 관한 법률에 따른 정신질환자
③ 마약류 관리에 관한 법률에 따른 마약류에 중독된 자
④ 파산선고를 받고 복권되지 아니한 자
⑤ 금고 이상의 실형을 선고받고 그 집행이 종료(집행이 종료된 것으로 보는 경우를 포함)되거나 집행이 면제된 날부터 5년(아동복지법에 따른 아동학대관련범죄를 저지른 경우에는 20년)이 경과되지 아니한 자
⑥ 금고 이상의 형의 집행유예를 선고받고 그 유예기간 중에 있는 사람. 다만, 아동복지법에 따른 아동학대관련범죄로 금고 이상의 형의 집행유예를 선고받은 경우에는 그 집행유예가 확정된 날부터 20년이 지나지 아니한 사람
⑦ 어린이집 또는 유치원의 폐쇄명령을 받고 2년이 경과되지 아니한 자
⑧ 300만 원 이상의 벌금형이 확정된 날부터 2년이 지나지 아니한 사람 또는 아동복지법에 따른 아동학대관련범죄로 벌금형이 확정된 날부터 10년이 지나지 아니한 사람
⑨ 교육명령을 이행하지 아니한 자

3 보육교직원

(1) 보육교직원의 배치 및 임면 등

① 보육교직원의 배치(법 제17조)

㉠ 어린이집에는 보육교직원을 두어야 한다.

㉡ 보육시간을 구분하여 운영하는 어린이집은 보육시간별로 보육교사를 배치할 수 있다.

㉢ 어린이집에는 보육교사의 업무 부담을 경감할 수 있도록 보조교사 등을 둔다.

㉣ 휴가 또는 보수교육 등으로 보육교사의 업무에 공백이 생기는 경우에는 이를 대체할 수 있는 대체교사를 배치한다.

② **보육교직원의 임면 등(법 제19조)** : 특별자치시장 · 특별자치도지사 · 시장 · 군수 · 구청장은 보육교직원의 권익 보장과 근로여건 개선을 위하여 보육교직원의 임면(任免)과 경력 등에 관한 사항을 관리하여야 한다. 어린이집의 원장은 보건복지부령으로 정하는 바에 따라 보육교직원의 임면에 관한 사항을 특별자치도지사 · 시장 · 군수 · 구청장에게 보고하여야 한다.

(2) 보육교직원의 직무(법 제18조)

① 어린이집의 원장은 어린이집을 총괄하고 보육교사와 그 밖의 직원을 지도 · 감독하며 영유아를 보육한다.

② 보육교사는 영유아를 보육하고 어린이집의 원장이 불가피한 사유로 직무를 수행할 수 없을 때에는 그 직무를 대행한다.

(3) 명의대여 등의 금지(법 제22조의2)

① 어린이집의 원장 또는 보육교사는 다른 사람에게 자기의 성명이나 어린이집의 명칭을 사용하여 어린이집의 원장 또는 보육교사의 업무를 수행하게 하여서는 아니 된다.

② 자격증을 교부받은 사람은 다른 사람에게 그 자격증을 빌려주어서는 아니 되고, 누구든지 그 자격증을 빌려서는 아니 된다. 누구든지 금지된 행위를 알선하여서는 아니 된다.

(4) 어린이집 원장의 보수교육(법 제23조)

보건복지부장관은 어린이집 원장의 자질 향상을 위한 보수교육(補修教育)을 실시하여야 한다. 보수교육은 집합교육을 원칙으로 한다.

(5) 보육교사의 보수교육(법 제23조의2)

① 보건복지부장관은 보육교사의 자질 향상을 위한 보수교육을 실시하여야 한다. 보수교육은 집합교육을 원칙으로 한다.

② 보수교육에는 성폭력 및 아동학대 예방, 실종 · 유괴의 예방과 방지, 감염병 및 약물의 오남용 예방 등 보건위생 관리, 재난대비 안전, 교통안전, 보육교사의 인성함양(영유아의 인권보호 교육을 포함), 그 밖에 보건복지부령으로 정하는 사항을 포함하여야 한다.

4 어린이집의 운영

(1) 어린이집의 운영기준 등(법 제24조)

어린이집을 설치 · 운영하는 자는 보건복지부령으로 정하는 운영기준에 따라 어린이집을 운영하여야 한다.

(2) 어린이집운영위원회(법 제25조)

① **설치** : 어린이집의 원장은 어린이집 운영의 자율성과 투명성을 높이고 지역사회와의 연계를 강화하여 지역 실정과 특성에 맞는 보육을 실시하기 위하여 어린이집에 어린이집운영위원회를 설치 · 운영할 수 있다. 다만, 제26조에 따른 취약보육을 우선적으로 실시하여야 하는 어린이집과 대통령령으로 정하는 어린이집은 어린이집운영위원회를 설치 · 운영하여야 한다.

② **구성** : 어린이집운영위원회는 그 어린이집의 원장, 보육교사 대표, 학부모 대표 및 지역사회인사(직장어린이집의 경우 그 직장의 어린이집 업무 담당자)로 구성한다. 이 경우 학부모 대표가 2분의 1 이상이 되도록 구성하여야 한다. 어린이집의 원장은 어린이집운영위원회의 위원 정수를 5명 이상 15명 이내의 범위에서 어린이집의 규모 등을 고려하여 정할 수 있다.

③ **어린이집운영위원회 심의 사항**

㉠ 어린이집 운영 규정의 제정이나 개정에 관한 사항
㉡ 어린이집 예산 및 결산의 보고에 관한 사항
㉢ 영유아의 건강 · 영양 및 안전에 관한 사항
㉣ 아동학대 예방에 관한 사항
㉤ 보육 시간, 보육과정의 운영 방법 등 어린이집의 운영에 관한 사항
㉥ 보육교직원의 근무환경 개선에 관한 사항
㉦ 보육교직원의 권익 보호에 관한 사항
㉧ 영유아의 보육환경 개선에 관한 사항
㉨ 어린이집과 지역사회의 협력에 관한 사항
㉩ 보육료 외의 필요경비를 받는 경우 그 수납액 결정에 관한 사항
㉪ 보육료 외의 필요경비를 받는 경우 제38조에 따른 범위에서 그 수납액 결정에 관한 사항
㉫ 그 밖에 어린이집 운영에 대한 제안 및 건의사항

④ **개최 시기** : 어린이집운영위원회는 연간 4회 이상 개최하여야 한다.

(3) 취약보육의 우선 실시 등(법 제26조)

① 국가나 지방자치단체, 사회복지법인, 그 밖의 비영리법인이 설치한 어린이집과 대통령령으로 정하는 어린이집의 원장은 영아 · 장애아 · 다문화가족지원법에 따른 다문화가족의 아동 등에 대한 보육(취약보육)을 우선적으로 실시하여야 한다.

② 보건복지부장관, 시 · 도지사 및 시장 · 군수 · 구청장은 취약보육을 활성화하는 데에 필요한 각종 시책을 수립 · 시행하여야 한다.

Plus ⊕ one

부모 모니터링단(법 제25조의2)

- 시 · 도지사 또는 시장 · 군수 · 구청장은 어린이집 보육환경을 모니터링하고 개선을 위한 컨설팅을 하기 위하여 부모, 보육 · 보건 전문가로 점검단을 구성 · 운영할 수 있다.
- 부모 모니터링단의 직무
  - 어린이집 급식, 위생, 건강 및 안전관리 등 운영상황 모니터링
  - 어린이집 보육환경 개선을 위한 컨설팅
  - 그 밖에 보육 관련 사항으로서 보건복지부령으로 정하는 사항

(4) 보육의 우선 제공(법 제28조)

6회 기출

국가나 지방자치단체, 사회복지법인, 그 밖의 비영리법인이 설치한 어린이집과 대통령령으로 정하는 어린이집의 원장은 다음의 어느 하나에 해당하는 자가 우선적으로 어린이집을 이용할 수 있도록 하여야 한다. 다만, 고용정책기본법에 따라 고용촉진시설의 설치 · 운영을 위탁받은 공공단체 또는 비영리법인이 설치 · 운영하는 어린이집의 원장은 근로자의 자녀가 우선적으로 어린이집을 이용하게 할 수 있다. 사업주는 사업장 근로자의 자녀가 우선적으로 직장어린이집을 이용할 수 있도록 하여야 한다.

① 국민기초생활 보장법에 따른 수급자

② 한부모가족지원법에 따른 지원대상자의 자녀

③ 국민기초생활 보장법에 따른 차상위계층의 자녀

④ 장애인복지법에 따른 장애인 중 1급 또는 2급에 해당하는 사람과 3급에 해당하는 지적장애인 또는 자폐성장애인으로서 다른 장애가 중복된 사람의 자녀

⑤ 장애인복지법에 따른 장애인 중 보건복지부령으로 정하는 장애 정도에 해당하는 자가 형제자매인 영유아

⑥ 다문화가족지원법에 따른 다문화가족의 자녀

⑦ 국가유공자 등 예우 및 지원에 관한 법률에 따른 국가유공자 중 전몰군경, 상이자로서 보건복지부령으로 정하는 자, 순직자의 자녀

⑧ 당뇨를 가진 경우로서 의학적 조치가 용이하고 일상생활이 가능하여 보육에 지장이 없는 영유아

⑨ 소득수준 및 보육수요 등을 고려하여 다음에 해당하는 자녀

㉠ 아동복지시설에서 생활 중인 영유아

㉡ 부모가 모두 취업 중이거나 취업을 준비(보건복지부장관이 인정하는 경우로 한정) 중인 영유아

㉢ 자녀가 3명 이상인 가구의 영유아 또는 영유아인 자녀가 2명 이상인 가구의 영유아

㉣ 산업단지 입주기업체 및 지원기관 근로자의 자녀로서 산업단지에 설치된 어린이집을 이용하는 영유아

㉤ 법인 · 단체 등이 어린이집을 국가 또는 지방자치단체에 기부채납하여 국공립어린이집으로 전환된 경우 해당 법인 · 단체 등의 근로자 자녀로서 그 어린이집을 이용하는 영유아

㉥ 공동주택에 따라 설치하여야 하는 어린이집의 부지 또는 건물을 국가 또는 지방자치단체에 기

부채납하거나 무상임대하여 국공립어린이집으로 운영하는 경우 해당 공동주택의 거주자 자녀로서 그 어린이집을 이용하는 영유아

(5) 어린이집 평가인증(법 제30조)

① 보건복지부장관은 영유아의 안전과 보육서비스의 질 향상을 위하여 어린이집의 보육환경, 보육과정 운영, 보육인력의 전문성 및 이용자 만족도 등에 대하여 정기적으로 평가를 실시하여야 한다.

② 보건복지부장관은 평가 결과에 따라 어린이집 보육서비스의 관리, 보육사업에 대한 재정적 · 행정적 지원 등 필요한 조치를 할 수 있다.

③ 보건복지부장관은 어린이집 평가등급 등 평가 결과를 공표하여야 한다.

④ 보건복지부장관은 평가를 받은 어린이집에 다음의 어느 하나에 해당하는 사유가 발생한 경우에는 그 평가등급을 최하위등급으로 조정하여야 한다.

㉠ 거짓이나 그 밖의 부정한 방법으로 평가를 받은 경우

㉡ 어린이집의 설치 · 운영자가 이 법을 위반하여 금고 이상의 형을 선고받고 그 형이 확정된 경우

㉢ 보조금의 반환명령을 받았거나 행정처분을 받은 경우로서 보건복지부령으로 정하는 경우

㉣ 어린이집의 대표자 또는 보육교직원이 아동복지법을 위반하거나 아동 · 청소년의 성보호에 관한 법률의 아동 · 청소년대상 성범죄를 저지른 경우

⑤ 보건복지부장관은 평가를 받은 어린이집의 보육서비스의 질 관리를 위하여 필요한 경우 확인점검을 실시하여 평가등급을 조정할 수 있다.

5 건강 · 영양 및 안전

(1) 건강관리 및 응급조치(법 제31조)

① 어린이집의 원장은 영유아와 보육교직원에 대하여 정기적으로 건강진단을 실시하되, 국민건강보험법 및 의료급여법에 따른 건강검진으로 갈음할 수 있다. 다만, 영유아의 경우 보호자로 하여금 그 검진결과 통보서를 제출하도록 하고 어린이집 생활기록부에 기록하여 관리하는 등 건강관리를 하여야 한다.

② 어린이집의 장은 영유아에게 질병 · 사고 또는 재해 등으로 인하여 위급 상태가 발생한 경우 즉시 응급의료기관에 이송하여야 한다.

(2) 치료 및 예방조치(법 제32조)

① 어린이집의 원장은 건강진단 결과 질병에 감염되었거나 감염될 우려가 있는 영유아에 대하여 그 보호자와 협의하여 질병의 치료와 예방에 필요한 조치를 하여야 한다.

② 어린이집의 원장은 건강진단의 결과나 그 밖에 의사의 진단 결과 감염병에 감염 또는 감염된 것으로 의심되거나 감염될 우려가 있는 자 또는 감염병의심자에 해당하는 영유아, 어린이집 거주자 및 보육교직원을 보건복지부령으로 정하는 바에 따라 어린이집으로부터 격리시키는 등 필요한 조치를 할 수 있다.

③ 어린이집의 원장은 조치를 위하여 필요하면 보건소 및 보건지소, 의료기관에 협조를 구할 수 있고, 협조를 요청받은 보건소 · 보건지소 및 의료기관의 장은 적절한 조치를 취하여야 한다.
④ 어린이집의 원장은 간호사(간호조무사를 포함)로 하여금 영유아가 의사의 처방, 지시에 따라 투약행위를 할 때 이를 보조하게 할 수 있다. 이 경우 어린이집의 원장은 보호자의 동의를 받아야 한다.

(3) 급식 관리(법 제33조)

어린이집의 장은 영유아에게 보건복지부령으로 정하는 바에 따라 균형 있고 위생적이며 안전한 급식을 하여야 한다.

6 비 용

(1) 무상보육(법 제34조, 시행령 제22조)

① 국가와 지방자치단체는 영유아에 대한 보육을 무상으로 하되, 그 내용 및 범위는 다음과 같다.
㉠ 매년 1월 1일 현재 만 3세 이상인 영유아 : 어린이집에서 보육과정 중 보건복지부장관과 교육부장관이 협의하여 정하는 공통과정을 제공받는 경우. 다만, 1월 2일부터 3월 1일까지의 기간 중에 만 3세가 된 영유아로서 어린이집에서 공통과정을 제공받는 경우를 포함
㉡ 매년 1월 1일 현재 만 3세 미만인 영유아 : 어린이집에서 보육과정(공통과정은 제외)을 제공받는 경우
② 국가와 지방자치단체는 장애아 및 다문화가족의 자녀의 무상보육에 대하여는 대통령령으로 정하는 바에 따라 그 대상의 여건과 특성을 고려하여 지원할 수 있다.
③ 무상보육 실시에 드는 비용은 대통령령으로 정하는 바에 따라 국가나 지방자치단체가 부담하거나 보조하여야 한다.
④ 보건복지부장관은 어린이집 표준보육비용 등을 조사하고 그 결과를 바탕으로 예산의 범위에서 관계 행정기관의 장과 협의하여 국가 및 지방자치단체가 부담하는 비용을 정할 수 있다.
⑤ 국가와 지방자치단체는 자녀가 2명 이상인 경우에 대하여 추가적으로 지원할 수 있다.
⑥ 국가와 지방자치단체는 무상보육을 받으려는 영유아와 장애아 및 다문화가족의 자녀를 보육하기 위하여 필요한 어린이집을 설치 · 운영하여야 한다.

(2) 양육수당(법 제34조의2)

① 국가와 지방자치단체는 어린이집이나 유치원을 이용하지 아니하는 영유아에 대하여 영유아의 연령을 고려하여 양육에 필요한 비용을 지원할 수 있다.
② 영유아가 시간제보육 서비스를 이용하는 경우에도 그 영유아에 대하여는 양육에 필요한 비용을 지원할 수 있다.
③ 국가와 지방자치단체는 양육에 필요한 비용을 지원받는 영유아가 90일 이상 지속하여 해외에 체류하는 경우에는 그 기간 동안 양육에 필요한 비용의 지원을 정지한다.

④ 보건복지부장관 및 지방자치단체의 장은 양육수당의 지급을 정지하는 경우 서면으로 그 이유를 분명하게 밝혀 영유아의 보호자에게 통지하여야 한다.

(3) 비용의 보조 등(법 제36조)

국가나 지방자치단체는 대통령령으로 정하는 바에 따라 어린이집의 설치, 보육교사(대체교사를 포함)의 인건비, 초과보육(超過保育)에 드는 비용 등 운영 경비 또는 지방육아종합지원센터의 설치 · 운영, 보육교직원의 복지 증진, 취약보육의 실시 등 보육사업에 드는 비용, 폐쇄회로 텔레비전 설치비의 전부 또는 일부를 보조한다.

(4) 사업주의 비용 부담(법 제37조)

어린이집을 설치한 사업주는 그 어린이집의 운영과 보육에 필요한 비용의 전부 또는 일부를 부담하여야 한다.

(5) 보육료 등의 수납(법 제38조)

어린이집을 설치 · 운영하는 자는 그 어린이집의 소재지를 관할하는 시 · 도지사가 정하는 범위에서 그 어린이집을 이용하는 자로부터 보육료와 그 밖의 필요경비 등을 받을 수 있다. 다만, 시 · 도지사는 필요시 어린이집 유형과 지역적 여건을 고려하여 그 기준을 다르게 정할 수 있다.

(6) 세제 지원(법 제39조)

사업주가 직장어린이집을 설치 · 운영하는 데에 드는 비용과 보호자가 영유아의 보육을 위하여 지출한 보육료와 그 밖에 보육에 드는 비용에 관하여는 조세특례제한법에서 정하는 바에 따라 조세를 감면한다. 직장어린이집을 제외한 어린이집의 운영비에 대하여도 조세특례제한법에서 정하는 바에 따라 조세를 감면한다.

(7) 비용 및 보조금의 반환명령(법 제40조)

국가나 지방자치단체는 어린이집의 설치 · 운영자, 육아종합지원센터의 장, 교육훈련 위탁실시자 등이 다음 어느 하나에 해당하는 경우 이미 교부한 비용과 보조금의 전부 또는 일부의 반환을 명할 수 있다.

① 어린이집 운영이 정지 · 폐쇄 또는 취소된 경우
② 사업 목적 외의 용도에 보조금을 사용한 경우
③ 거짓이나 그 밖의 부정한 방법으로 보조금을 교부받은 경우
④ 거짓이나 그 밖의 부정한 방법으로 무상교육 비용을 지원받은 경우
⑤ 보육비용을 보육 목적 외로 부정하게 사용한 경우
⑥ 착오 또는 경미한 과실로 보조금을 교부받은 경우로서 보건복지부령이 정하는 사유에 해당하는 경우

7 어린이집 폐지 · 휴지 · 재개 및 폐쇄

(1) 어린이집의 폐지 · 휴지 및 재개 등의 신고(법 제43조)

① 인가된 어린이집을 폐지하거나 일정기간 운영을 중단하거나 운영을 재개하려는 자는 미리 **특별자치시장 · 특별자치도지사 · 시장 · 군수 · 구청장에게 신고하여야** 한다.

② 어린이집의 원장은 어린이집이 폐지되거나 일정기간 운영이 중단되는 경우에는 보건복지부령으로 정하는 바에 따라 그 어린이집에서 보육 중인 영유아가 다른 어린이집으로 옮길 수 있도록 하는 등 영유아의 권익을 보호하기 위한 조치를 취하여야 한다.

(2) 어린이집에 대한 휴원명령(법 제43조의2)

① 보건복지부장관, 시 · 도지사 또는 시장 · 군수 · 구청장은 천재지변이나 감염병 발생 등 긴급한 사유로 정상적인 보육이 어렵다고 인정하는 경우 **어린이집의 원장에게 휴원**을 명할 수 있다.

② 명령을 받은 어린이집의 원장은 지체 없이 어린이집을 휴원하여야 하며, 휴원 시 보호자가 영유아를 가정에서 양육할 수 없는 경우 등 긴급보육수요에 대비하여 긴급보육 계획을 가정통신문 등을 통하여 보호자에게 미리 안내하는 등 어린이집 운영에 필요한 조치를 하여야 한다.

(3) 어린이집 폐쇄(법 제45조)

① 보건복지부장관, 시 · 도지사 및 시장 · 군수 · 구청장은 어린이집을 설치 · 운영하는 자가 다음의 어느 하나에 해당하면 1년 이내의 어린이집 운영정지를 명하거나 어린이집의 폐쇄를 명할 수 있다. 이 경우 보육교직원 등 설치 · 운영자의 관리 · 감독 하에 있는 자가 아동학대 행위를 한 경우에는 설치 · 운영자가 한 행위로 본다.

㉠ **거짓이나 그 밖의 부정한 방법으로 보조금을 교부받거나 보조금을 유용한 경우**

㉡ 거짓이나 그 밖의 부정한 방법으로 보육비용을 지원받은 경우

㉢ 거짓이나 그 밖의 부정한 방법으로 보육료와 그 밖의 필요경비 등을 받은 경우

㉣ 어린이집의 회계에 속하는 재산이나 수입을 보육 목적 외로 부정하게 사용한 경우

㉤ 비용 또는 보조금의 반환명령을 받고 반환하지 아니한 경우

㉥ **시정 또는 변경 명령을 위반한 경우**

㉦ 아동학대 행위를 한 경우

㉧ 다음의 어느 하나에 해당하여 영유아가 사망하거나 신체에 보건복지부령으로 정하는 중상해를 입은 경우

- 어린이통학버스에 보호자를 함께 태우지 아니한 채 운행하던 중 교통사고가 발생한 경우
- 영유아의 하차 여부 확인에 관한 의무를 준수하지 아니한 경우

② 특별자치시장 · 특별자치도지사 · 시장 · 군수 · 구청장은 설치 · 운영자 또는 보육교직원이 아동학대 행위를 한 것으로 의심되는 경우 즉시 보고를 받거나 조사 · 검사를 실시하여야 하며, 이후 지체없이 행정처분 여부(관계 기관과 협의)를 결정하여야 한다.

③ 특별자치시장 · 특별자치도지사 · 시장 · 군수 · 구청장은 어린이집이 운영정지 또는 폐쇄되는 경우에는 어린이집에 보육 중인 영유아를 다른 어린이집으로 옮기도록 하는 등 영유아의 권익을 보호하기 위하여 필요한 조치를 하여야 한다.

8 벌 칙

(1) 3년 이하의 징역 또는 3천만 원 이하의 벌금

① 거짓이나 그 밖의 부정한 방법으로 보조금을 교부받거나 보조금을 유용한 자
② 법을 위반하여 폐쇄회로 텔레비전의 설치 목적과 다른 목적으로 폐쇄회로 텔레비전을 임의로 조작하거나 다른 곳을 비추는 행위를 한 자
③ 법을 위반하여 녹음기능을 사용하거나 보건복지부령으로 정하는 저장장치 이외의 장치 또는 기기에 영상정보를 저장한 자

(2) 2년 이하의 징역 또는 2천만 원 이하의 벌금

안전성 확보에 필요한 조치를 하지 아니하여 영상정보를 분실 · 도난 · 유출 · 변조 또는 훼손당한 자

(3) 1년 이하의 징역 또는 1천만 원 이하의 벌금

① 설치인가를 받지 아니하고 어린이집의 명칭을 사용하거나 사실상 어린이집의 형태로 운영한 자
② 거짓이나 그 밖의 부정한 방법으로 어린이집의 설치인가 또는 변경인가를 받은 자
③ 자기의 성명이나 어린이집의 명칭을 사용하여 어린이집의 원장 또는 보육교사의 업무를 수행하게 한 자 및 그 상대방
④ 다른 사람에게 자격증을 빌려주거나 빌린 자
⑤ 자격증을 빌려주거나 빌리는 것을 알선한 자
⑥ 거짓이나 그 밖의 부정한 방법으로 비용을 지원받거나 타인으로 하여금 지원을 받게 한 자
⑦ 보육서비스 이용권을 부정사용한 자
⑧ 거짓이나 그 밖의 부정한 방법으로 보육료와 그 밖의 필요경비 등을 받은 어린이집의 설치 · 운영자
⑨ 어린이집의 회계에 속하는 재산이나 수입을 보육 목적 외로 부정하게 사용한 자
⑩ 어린이집 운영정지명령 또는 어린이집의 폐쇄명령을 위반하여 사업을 계속한 자

(4) 과태료(법 제56조)

① **500만 원 이하의 과태료** : 신고를 하지 아니하고 어린이집을 폐지하거나 일정기간 운영을 중단하거나 운영을 재개한 자에게는 500만 원 이하의 과태료를 부과한다.

② 300만 원 이하의 과태료

㉠ 취약보육을 우선적으로 실시하지 아니한 자

㉡ 다음에 해당하는 자를 우선적으로 보육하지 아니한 자

- 국민기초생활 보장법에 따른 수급자
- 한부모가족지원법에 따른 지원대상자의 자녀
- 국민기초생활 보장법에 따른 차상위계층의 자녀
- 장애인복지법에 따른 장애인 중 보건복지부령으로 정하는 장애등급 이상에 해당하는 자의 자녀
- 다문화가족지원법에 따른 다문화가족의 자녀
- 국가유공자 등 예우 및 지원에 관한 법률에 따른 국가유공자 중 전몰군경, 상이자로서 보건복지부령으로 정하는 자, 순직자의 자녀
- 제1형 당뇨를 가진 경우로서 의학적 조치가 용이하고 일상생활이 가능하여 보육에 지장이 없는 영유아
- 그 밖에 소득수준 및 보육수요 등을 고려하여 보건복지부령으로 정하는 자의 자녀

㉢ 건강진단 또는 응급조치 등을 이행하지 아니한 자

㉣ 폐쇄회로 텔레비전을 설치하지 아니하거나 설치 · 관리의무를 위반한 자

㉤ 열람요청에 응하지 아니한 자

제7절 정신건강증진 및 정신질환자 복지서비스 지원에 관한 법률

1 총 칙

(1) 목적(법 제1조)

정신질환의 예방 · 치료, 정신질환자의 재활 · 복지 · 권리보장과 정신건강 친화적인 환경 조성에 필요한 사항을 규정함으로써 국민의 정신건강증진 및 정신질환자의 인간다운 삶을 영위하는 데 이바지함을 목적으로 한다.

(2) 기본이념(법 제2조)

① 모든 국민은 정신질환으로부터 보호받을 권리를 가진다.

② 모든 정신질환자는 인간으로서의 존엄과 가치를 보장받고, 최적의 치료를 받을 권리를 가진다.

③ 모든 정신질환자는 정신질환이 있다는 이유로 부당한 차별대우를 받지 아니한다.

④ 미성년자인 정신질환자는 특별히 치료, 보호 및 교육을 받을 권리를 가진다.

⑤ 정신질환자에 대해서는 입원 또는 입소가 최소화되도록 지역 사회 중심의 치료가 우선적으로 고려되어야 하며, 정신건강증진시설에 자신의 의지에 따른 입원 또는 입소(이하 "자의입원 등"이라 한다)가 권장되어야 한다.

⑥ 정신건강증진시설에 입원 등을 하고 있는 모든 사람은 가능한 한 자유로운 환경을 누릴 권리와 다른 사람들과 자유로이 의견교환을 할 수 있는 권리를 가진다.

⑦ 정신질환자는 원칙적으로 자신의 신체와 재산에 관한 사항에 대하여 스스로 판단하고 결정할 권리를 가진다. 특히 주거지, 의료행위에 대한 동의나 거부, 타인과의 교류, 복지서비스의 이용 여부와 복지서비스 종류의 선택 등을 스스로 결정할 수 있도록 자기결정권을 존중받는다.

⑧ 정신질환자는 자신에게 법률적 · 사실적 영향을 미치는 사안에 대하여 스스로 이해하여 자신의 자유로운 의사를 표현할 수 있도록 필요한 도움을 받을 권리를 가진다.

⑨ 정신질환자는 자신과 관련된 정책의 결정과정에 참여할 권리를 가진다.

(3) 용어의 정의(법 제3조)

① **정신질환자** : 망상, 환각, 사고나 기분의 장애 등으로 인하여 독립적으로 일상생활을 영위하는 데 중대한 제약이 있는 사람을 말한다.

② **정신건강증진사업** : 정신건강 관련 교육 · 상담, 정신질환의 예방 · 치료, 정신질환자의 재활, 정신건강에 영향을 미치는 사회복지 · 교육 · 주거 · 근로 환경의 개선 등을 통하여 국민의 정신건강을 증진시키는 사업을 말한다.

③ **정신건강복지센터** : 정신건강증진시설, 사회복지시설, 학교 및 사업장과 연계체계를 구축하여 지역사회에서의 정신건강증진사업 및 정신건강증진사업을 하는 다음의 기관 또는 단체를 말한다.

㉠ 규정에 따라 국가 또는 지방자치단체가 설치 · 운영하는 기관

㉡ 국가 또는 지방자치단체로부터 위탁받아 정신건강증진사업 등을 수행하는 기관 또는 단체

④ **정신건강증진시설** : 정신의료기관, 정신요양시설 및 정신재활시설을 말한다.

⑤ **정신의료기관** : 정신질환자를 치료할 목적으로 설치된 다음의 어느 하나에 해당하는 기관을 말한다.

㉠ 의료법에 따른 정신병원

㉡ 의료법에 따른 의료기관 중 적합하게 설치된 의원

㉢ 의료법에 따른 병원급 의료기관에 설치된 정신건강의학과로서 적합한 기관

⑥ **정신요양시설** : 규정에 따라 설치된 시설로서 정신질환자를 입소시켜 요양 서비스를 제공하는 시설을 말한다.

⑦ **정신재활시설** : 규정에 따라 설치된 시설로서 정신질환자 또는 정신건강상 문제가 있는 사람 중 대통령령으로 정하는 사람의 사회적응을 위한 각종 훈련과 생활지도를 하는 시설을 말한다.

(4) 국가 · 지방자치단체의 책무와 국민의 의무(법 제4 · 5조)

① 국가와 지방자치단체는 국민의 정신건강을 증진시키고, 정신질환을 예방 · 치료하며, 정신질환자의 재활 및 장애극복과 사회적응 촉진을 위한 연구 · 조사와 지도 · 상담 등 필요한 조치를 하여야 한다.

② 국가와 지방자치단체는 정신질환의 예방 · 치료와 정신질환자의 재활을 위하여 정신건강복지센터와 정신건강증진시설, 사회복지시설, 학교 및 사업장 등을 연계하는 정신건강서비스전달체계를 확립하여야 한다.

③ 국가와 지방자치단체는 정신질환자 등과 그 가족에 대한 권익향상, 인권보호 및 지원 서비스 등에 관한 종합적인 시책을 수립하고 그 추진을 위하여 노력하여야 한다.

④ 국가와 지방자치단체는 정신질환자 등과 그 가족에 대한 모든 차별 및 편견을 해소하고 차별 받은 정신질환자 등과 그 가족의 권리를 구제할 책임이 있으며, 정신질환자 등과 그 가족에 대한 차별 및 편견을 해소하기 위하여 적극적인 조치를 하여야 한다.

⑤ 모든 국민은 정신건강증진을 위하여 국가와 지방자치단체가 실시하는 조사 및 정신건강증진사업 등에 협력하여야 한다.

(5) 정신건강증진시설의 장의 의무(법 제6조)

① 정신건강증진시설의 장은 정신질환자 등이 입원 등을 하거나 사회적응을 위한 훈련을 받으려고 하는 때에는 지체 없이 정신질환자 등과 그 보호의무자에게 이 법 및 다른 법률에 따른 권리 및 권리행사 방법을 알리고, 그 권리행사에 필요한 각종 서류를 정신건강증진시설에 갖추어 두어야 한다.

② 정신건강증진시설의 장은 정신질환자등이 퇴원 및 퇴소(이하 퇴원등이라 한다)를 하려는 때에는 정신질환자등과 그 보호의무자에게 정신건강복지센터의 기능 · 역할 및 이용 절차 등을 알리고, 지역사회 거주 및 치료에 필요한 정보를 제공하는 정신보건수첩 등 각종 서류를 정신건강증진시설에 갖추어 두어야 한다.

③ 정신건강증진시설의 장은 정신질환자 등의 치료, 보호 및 재활과정에서 정신질환자 등의 의견을 존중하여야 한다.

④ 정신건강증진시설의 장은 입원 등 또는 거주 중인 정신질환자 등이 인간으로서의 존엄과 가치를 보장받으며 자유롭게 생활할 수 있도록 노력하여야 한다.

2 정신건강증진 정책의 추진 등

(1) 국가계획의 수립(법 제7조)

① 보건복지부장관은 관계 행정기관의 장과 협의하여 5년마다 정신건강증진 및 정신질환자 복지서비스 지원에 관한 국가의 기본계획을 수립하여야 하고, 특별시장 · 광역시장 · 특별자치시장 · 도지사 · 특별자치도지사는 국가계획에 따라 각각 특별시 · 광역시 · 특별자치시 · 도 · 특별자치도 단위의 정신건강증진 및 정신질환자 복지서비스 지원에 관한 계획을 수립하여야 한다. 이 경우 해당 지역계획은 지역보건의료계획과 연계되도록 하여야 한다.

② **국가계획 또는 지역계획 포함 사항**

㉠ 정신질환의 예방, 상담, 조기발견, 치료 및 재활을 위한 활동과 각 활동 상호 간 연계

㉡ 영 · 유아, 아동, 청소년, 중 · 장년, 노인 등 생애주기(이하 "생애주기"라 한다) 및 성별에 따른 정신건강증진사업

㉢ 정신질환자의 조기퇴원 및 사회적응

㉣ 적정한 정신건강증진시설의 확보 및 운영

ⓜ 정신질환에 대한 인식개선을 위한 교육 · 홍보, 정신질환자의 법적 권리보장 및 인권보호 방안
ⓑ 전문인력의 양성 및 관리
ⓢ 정신건강증진을 위한 교육, 주거, 근로환경 등의 개선 및 이와 관련된 부처 또는 기관과의 협력 방안
ⓞ 정신건강 관련 정보체계 구축 및 활용
ⓙ 정신질환자와 그 가족의 지원
ⓒ 정신질환자의 건강, 취업, 교육 및 주거 등 지역사회 재활과 사회참여
ⓚ 정신질환자에 대한 복지서비스의 연구 · 개발 및 평가에 관한 사항
ⓣ 정신질환자에 대한 복지서비스 제공에 필요한 재원의 조달 및 운용에 관한 사항
ⓟ 그 밖에 보건복지부장관 또는 시 · 도지사가 정신건강증진을 위하여 필요하다고 인정하는 사항

③ 보건복지부장관은 5년마다 정신질환자의 인권과 복지증진 추진사항에 관한 백서를 발간하여 공표하여야 한다.

(2) 시행계획의 수립 · 시행 및 실태조사(법 제8조)

① 보건복지부장관과 시 · 도지사는 각각 국가계획과 지역계획에 따라 매년 시행계획을 수립 · 시행하여야 하고, 시장 · 군수 · 구청장은 매년 관할 시 · 도의 지역계획에 따라 시행계획을 수립 · 시행하여야 한다. 다만, 시 · 도지사나 시장 · 군수 · 구청장이 지역계획의 시행계획 내용을 포함하여 연차별 시행계획을 수립 · 시행하는 경우에는 본문에 따른 시행계획을 별도로 수립 · 시행하지 아니할 수 있다.

② 보건복지부장관은 국가계획 및 지역계획의 시행 결과를, 시 · 도지사는 해당 지역계획의 시행 결과를 각각 대통령령으로 정하는 바에 따라 평가할 수 있다.

③ 보건복지부장관은 5년마다 실태조사를 하여야 한다.

(3) 정신건강의 날 제정(법 제14조)

① 정신건강의 중요성을 환기하고 정신질환에 대한 편견을 해소하기 위하여 매년 10월 10일을 정신건강의 날로 하고, 정신건강의 날이 포함된 주(週)를 정신건강주간으로 한다.

② 국가와 지방자치단체는 정신건강의 날 취지에 적합한 행사와 교육 · 홍보사업을 실시할 수 있다.

(4) 정신건강복지센터의 설치 및 운영(법 제15조)

① 보건복지부장관은 필요한 지역에서의 소관 정신건강증진사업 등의 제공 및 연계 사업을 전문적으로 수행하게 하기 위하여 정신건강복지센터를 설치 · 운영할 수 있다.

② 시 · 도지사는 관할 구역에서의 소관 정신건강증진사업 등의 제공 및 연계 사업을 전문적으로 수행하게 하기 위하여 광역정신건강복지센터를 설치 · 운영할 수 있다.

③ 시장 · 군수 · 구청장은 관할 구역에서의 소관 정신건강증진사업 등의 제공 및 연계 사업을 전문적으로 수행하게 하기 위하여 보건소에 기초정신건강복지센터를 설치 · 운영할 수 있다.

④ 정신건강복지센터의 장은 정신건강증진사업 등의 제공 및 연계사업을 수행하기 위하여 정신질환자를 관리하는 경우에 정신질환자 본인이나 보호의무자의 동의를 받아야 한다.

⑤ 보건복지부장관은 정신건강복지센터의 설치 · 운영에 필요한 비용의 일부를 부담한다.

⑥ 보건복지부장관은 대통령령으로 정하는 바에 따라, 시 · 도지사 및 시장 · 군수 · 구청장은 조례나 규칙으로 정하는 바에 따라 소관 정신건강증진사업 등을 정신건강에 관한 전문성이 있는 기관 · 단체에 위탁하여 수행할 수 있다.

⑦ 시 · 도지사는 소관 광역정신건강복지센터의 운영 현황 및 정신건강증진사업 등의 추진 내용을, 시장 · 군수 · 구청장은 관할 시 · 도지사를 통하여 소관 기초정신건강복지센터의 운영 현황 및 정신건강증진사업 등의 추진 내용을 각각 반기별로 보건복지부장관에게 보고하여야 한다.

⑧ 보건복지부장관, 시 · 도지사 및 시장 · 군수 · 구청장은 수시로 신고를 받을 수 있는 정신건강상담용 긴급전화를 설치 · 운영하여야 한다.

(5) 정신건강연구기관의 설치 · 운영(법 제16조)

보건복지부장관은 다음의 업무 수행을 위하여 **국립정신건강연구기관**을 둘 수 있다.

- 뇌(腦)신경 과학에 관한 연구
- 정신질환 치료 및 재활을 위한 중개(仲介) · 임상 연구
- 정신건강증진 서비스 전달체계 개선에 관한 연구
- 정신질환과 관련된 정보 · 통계의 수집 · 분석 및 제공
- 정신건강증진 전문가 양성 및 정신건강증진시설 종사자 훈련
- 국가계획의 수립 및 실태조사의 지원
- 국가정신건강정책의 수행을 위한 국립정신병원의 지원
- 그 밖에 대통령령으로 정하는 업무

(6) 정신건강전문요원의 자격(법 제17조)

① 보건복지부장관은 정신건강 분야에 관한 전문지식과 기술을 갖추고 보건복지부령으로 정하는 수련기관에서 수련을 받은 사람에게 정신건강전문요원의 자격을 줄 수 있다.

② 정신건강전문요원은 그 전문분야에 따라 **정신건강임상심리사, 정신건강간호사, 정신건강사회복지사 및 정신건강작업치료사로 구분**한다.

③ 보건복지부장관은 정신건강전문요원의 자질을 향상시키기 위하여 **보수교육**을 실시할 수 있다.

④ 보건복지부장관은 보수교육을 국립정신병원, 학교 또는 대통령령으로 정하는 전문기관에 위탁할 수 있다.

⑤ 정신건강전문요원은 다른 사람에게 자기의 명의를 사용하여 정신건강전문요원의 업무를 수행하게 하거나 정신건강전문요원 자격증을 빌려주어서는 아니 된다.

⑥ 누구든지 정신건강전문요원 자격을 취득하지 아니하고 그 명의를 사용하거나 자격증을 대여받아서는 아니 되며, 명의의 사용이나 자격증의 대여를 알선하여서도 아니 된다.

⑦ 보건복지부장관은 정신건강전문요원이 다음의 어느 하나에 해당하는 경우에는 그 자격을 취소하거나 6개월 이내의 기간을 정하여 자격의 정지를 명할 수 있다. 다만, ㉠ 또는 ㉡에 해당하면 그 자격을 취소하여야 한다.
㉠ 자격을 받은 후 정신건강전문요원의 결격사유에 해당하게 된 경우
㉡ 거짓이나 그 밖의 부정한 방법으로 자격을 받은 경우
㉢ 다른 사람에게 자기의 명의를 사용하여 정신건강전문요원의 업무를 수행하게 하거나 정신건강전문요원 자격증을 빌려준 경우
㉣ 고의 또는 중대한 과실로 ⑧에 따라 대통령령으로 정하는 업무의 수행에 중대한 지장이 발생하게 된 경우
⑧ ①부터 ③까지의 규정에 따른 정신건강전문요원 업무의 범위, 자격 · 등급에 관하여 필요한 사항은 대통령령으로 정하고, 수련과정 및 보수교육과 정신건강전문요원에 대한 자격증의 발급 등에 관하여 필요한 사항은 보건복지부령으로 정한다.

3 정신건강증진시설의 개설 · 설치 및 운영

(1) 정신의료기관의 개설 · 운영(법 제19조)

① 정신의료기관의 개설은 의료법에 따른다. 이 경우 정신의료기관의 시설 · 장비의 기준과 의료인 등 종사자의 수 · 자격에 관하여 필요한 사항은 정신의료기관의 규모 등을 고려하여 보건복지부령으로 따로 정한다.
② 다음의 어느 하나에 해당하는 행위로 금고 이상의 형을 선고받고 그 형의 집행이 끝나거나 집행을 받지 아니하기로 확정된 후 5년이 지나지 아니한 사람 또는 그 사람이 대표자로 있는 법인은 정신의료기관을 개설하거나 설치할 수 없다.
㉠ 규정을 위반하고 정신질환자를 퇴원이나 임시 퇴원을 시키지 아니한 행위
㉡ 규정을 위반하고 정신건강의학과전문의의 대면(對面) 진단에 의하지 아니하고 정신질환자를 정신의료기관에 입원을 시키거나 입원의 기간을 연장한 행위
③ 보건복지부장관은 정신질환자에 대한 지역별 병상 수급 현황 등을 고려하여 정신의료기관이 다음의 어느 하나에 해당하는 경우에 그 정신의료기관의 규모를 제한할 수 있다.
㉠ 300병상 이상의 정신의료기관을 개설하려는 경우
㉡ 정신의료기관의 병상 수를 300병상 미만에서 기존의 병상 수를 포함하여 300병상 이상으로 증설하려는 경우
㉢ 300병상 이상의 정신의료기관을 운영하는 자가 병상 수를 증설하려는 경우
④ 시 · 도지사 또는 시장 · 군수 · 구청장은 정신의료기관이 다음의 어느 하나에 해당하는 경우에는 1년의 범위에서 기간을 정하여 시정명령을 할 수 있다.
㉠ 정신의료기관의 시설 · 장비의 기준과 의료인 등 종사자의 수 · 자격에 미달하게 된 경우
㉡ 규정을 위반하여 정신질환자를 퇴원이나 임시 퇴원을 시키지 아니한 경우

㉢ 명령에 따르지 아니한 경우

㉣ 정당한 사유 없이 보고를 하지 아니하거나 거짓으로 보고를 하는 경우, 관계 서류를 제출하지 아니하거나 거짓의 서류를 제출하는 경우 또는 관계 공무원의 검사를 거부 · 방해 또는 기피하는 경우나 관계 공무원과 정신건강심의위원회 위원의 심사를 거부 · 방해 또는 기피한 경우

㉤ 규정을 위반하여 정신건강의학과전문의의 대면 진단에 의하지 아니하고 정신질환자를 입원시키거나 입원 기간을 연장한 경우

⑤ 시 · 도지사 또는 시장 · 군수 · 구청장은 정신의료기관이 시정명령에 따르지 아니한 경우 보건복지부령으로 정하는 바에 따라 1년의 범위에서 사업의 정지를 명령하거나 개설허가의 취소 또는 시설의 폐쇄를 명령할 수 있다.

(2) 국립 · 공립 정신병원의 설치(법 제21조)

① 국가와 지방자치단체는 국립 또는 공립의 정신의료기관으로서 정신병원을 설치 · 운영하여야 한다.

② 국가와 지방자치단체가 정신병원을 설치하는 경우 그 병원이 지역적으로 균형 있게 분포되도록 하여야 하며, 정신질환자가 지역사회 중심으로 관리되도록 하여야 한다.

③ 정신병원은 정신건강증진사업을 수행하고 정신건강증진사업 인력에 대한 교육 · 훈련을 담당한다.

(3) 정신요양시설의 설치 · 운영(법 제22조)

① 국가와 지방자치단체는 정신요양시설을 설치 · 운영할 수 있다.

② 사회복지법인과 그 밖의 비영리법인이 정신요양시설을 설치 · 운영하려는 경우에는 해당 정신요양시설 소재지 관할 특별자치시장 · 특별자치도지사 · 시장 · 군수 · 구청장의 허가를 받아야 한다.

③ 다음의 어느 하나에 해당하는 행위로 금고 이상의 형을 선고받고 그 형의 집행이 끝나거나 집행을 받지 아니하기로 확정된 후 5년이 지나지 아니한 사람 또는 그 사람이 대표자로 있는 법인은 정신요양시설을 설치할 수 없다.

㉠ 규정을 위반하여 정신질환자를 퇴소나 임시 퇴소를 시키지 아니한 행위

㉡ 규정을 위반하여 정신건강의학과전문의의 대면 진단에 의하지 아니하고 정신질환자를 정신요양시설에 입소시키거나 입소의 기간을 연장한 행위

④ 허가를 받은 자가 허가받은 사항을 변경하려는 경우에는 특별자치시장 · 특별자치도지사 · 시장 · 군수 · 구청장에게 신고하여야 한다. 다만, 입소 정원을 변경하려는 경우에는 변경허가를 받아야 한다.

(4) 정신요양시설 사업의 정지, 설치허가 취소(법 제25조)

① 특별자치시장 · 특별자치도지사 · 시장 · 군수 · 구청장은 정신요양시설이 다음의 어느 하나에 해당하는 경우에는 1년의 범위에서 기간을 정하여 시정명령을 할 수 있다.

㉠ 규정을 위반하여 신고하지 아니하거나 변경허가를 받지 아니한 경우

㉡ 규정에 따른 설치기준, 수용인원, 종사자의 수 · 자격 또는 이용 · 운영에 관한 사항을 위반한 경우

㉢ 규정을 위반하여 정신질환자를 퇴소 또는 임시 퇴소를 시키지 아니한 경우

㉣ 규정에 따른 명령에 따르지 아니한 경우

㉤ 정당한 사유 없이 규정에 따른 보고를 하지 아니하거나 거짓으로 보고를 하는 경우, 관계서류를 제출하지 아니하거나 거짓의 서류를 제출하는 경우 또는 관계 공무원의 검사를 거부 · 방해 또는 기피하는 경우나 관계 공무원과 정신건강심의위원회 위원의 심사를 거부 · 방해 또는 기피한 경우

㉥ 정신건강의학과전문의의 대면 진단에 의하지 아니하고 정신질환자를 입소시키거나 입소기간을 연장한 경우

② 특별자치시장 · 특별자치도지사 · 시장 · 군수 · 구청장은 정신요양시설이 시정명령에 따르지 아니한 경우에는 보건복지부령으로 정하는 바에 따라 **1개월의 범위에서의 사업의 정지 또는 정신요양시설의 장의 교체를 명령하거나 설치허가를 취소할 수 있다.**

③ 특별자치시장 · 특별자치도지사 · 시장 · 군수 · 구청장은 정신요양시설을 설치 · 운영하는 사회복지법인 또는 비영리법인의 설립허가가 취소되거나 법인이 해산된 경우에는 **설치허가를 취소하여야 한다.**

(5) 정신재활시설의 설치 · 운영(법 제26조)

① 국가 또는 지방자치단체는 정신재활시설을 설치 · 운영할 수 있다.

② 국가나 지방자치단체 외의 자가 정신재활시설을 설치 · 운영하려면 해당 정신재활시설 소재지 관할 특별자치시장 · 특별자치도지사 · 시장 · 군수 · 구청장에게 신고하여야 한다. 신고한 사항 중 보건복지부령으로 정하는 중요한 사항을 변경할 때에도 신고하여야 한다.

③ 정신재활시설의 시설기준, 수용인원, 종사자 수 · 자격, 설치 · 운영신고, 변경신고 및 정신재활시설의 이용 · 운영에 필요한 사항은 보건복지부령으로 정한다.

④ 국가 또는 지방자치단체는 필요한 경우 정신재활시설을 사회복지법인 또는 비영리법인에 위탁하여 운영할 수 있다.

(6) 정신재활시설의 종류(법 제27조)

① **생활시설** : 정신질환자 등이 생활할 수 있도록 주로 의식주 서비스를 제공하는 시설

② **재활훈련시설** : 정신질환자 등이 지역사회에서 직업활동과 사회생활을 할 수 있도록 주로 상담 · 교육 · 취업 · 여가 · 문화 · 사회참여 등 각종 재활활동을 지원하는 시설

③ 그 밖에 대통령령으로 정하는 시설

(7) 정신재활시설의 폐쇄(법 제29조)

① 특별자치시장 · 특별자치도지사 · 시장 · 군수 · 구청장은 정신재활시설이 다음의 어느 하나에 해당하는 경우에는 1년의 범위에서 기간을 정하여 시정명령을 할 수 있다.

㉠ 규정에 따른 변경신고를 하지 아니한 경우

㉡ 정신재활시설의 시설기준, 수용인원, 종사자 수 · 자격, 설치 · 운영신고, 변경신고 또는 이용 · 운영에 관한 사항을 위반한 경우

② 특별자치시장 · 특별자치도지사 · 시장 · 군수 · 구청장은 정신재활시설이 시정명령에 따르지 아니한 경우에는 보건복지부령으로 정하는 바에 따라 1년의 범위에서의 사업의 정지 또는 정신재활시설의 폐쇄를 명령할 수 있다.

③ 특별자치시장 · 특별자치도지사 · 시장 · 군수 · 구청장은 정신재활시설을 설치 · 운영하는 사회복지법인 또는 비영리법인의 설립허가가 취소되거나 법인이 해산된 경우에는 시설의 폐쇄를 명하여야 한다.

(8) 정신건강증진시설의 평가(법 제31조)

① 보건복지부장관은 정기적으로 정신건강증진시설에 대한 평가를 하여야 한다. 다만, 사회복지시설평가로 정신건강증진시설평가를 갈음할 수 있다.

② 정신건강증진시설의 장은 정당한 사유가 있는 경우를 제외하고는 정신건강증진시설평가를 받아야 한다.

③ 보건복지부장관은 정신건강증진시설평가에 관한 업무를 관계 전문기관 또는 단체에 위탁할 수 있다.

④ 보건복지부장관은 정신건강증진시설평가의 결과를 공표하여야 하고, 정신건강증진시설평가 결과가 우수한 정신건강증진시설에 행정적 · 재정적 지원을 할 수 있다.

(9) 청문(법 제32조)

보건복지부장관, 시 · 도지사 또는 시장 · 군수 · 구청장은 정신건강전문요원의 자격취소, 정신의료기관의 개설허가의 취소 또는 시설 폐쇄명령, 정신요양시설의 설치허가의 취소, 정신재활시설의 폐쇄명령, 인권교육기관의 지정 취소 등의 행정처분을 하려면 청문을 하여야 한다.

4 복지서비스의 제공

(1) 평생교육 지원(법 제35조)

① 국가와 지방자치단체는 정신질환자에게 평생교육의 기회가 충분히 부여될 수 있도록 특별자치시장 · 특별자치도지사 · 시장 · 군수 · 구청장별로 평생교육기관을 지정하여 정신질환자를 위한 교육과정을 적절하게 운영하도록 조치하여야 한다.

② 국가와 지방자치단체는 지정된 평생교육기관에 대하여 예산의 범위에서 정신질환자를 위한 교육과정 운영에 필요한 경비의 전부 또는 일부를 지원할 수 있다.

③ 평생교육기관의 지정기준과 절차, 정신질환자를 위한 교육과정의 기준, 교육제공인력의 요건 등은 교육부장관이 보건복지부장관과 협의하여 정한다.

(2) 지역사회 거주 · 치료 · 재활 등 통합 지원(법 제37조)

① 국가와 지방자치단체는 정신질환자의 지역사회 거주 및 치료를 위하여 필요한 시책을 강구하여야 한다.

② 국가와 지방자치단체는 정신건강증진시설에서의 퇴원 등이 필요한 정신질환자에 대한 지역사회 재활 지원 등 지역사회 통합 지원을 위하여 노력하여야 한다.

5 보호 및 치료

(1) 보호의무자

① 보호의무자의 자격(법 제39조)

㉠ 후견인 또는 부양의무자는 정신질환자의 보호의무자가 된다. 다만, 다음의 어느 하나에 해당하는 사람은 보호의무자가 될 수 없다.

- 피성년후견인 및 피한정후견인
- 파산선고를 받고 복권되지 아니한 사람
- 해당 정신질환자를 상대로 한 소송이 계속 중인 사람 또는 소송한 사실이 있었던 사람과 그 배우자
- 미성년자
- 행방불명자
- 그 밖에 보건복지부령으로 정하는 부득이한 사유로 보호의무자로서의 의무를 이행할 수 없는 사람

㉡ 보호의무자 사이의 보호의무의 순위는 후견인 · 부양의무자의 순위에 따르며 부양의무자가 2명 이상인 경우에는 민법에 따른다.

② 보호의무자의 의무(법 제40조)

㉠ 보호의무자는 보호하고 있는 정신질환자가 적절한 치료 및 요양과 사회적응 훈련을 받을 수 있도록 노력하여야 한다.

㉡ 보호의무자는 보호하고 있는 정신질환자가 정신의료기관 또는 정신요양시설에 입원 등을 할 필요가 있는 경우에는 정신질환자 본인의 의사를 최대한 존중하여야 하며, 정신건강의학과전문의가 정신의료기관 등에서 정신질환자의 퇴원 등이 가능하다고 진단할 경우에는 퇴원 등에 적극 협조하여야 한다.

㉢ 보호의무자는 보호하고 있는 정신질환자가 자신이나 다른 사람을 해치지 아니하도록 유의하여야 하며, 정신질환자의 재산상의 이익 등 권리보호를 위하여 노력하여야 한다.

㉣ 보호의무자는 보호하고 있는 정신질환자를 유기하여서는 아니 된다.

(2) 입 원

① 자의입원(법 제41조)

㉠ 정신질환자나 그 밖에 정신건강상 문제가 있는 사람은 보건복지부령으로 정하는 입원 등 신청서를 정신의료기관 등의 장에게 제출함으로써 그 정신의료기관 등에 자의입원 등을 할 수 있다.

㉡ 정신의료기관 등의 장은 자의입원 등을 한 사람이 퇴원 등을 신청한 경우에는 지체 없이 퇴원 등을 시켜야 한다.

㉢ 정신의료기관 등의 장은 자의입원 등을 한 사람에 대하여 입원 등을 한 날부터 2개월마다 퇴원 등을 할 의사가 있는지를 확인하여야 한다.

② 보호의무자에 의한 입원(법 제43조)

㉠ 정신의료기관 등의 장은 정신질환자의 보호의무자 2명 이상이 신청한 경우로서 정신건강의학과전문의가 입원 등이 필요하다고 진단한 경우에만 해당 정신질환자를 입원 등을 시킬 수 있다. 이 경우 정신의료기관 등의 장은 입원 등을 할 때 보호의무자로부터 보건복지부령으로 정하는 바에 따라 입원 등 신청서와 보호의무자임을 확인할 수 있는 서류를 받아야 한다.

㉡ 입원 등의 기간은 최초로 입원 등을 한 날부터 3개월 이내로 한다. 다만, 다음의 구분에 따라 입원 등의 기간을 연장할 수 있다.

- 3개월 이후의 1차 입원 등 기간 연장 : 3개월 이내
- 1차 입원 등 기간 연장 이후의 입원 등 기간 연장 : 매 입원 등 기간 연장 시마다 6개월 이내

③ 특별자치시장 · 특별자치도지사 · 시장 · 군수 · 구청장에 의한 입원(법 제44조)

㉠ 정신건강의학과전문의 또는 정신건강전문요원은 정신질환으로 자신의 건강 또는 안전이나 다른 사람에게 해를 끼칠 위험이 있다고 의심되는 사람을 발견하였을 때에는 특별자치시장 · 특별자치도지사 · 시장 · 군수 · 구청장에게 대통령령으로 정하는 바에 따라 그 사람에 대한 진단과 보호를 신청할 수 있다.

㉡ 경찰관은 정신질환으로 자신의 건강 또는 안전이나 다른 사람에게 해를 끼칠 위험이 있다고 의심되는 사람을 발견한 경우 정신건강의학과전문의 또는 정신건강전문요원에게 그 사람에 대한 진단과 보호의 신청을 요청할 수 있다.

㉢ 신청을 받은 특별자치시장 · 특별자치도지사 · 시장 · 군수 · 구청장은 즉시 그 정신질환자로 의심되는 사람에 대한 진단을 정신건강의학과전문의에게 의뢰하여야 한다.

㉣ 정신건강의학과전문의가 ㉢의 정신질환자로 의심되는 사람에 대하여 자신의 건강 또는 안전이나 다른 사람에게 해를 끼칠 위험이 있어 그 증상의 정확한 진단이 필요하다고 인정한 경우에 특별자치시장 · 특별자치도지사 · 시장 · 군수 · 구청장은 그 사람을 지정정신의료기관에 2주의 범위에서 기간을 정하여 입원하게 할 수 있다.

④ 응급입원(법 제50조)

㉠ 정신질환자로 추정되는 사람으로서 자신의 건강 또는 안전이나 다른 사람에게 해를 끼칠 위험이 큰 사람을 발견한 사람은 그 상황이 매우 급박하여 제41조부터 제44조까지의 규정에 따른 입원 등을 시킬 시간적 여유가 없을 때에는 의사와 경찰관의 동의를 받아 정신의료기관에 그 사람에 대한 응급입원을 의뢰할 수 있다.

㉡ 입원을 의뢰할 때에는 이에 동의한 경찰관 또는 구급대원은 정신의료기관까지 그 사람을 호송한다.

㉢ 정신의료기관의 장은 응급입원이 의뢰된 사람을 3일(공휴일은 제외) 이내의 기간 동안 응급입원을 시킬 수 있다.

(3) 입원적합성 심사

① **입원적합성심사위원회의 설치 및 운영(법 제46조)**

㉠ 보건복지부장관은 입원 등의 적합성을 심사하기 위하여 각 국립정신병원 등에 입원적합성심사위원회를 설치하며, 각 국립정신병원 등의 심사대상 관할 지역은 대통령령으로 정한다.

㉡ 입원적합성심사위원회는 입원심사소위원회를 설치하여 입원 등에 대한 적합성 여부를 심사하여야 한다.

㉢ 입원적합성심사위원회는 위원장을 포함하여 10명 이상 30명 이내의 위원으로 구성하고, 위원장은 각 국립정신병원 등의 장으로 하며, 위원은 위원장의 추천으로 보건복지부장관이 임명 또는 위촉하되 규정에 해당하는 사람 중 각각 1명 이상을 포함하여야 한다.

㉣ 입원심사소위원회는 5명 이상 15명 이내의 위원으로 구성하고, 입원적합성심사위원회 위원 중 위원장이 임명 또는 위촉한다.

㉤ 입원적합성심사위원회 및 입원심사소위원회는 월 1회 이상 회의를 개최하여야 한다. 다만, 심사 사항이 없는 달에는 그러하지 아니하다.

㉥ 입원적합성심사위원회 및 입원심사소위원회의 위원의 임기는 2년으로 하되, 연임할 수 있다.

㉦ 입원적합성심사위원회에는 간사 1명을 두되, 간사는 위원장이 해당 국립정신병원 등 소속 직원 중에서 지명한다.

② **입원적합성심사위원회의 심사 및 심사결과 통지(법 제47조)**

㉠ 입원적합성심사위원회의 위원장은 신고된 입원 등을 입원심사소위원회에 회부하여야 하고, 입원 등을 한 사람이 피후견인인 경우에는 관할 가정법원에 입원 사실 등을 통지하여야 한다.

㉡ 입원심사소위원회는 회부된 입원 등의 적합 또는 부적합 여부를 심사하여 그 심사결과를 입원적합성심사위원회의 위원장에게 보고하여야 한다.

㉢ 입원적합성심사위원회의 위원장은 최초로 입원 등을 한 날부터 1개월 이내에 정신의료기관 등의 장에게 입원 등의 적합 또는 부적합 여부를 서면으로 통지하여야 한다. 이 경우 통지의 방법과 절차 등에 필요한 사항은 보건복지부령으로 정한다.

㉣ 정신의료기관 등의 장은 입원 등의 부적합 통지를 받은 경우에는 해당 입원 등을 한 사람을 지체 없이 퇴원 등을 시켜야 한다.

③ **입원적합성의 조사(법 제48조)**

㉠ 입원적합성심사위원회의 위원장은 입원심사소위원회에 회부하기 전에 입원 등을 한 사람이 대면조사를 신청하거나 입원 등의 적합성이 의심되는 등 대통령령으로 정하는 사유가 있는 경우에는 직권으로 그 국립정신병원 등의 소속 직원에게 해당 정신의료기관 등을 출입하여 입원 등을 한 사람을 직접 면담하고 입원 등의 적합성, 퇴원 등의 필요성 여부를 조사하게 할 수 있다.

㉡ 조사를 수행하는 조사원은 해당 정신의료기관 등의 장에게 다음의 사항을 요구할 수 있다. 이 경우 정신의료기관 등의 장은 대통령령으로 정하는 특별한 사정이 없으면 이에 협조하여야 한다.

- 정신의료기관 등에 입원 등을 한 사람 및 정신의료기관 등의 종사자와의 면담
- 정신의료기관 등에 입원 등을 한 사람의 진료기록 및 입원 등의 기록의 제출
- 정신의료기관 등에의 출입 및 현장확인

• 그 밖에 입원 등 적합성을 확인하기 위하여 필요한 사항으로서 대통령령으로 정하는 사항

ⓒ 조사를 수행하는 조사원은 권한을 나타내는 증표를 지니고 이를 조사대상자에게 보여주어야 한다.

6 퇴원 등의 청구 및 심사

(1) 정신건강심의위원회의 설치 · 운영(법 제53조)

① 시 · 도지사와 시장 · 군수 · 구청장은 정신건강에 관한 중요한 사항을 심의 또는 심사하기 위하여 시 · 도지사 소속으로 광역정신건강심의위원회를 두고, 시장 · 군수 · 구청장 소속으로 기초정신건강심의위원회를 둔다. 다만, 정신의료기관 등이 없는 시 · 군 · 구에는 기초정신건강심의위원회를 두지 아니할 수 있다.

② 심의위원회의 심의 · 심사

광역정신건강심의위원회의 심의 · 심사	기초정신건강심의위원회의 심의 · 심사
• 정신건강증진시설에 대한 감독에 관한 사항 • 재심사의 청구 • 그 밖에 보건복지부령으로 정하는 사항	• 입원 등 기간 연장의 심사 청구 • 퇴원 등의 사실 통보 여부 심사 • 퇴원 등 또는 처우개선의 심사 청구 • 입원 기간 연장의 심사 • 외래치료 지원 • 그 밖에 보건복지부령으로 정하는 사항

③ 광역정신건강심의위원회는 10명 이상 20명 이내의 위원으로 구성하고, 기초정신건강심의위원회는 6명 이상 12명 이내의 위원으로 구성하며, 위원의 임기는 각각 2년으로 하되, 연임할 수 있다. 다만, 공무원인 위원의 임기는 그 직위에 재직하는 기간으로 한다.

④ 정신건강심의위원회의 위원은 시 · 도지사 및 시장 · 군수 · 구청장이 각각 임명 또는 위촉하되, 다음에 해당하는 사람 중 각각 1명 이상을 포함하여야 한다. 다만, ⓑ~ⓞ의 어느 하나에 해당하는 사람의 경우 광역정신건강심의위원회에는 3명 이상을, 기초정신건강심의위원회에는 2명 이상을 포함하여야 한다.

ⓐ 정신건강의학과전문의

ⓑ 판사 · 검사 또는 변호사의 자격이 있는 사람

ⓒ 정신건강복지센터 소속 정신건강전문요원

ⓓ 정신질환자의 보호와 재활을 위하여 노력한 정신질환자의 가족

ⓔ 정신건강증진시설의 설치 · 운영자로서 정신건강에 관한 전문지식과 경험을 가진 사람

ⓑ 학교에서 심리학 · 간호학 · 사회복지학 또는 사회사업학을 가르치는 전임강사 이상의 직에 있는 사람으로서 정신건강에 관한 전문지식과 경험을 가진 사람

ⓢ 정신질환을 치료하고 회복한 사람으로서 정신건강에 관한 전문지식과 경험을 가진 사람

ⓞ 그 밖에 정신건강 관계 공무원, 인권전문가 등 정신건강과 인권에 관한 전문지식과 경험이 있다고 인정되는 사람으로서 정신건강에 관한 전문지식과 경험을 가진 사람

⑤ 정신건강심의위원회는 정신질환자에 대한 인권침해 행위를 알게 되었을 때에는 국가인권위원회에 조사를 요청할 수 있다.

⑥ 정신건강심의위원회는 심의 또는 심사를 위하여 월 1회 이상 회의를 개최하여야 한다. 다만, 심의 또는 심사 사항이 없는 달에는 그러하지 아니하다.

⑦ 특별자치시장 · 특별자치도지사 · 시장 · 군수 · 구청장은 심사 청구를 받았을 때에는 지체 없이 그 청구 내용을 소관 정신건강심의위원회 회의에 회부하여야 한다(법 제56조).

(2) 정신건강심사위원회의 설치 · 운영(법 제54조)

① 정신건강심의위원회의 업무 중 심사와 관련된 업무를 전문적으로 수행하기 위하여 광역정신건강심의위원회 안에 광역정신건강심사위원회를 두고, 기초정신건강심의위원회 안에 기초정신건강심사위원회를 둔다.

② 광역정신건강심사위원회 및 기초정신건강심사위원회는 정신건강심의위원회의 위원 중에서 시 · 도지사 또는 시장 · 군수 · 구청장이 임명한 5명 이상 9명 이내의 위원으로 구성한다. 정신건강의학과전문의, 판사 · 검사 또는 변호사의 자격이 있는 사람, 정신건강복지센터 소속정신건강전문요원 중에서 각각 1명 이상, 학교에서 심리학 · 간호학 · 사회복지학 또는 사회사업학을 가르치는 전임강사 이상의 직에 있는 사람, 정신질환을 치료하고 회복한 사람, 그 밖에 정신건강 관계 공무원, 인권전문가 등 정신건강과 인권에 관한 전문지식과 경험이 있다고 인정되는 사람 중 2명 이상을 포함하여야 한다.

③ 정신건강심사위원회는 월 1회 이상 위원회의 회의를 개최하여야 한다. 다만, 심사 사항이 없는 달에는 그러하지 아니하다.

(3) 퇴원 등 명령의 통지(법 제59조)

① 정신건강심의위원회로부터 보고를 받은 특별자치시장 · 특별자치도지사 · 시장 · 군수 · 구청장은 심사 청구를 접수한 날부터 15일 이내에 다음의 어느 하나에 해당하는 명령 또는 결정을 하여야 한다. 이 경우 ㉣ 또는 ㉤의 명령 또는 결정은 심사 대상자인 입원 등을 하고 있는 사람의 청구 또는 동의가 있는 경우에 한정하여 할 수 있다.
   ㉠ 퇴원 등 또는 임시 퇴원 등 명령
   ㉡ 처우개선을 위하여 필요한 조치 명령
   ㉢ 3개월 이내 재심사
   ㉣ 다른 정신의료기관 등으로의 이송
   ㉤ 자의입원 등 또는 동의입원 등으로의 전환
   ㉥ 외래치료 지원
   ㉦ 입원 등 기간 연장 결정
   ㉧ 계속 입원 등 결정

② 입원 등을 하고 있는 사람의 청구 또는 동의는 정신건강의학과전문의가 그 사람의 의사능력이 미흡하다고 판단하는 경우에는 보호의무자의 청구 또는 동의로 갈음할 수 있다.

③ 특별자치시장 · 특별자치도지사 · 시장 · 군수 · 구청장은 부득이한 사유로 기간 내에 명령 또는 결정을 하지 못할 때에는 10일의 범위에서 그 기간을 연장할 수 있다.

(4) 재심사 청구 및 회부(법 제60 · 61조)

① **재심사의 청구** : 심사 청구의 대상인 정신질환자와 그 보호의무자, 심사 청구를 한 사람, 외래치료 지원 결정 및 외래치료 지원 연장 결정을 받은 정신질환자 및 그 보호의무자는 통지받은 심사 결과에 불복하거나 심사 기간 내에 심사를 받지 못한 경우, 외래치료 명령에 불복하는 경우의 어느 하나에 해당하는 경우에 시 · 도지사에게 재심사를 청구할 수 있다.

② **재심사의 회부** : 시 · 도지사가 재심사의 청구를 받았을 때에는 즉시 그 청구 내용을 광역정신건강심의위원회의 회의에 회부하여야 한다.

(5) 입원의 해제(법 제62조)

① 특별자치시장 · 특별자치도지사 · 시장 · 군수 · 구청장은 입원한 정신질환자에 대하여 최초로 입원을 한 날부터 3개월 이내에 입원을 해제하여야 하며, 입원의 해제 사실을 그 정신질환자가 입원하고 있는 정신의료기관의 장에게 서면으로 통지하여야 한다. 이 경우 그 정신의료기관의 장은 지체 없이 그 정신질환자를 퇴원시켜야 한다.

② 특별자치시장 · 특별자치도지사 · 시장 · 군수 · 구청장은 2명 이상의 정신건강의학과전문의가 진단하고 소관 정신건강심사위원회에서 심사한 결과 그 정신질환자가 퇴원할 경우 정신질환으로 인하여 자신의 건강 또는 안전이나 다른 사람에게 해를 끼칠 위험이 명백하다고 인정되는 경우에는 다음의 구분에 따라 입원 등의 기간을 연장할 수 있다.

㉠ 3개월 이후의 1차 입원 기간 연장 : 3개월 이내

㉡ 1차 입원 기간 연장 이후의 입원 기간 연장 : 매 입원 기간 연장 시마다 6개월 이내

(6) 임시 퇴원과 외래치료 명령(법 제63 · 64조)

① 정신질환자를 입원 등을 시키고 있는 정신의료기관 등의 장은 2명 이상의 정신건강의학과전문의가 진단한 결과 정신질환자의 증상에 비추어 일시적으로 퇴원 등을 시켜 그 회복 경과를 관찰하는 것이 필요하다고 인정되는 경우에는 3개월의 범위에서 해당 정신질환자를 임시 퇴원 등을 시키고 그 사실을 보호의무자 또는 특별자치시장 · 특별자치도지사 · 시장 · 군수 · 구청장에게 통보하여야 한다.

② 정신의료기관의 장은 입원을 한 정신질환자 중 정신병적 증상으로 인하여 입원을 하기 전 자신 또는 다른 사람에게 해를 끼치는 행동(보건복지부령으로 정하는 행동을 말한다)을 한 사람에 대해서는 특별자치시장 · 특별자치도지사 · 시장 · 군수 · 구청장에게 외래치료 지원을 청구할 수 있다.

(7) 무단으로 퇴원 등을 한 사람에 대한 조치(법 제65조)

① 정신의료기관 등의 장은 입원 등을 하고 있는 정신질환자로서 자신의 건강 또는 안전이나 다른 사람에게 해를 끼칠 위험이 있는 사람이 무단으로 퇴원 등을 하여 그 행방을 알 수 없을 때에는 관할

경찰서장 또는 자치경찰기구를 설치한 제주특별자치도지사에게 다음의 사항을 통지하여 탐색을 요청하여야 한다.

㉠ 퇴원 등을 한 사람의 성명 · 주소 · 성별 및 생년월일

㉡ 입원 등의 날짜 · 시간 및 퇴원 등의 날짜 · 시간

㉢ 증상의 개요 및 인상착의

㉣ 보호의무자 또는 보호를 하였던 사람의 성명 · 주소

② 경찰관은 탐색 요청을 받은 사람을 발견한 때에는 즉시 그 사실을 해당 정신의료기관 등의 장에게 통지하여야 한다.

③ 통지를 받은 정신의료기관 등의 장은 즉시 정신질환자를 인도받아야 한다. 다만, 그 정신질환자를 즉시 인도받을 수 없는 부득이한 사정이 있는 경우 경찰관은 그 정신질환자를 인도할 때까지 24시간의 범위에서 그 정신질환자를 경찰관서 · 의료기관 · 사회복지시설 등에 보호할 수 있다.

7 권익보호 및 지원

(1) 입원 등의 금지 및 비밀누설의 금지(법 제68 · 71조)

① **입원 등의 금지** : 응급입원의 경우를 제외하고는 정신건강의학과전문의의 대면 진단에 의하지 아니하고 정신질환자를 정신의료기관 등에 입원 등을 시키거나 입원 등의 기간을 연장할 수 없다. 진단의 유효기간은 진단서 발급일부터 30일까지로 한다.

② **비밀누설의 금지** : 정신질환자 또는 정신건강증진시설과 관련된 직무를 수행하고 있거나 수행하였던 사람은 그 직무의 수행과 관련하여 알게 된 다른 사람의 비밀을 누설하거나 공표하여서는 아니 된다.

(2) 권익보호(법 제69조)

① 누구든지 정신질환자이거나 정신질환자였다는 이유로 그 사람에 대하여 교육, 고용, 시설이용의 기회를 제한 또는 박탈하거나 그 밖의 불공평한 대우를 하여서는 아니 된다.

② 누구든지 정신질환자, 그 보호의무자 또는 보호를 하고 있는 사람의 동의를 받지 아니하고 정신질환자에 대하여 녹음 · 녹화 또는 촬영하여서는 아니 된다.

③ 정신건강증진시설의 장은 입원 등을 하거나 정신건강증진시설을 이용하는 정신질환자에게 정신건강의학과전문의의 지시에 따른 치료 또는 재활의 목적이 아닌 노동을 강요하여서는 아니 된다.

(3) 인권교육(법 제70조)

① 정신건강증진시설의 장과 종사자는 인권에 관한 교육을 받아야 한다.

② 보건복지부장관은 인권교육을 하기 위하여 인권교육기관을 지정할 수 있다.

③ 보건복지부장관은 지정한 인권교육기관에 교육과정의 운영에 드는 비용의 일부를 예산의 범위에서 보조할 수 있으며, 지정을 받은 인권교육기관은 보건복지부장관의 승인을 받아 교육에 필요한 경비를 교육대상자로부터 징수할 수 있다.

④ 보건복지부장관은 지정을 받은 인권교육기관이 다음의 어느 하나에 해당하면 그 지정을 취소하거나 6개월 이내의 기간을 정하여 업무를 정지할 수 있다.

㉠ 거짓이나 그 밖의 부정한 방법으로 지정을 받은 경우(취소)

㉡ 보건복지부령으로 정하는 지정요건을 갖추지 못하게 된 경우

㉢ 인권교육의 수행능력이 현저히 부족하다고 인정되는 경우

(4) 격리 등 제한의 금지 및 작업치료(법 제75 · 76조)

① 정신의료기관 등의 장은 입원 등을 한 사람에 대하여 치료 또는 보호의 목적으로 정신건강의학과전문의의 지시에 따라 하는 경우가 아니면 격리시키거나 묶는 등의 신체적 제한을 할 수 없다. 정신의료기관 등의 장은 치료 또는 보호의 목적으로 정신건강의학과전문의의 지시에 따라 입원 등을 한 사람을 격리시키거나 묶는 등의 신체적 제한을 하는 경우에도 자신이나 다른 사람을 위험에 이르게 할 가능성이 뚜렷하게 높고 신체적 제한 외의 방법으로 그 위험을 회피하는 것이 뚜렷하게 곤란하다고 판단되는 경우에만 법에 따른 신체적 제한을 할 수 있다. 이 경우 격리는 해당 시설 안에서 하여야 한다.

② 정신의료기관 등의 장은 입원 등을 한 사람의 치료, 재활 및 사회적응에 도움이 된다고 인정되는 경우에는 그 사람의 건강상태와 위험성을 고려하여 보건복지부령으로 정하는 작업을 시킬 수 있다. 작업은 입원 등을 한 사람 본인이 신청하거나 동의한 경우에만 정신건강의학과전문의가 지시하는 방법에 따라 시켜야 한다. 다만, 정신요양시설의 경우에는 정신건강의학과전문의의 지도를 받아 정신건강전문요원이 작업의 구체적인 방법을 지시할 수 있다.

(5) 비 용

① **경제적 부담의 경감(법 제79조)** : 국가 또는 지방자치단체는 정신질환자와 그 보호의무자의 경제적 부담을 줄이고 정신질환자의 사회적응을 촉진하기 위하여 의료비의 경감 · 보조나 그 밖에 필요한 지원을 할 수 있다.

② **비용의 부담(법 제80조)** : 국가 또는 지방자치단체는 제44조에 따른 진단과 치료에 드는 비용의 전부 또는 일부를 부담할 수 있다.

③ **비용의 징수(법 제81조)** : 정신요양시설과 정신재활시설의 설치 · 운영자는 그 시설을 이용하는 사람으로부터 보건복지부장관이 정하여 고시하는 비용징수 한도액의 범위에서 시설 이용에 드는 비용을 받을 수 있다.

④ **보조금 등(법 제82조)** : 국가는 지방자치단체가 설치 · 운영하는 정신건강증진시설에 대하여 그 설치 · 운영에 필요한 비용을 보조할 수 있다. 또, 국가는 지방자치단체가 수행하는 정신건강증진사업 등, 정신건강심의위원회와 정신건강심사위원회 운영 및 지도 · 감독을 하는 데에 드는 비용을 보조할 수 있다.

8 벌 칙

(1) 5년 이하의 징역 또는 5천만 원 이하의 벌금(법 제84조)

① 정신질환자를 유기한 자
② 정신질환자를 퇴원 등을 시키지 아니한 자
③ 제43조 제7항을 위반하여 퇴원 등의 명령 또는 임시 퇴원 등의 명령에 따르지 아니한 자
④ 입원적합성심사위원회에 신고하지 아니한 자
⑤ 제59조 제1항 제1호에 따른 퇴원 등의 명령 또는 임시 퇴원 등의 명령에 따르지 아니한 자
⑥ 정신질환자를 퇴원시키지 아니한 자
⑦ 제66조 제4항에 따른 퇴원 등의 명령에 따르지 아니한 자
⑧ 규정을 위반하여 정보를 처리한 자
⑨ 정신건강의학과전문의의 대면 진단에 의하지 아니하고 정신질환자를 입원 등을 시키거나 입원 등의 기간을 연장한 자
⑩ 정신질환자를 이 법 또는 다른 법령에 따라 정신질환자를 보호할 수 있는 시설 외의 장소에 수용한 자
⑪ 정신건강증진시설의 장 또는 그 종사자로서 정신건강증진시설에 입원 등을 하거나 시설을 이용하는 사람에게 폭행을 하거나 가혹행위를 한 사람
⑫ 협의체의 결정 없이 특수치료를 하거나 정신의료기관에 입원을 한 사람 또는 보호의무자의 동의 없이 특수치료를 한 자

(2) 3년 이하의 징역 또는 3천만 원 이하의 벌금(법 제85조)

① 사업의 정지명령 또는 시설의 폐쇄명령을 위반한 자
② 사업의 정지명령 또는 정신요양시설의 장의 교체명령을 위반한 자
③ 규정을 위반하여 신고를 하지 아니하고 정신재활시설을 설치 · 운영한 자
④ 규정을 위반하여 기록을 삭제하지 아니한 자
⑤ 규정을 위반하여 입원 등을 하거나 정신건강증진시설을 이용하는 정신질환자에게 노동을 강요한 자
⑥ 규정을 위반하여 직무수행과 관련하여 알게 된 다른 사람의 비밀을 누설하거나 공표한 사람
⑦ 규정을 위반하여 입원 등을 한 사람의 통신과 면회의 자유를 제한한 자

(3) 1년 이하의 징역 또는 1천만 원 이하의 벌금(법 제86조)

① 규정을 위반하여 다른 사람에게 자기의 명의를 사용하여 정신건강전문요원의 업무를 수행하게 하거나 정신건강전문요원 자격증을 빌려준 사람
② 규정을 위반하여 정신건강전문요원의 명의를 사용하거나 그 자격증을 대여받은 사람
③ 규정을 위반하여 정신건강전문요원의 명의의 사용이나 자격증의 대여를 알선한 사람
④ 규정을 위반하여 기록을 작성 · 보존하지 아니하거나 그 내용확인을 거부한 자
⑤ 규정을 위반하여 퇴원 등을 할 의사가 있는지 여부를 확인하지 아니한 자
⑥ 입원 등 신청서나 보호의무자임을 확인할 수 있는 서류를 받지 아니한 자

⑦ 입원 등 기간 연장에 대한 심사 청구기간을 지나서 심사 청구를 하거나, 심사 청구를 하지 아니하고 입원 등 기간을 연장하여 입원 등을 시킨 자
⑧ 규정을 위반하여 즉시 퇴원시키지 아니한 자
⑨ 신상정보의 확인이나 조회 요청을 하지 아니한 자
⑩ 결정 · 명령을 따르지 아니한 자 또는 규정에 따른 처우개선을 위하여 필요한 조치 명령을 따르지 아니한 자
⑪ 규정을 위반하여 입 · 퇴원 등 관리시스템에 신고 내용 및 퇴원 등의 사항을 등록하지 아니한 자
⑫ 규정을 위반하여 동의를 받지 아니하고 정신질환자에 대하여 녹음 · 녹화 또는 촬영을 한 자
⑬ 규정을 위반하여 정신건강의학과전문의의 지시에 따르지 아니하고 신체적 제한을 한 자
⑭ 규정을 위반하여 입원 등을 한 사람의 신청 또는 동의 없이 작업을 시키거나 정신건강의학과 전문의나 정신건강전문요원이 지시한 방법과 다르게 작업을 시킨 자

(4) 500만 원 이하의 벌금(법 제87조)

정당한 사유 없이 시설 개방 요구에 따르지 아니한 자

(5) 100만 원 이하의 과태료(법 제89조)

① 권리 및 권리행사방법을 알리지 아니하거나 권리행사에 필요한 서류를 정신건강증진시설에 갖추어 두지 아니한 자
② 규정을 위반하여 정신건강복지센터의 기능 · 역할 및 이용 절차 등을 알리지 아니하거나 정신보건수첩 등의 서류를 정신건강증진시설에 갖추어 두지 아니한 자
③ 정신요양시설을 폐지 · 휴지하거나 재개하려는 경우 신고를 하지 아니하거나 거짓으로 신고를 한 자
④ 정신재활시설을 폐지 · 휴지하거나 재개하려는 경우 신고를 하지 아니하거나 거짓으로 신고를 한 자
⑤ 퇴원 등 거부사유 및 퇴원 등 심사를 청구할 수 있음을 통지하지 아니한 자
⑤ 입원 등 또는 입원 등 기간 연장의 사실 및 사유를 통지하지 아니한 자
⑦ 퇴원 등 거부 사실 및 사유나 퇴원 등 심사를 청구할 수 있다는 사실 및 그 청구절차를 통지하지 아니한 자
⑧ 입원적합성심사위원회의 조사에 협조하지 아니한 자
⑨ 임시 퇴원 등 사실을 통보하지 아니한 자
⑩ 보고를 하지 아니하거나 거짓으로 보고를 한 자, 관계 서류를 제출하지 아니하거나 거짓 서류를 제출한 자 또는 관계 공무원이나 정신건강심의위원회 위원의 검사 · 심사를 거부 · 방해 또는 기피한 자
⑪ 교육, 고용, 시설이용의 기회를 제한 또는 박탈하거나 그 밖의 불공평한 대우를 한 자

제8절 사회복지공동모금회법

1 목적 · 정의 및 기본원칙

(1) 목적 · 정의

① **목적** : 사회복지공동모금회의 공동모금을 통하여 **국민이 사회복지를 이해하고 참여**하도록 함과 아울러 국민의 자발적인 성금으로 조성된 재원(財源)을 효율적이고 공정하게 관리 · 운용함으로써 사회복지증진에 이바지함을 목적으로 한다.

② **정 의**

㉠ 사회복지사업 : 사회복지사업법 제2조 제1호의 사회복지사업을 말한다.

㉡ 사회복지공동모금 : 사회복지사업이나 그 밖의 사회복지활동 지원에 필요한 재원을 조성하기 위하여 이 법에 따라 기부금품을 모집하는 것을 말한다.

(2) 기본원칙(법 제3조)

11회 기출

① 기부하는 자의 의사에 반하여 **기부금품**을 모집하여서는 아니 된다.

② 제17조에 따라 조성된 재원(이하 "공동모금재원"이라 한다)은 지역 · 단체 · 대상자 및 사업별로 복지수요가 공정하게 충족되도록 배분하여야 하고, 제1조의 목적 및 제25조에 따른 용도에 맞도록 공정하게 관리 · 운용하여야 한다.

③ 공동모금재원의 배분은 객관적인 기준에 따라 효율적으로 이루어지도록 하고, 그 결과를 공개하여야 한다.

2 사회복지공동모금회

(1) 사회복지공동모금회의 설립(법 제4조)

11회 기출

① 사회복지공동모금사업을 관장하도록 하기 위하여 사회복지공동모금회를 둔다.

② 사회복지공동모금회는 **사회복지법인**으로 한다.

③ 사회복지공동모금회는 정관을 작성하여 **보건복지부장관의 인가**를 받아 등기함으로써 설립된다.

(2) 모금회의 사업(법 제5조)

7회 기출

① 사회복지공동모금사업

② 공동모금재원의 배분

③ 공동모금재원의 운용 및 관리

④ 사회복지공동모금에 관한 조사 · 연구 · 홍보 및 교육 · 훈련

⑤ 사회복지공동모금지회의 운영

⑥ 사회복지공동모금과 관련된 국제교류 및 협력증진사업
⑦ 다른 기부금품 모집자와의 협력사업
⑧ 그 밖에 모금회의 목적 달성에 필요한 사업

(3) 임원 및 이사회

① 임원의 구성(법 제7조)

㉠ 임원은 회장 1명, 부회장 3명, 이사(회장 · 부회장 및 사무총장 포함) 15명 이상 20명 이하, 감사 2명으로 한다.

㉡ 임원의 임기는 3년으로 하며, 한 차례만 연임할 수 있다.

㉢ 부득이한 사유로 후임임원이 선임되지 못하여 모금회의 업무수행에 지장이 있는 경우에는 후임임원이 선임될 때까지 임기가 만료된 임원이 그 업무를 수행한다.

② 임원의 선임 및 직무(법 제9조 및 제10조)

㉠ 임원의 선임 : 이사회는 경제계 · 언론계 · 법조계 · 의료계 · 노동계 · 종교계 · 시민단체 · 사회복지전문가 · 그 밖에 학식과 덕망이 있는 사람 중에서 이사를 선임하여야 한다. 이 경우 경제계 · 언론계 · 법조계 · 의료계 · 노동계 · 종교계 · 시민단체 · 사회복지전문가에 해당하는 사람이 각각 4명 이상 포함되어야 한다.

㉡ 임원의 직무 : 회장은 모금회를 대표하고, 소관 업무를 총괄하며, 소속 직원을 지휘 · 감독한다. 또, 감사는 모금회의 업무집행상황, 재산상황, 회계 등 업무전반을 감사한다.

③ 사무조직(법 제12조) : 모금회의 업무를 처리하기 위하여 사무총장 1명과 필요한 직원 및 기구를 둔다.

(4) 분과실행위원회(법 제13조)

① 모금회의 기획 · 홍보 · 모금 · 배분 업무에 관한 사항을 심의하기 위하여 해당 분야의 전문가와 시민대표 등으로 구성되는 기획분과실행위원회, 홍보분과실행위원회, 모금분과실행위원회 및 배분분과실행위원회 등 분과실행위원회를 둔다.

② 분과실행위원회의 위원장은 1명 이상의 이사로부터 추천을 받은 이사 중에서 이사회의 의결을 거쳐 회장이 위촉하며, 그 위원은 해당 위원장의 제청(提請)과 이사회의 의결로 회장이 위촉한다.

③ 분과실행위원회는 위원장 1명을 포함하여 20명 이내의 위원으로 구성한다. 다만, 모금분과실행위원회 및 배분분과실행위원회는 각각 20명 이상의 위원으로 구성한다.

④ 분과실행위원회 위원의 임기는 2년으로 하며, 연임할 수 있다. 다만, 배분분과실행위원회 위원은 한 차례만 연임할 수 있다.

⑤ 분과실행위원회가 심의한 사항을 이사회가 변경하려면 그 분과실행위원회 위원장의 의견을 청취하여야 하며, 이사회 회의록에 이를 기록하여야 한다.

(5) 지회(법 제14조)

① 모금회에 지역단위의 사회복지공동모금사업을 관장하기 위하여 특별시 · 광역시 · 특별자치시 · 도 · 특별자치도 단위 사회복지공동모금지회를 둔다.

② 지회에는 지회장을 두고 모금회에 준하는 필요한 조직을 둘 수 있다.
③ 지회장은 이사회의 의결을 거쳐 회장이 임명한다.
④ **지회의 관리(법 제15조)**
㉠ 모금회의 회장은 지회의 운영 개선을 위하여 지회를 지도 · 감독하며, 지회가 지역의 특성에 맞게 자율적으로 운영될 수 있도록 노력하여야 한다.
㉡ 모금회의 회장은 지회의 운영이 현저히 부당하다고 인정할 때에는 그 시정을 명할 수 있다.
㉢ 지회에서 조성한 공동모금재원은 해당 시 · 도의 배분대상자에게 배분하는 것을 원칙으로 한다.
㉣ 모금회의 회장은 회계연도가 시작되기 2개월 전에 각 지회로부터 사업계획서를 제출받아 이를 종합 · 조정하여 보건복지부장관에게 보고하여야 한다.

(6) 조직 운영 및 모금창구의 지정

11회 기출

① **조직 운영(법 제16조)** : 모금회의 조직 · 운영 등에 관하여 이 법에서 규정하고 있는 사항 외에 필요한 사항은 정관으로 정한다.
② **모금창구의 지정(법 제19조)** : 모금회는 기부금품의 접수를 효율적이고 공정하게 하기 위하여 언론기관을 모금창구로 지정하고, 지정된 언론기관의 명의로 모금계좌를 개설할 수 있다.

3 모금회의 관리 · 운영

(1) 재 원

① **재원의 조성(법 제17조)** : 모금회의 사업에 필요한 경비는 다음의 재원으로 조성한다.
㉠ 사회복지공동모금에 의한 기부금품
㉡ 법인이나 단체가 출연하는 현금 · 물품 또는 그 밖의 재산
㉢ 복권 및 복권기금법 따라 배분받은 복권수익금
㉣ 그 밖의 수입금
② **재원의 사용 등(법 제25조)**
㉠ 공동모금재원은 사회복지사업이나 그 밖의 사회복지활동에 사용한다.
㉡ 매 회계연도에 조성된 공동모금재원은 해당 회계연도에 지출하는 것을 원칙으로 한다. 다만, 재난구호 및 긴급구호 등 긴급히 지원할 필요가 있을 때를 대비하여 매 회계연도의 공동모금재원 일부를 적립하는 경우에는 그러하지 아니하다.
㉢ ㉡에도 불구하고 다음의 어느 하나에 해당하는 경우에는 매 회계연도에 조성된 공동모금재원의 일부를 이사회 의결을 거쳐 다음 회계연도에 이월하여 지출할 수 있다.
- 사용용도 등이 지정되어 기부된 공동모금재원으로서 모금목적사업의 특성상 해당 회계연도에 지출을 완료하기 어려운 경우
- 공동모금재원의 배분에 대한 계획이 2 회계연도 이상에 걸쳐 있는 경우로서 사업의 성격상 다음 회계연도에 이월하여 지출하는 것이 필요하다고 인정되는 경우

- 해당 회계연도 말에 집중 조성된 공동모금재원으로서 부득이한 사유로 그 회계연도에 지출하기 어려운 경우
- 기부금품 모집과 모금회의 관리 · 운영에 필요한 비용은 바로 앞 회계연도 모금총액의 100분의 10의 범위에서 이사회의 의결을 거쳐 사용할 수 있다.

(2) 기부금품

11회 기출

① **기부금품의 모집(법 제18조)**

㉠ 모금회는 사회복지사업이나 그 밖의 사회복지활동을 지원하기 위하여 연중 기부금품을 모집 · 접수할 수 있다.

㉡ 모금회는 기부금품을 모집 · 접수한 경우 기부금품 접수 사실을 장부에 기록하고, 그 기부자에게 영수증을 내주어야 한다. 다만, 기부자가 성명을 밝히지 아니한 경우 등 기부자를 알 수 없는 경우에는 모금회에 영수증을 보관하여야 한다.

㉢ 모금회는 영수증에 기부금품의 금액과 그 금액에 대하여 세금혜택이 있다는 문구를 적고 일련번호를 표시하여야 한다.

㉣ 모금회는 효율적인 모금을 위하여 기간을 정하여 집중모금을 할 수 있다.

㉤ 모금회는 집중모금을 하려면 그 모집일부터 **15일 전**에 그 내용을 보건복지부장관에게 보고하여야 하며, 그 모집을 종료하였을 때에는 모집종료일부터 **1개월 이내**에 그 결과를 보건복지부장관에게 보고하여야 한다.

② **기부금품의 지정 사용(법 제27조)** : 기부금품의 기부자는 배분지역, 배분대상자 또는 사용용도를 지정할 수 있다.

③ **모금회의 회계연도(법 제28조)** : 모금회의 회계연도는 1월 1일부터 12월 31일까지로 한다.

(3) 복권의 발행(법 제18조의2)

① 모금회는 사회복지사업이나 그 밖의 사회복지활동 등을 지원하기 위한 **재원을 조성하기 위하여 복권을 발행**할 수 있다.

② 복권을 발행하려면 그 종류 · 조건 · 금액 및 방법 등에 관하여 미리 보건복지부장관의 승인을 받아야 한다.

③ 복권의 당첨금을 받을 권리는 그 **지급일부터 3개월**간 행사하지 아니하면 소멸시효가 완성되며, 소멸시효가 완성된 당첨금은 **공동모금재원**에 귀속된다.

④ 복권의 발행에 관하여는 사행행위 등 규제 및 처벌 특례법을 적용하지 아니한다.

(4) 모금창구의 지정 및 배분

11, 18회 기출

① **모금창구의 지정(법 제19조)** : 모금회는 기부금품의 접수를 효율적이고 공정하게 하기 위하여 언론기관을 모금창구로 지정하고, 지정된 언론기관의 명의로 모금계좌를 개설할 수 있다.

② **배분기준(법 제20조)** : 모금회는 매년 8월 31일까지 다음 각 호의 사항이 포함된 다음 회계연도의 공동모금재원 배분기준을 정하여 공고하여야 한다.

㉠ 공동모금재원의 배분대상
㉡ 배분한도액
㉢ 배분신청기간 및 배분신청서 제출 장소
㉣ 배분심사기준
㉤ 배분재원의 과부족(過不足) 시 조정방법
㉥ 배분신청 시 제출할 서류
㉦ 그 밖에 공동모금재원의 배분에 필요한 사항

③ **국제보건의료지원사업에 대한 배분(법 제20조의2)** : 모금회는 지정되지 아니한 기부금품의 100분의 10의 범위에서 이사회 의결로 정하는 비율에 따라 개발도상국가를 비롯한 외국 및 군사분계선 이북지역의 보건의료수준의 향상을 위한 사업, 주요 감염병 퇴치 등에 대한 사업에 배분할 수 있다.

④ **배분자의 표시(법 제20조의3)** : 모금회는 공동모금재원을 배분하는 경우 모금회가 배분하는 것임을 표시하여야 한다.

⑤ **배분신청(법 제21조)**
㉠ 모금회에 배분신청을 하려는 자는 공고에 따라 배분신청서를 제출하여야 한다.
㉡ 국제보건의료지원사업을 하는 자는 배분신청서를 제출할 때 정관으로 정하는 바에 따라 사업계획서를 작성하여 함께 제출하여야 한다.
㉢ 제출된 배분신청서는 해당 회계연도에만 효력이 있다.

⑥ **배분신청의 심사(법 제22조)** : 모금회는 접수한 배분신청서를 배분분과실행위원회에 회부하여 배분금액, 배분순위 및 배분시기 등을 심의하도록 하여야 하며, 모금회는 심의결과에 기초하여 배분계획을 수립하여야 한다.

⑦ **배분에 따른 자료요구(법 제23조)** : 모금회는 공동모금재원을 배분받은 자 또는 배분신청을 한 자에게 필요한 서류 제출을 요구하거나 필요한 조사를 할 수 있다.

⑧ **배분사업의 평가(법 제23조의2)** : 모금회는 매년 공동모금재원의 배분결과를 평가하고 그 평가결과를 이사회에 보고하여야 한다.

⑨ **배분결과의 공고(법 제24조)** : 모금회는 각 회계연도의 공동모금재원 배분을 종료한 날부터 3개월 이내에 전국적으로 배포되는 1개 이상의 일간신문에 그 배분결과를 공고하여야 하며, 공고 외에 다양한 방법과 매체를 통하여 그 배분결과를 알려야 한다.

(5) 사업계획의 제출(법 제26조)

① 모금회는 매 회계연도의 사업계획 및 예산안을 회계연도가 시작되기 1개월 전에 보건복지부장관에게 제출하여야 한다.

② 모금회가 예산안을 작성할 때에는 배분계획과 모금경비 및 모금회의 운영비 등을 포함하여야 한다.

③ 모금회는 매 회계연도 종료 후 3개월 이내에 세입 · 세출 결산서를 작성하여 보건복지부장관에게 제출하여야 한다. 이 경우 공인회계사법에 따른 회계법인의 감사보고서를 붙여야 한다.

(6) 보조금(법 제33조)

20회 기출

① 국가나 지방자치단체는 모금회에 기부금품 모집에 필요한 비용과 모금회의 관리 · 운영에 필요한 비용을 보조할 수 있다.

② 보조금은 그 목적 외의 용도에 사용할 수 없다.

③ 국가나 지방자치단체는 모금회가 다음의 어느 하나에 해당할 때에는 이미 지급한 보조금의 전부 또는 일부의 반환을 명할 수 있다.

㉠ 사업목적 외의 용도에 보조금을 사용하였을 때

㉡ 거짓이나 그 밖의 부정한 방법으로 보조금을 받았을 때

㉢ 이 법 또는 이 법에 따른 명령을 위반하였을 때

4 벌칙 및 과태료

(1) 벌 칙

① 3년 이하의 징역 또는 3천만 원 이하의 벌금

㉠ 기부하는 자의 의사에 반하여 기부금품을 강제 모집한 자

㉡ 보건복지부장관의 허가를 받지 아니하고 기본재산을 취득한 자

② 2년 이하의 징역 또는 2천만원 이하의 벌금

㉠ 이사회가 의결한 비율을 초과하여 기부금품 모집과 모금회의 관리 · 운영에 필요한 비용을 사용한 자

㉡ 사업계획이나 예산안을 제출하지 아니한 자

㉢ 세입 · 세출 결산서나 회계법인의 감사보고서를 제출하지 아니한 자

㉣ 사회복지공동모금회 또는 이와 유사한 명칭을 사용한 자

③ 1년 이하의 징역 또는 1천만원 이하의 벌금

㉠ 배분결과를 공개하지 아니하거나 거짓으로 공개한 자

㉡ 장부에 기부금품 접수 사실을 기록하지 아니하거나 거짓으로 기록한 자

㉢ 기부자에게 영수증을 내주지 아니한 자

㉣ 모금회가 배분하는 것임을 표시하지 아니하고 공동모금재원을 배분한 자

(2) 과태료

관계 서류의 제출명령을 따르지 아니하거나 관계 공무원의 조사 · 검사를 거부, 기피 또는 방해한 자에게는 500만 원 이하의 과태료를 부과한다.

제9절 자원봉사활동기본법

1 개 요

(1) 목적과 책무(법 제1조 및 제4조)

① 목적 : 자원봉사활동에 관한 기본적인 사항을 규정함으로써 자원봉사활동을 진흥하고 행복한 공동체 건설에 이바지함을 목적으로 한다.

② 국가와 지방자치단체는 자원봉사활동의 진흥에 관한 시책을 마련하여 국민의 자원봉사활동을 권장하고 지원하여야 한다.

(2) 기본 방향(법 제2조)

10, 16, 19회 기출

자원봉사활동의 진흥을 위한 정책은 다음의 사항을 기본 방향으로 하여야 한다.

① 자원봉사활동은 국민의 협동적인 참여 능력을 높일 수 있는 방향으로 추진하여야 한다.

② 자원봉사활동은 무보수성, 자발성, 공익성, 비영리성, 비정파성, 비종파성의 원칙 아래 수행될 수 있도록 하여야 한다.

③ 모든 국민은 나이, 성별, 장애, 지역, 학력 등 사회적 배경에 관계없이 누구든지 자원봉사활동에 참여할 수 있도록 하여야 한다.

④ 자원봉사활동의 진흥을 위한 정책은 민 · 관 협력의 기본 정신을 바탕으로 하여 추진하여야 한다.

(3) 정의(법 제3조)

10, 11회 기출

① **자원봉사활동** : 개인 또는 단체가 지역사회 · 국가 및 인류사회를 위하여 대가 없이 자발적으로 시간과 노력을 제공하는 행위를 말한다.

② **자원봉사자** : 자원봉사활동을 하는 사람을 말한다.

③ **자원봉사단체** : 자원봉사활동을 주된 사업으로 하거나 이를 지원하기 위하여 설립된 비영리법인 또는 단체를 말한다.

④ **자원봉사센터** : 자원봉사활동의 개발 · 장려 · 연계 · 협력 등의 사업을 수행하기 위하여 법령과 조례 등에 따라 설치된 기관 · 법인 · 단체 등을 말한다.

2 주요 내용

(1) 정치활동 등의 금지 의무(법 제5조)

10, 11, 14회 기출

① 지원을 받는 자원봉사단체 및 자원봉사센터는 그 명의 또는 그 대표의 명의로 특정 정당이나 특정인의 선거운동을 하여서는 아니 된다.

② 선거운동이란 당선되거나 되게 하거나 되지 못하게 하기 위한 행위를 말한다.

(2) 자원봉사활동의 강요 금지 및 범위(법 제5조의2, 제6조)

① **자원봉사활동의 강요 금지** : 누구든지 개인 또는 단체에 대하여 자원봉사활동을 강요하여서는 아니 된다.

② **자원봉사활동의 범위**

㉠ 사회복지 및 보건 증진에 관한 활동
㉡ 지역사회 개발 · 발전에 관한 활동
㉢ 환경보전 및 자연보호에 관한 활동
㉣ 사회적 취약계층의 권익 증진 및 청소년의 육성 · 보호에 관한 활동
㉤ 교육 및 상담에 관한 활동
㉥ 인권 옹호 및 평화 구현에 관한 활동
㉦ 범죄 예방 및 선도에 관한 활동
㉧ 교통질서 및 기초질서 계도에 관한 활동
㉨ 재난 관리 및 재해 구호에 관한 활동
㉩ 문화 · 관광 · 예술 및 체육 진흥에 관한 활동
㉪ 부패 방지 및 소비자 보호에 관한 활동
㉫ 공명선거에 관한 활동과 국제협력 및 국외봉사활동
㉬ 공공행정 분야의 사무 지원에 관한 활동
㉭ 그 밖에 공익사업의 수행 또는 주민복리의 증진에 필요한 활동

(3) 자원봉사진흥위원회(법 제8조)

8회 기출

① 자원봉사활동에 관한 주요 정책을 심의하기 위하여 국무총리 소속으로 관계 중앙행정기관 및 민간 전문가로 구성된 자원봉사진흥위원회를 둔다.

② **자원봉사진흥위원회 심의 사항**

㉠ 자원봉사활동의 진흥을 위한 정책 방향의 설정 및 협력 · 조정
㉡ 자원봉사활동의 진흥을 위한 국가기본계획과 연도별 시행계획에 관한 사항
㉢ 자원봉사활동의 진흥을 위한 제도 개선에 관한 사항
㉣ 그 밖에 자원봉사활동의 진흥에 필요한 사항

③ 심의 사항을 미리 검토하고 관계 기관 간의 협의 사항을 정리하기 위하여 자원봉사진흥위원회에 실무위원회를 둘 수 있다.

④ 위원회의 구성(시행령 제2조)

㉠ 위원장 1인과 부위원장 2인을 포함하여 30인 이내의 위원으로 구성하며 위원 중 민간위원이 과반수가 되도록 하여야 한다.

㉡ 위원회의 위원

- 당연직 위원 : 기획재정부장관 · 교육부장관 · 법무부장관 · 보건복지부장관 · 여성가족부장관 및 국무조정실장
- 민간위원 : 자원봉사분야에 관한 학식과 경험이 풍부한 자 중에서 한국자원봉사협의회와 교육부장관 · 보건복지부장관 또는 여성가족부장관의 추천을 받아 국무총리가 위촉하는 자

㉢ 위원회의 위원장은 국무총리가 되고, 부위원장은 행정안전부장관과 민간위원 중에서 호선한 자 1인이 된다.

㉣ 민간위원의 임기는 2년으로 한다.

㉤ 위원장은 위원회를 대표하며, 위원회의 업무를 통할한다.

㉥ 부위원장은 위원장을 보좌하며, 위원장이 부득이한 사유로 직무를 수행할 수 없는 경우 그 직무를 대행하되 행정안전부장관, 민간부위원장 순으로 한다.

⑤ 실무위원(시행령 제4조)

㉠ 위원장 1인과 부위원장 2인을 포함하여 25인 이내의 위원으로 구성하며 실무위원 중 민간실무위원이 과반수가 되도록 하여야 한다.

㉡ 실무위원

- 당연직 실무위원 : 기획재정부 · 교육부 · 법무부 · 보건복지부 · 여성가족부 · 경찰청 및 소방청의 자원봉사에 관한 업무를 담당하는 국장
- 민간실무위원 : 자원봉사분야에 관한 학식과 경험이 풍부한 자 중에서 한국자원봉사협의회와 교육부장관 · 보건복지부장관 또는 여성가족부장관의 추천을 받아 행정안전부장관이 위촉하는 자

㉢ 실무위원회의 위원장은 행정안전부차관이 되고, 부위원장은 자원봉사활동 업무를 담당하는 행정안전부 소속 공무원과 민간실무위원 중에서 호선한 자 1인이 된다.

㉣ 민간실무위원의 임기는 2년으로 한다.

㉤ 부의된 안건과 관련하여 필요한 경우 실무위원회의 위원장이 지정하는 중앙행정기관의 자원봉사 관련 국장은 실무위원회에 출석하여 발언할 수 있다.

㉥ 실무위원회의 사무를 처리하기 위하여 실무위원회에 간사 1인을 두며, 간사는 자원봉사활동 업무를 담당하는 행정안전부 소속 공무원으로 한다.

(4) 자원봉사활동의 진흥에 관한 국가기본계획의 수립(법 제9조)

① 행정안전부장관은 관계 중앙행정기관의 장과 협의하여 자원봉사활동의 진흥을 위한 국가기본계획을 5년마다 수립하여야 한다.

② 기본계획 포함사항

㉠ 자원봉사활동의 진흥에 관한 기본 방향

㉡ 자원봉사활동의 진흥에 관한 추진 일정

㉢ 관계 중앙행정기관의 자원봉사활동에 관한 추진 시책

㉣ 자원봉사활동의 진흥을 위하여 필요한 재원(財源)의 조달방법

㉤ 그 밖에 자원봉사활동의 진흥을 위하여 특히 필요하다고 인정되는 사항

(5) 학교 · 직장 등의 자원봉사활동 장려(법 제11조)

10회 기출

① 학교는 학생의 자원봉사활동을 권장하고 지도 · 관리하기 위하여 노력한다.

② 직장은 직장인의 자원봉사활동을 촉진하기 위하여 노력한다.

③ 학교 · 직장 등의 장은 학생 및 직장인 등의 자원봉사활동에 대하여 그 공헌을 인정하여 줄 수 있다.

(6) 자원봉사자 관리의 날 및 자원봉사주간

① 국가는 국민의 자원봉사활동에 대한 참여를 촉진하고 자원봉사자의 사기를 높이기 위하여 매년 12월 5일을 자원봉사자의 날로 하고 자원봉사자의 날부터 1주일간을 자원봉사주간으로 설정한다(법 제13조).

② 국가와 지방자치단체는 자원봉사활동이 안전한 환경에서 이루어질 수 있도록 노력하여야 한다(법 제14조).

(7) 자원봉사활동의 관리 및 자원봉사단체에 대한 지원

11회 기출

① 자원봉사단체 및 자원봉사센터는 자원봉사자에 대한 교육훈련 및 안전대책 등이 체계적으로 관리될 수 있도록 노력하여야 한다(법 제15조).

② 국가와 지방자치단체는 자원봉사활동의 진흥을 위하여 자원봉사단체 및 자원봉사센터가 대통령령으로 정하는 특정한 사업을 수행하기 위하여 국유 · 공유 재산이 필요하다고 인정하면 이를 무상으로 대여하거나 사용하게 할 수 있다(법 제16조).

③ 국가 및 지방자치단체는 자원봉사단체의 활동에 필요한 행정적 지원을 할 수 있으며 비영리민간단체지원법에 따라 사업비를 지원할 수 있다(법 제18조).

(8) 한국자원봉사협의회(법 제17조 및 시행령 제13조)

10, 11회 기출

① 한국자원봉사협의회의 활동

㉠ 회원단체 간의 협력 및 사업 지원

㉡ 자원봉사활동의 진흥을 위한 대국민 홍보 및 국제교류

㉢ 자원봉사활동과 관련된 정책의 개발 및 조사 · 연구

㉣ 자원봉사활동과 관련된 정책의 건의

㉤ 자원봉사활동과 관련된 정보의 연계 및 지원

㉥ 그 밖에 자원봉사활동의 진흥과 관련하여 국가 및 지방자치단체로부터 위탁받은 사업

② 한국자원봉사협의회는 법인으로 한다.

③ 한국자원봉사협의회는 정관을 작성하여 행정안전부장관의 인가를 받아 등기함으로써 설립된다.

④ **한국자원봉사협의회의 회원 자격(시행령 제13조)**

㉠ 자원봉사를 주된 사업으로 하는 비영리법인 또는 단체의 대표자

㉡ 그 밖에 자원봉사활동의 진흥을 위하여 필요하다고 인정되어 협의회 이사회의 의결을 거친 자

⑤ 협의회의 임원으로 대표이사 1인을 포함한 20인 이상 50인 이하의 이사와 감사 2인을 둔다.

⑥ 임원은 정관이 정하는 바에 따라 총회에서 선출하고 임원의 임기는 2년으로 하되 연임할 수 있다.

(9) 자원봉사봉사센터의 설치 및 운영(법 제19조)

10, 14회 기출

① 국가기관 및 지방자치단체는 자원봉사센터를 설치할 수 있다. 이 경우 자원봉사센터를 법인으로 하여 운영하거나 비영리 법인에 위탁하여 운영하여야 한다.

② 자원봉사활동을 효율적으로 추진하기 위하여 필요하다고 인정할 경우에는 국가기관 및 지방자치단체가 운영할 수 있다.

③ 국가는 자원봉사센터의 설치 · 운영이 활성화될 수 있도록 적극 노력하여야 하며, 지방자치단체는 자원봉사센터의 운영에 필요한 경비를 지원할 수 있다.

④ **자원봉사센터 장의 자격요건(시행령 제14조)**

㉠ 대학교의 자원봉사 관련 학과에서 조교수 이상의 직에 3년 이상 재직한 자

㉡ 자원봉사단체 · 자원봉사센터 또는 사회복지기관 · 시설 · 학교 · 기업에서 자원봉사 관리업무에 5년 이상 종사한 자

㉢ 5급 이상 퇴직공무원으로서 자원봉사업무 또는 사회복지업무에 3년 이상 종사한 자

㉣ 국가 및 지방자치단체에 등록된 자원봉사 관련 시민사회단체에서 임원으로 10년 이상 활동한 자

⑤ **자원봉사센터의 조직 및 운영(시행령 제15조)**

㉠ 자원봉사센터의 사무를 처리하게 하기 위하여 자원봉사센터에 사무국을 둔다.

㉡ 자원봉사센터의 원활한 운영을 위한 정책결정기구로서 운영위원회를 둔다.

㉢ 운영위원회는 20인 이하로 하되 자원봉사단체 대표를 과반수 이상으로 구성하고 대표는 민간인으로 한다.

㉣ 특별시 · 광역시 · 도 자원봉사센터는 지역 내 자원봉사 활성화를 위하여 특별시 · 광역시 · 도 지역의 기관 · 단체들과의 상시협력체계 구축, 자원봉사 관리자 및 지도자의 교육훈련, 자원봉사 프로그램의 개발 및 보급, 자원봉사 조사 및 연구, 자원봉사 정보자료실 운영, 시 · 군 · 자치구 자원봉사센터간의 정보 및 사업의 협력 · 조정 · 지원, 그 밖에 특별시 · 광역시 · 도 지역의 자원봉사 진흥에 기여할 수 있는 사업 등을 수행한다.

㉤ 시 · 군 · 자치구 자원봉사센터는 지역 내 자원봉사 활성화를 위하여 시 · 군 · 자치구 지역의 기관 · 단체들과의 상시협력체계 구축, 자원봉사자의 모집 및 교육 · 홍보, 자원봉사 수요기관 및 단체에 자원봉사자 배치, 자원봉사 프로그램의 개발 · 보급 및 시범운영, 자원봉사 관련 정보의 수집 및 제공, 그 밖에 시 · 군 · 자치구 지역의 자원봉사 진흥에 기여할 수 있는 사업 등을 수행한다.

제10절 입양특례법

1 총 칙

(1) 목적과 정의

① 목적(법 제1조) : 요보호아동의 입양에 관한 요건 및 절차 등에 대한 특례와 지원에 필요한 사항을 정함으로써 양자가 되는 아동의 권익과 복지를 증진하는 것을 목적으로 한다.

② 정의(법 제2조)

㉠ 아동 : 18세 미만인 사람을 말한다.

㉡ 요보호아동 : 아동복지법에 따른 보호대상아동을 말한다.

㉢ 입양아동 : 입양된 아동을 말한다.

㉣ 부양의무자 : 국민기초생활 보장법에 따른 부양의무자를 말한다.

(2) 국가 등의 책무(법 제3조)

① 모든 아동은 그가 태어난 가정에서 건강하게 자라야 한다.

② 국가와 지방자치단체는 아동이 그가 태어난 가정에서 건강하게 자랄 수 있도록 지원하고 태어난 가정에서 자라기 곤란한 아동에게는 건강하게 자랄 수 있는 다른 가정을 제공하기 위하여 필요한 조치와 지원을 하여야 한다.

③ 모든 국민은 입양아동이 건강하게 자랄 수 있도록 협력하여야 한다.

④ 국가와 지방자치단체는 건전한 입양문화를 조성하고 요보호아동의 국내입양을 활성화하며, 아동이 입양 후의 가정생활에 원만하게 적응할 수 있도록 하는 등 입양아동의 권익과 복지증진을 위하여 다음의 사항을 실시하여야 한다.

㉠ 입양정책의 수립 및 시행

㉡ 입양에 관한 실태조사 및 연구

㉢ 입양 및 사후관리 절차의 구축 및 운영

㉣ 입양아동 및 입양가정에 대한 지원

㉤ 입양 후 원만한 적응을 위한 상담 및 사회복지서비스 제공

㉥ 입양에 대한 교육 및 홍보

㉦ 그 밖에 보건복지부령으로 정하는 필요한 사항

(3) 입양의 원칙과 입양의 날

① 입양의 원칙(법 제4조) : 입양은 아동의 이익이 최우선이 되도록 하여야 한다.

② 입양의 날(법 제5조) : 건전한 입양문화의 정착과 국내입양의 활성화를 위하여 5월 11일을 입양의 날로 하고, 입양의 날부터 1주일을 입양주간으로 한다.

2 입양의 요건 및 효력

(1) 양자가 될 자격(법 제9조)

① 보호자로부터 이탈된 사람으로서 특별시장 · 광역시장 · 특별자치시장 · 도지사 및 특별자치도지사 또는 시장 · 군수 · 구청장이 부양의무자를 확인할 수 없어 국민기초생활 보장법에 따른 보장시설에 보호의뢰한 사람

② 부모(부모가 사망이나 그 밖의 사유로 동의할 수 없는 경우에는 다른 직계존속을 말한다) 또는 후견인이 입양에 동의하여 보장시설 또는 입양기관에 보호의뢰한 사람

③ 법원에 의하여 친권상실의 선고를 받은 사람의 자녀로서 시 · 도지사 또는 시장 · 군수 · 구청장이 보장시설에 보호의뢰한 사람

④ 그 밖에 부양의무자를 알 수 없는 경우로서 시 · 도지사 또는 시장 · 군수 · 구청장이 보장시설에 보호의뢰한 사람

(2) 양친이 될 자격(법 제10조)

① 양자를 부양하기에 충분한 재산이 있을 것

② 양자에 대하여 종교의 자유를 인정하고 사회의 구성원으로서 그에 상응하는 양육과 교육을 할 수 있을 것

③ 양친이 될 사람이 아동학대 · 가정폭력 · 성폭력 · 마약 등의 범죄나 알코올 등 약물중독의 경력이 없을 것

④ 양친이 될 사람이 대한민국 국민이 아닌 경우 해당 국가의 법에 따라 양친이 될 수 있는 자격이 있을 것

⑤ 그 밖에 양자가 될 사람의 복지를 위하여 보건복지부령으로 정하는 필요한 요건을 갖출 것

(3) 입양의 동의(법 제12조)

① 아동을 양자로 하려면 친생부모가 친권상실의 선고를 받은 경우와 친생부모의 소재불명 등의 사유로 동의를 받을 수 없는 경우 외에는 친생부모의 동의를 받아야 한다.

② 아동을 양자로 하고자 할 경우에는 보호의뢰 시의 입양동의로써 입양의 동의를 갈음할 수 있다.

③ 13세 이상인 아동을 입양하고자 할 때에는 동의권자의 동의 외에 입양될 아동의 동의를 받아야 하며 허가가 있기 전에는 동의를 철회할 수 있다.

④ 입양의 동의 또는 입양동의의 철회는 서면으로 하며, 동의에 필요한 사항은 보건복지부령으로 정한다.

(4) 입양동의의 요건(법 제13조)

① 입양의 동의는 아동의 출생일부터 1주일이 지난 후에 이루어져야 한다.

② 입양동의의 대가로 금전 또는 재산상의 이익, 그 밖의 반대급부를 주고받거나 주고받을 것을 약속하여서는 아니 된다.

③ 입양기관은 입양동의 전에 친생부모에게 아동을 직접 양육할 경우 지원받을 수 있는 사항 및 입양의 법률적 효력 등에 관한 충분한 상담을 제공하여야 하며, 상담내용 등에 대하여는 보건복지부령으로 정한다.

④ 입양기관은 입양동의 전에 입양될 아동에게 입양동의의 효과 등에 관한 충분한 상담을 제공하여야 하며, 상담내용 등에 대하여는 보건복지부령으로 정한다.

(5) 입양의 효과와 효력발생(법 제14조 및 제15조)

① 입양의 효과 : 입양된 아동은 민법상 친양자와 동일한 지위를 가진다.

② 입양의 효력발생 : 입양은 가정법원의 인용심판 확정으로 효력이 발생하고, 양친 또는 양자는 가정법원의 허가서를 첨부하여 가족관계의 등록 등에 관한 법률에서 정하는 바에 따라 신고하여야 한다.

(6) 입양의 취소(법 제16조)

① 입양아동의 친생의 부 또는 모는 자신에게 책임이 없는 사유로 인하여 입양의 동의를 할 수 없었던 경우에는 입양의 사실을 안 날부터 6개월 안에 가정법원에 입양의 취소를 청구할 수 있다.

② 가정법원은 입양의 취소 청구에 대한 판결이 확정되거나 심판의 효력이 발생한 때에는 지체없이 그 뜻을 가정법원 소재지 지방자치단체에 통보한다.

(7) 파양(법 제17조)

① 양친, 양자, 검사는 양친이 양자를 학대 또는 유기하거나 그 밖에 양자의 복리를 현저히 해하는 경우와 양자의 양친에 대한 패륜행위로 인하여 양자관계를 유지시킬 수 없게 된 경우에는 가정법원에 파양을 청구할 수 있다.

② 가정법원은 파양이 청구된 아동이 13세 이상인 경우 입양아동의 의견을 청취하고 그 의견을 존중하여야 한다.

③ 가정법원은 파양의 청구에 대한 판결이 확정되거나 심판의 효력이 발생한 때에는 지체 없이 그 뜻을 가정법원 소재지 지방자치단체에 통보한다.

3 입양기관 및 중앙입양원

(1) 입양기관(법 제20조)

9회 기출

① 입양기관을 운영하려는 자는 사회복지사업법에 따른 사회복지법인으로서 보건복지부장관의 허가를 받아야 한다. 다만, 국내입양만을 알선하려는 자는 시 · 도지사의 허가를 받아야 한다.

② 허가받은 사항 중 대통령령으로 정하는 중요한 사항을 변경하려고 하는 경우에는 신고하여야 한다.

③ 보건복지부장관 및 시 · 도지사는 변경신고를 받은 경우 그 내용을 검토하여 이 법에 적합하면 변경신고를 수리하여야 한다.

④ 외국인은 입양기관의 장이 될 수 없다.

⑤ 입양기관의 장과 그 종사자는 입양아동의 인권을 보호하고 건전한 입양문화를 정착시키기 위하여 정기적으로 보건복지부령으로 정하는 보수교육을 받아야 한다.

⑥ 입양기관의 장이 입양을 원하는 국가나 그 국가의 공인을 받은 입양기관과 입양업무에 관한 협약을 체결하였을 때에는 보건복지부장관에게 보고하여야 한다. 이 경우 입양업무에 관한 협약에 포함되어야 할 사항은 대통령령으로 정한다.

(2) 입양기관의 의무(법 제21조)

9회 기출

① 입양기관의 장은 입양의뢰된 사람의 권익을 보호하고, 부모를 알 수 없는 경우에는 부모 등 직계존속을 찾기 위하여 노력을 다하여야 한다.

② 입양기관의 장은 입양을 알선할 때 그 양친이 될 사람에 대하여 자격에서 정한 사실을 조사하여야 한다.

③ 입양기관의 장은 양친이 될 사람에게 입양 전에 아동양육에 관한 교육을 하여야 하며, 입양이 성립된 후에는 보건복지부령으로 정하는 바에 따라 입양아동과 그에 관한 기록 등을 양친 또는 양친이 될 사람에게 건네주고, 그 결과를 특별자치시장 · 특별자치도지사 · 시장 · 군수 · 구청장에게 보고하여야 한다.

④ 입양기관의 장은 입양업무의 효율 및 입양기관 간의 협력체계 구축을 위하여 입양아동과 가족에 관한 정보를 보건복지부령으로 정하는 바에 따라 아동권리보장원에 제공하여야 한다.

⑤ 입양기관의 장은 입양업무에 관한 사항을 보건복지부령으로 정하는 바에 따라 기록하여야 한다. 이 경우 입양기록은 전자문서로서 기록할 수 있다.

⑥ 입양업무에 관한 기록은 입양아동에 대한 사후관리를 위하여 영구보존하여야 하다.

⑦ 정보의 범위 및 내용과 입양기록 및 전자기록의 보존 등에 필요한 사항은 보건복지부령으로 정한다.

(3) 후견직무와 가족관계 등록 창설

9회 기출

① **입양기관의 장의 후견직무(법 제22조)**

㉠ 입양기관의 장은 입양을 알선하기 위하여 보장시설의 장, 부모 등으로부터 양자될 아동을 인도받았을 때에는 그 인도받은 날부터 입양이 완료될 때까지 그 아동의 후견인이 된다. 다만, 양자가 될 아동에 대하여 법원이 이미 후견인을 둔 경우에는 그러하지 아니하다.

㉡ 양자로 될 아동을 인도한 친권자의 친권행사는 정지된다. 다만, 친권자가 입양의 동의를 철회한 때에는 다시 친권을 행사할 수 있다.

② **가족관계 등록 창설(법 제23조)** : 입양기관의 장은 양자가 될 아동을 가족관계등록이 되어 있지 아니한 상태에서 인계받았을 때에는 그 아동에 대한 가족관계 등록 창설 절차를 거친다.

제3영역

4 입양아동에 대한 복지 지원 및 정보 공개

(1) 아동인도와 사회복지서비스

① **아동의 인도(법 제31조)** : 입양기관 또는 부모는 법원의 입양허가 결정 후 입양될 아동을 양친이 될 사람에게 인도한다.

② **사회복지서비스(법 제34조)** : 국가와 지방자치단체는 입양기관의 알선을 받아 아동을 입양한 가정에 대하여 입양아동을 건전하게 양육할 수 있도록 필요한 상담, 사회복지시설 이용 등의 사회복지서비스를 제공하여야 한다.

(2) 양육보조금 등의 지급(법 제35조)

① 국가와 지방자치단체는 입양기관의 알선을 받아 입양된 장애아동 등 입양아동이 건전하게 자랄 수 있도록 필요한 경우에는 대통령령으로 정하는 범위에서 양육수당, 의료비, 아동교육지원비, 그 밖의 필요한 양육보조금을 지급할 수 있다.

② 국가와 지방자치단체는 입양기관의 운영비와 국민기초생활 보장법에 따라 지급되는 수급품 외에 가정위탁보호비용을 보조할 수 있다.

(3) 보 칙

11회 기출

① **청문(법 제40조)** : 보건복지부장관 또는 시 · 도지사는 허가를 취소하려면 청문을 하여야 한다.

② **권한의 위임(법 제41조)** : 보건복지부장관 또는 시 · 도지사의 권한은 그 일부를 대통령령으로 정하는 바에 따라 시 · 도지사 또는 시장 · 군수 · 구청장에게 위임할 수 있다.

제 11 절 다문화가족지원법

1 목적, 정의 및 책무

(1) 목적(법 제1조)

다문화가족 구성원이 안정적인 가족생활을 영위하고, 사회구성원으로서의 역할과 책임을 다할 수 있도록 함으로써 이들의 삶의 질 향상과 사회통합에 이바지함을 목적으로 한다.

(2) 용어의 정의(법 제2조)

8회 기출

① 다문화가족

㉠ 재한외국인 처우 기본법 제2조 제3호의 결혼이민자와 국적법 제2조부터 제4조까지의 규정에 따라 대한민국 국적을 취득한 자로 이루어진 가족

㉡ 국적법 제3조 및 제4조에 따라 대한민국 국적을 취득한 자와 같은 법 제2조부터 제4조까지의 규정에 따라 대한민국 국적을 취득한 자로 이루어진 가족

② **결혼이민자 등**

㉠ 재한외국인 처우 기본법 제2조 제3호의 결혼이민자

㉡ 국적법 제4조에 따라 귀화허가를 받은 자

③ **아동 · 청소년 : 24세 이하인 사람**

(3) 국가와 지방자치단체의 책무(법 제3조)

16회 기출

① 국가와 지방자치단체는 **다문화가족 구성원이 안정적인 가족생활을 영위**하고, 경제 · 사회 · 문화 등 각 분야에서 사회구성원으로서의 역할과 책임을 다할 수 있도록 필요한 제도와 여건을 조성하고 이를 위한 시책을 수립 · 시행하여야 한다.

② 특별시 · 광역시 · 도 · 특별자치시 · 특별자치도 및 시 · 군 · 구에는 다문화가족 지원을 담당할 기구와 공무원을 두어야 한다.

③ 국가와 지방자치단체는 이 법에 따른 시책 중 외국인정책 관련 사항에 대하여는 재한외국인 처우 기본법 제5조부터 제9조까지의 규정에 따른다.

제3영역

2 주요 내용

(1) 다문화가족 지원을 위한 기본계획의 수립(법 제3조의2)

10, 16, 18회 기출

① **여성가족부장관은 다문화가족 지원을 위하여 5년마다 다문화가족정책에 관한 기본계획을 수립하여야 한다.**

② 기본계획에는 다음의 사항을 포함하여야 한다.

㉠ 다문화가족 지원 정책의 기본 방향

㉡ 다문화가족 지원을 위한 분야별 발전시책과 평가에 관한 사항

㉢ 다문화가족 지원을 위한 제도 개선에 관한 사항

㉣ 다문화가족 구성원의 경제 · 사회 · 문화 등 각 분야에서 활동 증진에 관한 사항

㉤ 다문화가족 지원을 위한 재원 확보 및 배분에 관한 사항

㉥ 그 밖에 다문화가족 지원을 위하여 필요한 사항

(2) 연도별 시행계획의 수립 · 시행(법 제3조의3)

① 여성가족부장관, 관계 중앙행정기관의 장과 시 · 도지사는 매년 기본계획에 따라 다문화가족정책에 관한 시행계획을 수립 · 시행하여야 한다.

② 관계 중앙행정기관의 장과 시 · 도지사는 전년도의 시행계획에 따른 추진실적 및 다음 연도의 시행계획을 대통령령으로 정하는 바에 따라 매년 여성가족부장관에게 제출하여야 한다.

(3) 다문화가족정책위원회의 설치(법 제3조의4)

16회 기출

① 다문화가족의 삶의 질 향상과 사회통합에 관한 중요 사항을 심의 · 조정하기 위하여 국무총리 소속으로 다문화가족정책위원회(정책위원회)를 둔다.

② 정책위원회는 다음의 사항을 심의 · 조정한다.

㉠ 다문화가족정책에 관한 기본계획의 수립 및 추진에 관한 사항
㉡ 다문화가족정책의 시행계획의 수립, 추진실적 점검 및 평가에 관한 사항
㉢ 다문화가족과 관련된 각종 조사, 연구 및 정책의 분석 · 평가에 관한 사항
㉣ 각종 다문화가족 지원 관련 사업의 조정 및 협력에 관한 사항
㉤ 다문화가족정책과 관련된 국가 간 협력에 관한 사항
㉥ 그 밖에 다문화가족의 사회통합에 관한 중요 사항으로 위원장이 필요하다고 인정하는 사항

③ 정책위원회는 위원장 1명을 포함한 20명 이내의 위원으로 구성하고, 위원장은 국무총리가 되며, 위원은 다음의 사람이 된다.

㉠ 대통령령으로 정하는 중앙행정기관의 장
㉡ 다문화가족정책에 관하여 학식과 경험이 풍부한 사람 중에서 위원장이 위촉하는 사람

(4) 실태조사 등(법 제4조)

15, 16회 기출

① 여성가족부장관은 다문화가족의 현황 및 실태를 파악하고 다문화가족 지원을 위한 정책수립에 활용하기 위하여 3년마다 다문화가족에 대한 실태조사를 실시하고 그 결과를 공표하여야 한다.

② 여성가족부장관은 실태조사를 위하여 관계 공공기관 또는 관련 법인 · 단체에 대하여 필요한 자료의 제출 등 협조를 요청할 수 있다. 이 경우 자료의 제출 등 협조를 요청받은 관계 공공기관 또는 관련 법인 · 단체 등은 특별한 사유가 없는 한 이에 협조하여야 한다.

③ 여성가족부장관은 실태조사를 실시함에 있어서 외국인정책 관련 사항에 대하여는 법무부장관과, 다문화가족 구성원인 아동 · 청소년의 교육에 관한 사항에 대하여는 교육부장관과 협의를 거쳐 실시한다.

(5) 다문화가족에 대한 이해증진(법 제5조)

16회 기출

① 국가와 지방자치단체는 다문화가족에 대한 사회적 차별 및 편견을 예방하고 사회구성원이 문화적 다양성을 인정하고 존중할 수 있도록 다문화 이해교육과 홍보 등 필요한 조치를 하여야 한다.

② 여성가족부장관은 조치를 함에 있어 홍보영상을 제작하여 방송사업자에게 배포하여야 하며, 지상파방송사업자에게 비상업적 공익광고 편성비율의 범위에서 홍보영상을 채널별로 송출하도록 요청할 수 있다. 지상파방송사업자는 홍보영상 외에 독자적으로 홍보영상을 제작하여 송출하도록 요청할 수 있다.

③ 교육부장관과 특별시 · 광역시 · 특별자치시 · 도 · 특별자치도의 교육감은 학교에서 다문화가족에 대한 이해를 돕는 교육을 실시하기 위한 시책을 수립 · 시행하여야 한다. 이 경우 실태조사의 결과 중 다문화가족 구성원인 아동 · 청소년의 교육현황 및 아동 · 청소년의 다문화가족에 대한 인식 등에 관한 사항을 반영하여야 한다.

④ 교육부장관과 특별시 · 광역시 · 특별자치시 · 도 · 특별자치도의 교육감은 학교의 교원에 대하여 대통령령으로 정하는 바에 따라 다문화 이해교육 관련 연수를 실시하여야 한다.

(6) 생활정보 제공 및 교육 지원(법 제6조 및 제7조)

6, 11, 18회 기출

① 국가와 지방자치단체는 결혼이민자 등이 대한민국에서 생활하는데 필요한 기본적 정보(아동 · 청소년에 대한 학습 및 생활지도 관련 정보를 포함)를 제공하고, 사회적응교육과 직업교육 · 훈련 및 언어소통 능력 향상을 위한 한국어교육 등을 받을 수 있도록 필요한 지원을 할 수 있다. 또한, 결혼이민자 등의 배우자 및 가족구성원이 결혼이민자 등의 출신 국가 및 문화 등을 이해하는 데 필요한 기본적 정보를 제공하고 관련 교육을 지원할 수 있다.

② 국가와 지방자치단체는 교육을 실시함에 있어 거주지 및 가정환경 등으로 인하여 서비스에서 소외되는 결혼이민자 등과 배우자 및 가족구성원이 없도록 방문교육이나 원격교육 등 다양한 방법으로 교육을 지원하고, 교재와 강사 등의 전문성을 강화하기 위한 시책을 수립 · 시행하여야 한다.

③ 국가와 지방자치단체는 방문교육의 비용을 결혼이민자 등의 가구 소득수준, 교육의 종류 등 여성가족부장관이 정하여 고시하는 기준에 따라 차등 지원할 수 있다.

④ 국가와 지방자치단체가 비용을 지원함에 있어 비용 지원의 신청, 금융정보 등의 제공, 조사 · 질문 등은 아이돌봄 지원법의 규정을 준용한다.

⑤ 결혼이민자 등의 배우자 등 다문화가족 구성원은 결혼이민자 등이 한국어교육 등 사회적응에 필요한 다양한 교육을 받을 수 있도록 노력하여야 한다.

⑥ 국가와 지방자치단체는 다문화가족이 민주적이고 양성평등한 가족관계를 누릴 수 있도록 가족상담, 부부교육, 부모교육, 가족생활교육 등을 추진하여야 한다. 이 경우 문화의 차이 등을 고려한 전문적인 서비스가 제공될 수 있도록 노력하여야 한다.

(7) 가정폭력 피해자에 대한 보호 · 지원(법 제8조)

6, 11회 기출

① 국가와 지방자치단체는 가정폭력방지 및 피해자보호 등에 관한 법률에 따라 다문화가족 내 가정폭력을 예방하기 위하여 노력하여야 한다.

② 국가와 지방자치단체는 가정폭력으로 피해를 입은 결혼이민자 등을 보호 · 지원할 수 있다.

③ 국가와 지방자치단체는 가정폭력의 피해를 입은 결혼이민자 등에 대한 보호 및 지원을 위하여 외국어 통역 서비스를 갖춘 가정폭력 상담소 및 보호시설의 설치를 확대하도록 노력하여야 한다.

④ 국가와 지방자치단체는 결혼이민자 등이 가정폭력으로 혼인관계를 종료하는 경우 의사소통의 어려움과 법률체계 등에 관한 정보의 부족 등으로 불리한 입장에 놓이지 아니하도록 의견진술 및 사실 확인 등에 있어서 언어통역, 법률상담 및 행정지원 등 필요한 서비스를 제공할 수 있다.

(8) 의료 및 건강관리를 위한 지원(법 제9조)

11회 기출

① 국가와 지방자치단체는 결혼이민자 등이 건강하게 생활할 수 있도록 영양 · 건강에 대한 교육, 산전 · 산후 도우미 파견, 건강검진 등의 의료서비스를 지원할 수 있다.

② 국가와 지방자치단체는 결혼이민자 등이 의료서비스를 제공받을 경우 외국어 통역 서비스를 제공할 수 있다.

(9) 아동 · 청소년 보육 · 교육(법 제10조)

① 국가와 지방자치단체는 아동 · 청소년 보육 · 교육을 실시함에 있어서 다문화가족 구성원인 아동 · 청소년을 차별하여서는 아니 된다.

② 국가와 지방자치단체는 다문화가족 구성원인 아동 · 청소년이 학교생활에 신속히 적응할 수 있도록 교육지원대책을 마련하여야 하고, 특별시 · 광역시 · 특별자치시 · 도 · 특별자치도의 교육감은 다문화가족 구성원인 아동 · 청소년에 대하여 학과 외 또는 방과 후 교육 프로그램 등을 지원할 수 있다.

③ 국가와 지방자치단체는 다문화가족 구성원인 18세 미만인 사람의 초등학교 취학 전 보육 및 교육 지원을 위하여 노력하고, 그 구성원의 언어발달을 위하여 한국어 및 결혼이민자 등인 부 또는 모의 모국어 교육을 위한 교재지원 및 학습지원 등 언어능력 제고를 위하여 필요한 지원을 할 수 있다.

④ 어린이집의 원장, 유치원의 장, 초 · 중 · 고 각급 학교의 장, 그 밖에 대통령령으로 정하는 기관의 장은 아동 · 청소년 보육 · 교육을 실시함에 있어 다문화가족 구성원인 아동 · 청소년이 차별을 받지 아니하도록 필요한 조치를 하여야 한다.

(10) 다국어에 의한 서비스 제공(법 제11조)

11회 기출

국가와 지방자치단체는 규정에 따른 지원정책을 추진함에 있어서 결혼이민자 등의 의사소통의 어려움을 해소하고 서비스 접근성을 제고하기 위하여 **다국어에 의한 서비스 제공**이 이루어지도록 노력하여야 한다.

(11) 다문화가족 종합정보 전화센터의 설치 · 운영 등(법 제11조의2)

① 여성가족부장관은 다국어에 의한 상담 · 통역 서비스 등을 결혼이민자 등에게 제공하기 위하여 다문화가족 종합정보 전화센터(전화센터)를 설치 · 운영할 수 있다. 이 경우 가정폭력방지 및 피해자보호 등에 관한 법률에 따른 외국어 서비스를 제공하는 긴급전화센터와 통합하여 운영할 수 있다.

② 여성가족부장관은 전화센터의 설치 · 운영을 대통령령으로 정하는 기관 또는 단체에 위탁할 수 있다.

③ 여성가족부장관은 전화센터의 설치 · 운영을 위탁할 경우 예산의 범위에서 그에 필요한 비용의 전부 또는 일부를 지원할 수 있다.

④ 전화센터의 설치 · 운영에 필요한 사항은 여성가족부령으로 정한다.

(12) 다문화가족지원센터의 설치 · 운영 등(법 제12조)

① 국가와 지방자치단체는 다문화가족지원센터를 설치 · 운영할 수 있다. 국가 또는 지방자치단체는 지원센터의 설치 · 운영을 대통령령으로 정하는 법인이나 단체에 위탁할 수 있다. 국가 또는 지방자치단체 아닌 자가 지원센터를 설치 · 운영하고자 할 때에는 미리 시 · 도지사 또는 시장 · 군수 · 구청장의 지정을 받아야 한다.

② 다문화가족지원센터의 업무

㉠ 다문화가족을 위한 교육 · 상담 등 지원사업의 실시와 결혼이민자등에 대한 한국어교육

㉡ 다문화가족 지원서비스 정보제공 및 홍보와 다문화가족 지원 관련 기관 · 단체와의 서비스 연계

㉢ 일자리에 관한 정보제공 및 일자리의 알선과 다문화가족을 위한 통역 · 번역 지원사업

㉣ 다문화가족 내 가정폭력 방지 및 피해자 연계 지원과 그 밖에 다문화가족 지원을 위하여 필요한 사업

③ 지원센터에는 다문화가족에 대한 교육 · 상담 등의 업무를 수행하기 위하여 관련 분야에 대한 학식과 경험을 가진 전문인력을 두어야 한다.

④ 국가와 지방자치단체는 지정한 지원센터에 대하여 예산의 범위에서 ②의 업무를 수행하는 데에 필요한 비용 및 지원센터 운영에 드는 비용의 전부 또는 일부를 보조할 수 있다.

Plus ⊕ one

유사명칭 사용 금지

- 다문화가족지원법에 따른 지원센터가 아니면 다문화가족지원센터 또는 이와 유사한 명칭을 사용하지 못한다.
- 유사명칭 사용 금지를 위반한 자에게는 300만 원 이하의 과태료를 부과한다.

제3영역

(13) 보수교육과 공무원의 교육

① **보수교육의 실시(법 제12조의2)** : 여성가족부장관 또는 시 · 도지사는 지원센터에 두는 전문인력의 자질과 능력을 향상시키기 위하여 보수교육을 실시하여야 한다.

② **다문화가족 지원업무 관련 공무원의 교육(법 제13조)** : 국가와 지방자치단체는 다문화가족지원 관련 업무에 종사하는 공무원의 다문화가족에 대한 이해증진과 전문성 향상을 위하여 교육을 실시할 수 있다.

(14) 다문화가족지원사업 전문인력 양성(법 제13조의2)

① 국가 또는 지방자치단체는 다문화가족지원 및 다문화 이해교육 등의 사업 추진에 필요한 전문인력을 양성하는 데 노력하여야 한다.

② 여성가족부장관은 전문인력을 양성하기 위하여 대통령령으로 정하는 바에 따라 대학이나 연구소 등 적절한 인력과 시설 등을 갖춘 기관이나 단체를 전문인력 양성기관으로 지정하여 관리할 수 있다.

③ 국가 또는 지방자치단체는 지정된 전문인력 양성기관에 대하여 예산의 범위에서 필요한 경비의 전부 또는 일부를 지원할 수 있다.

(15) 처우 및 적용 특례

11, 18회 기출

① **사실혼 배우자 및 자녀의 처우(법 제14조)** : 대한민국 국민과 사실혼 관계에서 출생한 자녀를 양육하고 있는 다문화가족 구성원에 대하여 준용한다.

② **다문화가족 자녀에 대한 적용 특례(법 제14조의2)** : 다문화가족이 이혼 등의 사유로 해체된 경우에도 그 구성원이었던 자녀에 대하여는 이 법을 적용한다.

제12절 피해자보호 등에 관한 법률

1 성매매방지 및 피해자보호 등에 관한 법률

(1) 목적(법 제1조)

성매매를 방지하고 성매매피해자 및 성을 파는 행위를 한 사람의 보호, 피해회복 및 자립 · 자활을 지원하는 것을 목적으로 한다.

(2) 국가 등의 책임(법 제3조)

① 국가 및 지방자치단체는 성매매를 방지하고, 성매매피해자 및 성을 파는 행위를 한 사람의 보호, 피해 회복 및 자립 · 자활을 지원하기 위하여 다음의 사항에 대한 법적 · 제도적 장치를 마련하고 필요한 행정적 · 재정적 조치를 취하여야 한다.

㉠ 성매매, 성매매알선 등 행위 및 성매매 목적의 인신매매 신고체계의 구축 · 운영

㉡ 성매매, 성매매알선 등 행위 및 성매매 목적의 인신매매를 방지하기 위한 조사 · 연구 · 교육 · 홍보, 법령 정비 및 정책 수립

㉢ 성매매피해자 등의 보호와 자립을 지원하기 위한 시설(외국인을 위한 시설을 포함)의 설치 · 운영

㉣ 성매매피해자 등에 대한 주거지원, 직업훈련, 법률구조 및 그 밖의 지원 서비스 제공

㉤ 성매매피해자 등에 대한 보호 · 지원을 원활히 하기 위한 관련 기관 간 협력체계의 구축 · 운영

㉥ 성매매, 성매매알선 등 행위 예방을 위한 유해환경 감시

② 국가는 성매매 목적의 인신매매의 방지를 위한 국제협력의 증진을 위하여 노력하여야 한다.

(3) 성매매 실태조사(법 제4조)

① 여성가족부장관은 3년마다 국내외 성매매 실태조사를 실시하여 성매매 실태에 관한 종합보고서를 발간하고, 이를 성매매의 예방을 위한 정책수립에 기초자료로 활용하여야 한다.

② 여성가족부장관은 성매매 실태조사를 위하여 필요하다고 인정하는 경우에는 관계 중앙행정기관의 장, 지방자치단체의 장 및 관련 단체의 장에게 자료 제출 또는 조사업무의 수행에 필요한 협조를 요청할 수 있다. 이 경우 자료 제출 또는 협조 요청을 받은 자는 특별한 사유가 없는 한 이에 따라야 한다.

(4) 성매매 예방교육(법 제5조)

국가기관, 지방자치단체 및 초 · 중 · 고등학교, 그 밖에 대통령령으로 정하는 공공단체의 장은 성에 대한 건전한 가치관 함양과 성매매 방지 및 인권보호를 위하여 성매매 예방교육을 실시하고, 그 결과를 여성가족부장관에게 제출하여야 한다.

(5) 지원시설

① **지원시설의 종류(법 제9조)** : 성매매피해자 등을 위한 지원시설의 종류는 다음과 같다.

㉠ 일반지원시설 : 성매매피해자 등을 대상으로 1년 이내의 범위에서 숙식을 제공하고 자립을 지원하는 시설

㉡ 청소년지원시설 : 19세 미만의 성매매피해자 등을 대상으로 19세가 될 때까지 숙식을 제공하고, 취학 · 교육 등을 통하여 자립을 지원하는 시설

㉢ 외국인지원시설 : 외국인 성매매피해자 등을 대상으로 3개월(성매매알선 등 행위의 처벌에 관한 법률 제11조의 규정에 해당하는 경우에는 그 해당기간)의 범위에서 숙식을 제공하고, 귀국을 지원하는 시설

㉣ 자립지원 공동생활시설 : 성매매피해자 등을 대상으로 2년의 범위에서 숙박 등의 편의를 제공하고, 자립을 지원하는 시설

② **지원시설의 설치(법 제10조)**

㉠ 국가 또는 지방자치단체는 지원시설을 설치 · 운영할 수 있다.

㉡ 국가나 지방자치단체 외의 자가 지원시설을 설치 · 운영하려면 특별자치시장 · 특별자치도지사, 시장 · 군수 · 구청장에게 신고하여야 한다. 신고한 사항 중 여성가족부령으로 정하는 중요 사항을 변경하려는 경우에도 또한 같다.

㉢ 특별자치시장 · 특별자치도지사, 시장 · 군수 · 구청장은 신고를 받은 날부터 10일 이내(변경신고의 경우 5일 이내)에 신고수리 여부 또는 민원 처리 관련 법령에 따른 처리기간의 연장을 신고인에게 통지하여야 한다.

③ **지원시설의 업무(법 제11조)**

㉠ 일반지원시설의 업무

- 숙식 제공
- 심리적 안정과 피해 회복을 위한 상담 및 치료
- 질병치료와 건강관리를 위해 의료기관에의 인도하는 등 의료지원
- 수사기관의 조사와 법원의 증인신문에의 동행
- 대한법률구조공단 등 관계 기관에 필요한 협조 및 지원요청
- 자립 · 자활교육의 실시와 취업정보 제공
- 국민기초생활보장법 등 사회보장관계법령에 따른 급부의 수령지원
- 위탁교육을 포함한 기술교육
- 다른 법률에서 지원시설에 위탁한 사항
- 그 밖에 여성가족부령이 정하는 사항

㉡ 자립지원 공동생활 시설의 업무

- 숙박 지원
- 취업 및 창업을 위한 정보의 제공
- 그 밖에 사회적응을 위하여 필요한 지원으로서 여성가족부령이 정하는 사항

④ 지원시설 입소 등(법 제12조)

㉠ 지원시설에 들어가려는 사람은 해당 지원시설의 입소규정을 지켜야 한다.

㉡ 지원시설에서 제공하는 프로그램을 이용하려는 사람은 해당 지원시설의 이용규정을 지켜야 한다.

㉢ 지원시설의 장은 입소규정이나 이용규정을 지키지 아니하거나 그 밖에 단체생활을 현저히 해치는 행위를 하는 입소자나 이용자에 대하여는 퇴소 또는 이용 중단 등 필요한 조치를 할 수 있다.

⑤ 지원시설의 운영(법 제13조)

㉠ 지원시설의 장은 입소자 또는 이용자의 인권을 최대한 보장하여야 한다.

㉡ 지원시설의 장은 입소자 및 이용자의 사회적응능력 등을 배양시킬 수 있는 상담 · 교육 · 정보제공 및 신변보호 등에 필요한 지원을 하여야 한다.

㉢ 지원시설의 장은 입소자의 건강관리를 위하여 입소 후 1개월 이내에 건강진단을 실시하고 건강에 이상이 발견된 경우에는 의료급여법에 의한 의료급여를 받게 하는 등 필요한 조치를 하여야 하며, 필요한 경우 의료기관에 질병치료 등을 의뢰할 수 있다.

(6) 상담소

① 상담소의 설치(법 제17조)

㉠ 국가 또는 지방자치단체는 성매매피해상담소를 설치 · 운영할 수 있다.

㉡ 국가 또는 지방자치단체 외의 자가 상담소를 설치 · 운영하려면 특별자치시장 · 특별자치도지사, 시장 · 군수 · 구청장에게 신고하여야 한다. 신고한 사항 중 여성가족부령으로 정하는 중요사항을 변경하려는 경우에도 또한 같다.

㉢ 특별자치시장 · 특별자치도지사, 시장 · 군수 · 구청장은 신고를 받은 날부터 10일 이내(변경신고의 경우 5일 이내)에 신고수리 여부 또는 민원 처리 관련 법령에 따른 처리기간의 연장을 신고인에게 통지하여야 한다.

㉣ 상담소에는 상담실을 두어야 하며, 이용자를 임시로 보호하기 위한 보호실을 운영할 수 있다.

② 상담소의 업무(법 제18조)

㉠ 상담 및 현장방문

㉡ 지원시설이용에 관한 고지 및 지원시설에의 인도 또는 연계

㉢ 성매매피해자 등의 구조

㉣ 질병치료와 건강관리를 위한 의료기관에의 인도 등 의료지원, 수사기관의 조사와 법원의 증인신문에의 동행, 대한법률구조공단 등 관계기관에 필요한 협조 및 지원요청의 업무

㉤ 성매매 예방을 위한 홍보와 교육

㉥ 다른 법률에서 상담소에 위탁한 사항

㉦ 성매매피해자 등의 보호를 위한 조치로써 여성가족부령이 정하는 사항

③ 상담소의 폐쇄(법 제31조)

㉠ 여성가족부장관, 시 · 도지사 또는 시장 · 군수 · 구청장은 상담소 등이 다음의 어느 하나에 해당하는 경우에는 업무 정지 또는 폐지를 명하거나 상담소 등을 폐쇄할 수 있다.

- 상담소 등이 법에 따른 설치기준에 미달하게 된 경우
- 정당한 사유 없이 보고를 하지 아니하거나 거짓으로 보고한 경우
- 영리 목적으로 운영을 한 경우
- 상담소 등의 장 또는 그 종사자들이 입소자 · 이용자에 대하여 성폭력범죄의 처벌 등에 관한 특례법의 범죄를 범한 경우
- 사회복지사업법 제40조 제1항 제3호 또는 제4호에 해당하는 경우
- 이 법 또는 이 법에 따른 명령을 위반한 경우

㉡ 업무 정지 또는 폐지를 명하거나 상담소 등을 폐쇄하려면 청문을 하여야 한다.

㉢ 여성가족부장관, 시 · 도지사 또는 시장 · 군수 · 구청장은 상담소 등이 업무가 정지 또는 폐지되거나 상담소 등이 폐쇄되는 경우에는 해당 시설을 이용하는 사람이 다른 시설로 옮길 수 있도록 하는 등 여성가족부령으로 정하는 바에 따라 시설 이용자의 권익을 보호하기 위하여 필요한 조치를 하여야 한다.

④ 상담소는 영리를 목적으로 설치 · 운영하여서는 아니 된다(법 제29조).

⑤ 성매매방지중앙지원센터의 업무(법 제19조) 9회 기출

㉠ 지원시설 · 자활지원센터 · 상담소 간 종합 연계망 구축

㉡ 성매매피해자 등 구조체계 구축 · 운영 및 성매매피해자 등 구조활동의 지원

㉢ 법률 · 의료 지원단 운영 및 법률 · 의료 지원체계 확립

㉣ 성매매피해자 등의 자립 · 자활 프로그램 개발 · 보급

㉤ 성매매피해자 등에 대한 지원대책 연구 및 홍보활동

㉥ 성매매 실태조사 및 성매매 방지대책 연구

㉦ 성매매 예방교육프로그램의 개발

㉧ 상담소 등 종사자의 교육 및 상담원 양성, 상담기법의 개발 및 보급

㉨ 그 밖에 여성가족부령으로 정하는 사항

(7) 수사기관의 협조(법 제21조)

상담소의 장은 성매매피해자 등을 긴급히 구조할 필요가 있는 경우에는 관할 국가경찰관서의 장에게 그 소속 직원의 동행을 요청할 수 있으며, 요청을 받은 국가경찰관서의 장은 특별한 사유가 없으면 이에 따라야 한다.

(8) 성매매피해자 등의 의사존중(법 제22조)

상담소 등의 장은 성매매피해자 등이 밝힌 의사에 반(反)하여 지원시설에 들어가게 하거나 보호를 할 수 없다.

(9) 의료비의 지원(법 제23조)

국가 또는 지방자치단체는 상담소 등의 장이 의료기관에 질병치료 등을 의뢰한 경우에는 의료급여법상의 급여가 지급되지 아니하는 치료항목에 대한 의료비용의 전부 또는 일부를 지원할 수 있다.

(10) 전담의료기관의 지정 등(법 제24조)

여성가족부장관 또는 특별자치시장 · 특별자치도지사, 시장 · 군수 · 구청장은 지정받은 전담의료기관 등 필요한 의료기관을 성매매피해자 등의 치료를 위한 전담의료기관으로 지정할 수 있다. 지정된 전담의료기관은 상담소 등의 장의 요청이 있을 때에는 다음의 의료 등을 제공하여야 한다.

① 성매매피해자 등의 보건상담 및 지도

② 성매매피해의 치료

③ 그 밖에 대통령령으로 정하는 신체적 · 정신적 치료

(11) 비용의 보조(법 제25조)

① 국가나 지방자치단체는 지원시설과 상담소의 설치 · 운영에 드는 비용을 보조할 수 있다.

② 국가 또는 지방자치단체는 해외 성매매피해자에 대한 보호 · 지원 활동을 하는 비영리법인이나 단체에 예산의 범위에서 그 경비를 보조할 수 있다.

(12) 폐지 · 휴지 등의 신고(법 제28조)

① 신고한 상담소 등을 폐지 또는 휴지하거나 그 운영을 재개하려는 자는 여성가족부령으로 정하는 바에 따라 특별자치시장 · 특별자치도지사, 시장 · 군수 · 구청장에게 신고하여야 한다.

② 특별자치시장 · 특별자치도지사, 시장 · 군수 · 구청장은 상담소 등의 폐지 또는 휴지신고를 받은 경우 그 내용을 검토하여 이 법에 적합하면 신고를 수리하여야 한다.

③ 상담소 등의 장은 해당 시설을 폐지 또는 휴지하는 경우에는 여성가족부령으로 정하는 바에 따라 해당 시설을 이용하는 사람이 다른 시설로 옮길 수 있도록 하는 등 시설 이용자의 권익을 보호하기 위한 조치를 하여야 한다.

④ 특별자치시장 · 특별자치도지사, 시장 · 군수 · 구청장은 ①에 따른 상담소 등의 폐지 또는 휴지의 신고를 받은 경우 해당 시설의 장이 ③에 따른 시설 이용자의 권익을 보호하기 위한 조치를 하였는지 여부를 확인하는 등 여성가족부령으로 정하는 조치를 하여야 한다.

(13) 비밀엄수 등의 의무(법 제30조)

상담소 등의 장이나 종사자 또는 그 직에 있었던 자는 직무상 알게 된 비밀을 누설하여서는 안 된다.

(14) 벌칙(법 제36조)

다음의 어느 하나에 해당하는 자는 1년 이하의 징역 또는 1천만 원 이하의 벌금에 처한다.

① 신고를 하지 아니하고 지원시설을 설치 · 운영한 자

② 신고를 하지 아니하고 자활지원센터를 설치 · 운영한 자
③ 신고를 하지 아니하고 상담소를 설치 · 운영한 자
④ 영리목적운영의 금지 또는 비밀엄수 등의 의무 규정을 위반한 자
⑤ 상담소 등의 폐쇄 등의 규정에 따른 명령을 위반한 자

(15) 과태료(법 제38조)

① 다음 어느 하나에 해당하는 자에게는 500만 원 이하의 과태료를 부과한다.
㉠ 관계 공무원의 출입 · 검사를 거부 · 방해 또는 기피한 자
㉡ 상담소 연락처 등의 게시 또는 정보통신서비스 제공자 및 온라인서비스 제공자의 의무를 위반하여 게시물을 게시하지 아니한 자
② 폐지 · 휴지 등의 신고를 위반하여 신고하지 아니한 자에게는 300만 원 이하의 과태료를 부과한다.

2 성폭력방지 및 피해자보호 등에 관한 법률

(1) 총 칙

① **목적(법 제1조)** : 이 법은 성폭력을 예방하고 성폭력피해자를 보호 · 지원함으로써 인권증진에 이바지함을 목적으로 한다.
② **용어의 정의(법 제2조)**
㉠ 성폭력 : 성폭력범죄의 처벌 등에 관한 특례법 제2조 제1항에 규정된 죄에 해당하는 행위를 말한다.
㉡ 성폭력행위자 : 성폭력범죄의 처벌 등에 관한 특례법 제2조 제1항에 해당하는 죄를 범한 사람을 말한다.
㉢ 성폭력피해자 : **성폭력으로 인하여 직접적으로 피해를 입은 사람**을 말한다.
③ **국가 등의 책무(법 제3조)**
㉠ 성폭력 신고체계의 구축 · 운영
㉡ 성폭력 예방을 위한 조사 · 연구, 교육 및 홍보
㉢ 피해자를 보호 · 지원하기 위한 시설의 설치 · 운영
㉣ 피해자에 대한 주거지원, 직업훈련 및 법률구조 등 사회복귀 지원
㉤ 피해자에 대한 보호 · 지원을 원활히 하기 위한 관련 기관 간 협력체계의 구축 · 운영
㉥ 성폭력 예방을 위한 유해환경 개선
㉦ 피해자 보호 · 지원을 위한 관계 법령의 정비와 각종 정책의 수립 · 시행 및 평가
④ **성폭력 실태조사(법 제4조)** : 여성가족부장관은 성폭력의 실태를 파악하고 성폭력 방지에 관한 정책을 수립하기 위하여 **3년마다 성폭력 실태조사를 하고 그 결과를 발표**하여야 한다.

⑤ 성폭력 예방교육 등(법 제5조)

㉠ 국가기관 및 지방자치단체의 장, 유아교육법에 따른 유치원의 장, 영유아보육법에 따른 어린이집의 원장, 초·중등교육법에 따른 각급 학교의 장, 고등교육법에 따른 학교의 장, 국가기관 등의 장은 대통령령으로 정하는 바에 따라 성교육 및 성폭력 예방교육 실시, 기관 내 피해자 보호와 피해 예방을 위한 자체 예방지침 마련, 사건발생 시 재발방지대책 수립·시행 등 필요한 조치를 하고, 그 결과를 여성가족부장관에게 제출하여야 한다.

㉡ 교육을 실시하는 경우 성매매 예방교육, 성희롱 예방교육 및 가정폭력 예방교육 등을 성평등 관점에서 통합하여 실시할 수 있다.

㉢ 국가기관 등의 장은 성교육 및 성폭력 예방교육의 참여에 관한 사항을 소속 직원 및 종사자에 대한 승진, 전보, 교육훈련 등의 인사관리에 반영할 수 있다.

㉣ 양성평등기본법에 따른 사용자는 성교육 및 성폭력 예방교육을 실시하는 등 직장 내 성폭력 예방을 위한 노력을 하여야 한다.

㉤ 여성가족부장관 또는 특별시장·광역시장·특별자치시장·도지사·특별자치도지사는 ㉠에 따른 교육대상에 포함되지 아니하는 국민에게 성교육 및 성폭력 예방교육을 실시할 수 있다. 이 경우 여성가족부장관 또는 시·도지사는 교육에 관한 업무를 성폭력 예방교육 지원기관에 위탁할 수 있다.

㉥ 여성가족부장관은 교육을 효과적으로 실시하기 위하여 전문강사를 양성하고, 관계 중앙행정기관의 장과 협의하여 생애주기별 교육프로그램 및 장애인 등 대상별 특성을 고려한 교육프로그램을 개발·보급하여야 한다.

㉦ 여성가족부장관 또는 시·도지사는 성교육 및 성폭력 예방교육의 실시, 생애주기별 교육프로그램 개발·보급, 장애인 등 대상별 특성을 고려한 교육프로그램 개발·보급, 전문강사 양성 등의 업무를 수행하고 지원하기 위한 지원기관을 설치·운영할 수 있다(법 제5조의2).

㉧ 여성가족부장관은 성폭력의 예방과 방지, 피해자의 치료와 재활 등에 관한 홍보영상을 제작하여 방송법의 방송편성책임자에게 배포하여야 한다(법 제5조의3).

⑥ 피해자 등에 대한 취학 및 취업 지원(법 제7조)

㉠ 국가와 지방자치단체는 피해자나 피해자의 가족구성원이 각급학교의 학생인 경우 주소지외의 지역에서 취학(입학, 재입학, 전학 및 편입학을 포함)할 필요가 있을 때에는 그 취학이 원활히 이루어지도록 지원하여야 한다. 이 경우 취학을 지원하는 관계자는 피해자 등의 사생활이 침해되지 아니하도록 유의하여야 한다.

㉡ 국가와 지방자치단체는 피해자를 보호하는 자에 대한 직업훈련 및 취업을 알선할 수 있다.

⑦ 피해자에 대한 법률상담 등(법 제7조의2) 15회 기출

국가는 피해자에 대하여 법률상담과 소송대리(訴訟代理) 등의 지원을 할 수 있다.

(2) 피해자 보호·지원 시설 등의 설치·운영

① 상담소의 설치·운영(법 제10조)

㉠ 국가 또는 지방자치단체는 성폭력피해상담소를 설치·운영할 수 있다.

㉡ 국가 또는 지방자치단체 외의 자가 상담소를 설치 · 운영하려면 특별자치시장 · 특별자치도지사 또는 시장 · 군수 · 구청장에게 신고하여야 한다. 신고한 사항 중 여성가족부령으로 정하는 중요 사항을 변경하려는 경우에도 또한 같다.

㉢ 특별자치시장 · 특별자치도지사 또는 시장 · 군수 · 구청장은 신고를 받은 날부터 10일 이내(변경신고의 경우 5일 이내)에 신고수리 여부 또는 민원 처리 관련 법령에 따른 처리기간의 연장을 신고인에게 통지하여야 한다.

② 상담소의 업무(법 제11조)

㉠ 성폭력피해의 신고접수와 이에 관한 상담

㉡ 성폭력피해로 인하여 정상적인 가정생활 또는 사회생활이 곤란하거나 그 밖의 사정으로 긴급히 보호할 필요가 있는 사람과 성폭력피해자보호시설 등의 연계

㉢ 피해자 등의 질병치료와 건강관리를 위하여 의료기관에 인도하는 등 의료 지원

㉣ 피해자에 대한 수사기관의 조사와 법원의 증인신문(證人訊問) 등에의 동행

㉤ 성폭력행위자에 대한 고소와 피해배상청구 등 사법처리 절차에 관하여 대한법률구조공단 등 관계 기관에 필요한 협조 및 지원 요청

㉥ 성폭력 예방을 위한 홍보 및 교육

㉦ 그 밖에 성폭력 및 성폭력피해에 관한 조사 · 연구

③ 보호시설의 설치 · 운영 및 종류(법 제12조) 18회 기출

㉠ 국가 또는 지방자치단체는 성폭력피해자보호시설을 설치 · 운영할 수 있다.

㉡ 사회복지법인이나 그 밖의 비영리법인은 특별자치시장 · 특별자치도지사 또는 시장 · 군수 · 구청장의 인가를 받아 보호시설을 설치 · 운영할 수 있다.

㉢ 보호시설의 종류

- 일반보호시설 : 피해자에게 제13조 제1항 각 호의 사항을 제공하는 시설
- 장애인보호시설 : 「장애인차별금지 및 권리구제 등에 관한 법률」 제2조 제2항에 따른 장애인인 피해자에게 제13조 제1항 각 호의 사항을 제공하는 시설
- 특별지원 보호시설 : 「성폭력범죄의 처벌 등에 관한 특례법」 제5조에 따른 피해자로서 19세 미만의 피해자에게 제13조 제1항 각 호의 사항을 제공하는 시설
- 외국인보호시설 : 외국인 피해자에게 제13조 제1항 각 호의 사항을 제공하는 시설. 다만, 「가정폭력방지 및 피해자보호 등에 관한 법률」 제7조의2 제1항 제3호에 따른 외국인보호시설과 통합하여 운영할 수 있다.
- 자립지원 공동생활시설 : 일반보호시설, 장애인보호시설, 특별지원 보호시설, 외국인보호시설을 퇴소한 사람에게 제13조 제1항 제3호 및 그 밖에 필요한 사항을 제공하는 시설
- 장애인 자립지원 공동생활시설 : 장애인보호시설을 퇴소한 사람에게 제13조 제1항 제3호 및 그 밖에 필요한 사항을 제공하는 시설

④ 보호시설의 업무 등(법 제13조)

㉠ 피해자 등의 보호 및 숙식 제공

㉡ 피해자 등의 심리적 안정과 사회 적응을 위한 상담 및 치료

㉢ 자립 · 자활 교육의 실시와 취업정보의 제공

㉣ 피해자 등의 질병치료와 건강관리를 위하여 의료기관에 인도하는 등 의료 지원과 피해자에 대한 수사기관의 조사와 법원의 증인신문(證人訊問) 등에의 동행, 성폭력행위자에 대한 고소와 피해배상청구 등 사법처리 절차에 관하여 대한법률구조공단 등 관계 기관에 필요한 협조 및 지원 요청의 업무

㉤ 다른 법률에 따라 보호시설에 위탁된 업무

㉥ 그 밖에 피해자 등을 보호하기 위하여 필요한 업무

⑤ **보호시설에 대한 보호비용 지원(법 제14조)**

국가 또는 지방자치단체는 보호시설에 입소한 피해자 등의 보호를 위하여 필요한 경우 생계비, 아동교육지원비, 아동양육비, 그 밖에 대통령령으로 정하는 비용의 보호비용을 보호시설의 장 또는 피해자에게 지원할 수 있다. 다만, 보호시설에 입소한 피해자 등이 국민기초생활 보장법 등 다른 법령에 따라 보호를 받고 있는 경우에는 그 범위에서 이 법에 따른 지원을 하지 아니한다.

⑥ **보호시설의 입소(법 제15조)** 15회 기출

㉠ 본인이 입소를 희망하거나 입소에 동의하는 경우

㉡ 미성년자 또는 지적장애인 등 의사능력이 불완전한 사람으로서 성폭력행위자가 아닌 보호자가 입소에 동의하는 경우

⑦ **보호시설의 입소기간(법 제16조)** 15회 기출

㉠ 일반보호시설 : **1년 이내**. 다만, 여성가족부령으로 정하는 바에 따라 1년 6개월의 범위에서 한 차례 연장할 수 있다.

㉡ 장애인보호시설 : **2년 이내**. 다만, 여성가족부령으로 정하는 바에 따라 피해회복에 소요되는 기간까지 연장할 수 있다.

㉢ 특별지원 보호시설 : **19세가 될 때까지**. 다만, 여성가족부령으로 정하는 바에 따라 2년의 범위에서 한 차례 연장할 수 있다.

㉣ 외국인보호시설 : **1년 이내**. 다만, 여성가족부령으로 정하는 바에 따라 피해회복에 소요되는 기간까지 연장할 수 있다.

㉤ 자립지원 공동생활시설 : **2년 이내**. 다만, 여성가족부령으로 정하는 바에 따라 2년의 범위에서 한 차례 연장할 수 있다.

㉥ 장애인 자립지원 공동생활시설 : **2년 이내**. 다만, 여성가족부령으로 정하는 바에 따라 2년의 범위에서 한 차례 연장할 수 있다.

㉦ 일반보호시설에 입소한 피해자가 대통령령으로 정하는 특별한 사유에 해당하는 경우에는 입소기간을 **초과하여 연장**할 수 있다.

⑧ **보호시설의 퇴소(법 제17조)**

㉠ 보호시설에 입소한 사람은 본인의 의사 또는 입소 동의를 한 보호자의 요청에 따라 보호시설에서 퇴소할 수 있다.

㉡ 보호시설의 장은 입소한 사람이 다음의 어느 하나에 해당하면 퇴소를 명할 수 있다.

- 보호 목적이 달성된 경우

• 보호기간이 끝난 경우
• 입소자가 거짓이나 그 밖의 부정한 방법으로 입소한 경우
• 그 밖에 보호시설 안에서 현저한 질서문란 행위를 한 경우

⑨ **피해자를 위한 통합지원센터의 설치 · 운영(법 제18조)**

국가와 지방자치단체는 성폭력 피해상담, 치료, 법률 상담 등 연계, 수사지원, 그 밖에 피해구제를 위한 지원업무를 종합적으로 수행하기 위하여 성폭력피해자통합지원센터(이하 통합지원센터)를 설치 · 운영할 수 있다.

⑩ **상담원 등의 자격기준(법 제19조)**

다음 어느 하나에 해당하는 사람은 상담소, 보호시설 및 통합지원센터의 장 또는 상담원이 될 수 없다.

㉠ 미성년자, 피성년후견인 또는 피한정후견인
㉡ 금고 이상의 형을 선고받고 그 집행이 종료(집행이 종료된 것으로 보는 경우를 포함)되지 아니하였거나 그 집행을 받지 아니하기로 확정되지 아니한 사람
㉢ 성폭력범죄의 처벌 등에 관한 특례법 제2조의 죄 또는 아동 · 청소년의 성보호에 관한 법률 제2조 제2호의 죄를 범하여 형 또는 치료감호를 선고받고 그 형 또는 치료감호의 전부 또는 일부의 집행이 종료되거나 집행이 유예 · 면제된 날부터 10년이 지나지 아니한 사람

⑪ **보수교육의 실시(법 제20조)**

여성가족부장관 또는 시 · 도지사는 상담소, 보호시설 및 통합지원센터 종사자의 자질을 향상시키기 위하여 보수(補修)교육을 실시하여야 한다.

⑫ **폐지 · 휴지 등의 신고(법 제21조)**

㉠ 설치한 상담소, 보호시설 또는 교육훈련시설을 폐지하거나 휴지 또는 재개하려는 경우에는 여성가족부령으로 정하는 바에 따라 미리 특별자치시장 · 특별자치도지사 또는 시장 · 군수 · 구청장에게 신고하여야 한다.
㉡ 특별자치시장 · 특별자치도지사 또는 시장 · 군수 · 구청장은 폐지 또는 휴지신고를 받은 경우 그 내용을 검토하여 이 법에 적합하면 신고를 수리하여야 한다.
㉢ 상담소의 장, 보호시설의 장 또는 교육훈련시설의 장은 해당 시설을 폐지 또는 휴지하는 경우에는 여성가족부령으로 정하는 바에 따라 해당 시설을 이용하는 사람이 다른 시설로 옮길 수 있도록 하는 등 시설 이용자의 권익을 보호하기 위한 조치를 하여야 한다.
㉣ 특별자치시장 · 특별자치도지사 또는 시장 · 군수 · 구청장은 상담소, 보호시설 또는 교육훈련시설의 폐지 또는 휴지의 신고를 받은 경우 해당 시설의 장이 시설 이용자의 권익을 보호하기 위한 조치를 하였는지 여부를 확인하는 등 여성가족부령으로 정하는 조치를 하여야 한다.

⑬ **인가의 취소 등(법 제23조)**

특별자치시장 · 특별자치도지사 또는 시장 · 군수 · 구청장은 상담소, 보호시설 또는 교육훈련시설이 다음의 어느 하나에 해당하는 경우에는 그 업무의 폐지 또는 정지를 명하거나 인가를 취소할 수 있다. 또, 특별자치시장 · 특별자치도지사 또는 시장 · 군수 · 구청장은 상담소, 보호시설 또는 교육훈련시설이 업무가 폐지 또는 정지되거나 인가가 취소되는 경우에는 해당 시설을 이용하는 사

람이 다른 시설로 옮길 수 있도록 하는 등 여성가족부령으로 정하는 바에 따라 시설 이용자의 권익을 보호하기 위하여 필요한 조치를 하여야 한다.

㉠ 시정 명령을 위반한 경우

㉡ 영리를 목적으로 상담소, 보호시설 또는 교육훈련시설을 설치 · 운영한 경우

㉢ 정당한 사유 없이 보고를 하지 아니하거나 거짓으로 보고한 경우 또는 조사 · 검사를 거부하거나 기피한 경우

⑭ **성폭력 전담의료기관의 지정 등(법 제27조)**

㉠ 여성가족부장관, 특별자치시장 · 특별자치도지사 또는 시장 · 군수 · 구청장은 국립 · 공립병원, 보건소 또는 민간의료시설을 피해자 등의 치료를 위한 전담의료기관으로 지정할 수 있다.

㉡ 지정된 전담의료기관은 피해자 본인 · 가족 · 친지나 긴급전화센터, 상담소, 보호시설 또는 통합지원센터의 장 등이 요청하면 피해자 등에 대하여 보건 상담 및 지도, 치료, 그 밖에 대통령령으로 정하는 신체적 · 정신적 치료를 하여야 한다.

⑮ **의료비 지원(법 제28조)과 비밀 엄수의 의무(법 제30조)**

㉠ 국가 또는 지방자치단체는 치료 등 의료 지원에 필요한 경비의 전부 또는 일부를 지원할 수 있다.

㉡ 상담소, 보호시설 또는 통합지원센터의 장이나 그 밖의 종사자 또는 그 직에 있었던 사람은 그 직무상 알게 된 비밀을 누설하여서는 아니 된다.

(3) 벌 칙

① **3년 이하의 징역 또는 3천만원 이하의 벌금**

성폭력 발생 사실을 신고한 자에게 불이익조치를 한 자

② **3년 이하의 징역 또는 2천만 원 이하의 벌금**

피해자를 해고하거나 그 밖의 불이익을 준 자

③ **2년 이하의 징역 또는 500만 원 이하의 벌금**

㉠ 신고를 하지 아니하거나 인가를 받지 아니하고 상담소, 보호시설 또는 교육훈련시설 설치 · 운영한 자

㉡ 업무의 폐지 또는 정지 명령이나 인가취소를 받고도 상담소, 보호시설 또는 교육훈련시설을 계속 운영한 자

㉢ 영리목적 운영 금지의무를 위반한 자

㉣ 비밀 엄수의 의무를 위반한 자

④ **500만 원 이하의 과태료** : 정당한 사유 없이 현장조사를 거부하는 등 업무를 방해한 자

⑤ **300만 원 이하의 과태료**

㉠ 성폭력 사건이 발생한 사실을 신고하지 아니한 자

㉡ 정당한 사유 없이 보고를 하지 아니하거나 거짓으로 보고한 자 또는 조사 · 검사를 거부하거나 기피한 자

㉢ 유사명칭 사용 금지의무를 위반한 자

3 가정폭력방지 및 피해자보호 등에 관한 법률

(1) 목적과 기본이념

① 목적(법 제1조) : 가정폭력을 예방하고 가정폭력의 피해자를 보호 · 지원함을 목적으로 한다.

② 기본이념(법 제1조의2) : 가정폭력 피해자는 피해 상황에서 신속하게 벗어나 인간으로서의 존엄성과 안전을 보장받을 권리가 있다.

(2) 국가 등의 책무(법 제4조)

① 국가와 지방자치단체는 가정폭력의 예방 · 방지와 피해자의 보호 · 지원을 위하여 다음의 조치를 취하여야 한다.

㉠ 가정폭력 신고체계의 구축 및 운영

㉡ 가정폭력의 예방과 방지를 위한 조사 · 연구 · 교육 및 홍보

㉢ 피해자를 보호 · 지원하기 위한 시설의 설치 · 운영

㉣ 임대주택의 우선 입주권 부여, 직업훈련 등 자립 · 자활을 위한 지원서비스 제공

㉤ 법률구조 및 그 밖에 피해자에 대한 지원서비스 제공

㉥ 피해자의 보호와 지원을 원활히 하기 위한 관련 기관 간의 협력 체계 구축 및 운영

㉦ 가정폭력의 예방 · 방지와 피해자의 보호 · 지원을 위한 관계 법령의 정비와 각종 정책의 수립 · 시행 및 평가

㉧ 피해자와 긴급전화센터, 가정폭력 관련 상담소, 가정폭력피해자 보호시설의 상담원 등 종사자의 신변보호를 위한 안전대책 마련

㉨ 가정폭력 피해의 특성을 고려한 피해자 신변노출 방지 및 보호 · 지원체계 구축

㉩ 가정폭력을 목격하거나 피해를 당한 아동의 신체적 · 정신적 회복을 위하여 필요한 상담 · 치료 프로그램 제공

② 국가와 지방자치단체는 책무를 다하기 위하여 이에 필요한 재원을 확보하는 등 예산상의 조치를 취하여야 한다.

③ 특별시 · 광역시 · 도 · 특별자치도 및 시 · 군 · 구(자치구를 말한다)에 가정폭력의 예방 · 방지 및 피해자의 보호 · 지원을 담당할 기구와 공무원을 두어야 한다.

④ 국가와 지방자치단체는 설치 · 운영하는 가정폭력 관련 상담소와 가정폭력피해자 보호시설에 대하여 경비를 보조하는 등 이를 육성 · 지원하여야 한다.

(3) 가정폭력의 실태와 예방교육의 실시

18회 기출

① 가정폭력 실태조사(법 제4조의2) : 여성가족부장관은 3년마다 가정폭력에 대한 실태조사를 실시하여 그 결과를 발표하고, 이를 가정폭력을 예방하기 위한 정책수립의 기초자료로 활용하여야 한다.

② **가정폭력 예방교육의 실시(법 제4조의3)** : 국가기관, 지방자치단체 및 초 · 중등교육법에 따른 각급 학교의 장, 그 밖에 대통령령으로 정하는 공공단체의 장은 가정폭력의 예방과 방지를 위하여 필요한 교육을 실시하고, 그 결과를 여성가족부장관에게 제출하여야 한다. 예방교육을 실시하는 경우 성교육 및 성폭력 예방교육, 성희롱 예방교육 및 성매매 예방교육 등을 성평등 관점에서 통합하여 실시할 수 있다.

③ **피해자에 대한 불이익처분의 금지(법 제4조의5)** : 피해자를 고용하고 있는 자는 누구든지 가정폭력범죄의 처벌 등에 관한 특례법에 따른 가정폭력범죄와 관련하여 피해자를 해고하거나 그 밖의 불이익을 주어서는 아니 된다.

(4) 긴급전화센터의 설치와 추방 주간

16회 기출

① **긴급전화센터의 설치 · 운영(법 제4조의6)** : 여성가족부장관 또는 특별시장 · 광역시장 · 특별자치시장 · 도지사 · 특별자치도지사는 다음의 업무 등을 수행하기 위하여 긴급전화센터를 설치 · 운영하여야 한다. 이 경우 외국어 서비스를 제공하는 긴급전화센터를 따로 설치 · 운영할 수 있다.

㉠ 피해자의 신고접수 및 상담
㉡ 관련 기관 · 시설과의 연계
㉢ 피해자에 대한 긴급한 구조의 지원
㉣ 경찰관서 등으로부터 인도받은 피해자 및 피해자가 동반한 가정구성원의 임시 보호

② **가정폭력 추방 주간(법 제4조의7)** : 가정폭력에 대한 사회적 경각심을 높이고 가정폭력을 예방하기 위하여 대통령령으로 정하는 바에 따라 1년 중 1주간을 가정폭력 추방 주간으로 한다.

(5) 상담소

① **상담소의 설치 · 운영(법 제5조)**

㉠ 국가나 지방자치단체는 가정폭력 관련 상담소를 설치 · 운영할 수 있다.
㉡ 국가나 지방자치단체 외의 자가 상담소를 설치 · 운영하려면 특별자치도지사 · 시장 · 군수 · 구청장에게 신고하여야 한다.
㉢ 상담소는 외국인, 장애인 등 대상별로 특화하여 운영할 수 있다.

② **상담소의 업무(법 제6조)**

㉠ 가정폭력을 신고받거나 이에 관한 상담에 응하는 일
㉡ 가정폭력을 신고하거나 이에 관한 상담을 요청한 사람과 그 가족에 대한 상담
㉢ 가정폭력으로 정상적인 가정생활과 사회생활이 어렵거나 그 밖에 긴급히 보호를 필요로 하는 피해자 등을 임시로 보호하거나 의료기관 또는 가정폭력피해자 보호시설로 인도하는 일
㉣ 행위자에 대한 고발 등 법률적 사항에 관하여 자문하기 위한 대한변호사협회 또는 지방변호사회 및 법률구조법에 따른 법률 구조법인 등에 필요한 협조와 지원의 요청
㉤ 경찰관서 등으로부터 인도받은 피해자 등의 임시 보호
㉥ 가정폭력의 예방과 방지에 관한 홍보
㉦ 그 밖에 가정폭력과 그 피해에 관한 조사 · 연구

(6) 보호시설

① **보호시설의 설치(법 제7조)**

㉠ 국가나 지방자치단체는 가정폭력피해자 보호시설을 설치 · 운영할 수 있다.

㉡ 사회복지사업법에 따른 사회복지법인과 그 밖의 비영리법인은 시장 · 군수 · 구청장의 인가를 받아 보호시설을 설치 · 운영할 수 있다.

㉢ 보호시설에는 상담원을 두어야 하고, 보호시설의 규모에 따라 생활지도원, 취사원, 관리원 등의 종사자를 둘 수 있다.

② **보호시설의 종류(법 제7조의2)** 12, 15회 기출

㉠ 단기보호시설 : 피해자 등을 6개월의 범위에서 보호하는 시설

㉡ 장기보호시설 : 피해자 등에게 2년의 범위에서 자립을 위한 주거편의 등을 제공하는 시설

㉢ 외국인보호시설 : 배우자가 대한민국 국민인 외국인 피해자 등을 2년의 범위에서 보호하는 시설

㉣ 장애인보호시설 : 장애인복지법의 적용을 받는 장애인 피해자 등을 2년의 범위에서 보호하는 시설

③ **보호기간** : 단기보호시설의 장은 그 단기보호시설에 입소한 피해자 등에 대한 보호기간을 여성가족부령으로 정하는 바에 따라 각 3개월의 범위에서 두 차례만 연장할 수 있다.

④ **보호시설의 업무(법 제8조)** : 보호시설은 피해자 등에 대하여 다음의 업무를 행한다. 다만, 피해자가 동반한 가정 구성원에게는 ㉠ 외의 업무 일부를 하지 아니할 수 있고, 장기보호시설은 피해자 등에 대하여 ㉠~㉤까지에 규정된 업무(주거편의를 제공하는 업무는 제외)를 하지 아니할 수 있다.

㉠ 숙식의 제공

㉡ 심리적 안정과 사회적응을 위한 상담 및 치료

㉢ 질병치료와 건강관리(입소 후 1개월 이내의 건강검진 포함)를 위한 의료기관에의 인도 등 의료지원

㉣ 수사 · 재판과정에 필요한 지원 및 서비스 연계

㉤ 법률구조기관 등에 필요한 협조와 지원의 요청

㉥ 자립자활교육의 실시와 취업정보의 제공

㉦ 다른 법률에 따라 보호시설에 위탁된 사항

㉧ 그 밖에 피해자 등의 보호를 위하여 필요한 일

(7) 가정폭력 관련 상담원 교육훈련시설(법 제8조의3)

① 국가나 지방자치단체는 상담원(상담원이 되려는 자를 포함)에 대하여 교육 · 훈련을 실시하기 위하여 가정폭력 관련 상담원 교육훈련시설을 설치 · 운영할 수 있다.

② 다음의 자로서 교육훈련시설을 설치하려는 자는 시장 · 군수 · 구청장에게 신고하여야 한다. 신고한 사항 중 여성가족부령으로 정하는 중요 사항을 변경하려는 경우에도 또한 같다.

㉠ 고등교육법에 따른 학교를 설립 · 운영하는 학교법인

㉡ 법률구조법인

㉢ 사회복지법인

㉣ 그 밖의 비영리법인

③ 시장 · 군수 · 구청장은 신고를 받은 날부터 10일 이내(변경신고의 경우 5일 이내)에 신고수리 여부 또는 민원 처리 관련 법령에 따른 처리기간의 연장을 신고인에게 통지하여야 한다.

(8) 시설의 운영

① **경비의 보조(법 제13조)** : 국가나 지방자치단체는 상담소나 보호시설의 설치 · 운영에 드는 경비의 일부를 보조할 수 있다. 국가나 지방자치단체는 장애인보호시설이 여성가족부장관이 정하는 기준에 맞는 시설과 설비를 설치할 수 있도록 그 비용을 지원하여야 한다.

② **상담소 또는 보호시설의 통합 설치 및 운영(법 제14조)** : 국가나 지방자치단체는 이 법에 따라 설치 · 운영하는 상담소나 보호시설을 대통령령으로 정하는 유사한 성격의 상담소나 보호시설과 통합하여 설치 · 운영하거나 설치 · 운영할 것을 권고할 수 있다.

③ **영리목적 운영의 금지(법 제15조)** : 누구든지 영리를 목적으로 상담소 · 보호시설 또는 교육훈련시설을 설치 · 운영하여서는 아니된다. 다만, 교육훈련시설의 장은 상담원교육훈련과정을 수강하는 자에게 여성가족부장관이 정하는 바에 따라 수강료를 받을 수 있다.

④ **비밀 엄수의 의무(법 제16조)** : 긴급전화센터, 상담소 또는 보호시설의 장이나 이를 보조하는 자 또는 그 직에 있었던 자는 그 직무상 알게 된 비밀을 누설하여서는 아니 된다.

⑤ **유사 명칭의 사용 금지(법 제17조)** : 긴급전화센터 · 상담소 · 보호시설 또는 교육훈련시설이 아니면 가정폭력 관련 긴급전화센터, 상담소, 가정폭력피해자 보호시설 또는 가정폭력 관련 상담원 교육훈련시설이나 그 밖에 이와 유사한 명칭을 사용하지 못한다.

⑥ **치료보호(법 제18조)**

㉠ 의료기관은 피해자 본인 · 가족 · 친지나 긴급전화센터, 상담소 또는 보호시설의 장 등이 요청하면 피해자에 대하여 다음의 치료보호를 실시하여야 한다.

- 보건에 관한 상담 및 지도
- 신체적 · 정신적 피해에 대한 치료
- 그 밖에 대통령령으로 정하는 의료에 관한 사항

㉡ 치료보호에 필요한 일체의 비용은 가정폭력행위자가 부담한다.

㉢ 피해자가 치료보호비를 신청하는 경우에는 국가나 지방자치단체는 가정폭력행위자를 대신하여 치료보호에 필요한 비용을 의료기관에 지급하여야 한다.

㉣ 국가나 지방자치단체가 비용을 지급한 경우에는 가정폭력행위자에 대하여 구상권을 행사할 수 있다. 다만, 피해자가 보호시설 입소 중에 치료보호를 받은 경우나 가정폭력행위자가 다음에 해당하는 경우에는 그러하지 아니하다.

- 국민기초생활보장법 제2조에 따른 수급자
- 장애인복지법 제32조에 따라 등록된 장애인

(9) 벌 칙

① 3년 이하의 징역 또는 3천만 원 이하의 벌금

피해자를 고용하고 있는 자 누구든지 가정폭력범죄와 관련하여 피해자를 해고하거나 그 밖의 불이익을 준 자

② 1년 이하의 징역 또는 1천만 원 이하의 벌금(법 제20조)

㉠ 신고를 하지 아니하거나 인가를 받지 아니하고 상담소 · 보호시설 또는 교육훈련시설을 설치 · 운영한 자

㉡ 업무의 정지 · 폐지 또는 시설의 폐쇄 명령을 받고도 상담소 · 보호시설 또는 교육훈련시설을 계속 운영한 자

㉢ 비밀 엄수의 의무를 위반한 자

③ 500만 원 이하의 과태료(법 제22조)

정당한 사유 없이 법을 위반하여 현장조사를 거부 · 기피하는 등 업무 수행을 방해한 가정폭력행위자

④ 300만 원 이하의 과태료(법 제22조)

㉠ 정당한 사유 없이 보고를 하지 아니하거나 거짓으로 보고한 자 또는 조사 · 검사를 거부하거나 기피한 자

㉡ 유사 명칭 사용 금지를 위반한 자

CHAPTER 05

출제유형문제

01 아동복지법령상 아동학대예방의 날은? [12회]

① 4월 20일
② 9월 7일
③ 10월 2일
④ 11월 19일
⑤ 12월 10일

해설 ④ 아동의 건강한 성장을 도모하고, 범국민적으로 아동학대의 예방과 방지에 관한 관심을 높이기 위하여 매년 11월 19일을 아동학대예방의 날로 지정하고, 아동학대예방의 날부터 1주일을 아동학대예방주간으로 한다(아동복지법 제23조 제1항).
① 4월 20일 – 장애인의 날
② 9월 7일 – 사회복지의 날
③ 10월 2일 – 노인의 날
⑤ 12월 10일 – 세계인권선언일

02 다문화가족지원법의 내용으로 옳지 않은 것은? [18회]

① 다문화가족은 대한민국 국적을 취득한 자로 이루어진 가족이어야 한다.
② 다문화가족이 이혼 등의 사유로 해체된 경우에도 그 구성원이었던 자녀에 대하여 이 법을 적용한다.
③ 다문화가족지원센터는 결혼이민자 등에 대한 한국어교육 업무를 수행한다.
④ 국가와 지방자치단체는 다문화가족에 대해 가족 생활교육 등을 추진하는 경우, 문화의 차이를 고려한 전문적인 서비스가 제공될 수 있도록 노력하여야 한다.
⑤ 여성가족부장관은 5년마다 다문화가족정책에 관한 기본계획을 수립하여야 한다.

해설 ① 「재한외국인 처우 기본법」에 따른 결혼이민자와 「국적법」에 따라 출생, 인지, 귀화에 의해 대한민국 국적을 취득한 자로 이루어진 가족도 다문화가족지원법상 다문화가족이다(다문화가족지원법 제2조 제1호 참조).
② 동법 제14조의2
③ 다문화가족지원센터는 다문화가족을 위한 교육 · 상담 등 지원사업의 실시, 결혼이민자 등에 대한 한국어교육, 다문화가족 지원서비스 정보제공 및 홍보, 다문화가족 지원 관련 기관 · 단체와 서비스 연계, 일자리에 관한 정보제공 및 일자리의 알선, 다문화가족을 위한 통역 · 번역 지원사업, 그 밖에 다문화가족 지원을 위하여 필요한 사업 등의 업무를 수행한다(동법 제12조 제4항).
④ 국가와 지방자치단체는 다문화가족이 민주적이고 양성평등한 가족관계를 누릴 수 있도록 가족상담, 부부교육, 부모교육, 가족생활교육 등을 추진하여야 한다. 이 경우 문화의 차이 등을 고려한 전문적인 서비스가 제공될 수 있도록 노력하여야 한다(동법 제7조).
⑤ 여성가족부장관은 다문화가족 지원을 위하여 5년마다 다문화가족정책에 관한 기본계획을 수립하여야 한다(동법 제3조의2 제1항).

Answer 1 ④ 2 ①

03 한부모가족지원법상 지원대상자인 아동으로 옳은 것은 모두 몇 개인가? [15회]

ㄱ. 부모의 생사가 분명하지 아니한 아동
ㄴ. 부모가 유기하여 부양을 받을 수 없는 아동
ㄷ. 부모가 신체의 질병으로 장기간 노동능력을 상실한 아동
ㄹ. 부모가 가정의 불화로 가출하여 부모의 부양을 받을 수 없는 아동
ㅁ. 부모의 장기복역으로 부양을 받을 수 없는 아동

① 1개
② 2개
③ 3개
④ 4개
⑤ 5개

해설 **지원대상자의 범위에 대한 특례(한부모가족지원법 제5조의2 및 시행규칙 제3조의2 참조)**

다음의 어느 하나에 해당하는 아동과 그 아동을 양육하는 조부 또는 조모로서 여성가족부령으로 정하는 자는 지원대상자의 범위 규정에도 불구하고 한부모가족지원법에 따른 지원대상자가 된다.

- 부모가 사망하거나 생사가 분명하지 아니한 아동
- 부모가 정신 또는 신체의 장애 · 질병으로 장기간 노동능력을 상실한 아동
- 부모의 장기복역 등으로 부양을 받을 수 없는 아동
- 부모가 이혼하거나 유기하여 부양을 받을 수 없는 아동
- 부모가 가정의 불화 등으로 가출하여 부모의 부양을 받을 수 없는 아동
- 그 밖에 부모가 실직 등으로 장기간 경제적 능력을 상실하여 부양을 받을 수 없는 아동

04 사회복지공동모금회법상 공동모금재원 배분기준에 포함되어야 하는 사항으로 명시되지 않은 것은? [18회]

① 배분한도액
② 배분심사기준
③ 배분신청자의 재산
④ 공동모금재원의 배분대상
⑤ 배분신청기간 및 배분신청서 제출 장소

해설 **공동모금재원 배분기준에 포함되어야 하는 사항(사회복지공동모금회법 제20조 제1항)**

사회복지공동모금회는 매년 8월 31일까지 다음의 사항이 포함된 다음 회계연도의 공동모금재원 배분기준을 정하여 공고하여야 한다.

- 공동모금재원의 배분대상(④)
- 배분한도액(①)
- 배분신청기간 및 배분신청서 제출 장소(⑤)
- 배분심사기준(②)
- 배분재원의 과부족(過不足) 시 조정방법
- 배분신청 시 제출할 서류
- 그 밖에 공동모금재원의 배분에 필요한 사항

Answer 3 ⑤ 4 ③

05 노인복지법의 내용으로 옳지 않은 것은? [16회]

① 국가는 노인보건복지관련 연구시설을 위하여 필요하다고 인정하는 경우 국유재산법 규정에 불구하고 국유재산을 무상으로 대부할 수 있다.

② 지방자치단체는 노인보건복지관련 사업의 육성을 위하여 필요하다고 인정하는 경우 지방재정법의 규정에 불구하고 공유재산을 무상으로 사용하게 할 수 있다.

③ 재가노인복지시설, 노인공동생활가정 및 노인요양공동생활가정은 공동주택에만 설치할 수 있다.

④ 노인복지법에 의한 노인복지주택의 건축물의 용도는 건축관계법령에 불구하고 노유자시설로 본다.

⑤ 노인복지시설에서 노인을 위하여 사용하는 건물 · 토지 등에 대하여는 관계법령이 정하는 바에 의하여 조세 기타 공과금을 감면할 수 있다.

해설

③ 노인복지법에 의한 재가노인복지시설, 노인공동생활가정, 노인요양공동생활가정 및 학대피해노인 전용쉼터는 건축법 제19조(용도변경)의 규정에 불구하고 단독주택 또는 공동주택에 설치할 수 있다(노인복지법 제55조 제1항).

① · ② 국가 또는 지방자치단체는 노인보건복지관련 연구시설이나 사업의 육성을 위하여 필요하다고 인정하는 경우에는 국유재산법 또는 지방재정법의 규정에 불구하고 국 · 공유재산을 무상으로 대부하거나 사용 · 수익하게 할 수 있다(동법 제54조).

④ 동법 제55조 제2항

⑤ 동법 제49조

06 자원봉사활동기본법상 자원봉사센터에 관한 설명으로 옳지 않은 것은? [14회]

① 국가는 자원봉사센터의 설치 · 운영이 활성화될 수 있도록 적극 노력하여야 한다.

② 지방자치단체는 자원봉사센터의 운영에 필요한 경비를 지원할 수 있다.

③ 국가기관 및 지방자치단체는 자원봉사센터를 설치할 수 있다.

④ 지방자치단체는 설치한 자원봉사센터를 비영리 법인에 위탁하여 운영할 수 없다.

⑤ 지방자치단체로부터 운영경비를 지원받는 자원봉사센터는 그 명의로 특정인의 선거운동을 하여서는 아니 된다.

해설

③ · ④ 국가기관 및 지방자치단체는 자원봉사센터를 설치할 수 있다. 이 경우 자원봉사센터를 법인으로 하여 운영하거나 비영리 법인에 위탁하여 운영하여야 한다(자원봉사활동기본법 제19조 제1항).

① · ② 국가는 자원봉사센터의 설치 · 운영이 활성화될 수 있도록 적극 노력하여야 하며, 지방자치단체는 자원봉사센터의 운영에 필요한 경비를 지원할 수 있다(동법 제19조 제3항).

⑤ 국가 및 지방자치단체로부터 지원을 받는 자원봉사단체 및 자원봉사센터는 그 명의 또는 그 대표의 명의로 특정 정당이나 특정인의 선거운동을 하여서는 아니 된다(동법 제5조 제1항 참조).

5 ③ 6 ④ Answer

07 노인복지법상 노인복지시설의 종류에 해당하지 않는 것은? [19회]

① 노인주거복지시설
② 독거노인종합지원센터
③ 노인보호전문기관
④ 학대피해노인 전용쉼터
⑤ 노인일자리지원기관

해설 노인복지시설의 종류(노인복지법 제31조 참조)
- 노인주거복지시설(①)
- 노인의료복지시설
- 노인여가복지시설
- 재가노인복지시설
- 노인보호전문기관(③)
- 노인일자리지원기관(⑤)
- 학대피해노인 전용쉼터(④)

제3영역

08 정신건강증진 및 정신질환자 복지서비스 지원에 관한 법률상 규정된 입원의 종류가 아닌 것은?

① 자의입원
② 특별자치시장 · 특별자치도지사 · 시장 · 군수 · 구청장에 의한 입원
③ 보호의무자에 의한 입원
④ 동행입원
⑤ 동의입원

해설 ① 정신질환자나 그 밖에 정신건강상 문제가 있는 사람은 보건복지부령으로 정하는 입원 등 신청서를 정신의료기관 등의 장에게 제출함으로써 그 정신의료기관 등에 자의입원 등을 할 수 있다(동법 제41조 제1항).
② 정신건강의학과전문의가 정신질환자로 의심되는 사람에 대하여 자신의 건강 또는 안전이나 다른 사람에게 해를 끼칠 위험이 있어 그 증상의 정확한 진단이 필요하다고 인정한 경우에 특별자치시장 · 특별자치도지사 · 시장 · 군수 · 구청장은 그 사람을 보건복지부장관이나 지방자치단체의 장이 지정한 정신의료기관에 2주의 범위에서 기간을 정하여 입원하게 할 수 있다(동법 제44조 제4항).
③ 정신의료기관 등의 장은 정신질환자의 보호의무자 2명 이상(보호의무자 간 입원 등에 관하여 다툼이 있는 경우에는 선순위자 2명 이상을 말하며, 보호의무자가 1명만 있는 경우에는 1명으로 한다)이 신청한 경우로서 정신건강의학과전문의가 입원 등이 필요하다고 진단한 경우에만 해당 정신질환자를 입원 등을 시킬 수 있다(동법 제43조 제1항).
⑤ 정신질환자는 보호의무자의 동의를 받아 보건복지부령으로 정하는 입원 등 신청서를 정신의료기관 등의 장에게 제출함으로써 그 정신의료기관 등에 입원 등을 할 수 있다(동법 제42조 제1항).

Answer 7 ② 8 ④

09 성폭력 및 피해자보호 등에 관한 법률상 성폭력피해자보호시설의 종류가 아닌 것은? [18회]

① 일반보호시설
② 상담지원시설
③ 외국인보호시설
④ 특별지원 보호시설
⑤ 자립지원 공동생활시설

해설 성폭력피해자보호시설의 종류(성폭력방지 및 피해자보호 등에 관한 법률 제12조 제3항 참조)

- 일반보호시설(①)
- 장애인보호시설
- 특별지원 보호시설(④)
- 외국인보호시설(③)
- 자립지원 공동생활시설(⑤)
- 장애인 자립지원 공동생활시설

10 장애인복지법령에서 명시하고 있는 사항으로 옳은 것을 모두 고른 것은?

ㄱ. 장애 발생 예방과 조기발견을 위한 국민의 노력
ㄴ. 장애인 대상 성범죄의 신고의무
ㄷ. 장애인에 대한 차별금지
ㄹ. 장애인의 가족계획 수립 및 지도

① ㄱ, ㄴ, ㄷ
② ㄱ, ㄷ
③ ㄴ, ㄹ
④ ㄹ
⑤ ㄱ, ㄴ, ㄷ, ㄹ

해설 ㄱ. 모든 국민은 장애 발생의 예방과 장애의 조기 발견을 위하여 노력하여야 하며, 장애인의 인격을 존중하고 사회통합의 이념에 기초하여 장애인의 복지향상에 협력하여야 한다(장애인복지법 제10조).

ㄴ. 누구든지 장애인학대 및 장애인 대상 성범죄를 알게 된 때에는 중앙장애인권익옹호기관 또는 지역장애인권익옹호기관이나 수사기관에 신고할 수 있으며, 법령에 따른 신고의무자는 직무상 장애인학대 및 장애인 대상 성범죄를 알게 된 경우에는 지체 없이 장애인권익옹호기관 또는 수사기관에 신고하여야 한다(동법 제59조의4 참조).

ㄷ. 누구든지 장애를 이유로 정치 · 경제 · 사회 · 문화 생활의 모든 영역에서 차별을 받지 아니하고, 누구든지 장애를 이유로 정치 · 경제 · 사회 · 문화 생활의 모든 영역에서 장애인을 차별하여서는 아니 된다(동법 제8조 제1항).

9 ② 10 ① Answer

11 아동복지법의 내용으로 옳지 않은 것은? [16회]

① 학교의 장은 친권자가 없는 아동을 발견한 경우 그 복지를 위하여 필요하다고 인정할 때에는 시장 · 군수 · 구청장에게 친권자의 선임을 청구하여야 한다.
② 아동위원은 명예직으로 하되, 아동위원에 대하여는 수당을 지급할 수 있다.
③ 누구든지 아동의 정신건강 및 발달에 해를 끼치는 정서적 학대행위를 하여서는 아니 된다.
④ 매년 5월 5일을 어린이날로 하며, 5월 1일부터 5월 7일까지를 어린이주간으로 한다.
⑤ 법원의 심리과정에서 변호사가 아닌 아동보호전문기관의 상담원은 학대아동사건의 심리에 있어서 법원의 허가를 받아 보조인이 될 수 있다.

해설 ① 시 · 도지사, 시장 · 군수 · 구청장, 아동복지시설의 장 및 학교의 장은 친권자 또는 후견인이 없는 아동을 발견한 경우 그 복지를 위하여 필요하다고 인정할 때에는 법원에 후견인의 선임을 청구하여야 한다(아동복지법 제19조 제1항).
② 동법 제14조 제4항
③ 동법 제17조 제5호
④ 어린이에 대한 사랑과 보호의 정신을 높임으로써 이들을 옳고 아름답고 슬기로우며 씩씩하게 자라나도록 하기 위하여 매년 5월 5일을 어린이날로 하며, 5월 1일부터 5월 7일까지를 어린이주간으로 한다(동법 제6조).
⑤ 법원의 심리과정에서 변호사, 법정대리인, 직계 친족, 형제자매, 보장원 또는 아동보호전문기관의 상담원은 학대아동사건의 심리에 있어서 보조인이 될 수 있다. 다만, 변호사가 아닌 경우에는 법원의 허가를 받아야 한다(동법 제21조 제1항).

12 자원봉사활동기본법상 자원봉사활동의 원칙에 해당하지 않는 것은? [16회]

① 무보수성
② 비집단성
③ 비영리성
④ 비정파성(非政派性)
⑤ 비종파성(非宗派性)

해설 자원봉사활동의 원칙(자원봉사활동기본법 제2조 제2호)
자원봉사활동은 무보수성, 자발성, 공익성, 비영리성, 비정파성(非政派性), 비종파성(非宗派性)의 원칙 아래 수행될 수 있도록 하여야 한다.

Answer 11 ① 12 ②

CHAPTER 05

최신기출문제

01 한부모가족지원법의 내용으로 옳지 않은 것은? [20회]

① "청소년 한부모"란 24세 이하의 모 또는 부를 말한다.
② 한부모가족의 모 또는 부와 아동은 한부모가족 관련 정책결정과정에 참여할 권리가 있다.
③ 여성가족부장관은 자녀양육비 산정을 위한 자녀양육비 가이드라인을 마련하여 법원이 이혼 판결 시 적극 활용할 수 있도록 노력하여야 한다.
④ 국가와 지방자치단체는 청소년 한부모의 건강증진을 위하여 건강진단을 실시할 수 있다.
⑤ 국가나 지방자치단체는 아동양육비를 대여할 수 있다.

해설 ⑤ 국가나 지방자치단체는 한부모가족의 생활안정과 자립을 촉진하기 위하여 사업에 필요한 자금, 아동교육비(주의 : 아동양육비가 아님), 의료비, 주택자금, 그 밖에 대통령령으로 정하는 한부모가족의 복지를 위하여 필요한 자금을 대여할 수 있다(한부모가족지원법 제13조 제1항).
① 동법 제4조 제1의2호
② 동법 제3조 제2항
③ 동법 제17조의3
④ 동법 제17조의5 제1항

02 장애인복지법의 내용으로 옳은 것은? [20회]

① 「난민법」 제2조 제2호에 따른 난민인정자는 장애인 등록을 할 수 있다.
② 보건복지부장관은 3년마다 장애인정책종합계획을 수립 · 시행하여야 한다.
③ 보건복지부장관은 5년마다 장애실태조사를 실시하여야 한다.
④ 보건복지부장관은 피해장애인의 임시 보호 및 사회복귀 지원을 위하여 장애인 쉼터를 설치 · 운영할 수 있다.
⑤ 장애인복지시설의 장은 장애인 거주시설에서 제공하여야 하는 서비스의 최저기준을 마련하여야 한다.

1 ⑤ 2 ① Answer

해설 ① 재외동포 및 외국인 중 「재외동포의 출입국과 법적 지위에 관한 법률」에 따라 국내거소신고를 한 사람, 「주민등록법」에 따라 재외국민으로 주민등록을 한 사람, 「출입국관리법」에 따라 외국인등록을 한 사람으로서 대한민국에 영주할 수 있는 체류자격을 가진 사람, 「재한외국인 처우 기본법」에 따른 결혼이민자, 「난민법」에 따른 난민인정자는 장애인 등록을 할 수 있다(장애인복지법 제32조의2 제1항).

② 보건복지부장관은 장애인의 권익과 복지증진을 위하여 관계 중앙행정기관의 장과 협의하여 5년마다 장애인정책종합계획을 수립 · 시행하여야 한다(동법 제10조의2 제1항).

③ 보건복지부장관은 장애인 복지정책의 수립에 필요한 기초 자료로 활용하기 위하여 3년마다 장애실태조사를 실시하여야 한다(동법 제31조 제1항).

④ 특별시장 · 광역시장 · 특별자치시장 · 도지사 · 특별자치도지사는 피해장애인의 임시 보호 및 사회복귀 지원을 위하여 장애인 쉼터를 설치 · 운영할 수 있다(동법 제59조의13 제1항).

⑤ 보건복지부장관은 장애인 거주시설에서 제공하여야 하는 서비스의 최저기준을 마련하여야 하며, 장애인복지실시기관은 그 기준이 충족될 수 있도록 필요한 조치를 취하여야 한다(동법 제60조의3 제1항).

03 아동복지법의 내용으로 옳은 것은? [20회]

① 시장 · 군수 · 구청장은 보호조치 중인 보호대상아동의 양육상황을 3년마다 점검하여야 한다.

② 시 · 군 · 구에 두는 아동위원은 명예직으로 수당을 지급할 수 없다.

③ 보건복지부장관 소속으로 아동정책조정위원회를 둔다.

④ 아동권리보장원의 장은 아동학대가 종료된 이후에도 아동학대의 재발 여부를 확인하여야 한다.

⑤ 아동복지시설의 장은 보호하고 있는 12세 이상의 아동을 대상으로 자립지원계획을 수립하여야 한다.

해설 ④ 아동권리보장원의 장 또는 아동보호전문기관의 장은 아동학대가 종료된 이후에도 가정방문, 전화상담 등을 통하여 아동학대의 재발 여부를 확인하여야 한다(아동복지법 제28조 제1항).

① 시 · 도지사 또는 시장 · 군수 · 구청장은 보호조치 중인 보호대상아동의 양육상황을 보건복지부령으로 정하는 바에 따라 매년 점검하여야 한다(동법 제15조의3 제1항).

② 시 · 군 · 구에 아동위원을 둔다. 아동위원은 명예직으로 하되, 아동위원에 대하여는 수당을 지급할 수 있다(동법 제14조 제1항 및 제4항).

③ 아동의 권리증진과 건강한 출생 및 성장을 위하여 종합적인 아동정책을 수립하고 관계 부처의 의견을 조정하며 그 정책의 이행을 감독하고 평가하기 위하여 국무총리 소속으로 아동정책조정위원회를 둔다(동법 제10조 제1항).

⑤ 아동권리보장원의 장, 가정위탁지원센터의 장 및 아동복지시설의 장은 보호하고 있는 15세 이상의 아동을 대상으로 매년 개별 아동에 대한 자립지원계획을 수립하고, 그 계획을 수행하는 종사자를 대상으로 자립지원에 관한 교육을 실시하여야 한다(동법 제39조 제1항).

Answer 3 ④

04 자원봉사활동의 기본 방향에 관한 자원봉사활동기본법 제2조 제2호 규정이다. (   )에 들어갈 내용이 아닌 하나는? [19회]

자원봉사활동은 무보수성, 자발성, (   ), (   ), (   ), (   )의 원칙 아래 수행될 수 있도록 하여야 한다.

① 공익성
② 비영리성
③ 비정파성(非政派性)
④ 비종파성(非宗派性)
⑤ 무차별성

해설 자원봉사활동의 기본 방향(자원봉사활동기본법 제2조 제2호)
자원봉사활동은 무보수성, 자발성, 공익성, 비영리성, 비정파성(非政派性), 비종파성(非宗派性)의 원칙 아래 수행될 수 있도록 하여야 한다.

05 사회복지공동모금회법의 내용으로 옳은 것은? [20회]

① 배분분과실행위원회는 위원장 1명을 포함하여 20명 이내의 위원으로 구성한다.
② 국가나 지방자치단체는 모금회의 관리 · 운영에 필요한 비용을 보조할 수 있다.
③ 기부금품의 기부자는 배분지역, 배분대상자 또는 사용 용도를 지정할 수 없다.
④ 사회복지공동모금회는 언론기관을 모금창구로 지정할 수 있으나 지정된 언론기관의 명의로 모금계좌를 개설할 수 없다.
⑤ 모금회의 정관으로 규정하지 아니한 사항은 「민법」 중 사단법인에 관한 규정을 준용한다.

해설 ② 국가나 지방자치단체는 모금회에 기부금품 모집에 필요한 비용과 모금회의 관리 · 운영에 필요한 비용을 보조할 수 있다(사회복지공동모금회법 제33조 제1항).
① 분과실행위원회는 위원장 1명을 포함하여 20명 이내의 위원으로 구성한다. 다만, 모금분과실행위원회 및 배분분과실행위원회는 각각 20명 이상의 위원으로 구성한다(동법 제13조 제3항).
③ 기부금품의 기부자는 배분지역, 배분대상자 또는 사용 용도를 지정할 수 있다(동법 제27조 제1항).
④ 사회복지공동모금회는 기부금품의 접수를 효율적이고 공정하게 하기 위하여 언론기관을 모금창구로 지정하고, 지정된 언론기관의 명의로 모금계좌를 개설할 수 있다(동법 제19조).
⑤ 이 법 또는 모금회의 정관으로 규정하지 아니한 사항은 「민법」 중 재단법인에 관한 규정을 준용한다(동법 제34조).

4 ⑤ 5 ② Answer

06 노인복지법의 내용으로 옳지 않은 것은? [20회]

① 노인복지주택 입소자격자는 60세 이상의 노인이다.
② 보건복지부장관은 요양보호사가 거짓으로 자격증을 취득한 경우 그 자격을 취소하여야 한다.
③ 누구든지 노인학대를 알게 된 때에는 노인보호전문기관 또는 수사기관에 신고할 수 있다.
④ 노인일자리전담기관에는 노인인력개발기관, 노인취업알선기관, 노인일자리지원기관이 있다.
⑤ 지방자치단체는 65세 이상의 자에 대하여 건강진단과 보건교육을 실시할 수 있다.

해설 ② 시 · 도지사는 요양보호사가 거짓이나 그 밖의 부정한 방법으로 자격증을 취득한 경우 그 자격을 취소하여야 한다(노인복지법 제39조의14 제1항 참조).
① 노인복지주택에 입소할 수 있는 자는 60세 이상의 노인으로 한다. 다만, 입소자격자의 배우자, 입소자격자가 부양을 책임지고 있는 19세 미만의 자녀 · 손자녀는 입소자격자와 함께 입소할 수 있다(동법 제33조의2 제1항 참조).
③ 동법 제39조의6 제1항
④ 동법 제23조의2 제1항 참조
⑤ 국가 또는 지방자치단체는 대통령령이 정하는 바에 의하여 65세 이상의 자에 대하여 건강진단과 보건교육을 실시할 수 있다. 이 경우 보건복지부령으로 정하는 바에 따라 성별 다빈도질환 등을 반영하여야 한다(동법 제27조 제1항).

07 학대에 관한 설명으로 옳은 것을 모두 고른 것은? [19회]

ㄱ. 장애인복지법상 장애인학대에 경제적 착취는 포함되지 않는다.
ㄴ. 아동학대범죄의 처벌 등에 관한 특례법에 따른 아동학대범죄는 아동복지법상 아동학대관련범죄에 해당한다.
ㄷ. 노인복지법상 노인학대라 함은 노인에 대하여 신체적 · 정신적 · 정서적 · 성적 폭력 및 경제적 착취 또는 가혹행위를 하거나 유기 또는 방임을 하는 것을 말한다.

① ㄷ
② ㄱ, ㄴ
③ ㄱ, ㄷ
④ ㄴ, ㄷ
⑤ ㄱ, ㄴ, ㄷ

해설 ㄱ. '장애인학대'란 장애인에 대하여 신체적 · 정신적 · 정서적 · 언어적 · 성적 폭력이나 가혹행위, 경제적 착취, 유기 또는 방임을 하는 것을 말한다(장애인복지법 제2조 제3항).
ㄴ. 아동복지법상 '아동학대관련범죄'란 아동학대범죄의 처벌 등에 관한 특례법에 따른 아동학대범죄 또는 아동에 대한 형법상 살인의 죄에 관한 규정에 해당하는 죄를 말한다(아동복지법 제3조 제7의2호).
ㄷ. 노인복지법 제1조의2 제4호

Answer 6 ② 7 ④

참고문헌

1영역

- 이용석 · 사회복지사 수험연구소, 사회복지사 1급 한권으로 끝내기, 시대고시기획, 2023
- 직업상담연구소, 직업상담사 2급 한권으로 끝내기, 시대고시기획, 2020
- 조흥식 외, 사회복지학개론, 창지사, 2008
- 김형모, 사회복지실습메뉴얼, 청목, 2004
- 김태성, 사회보장론, 청목, 2003
- 원석조, 사회복지정책론, 양서원, 2003
- 강욱모 외, 21세기 사회복지정책, 청목, 2002
- 노시평, 사회복지정책론, 대경, 2002
- 이정우, 사회복지정책, 학지사, 2002
- 김태성, 사회복지정책의 이해, 나남, 2001
- 박용순, 사회복지개론, 학지사, 2001
- 박정호, 사회복지정책론, 학지사, 2001
- 송근원 · 김태성, 사회복지정책론, 나남, 2001
- 양정하 외, 사회복지정책론, 양서원, 2001
- 원석조, 사회복지정책학원론, 양서원, 2001
- 박영조, 사회복지학원론 : 이론과 정책, 말과 글, 2000
- 전재일 외, 사회복지정책론, 형설출판사, 2000
- 현외성, 사회복지정책강론, 양서원, 2000
- 김영종, 복지정책론, 형설출판사, 1998
- 서울대학교 사회복지연구소, 사회복지연구, 서울대학교 사회복지연구소, 1998
- 봉민근, 사회복지정책론, 학문사, 1997
- 장동일, 한국공적부조론, 대학출판사, 1996
- 김태성, 사회복지정책론, 나남, 1995
- Gilbert, Neil/Terrell, Paul. Dimensions of Social Welfare Policy, Prentice Hall, 2002
- Karger, Howard Jacob/Stoesz, David. American Social Welfare Policy–A Pluralist Approach, Prentice Hall, 2001
- Chambers, Donald. Social Policy and Social Programs : A Method for the Practical Public Policy Analyst, Boston : Allyn and Bacon, 2000

참고문헌

2영역

- 이용석 · 사회복지사 수험연구소, 사회복지사 1급 한권으로 끝내기, 시대고시기획, 2023
- 직업상담연구소, 직업상담사 2급 한권으로 끝내기, 시대고시기획, 2020
- 일각학술편찬국, 사회복지사 1급 사회복지행정론, 일각, 2010
- 황성철 외, 사회복지행정론, 학현사, 2009
- 김범섭, 사회복지조직 중간관리자의 리더십유형과 구성원의 직무성과의 차이에 관한 연구, 국민대 행정대학원, 2006
- 박영인, 최신행정학원론, 경세원, 2006
- 강신택, 행정학의 논리, 박영사, 2005
- 박미선, 사회복지직공무원의 직무갈등관리 방안에 관한 연구, 대구대 행정대학원, 2005
- 박윤정, 사회복지정책의 문제점과 개선방안, 대구대 행정대학원, 2004
- 오석홍, 행정학, 박영사, 2004
- 허만형, 사회복지행정론, 법문사, 2004
- 최은미, 사회복지조직의 마케팅활성화 방안에 관한 연구, 한국정책과학학회보 제8권 제2호, 한국정책과학학회, 2004
- 최창무, 사회복지조직관리를 위한 임파워먼트 활용 제언, 복지행정논집 제13집 제1권, 한국복지행정학회, 2003
- 김영종, 한국 사회복지조직의 형성과정에 관한 역사적 연구 : 1950~70년대 부산지역을 중심으로, 한국사회복지행정학 제10호, 한국사회복지행정학회, 2003
- 장인협 · 이정호, 사회복지행정론, 서울대학교출판부, 2003
- 한국사회복지행정학회, 한국의 사회복지행정, 현학사, 2003
- 최재성, 조직이론적 접근을 통한 사회복지조직의 집단화(체인화) 현상에 대한 이해와 전망, 연세사회복지연구
- 제8권, 연세대학교사회복지연구소, 2002
- 진재문, 사회복지 관련 조직 평가제도의 현안과 과제동향과전망 통권 55호, 한국사회과학연구소, 2002
- 황성철 · 정무성 · 강철희 · 최재성, 현대사회복지행정, 양서원, 2002
- 신복기 · 박경일 · 장중탁 · 이명현, 사회복지행정론, 양서원, 2002
- 김영종, 사회복지행정론, 동인, 2002
- 정무성 · 정진모, 사회복지프로그램 개발과 평가, 양서원, 2001
- 김영종, 사회복지행정, 학지사, 2001

참고문헌

3영역

- 이용석 · 사회복지사 수험연구소, 사회복지사 1급 한권으로 끝내기, 시대고시기획, 2023
- 직업상담연구소, 직업상담사 2급 한권으로 끝내기, 시대고시기획, 2020
- 사회복지사 수험연구소, 사회복지사 1급 적중예상문제, 시대고시기획, 2017
- 일각학술편찬국, 사회복지사 1급 사회복지행정론, 일각, 2010
- 황성철 외, 사회복지행정론, 학현사, 2009
- 김훈, 사회복지법제론, 학지사, 2006
- 봉민근 외 지방복지행정론, 학문사, 2005
- 아동복지연구회, 아동복지 및 정책, 학문사, 2005
- 윤창영, 사회복지법제론, 나남, 2006
- 이영자 외, 교육사회학, 학문사, 2005
- 이훈구 외, 인간행동의 이해, 법문사, 2006
- 강희갑, 사회복지법제론, 양서원, 2006
- 이태영 외, 사회복지법제론, 동인, 2004
- 김광병 외, 사회복지법제론, 창지사, 2006
- 송인규 외, 사회복지법원론, EM커뮤니티, 2005
- 우종모 외, 사회복지법제론, 공동체, 2006
- 박석돈, (핵심) 사회복지법제론, 三英社, 2006
- 조추용 외, 사회복지법제론, 교육과학사, 2006
- 박석돈, 사회복지서비스법, 三英社, 2005
- 김경우, 사회복지 법제강좌론, MJ 미디어, 2006
- 사회복지법제론 8권
- 이용환 외, 사회복지법제론, 大旺社, 2006
- 보건복지부 편, 社會保障基本法令集, 보건복지부, 2005
- 河野正輝, 社會福祉法の新展開, 有斐閣, 2006
- 社會福祉法等研究會, (速報)社會福祉の增進のための社會福祉事業法等の一部を改正する等の法律, 中央法規出版, 2000
- Robert G. Madden, Essential Law for Social Workers(Foundations of Social Work Knowledge), 2003

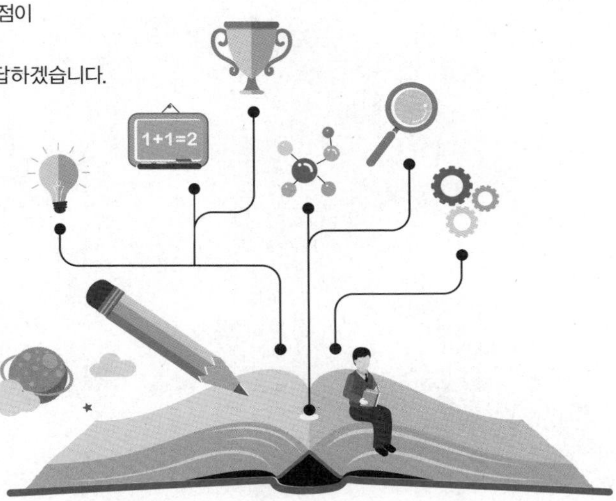

SD에듀 사회복지사 1급 3과목 사회복지정책과 제도

개정9판1쇄 발행	2022년 07월 05일 (인쇄 2022년 05월 24일)
초 판 발 행	2012년 05월 30일 (인쇄 2012년 05월 30일)
발 행 인	박영일
책 임 편 집	이해욱
편 저 자	사회복지사 수험연구소
편 집 진 행	박종옥 · 노윤재 · 한주승
표지디자인	박수영
편집디자인	홍영란 · 곽은슬
발 행 처	(주)시대고시기획
출 판 등 록	제 10-1521호
주 소	서울시 마포구 큰우물로 75 [도화동 538 성지 B/D] 9F
전 화	1600-3600
팩 스	02-701-8823
홈 페 이 지	www.sdedu.co.kr
I S B N	979-11-383-2206-5 (14330)
정 가	29,000원

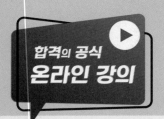

모든 자격증·공무원·취업의 합격정보
합격을 구독 하세요!
YouTube
합격의 공식 시대에듀
SD에듀
합격의 공식! SD에듀
합격 구독 과 좋아요! 정보 알림설정까지!
SD 에듀
알려 ZooM
2022년 전문자격시험
모든 전문직시험 일정+꿀팁까지!
2022년 기술자격시험
기사·산업기사·기능장 일정+꿀팁!
합격빨롱
경영지도사 조사방법론 손용근쌤
이러다 우리 다 죽어ㅋ
변리사 지구과학 정낙훈쌤
에스파 언제 온다고?
토크레인
제가 왜 출연했나면요...
1주일이면 끝 지텔프 왜 안해?
Why not?
합격에센스 연구
15분 준다 외워라♥
SAMSUNG
삼성전자 면접관 출신의 "이제는 말할 수 있다"
PASS 패스토리 STORY
사조사 합격의 맛
check 시대채기
귀화면접 구술도 무료 MP3로 한방에 합격하자
KIIP
소비자전문상담사 2급 혼자서도 단기합격 쉽게 된다구!
SD에듀 무료특강
시대에듀
믿고 따라만 오십시오!
전기(산업)기사
전기자기학 기본이론
시대에듀
EBS 공식 지정 교재
지텔프
문법 핵심이론-제시카
시대에듀
합격! 내가 접수한다!
스포츠지도사
스포츠사회학 기본이론
시대에듀
실무! 내게 맡겨라!
직업상담사 OT
실무 노동시장론 OT
시대에듀
일목요연한게 정리
청소년상담사
집단상담 기본이론

사회복지사 1급

합격 ROADMAP

과목별 기본서

한권으로 끝내기

올인 기출문제

1단계

기본부터 탄탄히!

더욱 안전하게 합격할 수 있는 방법에는 무엇이 있을까요? 기출 파악, 요점정리, 문제풀이 등 여러 가지가 있겠지만 이 모든 것들은 기본이론을 바탕으로 해야 더욱 탄탄히 쌓아질 수 있다는 점을 반드시 기억하세요!

2단계

기출문제를 풀어야 합격이 풀린다!

아무리 많은 이론을 숙지하고, 문제풀이로 실력을 다졌다 할지라도 실제 기출문제를 풀어보지 않는다면 큰 의미가 없습니다. 더없이 상세하고 꼼꼼한 해설과 최근 6년 동안의 기출문제를 통해 반복해서 출제되는 핵심 내용들을 반드시 짚고 넘어 가세요!